D1918341

edition T COELDE

FRANZISKANISCHE FORSCHUNGEN

herausgegeben von Theofried Baumeister OFM • Werinhard Einhorn OFM
Leonhard Lehmann OFMCap • Johannes Schlageter OFM • Raynald Wagner OFM

48. Heft

edition COELDE

Oktavian Schmucki OFMCap

Beiträge zur Franziskusforschung

Zum 80. Geburtstag
herausgegeben von
Ulrich Köpf und Leonhard Lehmann OFMCap

2007

edition COELDE

Gefördert durch die Schweizer Kapuzinerprovinz

Bibliografische Information der Deutschen Nationalbibliothek

Die Deutsche Nationalbibliothek verzeichnet diese Publikation in der Deutschen Nationalbibliografie; detaillierte bibliografische Daten sind im Internet
über http://dnb.d-nb.de abrufbar.

ISBN 978-3-7666-2108-5

© 2007 Verlag Butzon & Bercker, 47623 Kevelaer, Deutschland
Alle Rechte vorbehalten
Satz: Fachstelle Franziskanische Forschung, Münster
Druck und Bindearbeiten: WAZ-Druck, Duisburg

Inhalt

Vorwort

Wer sich gründlicher mit der geschichtlichen Gestalt des hl. Franziskus beschäftigt und dabei die internationale Forschung der letzten fünfzig Jahre zu Rate zieht, der stößt immer wieder auf die Arbeiten des Schweizer Kapuziners Oktavian Schmucki (bis 1960 in der im Orden üblichen Namensform: Oktavian von Rieden nach seinem Heimatort Rieden im Kanton Sankt Gallen). Am 8. Januar 1928 geboren, legte er am 8. September 1948 die Zeitliche und ein Jahr später die Ewige Profess ab und empfing am 6. Juli 1952 die Priesterweihe. Nach Studien in Luzern, Stans und an der Pontificia Università Gregoriana in Rom, wo er 1955 zum Licentiaten und 1959 zum Doktor der Theologie promovierte, wurde er 1956 zum Mitglied des Historischen Instituts der Kapuziner in Rom berufen. Hier war er vier Jahrzehnte hindurch tätig – nicht zuletzt als Mitarbeiter und von 1972 bis 1987 als Schriftleiter der *Collectanea Franciscana.* Auch nach seiner Rückkehr in die Schweiz im Herbst 1997 führte er im Luzerner Konvent seine Forschungen unermüdlich fort und äußerte sich z. B. zur neuerlichen Diskussion über die Stigmatisierung des hl. Franziskus, was zu einem neuen, bisher unveröffentlichten Beitrag in diesem Band führte. Wie seine Bibliographie zeigt, hat P. Oktavian über Themen zu allen Perioden der Kirchengeschichte bis zur Gegenwart publiziert und wiederholt auch aktuelle Fragen behandelt. Durch zahllose Buchbesprechungen erwarb er sich eine einzigartige Kenntnis der wissenschaftlichen Literatur weit über franziskanische Themen hinaus. Die beiden Schwerpunkte seiner wissenschaftlichen Arbeit bilden freilich Franziskus und die Anfänge seiner Gemeinschaft sowie die Geschichte des Kapuzinerordens. Im Jahr 2004 erschien das monumentale, fast tausend Seiten umfassende Werk, an dem er seit 1989 gearbeitet hatte: eine kommentierte Bibliographie der Literatur von und über Fidelis von Sigmaringen (1578-1622).

Bereits im Blick auf P. Oktavians 80. Geburtstag verfolgten die beiden Unterzeichnenden den Plan, eine Auswahl seiner wichtigsten in Zeitschriften und Sammelbänden erschienenen Aufsätze in einem Sammelband leichter verfügbar zu machen. Dabei schien eine Beschränkung auf Arbeiten über Franziskus sinnvoll. Mit Rücksicht auf einen größeren Leserkreis wurde von vornherein auf Beiträge in lateinischer Sprache verzichtet. Dagegen erschien es unumgänglich, neben 12 deutschen einen französischen und zwei italienische Aufsätze aufzunehmen. Damit sind die wichtigsten Aspekte von P. Oktavians Franziskusforschung mit Arbeiten vertreten, die auch heute für das Verständnis des Heiligen und seiner Gemeinschaft grundlegend sind.

Um der leichteren Benutzbarkeit willen wurden sowohl die Abkürzungen der franziskanischen Quellen als auch die Orthographie der Beiträge nach den neuesten Regeln vereinheitlicht.

Für die elektronische Erfassung der Texte und die sorgfältige Erstellung der Druckvorlage danken die Herausgeber Herrn Christian Loefke von der neu errichteten „Fachstelle Franziskanische Forschung“ (FFF) in Münster, für das Schreiben des Registers Frau Waltraud Schnell (Tübingen). Für einen großzügigen Druckkostenzuschuss, der das Erscheinen des Bandes ermöglichte, gebührt der Schweizer Kapuzinerprovinz unser herzlicher Dank.

Ulrich Köpf (Tübingen) Leonhard Lehmann (Rom)

Oktavian Schmuckis Beitrag zur Franziskusforschung

von Ulrich Köpf

I. Einleitung

Seit ihrer Begründung durch die protestantischen Theologen Karl Müller[1] und Paul Sabatier[2] hat die wissenschaftliche Franziskusforschung eine unübersehbare und noch immer wachsende Fülle von Veröffentlichungen hervorgebracht. Popularisierende und aktualisierende Biografien des Heiligen treten hinzu, die Ergebnisse und noch häufiger einzelne Ideen und Anstöße der wissenschaftlichen Literatur aufnehmen, sie isolieren und mit oft ungezügelter Phantasie fortspinnen. In der internationalen Franziskusliteratur der letzten fünf Jahrzehnte hat das umfangreiche, vor allem in deutscher, lateinischer und italienischer, aber auch in französischer, englischer, niederländischer und spanischer Sprache veröffentlichte Werk Oktavian Schmuckis eine wichtige Stellung und einen unverwechselbaren Charakter. Obwohl P. Oktavian stets mit großer Freude als Seelsorger tätig war und noch heute tätig ist und obwohl er in manchen Veröffentlichungen gelegentlich auch auf die pastorale Bedeutung eines Themas hinweist, versteht er sich in seiner wissenschaftlichen Arbeit als Historiker. Seine zentrale Aufgabe sieht er darin, sich mit allen Mitteln, die ihm zur Verfügung stehen, mit ebensoviel Sympathie für seinen Gegenstand wie im klaren Bewusstsein der geschichtlichen Distanz, seinen Themen zu nähern.

Für seine Franziskusforschungen bedeutet dies den unmissverständlich ausgesprochenen Gegensatz zu der so häufig beobachteten Aktualisierung des Heiligen in der Absicht, ihn für irgendwelche Ziele zu instrumentalisieren. Wer P. Oktavians Arbeiten liest, der wird darin durchgehend eine tiefe Liebe zum Poverello spüren, die freilich stets getragen ist von einer ebenso tiefen Liebe zur geschichtlichen Wahrheit. Programmatisch schreibt er 1976 in seinem Aufsatz *Franziskus von Assisi erfährt Kirche in seiner Brüderschaft*: „Gegenüber einer sehr gezielten und selektiven Behandlung spiritueller Vorstellungen des hl. Franziskus, wobei nicht nur das unterschlagen wird, was dem heutigen Menschen nicht mehr zusagt, sondern zugleich moderne Probleme und Entwicklungen einem mittelalterlichen Menschen unterstellt werden, sei ausdrücklich betont, dass ich das vorgenannte Thema als Historiker zu beleuchten gedenke. Es werden also weder heutige Anschauungen [...] einfach auf Franziskus übertragen, noch sollen seine Vorstellungen aufgrund gewisser Wortähnlichkeiten mit landläufigen Ideen modisch 'aufgefrischt' werden. Was dabei vom Poverello auf dem aktualisierenden

---

1 MÜLLER, Karl: Die Anfänge des Minoritenordens und der Bußbruderschaften, Freiburg i. Br. 1885.

2 SABATIER, Paul: Vie de S. François d'Assise, erschienen Paris 1893 mit dem Datum des folgenden Jahres.

Bildschirm aufschiene, wäre ja nicht seine geschichtliche Persönlichkeit, sondern allein meine willkürliche Absicht."[3]

In bewusstem Gegensatz zu einer modernen Franziskusliteratur, die kirchenkritischen, allgemeinpolitischen, erbaulichen oder anderen praktischen Zwecken dienen möchte und vielfach persönlichen oder kollektiven Wunschbildern Raum gibt, verzichtet P. Oktavian auf alle geistreichen Kombinationen und spektakulären Hypothesen. Er konzentriert sich auf das aus den kritisch gesichteten Quellen Belegbare und das auf Grund einer Abwägung unterschiedlicher, oft fragmentarischer Überlieferungen Wahrscheinliche, wobei er nach Möglichkeit den Gewissheitsgrad seiner Aussagen angibt.[4] In seinen Arbeiten verbindet sich der Wille zur Wahrhaftigkeit mit der Bemühung um Verständlichkeit und Nachvollziehbarkeit, um sprachliche Klarheit und Schlichtheit.

Vor dem Hintergrund dieser wissenschaftlichen Haltung sind P. Oktavians Arbeiten über Franziskus und die Frühgeschichte seiner Gemeinschaft durch zwei Merkmale gekennzeichnet: inhaltlich durch die weitgehende Konzentration auf die frömmigkeitsgeschichtliche Erforschung und Einordnung des Heiligen, methodisch durch eine entschiedene und zugleich besonnene Anwendung der historischen Kritik. Bei aller Weite seiner Interessen lag sein Schwerpunkt in der Franziskusforschung von Anfang an auf dem bisher vernachlässigten frömmigkeitsgeschichtlichen Aspekt. Seine 1959 an der Gregoriana eingereichte zweibändige theologische Dissertation trägt den Titel: *Die Christusfrömmigkeit des hl. Franziskus von Assisi. Quellenvergleichende Studien zu einigen bedeutsamen Seiten seines Christusverhältnisses im Lichte der zeitgenössischen Religiosität.* Wie sorgfältig er dieser für alle späteren Forschungen grundlegenden Untersuchung vorgearbeitet hat, zeigt sich daran, dass er sie durch zwei weitere ungedruckt gebliebene Arbeiten vorbereitete: Zunächst verschaffte er sich einen Überblick und ein eigenes Urteil über die für jede solide Franziskusforschung zentrale Quellenfrage durch eine Studie *Zum kritischen Wert der bedeutenderen Quellen für die Erforschung der Geistigkeit des hl. Franziskus von Assisi* (1956). Sodann stellte er die sachlichen Voraussetzungen seines Themas in einer Arbeit über *Die vorfranziskanische Christusfrömmigkeit. Bestandaufnahme und Übersicht* (1958) zusammen. In ihr knüpfte er an eine Reihe kirchen- und liturgiegeschichtlicher Untersuchungen katholischer Theologen aus den letzten Jahrzehnten an, wertete aber auch früh- und hochmittelalterliche Texte aus. Durch die überaus sorgfältige Vorbereitung auf sein Thema erwarb P. Oktavian schon in jungen Jahren eine souveräne Vertrautheit mit den mittelalterlichen Quellen und eine Kenntnis der Sekundärliteratur weit über den franziskanischen Bereich hinaus – eine Kenntnis, die er in den folgenden Jahrzehnten durch fortlaufende Auseinandersetzung mit der neuesten Literatur vor allem in Rezensionen und Forschungsberichten für die *Collectanea Franciscana* ständig erweiterte und vertiefte. Auf dieser höchst gediegenen Grundlage entwickelte er jene Arbeits- und Darstellungsweise, die auch für die meisten

---

3 Unten S. 171.

4 Vgl. z. B. die charakteristische Bemerkung unten S. 317 über eine Entwicklung von der „Urregel" von 1209 bis zur *Regula non bullata* von 1221: „In diesem zeitlichen Rahmen, in dem viele Elemente den Gewissheitsgrad der bloßen Vermutung nicht übersteigen, müsste sich zu bewegen versuchen, wer die motivgeschichtliche Bereicherung der evangelischen Lebensform zwischen 1209-1220 nachzeichnen wollte."

Beiträge des vorliegenden Bandes charakteristisch ist: Zu einem eindeutig formulierten Thema befragt er zunächst sämtliche einschlägigen Quellen, gewöhnlich in chronologischer Folge, in philologischer Sachlichkeit und Genauigkeit immer vom Wortlaut ausgehend, zuweilen unter Einbeziehung text- und quellenkritischer Fragen; er analysiert und interpretiert sie im Zusammenhang der franziskanischen Überlieferung sowie ihrer geschichtlichen Voraussetzungen, um am Ende ein nüchternes, zuweilen auch durchaus ernüchterndes Fazit zu ziehen.

Der inhaltliche und der methodische Aspekt seiner Arbeiten sollen im folgenden mit besonderer Rücksicht auf die im vorliegenden Band enthaltenen Studien etwas näher betrachtet werden. In einer kurzen Einführung können selbstverständlich nicht alle methodischen Überlegungen dargestellt und noch weniger die Inhalte auch nur der fünfzehn abgedruckten Aufsätze referiert werden. Es kann sich nur um knappe Hinweise auf die behandelten Themen und auf einige grundsätzliche Entscheidungen zur Methode handeln.

II. Die Themen der Franziskusforschung Oktavian Schmuckis

1. Zur Erforschung der franziskanischen Quellen

P. Oktavian hat nicht Archive und Bibliotheken nach bisher unbekannten Quellen oder Textzeugen zur Geschichte des hl. Franziskus durchsucht und hat sich auch nicht an der Herausgabe oder Übersetzung bekannter Texte beteiligt. Er hat jedoch solche Forschungen aufmerksam begleitet und ist in Rezensionen wie in selbständigen Untersuchungen immer wieder sachkundig auf Fragen der Edition und der Textkritik eingegangen. Von Anfang an war ihm bewusst, dass die Auswertung der Inhalte nur überzeugen kann, wenn sie auf einem selbständigen, begründeten Urteil über die Eigenart und den Zeugniswert der Quellen beruht. Leider ist seine frühe Arbeit von 1956 nicht veröffentlicht worden; doch hat er in seinem Aufsatz über *Das Leiden Christi* einleitend ihre wichtigsten Ergebnisse zusammengefasst[5] und ist später aus konkretem Anlass immer wieder auf Fragen der Quellenkritik eingegangen. Dabei fällt in seinen frühesten Arbeiten eine Zurückhaltung gegenüber der *Legenda trium sociorum* auf. So kann er noch 1960 sagen: „Da die echten Leo-Schriften u. die stark umstrittene sog. Dreigefährten-Legende zu unserem Gesichtspunkt wenig beisteuern, lassen wir sie hier außer Betracht“.[6] Von dieser Einschätzung ist er aber bald abgekommen. In seiner Besprechung von Sophronius Clasens Untersuchung der *Legenda antiqua S. Francisci* von 1968[7] stimmt er dessen früher Datierung zu, formuliert aber eine Reihe noch offener Fragen.[8] Immerhin zieht er später die *Legenda trium sociorum*, die nach dem Urteil seines Freundes Engelbert Grau

---

[5] Unten S. 5-9.

[6] Unten S. 8 Anm. 16.

[7] A Francisco legendarum ad Franciscum historicum, in: CFr 38 (1968) 373-392.

[8] Ebd. 385 Anm. 61; 391f.

„für die Frühgeschichte des Ordens eine äußerst wertvolle, weil von aller Tendenz freie Quelle" bildet,[9] neben den anderen frühen biografischen Quellen regelmäßig heran. Sehr hoch schätzt P. Oktavian auch den Wert einer ca. 1311 entstandenen Quelle, die so viele Namen wie Herausgeber hat und die er mit Engelbert Grau[10] konsequent als *Compilatio Perusina,* deutsch: *Textsammlung von Perugia,* bezeichnet. Nach seiner Meinung liegt in ihr sogar „zweifellos die im Durchschnitt vertrauenswürdigste Überlieferungsform der Gefährtenberichte über Franziskus vor".[11] Auf seinen Umgang mit diesen biografischen Quellen werde ich später noch näher eingehen. Hier soll nur noch auf seine für alle weiteren Arbeiten methodisch grundlegende Einsicht verwiesen werden: „Dem Quellenwert nach stehen die *Schriften* des Ordensgründers an erster Stelle. Wiewohl sie wenig umfangreich sind und sich – abgesehen von den Gebeten – als Gelegenheitsschriften an Minderbrüder oder fromme Christen in der Welt wenden, offenbaren sie doch am meisten und auf die treueste Weise die religiöse Persönlichkeit des Heiligen."[12] Durch diese immer wieder betonte[13] Grundentscheidung für die Bevorzugung der selbst in der neueren Literatur[14] neben den biografischen Quellen nicht selten vernachlässigten Schriften des Franziskus gewinnt P. Oktavian einen relativ sicheren Maßstab für das historisch Ursprüngliche und Echte.

Wie ernst P. Oktavian die Quellen nimmt, zeigt sich daran, dass er in jeder thematischen Untersuchung aufs neue zunächst die jeweils einschlägigen Texte durchmustert und über ihren Wert urteilt. Er hat aber einzelnen Quellen auch eine Reihe separater Studien gewidmet, von denen drei in den vorliegenden Band aufgenommen sind. Für eine historisch-kritische Hinführung zu den franziskanischen Quellen in italienischer Sprache hat er einen Beitrag über die normativen Texte der frühen Gemeinschaft *(Gli Scritti legislativi di San Francesco),* d. h. über die Regeln vom nicht erhaltenen *Propositum vitae* von 1209 bis zur *Regula bullata* von 1223, beigesteuert.[15] In ihm fasst er die Ergebnisse der bisherigen Forschung und seine eigene Beurteilung zusammen. Unter seinen Interpretationen einzelner Schriften ragt der italienisch geschriebene Aufsatz über den „Brief an den ganzen Orden" hervor *(La «Lettera a tutto l'Ordine» di San Francesco).*[16] Im Mittelpunkt der sorgfältigen Exegese dieses Texts, der in der kritischen Ausgabe der *Opuscula* fünf Seiten umfasst, stehen zwar die Inhalte des Lehrschreibens, der Verfasser geht aber auch auf Themen wie die Abhängigkeit des Schreibens von der Bulle *Sane cum olim* Papst Honorius III. ein. Eine Probe seiner Kunst, die gesamte Überlieferung einer Szene aus dem Leben des Heiligen in ihren verwickelten litera-

---

9 Einführung, in: Thomas von Celano, Leben und Wunder des heiligen Franziskus von Assisi. Einführung, Übersetzung, Anmerkungen von Engelbert GRAU, Werl/Westf. ^{4}1988 (FQS 5), 56.

10 Ebd. 62.

11 Unten S. 360.

12 Unten S. 6.

13 Zum Beispiel spricht er von „der sichersten Quelle, den *Opuscula*" (unten S. 419).

14 Über die langsame Durchsetzung der bereits von Sabatier 1893 geäußerten Einsicht siehe GRAU, Engelbert: Die neue Bewertung der Schriften des hl. Franziskus von Assisi seit den letzten 80 Jahren, in: San Francesco nella ricerca storica degli ultimi ottanta anni, Todi 1971 (Convegni del Centro di studi sulla spiritualità medievale, 9), 33-94. Vgl. auch die Bemerkung zu Ruh unten S. 381.

15 Unten S. 219-236.

16 Unten S. 237-267.

rischen Beziehungen klar darzustellen, bietet der kurze Aufsatz *Zur Überlieferung der Vogelpredigt des hl. Franziskus von Assisi* von 1989.[17]

2. Zur Erforschung der Inhalte

So gründlich P. Oktavian die Quellen kennt und so souverän er die gesamte Sekundärliteratur darüber beherrscht, so sehr zielt seine eigene Forschung doch hauptsächlich auf die Inhalte ab, aus denen er Beiträge zum Verständnis des Franziskus, seiner Frömmigkeit und seiner geschichtsmächtigen Gedanken herausarbeitet. Wie schon gesagt wurde, steht im Mittelpunkt seiner frühesten akademischen Arbeiten die Christusfrömmigkeit des Franziskus in ihrem historischen Kontext. Es kann kein Zweifel daran sein, dass P. Oktavian diesen für jede Form christlicher Frömmigkeit zentralen Themenbereich aus genuin theologischem, ja religiösem Interesse gewählt hat. Bei allem Bemühen um einen methodisch sauberen, historisch distanzierten Umgang mit dem Gegenstand seiner Untersuchungen bemerkt man immer wieder seine starke persönliche Anteilnahme.

Nachdem die umfangreiche Dissertation nicht als ganze veröffentlicht werden konnte, hat der Verfasser in den folgenden Jahren wiederholt überarbeitete und auf den neuesten Forschungsstand gebrachte Ausschnitte aus ihr als Aufsätze in verschiedenen Zeitschriften veröffentlicht. Anderes, was er plante und sogar angekündigt hat, ist nicht mehr erschienen, weil offenbar neue Aufgaben und Vorhaben hinzutraten; es hat aber in den vielfältig miteinander zusammenhängenden Arbeiten Spuren hinterlassen.[18]

Das vielleicht wichtigste Thema aus dem Bereich der Dissertation betraf *Das Leiden Christi im Leben des hl. Franziskus von Assisi*. Ihm widmete P. Oktavian eine auch separat erschienene sehr umfangreiche Studie in den *Collectanea Franciscana*, die als erster und umfangreichster Beitrag im vorliegenden Band wieder abgedruckt ist.[19] In ihr untersucht er die Passionsfrömmigkeit des Heiligen in den *Opuscula* mit einer ausführlichen Analyse und liturgiegeschichtlichen Einordnung des Passionsoffiziums, sodann ihre Darstellung in den biografischen Quellen, um am Ende die Aussagen der beiden Quellengattungen miteinander zu vergleichen und den Ertrag des Vergleichs knapp im Gesamtzusammenhang der Frömmigkeit des Franziskus und vor dem Hintergrund ihrer geschichtlichen Voraussetzungen zu interpretieren. Auf ein wichtiges Ergebnis seiner Untersuchungen, die Relativierung der in den Quellen vorgegebenen Konzentration auf Passion und Kreuz, werde ich unten noch eingehen.

Aus dem großen Komplex von konkretem Leiden und Leidensfrömmigkeit des Heiligen hat P. Oktavian später besonders zwei Themen weiterverfolgt: Zum einen das der Krankheit, das er – auch in Zusammenhang mit der Frömmigkeit des Franziskus –

---

[17] Unten S. 403-410.

[18] Hinweise auf solche Veröffentlichungen finden sich im vorliegenden Band unten S. 5 Anm. 8, S. 23 mit Anm. 73, S. 131 mit Anm. 153, S. 167.

[19] Das „Vorwort“ (unten S. 3f.) findet sich nur in der Buchausgabe Rom 1960. Die Binnenverweise des Verfassers betreffen die Seitenzahlen in den CFr, die deshalb im vorliegenden Band angegeben sind.

seit einer Studie von 1964[20] immer wieder behandelte, zuletzt in dem Beitrag *Spiritualität, Askese und Krankheiten nach den Schriften des Franziskus von Assisi.*[21] Im vorliegenden Band wird ein in zwei schwer zugänglichen Zeitschriften erschienener Beitrag wieder abgedruckt, in dem der Verfasser das gesamte Quellenmaterial über die Krankheiten des Heiligen und ihre Behandlung zusammenträgt und als Todesursache eine chronische Malaria mit allen Folgen vermutet.[22] Das Leiden des Heiligen gipfelte in einem konkreten Ereignis: im Empfang der Stigmata. Ihm hat der Verfasser zahlreiche größere und kleinere Arbeiten gewidmet. Die Grundlage dafür wurde ein 1963/64 veröffentlichter Aufsatz, der das schwierige, in der Forschung kontrovers behandelte Problem umfassend aufrollte und diskutierte: *De Sancti Francisci Assisiensis stigmatum susceptione. Disquisitio historico-critica luce testimoniorum saculi XIII* („Über den Empfang der Stigmata durch den heiligen Franziskus von Assisi. Eine historisch-kritische Untersuchung im Lichte der Zeugnisse des 13. Jahrhunderts").[23] Diese umfassende Untersuchung eines für die Persönlichkeit des Franziskus und vielleicht noch stärker für seine Deutung und Verehrung so wichtigen, aber auch so umstrittenen Sachverhalts ist 1991 in einer vom Verfasser an manchen Stellen überarbeiteten und um einen Bericht über die von 1963 bis 1985 erschienene Literatur[24] ergänzten Fassung in englischer Übersetzung als Buch erschienen.[25] Der vorliegende Band enthält als letztes Stück einen Aufsatz, in dem P. Oktavian über die wichtigere neuere Literatur wie über die Quellen zur Stigmatisation berichtet und – über seine bisherigen Ausführungen[26] hinaus – den Versuch einer Erklärung der Stigmata vorlegt.[27] Auch darauf werde ich noch einmal zurückkommen müssen.

So wichtig das Leiden Christi für die gesamte Frömmigkeit und Lebensführung des Poverello war, so wenig darf darüber seine ausgeprägte Weihnachtsfrömmigkeit vergessen werden. Sie hat sich durch die auch von großen Malern dargestellte Szene der einmaligen Krippenfeier von Greccio am Christfest 1223 besonders stark in das allgemeine Bewusstsein eingeprägt und Franziskus sogar irrtümlich zum Erfinder der Weihnachtskrippe und des Krippenspiels gemacht. Mit dieser Auffassung hat sich P. Oktavian schon früh kritisch auseinandergesetzt.[28] Doch erschöpft sich das Verhältnis

---

20 De infirmitatibus S. Francisci Assisiensis inde a iuventute usque ad stigmatum susceptionem, in: Miscellanea Melchor de Pobladura, Bd. 1, Roma 1964, 99-120.

21 In: Franziskus von Assisi. Das Bild des Heiligen aus neuer Sicht, hg. von Dieter R. BAUER / Helmut FELD / Ulrich KÖPF, Köln 2005, 71-96. Hier 71f. Anm. 1 eine Zusammenstellung aller bisherigen Veröffentlichungen des Verfassers zum Thema.

22 Unten S. 359-375.

23 CFr 33 (1963) 210-266, 392-422; 34 (1964) 5-62, 241-338.

24 Vgl. dazu schon: Literatur zur Stigmatisation des hl. Franziskus von Assisi 1963-1985, in: Bonaventuriana. Miscellanea in onore di Jacques Guy Bougerol, a cura di Francisco de Asís CHAVERO BLANCO, Bd. 2, Roma 1988 (Bibliotheca Pontificii Athenaei Antoniani, 28), 695-728.

25 The Stigmata of St. Francis of Assisi. A Critical Investigation in the Light of Thirteenth-Century Sources, übersetzt von Canisius F. CONNORS, St. Bonaventure, New York 1991 (Franciscan Institute Publications. History Series, No. 6).

26 Vgl. ebd. besonders 323-325.

27 Unten S. 487-492.

28 Die kerstviering van Greccio in het licht van haar tijd, in: FrancLeven 40 (1957) 163-177; 41 (1958) 21-27.

des Heiligen zur Menschwerdung Christi keineswegs im weihnächtlichen Geschehen von Greccio und darf nicht nur in seinem Licht gesehen werden. Mit Recht untersucht P. Oktavian *Das Geheimnis der Geburt Jesu in der Frömmigkeit des hl. Franziskus von Assisi*[29] zunächst an den *Opuscula,* vor allem am Weihnachtspsalm des Passionsoffiziums, um vor diesem Hintergrund die Schilderung der Krippenfeier durch die Biografen zu interpretieren und anschließend die darin ausgedrückte Frömmigkeit des Heiligen in größere geschichtliche Zusammenhänge zu stellen.

Einen weiteren umfangreichen Komplex von Themen, den der Verfasser in zahlreichen Aufsätzen behandelt hat, bildet das Gebetsleben des Franziskus, das ja bereits in den Untersuchungen zu seiner Passions- und Weihnachtsfrömmigkeit unter bestimmten Gesichtspunkten behandelt wurde. Das hat seinen sachlichen Grund in der zentralen Bedeutung des Gebets für die Frömmigkeit – gleichgültig, auf welchen Aspekt des Göttlichen sie sich richtet. Der erste große Beitrag P. Oktavians zu diesem Themenkreis über *Die Stellung Christi im Beten des hl. Franziskus von Assisi*, der an zweiter Stelle unseres Sammelbandes steht,[30] bietet einen viel umfassenderen Überblick über die Gebetspraxis des Poverello, als der Titel vermuten lässt. Der Verfasser analysiert hier neben den unmittelbar an Christus gerichteten und Christus als Mittler einbeziehenden auch die einfach Gott und den drei trinitarischen Personen geltenden Gebete und geht schließlich auf den „Kult der heiligen Worte und göttlichen Namen“ im Werk des Franziskus ein.[31] Das Thema des Gebets hat P. Oktavian immer wieder beschäftigt.[32] Auch den äußeren Umständen und den Orten des Betens widmete er wichtige Studien, die einen Wiederabdruck verdienten.[33] Vor allem aber behandelte er häufig die spirituellen Seiten des Gebetslebens, etwa die Rolle des Meditierens, das Stundengebet sowie das „Lobgebet vor Beginn des Stundengebets“ und das Passionsoffizium.[34] In die vorliegende Auswahl wurde der Aufsatz *«Mentis silentium». Le programme contemplatif de l'Ordre franciscain primitif* aufgenommen,[35] die um einen bibliografischen Anhang ergänzte französische Fassung eines ursprünglich italienisch veröffentlichten Beitrags.[36] In seiner eingehenden Analyse des großen „Briefs an den ganzen Orden“ geht P. Oktavian ausführlich auf die Abschnitte über die Messe und die Priester im Orden ein und

29 Unten S. 145-168.

30 Unten S. 101-144.

31 Unten S. 134-141.

32 Vgl. noch: Franciscus „Dei laudator et cultor“. De orationis vi ac frequentia in eius cum scriptis tum rebus gestis, in: Laur 10 (1969) 3-36, 173-215, 245-282.

33 Grundlegend: „Secretum solitudinis“: De circumstantiis externis orandi penes Sanctum Franciscum Assisiensem, in: CFr 39 (1969) 5-58. Vgl. auch: Luogo di preghiera, eremo, solitudine. Concetti e realizzazioni in S. Francesco d'Assisi, in: Studi e ricerche francescane 7 (1978) 29-53; auch in: Le case di preghiera nella storia e spiritualità francescana, Napoli 1978 (Studi scelti di francescanesimo 7), 29-53.

34 Drei Beiträge, zusammengefasst in der Schrift: Gotteslob und Meditation nach Beispiel und Anweisung des hl. Franziskus von Assisi, Luzern 1980.

35 Aus: Fidelis 69 (1982) 114-152.

36 „Mentis silentium“. Il programma contemplativo nell'Ordine francescano primitivo, in: Laur 14 (1973) 177-222.

erörtert auch die vieldiskutierte Vorschrift, an den einzelnen Orten, an denen sich Brüder aufhalten, täglich nur eine Messe zu feiern.[37]

Trotz der zentralen Bedeutung von Gebet und Meditation für Franziskus darf nicht vergessen werden, dass er keinen rein kontemplativen Orden schaffen wollte. Deshalb ist es wichtig, zu wissen, wie sich nach seiner Auffassung *vita contemplativa und vita activa* zueinander verhalten.[38] So wenig wie die rein kontemplative Lebensweise wollte Franziskus für sich und seine Brüder das monastische Ideal lebenslanger Ortsfestigkeit *(stabilitas loci)* übernehmen. P. Oktavian arbeitet in den *Opuscula* den Gedanken der konkreten apostolischen Wanderschaft heraus, zeigt aber auch den Wandel des anfänglichen Ideals ständiger Ortsveränderung zu dem der persönlichen Verfügbarkeit auf, das ein ortsfestes Einsiedlerleben und die Bildung kleiner Gemeinschaften an bestimmten Orten nicht mehr ausschloss.[39]

Die verschiedenen Aspekte des Gebetslebens und die Rolle der Kontemplation im Leben und Denken des Franziskus legen die Frage nahe, ob man seine Frömmigkeit mit dem problematischen, aber trotz aller Kritik noch immer nicht ersetzten Begriff der „Mystik" angemessen charakterisieren kann. P. Oktavian ist auch dieser Frage nachgegangen.[40] Im Wissen um die Problematik des Begriffs definiert er Mystik als „die unmittelbare – wenn auch psychologisch vermittelte und darum von Veranlagung und Zeitkultur nicht unabhängige – Erfahrung der übernatürlichen Lebensgemeinschaft mit dem dreieinigen Gott".[41] Obwohl er darauf hinweisen muss, dass bei allen größeren Schriften des Heiligen die Mitwirkung von Sekretären anzunehmen ist, scheut er sich nicht, von „der mystischen Erfahrung des Ordensgründers" zu sprechen,[42] und arbeitet aus den *Opuscula* eine Reihe von Belegen solcher Erfahrung und ihrer Beziehungen zum Denken des Poverello mit seinem biblischen Hintergrund heraus. Mit Recht bedauert er es, wenn eine Darstellung franziskanischer Mystik sich allein auf die biografischen Quellen stützt und die Schriften des Franziskus übergeht.[43]

Mit besonderer Sorgfalt achtet P. Oktavian in seinen Untersuchungen auf die biblischen Überlieferungen, aus denen die Frömmigkeit des Franziskus gespeist wird. An den Wendepunkten seines Lebens spielen biblische Worte eine wegweisende Rolle, und als er für seine wachsende Gemeinschaft eine „Lebensform und Regel" aufschrieb *(scripsit sibi et fratribus suis [...] vitae formam et regulam)*, da gebrauchte er nach dem Bericht des Thomas von Celano vor allem Formulierungen aus dem Evangelium.[44] Diese Sachverhalte geben freilich Anlass, nach den Wegen zu fragen, auf denen die Kenntnis der Bibel (wie aller anderen aufgenommenen schriftlichen Überlieferungen) zu Franziskus

---

37 Epistola toti Ordini missa 30.

38 Vgl. Spiritus orationis et actionis humanae compositio ad mentem S. Francisci Assisiensis, in: Laur 23 (1982) 375-403.

39 L'itineranza alla luce degli Opuscoli di san Francesco d'Assisi, in: Pellegrini e Forestieri. L'itineranza francescana, a cura di Luigi PADOVESE, Bologna 2004 (Collana Teologia spirituale 1), 103-124.

40 Unten S. 377-402.

41 Unten S. 383.

42 Unten S. 384.

43 Unten S. 381.

44 1 C 32,1.

gelangt ist. P. Oktavian hat dieser Frage 1977 eine wegweisende Untersuchung gewidmet: *„Ignorans sum et idiota". Das Ausmaß der schulischen Bildung des hl. Franziskus von Assisi.*[45] In ihr geht er von der schlichten, aber unabweisbaren Feststellung aus: „Wer versucht, irgendeine religiöse Vorstellung des hl. Franziskus in ihrem Bezug auf die vorausgehende Zeit zu untersuchen, sieht sich früher oder später vor die Frage gestellt, wie weit der Heilige bildungsmäßig imstande war, die Schriften eines anderen Autors zu lesen und zu verstehen."[46] In einer überaus differenzierten Untersuchung der einschlägigen Hinweise in den Quellen kommt er zu einem ernüchternden Urteil über den Bildungsstand des Heiligen, meint aber: „Anderseits machten diese kulturellen Lücken eine einzigartige menschlich-religiöse Begabung und intensive Lebenserfahrung wett, wie allein aus der Strahlungskraft seiner Persönlichkeit erhellt."[47] Auf der Grundlage dieses Aufsatzes und zusätzlicher Informationen zur Zugänglichkeit der Bibel im Mittelalter führte er 1984 die Analyse der Quellen fort in seiner Studie *Schrittweise Entdeckung der evangeliumsgemäßen Lebensform durch den heiligen Franziskus von Assisi.*[48] Hier untersucht er die nach dem Hören der neutestamentlichen Aussendungsrede und nach der Anwendung des Bibelloses wachsende Kenntnis der Heiligen Schrift und die damit verbundene allmähliche Entwicklung der am Evangelium ausgerichteten franziskanischen Lebensweise. Mit Recht betont er: „Die inhaltliche Auswertung allein der in den 'Opuscula' enthaltenen biblischen Zitate oder Anklänge würde die Ausdehnung eines Buches verlangen".[49] Seine Argumentationen sind in jeder Hinsicht vorbildlich und münden in die vorsichtige und überaus differenzierte Antwort auf die sachliche Zentralfrage ein, „was das 'vivere secundum formam sancti Evangelii' für Franziskus inhaltlich einschloss".[50] Es gelingt ihm, unter Einbeziehung weniger entscheidender Daten die Entwicklung einer aus dem Umgang mit der Heiligen Schrift herauswachsenden franziskanischen Lebensform in ihren Grundlinien nachzuzeichnen – eine Skizze, die das Gerüst einer von äußeren Daten getragenen Biografie mit Leben füllt.

Eine Sammlung der wichtigsten Beiträge Oktavian Schmuckis zur Franziskusforschung wäre unvollständig ohne zwei Studien, die Beziehungen des Heiligen über den engeren Kreis seiner Gemeinschaft hinaus betreffen. Bereits 1973 gab P. Oktavian die Beiträge des 1972 in Assisi veranstalteten ersten Kongresses über den Dritten Orden des hl. Franziskus heraus, zu dem er auch einen eigenen Beitrag über den Orden nach den Franziskus-Biografien beisteuerte.[51] 1990 veröffentlichte er eine überarbeitete Fassung dieses Beitrags, in dem er die Zeugnisse der biografischen Quellen in chronologischer Folge analysiert, um anschließend eine „Synthese" zu versuchen.[52] Da sich

---

[45] Unten S. 199-218.

[46] Unten S. 199.

[47] Unten S. 217.

[48] Unten S. 305-358.

[49] Unten S. 306.

[50] Unten S. 355.

[51] L'Ordine della penitenza di san Francesco d'Assisi nel secolo XIII. Atti del Convegno di Studi Francescani, Assisi 3-4-5 luglio 1972, a cura di Ottaviano SCHMUCKI, Roma 1973 [unveränderter Nachdruck 1988]. Darin: Il T.O.F. nelle biografie di san Francesco, 117-143 (auch in CFr 43 [1973] 117-143).

[52] Unten S. 411-438; „Versuch zu einer Synthese" S. 429-438.

unter den Schriften des Franziskus keine Regel für den Dritten Orden findet,[53] hat man in der *Epistola ad Fideles (Recensio prior)* eine solche vermutet.[54] P. Oktavian urteilt mit charakteristischer Zurückhaltung: „Von meinem aktuellen Kenntnisstand her scheint mir nicht auszuschließen zu sein, dass in diesem Text mindestens gewisse Umrissformen des spirituellen Programms der Pönitenten vorliegen."[55] Im übrigen gelingt es ihm, die Bedeutung des Franziskus für den Dritten Orden zu erhellen, insbesondere „die Eigenart der spirituellen Vaterschaft des hl. Franziskus seinem Bußorden gegenüber besser zu begreifen."[56] Weit schwerer fassbar als Einflüsse auf den franziskanischen Dritten Orden sind Beziehungen des Franziskus zu dem mehr als zwei Jahrzehnte älteren Johannes von Matha, dem Gründer des 1198 durch Innozenz III. bestätigten Trinitarierordens, der sich neben der besonderen Verehrung der Trinität den Loskauf christlicher Sklaven aus der Gefangenschaft von Muslimen zur Aufgabe machte. Während P. Oktavian, ohne sich auf ein zeitgenössisches Zeugnis stützen zu können, nur „mit einer gewissen Wahrscheinlichkeit" annimmt, die beiden Ordensgründer könnten sich in Rom begegnet sein,[57] nimmt er einen Vergleich ihrer Lebensformen vor, soweit das die erhaltenen Texte erlauben: *Die Regel des Johannes von Matha und die Regeln des Franziskus von Assisi. Ähnlichkeiten und Eigenheiten. Neue Beziehungen zum Islam.*[58] Es ist interessant, Regeln zweier verschiedener Verfasser miteinander zu vergleichen, die innerhalb eines relativ kurzen Zeitraums von einem Papst approbiert worden sind, der danach strebte, neue religiöse Bewegungen den beiden herkömmlichen Lebensformen von Mönchen (nach der *Regula Benedicti*) oder Kanonikern (nach der sogenannten *Regula Augustini*) zu unterstellen. Der Vergleich, der Gemeinsamkeiten und Unterschiede offenbart, wirft Licht auf manchen besonderen Aspekt der franziskanischen Regeln.

III. Oktavian Schmucki als kritischer Historiker

P. Oktavian macht in seinen Beiträgen zahlreiche grundsätzliche Bemerkungen zu seinem Vorgehen, besonders in seinen frühen Aufsätzen. Daran zeigt sich, dass er von Beginn seiner wissenschaftlichen Arbeit an den Willen und das Bewusstsein hatte, Historiker im strengen Sinne zu sein, und dass er alle Schritte seiner historischen Arbeit stets durch Reflexionen auf sein eigenes Tun begleitet hat. Er bezeichnet seine Arbeitsweise gerne mit einem im 19. Jahrhundert gebräuchlich gewordenen Begriff als

[53] Die von Nikolaus IV. am 18. August 1289 in der Bulle *Supra montem* bestätigte Terziarenregel lässt sich nicht auf Franziskus zurückführen. Vgl. ESSER, Kajetan: Die Opuscula des hl. Franziskus von Assisi. Neue textkritische Edition, 2. Aufl. besorgt von Engelbert GRAU, Grottaferrata 1989 (Spicilegium Bonaventurianum, 13), 52.

[54] Vgl. SCHMUCKI, Oktavian: Quellen und Studien über den hl. Franziskus von Assisi (1987-1990), in: CFr 60 (1990) 255-310, hier: 255-258.

[55] Unten S. 434.

[56] Unten S. 438.

[57] Unten S. 440, 463.

[58] Unten S. 439-463.

„historisch-kritisch“ – allerdings ohne auf die Herkunft dieses Begriffs einzugehen oder grundsätzlich auf seinen Sinn und seine Probleme zu reflektieren. Was er damit meint, geht aus seinem methodischen Vorgehen und aus den damit verbundenen weiterführenden Überlegungen hervor. Mit dem in der älteren katholischen Franziskusforschung ungebräuchlichen Begriff drückt er seine Absicht aus, Quellen und in ihnen berichtete Sachverhalte möglichst unvoreingenommen, d. h. ohne Vorwegnahme von Ergebnissen, zu untersuchen. Seine Franziskusforschungen beruhen auf der Überzeugung, dass die franziskanischen Quellen – die Schriften des Franziskus wie die biografischen Quellen – nicht anders behandelt werden dürfen als andere historische Quellen und dass Leben und Persönlichkeit des Franziskus nach denselben Regeln erforscht werden müssen wie die anderer geschichtlicher Persönlichkeiten.

Die historische Kritik beginnt bei den Quellen, die Grundlage aller Erkenntnis geschichtlicher Sachverhalte sind. Die Voraussetzung für ihre Anwendung ist P. Oktavians Überzeugung vom geschichtlichen Charakter aller Überlieferung. Bereits im ersten Beitrag des Bandes betont er: „Die biografischen Schriften sind nicht inspiriertes Gotteswort und wollen auch nicht als solches behandelt werden! Vielmehr sind sie typische Erzeugnisse der mittelalterlichen Hagiografie.“[59] Später sagt er einmal in der Auswertung eines Abschnitts der *Compilatio Perusina*: „In diesem [...] Bericht kann durchaus ein historisch vertrauenswürdiger Kern vorliegen, wobei vom angeblich übernatürlichen Offenbarungscharakter dieser geistlichen Standortbestimmung des Ordens in der Kirche [...] natürlich abzusehen ist.“[60] Aber auch die Schriften des Heiligen selbst dürfen nicht betrachtet werden, als seien sie durch göttliche Offenbarung an den hl. Franziskus vom Himmel gefallen.[61] Solche und ähnliche Äußerungen mögen uns heute selbstverständlich erscheinen. In der Tradition, in der P. Oktavian steht, stellen sie ein bemerkenswertes Bekenntnis zu konsequent historischer Geschichtsbetrachtung dar.

Was P. Oktavian unter historischer Kritik versteht, zeigt sich zunächst an seinem Umgang mit den Quellen. Er vermeidet gewagte Thesen und radikale Argumentationen, die den historischen Wert einer Schrift von vornherein in Frage stellten. Vielmehr betont er die Notwendigkeit der „Anwendung einer gesunden Quellenkritik“[62] und fordert „eine gesunde hagiografische Kritik“.[63] Später formuliert er die Maxime: „Beim Verwenden hagiografischer Zeugnisse des Mittelalters sind zwei Extreme sorgfältig zu vermeiden: Einerseits dürfen sie nicht unbesehen und kritiklos übernommen werden; andererseits zeugt es von Voreingenommenheit, wenn ihnen – en bloc – jeder historische Zeugniswert abgesprochen wird. Wer sich von einer ausgewogenen Einstellung zu Quellentexten, die zeitlich so weit zurückliegen, leiten lässt, wird den Aussagekern von der literarischen Umkleidung bloßzulegen versuchen. Wer sich auch nur einigermaßen in die überbordende Quellenliteratur zum Poverello eingelesen hat, weiß um die in ihr stark hervortretende Erbauungstendenz, um den je nach Vita sich wandelnden Sitz im Leben

---

59 Unten S. 8.

60 Unten S. 182.

61 Unten S. 231: „Oggi, gli storici […] ritengono come certo che questa regola non sia venuta dal cielo per rivelazione divina a san Francesco.“

62 Unten S. 42.

63 Unten S. 89.

und um den seit der Heiligsprechung des Franziskus ständig verstärkten Zug zur zeitenthobenen Idealisierung."[64] Schon von Anfang an war ihm bewusst gewesen, wie sehr bestimmte Sachverhalte und ihre Deutung die geschichtliche Darstellung beeinflussen können. Sehr schonend drückt er dies einmal so aus: „Es ist also offenkundig – zudem menschlich begreiflich –, dass das außerordentliche Vorkommnis der Wundmale die klare Sicht der Biografen für die wahren geschichtlichen Ausmaße der Passionsfrömmigkeit im Leben des Poverello trübte. Dem kritisch prüfenden Historiker stellt sich aber die Aufgabe, falsch oder einseitig gesetzte Akzente zurechtzurücken."[65] Andererseits fordert ein genereller Ratschlag, bei der kritischen Untersuchung einer Quelle sollten vor der Abgabe negativer Urteile „doch der unvermeintlich fragmentarische Charakter jeder biografischen Information und die bei mittelalterlichen Lebensbeschreibern den unsrigen gegenüber stark abweichenden Interessen mitbedacht werden."[66]

Bei aller Schonung im Umgang mit den Quellen kommt P. Oktavian immer wieder zu kritischen Urteilen. Auch gegenüber den *Opuscula* äußert er wiederholt Vorbehalte. So legt er den Finger insbesondere auf die Tatsache, dass Franziskus wegen seiner begrenzten schulischen Bildung bei der Abfassung seiner Schriften zumeist auf die Hilfe von Mitbrüdern angewiesen war. In der Behandlung des großen Gebets am Ende des „Briefs an den ganzen Orden" sagt er: „Bei diesem franziskanischen Gebet kann freilich nicht übersehen werden, dass seine literarische Form einen stärkeren Eingriff eines lateinkundigen Sekretärs voraussetzt. Das nicht fehlerfreie und mit Italianismen durchsetzte Latein der zwei überlieferten Autographen des Heiligen [...] führt unweigerlich dazu, für alle größeren Schriften die Mithilfe von Sekretären anzunehmen."[67] Aber er übersieht auch nicht innere Widersprüche und Probleme in den *Opuscula*. „Immerhin ist – besonders bei einzelnen Schriften – wegen der Mitarbeit verschiedener Brüder, wegen gewisser voneinander abweichender Aussagen und wegen der großenteils nicht wieder aufzufindenden ursprünglichen Wortgestalt ein behutsamer Vergleich der Texte untereinander nötig."[68] Außerdem weist er im Blick auf Franziskus wiederholt auf „eine spürbare Zurückhaltung im Aufdecken eigenpersönlicher Erfahrungen" hin, die Rückschlüsse aus den *Opuscula* auf das Innenleben des Heiligen erschweren.[69]

Besondere Vorsicht ist natürlich gegenüber den biografischen Quellen geboten. So meint P. Oktavian etwa: „Allgemein wird man indes sagen müssen, dass die Legenden das christozentrische Element in Franziszi Jesusgebet übersteigern. Dies gilt namentlich für die Namen-Jesu-Verehrung, die Thomas von Celano in stark überschwänglicher Form und mit auffallend bernardinischem Kolorit darstellt." Der Biograf verschiebe

---

64 Unten S. 411f.

65 Unten S. 92.

66 Unten S. 431.

67 Unten S. 384.

68 Unten S. 6. Vgl. auch unten S. 144: „In der strengen Zurückhaltung hinsichtlich eigener religiöser Erfahrungen stehen die Schriften des Heiligen geistesgeschichtlich weit entfernt von den 'Offenbarungen' späterer Mystikerinnen. Darum konnte über sein *inwendiges Beten zu Christus* nichts Wesentliches beigesteuert werden."

69 Unten S. 6.

„ungewollt und unbewusst die Akzente“.[70] Zum Bericht des Thomas über die Weihnachtsfeier in Greccio meint er, die biografische Einleitung vermöge „wegen ihres allgemeinen und in etwa übersteigernden Charakters über die zeitliche Unbestimmtheit umso weniger hinwegzuhelfen, als Celano für die Chronologie bekanntermaßen wenig verlässlich ist.“[71] Gelegentlich bemerkt er, Thomas setze „da und dort zu starke Gefühlsakzente [...], wie wir dies auch anderswo beobachtet haben“.[72] Noch kritischer fällt sein Urteil über Bonaventura aus. Er hebt hervor, dieser beurteile „noch viel ausgeprägter“ als Celano „die ganze Frömmigkeit des Poverello einseitig nur vom Kreuze her“.[73] In seiner Deutung der ungeschichtlichen Kreuzanrede scheine das, was er über Celano hinaus mitteilt, „weniger die Wiedergabe eines historischen Sachverhaltes als die Übertragung persönlicher Frömmigkeitselemente zu sein.“[74] In Bonaventuras „Begründung der Leprosenbetreuung mit der angeblichen Erscheinung des Gekreuzigten“ sieht er „eine legendäre Fortbildung der mündlichen Überlieferung“.[75] Zusammenfassend urteilt er, „dass die Lebensbeschreiber den Anteil des Passionsgeheimnisses in der Religiosität des Poverello stark übersteigerten. Wollte man nur gewisse Behauptungen Celanos und besonders des seraphischen Lehrers beachten, hätte das geistliche Leben unseres Heiligen ausschließlich oder doch zum überwiegenden Teil aus Leiden-Jesu-Verehrung bestanden.“[76] Einen Grund dafür sieht er in dem Eindruck, den die Stigmata machten; sie „waren in ihrem Nachwirken derart geschichtsmächtig, dass die Christusfrömmigkeit des Ordensgründers fortschreitend immer deutlicher in eine ungeschichtliche Passionszentrik umgedeutet wurde.“[77] Er geht sogar so weit, auf „die allgemein geringe geschichtliche Zuverlässigkeit des seraphischen Lehrers“ hinzuweisen.[78] Aber auch die Berichte der Gefährten des Franziskus sind ihm nicht über jeden Zweifel erhaben. Über die von ihm geschätzte *Compilatio Perusina* urteilt er, es handle sich um alten Stoff, der zuvor mündlich überliefert worden sei und deshalb nicht frei sei „de contaminations légendaires et de projections des développements postérieurs à l'époque initiale“.[79] Andererseits bemerkt er zu einer Stelle der Dreigefährtenlegende, von ihm als der „ebenso lebendige wie glaubwürdige Lagebericht“ bezeichnet, er wolle „die diesen Berichten zugrundeliegende Idealisierungstendenz“ (ähnlich wie in Sammelberichten in der Apostelgeschichte) nicht leugnen.[80] Die späteren Quellen müssen natürlich besonders zurückhaltend benutzt werden; aber P. Oktavian bemüht sich stets, auch ihnen mit aller gebotenen methodischen Vorsicht historisches Material abzugewinnen: „Doch im Lichte der mittelalterlichen Hagiografie gesehen, mag es immerhin möglich sein, dass hier ein

70 Unten S. 143.
71 Unten S. 165.
72 Unten S. 156 Anm. 37.
73 Unten S. 43.
74 Unten S. 55.
75 Unten S. 56.
76 Unten S. 91.
77 Unten S. 340.
78 Unten S. 44.
79 Unten S. 272.
80 Unten S. 320 mit Anm. 45.

geschichtlich echter Kern nach den Gesetzen der fortschreitenden Legendenbildung und ständig stärkeren Betonung des Wunderbaren zu diesem Rankenwerk auswuchs."[81]

Die Glaubwürdigkeit der franziskanischen Quellen hängt offenbar mit ihren Inhalten zusammen, die sich keineswegs auf die Wiedergabe des Geschehens beschränken, sondern sehr stark von dessen Interpretation beeinflusst sind. Bei seiner Suche nach festem geschichtlichem Grund distanziert sich P. Oktavian auch von berühmten Deutungen, die jahrhundertelang das franziskanische Geschichtsbild bestimmt haben und noch heute innerhalb wie außerhalb des Ordens wirksam sind: von der bereits von Bonaventura[82] bezeugten Auffassung des Heiligen als „Engel des sechsten Siegels" der Johannesoffenbarung (Offb 6,12; 7,2) und von der durch die *Actus Beati Francisci*[83] eingeführten Bezeichnung als „zweiter Christus" *(alter Christus)*: „Solche Verirrungen vergangener Zeiten müssten uns eine bewusste Selbstkontrolle und christliche Nüchternheit lehren, wenn wir über Franziskus reden oder schreiben. Seine kirchengeschichtliche Größe bedarf solcher Lügen wirklich nicht!"[84] Als er die schulische Bildung des Heiligen untersucht, kritisiert er eingangs: „Es fehlt freilich nicht an Auffassungen solcher, die den Poverello gleichsam als Engel vom Himmel in die geistige Welt des 12. und 13. Jahrhunderts niedersteigen lassen und seine Frömmigkeit allein unter dem Blickwinkel einer völligen Originalität und als Ergebnis unmittelbar göttlichen Einwirkens auf ihn erklären wollen."[85] In der zugehörigen Fußnote nennt er als „Musterbeispiel solch einseitiger Franziskusdeutung" Ernest Renan und fügt hinzu: „Dieselbe Tendenz ist – bewusst oder unbewusst – bei vielen katholischen Forschern, namentlich unter den Söhnen des Heiligen, fühlbar."[86] Er kritisiert „verschiedene maßlos übertriebene Behauptungen hinsichtlich der angeblich außerordentlich hohen Bildung unseres Heiligen"[87] und meint: „gewisse [...] Urteile über des Ordensgründers angebliches dichterisches Können sind freilich mehr enthusiastisch als historisch!"[88] Mit besonderem Nachdruck wendet er sich gegen die von Beda Kleinschmidt „bereits 1903 widerlegte, aber inzwischen immer neu aufgewärmte Deutung [...], die Franziskus wegen der Weihnachtsfeier von 1223 zum 'Erfinder der Krippe' hinstellt".[89]

Aber nicht nur die Quellen und ihre modernen Interpreten müssen kritisch betrachtet werden. Auch die Person des Franziskus darf trotz aller Sympathie, die sie verdient, nicht der Kritik entzogen werden. Das erklärt P. Oktavian am konkreten Beispiel: „Franziskus ist sicher stark zeitverhaftet, wenn er die Kirche, sooft er sie ausdrücklich nennt, weithin mit *Hierarchie* und *Klerus* gleichsetzt."[90] Aus der Einsicht in die Geschichtlichkeit auch des Heiligen leitet er die allgemeine Forderung ab: „Wie jede andere Figur der

[81] Unten S. 80.
[82] Vgl. LM, Prologus 1,8.
[83] Vgl. Actus B. Francisci et sociorum eius 6,1; 18,27.
[84] Unten S. 341.
[85] Unten S. 199.
[86] Ebd. Anm. 1.
[87] Unten S. 203 Anm. 20.
[88] Unten S. 210 Anm. 58.
[89] Unten S. 156.
[90] Unten S. 178.

Vergangenheit muss auch Franziskus aus den Voraussetzungen seiner Zeit verstanden werden. Erst in einem zweiten Arbeitsgang darf – mit der seiner geschichtlichen Größe gebührenden Ehrfurcht! – versucht werden, die zeitgebundenen Momente von den überzeitlichen zu scheiden."[91] Schon 1960 hatte er betont: „Es wäre eine ungeschichtliche Haltung zu glauben, die Religiosität des Poverello sei allein Gabe von Natur und Gnade. Jeder Mensch – das Genie nicht ausgenommen – steht in seiner Zeit; er strahlt nicht bloß Impulse aus, sondern zuvor und vor allem empfängt er solche aus der Vorzeit und Umwelt."[92] Später kann er im Blick auf das von dem heutigen verschiedene Eucharistieverständnis des Heiligen einmal fragen: „Aber warum soll Franziskus nicht Kind seiner Zeit sein dürfen?"[93]

Freilich greift er im Blick auf die außergewöhnliche Persönlichkeit des Heiligen gelegentlich auch auf ein anderes Erklärungsmuster zurück: „Es sei hier immerhin zugestanden, dass bei der staunenswerten biblischen Kenntnis ein rein natürlich-historischer Erklärungsversuch versagt. Seine im mystischen Erleben und praktischen Verwirklichen erwachsene Wesensverwandtschaft zum Worte Gottes entzieht sich bloß menschlicher Forschung und gründet in der besonderen Gnadenführung des Heiligen Geistes."[94] Doch derartige Argumentationen sind selten. Sie finden sich vor allem noch im thematischen Bereich dessen, was die Tradition in der Nachfolge der mittelalterlichen Quellen als „Wunder" bezeichnet. In seiner Behandlung dieser Quellen geben P. Oktavian, wie wir gesehen haben, „der unkritische Wunderglaube des mittelalterlichen Menschen"[95] und „die übermäßige Betonung des Wunderbaren"[96] Anlass zu kritischen Bemerkungen. Doch geht er nicht so weit wie die im 19. Jahrhundert begründete konsequent historisch-kritische Geschichtsbetrachtung, die das Wunder als Deutekategorie grundsätzlich aus der Erklärung historischer Sachverhalte ausschließt. Schon früh sagt er im Blick auf die Kreuzvisionen: „Auch wenn man nicht jeden ungeprüft weitergegebenen Wunderbericht gleich als unfehlbar erklärt, wird man doch Zeugnissen glaubwürdiger und gut unterrichteter Lebensbeschreiber die Zustimmung nicht versagen dürfen, selbst wenn sie von außergewöhnlichen Vorkommnissen sprechen. Es ist gleich unlauter wie ungeschichtlich, die Möglichkeit von Wundern durch erkenntnistheoretische Axiome und weltanschauliche Vorurteile von vornherein auszuschließen. Andererseits verlangen gerade die mittelalterlichen Wunderbücher die Anwendung einer gesunden Quellenkritik, um das Korn von der Spreu zu scheiden. Die Wundererzählungen in franziskanischen Quellen dürfen natürlich ebensowenig wie die übrigen Berichte vom Zeithintergrund losgelöst werden; ihre Verfasser teilen vielmehr in größerem oder geringerem Umfang die mangelnde Kritik und die Erbauungstendenz der mittelalterlichen Geschichtsschreiber."[97] Nachdem er im folgenden die Anrede durch den Kruzifixus von San Damiano ausführlich erörtert und ihre wunderbaren Elemente Zug um Zug der

[91] Unten S. 171.

[92] Unten S. 9.

[93] Unten S. 327.

[94] Unten S. 212.

[95] Unten S. 6.

[96] Unten S. 7.

[97] Unten S. 42.

Kritik unterzogen hat, bleiben ihm nur die Möglichkeiten „des mittelbaren oder unmittelbaren göttlichen Ursprungs der Kreuzanrede“. Wie bei anderen vergleichbaren Stellen erwähnt er zunächst, Celanos Bericht „ließe sich [...] am leichtesten mit der Annahme des unmittelbar göttlichen [d. h. wunderhaften, U.K.] Einwirkens in Franziszi Einbildungskraft erklären.“ Dagegen wendet er aber ein: „Da jedoch ein wunderbarer Eingriff erst dann vorausgesetzt werden soll, wenn jede andere Erklärung die letzte Wahrscheinlichkeit verloren hat, genügt es in unserem Fall, einen *mittelbar göttlichen Ursprung* der Kreuzanrede anzunehmen.“[98] Diese Argumentation ist bezeichnend für den Historiker Oktavian Schmucki. Er verzichtet darauf, sich – wie in der Franziskusliteratur so häufig – unter Beschwörung einer Autorität einfach auf übernatürliche Einflüsse zu berufen. Vielmehr bemüht er sich nach Kräften, auch wunderhaft scheinende Vorgänge so weit wie überhaupt möglich aus der Situation und den geschichtlichen Bedingungen heraus zu verstehen, und räumt nur selten einen unauflösbaren Rest ein. In seiner Monographie über die Stigmata des Franziskus schreibt er: „This is not the place to demonstrate the possibility of miracles. It should suffice to note that, for a Christian who studies church history and the history of spirituality, miracles in the past and in the present are possible, even if the most severe criteria have to be applied to verify them. A miracle can be accepted only when, on the basis of interdisciplinary collaboration of experts, the possibility of a merely natural explanation is excluded unequivocally.“[99]

Ein zentrales Problem der Franziskusforschung bildet die Stigmatisation. Die fünf Wundmale Christi am Körper des Franziskus gehören zu den sicher bezeugten Tatsachen seiner Biografie. Rätselhaft ist freilich ihre Erklärung, zumal im Zusammenhang mit der Vision eines Seraphen auf dem Berg La Verna. P. Oktavian hat die Zeugnisse für dieses Geschehen, wie schon gesagt, mit größter Sorgfalt zusammengetragen und in der Auseinandersetzung mit historischer, theologischer und medizinischer Literatur kritisch analysiert. Die Selbstbeibringung der Wunden, wie sie von der einige Jahre älteren Zeitgenossin des Franziskus Maria von Oignies bezeugt ist, bezieht er in seine Überlegungen freilich nicht mit ein,[100] und einschlägige neuere Hypothesen, die in der Tat an den franziskanischen Quellen keinen Anhalt haben, weist er von vornherein zurück.[101] Dagegen berichtet er ausführlich von Versuchen, spontan auftretende Wundmale medizinisch zu erklären, und entscheidet sich für die „psychogenetisch-psychosomatische“ Deutung,[102] die er – unter Aufnahme eines wohl von Joseph Görres eingeführten Begriffs für den Zusammenhang von Seele und Körper[103] – auf „eine einzigartig ‘ideoplastische’ Anlage“ des Franziskus,[104] auf „seine ‘ideoplastische’ Veranlagung“[105] zurückführt. Auch der, dem diese Erklärung nicht einleuchtet, wird anerkennen, dass sich der Verfasser um ein Verständnis bemüht hat, das nicht auf die auch von neueren

---

98 Unten S. 50.

99 The Stigmata (wie Anm. 25), 78.

100 Unten S. 484.

101 Vgl. unten S. 467f. zu Büchern von Feld und Daxelmüller.

102 Unten S. 488.

103 Ebd.

104 Unten S. 490.

105 Unten S. 492.

Autoren[106] vertretene „leichtere“ Deutung als Wunder rekurriert, sondern eine nachvollziehbare Herleitung bieten möchte. Unabhängig von der medizinischen Erklärung der Stigmata bildet die außerordentlich sorgfältige historisch-kritische Analyse der Quellen und umfassende Aufarbeitung der Literatur in P. Oktavians großem Buch einen Markstein in der Erforschung nicht nur der Stigmata, sondern der Biografie des Franziskus im ganzen.[107]

IV. Schlussbemerkung

Oktavian Schmucki hat keine Biografie des Franziskus verfasst. Seine zahlreichen Arbeiten bilden aber durchweg wichtige Bausteine zu einem geschichtlich angemessenen Bild des Poverello. Es konnte nicht der Sinn meiner Ausführungen sein, den Inhalt der im vorliegenden Band abgedruckten Beiträge wiederzugeben oder gar den Versuch zu machen, sie zu einer Gesamtschau des Heiligen zusammenzufügen. Vielmehr sollte mit Hinweisen auf das Gesamtwerk P. Oktavians angedeutet werden, wie er mit einem tiefen Sinn für Religiosität die wichtigsten Aspekte der Frömmigkeit des Franziskus und damit seiner inneren Biografie vor ihrem geschichtlichen Hintergrund erschlossen hat. Es dürfte deutlich geworden sein, dass P. Oktavian seit fünfzig Jahren in der Franziskusforschung eine ganz eigene Stimme hat, mit der er aus Verantwortungsbewusstsein gegenüber der Überlieferung zugleich sachlich und kritisch wie respektvoll und einfühlsam spricht. Der Forschung innerhalb wie außerhalb der franziskanischen Gemeinschaft hat er dadurch beispielhaft den Umgang mit Quellen und ihren Inhalten vorgeführt. Er hat gezeigt, wie man die Nüchternheit des Historikers mit der Achtung vor den Gegenständen seiner Forschung verbinden kann. Seine ganz aus den franziskanischen Quellen gearbeiteten Beiträge werden ihren Wert behalten, auch wenn die Forschung weitergeht: als eine Schule des Umgangs mit den Zeugnissen und Problemen der Frömmigkeitsgeschichte wie als eine unentbehrliche Grundlage künftiger Studien. Zum Abschluss soll der große Gelehrte noch einmal selbst zu Wort kommen. Nach Ausführungen über die „innere Quellenkritik“ fährt er fort: „Bei solchem Vorgehen werden viele unserer Aussagen vielleicht nicht jenen Sicherheitsgrad erreichen, wie er eigentlich zu wünschen wäre. Gelegentlich werden liebgewonnene Vorstellungen dem Druck einer sachgerechten Kritik weichen müssen. Und doch scheint auf diese Weise der Forschung wie dem Leben ein besserer Dienst erwiesen zu werden, als durch unkontrolliertes Weitergeben längst unhaltbarer Auffassungen und durch vorschnelle, auf falsche Wege weisende Behauptungen. Andererseits wird man sich vor dem gegenteiligen Extrem ebenso sorgfältig hüten müssen [...]. Wer die Geschichte der Frömmigkeit untersucht, darf nämlich nicht vor lauter hagiografischer Kritik den eigentlichen Gegenstand seiner Untersuchung aus dem Blickfeld verlieren.“[108]

---

106 Zum Beispiel noch jüngst von dem Arzt und Theologen Paolo Maria Marianeschi; vgl. unten S. 476, 489f.

107 Vgl. auch meine kurze Würdigung des Buches in CFr 65 (1995) 261-264.

108 Unten S. 8.

Oktavian Schmucki OFMCap

Beiträge zur Franziskusforschung

Das Leiden Christi im Leben des hl. Franziskus von Assisi

Vorwort

Die vorliegende Untersuchung* bietet das umfangreichste, überarbeitete Kapitel meiner Dissertation über die Christusfrömmigkeit des hl. Franziskus von Assisi, die ich im Herbst 1955 begann und am 6. Mai 1959 an der theologischen Fakultät der Päpstlichen Universität Gregoriana in Rom verteidigte. Die Wahl dieses ebenso anregenden wie weitführenden Themas verdanke ich meinem damaligen Provinzobern, Rev.mus P. Generaldefinitor Dr. Franz Solan Schäppi O.F.M.Cap. Ihm, wie auch seinen Amtsnachfolgern, gilt in erster Linie mein aufrichtiger Dank für ihr opferbereites Wohlwollen, mit dem sie meine höheren Studien ständig begleiteten.

Zur Drucklegung aller Kapitel konnte ich mich darum nicht entschließen, weil zu einer irgendwie endgültigen Behandlung von Franziszi Christusfrömmigkeit drei Kapitel noch ausstehen. Da sich diese wegen meiner starken Beanspruchung im Historischen Institut des Kapuzinerordens voraussichtlich noch längere Zeit nicht vollenden lassen, zog ich es vor, die bereits erarbeiteten vier Kapitel in Form von Artikeln zu veröffentlichen. Nach Abschluss aller Studien hoffe ich sie in einem Buche zusammenfassen zu können. Dies würde den Vorteil bieten, dass ich für die quellenkritischen Fragen und die längeren geschichtlichen Analysen auf die früheren Arbeiten einfach verweisen könnte. Zugleich kämen dem Verfasser so die Einwände und Anregungen der Kritiker für die endgültige Studie zugute.

Über Zielsetzung und Methode der vorliegenden Untersuchung glaube ich mich in der Einführung genügend ausgesprochen zu haben. Es sei immerhin noch darauf hingewiesen, dass ich das Problem der Stigmatisierung des Ordensgründers hier ausgeklammert habe, da ich darüber in absehbarer Zeit einen größeren Artikel zu veröffentlichen gedenke. Ebenfalls verzichtete ich an dieser Stelle auf die Darstellung der Erlösungslehre, wie sie Fran- [S. VIII] ziskus nach Ausweis seiner *Opuscula* kannte, weil ich diese im Kapitel über seine christologischen Anschauungen behandelte. Mein Bestreben nach kritischer Prüfung der biografischen Quellentexte und nach einer gewissen frömmigkeitsgeschichtlichen Einordnung von Franziszi Passionsfrömmigkeit bedingte notgedrungen viele Analysen, gewisse Wiederholungen und ein starkes Anwachsen der Anmerkungen. Um dem Leser trotzdem zu einem Überblick zu verhelfen, fügte ich im dritten Teil eine längere und stark synthetische Zusammenfassung hinzu.

Zum Schluss bleibt mir noch die angenehme Pflicht, allen zu danken, die meine Arbeit auf irgendeine Weise gefördert haben. Ausdrücklich sei den beiden Moderatoren, Prof. Dr. P. K. Wl. Truhlar S.J. und Prof. Dr. A. Liuima S.J., für ihre kritischen Hinweise gedankt. Besonderen Dank schulde ich sodann Dr. P. Bonaventura Furrer O.F.M.Cap.,

---

* Veröffentlicht vorher in CFr 30 (1960) 5-30, 128-145, 241-262, 353-397. Darum konnten wir die 1960 erschienene Literatur nur noch in einzelnen Fällen für unsere Untersuchung auswerten.

Rektor des Internationalen Kollegiums des hl. Laurentius von Brindisi, für die selbstlose Durchsicht von Manuskript und Druckbogen. Auch R. P. Stephanus Wisse O.F.M.Cap. las das Manuskript mit großer Anteilnahme durch. Für die Überwachung der Drucklegung bzw. für das Mitlesen der Druckbogen habe ich schließlich meinen beiden Kollegen im Historischen Institut, Dr. P. Isidor von Villapadierna und Dr. P. Servus von St. Anthonis, brüderlich zu danken.

Rom, am Fest des hl. Franziskus 1960.

P. OKTAVIAN VON RIEDEN
O.F.M.Cap.

Einführung

Es darf bestimmt als verheißungsvolles Zeichen gewertet werden, dass in den letzten Jahren die lange Zeit hindurch wenig beachtete *Christusfrömmigkeit* in mehreren bemerkenswerten Studien bearbeitet wurde. So führte – um nur die bedeutendsten daraus zu nennen – J. A. Jungmann die 1925 veröffentlichte Forschung über die „Stellung Christi im liturgischen Gebet" in einer Studie fort, worin er das bis ins hohe Mittelalter noch spürbare Nachklingen der antiarianischen Abwehr in den doktrinären und devotionalen Äußerungen der Christusfrömmigkeit verfolgt.[1] In den monografischen Darstellungen der Frömmigkeit von Origenes, Klemens von Alexandrien, Gregor von Nyssa und neuestens von Pseudo-Dionysius Areopagita durch W. Völker kommt auch das Christusverhältnis eingehend zur Sprache.[2] Um die Erforschung des Christusgebetes bei den Märtyrern und einzelnen Vätern hat sich in jüngster Zeit besonders K. Baus verdient gemacht.[3] In mehreren Arbeiten beleuchteten zudem B. Fischer und P. Salmon die christologische Deutung der Psalmen der frühen Kirche und der Väterzeit.[4] [S. 6]

---

1 JUNGMANN, J. A.: Die Stellung Christi im liturgischen Gebet, Münster 1925; DERS.: Die Abwehr des germanischen Arianismus und der Umbruch der religiösen Kultur im frühen Mittelalter, in: ZKTh 69 (1947) 36-99.

2 VÖLKER, W.: Das Vollkommenheitsideal des Origenes. Eine Untersuchung zur Geschichte der Frömmigkeit und zu den Anfängen christlicher Mystik, Tübingen 1931; vgl. nun auch BERTRAND, F.: Mystique de Jésus chez Origène, Paris 1951; VÖLKER, W.: Der wahre Gnostiker nach Clemens Alexandrinus, Berlin 1952; DERS.: Gregor von Nyssa als Mystiker, Wiesbaden 1955; DERS.: Kontemplation und Ekstase bei Pseudo-Dionysius Areopagita, Wiesbaden 1958.

3 BAUS, K.: Das Gebet der Märtyrer, in: TThZ 62 (1953) 19-32; DERS.: Das Nachwirken des Origenes in der Christusfrömmigkeit des hl. Ambrosius, in: RQ 49 (1954) 21-55; DERS.: Das Gebet zu Christus beim hl. Hieronymus, in: TThZ 60 (1951) 178-188; DERS.: Die Stellung Christi im Beten des hl. Augustinus, in: TThZ 63 (1954) 321-339; vgl. nun auch OPTATUS VAN VEGHEL: De Christusvroomheid van Augustinus, in: Tijd. Geest. Leven 15 (1959) 166-184. 381-396.

4 FISCHER, B.: Die Psalmenfrömmigkeit der Märtyrerkirche, Freiburg i. Br. La. dévotion aux Psaumes dans l'Ѐglise des Martyrs, in: La Maison-Dieu No. 27 (1951) 86-109; DERS.: Die Psalmenfrömmigkeit der Regula S. Benedicti, in: Liturgie u. 1949; leicht überarbeitet in der franz. Übersetzung: Le Christ dans les Psaumes, Mönchtum. Laacher Hefte IV, Freiburg i. Br. 1949, 22-35; V, 1950, 64-79; SALMON, P.: De

Unter fachkundiger Anleitung von K. Hallinger bestimmte M. Balsavich in einer mustergültigen Dissertation die Stellung Christi im Gebetsleben bei Gregor dem Großen,[5] indes A. Kemmer die vorausgehende Benediktusforschung in unserem Punkte zugleich zusammenfasste und weiterführte.[6] Die aus Anlass des 800. Todestages mächtig vorangetriebene Bernhardforschung kam auch unserem Gesichtspunkt zugute. So veröffentlichte unlängst A. van den Bosch einen Teil seiner These über „Christus in unserem Leben nach dem hl. Bernhard“[7]. Schließlich darf die neueste Studie von H. B. Meyer über die Frömmigkeit Alkuins wegen dessen bedeutsamer Mittelstellung zwischen Antike und Mittelalter der Beachtung sicher sein.[8]

Wenn auch das Schwergewicht der Forschung noch eindeutig auf der Patristik liegt, sind doch bereits Entwicklungslinien zum Hochmittelalter hin sichtbar. Auf dem nunmehr stärker erhellten Hintergrund der vorausgehenden und zeitgenössischen Frömmigkeit musste es darum reizvoll erscheinen, das *Christusverhältnis des hl. Franziskus von Assisi* nach seinen verschiedenen Äußerungen darzustellen. Aus dieser größeren, zum Teil noch weiterzuführenden Studie legen wir nachfolgend den Ausschnitt über die Passionsfrömmigkeit des Poverello vor. Bevor indes die Quellen selber zu Wort kommen sollen, drängen sich einige Bemerkungen zum methodischen Vorgehen auf.

Für die frömmigkeitsgeschichtliche Betrachtung eines Heiligen, von dem uns über 700 Jahre trennen, stellt sich zunächst die Forderung nach einer sicheren Untersuchungsgrundlage. Hier aber beginnen ernste [S. 7] Schwierigkeiten. Es ist ja allgemein bekannt, dass die *franziskanische Quellenfrage* zu den dornenvollsten Problemen der hagiografischen Kritik gehört. Wenn über die geistige Gestalt des schlichten Franziskus fast Jahr für Jahr neue Deutungen vorgetragen werden, liegt ein Hauptgrund dafür gerade in der verschiedenen Wertung der Quellen.

Bei dieser Sachlage mussten wir für unsere Untersuchung hinsichtlich der Quellenfrage unbedingt eine tragfähige Basis schaffen. Darum widmeten wir diesem Fragenkreis eine

---

l'interprétation des Psaumes dans la liturgie aux origines de l'office divin, in: La Maison-Dieu No. 33 (1953) 21-55; s. nun bes. DERS.: Les «Tituli Psalmorum» des manuscrits latins, Paris 1959.

5 BALSAVICH, M.: The witness of St. Gregory the Great to the place of Christ in prayer. Diss. for the Doctorate presented to the Faculty of Theology of the Pont. Institute of St. Anselm, Rome 1959; vgl. auch HALLINGER, K.: Zur geistigen Welt der Anfänge Klunys, in: DA 10 (1954) 417-447; die franz. Übersetzung s. in: Rev. Mabillon 46 (1956) 117-140.

6 KEMMER, A.: Christus in der Regel St. Benedikts, in: *Commentationes in Regulam S. Benedicti*, cura Basilii STEIDLE, Rom 1957 (Studia Anselmiana, 42), 1-14.

7 VAN DEN BOSCH, A.: Le Christ dans notre vie selon saint Bernard. Extrait de la thèse de doctorat à la Faculté de théologie de l'Institut Pont. S. Anselme à Rome, Westmalle 1959; DERS.: The Christology of St. Bernard. A review of recent Works, in: Cîtaux in de Nederlanden 8 (1957) 245-251; DERS.: Présupposés à la christologie bernardine, in: Cîtaux in de Nederlanden 9 (1958) 5-17, 85-103.

8 MEYER, H. B.: Alkuin zwischen Antike u. Mittelalter. Ein Kapitel frühmittelalterlicher Frömmigkeitsgeschichte, in: ZKTh 81 (1959) 306-350, bes. 309-343. – Als umfassender Überblick erfüllt – bes. für die Väterzeit – nicht die Erwartungen: RICHSTAETTER, C.: Christusfrömmigkeit in ihrer historischen Entfaltung. Ein quellenmäßiger Beitrag zur Geschichte des Gebetes und des mystischen Innenlebens der Kirche, Köln 1949; s. dazu z. B. W. VÖLKER in: ThLZ 78 (1953) 516f. u. K. BAUS in: TThZ 60 (1951) 178 Anm. 2. – In einer längeren Artikelfolge beabsichtigen wir, in absehbarer Zeit die vorfranziskanische Christusfrömmigkeit in ihren hauptsächlichen Entwicklungslinien darzustellen, wobei vor allem eine möglichst umfassende Bestandsaufnahme der vorhandenen Literatur angestrebt werden soll.

längere Voruntersuchung, worin wir einen Überblick über die Forschungsergebnisse der letzten 50 Jahre zu geben suchten.[9] Daraus sei – ohne auf Beweise einzugehen – soviel wiedergegeben, als genügt, um die Verwertung der Quellenzeugnisse in der nachfolgenden Studie einsichtig zu machen.

Dem Quellenwert nach stehen die *Schriften* des Ordensgründers an erster Stelle.[10] Wiewohl sie wenig umfangreich sind und sich – abgesehen von den Gebeten – als Gelegenheitsschriften an Minderbrüder oder fromme Christen in der Welt wenden, offenbaren sie doch am meisten und auf die treueste Weise die religiöse Persönlichkeit des Heiligen. Immerhin ist – besonders bei einzelnen Schriften – wegen der Mitarbeit verschiedener Brüder, wegen gewisser voneinander abweichender Aussagen und wegen der großenteils nicht wieder aufzufindenden ursprünglichen Wortgestalt ein behutsamer Vergleich der Texte untereinander nötig.

So bedeutsam und unentbehrlich auch die *Opuscula* sind, wird man sie doch nicht zum alleinigen und absoluten Maßstab von Franziszi religiöser Persönlichkeit erklären. Abgesehen davon, dass dieselben wenig umfangreich und bruchstückhaft sind, kennzeichnet sie eine spürbare Zurückhaltung im Aufdecken eigenpersönlicher Erfahrungen. Sie stehen geistesgeschichtlich von der literarischen Gattung der mystischen Autobiografie weit entfernt.[11] Somit muss man für eine umfassendere Darstellung von Franziszi Innenleben notgedrungen nach Fremdzeugnissen ausschauen.

Darunter ragen nun die beiden *offiziellen Biografen*, Br. Thomas von Celano[12] und der hl. Bonaventura, zweifellos hervor. Was die Fülle der gebotenen Berichte und deren geschichtliche Glaubwürdigkeit an- [S. 8] betrifft, sind die drei Celano-Schriften nächst den *Opuscula* allen übrigen frühfranziskanischen Quellen voranzustellen.[13] Die zeitbedingten Mängel wie die betonte Erbauungstendenz des Biografen, der unkritische Wunderglaube des mittelalterlichen Menschen und häufige in rhetorisch-übersteigerter Sprache aufgebauschte Berichte machen immerhin eine aufmerksame Einzelprüfung der in Frage stehenden Stücke nicht überflüssig.

---

9 Zum kritischen Wert der bedeutenderen Quellen für die Erforschung der Geistigkeit des hl. Franziskus von Assisi. (Maschinenschrift), Rom 1956.

10 [LEMMENS, L.]: Opuscula S. Patris Francisci Assisiensis, Quaracchi ^{3}1949 (= Opuscula [Lem.]); s. CAMBELL, J.: Les écrits de s. François d'Assise devant la critique, in: FrSt 36 (1954) 82-109, 205-264; DANIELE DALLARI [DA BARI]: S. Francesco d'Assisi «scrittore», in: ItFr 33 (1958) 94-102, 163-179, 188, 233-243; 34 (1959) 11-20, 84-95, 175-183; s. bes. ESSER, K. / HARDICK, L.: Die Schriften des hl. Franziskus von Assisi, Werl/Westf. ^{2}1956 (Franziskanische Quellenschriften, I), 17-47 (= FQS ^{2}I).

11 Vgl. LORTZ, J.: Der unvergleichliche Heilige, Düsseldorf [1952], 47, bzw. F. VERNET: Autobiographies spirituelles, in: DSp I, 1141-1159.

12 THOMAS DE CELANO, O.Min., Vita prima S. Francisci, in: AF X, 1-117 (= 1 C); Vita secunda S. Francisci, ibid., 127-268 (= 2 C); Tractatus de miraculis S. Francisci, ibid., 269-330 (= 3 C). – Vgl. hierzu die grundlegenden Einführungen der Editoren von Quaracchi in: AF X, S. III-XLII (nach LXXXV, Anm. 4 stammen diese Prolegomena von M. BIHL); s. auch GRAU, E.: Thomas von Celano, Leben u. Wunder des hl. Franziskus von Assisi, Werl/Westf. 1955 (Franziskanische Quellenschriften, 5), 28-63 (= FQS ^{1}V). Statt der ausführlichen Bibliog. sei verwiesen auf VAN DEN BORNE, F.: Thomas van Celano als eerste biograaf van Franciscus, in: Sint Franc 2 (1956) 183-213.

13 Vgl. FQS ^{1}V, 60.

Dem hl. Bonaventura[14] verdanken wir die *Legenda maior*, entstanden zwischen 1260-1263, und deren Kurzfassung, die *Legenda minor*. Der seraphische Lehrer wollte damit wohl eine geschichtliche, wenn auch hauptsächlich der Erbauung dienende Biografie schreiben. Wegen dieser Zielsetzung und wegen des zeitlichen Abstands vom Leben des Heiligen erklären sich die vermehrten legendären Fortbildungen und die übermäßige Betonung des Wunderbaren. Ungleich mehr als bei der Celano-Trilogie ist beim seraphischen Lehrer das Einfließenlassen eigener spiritueller Elemente zu beachten. Das beweisen das Anwenden von überkommenen theologisch-mystischen Begriffen für Franziszi geistlichen Aufstieg, die Betonung des trinitarischen Elementes und besonders die Übersteigerung der Kreuzfrömmigkeit des Heiligen. In diesen Deutungselementen ist neben einigen Originalberichten das eigentlich Neue von Bonaventuras Legende zu sehen.

Die Vielzahl der sich ablösenden offiziellen Legenden vermochte die überfließende Fülle der Persönlichkeit des Ordensgründers dennoch nicht zu fassen. Gerade jene Minderbrüder, die in vertrautem Umgang dem Heiligen während seiner Lebensjahre nahestanden, empfanden das Ungenügen und die Unangemessenheit der vorliegenden Lebensbeschreibungen schmerzlich genug. Das Franziskusbild in ihrem Gedächtnis war verschieden von jenem, wie es ihnen zum Beispiel in der Standardbiografie eines hl. Bonaventura vor Augen gehalten wurde. Darum verwundert es auch nicht, dass die Gefährten des Poverello immer wieder darangingen, ihre Erinnerungen an den Ordensvater niederzuschreiben.

Der Bedeutung wegen ist hier zunächst die *Speculum-perfectionis*-Literatur zu nennen. Dabei handelt es sich um folgende Schriften: um eine Langfassung, die P. Sabatier unter dem Namen „Speculum perfectionis“ edierte, und um eine Kurzfassung, die ihr Herausgeber, L. Lemmens, ebenfalls mit „Speculum perfectionis“, und zwar mit „Redactio I.“, bezeichnete. In den nämlichen Kreis gehört die Kompilation, die F. Delorme zu Unrecht „Legenda antiqua“ hieß.[15] [S. 9]

Was ihren Grundcharakter betrifft, wird man sie wohl nicht als eigentliche Streit- und Tendenzschriften erklären dürfen. Immerhin weisen viele Kapitel eine kämpferische und rückblickende Haltung auf, die sich in der späteren Spiritualenbewegung so verhängnisvoll auswirken sollte. Daneben finden sich freilich sehr viele Schilderungen von bezaubernder Einfalt, wundersamer Frische und Unbefangenheit, die das Siegel der Echtheit zu

---

14 Edition in AF X, 555-652 (= LM), bzw. 653-678 (= Lm); Prolegom.: S. LXII-LXXXI, bzw. LXXf.; vgl. überdies GOETZ, W.: Die Quellen zur Geschichte des hl. Franz von Assisi, Gotha 1904, 243-257; SABATIER, P.: Vie de s. François d'Assise. Édition définitive, Paris 1931, 535-542; GILSON, É.: Der hl. Bonaventura, Hellerau 1929, 41-44; KARRER, O.: Franz von Assisi. Legenden und Laude, Zürich 1945, 293-299, 147-149; CLASEN, S.: Die Sendung des hl. Franziskus. Ihre heilsgeschichtliche Deutung durch Bonaventura, in: WiWei 14 (1951) 212-225 u. neuestens RATZINGER, J.: Die Geschichtstheologie des hl. Bonaventura, München 1959; VAN DEN BORNE, F.: Betekenis van S. Bonaventura voor zijn orde en de algemene ascese-leer, in: Sint Franc 5 (1959) 107-130 (Lit.).

15 SABATIER, P.: Le Speculum perfectionis ou Mémoires de Fr. Léon. I: Texte latin. Posthum hg. von A. G. LITTLE, Manchester 1928 ([= SpSab]; frühere Ausgabe: Paris 1898); LEMMENS, L.: Speculum perfectionis. (Redactio I.), Quaracchi 1901 (= SpLem); DELORME, F. M.: La „Legende antiqua“ du ms. 1046 de la bibliothèque communale de Pérouse, in: AFH 15 (1922) 23-70, 278-332 u. separat – leider mit veränderter Numerierung – Paris 1926, S. V-XXI (Einführung), 1-66 (Text), 67 (Vergleichstafel) [= Legant]. – Die reiche Lit. vgl. etwa bei GHINATO, A.: Questione Francescane, in: EC X, 398-400. – Eine definitive Ausgabe ist in Vorbereitung; s. CLASEN, S. / JULIUS VAN GURP: Nachbonaventurianische Franziskusquellen in niederländischen und deutschen Handschriften des Mittelalters, in: AFH 49 (1956) 434-482.

tragen scheinen. Folgende Regeln für die Verwendung dieser Schriften glauben wir darum aufstellen zu müssen: Da das historische Fundament nicht genügend gesichert ist, dürfen Berichte aus diesen Quellen nicht ohne weiteres als selbständige Zeugnisse herangezogen werden. Eigenständigen Berichten und Einzelzügen müssen beim Anführen immer die Gründe, die für ihre Echtheit sprechen, beigefügt werden.[16]

Mit der Stellungnahme zu den verschiedenen Quellen trifft man selbstverständlich eine in ihren Folgen kaum zu ermessende Vorentscheidung. Doch sie allein genügt noch nicht, sondern zur äußeren muss sich eine aufmerksame *innere Quellenkritik* gesellen. Die biografischen Schriften sind nicht inspiriertes Gotteswort und wollen auch nicht als solches behandelt werden! Vielmehr sind sie typische Erzeugnisse der mittelalterlichen Hagiografie. Wegen ihrer zeit-, sach- und eventuell tendenzbedingten Mängel können sie nicht wie ein sachlich-objektives Dokument unserer Tage verwertet werden. Sie sind vielmehr mit jener Behutsamkeit, die aus der Ehrfurcht vor der Wahrheit fließt, mit zeitgenössischen Quellen und besonders mit ihrem eigentlichen Prüfstein, den *Opuscula*, immer wieder zu vergleichen.

Bei solchem Vorgehen werden viele unserer Aussagen vielleicht nicht jenen Sicherheitsgrad erreichen, wie er eigentlich zu wünschen wäre.[17] Gelegentlich werden liebgewonnene Vorstellungen dem Druck einer sachgerechten Kritik weichen müssen. Und doch scheint auf diese Weise der Forschung wie dem Leben ein besserer Dienst erwiesen zu werden, [S. 10] als durch unkontrolliertes Weitergeben längst unhaltbarer Auffassungen und durch vorschnelle, auf falsche Wege weisende Behauptungen. Andererseits wird man sich vor dem gegenteiligen Extrem ebenso sorgfältig hüten müssen, wie É. Gilson mit Recht mahnt. Wer die Geschichte der Frömmigkeit untersucht, darf nämlich nicht vor lauter hagiografischer Kritik den eigentlichen Gegenstand seiner Untersuchung aus dem Blickfeld verlieren.[18]

Soll die Passionsminne unseres Heiligen wirklich umfassend dargestellt werden, ruft dies nach einer *systematischen Analyse* der einschlägigen Quellenzeugnisse. Mit Bedacht legen wir den Ton auf Analyse. Es kann im Folgenden nicht darum gehen, eine Zahl von Texten nach gewissen thematischen Gesichtspunkten aneinanderzureihen, um dann zu einer „rapide synthèse" zu gelangen. Vielmehr sollen einmal die Themenkreise

---

16 In der Ermittlung des echten Traditionsgutes müssen herangezogen werden: GOETZ, W.: Quellen z. Geschichte d. hl. Franz; MOORMAN, J. R. H.: The sources for the life of St. Francis of Assisi, Manchester 1940 (s. jedoch M. BIHL, in: AFH 39 [1946] 3-24, 279-287); BEYSCHLAG, K.: Die Bergpredigt u. Franz von Assisi, Gütersloh 1955 (s. aber CFr 27 [1957] 207-209); man wird sich indes vor Augen halten müssen, dass die Autoren. im Einzelnen stark verschiedene Lösungen vorschlagen. – Da die echten Leo-Schriften u. die stark umstrittene sog. Dreigefährten-Legende zu unserem Gesichtspunkt wenig beisteuern, lassen wir sie hier außer Betracht; s. Scripta fr. Leonis, socii S. P. Francisci, ed. L. LEMMENS, Quaracchi 1901, 75-82 (Einleitung), 83-106 (Text), bzw. ABATE, G.: Nuovi studi sulla Legenda di S. Francesco detta dei «Tre Compagni», in: MF 39 (1939) 1-55, 225-262, 359-373, 635-655, 375-432 (Ed.), bzw. Separatdruck: Rom 1939.

17 Hier darf vielleicht erinnert werden an ein treffendes Wort des berühmten Exegeten LAGRANGE, M. J.: L'Évangile de Jésus Christ, Paris [2]1928, 543 Anm. 2: „... l'histoire est une approximation du passé".

18 GILSON, É.: Théologie et histoire de la spiritualité. Leçon inaugurale de la chaire d'histoire de la spiritualité prononcée à l'Institut Catholique de Paris le 15 nov. 1943, Paris 1943, 21: „La première [erreur] serait, pour mieux inclure la spiritualité dans l'histoire, d'en éliminer d'abord la spiritualité même, c'est-à-dire la réalité de la grâce".

selber möglichst aus den Quellen, namentlich aus den *Opuscula* entnommen werden. Unter quellenkritisch gegliederten Gesichtspunkten müssen darauf die bedeutenderen Texte nach ihrem vollen Sinn und Aussagewert geprüft werden. Da sich indes im Verlauf der Jahrhunderte die Bedeutung von Begriffen trotz der gleichen Wortformen öfter tiefgreifend gewandelt hat, dürfen wir die Worte nicht ohne weiteres mit unserem heutigen Sinngehalt füllen.[19]

Gerade aus diesem Grund dürfen wir uns mit der bloßen Analyse der Quellentexte nicht zufrieden geben. Vielmehr sind diese auf dem *Hintergrund der zeitgenössischen religiösen Strömungen* zu interpretieren. Es wäre eine ungeschichtliche Haltung zu glauben, die Religiosität des Poverello sei allein Gabe von Natur und Gnade. Jeder Mensch – das Genie nicht ausgenommen – steht in seiner Zeit; er strahlt nicht bloß Impulse aus, sondern zuvor und vor allem empfängt er solche von der Vorzeit und Umwelt. Um nun den frömmigkeitsgeschichtlichen Quellgrund und Standort Franziszi genauer zu bestimmen, werden zu Aussagen oder Verhaltensweisen unseres Heiligen möglichst zeitgenössische oder doch zeitnahe Parallelen herangezogen. Die besonders wichtigen Gesichtspunkte versuchen wir ihrer genetischen Linie nach weiter zurückzuverfolgen. Nur so kann ermittelt werden, wie stark der Ordensgründer sich vom Traditionsstrom tragen ließ und wie weit er sich im Einzelnen als unabhängig erweist.

Die bisher festgelegten Richtlinien sollen in der nachstehenden Untersuchung bereits in der *Gruppierung des Materials* zum Ausdruck kommen. Nach quellenkritisch unterschiedenen Gesichtspunkten suchen wir in einem ersten Teil die Passionsfrömmigkeit im Lichte der *Opuscula*, im zweiten die Passionsfrömmigkeit im Lichte der biografischen Schriften darzustellen, um im dritten abschließenden Teil eine Quellen vergleichende Zusammenschau in Verbindung mit ihrer genetischen Entwicklungslinie durchzuführen. [S. 11]

I. Teil

Die Passionsfrömmigkeit Franziszi im Lichte der „Opuscula“

So umfangreich sonst die Franziskusliteratur auch ist, sucht man doch vergeblich nach einer definitiven Darstellung unseres Fragepunktes. Es bestehen zweifellos verdienstliche Einzelstudien, Textsammlungen und umfassende Überblicke, doch erfüllen sie gerade die Forderung der Text und Quellen vergleichenden Analyse nicht oder doch ungenügend.[20] Damit ist uns auch der zu befolgende Weg vorgezeichnet: es sollen die einschlägigen Stellen der „Schriften“ auf unseren Gesichtspunkt hin einzeln geprüft werden.

---

19 Vgl. hierüber bes. FQS ²I, 193f.

20 Die Einzelstudien werden im Verlauf dieses Abschnittes genannt werden. – Als Textsammlung unter systematischen Gesichtspunkten s. FELDER, H.: Die Ideale des hl. Franziskus v. Assisi, Paderborn 1951, 34-40, 231, 401f.; DERS.: Der Christusritter aus Assisi, Zürich 1941, 112-120, wo aber das Moment des Rittertums überbetont wird; vgl. auch GRATIEN [DE PARIS]: S. François d'Assise. Sa personnalité, sa spiritualité, Paris [²1928], 80-86 u. ö.; JEAN DE COGNIN: Le Crucifix et s. François d'Assise, Paris 1926, 15-63; IMLE, F.: Die Passionsminne im Franziskanerorden, Werl 1934, 9-24. 176 (berücksichtigt allein biogr. Zeugnisse); OPTATUS [VAN VEGHEL]: De geest van Franciscus. Proeve van synthese, Roermond-

Methodische Vorteile raten, das Blickfeld vorerst auf Franziszi Leidensbetrachtung in den *Opuscula* außerhalb des Passionsoffiziums zu beschränken. Dabei ergibt sich ein doppelter Anhaltspunkt, die Materie nochmals zu gliedern: Zunächst besprechen wir gleichsam exegetisch einige Texte des genannten Ausschnittes der „Schriften", die auf schmalem Raum verschiedene Passionsmotive enthalten, so dass sie nur künstlich und zum Schaden des Gesamtverständnisses voneinander gelöst werden könnten. Wir überschreiben sie darum etwas allgemein mit Passionsbetrachtung. Danach ordnen wir Aussagen, die öfter wiederkehren, in einen inneren Zusammenhang und nach thematischen Gesichtspunkten. In dieser Sicht wird einzeln von den Kreuzgebeten, von der Verehrung des mystischen Tau und von der Kreuzesnachfolge zu handeln sein. [S. 12]

I. – Franziszi Leidensbetrachtung in den „Opuscula" außerhalb des „Passionsoffiziums"

A. – Passionsbetrachtung

1. Für Stellen von Passionsbetrachtung ist vorab der Brief an die Gläubigen ertragreich. Im gemütsinnigen Ausruf über das Glück, einen Bruder zu haben, der sein Leben für seine Schafe hingab (Joh 10,15), wird deutlich, dass der Heilige beim Erwägen der Erlösung am meisten von der Liebe Christi zu den Menschen betroffen wurde. Dahin weisen nicht nur der zitierte Text aus dem Evangelium vom Guten Hirten, sondern auch die zahlreich aneinandergereihten Attribute, die Franziskus mit dem Besitz eines solchen Erlösers verbindet: Es ist „heilig und ... lieb, wohlgefällig, friedvoll, süß und liebevoll und über alles zu ersehnen, einen solchen Bruder zu besitzen"; eben weil der Gottmensch durch die Liebestat des Kreuztodes unser Heil wirkte.[21]

2. Im kurz darauf anschließenden Text mahnt er:

„Et quia tanta sustinuit pro nobis et tot bona contulit nobis et conferet in futuro, 'omnis

Maaseik 1946, 33-47. 68-70; BRACALONI, L.: Spiritualità francescana, Venedig [²1949], 148-151. 175-177; VITUS A BUSSUM: De spiritualitate franciscana. Aliqua capita fundamentalia, Rom 1949, 11. 13-15. 103-110; vgl. sodann Textsammlung u. Kommentar, freilich ohne frömmigkeitsgeschichtliche Einordnung, bei: METODIO DA NEMBRO: I «Cantori della Passione» francescani. (Studio e testi) I: Il Medioevo, Rom 1950, 18-23. 113-116; ausführlicher, ohne indes die Verschiedenheiten der Quellen herauszuarbeiten, handeln neuestens darüber: ESSER, K. / GRAU, E.: Antwort der Liebe. Der Weg des franziskanischen Menschen zu Gott, Werl/Westf. 1958, 41-53; nicht einsehen konnten wir DELILLE, E.: De gekruisigde Kristus bron van Franciscus' leven, in: Geest en Leven 5 (1956-1957) 20-30; s. auch einige Hinweise bei VAN DEN BORNE, F.: Franciscus-geest en franciskaanse geest, in: Sint Franc 5 (1959) 59-63.

21 Opuscula [Lem.], 94; FQS ²I, 149; wie sehr Franziskus sich vom Motiv des Guten Hirten anregen ließ, zeigen ähnliche Stellen: NbR 22: Opuscula [Lem.], 55; 6. Verbum admon.: 9; s. aber auch die Beschreibung des idealen Generalministers bei 2 C 184-186: 235-237; vgl. damit SpSab, c. 80, n. 4, bzw. c. 87, n. 4-5: 232, 258. – Diese Lieblingsvorstellung des christlichen Altertums schöpfte er aller Wahrscheinlichkeit nach unmittelbar aus dem Evangelium; in der mittelalt. Ikonografie z. B. findet sich dieses Motiv selten: s. JOSI, E.: Pastore, Buon, in: EC IX, 930-934, 933; ebd. s. die Lit. mit Ergänzungen bei SCHÄFER, E.: Guter Hirt, in: RGG II, 1916f.

creatura, quae est in caelo et in terra et in mari' et in abyssis, referat Deo laudem, 'gloriam et honorem et benedictionem' (Offb 5,13), quia ipse virtus et fortitudo nostra est, qui est 'solus bonus' (Lk 18,19), solus altissimus ..."[22]

Hier führt die Anschauungsweise des Ordensgründers bereits näher zum historischen Vorgang der Passion hin. Die Tatsache so schwer auf Jesus lastender Leiden, die er unseretwegen ertrug, und die Wohltat so vieler Heilsgüter, die er für uns erwarb, sollen im Himmel und auf Erden widerhallen. Das betonte Hervorheben des „pro nobis" – einer Sprechweise, die bereits in der Leidensbetrachtung des hl. Ambrosius mehrmals vorkommt[23] – weist auf die innerliche und warme Personbeziehung hin. Immerhin [S. 13] sieht sich Franziskus hier dem Erlöser nicht allein gegenüber, sondern er schließt alle Erlösten mit ein. Der Hinweis auf die Größe und Schmerzhaftigkeit von Jesu Leiden beweist das Interesse nicht nur am Heilswerk, sondern auch an der geschichtlichen Erlöserperson. Nicht der Triumph des Kreuzes, sondern die Liebe des Schmerzensmannes steht also hier vor der Seele des Betrachtenden.

3. An einer anderen Stelle desselben Briefes folgt der Poverello dem Heiland vom Abendmahlssaal zum Ölgarten. Dort betrachtet er Jesus, wie er mit dem Vaterwillen ringt und wie der Schweiß wie Blutstropfen von seiner Stirne rinnt. Hierbei ist aber sehr wohl zu beachten, dass er bloß – mit geringfügigen Abweichungen – drei Schriftstellen zitiert, ohne sich affektiv in das Leidensgeheimnis zu versenken.[24]

Nachdem er das bedingungslose Ja Jesu zum Willen des Vaters bewundert („Posuit tamen voluntatem suam in voluntate Patris ..."), beschreibt er den Heilswillen des Vaters und das Heilswerk Christi in jener kurzen dogmatischen Aussage:

> „Dieses Vaters Wille war der, dass sein gebenedeiter und glorreicher Sohn, den er uns geschenkt hat, und der für uns geboren wurde, sich selbst als Opfer und Gabe auf dem Altare des Kreuzes darbringen sollte, nicht für sich, 'durch den alles geschaffen wurde' (Joh 1,3), sondern für unsere Sünden, indem er uns ein Beispiel hinterließ, damit wir seinen Fußspuren folgten" (vgl. 1 Petr 2,21).[25]

Wenn es auch hier nicht zu einem eigentlichen Gefühlserguss kommt, lassen sich doch subjektive Elemente von persönlicher Passionsbetrachtung feststellen. Zunächst fällt das doppelte „pro nobis" und dessen starke Gegenüberstellung zu „non pro se", bzw. „pro peccatis nostris" ohne Weiteres auf. Wiederum schränkt der Heilige die Heilsbeziehung nicht auf sich ein, sondern hat – aus naheliegenden Gründen: er schreibt ja an eine Viel-

---

22 Opuscula [Lem.], 94f. – Die Gebetsaufforderung ist nicht auf Christus bezogen, wie dies FQS ^{2}I, 150 voraussetzen; vielmehr ruft Franziskus die gesamte Schöpfung auf, Gott zu danken, weil Christus zu unserem Heile soviel gelitten hat. Unsere Deutung ergibt sich eindeutig aus der grammatikalischen Struktur: „... quia [Christus, frater noster] ... sustinuit ..., omnis creatura ... *referat Deo*"; aber auch das Zitat „solus Bonus", das der Heilige immer auf Gott als solchen anwendet (s. die Stellen bei FQS ^{2}I, 241b u. ergänze: 171, Lin. 15f.), weist in die nämliche Richtung. Dagegen ließe sich höchstens einwenden, dass die in den fraglichen Text eingefügte Stelle Offb 5,13 (ausgelassen ist: „Ihm, der auf dem Throne sitzt, u. dem Lamme"), die Deutung auf Gott wie auf Christus zulässt.

23 Vgl. BAUS, Das Nachwirken des Origenes, 39f.

24 Opuscula [Lem.], 88; METODIO, Cantori della Passione, 19. 113f. überschreibt unsere Stelle – vielleicht etwas übersteigert – „Poema della Redenzione".

25 Opuscula [Lem.], 88f.; FQS ^{2}I, 145.

zahl – die erlöste Gemeinschaft vor Augen. Eine historische Sicht tut sich auf mit dem Gedanken der Kreuzesnachfolge. Die selbstlos sich verschenkende Opferhingabe Jesu muss für uns zum Beispiel werden. Wie ein Kind in die Fußspuren des vorausgehenden Vaters tritt, um sicherer und leichter voranzukommen, so sollen auch wir schlicht und treu in Gesinnung und Tat hinter dem Erlöser hergehen.[26] [S. 14]

B. – Die Passion in Franziszi Gebetsleben

1. Unter den Gebeten des Heiligen mit deutlicher Ausrichtung auf das Leidensgeheimnis ragt – es wurde ja häufig und schon früh verrichtet – dieses hervor: „Adoramus te, Domine Jesu Christe, et ad omnes ecclesias tuas, quae sunt in toto mundo, et benedicimus tibi, quia per sanctam crucem tuam redemisti mundum"[27]. Thomas von Celano berichtet uns, der Ordensvater habe die Brüder der Frühzeit, da sie das kirchliche Stundengebet noch nicht kannten, diese kurze Anbetungsformel verrichten gelehrt. Die geistlichen Söhne hätten Franziszi Anweisung mit großer Sorgfalt ausgeführt. Und wenn sie irgendeine Kirche auch nur von Ferne erblickten und „wo immer sie ein Kreuz oder ein Kreuzzeichen am Boden oder an einer Wand, an Bäumen oder an Zäunen am Weg" gewahrten, beteten sie tief verneigt: „Adoramus".[28]

Ob der Ordensgründer die von der Liturgie der Kreuzfeste beeinflusste Anbetungsformel später auf den eucharistischen Herrn umdeutete, kann hier nicht näher besprochen werden; sicher aber empfing dieses Gebet in der Frühzeit des Ordens seine Impulse vom Kreuze her. Sonst wäre unerklärlich, dass es vor jedem Kreuz oder kreuzähnlichen Zeichen verrichtet wurde.[29] Der Sinn der kurzen Gebetsformel für die frühe Zeit kann demnach

---

26 Weitere Stellen s. bei K. ESSER: Der Orden des hl. Franziskus, Werl/Westf. ^{2}1952, 28 Anm. 19. – Der Märtyrer galt schon der Alten Kirche als der vollkommene Nachfolger in den Spuren Christi: s. A. STUMPFF: ἴχνος, in: ThWNT III, 405-409. 408 (für die Auslegung des ntl. Nachfolgegedankens sind beim A. prot. Vorurteile wirksam). Bezüglich der Auswertung der Petrusstelle für die Kreuzesnachfolge in späterer Zeit vgl. BEDA, Homilie 22: PL 94, 252A. – Alkuin möchte den „vestigia Salvatoris" im Hl. Lande folgen und sie küssen: s. MEYER, H. B.: Alkuin zwischen Antike und MA. Ein Kapitel frühmittelalterlicher Frömmigkeitsgeschichte, in: ZKTh 81 (1959) 306-350, 310; vgl. auch die bezeichnende Stelle von PETRUS DAMIANI, Sermo 45 in nativ. b. V. M., II: PL 144, 745f.: „Quod enim subire crucis patibulum voluit, viam nobis, qua redire valeamus ad patriam stravit. ... Unde et pastor Ecclesiae clamat ...: 'Christus passus est ...'"; s. weiter die Aussage von Franziszi Zeitgenossen MARTIN VON LEÓN Can.Aug. († 1221), Expos. in epist. I b. Petri: PL 209, 229BD. – Sicher ist die Aufstellung von DUMOUTET, É.: Le Christ selon la chair et la vie liturgique au M. Â., Paris 1932, 51 überholt, nach welcher Petrus Damiani als einer der ersten die Kreuzesnachfolge „avec force" betont habe. – Für die Zeit nach Franziskus s. einige Stellen des seraphischen Lehrers bei BONIFATIUS STRACK [VON RAMSEN]: Das Leiden Christi im Denken des hl. Bonventura, in: FrSt 41 (1959) 129-162, 132f. Anm. 30.

27 Test, n. 2: 101.

28 1 C 45: 35f., bzw. FQS ^{1}V, 117f.; davon hängt ab LM IV,3: 572; bemerkenswert ist ein Bericht von *Anonymus Perusinus*, n. 19: F. VAN ORTROY, in: MF 9 (1902-1905) 40a, wo der Zusatz: „Et ibi credebant se locum Domini invenire" (in der Ausgabe fiel wohl aus Versehen „Dominus" aus); abhängig davon: Leg. S. Francisei Assisiensis tribus sociis hucusque adscripta, n. 37: G. ABATE, in: MF 39 (1939) 406, bzw. 359f. (Abhängigkeit).

29 Nach SCHMIDT, H. A. P.: Hebdomada sancta. Sectio II: Commentarius historicus, Rom 1958, 946 findet sich diese Formel erstmals in einem Antiphonar des 11. Jhs. zum Fest der Kreuzauffindung. In den von Kard. G. M. TOMMASI erstmals u. von A. F. VEZZOSI erneut edierten Responsorialia et antiphonaria Romanae Ecclesiae: Op. Om. IV, Rom 1749, die Codices aus dem 9.-12. Jh. wiedergeben (s. ANDREU,

folgendermaßen umrissen werden: Franziskus und seine ersten Gefährten wenden sich bei Anblick eines Zeichens, das sie als [S. 15] Ort geheimnisvoll göttlicher Gegenwart an die erlösende Heilstat Christi erinnert, anbetend und lobpreisend an Christus.

Die Abhängigkeit vom liturgischen Offizium macht verständlich, warum dieses Christusgebet keine hervorstechend subjektive Note aufweist. Die Tatsache, dass die Brüder durch Kreuzbilder und -zeichen angeregt wurden, dieses Gebet zu sprechen, und der Ausschnitt daraus: „benedicimus tibi, quia per sanctam crucem tuam redemisti mundum", könnten nur gewaltsam mit gewissen gefühlsgeladenen Passionsbetrachtungen früherer oder späterer Mystiker in Beziehung gebracht werden.[30] Vielmehr lebt in der Anbetungsformel deutlich die objektive Gebetshaltung der römischen Liturgie weiter. Weil andererseits die Texte der kirchlichen Kreuzfeste schon frühzeitig das Gebetsleben der Mönche beeinflussten, lässt sich sein „Adoramus te" mühelos in die traditionelle Kreuzverehrung einordnen.

Unter Führung Alkuins tritt seit der sog. Karolingerrenaissance allgemein das Element der privaten Frömmigkeit stärker hervor. Außerdem prägt sich die Kreuzverehrung unter östlichem Einfluss besonders bei den Kluniazensern, aber auch im übrigen benediktinischen Mönchtum, noch in stark liturgisch-patristischen Formen aus. Franziszi Gebet steht daher eindeutig in dieser monastischen Einflusssphäre.[31] Immerhin verrät es – soweit wir

F.: Tommasi, in: EC XII, 236f., 237), findet sich zum 3. Mai unter den Antiphonen zur Vesper folgende: „Adoramus te Christe et benedicimus tibi, quia per crucem tuam redemisti mundum": 251b. – Die Frage der späteren eucharistischen Deutung durch Franziskus soll in unserer Studie über *Die Stellung Christi im Gebet des hl. Franziskus* näher beleuchtet werden.

30 Der Illustration halber vgl. etwa: Apophtegmata Patrum, n.1 44: PG 65, 358B: Abt Isaac berichtet von sich: „Mens mea in eo loco versabatur, in quo S. Maria, Dei Genitrix, stetit plorans iuxta crucem Salvatoris; atque ego cuperem semper eo modo flere". – Für eine bezeichnende Stelle von CYRILLUS (oder JOHANNES) VON JERUSALEM s. DUMON, A.: Grondleggers der middeteeuwse vroomheid, in: Sacris Erudiri 1 (1948) 213; ebd., 223 Anm.1 ein Verweis auf eine sehr innige Stelle beim nestorianischen Mönch Dâdisho († ca. 690); über ihn s. auch CAPELLE B.: Aux origines du culte de la croix, in: QLP 27 (1946) 162. Für PETRUS DAMIANI sei verwiesen auf: Opusc. 50: Institutio monialis. Ad Blancam, c. 3: PL 145, 735CD. – Für die Zeit nach Franziskus s. z. B.: ANTONIUS VON PADUA: s. CLASEN, S.: Lehrer des Evangeliums, Werl 1954, 347f.; für BONAVENTURA s. neuestens die zit. Studie von STRACK, Das Leiden Christi, 129-162, bes. 139, 143-147; weitere Beispiele im franziskanischen Raum sammelt: METODIO, Cantori della Passione, 131ff.

31 Zur vorfranziskanischen Entfaltung der Kreuzesfrömmigkeit s. u. a. SCHMITZ, Ph.: Histoire de l'Ordre de S. Benoît II, Maredsous ^{2}1949, 397f. mit Lit.-Verweisen; für Kluny im bes. SCHREIBER, G.: Cluny u. die Eigenkirche, in: Gesammelte Abhandlungen I: Gemeinschaften des MA, Münster 1948, 88 (Lit.). – Im Einzelnen kann hingewiesen werden auf solche Kreuzgebete in: Precum libelli quatuor aevi Karolini: ed. A. WILMART, Rom 1940, 13f. 45. 142. – Für Alkuin s. MEYER, H. B.: Alkuin zwischen Antike u. MA, in: ZKTh 81 (1959) 341-343 u. die 341 Anm. 170 angekündigte Studie. – Liturgische Anbetungsformeln des Kreuzes bieten bereits fränkische Ordines des 9. Jhs.: s. RÖMER, G.: Die Liturgie des Karfreitages, in: ZKTh 77 (1955) 84 Anm. 22. – Eine ähnliche Formel wie Franziskus pflegte zu verrichten Richard von Verdun O.S.B. († 1046): s. HUGO VON FLAVIGNY, Vita, c. 1, n. 3: AA.SS. Junii III, 456b; weitere ähnliche Kreuzgebete finden sich bei PS.-JOHANNES GUALBERTUS, Preces: PL 146, 974 (die Sammlung stammt aus dem italienischen Raum des 9. Jhs. A. WILMART, in: RBen 48 [1936] 259-299). – Beim Hinaufsteigen zum Altar küsste der Prämonstratenser den Altar u. das Kreuz des Missales mit den Worten: „Tuam Crucem adoramus, Domine, tuam gloriosam recolimus Passionem. Miserere nostri qui passus es pro nobis" (PETIT, F.: La spiritualité des Prémontrés aux XIIe et XIIIe siècles, Paris 1947, 87f.). – In der Reklusinnenregel *Ancren Riwle* (ungefähr 1150 entstanden) trifft man eine Art von Passionsoffizium mit 5 Kreuzbegrüßungen, Psalmen u. Gebeten, darunter auch die gen. liturgische Antiphon: DUMOUTET, Le

[S. 16] beurteilen können – auch eine originelle Seite: der Heilige weitet nämlich darin seine Anbetung intentionell auf alle Kirchen der Welt aus.[32]

2. Unter den anderen Gebeten Franziszi finden sich zwei, worin der Heilige sich unmittelbar an Christus wendet und dessen Leiden gedenkt. Darin tritt die Gestalt des Guten Hirten, der in selbstloser Liebe sein Leben für seine Schafe hingibt, vor die Seele des Beters – ein Gedanke, den wir hier nur mehr zu erwähnen brauchen. Das beweist doch, wie sehr der Ordensgründer in der Passion Jesu auf die Grundhaltung der Liebe achtete.[33]

3. Der Vollständigkeit halber müssen wir hier auf einen höchst merkwürdigen Sachverhalt hinweisen. Sofern die Forschungen von K. Eßer der Kritik Stand halten, besitzen wir nunmehr die wahrscheinliche Wortgestalt des Gebetes, das Franziskus vor dem Kreuz von St. Damian verrichtete, nachdem er in seinem Innern den geheimnisvollen Auftrag zur Wiederherstellung der Kirche vernommen hatte. Der kurze Text des Gebetes sei hier nach dem vollen Wortlaut wiedergegeben:

> „Summe gloriose Deus, illumina tenebras cordis mei et da mihi fidem rectam, spem certam et caritatem perfectam; sensum et cognitionem, Domine, ut faciam tuum sanctum et verax mandatum. Amen“.[34]

Man ist von einer doppelten Beobachtung überrascht: In seiner Bitte wendet sich der Neubekehrte nicht an Christus, son- [S. 17] dern an Gott; zudem kommt darin – trotz des Ortes und der besonderen Umstände – nicht die leiseste Andeutung auf das Kreuzgeheimnis vor. Durch den Gekreuzigten angeredet, bittet der Heilige den „höchsten und glorreichen Gott“, dass er in ihm die drei göttlichen Tugenden stärke und ihm die rechte Einsicht verleihe, dass er den untrüglichen Auftrag getreu und vollkommen ausführen könne.[35] Man kann sich die Frage stellen: Schaut hier unser Mystiker im anrufenden

---

Christ selon la chair et la vie liturgique au M. Â., 20; bei der Verehrung aller Glieder des Kruzifixes habe der hl. Edmund von Canterbury († 1240) die gen. liturgische Formel ebenfalls verrichtet: GOUGAUD, L.: Dévotions et pratiques ascétiques du m. â., Paris 1925, 77f.

32 Darüber s. den anregenden Kommentar von BAYART, P.: S. François vous écrit, Paris (1935), 145-148.

33 NbR 22: Opuscula [Lem.], 55; Epist. ad fideles: 94; s. auch oben, Anm. 21. Die beiden Stellen werden in der Studie: Die Stellung Christi im Gebet des hl. Franziskus eingehender analysiert werden.

34 ESSER, K.: Das Gebet des hl. Franziskus vor dem Kreuzbild in San Damiano, in: FrSt 34 (1952) 1-11, 5 (Text); die von 2 C 10: 136f. berichtete Szene wird uns aus methodischen Gründen erst im II. Teil beschäftigen. – Voraussetzung unserer Ausführungen ist natürlich die Echtheit dieses Gebetes u. die Ursprünglichkeit der vom Verf. rekonstruierten Wortgestalt. Vor Eßer wurde das Gebet freilich von den Autoren entweder als sicher unecht oder doch zweifelhaft hingestellt. Letztere ist die Stellungnahme der Untersuchung: CAMBELL, J.: Les écrits de S. François d'Assise dévant la critique, in: FrSt 36 (1954) 250-252: „Sa vraie place est, selon moi, parmi les écrits douteux, au moins quant à la forme“ (252). Seine Einwände scheinen uns freilich nicht durchschlagend zu sein. Ohne Begründung bemerkt S. CLASEN in: RHE 52 (1957) 366: „Il est difficile ... de compter au nombre des textes provenant à coup sûr de s. François la 'Prière à. l'heure de la conversion'“. –VAN DEN BORNE, F.: Voornaamste feiten uit het leven van Franciscus in het licht van de historische kritiek, in: Sint Franc 3 (1957) 186-190 spricht sich in unserer Frage überhaupt nicht aus. – Gewisse auffällige Übereinstimmungen zum Wortlaut von Franziszi Gebet finden sich bei PS.-JOHANNES GUALBERTUS, Preces: PL 146, 972D (s. Anm. 31). „Reple corda nostra fide, spe et caritate, obedientia et humilitate atque patientia, et fac nostrum rectorem secundum cor tuum, ut faciat voluntatem tuam ad salutem suam et nostram. Amen“.

35 Vgl. den anregenden Kommentar bei ESSER, Das Gebet vor dem Kreuzbild, 9f.

Gekreuzigten den Vermittler der göttlichen Botschaft, der auch seine Antwort und Bereitschaft zum dreieinen Gott weiterträgt? Oder wird er von der religiösen Erfahrung dermaßen überwältigt, dass er in Christus in diesem Augenblick vorherrschend die Gottheit schaut? Oder aber ist der Bericht des Biografen vielleicht eine wundersüchtige Fehldeutung, in dem Sinn nämlich, dass Francesco vor dem ehrwürdigen Kreuzbild eine innere Stimme Gottes vernimmt, der er betend antwortet? Darauf müssen wir im Zusammenhang mit den biografischen Zeugnissen näher eingehen.[36]

4. Ähnliches lässt sich von dem Gebet auf dem Segenspergament sagen, das der Heilige nach Empfang der Wundmale auf La Verna im September 1224 für den geistig angefochtenen Br. Leo eigenhändig niederschrieb. Die glühenden Lobpreisungen, die nach dem Bericht des Br. „Lämmlein Gottes“ der Dank für die Gnade der Wundmale sein wollen[37], wenden sich wiederum an den einen und dreieinen Gott, ohne dass Christus ausdrücklich erwähnt würde. Ebenso fehlt jeder Hinweis auf das Leiden Jesu oder auf die eigenen Wundmale. Auch wenn der Schlusssatz mit „misericors Salvator“ ausklingt, verbietet der nähere und weitere Zusammenhang eine Deutung auf den Erlöser. Somit sind die unbeholfen niedergekritzelten Zeilen das Loblied eines Mystikers auf Gottes Allmacht und Güte, ohne dabei die Art der besonderen Gnade, die er empfing, ausdrücklich zu nennen.[38]

Dass das hymnische Gebet selber jede Erwähnung der Passion unterlässt, trifft nicht ebenso für den Segen an Bruder Leo zu. Der Heilige unterzeichnet nämlich seine Widmung an seinen vertrauten Freund mit dem mystischen Tau.[39] Darüber ist nun in erweitertem Blickfeld eigens zu handeln. [S. 18]

C. – Franziskus und das mystische Tau

Damit wir diesen symbolischen Buchstaben nach seiner vollen Bedeutung in der Religiosität des Poverello erfassen, müssen wir zunächst die biografischen Zeugnisse heranziehen. Dabei lässt sich freilich nicht vermeiden, dass wir unser Vorhaben einer methodischen Quellenscheidung für kurze Zeit verlassen.

1. Br. Thomas von Celano berichtet im Wundertraktat: „Vertraut war ihm [Franziskus] vor allen anderen Buchstaben das Zeichen Tau; mit ihm allein pflegte er seine Sendschrei-

---

36 Vgl. unten II. Teil, I, A.

37 Opuscula [Lem.], 124f., 199f.; FQS ^{2}I, 161f.; zum geschichtlichen Hintergrund des Gebetes s. ebenso 2 C 49: 161. Die Authentizität der Reliquie ist nunmehr völlig unbestritten; s. zusammenfassend: CAMBELL, Les écrits devant la critique, 218-222; zum ganzen Fragenkreis der Lobpreisungen ist immer noch lesenswert BALFOUR, R.: The seraphic keepsake. A talisman against temptation written for Br. Leo by St. Francis of Assisi, London 1905; s. auch den Kommentar von CHAUVET, F. J.: La sapienza cristiana secondo S. Francesco, in: VM 30 (1959) 198-224, 208-210.

38 Br. Leo dagegen bemerkt auf der Rückseite des Pergaments: „Post visionem et allocutionem seraphim et impressionem stigmatum Christi in corpore suo fecit has laudes ex alio latere chartae scriptas et manu sua scripsit gratias agens Domino de beneficio sibi collato“: Opuscula [Lem.], 199.

39 Eine gute Reproduktion s. bei VON MATT, L. / HAUSER, W.: Francesco d'Assisi, Padua [1952], Bild 149. 150, nach S. 228.

ben zu beglaubigen; mit ihm bemalte er überall die Wände der Zellen"[40]. Der Heilige verwendet somit dieses Kreuzzeichen gleichsam als Siegel und Unterschrift für seine Briefe, er will mit diesem Symbol den Niederlassungen und Wohnräumen der Brüder ein Sinnbild, sozusagen ihr Wappen geben. Diese Mitteilung des Lebensbeschreibers wird nicht nur durch Franziszi Segensformel an Br. Leo, sondern auch durch die älteste Abschrift seines Briefes an die Kleriker geschichtlich beglaubigt. Denn auch hier findet sich am Schluss des Textes ein ziemlich treues Nachbild der Tau-Zeichnung auf dem vorgenannten Pergament.[41] Ferner gelang es bei der Renovierung der Kapelle der hl. Magdalena in Fontecolombo, in der Fensternische auf der Evangelienseite eine Darstellung des Tau in roter Farbe von der Übermalung des 15. Jahrhunderts freizulegen. Dieses Zeichen wird von Mgr. A. Terzi mit guten Gründen auf Franziskus selber zurückgeführt.[42]

2. Die „crux commissa" (ägyptisches oder Antoniuskreuz) war nun freilich für das Mittelalter keine Neuerung. Schon in der christlichen Frühzeit war dieses Zeichen eine der gebräuchlichen symbolischen Kreuzesformen.[43] Und in welchem Ausmaß die Väter im Anschluss an die Vision des Propheten Ezechiel von der Tau-Siegelung der Gerechten den letzten Buchstaben der Hebräer mystisch auf das Kreuz Christi deuteten, hat die hervorragende symbolgeschichtliche Studie von H. Rahner über die „Antenna Crucis" bzw. „Das mystische Tau" deutlich gemacht.[44] [S. 19] Im Mittelalter war es allgemeiner Brauch, jedes öffentliche Aktenstück mit dem Kreuzzeichen zu beginnen. Dabei taucht in den Handschriften gelegentlich auch das Tau auf.[45] Überdies war diese Kreuzesform ein beliebtes Motiv in der mittelalterlichen Kunst, so in der Ausschmückung der Initiale des Messkanons wie auch im Grundriss zahlreicher Kirchenbauten. „Der mittelalterl. Volksglaube sah auf Grund von Ez 9, 4 ff im Tau ... ein Symbol des Lebens und ein be-

---

40 3 C 3: 273; FQS ¹V, 453; s. auch 3 C 159: 321: „Hoc signo s. Franciscus suas consignabat litteras, quoties necessitatis vel caritatis causa scriptum aliquod dirigebat".

41 OLIGER, L.: Textus antiquissismus epistolae S. Francisci «de Reverentia Corporis Domini» in Missali Sublacensi (cod. B. 24 Vallicellanus), in: AFH 6 (1913) 9, 3-12; zwischen 12/13 Reproduktion.

42 TERZI, A.: Memorie francescane nella Valle Reatina, Rom 1955, 80, 128f. Anm. 59; vgl. auch ebd. 410, wo der Verf. vom Heiligtum des hl. Cat(h)aldus ob Cottanello spricht. Im jüngst restaurierten alten Fresco hält der Erlöser in der Rechten eine „crux commissa": s. Taf. CVI. Natürlich ist dasselbe nicht mit Franziskus in Beziehung zu bringen, vielmehr stellt es ein ikonografisches Zeugnis dafür dar, dass er mit seiner Vorliebe nicht isoliert dastand; vgl. auch Anm. 45, 64, 68.

43 LECLERGQ, H.: Tau, in: DACL XV/2, 1994f.

44 RAHNER, H.: Antenna crucis. V. Das mystische Tau, in: ZKTh 75 (1953) 385-410. – Als Hauptstelle vgl. Ez 9,3-11 (s. aber auch Offb 3,12; 7,3; 9,4; 14,1; 22,4). Der gematrische Aspekt, den die Väterexegese mit der genannten Stelle verbindet, bleibt hier außer Betracht, da sich beim Poverello kein diesbezüglicher Einfluss feststellen lässt. – Zur Exegese der Stelle im Lichte der Väter s. z. B. TROCHON: Les Prophètes. Ézéchiel, Paris 1897, 73f. u. KNABENBAUER, J.: Commentarius in Ezechielem Prophetam, Paris 1890, 98-100; an neueren Auslegungen vgl. SPADAFORA, F.: Ezechiele, Turin 1948, 82-85, bes. 83b u. STEINMANN, J.: Le prophète Ézéchiel et les débuts de l'exil, Paris 1953, 65. – Jene Gerechten, die über die Missetaten der Sünder Bußtrauer empfinden, werden bei den drohenden Strafgerichten Gegenstand besonderen göttlichen Schutzes sein.

45 OLIGER, Textus antiquissimus, 9, bzw. OPPENHEIM, F.: Croce V: Il segno della C., in: EC IV, 957. – Hinsichtlich der Ikonografie vgl. RAHNER, Das mystische Tau, 405-409.

sonderes Heilszeichen, vor allem ein Schutzmittel gegen Pest und feindliche Gewalten; man trug es als Amulett oder auf Ringen, schrieb es auf Pestblätter, auf den Antonius- und andere Segen, an Türen und Wände ...“[46]

Doch was verstand der mittelalterliche Mensch allgemein unter diesem geheimnisvollen Buchstaben? Die Antwort darauf gibt uns der durch seine treue Vätertradition bekannte Rupert von Deutz in seinem *De Trinitate et operibus eius* mit einer trefflichen Deutung der Ezechielstelle:

> „Antiquis Hebraeorum litteris, quibus usque hodie utuntur Samaritani, extrema thau littera, crucis habet similitudinem, quae in Christianorum frontibus pingitur et frequenti manus inscriptione signatur. Notandum ergo quod dicitur: ‘Transi per mediam civitatem, in medio Jerusalem, et signa thau super frontes virorum gementium et dolentium super cunctis abominationibus quae fiunt in medio eius. Et illis dixit, audiente me: Transite per civitatem sequentes eum et percutite, non parcat oculus vester neque misereamini: senem, adulescentulum et virginem, parvulum et mulieres, interficite usque ad internecionem; omnem autem, super quem videritis thau, ne occidatis, et a sanctuario meo incipite’ (Ez 9,4-6). Nam hoc est quod Dominus noster ex hoc mundo transiturus ad Patrem, et signum crucis suae scripturus in frontibus nostris, non atramento, sed sanguine suo et Spiritu sancto, primum praedicare coepit, dicens: ‘paenitentiam agite, appropinquavit enim regnum caelorum’ (Mt 4,17), quia videlicet non quibuslibet, sed gementibus et dolentibus super malis pristinis, id est paenitentiam agentibus, inscribitur hoc signum.“[47]

3. Lässt sich Franziszi Verbindung mit dem volksfrommen Brauchtum und mit den vätertheologischen Vorstellungen seiner Zeit vielleicht noch konkreter aufzeigen? Wir meinen, dass uns [S. 20] ein Nachtrag von Hieronymus von Ascoli, des Generals der Minderbrüder und späteren Papsts Nikolaus IV. († 1292), zur *Legenda maior* des hl. Bonaventura auf eine bisher übersehene Fährte führt. Darin wird berichtet, dass Franziskus, als er sich im Frühjahr 1210 wegen der Bestätigung seiner Lebensform in Rom aufhielt, im Hospital des hl. Antonius beim Lateran übernachtete.[48] Dasselbe stand unter Leitung der Antoniusbrüder (Hospitaliter des hl. Antonius), die im 11. Jahrhundert in Frankreich gegründet wurden und im 13. Jahrhundert bereits 369 Niederlassungen besaßen. Als besondere Ordensaufgabe hatten sie sich die Pflege der am „Antoniusfeuer“ (Kriebelkrankheit, das ist die brandige Form der Mutterkornvergiftung; gelegentlich auch Beulenpest) Erkrank-

---

46 SCHEBLER, A.: Tau, in: LThK IX, 1003.

47 c. 32: PL 167, 1458f. – Wegen gewisser frömmigkeitsgeschichtlicher Parallelen zu Franziskus sei noch verwiesen auf PETRUS DAMIANI, Sermo 48 de exaltatione s. crucis: PL 144, 769B; s. hierzu RAHNER, Das mystische Tau, 394.

48 LM III,9a: 570. – FORTINI, A.: Nel 750° anniversario della fondazione dell’Ordine dei Frati Minori (1209-1959). Storia, cronaca, discussioni, S. Maria degli Angeli 1959, 5-17 weist nach, dass die „traditionelle“ Ansicht, welche die mündliche Bestätigung der Regel auf den April 1209 verlegt, unhaltbar ist. Vgl. auch DERS.: Nova vita di S. Francesco I/1, [Edizioni Assisi ²1959], 367. – Wie OLIGER, L.: S. Francesco a Roma e nella provincia Romana, im Buch L’Italia francescana, S. Maria degli Angeli 1927, 67f. eindeutig nachweist, handelt es sich hierbei nicht um das einstige Hospital S. Antonio neben S. Maria Maggiore (auf dem Grund des heutigen Russicum), sondern um das Hospital, benannt nach dem Kirchlein des hl. Antonius des Eremiten, das sich einst zwischen dem Aquädukt u. der Kirche der hll. Petrus u. Marzellin befand. Vgl. den einen u. anderen neuen Gesichtspunkt bei BULETTI, E.: Ospedale e chiesa di S. Antonio presso il Laterano, in: StFr ser. 3, 1 (1929) 267f.

ten gestellt. Als Zeichen ihrer Mitgliedschaft und als Symbol ihres Berufes trugen sie den in ein Tau auslaufenden Stab in der Hand und hatten ebenso auf dem Habit ein Tau aufgenäht.

Die Frage allerdings, wann genau die Antoniter das Tau zu ihrem Ordensabzeichen erwählt haben, ist wohl kaum zu beantworten. In der Bulle „In dispositione ministrorum" vom 18. Mai 1297, durch die Bonifatius VIII. die vordem benediktinisch orientierte Ordensgenossenschaft zu Kanonikern des hl. Augustin umformte, wird jedenfalls das Tau auf dem Ordenskleid als fester Brauch vorausgesetzt. Er schreibt darin:

> „Habitum vero cum signo T, quod potentiam vocant, in honorem ipsius b. Antonii tam abbas quam canonici seu fratres praefati, iuxta morem solitum ipsius hospitalis, semper et ubique portarent."[49]

Zudem taten sich bereits mehrere Jahre vor 1191 in St. Grégoire du Val d'Avançon durch Stiftung von Guillaume Raymond und seiner edlen Gattin Agnes Brüder und Schwestern des hl. Antonius zum Dienst an den Armen und Kranken zusammen. Als Erkenntniszeichen wählten sie dabei das Tau-Symbol. Im Jahre 1191 wurde dieses Hospital der Generalkomptur der Antoniter von Gap unterstellt. Man wird sich somit ohne Widerspruch dem Urteil von P. Noordeloos anschließen, dass das Tau bereits damals Ordensabzeichen der Hospitaliter des hl. An- [S. 21] tonius war.[50] Falls dies als gesichert gelten kann, steht nichts im Wege, in dieser geschichtlich festgehaltenen Begegnung Franziszi mit den Antoniusbrüdern im Jahre 1210 eine bedeutsame, wenn nicht sogar erste Anregung zu seiner betonten Verehrung des Tau-Zeichens zu sehen.

4. Diese Devotion wurde zweifellos noch bestärkt durch die Tau-Vision von Br. Pazifikus. „Er erblickte nämlich bald danach (das heißt nach seiner Bekehrung durch den Ordensstifter) auf der Stirne des seligen Franziskus einen großen Buchstaben Tau, der von verschiedenfarbigen Kreisen umgeben die Schönheit eines Pfaues hatte". Doch ist fraglich, ob diesem Begebnis – der Kontext bietet überdies gewisse quellenkritische Schwierigkeiten – nach der Meinung von R. Balfour entscheidende Bedeutung für das Werden der genannten Andacht zugeschrieben werden darf.[51]

---

49 Bullarium Romanum IV, Turin 1859, 144b.

50 NOORDELOOS, P.: De Tau van S. Antonius, in: Het Gildebock (Leiden) 25 (1942) 69-79. 75a. Als Ordenssiegel scheint sich das Tau immerhin noch nicht so schnell durchgesetzt zu haben. Guillaume de Chancellai, Vorsteher des Antoniushospitals von Marseille, kennt dasselbe 1272 noch nicht; dagegen sieht man auf dem Siegel des Großmeisters Aymon de Montagne 1293 den Tau-förmigen Stab des hl. Antonius (75). Der Verf. setzt sich 75b-77a mit den verschiedenen, teilweise recht wunderlichen Versuchen, die Wahl dieses Emblems zu erklären, auseinander. Er selber leitet das Tau der Antoniter von der Krücke her (78b-79a). Diese Deutung kann sich außer dem in Anm. 49 zit. Text auch stützen auf eine Stelle der frühestens im 9. Jh. entstandenen *Miracula S. Lifardi*, c. 3, n. 18: AA. SS. Junii 1, 301a; DU CANGE, Ch. / HENSCHEL, G. A. L.: Glossarium mediae et infimae Latinitatis V, Paris 1845, 377b (s.v. potentia). Trotzdem wird man – mindestens für die spätere Zeit – in der Wahl des kreuzförmigen Tau ein frömmigkeitsgeschichtliches Moment nicht ausschließen können. – Vgl. noch NOORDELOOS: Antonianen, in: Kath. Encycl. ²II, 579f. u. zu Krankheitsart und röm. Hospital s. nebst PAZZINI, A.: Antoniani, in: EC I, 1522f. bes. MEFFERT, F.: Caritas u. Volksepidemien, Freiburg i. Br. 1925, 161-165 u. CHAUMARTIN, Ch.: Le mal des ardents et le feu de S. Antoine, Vienne 1946.

51 2 C 106: 193; FQS ¹V, 337; die Bekehrung des „Dichterkönigs" wird mehrheitlich für 1212 vermutet; gewisse Autoren stehen indes für 1215/1216 ein: s. die Lit. bei FQS ¹V, 336 Anm. 243. – BALFOUR, R.:

Seit Erscheinen des Franziskuslebens von P. Cuthbert Hess weisen mehrere Autoren mit Recht auf einen weiteren Einflussfaktor hin: Innozenz III. eröffnete am 11. November 1215 das IV. Laterankonzil mit einer großangelegten Predigt über den dreifachen „transitus", den körperlichen, den geistigen und ewigen. In seinen Ausführungen über den „transitus corporalis" beschwört er die abendländische Christenheit, gegen die Mohammedaner einen neuen Kreuzzug zu unternehmen. Im geistigen „transitus" fordert er mit unmissverständlicher Offenheit die sittlich-religiöse Reform des Klerus. Der Papst geht gleichsam durch die Kirche, um Gut und Bös festzustellen und um auf die Stirnen der Gerechten das mystische Tau aufzuprägen.

„... T est ultima littera Hebraici alphabeti, exprimens formam crucis, qualis erat antequam Domino crucifixo Pilatus titulum sup- [S. 22] poneret ... Hoc signum gerit in fronte, qui virtutem crucis ostendit in opere ...".[52]

Zwar liegt uns nur ein einziges Dokument von historisch anfechtbarem Wert vor,[53] das Franziszi Teilnahme an der Lateransynode behauptet, doch machen es innere Gründe wahrscheinlich, dass er, nicht zwar als offizieller Vertreter seiner Ordensgründung, sondern als rein privater Beobachter daran teilnahm. Und selbst für den Fall, dass sich jemand von den inneren Kriterien nicht überzeugen ließe, müsste er soviel zugestehen, dass der Heilige sich dem tiefgreifenden Einfluss der großen Kirchenversammlung nicht entziehen konnte.[54]

Es liegt in der gleichen geistigen Linie, wenn Innozenz – nach dem Zeugnis eines seiner Briefe – im Kreuzfahrerheer, das sich in Venedig einschiffen sollte, im Geiste die mit dem Tau-Zeichen Gesiegelten erblickt und wenn er in seiner Schrift über das Altarssakrament im Anfangsbuchstaben des Kanons der Messe das mystische Tau Ezechiels zu erkennen glaubt.[55]

The seraphic keepsake, London 1905, 85f.: „I may be allowed to conjecture that from this vision ... dates the habit S. Francis acquired of signing his letters with a capital 'T'" (86). Immerhin wird man den Bericht für die religiöse Sinngebung sehr wohl im Auge behalten. – Zur quellenkritischen Schwierigkeit s. FQS [1]V, 335 Anm. 239.

52 CUTHBERT [OF BRIGHTON]: Life of S. Francis of Assisi, London [1]1912, 172-176; die Predigt von Innozenz III. s. in: PL 217, 673-680; Ausgangspunkt ist Lk 22,15: „Desiderio desideravi ..."; angeführtes Zitat: 677A.

53 Chronica XXIV Generalium O.Min.: AF III, 9: „Anno Domini MCCXV tempore Concilii generalis b. Franciscus Romam adiit et s. Dominicum, qui ibi tunc erat pro sui Ordinis approbatione, reperit ..."; der geschichtliche Wert dieser Aussage ist nicht leicht abzuschätzen: s. OLIGER, S. Francesco a Roma, 70f. – vgl. überdies: Legant, n. 67: DELORME, 39 u. ANGELUS CLARENUS O.Min., Expositio Regulae Fratrum Minorum: L. OLIGER, Quaracchi 1912, 16f. Anm. 3.

54 Über die Gegenwart Franziszi am Konzil überhaupt äußerte OLIGER, Textus antiquissimus, 8 Anm. 4 sehr starke Zweifel; nüanzierter dagegen ist seine Stellungnahme in: S. Francesco a Roma, 70f.: „Se dunque S. Francesco fu a Roma nel 1215, lo fu come privato o quasi" (71); in dieser Einschränkung gegenüber P. Cuthbert ist dem Autor sicher zuzustimmen. – Für die weitere Diskussion der Frage wie auch für die inneren Kriterien s. nun L. CASUTT [VON FALERA]: Die älteste franziskanische Lebensform. Untersuchungen zur Regula prima sine Bulla, Graz 1955, 67f. Anm. 50; 65-69; s. nun auch im zustimmenden Sinn: CORNET, B.: Le «De Reverentia Corporis Christi», in: EtFr N.S. 8 (1957) 49-52.

55 INNOZENZ III., Epistola 46: PL 214, 1012A; De sacro altaris mysterio, l. 3, c. 2: PL 217, 840f.; vgl. RAHNER, Das mystische Tau, 404f.

5. Nachdem wir versucht haben, die Faktoren festzustellen, die Franziszi Tau-Devotion beeinflusst haben, müssen wir nun den religiösen Sinn dieser Verehrung im Einzelnen bestimmen. – Wenn die Auffassung vom Einwirken der Antoniusbrüder auf den Poverello berechtigt ist (s. Nr. 3), dann ist es mehr als wahrscheinlich, dass – mindestens in der Frühzeit des Ordens – der Gedanke der entsagungsvollen Aussätzigenpflege in der Tau-Verehrung besonders hervortrat. In diesem Zusammenhang ist das Selbstbekenntnis unseres Heiligen vielsagend:

> „Dominus ita dedit mihi fratri Francisco incipere faciendi paenitentiam, quia, cum essem in peccatis, nimis mihi videbatur amarum videre leprosos; et ipse Dominus conduxit me inter illos, et feci misericordiam cum illis.“[56] [S. 23]

Das Kreuzsymbol des Tau-Zeichens würde demnach die Selbstverleugnung im Dienste der Ärmsten der Armen begründen und zugleich zum Ausdruck bringen.

Vom Zusammentreffen des Ordensstifters mit dem Kreuzzugsprediger und geistlichen Betreuer des Lütticher Beginenkreises Jakob von Vitry († 1240) am Sterbebett Innozenz' III. (1216) leitet sich seine Betonung des eucharistischen Kultes her.[57] Dieser äußert sich vorab in Franziszi Sendschreiben, mit denen er die Kleriker, die Kustoden, die zum Kapitel versammelten Brüder, die Lenker der Völker und die Gläubigen überhaupt zu vermehrtem Empfang und zur Verehrung des heiligsten Altarssakramentes anregen möchte.[58] Hierbei ist ein zweifacher Gesichtspunkt nicht zu übersehen: Einmal pflegte der Poverello offenbar gerade solche Briefe mit dem Tau zu siegeln, wie das Beispiel des Schreibens an die Kleriker beweist.[59] Andererseits fällt auf, wie er in mehr als einem Brief den Gedanken der Buße innig mit dem Eucharistieempfang verknüpft: „Omnes autem illi, qui non sunt in paenitentia et non recipiunt corpus et sanguinem Domini nostri Jesu Christi ... caeci sunt ...“[60]

Die Vermutung liegt somit nahe, dass Franziskus den Buchstaben des mystischen Tau, den der in Linnen gekleidete Mann auf die Stirne der Büßer prägt zum Zeichen ihrer Bewahrung (Ez 9,4), mindestens seit 1216 mit seinem eucharistischen „Apostolat“ verband. Dass dabei das Motiv der allgemeinen kirchlichen Reform und der Kreuzzüge,

---

[56] Test, n.1: 100, 140-145 (Komm.), 144f. Anm. 22 (weitere Stellen zur Leprosenpflege); vgl. dazu die psychologisch eindringende Schilderung bei CASUTT, L.: L'eredità di S. Francesco. Riesame della sua spiritualità, Roma 1952, 50f; s. auch DUKKER, Ch.: Umkehr des Herzens. Der Bußgedanke des hl. Franziskus von Assisi, Werl/Westf. 1956, 79.

[57] Vgl. CALLEBAUT, A.: Autour de la rencontre à Florence de s. François et du card. Hugolin (en été 1217), in: AFH 19 (1926) 530-558; CORNET, B.: Le «De Reverentia Corporis Christi». Exhortation et lettre de S. François, in: EtFr N.S. 7 (1956) 23-25; FREDEGANDO CALLAEV [DA ANVESRSA]: Origine e sviluppo della festa del «Corpus Domini», in: Euntes Docete 10 (1957) 3-33, bes. 3-9. Zu Vitrys Bedeutung für die Beginen s. nun die zusammenfassende Forschung von MCDONNELL, E. W.: The Beguines and Beghards in medieval culture. With special emphasis on the Belgian scene, New Brunswick (New Jersey) 1954, 20-39, 629a (Register). 312-314 (Vitry u. Franziskus).

[58] OLIGER, Textus antiquissimus, in: AFH 6 (1913) 3-12, 12 (Ed.); Opuscula [Lem.], 113-115; 99-107; 111f.; 87-98.

[59] OLIGER, Textus antiquissimus, 9, 12/13 (Abb.).

[60] Epist. ad fideles: Opuscula [Lem.], 95, 90; ad custodes: 114.

wie sie Innozenz III. machtvoll verkündete, mit einwirkte, ist kaum zu bezweifeln, wenn auch greifbare Anhaltspunkte dafür in den Quellen fehlen.[61]

Der sicherste Weg, das Geheimnis von Franziszi Tau-Devotion zu lüften, dürfte indes darin bestehen, seine Zeichnung auf dem Segenspergament an Br. Leo näher zu untersuchen. Doch stoßen wir hier auf nicht unerhebliche Schwierigkeiten. Denn leider ist die Sinnbedeutung der Zeichnung am Fuß des Tau aus sich selber nicht mehr klar zu erkennen. Zwar hat Br. Leo auf [S. 24] der Rückseite der Reliquie die Erklärung beigefügt: „Simili modo fecit [b. Franciscus] istud signum thau cum capite manu sua"[62]. Allein die Vieldeutigkeit des Wortes „caput" ist nicht geeignet, eine Mehrzahl sich widersprechender Deutungen zu verhindern.

Von selber schließt sich die Auffassung aus, die darin eine Art „Blume" erkannt haben will ... Ebenso unhaltbar ist es, in der ganzen Zeichnung die Andeutung eines Galgens sehen zu wollen. Mit reichlich viel Phantasie hat man auch im „caput" die Umrissformen des La Verna zu entdecken versucht.[63] Schon eher verdient die Meinung ernst genommen zu werden, wonach hier der Golgotha mit dem Totenschädel und dem darüber aufragenden Kreuz dargestellt wurde. Man betont nämlich nicht zu Unrecht, dass das Motiv vom Totenschädel Adams zu Füßen des Kreuzes, über den das Blut des zweiten Adams rann, bei den Vätern wie in der späteren mittelalterlichen Ikonografie beliebt war.[64]

Wegen der Vision des Br. Pazifikus (Nr. 4) und wegen der mehrmals festgestellten Verbindung von Tau und Buße verdient indes entschieden jene Ansicht den Vorzug, die

---

[61] Dies wird – wohl etwas überstark – betont bei CORNET, Le «De Reverentia», in: EtFr N.S. 8 (1957) 49-52.

[62] Opuscula [Lem.], 200.

[63] Im Folgenden bieten wir die Lit., nicht weil diese Deutungen ernst genommen werden können, sondern weil sie für die Echtheitsfrage der Reliquie etwas beitragen: FALOCI-PULIGNANI, M.: Gli autografi di S. Francesco, in: MF 6 (1895-1897) 33-39. 35a: „una specie di fiore"; Galgen: CARMICHAEL, M.: A new light on the Benediction of St. Francis, in: St. Peter's (London) 1900 (zit. ohne weitere Verw. bei BALFOUR, The seraphic keepsake, 68 Anm. 1); der Verf. wechselte indes auf die Theorie des La Verna über: La benedizione di S. Francesco, spiegazione del geroglifico, Livorno 1900; dieselbe Ansicht teilt ATTAL, S.: La benedizione di frate Leone, in: MF 32 (1932) 245-248, 247f. – Für die Widerlegung der vorgebrachten Theorien sei verwiesen auf BALFOUR, The seraphic keepsake, 96-101.

[64] Als erster nahm diese Interpretation irgendwie vorweg: GRISAR, H.: La benedizione manoscritta di S. Francesco nel Sacro Convento di Assisi, in: MF 5 (1895-1897) 129-132, vorher bereits veröffentlicht in: CivCatt ser. 16, 47, 5 (1896) 723-728; „... testa da morto del Calvario" (130b); ähnlich D'ALENÇON, É.: La bénédiction de S. François. Histoire et authenticité de la relique d'Assise, Paris 1896, bes. 7; ähnlich auch CRESI, A.: La Benedizione di Fr. Leone scritta da S. Francesco alla Verna, in: La Verna 11 (1913) 30-42; neuestens setzte sich für diese These mit Nachdruck ein: CAMBELL, Les écrits devant la critique, 219f., wo auch gewisse Hinweise auf die Tradition dieser Vorstellung geboten werden. – In einer Besprechung von Cresi trat L. BRACALONI, in: AFH 7 (1914) 382f., ebenfalls für die Deutung auf Adam ein, freilich mit der Besonderheit, Franziskus habe sich selber aus Demut, „in qualità di peccatore", anstelle des Stammvaters hingezeichnet. – Für die Überlieferung der symbolischen Darstellung s. die Väterzeugnisse bei LE BACHELET, X.: Adam, in: DThC I, 380-384; für die Ikonografie vgl. MÂLE, É.: L'art religieux du XIIIe siècle en France, Paris 1923, 189 u. Anm. 3; weitere Lit. s. bei NEUSS, W.: Adam in der bildenden Kunst, in: LThK ^{1}I, 85f. Im bes. sei angemerkt, dass sich im Dom von Spoleto ein Kreuzbild, von Alberto Sozio 1187 gefertigt, findet, worauf das von den Füßen des angenagelten Christus ausströmende Blut auf den Totenschädel Adams fließt. Die Szene wird in verschiedenen ähnlichen Kreuzdarstellungen wiederholt: BRACALONI, L.: Il prodigioso Crocifisso che parilò a S. Francesco, in: StFr ser. 3, 11 (1939) 196 u. Anm. 2.

auf dem Pergament von Br. Leo „cum capite“ anstelle von „in fronte“ stehen sieht.[65] In die nämliche Richtung weisen die Belege bei [S. 25] Bonaventura, die alle auf die Ezechiel-Vision Bezug nehmen. Nachdem der seraphische Lehrer Franziszi Vorliebe für diesen heiligen Buchstaben berichtet hat, fügt er hinzu:

> „Hoc quippe signum vir sanctus magno venerabatur affectu ... tamquam si omne ipsius studium foret 'signare thau', iuxta dictum propheticum 'super frontes virorum gementium et dolentium' (Ez 9,4), ad Christum Jesum veraciter conversorum.“[66]

Diese Auffassung erhält umso mehr Gewicht, als der Heilige links und rechts neben dem aufragenden Kreuzesschaft den besonderen Segen schrieb: „Fr. Leo, Dominus te benedicat“; und zwar wird gerade der Name des Empfängers durch das aufgerichtete Tau geteilt. R. Balfour macht in diesem Zusammenhang mit Recht auf die Ähnlichkeit zum Missale aufmerksam, in dem ebenfalls bei Segensworten des Kanons das hinweisende Kreuzzeichen zwischen die betreffenden Worte eingefügt ist.[67] Der Ordensvater tröstet den schwer versuchten Bruder mit dem Segenswunsch und der Segensverheißung: Das Kreuzessiegel steht auf deiner Stirn; denn du gehörst zu den wahren Büßern und darum zu den Auserwählten.[68]

Dagegen scheint es außerhalb des Gesichtsfeldes des Ordensgründers selber gelegen zu haben, sich die heilsgeschichtliche Sendung des Engels vom sechsten Siegel (vgl. Offb 6,12; 7,2) zuzuschreiben. Danach habe er sich als Träger „des Siegels des lebendigen Gottes“ in der Stigmatisierung berufen gefühlt, die Diener Gottes mit dem Tau auf ihre Stirne zu bezeichnen (Offb 7,2-3, bzw. Ez 9,4). Die Zeichnung des Segenspergamentes mit J. Ratzinger in diesem spezifischen und gesteigerten Sinne zu deuten, scheint dessen Aussagewert zu überfordern.[69] Wer sich zudem Franziszi Bescheidenheit und sein waches Bewusstsein von der seelischen Armut Gott gegenüber vor Augen hält, wird eine solche Selbsteinschätzung des Heiligen für schlechthin unmöglich halten. In den „Opuscula“ findet sich jedenfalls keine der vorgenannten Stellen aus der Apokalypse; aber auch der Celano-Trilogie ist eine solche heilsgeschichtliche Deutung durchwegs fremd. [S. 26] Die Verbindung von Ez 9,4 mit Offb 7,2-3 und deren Übertragung auf Franziskus vollzog unter joachitischem Einfluss 1254 erstmals Gerhard von Borgo S. Donnino († 1276). Der hl. Bonaventura übernahm zwar in der „Legenda maior“ diese

---

65 Zur Pazifikusvision s. oben Anm. 51.

66 LM IV,9: 575; s. auch prol., n. 2: 558; Mirac., c. 10, n. 7: 651; Lm, c. 2, 8, lect. 9, 1: 662. 676; vgl. zudem BALFOUR, The seraphic keepsake, 95f.

67 Vgl. die schematische Nachbildung von CAMBELL, Les écrits devant la critique, 219; s. auch BALFOUR, The seraphic keepsake, 106.

68 BALFOUR, The seraphic keepsake, 105f.; auf den nämlichen Sinn geht auch die Vermutung von FQS ²I, 163 Anm. 109, freilich ohne Anwendung auf Br. Leo. Auch diese Deutung fand in der Kunst ihren Ausdruck; s. MÂLE, É.: L'art religieux du XIIe siècle en France, Paris 1922, 156f., 155. RAHNER, Das mystische Tau, 409 Anm. 20 verweist noch auf NEUSS, W.: Das Buch Ezechiel in Theologie u. Kunst bis Ende des 12. Jhs., Münster 1912.

69 RATZINGER, J.: Die Geschichtstheologie des hl. Bonaventura, München 1959, 33-40, 36 Anm. 38. Damit schließen wir keineswegs eine Beeinflussung durch Ez 9,4 aus, im Gegenteil, sie ist zum Verständnis von Franziszi Tau-Devotion schlechterdings notwendig. Verschieden stellt sich indes die Frage für Offb 7,2-3, resp. 6,12. Selbst wenn dieselben als dem Heiligen bekannt vorausgesetzt werden dürften (s. unten im Text), ist es undenkbar, dass Franziskus sich persönlich in der Rolle des endzeitlichen Heilsboten gefühlt habe.

Gleichsetzung, doch kennt er daneben auch andere Deutungen des Engels vom sechsten Siegel, wie St. Bihel überzeugend nachgewiesen hat.[70]

6. Nach dieser mühsamen Analyse der einzelnen Hinweise und Zeugnisse der Quellen können wir nun den religiösen Gehalt dieses Symbols im Denken des hl. Franziskus zusammenfassend bestimmen. Das mystische Tau wurzelt zweifellos tief im Wesen der franziskanischen Lebensform. Das geht deutlich daraus hervor, dass der Poverello diesen Buchstaben gleichsam als sein Ordenssiegel und als sein Ordenswappen wählte. Dieses Leben der Buße nach dem Evangelium blieb indes keine unwandelbar für immer festgelegte Wirklichkeit, es änderte und entfaltete sich vielmehr entsprechend der äußeren und inneren Gnadenführung Gottes. Der Entwicklung des franziskanischen Ideals folgte naturgemäß auch die Sinndeutung des mystischen Tau, da es ja den Inhalt dieses Büßerlebens versinnbildete. In der Frühzeit brachte es anscheinend besonders die Hingabe und Selbstverleugnung im Dienste an den Leprosen zum Ausdruck. Frühestens seit 1216 schloss es jedoch aller Wahrscheinlichkeit nach auch Gedanken aus Franziszi Beteiligung an der eucharistischen und kirchlichen Reform und von seiner Kreuzzugsidee mit ein.[71] Immer aber stand die ganze evangelische Lebensweise, so wie der Heilige sie tiefgläubig unmittelbar von Gott empfangen zu haben glaubte, im Zeichen des Kreuzes; denn sie führt in der radikalen Abkehr von der Welt und in der rückhaltlosen Umkehr zu Gott, mit den vielfältigen Formen der Abtötung, vorab durch die Armut und Demut, unweigerlich zur Leidensnachfolge Christi und zur Leidensgemeinschaft mit ihm und birgt eben damit das Unterpfand des endzeitlichen Heiles in sich.[72] [S. 27]

D. – Nachfolge des Gekreuzigten

Die Idee der Kreuzesnachfolge unseres Heiligen könnte man mit ebenso viel Recht im Zusammenhang mit der Christusnachfolge[73] allgemein behandeln. Doch gehört sie als wesentlicher Gesichtspunkt mit zum vollen Bild seiner Passionsfrömmigkeit.

1. Hierbei wird zunächst unsere Aufmerksamkeit auf eine Stelle der unbestätigten Regel gelenkt. Nach einer allgemeinen Mahnung, „unserem Herrn Jesus Christus in seiner De-

---

70 BIHEL, St.: S. Franciscus fuitne Angelus sexti sigilli?, in: Anton. 2 (1927) 59-90, 62 (Gerard), 63-69 (Bonav.); s. zudem CLASEN, S.: Die Sendung des hl. Franziskus. Die heilsgeschichtliche Deutung durch Bonaventura, in: WiWei 14 (1951) 212-225. – Die ganze komplexe Problemstellung können wir hier nicht weiter verfolgen.

71 Über Franziszi Teilnahme am 5. Kreuzzug u. die ihr zugrunde liegende religiöse Vorstellung werden wir im II. Teil, II, E ausführlich handeln.

72 Nebst der in Anm. 56 namhaft gemachten Lit. s. noch ESSER, K.: Die Lehre des hl. Franziskus von der Selbstverleugnung, in: WiWei 18 (1955) 161-174; OPTATUS: De Orde van Boetvaardigheid. Over de boete in de geest van Franciscus, in: FrancLeven 42 (1959) 33-43, 34 Anm. 2 (Lit.); KOPER, R.: Das Weltverständnis des hl. Franziskus von Assisi. Eine Untersuchung über das „Exivi de Saeculo“, Werl 1959. Hier könnte zudem darauf hingewiesen werden, dass Franziskus im Ordenskleid der Minderbrüder das Bild des Kreuzes schaute. Darüber wird jedoch im II. Teil, II, A zu reden sein.

73 Sie soll in einer eigenen Studie beleuchtet werden, wobei bes. der Vorwurf des angeblichen Literalismus des hl. Franziskus zu berücksichtigen sein wird.

mut und Armut nachzufolgen“, fordert er von den Minderbrüdern, „sich zu freuen, mit geringen und verachteten Menschen zu verkehren, mit Armen und Schwachen, Kranken und Aussätzigen und Bettlern am Wege“.[74] Dann gestattet er ihnen für den Fall der Notwendigkeit das Almosen-Bitten:

> „Et non verecundentur, sed magis recordentur, quia Dominus noster Jesus Christus, Filius Dei vivi omnipotentis, ‘posuit faciem suam ut petram durissimam’ (Jes 50,7), nec verecundatus fuit; et fuit pauper et hospes et vixit de eleemosynis, ipse et beata Virgo et discipuli eius.“

Anschließend mahnt er die Brüder, falls sie beim Almosen-Betteln Schmach erleiden würden, dennoch Gott zu danken.[75]

Es stellt sich nun die Frage, ob der Heilige hier nur den allgemeinen Vorbildcharakter des armen Lebens Jesu vor Augen hat – für den Fall müsste diese Stelle in der Studie über die Nachfolge Jesu zur Sprache kommen –, oder ob er darüber hinaus vor allem an die Geduld Christi im Leiden denkt.[76] Letzteres scheint man annehmen zu müssen wegen des eingefügten Zitats aus der Gottesknecht-Perikope des Isaias. Das ausdruckskräftige biblische Bild von der kieselsteinharten Stirn, das den unerschütterlichen Starkmut im Ertragen von Unrecht und Misshandlung bedeutet, erhält nur von der Passion Christi her ihr helles Licht.[77] Somit möchte Franziskus die Kränkungen und Demütigungen, denen ein Bettler – auch wenn er einem Mendikantenorden angehört – fast zwangsläufig sich aussetzt, mit einer Geduld wie der des misshandelten Erlösers ertragen wissen. [S. 28]

2. Der Nachfolgegedanke im Lichte des Kreuzmysteriums erhält eine neue ideelle Ausprägung im 6. Wort heiliger Mahnung:

> „Attendamus, omnes fratres, bonum Pastorem, qui pro ovibus suis salvandis crucis sustinuit passionem. Oves Domini secutae sunt eum in tribulatione et persecutione et verecundia, fame et siti, in infirmitate et tentatione et ceteris aliis; et de his receperunt a Domino vitam sempiternam. Unde magna verecundia est nobis servis Dei, quod Sancti fecerunt opera, et nos recitando et praedicando ea volumus inde recipere honorem et gloriam.“[78]

Hier erwägt der Ordensstifter erneut das innige Bild des Guten Hirten[79], näherhin die namenlose Liebe, mit der er zur Rettung der Schafe die Marter des Kreuzes durchstand.

---

[74] c. 9: Opuscula [Lem.], 36f.; FQS ^{2}I, 60f.

[75] Ebd. 37.

[76] Letzteres setzt METODIO, Cantori della Passione, 21 Anm. 48, bzw. 114f. voraus, ohne dies jedoch näher zu begründen.

[77] Zum Wortsinn der Stelle s. KNABENBAUER, J. / ZORELL, F.: Commentarius in Is. Prophetam II, Paris 1923, 278 u. neuestens PENNA, A.: Isaia, Turin 1958, 510b. – Hier sei kurz die Frage gestreift, ob man mit ANDRESEN, C.: Asketische Forderung u. Krankheit bei Franz von Assisi, in: ThLZ 79 (1954) 129-140, 134f. die Stelle der *Epist. ad fideles*: 93: „Et habeamus corpora nostra in opprobrium et despectum, quia omnes per culpam nostram sumus miseri et putridi, foetidi et vermes, sicut dicit Dominus per prophetam“ (folgt Zitat von Ps 21,6) für die Kreuzesnachfolge, näherhin für die Nachfolge des „Christus despectus“, in Anspruch nehmen darf. Der Wortlaut der Stelle scheint uns diesen Schluss nicht zuzulassen, vielmehr handelt es sich um eine allegorische Beanspruchung des Ps-verses für die menschliche Armseligkeit (vermis – vermes).

[78] Opuscula [Lem.], 9f. – Hier bietet sich Gelegenheit, auf die biblische Durchsetzung seiner Sprechweise hinzuweisen: ebd. 9 Anm. 2 wird verwiesen auf: Joh 10,11. 4; Hebr 12,2; Röm 8,35.

[79] Vgl. oben Anm. 21.

Es bleibt wiederum zu betonen, dass er nicht einzelne geschichtliche Momente der Passion herauslöst, sondern das Heilswerk als Ganzes betrachtet. Die Schafe des Herrn – das sind die Apostel, die Blutzeugen und wohl die Heiligen überhaupt – folgten ihm durch den Anteil an seinen Leiden in jeder Art von Entbehrungen, Prüfungen und Verfolgungen. Besondere Beachtung verdient, dass Franziskus hier wahrscheinlich die Krankheit als eine eigene Form der Kreuzesnachfolge hervorhebt.[80] Die Gefahr einer späteren Generation besteht darin, beim bloßen Bewundern und Verherrlichen früherer Großtaten stehen zu bleiben. Sie setzt an die Stelle des Nachvollzugs das Nacherzählen. Die naturhafte Geradheit Franziszi sträubt sich aus innerster Seele gegen solch billigen und verhängnisvollen Tausch.[81]

3. In ähnlichem Rahmen hält sich eine weitere Ermahnung über das Sich-Rühmen im Kreuze. Franziskus hält dem zu [S. 29] eitlem Selbstruhm geneigten Menschen eindringlich vor, dass er hierzu fürwahr keinen Grund hat. Wiewohl die vernunftlosen Geschöpfe sich nicht der dem Menschen geschenkten Gott- und Christusebenbildlichkeit erfreuen, dienen sie dem Schöpfer entsprechend ihrer Eigenart besser als dieser. „Und selbst die bösen Geister haben ihn nicht gekreuzigt; aber du hast ihn im Bunde mit ihnen gekreuzigt und kreuzigst ihn noch, wenn du deine Lust an Lastern und Sünden hast“[82]. Hier wird zwar nicht der Nachfolge-Christi-Gedanke beleuchtet, vielmehr handelt es sich um die tatsächliche Stellung des Getauften zur Erlösung. Darum kann die Mahnung in unserem Zusammenhang besprochen werden. Im besonderen wird in diesen Worten nachdrücklich auf die soziale Funktion der Sünde hingewiesen. Die schuldhafte Tat des Einzelnen steht nie isoliert an einem bestimmten Zeitpunkt der Geschichte, vielmehr strahlt sie ihr Unheil über Raum und Zeit hinaus und summiert sich zugleich in ihrer Auswirkung und Überwindung im Sühnetod des schuldlosen Christus.[83]

---

[80] ANDRESEN, C.: Franz von Assisi u. seine Krankheiten, in: Wege zum Menschen. Monatsschrift f. Seelsorge, Psychotherapie u. Erziehung (Göttingen) 6 (1954) 33-43, 42f. ist hier entschiedener: „Die enge Verbindung, die in diesem Wort der Passionsgedanke mit dem Nachfolgeideal im Sinne des ‘Mitleidens mit Christus’ eingegangen ist, rechtfertigt die Wiedergabe des mehrdeutigen Ausdruckes ‘infirmitate’ durch ‘Krankheit’“. ESSER, Die Lehre von der Selbstverleugnung, 161 Anm. 6 anerkennt zwar, dass dieser Sinn dem Worte „infirmitas“ auch zugrunde liege, möchte jedoch bei dem weitergreifenden „Schwachheit“ bleiben. Der Begriff „infirmitas“ ist tatsächlich vieldeutig: s. *Thesaurus Linguae Latinae* VII, Leipzig 1951, 1432-1436 s. v.; andererseits hat Franziskus das Mahnwort ziemlich sicher altitalienisch gesprochen; nun bedeutete aber das Wort „infirmitate“ (s. z. B. Sonnengesang: V. BRANCA, in: AFH 41 [1948] 85) ausschließlich Krankheit: s. TOMMASEO, N. / BELLINI, B.: Dizionario della lingua italiana II/2, Turin 1869, 1485ab. – Vgl. auch Nr. 3 u. Anm. 84.

[81] Vgl. hierzu den Kommentar samt weiteren Stellen bei GRATIEN, Personnalité et spiritualité, 102-107; s. auch BAYART, P.: S. François vous écrit, Paris [1935], 28f. – Als geschichtliche Illustration von Franziszi Äußerung diene der Bericht von Jord, n. 8: H. BOEHMER, Paris 1908, 7. Die Legende der 5 ersten Märtyrer aus den Minderbrüdern (in Marokko, am 16. Jan. 1220) schien gewissen Brüdern bloß Anlass zu eitlem Selbstruhm geboten zu haben, weswegen der Ordensvater ihre Lesung verbot. – Ähnlich warnt auch PETRUS DAMIANI, Sermo 18 de inventione s. crucis: PL 144, 610C: „Nec sibi quispiam de solo signo crucis applaudat, si veritatem crucis in operibus non exhibeat“.

[82] 5. Wort heiliger Mahnung: Opuscula [Lem.], 8; FQS ^{2}I, 123.

[83] Vgl. SPICQ, C.: L’Epître aux Hébreux II, Paris ^{2}1953, 153: „La Passion n’est pas seulement un fait historique, c’est un drama contemporain de tout homme qui doit prendre parti pour ou contre le Sauveur, être crucifié avec lui (Gal. 2, 19; 4, 19), ou se mettre du côté des bourreaux, et renouveler leur mise à

Dann wendet sich Franziskus gegen den Selbstruhm als Folge besonderen Wissens, besonderer Sprachenkenntnisse, theologischen Scharfsinnes, körperlicher Schönheit, des Reichtums oder gar der Wundergabe:

„... das alles ist gegen dein Wesen und ist dir durchaus nicht eigentümlich, und du kannst dich dessen in keiner Weise rühmen. Aber in dem Einen können wir 'uns rühmen: in unseren Schwachheiten' (2 Kor 12,5) und, wenn wir täglich das heilige Kreuz unseres Herrn Jesus Christus tragen."

In einem nur glaubt sich Franziskus rühmen zu dürfen: in seinen Leiden, mögen sie nun von der Last der apostolischen Wanderpredigt, von dem durch Krankheit und Abtötungen geschwächten Leib, von der Erfahrung menschlichen Unverständnisses und Bosheit, von der Sorge um die Reinheit des ursprünglichen Ideals oder vom Verspüren persönlicher Unzulänglichkeit stammen. Dabei liegt der Grund des Selbstruhmes nicht etwa in der menschlichen Leistung, vielmehr enthüllen sich gerade in den in Gemeinschaft mit dem Gekreuzigten ertragenen Leiden die Kraft und Herrlichkeit Gottes am klarsten.[84] [S. 30]

4. Den Vorbildcharakter Jesu schaut Franziskus überdies vor allem in der Feindesliebe:

„Attendamus, omnes fratres, quod dicit Dominus: 'Diligite inimicos vestros et benefacite his, qui oderunt vos' (Mt 5,44). Nam et Dominus noster Jesus Christus, 'cuius vestigia sequi' (1 Petr 2,21) debemus, traditorem suum vocavit amicum (vgl. Mt 26, 50) et crucifixoribus suis sponte se obtulit."[85]

Dem Ordensgründer schweben zwei Einzelszenen der Passion vor Augen; einmal Jesu Verhalten zum Verräter Judas, den er mit dem trauten Freundesnamen begrüßt, wiewohl er genau um seine verruchten Absichten weiß, und ferner die Szene, bei der Christus sich freiwillig in die Hände seiner Henker überliefert, obwohl er sich ihnen durch ein einziges Machtwort hätte entziehen können. Der Heilige folgert auf Grund der allgemeinen Pflicht, in den Fußspuren Jesu zu wandeln, die Minderbrüder sollten die Feinde, selbst wenn sie ihnen jede Art von Schimpf und Schmerz und sogar das Martyrium bereiten würden, als ihre Freunde lieben; denn sie würden ihnen ja dadurch zum ewig seligen Leben verhelfen.

Man beachte, dass Franziskus die Gefangennahme nicht bis ins Einzelne ausmalt. So würde man beispielsweise die Erwähnung des Verräterkusses erwarten. Der Ausschnitt der Leidensgeschichte dient hier nicht dazu, sich affektiv teilnehmend in das Begebnis zu versenken, sondern um damit eine bestimmte Tugendhaltung, eben die Feindesliebe, zu begründen und zu beleuchten.

---

mort". Vgl. auch VERHEY, S.: Franciscus' opvatting over da zonde, in: Sint Franc 4 (1958) 216-246, 225f.

[84] Vgl. C. SPICQ, in: PIROT, L. / CLAMER, A.: La Sainte Bible ^{2}XI, Paris 1948, 390, 392f. u. BULTMANN, R.: Καυχάομαι, in: ThWNT III, 646-656, 650. Vgl. hierzu z. B. die Deutung von AMBROSIASTER, Commentarium in epist. II ad Corinth.: PL 17. 349B u. Glossa ordinaria: PL 114, 568CD. – Franziszi Stelle allein auf die Krankheit zu deuten, ist dem ganzen Zusammenhang nach doch wohl zu eng: ANDRESEN, Franz v. A. und seine Krankheiten, 44: „Wenn es überhaupt in der Nachfolge Christi eine Gloria gibt, dann besteht sie nur in der Krankheit ..." – Vgl. immerhin Anm. 80.

[85] NbR 22: 51f.; s. hierzu ESSER, Die Lehre von der Selbstverleugnung, 163.

Die bisher genannten Äußerungen der Passionsfrömmigkeit Franziszi überraschen wegen der geringen Betonung des gefühlshaften und geschichtlichen Moments. Der Heilige erwägt in den untersuchten Texten mit Vorliebe die innere Leidens- und Liebesgesinnung des Erlösers. Andererseits hebt er mit markanten Strichen die Ansprüche der Passion Jesu an unser Leben in der Kreuzesnachfolge hervor. Werden diese vorläufigen Erkenntnisse nun vom umfangreichsten Gebetstext des Poverello, dem „Passionsoffizium", bestätigt oder korrigiert werden? [S. 129]

II. – Das Leiden Christi im „Officium Passionis" des hl. Franziskus

Da das Andachtsoffizium des Ordensstifters nicht nur der Betrachtung des Leidens Christi dient, kann es hier nicht seinem vollen Umfang nach untersucht werden.[86] Uns geht es vielmehr darum, die ausschließlich der Passion geweihten Gebetsstunden nach ihrer Zuordnung zum Erlösungsmysterium zu analysieren. Doch um für unsere Ausführungen eine genügend breite Grundlage zu schaffen, müssen wir zuvor den frömmigkeitsgeschichtlichen Quellgrund und Standort dieses Stundengebetes bestimmen. Auf diese Weise hoffen wir, zugleich seinen Grundcharakter getreuer umschreiben zu können.

A. – Vorläufer des „Officium Passionis"

Franziszi Stundengebet vom Leiden Christi steht tatsächlich nicht als etwas absolut Neues in der Frömmigkeitsgeschichte, vielmehr fügt es sich in einen vorgezeichneten Traditionsstrom ein.[87] Seit Benedikts von Aniane Versuch zu einer Mönchsreform im Jahre 817 zeigt sich ein betonter Zug nach zusätzlichen Devotionaloffizien. Dem „Psalterium" wächst ein immer reichhaltigerer „Liber precum" zu.[88] Bereits Alkuin († 804) verfasste Privatoffizien für den Gebrauch von lesekundigen Laien, die aber [S. 130] immer auf der Grundlage des Psalteriums aufruhten. Im Verlauf des 13. Jahrhunderts löst sich dann der Devotionalteil allmählich vom Psalter los und wird zum so genannten Horenbuch (Livres d'heures, Prymers, Libri d'ore), um der Gebetsfreudigkeit der Laien Genüge zu tun.[89]

In diesem Strom der häufiger werdenden Devotionsgebete befindet sich nun das Privatoffizium zur Passion Christi. Erstmals hört man davon in der Vita des hl. Ulrich von Augsburg († 973), verfasst von Domprobst Gerhard (lebte um 993). Der Lebensbeschreiber hebt am Heiligen rühmend hervor, dass er nebst dem kirchlichen „Cursus"

---

[86] Die übrigen Gebetsteile werden bes. in der Studie *Die Stellung Christi im Gebet des hl. Franziskus* eingehend behandelt werden.

[87] Vgl. zum Folgenden bes. STADLHUBER, J.: Das Laienstundengebet vom Leiden Christi in seinem mittelalterlichen Fortleben, in: ZKTh 72 (1950) 282-325.

[88] Vgl. BERLIÈRE, U.: L'ascèse bénédictine des origines à la fin du XIIe siècle, Paris 1927, 47-50 u. STADLHUBER, Laienstundengebet, 283, 285f.

[89] STADLHUBER, Laienstundengebet, 291ff. Zu Alkuin: ebd. 283f.

„unum Cursum in honore S. Mariae ... et alterum de S. Cruce" zu verrichten pflegte.[90] Bald darauf vernimmt man, dass der Mönch Aelsinus von Newminster in den Jahren 1012-1020 ein „Officium S. Crucis" für den späteren Abt Aelfwin verfasste.[91] Da sich diese Texte unseres Wissens nicht erhalten haben, ist es schwer, sich ein Bild über deren Aufbau und Inhalt zu machen.

V. Leroquais versichert uns, dass gegen Ende des 12. Jahrhunderts, und besonders im Verlauf des 13., das Psalterium in Nordfrankreich, Belgien, England und in den rheinischen Landen neue Elemente an sich gezogen habe, worunter nebst anderen Gebetstexten gelegentlich auch das Passionsoffizium gewesen sei.[92] Dabei sind – wenigstens für die Horenbücher – zwei Textformen zu unterscheiden: der „parvus Ordo de Cruce", dessen Horen allein aus einem Hymnus und einer Oration zusammengesetzt waren, und der „Ordo magnus de Cruce", gelegentlich auch „Officium sanctissimae Passionis Domini nostri Jesu Christi" geheißen, ein Stundengebet, das 3 Lesungen umfasst. Mit den Umrissen vom äußeren Aufbau dieser Offizien erschöpfen sich unsere Kenntnisse; ein tieferer Einblick in die religiöse Eigenart ihrer Bestandteile und in ihre frömmigkeitsgeschichtliche Entwicklung fehlt uns zur Zeit noch.[93] [S. 131]

B. – Der Grundcharakter des „Officium Passionis"

Für das Passionsoffizium des hl. Franziskus erhebt sich zuerst die Frage, ob es bereits vom Verfasser – und zwar in treffender Umschreibung seines Grundcharakters – so genannt wurde. In den Handschriften, die das Stundengebet überliefern, fehlt nämlich die Überschrift. Marianus von Florenz († 1523) suchte die Lücke mit dem Namen „Officium in honorem Domini nostri Jesu Christi" auszufüllen.[94] Doch seit der Edition von L. Wadding hat sich die Bezeichnung „Officium Passionis" eingebürgert.[95] Man hat indes behauptet, dass dieser Titel die Gebetsstunden unbefriedigend kennzeichne. So

---

90 Vita S. Udalrici, ep. et conf., c. 2, n. 14: AA.SS. Julii II, 101b oder MGH. Script. IV, 389, Lin. 39f.; s. auch STADLHUBER, Laienstundengebet, 287f.

91 BÄUMER, S. / BIRON, R.: Histoire du bréviaire II, Paris 1905, 38 Anm. 2; wir konnten leider nicht feststellen, ob es sich um Aelfwig (Elfwig, Alway), Abt von Newminster († 1066) handelt. Dass derselbe Name in der Äbteliste zweimal aufgeführt wird, scheint auf Irrtum zu beruhen: s. A. NOYON, in: DHGE I, 651a.

92 LEROQUAIS, V.: Les bréviaires manuscrits des bibliothèques publiques de France I, Paris 1934, S. X; DERS.: Les psautiers manuscrits latins des bibl. publ. de Fr. I-II, Macon 1940-1941: es werden zwar verschiedene Mss. mit Kreuzoffizien angeführt, doch reichen keine bis auf die Lebenszeit Franziszi zurück; vgl. Index II, 376b (croix, crux), 463a (Passio Domini).

93 Vgl. bes. LEROQUAIS, V.: Les livres d'Heures manuscrits de la bibliothèque nationale I, Paris 1927, S. XXVf. Leider arbeitet den frömmigkeitsgeschichtlichen Gesichtspunkt – von gelegentlichen Hinweisen abgesehen – nicht heraus: LECLERCQ, H.: Office divin, in: DACL XII/2, 1962-2017; STADLHUBER, Laienstundengebet, 296-298 bezieht sich auf eine spätere Zeit; unzugänglich war uns: SCHMITZ, Ph.: Livres d'heures et usages bénédictins, in: RLM 13 (1927-1928) 309-321.

94 Im verlorenen Werk von MARIANUS FLORENTINUS, Fasciculus chronicarum Ordinis Minorum, lib. I: zit. bei Opuscula [Lem.], S. VIII.

95 B. Patris Franciscij Assisiatis Opuscula, Antwerpen 1623, 380: „Officium Passionis Dominicae"; ebenso J. DE LA HAYE, O.F.M.Obs. († 1661), S. Francisci Assisiatis ... nec non S. Antonii Paduani ... opera omnia, Paris 1641, 51; Opuscula [Lem.], 126: „Officium Passionis Domini"; ebenso bei H. BOEHMER: Analekten zur Geschichte des Franciscus von Assisi, Tübingen 1904, 107.

meint Hilarin Felder, es handle sich genau gesprochen „nicht bloß um ein Leidensoffizium, sondern um ein Christusoffizium".[96] L. Bracaloni glaubt sogar, die Überschrift „Officium Passionis" sei irrtümlicherweise vom ersten Gebetsteil auf das ganze Offizium ausgedehnt worden; viel treffender „potrebbe qualificarsi nelle sue parti un'aggiunta all' Officium B. Mariae quinque per anni tempora".[97] Ähnlich weist J. Cambell den geläufigen Namen zurück, um ihn mit „L'office de S. François" zu ersetzen.[98]

Man wird den Einwand der vorgenannten Autoren, dass das Devotionsoffizium ja mehr als nur das Passionsgeheimnis umspanne, zwar nicht leicht von der Hand weisen, doch muss die Frage nach dessen Grundcharakter in erster Linie von der Intention des Beters entschieden werden. Wenn die beiden letztgenannten Verfasser die Sinnbedeutung der einleitenden Rubrik[99] auf den ersten Gebetsteil einschränken wollen, scheinen sie zu übersehen, dass die gleich darauf angeschlossene „Nota" sich ohne Zweifel auf den Vollzug des ganzen Offiziums bezieht.[100] Außerdem bleibt zu bedenken, was der Lebensbeschreiber der hl. Klara berichtet: „Sie lernte das Kreuzoffizium, so wie es Franziskus, der [S. 132] Liebhaber des Kreuzes angeordnet hatte, und betete es häufig mit ähnlicher Liebe"[101]. Sofern das „Officium Crucis" mit dem „Officium Passionis" zusammenfällt – dies anzunehmen liegt mindestens sehr nahe[102] –, kann über die Intention Franziszi kein Zweifel bestehen. Als innerer Grund tritt hinzu, dass das erste Schema den weitaus größten Teil des Jahres einschließt: das heißt die Zeit von der Oktav von Epiphanie bis zum Ostersonntag und von der Pfingstoktav bis zum Advent, mit Ausnahme freilich der Sonn- und Feiertage, für die ein eigener Gebetsteil vorgesehen ist.[103] Überdies findet sich in der Ostermatutin – und noch deutlicher im Weihnachtspsalm – ein klarer Hinweis auf das Passionsgeheimnis, und im Osterstundengebet werden die Horen von der Prim bis zur Vesper einschließlich und im Sonntags- sowie im Adventsschema Prim und Vesper vom Passionsteil unverändert übernommen.[104] Wir werden

96 FELDER, Ideale, 401.

97 BRACALONI, L.: L'Ufficio composto da S. Francesco d'Assisi, in: StFr ser. 3, 12 (1940) 251-265, 253.

98 CAMBELL, Les écrits devant la critique, 232; im Anschluss an die Rubrik: „Si quis voluerit dicere hoc officium b. Francisci": BOEHMER, Analekten, 122 (Opuscula [Lem.], 148 lässt sie aus nicht einsichtigen Gründen aus).

99 „Incipiunt psalmi, quos ordinavit beatissimus pater noster Franciscus ad reverentiam et memoriam et laudem Passionis Domini": Opuscula [Lem.], 126. Vorausgesetzt werden muss natürlich die sinngetreue Wiedergabe der Intention Franziszi durch die später eingefügten Rubriken.

100 „Et nota, quod sic dicebat istud officium beatus Franciscus: Primo dicebat orationem, quam nos docuit Dominus et Magister ...": Opuscula [Lem.], 126. – Die gegnerische Ansicht kann sich immerhin auf das Argument stützen, dass in der Vorbemerkung zum 3. Schema für die Sonn- u. Festtage die „Psalmi ... Passionis" des 1. Teiles ausdrücklich den „alii Psalmi" gegenübergestellt werden: Opuscula [Lem.], 140.

101 Legenda S. Clarae Virginis, n. 30: F. PENNACCHI, Assisi 1910, 43, übers. von GRAU, E.: Leben u. Schriften der hl. Klara von Assisi, Werl/Westf. ^{2}1953 (Franziskanische Quellenschriften, 2), 44.

102 BRACALONI, Ufficio, 252, hält zwar an der Identität fest: „e certamente il Serafico non può aver composto più di un Ufficio analogo. Ma probabilmente non fu lui a dargli il titolo". – CAMBELL, Les écrits devant la critique, 232-240, zieht den genannten Text überhaupt nicht in Erwägung.

103 Opuscula [Lem.], 137.

104 Opuscula [Lem.], 138. 148, bzw. 140. 141. 144. 146. – Somit kann man es nur durch ein Versehen erklären, wenn BRACALONI, Ufficio, 254 Anm. 4 schreibt: „Il ricordo della Passione si deve riferirsi solo a questa prima parte ..., assegnata ai tre giorni della Settimana Santa".

also kaum fehlgehen, wenn wir die Grundinspiration des Devotionsoffiziums wirklich vom Passionsgeheimnis herleiten. Hingegen zeugt es für den liturgischen Geist unseres Heiligen, dass er für die hervortretenden Festkreise des Kirchenjahres eigene Gebetsformeln schuf.[105]

C. – Frömmigkeitsgeschichtliche Einordnung des „Officium Passionis“

Damit ist nun der Weg geebnet, um das Passionsoffizium des Heiligen mit den genannten älteren Formen zu verbinden. Als Ganzes gehört es zweifellos in die seit der karolingischen Zeit sich geltend machende Tendenz nach Erweiterung des liturgischen Offiziums. Was seine Beziehung zum „Ordo parvus“, bzw. „magnus Crucis“ betrifft, lässt sich der Vergleich vom Stand unserer Kenntnisse[106] nur hinsichtlich des Aufbaues führen. Dieser scheint [S. 133] aber eher in die Richtung des kleinen Kreuzoffiziums zurückzuweisen. Wie ihr vermutliches Vorbild setzen sich die Horen von Franziszi Passionsoffizium zusammen aus einer Antiphon, die aber zugleich die Stelle der Oration einnimmt, und einem frei geformten Gebet (hier immerhin statt des Hymnus eine freie Psalmenkomposition). Mit L. Bracaloni darf man wegen des Gebetes „Sancta Maria“ an Stelle der Antiphon und Oration mit Recht auf die marianische Färbung des Offiziums hinweisen. Diese Eigenart rührt zweifellos davon her, dass Franziskus das „Officium Passionis“ in geistiger und zeitlicher Verbindung mit dem „Officium de S. Maria“ verrichtete.[107]

D. – Das Leiden Jesu im „Officium Passionis“

Nach dieser geschichtlichen Einordnung gilt es nun, den Text des Passionsoffiziums selber heranzuziehen. Dabei richten wir das Hauptaugenmerk naturgemäß vor allem auf das erste Schema, das eigens für die Passionszeit vorgesehen ist.[108]

1. Franziskus beginnt sein Zusatzoffizium bezeichnenderweise mit der K o m p l e t des Gründonnerstags. Der Rubrizist verrät uns auch den Beweggrund des Heiligen: „eo

---

[105] BRACALONI führt (ebd. 253 Anm. 3) mit Recht ein Zitat an von DE SESSEVALLE, F.: Histoire générale de l'Ordre de S. François I, Paris 1935, 252: „... il nous donne [Franziskus] la preuve que le cycle de l'année chrétienne influait réellement sur sa piété et qu'il n'était pas perpétuellement au pied de la croix ...“ – Hier kann auch darauf hingewiesen werden, dass bei Alkuin und schon früher in der Väterzeit mit dem Wort „passio“ gelegentlich das ganze Heilswerk, einschließlich der Auferstehung, bezeichnet wurde: MEYER, H. B.: Alkuin zwischen Antike und MA, in: ZKTh 81 (1959) 343. In diesem weiteren Sinne – bei Wahrung den Akzentes auf dem Leidensmysterium – brauchte jedenfalls Franziskus das Wort „Officium Passionis“.

[106] Um den inneren entwicklungsgeschichtlichen Vergleich führen zu können, wären Studien von ma. liturgischen Mss. nötig gewesen, was wir aus naheliegenden Gründen nicht leisten konnten.

[107] „Sancta Maria“ u. die entsprechende Rubrik: Opuscula [Lem.], 128, 126; BRACALONI, Ufficio, 253; doch möchten wir nicht wie er den Eigencharakter des Passionsoffizium preisgeben. Er schreibt nämlich: „... come un prolungamento di altro Ufficio canonico, e particolarmente dell'Officium de Sancta Maria“. – Die innere Verbindung der beiden Devotionaloffizien tritt übrigens schon in deren Frühgeschichte hervor (s. oben unter A. im Text). – In den Horenbüchern ist die Stelle der Kreuzoffizien nicht konstant: s. LEROQUAIS, Les livres d'Heures, S. XXVf.

[108] Vgl. oben Anm. 86.

quod in illa nocte traditus fuit et captus Dominus noster Jesus Christus"[109]. Tatsächlich führt die freie Komposition verschiedener Psalmverse den Beter an den Ölberg und lässt ihn das Flehen des zu Tode geängstigten Jesus zum Vater vernehmen: „Deus ... posuisti lacrymas meas in conspectu tuo" (Ps 55,8c-9b).[110] Die Feinde hielten Rat zu meinem Verderben (Ps 40,8 + 70,10c). Sie vergalten mir Gutes mit Bösem und Liebe mit Hass (Ps 108,5). Statt mich zu lieben, raubten sie meine Ehre – „ich aber betete" (Ps 108,4): [S. 134] „*Mi Pater sancte, Rex caeli et terrae* [F][111] ne discesseris a me: quoniam tribulatio proxima est, *et* [R] non est qui adiuvet" (Ps 21,12). Nach einem Ausblick auf die endzeitliche Vergeltung (Ps 55,10) fährt er fort: „Amici mei et proximi mei advers*um* me appropinquaverunt et steterunt: et *proximi mei* [R] de longe steterunt" (Ps 37,12).[112] „Die Verwandten hältst du von mir fern, zum Greuel bin ich ihnen geworden: verraten bin ich [traditus!] und konnte nicht entkommen" (Ps 87,9). – „*Pater sancte* [F] (Joh 17,11) 'ne elongaveris auxilium *tuum a me*' [R]: Deus meus, 'ad auxilium meum respice' [R]" (Ps 21,20a; z. B. 39,9a, 14b).[113]

Die gedanklichen Stufen dieses Psalms vermitteln einen tiefen Blick in die Eigenart von Franziszi Passionsbetrachtung. Gewiss lässt der Beschauer vor seinem geistigen Auge die einzelnen Momente der Ölbergsereignisse vorbeiziehen; ja man wundert sich ehrlich über die Meisterschaft, womit der Heilige aus vorhandenen Psalmtexten einen geschichtlich vorwärts führenden Bericht webt. So hören wir das Weinen Jesu, werden im Saal Zeugen der Verurteilung durch den Hohen Rat, erleben die trostlose Einsamkeit des Herrn, der selbst von den besten Freunden im Stich gelassen wird; wir meinen den

[109] Opuscula [Lem.], 126. – BRACALONI, Ufficio, 254f. Anm. 6, wo er freilich ohne Beleg sagt, der Gebrauch, das Offizium von Vesper zu Vesper zu führen, sei z. Zt. Franziszi noch nicht allgemein gewesen. Vgl. G. DURANDUS († 1296), Rationale divinorum officiorurn, l. 5, c. 3, n. 1, Neapel 1859, 344, wo zwar der Beginn mit der Vesper als geläufig vorausgesetzt wird, obwohl der Verf. aus persönlichen Erwägungen für den Anfang mit den Nokturnen eintritt. In der römischen Liturgie der älteren Zeit hingegen beginnt die Zählung der Gebetsstunden immer mit Matutin u. Laudes; s. RAFFA, V.: Più antichi i primi o i secondi Vespri?, in: EL 69 (1955) 313-335.

[110] Opuscula [Lem.], 127. – Wir geben im Folgenden die Verse in sinngemäßer Übersetzung wieder samt den entsprechenden Verweisen auf die Hl. Schrift. – In der Deutung auf die Ölbergsszene stimmen wir überein mit SAUSER, T.: Das „Officium de passione Domini", eine Gebetsperle des hl. Vaters Franziskus, in: Spiritus et Vita (Hall) 5 (1925) 119 u. CAMBELL, Les écrits, 237: „Angoisse de Jésus au jardin devant l'attitude de ses ennemis et celle de ses amis". – BRACALONI, Ufficio, 255 hält sich in ganz allgemeinem Rahmen: „un doloroso appello al Padre, da parte del Giusto insidiato".

[111] Opuscula [Lem.], 127. – Sigel F hinter kursiv hervorgehobenen Worten bzw. Satzteilen weist auf persönliche Zusätze des hl. Franziskus hin. Die Anrede an den Vater lebt ganz aus der Hl. Schrift; CAMBELL, Les écrits, 237 verweist auf Mt 26,39-42; Joh 17,11; Lk 10,21.

[112] Sigel R hinter kursiv hervorgehobenen Worten bzw. Satzteilen zeigt den Einfluss des *Psalterium Romanum* auf unseren Psalmbeter an. – Der gen. Vers ist ein typisches Beispiel für das öfter feststellbare Ineinanderfließen von Psalterium Gallicanum u. Romanum. Hier u. im Folgenden stützen wir uns auf: WEBER, R.: Le Psautier Romain et les autres anciens Psautiers latins. Édition critique, Vatikanstadt 1953. – Das unvermittelte Übergehen Franziszi von einer Version zur anderen ist ein sicherer Beweis dafür, dass der Heilige aus dem Gedächtnis zitiert. Übrigens bedeutet dies für das MA nichts Außerordentliches. Schon zur Zeit der Väter setzte man bei einem Mönch das gedächtnismäßige Beherrschen des Psalteriums als Selbstverständlichkeit voraus; s. die Verweise bei: HILPISCH, St.: Der Psalmenvortrag nach der Regula Benedicti, in: SMGB 59 (1941-1942) 105-115, 115; s. auch KLAUSER, Th.: Auswendiglernen, in: RAC I, 1030-1039.

[113] Vgl. die beiden vorausgehenden Anm.

Verräterkuss und die Gefangennahme mitzubeobachten. Und doch scheint uns der Schwerpunkt noch tiefer zu liegen. Franziskus enthüllt hier eine wundersame Innenschau in das seelische Leiden Jesu, in seine namenlose Enttäuschung und Trauer, in seinen Angstschauer vor der kommenden Passion und in sein restloses Vertrauen auf die Hilfe des himmlischen Vaters.

Mit der Deutung der Komplet auf die Gefangennahme steht Franziskus nicht allein. So schreibt der Abt Rupert von Deutz († 1128): „Hora completorii nobis illud commemorat de Passione Domini, quod iam egresso Juda, 'pavere coepit et taedere' (Mk 14,34) ...“[114]. [S. 135]

2. Für die Matutin fehlt uns eine deutende Einführung des Rubrizisten. Der Psalm selber weist ebenfalls keinen Vers auf, der sich eindeutig auf eine bestimmte, einzelne Leidensszene beziehen ließe. T. Sauser meint: „... hier läßt sich einigermaßen die Seelenstimmung erkennen, die der Heiland fühlte, als die Schergen ihn gefangennahmen und zum Richthaus des Hohenpriesters schleppten“[115]. J. Cambell, der die vorgenannte Studie nicht zu kennen scheint, wählt die allgemeinere Kennzeichnung: „Prière de Jésus outragé par les uns, abandonné par les autres“.[116]

Ohne dem Beter eine persönliche Deutung gewaltsam unterschieben zu wollen, können wir in Rücksicht auf den sicher bestimmbaren Ausgangspunkt der Komplet und wegen der Gebetszeit am frühen Morgen eine genauere Einordnung wohl verantworten. Was Durandus als eines der Gebetsmotive der Nokturnen der kirchlichen Tagzeiten angibt und was Bonaventura nebst anderen Geschehnissen in der Laudes seines Passionsoffiziums vorschwebt: „... quia Christus in nocte hac hora captus et illusus est a Judaeis“, scheint auch Franziszi Psalm zugrunde zu liegen.[117]

---

[114] Rupert von Deutz O.S.B., De divinis officiis, l. 1, c. 7: PL 170, 15C; immerhin nimmt er noch eine gewisse Mittelstellung ein, sofern er als weitere Deutung das Gedenken an Christi Auferstehung hinzufügt; s. dazu Stadlhuber, Laienstundengebet, 290; für eine abweichende frühere Deutung: ebd. 289; der späteren Zeit: 294, 300f., 304 Anm. 136. – Dagegen feiert nach Petrus Damiani, Op. 10: *de horis canonicis*, c. 5: PL 145, 227AB die Komplet, nicht anders als die Prim, das Geheimnis der heiligsten Dreifaltigkeit. – Im nämlichen Sinn wie Franziskus, aber nicht ausschließlich, spricht sich aus Durandus, Rationale divinorum officiorum, l. 5, c. 10, n. 1, 377, indes der hl. Bonaventura, De sex alis Seraphin, c. 7, n. 6, bzw. Officium de Passione Domini: VIII, 149a, 157b u. 158b nur auf den Gedanken des Begräbnisses Christi hinweist. Vgl. hier bzw. zum Folgenden: Ryan, J.: Irish monasticism. Origins and early development, Dublin (1931), 336 u. die Studie: Nobels, A.: Le symbolisme liturgique dans les écrits du M. Â., in: AUCL 75 (1911) 452-463, bes. 454-458; über diese Übungsarbeit berichtet hier H. l'Abbé G. Payen in kurzer Form; danach beschränkte sich der Verf. hauptsächlich auf Rupert von Deutz.

[115] Sauser, Officium de passione, 119, 119f.

[116] Cambell, Les écrits devant la critique, 237; noch allgemeiner: Bracaloni, Ufficio, 256: wie in der Komplet (s. Anm. 109) „e con più pressante richiesta di aiuto nell'aggravarsi del pericolo mortale“.

[117] Durandus, Rationale, l. 5, c. 3, n. 2: 345; Bonaventura, Officium Passionis (Laudes): VIII, 154b: „Domine Jesu Christe, qui hora matutina pro salute humani generis tradi, capi, ligari, flagellari, colaphis caedi et conspui voluisti ...“ – Bei Franziskus ist zu beachten, dass er Matutin und Laudes zusammenfasst. Vgl. auch die bemerkenswerte Stelle bei Adam dem Schotten [von Dryburgh] O.Praem., nachher O.Carth. († 1212/1213), Liber de Ordine, habitu et professione Canonicorum O. Praem., sermo 9, n. 8: PL 198, 526C; s. darüber Petit, F.: La Spiritualité des Prémontrés aux XIIe et XIIIe siècles, Paris 1947, 221f.; s. auch Ryan, Irish monasticism, 336. – Dagegen sieht Petrus Damiani, De horis canonicis, c. 2: PL 145, 223f. in der Matutin die endzeitliche Erwartung Christi. Man wird aber beachten

Diese Auffassung findet in mehr als einem Vers ihren Rückhalt. Gleich zu Beginn hört der Beter den Heiland in der Nacht zum Vater um Hilfe flehen: „Domine, Deus salutis meae: *in* [R] die clamavi et nocte coram te ...“ (Ps 87,2). Nach einem Rückblick auf das stete Verbundensein mit dem Vater, den Jesus in den Worten von Ps 21,10-12a anspricht,[118] vermeint man die [S. 136] Situation der nächtlichen Verhöhnung durch die Wachsoldaten im Haus des Hohenpriesters (Lk 22,63-65) mitzubeobachten: „Du weißt um meinen Schimpf und meine Schmach – und auch um meine Schande“ (Ps 68,20).[119] Noch deutlicher ist vielleicht die geschichtliche Bezugnahme im Vers: „Deus iniqui insurrexerunt super me, et synagoga potentium quaesierunt animam meam: et non proposuerunt te in conspectu suo“ (Ps 85,14).[120] Eine Gott vergessende Meute – dabei mag für die Verswahl das Wort „synagoga“ nicht ohne Bedeutung gewesen sein – fällt über den trostlos Verlassenen her. Doch legt auch hier der Heiland seinen Willen rückhaltlos in den Willen des Vaters: „*Tu es sanctissimus Pater meus* [F]: ‘Rex meus et Deus meus’“ (Ps 5,3).[121]

Man mag bedauern, dass die geschichtlichen Umrisse der Passionsereignisse, welche den Betrachter hier beschäftigen, nicht klarer in Erscheinung treten. Jedoch entscheidender für unsere Fragestellung ist der Sachverhalt, dass Franziskus sich in seiner Passionsbetrachtung nicht in naturalistischem Ausmalen von evangelischen oder gar apokryphen Einzelheiten ergeht, sondern geradeaus zum Zentralgeheimnis vorstößt: zu Jesu ungebrochener Gehorsamshingabe an den Vater.

3. Vielleicht fällt es noch schwieriger, einen konkreten Bezugspunkt zum Leiden Christi im Psalm der Prim festzustellen. Nach J. Cambell ist darin einfach eine „confiance matinale“ ausgesprochen. Auch L. Bracaloni vermag hier nur einen „appello alla divina misericordia ... con grato ricordo dei benefici ricevuti“ zu sehen. Der erstgenannte Autor weist auf die dem Psalm nachgestellte Rubrik hin: „Nota, quod praedictus Psalmus semper dicitur ad Primam“. Tatsächlich behält er durch alle sonn- und festtäglichen Schemen – mit Ausnahme des Weihnachtsfestkreises – diesen Platz.[122] Darum dürfte wohl diese weiter gespannte Zweckbestimmung auf die Auswahl der mehr allgemein klingenden Verse eingewirkt haben. T. Sauser scheint diese Schwierigkeit nicht zu spüren. Er sieht darin einerseits ein Gedenken an das ungerechte Urteil, das mit Hilfe falscher Zeugen zustande kam, andererseits vernimmt er den Lobpreis Christi auf Gott, der die Anschläge seiner Feinde zunichte macht und die Verleumder bestraft.[123]

müssen, dass die zum Vergleich herangezogenen Autoren – mit Ausnahme des hl. Bonaventura – das kirchliche Offizium im Allgemeinen vor Augen haben.

118 Opuscula [Lem.], 129. – Zu R s. Anm. 112.

119 Opuscula [Lem.], 129, bzw. FQS ^{2}I, 174f.

120 Opuscula [Lem.], 129.

121 Opuscula [Lem.], 130. – Vgl. auch Epist. ad fideles, 88: „Posuit tamen voluntatem suam in voluntate Patris ...“. – Zu F s. oben Anm. 111.

122 CAMBELL, Les écrits devant la critique, 237; BRACALONI, Ufficio, 256 Anm. 1, bzw. BOEHMER, Analekten, 111; Opuscula [Lem.], 131 lässt den Zusatz wiederum ohne Begründung weg.

123 SAUSER, Officium de passione, 120.

In der zeitgenössischen Umwelt Franziszi scheint die Deutung der Prim auf die Verurteilung Jesu durch Pilatus gebräuch- [S. 137] lich gewesen zu sein. Was bereits Rupert von Deutz unter anderem betont: „... Dominus noster iam consputus ..., et adhuc opprobriis saturandus Pilato propter nos ligatus assistit" (Mt 27,11-31), wird sowohl von Bonaventura wie Durandus und von vielen Stundenbüchern wiederholt.[124]

Damit wir in unserem konkreten Fall zu einem rechten Urteil kommen, müssen wir zudem berücksichtigen, dass der vorliegende Gebetstext – mit Ausnahme eines Halbverses und einer kurzen persönlichen Einfügung – aus Ps 56 entnommen ist. Nach der mystischen Deutung, die Franziskus hier zweifellos anwendet, spricht da der leidende Herr sein restloses Vertrauen auf den machtvollen Schutz des Vaters aus, und indem er zu ihm ruft, weiß er sich bereits erhört. Darum spricht er vom Leiden, als sei es bereits vergangen. Es bleibt die Erinnerung an den Sieg über die Arglist der Feinde, und dies drängt ihm ein Loblied auf seine Lippen: „Clamabo ad *sanctissimum Patrem meum* [F] altissimum: Deum, qui benefecit mihi" (Ps 56,3). „Misit Deus *manum* suam et veritatem suam, *animam meam eripuit* [R] de inimicis meis fortissimis et ab his qui oderunt me: quoniam *confortati* [R] sunt super me" (Ps 17,18 + 56,4c-5a).[125]

Auf diese Weise wird klar ersichtlich, warum der Heilige den Psalm[126] sowohl für die Leidenszeit wie auch für andere liturgische Festkreise sinnvoll verwenden konnte. Für die Heilige Woche dachte unser Beter an das sieghafte Vertrauen des leidenden Jesu, der sich trotz der Übermacht menschlicher Bosheit und Undankbarkeit in Voraussicht auf den Auferstehungssieg in die Vaterarme warf. Die Erwähnung von „Schlinge" und „Fallgrube" im Psalm lassen eine gedankliche Verbindung mit der zum voraus entschiedenen Gerichtssentenz des Hohen Rates und [S. 138] der meineidigen Zeugen möglich erscheinen, wenn uns auch zum Nachweis für Franziskus die Unterlagen fehlen.

---

124 RUPERT VON DEUTZ, De divinis officiis, l. 1, c. 2: PL 170, 13B; ADAM DER SCHOTTE, Liber de Ordine ... O.Praem., sermo 9, n. 8: PL 198, 526CD (verbindet mehrere Momente der Leidensgeschichte unter „mane"; s. auch Anm. 117). BONAVENTURA, De sex alis Seraphim, c. 7, n. 6: VIII, 149a; bzw. Officium Passionis 154f.; DURANDUS, Rationale, l. 5, c. 5, n. 1: 363; Horenbücher: s. STADLHUBER, Laienstundengebet, 290, 294, 300 Anm. 108; s. aber 298 Anm. 100, 299 Anm. 106.

125 Zu F bzw. R s. Anm. 111f.; *manum* steht für misericordiam des Ps 56,4c; als ev. Vorbild für den Umtausch s. Ps 54,21a. – Hier liegt ein bezeichnendes Beispiel dafür vor, wie Franziskus aus dem Gedächtnis zitiert. Wegen des gleichklingenden Anfangs von Ps 56,4c mit 17,17a gleitet er unbewusst vom einen in den anderen Psalm über, um aber gleich darauf zu Ps 56,7ab zurückzukehren. In diesem Zusammenhang darf wohl daran erinnert werden, dass solche auffallende Eigenheiten sehr für die persönliche Urheberschaft des Heiligen sprechen. Einer, der unter dem Namen des Ordensstifters Psalmverse zusammengestellt hätte, würde wohl einheitlich vorgegangen sein.

126 Opuscula [Lem.], 130; die Textfassung der Vulgata u. der neuen Übersetzung des päpstlichen Bibelinstitutes weichen erheblich voneinander ab. Selbstverständlich muss sich unsere Deutung auf den Text beziehen, der Franziskus vorlag. Für eine Deutung nach dem pianischen Text s. z. B. P. MORANT [VON OBERBÜREN]: Das Psalmengebet, Schwyz 1948, 651-655; CASTELLINO, G.: Libro dei Salmi, Turin 1955, 153-162. Zur Interpretation des Vulgatatextes s. u. a. AUGUSTINUS, Enarr. in Ps. 56: CCL 39, 693-707; Ps.-BEDA, In Ps. Librum exegesis: PL 93, 779-782 (stammt jedenfalls von MANEGOLD VON LAUTENBACH Can.A. [† bald nach 1103]: s. H. WEISWEILER, in: Biblica 18 [1937] 197-204).

4. Für die Terz ergibt sich auf den ersten Blick die nämliche Schwierigkeit wie für die Prim. So schaut J. Cambell im Psalm einfach die „angoisse d'un homme accablé".[127] Man wird sich freilich fragen dürfen, ob damit der ganze Sachverhalt erfasst wird. Da Franziskus nicht abgeschieden in einer Einsiedelei, sondern mitten in den religiösen Bewegungen seiner Zeit lebte, ist ein Blick auf die Vergangenheit und Umwelt nicht nutzlos. Schon der Autor „De Virginitate", den man neuerdings wieder im hl. Athanasius sieht, bezieht diese Gebetsstunde auf das Leiden Christi. Diese geistige Verbindung macht sich in der Folgezeit immer wieder geltend, ob dabei nun der Verurteilung Jesu vor Pilatus oder der Anheftung ans Kreuz gedacht wird.[128] In großer zeitlicher Nähe zu Franziskus deutet Rupert von Deutz die Terz auf die Dornenkrönung und Kreuzigung. Wegen anderer frömmigkeitsgeschichtlicher Parallelen sei noch besonders das Zeugnis des hl. Petrus Damiani († 1072) wiedergegeben: Den Widerstreit der Zeitbestimmungen bei Mk 15,25, Mt 27,45 und Lk 23,44 löst er im Anschluss an den hl. Augustin in folgender Weise: „Marcus hora tertia crucifixum Dominum linguis asserit Judaeorum; ceteri autem evangelistae sexta hora suspensum perhibent affixione clavorum"[129].

Nach T. Sauser erinnert die Terz im Passionsoffizium Franziszi lebhaft an die Vorgänge, die sich beim römischen Landpfleger abspielten: an das Judenvolk, das ungestüm das Bluturteil forderte.[130] Diese Interpretation verdient ohne Zweifel beachtet zu werden. Nachdem Christus in den Worten von Ps 55,2-3 geklagt hat, dass die Feinde ihn niedergetreten haben, fährt er fort: [S. 139] „Omnes inimici mei adversum me cogitabant mala mihi: verbum iniquum constituerunt adversum me" (Ps 40,8bc, 9a). Die Ausdrücke des Psalmisten „verbum iniquum" und „consilium" (Ps 70,10c) lassen sich ohne gewaltsame Umdeutungen auf das demagogisch erzwungene Todesurteil vor Pilatus beziehen. Es folgen dann die Verse von Ps 21,8, 7 und 30,12ab. Diese reden mit Nachdruck von Verspottet-Werden („deriserunt", „abiectio", „opprobrium": zweimal). Sauser möchte hier die Geißelung Jesu angedeutet wissen. Wie dem auch sein mag, sicher hat der Beter der Terz die physischen und moralischen Leiden des Heilandes vor Augen, welche dieser betend vor seinen himmlischen Vater trägt. Im vertrauensvollen Aufblick klingt

---

127 CAMBELL, Les écrits devant la critique, 237; BRACALONI, Ufficio, 256 drückt sich ähnlich allgemein aus: „un lamento con implorazioni per le oppressioni dei peccatori contro il Giusto".

128 Vgl. STADLHUBER: Das Stundengebet der Laien im christlichen Altertum, in: ZKTh 71 (1949) 177-183; als erster sicherer Zeuge kann Hippolyt gelten († 235): ebd. 144; AUBINEAU, M.: Les écrits de S. Athanase sur la virginité, in: RAM 31 (1955) 140-173; für die Zeit des Mittelalters s. STADLHUBER, Laienstundengebet, in: ZKTh 72 (1950) 289f., 294, 299 Anm. 106, 300 Anm. 107f., 304 Anm. 136 u. ö.; s. auch folgende Anm.

129 PETRUS DAMIANI, De horis canonicis, c. 3: PL 145, 225BC; darin hängt er bis in den Wortlaut ab von AUGUSTINUS, Enarr. in Ps. 68, 4: CCL 39, 810: „Sed ille [Pilatus] dixit in eum sententiam, et iussit cum crucifigi, et quasi ipse occidit; et vos, o Judaei, occidistis. Unde occidistis? Gladio linguae ...". – ADAM DER SCHOTTE, Liber de Ordine .. O.Praem., sermo 9, n. 8: PL 198, 526D: „Hora vero tertia linguis Judaeorum crucifixus est; hora tertia a Pilato flagellatus est; hora tertia corona a militibus spinea coronatus est, hora tertia coccinea veste indutus et in derisum adoratus est" (s. Anm. 117). – Vgl. auch RYAN, Irish monasticism, 336; RUPERT VON DEUTZ, De divinis officiis, l. 1, c. 3: PL 170, 13f.; BONAVENTURA, De sex alis Seraphim, c. 7, n. 6: VIII, 149a (Geißelung); Off. Pass. 155ab (Kreuzweg); DURANDUS, Rationale, l. 5, c. 3, n. 1: 369 knüpft an die Deutung von Petrus Damiani bzw. Augustinus an (lies aber in der Ausgabe von Neapel 1859 statt ling*uas* lingu*is*).

130 SAUSER, Officium de passione, 120, 120f.

der Psalm aus: *„Pater sancte* [F] (Joh 17,11), 'ne elongaveris auxilium tuum a me: ad defensionem meam conspice'" (Ps 21,20).[131]

5. Die Sext fand wegen ihrer Verrichtung zur Stunde der Kreuzigung des Herrn bei den kirchlichen Schriftstellern bereits sehr früh eine entsprechende Sinndeutung.[132] Schon Hippolyt von Rom († 235) begründet diese besondere Gebetszeit damit, dass der Erlöser um die sechste Stunde am Kreuze hing.[133] Darum kann einige Jahrhunderte später Abt Rupert von Deutz schreiben: „Hora sexta Christus Dominus propter nos in cruce exaltatus est, ut ad se omnia traheret" (vgl. Joh 12,32).[134]

In der Deutung des Psalmes dieser Hore im Passionsoffizium sind L. Bracaloni und J. Cambell wiederum recht vorsichtig. Ersterer meint, Franziskus „lamenta il male che il Giusto riceve in compenso del bene fatto e chiede aiuto dal Padre"; letzterer sieht darin einfach „l'angoisse devant les tourments". T. Sauser dagegen glaubt, der Heilige folge dem Kreuzweg Jesu.[135] Keine der vorgenannten Deutungen scheint der Textzusammenstellung voll gerecht zu werden.

Im ersten Teil führt der Heilige Ps 141,2-5 an. Abgesehen [S. 140] davon, dass er diesen Psalm als Sterbegesang verrichtete, bietet der Text mit „in deficiendo ex me spiritum meum" (Ps 141,4a) eine deutliche Anspielung auf den mit dem Tode ringenden Dulder am Kreuz.[136] Ebenso fügen sich die übrigen Verse ohne größere Schwierigkeiten in die Situation des am Marterholz unsagbar Leidenden ein. Der Heiland ruft mit lauter Stimme, um sein Gebet vor den Vater zu tragen (Ps 141,2-3). Auf dem Lebensweg legten ihm die Feinde heimlich die Schlinge. Der Gekreuzigte fühlt sich von allen verlassen (Ps 141,4c-5b + 68,9). „Denn deinetwegen hab ich Hohn erduldet – hat Schamröte mein Angesicht bedeckt" (Ps 68,8).[137] Um die Anrede noch zu verdeutlichen, lässt Franziskus den Schmerzensmann fortfahren: *„Pater sancte* [F][138] (Joh 17,11), 'zelus domus tuae comedit me: et opprobria exprobrantium tibi ceciderunt super me'" (Ps 68,10). Mit Versen aus ganz verschiedenen Psalmen (Ps 34,15; 68,5; 34,11, 12; 37,21)

---

131 Opuscula [Lem.], 132; dazu SAUSER, Officium de passione, 120f. – Vgl. für F Anm. 111. – Im Ps fallen die vielen Stellen aus Ps 21 – dem klassischen Ps der Leidensvorhersagen – stärkstens auf; die Deutungen der Väter überblickt: DANIÉLOU, J.: Le psaume 21 clans la catéchèse patristique, in: La Maison-Dieu n. 49 (1957) 17-34. Zur Einzelauslegung vgl. CASTELLINO, Libro dei Salmi, 68-76.

132 Vgl. oben im Text u. Anm. 128.

133 STADLHUBER Stundengebet im Altertum, 144; ebenso 154, 156, 176-183; für die Weiterführung s. die zweite in Anm. 128 genannte Studie desselben Verf. an den dort genannten Stellen.

134 RUPERT VON DEUTZ, De divinis officiis. l. 1, c. 4: PL 170, 14A; s. auch RYAN, Irish monasticism, 336; PETRUS DAMIANI, De horis canonicis, c. 3: PL 145, 225B: „... in patibulo crucis est pro omnium salute suspensus"; ADAM DER SCHOTTE, Liber de Ordine ... O.Praem., sermo 9, n. 8: PL 198, 526D: „Hora vero sexta, ipse Sacerdos et hostia, in ligno elevatus est et clavis in ea affixus est." – Vgl. auch BONAVENTURA, De sex alis Seraphim, c. 7, n. 6: VIII, 149a; Off. Pass.: 155f.; DURANDUS, Rationale, l. 5, c. 7, n. 1: 370.

135 BRACALONI, Ufficio, 256; damit verkennt der Verf. die wahre Gebetsstruktur des gen. Ps; nicht Franziskus betet zum Vater, sondern er hört Christus zum Vater beten. – CAMBELL, Les écrits devant la critique, 237; SAUSER, Officium de passione, 121.

136 1 C 109: 85; Opuscula [Lem.], 132.

137 FQS ^{2}I, 177.

138 Zu F s. Anm. 111.

blickt Christus sodann auf die verschiedenen Leiden zurück: auf die „flagella", auf die blutrünstigen Hasser und Verfolger ohne Zahl, auf die ungerechten Ankläger und Aburteilungen und vor allem auf den schmerzlichen Undank. Der Aufschrei des Erlösers klingt wieder in einen Akt restlosen Vertrauens aus: „*Tu es sanctissimus Pater meus* [F]: 'Rex meus et Deus meus'" (Ps 5,3).[139]

6. Die Non hat ebenso schon sehr früh vom Evangelium her ihr festumrissenes Gepräge erhalten. Da der Heiland nach den Synoptikern um die neunte Stunde den Geist aufgab (vgl. Mt 27,45-50 und Parallelen), wird bereits von Hippolyts Kirchenordnung eine besondere Gebetsstunde mit dem Gedenken an die Todesereignisse Christi bezeugt.[140] So führt denn Petrus Damiani nur einen frühchristlichen Brauch an, wenn er schreibt: „Nona quoque hora proprii honoris titulo non privatur, dum in ea Dominus consummato Passionis suae mysterio spiritum emisisse describitur"[141].

Wiewohl doch der Psalm der Non im Passionsoffizium neben der Komplet vielleicht die greifbarsten Ansatzpunkte aufweist, begnügt sich L. Bracaloni wieder mit einem auffallend allgemeinen Hinweis.[142] J. Cambell spannt das Gebet unter die weite Über- [S. 141] schrift: „Douleur, mort, résurrection". Ähnlich sieht T. Sauser zugleich die Kreuzesleiden, den Erlösertod und Erlösungssieg im Non-Psalm aufscheinen.[143]

Die Analyse der devotionalen Tageszeit selber muss nun die Antwort zu geben suchen.[144] Der Psalm hebt mit dem Zitat aus Klgl 1,12ab an: „O vos omnes, qui transitis per viam: attendite et videte, si est dolor sicut dolor meus". Wer ist der Urheber der Klage? Da Christus gegen Ende in der Ich-Form von seinem Tod und seiner Auferstehung berichtet, ist die Frage mit zweifelloser Sicherheit zu beantworten: der sterbende Erlöser lädt zum Mitleid ein. Daran schließt das Selbstporträt des Schmerzensmannes an, das Franziskus mit Hilfe von nicht der Reihe nach angeführten Versen von Ps 21,14-19 zeichnet.

Nachfolgend geben wir die Gedanken in der Reihenfolge der Gebetsstunde wieder: Die Peiniger umdrängen mich, einer Hundemeute gleich; sie warfen über meine Kleider das Los; sie durchbohrten meine Hände und Füße; wie brüllende Löwen rissen sie den Mund wider mich auf; alle meine Glieder sind verrenkt, die Misshandlungen lösen meine Lebenskraft auf wie Wachs; die Zunge klebt mir am Gaumen, und man gab mir in meinem brennenden Durst Essig und Galle zu trinken. In bezeichnendem Übergang vom

---

139 Opuscula [Lem.], 132f. – Zu F s. Anm. 111.

140 STADLHUBER, Stundengebet im Altertum, 144; ähnlich auch der hl. Cyprian: 156; für Athanasius: 177; für das Mittelalter s. die zweite Studie des nämlichen Verf., samt den einschlägigen Stellen oben Anm. 128.

141 PETRUS DAMIANI, De horis canonicis, c. 3: PL 145, 225C. Vgl. auch RYAN, Irish monasticism, 336; RUPERT VON DEUTZ, De divinis officiis, l. 1, c. 5: PL 170, 14B; ADAM DER SCHOTTE, Liber de Ordine ... O.Praem. sermo 9, n. 8: PL 198, 526f.; BONAVENTURA, De sex alis Seraphim, c. 7, n. 6: VIII, 149a; Off. Pass.: 156ab; DURANDUS, Rationale, l. 5, c. 8, n. 1: 371.

142 „Si rappresentano gli odiosi trattamenti contro il Giusto ..., e segue il suo appello al Padre, che lo esalterà re e giudice della terra": BRACALONI, Ufficio, 256.

143 CAMBELL, Les écrits devant la critique, 237; SAUSER, Officium de passione, 121f.

144 Opuscula [Lem.], 134f.

Leidenspsalm 21,16c zu Ps 68,27b deutet Franziskus auch den Tod Jesu an: „*Et in pulverem mortis deduxerunt me* [R]: et super dolorem vulnerum meorum addiderunt.“[145]

Es kann nun bereits kein Zweifel mehr bestehen, dass der Heilige in dieser Psalmenkomposition nicht eine ganz bestimmte Situation des leidenden Erlösers erwägt. Anschließend an den zitierten Vers lässt Franziskus den Herrn sein Zwiegespräch mit der Seele fortsetzen: „*Ego dormivi* [...] *et resurrexi* [R]: et *Pater meus sanctissimus* [F] cum gloria suscepit me“ (Ps 3,6ab + 72,24c).[146] Unser Mystiker bleibt demnach nicht bei der Passion stehen. Obwohl er den Psalm selbst für den Karfreitag vorsieht, übersteigt er den geschichtlich vergangenen Tod Jesu, um des verherrlichten himmlischen Christus zu gedenken.

Zum Abschluss der Gebetsstunde wandelt Franziskus die Sinnrichtung des Betens. Wenn er bisher in unveränderten oder angepassten Psalmversen Christus zur Seele reden ließ, wendet sich nun der Beter zum Herrn, um ihn zu lobpreisen, „*qui redemit* [F] animas servorum suorum *de proprio sanctissimo sanguine suo* [F]: et non delinquent omnes, qui sperant in eo“ (Ps 33, [S. 142] 23).[147] Dann weitet sich der Blick des Heiligen auf die Endzeit, und Franziskus beteuert mit bewunderungswürdiger Glaubenssicherheit: „*Et scimus* [F], ‘*quoniam* [R] venit’: *quoniam veniet iustitiam* [F] ‘iudicare’“ (Ps 95,13ab).[148]

7. Bezüglich der V e s p e r können wir uns hier aus mehrfachen Gründen kürzer fassen. Zunächst deswegen, weil wir einzelne Elemente an anderer Stelle zu behandeln gedenken.[149] Andererseits findet hier die Passionsbetrachtung nur mehr geringen Raum. Der Inhalt der Gebetszeit wird von L. Bracaloni so umschrieben: „canto di allegrezza per ciò che Iddio ha operato meravigliosamente nella redenzione eseguita da Cristo“, indes J. Cambell noch kürzer hervorhebt: „Réjouissez-vous: il nous a sauvés!“. Noch konkreter möchte T. Sauser den Gehalt als Abendgesang auf den herrlichen Sieg des auferstandenen Heilandes umreißen.[150]

Dass sich hier der Jubel unbehindert durch die Zeit der Trauer, der die Gebetsstunde zugedacht ist, Bahn bricht, dessen versichert uns gleich der Anfangsvers: „Ihr Völker alle, klatscht in die Hände, – jubelt Gott zu im Freudenruf“ (Ps 46,2). Der Heilige verrät uns sogleich auch den Grund seiner grenzenlosen Freude: „Denn der heiligste Vater im Himmel, unser König, sandte vor Ewigkeiten seinen geliebten Sohn aus der Höhe – und

145 Opuscula [Lem.], 134. – Zu R s. Anm. 112; statt dedux*erunt* hat Ps 21,16c dedux*isti*.

146 Opuscula [Lem.], 135. – Zu R u. F s. Anm. 111f.; da indes die beiden Versteile ineinandergefügt sind, ist der genaue Anteil des Romanum schwer anzugeben. Dessen Nachwirken steht für diesen Fall freilich außer Zweifel.

147 Opuscula [Lem.], 135. – Zu F u. R s. Anm. 111f.; für *de proprio sanguine* ... vgl. Hebr 9,12; statt des *in eum* (Romanum + Gallicanum) haben *in eo*: Psalt. von Paris, Bibliothèque Nationale, Coislin 186 u. Ambrosianum: s. WEBER, Psautier Romain, 68b.

148 Opuscula [Lem.], 135. – Zu F u. R s. Anm. 111f.; bemerkenswert ist die Wiederholung *quoniam* ... zugleich mit dem verstärkenden Futur *veniet*, das allein beim – Franziskus wohl unbekannten – Psalterium Mozarabicum von Alcalá (Madrid, Univ. Centr., 31) bezeugt wird: WEBER, Psautier Romain, 237b. – *Iustitiam* steht für *terram*; als ev. Vorbild vgl. Ps 74,3; 71,2.

149 D. h. in der Studie über *Die christologischen Anschauungen des hl. Franziskus*, die für den Druck vorgesehen ist.

150 BRACALONI, Ufficio, 256; CAMBELL, Les écrits devant la critique, 237; SAUSER, Officium de passione, 122.

hat das Heil gewirkt inmitten der Welt" (Ps 73,12).[151] Der Herr hat in dieser weltgeschichtlichen Stunde im Kreuztod unsere Erlösung gewirkt. Die bloße Erwähnung dieser Tatsache löst in der Seele eine neue Woge des Lobpreises aus. Bezeichnenderweise bedient er sich der nämlichen Psalmverse wie für den allen Horen gemeinsamen Weihnachtspsalm.[152] Aber auch hier soll der Betrachtende nicht bei bloßen Worten und Affekten bleiben. Die Großtat des Kreuzestodes Christi sollen wir mit der [S. 143] Opfergabe unserer Kreuzesnachfolge erwidern. „'Tollite' *corpora vestra et baiulate sanctam crucem eius: et sequimini usque in finem sanctissima praecepta eius"* [F] (Ps 95,8b).[153]

Daran schließt sich ein Vers an, der hier einer näheren Beachtung wert ist: „Commoveatur a facie eius universa terra: dicite in gentibus, quia Dominus regnavit [a ligno]" (Ps 95,9b-10a). Den Zusatz „a ligno" trifft man in einer Handschrift der zweiten Rezension des Passionsoffiziums.[154] Im Psalterium selber geht diese Interpolation auf einen christlichen Abschreiber zurück. Auf jeden Fall findet sie sich in keinem authentischen Text. Dagegen tritt sie erstmals im Psalterium Veronense auf und findet sich in der Folgezeit in mehreren altlateinischen Psalterien, so im Psalterium Romanum, das ja Franziskus zweifellos bekannt war.[155] Seit Justin dem Martyrer († um 165) machten sich verschiedene Väter, unter ihnen der hl. Augustinus, zu Verfechtern dieser Lesart. Durch den berühmten Kreuzhymnus „Vexilla Regis" des Venantius Fortunatus († bald nach 600) verschaffte sich das „a ligno" in der Liturgie bleibende Heimstatt.[156]

---

151 Opuscula [Lem.], 135, 136: *„Quia sanctissimus Pater de caelo* [F], 'Rex noster, ante *saecula'* [R] *misit dilectum Filium sunm de alto* [F]: *et* [F] 'operatus est *salutem* [R] in medio terrae'" (Ps 73,12). Zu den Siglen s. oben Anm. 111f. – Die persönlichen Zusätze von Franziskus sind „schriftgesättigt": vgl. Gal 4,4; ev. Joh 3,17; Eph 1,6; Ps 143,7; *ante saecula* findet sich auch in 1 Kor 2,7: s. CAMBELL, Les écrits devant la critique, 237.

152 Opuscula [Lem.], 147s. Diesen Psalm hoffen wir in einer weiteren Studie über die *Weihnachtsfrömmigkeit des hl. Franziskus* eingehend beleuchten zu können; s. vorläufig unseren Art.: De Kerstviering van Greccio in het licht van haar tijd, in: FrancLeven 40 (1957) 163-177, 170 Anm. 41; 41 (1958) 21-27.

153 Opuscula [Lem.], 136, 148: s. oben Anm. 111. Als Schriftstellen, die dem Text zugrunde liegen, gibt CAMBELL, Les écrits devant la critique, 237 an: 1 Kor 6,15; Lk 14,27; Mt 16,24; s. außerdem Mt 10,22; 11,29; Lk 9,23; Joh 19,17.

154 Nämlich: Berlin, cod. theol. lat. 196, f. 95r (14. Jh.): BOEHMER, Analekten, S. LXI bzw. 114 Anm. 1; dagegen fehlt die Lesart im berühmten cod. 338, Bibl. Com., Assisi, den Boehmer u. Opuscula [Lem.] ihren Editionen zugrunde legen, sowie in zwei anderen Hss.

155 LESÊTRE, H.: Le Livre des Psaumes, Paris 1897, 460, bzw. bes. ALLGEIER, A.: Die altlateinischen Psalterien, Freiburg i.Br. 1928, 108; neben den genannten Psalterien auch noch in denjenigen von Mailand, Saint-Germain, Corbie, Chartres, im mozarabischen Psalt., in zwei koptischen Übersetzungen u. in einem griechisch-koptischen Fragment: CAPELLE, B.: Regnavit a ligno, in: QLP 7 (1922) 92-95, 93. – Dass Franziskus sich öfter am Psalt. Romanum orientierte, braucht nun nicht mehr eigens aufgezeigt zu werden.

156 JUSTIN, Apologia I, n. 41, bzw. Dial. cum Tryph., n. 73: RUIZ BUENO, D.: Padres apologistas griegos, Madrid 1954 (BAC, 116), 227, bzw. 433f; TERTULLIAN, Adversus Judaeos, c. 10, n. 12: CCL 2, 1378; COMMODIAN, Carmen apologeticum, v. 295: CSEL 15, 134; AUGUSTINUS, Enarr. in Ps. 95 n. 11: CCL 39, 1350; ARNOBIUS d. Jüng., Commentarii in Ps.: PL 53, 463f.: hat zwar die Interpolation nicht im Text des Ps, führt sie aber aus im Kommentar; LEO d. Gr., Sermo 55 de Passione Domini, c. 2: PL 54, 324A; CASSIODOR, Expositio in Psalterium: PL 70, 680CD; VENANTIUS, Vexilla Regis, in: Miscellanea, l. 2, c. 7: PL 88, 95f. (ursprüngliche Fassung); GREGOR d. Gr., In Ezech. l. 1, hom. 6, n. 13: PL 76, 834C; Glossa ordinaria, Liber Ps.: PL 113, 1005f. hat beide Lesarten; PETRUS LOMBARDUS, In Ps. davidicos commentarii: PL 191, 882CD führt unsere Lesart an: „vel secundum aliam litteram". Diese Lesart wurde bis zur jüngsten Brevierreform auch in der Commemoratio Crucis verwendet, die, jedenfalls in mönchi-

So scheint uns die Wahrscheinlichkeit der vorgenannten Lesart im Passionsoffizium sowohl durch innere wie äußere Kriterien genügend gesichert. Daraus ergibt sich aber, dass Franzis- [S. 144] kus außer dem altchristlichen Hochgefühl der Freude über die „beata Passio" auch der Gedanke der Königsherrschaft Christi am Kreuze vor der Seele stand.[157]

Für das Fest der Himmelfahrt fügt der Heilige als Ergänzung ein Bekenntnis zum genannten Festgeheimnis und den von der Non her bekannten Vers von der Endzeiterwartung bei.[158] Im Hervorheben des Kommens Christi hat der Heilige wiederum unbewusst frühchristliches Erbe angetreten. Schon beim hl. Cyprian († 258) steht das Abendgebet unter dem Motto der Wiederkunft Christi. Sehr schön wird mehrere Jahrhunderte später Petrus Damiani schreiben: „... in vespertinae laudis officio, Sponsum suum Sancta electorum Ecclesia praestolatur ...".[159]

8. Soviel darf als vorläufiger Abschluss gesagt werden: Das „Officium Passionis" ist zweifellos nicht ein „für die geschichtliche Würdigung des Heiligen belangloses Werk", wie W. Goetz in seiner sonst so verdienstlichen Quellenstudie bemerkt,[160] vielmehr ist ein tieferes Eingehen in jene Gedankenwelt unbedingt notwendig, um etwas von Franziszi Passionsfrömmigkeit zu begreifen.

Das Stundengebet vom Leiden Christi bestätigt nämlich die Aussagen der übrigen „Schriften" im vollen Umfange. Allen Aussagen über die Passion in den „Opuscula" ist die stark betonte Innenschau in die Opfergesinnung und Gehorsamshingabe des Erlösers an den himmlischen Vater[161] gemeinsam. Trotz des stellenweise gemütsinnigen Charakters der Leidensbetrachtung Franziszi fehlen eigentliche „Gefühlsergüsse" und jedes realistische Ausmalen von Einzelszenen. Der unmittelbare Einfluss der sachlichen Berichter-

---

schen Kreisen entstanden, bereits im 11./12. Jh. in Rom bekannt war: TOMMASI, G. M. / VEZZOSI, A. F.: Op. om. IV: Responsorialia et antiphonaria Romanae Ecclesiae, Rom 1749, 100ab; vgl. auch BONAVENTURA, Vitis mystica, c. 18, n. 2: VIII, 183b Anm. 8, wo auf die meisten der vorgenannten Autoren aufmerksam gemacht wird. Dagegen gestatteten die generellen Angaben von LESÊTRE, Livre des Psaumes, 460 ad 10 leider nicht, den dort genannten Lactantius zu verifizieren.

157 Vgl. im Kanon der hl. Messe: „Unde et memores": s. JUNGMANN, J. A.: Missarum Solemnia II, Wien 1958, 273f. Für die altchristliche Haltung s. z. B. J. LECLERCQ, in: DOLLE, R.: Léon le Grand: Sermons I, Paris [1949], 14f.

158 Opuscula [Lem.], 136f. bzw. 135.

159 Zu Cyprian s. STADLHUBER, Stundengebet im christlichen Altertum, 157; s. auch ebd. 183; PETRUS DAMIANI, De horis canonicis, c. 4: PL 145, 226B. – Mehr den Gedanken des Abendmahles heben hervor: RUPERT VON DEUTZ, De divinis officiis, l. 1, c. 6: PL 170, 15A; ADAM DER SCHOTTE, Liber de Ordine ... O.Praem., sermo 9, n. 8: PL 198, 526f.; BONAVENTURA, De sex alis Seraphim, c. 7, n. 6: VIII, 149a; in irischen Kreisen wird des alttestamentlichen Opfers gedacht: RYAN, Irish monasticism, 336; mehrere Deutungen erwähnt DURANDUS, Rationale, l. 5, c. 9, n. 1: 373; BONAVENTURA, Off. Pass.: 157b deutet die Vesper auf die Szene der „depositio" und Pietà.

160 GOETZ, W.: Die Quellen zur Geschichte des hl. Franz von Assisi, Gotha 1904, 48 Anm. 1; dagegen wandte sich mit Recht u. in entschiedener Form SABATIER, P.: Examen de quelques travaux récents sur les Opuscules de saint François, in: Opuscules de critíque historíque II, Paris 1903-1914, 159f. Auch BRACALONI, Ufficio, 262 scheint den Tiefengehalt des Off. Pass. nicht voll zu würdigen, so wenn er bemerkt: „questo Ufficio ... pure nella complessità dei suoi modi, si ha da dire alquanto povero di contenuto (!), di originalità limitata e di forma piuttosto primitiva ...".

161 Der Sinngehalt des Vaternamens in der Frömmigkeit Franziszi wird in der in Anm. 29 angekündigten Studie näher bestimmt werden.

stattung der Evangelisten und der nüchternen Eigenart der römischen Liturgie gibt sich hier besonders deutlich [S. 145] zu erkennen. Ähnlich wie die anderen „Schriften" betont das Leidensoffizium sodann die Pflicht der Kreuzesnachfolge.

Das „Officium Passionis" geht dennoch im einen oder anderen Punkt über den Rahmen der übrigen „Schriften" hinaus. So bezeugt es zum Beispiel, dass der Heilige keineswegs nur um die „Passio dolorosa", sondern ebenso klar um die „beata Passio" wusste. Zum innigen Mitleid mit dem Schmerzensmann gesellt sich immer wieder die grenzenlose Freude über den Erlösungssieg. Schließlich verdient hervorgehoben zu werden, dass dem Ordensstifter die Vorstellung von Christus als dem König am Kreuz ebenfalls nicht unbekannt blieb. – In der Fortführung der Studie soll nun untersucht werden, ob die Darstellung der Biografen diesem Bild der Leidensbetrachtung der „Opuscula" entspricht. [S. 241]

II. Teil

Franziszi Passionsfrömmigkeit im Lichte der biografischen Quellen

Nach der eingehenden Darstellung der Passionsfrömmigkeit des Ordensgründers im Lichte seiner „Opuscula" lockt der Versuch, die Zeugnisse der ältesten Lebensbeschreibungen damit zu vergleichen. Weil sich jedoch darin eine verwirrend große Zahl verschiedener Ausdrucksformen findet, ist eine Gruppierung der Stellen nicht zu umgehen. Dabei besteht freilich die Gefahr, dass innerlich zueinandergehörige Gesichtspunkte künstlich getrennt werden. Doch werden wir versuchen, durch öftere Querverweise die inneren und entwicklungsgeschichtlichen Zusammenhänge in etwa sichtbar werden zu lassen.

Wir handeln daher im zweiten Teil zunächst über die Kreuzvisionen und die Leidensverehrung des hl. Franziskus, um danach die Stellung des Passionsgeheimnisses in seinem Heiligkeitsstreben näher zu bestimmen.

I. – Franziszi Kreuzvisionen und Leidensverehrung

Der moderne Leser mittelalterlicher Heiligenleben stößt sich nicht selten an dem starken Betonen übernatürlicher Vorgänge. Wo der heutige Biograf eine seelische Entwicklung in psychologischer Innenschau zu begreifen sucht, glaubt der mittelalterliche Lebensbeschreiber anscheinend, dieselbe, mit dem unmittelbaren Eingreifen Gottes erklären zu müssen. Nach den grundlegenden Forschungen der Bollandisten weiß die moderne katholische hagiografische Kritik heute wohl zu unterscheiden zwischen Wundersucht und Wunderfeindlichkeit.[1] [S. 242]

---

1 Die verdienstvollen Forschungen der Bollandisten wurden neuestens zusammengefasst von AIGRAIN, R.: L'hagiographie, ses sources, ses méthodes, son histoire, Paris 1953; ebd. 178-185 über die Wundersucht des MA; s. für ein klassisches Beispiel bei Cäsarius von Heisterbach O.Cist. († 1240): ZAHN, J.: Einführung in die christliche Mystik, Paderborn 1922, 448f.; vgl. auch für einzelne Motive, die in den hagiografischen Schriften immer wieder vorkommen: GÜNTHER, H.: Psychologie der Legende. Studien zu

Auch wenn man nicht jeden ungeprüft weitergegebenen Wunderbericht gleich als unfehlbar erklärt, wird man doch Zeugnissen glaubwürdiger und gut unterrichteter Lebensbeschreiber die Zustimmung nicht versagen dürfen, selbst wenn sie von außergewöhnlichen Vorkommnissen sprechen. Es ist gleich unlauter wie ungeschichtlich, die Möglichkeit von Wundern durch erkenntnistheoretische Axiome und weltanschauliche Vorurteile von vornherein auszuschließen.[2] Andererseits verlangen gerade die mittelalterlichen Wunderbücher die Anwendung einer gesunden Quellenkritik, um das Korn von der Spreu zu scheiden. Die Wundererzählungen in franziskanischen Quellen dürfen natürlich ebensowenig wie die übrigen Berichte vom Zeithintergrund losgelöst werden; ihre Verfasser teilen vielmehr in größerem oder geringerem Umfang die mangelnde Kritik und die Erbauungstendenz der mittelalterlichen Geschichtsschreiber.[3]

A. - Kreuzerscheinungen im Leben des hl. Franziskus

Diese kritische Vorbemerkung war umso dringlicher, als im Folgenden die Kreuzerscheinungen im Leben des Ordengründers und deren Bedeutung im Rahmen seiner Passionsfrömmigkeit darzulegen sind. Es ist ja nur zu gut bekannt, wie unkritisch die früheren Lebensbeschreiber gerade solchen Vorgängen gegenüberstanden. Andererseits weiß man auch, wie schwer über den außernatürlichen Ursprung von angeblichen Offenbarungen oder Erscheinungen ein sicheres Urteil gefällt werden kann.[4] Wir werden daher zuerst zwei Visionen, die vom hl. Bonaventura mit Franziszi Leidensverehrung in Beziehung gebracht werden, kritisch untersuchen. Danach muss die Kreuzanrede in der Kapelle von San Damiano ausführlich gewürdigt werden.

1. Sofern man einen Bericht des seraphischen Lehrers unbesehen hinnehmen darf, hätte Francesco schon im Jahre 1205 ein nächtliches Gesicht in Verbindung mit dem Kreuzesgeheimnis gehabt. Bereits Celano bietet im Kern den in Frage stehenden Bericht – wenn auch in etwas voneinander abweichender Form [S. 243] – in seinen beiden Viten. Nach diesem Lebensbeschreiber rüstete sich der Kaufmannssohn zusammen mit einem ungenannten Edelmann zum Ritt nach Apulien. Durch die Teilnahme am Kampf der päpstlichen Truppen, die seit 1202 unter Führung Walters von Brienne gegen Markwart von Anweiler die Vormundschaftsansprüche Innozenz' III. über den unmündigen Friedrich II. verteidigten, hoffte er, die Ritterwürde zu erlangen.

Als es den jungen Krieger vor Erwartung der kommenden Dinge fast nicht mehr hielt, sah er in einem nächtlichen Gesicht das Vaterhaus „voll von Waffen, Sätteln, Schilden,

---

einer wissenschaftlichen Heiligen-Geschichte, Freiburg i. Br. 1949; der Verf. stützt sich dabei vorab auf die *Legenda aurea* des Jakob von Varazze (de Voragine) O.P. († 1298).

2 Vgl. hierüber z. B. FEDER, A.: Lehrbuch der historischen Methodik, Regensburg [2]1921, 224-231.

3 Darauf wiesen wir bereits in unserer Einführung hin (oben S. 8f.).

4 Vgl. bes. DE GUIBERT, J.: Leçons de théologie spirituelle I, Toulouse 1946, 288-300; GABRIELE DI S. M. MADDALENA: Visioni e rivelazioni nella vita spirituale, Florenz 1941; vgl. etwa 144-166 die strengen Kriterien, um den außernatürlichen Charakter von angeblichen Visionen zu beurteilen. Vgl. auch die neu aufgelegte Studie von RAHNER, K.: Visionen u. Prophezeiungen, Freiburg i. Br. 1958, die Th. Baumann mit reichem Illustrationsmaterial versah.

Lanzen und sonstiger Ausrüstung".[5] Bonaventura fügt zum Bericht Br. Thomas' hinzu, Franziskus habe in der Vision ein „palatium speciosum et magnum cum militaribus armis, crucis Christi signaculo insignitis" geschaut.[6] Hilarin Felder hält diese Einzelheit für echt und verbindet sie mit Franziszi Aussicht, an einem Kreuzzug ins Heilige Land teilzunehmen.[7] Doch gehen wir wohl kaum fehl, wenn wir in diesem neuen Einzelzug eine legendäre Zutat des seraphischen Lehrers erblicken. Eine gewisse innere Gesetzmäßigkeit der mittelalterlichen Lebensbeschreibung drängt nach stets stärkerer Betonung des Wunderbaren. Zudem zeigt sich hier das öfter fühlbare Bestreben Bonaventuras, den geistlichen Weg seines Ordensvaters nach mystisch-theologischen Kriterien zu deuten. Zu diesem Schluss berechtigt eine andere Stelle seiner Legende, wo er das Gesicht der mit den Kreuzzeichen gezierten Waffen, als eigentlichen Wendepunkt von Franziszi seelischem Aufstieg, zur ersten der sieben „apparitiones crucis" rechnet.[8] Das unerhörte Ereignis der Stigmatisierung ließ bereits Celano [S. 244] und noch viel ausgeprägter Bonaventura die ganze Frömmigkeit des Poverello einseitig nur vom Kreuze her beurteilen.[9]

2. Nachdem der seraphische Lehrer von Franziszi heroischer Rückkehr vom begonnenen Apulienzug und vom Aussätzigenkuss berichtet hat, fügt er, noch vor der Kreuzanrede in San Damiano, eine *Erscheinung des gekreuzigten Christus* ein:

> „Dum enim una dierum sic sequestratus oraret et prae nimietate fervoris totus esset absorptus in Deum, apparuit ei Christus Jesus veluti cruci confixus. Ad cuius conspectum 'liquefacta est anima eius' (Hld 5,6), et memoria Passionis Christi visceribus cordis ipsius adeo impressa medullitus, ut ab illa hora, cum Christi crucifixio veniret in mentem, vix posset a lacrymis et gemitibus exterius continere, sicut ipse postmodum familiariter rettulit, cum appropinquaret

---

5 1 C 4f.: 8f.; FQS [1]V, 73f.; in 2 C 6: 133 ist bereits von einer zweifachen Vision die Rede, „in quo varios apparatus armorum et sponsam pulcherrimam cernit". – Es ist möglich, dass der Biograf diese an sich für den nächtlichen Zukunftstraum – mehr als dies ist darin wohl nicht zu erblicken – in sich nicht unwahrscheinliche Einzelheit erst später von vertrauten Gefährten des Heiligen vernahm und für die 2. Vita verwerten konnte. Es wäre aber beim mittelalterlichen Mangel an geschichtlicher Genauigkeit auch möglich, dass der Biograf die in 1 C 7: 10 nach dem Apulienzug berichtete Brautvision hier bereits mit der Waffenvision verbindet. Vgl. hierüber VAN DEN BORNE, F.: Voornaamste feiten uit het leven van Franciscus in het licht van de historische kritiek, in: Sint Franc 3 (1957) 176f., 179-181; FORTINI, A.: Nova vita di S. Francesco, [S. Maria degli Angeli 1959], I/1, 227-230; II, 183-186.

6 LM I,3: 561; s. auch Lm, c. 1, lect. 3: 656. – Auch Anonymus Perusinus, n. 5: F. VAN ORTROY, in: MF 9 (1902-1905) 36b hat: „cruciatis resplendentibus clypeis" (der Ed. ließ aber durch Versehen „cruciatis" aus: ABATE, G.: Nuovi studi sulla Leggenda di S. Francesco detta dei «Tre Compagni», in: ebd. 39 [1939] 249); diese Lesart bringt die – sonst stark vom Anonymus abhängige – Legenda S. Francisci Assisiensis, tribus ipsius sociis hucusque adscripta (n. 5: ABATE, ebd. 249, 379) nicht. In beiden Berichten wird jedoch ein Ungenannter eingeführt, der Franziskus den Waffenpalast zeigt u. auf seine Fragen Antwort gibt.

7 FELDER, H.: Der Christusritter aus Assisi, Zürich 1941, 48f.

8 LM XIII,10: 620. – Den Grund von Bonaventuras Vorliebe für die Siebenerteilung umschreibt RATZINGER, J.: Die Geschichtstheologie des hl. Bonaventura, München 1959, 20f. wie folgt: „Die Zahl sieben drückt in besonderer Weise die Ganzheit eines Wirklichen aus, und dies sowohl bei Gott wie beim Menschen wie bei der Welt". Vgl. auch ebd. 167b (Register).

9 Man ist einigermaßen erstaunt, dass die neueren Biografen auf die Verschiedenheiten u. die damit notwendig sich einstellenden quellenkritischen Probleme mit keinem Wort eingehen; s. z. B. ENGLEBERT, O.: Vie de S. François d'Assise, Paris 1947, 64f. – VAN DEN BORNE, Voornaamste feiten, scheint vorab die Berichte Celanos zu berücksichtigen. – Vgl. auch III. Teil, V, 1b.

ad finem. Intellexit per hoc nempe vir Dei illud evangelicum (Mt 16,24) sibi dici: 'Si vis venire post me, abnega temetipsum et tolle crucem tuam et sequaris me!'".[10]

Diese Episode ist Bonaventuras Legende eigen. Keine der übrigen Schriften weiß von dem Begebnis auch nur das Geringste. Nun könnte dieser Sachverhalt an sich nicht ohne weiteres als Argument gegen die Geschichtlichkeit ins Feld geführt werden, denn dem „argumentum ex silentio" früherer Lebensbeschreiber allein kommt kein ausschlaggebender Zeugniswert zu. Die Schwierigkeit, als erster von diesem Ereignis zu berichten, fühlt der Heilige anscheinend selber. Denn er fügt als Begründung die spätere Selbsteröffnung des Ordensvaters an die vertrauten Gefährten hinzu.

Schon die allgemein geringe geschichtliche Zuverlässigkeit des seraphischen Lehrers erregt aber gewisse Bedenken. Zudem schildert er die Wirkungen der angeblichen Christuserscheinung mit Worten, die Celanos Beschreibung der Kreuzanrede in San Damiano entlehnt sind, und fügt noch hinzu, der Ordensgründer habe bei der Erscheinung vom Gekreuzigten die Aufforderung zur Selbstverleugnung empfangen. Nur als Aufruf zur Abtötung bedurfte es aber wirklich keiner eigenen Vision mehr; denn nach dem Bericht desselben Biografen ging die heroische Selbstverleugnung des Aussätzigenkusses dem fraglichen Gesicht voraus.[11] Der Verdacht der Unechtheit verstärkt sich auch dadurch, [S. 245] dass der Lebensbeschreiber die Erscheinung wiederum zu einer der sieben „apparitiones crucis" zählt, welche dem Heiligen als Stufe auf dem Weg zur lebendigen „effigies Crucifixi", der Stigmatisierung diente.[12] Wir glauben daher, dass die angebliche Vision des Gekreuzigten wegen quellenkritischer Schwierigkeiten frömmigkeitsgeschichtlich nicht näher beachtet zu werden braucht.

3. Eine eingehende Darstellung erfordert dagegen die so genannte *Kreuzanrede in San Damiano*. Leone Bracaloni hat in einem längeren Artikel das Wunderkreuz vor allem in kunstgeschichtlicher Hinsicht untersucht, während K. Eßer den ursprünglichen Text von Franziszi Gebet nach der Kreuzanrede wiederherzustellen und dessen religiösen Sinngehalt zu bestimmen suchte.[13] Obwohl die späteren Lebensbeschreiber und auch Bracaloni natürlich auf den außerordentlichen Vorgang zu sprechen kommen, steht doch unseres Wissens eine befriedigende Einzeluntersuchung darüber noch aus. Um den

---

10 Die wörtlichen Entlehnungen aus 2 C 10-11: 136f. werden von den Herausgebern mit Verschiedenem Schriftgrad hervorgehoben: LM I,5: 562; Rückkehr bzw. Kuss des Aussätzigen: LM III,f.: 651f. (zu letzterem s. auch unten I, B, 4).

11 Vgl. Anm. 10 bzw. unten II, B, 1 mit Anm. 102. Mit unserer Auffassung setzen wir uns in Gegensatz zu GRATIEN [DE PARIS]: S. François d'Assise. Sa personnalité, sa spiritualité, Paris [²1928], 43f. u. VITUS A BUSSUM: De spiritualitate franciscana, Rom 1949, 10, die die Echtheit der Erscheinung voraussetzen.

12 Vgl. Anm. 8.

13 BRACALONI, L.: Il prodigioso Crocifisso che parlò a S. Francesco, in: StFr Ser. 3, 11 (1939) 185-212; ESSER, K.: Das Gebet des hl. Franziskus vor dem Kreuzbild in San Damiano, in: FrSt 34 (1952) 1-11 (vgl. hierüber oben, I. Teil, I, B, 3, bes. Anm. 34; ergänzend füge dort das zurückhaltende Urteil von F. VAN DEN BORNE, in: Sint Franc 1 [1955] 56 bei). – GNOCCHI, L. U.: In quale anno, mese e giorno il Crocifisso parlò a S. Francesco, in: StFr N.S. 12 (1926) 274-279. 277: „Probabilmente il colloquio del Crocifisso di S. Damiano a Francesco avvenne circa l'Esaltazione della S. Croce, forse il giorno stesso nel quale 18 anni dopo ricevette il Santo le S. Stimmate sulla Verna". Natürlich überzeugen seine „Beweise" in keiner Weise.

Rahmen der vorliegenden Arbeit nicht zu sprengen, werden auch wir die Frage nicht abschließend behandeln können. Vielmehr suchen wir hier einzig die quellenkritische Basis zu überprüfen und den frömmigkeitsgeschichtlichen Gehalt des Berichtes zu bestimmen.

a) Zunächst seien einige Bemerkungen über den Schauplatz des mystischen Begebnisses vorausgeschickt. Nach dem Kuss des Aussätzigen tritt Franziskus in die uralte, zu seiner Zeit verlassene und verfallene, ungefähr einen Kilometer südlich am Bergabhang Assisis gelegene Kapelle des hl. Damian ein und wirft sich, einer inneren Regung der Gnade gehorchend, zum Gebet vor dem Kreuzbild über dem Altar nieder.[14] Das heute noch erhaltene, im Klarissenkloster Santa Chiara aufbewahrte Bild[15] gehört zu den in Kreuzesform zugeschnittenen und [S. 246] mit geschichtlichen Personen bereicherten Tafelgemälden der umbrischen Schule romanischen Stils. Unter betont östlicher, näherhin syrischer Inspiration stellen die meist unbekannten Künstler darauf mit dem lebenden und leidenslosen Christus eine Reihe anderer Begleitfiguren dar. Auf roher über Nussbaumholz aufgespannter Leinwand tritt die Gestalt des Gekreuzigten stark hervor. Er hängt nicht als Schmerzensmann an den Nägeln, sondern steht als triumphierender Erlöser schmerzlos und mit weitgeöffneten Augen auf der Fußbank.

> „Die Beine stehen senkrecht nebeneinander, die Arme sind mit einer leichten Krümmung ausgestreckt. Der Kopf, kurzbärtig, mit langem, gescheiteltem Haar, hebt sich von einem Kreuznimbus ab und ist kaum merklich zur Seite geneigt; die weitgeöffneten Augen blicken freundlich herab ...“[16]

Die zu beiden Seiten des Leibes Christi erweiterte Kreuztafel enthält – vom Beobachter aus gesehen – zur Linken Jesu die Darstellungen von Maria und Johannes, zur Rechten die von Maria Magdalena und Maria, der Mutter des Jakobus, dann die des Hauptmanns und einer kaum mehr erkennbaren Gestalt (Soldat?). In den beiden unteren Ecken der mittleren Tafel sind in verkleinertem Maßstab Longinus mit der Lanze und Stefanatus mit Rohr und Schwamm gemalt. Der horizontale Arm des Kreuzbildes zeigt außerdem

---

[14] 2 C 10f.: 136f.; FQS [1]V, 240f. – Nach Celano berichtet BONAVENTURA, LM II,1: 563 in tlw. wörtlicher Abhängigkeit u. wesentlicher Übereinstimmung vom Ereignis; wiewohl er noch von einer Selbsteröffnung des Heiligen an die vertrauten Gefährten spricht, kann wegen des im Text unter Nr. 2 genannten Grundes von einem selbständigen Zeugnis keine Rede sein. Ähnliches bleibt zu sagen von Leg. S. Francisci Ass., n. 13f.: ABATE, 386-388. 253. – Weitere sekundäre Zeugnisse: 2 C 204: 247f.; 3 C 2: 272f.; LM XIII,10: 620; Lm, c. 1, lect. 9: 658.

[15] Wir stützen uns auf BRACALONI, Il prodigioso Crocifisso, bes. 194-205; der Verf. selber gibt – mit einigen Reserven u. persönlichen Urteilen – die Ausführungen des großangelegten Werkes von E. SANDBERG-VAVALÀ: La Croce dipinta italiana, Verona 1929, 154f. 622-624 wieder. – Es ist das Verdienst Bracalonis, auf den syrischen Einfluss mit Nachdruck hingewiesen zu haben. Es wanderten nämlich syrische Mönche nach Umbrien ein, die aus dem Monte Luco in Spoleto eine Art Athoskloster machten (ebd. 198 Anm. 1). – Um die Bedeutung dieses Hinweises zu ermessen, brauchen wir einzig daran zu erinnern, dass gerade für Syrien erstmals Anzeichen einer gemütsinnigen Christusfrömmigkeit nachzuweisen sind: STIERLI, J.: Die Herz-Jesu-Verehrung vom Ausgang der Väterzeit bis zur hl. Margarete M. Alacoque, in: DERS.: Cor Salvatoris. Wege zur Herz-Jesu-Verehrung, Freiburg i. Br. [[2]1956], 78f. – Das Kreuz befand sich vorher im ehemaligen Klarissenkloster San Damiano u. wurde bei der Übersiedlung der Schwestern im Jahre 1257 nach dem neuen Kloster Santa Chiara dorthin gebracht (ebd. 191f.). – Die Ausmaße betragen: Länge, ohne Sockel: 2,10 m; Breite: 1,30 (201).

[16] KÜNSTLE, K.: Ikonographie der christlichen Kunst I, Freiburg i. Br. 1928, 457f.

sechs sehr lebhafte Engel. In ähnlicher Weise umgeben am Kopfende des Schaftes über dem Kreuzestitel freudig bewegte Engel ein Medaillon, das die Himmelfahrt Christi darstellt. Das in lebendiger Farbtönung gemalte Kreuzbild darf künstlerisch weder über- noch unterschätzt werden. Seine Entstehung setzt man kurz nach dem Jahre 1100 an.[17]

b) Wie Br. Thomas von Celano erstmals in seiner zweiten Vita berichtet, betrat Franziskus die Kapelle von San Damiano im seelischen Zustand einer zwar innerlich vollzogenen Umkehr, [S. 247] aber einer nach außen noch unsicheren Wegrichtung. In dieser Seelenverfassung sinkt er vor dem Kreuzbild in die Knie, um volle Klarheit über den Willen des Herrn zu erlangen. Da ruft ihn der Erlöser plötzlich mit seinem Namen: „Francisce ..., vade, repara domum meam, quae, ut cernis, tota destruitur".[18] Der Angesprochene gerät vor Staunen und Zittern fast von Sinnen. Doch bewahrt er die Fassung soweit, dass er seine restlose Bereitschaft erklärt, den Gehorsamsauftrag des Herrn willig auszuführen. In begreiflichem Missverstehen bezieht er denselben freilich auf das vom Alter und wegen der Unbekümmertheit der Besitzer baufällig gewordene Kirchlein. Erst später wird er erkennen, dass die ihm von oben zugedachte Aufgabe sich auf „jene Kirche bezieht, die Christus mit dem eigenen Blute erworben hat ...".[19]

c) Bevor wir zur Anrede selber Stellung nehmen, muss die geschichtliche Verlässlichkeit des Celano-Berichtes geprüft werden. Natürlich stellt sich zunächst die Frage, warum der Biograf darüber in der ersten Lebensbeschreibung schwieg. Doch wenn man die Entstehungsweise der Legenden gebührend berücksichtigt, erwächst aus dieser Auslassung kaum eine ernstliche Schwierigkeit. Br. Thomas schrieb die „Vita prima" bekanntlich auf Grund des ausdrücklichen Auftrages Papst Gregors IX. zwischen 1228 und 1229, ohne dass er dafür das gesamte Zeugenmaterial hätte verwerten können. Die zweite Biografie hingegen trug ihm der Generalminister Crescentius von Jesi auf. Celano arbeitete dieselbe zwischen 1244 und 1247 aus und verwertete dafür die Berichte, die ihm verschiedene Gefährten des Heiligen übergeben hatten.[20]

Daraus erklärt sich mühelos, warum dem Lebensbeschreiber gerade über die Jahre der Frühzeit, da er noch nicht Mitglied der Brüderschaft war, erst später wertvolle Einzelheiten bekannt wurden, Tatsächlich beweist ein Blick auf die beiden Abschnitte der „Vita prima", zwischen die das außerordentliche Erlebnis zeitlich einzuordnen ist, wie der Lebensbeschreiber aus Unkenntnis des Vorfalles den natürlichen Verlauf der Ereignisse nicht erkennt. Nachdem er nämlich die Brautvision dargelegt hat, berichtet er unvermittelt vom Verkauf des Tuchballens und des Pferdes in Foligno. Bei der Rückkehr

---

17 BRACALONI, Il Crocifisso, 203, 191. – Unter der Fußbank brachte die Restaurierung des Kreuzes durch Rosaria Alliano 1938 eine Reihe von Heiligengestalten wieder zum Vorschein, deren Deutung nicht mit voller Sicherheit zu bestimmen ist. Der Verf. schlägt vor, darin die hll. Damian, Rufin (Stadtpatron!), den Erzengel Michael, die hll. Johannes den Täufer, Petrus u. Paulus zu sehen. – Das Alter des Kirchleins kann ebenfalls nicht mit Sicherheit erschlossen werden; s. DERS.: Storia di S. Damiano in Assisi secondo nuove ricerche, Assisi [2]1926, 1-25, bes. 3f.

18 Leg. S. Francisci: ABATE, 387 hat: „Francisce, nonne vides, quod (haec) domus mea destruitur? Vade igitur et repara illam mihi". Sofern das hinweisende *haec* ursprünglich wäre, müsste freilich ein auf die moralischen Schäden in Klerus u. Volk der damaligen Kirche übertragenes Verständnis ausgeschlossen werden. Es liegt aber bestimmt einfach eine freie Wiedergabe des Celano-Textes vor.

19 2 C 11: 137; FQS [1]V, 242. – Zu Franziszi Wiederherstellungsarbeiten s. BRACALONI, San Damiano, 27-56.

20 Vgl. Einführung, Anm. 12, bzw. FQS [1]V, 32f., 38f.

habe der „glückliche Kaufmann“ die Baufälligkeit der Kapelle wahrgenommen und die Geldsumme dem dortigen Priester zur Erneuerung derselben an- [S. 248] geboten.[21] Der Biograf weiß also vom eigentlichen Motiv der folgenschweren Veräußerung noch nichts. Wenn dagegen die Kreuzanrede zeitlich vorausgeht, erklärt sich die Handlungsweise des Kaufmannssohnes leicht. Die Geschichtlichkeit eines besonderen Erlebnisses in San Damiano kann darum wegen des biografischen Zusammenhangs, wegen der einmütigen Überlieferung der frühen Biografen und wegen der besonderen Verehrung des Kreuzes als gesichert gelten. Andererseits bereitet es quellenkritisch – aus Gründen, die später noch anzuführen sind – keine bedeutenden Schwierigkeiten, wenn schon Celano und erst recht Bonaventura die Kreuzanrede mit der späteren Stigmatisierung in Beziehung bringen.[22]

d) In der Beschreibung dessen, was Franziskus erlebte, muss zunächst ein persönliches Werturteil des Br. Thomas berichtigt werden. Er bezeichnet nämlich die Ansprache als „a saeculis inauditum“[23]. Dem ist nun freilich nicht so. Ja es verwundert ein wenig, dass Celano, der doch in der mittelalterlichen Hagiografie wohl bewandert war, dies übersah. So erblickte der hl. Bernhard von Clairvaux vor sich auf dem Boden ein Kruzifix, das er küssen durfte. Dabei löste sich ein Arm des Korpus los und legte sich ihm um den Hals.[24] Auch Rupert von Deutz erzählt, wie er einst frühmorgens hinter dem Altar einer Marienkapelle ein Kreuzbild küsste und dabei „vigilans in cruce viventem Filium hominis“ schaute.[25] In Italien selber ist das Erlebnis des hl. Johannes Gualbertus berühmt. Nachdem dieser dem Mörder eines seiner Verwandten großmütig verziehen hatte, betrat er eine Kirche und

> „crucem eiusdem ecclesiae caput sibi flectere contuetur, quasi gratias eidem redderet, quia pro reverentia ipsius suo inimico misericorditer pepercisset“.[26]

Diese Kreuzvisionen, deren Echtheitsfrage uns hier natürlich nicht beschäftigen kann, stehen übrigens nicht allein. Ursmar Berlière berichtet aus dem benediktinischen Mönchtum mehrere ähnliche Begebnisse.[27] [S. 249]

e) Handelt es sich nun bei der Kreuzanrede in San Damiano wirklich um eine primär gottgewirkte „locutio“ oder einfach um eine fromme Selbsttäuschung oder gar um die

---

21 1 C 7-9: 10f.

22 Darüber werden wir unter I, B, 1 Näheres ausführen; s. auch oben, Anm. 8.

23 2 C 10: 137.

24 S. Bernardi vita et res gestae, l. 7, c. 7: PL 185, 419f.: zit. bei DUMOUTET, É.: Le Christ selon la chair et la vie liturgique au M. Â., Paris 1932, 25f.; s. dort überhaupt 25-27.

25 RUPERT VON DEUTZ, De gloria et honore Filii hominis super Mt, 1,12: PL 168, 1590f.; s. auch ebd. 1601; vgl. dazu BEITZ, E.: Rupertus von Deutz. Seine Werke u. die bildende Kunst, Köln 1930, 80f.; 81f. werden die Unterschiede zu den Kreuzvisionen Bernhards hervorgehoben.

26 ANDREAS VON STRUMI O.S.B.Vall. († 1097), Vita S. Joannis Gualberti, c. 1, n. 3: AA.SS. Julii III, 328a; vgl. dazu den Kommentar: 299b-300ab; *Vita* auch abgedruckt in PL 146, 767C; s. nun QUILICI, B.: Giov. Gualberto e la riforma monastica, in: ASI 99 (1941), Disp. 2, 128-132, wo der Verf. die Echtheit des religiösen Erlebnisses verteidigt.

27 BERLIÈRE, U.: L'ascèse bénédictine des origines la fin du XIIe siècle, Paris 1927, 231f.; mehrere Berichte aus CÄSARIUS VON HEISTERBACH O.Cist., Dialogi miraculorum: J. STRANGE I-II, Köln 1851-1857. [2]1922; s. hierzu TAMASSIA, N.: S. Francesco d'Assisi e la sua Leggenda [Cel], Padua 1906, 117; eine andere Frage ist die, ob man mit dem Verf. folgern will, Celano habe das Begebnis vom Zisterzienser entlehnt u. Franziskus einfach unterstellt. – Mehrere Berichte von Kreuzvisionen finden sich auch bei GÜNTER, Psychologie der Legende, 229f.

Halluzination einer krankhaft erregten Phantasie? Die letzte Möglichkeit dürfen wir wohl getrost ausschließen, auch wenn die kirchengeschichtliche Gestalt eines hl. Franziskus von einem verzweifelt rationalistischen Unterfangen schon auf „pazzia religiosa“ zurückgeführt wurde.[28] Falls die Ansprache jedoch primär gottgewirkt war, frägt sich weiter, ob die außernatürliche Einwirkung bei den äußeren Sinnesorganen oder unmittelbar bei der inneren sinnlichen Sphäre ansetzte. Im ersten Fall spricht man von körperlichen, im letzteren von einbildlichen (imaginativen) Visionen bzw. Auditionen.[29] Die Erklärungsmöglichkeiten sind indes damit noch nicht ausgeschöpft. Im Anschluss an die großen spanischen Mystiker Johannes von Kreuz und Theresia von Avila[30] und unter Auswertung der neueren religionspsychologischen Erkenntnisse hält man solche mystische Erfahrungen normalerweise nur für sekundär gottgewirkt. Dabei wirkt Gott „unmittelbar auf das Gnadenleben im geistigen Kern der Persönlichkeit ein, sei es durch die heiligmachende Gnade oder durch mystische Gnaden vom Rang der eingegossenen Beschauung“. Das innere Kernerlebnis strahlt in der Weise auf die innere Sinnlichkeit aus, dass in ihr Vorstellungen mit Wahrnehmungscharakter auftreten. Zahlreiche übereinstimmende Merkmale bei Halluzinationen und übernatürlichen Erscheinungen führen zur Annahme, dass beide nach psychologisch gleichem Ablauf vor sich gehen. Der Unterschied liegt in der verschiedenen Kraft, die den seelischen Vorgang auslöst, und im verschiedenen Inhalt der Vision. Im Fall des übernatürlichen Ursprungs übersteigt der Inhalt der mystischen Erfahrung das psychische Leben des Visionärs.[31]

f) Könnten wir die Worte Celanos als inspirierte Wahrheit annehmen, würden sich weitere Fragen erübrigen. Nach ihm han- [S. 250] delt es sich in unserer Kreuzanrede um eine primär gottgewirkte körperliche „visio“ und „auditio“; denn er schreibt: „... imago Christi crucifixi, *labiis picturae deductis*, colloquitur“. Bonaventura berichtet zwar nichts von dieser Einzelheit, dass sich die Lippen des Kreuzbildes bewegt hätten; dagegen vermehrt er die Beschreibung seines Vorgängers – von dem er bis in die Wahl der Worte abhängt – bereits um einen legendären Zug und verdeutlicht den äußeren Charakter der Kundgabe auf folgende Weise: „... vocem de ipsa cruce dilapsam ad eum corporeis audivit auribus, *ter dicentem* ...“.[32]

---

28 PORTIGLIOTTI, G.: S. Francesco d'Assisi e le epidemie mistiche del Medio-evo. (Studio psichiatrico), Palermo [o.J.], 83-93, bes. 84, wo der Verf. bezeichnenderweise von der Vorstellung des bekannten Gemäldes von Murillo statt vom Quellentext ausgeht ... – Die psychische Gesundheit Franziszi zu verteidigen unternahmen: CALAMITA, F. P.: La persona di S. Francesco d'Assisi. (Note di antropologia), Assisi ²1927 u. GUALINO, L.: L'Uomo d'Assisi, Turin 1927, bes. 35-41.

29 Vgl. bes. RAHNER, Visionen, 76-88 u. LAIS, H.: Erscheinungen, in: LThK ²III, 1047f.

30 Vgl. bes. GABRIELE DI S. M. MADDALENA, Visioni e rivelazioni, 47-72.

31 Vgl. MONDEN, L.: Erscheinungen II. Psychologisch, in: LThK ²III, 1049f.; MARÉCHAL, J.: Études sur la psychologie des mystiques I, Paris ²1938, 125-127: zit. bei GABRIELE DI S. M. MADDALENA, Visioni, 76 Anm. 47: „Io non voglio pretendere che la tesi debba considerarsi come perfettamente dimostrata; ma non si può negare che le sue posizioni siano seriamente attendibili“ (77); s. auch RAHNER, Visionen, bes. 42f.

32 2 C 10: 137; LM II,1: 563. – Den Einzelzug der dreifachen Anrede können wir hier ohne weiteres übergehen; es zeigt sich hier zu offenkundig die Vorliebe Bonaventuras für die trinitarisch-allegorische Deutung von geschichtlichen Begebnissen, als dass man auch nur einen Augenblick zögern dürfte, denselben als legendarisch auszuschließen; s. auch Einführung, Anm. 14.

Eine visionäre Schau des Gekreuzigten, dessen Lippen jene Worte formten, ist natürlich nicht von vornherein auszuschließen. Doch der moderne Leser wird diesen Bericht schon ganz allgemein wegen der historischen Unbekümmertheit der mittelalterlichen Legenden und besonders auf Grund der Eigenart Celanos, der gern stark übertreibt, nicht unwidersprochen hinnehmen. Uns selbst scheinen diese Bedenken so schwer, dass man die Schilderung, nach der sich die Lippen sichtbar bewegt haben, ruhig als legendäre Weiterbildung eines geschichtlichen Kernes ansehen darf.[33]

g) Damit ist freilich die Frage nach der Natur des Gesprächs noch nicht beantwortet. Für die beiden genannten Lebensbeschreiber gilt – wie wir schon betonten – als unanfechtbare Tatsache, dass die Anrede vom Kreuze her äußerlich vernehmbar war.[34] Solche äußeren Offenbarungen bieten allerdings die breiteste Ansatzfläche möglicher Selbsttäuschungen.[35] Sicher darf in Anbetracht der reichen positiven Früchte von Franziszi religiöser Erfahrung eine teuflische Einwirkung ohne weiteres ausgeschlossen werden.[36]

Francesco Tarducci schlägt in seiner Franziskusbiografie einen Erklärungsversuch vor, der die ganze Fragestellung auf eine andere Ebene verschieben würde. Nach ihm befand sich der Poverello im Augenblick, da er in die Kapelle eintrat, im Zustand höchsten Mitleids und Mitleidens mit dem Gekreuzigten. In dieser [S. 251] Ekstase des inneren Schmerzes sei ihm der trostlose Zustand des zerfallenen Kirchleins klar zum Bewusstsein gekommen. Zugleich habe sich ihm der Gedanke aufgedrängt, Christus fordere ihn zur Wiederherstellung desselben auf.

> „Nella mistica disposizione di spirito in cui era Francesco ... questo movimento della sua mente gli si presentò come un ordine, che venisse veramente dalla bocca stessa della sacra Immagine, e nella forte commozione in cui venne, gli parve proprio di sentire la voce del Crocifisso, che risonasse con suono materiale nel silenzio della chiesa; ed egli materialmente rispose con la sua viva voce; e il suono materiale della sua voce fu come una conferma al creduto suono della voce del Crocifisso."[37]

Im Grunde genommen würde es sich also um eine fromme Illusion handeln, die Gott zuließ, um Franziskus den Weg zu weisen. – So verfänglich diese Aufstellung auf den ersten Blick auch erscheint, so wenig hält sie einer näheren Prüfung Stand. Zunächst geht sie von der völlig unbewiesenen Voraussetzung aus, dass der Heilige vor Betreten der Kapelle sich in jener Ekstase der „compassio" befunden habe. Dafür findet man in den Berichten des Br. Thomas nicht den geringsten Anhaltspunkt. Nicht das Betrachten

---

33 Vgl. BRACALONI, Il Crocifisso, 188 Anm. 1: „Non è necessario pensare che le labbra del Crocifisso dipinto articolassero veramente le parole, dovendosi solo distinguere che l'allocuzione soprannaturale fu esterna ed auricolare, e non solamente interna". Zur letzteren Frage vgl. anschließend im Text. – Zur biografischen Eigenart Celanos s. auch oben, Einführung, S. 6.

34 Vgl. die Stellen oben in Anm. 14.

35 GABRIELE DI S. M. MADDALENA, Visioni, 67f.

36 Es sei einzig daran erinnert, dass das reiche Apostolat, das Franziskus in der Kirche ausübte und in seinen Söhnen auszuüben fortfährt, sich irgendwie auf dieses Erlebnis zurückführen lässt. BRACALONI, Il Crocifisso, 190 weist darum mit Recht auf die geschichtliche Analogie des „vade et repara" zum „tolle, lege" des hl. Augustinus hin.

37 TARDUCCI, F.: Vita di S. Franceseo d'Assisi, Rom ^{2}1923, 59f.; VAN DEN BORNE, Voornaamste feiten, 189: „Toch lijkt het ons, met Tarducci, gemotiveerd hierin de mogelijkheid bewust open te houden, dat het eerder een inwendig 'gesprek' is geweest in Franciscus' ziel".

des Kreuzgemäldes im Zustand innigsten Mitleides löste ein außerordentliches Erlebnis aus, vielmehr rührte – wie wir noch eingehend darzulegen haben – von der religiösen Erfahrung vor dem Kreuz Franziszi besondere Passionsfrömmigkeit her. Ferner ist es doch sehr fraglich, ob so verschiedene Vorstellungen in einem Augenblick sich dermaßen vereinen konnten, dass sie in dem Betrachter des Kreuzbildes den Eindruck eines formellen Befehles hervorriefen. Damit wollen wir freilich nicht behaupten, dass sich in den Ausführungen des Verfassers kein brauchbares Element zu einer richtigen Erklärung finde.

h) Von den oben angedeuteten Möglichkeiten (s. 3, e) bleibt nun noch die Erklärung des mittelbaren oder unmittelbaren göttlichen Ursprungs der Kreuzanrede zu besprechen. Da es sich dabei sehr wahrscheinlich nicht um eine primär gottgewirkte körperliche Vision und äußerlich wahrnehmbare Audition handelte, bleibt die Wahl einzig zwischen primär und sekundär gottgewirkter einbildlicher Erfahrung. Zweifellos können weder für die eine noch die andere Deutung voll beweiskräftige Gründe angeführt werden. Der Bericht von Celano ließe sich allerdings am leichtesten mit der Annahme des unmittelbar göttlichen Einwirkens in Franziszi Einbildungskraft erklären. Da jedoch ein wunderbarer Eingriff erst dann vorausgesetzt werden soll, wenn jede andere Erklärung die letzte Wahrscheinlichkeit verloren [S. 252] hat,[38] genügt es in unserem Fall, einen *mittelbar göttlichen Ursprung* der Kreuzanrede anzunehmen.

Folgende Momente scheinen für diese Annahme zu sprechen: Franziskus betete vor einem Kreuzbild in gespannter Erwartung auf ein richtungweisendes Wort von oben. Überdies musste die halbzerfallene Kapelle auf seine starke Empfindsamkeit einen tiefen Eindruck machen. In solcher Seelenverfassung bedurfte es nur noch der inneren Einsprechung Gottes und – wie wir nachstehend ausführlich darlegen müssen – der Einprägung der mystischen Liebeswunde, dass er bei seiner regen Einbildungskraft sich vom Gekreuzigten selber zur Wiederherstellung des Kirchleins aufgerufen fühlte.[39]

---

38 Vgl. wiederum GABRIELE DI S. M. MADDALENA, Visioni, 72-82. 144-162, bzw. DE GUIBERT, Leçons de théologie spirituelle, 292-296; LHERMITTE, J.: Echte u. falsche Mystiker, Luzern 1953, 53-66; RAHNER, Visionen, 55-75.

39 Hier muss noch das oben, I. Teil, I, B, 3 offen gelassene Problem hinsichtlich der Deutung von Franziszi Gebet nach der Kreuzanrede erneut aufgegriffen werden. Es scheint, dass der Heilige im innerlich ihn ansprechenden Christus vor allem Gott schaute. Wir werden in der Studie über die Stellung Christi im Gebetsleben des hl. Franziskus Gelegenheit haben, auf einen ähnlichen Sachverhalt in den Opuscula hinzuweisen. – In den biografischen Schriften werden drei weitere Gesichte berichtet, die sich auf das Kreuzgeheimnis beziehen. Dabei handelt es sich jedoch um außergewöhnliche Vorgänge, die von Minderbrüdern an der Person des Ordensgründers geschaut wurden. Darum können wir von einer eigenen Behandlung – ohne Schaden für die Vollständigkeit – absehen. So schaute der vormalige Weltpriester u. Kanoniker von San Rufino, Silvester, (über ihn s. nun FORTINI, Nova vita II, 280f.) „crucem auream de ore prodeuntem Francisci" (2 C 109: 194f.). Vgl. auch LM III,5: 568; AP 12f.: F. VAN ORTROY, 38ab; davon hängt ab: Leg. S. Francisci Assisiensis, n. 30f.: ABATE, 400f. 257f. – Ähnlich schaute der ehemalige „rex versuum", Br. Pazifikus, 1212 oder 1215/1216 „Franciscum duobus transversis ensibus valde fulgentibus in modum crucis signatum" (2 C 106: 193; s. auch 3 C 3: 273; LM IV,9: 575). – Br. Monaldus sah 1224 zu Arles während der Predigt des hl. Antonius „b. Franciscum in aëre sublevatum, extensis velut in cruce manibus, benedicentem fratres" (1 C 48: 38; s. hierzu FQS [1]V, 121 Anm. 189; vgl. zudem LM IV,10: 575).

B. – Mystische Leidensbetrachtung im Leben des hl. Franziskus

Mit Franziszi Erlebnis vor dem Kreuzgemälde in San Damiano müssen verschiedene Äußerungen seiner Passionsverehrung verbunden werden. Wegen des leichteren Überblicks beleuchten wir hier zunächst jene Andachtsformen, die vorherrschend mystischen[40] Charakter aufweisen. Dazu rechnen wir: die Einprägung [S. 253] der mystischen Liebeswunde und die davon abzuleitende affektive „compassio"; die Verehrung der fünf Wunden und des Herzens Jesu; die Ausdehnung seiner Liebe zum Gekreuzigten auf Arme, Kranke und bestimmte Natursymbole. Hingegen soll seine Kreuzverehrung wegen ihres vorwiegend asketisch-devotionalen Charakters in einem eigenen Abschnitt behandelt werden.

1. *Die Einprägung der mystischen Liebeswunde.* – Im Anschluss an die Kreuzanrede führt Celano aus:

> „At vero quia ineffabilem sui mutationem persensit, quod exprimere ipse non potuit, expedit nos silere. Infigitur ex tunc sanctae animae Crucifixi compassio, et ut pie putari potest, cordi eius, licet nondum carni, venerandae stigmata Passionis altius imprimuntur".[41]

Ähnlich drückt sich auch der seraphische Lehrer aus, nachdem er die angebliche Erscheinung des Gekreuzigten mitgeteilt hat.[42]

Wie der angeführte Text und dessen Parallelen anzudeuten scheinen, wenden die Lebensbeschreiber zur Erklärung der äußerlich wahrnehmbaren außergewöhnlichen „compassio" die Vorstellung der mystischen Liebeswunde an. Das starke Mitleiden, das mit

---

40 Der Begriff „mystisch" wird von den einzelnen Autoren sehr verschieden verstanden. Es kann sich nicht darum handeln, hier die stark voneinander abweichenden Auffassungen ausführlich wiederzugeben, sondern es sei einzig dargelegt, wie wir nachfolgend diesen Begriff fassen. Mystik bedeutet: 1° *im weiteren Sinn* „jedes innige, lebendige Erfassen des Übernatürlichen durch die gottliebende oder wenigstens gottsuchende Seele": STANISLAUS GRÜNEWALD [VON MÜNCHEN]: Franziskanische Mystik. Versuch zu einer Darstellung mit besonderer Berücksichtigung des hl. Bonaventura, München 1932, 1, 1-8. – 2° *Im engeren Sinn* ist Mystik „eine außergewöhnliche Erkenntnis und Liebe Gottes, die aus dem unmittelbaren geistseelischen Bewusstwerden des natürlichen und übernatürlichen Wirkens Gottes in der Seele hervorgehen": MAGER, A.: Mystik, in: LThK ¹VII, 407. 405-412. – Wir brauchen hier auf die abweichenden Erklärungen der katholischen Autoren nicht näher einzugehen (dafür sei auf die Lit. verwiesen); hingegen darf wohl angedeutet werden, dass man neuerdings – ohne den *psychologisch* artmäßigen Unterschied zwischen mystischem und nicht-mystischem Erleben zu leugnen – ziemlich allgemein die Einheit der christlichen Gnadenordnung betont. Dieselbe scheint am besten gewahrt zu werden, wenn man schon für die Mystik im weiteren Sinn eine spezifisch übernatürliche Erfahrungsweise voraussetzt. Der Gläubige erreicht in den göttlichen Tugenden Gott unmittelbar nach seiner eigentlich übernatürlichen Vollkommenheit, wenn er auch dieselbe nicht reflex als solche erfasst. In der Mystik im Vollsinn wird, in gradmäßiger Steigerung der Gnade, Gottes übernatlirliche Wirklichkeit als solche, wenn auch nur dunkel, erfahren. Sofern – wie in unserem Falle – die Christusmystik in Frage steht, müssen die entsprechenden Unterscheidungen auf die Erfahrung der geheimnisvollen Verbindung des Getauften mit dem Haupt des mystischen Leibes übertragen werden. – Nebst der gen. Lit. s. bes. TRUHLAR, C.: De experientia mystica, Rom 1951, 4-15; VIGNON, H.: De virtutibus et donis vitae supernaturalis I, Rom 1948-1953, 49-113; SCHNACKENBURG, R. / KARRER, O.: Christusmystik, in: LThK ²II, 1178-1182, s. auch unten Anm. 66.

41 2 C 10: 137; s. auch 3 C 2: 272: „Ex tunc profundo charactere impressa fuit cordi eius memoria dominicae Passionis ...".

42 „... et memoria Passionis Christi visceribus cordis ipsius adeo impressa medullitus ..." (LM I,5: 562); s. auch oben, I, A, 2.

jener religiösen Erfahrung vor dem Kreuzbild[43] begonnen haben muss, lässt sich nach Br. Thomas und Bonaventura nur durch eine besondere gnadenhafte Einprägung der Liebe des Erlösers in die Seele des Ordensgründers irgendwie begreifen. Wenn auch die „Schriften" des Poverello darüber nichts berichten, was diese Behauptung ausdrücklich bestätigen würde, so widersprechen sie ihr jedenfalls nicht. Im Gegenteil, wenn sie so oft die übergroße Liebe Jesu betonen, die er der Menschheit in seinem Erlöserleiden erwies, stützen sie damit indirekt die von den Biografen vorgeschlagen Deutung.[44] [S. 254]

Falls die beiden Lebensbeschreiber mit dieser Auffassung Recht haben, darf man sie auch nicht der Willkür zeihen, wenn sie die Kreuzanrede mit der achtzehn Jahre später auf La Verna erfolgten Stigmatisierung des Ordensstifters verbinden. Wie die Mystiker versichern, strahlt die Liebeswunde jeweils ihre Wirkungen zum Teil von der Seele auf den Körper aus.[45] In dieser Sicht erhellt der Sinn des sehr gedrängten Satzes des Br. Thomas ohne Weiteres: „Patet ergo paulo post[!] amor cordis per vulnera corporis".[46]

Es braucht wohl kaum besonders hervorgehoben zu werden, wie bei einer solchen Deutung der geistliche Aufstieg unseres Heiligen in sich geschlossener, zielstrebiger und verstandesmäßig einsichtiger wird. Dass Franziskus Mystiker im eigentlichen Sinne des Wortes war, können wir hier nicht in strengem Beweisgang aufzeigen, sondern wir setzen dies als bewiesen voraus.[47] Bei der Kreuzanrede in San Damiano nun führte die innere Einsprechung den eben ganz zu Gott Bekehrten in die Anfänge der mystischen Berufung ein und prägte seiner Seele zugleich die Liebeswunde als gnadenhafte Grundlage seiner Passionsfrömmigkeit ein.

2. *Das Mitleiden mit dem Erlöser.* – Eine bedeutsame Auswirkung der Kreuzanrede im affektiven Bereich ist die „compassio" mit dem leidenden Herrn. Celano beschreibt dieselbe in eindrucksvoller Weise:

---

43 Die künstlerische Darstellung des Kreuzbildes selber hat Franziskus sicher nicht zu diesem ausgeprägten Mitleiden angeregt; denn der Gekreuzigte ist ja darauf – wie oben, II. Teil, I, A, 3a ausgeführt wurde – in völliger Schmerzlosigkeit gemalt.

44 Vgl. CABASSUT, A.: Blessure d'amour, in: DSp I, 1724-1729. Die Wesensbestimmung, die der Verf. ebd. 1725 gibt, deckt sich immerhin nicht ganz mit dem vorliegenden Fall. Nach der Beschreibung des Autors hieße Liebeswunde jener brennende seelische Schmerz, den eine Seele, der Gott in Liebe sich offenbarte, erfährt, wenn der Geliebte sich zurückzieht. Dagegen stimmen die vom Verf. angedeuteten Wirkungen (ebd. 1727) gut mit dem von Celano gekennzeichneten Sachverhalt überein. – Ergänzungen für die Tradition der Liebeswunde in Verbindung mit der Brautmystik s. bei BERNARDS, M.: Speculum Virginum. Geistigkeit u. Seelenleben der Frau im Hochmittelalter, Köln 1955, 188f.; s. auch OHLY, F.: Hohelied-Studien. Grundzüge einer Geschichte der Hoheliedauslegung des Abendlandes bis um 1200, Wiesbaden 1958.

45 CABASSUT, Blessure, 1727, wo die Verweise geboten werden. – Zwar darf die Liebeswunde – wie der Verf. richtig bemerkt – nicht mit der Stigmatisierung verwechselt werden; doch steht sie auch nicht beziehungslos zu ihr. Diese Frage soll jedoch in einer eigenen Studie über Franziszi Wundmale erörtert werden.

46 2 C 11: 137. – „Paulo post" = 18 Jahre ist ein bezeichnendes Beispiel für ma. chronologische Genauigkeit! – BONAVENTURA, LM XIII,10: 620 reiht das Kreuzerlebnis als eine der 6 „apparitiones crucis" ein, die den Heiligen zur 7., der Stigmatisierung, gleich wie auf Stufen emporführten; s. auch Anm. 8. – Am deutlichsten spricht vielleicht die Beziehung aus: Leg. S. Francisci Assisiensis, n. 14: ABATE, 388.

47 Vgl. die Ausführungen von LAURENTIUS CASUTT [VON FALERA]: L'eredità di San Francesco, Rom 1952, Register (vita di unione mistica); DERS.: Die älteste franziskanische Lebensform, Graz 1955, Register (Mystik).

„Daher konnte er sich von jener Stunde an des Weinens nicht mehr erwehren und mit lauter Stimme beklagte er das Leiden Christi, als ob es ihm immer vor Augen stünde. Mit seinem Schluchzen erfüllte er die Wege, keine Tröstung ließ er aufkommen, wenn er die Martern Christi bedachte. Als er einem vertrauten Freunde bei einer Begegnung den Grund seines Schmerzes eröffnete, wurde dieser auf der Stelle zu bitteren Tränen gerührt“.[48] [S. 255]

Ähnlich lautet eine andere Stelle der zweiten Lebensbeschreibung. Celano berichtet darin zunächst von Stunden besonderer Ergriffenheit, in denen Franziskus – von einer plötzlichen inneren Regung erfasst – französische Lieder sang, die er mit Holzscheit als Violine und improvisiertem Bogen begleitete. „Diese ganzen Freudenszenen endeten häufig in Tränen, und der Jubelgesang löste sich in Mitleiden mit dem Leiden Christi. Dann seufzte der Heilige beständig, und sein Stöhnen nahm immer mehr zu, bis er schließlich der niedrigen Dinge vergaß, die er in Händen hielt, und zum Himmel entrückt wurde“.[49]

Besonders der zweite der beiden Berichte erinnert unwillkürlich an die ritterliche Umwelt, in der der Poverello lebte. Mit seiner bekannten Gabe zu bildhafter Gebärde und Darstellung spielt hier der Heilige den Troubadour Gottes, bis seine Jubellieder in gefühlvolles Beweinen der Passion Jesu umschlagen. Doch würde man den eigentlichen, tiefen Sinn dieser Szene vollends verfehlen, wollte man dabei nur den Einfluss des Rittertums wahrhaben. In beiden Vorkommnissen ist das mystisch-erfahrungsmäßige Moment offenkundig. Das darstellende Spiel ist daher in erster Linie der symbolische Ausdruck einer innerseelisch-mystischen Christuserfahrung. Immerhin beweisen diese Erlebnisse, dass die besondere mystische Berufung Gottes hier ganz dem Denken, dem „Zeitstil“ der Gotik entsprach und sich zugleich dem angeborenen Sinn des hl. Franziskus für lebendige, starke Gebärde als Ausdruck inneren Fühlens wunderbar anpasste.[50]

Wenn die beiden eben besprochenen Szenen beispielsweise dem Passionsoffizium unseres Heiligen gegenübergestellt werden, fällt unwillkürlich der merkliche Unterschied des Gefühlsausdrucks auf. Im Stundengebet versenkt sich Franziskus in Jesu namenlose innere und äußere Not, in seine unfassbare Liebe und Gehorsamshingabe an den Vater,

---

[48] 2 C 11: 137; FQS [1]V, 241; vgl. auch 4 C 10: AF X, 123. – LM I,5: 562 leitet Franziszi seelische Haltung von der angeblichen Erscheinung des Gekreuzigten her, die das Leidensandenken dermaßen seinem Herzen eingedrückt habe, „ut ab illa hora, cum Christi crucifixio veniret in mentem, vix posset a lacrymis et gemitibus exterius continere, sicut ipse postmodum familiariter rettulit, cum appropinquaret ad finem“. – Legant., n. 37: DELORME, 22f. bestimmt die Begegnung mit dem Freund örtlich mit Sta. Maria degli Angeli; vgl. dazu ABATE, Nuovi studi, 253.

[49] 2 C 127: 205; FQS [1]V, 357; vgl. auch LM X,4: 603; SpSab, c. 93: 270f. stimmt in den wesentlichen Linien gut damit überein. Freilich tritt das Passionsgeheimnis darin noch klarer in den Vordergrund, u. auch der affektive Ton ist noch stärker ausgeprägt. Dies beweist allein schon der einleitende Satz: „Ebrius amore et compassione Christi ...“ – Nebenbei sei angemerkt, dass die Mystiker eben dieses affektive Teilnehmen an den Leiden Jesu als eine körperliche Rückwirkung der Liebeswunde bezeichnen: CABASSUT, Blessure d'amour, 1727.

[50] Das Moment des Rittertums stellt am Ausführlichsten – wenn auch zu ausschließlich – dar: FELDER, Der Christusritter, 142f., 112 (u. ö.); s. auch CASUTT, L'eredità di S. Francesco, 241 Register (cavalleria); VAN DEN BORNE, F.: Franciscus-geest en franciskaanse geest, in: Sint Franc 4 (1958) 58f.; zur bildhaften Darstellung s. FELDER, Der Christusritter, 140-143; VAN CORSTANJE, A.: Franciscus, de Christusspeler, in: Sint Franc 2 (1956) 7-25; VERHEY, S.: Das Leben in der Buße nach Franziskus von Assisi, in: WiWei 22 (1959) 161-174, 167; über das Schauverlangen des gotischen Zeitalters s. JUNGMANN, Missarum Solemnia II, 630a (Register). – Zur mystischen Deutung des zweiten Berichtes s. CASUTT, L'eredità di S. Francesco, 15.

ohne jedoch die physischen [S. 256] Schmerzen bis ins Einzelne auszumalen. Hier dagegen kommt es zu einem Durchbruch emotionalen Mitfühlens und Mitleidens mit den physischen Schmerzen des Erlösers.[51] Es wäre wohl verfehlt, die beiden Formen gegeneinander auszuspielen. Hingegen darf wohl hier schon bemerkt werden, dass an den genannten Stellen zwei Episoden aus dem Leben des Poverello herausgegriffen werden, die natürlich einen zufällig anwesenden Zeugen stärkstens beeindrucken mussten. Die innere „Dimension" von Franziszi Passionsfrömmigkeit jedoch war für einen Außenstehenden nicht in gleichem Ausmaß zugänglich. Ferner kann man wohl sagen, dass mit dem gefühlsinnigen Beweinen der Passion die Sicht auf die seelische Haltung des Erlösers zweifellos vereinbar war.[52]

Diese Innenschau blieb übrigens auch Celano nicht völlig unbekannt; so, wenn er im Zusammenhang mit Franziszi Vorliebe für die Formel „aus Liebe Gottes" dessen Mahnung überliefert: „Eius, inquit, qui nos multum amavit, multum est amor amandus". Ähnlich trifft er den Kern, wenn er das Motiv der Liebe in der Passionsbetrachtung des Heiligen eigens hervorhebt.[53] Schließlich beweisen gerade die angeführten Texte deutlich genug, dass der Biograf beim Beschreiben des rein gefühlsmäßigen Elementes nicht stehenblieb, sondern darüber hinaus auch um den mystisch-erfahrungsmäßigen Charakter von Franziszi religiöser Leidenserfahrung wusste.

3. *Die Verehrung der fünf Wunden und der Seitenwunde Jesu.* – Bevor wir die weiteren Formen von Franziszi mystischer Leidensbetrachtung näher untersuchen, müssen wir – so überraschend dies klingen mag – feststellen: Den „Schriften" wie den Lebensbeschreibungen fehlt jeder Hinweis auf eine besondere Andacht unseres Heiligen zu den fünf Wunden oder zur Seitenwunde Jesu. Sicher kann folgender Text des Br. Thomas, worin er das Gebetsleben des Ordensstifters in einer traditionellen Formel beschreibt, nicht als Beleg herangezogen werden: [S. 257]

> „Felici certe devotione circuibat caelibes mansiones, et in vulneribus Salvatoris, exinanitus totus (vgl. Phil 2,7) diutius residebat".[54]

---

51 Die theologische Wertung dieser Form von „condolere Christo et pie affici circa eum" vgl. bei BONAVENTURA, I Sent., l. 1, d. 48, dub. 4: Op. Om. I, 861b. – Den gefühlsmäßigen Charakter der beschriebenen Szenen trifft man in gesteigerter Form u. in ungezählten Abwandlungen beim seraphischen Lehrer wieder; s. BONIFATIUS STRACK [VON RAMSEN]: Das Leiden Christi im Denken des hl. Bonaventura, in: FrSt 41 (1959) 129-162, 133, 138f., 145, 147 u. ö.

52 Es sei hier eigens hervorgehoben, dass in den Quellen – u. dies selbst bei Bonaventura – für die Tränengabe u. die damit in Verbindung gebrachte langsame Erblindung des Heiligen nicht bloß das Leiden Christi als Motiv angeführt wird; s. etwa FQS [1]V, Register, 571a, Augenleiden; 612b, Tränen; daneben s. für BONAVENTURA, LM V,8: 580; somit muss 4 C 10: AF X, 123: „... et sacram Passionem meditatur in gemitu, lacrimando die noctuque" ... als unbewusste rhetorische Übertreibung gelten.

53 2 C 196: 243. – Es scheint, dass die Erlöserliebe Christi in der Aussage mindestens mit eingeschlossen ist, obwohl im Zusammenhang von der Liebe Gottes ganz allgemein die Rede ist. – Die zweite Stelle: 1 C 84: 63: „Praecipue Incarnationis humilitas et charitas Passionis ita eius memoriam occupabant, ut vix vellet aliud cogitare". – Das Werturteil im Nebensatz vgl. mit dem in Anm. 52 Gesagten; s. aber auch III. Teil, V, 1.

54 1 C 71: 53; s. auch 2 C 11: 137; vgl. hierzu BONETTI, I.: Le Stimate della Passione. Dottrina e Storia della Devozione alle Cinque Piaghe, Rovigo 1952, 128-131.

Deutlicher scheint eine Stelle der *Legenda minor* des seraphischen Lehrers Franziszi Verehrung der fünf Wunden zu bezeugen. Im Anschluss an die Erscheinung des Gekreuzigten – ihren geschichtlichen Charakter mussten wir aus quellenkritischen Erwägungen ablehnen – führt Bonaventura aus:

> „Nam et ad praemissae visionis contuitum liquefacta est anima eius, et memoria Passionis Christi visceribus cordis ipsius adeo impressa medullitus, ut et crucifixi Domini plagas oculis mentis interius quasi iugiter cerneret et vix exterius a lacrimosis gemitibus continere valeret."[55]

Wie schon der sprachliche Ausdruck verrät, führt der Biograf einfach die Deutung der Kreuzanrede bei Celano weiter aus. Was er über seinen Vorgänger hinaus mitteilt, scheint weniger die Wiedergabe eines historischen Sachverhaltes als die Übertragung persönlicher Frömmigkeitselemente zu sein.

Damit sei aber nicht geleugnet, dass die Betonung des Liebesmotivs in der Passionsbetrachtung und die Stigmatisierung selber unseren Heiligen irgendwie mit den genannten Andachtsformen in Beziehung brachten. Doch fehlen uns quellenmäßige Zeugnisse, die die Tatsache und den Umfang derselben beschreiben würden. Dagegen kann man ruhig annehmen, dass die Eigenart von Franziszi Passionsverehrung sich in einer stärkeren Entfaltung der Andacht zu den fünf Wunden und besonders zum Herzen Jesu bei seinen Söhnen auswirkte.[56]

4. *Franziszi mystische Verehrung des leidenden Jesus in den Kranken und in Natursymbolen.* – Einige Berichte beweisen besonders klar, dass Br. Thomas die mystische Seite der Passionsbetrachtung seines Ordensvaters nicht übersah.[57] Dies zeigt zunächst die Erzählung, die berichtet, wie der Poverello einen Min- [S. 258] derbruder eindrucksvoll bestrafte und belehrte. Bei einer Predigtfahrt trafen er und sein Begleiter einen armen und zugleich kranken Mann. Während über den Heiligen eine innere Rührung kam, konnte der Gefährte sich nicht eines recht menschlichen Verdachtes enthalten:

> „Bruder [Franziskus], der ist wahrlich arm. Aber vielleicht gibt es niemand in der ganzen Umgegend, der sich größeren Reichtum wünscht".

Nachdem ihm der Heilige sein vermessenes Urteil auf's schärfste verwiesen und ihn in demütigender Form zur sofortigen Abbitte angehalten hatte, fügte er zur Begründung hinzu:

> „Bruder, wenn du einen Armen siehst, wird dir ein Spiegel des Herrn und seiner armen Mutter

---

55 Lm, c. 1, lect. 4: 656.

56 Dies gilt bereits von der hl. Klara, von der berichtet wird, sie habe ein besonderes Gebet zu den fünf Wunden Jesu verrichtet: Leg. S. Clarae Virginis, n. 30: F. PENNACCHI, Assisi 1910, 43; für die Herz-Jesu-Verehrung des hl. Franziskus s. nun DI FONZO, L. / COLASANTI, G.: Il culto del Sacro Cuore di Gesù negli Ordini Francescani, in: *Cor Jesu.* Commentationes in Litteras encyclicas Pii P. XII «Haurietis aquas» II, Rom [1959], 101-103, 102: „Pur non risultanda da testimonianze 'dirette' un vero culto del Santo al S. Cuore di Gesù e forse neanche alla piaga del Costato ..." – Ebd. 103-137: Verehrung bei seinen geistlichen Söhnen. – Von der früheren Lit. brauchen einzig erwähnt zu werden: LAMPEN, W.: De spiritu S. Francisci in operibus S. Gertrudis Magnae, in: AFH 19 (1926) 733-752, 746f. u. STANISLAS DU CHAMBON-FEUGEROLLES: La dévotion à l'humanité du Christ dans la spiritualité de S. Bonaventure, Lyon 1932, 116. Neuestens vgl. noch STRACK, Das Leiden Christi, 142-145; COLASANTI, G.: I SS. Cuori di Gesù e di Maria nell'„Arbor vitae" (1305) di Ubertino da Casale, O.Min., in: MF 59 (1959) 30-69, 30-56.

57 Zum Begriff „mystisch" s. oben Anm. 40.

vorgehalten. Ebenso betrachte an Kranken die Leiden, die er für uns auf sich genommen".[58]
Der Biograf schließt daran die etwas übersteigernde Feststellung:

> „Ja, immer war das Myrrhensträußchen (vgl. Hld 1,12) Franziskus gegenwärtig, immer schaute er ins Antlitz seines Christus, immer befaßte er sich mit dem Manne der Schmerzen, der mit Kankheiten vertraut ist" (vgl. Jes 53,3).[59]

In ähnlicher Weise berichtet Bonaventura, der Ordensvater habe nach der vermeintlichen Erscheinung des Gekreuzigten „propter Christum crucifixum, qui iuxta verbum propheticum (Jes 53,3-4) contemptibilis 'ut leprosus apparuit'", den Aussätzigen die Dienste demütig-liebevoller Pflege geleistet.[60] Die Begründung der Leprosenbetreuung mit der angeblichen Erscheinung des Gekreuzigten bei Bonaventura kann zwar nicht als [S. 259] geschichtlich angenommen werden; denn der unserem Biografen eigene Bericht ist – wie wir früher zu zeigen suchten[61] – eine legendäre Fortbildung der mündlichen Überlieferung. Hingegen ist der Gedanke, im Aussätzigen den „Christus leprosus" zu schauen, für einen frommen Menschen des Mittelalters durchaus nichts Außergewöhnliches. Die nach der Vulgata angeführte Stelle Isaias 53,4 musste Franziskus von selber darauf führen.[62]

Es scheint, dass der Heilige schon früh mit dieser Vorstellung irgendwie vertraut war; denn bei einem Ausritt in der Nähe Assisis im Jahre 1205/1206 küsste er in heroischer Selbstüberwindung einen Aussätzigen, dem er zufällig begegnete. Zwar könnte die Tat

---

58 2 C 85: 181; FQS [1]V, 316; Parallelen: SpSab, c. 37: 97f.; SpLem, n. 42: 80f.; Legant, n. 89: DELORME, 50f. Vgl. hierzu ANDRESEN, C.: Franz von Assisi u. seine Krankheiten, in: Wege zum Menschen 6 (1954) 37f. Wie der Verf. mit Recht bemerkt, muss hier 1 C 76: 57 ebenfalls herangezogen werden. Dort wird jedenfalls auf das nämliche Begebnis angespielt, wenn auch bloß von einem Armen die Rede ist (37). Im Kranken Christus selber zu schauen, war die Seele der ma. Spitalpflege: s. MEFFERT, F.: Caritas u. Krankenwesen bis zum Ausgang des MA, Freiburg 1927, 172f., 268; s. auch unten, III. Teil, V, 2e.

59 Was das Myrrhenbüschel betrifft, hat auch BONAVENTURA, LM IX,2: 598 eine ähnliche Stelle. Das Bild ist in den „Schriften" des Heiligen selber nicht nachzuweisen. Da man nach Mk 15,23 dem Heiland vor der Kreuzigung Myrrhenwein zu kosten gab – was die meisten Väter zu Unrecht als Grausamkeit der Juden auslegten, die dem verhassten Galiläer noch den letzten Trunk hätten verbittern wollen –, und da zum Begräbnis Jesu nebst Aloë Myrrhe zur Einbalsamierung verwendet wurde (vgl. Joh 19,39), wurde dieses wohlriechende Harz zum allgemein gebrauchten Sinnbild des Leidens Jesu, u. der „fasciculus myrrhae – inter ubera" (Hld 1,12) wurde gleichbedeutend mit Leidensbetrachtung; s. LEVESQUE, E.: Myrrhe, in: Dict. Bible IV/2, 1363-1365; als Beispiele von einschlägigen Ausführungen kirchlicher Schriftsteller vgl. etwa CASSIODOR O.S.B., († 583), Expositio in Cant. Cant.: PL 70, 1060CD; WOLBERO, Abt von St. Pantaleon, O.S.B. († 1167), Comm. in Cant. Cant. Salomonis, l. 1: PL 195, 1080f.; PETRUS DAMIANI, Institutio monialis. Ad Blancam, c. 3: PL 145, 735CD; BERNHARD VON CLAIRVAUX, Sermo 43 in Cant., c. 1-2, nn. 1-4: S. Bernardi opera II, Rom 1958, 41-43.

60 LM I,6: 562.

61 II. Teil, I, A, 2.

62 Vgl. ANDRESEN, Franz von Assisi u. seine Krankheiten, 38f.; s. aber auch MEFFERT, F.: Caritas u. Volksepidemien, Freiburg i. Br. 1925, 133f. 30f.: die Vulgata-Lesart „quasi leprosum" wählte Hieronymus aus morgenländischer Anschauung der Krankenpflege; sie hat denn auch die pietätsvolle Betreuung der Aussätzigen im MA stark beeinflusst. Vgl. HIERONYMUS, Comm. in Is. Proph., l. 14, c. 53: PL 24, 525s; bes. bemerkenswert ist jedoch RUPERT VON DEUTZ, De S. Trinitate et operibus eius: In Is. Proph., l. 2, c. 19: PL 167, 1337CD, weil er in diesem Zusammenhang die Kreuzigung Jesu „extra portam" mit der Aussonderung der Aussätzigen von der übrigen menschlichen Gemeinschaft vergleicht. – Zur Deutung der Stelle nach dem Urtext s. KNABENBAUER, J. / ZORELL, F.: Comm. in Is. Prophetam II, Paris [2]1923, 321f. u. neuestens PENNA, A.: Isaia, Turin 1958, 532.

einfach als Zeichen ehrfürchtiger Liebe gedeutet werden, doch zeigt eine jedenfalls legendäre Zutat der zweiten Lebensbeschreibung Celanos, dass sich für die zeitgenössischen Leser eine tiefere Deutung aufdrängte. Der Biograf berichtet nämlich, Franziskus habe, nachdem er das Pferd wiederum bestiegen, umhergeblickt und vom Aussätzigen keine Spur mehr wahrgenommen.[63] Die wundergläubige Deutung des Lebensbeschreibers umschließt einen wahren Kern: nicht Christus selber erschien dem Heiligen in Form eines Leprosen, sondern Franziskus begegnete auf mystische Weise Christus im Aussätzigen.

Die Passionsfrömmigkeit unseres Mystikers erhält überdies von seiner *Liebe zur Natur* neues Licht. Br. Thomas schreibt:

> „Selbst gegen die Würmlein entbrannte er in übergroßer Liebe, weil er vom Erlöser das Wort gelesen hatte: 'Ein Wurm bin ich, nicht mehr ein Mensch' (Ps 21,7). Deshalb pflegte er sie vom Wege aufzusammeln und legte sie an einem geschützten Ort nieder, damit sie nicht von den Vorübergehenden mit den Füßen zertreten würden".

Mit ergreifender Einfalt erblickt der Poverello im Wurm, der den Staub der Straße durchwühlt und vom Fuß des unachtsamen Wanderers zertreten wird, den am Schandpfahl des Kreuzes sich vor Schmerzen windenden Erlöser. Solch unmittelbares Erleben der Christussymbolik, das sogar das Mitleiden mit dem [S. 260] leidenden Herrn auf das Tier überträgt, dürfte in der Frömmigkeitsgeschichte wohl einzig dastehen.[64]

In der zweiten Vita berichtet Celano zudem, der Ordensgründer habe verboten, beim Fällen von Bäumen den Stamm ganz unten abzuhauen, „damit er noch Hoffnung habe, wieder zu sprossen". Der Heilige ließ sich hier offenbar durch Isaias 11,1 anregen: „Et egredietur virga de radice Jesse, et flos de radice eius ascendet". Vielleicht darf aber überdies die Begründung eines Speculum-Textes angehört werden: „... amore illius, qui salutem nostram in ligno crucis voluit operari".[65]

---

[63] 2 C 9: 136, bzw. 1 C 17: 16; vgl. auch Test, n. 1: 100. Vgl. hierzu die längeren Ausführungen von FORTINI, Nova vita II, 257-266. Zur kritischen Bewertung der Hinzufügung s. VAN DEN BORNE, Voornaamste feiten, 185: „waarschijnlijk legendarische traditie".

[64] 1 C 80: 60; FQS [1]V, 153; Ps. 21, 7 verwertet Franziskus in der Terz seines Passionsoffiziums; s. I. Teil, II, D, 4 oder Opuscula [Lem.], 132. Leider erwähnt die ausgezeichnete Studie von JUNGE, L.: Die Tierlegenden des hl. Franz von Assisi. Studien über ihre Voraussetzungen u. ihre Eigenart, Leipzig 1932, 89 die gen. Stelle nur nebenbei. Im reichen historischen Vergleichsmaterial, das die Verf. zur Illustration von Franziszi Liebe zu den Tieren heranzieht (82-120), wird der Wurm nirgendwo erwähnt. – Für die patristische Deutung von Ps 21,7 vgl. etwa das allegorische Verständnis bei AUGUSTINUS, Enarr. in Pss.: CCL 38, 125: „Quare vermis? Quia mortalis, quia de carne natus, quia sine concubitu natus". Bemerkenswert ist AMBROSIUS, Expos. Evang. sec. Luc., l. 10, c. 113: ibid. 14, 377: „Vermis in cruce, scarabaeus in cruce. Et bonus vermis, in ligno ..." Die verschiedenen Deutungen der Väter fassen zusammen: CASSIODOR, Expos. Pss.: ibid. 97, 193 u. PETRUS LOMBARDUS, Comm. in Pss.: PL 191, 230CD; s. aber auch BRUNO DEN KARTÄUSER († 1101), Expos. in Pss.: PL 152, 720C; ODO VON ASTI (um 1120), Expos. in Pss.: PL 165, 1192f.; BRUNO VON SEGNI [ASTI] († 1123), Expos. in Pss.: PL 164, 766s; PS.-REMIGIUS VON AUXERRE, Enarr. in Pss.: PL 131, 252BC; bes. ausdrucksvoll scheint uns die Deutung von GERHOH PROPST VON REICHERSBERG († 1169), Comm. in Pss.: PL 193, 999f. zu sein. – Da das Motiv „Le ver, emblème du Christ humilié" in der Ikonografie kaum zu finden ist (s. CHARBONNEAU-LASSAY, L.: La mystérieuse emblématique de Jésus Christ. Le Bestiaire du Christ [Brügge 1940], 835-838), konnte Franziskus davon nicht angeregt worden sein.

[65] 2 C 165: 226; FQS [1]V, 390; SpSab, c. 118, n. 4: 332; Legant, n. 51: DELORME, 30; letztere hat wie Celano den Bericht ohne die gen. Begründung. Die symbolische Beziehung auf den „Kreuzesbaum" liegt

Man erkennt an diesen Stellen, dass die Leidensbetrachtung des Heiligen nicht an der Oberfläche bloß ethischer Erwägungen stehen blieb, sondern bis zu jener geheimnisvoll-gnadenhaften Wirklichkeit vordrang, die die erlöste Menschheit – und irgendwie die ganze Schöpfung überhaupt – mit dem Erlöser verbindet. Wegen dieser Tiefensicht und der lebendigen Erfahrungsweise, die solchen Aussagen zugrunde liegen, darf man wohl bereits von Passionsmystik im engeren Sinne des Wortes sprechen.[66] [S. 261]

C. – Die Kreuzverehrung des hl. Franziskus

Vom Erlebnis in San Damiano empfing anscheinend die Kreuzesandacht besonders starke Impulse. Sogleich nach der Anrede des Gekreuzigten händigte der Kaufmannssohn dem Priester, der im Kirchlein den liturgischen Dienst versah, eine Geldsumme aus,

> „um Lampe und Öl zu kaufen, damit das heilige Bild keinen Augenblick mehr um die schuldige Ehre des Lichtes betrogen würde".

Es lag wiederum im mystischen Kreuzerlebnis begründet, wenn der Heilige seine Gefährten der Frühzeit anstelle des kirchlichen Offiziums das Vaterunser und die Anbetungsformel „Adoramus te Christe" zu verrichten lehrte. Das kurze Gebetlein sprachen sie, wo immer sie eine Kirche betraten oder auch nur von Ferne erblickten und vor jedem Kreuz oder Kreuz-ähnlichen Zeichen.[67]

Bonaventura flicht hier eine bemerkenswerte Einzelheit ein: dass nämlich die Brüder der ersten Zeit anstelle der fehlenden liturgischen Bücher

> „librum crucis Christi continuatis adspectibus diebus ac noctibus revolvebant, exemplo patris et eloquio eruditi, qui iugiter faciebat eis de Christi cruce sermonem".

---

indes wegen der liturgischen Verwendung im *Vexilla Regis* u. *Ecce lignum crucis* nahe; s. RÖMER, G.: Die Liturgie des Karfreitags, in: ZKTh 77 (1955) 75f., 82-84, 86. Ob in Franziszi Vorliebe für die Bäume auch das Motiv des „Lebensbaumes" mit eingewirkt hat, kann wohl kaum entschieden werden; vgl. BAUERREISS, R.: Arbor vitae. Der „Lebensbaum" u. seine Verwendung in Liturgie, Kunst u. Brauchtum des Abendlandes, München 1938 u. BERGEMA, H.: De Boom des levans in Schrift en historie. Bijdrage tot een onderzoek naar de verhouding van Schriftopenbaring en Traditie betreffende den Boom des levens, binnen het kader der Oud Testamentische wetenschup, Hilversum 1938.

66 Zum Begriff der Mystik vgl. oben Anm. 40. – Eine sehr schwierige Frage ist freilich die, wie die Christus- bzw. Passionsmystik theologisch tiefer zu begreifen ist. Man wird erinnern müssen an die bleibende Funktion der heiligen Menschheit Christi, die unsere religiösen Grundakte fortwährend vermittelt u. ihnen eine „inkarnatorische" Struktur verleiht. Vgl. zur Problemstellung RAHNER, K.: Probleme der Christologie von heute, in: DERS.: Schriften zur Theologie I, [²1956], 169-222. 209; vgl. nun auch VAN ROO, W. A.: The resurrection of Christ instrumental cause of grace, in: Gr 39 (1958) 271-284, 271f. Anm. 2 (Lit.). Außerdem ist natürlich an das Geheimnis der mystischen Vereinigung der Gläubigen mit Christus dem Haupt zu erinnern; s. MURA, E.: La dottrina del Corpo Mistico, in: *Problemi e orientamenti di teologia dogmatica* II, Mailand 1957, 373-405; s. bes. die Lit.: 396-405.

67 2 C 11: 137; FQS V, 241; s. auch Leg. S. Francisci Assisiensis, n. 13: ABATE, 387. – Wie der Text eindeutig bezeugt, handelt es sich hierbei keineswegs um eine Ewiglichtlampe, die für Italien erst seit dem 14. Jh. nachzuweisen ist: BROWE, P.: Die Verehrung der Eucharistie im MA, München 1933, 5. – Zweite Stelle: 1 C 45: 35f.; s. über die Anbetungsformel die Ausführungen oben, I. Teil, I, B, 1; vgl. auch 3 C 3: 273; AP, n. 19: F. VAN ORTROY, 40ab; s. aber ABATE, Nuovi studi, 359f.; Leg. S. Francisci Assisiensis, n. 37: 405f.

Abgesehen von dem übertriebenen „Tag und Nacht“, bzw. „allezeit“, würde die Frömmigkeitsübung des Aufblicks zu einem Kreuzbild ohne Zweifel sehr gut in die Frühzeit passen.[68]

Der Heilige fuhr auch später fort, das Kreuz zu verehren; denn Celano und die Speculum-Gruppe berichten, wie Franziskus einst vor dem Kreuzbild einer einsamen Kirche – wohl San Pietro in Bovara, zwei Kilometer von Trevi entfernt – eine Nacht im Gebet zubrachte, während der er unter starken Anfechtungen Satans zu leiden hatte.[69] Wenn Br. Thomas eigens hervorhebt, dass [S. 262] der Ordensvater „in ecclesiis derelictis et in deserto positis solus ad orandum nocte pergebat“, scheint es nicht abwegig zu sein, an ein nächtliches Beten vor Kreuzbildern zu denken.[70] Dies umso eher, als die kreuzförmigen Tafelbilder in Umbrien ziemlich verbreitet waren und sich – wie das Beispiel von San Damiano beweist – selbst in zweitrangigen Kirchen vorfanden, in denen das Allerheiligste sicher nicht aufbewahrt wurde.[71] Mindestens scheint schon damals auf jedem Altar ein Kruzifix gestanden zu haben.[72]

Im Zeichen der Kreuzverehrung steht nicht nur die von Franziskus anscheinend öfter geübte Gebetsgebärde der waagrecht ausgespannten Arme,[73] sondern auch der häufig bezeugte Brauch, das Kreuz über sich und andere zu zeichnen.[74] Mehrmals sprechen die

---

68 LM IV,3: 572. – Die Übung des betrachtenden Blickes auf das Kruzifix scheint im Verlauf des 12. Jhs. stärker aufgekommen zu sein: DUMOUTET, É.: Le Christ selon la chair et la vie liturgique au M. Â., Paris 1932, 23f.; aber schon vor dem 7. Jh. liegen aus der syrischen Gegend Zeugnisse vor, dass man ein hölzernes Kreuz an die Ostwand eines Raumes befestigte, vor dem man betete: PETERSON, E.: La Croce e la preghiera verso oriente, in: EL 59 (1945) 52-68; s. auch oben, I. Teil, Anm. 31.

69 2 C 122f.: 202f.; zwar wird für Franziskus das Beten vor dem Kreuz nicht ausdrücklich erwähnt; dagegen wird vom begleitenden Bruder [Pazifikus] gesagt, er sei am folgenden Morgen zurückgekehrt u. hätte ihn im Gebet vor dem Altare angetrofFen: „oratque interim ipse [socius] coram cruce ferventer“. – Die Ortsbezeichnung wird überliefert von SpSab, c. 59: 162-164; Legant, n. 23: DELORME, 13f. – Über die gen. Kirche s. bes. BONACA, A.: Le memorie francescane di Trevi, in: StFr N.S. 13 (1927) 26-35, 28, 113-148. Der Verf. betont, dass jenes Kruzifix, das man heute vorzeigt, unmöglich zur Zeit des Heiligen schon bestanden haben kann.

70 1 C 71: 53; davon hängt ab: LM X,3: 602f.

71 BRACALONI, Il prodigioso Crocifisso, 196f. mit Verweis auf SANDBERG-VAVALÀ, E.: La Croce dipinta italiana, Verona 1929, 613ff. – Hinsichtlich der Aufbewahrung des Altarssakramentes vgl. – nebst der in Anm. 67 zit. Studie von BROWE, P. / KÖSTER, L.: De custodia sanctissimae Eucharistiae disquisitio historico-iuridica, Rom 1940, 59-64; danach wurde das SS. zur Zeit des Heiligen für die Kranken zwar in Kathedralen u. Pfarrkirchen, nicht jedoch in anderen Kirchen u. Kapellen aufbewahrt; s. noch JUNGMANN, Missarum Solemia, ^{4}II, 507-509; nicht einsehen konnten wir VAN DIJK, S. J. P. / WALKER, J. H.: The myth of the aumbry. Notes on medieval reservation practice and eucharistic devotion, London 1957: s. I. BRADY, in: AFH 52 (1959) 342f.

72 Das Kruzifix begann man seit dem 11. Jh. auf dem Altare anzubringen: BRAUN, J.: Das christliche Altargerät in seinem Sein u. seiner Entwicklung, München 1932, 469ff.: zit. bei JUNGMANN, Missarum Solemnia ^{4}I, 337 Anm. 37.

73 „Ibi [an einsamen Orten] visus est nocte orans, manibus ad modum crucis protensis ...“ (LM X,4: 603), s. auch 1 C 48: 38; 2 C 123: 202 (von seinem Begleiter); Franciscus „prostratus in faciem, in modum crucis reperitur extensus“ (2 C 178: 232). – Beide Formen scheinen von der monastischen Tradition angeregt worden zu sein; s. bes. GOUGAUD, L.: La priére les bras en croix, in: Rassehna Gregoriana 7 (1908) 343-354 u. DERS.: Divotions et pratiques ascétiques du m.-â., Paris 1925, 1-42; für die Übung der ausgespannten Arme s. schon TERTULLIAN, De oratione, c. 14: CCL I, 265.

74 1 C 8. 93: 11. 71; 2 C 122: 202. – Segen über andere: s. bes. 2 C 45: 159; aber auch 1 C 72, 108: 54, 83f.; 2 C 137: 203. Das Kreuz auf die Stirn zu zeichnen ist ein allgemeiner Brauch der Kirche mindestens

Quellen auch davon, dass er mit dem Zeichen des Kreuzes Wunderheilungen vornahm.[75] [S. 353]

II. – Die Passion Jesu im Heiligkeitsstreben des hl. Franziskus

Das Leiden Jesu beeinflusst nicht allein das Beten, sondern ebensosehr auch das praktische Leben des Heiligen. Das Kreuzgeheimnis bedeutet für ihn einen fortwährenden Antrieb und Aufstieg zur Vollkommenheit. Diese Behauptung wird von den zahlreichen Anwendungen der Kreuzesnachfolge auf sein Streben nach Heiligkeit eindrucksvoll bestätigt. Um das mannigfaltige Quellenmaterial leichter zu überblicken, handeln wir der Reihe nach über die sinnbildliche Verbindung von Kleidung und Kreuz, von der Kreuzesnachfolge durch Selbstverleugnung, von der Begründung des apostolischen Eifers in der Erlösung, von einigen Passionsmotiven, die Franziskus nur von Bonaventura zugeschrieben werden, und schließlich von der Sehnsucht nach der blutigen Nachfolge des Gekreuzigten im Martyrium.

A. – Die symbolische Verbindung von Kleidung und Kreuz

1. *Die Beziehung von Ordenskleid und Kreuzmysterium* erkannte Franziskus schon sehr früh. Als er in der Portiunkulakapelle durch Anhören des Aussendungsevangeliums (Mt 10,1-42 mit Parallelen) – wohl am Feste des hl. Matthias, am 24. Februar 1209 – volle Klarheit über seine apostolische Sendung erlangt hatte, legte er entsprechend der Anweisung des Herrn an seine Jünger die Einsiedlertracht ab.

> „Allsogleich löst er die Schuhe von den Füßen, legt den Stab aus der Hand und, zufrieden mit einem einzigen Habit, vertauscht er den Ledergürtel mit einem Strick. Darauf richtet er sich den [S. 354] Habit in Form des Kreuzes zurecht, damit er in ihm alle teuflischen Trugbilder abwehre; er macht ihn aus rauhestem Stoff, um in ihm das Fleisch mit seinen Lastern und Sünden zu kreuzigen" (vgl. Gal 5,24).[76]

---

seit dem Jahre 150: DÖLGER, F. J.: Beiträge zur Geschichte des Kreuzzeichens (I), in: JAC 1 (1959) 5-13, 9. Vgl. auch SAUER, J.: Kreuzzeichen, in: LThK [1]V1, 265-267; JUNGMANN, Missarum Solemnia [4]I, 383f.; [4]II, 638a (Register); ebd. 544-554 die Ausführungen über den priesterlichen Schlusssegen.

[75] 1 C 65-68: 49-51; 1 C 58: 45 (Entlassung der Vögel nach der Predigt); 2 C 41: 156; 2 C 166: 227 (über das glühende Eisen vor der Augenoperation); 3 C 17, 151f., 178f.: 280, 318, 324; 3 C 159: 321 (Heilung – nach Franziszi Tod – eines verwundeten Beines mit dem Tau-Zeichen, das an der wiederhergestellten Stelle eingeprägt bleibt). – Zur Tau-Verehrung des Heiligen s. die längeren Ausführungen oben, I. Teil, I, C. Nebst dem vielen geschichtlichen Illustrationsmaterial, das wir dort heranzogen, sei der Vollständigkeit halber noch hinzugefügt, dass in griechischen Urkunden der Unterschrift manchmal abgekürzt τ[απεινός] beigefügt wurde. Daraus ging das Kreuz hervor, das Bischöfe und Äbte bei der Unterschrift vor ihren Namen setzen: vgl. JUNGMANN, Missarum Solemnia [4]II, 311 Anm. 9; s. auch noch DÖLGER, Beiträge, 13-16.

[76] 1 C 22: 19; FQS [1]V, 92; ohne Hinweis auf das Kreuz dagegen in Leg. S. Francisci Assisiensis, n. 25: ABATE, 397; sehr ausdrücklich dagegen ist 3 C 2: 273: „Nonne etiam in ipsa se cruce recludens, habitum paenitentiae sumpsit, crucis imaginem praeferentem? Qui habitus licet pro eo quod magis esset aemulus paupertatis, magis suo proposito conveniret, plus tamen in eo Sanctus mysterium comprobavit, quatenus ut mens eius intro Dominum crucifixum induerat, sic totum corpus eius crucem Christi (vgl. Gal 3,27;

Die Deutung des Ordenskleides als „tunica crucis imaginem praeferens" hat zwar in den „Opuscula" keinen Anhaltspunkt, doch erscheint sie aus diesem Grunde nicht weniger wahrscheinlich. Der Heilige greift damit auf altchristliches Erbgut zurück. Schon bei den Zönobiten des hl. Pachomius († 346) wurde das Pupurzeichen in Form eines Kreuzes auf die Kapuze geheftet. Philipp Oppenheim bemerkt dazu: „Es sollte wohl darauf hindeuten, daß das Leben des Mönches unter dem Zeichen des Kreuzes stehe".[77] Vielleicht lässt sich auch eine Stelle bei Johannes Cassian († um 435) für den Kreuz-Sinnbildcharakter des Ordenskleides in Anspruch nehmen:

> „Eo ergo habitu ac figura, qua pro nobis in patibulo fuit ille (Christus) suspensus, nos quoque necesse est in hac vita degere ..."[78]

Ganz deutlich hingegen spricht sich der geheimnisvolle Honorius Augustodunensis von Canterbury (lebte im 12. Jahrhundert als Einsiedler in der Nähe von Regensburg) aus:

> „Ed ideo dilectissimi, habitum nostrum secundum formam Dominicae crucis attendamus, mundum nobis nosque mundo crucifixos sciamus, vexillum crucis per patientiam baiulantes ..."[79]

Wie ist aber diese auf den ersten Blick wenig offenkundige Verbindung von Habit und Kreuz zu verstehen? Ein erster Grund liegt in der äußeren Form des Ordenskleides selber. Werden nämlich die Kapuze über den Kopf gezogen und die Arme waagrecht ausgestreckt – da eine solche Gebetsform im Orden gebräuchlich war, handelt es sich bei dieser Voraussetzung nicht bloß um lebensferne Phantasie –, erscheint der Minderbruder ans Kreuz geheftet und vom Kreuz umhüllt. Er soll [S. 355] den Menschen in der Welt den Eindruck eines wandelnden Kruzifixes erwecken.[80] Die spitz auslaufende Kapuze – diese Form scheint die ursprüngliche gewesen zu sein – soll den oberen Teil des Kreuzschaftes versinnbilden. Tatsächlich erscheint sie, wenn sie über den Kopf gezogen wird, von der Seite gesehen als ein ungefähres Viereck. Darüber hinaus soll – wie Angelus

---

6,14) foris indueret, et in quo signo Deus potestates aereas debellarat, in eodem suus exercitus Deo militaret". – Vgl. auch BONAVENTURA, LM. prol., n. 2: 558, „habitus cruci conformis".

77 OPPENHEIM, Ph.: Symbolik u. religiöse Wertung des Mönchskleides im christlichen Altertum, vornehmlich nach Zeugnissen christlicher Schriftsteller der Ostkirche, Münster 1932, 48; s. auch 58f., 98f.

78 JOHANNES CASSIAN, De institutis coenobiorum, l. 3, n. 34: CSEL 17, 72.

79 HONORIUS VON CANTERBURY (Augustodunensis), Speculum Ecclesiae. In conventu Fratrum: PL 172, 1092f. Vgl. zu seiner Herkunft die Studie von BAUERREISS, R.: Honorius von Canterbury (Augustodunensis) u. Kuno I., der Raitenbucher, Bischof von Regensburg (1126-1136), in: SMGB 67 (1956) 306-313; im zustimmenden Sinn: O. LOTTIN, in: BThAM VIII, n. 690. – Für die Lit. zur ma. Symbolik des Ordenskleides s. BERNARDS, M.: Speculum Virginum. Geistigkeit u. Seelenleben der Frau im Hochmittelalter, Köln 1955, 127 Anm. 444.

80 Wir können hier unmöglich die ganze Problematik des franziskanischen Ordenskleides, bes. hinsichtlich dessen ursprünglicher Form, aufrollen. Für einen guten u. objektiven Einblick in die Frage u. für Angaben der entsprechenden Lit. sei verwiesen auf: GRATIEN [DE PARIS]: Saint François d'Assise au Musée du Trocadéro. Notes d'iconographie franciscaine, in: EtFr 38 (1926) 993-507; HUBER, R. M.: A documented history of the Franciscan Order. From the birth of St. Francis to the division of the Order (1182-1517), Washington 1944, 669-685. – Der Gedanke der Kreuzförmigkeit wird sehr deutlich hervorgehoben von den *Constitutiones Fratrum Minorum Capuccinorum*, n. 36, Rom [2]1931, 45: „... habitus noster crucis formam praeseferat, et nos mundo crucifixos mundumque nobis, pro comperto habeamus".

Clarenus betont – das „capucium quadratum“ von solcher Länge sein, dass es das Haupt umhüllt, um so das Kreuzessinnbild des franziskanischen Habits umso klarer anzudeuten.[81]

Außerdem soll das rauhe, ungepflegte Bußkleid grauer Färbung am Leiden Jesu fühlbaren Anteil geben. In diesem Sinne schreibt der gleiche Spiritualenführer:

> „Quoad materiam [habitus] docuit [Franciscus], quod esset de panno vili et coloris cinericii vel pallidi, corporis Christi mortificationem repraesentantis ...“.[82] [S. 356]

Darum kann der spätere Erzbischof Odo Rigaud († 1275) vom hl. Antonius schreiben, er habe den der Form eines Kreuzes nachgebildeten Habit angezogen. Darauf spricht er ihn mit Nachdruck an: „... fer arma invictissimi Regis Christi, fer eius crucem in habitu ...“.[83]

2. Wohl noch schwieriger als die Kreuzsymbolik des Ordenskleides vermag der heutige Mensch Franziskus zu begreifen, wenn er die *Nacktheit des Gekreuzigten* in seinem Leben nachvollzieht. Als der Kaufmannssohn auf Betreiben des Vaters 1207 vor Bischof Guido († 1228) geladen wurde,

> „legte er sofort all seine Kleider ab, warf sie hin und gab sie dem Vater zurück. Nicht einmal die Hose behielt er zurück, vollständig entblößte er sich angesichts aller“.

---

81 ANGELUS CLARENUS, Historia septem tribulationum Ordinis Minorum, trib. 7: F. EHRLE, in: ALKGMA II, Berlin 1886, 153 oder neuestens A. GHINATO (Sussidi e Testi per la Gioventù Francescana, 10), Rom 1959, 222: „Capucium quadrum et tantae longitudinis, quod faciem operiret, ita quod habitus crucis formam repraesentaret et omnis mundanae gloriae et ornatus contemptum sua vilitate praedicaret et Fratrem Minorem mundo crucifixum et mortuum ostenderet, et esset nuditatis operimentum et necessitatis amatorum paupertatis fomentum, et professorum humilitatis signum, et portationis improperii crucis Christi verum indicium“. – Die längliche, zugespitzte Form, so ungefähr wie sie die Kapuziner heute noch tragen, dürfte jedenfalls die ursprüngliche gewesen sein: HUBER, History of the Franciscan Order, 681; zu „capucium quadrum“ s. bes. ADALBERT WAGNER [VON STANS]: Unser Ordenskleid u. die „viereckige“ Kapuze, in: St. Fidelis 15 (1928) 124-127 (Illustr. zwischen S. 128/129). 153-155.

82 ANGELUS CLARENUS, Historia, 153 bzw. 221; s. auch Anm. 81. – Die Geringheit u. Ärmlichkeit der Kleidung wird von Franziskus ausdrücklich gefordert, ohne indes eigens auf das Kreuz hinzuweisen: NbR 2: Opuscula [Lem.], 27; BR, c. 2: 65; Test, n. 4: 101. – Vgl. in unserem Zusammenhang zudem BARTHOLOMAEUS [DE RINCONIO] VON PISA O.Min., De conformitate vitae b. Francisci ad vitam Domini Jesu, l. 2, fructus 16, pars 2: AF V, 104f.; WADDING, L.: Annales Minorum ad an. 1208, n. 48-50, I, Quaracchi 1931, 52-54. – Gewisse dankenswerte Hinweise zur aszetischen Seite des franziskanischen Ordenskleides vermittelt: STICCO, M.: I vestiti di S. Francesco, in: Vita Pensiero 32 (1949) 415-420. – Die Kreuzsymbolik würde um einen Einzelzug erweitert werden, wenn der Haarkranz der Tonsur irgendwo in den Quellen mit der Dornenkrone Christi in Verbindung gebracht würde; doch dafür fehlt jeder Beleg. Dass diese Sinndeutung indes nicht unbekannt war, zeigt MICHEL, A.: Tonsure, in: DThC XV/1, 1232. – Ebenso ist kein Quellentext erhalten, worin das Zingulum bildlich mit der Passion in Beziehung gebracht würde. Immerhin glaubt BONAVENTURA, Expositio super Reg. Fratrum Minorum, n. 11: Op. Om. VIII, 4005, der Ordensvater habe sich von der Überführung des gefesselten Heilandes inspirieren lassen. BERNHARD VON BESSA O.Min. († 1300/1304), Liber de laudibus, c. 5: AF III, 675 dagegen nennt einfach die Demut als Motiv. – Vgl. auch Anm. 83.

83 ODO RIGAUD O.Min., Vita S. Antonii: F. CONCONI, Padua 1930, 60. Hier wird das Zingulum mit dem Gedanken des Gehorsams verbunden. – In Anbetracht der in Anm. 81-83 angeführten Texte scheint uns die sonst bemerkenswerte Studie von VERHEY, S.: Das Leben in der Buße nach Franziskus von Assisi, in: WiWei 22 (1959) 161-174. 166 hinsichtlich der franziskanischen Kleidungsfrage nicht die volle geschichtliche Wirklichkeit wiederzugeben; denn nebst der Anpassung an die örtlichen u. klimatischen Verhältnisse wird in beiden Regeln (NbR 3: Opuscula [Lem.], 27 u. BR 2: 65) die „vilitas“ u. das Mindestmaß der Kleider sehr ausdrücklich gefordert.

Der richtende Bischof schlug seinen Mantel um den Nackten. Der Biograf schließt dem Bericht die Worte an:

> „Siehe, jetzt ist es so weit, daß er nackt mit dem Nackten ringt, alles von sich wirft, was der Welt ist, und einzig und allein an die göttliche Gerechtigkeit denkt".[84]

Das Zitat aus einer Homilie Gregors des Großen: „Nudi ergo cum nudis luctari debemus", hilft uns den symbolischen Sinn der Szene leichter zu verstehen. Die genannte Formulierung bedeutet übrigens bereits eine Abänderung des erstmals vom hl. Hieronymus ausgesprochenen Gedankens, nackt dem nackten Christus bzw. dem nackten Kreuz zu folgen. Die Sinnbedeutung der eigenartigen Vorstellung wird indes erst beim Mönchtum ganz klar, wo sie besonders die Besitzlosigkeit meint. Die Bezeichnung Christi als nackten erfährt eine stärkere Entfaltung in den Kreisen der evangelischen Erneuerungsbewegungen (11.-13. Jahrhundert).[85]

Die Formulierung Gregors ist vom Ringkampf beeinflusst, dessen Vorstellungen er auf den Kampf mit Satan anwendet. [S. 357] Wiewohl Celano sich dieses Bildes bedient, glauben wir mit Grund, hier eher Bonaventura Recht geben zu dürfen, wenn er schreibt:

> „Sic igitur servus Regis altissimi nudus relictus est, ut nudum sequeretur crucifixum Dominum, quem amabat ...".[86]

Zum Zeichen der letzten Entäußerung und vollen Gemeinschaft mit dem entblößten Erlöser am Kreuz reißt sich Franziskus die Kleider vom Leibe.

Bei der Beurteilung dieses symbolischen Gestus darf man zunächst die spontan-impulsive Eigenart des Heiligen nicht übersehen, mit der er innere Erfahrungen mit seiner ganzen leib-seelischen Natur erlebt und sinnenfällig ausdrückt.[87] Ferner muss hier berücksichtigt werden, dass Franziskus als Gabe von Natur und Gnade in hohem Grad die Tugend der Einfalt besaß. Ohne lange nach dem Wie und Warum zu fragen, ohne irgendwelche ich-süchtige Nebenabsichten zu verfolgen, entkleidet er sich, weil er dadurch Christus

---

[84] 1 C 15: 14f.; FQS ¹V, 84. Die Szene berichten außerdem: Anonymus Perusinus, n. 8: VAN ORTROY, 37; Leg. S. Francisci Assisiensis, n. 20: ABATE, 392f. 254. Vgl. dazu den aufschlussreichen historischen Kommentar bei FORTINI, Nova vita II, 223-237; s. auch I/1, 291-294.

[85] Vgl. einige Verweise bei ALCANTARA MENS [VAN HERSELT]: Oorsprong en betekenis van de Nederlandse Begijnen- en Begardenbeweging, Antwerpen 1947, 37-39. 71s. 94. 260, u. neuestens bei BERNARDS, M.: Nudus nudum sequi, in: WiWei 14 (1951) 148-151; er ist leider nachfolgenden Autoren nicht bekannt: OECHSLIN, R.-L. / BARDY, G. / MARTIN, H.: Dépouillement, in: DSp III, 455- 502; hier vgl. die geschichtl. Übersicht des Gedankens der inneren Loslösung vorn NT bis zu Franziskus (456-469) bzw. dessen theologische Deutung (497-502).

[86] LM II,4: 565; ebenso: XIV,4: 622; übrigens hat auch 2 C 12: 138: „Nudus igitur ad Dominum pergam". – Weniger überzeugend ist jedoch, wenn der seraphische Lehrer als erster berichtet, dass Franziskus den ihm geschenkten Mantel „cum caemento ... ad modum crucis manu propria consignavit" (c. 2, n. 4: 565).

[87] Man vgl. in diesem Zusammenhang das laute Beweinen der Passion u. das improvisierte Violinspiel (s. II. Teil, I, B, 2). Noch klarer kommt diese Neigung des Heiligen im Krippenspiel von Greccio zum Ausdruck; s. unseren Art.: De kerstviering van Greccio in het licht van haar tijd, in: FrancLeven 40 (1957) 163-177. 170f.; 41 (1958) 21-27; DETTLOFF, W.: Die Geistigkeit des hl. Franziskus in der Theologie der Franziskaner, in: WiWei 19 (1956) 204 sagt treffend: „Was er denkt, macht er anschaubar"; s. auch VERHEY, Leben in der Buße, 167 Anm. 33.

dem Gekreuzigten in restloser Treue nachfolgen zu können glaubt.[88] Schließlich darf auch die weit größere Unbefangenheit des mittelalterlichen Menschen dem Geschlechtlichen gegenüber nicht vergessen werden. Schon die altchristliche Taufpraxis kannte die volle Entkleidung des Katechumenen, bevor man an ihm die Taufe durch Untertauchen vollzog.[89] Noch näher zum geschilderten Vorgang führt die Anweisung Johannes Cassians, dass der Ordenskandidat bei der Aufnahme ins Noviziat im Angesicht der versammelten Mönche von allen weltlichen Kleidern entblößt und dann mit dem Ordensgewand bekleidet werde.[90] Übrigens handelte es sich bei unserem Heiligen mögli- [S. 358] cherweise nur um eine relative Nacktheit; denn Celano hebt eigens hervor, man habe wahrgenommen, dass der Mann Gottes ein Zilizium auf dem Leibe trug.[91]

In den gleichen geistigen Zusammenhang gehört es, wenn der vom Wechselfieber noch nicht voll Genesene sich zur Winterszeit von der Kathedrale San Rufino an einem Strick um den Hals „nudus cum femoralibus" durch die Straßen bis zur Piazza maggiore (heute Piazza del Comune) – hier pflegte man die Gesetzesübertreter zu bestrafen – schleppen und „Schlemmer" („gluto") schimpfen ließ. Wegen der geschwächten Gesundheit hatte er nämlich die Bußstrenge etwas gemildert.[92] Die selbst veranlasste öffentliche Sühne

---

88 Vgl. den vorzüglichen Exkurs: Der Weg der Einfachheit, bei: FQS ²I, 206-208; s. die Zeugnisse aus dem Leben des Heiligen bei FELDER, Die Ideale, 198-206. Zur Einfalt als allgemein christlicher Tugend s. BACHT, H.: Einfalt des Herzens – eine vergessene Tugend?, in: GuL 29 (1956) 416-426; EGENTER, R.: Einfachheit, bzw. KÜRZINGER, J.: Einfalt, in: LThK ²III, 744f. 746.

89 Vgl. nebst ROFF, E.: Nacktheit, in: LThK ¹VII, 426-428, 427 auch OPPENHEIM, Religiöse Wertung des Ordenskleides, 8f.; der Verf. tritt für absolute Nacktheit ein, indes STENZEL, A.: Die Taufe. Eine genetische Erklärung der Taufliturgie, Innsbruck [1958], 102 in Anschluss an F. J. Dölger glaubt, dass γυμνός mit dem Tragen des Leibrockes verträglich gewesen sei (s. auch ebd. 156). – CYRILL [JOHANNES?] VON JERUSALEM, Catecheses mystagogicae, 2, n. 2: PG 33, 1078A kennt bereits das Motiv der Nachfolge des Gekreuzigten „Exuti, nudi fuistis, in hoc quoque nudatum in cruce Christum imitantes".

90 JOHANNES CASSIAN, De institutis coenobiorum, l. 4, c. 5: CSEL 17, 50f.; vgl. auch Vitae Patrum, l. 3, n. 67f.: PL 73, 772; die vorgenannten Stellen verdanken wir N. TAMASSIA: S. Francesco e la sua Leggenda [Cel], Padua 1906, 48f.; freilich entbehrt seine Auffassung, dass Celano diesen Quellen die literarische Fassung samt dem Inhalt entlehnt u. Franziskus unterstellt habe, jeder Grundlage. – Wie OPPENHEIM, Religiöse Wertung des Ordenskleides, 1f. hinweist, dürfte die völlige Entkleidung bei der Aufnahme ins Kloster im Altertum eher eine Ausnahme gebildet haben. – Zum ganzen Fragenkomplex vgl. noch HECKENBACH, J.: De nuditate sacra sacrisque vinculis, Gießen 1911 (Religionsgeschichtl. Versuche u. Vorarbeiten, IX/3), bes. 64-68 („De nuditate Christianorum sacra").

91 2 C 12: 135; LM II,4: 564. – Auch als Sterbender ließ sich Franziskus auf ein Zilizium legen (s. anschließend im Text u. Anm. 97f.). – Da die Formen des Ziliziums außerordentlich reich waren (s. GOUGAUD, L.: Cilice, in: DSp II, 899-902), u. da das in der Basilika von San Francesco aufbewahrte Zilizium, abgesehen von der späten Bezeugung (s. B. MARIANGELI: Il Cilizio di S. Francesco, in: MF 15 [1917] 96f.), keinen Rückschluss auf die Zeit der Verwendung gestattet, lässt sich hier nichts Sicheres ausmachen. Vgl. zur Frage die Ausführungen der Bollandisten: AA.SS. Oct. II, § 6, nn. 128-135: 569-571. – Hier muss nochmals die größere Unbefangenheit des ma. Menschen dem Nackten gegenüber in Erinnerung gerufen werden; vgl. MEFFERT, Caritas u. Krankenwesen, 275f. u. SCHÖLLGEN, W.: Aktuelle Moralprobleme, Düsseldorf 1955, 268.

92 LM VI,2: 582f.; SpSab, c. 61: 169-172 u. 169f. Anm. a; Legant, c. 39: DELORME, 23 mit mehr Einzelheiten. Vgl. eine Anzahl interessanter lokalgeschichtlicher Einzelheiten bei FORTINI, Nova vita I/2, 136-140. SABATIER, P.: Speculum perfectionis II, Manchester 1931, 105 bemerkt: „C'est une procession qu'il organise et il y joue le rôle du pénitent du vendredi saint". Es ist nicht unmöglich, dass dieses Motiv ebenfalls mit einwirkte, doch scheint FORTINI (Nova vita, 139 Anm. 2) den Sachverhalt zutreffender zu deuten, wenn er schreibt: „E' dunque chiara l'intenzione del Santo, il quale volle anche lui esporsi, come

für sein Vergehen musste den Heiligen spontan in die Gemeinschaft mit dem sühnenden Erlöser bringen.

Sehr bezeichnend ist ferner folgende Ausdrucksweise des Heiligen:

„Dixit aliquando magnum clericum etiam scientiae quodammodo resignare debere, cum veniret ad Ordinem, ut tali expropriatus possessione, nudum se offerret brachiis Crucifixi".[93] [S. 359]

Wie Franziskus den vollen Verzicht vor Bischof Guido zu Beginn des neuen Lebens durch die Entblößung sichtbar darstellen wollte, so hieß er die Brüder, ihn zum Zeichen der restlosen Armut und Gemeinschaft mit Jesus am Kreuze einige Tage vor dem Sterben zu entkleiden und nackt auf den nackten Boden zu legen. Darauf empfing er aus der Hand des dabeistehenden Guardians die Kleider als „Lehen" zurück.[94] Zwar nennt Celano an dieser Stelle wiederum nur das Motiv des Kampfes mit Satan. Allein die ganze Situation spricht für das Motiv der Nachfolge des Gekreuzigten. Dass der Heilige seine letzten Lebenstage als ein Nachvollziehen des Leidens und Sterbens Jesu auffasste, beweist die Nachahmung des Abendmahles. Bei dieser Zeremonie reichte er jedem der umstehenden Brüder ein Stücklein Brot und befahl darauf, das Evangelium der Fußwaschung „Ante diem festum Paschae" (Joh 13,1-20) vorzulesen.[95] Deshalb scheint auch hier der Auslegung Bonaventuras mehr innere Berechtigung zuzukommen, wenn er schreibt:

„Voluit certe per omnia Christo crucifixo esse conformis, qui pauper et dolens et nudus in cruce pependit".[96]

In seiner ersten Vita bringt Celano eine weitere Einzelheit, die uns in der Annahme der angedeuteten Begründung bestärkt. Nach dem Vorlesen des Abschnittes aus dem Evangelium

„ließ sich der Heilige auf ein Bußgewand [Zilizium] legen und mit Asche bestreuen, der ja bald Staub und Asche werden sollte".[97]

Dieser Vorgang steht in der mittelalterlichen Hagiografie nicht allein da, er scheint vielmehr zu einem beliebten monastischen Sterbebrauch gehört zu haben. Nach den er-

---

falsario, al pubblico disprezzo nel modo prescritto dalle leggi comunali. E poiché la sua carne aveva mangiato per eccessiva mollezza, essa doveva subire il contrario castigo del tormento del freddo". – Dagegen liegt wohl die Vorstellung des Ringkampfes mit Satan (s. oben im Text u. Anm. 85) dem Sich-Eintauchen in eiskaltes Wasser u. dem Zusammenballen des Schnees zu Puppen zugrunde: s. z. B. 1 C 42: 34; 2 C 116f.: 199f.; 1 C 64: 170 sagt bezeichnenderweise: „Nec minus antiquus serpens nudum [= arm] hominem fugit".

93 2 C 194: 241; parallel: LM VII,2: 587; s. hierzu ESSER, K.: Mysterium paupertatis, in: WiWei 14 (1951) 179. „Clericus" bedeutet hier nicht „Kleriker" nach heutigem Wortgebrauch, sondern meint jene, die nach damaligen Vorstellungen als gebildet galten: s. LANDGRAF, A. M.: Zum Gebrauch des Wortes „clericus" im 12. Jh., in: CFr 22 (1952) 74-78 u. HARDICK, L.: Gedanken zu Sinn u Tragweite des Begriffes „Clerici", in: AFH 50 (1957) 7-26.

94 2 C 214: 253f.

95 2 C 217: 255 (1 C 110: 85f. wird hier verbessert u. geklärt). Parallelen mit weiteren Einzelheiten: SpSab, c. 88, nn. 6-12: 262; SpLem, n. 34: 71f.; Legant, n. 117: DELORME, 66. Vgl. hierzu FORTINI, Nova vita I/2, 341f.; s. ebenfalls VAN DEN BORNE, Voornaamste feiten, 314, der mit GOUGAUD, L.: Anciennes coutumes claustrales, Ligugé 1930, 37ff. darauf hinweist, dass dabei ein Brauch der alten Orden nachklingt; s. auch Anm. 98.

96 LM XIV,4: 622.

97 1 C 110: 86; FQS [1]V, 188.

haltenen Ritualien wurde zunächst mit geweihter Asche auf dem bloßen Boden oder auf das Zilizium ein Kreuz gezeichnet, worauf dann der Sterbenskranke gelegt wurde.[98] Beim Herannahen des Todes ordnet der Heilige weiterhin an: [S. 360]

> „Wenn ihr [Brüder] seht, daß es mit mir zu Ende geht, so legt mich nackt, wie ihr mich vorgestern gesehen habt, auf den Boden und laßt mich, wenn ich verschieden bin, solange so liegen, als man braucht, um gemächlich eine Meile weit gehen zu können."

Nun aber gibt derselbe Biograf nur den Eindruck der vielen Augenzeugen wieder, wenn er schreibt: Der tote, mit den Stigmen geschmückte Franziskus „sah aus, als sei er frisch vom Kreuz herabgenommen".[99]

In diesen mehrfachen Entblößungen des Heiligen von Beginn seines neuen Lebens bis zu seinem Sterben offenbart sich nicht ein krankhaftes Sich-Zurschaustellen, sondern ein immer wieder unternommener Versuch, seine restlose innere Loslösung von den Dingen in Gemeinschaft mit dem Gekreuzigten symbolisch auszudrücken.

B. – Franziszi Kreuzesnachfolge durch Selbstverleugnung

Franziszi Nachfolge des Gekreuzigten offenbart sich nicht allein in seiner Bekleidung und Entblößung, sondern auch in seiner Selbstverleugnung. Diese gedankliche Verbindung bedeutet wahrlich keine Neuerung, ist sie doch bereits im Neuen Testament ausgesprochen und findet bei den Vätern und den aszetischen Schriftstellern der Folgezeit starken Widerhall, wie zuletzt F. Wulf eindrucksvoll aufgezeigt hat.[100]

1. Für *Franziszi Streben, seinen Leib durch Bußwerke abzutöten*, führt Bonaventura aus:

> „... ut crucis armaturam suo ferret in corpore, tanta disciplinae rigiditate sensuales appetitus arcebat, ut vix necessaria sumeret sustentationi naturae".

Anschließend daran entwirft er ein eindrucksvolles Bild von der Lebensstrenge des Heiligen in Speise und Trank, in Kleidung und Wohnung.[101] Zwar beschreibt Br. Thomas

---

98 Vgl. GOUGAUD, L.: Cendres, in: DSp II, 403f., wo auch die aszetische Bedeutung des Brauches der Aschenbestreuung herausgearbeitet wird. Vgl. als offenkundige Parallele die Vorschrift der Constitutiones Hirsaugienses, l. 2, c. 64: PL 150, 1334, wo außerdem die weitere Einzelheit des „coram eo [moribundo] passiones legere" angeordnet wird. Zahlreiche Parallelen vgl. sodann bei MARTÈNE, E.: De antiquis Ecclesiae ritibus, vol. IV, l. 5, c. 9, Antwerpen 1764, 249a-250b; s. darüber bes. GOUGAUD, Coutumes claustrales, 69-95, bes. 80-82; 77 Anm. 2 wird verwiesen auf ZACHARIAE, Th.: Sterbende werden auf die Erde gelegt, in: ARW 9 (1906) 538. – Zum Zilizium s. oben in Anm. 91; s. auch OPPENHEIM, Religiöse Wertung des Ordenskleides, 87-94; GEIGER: Sterben, in: BÄCHTOLD-STÄUBLI, H.: Handwörterbuch des deutschen Aberglaubens VIII, Berlin 1936/1937, 446f.

99 2 C 217: 255, bzw. 1 C 112: 88; FQS [1]V, 439 bzw. 191. Vgl. dazu FORTINI, Nova vita, I/2, 341f.: wegen der Unbestimmtheit des *terminus a quo* kann das *nudiustertius* nicht näher bestimmt werden. – Eine Meile erstreckt sich nach römischem Maß auf ungefähr 1½ km (1472,05 m). Die Zeitspanne beträgt demnach eine gute Viertelstunde.

100 WULF, F.: Selbstverleugnung u. Abtötung als Übung der Nachfolge Christi u. als Kennzeichen des neuen Lebens in Christus, in: GuL 25 (1952) 4-42; s. auch RAITZ VON FRENTZ, E.: Selbstverleugnung. Eine aszetische Monographie, Einsiedeln 1936, passim.

101 LM V,1: 577; zu den verschiedenen Bußformen des Heiligen s. FELDER, Ideale, 214-227 u. ESSER, K.: Die Lehre des hl. Franziskus von der Selbstverleugnung, in: WiWei 18 (1955) 162f.; OPTATUS: De Orde

von Celano diese Formen der Abtötung auch, doch begründet er dieselben unseres Wissens nirgendwo ausdrücklich vom Kreuzgedanken her. Dagegen lässt Celano ähnlich wie Bonaventura das ganze Bußleben des Heiligen aus dem Kreuzgeheimnis erwachsen. So berichtet [S. 361] er in der zweiten Lebensbeschreibung die Episode von der Entäußerung Br. Bernhards von Quintavalle. Nachdem dieser Franziskus sein Vorhaben eröffnet hat, gehen beide am anderen Morgen in die Kirche des hl. Nikolaus, wo sie nach vorausgehendem Gebet das Evangelienbuch aufschlagen. Hierbei stoßen sie auf die Stellen Mt 19,21; Lk 9,3 und Lk 9,23 bzw Mt 16,24: „Wer mir nachfolgen will, muss sich selbst aufgeben und täglich sein Kreuz nehmen, um mir zu folgen“.[102]

Die Aufforderung Jesu an die wahren Jünger zur Bereitschaft des Martyriums und zum Sterben in der täglichen Verleugnung ihrer selbst gehörte demnach zu den starken Anregungen der frühfranziskanischen Lebensweise. Sie wurde darum ganz selbstverständlich in die so genannte unbestätigte Regel von 1221 – und wohl von Franziskus selber! – eingefügt und gehörte zweifellos bereits zur leider nicht erhalten gebliebenen ersten Lebensform von 1210.[103]

---

van Boetvaardigheid. Over de boete in de geest van Franciscus, in: FrancLeven 42 (1959) 33-43. 39-41. VERHEY, Leben in der Buße, 165.

102 2 C 19: 139f.; LM III,3: 567f. bestimmt die Kirche näher mit „Sancti Nicolai“, die einstmals an der Piazza del Comune stand u. in deren Krypta heute das römische Museum untergebracht ist. – Nach AP, n. 10f.: VAN ORTROY, 37f., bzw. Leg. S. Francisci Assisiensis, n. 28f.: ABATE, 399f. 257 wäre auch der in beiden Rechten gebildete Pietro Cattani dabei gewesen. Vgl. zu gewissen abweichenden Einzelheiten der Quellen: FORTINI, Nova vita II, 278f. – FALOCI-PULIGNANI, M.: Il messale consultato da S. Francesco quando si convertì, in: MF 15 (1914) 33-43a untersucht ein Evangeliar, das der Buchhändler J. Baer in Frankfurt a.M. im Katolog unter Nr. 4686 summarisch beschrieben hatte. Es gelang dem Verf. als ziemlich wahrscheinlich nachzuweisen, dass der Codex für die fragliche Zeit in der Nikolauskirche in liturgischem Gebrauch stand. Es liegt daher nicht fernab, mit dem Verf. zu folgern, dass Franziskus gerade dieses Evangeliar aufschlug bzw. aufschlagen ließ. Eine absolute Sicherheit kann immerhin nicht erreicht werden: s. B. BUGHETTI, in: AFH 7 (1914) 784f. – Die betr. Evangelienstellen finden sich auf f. 133r, f. 119v, f. 250r; letztere (Mt 16,24) in einem Commune Martyris (39f.). – LM I,5: 562 bringt Jesu Aufruf zur Kreuzesnachfolge mit der angeblichen Erscheinung des Gekreuzigten in Beziehung; doch – wie wir oben, II. Teil. I, A, 2 darlegten – kann dieselbe nicht als geschichtlich angenommen werden. – Leg. S. Francisci Assisiensis, n. 14: ABATE, 388 (s. auch 253) verbindet die „carnis maceratio“ mit der Kreuzanrede. Diese Verbindung kann immerhin eine innere Wahrscheinlichkeit für sich beanspruchen. – Vgl. auch Anm. 103.

103 Vgl. zur Schriftstelle u. a. SCHELKLE, K. H.: Die Passion Jesu in der Verkündigung des NT. Ein Beitrag zur Formgeschichte u. zur Theologie des NT, Heidelberg 1949, 217-223. 222f.; leider konnten wir nicht einsehen: DINKLER, E.: Jesu Wort vom Kreuztragen, in: *Ntl. Studien für R. Bultmann zu seinem 70. Geburtstag*, Berlin 1954, 110-129. – Zur Zitierung der Stelle in den franziskanischen Regeln (c. 1: Opuscula [Lem.], 25) s. CASUTT, Franziskanische Lebensform, 77, 117f., 140. – Das Aufschlagen der Hl. Bücher, um in Versen, auf die des Lesers Blick zuerst fällt, ein persönliches u. richtungweisendes Wort Gottes zu vernehmen, wurde bereits von Augustinus mehr denn einmal geübt. In der Folgezeit trifft man diesen Brauch in der religiösen Lit. u. im frommen Brauchtum häufig an. Zum Teil wird er mit feierlichen Zeremonien eingerahmt. Vgl. DU CANGE, Ch. / HENSCHEL, G. A. L.: Glossarium mediae et infimae Latinitatis VI, Paris 1846, 304a-305b (s. v. Sors Sanctorum) u. bes. BOEHM: Los, losen, in: BÄCHTOLD-STÄUBLI, H.: Handwörterbuch des deutschen Aberglaubens V, 1373-1380. – Für die moralische Beurteilung von Franziszi Handlungsweise dürfen die starke Verbreitung dieses „Losens mit heiligen Worten“ u. seine hohe Ehrfurcht vor den „divina verba scripta“ (Epist. ad Cap.: Opuscula [Lem.], 105) nicht übersehen werden. Auf seine Einstellung zum Gotteswort selber werden wir in der oben (Anm. 39) angekündigten Studie ausführlich zurückkommen.

Bekannt ist sodann die Szene, die sich am Sterbebett des Ordensgründers abspielt. Franziskus gerät in Gewissensnot, ob [S. 362] er mit der Pflege des Leibes nun nicht zu weit ginge. Darüber berät er sich mit einem vertrauten Minderbruder. Dieser teilt jedoch die Bedenken des Kranken keineswegs, er hält ihm vielmehr seine übertrieben strenge Abtötung des Leibes vor. Man wird nun Zeuge des Gesprächs zwischen beiden, im Verlauf dessen der Ordensvater seinem Leib in Zukunft eine bessere Behandlung verspricht. Br. Thomas fügt nach einer Zwischenbemerkung über die nunmehrige Nutzlosigkeit dieses Vorsatzes bei:

> „Franziskus war der Welt bereits erstorben, aber Christus lebte in ihm. Ein Kreuz waren ihm die Freuden der Welt, da er Christi Kreuz tiefverwurzelt in seinem Herzen trug. Und deshalb leuchteten auch äußerlich die Wundmale an seinem Fleisch, weil die tiefste Wurzel innerlich aus seinem Herzen herauswuchs“.[104]

Wie bereits im Bericht über die Kreuzanrede in San Damiano zieht hier der Biograf Verbindungslinien zur Stigmatisierung des Ordensvaters. Die Wundmale werden in einem dichterischen Bild dargestellt als reife Frucht, die aus der Kreuzesliebe unseres Heiligen gleichsam wie aus ihrem Wurzelgrund erwuchs.[105]

Da die angeführten Quellenbelege die Annahme berechtigen, dass der Ordensvater die allgemeine Tugendhaltung der „mortificatio“ vom Kreuz Christi her motivierte, wird man unbedenklich auf ähnliche Zeugnisse späterer Kompilatoren hören. Nach einem Bericht des „Spiegel der Vollkommenheit“ habe Franziskus den treuen Beobachtern die Minderbrüderregel als „Lebensbuch, Hoffnung des Heils, Unterpfand der Glorie, Mark des Evangeliums, Weg des Kreuzes“ hingestellt.[106]

2. *Die Geißelung als besondere Form von Franziszi Kreuzesnachfolge.* – Wiewohl einzelne Formen von Selbstkasteiung unseres Wissens nirgendwo ausdrücklich mit dem Leiden Christi in Beziehung gebracht werden, darf hier die Geißelung nicht unerwähnt bleiben. Ihrer ganzen Ausrichtung nach will sie Anteil an den namenlosen Peinen der Geißelung Jesu vermitteln. Das erste geschichtlich sichere Zeugnis dieser aszetischen Übung reicht nur bis ins 8. Jahrhundert zurück und betrifft den hl. Pardulf, Abt von Guéret († ca. 737). Die Selbstgeißelung kam indes erst im 11. und 12. Jahrhundert stärker auf. Hierbei machte sich der hl. Petrus Damiani zum beredten Verfechter und Verbreiter des Brauches inner- und außerhalb seines Ordens.[107] [S. 363]

---

104 2 C 210f.: 251f.; FQS [1]V, 432-434.

105 Die Tragweite dieser Stelle werden wir anderswo eingehend untersuchen; vgl. Anm. 45.

106 SpSab, c. 76, n. 3: 222; die sonst genauen Parallelen: Verba S. P. Francisci, n. 3: L. LEMMENS, Quaracchi 1901, 101 bzw. 2 C 208: 249f. lassen jedoch die Bezugnahme auf das Kreuz vermissen; vgl. auch SpSab, c. 85, n. 9: 254, wo berichtet wird, der Ordensgründer habe das „summum desiderium imitandi Christum per viam crucis“ des Br. Juniperus gelobt; s. auch ebd., c. 70, n. 5: 202.

107 Vgl. bes. GOUGAUD, Dévotions et pratiques, 175-199, bes. 180-183, 185 u. BERTAUD, E.: Discipline, in: DSp III, 1302-1311, 1305f. weist der Autor auf ein noch früheres Beispiel hin: Kentigern, Bischof von Glasgow († 603); doch da dessen Leben erst 1185 geschrieben wurde, ist zu fragen, ob es sich nicht um eine Unterstellung handle. – Weitere Lit. s. bei BERNARDS, Speculum Virginum, 134 Anm. 547; für PETRUS DAMIANI im bes. s. *Op. 43 de laude flagellorum*: PL 145, 679-686 u. BLUM, O. J.: St. Peter Damian. His teaching on the spiritual life, Washington 1947, 114-119 u. Register (Discipline).

Für Franziskus wird diese Bußübung an mehreren Stellen klar bezeugt. Nachdem der Heilige den Brüdern kluge Mäßigung in der Behandlung von „Bruder Leib" empfohlen hat,[108] betont er dennoch die Notwendigkeit der Selbstkasteiung. Er wendet dabei das Bild vom faulen Lasttier an, das trotz ausreichender Fütterung störrisch bleibt. Br. Thomas fährt darauf fort:

> „In diesem Punkt allein stand Tat und Wort bei unserem heiligen Vater nicht in Einklang; denn er machte seinen Leib, obgleich er schuldlos war, durch Geißelschläge und Fasten unterwürfig und brachte ihm grundlos viele Wunden bei. Denn das Feuer des Geistes hatte seinen Leib schon so vergeistigt, daß, wenn die Seele nach Gott dürstete, jenes heiligste Fleisch nicht minder Durst empfand."[109]

Über die Weise der Selbstgeißelung und das dabei verwendete Gerät unterrichtet uns eine einzige Stelle. Als Satan den Ordensstifter einst mit einer schweren Versuchung zur Unzucht anreizte, legte dieser

> „sein Gewand ab, geißelte sich aufs härteste mit einem Strick und sprach: 'Ei, Bruder Esel, so zu bleiben ziemt sich für dich, so mußt du dich der Geißel ducken. Der Habit gehört dem Orden, stehlen ist nicht erlaubt. Wenn du deines Weges ziehen willst, so geh!'".[110]

Der Leib, der gleich einem störrischen Esel die Last der franziskanischen Lebensweise, die er durch das Gehorsamsversprechen auf sich genommen hat, abwerfen will, soll sich, angetrieben durch die Geißelhiebe, erneut Gott unterwerfen.

C. – Begründung des apostolischen Seeleneifers in der Erlösung

Bei den frühen Lebensbeschreibern wird nicht nur die Abtötung, sondern auch Franziszi apostolischer Seeleneifer mit dem Geheimnis der Erlösung verknüpft. So schreibt Celano: [S. 364]

> „Saluti namque animarum (vgl. 1 Petr 1,9) praestare nihil dicebat, eo saepius probans, quod 'Unigenitus Dei' (vgl. Joh 3,18) pro animabus dignatus fuerit in cruce pendere. Hinc sibi in oratione luctamen, in praedicatione discursus, in exemplis dandis excessus. Non se Christi reputabat amicum (vgl. Joh 15,14. 15), nisi animas diligeret, quas ipse dilexit" (vgl. 1 Joh 4,21).[111]

---

108 Zur Sinnbedeutung von „Br. Leib" bzw. „Br. Esel" (s. gleich anschließend im Text) vgl. die guten Hinweise bei C. ANDRESEN: Asketische Forderung u. Krankheit bei Franz von Assisi, in: ThLZ 79 (1954) 135. – MAXIMILIANUS [A MOERDIJK]: Broeder Ezel, in: FrancLeven 42 (1959) 15f. macht auf eine sehr interessante Parallele bei HIERONYMUS, Epist. 107 : Ad Laetam de institutione filiae, n. 10: CSEL 55, 301 bzw. n. 11: PL 22, 875f. aufmerksam: „Displicent mihi in teneris vel maxime aetatibus longa et immoderata ieiunia, quibus iunguntu hebdomades et oleum in cibo ac poma vitantur. Experimento didici *asellum* in via, cum lassus fuerit, diverticula quaerere".

109 2 C 129: 206; FQS [1]V, 358; vgl. die Parallele bei SpSab, c. 97: 280f.; s. ebenso 2 C 173: 230 u. LM IX,4: 599.

110 2 C 116: 199; FQS [1]V, 347. – Von einer Fremdgeißelung ist in den Quellen nirgendwo die Rede, wiewohl sie z. B. bereits für den hl. Pardulf bezeugt wird: GOUGAUD, Dévotions, 185. – Andere Formen von Selbstkasteiung namentlich das Fasten, müssen in einer späteren Studie über Franziszi Gedanken zur Nachfolge Christi gewürdigt werden.

111 2 C 172: 229f.; Parallele: LM IX,4: 599 mit dem typischen begründenden Satz: „Non se Christi reputabat amicum, nisi animas foveret, quas ille redemit". – Vgl. zudem LM VIII,1: 592 u. XIV,1: 620f. – Hier kann noch Franziszi bezeichnende Antwort an eine Frau, die sich über die Grausamkeit ihres Mannes

Die alles menschliche Begreifen übersteigende Liebe des Gottessohnes, mit der er uns durch das blutige Sterben am Kreuz erlöste, trieb den „vir apostolicus" – trotz seiner starken Vorliebe für die beschauliche Stille – auf die Straßen der italienischen und außeritalienischen Städte und Dörfer. Sein beispielhaftes Auftreten und sein zündendes Predigtwort wollten Satan die Beute der Sünder entreißen und damit verhindern, dass Christus für irgendeinen Menschen umsonst gelitten habe.[112]

D. – Passionsmotive, die nur Bonaventura berichtet

Der seraphische Lehrer berichtet noch mehrere andere Vorkommnisse aus dem Leben des hl. Franziskus, die vom Kreuz her begründet sind. Weil aber sein Bestreben, das Passionsmoment zu übersteigern, bereits klar genug nachgewiesen wurde, können seine Zeugnisse nicht unbesehen hingenommen werden. Nach ihm hat der Neubekehrte für die Wiederherstellung der Kapelle von San Damiano „aus Liebe zum armen Gekreuzigten alle Scham abgelegt" und bei wohlhabenden Leuten um Almosen angehalten.[113] Mit einer literarischen Entlehnung aus der ersten Vita des Br. Thomas beschreibt der Kirchenlehrer die Aussendung der ersten Gefährten. Franziskus sei mit einem Bruder in eine bestimmte Himmelsrichtung – wohl ins Rietital – gezogen, „reliquis sex ad modum crucis tribus aliis mundi partibus deputatis".[114] Auf dem Sterbebett habe Franziskus seine geistigen Söhne mit allem Nachdruck angehalten „ad crucifixi Jesu perfecte sectanda vestigia". Es ist sehr bezeichnend, wie das „Domini nostri Jesu ... vestigia sequi" der „Opuscula" hier auf [S. 365] die Kreuzesnachfolge eingeengt wird.[115] Niemand wird uns daher wohl überstrenger Kritik zeihen, wenn wir diese Einzelberichte in unserem Zusammenhang unberücksichtigt lassen.

E. – Die Sehnsucht des hl. Franziskus nach dem Martyrium

Die Idee der Nachfolge des Gekreuzigten im Blutzeugnis fand im Leben des Ordensgründers mannigfachen Niederschlag. Der größeren Klarheit halber empfiehlt sich, diesen längeren Abschnitt weiter aufzugliedern, Das hat außerdem den Vorteil, den zeitlichen Ablauf der Ereignisse sichtbar zu machen. Nach einem einleitenden Überblick über die Entfaltung dieses frömmigkeitsgeschichtlichen Motivs beleuchten wir daher Franziszi

---

beklagt hatte, wiedergegeben werden: „Vade et invenies virum tuum [in] domo, et dices ei ex parte mea, quod ipsum et te rogo amore illius Domini, qui pro nobis salvandis crucis sustinuit Passionem, ut salvetis animas vestras in domo vestra": Legant, n. 27: DELORME, 17; anders aber 2 C 38: 154f.; vgl. in unserem Zusammenhang ESSER, K. / GRAU, E.: Antwort der Liebe. Der Weg des franziskanischen Menschen zu Gott, Werl/Westf. 1958, 263-278. 266f.

112 JULIANUS VON SPEYER, O.Min. († um 1250), Officium S. Francisci, in: AF X, 375 nennt: „Franciscus, vir catholicus / Et totus apostolicus".

113 LM II,7: 566; 2 C 13: 138 dagegen kennt diese Motivierung nicht.

114 LM III,7: 569; nach 1 C 29. 30: 24 sagt Franziskus dagegen nur: „Ite ... bini et bini per diversas partes orbis ..."; „Franciscus vero cum uno socio aliam mundi partem, reliqui quatuor incedentes bini partes reliquas tenuerunt". Damit ist die persönliche Hinzufügung Bonaventuras klar ersichtlich. – Zur Wegrichtung ins Rietital s. FQS [1]V, 97 Anm. 103.

115 Lm, c. 7, lect. 4: 676; NbR 1: Opuscula [Lem.], 25; weitere Stellen s. bei FQS [2]I, 248b, Register (Fußspuren). – Ähnlich hat auch Lm, c. 3, lect. 1: 662: „insignis sectator crucifixi Jesu ...".

missglückte Missionsfahrten, seine Missionsreise nach Ägypten, die vielleicht erfolgte Pilgerfahrt des Heiligen nach Palästina und schließlich sein Bestreben, in den Leiden der letzten Krankheit einen Ersatz für das Martyrium zu finden.

1. *Die Sehnsucht nach dem Martyrium vor Franziskus.* – Es ist allgemein bekannt, in welchem Ausmaß der Gedanke des Blutzeugnisses als vollkommener Nachfolge des Gekreuzigten die christlichen Generationen der Frühzeit bewegte.[116] Nachdem die Verfolgungswellen verebbt waren und damit die Aussicht des blutigen Martyriums so gut wie aufhörte, verschwand jedoch nicht zugleich die Sehnsucht nach diesem höchsten Erweis der Treue zu Christus. Da man alle Vollkommenheit am Blutzeugnis maß, versteht sich von selber, dass man die aszetischen Entbehrungen des Mönchslebens mit dem Martyrium verglich und sie als dessen Ersatz pries. Die Theorie vom zweifachen Martyrium wird, wenn auch nicht erstmals, so doch mit besonderem Nachdruck von Sulpitius Severus († um 420) entwickelt. Wegen des nachhaltigen Einflusses, den der Biograf des hl. Martin von Tours auf die nachfolgende Zeit ausübte, wurde der Ersatz für das Martyrium zu einer der tragenden Ideen der frühmittelalterlichen Mönchsaszese. Besonderer Beliebtheit erfreute sich diese Vorstellung in irischen Mönchskreisen. Ein derart geschichtsmächtiger Gedanke büßte selbstverständlich auch im Hochmittelalter seine Strahlungskraft nicht ein.[117] So betont beispielsweise der hl. Bern- [S. 366] hard nicht allein die Abtötung als einen solchen Ersatz, sondern feiert Christus als den vollendeten Blutzeugen.[118] Die Teilnahme an den Kreuzzügen seit der Jahrtausendwende eröffnete den Kreuzfahrern die Möglichkeit zum Blutzeugnis für Christus auf dem Schlachtfeld. Nicht umsonst wird die Idee der Kreuzesnachfolge zu einer der drängenden und tragenden Ideen der „bewaffneten Wallfahrten“.[119]

---

[116] VILLER, M. / RAHNER, K.: Aszese u. Mystik in der Väterzeit, Freiburg i. Br. 1939, 30-33, 29f. (Lit.). Daneben s. nun bes. BAUS, K.: Das Gebet der Märtyrer, in: TThZ 62 (1953) 19-32.

[117] VILLER / RAHNER, Aszese, 38-40. bzw. GOUGAUD, Dévotions, 200-219: „Le désir du martyre et le quasi-martyre“; von größter Bedeutung wurden Gregor d. Gr. (203f.) bzw. Irland (205-214). Neuestens widmete diesem Gedanken mehrere Studien MALONE, E. E.: The monk and the martyr, in: STEIDLE, B.: Antonius M. Eremita, Rom 1956 (Studia Anselmiana, 38), 201-228; DERS.: Spiritual martyrs and Irish monks, in: ABenR 2 (1951) 393-409. Einige Belege für das spätere Nachwirken im Zusammenhang bes. mit dem Jungfräulichkeitsgedanken vgl. bei BERNARDS, Speculum Virginum, 45, 180.

[118] In Cant., sermo 30, n. 11: S. Bernardi opera I, Rom 1957, 217: „Quamquam genus martyrii est, Spiritu facta carnis mortificare ...“ Ebd. sermo 47, n. 5: II, Rom 1958, 64: „Idem [Dominus Jesus] flos campi, martyr, martyrum corona, martyrii forma“.

[119] Vgl. u. a. DELARUELLE, E.: Essai sur la formation de l'idée de croisade, in: BLE 42 (1941) 24-45, 86-103; 45 (1944) 13-46, 73-90; 54 (1953) 226-239; 55 (1954) 50-63; P. ROUSSET: L'idée de croisade chez les chroniqueurs d'Occident, in: X Congr. Intern. Scienze Stor., Roma, 4-11 sett. 1955 III, Florenz 1955, 547-563, wo auch weitere Lit.; ALPHANDÉRY, P. / DUPRONT, A.: La chrétienté et l'idée de croisade. [Vol. 1]: Les premières croisades. [Vol. II]: Recommencements nécessaires (XIIe-XIIIe siècles), Paris 1954. 1959; WAAS, A.: Geschichte der Kreuzzüge. In zwei Bänden, Freiburg i.Br. 1956. – Über den Gedanken des Martyriums bei den Kreuzzügen s. nun bes. WOLTER, H.: Elemente der Kreuzzugsfrömmigkeit in der Spiritualität des hl. Ignatius, in: Ignatius von Loyola. Seine geistliche Gestalt u. sein Vermächtnis. [Hg. von F. WULF], Würzburg [1956], 111-150, 126f. Anm. 52.

Wie innig sich der Poverello an diese Kreuzzugsfrömmigkeit anschließt, beweist die bezeichnende Stelle aus der Leo-Schrift *Sanctissimi Patris nostri Francisci intentio Regulae*:

„Carolus imperator, Rolandus et Oliverius et omnes palatini et robusti viri, qui potentes fuerunt in praelio, persequentes infideles cum multo sudore et labore usque ad mortem, habuerunt de illis gloriosam et memorialem victoriam et ad ultimum ipsi facti martyres mortui sunt pro fide Christi in certamine; et multi sunt, qui sola narratione eorum, quae illi fecerunt, volunt recipere honorem et humanam laudem".

Franziskus verehrt somit, nicht anders als seine Zeitgenossen, die im Kampf wider die Sarazenen gefallenen Kreuzfahrer als Blutzeugen. Zugleich beweist die Stelle, wie sehr er sich, selbst nach seiner Umkehr, von Vorstellungen des Rittertums bewegen ließ.[120]

2. *Die beiden missglückten Missionsfahrten.* – Die Kreuzzugsfrömmigkeit wirkte nicht allein auf Franziszi religiöses Denken und Fühlen ein, sie drängte ihn vielmehr zu mehrmaligen Missionsversuchen. Über den ersten unterrichtet uns Br. Thomas von Celano in folgender Weise: [S. 367]

„Glühend von göttlicher Liebe, suchte der hochselige Vater Franziskus stets Hand anzulegen an Heldentaten, und großmütig den Weg der göttlichen Gebote wandelnd, ging sein Wunsch dahin, den Gipfel der Vollkommenheit zu erreichen. Im sechsten Jahre seiner Bekehrung [1212] wollte er nämlich, voll flammender Sehnsucht nach dem heiligen Martyrium, nach Syrien hinüberfahren, um den Sarazenen und den übrigen Ungläubigen den christlichen Glauben zu verkünden und Buße zu predigen. Als er ein Schiff bestieg, um dorthin zu gelangen, wurde er aber infolge ungünstiger Winde nach Slavonien[121] verschlagen. Wie er sah, daß er um seinen heißen Wunsch betrogen sei, bat er nach kurzem Aufenthalt Schiffsleute, die nach Ancona fahren wollten, sie möchten ihn mitnehmen, da in diesem Jahre kaum mehr ein Schiff nach Syrien hinüberfahren konnte"[122].

---

[120] Intentio, n. 10: L. LEMMENS, Quaracchi 1901, 92. Parallelen mit unerheblichen Unterschieden sind: SpSab, c. 4, nn. 4-6: 13; Legant, n. 72: DELORME, 42. Vgl. zur wahrscheinlichen Abhängigkeit dieses Gedankens OLIGER, L.: S. Franciscus cognovitne Pseudo-Turpinum?, in: Anton. 2 (1927) 277-280; s. auch FELDER, Der Christusritter, 104f.; für die geistesgeschichtliche Einordnung von Franziszi Ritteridee s. AUER, Joh.: Militia Christi. Zur Geschichte eines christlichen Grundbildes, in: GuL 32 (1959) 340-381; 347. – Die Echtheit des im Text gebotenen Berichtes wird man umso weniger anzweifeln, als er einen von den Opuscula her wohl bekannten Gedanken aufnimmt (s. oben, I. Teil, I, D, 2).

[121] Wo Franziskus an der dalmatischen Küste ausstieg, scheint mit Sicherheit nicht ausgemacht werden zu können; s. RODE, B.: De antiquitate provinciae Sclavoniae O.F.M., nunc Dalmatiae, in: AFH 1 (1908) 504-514, 504-508 nimmt der Verf. Zara dafür in Aussicht. – Zeitlich wird man an die 2. Hälfte von 1212 denken müssen; vgl. FQS [1]V, 127 Anm. 212; A. FORTINI, Nova vita, I/2, 121.

[122] 1 C 55: 42; FQS [1]V, 127; parallel: LM IX,5: 599: „Desiderabat ... per martyrii flammam hostiam Domino se offerre viventem (Röm 12,1), ut et vicem. Christo pro nobis morienti rependeret ...". – Für unsere Frage, die wir hier u. im Folgenden beleuchten, ist immer noch grundlegend: VAN DER VAT, O.: Die Anfänge der Franziskanermissionen u. ihre Weiterentwicklung im nahen Orient u. in den mohammedanischen Ländern während des 13. Jahrhunderts, Werl 1934, bes. 1-59; mehr in praktischer Blickrichtung, wenn auch auf Quellen gründend: GONSALVUS WALTER [VON ERLAHEIM]: Unter die Sarazenen. Ein Missionsbüchlein über den hl. Franziskus von Assisi, Paderborn 1933; dagegen kann von der Berücksichtigung der Dissertation von DE ANASAGASTI ,P.: El alma misionera de S. Francisco de Asis, Rom 1955, ohne jeden Schaden abgesehen werden, da er fundamentale Lit. übergeht, abgesehen davon, dass die wissenschaftliche Methode sehr mangelhaft ist. Ähnliches muss leider auch von BASETTI-SANI, G.: Mohammed et saint François, Ottawa 1959, 157-183, 261-270 gesagt werden, der tlw. merkwürdig

Im vorliegenden Bericht werden die Motive der Überfahrt deutlich herausgestellt: Der von Gott Ergriffene will die Ungläubigen, namentlich die Sarazenen, zum wahren Glauben führen. Falls unter Syrien das heute mit diesem Namen gemeinte Gebiet zu verstehen ist, könnte die Fahrtrichtung von den vorausgegangenen Ereignissen beeinflusst sein; denn die Aufrichtung des Lateinischen Kaiserreiches in Konstantinopel im Jahre 1204 und besonders die Krönung Johannes' von Brienne zum König von Jerusalem in der Kathedrale von Tyrus im Jahre 1210 mussten die Aufmerksamkeit des Abendlandes zweifellos dahin lenken.[123] Franziskus durfte somit hoffen, vom schmalen Streifen des verbliebenen christlichen Kaiserreiches umso leichter auf mohamme- [S. 368] danisch besetztes Gebiet hinüberzukommen. Nebst der Missionsabsicht tritt mit betonter Deutlichkeit auch die Sehnsucht nach dem Martyrium in den Vordergrund. Hierin lebt altchristlicher Geist in neuer Form auf. Tatsächlich führte die Mission unter Mohammedanern wegen deren Fanatismus „fast zwangsläufig zum Martyrium".[124] Es ist jedoch nicht unwahrscheinlich, dass mit diesem Sehnen nach dem Blutzeugnis auch die Sehnsucht nach dem Heiligen Land verbunden war. In jenem Land, das der Gottmensch selbst durch sein Leben und Leiden geheiligt hatte, Christus den Erweis höchster Liebe zu entbieten, musste den seraphischen Heiligen besonders locken.

Die Sehnsucht nach dem Martyrium wird eine der stärksten Triebfedern der Missionsunternehmen der ersten franziskanischen Generation bilden. Der Anziehungskraft dieses Ideals konnte sich selbst die in strengster Klausur lebende hl. Klara nicht entziehen, wie eidlich beglaubigte Zeugnisse des Kanonisationsprozesses beweisen.[125] Dieser

---

mystizistische Deutungen vorträgt. Phantasie mit Geschichte vermischt findet man in den Ausführungen von FORTINI, Nova vita I/2, 43-109. – Im Folgenden sehen wir vom missionarischen Aspekt ab u. wenden uns vor allem dem Gedanken an das Martyrium zu.

123 Zum Lat. Kaiserreich s. FLICHE, A.: La chrétienté romaine (1198-1274), in: Histoire de l'Église X, 68-75; zur Krönung von Johannes s. BRÉHIER, L.: Brienne, in: DHGE X, 698-709 Lit., bes. 699f. – Jerusalem selber blieb in den Händen der Mohammedaner. – Immerhin muss bereits hier betont werden, dass der Begriff „Syrien" geografisch nicht in unserem heutigen Sinne abgegrenzt war, sondern soviel wie Levante bedeutete; s. unten Anm. 139.

124 ESSER, K.: Melius catholice observemus, in: Werkbuch zur Regel des hl. Franziskus, Werl 1955, 257. – In den mohammedanischen Ländern war „jede Predigt des Glaubens Christi, jede Bekämpfung der Lehren des Korans, jede Taufe eines Mohammedaners unter Todesstrafe verboten, u. jeder Sarazene, der sich taufen ließ, dem Tode verfallen". Die Handhabung solcher Gesetze war natürlich umso grausamer, als der Islam vom christlichen Abendland mit Waffen bekämpft wurde: LEMMENS, L.: Geschichte der Franziskanermissionen, Münster 1929, 10; s. auch VAN DER VAT, Franziskanermissionen im Orient, 6f.

125 Vgl. bes. PANCRATIUS [VAN STRIJP]: Het verlangen naar het Martelaarschap, in: FrancLeven 24 (1941) 173-179, 204-215; für die hl. Klara: 210 oder LAZZERI, Z.: Il Processo di canonizzazione di S. Chiara d'Assisi, in: AFH 13 (1920) 465, 468, 481; die Angaben von P. Pancratius können noch ergänzt werden durch Belege in Jord, nn. 5, 7f., 17: BOEHMER, 6f., 18f. – VAN DER VAT, Franziskanermissionen im Orient, 6-9, 26-28, 34-38, 57-59, der aber ebd. 58 darauf aufmerksam macht, dass die Sehnsucht nach dem Martyrium bei Franziskus, bes. in der dritten Missionsreise, nicht übertrieben werden darf. – In diesem Zusammenhang wäre es eine dankenswerte Aufgabe, die Bewertung des Martyriums bei den großen franziskanischen Theologen zu untersuchen. Vgl. einige Texte Bonaventuras bei LEMMENS, L.: „Franciscus vir catholicus et totus apostolicus". De primordiis Missionum Ordinis Minorum, in: Anton. 2 (1927) 21-58, 26. Für ALEXANDER VON HALES die noch nicht hg. Quaestio de martyrio (aus QQ. Alexandri postquam fuit frater!); s. [DOUCET]: Prolegomena in Librum III necnon in Libros I et II „Summae fratris Alexandri", Quaracchi 1948, S. CXXXIXa, CCCXLVIIb n. 37 (Mss.); S. CLXXXIIb n. 167 (Initien).

Sachverhalt erklärt dann auch, warum der Ordensvater in der unbestätigten Regel im Kapitel über die Missionsmethode eigentliche Verhaltungsmaßregeln für das Martyrium erteilt.[126] Nichts kennzeichnet seine übernatürlich-evangelische Missionseinstellung so klar wie eine Stelle aus diesem 22. Kapitel: Weil Jesus sogar seinen Verräter Freund nannte,

> „darum sind alle jene unsere Freunde, die uns ungerechterweise Trübsal und Angst, Schimpf und Unrecht, Schmerz und Qual, Marter und Tod bereiten. Wir müssen sie innig lieben, weil wir für das, was sie uns antun, das ewige Leben erlangen".[127] [S. 369]

Ähnlich teilt Br. Thomas einen Ausspruch des Heiligen mit, der für unseren Zusammenhang aufschlussreich ist. Franziskus habe betont: In jenen Minderbrüdern sei jede Ichbezogenheit rein irdischer Denkart verschwunden, die nach Prüfung der besonderen Berufung durch die Oberen und mit deren Sendung zu den Ungläubigen gehen, sei es, um Seelen zu gewinnen, sei es aus Sehnsucht nach dem Blutzeugnis.[128]

Dieses Begehren nach dem blutigen Erweis der Treue zu Christus ließ den Heiligen trotz des Misserfolges der ersten Missionsreise nicht ruhen. Wohl nachdem er von der schweren Niederlage vernommen, die das kastilianische Heer am 16. Juli 1212 unter Führung von König Alfons VIII. dem Sultan Al-Nāsir in Navas de Tolosa beigebracht hatte, machte er sich mit Br. Bernhard von Quintavalle als Reisebegleiter zu Fuß nach Spanien auf, um nach Marokko überzusetzen. Wie sehr das Motiv des Martyriums ihn innerlich bewegte, geht aus dem Bericht des Biografen hervor:

> „So groß war der Eifer, der ihn vorwärts trieb, daß er manchmal seinen Reisegefährten zurückließ und trunkenen Geistes dahineilte, um sein Vorhaben auszuführen".

Doch während er noch in Spanien weilte, fiel er in eine schwere Krankheit. Darin musste er einen Wink der Vorsehung erblicken, den Missionsversuch abzubrechen und nach Italien zurückzukehren.[129]

3. *Die dritte Missionsreise nach Ägypten.* – Ungleich stärker weckte dieser dritte Versuch unseres Heiligen das Interesse der Geschichtsschreibung. Da der schwierige Fra-

---

[126] NbR 16: Opuscula [Lem.], bes. 45f.; s. dazu VAN DER VAT, Franziskanermissionen im Orient, 17f.; ESSER, Werkbuch, 257. – Da die Episode des 1. Missionsversuches bei den Autoren höchstens kurz erwähnt wird, mussten wir sie etwas ausführlicher darstellen.

[127] FQS ²I, 70.

[128] 2 C 152: 219: „Summam vero [scil. obedientiam] et in qua nihil haberet 'caro et sanguis' (Mt 16,17), illam esse credebat, qua divina inspiratione inter infideles itur, sive ob proximorum lucrum, sive ob martyrii desiderium". Dazu parallel ist: SpSab, c. 48, n. 6f.: 127f. – „Obedientia" muss hier mit „Gehorsamstat" übersetzt werden: FQS ¹V, 378 u. ESSER, K.: Gehorsam u. Freiheit, in: WiWei 13 (1950) 142-150, bes. 149 Anm. 33; die Deutung als „höchste Aufgabe" bei VAN DER VAT, Franziskanermissionen im Orient, 9 trifft den Sinn nicht befriedigend.

[129] 1 C 56: 43; FQS ¹V, 128f.; LM IX,6: 600; vgl. hierzu VAN DER VAT, Franziskanermissionen im Orient, 39f.; DE BEAULIEU, E. M.: Le voyage de S. François en Espagne, in: EtFr 15 (1906) 384-399; LÓPEZ, A.: Viaje de S. Francisco a España (1214), in: AIA 1 (1914) 13-45, 257-289, 433-469; oder DERS.: Viaje de S. Francisco por España, in: Curso de conferencias acerca de la personalidad de S. Francisco de Asís, Madrid 1927, 141-191. – Die Zeit der Missionsreise ist schwer festzulegen; der Verf. glaubt, sie mit einer gewissen Wahrscheinlichkeit nach Pfingsten 1214 bis 1215 ansetzen zu können (148). – Al-Nāsir ist der Ehrentitel für Abū 'Abd Allāh Muhammad ben Ya'kūb al-Mansūr ben Yūsuf ben 'Abd al-Mū'min († 12. Dez. 1213); über ihn u. die gen. Schlacht vgl. E. LÉVI-PROVENÇAL, in: Encyclopédie de l'Islam III, Leiden 1936, 927a bzw. 944f.

genkomplex dieser Missionsfahrt von mehreren Forschern eingehend untersucht wurde, können wir uns hier auf einige Grundlinien beschränken. Unter den zahlreichen Zeugnissen befinden sich auch beachtlich viele außerfranziskanischen Ursprungs. Wenn sie auch in bestimm- [S. 370] ten Einzelheiten abweichen, so stimmen sie doch in Bezug auf wesentliche Vorgänge ausreichend überein.[130]

Nach dem Pfingstkapitel in Portiunkula am 26. Mai und nach Empfang der Bulle „Cum dilecti“ vom 11. Juni 1219 stach Franziskus in Begleitung des Br. Petrus Cattani und vielleicht auch der Brüder Illuminatus und Leonhard von der italienischen Küste (Ancona oder Apulien?) aus in die See. Sie wurden aller Wahrscheinlichkeit nach von einem der vielen Schiffe, die den Kreuzfahrern vor den Mauern Damiettes Verstärkung bringen sollten, mitgenommen. Über den näheren Verlauf der Fahrt schweigen sich die Berichte aus. Sicher traf das Schiff noch vor dem 29. August, dem Datum der furchtbaren Niederlage des Christenheeres, ein.[131] Wider Erwarten bot der Sultan Al-Malik al-Kāmil (voller Name: Abū Ma āli Muhammad) dem geschlagenen Kreuzfahrerheer den Waffenstillstand an. Wohl nicht in der Ruhepause bis ungefähr zum 26. September, während der über die Bedingungen des Waffenstillstandes diplomatische Verhandlungen liefen, sondern erst nachdem das erbitterte Ringen um die Stadt wiederum eingesetzt hatte, suchte Franziskus seinen Herzenswunsch zu erfüllen: dem Sultan das Evangelium Christi zu künden und damit entweder dessen Bekehrung oder seinen Martertod zu erreichen.[132] [S. 371]

---

130 Eine ziemlich umfassende Quellentextsammlung veranstaltete GOLUBOVICH, G.: Biblioteca bio-bibliografica della Terra Santa e dell'Oriente francescano I, Quaracchi 1906, 1-84; gewisse Ergänzungen bot LEMMENS, L.: De S. Francisco Christum praedicante coram Sultano Aegypti, in: AFH 19 (1926) 559-578; vgl. zudem VAN DER VAT, Franziskanermissionen im Orient, 51-59. 51 Anm. 51: Quellen u. Lit.; RONCAGLIA, M.: S. Francesco d'Assisi in Oriente, in: StFr Ser. 3, 25 (1953) 97-106, oder DERS.: Storia della Provincia di Terra Santa. I: I Francescani in Oriente durante le Crociate, Cairo-Muski 1954 (Biblioteca bio-bibliografica della Terra Santa e dell'Oriente francescano, Ser. IV/1). Der Verf. zieht zum besseren Verständnis der geschichtlichen Vorgänge erstmals arabische Quellen heran, wenngleich diese Franziskus selber nicht erwähnen; vgl. aber DERS.: Fonte Arabo-Musulmana su S. Francesco in Oriente?, in: StFr Ser. 3, 25 (1953) 258f.; s. zudem die in Anm. 122 verzeichnete Lit.

131 1 C 57: 43f.; 2 C 30: 149 bzw. LM IX,7: 600; wir folgen hier vor allem RONCAGLIA, S. Francesco in Oriente, 97f.; ebd. 98 Anm. 2 verweist der Verf. auf GROUSSET, R.: Histoire des croisades et du royaume de Jérusalem III, Paris 1941, 214-230; s. nun nebst WAAS, Geschichte der Kreuzzüge I, 258-274 u. FORTINI, Nova vita I/2, 46-82 bes. GOTTSCHALK, H. L.: Al Malik al-Kāmil von Egypten u. seine Zeit. Eine Studie zur Geschichte Vorderasiens u. Egyptens in der ersten Hälfte des 7./13. Jahrhunderts, Wiesbaden 1958, 58-79. 76-88. – Hinsichtlich von Zahl u. Namen der Reisebegleiter herrscht Uneinigkeit; wir folgen darin O. VAN DER VAT, Franzskanermissionen im Orient, 51 Anm. 52. – Was das Datum der Abreise betrifft, ist der Ausgangspunkt des Pfingstkapitels sicher (s. Anm. 132). Die Datierung des päpstlichen Empfehlungsschreibens zu Gunsten Franziszi u. der Minderbrüder lautet in verschiedenen Abschriften auf den 11. Juni: GRATIEN, in: EtFr 33 (1921) 528s. Darüber hinaus vertritt GOLUBOVICH, Biblioteca, 92 die Auffassung, dass sich die gen. Minderbrüder wahrscheinlich den Kreuzfahrern anschlossen, die am 24. Juni abreisten.

132 Für die Zeit des Zusammentreffens des Heiligen mit dem Sultan werden in der Lit. so ziemlich alle Möglichkeiten ausgeschöpft. BASETTI-SANI, Mohammed, 163 setzt den Besuch noch vor der furchtbaren Niederlage des Christenheeres am 29. August 1219 an. Wenn Franziskus nach dem Pfingstkapitel (26. Mai) bzw. nach dem 11. Juni abreiste (vgl. FISCHER, H.: Der hl. Franziskus von Assisi während der Jahre 1219-1221, Freiburg/Schw. 1907, 26 bzw. Anm. 131) u. wenn man für die Überfahrt ungefähr einen Monat voraussetzt (s. RONCAGLIA, S. Francesco in Oriente, 98), ist diese Annahme an sich nicht unmöglich. Der Autor sollte sich freilich nicht selber widersprechen, wenn er die Erlaubnis des päpstlichen Legaten zum Besuch von der erfüllten Vorhersage der Niederlage abhängig sein lässt ... Doch wird

Zusammen mit Br. Illuminatus von Arce empfahl er sich dem Schutze Gottes und machte sich unter steter Lebensgefahr auf den Weg zum sarazenischen Heerlager. Nicht lange währte es, bis die beiden von Wachtsoldaten angehalten und gefragt wurden, ob sie als Gesandte oder als Überläufer gekommen seien. Franziskus bekannte sich unumwunden als Christ und verlangte, vor den Sultan geführt zu werden. Darauf wurden sie sogleich gefangen genommen und furchtbar mit Schlägen und Schmähungen misshandelt. In das Zelt von Al-Malik al-Kāmil geführt, wurde der Poverello von diesem mit überraschender Liebenswürdigkeit empfangen, wie alle Zeugnisse übereinstimmend hervorheben.[133]

Der Heilige hielt sich jedenfalls ungefähr eine Woche lang in der Nähe des sarazenischen Herrschers auf. Über den Verlauf des Besuches zeigen sich zwischen den Zeugnissen von Ernoul und dem Bericht von Celano und Jakob von Vitry starke Abweichungen. Odulphus van der Vat schlägt vor, den Bericht des erstgenannten Chronisten auf eine Einzelszene zu beziehen. Nach Ernoul wurde nämlich Franziskus viel mehr Gelegenheit zu Glaubensgesprächen geboten, als die anderen Gewährsmänner erkennen lassen. Hierbei scheinen die faszinierende Persönlichkeit des Heiligen, sein begeistertes Zeugnis für Christus und nicht zuletzt seine beredte Weltverachtung den Eindruck auf Al-Malik al-Kāmil nicht verfehlt zu haben.[134]

Ein nicht leicht zu klärendes quellenkritische Problem bereitet der alleinstehende Bericht des hl. Bonaventura, nach dem [S. 372] der Ordensgründer zum Erweis der christlichen Wahrheit die Feuerprobe vorgeschlagen habe. Da der Biograf sich mit großer Wahrscheinlichkeit auf den Augenzeugenbericht von Br. Illuminatus stützt, wird man einer ersten Versuchung widerstehen, das Ganze als legendär abzutun. Man wird versuchen müssen,

---

diese Ansicht von den Zeugnissen ausgeschlossen, die das Zusammentreffen während der Belagerung von Damiette festsetzen; s. LEMMENS, De S. Francisco praedicante, 561f. Aus dem nämlichen Grund ist die Meinung von FORTINI, Nova vita I/2, 91f. Anm. 1, auszuschließen, nach welcher der Heilige nach der Einnahme von Damiette am 5. Nov. bzw. Febr. 1220 zum Sultan gegangen sei; s. die Gründe dagegen bei FISCHER, Franziskus während der Jahre 1219-1221, 28f. – Eine weitere Ansicht setzt die Begegnung auf die Zeit zwischen dem 29. Aug. bis zum 26. Sept. an, da Friedensverhandlungen im Gange waren, so LEMMENS, 560f. u. RONCAGLIA, 99f. Doch hat VAN DER VAT, Franziskanermissionen, 52 das Zeugnis der franziskanischen Quellen auf seiner Seite, wenn er für die Zeit der seit dem 26. Sept. wieder einsetzenden Kriegshandlungen eintritt; Vgl. z. B.: „... cum quotidie bella inter christianos et paganos ... ingruerent" (1 C 57: 43).

133 VAN DER VAT, Franziskanermissionen, 52. Zu Br. Illuminatus s. FORTINI, Nova vita II, 303-306. – Ein Hauptgrund dieser milden Behandlung liegt zweifellos in der versöhnlichen Eigenart des Sultans: s. GOTTSCHALK, Al-Malik, 23-26; G. FUSSENEGGER, in: AFH 52 (1959) 331-333. Andererseits wird man auch mit RONCAGLIA, 100f., 101 Anm. 2 auf die Ähnlichkeit des Poverello mit der aszetischen Bewegung der Sūfiyya (vgl. darüber BURCKHARDT, T.: Vom Sufitum. Einführung in die Mystik des Islams, München 1953) hinweisen. Sie gingen ebenfalls in einer rauhen u. mit einem Strick gegürteten Kutte einher u. erbettelten sich ihren täglichen Lebensunterhalt. Hierin mag ein weiterer psychologischer Grund der freundlichen Aufnahme gelegen haben. Hingegen widerspricht BASETTI-SANI, Mohammed, 263 Anm. 13 dem Verf. mit Recht, wenn dieser die Geschichtlichkeit der Misshandlungen des Heiligen durch die mohammedanischen Wächter leugnet.

134 VAN DER VAT, 52f. – Das Zeugnis der Chronik von Ernoul († 1227/1229) vgl. bei GOLUBOVICH, Biblioteca della Terra Santa, 10-13.

einen gewissen historischen Kern aus dem in Bonaventuras Schriften dreimal abweichend gebotenen Bericht herauszuschälen.[135]

Es ist offenkundig, dass der Poverello sich auch bei diesem Unternehmen nicht bloß von missionarischen Absichten, sondem ebenso stark vom Verlangen nach dem Martyrium leiten ließ. Das ganze, für Kategorien menschlicher Klugheit unfassbare Vorgehen des Heiligen – auch Kardinallegat Pelagius Galván († 1232), dem er sein Vorhaben unterbreitete, erschien es als tollkühn – beweist sein brennendes Begehren nach dem Blutzeugnis überzeugender als die einschlägigen Bemerkungen der Lebensbeschreiber.[136] In diesem persönlichen Vorwagen des Ordensgründers und seiner Söhne in die islamitischen Länder, um sie durch vorbildliches Leben und Predigtwort für Christus zu gewinnen oder dann dem Herrn den höchsten Beweis der Liebe im Martyrium zu bieten, liegt zweifellos eine neue und zündende Missionsidee von nachhaltiger Wirkung.[137] [S. 373]

---

135 VAN DER VAT, 53-55, bzw. LM IX,8: 601; Collationes in Hexaem., coll. 19, n. 14: Op. Om. V, 422b, bzw. visio 3, coll. 7, n. 14: F. DELORME, Quaracchi 1934 (Bibl. Franc. Schol. Medii Aevi, 8), 217; Sermo 2 de S. Francisco, n. 2: IX, 579f. Starke Zweifel äußert VAN DEN BORNE, Voornaamste feiten, 237f., während BASETTI-SANI, Mohammed, 177-183 gerade daran seine fragwürdigen „geschichtstheologischen" Deutungen anknüpft: s. CFr 30 (1960) 220s. Am historischen Kern des Berichtes zu zweifeln scheint – nebst dem im Text gen. Grund – deshalb nicht begründet, weil die verschiedenen Formen des Gottesgerichtes noch zur Zeit unseres Heiligen trotz des wachsenden Widerstandes der Kirche ziemlich verbreitet waren. Zum Vergleich sei hier auf die Feuerprobe der hl. Kaiserin Kunigunde († 1033/1039) hingewiesen. In der nach 1199 von einem unbekannten Autor verfassten Vita S. Cunegundis, n. 2: PL 140, 207BC oder c. 1, n. 2: AA.SS. Martii 1, 271 wird berichtet, wie die Heilige gegen den Verdacht ehelicher Untreue vor ihrem Gemahl „expurgationis gratia ad vomeres candentes ... sibi iudicium elegit". Nach vorausgeschicktem Gebet „... vomeres candentes nudo vestigio calcavit et sine adustionis molestia secura transivit". Vgl. einige Hinweise u. die Lit. bei LEITMAIER, Ch.: Gottesurteil, in: LThK ²IV, 1130-1132.

136 RONCAGLIA, S. Francesco in Oriente, 102 bzw. 100f. Anm. 2; VAN DER VAT, Franziskanermissionen, 7; vgl. aber auch 58. Dort führt der Verf. aus: „Bei dem hl. Franziskus selbst tritt das Verlangen nicht so stark in den Vordergrund [wie bei seinen ersten Söhnen], wenigstens nicht auf seiner dritten Missionsreise". Doch dürfte der Unterschied nicht sehr groß sein, höchstens dass der Heilige Reden u. Handlungen, die Mohammedaner herausfordern mussten, unterließ, im Gegensatz zu den hll. Otto u. Gefährten (46f.). – Selbst für den Fall, dass die ersten Biografen das Verlangen nach dem Martyrium über das geschichtliche Maß hinaus betonten, wäre die Sprache der Missionsunternehmen selber deutlich genug. – Von den Quellentexten spricht 1 C 57: 43f. von „impetus animi" bzw. „desiderium [martyrii]"; deutlicher ist 2 C 30: 149: „... fervore martyrii mare transierant [Franciscus et socii]"; am ausdrücklichsten ist LM IX,7: 600: „Verum caritatis ardore spiritum ipsius ad martyrium perurgente".

137 Zwar hat bereits PETRUS VENERABILIS O.S.B. den Koran ins Latein übersetzt u. auf Grund der Übers. seinen Tractatus adversus nefandam sectam Saracenorum: PL 189, 659-720 verfasst. Wenn er auch durch letztere Schrift Bekehrungen zu erreichen hoffte, so war doch sein Hauptbestreben, den Christen für ihre ideologischen Auseinandersetzungen mit den Mohammedanern ein Manuale bereitzustellen. In anderen Schriften bekennt sich der Kluniazenserabt zu der herkömmlichen Auffassung, wie sie der hl. Bernhard in einem Brief ausspricht: „ad delendas penitus aut certe convertendas nationes illas" (Epist. 457: PL 185, 651D). Vgl. BERRY, V.: Peter the Venerable and the crusades, in: CONSTABLE, G. / KRITZECK, J.: Petrus Venerabilis, 1156-1956, Rom 1956 (Studia Anselmiana, 40), 141-162, 142 (Lit.), 145f. – Franziskus scheint hingegen irgendwie vom Orden der Heiligsten Dreifaltigkeit Anregungen empfangen zu haben; bekanntlich begaben sich die Trinitarier schon 1199 nach Marokko, um christliche Sklaven loszukaufen; s. ROMANO, A.: I Trinitari, in: ESCOBAR, M.: Ordini e Congregazioni religiose I, Turin [1951], 131-156, 137, 143-147. – Hinsichtlich der Missionabsichten bei Sarazenen des Jakob von Vitry u. Didakus von Azevedo, Bischof von Osma († 1207), s. VAN DER VAT, Franziskanermissionen, 57, 4 Anm. 11.

4. *Die Frage der Pilgerfahrt des hl. Franziskus ins Hl. Land* nach seiner Rückkehr ins christliche Heerlager bietet ganz besondere Schwierigkeiten. Ein einziges Zeugnis ist uns darüber aus dem 13. Jahrhundert erhalten. Darin teilt der unbekannte Verfasser, der die historisch sehr zuverlässige Chronik des Erzbischofs Wilhelm von Tyrus († um 1186) fortsetzt, mit, der Ordensgründer habe mit Missfallen das viele Böse im christlichen Heere mitangesehen, „por quoi il s'en parti et fu une pièce en Surie, et puis s'en rala en son pais“.[138] Nun ist aber der Begriff Syrien im mittelalterlichen Sprachgebrauch ein geografisch nicht eindeutig festgelegter Begriff. Er wurde zum Teil gleichbedeutend wie Levante verwendet, welche die um das östliche Mittelmeer gelegenen Länder: Griechenland, Kleinasien, Syrien und Ägypten umfasste.[139] Diese geografisch schillernde Bedeutung bezeugen auch die ersten Biografen, wenn sie die Missionsfahrt nach Ägypten einfach mit „ad partes Syriae“ kennzeichnen.[140]

Vielleicht vermag man diese Frage mit Hilfe anderer Zeugnisse einer positiven Lösung näher zu führen. Br. Jordan von Giano berichtet nämlich, der Ordensvater habe Br. Elias „zum Provinzialminister jenseits des Meeres (ultra mare) eingesetzt. Auf dessen Predigt hin bekehrte sich ein Kleriker namens Cäsarius und ließ sich in den Orden aufnehmen“.[141] Der Zeitpunkt dieser Aussendung wird jedoch von den einzelnen Forschern ver- [S. 374] schieden angesetzt.[142] Für unsere Frage ist zunächst die örtliche Bestimmung der Aufnahme Br. Cäsarius' von größerem Belang. G. Golubovich ist geneigt, freilich ohne sich auf ein Quellenzeugnis zu berufen, die Begegnung beider in Damiette anzunehmen.[143] Doch wegen eines Briefes Jakobs von Vitry, des damaligen Bischofs von Akko, erscheint es viel wahrscheinlicher, dass die starke Persönlichkeit des Br. Elias den Subdiakon Cäsarius – zusammen mit anderen Weltpriestern – in der Bischofsstadt selber für den Orden gewann.[144] Mit dieser Begebenheit müssen wir noch ein

---

[138] GOLUBOVICH, Biblioteca, 14. Der Titel wird verschieden angegeben: L'Estoire de Eraclés, empereur, et la conqueste de la terre d'oultremer (oder Livre d'Eraclés, Livre du conquest, Estoire d'oultremer). – „Une pièce“ ist gleichbedeutend mit „ein gutes Stück Zeit“ (ebd. Anm. 3). – Zur Eigenart der Chronik s. MOLINIER, A.: Les sources de l'histoire de France, n. 2303, III, Paris 1903, 29f. Leider wurde der historische Wert der Weiterführung noch nicht geklärt, wenigstens ist uns keine entsprechende Studie bekanntgeworden. Man wird die Bemerkung von BIHL, M.: Die Franziskaner-Missionen im Morgenlande während des 13. Jahrhunderts, in: Der Kath., 3.F., 35 [87] (1907) 365-376. 368 nicht übersehen dürfen: „Damit das Zeugnis des sog. Eraclés durchschlagend sei, müßte doch festgestellt werden, wo der Chronist gelebt, um allein jene Nachricht in sichere Erfahrung zu bringen“. – Zu Erzbischof Wilhelm s. COGNASSO, F.: Guglielmo di Tiro, in: EC VI, 1269f. Lit., bzw. CLAUDE, H.: Guillaume de Tyr, in: Catholicisme III, 403f.

[139] BIHL, Franziskaner-Missionen, 368, bzw. ROS, E.: Levante, in: EncIt XXI, 9a.

[140] 1 C 57: 43; LM IX,7: 600.

[141] Jord, n. 9: BOEHMER, 7f.; Übers. aus HARDICK, L.: Nach Deutschland u. England, Werl 1957, 45.

[142] Die Zeit wird zwischen 1217/1218 angesetzt: s. Jord, 7 u. VAN DER VAT, Franziskanermissionen, 41 Anm. 11. Vgl. neuestens auch BROOKE, R. B.: Early Franciscan government. Elias to Bonaventure, Cambridge 1959, 23, 104f.

[143] GOLUBOVICH, G.: S. Francesco e i Francescani in Damiata, in: StFr N.S. 12 (1926) 307-330, 323-325; zur Studie s. aber RONCAGLIA, S. Francesco in Oriente, 106 Anm. 3.

[144] VAN DER VAT, Franziskanermissionen, 68f. – Vgl. das einschlägige Zeugnis von Vitry bei BOEHMER, H.: Analekten zur Geschichte des Franciscus von Assisi, Tübingen 1904, 101; besser als bei GOLUBOVICH, Biblioteca, 7f. Unter den Eingetretenen sei erwähnt: „... et dominus Mattheus, cui curam ecclesie Sancte Crucis (d. h. von Akko) commiseram ...“: ebd. 102. – Wie VAN DER VAT, Franziskanermissionen, 68

anderes Zeugnis verbinden: Br. Jordan von Giano berichtet, nachdem Franziskus über beunruhigende Zustände des Ordens in Italien benachrichtigt worden sei, habe er außer anderen Brüdern auch Elias auf der Heimfahrt mit sich genommen.[145]

Falls diese Annahme genügend begründet ist, wäre damit zugleich die Grundlage geschaffen, um einen Aufenthalt des Ordensgründers in Akko und damit im Hl. Lande anzunehmen. Denn das Zeugnis der L'Estoire de Eraclés wird indirekt durch Jordan und Vitry gestützt. Außerdem weist gerade H. Fischer in überzeugender Weise auf die innere Wahrscheinlichkeit des anonymen Berichtes hin. Die sittliche Ausschweifung, unerhörte Grausamkeit und Habgier, deren sich viele Kreuzfahrer schuldig machten, mussten die zartfühlende Art des Heiligen stärkstens verletzen. Darum wird er sich bald nach dem Fall Damiettes, am 5. November 1219, nach Akko zurückgezogen haben. Wenn seine Rückkehr nach Italien auf den Beginn des Jahres 1220 angesetzt wird, dann blieben dem Heiligen immerhin ungefähr zwei Monate Zeit, um die Heiligen Stätten zu verehren.[146] [S. 375]

Obwohl wir damit quellenmäßig die Möglichkeit irgendwie begründet haben und auch den zeitlichen Rahmen zu bestimmen versuchten, stellt sich erneut die entscheidende Frage: Besuchte der Ordensstifter wirklich Jerusalem und Bethlehem, die sich ja unter der Botmäßigkeit der Moslems befanden? Aus dem 13. Jahrhundert fehlt hierfür tatsächlich jedes Zeugnis. Erst der Spiritualenführer Angelus Clarenus († 1337) teilt in seiner *Historia septem tribulationum* mit, der Sultan „ipsum et omnes fratres suos libere ad Sepulcrum, et absque tributi solutione, accedere posse mandavit". An anderer Stelle wird zudem der Besuch der „loca sancta" eigens erwähnt. Nach der Begegnung mit Al-Malik al-Kāmil sei Gott ihm erschienen und habe ihn geheißen, eilends heimzukehren. „Post quam apparitionem, Sepulcro Domini visitato, festinans ad Christianorum terram reversus est ...".[147]

Der Bericht von der vermeintlichen Erscheinung verdient bestimmt keinen Glauben, ja er mindert wegen der unmöglichen zeitlichen Verbindung die innere Wahrscheinlichkeit der ganzen Aussage erheblich.[148] Ferner ist die allgemeine Predigterlaubnis, wie sie die *Actus beati Francisci* behaupten, aus inneren Gründen unhaltbar. Sie wird übrigens durch das tatsächliche Verhalten der Mohammedaner deutlich genug widerlegt. Andererseits

---

bemerkt, fällt auf, dass Vitry erst in diesem Brief – geschrieben im März 1220 in Damiette –, nicht aber in früheren, der Werbekraft des franziskanischen Ideals in Akko gedenkt; daraus schließt er mit Recht, das Geschehnis sei nicht vor die Ankunft Franziszi in Ägypten zu verlegen. Wenn sich nun Br. Elias ebenfalls in Damiette befunden hätte, dann müsste zweifellos bei der Aufnahme des Br. Cäsarius Franziskus miterwähnt worden sein. Andererseits erscheint es unwahrscheinlich, mit GOLUBOVICH, S. Francesco in Damiata, 324 anzunehmen, der gesamte Klerus von Akko sei mit den Truppen des König Johannes von Jerusalem mitgezogen.

145 Jord, n. 14: BOEHMER, 13f.: „B. Franciscus assumptis secum fratre Helya et fratre Petro Cathanie et fratre Cesario ... et aliis fratribus, rediit in Ytaliam".

146 FISCHER, Franziskus während der Jahre 1219-1221, 27f. bzw. 41f. – Da jedoch von Seiten späterer Ereignisse, die nicht auf Tag u. Monat genau bestimmt werden können, nichts im Wege steht, braucht man die Abreise des Heiligen nicht schon, wie dies der Verf. tut, auf 1219 anzusetzen. Man kommt sonst unweigerlich mit dem Zeugnis der L'Estoire de Eraclés in Konflikt, das von einem Verweilen „une pièce en Surie" berichtet; s. oben Anm. 138.

147 GOLUBOVICH, Biblioteca, 56a, 57a, bzw. GHINATO, A. (Hg.): Historia septem tribulationum, sectio secunda: prima tribulatio, Rom 1959, 35-37.

148 Diese Schwierigkeiten betonte mit bes. Nachdruck BIHL, Franziskaner-Missionen, 368f.

bestünde wegen der übereinstimmenden Zeugnisse der früheren Quellen über die Freundlichkeit des Sultans keine Schwierigkeit anzunehmen, Franziskus sei vom Entrichten des Zehnten ausgenommen worden. Man müsste voraussetzen, Al-Malik habe dem Poverello eine Art Freipass ausgestellt, der ihm ungehinderten Zutritt zu den Heiligen Stätten verschaffte.[149]

Angesichts der aufgezeigten Mängel des Clarenischen Berichtes wird indes der Historiker gewisse Bedenken nicht los. Doch im Lichte der mittelalterlichen Hagiografie gesehen, mag es immerhin möglich sein, dass hier ein geschichtlich echter Kern nach den Gesetzen der fortschreitenden Legendenbildung und ständig stärkeren Betonung des Wunderbaren zu diesem Rankenwerk auswuchs.[150] Wir können deshalb der Heiliglandfahrt des Ordens- [S. 376] stifters höchstens eine gewisse Wahrscheinlichkeit zuerkennen. Dieselbe wird freilich von späteren Ausdrucksformen seiner Christusfrömmigkeit in etwa gestützt. Die Krippenfeier von Greccio und die Stigmatisierung auf La Verna erfolgten bezeichnenderweise nicht vor, sondern nach Franziszi Teilnahme am 5. Kreuzzug.[151]

5. *Die Leiden der letzten Krankheit als Ersatz für das Martyrium.* – Das altchristliche wie mittelalterliche Mönchtum betrachtete das klösterliche Leben mit Vorliebe als aszetischen Ersatz für das Blutzeugnis.[152] Darum soll hier die Frage untersucht werden, wieweit der Poverello von dieser Vorstellung beeinflusst wurde. Dass er die ganze minoritische Lebensweise mit diesem Ideal begründet hätte, dafür fehlen Belege in seinen „Schriften“ und in den biografischen Quellen. Jedenfalls überdeckt die seit den Kreuzzügen wiederum real gewordene Aussicht des Sterbens für Christus die aszetische

---

149 Die Actus b. Francisci et sociorum eius (c. 27, n. 6-7: P. SABATIER, Paris 1902, 90 oder GOLUBOVICH, Biblioteca, 61) sprechen ausdrücklich von „quoddam signaculum“, das der Sultan Franziskus u. den Seinen übergab, „quo viso, a nemine laedebantur“. – Man kann in diesem Zusammenhang mit FORTINI, Nova vita I/2, 102f. Anm. 3 auf einen Text JAROBS VON VITRY, Historia orientalis, c. 32: GOLUBOVICH, 9. 9f. hinweisen: „... etiam Saraceni ..., quando [Fratres Minores] causa praedicationis ad ipsos intrepidi accedunt, grato animo necessaria providentes, libenter eos recipiunt ...“. – Es ist das Verdienst von RONCAGLIA, S. Francesco in Oriente, 104 dieses „signaculum“ mit der islamitischen Rechtsgeschichte verglichen u. unhaltbare bisherige Deutungen zurückgewiesen zu haben.

150 Bei Clarenus muss man zudem die Spiritualentendenz mit berücksichtigen. Er will den Rigorismus von Franziszi angeblichen Forderungen durch außernatürliche Vorgänge beglaubigen; s. GHINATO, A.: De Ordinis agendi ratione ad Regulam S. Francisci, in: Anton. 35 (1960) 3-48, 32f. Immerhin braucht diese Tendenz nicht unbedingt den Kern des angeführten Berichtes zu beeinträchtigen. – Vgl. auch die bisher leider nur in einem Auszug vorliegende Diss. von VON AUW, L.: Angelo Clareno et les Spirituels franciscains, Lausanne 1952: s. BgFr X, n. 1306.

151 In dieser Sicht wird man folgendes Urteil beachten: „Que François ait profité de son séjour dans cette région pour visiter Jérusalem et les Lieux saints, c'est un fait admis par tous ses biographes modernes. La chose est en tout cas de la plus haute vraisemblance“: VAN ORTROY, F.: S. François d'Assise et son voyage en Orient, in: AnBoll 31 (1912) 456, 451-462; s. auch RONCAGLIA, S. Francesco in Oriente, 106. – Es darf hier noch hingewiesen werden auf eine bemerkenswerte Stelle aus der vor Pfingsten 1224 anzusetzenden Epist. ad Cap.: Opuscula [Lem.], 102 (s. FQS ^{2}I, 29. 133). Aus der Tatsache: „Si sepulcrum [Christi], in quo per aliquod tempus iacuit, veneratur ...“ schließt Franziskus, dass *a fortiori* das eucharistische Geheimnis vom Priester würdig behandelt werden müsse. Klingt in diesem Heilig-Grab-Motiv vielleicht persönliches Erleben nach?

152 Vgl. die oben unter E, 1 u. in den Anm. 117-119 gebotenen Hinweise. Wie sehr diese aszetische Vorstellung im 12. Jh. noch lebendig war, zeigt etwa HONORIUS VON CANTERBURY (Augustodunensis), Speculum Ecclesiae: in conventu fratrum: PL 172, 1092C, zit. bei BERNARDS, Speculum Virginum, 45 Anm. 84.

Idee. Dagegen ist es sehr bezeichnend, dass Franziskus das geduldige Ertragen von Krankheiten mit dem Martyrium vergleicht.

Zunächst sei hier ein Text aus der Speculum-Gruppe angeführt. Im Zusammenhang empfiehlt der Ordensvater seinen Söhnen eine vernünftige Sorge für den Leib hinsichtlich des Essens und Schlafens. Daran fügt er folgende Mahnung:

> „Si vero propter inopiam et paupertatem frater corpus necessitates suas in sanitate et infirmitate habere non potest, dum humiliter et honeste petierit a fratre vel praelato suo amore Dei, et sibi non datur, sustineat amore Dei patienter, qui etiam sustinuit, qui eum consolaretur, et non invenit. Et haec necessitas cum patientia pro martyrio sibi a Domino imputabitur. Et quia fecit quod suum est, id est quia petiit humiliter suam necessitatem, excusa- [S. 377] tur a peccato, etiam si corpus inde gravius infirmaretur" (vgl. Ps 68,21; Jes 63,5).[153]

Der Sinn der Stelle ist dieser: wenn trotz des allgemeingültigen Grundsatzes vernünftiger Leibespflege aus Gründen der Armut den Ansprüchen des gesunden oder kranken Körpers nicht entsprochen werden kann,[154] soll der Betreffende in Nachfolge des ungetröstet leidenden Erlösers die Entbehrungen geduldig ertragen. Diese Einstellung gereicht ihm – selbst wenn sich die Krankheit dadurch verschlimmern sollte – nicht nur bloß nicht zur Sünde, sondern wird ihm vom Herrn gleichen Lohn wie für das Martyrium eintragen.[155]

Wiewohl wir im Überlieferungsgut der *Specula* nichts ungeprüft annehmen dürfen, sind im vorliegenden Fall Bedenken wohl kaum am Platz. Abgesehen von der inneren Wahrscheinlichkeit des Berichtes selber und der überraschenden gedanklichen Übereinstimmung der drei Textformen, bieten die Opuscula eine Parallele, die die Echtheit der in Frage stehenden Stelle zu bekräftigen scheint.[156]

Der Vergleich von Martyrium und Krankheit hat scheinbar dem Heiligen auch in der eigenen Krankheit nicht ferngestanden. Sein von Natur aus zart gebauter Körper hatte schon in der Jugend durch die Folgen der Kerkerhaft von 1203/1204 einen ersten Zusammenbruch erlitten. Die unmenschlichen Entbehrungen, Bußübungen und apostolischen Fußwanderungen, die er sich nach der Bekehrung zumutete, gingen weit über seine physische Widerstandskraft hinaus. Die Tücken des Klimas im Orient beschworen

---

[153] SpSab, c. 97, n. 6f.: 281; Legant, n. 96: DELORME, 56 (Parallele); SpLem, n. 23, 54 (Parallele mit Abweichungen); s. hierzu BEYSCHLAG, K.: Die Bergpredigt u. Franz von Assisi, Gütersloh 1955, 123; der in Frage stehende Text fehlt dagegen in der sonstigen Parallele 2 C 129: 206. ANDRESEN, Franz von Assisi u. seine Krankheiten, 33-43 zieht diesen Text nicht heran u. in der anderen Studie: Asketische Forderung u. Krankheit, 129-140 begnügt er sich allein mit einem kurzen Hinweis.

[154] Es muss ein offensichtliches Missverstehen des Textes vorliegen, wenn ANDRESEN, Franz von Assisi, 35, 41f. bzw. Asketische Forderung, 137, unter Berufung auf NbR 10: 39, annimmt, Franziskus habe damals den Gebrauch von Medizinen grundsätzlich ausschließen wollen; gerade der vorliegende Text spricht eine gegenteilige Sprache.

[155] Der Gedanke natürlich-körperlicher Leiden als Ersatz für das Martyrium findet sich bereits bei früheren Autoren aus dem Mönchtum; vgl. MALONE, The monk and the martyr, 224s. – Ob sich Franziskus bei der Pflege der Aussätzigen auch von der Vorstellung einer solchen Ersatzleistung leiten ließ, muss wegen Mangels an Belegen dahingestellt bleiben. Dass der Dienst an den Leprosen als „heiliges u. köstliches Martyrium" gewertet wurde, beweist z. B. Franziszi Zeitgenosse JAKOB VON VITRY, Historie, occidentalis, c. 29, Douai 1597, 338: zit. bei MEFFERT, Caritas u. Volksepidemien, 122 Anm. 1, bzw. S. XVI (lat. Text).

[156] „Attendamus, omnes fratres, Bonum Pastorem, qui pro ovibus suis salvandis crucis sustinuit passionem. Oves Domini secutae sunt eum in tribulatione et persecutione et verecundia, fame et siti, in *infirmitate* et tentatione et ceteris aliis ..." (Admon. 6: Opuscula [Lem.], 9); s. aber oben, I. Teil, Anm. 80.

nebst anderen Krankheiten ein schweres Augenleiden herauf, von dem er sich trotz übermenschlicher Willensanstrengung nie mehr erholen sollte. Etwa im April 1226 traten so viele und [S. 378] ernste Krankheitssymptome auf, dass sich niemand mehr über Franziszi baldige Auflösung hinwegtäuschen konnte.[157]

Als ihn die Schwere der Krankheit vollends ans Bett fesselte und die Schmerzen sich schier bis zur Unerträglichkeit steigerten, frug ihn einst ein Bruder, was er lieber ertragen wollte, diese andauernde und so langwierige Krankheit oder das schwerste Martyrium von Henkershand. Darauf antwortete unser Heiliger:

> „Mein Sohn, das war und ist mir immer lieber, süßer und angenehmer, was mehr nach dem Wohlgefallen des Herrn, meines Gottes, an mir und mit mir geschieht. Seinem Willen allein wünsche ich allezeit und in allem gleichförmig und gehorsam befunden zu werden. Aber wenn ich als Ersatz für jedes beliebige Martyrium diese Krankheit auch nur drei Tage ausstehen müßte, so würde es mir schwerer fallen. Das sage ich nicht in Hinblick auf Lohn und Vergeltung, sondern allein auf die Pein des Leidens, die sie mir bereitet".

Celano fügt mit einer Begeisterung hinzu, die sich von der nüchternen Erzählungsweise der evangelischen Passionsberichte stark abhebt:

> „O Martyrer, ja Martyrer, der lächelnd und freudig mit größter Bereitwilligkeit ertrug, was allen nur zum Anschauen so bitter und schmerzlich war! Buchstäblich 'kein Glied an ihm war ohne qualvolles Leiden geblieben'".[158]

Der Bericht des Br. Thomas steht nur scheinbar zur vorher besprochenen Stelle der Speculum-Gruppe im Gegensatz. Was der Ordensvater den geistlichen Söhnen für die geduldig durchstandenen Leiden in Aussicht stellt: den Lohn des blutigen Zeugnisses für Christus, das verbot ihm die Demut, für sich zu beanspruchen, wiewohl ihn sein Wahrheitssinn die Heftigkeit und Dauer seiner Leiden noch über die Peinen der Martyrer zu stellen zwang.

Dass Franziskus seine Krankheit im Blick auf die Passion Jesu ertrug, darüber schweigen Celano und Bonaventura. Hingegen scheint auch hier die Speculum-Gruppe einen durchaus wahrscheinlichen Sachverhalt wiederzugeben, wenn sie vom Heiligen diese Leidenseinstellung behauptet. Am ausdrücklichsten betont [S. 379] dies die so genannte *Legenda antiqua*: Franziskus begab sich nicht in ärztliche Pflege

> „propter ferventem spiritum, quem habuit ab initio suae conversionis ad Christum. Quia propter magnam dulcedinem et compassionem, quam quotidie attrahebat de humilitate et vestigiis Filii Dei, quod erat amarum carni pro dulci sumebat et habebat. Immo etiam de doloribus et

---

[157] Es kann sich hier nicht darum handeln, den Verlauf von Franziszi Krankheit im Einzelnen darzulegen. Die Andeutungen sollen einzig beweisen, wie sehr der Ordensgründer die bes. seelische u. körperliche Lage des Kranken aus höchstpersönlicher Erfahrung kannte. Einen guten Überblick über die im Laufe des Lebens unseres Heiligen auftretenden Erkrankungen s. bei ANDRESEN, Franz von Assisi u. seine Krankheiten, 33-36. „Die Berichte deuten auf konsekutive Malariakachexie als Todesursache hin" (36). Der bekannte Augenarzt STREBEL, J.: Diagnose des Augenleidens des hl. Franziskus von Assisi. Ein Beitrag zur Behandlung der Augenleiden im MA, in: Klinische Monatsblätter für Augenheilkunde 99 (1937) 252-259 glaubt, das Grundübel – schon seit der Zeit der Gefangenschaft in Perugia – in der Tuberkulose gefunden zu haben. Es liegt natürlich außerhalb unserer Kompetenz, zu dieser Frage Stellung zu nehmen.

[158] 1 C 107: 82f.; FQS [1]V, 184f.

amaritudinibus Christi, quas pro nobis toleravit, in tantum quotidie dolebat et pro ipsis interius et exterius se affligebat, quod de suis propriis non curabat".[159]

Die Stelle ist frömmigkeitsgeschichtlich bemerkenswert. Nach ihrem Wortlaut hat der Heilige seine Krankheit nicht so sehr als mystischen Anteil am Leiden Jesu aufgefasst, sondern er vergaß der eigenen Not, indem er sich mitfühlend und mitleidend in des Erlösers Passion versenkte. Die Frage, wieweit diese Darstellung den geschichtlichen Gegebenheiten entspricht, muss mangels quellenkritisch sicherer Belege leider offenbleiben. Zweifellos führten Franziskus die heftigen Schmerzen, die ihm die Stigmatawunden verursachten – der Lebensbeschreiber nennt sie nicht umsonst „signa martyrii" – unweigerlich zur mystischen Leidensgemeinschaft mit dem Erlöser.[160]

III. Teil

Quellenvergleichende Zusammenschau

Wie in der Einleitung unserer Studie in Aussicht gestellt wurde, sollen hier abschließend die Ergebnisse der beiden Aussagereihen zusammengefasst, miteinander verglichen und entwicklungsgeschichtlich eingeordnet werden. Dadurch hoffen wir zu einer Gesamtwürdigung der Passionsfrömmigkeit unseres Heiligen zu gelangen. Denn bei unserer methodischen Quellenscheidung und dem analytischen Vorgehen ließ sich nicht vermeiden, dass die Grundlinien seiner Leidensverehrung nicht klar genug hervortraten. [S. 380]

---

159 Legant, n. 37: DELORME, 22; kürzere Parallele bei SpSab, c. 91, n. 7: 268; s. darüber ANDRESEN, Asketische Forderung, 137; DERS., Franz von Assisi, 41f., wo der Verf. die Stelle folgenderweise wiedergibt: „... so intensiv setzte er sich täglich für seine eigene Passion den äußeren u. inneren Bedrängnissen aus, daß er für seine persönlichen Krankheiten keine Kur zuließ". Die Übers. ist ganz offenkundig von der Auffassung von Franziszi angeblichem Medizinverbot beeinflusst (s. Anm. 154). Sicher ist dies nicht der dem Wort *curare de* zugrunde liegende Sinn; vgl. BLAISE, A. / CHIRAT, H.: Dictionnaire latin-français des auteurs chrétiens, Straßburg [1954], 235b, wo *curare de* mit *se soucier, veiller sur* wiedergegeben wird.

160 1 C 113: 88. Franziskus' ritterlicher Geradheit hätte es zuinnerst widerstanden, die Ehrenzeichen der Passion äußerlich an sich zu tragen, ohne die Schmerzen des Erlösers mitzuempfinden; vgl. FELDER, Christusritter, 117f. – Dass die Stigmen ihm bei bloßer Berührung heftige Schmerzen bereiteten, wird hinsichtlich der Seitenwunde eigens hervorgehoben: 2 C 135: 210; 3 C 4: 274. – Über die Wundmale des hl. Franziskus werden wir – wie bereits oben angedeutet wurde – eine eigene Studie veröffentlichen.

I. – Franziszi Passionsfrömmigkeit im Lichte Seiner „Opuscula“

1. *In der Passionsbetrachtung der „Opuscula“*

a) schwebte dem Heiligen besonders die Liebe und Opferhingabe des Guten Hirten lebendig vor Augen. Ohne einzelne Szenen der Leidensgeschichte auszumalen, achtet er auf Jesu innere Gesinnung.[1]

b) Dabei wird eine innerliche und warme persönliche Beziehung des Betrachtenden zum Erlöser spürbar.

c) Die Erwägung der Leiden Jesu ist ihm ein fortwährender Antrieb zu persönlicher Kreuzesnachfolge.

2. *Unter den Passionsgebeten außerhalb des Passionsoffiziums*

a) wirken in der objektiven Grundhaltung des „Adoramus te Domine“ die nüchterne Eigenart der römischen Liturgie und der Einfluss des mönchischen Kreuzkultes deutlich nach. Immerhin fehlt auch hier die persönliche Note nicht, sofern nämlich Franziskus seine Anbetung intentionell auf alle Kirchen der Welt ausweitet.

b) Daneben begegnet man auch innigeren Gebeten, in denen wiederum die liebende Hingabe des Erlösers, besonders unter dem Bild des Guten Hirten, zum Ausdruck kommt.

c) Im Gebet vor dem Kreuz in San Damiano und im Lobeshymnus nach Empfang der Wundmale vermisst man jede Erwähnung des Passionsgeheimnisses.

3. *Die Andacht des hl. Franziskus zum mystischen Tau*

a) stellt nicht eine absolute Neuheit dar; denn es geht ihr – in Abhängigkeit von Ez 9,4ff. – eine jahrhundertealte Vätertradition voraus. Überdies ist sie der mittelalterlichen Predigt, der Kunst und dem volksfrommen Brauchtum ebenfalls nicht fremd. Zu dieser Form von Kreuzverehrung scheint der Heilige erstmals anlässlich seines Romaufenthaltes von 1210 durch die Hospitaliter des hl. Antonius angeregt worden zu sein. Darum trat bei seiner Tau-Verehrung in der Frühzeit jedenfalls der Gedanke des demütigen Dienstes an den Aussätzigen stärker hervor.

b) Papst Innozenz III. stellte in der IV. Lateransynode den neuen Kreuzzug gegen die Mohammedaner unter das Zeichen des Tau. Franziskus nahm mit großer Wahrscheinlichkeit am Konzil als privater Beobachter teil. Zudem vermittelte ihm 1216 Jakob von Vitry, der ehemalige Seelenführer der Beginen von Lüttich, [S. 381] Anschluss an deren stark betonten eucharistischen Kult. Dass Franziskus in den mit dem Tau gesiegelten Sendschreiben aus dieser Zeit zugleich mit der Verehrung des Altarssakramentes die Buße dringlich fordert, lässt vermuten, er habe mit dem symbolischen Zeichen sein Apostolat der kirchlichen und eucharistischen Reform verbunden.

1 Nachfolgend verzichten wir auf Einzelverweise außer für jene Fälle, wo wir neue Gesichtspunkte hinzufügen.

c) Mit diesem mystischen Buchstaben unterzeichnete der Ordensgründer seine Briefe, ließ denselben auf die Wände von Zellen und Oratorien malen und zeichnete ihn auf den Kopf des Segenspergamentes, der höchstwahrscheinlich Br. Leo darstellen sollte. Das Tau war für ihn also symbolischer Ausdruck des Minderbrüderberufes der Buße; denn radikale Abkehr von der Welt und volle Hinwendung zu Gott verbinden das franziskanische Leben in den vielen Entsagungen des Alltags innig mit dem Kreuzmysterium und begründen darin die Hoffnung auf die endzeitliche Rettung.

4. *Die Kreuzesnachfolge*

a) übt der Heilige in den Tugendhaltungen der Demut, des Starkmutes und der Geduld in Leiden, seien es nun Verfolgungen oder auch Krankheiten, und schließlich in der Feindesliebe allgemein. Und aus all dem strahlt der Gedanke an das Martyrium deutlich hervor.

b) Auch die Tatsache verdient beachtet zu werden, dass die vorbildlichen Gesichtspunkte am Leiden Jesu nicht bis in die historischen Einzelheiten hinein bestimmt werden.

c) In wörtlicher Abhängigkeit vom hl. Paulus schließt Franziskus im Blick auf das Kreuz jeden Selbstruhm aus. Hierbei wird auch das soziale Moment der Menschensünde in ihrer Mitverantwortung an den Leiden Jesu betont. Des Christen einziger Ruhm liegt darin, Christus das Kreuz der eigenen Leiden täglich nachzutragen.

5. *Das Passionsoffizium*

a) trägt diesen Namen wegen seiner allgemeinen Einflussnahme vom Leiden Jesu her zu Recht. Es steht frömmigkeitsgeschichtlich im Zusammenhang mit der seit der karolingischen Zeit häufiger gepflegten Privatfrömmigkeit.

b) In seinem Stundengebet folgt der Heilige – entsprechend der liturgischen Zeit, da die einzelnen Horen verrichtet werden –, angefangen von der Komplet des Gründonnerstags bis zur Vesper des Karsamstags, betrachtend den einzelnen Szenen der Passionsgeschichte: Ölbergsangst, nächtliche Gefangennahme und Verhöhnung, Gerichtsszene vor dem Hohen Rat, Todesurteil durch Pilatus, Leiden des gottmenschlichen Dulders am Kreuz und sein Sterben; Szenen, die sich mit mehr oder minder großer Si- [S. 382] cherheit aus der freien Psalmenkomposition der Gebetsstunden erschließen lassen.

c) Mit Ausnahme der Non hört Franziskus in jeder Gebetsstunde Jesus mit restlosem Vertrauen und unbedingter Gehorsamshingabe zum himmlischen Vater flehen.[2] Der Beter verweilt weniger beim Ausmalen der verschiedenen moralischen oder physischen Leiden als vielmehr im Bewundern dieser Seelenhaltung Jesu.

---

[2] Es kann kein Zweifel sein, dass Franziskus seine Passionsfrömmigkeit gerade am Beispiel der betenden Kirche lernte. Es sei hier einzig auf das Urteil von VANDENBROUCKE, F.: Les Psaumes et le Christ, Löwen 1955, 66 verwiesen: „... c'est avec fréquence extraordinaire, et en quasi-exclusivité, que le cycle pascal ... christianise les psaumes par en bas (d. i. als 'vox Christi ad Patrem'), pour exprimer les sentiments rédempteurs du Christ". Dies gilt noch in verstärktem Maße von der Hl. Woche: ebd. 66 Anm. 9 mit den Verweisen.

d) In der Non spricht der Schmerzensmann selber zum Beter, indem er ihm von seinen namenlosen Leiden berichtet. Gegen Schluss aber wendet sich Franziskus lobpreisend selber an den Erlöser.

e) In der Vesper bricht sich – trotz der Trauerzeit – der Jubel über das vollendete Heilswerk der Erlösung ungehindert Bahn. Doch soll sich der Dank des Betenden nicht in Wort und Gefühl erschöpfen, sondern seine Echtheit in hochherziger Kreuzesnachfolge beweisen.

f) Über den Gedanken des königlichen Sieges Christi hinaus weitet der Heilige seinen Blick auf das endzeitliche Kommen des Weltenrichters.

II. – Franziszi Passionsfrömmigkeit nach den biografischen Quellen

1. Unter den auf das Passionsgeheimnis bezogenen Visionen kommt der *Kreuzanrede in San Damiano entscheidende Bedeutung* zu.

a) Die Geschichtlichkeit des Celano-Berichtes kann ernsthaft nicht in Zweifel gezogen werden. Hingegen ist das Vorkommnis – entgegen der Auffassung des Lebensbeschreibers – nicht „unerhört", da ähnliche Erfahrungen auch von früheren Heiligen berichtet werden.

b) Hinsichtlich der Natur des Erlebnisses kann Folgendes gesagt werden:

1° Dass der Heilige die Lippen des Kreuzgemäldes den persönlichen Auftrag habe aussprechen sehen, kam sehr wahrscheinlich später als legendäre Zutat zum ursprünglichen Bericht hinzu.

2° Das Zwiegespräch scheint ebenfalls nicht äußerlich vernehmbar gewesen zu sein, wie dies Br. Thomas und Bonaventura als selbstverständlich voraussetzen. [S. 383]

3° Es handelte sich dabei aber nicht nur um eine fromme Selbsttäuschung, die von der persönlichen Stimmung des Beters und der konkreten Umgebung des verfallenen Kirchleins hervorgerufen wurde.

4° Vielmehr ist dabei an eine primär – oder wohl wahrscheinlicher – sekundär gottgewirkte einbildliche (imaginative) Vision und Audition zu denken. Das seelische Kernerlebnis einer inneren göttlichen Einsprechung und der Einprägung der mystischen Liebeswunde wirkte derart auf die sinnliche Sphäre des Heiligen ein, dass er in seiner Einbildungskraft das Kreuzbild sprechen sah und hörte.

c) Von den nachhaltigen Wirkungen der Kreuzanrede im Neubekehrten seien hervorgehoben:

1° die mystische Liebeswunde in seiner Seele, die von den Biografen nicht zu Unrecht als die innere Bereitung auf die äußere Einprägung der Wundmale gewertet wird;

2° die außergewöhnliche affektive „compassio" mit dem leidenden Jesus.

2. Um bei Franziskus von einer besonderen *Andacht zu den fünf Wunden* oder *zur Seitenwunde Jesu* sprechen zu können, fehlt die quellenmäßige Grundlage.

3. Bemerkenswert hingegen sind *bestimmte Formen von Passionsmystik*[3]:

a) Er schaut nicht allein im Armen, Aussätzigen und Kranken ein Spiegelbild des leidenden Erlösers, sondern

b) bezieht sogar den Wurm auf dem Weg und das Holz der Bäume auf den Gekreuzigten bzw. auf das Kreuz.

c) Die unmittelbare und lebendige Weise, mit der Franziskus die Gegenwart des Passionsmysteriums im Kranken bzw. in den Sinnbildern empfindet, beweist den mystischen Charakter dieser Erfahrung. In solch ausgeprägter Form wird man sie in der Zeit vor Franziskus wohl vergeblich suchen.

4. Die *Verehrung des Kreuzes* nahm schon bald – besonders als Wirkung des Erlebnisses in San Damiano – reiche Ausdrucksformen an.

a) Noch vor der vollen Umkehr stiftet Franziskus eine Öllampe vor dem Kreuzbild.

b) Er verrichtet das „Adoramus te Domine" und lehrt auch seine Jünger es beten.

c) Gerne verweilt er im Gebet vor Kreuzbildern einsamer Kirchen. [S. 384]

d) Er bezeichnet sich und andere mit dem Kreuzzeichen und übt die Gebetsform der waagrecht ausgespannten Arme.

5. Mannigfach wirkt das *Passionsgeheimnis auf Franziszi persönliches Heiligkeitsstreben* ein:

a) Das minoritische Ordenskleid ist für ihn Sinnbild des Kreuzes, weil der Minderbruder, wenn er die Kapuze hinaufzieht und die Arme zum Gebet ausspannt, ans Kreuz geheftet und vom Kreuz eingehüllt erscheint. Zugleich gewinnt er im Tragen des rauen und billigen Stoffes an Jesu Leiden spürbar Anteil.

b) In der Entkleidung vor Bischof Guido von Assisi, mit der Bußprozession als Halbnackter und durch die Entblößung als Sterbender wollte Franziskus symbolisch dem nackten Gekreuzigten vollkommen gleichförmig werden.

c) Das Leben der Selbstentsagung und des Verzichtes, zu dem die Minderbrüder sich freiwillig verpflichtet haben, fasst der Heilige ganz allgemein als Kreuzesnachfolge auf. Einzelne Formen der Abtötung beziehen die Biografen nicht ausdrücklich auf das Kreuzgeheimnis. Immerhin strebt die mehrfach bezeugte Bußübung der Selbstgeißelung von selber danach, am Leiden Jesu Anteil zu geben.

d) Der apostolische Seeleneifer erwächst Franziskus aus dem Gedanken der Erlösung. Durch Beispiel und Predigt möchte er verhindern, dass Christus am Kreuz umsonst gelitten habe.

e) Bestimmte einzelne Lebenssituationen, die der hl. Bonaventura auf die Passion bezieht, erweisen sich bei näherem Zusehen als persönliche Deutung des Biografen oder als legendäre Zutat.

f) In seiner starken Sehnsucht nach dem Martyrium strebte der Ordensgründer danach, in der blutigen Teilnahme an der Passion Jesu den Gipfel der Vollkommenheit zu erreichen.

---

[3] Zum Begriff vgl. oben II. Teil, Anm. 40, 66.

1° Darum versuchte er – wenn auch ohne Erfolg – ungefähr in der zweiten Hälfte des Jahres 1212, mit einem Schiff nach Syrien zu fahren. Ähnlich begab er sich 1214-1215 zu Fuß nach Spanien, um von dort aus nach Marokko zu gelangen. Wegen ernster Erkrankung musste er aber den Heimweg antreten.

2° Die Teilnahme am 5. Kreuzzug nach Ägypten und sein todesmutiger Vorstoß mit Br. Illuminatus von Arce zu Sultan Al-Malik al-Kāmil im Jahre 1219 führte ihn dem ersehnten Ziele ungleich näher.

3° Den Gedanken des Ersatzes für das Martyrium wendet der Heilige – soweit die Quellen davon berichten – einzig auf das geduldige Ertragen von Krankheiten, nicht jedoch auf den Minderbrüderberuf als solchen an.

g) Für die Möglichkeit eines Besuches der Heiligen Stätten Palästinas durch Franziskus konnte ein gewisses quellenmäßiges [S. 385] Fundament geschaffen und der ungefähre zeitliche Rahmen bestimmt werden. Die Tatsächlichkeit desselben kann indes nur mit einer gewissen Wahrscheinlichkeit behauptet werden.

III. - Vergleich der beiden Aussagereihen

1. *Übereinstimmungen.* – Gewisse Themen finden sich ohne wesentliche Abweichung sowohl in den „Schriften" des Heiligen wie auch in den biografischen Quellen. Es sei erinnert an die Kreuzverehrung und Kreuzesnachfolge, an den Gedanken der liebenden Hingabe des Erlösers an den Vater, an die Andacht zum mystischen Tau und an die Sehnsucht nach dem Blutzeugnis.

2. *Verschiedenheiten.* – Dem Leser der franziskanischen Quellen fällt wohl am meisten auf, dass der Passionsgedanke in den Opuscula weniger stark und nicht so häufig hervortritt wie in den biografischen Quellen:[4] Überdies werden für Franziszi Verhältnis zum Erlöser in den beiden Quellen verschiedene Akzente gesetzt. In der Passionsbetrachtung strahlt nach dem Zeugnis der „Schriften" Jesu restlose Hingabe an den Vater und seine Liebe zu den Erlösten hervor; bei den Lebensbeschreibern dagegen steht das gefühlvolle Mitleiden mit dem gottmenschlichen Dulder viel mehr im Vordergrund. Ähnlich betonen Celano und Bonaventura das mystisch-erfahrungsmäßige Moment in Franziszi Leidensbetrachtung ungleich deutlicher als die „Schriften".

Darüber hinaus fügen die Lebensbeschreiber den Opuscula neue Gesichtspunkte hinzu. Man denke an die Kreuzanrede in San Damiano und die Einprägung der mystischen Liebeswunde, an die Deutung der Kranken als Spiegelbilder des Erlösers, an das Beziehen der Bäume auf das Kreuz, an die Kreuzesnachfolge in Ordenskleid, Nacktheit und Selbstgeißelung. Schließlich vernehmen wir allein von den Biografen, dass der Heilige die Krankheit als Ersatz für das Martyrium auffasste.

---

4 Auf dieses Problem werden wir unten (V) näher eingehen; s. zum Folgenden auch H. GOOSSENS: De Gods- en Christusvisie van St. Franciscus, in: Sint Franc 1 (1955) 7-42.

3. *Angleichung der Gegensätze.* – Die aufgezeigte Schwierigkeit der unterschiedlichen Wiedergabe der Passionsfrömmigkeit in den „Schriften" und den „Viten" verliert bereits viel an Gewicht, wenn man deren verschiedene Zielsetzung gebührend berücksichtigt. Franziszi *Opuscula* sind keine Beschreibung des eigenen Lebens und erheben auch gar nicht den Anspruch, dies zu sein.[5] Sie sind Gelegenheitsschriften, die – so unersetzbar sie auch sind und so wertvolle Aufschlüsse sie uns über einzelne Gesichtspunkte von Franziszi Frömmigkeit vermitteln – doch nicht seine ganze Persönlichkeit wiedergeben. In diesem Lichte [S. 386] erklären sich die in den biografischen Quellen erstmals aufscheinenden Themen einfach als willkommene Ergänzungen der „Schriften". Deren Geschichtlichkeit kann – abgesehen von einzelnen Abstrichen, die eine gesunde hagiografische Kritik vorzunehmen hat – vernünftigerweise nicht in Zweifel gezogen werden, zumal sie sich meist mühelos in das übrige Frömmigkeitsbild einfügen.

Viel schwieriger allerdings lässt sich das Problem der Akzentverschiebung auf befriedigende Weise lösen. Doch bleibt hier Folgendes zu bedenken: Einmal war es für einen außenstehenden Biografen nicht leicht, wenn nicht gar unmöglich, ein derart persönliches und innerliches Verhältnis wie das Franziszi zum leidenden Jesus in allem treu und ohne Verzeichnung wiederzugeben. Auf Grund ihrer persönlichen Lebenslage waren die Biografen darauf angewiesen, äußerlich wahrnehmbare Vorgänge zu verwerten, deren Tragweite voll abzuschätzen sie zumeist außerstande waren. Dann darf auch die außerordentliche Zurückhaltung des Heiligen im Preisgeben innerer, seelischer Erlebnisse nicht übersehen werden.[6]

So können wir unbedenklich behaupten, dass in den *Opuscula* bestimmte religiöse Wahrheiten bewusst sachlicher wiedergegeben werden, als Franziskus sie in seinem persönlichen Innenleben erfuhr. Andererseits scheinen Br. Thomas und Bonaventura vorübergehende Äußerungen gefühlshaft-mystischen Mitleides unseres Heiligen zu übersteigern und zu verallgemeinern. Für das Passionsoffizium im besonderen vermuten wir, dass der objektiv vorgegebene liturgische Text des Psalteriums ein stärkeres Einwirken subjektiver Momente verhinderte. Was das mystisch-erfahrungsmäßige Element angeht, wird man wiederum die Furcht des Heiligen in Anschlag bringen, Gottes Geheimnisse unberechtigterweise preiszugeben. Schließlich betrachten wir es als wertvolle Übereinstimmung, dass die *Opuscula* und die biografischen Schriften das unmittelbar ins Leben weisende Moment der Kreuzesnachfolge ungefähr gleich scharf betonen.[7]

IV. - Die genetische Einordnung von Franziszi Passionsfrömmigkeit

Die Entwicklungslinie der Passionsfrömmigkeit des Poverello beginnt mit dem Aussätzigenkuss; denn hierbei begegnete er im Leprosen Christus, dem Gekreuzigten (1205/

---

[5] Vgl. oben Einführung, S. 6.

[6] Vgl. z. B. 1 C 96: 73f.; 2 C 117. 128. 133. 203: 200. 205. 207. 240; s. darüber LORTZ, J.: Der unvergleichliche Heilige, Düsseldorf [1952], 47.

[7] Damit sei aber keinesfalls behauptet, dass sich in beiden Aussagereihen über die Kreuzesnachfolge nicht Verschiedenheiten vorfinden; so fehlt z. B. in den *Opuscula* die Anwendung auf das Ordenskleid.

1206)[8]. Kurz darauf vernimmt er die Kreuzanrede in San Damiano, die sein Christusverhältnis entscheidend grundlegt und die während seines [S. 387] ganzen Lebens nachwirkt. In diesem Zeitpunkt treten bereits die meisten bedeutsamen Gesichtspunkte seiner Leidensverehrung zutage: die mystische Liebeswunde, das gemütvolle Mitleid, die Kreuzverehrung und Kreuzesnachfolge. Das heißt nun freilich nicht, sein Verhältnis zum Erlöser sei damals für immer unveränderlich festgelegt worden; einzelne Gesichtspunkte kommen vielmehr zu verschiedenen Zeitpunkten seines Lebens allmählich hinzu.

Die Beziehung von Kleid und Blöße zum Kreuzgeheimnis ging Franziskus erstmals kurz nach dem mystischen Ereignis in San Damiano bei der Enterbung vor Bischof Guido von Assisi (1206/1207?) auf. Den Aufruf Christi zur Kreuzesnachfolge bei Mt 16,24 vernahmen Franziskus und Br. Bernard von Quintavalle anfangs 1209 in der Nikolauskirche zu Assisi. Die Andacht zum Tau-Zeichen erhielt allem Anschein nach vom Aufenthalt bei den Hospitalitern des hl. Antonius in der Nähe des Laterans (Frühjahr 1210) den ersten Anstoß. Die Sehnsucht nach dem Martyrium drängte – soweit wir unterrichtet sind – erstmals in der zweiten Hälfte von 1212, wiederum 1214/1215 und schließlich mit einem gewissen Erfolg 1219 nach konkreter Verwirklichung.

Sehr wahrscheinlich nahm der Ordensgründer 1215 als privater Beobachter am IV. Laterankonzil teil und hörte darum die Eröffnungspredigt Innozenz' III. über den „triplex transitus", die dringliche Kirchenreform und das mystische Tau-Zeichen mit an. Die stärker betonte Verehrung der Eucharistie rührt vom Zusammentreffen des Heiligen mit Jakob von Vitry am Totenbett des großen Papstes (1216) her. Die Aufforderung zur Buße in den mit dem Tau unterzeichneten Sendschreiben dieser Zeit legen nahe, dass der Ordensstifter seit 1215-1216 seine kirchlich-eucharistischen Reformziele mit der Andacht zum mystischen Buchstaben verbindet.

Der wegen innerer Verwandtschaft mit der *Regula non bullata* wohl um 1221 anzusetzende „Brief an die Gläubigen" bezeugt erstmals deutlich jene Innenschau in das Gehorsamsverhältnis Jesu zum Vater. Vielleicht ist das Entstehen des *Officium Passionis*, weil gerade in ihm diese Seelenhaltung Christi im Vordergrund steht, in die nämliche Zeit zu verlegen.[9] Weitere in den biografischen Quellen erstmals bezeugte Gesichtspunkte, wie z. B. das Erfahren des Gekreuzigten in den Armen und Kranken, lassen sich mangels sicherer Anhaltspunkte zeitlich nicht einordnen. Hingegen beweist das Segenspergament an Br. Leo, dass Franziskus im Herbst 1224 im Tau immer noch das Sinnbild der minoritischen Lebensweise erblickt. – Weil der Ordensvater in [S. 388] dem zwischen September und Oktober 1226 abgefassten Testament vom „Adoramus te Domine" als etwas Vergangenem spricht,[10] lässt sich vermuten, dass der *objektive* Kreuzeskult in den letzten Lebensjahren eher etwas zurückgetreten ist.

---

8 Vgl. zum Folgenden die Zeittafel bei FQS ^{1}V, 550-552, bzw. für die Entstehungszeit der „Schriften" FQS ^{2}I, 43-47.

9 Sonst fehlen Anhaltspunkte, das *Officium Passionis* zu datieren. – Da Franziskus darin Ps 21,7 anführt, ließe sich in unserer Annahme dieser Einzelzug seiner Passionsmystik („vermis et non homo") zeitlich genauer einordnen.

10 „Et Dominus dedit mihi talem fidem in ecclesiis, ut ita simpliciter *orarem* et *dicerem*: 'Adoramus ...'" (Test, n. 2: 101).

Die Passionsfrömmigkeit erreichte zweifellos ihren Höhepunkt in der mystischen Kreuzigung auf La Verna im September 1224. Von diesem Augenblick an trat in der Passionsminne des Poverello das passiv-erfahrungsmäßige Moment gegenüber dem aszetisch-aktiven mehr und mehr hervor.[11] Da die Wunden in den beiden letzten Lebensjahren wesentlich unverändert blieben, traten die Leidensgeheimnisse ganz natürlich in den Vordergrund seiner Betrachtungen. In inniger Leidensgemeinschaft mit dem Erlöser ertrug er auch die furchtbaren Schmerzen seiner letzten Krankheit. Überdies fasste er seinen Tod am 3. Oktober 1226 ganz offenkundig als einen mystischen Nachvollzug des Sterbens Jesu am Kreuze auf.

Unser Versuch, die Entwicklung der Leiden-Jesu-Verehrung des hl. Franziskus nachzuzeichnen, muss notgedrungen ein Bruchstück bleiben. Immerhin lässt sich daraus entnehmen, dass deren Entstehen und Entfalten zwar von höherem Eingriff Gottes ausgelöst und gelenkt wurden, im übrigen aber sich nach den Gesetzen natürlichen Wachstums vollzogen. In einer ganzheitlichen Schau soll nun deren Standort innerhalb seiner Christusfrömmigkeit und ihr Quellgrund innerhalb der mittelalterlichen Religiosität näher bestimmt werden.

V. - Franziszi Passionsverehrung im Rahmen seiner Christusfrömmigkeit und der Religiosität des Mittelalters

Selbstverständlich kann hier noch nicht ein in jeder Hinsicht umfassendes Werturteil abgegeben werden. Zuvor müssten alle Gesichtspunkte von Franziszi Christusfrömmigkeit einzeln untersucht worden sein. Doch darf schon jetzt soviel als sicher gelten, dass die Lebensbeschreiber den Anteil des Passionsgeheimnisses in der Religiosität des Poverello stark übersteigerten. Wollte man nur gewisse Behauptungen Celanos und besonders des seraphischen Lehrers beachten, hätte das geistliche Leben unseres Heiligen ausschließlich oder doch zum überwiegenden Teil aus Leiden-Jesu-Verehrung bestanden.

1. *Die vermeintlichen Ausmaße der Passionsfrömmigkeit des hl. Franziskus nach Thomas von Celano und Bonaventura*

a) Die wahren geschichtlichen Verhältnisse werden zweifellos überschritten, wenn Celano im Mirakeltraktat bemerkt: „Das [S. 389] ganze Sinnen und Trachten des Mannes Gottes, ob in der Öffentlichkeit oder in der Stille, war auf das Kreuz des Herrn gerichtet“.[12] Auch wenn man die häufig überschwängliche Sprache des Biografen gebührend berücksichtigt, geht diese Aussage über den Spielraum hagiografischer Bewegungsfreiheit weit hinaus. – Da Br. Thomas sein Werturteil im Zusammenhang mit dem „novum et stupendum miraculum“ der Stigmatisierung fällt, ist auch der psychologische Grund seiner

---

11 Die einschlägigen Fragen werden uns in einer eigenen Studie über die Wundmale des hl. Franziskus eingehend beschäftigen

12 3 C 2: 272; FQS [1]V, 451; s. auch bereits 1 C 84: 63.

Übertreibung sogleich ersichtlich. Diesen ursächlichen Zusammenhang verrät Celano übrigens bereits in seiner ersten Vita:

„Weil er [Franziskus] in wunderbarer Liebe immer Christus Jesus, und zwar als den Gekreuzigten, in seinem Herzen trug und bewahrte, deshalb wurde er auch vor allen mit seinem Zeichen so herrlich gezeichnet“.[13]

b) Der hl. Bonaventura ging noch viel weiter über das Ziel hinaus. Seine Ausführungen, mit denen er die Wunderberichte abschließt, sind derart bezeichnend, dass wir sie dem Leser nicht vorenthalten dürfen:

„Hoc quippe crucis mysterium magnum et mirum, in quo charismata gratiarum et merita virtutum et 'thesauri sapientiae et scientiae' (Kol 2,3) tam alta profunditate velantur, ut a mundi 'sapientibus et prudentibus sit' occultum, tam plene fuit huic Christi 'parvulo revelatum' (vgl. Mt 11,25; Lk 10,21), ut omnis vita ipsius non nisi crucis 'vestigia sequeretur' (1 Petr 2,21), non nisi crucis dulcedinem saperet, non nisi crucis gloriam praedicaret“. „Gloriare igitur iam secure in crucis gloria, Christi signifer gloriose, quoniam a cruce incipiens, secundum crucis regulam processisti et tandem in cruce perficiens, per crucis testimonium, quantae gloriae sis in caelo, cunctis fidelibus innotescis“.[14]

An einer anderen Stelle teilt der seraphische Lehrer den geistlichen Aufstieg des Ordensvaters nicht in drei Stufen, sondern nach den „septem apparitiones crucis“ in dessen Leben ein. Hierbei stellt die Stigmatisierung – wie nicht anders zu erwarten ist – die Endvollendung unseres Heiligen dar.[15]

2. *Das wahre Passionsbild des hl. Franziskus im Rahmen der mittelalterlichen Religiosität*

Es ist also offenkundig – zudem menschlich begreiflich –, dass das außerordentliche Vorkommnis der Wundmale die klare Sicht der Biografen für die wahren geschichtlichen Ausmaße der Passionsfrömmigkeit im Leben des Poverello trübte. Dem kritisch prüfenden Historiker stellt sich aber die Aufgabe, falsch [S. 390] oder einseitig gesetzte Akzente zurechtzurücken. Dabei hilft vor allem ein unbefangener Blick auf die *Opuscula* und besonders auf das „Passionsoffizium“.

a) Daraus ergibt sich ungefähr folgendes Bild: Gewiss zieht der Heilige Szenen aus der Leidensgeschichte als Rahmen zu seiner Passionsbetrachtung heran, doch malt er sie nie realistisch aus. Ferner achtet er zwar auf die namenlosen moralischen und physischen Leiden Jesu, die er tief bemitleidet, doch liegt der Schwerpunkt seiner Betrachtung nicht hier. Franziskus vertieft sich vor allem in die restlose Hingabe Jesu an den Vater und in das Geheimnis der göttlichen Liebe zu den Menschen. Daraus erwächst sowohl die Haltung ergriffener Dankbarkeit als auch der Drang zum Nachvollzug der Leiden Jesu in der Kreuzesnachfolge. Bei solcher seelischer Einstellung ist es – menschlich gesprochen – verständlich, dass der Heilige von Gott in außerordentlicher Weise in

---

13 1 C 115: 91; FQS ^{1}V, 195; s. auch 2 C 109. 211: 195. 252.

14 LM, miracula, c. 10, n. 8. 9: 651, 652. – Vgl. zu Geschichte u. Problematik der Einteilungen des Stufenweges: RAHNER, K.: Über das Problem des Stufenweges zur christlichen Vollendung, in: Schriften zur Theologie III, Einsiedeln ^{2}1957, 11-34, bes. 12-19; POURRAT, P.: Commençants, in: DSp II/1, 1143-1146.

15 LM XIII,10: 620; s. oben II. Teil, Anm. 8.

das Mysterium der Passion hineingezogen wird, um es mystisch an sich selber zu erleben. Allein – dies sei mit allem Nachdruck betont – der Ordensgründer betrachtet und erfährt das Leiden Christi nicht als ein in sich abgeschlossenes Geheimnis, er schaut es vielmehr in dem heilsgeschichtlichen Zusammenhang der Menschwerdung, der Eucharistie, der Auferstehung und endzeitlichen Wiederkunft Christi.

b) Andererseits beweisen die symbolische Zusammenfassung des Minderbrüderlebens von der Buße im mystischen Tau und die Deutung des Ordenskleides vom Kreuze her, dass die Passionsbetrachtung unter den übrigen Mysterien Jesu in der Gedankenwelt des Heiligen eine ganz hervorragende, ja zentrale Stelle einnahm. Das heißt aber – wohlverstanden – nicht, dass sich seine Geistigkeit in Leiden-Jesu-Verehrung erschöpfte. Denn den Primat in etwas einnehmen bedeutet nicht Ausschließlichkeit, sondern ein Verhältnis zu anderen Größen. In einem Punkt darf man sogar den Lebensbeschreibern Recht geben: In den letzten Lebensjahren des Ordensgründers trat die Passion infolge der besonderen Umstände zweifellos sehr stark in den Mittelpunkt. Natürlich trifft dies umso sicherer für die Zeit nach dem Empfang der Wundmale zu.[16] In diesen Zusammenhang muss folgender Text aus der Vita secunda von Br. Thomas gestellt werden:

> „Als er [Franziskus] krank war und ihn überall am ganzen Leibe Schmerzen durchwühlten, sagte einmal sein Gefährte zu ihm: 'Vater, immer hast du zur Schrift Zuflucht genommen, immer ist sie ein Heilmittel für deine Schmerzen gewesen. Bitte, laß dir auch jetzt aus den Propheten etwas vorlesen, vielleicht wird dein Geist im Herrn frohlocken' (vgl. Lk 1,47; Ps 32,1). Darauf der Heili- [S. 391] ge: 'Gut ist es, die Zeugnisse der Schrift zu lesen, gut ist es, den Herrn, unseren Gott, in ihnen zu suchen; ich habe mir aber schon so viel von der Schrift angeeignet, daß es mir zur Betrachtung und Erwägung vollauf genügt. Mehr brauche ich nicht, mein Sohn, ich kenne Christus, den Armen, den Gekreuzigten'" (vgl. 1 Kor 2,2).[17]

Wie der Wortlaut der Stelle eindeutig aussagt, fällt dieses Zwiegespräch in die Zeit, da der Heilige halb erblindet und schwer krank darniederlag. Bei der Antwort selber darf nicht übersehen werden, dass der Sterbenskranke nebst dem Kreuz auch die Armut Christi ausdrücklich nennt. Nun erhielt aber seine Armutsauffassung sicher den entscheidenden Anstoß vom Aussendungsevangelium in Portiunkula her.[18] Andererseits

---

[16] Immerhin ist es bezeichnend, dass Franziskus nicht einmal in dem im Winter 1224/1225, bzw. zwischen September u. Oktober 1226 entstandenen *Cantico di Frate Sole* die Passion Christi ausdrücklich erwähnt; zur Entstehungszeit s. ABATE, G.: La nascita del 'Cantico di Frate Sole' nel palazzo vescovile di Assisi, in: MF 56 (1956) 403f, 410-415, 411.

[17] 2 C 105: 192; FQS [1]V, 334f. Verschieden lautet die Stelle bei Legant, n. 38: DELORME, 23; der Fragesteller ist dabei „quidam minister", der vorschlägt, Franziszi Gefährte möge aus der Hl. Schrift vorlesen. Die Antwort des Heiligen weicht überdies stark von der Lesart Celanos ab: „Frater, tantam dulcedinem et consolationern invenio quotidie in mea memoria ex meditatione humilitatis vestigiorum Filii Dei, quod si usque in finem saeculi viverem, non multum necesse esset mihi alias Scripturas audire vel meditari". Die treffsichere Kürze Celanos legt die größere Ursprünglichkeit seiner Textfassung nahe.

[18] 1 C 22: 19; der Zeitpunkt war jedenfalls der 24. Februar 1209; s. hierüber FELDER, H.: Die Ideale des hl. Franziskus von Assisi, Paderborn [6]1951, 6f.; CASUTT, L.: L'eredità di S. Francesco, Rom 1952, 53f.; VAN DEN BORNE, F.: Voornaamste feiten uit het leven van Franciscus in het licht van da historische kritiek, in: Sint Franc 3 (1957) 196f.; FORTINI: Nova vita di S. Francesco I/1, [S. Maria degli Angeli 1959], 317 Anm. 1.

wäre es bestimmt willkürlich, das Einwirken der vorbildlichen Armut von Jesu Geburt und Wanderapostolat für die letzten Lebensjahre des Ordensstifters völlig auszuschließen.[19]

c) Mit Recht wies man neuerdings auf den großen Anteil österlicher Themen und des verherrlichten Christus in den *Opuscula* und den Celano-Schriften hin.[20] An vielen Stellen seiner „Schriften" offenbart unser Heiliger tatsächlich eine starke Endzeitserwartung. In seinem „Credo" in der unbestätigten Regel lässt sich dieser Sachverhalt besonders eindrücklich beleuchten. Nachdem Franziskus dem Vater, dem Herrn und König des Himmels, für die Erschaffung der Welt, für die Menschwerdung und die Passion Christi gedankt hat, fährt er fort:

> „Et gratias agimus tibi, quia ipse Filius tuus iterum venturus est in gloria maiestatis suae mittere maledictos, qui paenitentiam non egerunt et te non cognoverunt, in ignem aeternum et dicere [S. 392] omnibus, qui te cognoverunt et adoraverunt et tibi servierunt in paenitentia: 'Venite, benedicti Patris mei, percipite regnum, quod vobis paratum est ab origine mundi'" (Mt 25,34)[21].

Wie schon dieser einzige Text deutlich zeigt, ist der Ordensgründer nicht der Gefahr erlegen, die Passion Jesu in seiner Betrachtung und Nachfolge derart in den Vordergrund zu stellen, dass sein Blick auf den erhöhten Herrn verdeckt worden wäre. Das Leiden Christi war ihm – trotz dessen ganz überragenden Ranges – nicht Ziel, sondern Weg zum Ziel, und die Kreuzesnachfolge wurde für ihn nie zum morbiden Leidensgenuss.[22]

d) Hinsichtlich des Verhältnisses der Passionsfrömmigkeit zur ebenfalls sehr innigen Verehrung des Altarssakramentes[23] darf man wohl das abgewogene Urteil Carl Andresens

---

[19] Das gilt mindestens noch für Weihnachten 1223; s. 1 C 84: 63 u. unsere Studie: De kerstviering van Greccio in het licht van haar tijd, in: FrancLeven 40 (1957) 163-177; 41 (1958) 21-27. – Man beachte ferner, dass der Sterbende seinen geistlichen Söhnen die Armut empfiehlt, „wobei er das heilige Evangelium allen übrigen Vorschriften voranstellt" (2 C 216: 254; FQS [1]V, 435).

[20] Vgl. ESSER, K.: Homo alterius saeculi. Endzeitliche Heilswirklichkeit im Leben des hl. Franziskus, in: WiWei 20 (1957) 180-197, oder ESSER / GRAU: Antwort der Liebe, Werl/Westf. 1958, 57-73, bzw. MOTTE, I.-É. / HÉGO, G.: La Pâque de saint François, Paris [1958]: diese Verfasser wenden sich freilich an einen weiteren Leserkreis, darum suchen sie die einschlägigen Texte weniger in historischer Treue zu deuten, als sie im Blick auf die liturgische Bewegung auszuwerten.

[21] NbR 23: Opuscula [Lem.], 58; s. hierüber ESSER, Homo alterius, 182. – Man beachte, dass Franziskus Mt 25,34 nicht nach der *Vulgata*, sondern nach einer Übersetzung der *Vetus Latina* zitiert. *Percipite* u. *ab origine* statt *possidete* bzw. *a constitutione* hat z. B. auch AUGUSTINUS, In Jo. Evangelium tract., c. 14, n. 8: CCL 36, 147.

[22] Die Gefahr der Verabsolutierung der Passionsbetrachtung kündet sich irgendwie schon beim hl. Bernhard an: s. JUNGMANN, J. A.: Die Abwehr des germanischen Arianismus, in: ZKTh 69 (1947) 91, und wird in der Folgezeit immer akuter, wie etwa STADLHUBER, J.: Das Laienstundengebet vom Leiden Christi in seinem mittelalterlichen Fortleben, in: ebd. 72 (1950) 281-325, 288f. – nicht ohne gewisse Übertreibungen – aufzeigt. An dieser Tendenz nehmen natürlich auch die franziskanischen Autoren in starkem Ausmaß teil, so etwa der hl. Bonaventura: vgl. B. STRACK [VON RAMSEN]: Das Leiden Christi im Denken des hl. Bonaventura, in: FrSt 41 (1959) 129-162, bzw. DERS.: Christusleid im Christenleben. Ein Beitrag zur Theologie des christlichen Lebens nach dem hl. Bonaventura, Werl/Westf. 1960. – Noch ausgeprägter ist die Einseitigkeit bei Hubertin von Casale: s. VAN DEN BORNE, F.: Ubertino van Casale en de «Spiritualen»-richting, in: Sint Franc 5 (1959) 163-217. 198-203.

[23] Vgl. CORNET, B.: Le «De Reverentia Corporis Domini». Exhortation et lettre de S. François, in: EtFr N.S. 6 (1955) 65-91, 167-180; 7 (1950) 20-35, 155-171; 8 (1957) 33-58; ESSER / GRAU, Antwort der Liebe, 89-105, bzw. neuestens ESSER, K.: Missarum sacramenta. Die Eucharistielehre des hl. Franziskus von Assisi, in: WiWei 23 (1960) 81-108.

bedenkenlos unterscheiben: „Wie das Wandlungswunder der Eucharistie im Zentrum seines sakramentalen Christuskultes steht, so nimmt bei Franz die Passion des Gekreuzigten die Mitte seiner meditativen Übung ein“[24]. Man wird sich freilich dabei vor Augen halten, dass die beiden Andachtsformen nicht in jedem Zeitpunkt von Franziszi Leben gleich stark entfaltet waren. Die eucharistische Frömmigkeit trat mit hoher Wahrscheinlichkeit erst nach 1216 deutlich in Erscheinung.[25]

e) Die Stellung des Ordensstifters zum Erlöser lässt sich sodann nicht mit einer einzigen Überschrift wie Passionsfrömmigkeit, Passionsinnigkeit, Kreuzesmystik, Kreuzesnachfolge u. ä. hinreichend kennzeichnen. Sie schließt ja alle angeführten Momente irgendwie mit ein. Dabei würde man am Leben völlig vorbeisehen, wollte man deren Verhältnis untereinander in genau abgegrenz- [S. 393] ten Maßen angeben. Frömmigkeitshaltungen sind ja nicht unveränderliche Konstanten. Vielmehr tritt – je nach den besonderen Lebensumständen eines Heiligen – einmal dieser, ein andermal jener Gesichtspunkt deutlicher zutage. Immerhin darf im Hinblick auf die frömmigkeitsgeschichtliche Stellung des Heiligen soviel behauptet werden, dass sein Verhältnis zum Passionsgeheimnis ungefähr die Mitte zwischen der früh- und spätmittelalterlichen Passionsfrömmigkeit einnimmt. Gewiss sind bei ihm verschiedene Ansätze zur dramatisch-anschaulichen Darstellung des Leidensgeheimnisses wahrzunehmen. Man erinnere sich an die Entkleidungsszene, an das laute Beweinen der Passion, an die Bußprozession und an das heilige „Spiel“ seines Sterbens. Doch überwiegt an diesen Handlungen deutlich die symbolisierende Tendenz. Vom spätmittelalterlich naturalistischen Realismus heben sie sich jedenfalls entschieden ab.[26]

Ähnlich fehlen in Franziszi „Schriften“ realistische Schilderungen von Leidensszenen. Darin scheint uns etwa ein hl. Bernhard ungleich weiter fortgeschritten zu sein. Auch wird man die gefühlsmäßige Innigkeit nicht derart hervorheben, als ob seine Passionsverehrung darin aufgegangen wäre. Beim Poverello hat sich übrigens die eine Verehrung des leidenden Herrn noch nicht in verschiedene selbständige Andachtsformen auseinandergefaltet. Bei verschiedenen Ausdrucksweisen seiner Passionsfrömmigkeit ließ sich ganz eindeutig ein Nachwirken von monastischen Bräuchen nachweisen. Es sei hier einzig erinnert an das Ausbreiten der Arme in Kreuzesform beim Gebet, an die Beziehung des Ordenskleides auf das Kreuz und an den Sterbebrauch „in cinere et cilicio“. Was sodann den Ernst und die Folgerichtigkeit der Kreuzesnachfolge betrifft, zeigt er sich dem hl. Petrus Damiani seelisch verwandt. Immerhin scheint Franziskus

---

24 ANDRESEN, C.: Franz von Assisi u. seine Krankheiten, in: Wege zum Menschen 6 (1954) 39.

25 D. h. seit der Begegnung des Heiligen mit Jakob von Vitry am Totenbett Innozenz' III. in Perugia; vgl. CALLAEY, F.: Origine e sviluppo della Festa del «Corpus Domini», in: Euntes Docete 10 (1957) 3-33, 5f. (Lit.).

26 Man beachte z. B., wie der seraphische Lehrer diesbezüglich ungleich klarer auf die spätmittelalterliche Passionsfrömmigkeit hinweist; s. STRACK, Das Leiden Christi, bzw. DERS., Christusleid im Christenleben. Es sei hier einzig an das Beispiel der Schmerzensmutter erinnert. Während Franziskus nach Ausweis der Quellen Maria unter dem Kreuz nicht eigens verehrte, ist diese Andachtsform bei unserem Kirchenlehrer bereits stark entfaltet; vgl. STRACK, Leiden Christi, 158, 155-157, bzw. unsere Studie: De seraphici Patris Francisci habitudine erga beatissimam Virginem Mariam, in: Regina Immaculata: MELCHIOR A POBLADURA, Rom 1955, 15-47, 21 Anm. 27.

auch hierin milder und menschlicher zu sein.[27] Schließlich trennt ihn von den mittelalterlichen Mystikerinnen das Fehlen von Leidensvisionen. Andererseits weist allein schon die Stigmatisierung [S. 394] mit der innigen Leidensgemeinschaft mit dem Gekreuzigten auf die spätere Passionsmystik hin.[28]

f) Es steht ferner außer Zweifel, dass Franziszi Passionsminne von der ritterlichen Umwelt und der Kreuzzugsfrömmigkeit bedeutende Anregungen empfing.[29] Wir erinnern an den Drang des Heiligen zur bildlichen Darstellung seines inneren religiösen Erlebens. Ganz offenkundig ist der Einfluss der Kreuzzüge in Franziszi Sehnsucht nach dem Martyrium und in der Missionsfahrt nach Ägypten. Vielleicht wirkte diese geistige Strömung auch auf seine Kreuzverehrung ein. Mindestens mittelbar steht außerdem seine Auffassung von den Kranken bzw. den Aussätzigen als Spiegelbilder des leidenden Herrn mit der von den Ritterorden vorbildlich geförderten Spitalpflege in Beziehung.[30]

Ob auch Franziszi außerordentliche Bußwerke im Sinne einer stellvertretenden religiösen Teilnahme an den Entbehrungen und Kämpfen der Kreuzfahrer zu deuten sind, muss mangels an Belegen dahingestellt bleiben.[31] – Da der hl. Bernhard von Clairvaux maßgebend auf die Ausbildung der Kreuzzugsfrömmigkeit einwirkte, stand der Poverello mindestens indirekt im Strahlungsbereich dieses Christusmystikers. – Wie stark auch immer die religiösen Bewegungen des Rittertums und der Kreuzzüge auf den Ordensstifter eingewirkt haben mögen, sicher wird man seine Passionsverehrung nicht vollends daraus erklären können.

---

27 Vgl. bes. VAILATI, V.: La devozione all'umanità di Cristo nelle opere di s. Pier Damiani, in: Divus Thom. (Piac.) Ser. 3, 20 (1943) 78-93, 85-90. Die Frage der unmittelbaren Abhängigkeit der Passionsverehrung unseres Heiligen vom lebensstrengen Reformator lässt sich natürlich nicht in strengem Beweisgang aufzeigen. Gewisse auffallende Anklänge zu bestimmten Stellen der *Opuscula* finden sich z. B. in dessen *Opusc. 12 apologeticum de contemptu saeculi*: PL 145, 251-292. Hingegen ist bezüglich des Hinweises in unserer Studie: De Francisci habitudine, 31 die Bemerkung von LECLERCQ, J.: Fragmenta mariana, in: EL 2 (1958) 296 Anm. 22 zu beachten. Vgl. nun auch DERS.: S. Pierre Damien, ermite et homme d'Église, Rom 1960.

28 Vgl. dazu z. B. LAMPEN, W.: De spiritu S. Francisci in operibus S. Gertrudis Magnae, in: AFH 19 (1926) 733-752. 744-747.

29 Vgl. die Lit. oben, II. Teil, Anm. 119f. Für Franziskus sei verwiesen auf FELDER, H.: Der Christusritter aus Assisi, Zürich-Altstetten 1941, 101f., 110-120. Sehr eindeutig ist das Urteil von ANDRESEN, Franz von Assisi u. seine Krankheiten, 40: „Die franziskanische Passionsfrömmigkeit ist geistesgeschichtlich ein Kind der zeitgenössischen Kreuzesverehrung, wie sie in der Passionsmystik Bernhard von Clairvaux's ihren vorbildlichen Charakter gefunden und in den Kreuzzugsbewegungen die breiten Massen erfaßt hat".

30 Vgl. hier bes. SCHREIBER, O.: Byzantinisches u. abendländisches Hospital, in: DERS.: Gesammelte Abhandlungen, I: Gemeinschaften des MA, Münster 1948, 3-71, 3-10 (Lit.). – Wir sprechen von einer mindestens mittelbaren Abhängigkeit, sofern Franziskus sicher mit den Antonitern (s. oben, I. Teil, I, C, 3) u. auch mit den italienischen Kreuzherren (Crociferi; s. LM IV,8: 574f.), zwei aus der Kreuzzugsbewegung erwachsenen Orden, zusammentraf. Es ist indes nicht unwahrscheinlich, dass er darüber hinaus die mustergültige Krankenpflege der Johanniter anlässlich seiner Orientreise aus persönlicher Anschauung kennenlernte.

31 Dies wird z. B. für die hl. Elisabeth behauptet („asketische Vorleistungen im Blick auf die Kreuzzugsgefahren u. Kreuzzugssiege") von MAURER, W.: Zum Verständnis der hl. Elisabeth von Thüringen, in: ZKG 65 (1953/ 1954) 16-64, 30f.; s. auch WOLTER, H.: Elemente der Kreuzzugsfrömmigkeit in der Spiritualität des hl. Ignatius, in: Ignatius von Loyola. [Hg. von F. WULF], Würzburg [1956], 129f.

g) Mit Kajetan Eßer kann man schließlich noch auf einen negativen Einflussfaktor in der Leidensverehrung unseres Mystikers hinweisen. Bekanntlich bedrohte die Irrlehre der Katharer die mittelalterliche Kirche von innen her in weit gefährlicherer Weise als die Mohammedaner von außen. Franziskus konnte sich von der Gefährlichkeit dieser Häresie umso leichter überzeugen als die Katharer im Tal von Spoleto eine ihrer Diözesen eingerich- [S. 395] tet hatten. Diesen doketischen Irrgläubigen war die Passion des Herrn reine Illusion; Christus konnte gar nicht leiden und sterben, weil er keinen irdischen Leib besaß.[32]

In verschiedenen Aussagen unseres Heiligen verspürt man eine deutliche – wenn auch nicht ausdrücklich ausgesprochene – Stellungnahme gegen diese Irrtümer. Von den verschiedenen Belegen, die der Verfasser in unserem Zusammenhang anführt, sei einzig eine Stelle von Franziszi „Brief an die Gläubigen“ wiedergegeben:

> „Cuius Patris talis fuit voluntas, ut Filius eius benedictus et gloriosus, quem dedit nobis et natus fuit pro nobis, se ipsum per *proprium sanguinem suum* sacrificium et hostiam in ara crucis offerret, non pro se, ‘per quem facta sunt omnia’ (Joh 1,3), sed pro peccatis nostris ‘relinquens nobis exemplum, ut sequamur vestigia eius’“ (1 Petr 2,21).

Der Nachdruck, womit der Heilige unsere Erlösung durch Christi eigenes Blut – und dies mehrere Male an verschiedenen Stellen – betont, beweist doch diese bewusste Abwehr des katharischen Doketismus.[33] Indem Franziskus in symbolerfülltem Erleben die Wirklichkeit der Passion Jesu gläubig umfing, trug er in providentieller Weise zur inneren Überwindung dieser gefährlichsten Häresie des Mittelalters bei.

3. *Die Hl. Schrift und die Liturgie als die entscheidenden Einflüsse auf Franziszi Passionsfrömmigkeit*

a) So wirklich und bedeutsam die bisher aufgezeigten Einflussfaktoren auch waren, können sie mit dem starken Einwirken der Bibel dennoch nicht verglichen werden. Hier verdient nochmals nachdrücklich hervorgehoben zu werden, wie häufig unser Heiliger Stellen des Psalteriums auf das Leiden Jesu deutet.[34] Bezüglich des Neuen Testamentes fällt der nachhaltige Einfluss des Johannesevangeliums am meisten auf.[35] Wir erinnern

---

32 ESSER, K.: Franziskus von Assisi u. die Katharer seiner Zeit, in: AFH 51 (1958) 225-264, 230, 239, 253-255, wo zugleich die entsprechenden Verweise auf BORST, A.: Die Katharer, Stuttgart 1953, 167, 239 geboten werden.

33 Opuscula [Lem.], 88f.; s. ESSER, Franziskus von Assisi u. die Katharer, 254; s. auch oben, I. Teil, I, A, 3, bzw. II, D, 6 mit Anm. 147.

34 Es ist wohl kaum mehr notwendig, die auf das Leiden Jesu angewandten Verse des *Officium Passionis* zahlenmäßig anzugeben. Hingegen ist nicht ohne Interesse, dass von den 17 in den übrigen Schriften der *Opuscula* zitierten Psalmstellen keine auf die Passion bezogen wird (vgl. jedoch zu einer verschieden gedeuteten Stelle oben, I. Teil, Anm. 77). Von den übrigen alttestamentlichen Stellen, die Franziskus auf das Leiden Jesu anwendet, vgl. Jes 50,7; Klgl 1,12; Ez 9,4ff.

35 Gestützt auf FQS ^{2}I, 241a-242a, 243b, bzw. auf unsere Ausführungen über das Passionsoffizium (oben, I. Teil, II) zählten wir von den 58 aus Joh, 1 Joh u. Offb wörtlich oder frei zit. Stellen 28, in denen das Leiden Christi auf irgendeine Weise vorkommt, sei es auf Grund des biblischen Textes selber, sei es auf Grund von Franziszi Deutung im näheren oder weiteren Kontext.

nochmals an die Themen vom Guten Hirten und von der Hingabe Jesu an den Vater.[36] – Natürlich wirkten auch die Synoptiker – unter [S. 396] ihnen besonders Matthäus[37] – namentlich auf Idee und Ausprägung seiner Kreuzesnachfolge ein. Aber auch die „Theologia crucis" eines hl. Paulus blieb dem Poverello nicht ganz fremd, wie beispielsweise das Mahnwort über den Ruhm des Kreuzes beweist. Immerhin muss zugegeben werden, dass der paulinische Anteil im Verhältnis zu den übrigen neutestamentlichen Quellen eher etwas zurücktritt.[38] Wir können darum auch von unserem besonderen Gesichtswinkel aus das Urteil von W. Dettloff bestätigen: Franziskus „zitiert die Bibel im Grunde nicht, sondern redet einfach in der Sprache der Bibel".[39]

b) An vielen Stellen unserer Arbeit wurde sodann deutlich, in welchem Ausmaß Franziskus in seiner Verehrung des Leidens Jesu aus der Liturgie lebte. Besonders eindrücklich offenbart sich diese Abhängigkeit im „Adoramus te Domine" und an vielen Stellen seines *Officium Passionis*. Man wird wohl kaum fehlgehen anzunehmen, dass der Poverello die entscheidenden Bibelstellen weniger in fortlaufender Lesung der Hl. Schrift als in den Perikopen der Liturgie und in der Wortverkündigung der Kirche vernommen hat.[40] [S. 397]

---

36 In diesem Zusammenhang sei das Urteil des Exegeten SCHELKLE, K. H.: Die Passion Jesu in der Verkündigung des Neuen Testamentes, Heidelberg 1949, 114 wiedergegeben: „Der Gehorsamswille des Sohnes gegen den Vater ist also nach der gesamten [ntl.] Tradition für Christus das erste Grundmotiv seiner Übernahme der Passion"; s. überhaupt ebd. 112-114. Ein Zeichen, wie tief unser Heiliger in die biblische Gedankenwelt eindrang.

37 Unter den in Anm. 35 gen. Bedingungen zählten wir für Mt in 71 Stellen 17 mit Einfluss des Passionsgedankens. Für Lk u. Apg ist das Verhältnis 52 zu 9, für Mk 8 zu 2. Bei Mk muss indes beachtet werden, dass im MA selten Ausschnitte daraus in der Liturgie gelesen wurden. Vgl. z. B. einige Perikopenordnungen der alten u. mittelalterlichen Kirche bei GODU, G.: Évangiles, in: DACL V/1, 852-923.

38 In den 35 Stellen, die den Paulusbriefen u. den 5 Stellen, die Hebr entnommen sind, zählten wir 7 bzw. 3 mit Einfluss des Passionsgedankens. Bemerkenswert ist auch das Zahlenverhältnis in 1 Petr (3 von 9; dabei ist bes. die Stelle 2,21 zu beachten). – Die 4 aus Jak zit. Stellen sind ohne Bezug zum Leiden Jesu. – In diesem Zusammenhang muss aber auf folgendes Zeugnis hingewiesen werden: Jord, n. 15: BOEHMER, Paris 1908, 15: „Et videns b. Franciscus fr. Caesarium sacris Litteris eruditum, ipsi commisit, ut Regulam, quam ipso simplicibus verbis conceperat, verbis Evangelii adornaret. Quod et fecit". Die Mitarbeit von gebildeten Brüdern in der Auswahl von biblischen Texten, die von Jordan von Giano für den Einzelfall der unbestätigten Regel bezeugt wird, muss offenbar auch für die übrigen Schriften Franziszi von einigem Umfang angenommen werden. Dabei dürfte es indes sehr schwer fallen, die Anteile des Heiligen u. der Sekretäre genau abzugrenzen. BEYSCHLAG, K.: Die Bergpredigt u. Franz von Assisi, Gütersloh 1955, 62 schlägt m. E. ein glückliches Kriterium vor, wenn er zwischen ornamentalen Reflexionszitaten der Sekretäre u. konstitutiven Schriftzitaten des Heiligen unterscheidet. Bei unserer Fragestellung kann jedoch von einer näheren Bestimmung der Mithilfe von gebildeten Brüdern abgesehen werden, da Franziskus zweifellos die auf solche Weise übernommenen Zitate persönlich erlebte. Weitere Stellungnahmen u. die entsprechende Lit. zum Zeugnis Jordans s. nun bei KOPER, R.: Das Weltverständnis des hl. Franziskus von Assisi. Eine Untersuchung über das „Exivi de Saeculo", Werl/Westf. 1959, 132f.

39 DETTLOFF, W.: Die Geistigkeit des hl. Franziskus in der Theologie der Franziskaner, in: WiWei 19 (1956) 197-211, 199; s. auch 211: „... die christliche Größe des hl. Franziskus [dürfte] gerade darin liegen, daß er dem Evangelium gegenüber keine Sonderideen hatte ...".

40 Ein sprechendes Beispiel wurde für die Stelle Mt 16,24 oben, II. Teil, Anm. 102f. geboten. – Hier muss auch ein bemerkenswertes Zeugnis von Br. Leo in einem Nachtrag zum Brevier des hl. Franziskus beachtet werden: „Fecit [Franciscus] etiam scribi hoc evangelistare [evangeliarium] et eo die, quo non posset audire missam occasione infirmitatis vel alio aliquo manifesto impedimento, faciebat sibi legi

Damit dürften wir in unserer Studie die wesentlichen Linien[41] von Franziszi Passionsfrömmigkeit nachgezeichnet haben. Wir erheben immerhin nicht den Anspruch, alle Gesichtspunkte restlos ausgeschöpft und jede Einzeifrage endgültig gelöst zu haben. Dafür ist des Heiligen Verhältnis zum Erlöser zu mannigfaltig. Ebenso fehlen noch zu viele monografische Untersuchungen über die mittelalterliche Frömmigkeit. Auch die teilweise immer noch unsichere franziskanische Quellenlage selber lässt nicht in jedem Falle abschließende Urteile zu. Deshalb und besonders wegen der reichen Persönlichkeit des Poverello bewahrheitet sich an seinem Beispiel offenkundig, wie sehr des Menschen Inneres in Geheimnissse gehüllt ist, in die auch die scharfsinnigste historische Kritik letztlich nicht einzudringen vermag.[42]

evangelium, quod eo die dicebatur in ecclesia in missa": LEMMENS, L.: Testimonia minora saeculi XIII de S. Francisco Assisiensi, Quaracchi 1926, 61; s. auch SpSab, c. 117, n. 1-3: 329. Es wäre nun eine reizvolle Aufgabe – sie geht jedoch über den Rahmen unserer Untersuchung hinaus – jene liturgischen Lesungen zu ermitteln, denen die biblischen Stellen der *Opuscula* anscheinend entnommen wurden. Dafür müssten berücksichtigt werden: GODU, Évangiles; die bei JUNGMANN, J. A.: Missarum Sollemnia I, Wien ^{4}1958, 514-516 verzeichnete Literatur; VAN DIJK, S. J. P. / WALKER, J. Hazelden: The origins of the modern Roman liturgy. The liturgy of the papal court and the Franciscan Order in the thirteenth century, London [1960], 573b (gospel book).

41 Mit Ausnahme freilich der Stigmatisierung des Heiligen; s. aber Anm. 11.

42 Zu einem voll abgerundeten Bild müsste auch das Einwirken des hl. Franziskus auf die erste Generation seines Ordens und auf die spätmittelalterliche Passionsfrömmigkeit aufgezeigt werden. Diese Arbeit erfordert jedoch wegen der Vielfalt der anfallenden Fragen und der Vielzahl der zu berücksichtigenden Personen unbedingt eine Einzeldarstellung, will man nicht bei unbestimmten und unbewiesenen Behauptungen stehenbleiben.

Die Stellung Christi im Beten des hl. Franziskus von Assisi

I. Teil

Gegenwärtig sind wir Zeugen eines neuerwachten Interesses für Theologie, Geschichte und persönlichen Vollzug des Gebetes.[1] Als besonders fruchtbar erweist sich, die religiösen Vorstellungen zu erforschen, die dem Beten großer Menschen vorschwebten. Eine eingehende Untersuchung der Gebetsweisen des hl. Franziskus drängt sich umso mehr auf, als bisher eine abschließende Studie darüber noch fehlt.[2] Natürlich kann es im engen Rahmen eines Artikels nicht darum gehen, das Gebetsleben unseres Heiligen nach allen Seiten zu beleuchten. Wir befragen hier vielmehr die in seinen Schriften und Lebensbeschreibungen überlieferten Gebete nach ihrer Beziehung zu Christus.

Den Blick für diese Fragestellung hat seinerzeit Josef Andreas Jungmann für den Bereich des liturgischen Betens geöffnet.[3] In neuester Zeit versuchte namentlich Karl Baus die Stellung Christi im persönlichen Beten einzelner Väter zu bestimmen.[4] – Trotz der [S. 129] grundsätzlichen Beschränkung der Studie auf das Christusgebet[5] unseres Hei-

---

1 Nebst anderen Studien vgl. THUM, B. / BEA, A. / HILLMANN, W. / RAHNER, K. / WULF, F. / FREI, G.: Gebet, in: LThK ²IV, 537-551 (Lit.); HAMMAN, A.: La prière. I. Le Nouveau Testament, Tournai 1959, der zweite, noch nicht erschienene Band soll die Geschichte des Gebetes bis zum Konzil von Nizäa darstellen; BOUYER, L.: La spiritualité du Nouveau Testament et des Pères, Paris [1960] (Histoire de la spiritualité chrètienne, I); LECLERCQ, J. / VANDENBROUCKE, F. / BOUYER, L.: La spintualité du moyen âge, Paris [1961] (Histoire, 2); RAHNER, K.: Thesen über das Gebet „im Namen der Kirche", in: ZKTh 83 (1961) 307-324; WULF, F.: Das christliche Gebet in Lehre und Verkündigung, in: GuL 34 (1961) 380-384.

2 Eine ziemlich umfassende Textsammlung bietet FELDER, H.: Die Ideale des hl. Franziskus von Assisi, Paderborn ⁶1951, 389-421; DERS.: Der Christusritter aus Assisi, Zürich 1941, 150-156, 160-165. Für den trinitarischen Aspekt s. bes. LAMPEN, W.: S. Franciscus, cultor Trinitatis, in: AFH 21 (1928) 449-467, und MÜLLER, M.: Gotteskinder vor dem Vater. Ihr Werden, Sein und Leben, Freiburg i. Br. 1938, 120-124; SCHWENDINGER, F.: Franziskanische Frömmigkeit. Das Beten des hl. Franz von Assisi, in: WiWei 8 (1941) 57-64, 85-93; VITUS A BUSSUM: De spiritualitate franciscana, Aliqua capita fundamentalia, Rom 1949, 194-206; bes. im Hinblick auf Franziszi vorbildliche Gebetsweise vgl. die entsprechenden Kap. bei ESSER, K. / GRAU, E.: Antwort der Liebe. Der Weg des franziskanischen Menschen zu Gott, Werl/Westf. 1958, 231-246, und LINDEN, R.: Vater und Vorbild. Franziskus – Forma Minorum, Werl/Westf. 1960, 137-167 (Gebet), 257-289 (Gottesbild); vgl. auch VAN RUYTEGHEM, F.: Franciskus en de Godmens Kristus, in: Alter Christus 12 (1957) 267-275, und CHAUVET, F. J.: La sapienza cristiana secondo san Francesco, in: VM 30 (1959) 198-224.

3 JUNGMANN, J. A.: Die Stellung Christi im liturgischen Gebet, Münster/Westf. 1925.

4 BAUS, K.: Das Gebet der Märtyrer, in: TThZ 62 (1953) 19-32; DERS.: Das Nachwirken des Origenes in der Christusfrömmigkeit des hl. Ambrosius, in: RQ 49 (1954) 21-55; DERS.: Das Gebet zu Christus beim hl. Hieronymus, in: TThZ 60 (1951) 178-188; DERS.: Die Stellung Christi im Beten des hl. Augustinus, ebd. 63 (1954) 321-339. Hervorgehoben zu werden verdient die Studie: BALSAVICH, M.: The witness of St. Gregory the Great to the place of Christ in prayer, Rom 1959.

5 Es sei eigens darauf hingewiesen, dass wir „Christusgebet" hier als umfassenden Oberbegriff gebrauchen, ohne Rücksicht darauf, ob sich der Beter unmittelbar an Jesus selber oder durch Christus an den Vater wendet. Für die erste Form hat sich der Name „Jesusgebet" eingebürgert; vgl. KLAWEK, A.: Das

ligen können wir natürlich von den übrigen Gebetsformen nicht völlig absehen. Denn die Frage nach dem christozentrischen Charakter seines Betens kann erst dann befriedigend beantwortet werden, wenn sein Verhältnis zum himmlischen Vater, zum einen und dreieinen Gott mitberücksichtigt wird.[6]

I. Allgemein an Gott gerichtete Gebete des hl. Franziskus

Wer das Gebetsleben eines Heiligen darzustellen hat, wird sich einer unübersteigbaren Grenze stets bewusst bleiben müssen, auf die Josef Maria Nielen treffend hingewiesen hat: „In das innere Heiligtum des Gebetslebens Jesu, wie eines jeden überhaupt, kann die wissenschaftliche Erforschung allein nicht eindringen."[7] Diese Schwierigkeit meldet sich noch gebieterischer, wenn die Frömmigkeit eines Menschen beschrieben werden soll, der, wie Franziskus, mehrere Jahrhunderte vor uns gelebt hat und von dem nur eine verhältnismäßig kleine Zahl von Gebeten in der Opuscula-Sammlung zufällig erhalten geblieben ist.

1. Wenn wir uns Franziszi Gebetsgeheimnis irgendwie nähern wollen, steht uns trotzdem kein anderer Weg offen, als dass wir zunächst das Zahlenverhältnis seiner an Gott und Christus gerichteten Gebete miteinander vergleichen. Soweit die ersten Biografen mehr oder weniger ausführlich darüber schreiben, berichten sie als Außenstehende über die innerste und persönlichste Sphäre eines Menschen. Falls man darauf hinwiese, dass die vertrauten Gefährten des Heiligen den Biografen zuverlässige Unterlagen liefern konnten, ist immerhin an die außerordentliche Sorgfalt zu erinnern, mit der Franziskus seine religiösen Erfahrungen geheimzuhalten suchte.[8]

Gebet zu Jesus, seine Berechtigung und Übung nach den Schriften des Neuen Testaments. Eine biblisch-theologische Studie, Münster/Westf. 1921.

6 Der Ausdruck „christozentrisch" ist ebenfalls der Gefahr von Missverständnissen ausgesetzt. Eine christozentrische Frömmigkeit bedeutet natürlich nicht eine ausschließliche Beziehung zu Christus, vielmehr ist dem betreffenden Christen sein Verhältnis zum Gottmenschen – immer oder in bestimmten Zeitpunkten – vordringlicher bewusst als seine Beziehung zur Heiligsten Dreifaltigkeit als solcher oder zu den beiden anderen göttlichen Personen. Der Wortgebrauch scheint uns auch in dem Sinn noch legitim zu sein, dass ein Beter Christi unabdingbare Mittlerfunktion sehr klar realisiert. Vgl. die Lit. bei PANI, S.: I principi fondamentali della spiritualità cattolica secondo le varie scuole di spiritualità, Rom 1954, bes. 29-31 (s. hierzu BgFr XI, n. 1030), und in theologischer Blickrichtung: KÜNG, H.: Christozentrik, in: LThK [2]II, 1169-1174.

7 NIELEN, J. M.: Gebet und Gottesdienst im Neuen Testament. Eine Studie zur biblischen Liturgie und Ethik, Freiburg i. Br. 1937, 2.

8 Vgl. 1 C 95f.: 72f. und 2 C 99, 133, 137: 189, 207, 209 (die deutsche Übersetzung entnehmen wir: GRAU, E.: Thomas von Celano, Leben und Wunder des hl. Franziskus von Assisi, Werl/Westf. [1]1955 [= FQS [1]V], der Kürze halber in Klammern mit Band der Reihe und Seitenzahl angegeben). – Franziskus hat die Diskretion ausdrücklich empfohlen: NbR 17, in: Opuscula [Lem.], 47 (die dt. Übers. zitieren wir – wiederum mit Band und Seitenzahl – aus: ESSER, K. / HARDICK, L.: Die Schriften des hl. Franziskus von Assisi, Werl/Westf. [2]1956 [= FQS [2]I]); 22. 28 Verba admon.: Opuscula [Lem.], 16. 19.

Wir ziehen im Folgenden vorab Gebete zum Vergleich heran, die die Forderung des [S. 130] zwischenpersönlichen Sich-Mitteilens an Gott erfüllen.[9] Für die Auswahl sodann entscheidet, ob die als Abschnitt oder eingestreuter Satz erkennbare Gebetsformel sich unmittelbar an Gott wendet, ohne die drei göttlichen Personen einzeln oder gesamthaft zu nennen. Ebenso werden Gebete berücksichtigt, die sich an den Herrn richten, bei denen jedoch aus dem Zusammenhang erhellt, dass sie sich nicht – mindestens nicht unmittelbar – an Christus wenden. Um die Vergleichsgrundlage möglichst zu erweitern, werden auch einzelne Sätze herangezogen, die sprachlich zwar außerhalb dieser Grundform stehen, sich also nicht direkt an Gott richten, die aber zum Lobe Gottes auffordern. Nach den so festgelegten Auswahlgrundsätzen zählten wir in den Opuscula *16 Gebete* oder gebetsähnliche Texte, die sich unmittelbar und ausschließlich an Gott wenden.[10]

2. Die Tragweite dieser nackten Zahlenangabe muss nun an einigen Belegen veranschaulicht werden. Das drängt sich für das Ziel unserer Studie umso mehr auf, als das in den Gebetstexten aufleuchtende Gottesbild seinen bedeutsamen Widerschein auf die Christusgebete ausstrahlt. – In der ohne päpstliche Bulle bestätigten Regel fügt Franziskus seinen Mahnungen folgendes Gebet hinzu: „Et omnia bona Domino Deo altissimo et summo reddamus et omnia bona ipsius esse recognoscamus et de omnibus ei gratias referamus, a quo bona cuncta procedunt. Et ipse altissimus et summus, solus verus Deus habeat et ei reddantur et ipse recipiat omnes honores et reverentias, omnes laudes et benedictiones, omnes gratias et omnem gloriam, cuius est omne bonum, qui 'solus est bonus'" (Lk 18,19).[11] Im Erleben der eigenen Ohnmacht steht der Heilige vor der übergewaltigen *Macht des höchsten Herrn* in der Gesinnung tiefster Ehrfurcht. Zugleich weiß er sich und die Nebenmenschen von Gottes Wohltaten überschüttet; darum lobpreist er in ergriffener Dankbarkeit dessen grenzenloses Erbarmen mit stets neuen, rühmenden Aussagen. Die sinnverwirrende Größe Gottes erfährt der Beter in bezeichnender Kontrastharmonie zugleich als sinnberückende Güte.[12]

---

9 Vgl. THUM, B.: Gebet, in: KÖNIG, F.: Religionswissenschaftliches Wörterbuch, Freiburg i. Br. 1956, 269-272. Gebet „besteht wesentlich darin, Inneres in Zuwendung auf Gott ... zu eröffnen und in irgendeiner Form zum Status einer objektivierten, zwischenpersönlichen Gegebenheit zu bringen" (269).

10 Wiewohl nur einige Stellen beispielshalber erörtert werden können, seien die in die Zahl einbegriffenen Stellen kurz angegeben. Die Seitenzahl und die nachgestellte Zahl der Linien bezieht sich – wo nichts anderes angegeben wird – auf Opuscula [Lem.]; K. ESSER, in: FrSt 34 (1952) 5; V. BRANCA. in: AFH 41 (1948) 83-87; 10,17-18; 14,4-8; 15,2-5; 20f.; 39,8-11; 46,14-48,3; 48,3-14; 107,7-16; 112,10-14; 114,18-22; 123,1-7; 128,23-26; 141,10-142,11; 143,15-144,12.

11 c. 17: Opuscula [Lem.], 48 (FQS ^{2}I, 68).

12 Zu der in unserem Text durchscheinenden religiösen Erfahrung allgemein s. OTTO, R.: Das Heilige. Über das Irrationale in der Idee des Göttlichen und sein Verhältnis zum Rationalen, München $^{26-28}$1947, 12-35, 39, 53f. (s. aber B. HÄRING, in: GuL 24 [1951] 66-71). – Zum Text selbst s. u. a. MOTTE, I. É. / HÉGO, G.: Tu es le Bien, in: Cahiers de vie franciscaine 2 (1955) 296-303; ESSER, K.: Wer bist du, Herr, und wer bin ich? Das Gotteshild des hl. Franziskus von Assisi, in: Bruder Franz 2 (1949) 146-149, 195-197; DETTLOFF, W.: Die Geistigkeit des hl. Franziskus in der Theologie der Franziskaner, in: WiWei 19 (1956) 197-211, 209f.; CHAUVET, Sapienza cristiana, 208-214, der bes. auf den Erlebnischarakter (bonum!) hinweist.

Dieselbe Erfahrung gleichzeitig entgegengesetzten Verhaltens bezeugt die den Laudes Dei nachgestellte oratio: „Allmächtiger, heiligster, höchster und erhabenster Gott, du alles Gut, höchstes Gut, ganzes Gut, 'der du allein der Gute bist' (Lk 18,19), dir wollen [S. 131] wir erweisen alles Lob, alle Herrlichkeit, allen Dank, alle Ehre, allen Preis und alles Gute. Es geschehe, es geschehe! Amen."[13] Zu den Zügen der unendlichen Erhabenheit und Güte Gottes kommen, gleichsam als Begründung, die Allmacht des Schöpfers und seine wesenhafte Heiligkeit hinzu. – Einen bezeichnenden Text mit der Herrenanrede bietet der Sonnengesang des Poverello. Bereits der Auftakt nimmt alle bisher genannten Leitgedanken auf: „Altissimo, onnipotente, bon Signore, / tue so le laude, la gloria e l'onore e onne benedizione."[14]

Die Tatsache, dass Franziskus häufig „Altissimus" verwendet, wenn er sich betend an Gott richtet, beweist, dass sein Gottesbild die Züge des Majestätisch-Erhabenen – oder um einen Ausdruck des Religionsgeschichtlers Rudolf Otto zu brauchen –, des *Numinosen* an sich trug. Vor dem übermächtig aufragenden Gottesbild fühlt sich der Beter unsagbar gering und klein. Als natürliche Folge dieser Gotteserfahrung beugt er sich voll Ehrfurcht in den Staub.[15] Den ersten und entscheidenden Anstoß zur Betonung der göttlichen Transzendenz dürfte die nächtliche Erscheinung in *Spoleto* von 1205 gegeben haben, da eine geheimnisvolle Stimme den angehenden Ritter anrief und ihn fragte, „wer ihm Besseres geben könne, der Knecht oder der Herr". Das visionäre Erlebnis bildete die entscheidende Wende von Franziszi Leben.[16]

Neben „Altissimus" steht jedoch ein stetig sich steigerndes Aneinanderreihen von „Bonum, solum Bonum, summum Bonum"; ein Beweis, dass Franziskus seine Gotteserfahrung nicht etwa erdrückt oder nur in Schrecken vor Gottes Größe erschauern lässt; Der Heilige fühlt sich vielmehr vom *„Fascinans"* unwiderstehlich angezogen und von der göttlichen Güte zur Gegenliebe hingerissen. Dass er sich im Zuschreiben des Attributes „Guter" nicht genugtun kann, offenbart, wie tief das Liebeserlebnis in seiner Seele wurzelte und wie sehr sein Beten im besten Sinn des Wortes gefühlsvoll, gemütswarm und personal war.[17] Die Güte Gottes hat Franziskus jedenfalls erstmals besonders

---

13 Opuscula [Lem.], 123 (FQS ²I, 171).

14 Ed. von V. BRANCA, in: AFH 41 (1948) 81, V. 1 (FQS ²I, 164). Vgl. hierzu den Kommentar von PLATZECK, E.-W.: Das Sonnenlied des hl. Franziskus von Assisi. Eine Untersuchung seiner Gestalt und seines inneren Gehaltes nebst neuer deutscher Übersetzung, München 1957, 10, 11, 21-27.

15 Nebst den voraufgehend genannten Stellen s. auch FQS ²I, 250ab (Register: Gott/Eigenschaften); vgl. auch GOOSSENS, H.: De Gods- en Christusvisie van Sint Franciscus, in: Sint Franc 1 (1955) 19-22, 30f. (Entsprechung bei Celano). — Zu „Numinos" s. OTTO, Das Heilige, 6f. u. ö. bzw. K. H. MISKOTTE, in: RGG ³IV, 1543-1545. – Zum Gebet und seinem sprachlichen Ausdruck vgl. THUM, Gebet, bzw. HAVERS, W. / SOLTA, G. R.: Gebet und Sprache, in: *Religionswissenschaftliches Wörterbuch*, 269-272, 274-278.

16 2 C: 133 (FQS ¹V, 234). Vgl. hierzu CASUTT, L.: Das Erbe eines großen Herzens. Studien zum franziskanischen Ideal, Graz 1949, 22-28, und VAN DEN BORNE, F.: Voornaamste feiten uit het leven van Franciscus in het licht van de historische kritiek, in: Sint Franc 3 (1957) 176f. – Die Anwendung von „Allerhöchster" auf Gott bezeugt auch 1 C 106: 82 und 2 C 166: 227. Für evtl. Einflüsse biblischer Stellen vgl. z. B. Ps 20,8; 56,3; 90,1; Lk 1,32.35; 2,14; 6,35; 8,28. Man könnte schließlich auch an das „Tu solus altissimus" des Gloria denken: vgl. JUNGMANN, J. A.: Missarum Sollemnia. Eine genetische Erklärung der römischen Messe I, Freiburg i. Br. ⁴1958, 455f.

17 Vgl. FQS ²I, 250ab (Register); Goossens, De Gods- en Christusvisie, 22, 31 (s. auch Anm. 12). – Zu „Fascinans" s. wiederum OTTO, Das Heilige, 39-49.

tief erlebt, als ihm der Herr in einer mystischen Erfahrung versicherte, alle *Jugendsünden* seien ihm *vergeben.*[18] Darüber hinaus hat Lk 18,19: „Niemand ist gut als Gott allein“, [S. 132] unseren Heiligen nachhaltig beeinflusst.[19] Ungleich schwieriger zu beantworten ist die Frage, ob das starke Betonen von „Bonum“ von den religiösen Strömungen seiner Zeit genährt wurde.[20]

II. Gebete an den dreieinen Gott

1. Unter den gleichen Bedingungen, die im voraufgehenden Abschnitt festgelegt wurden (I, 1), suchen wir nun die Zahl der Gebete zu bestimmen, die sich entweder an die Dreifaltigkeit als solche oder an die drei göttlichen Personen wenden. In den aufbewahrten Schriften des Heiligen belaufen sich solche *Gebete* auf *20*, zu denen eine weitere Stelle aus einem verlorenen Brief an den Minister und die Minderbrüder Frankreichs gerechnet werden darf.[21]

2. Für die Zielsetzung unseres Themas muss jedoch die *Stellung Christi* in den trinitarischen Gebetstexten eingehend beleuchtet werden. Um den geistesgeschichtlichen Standort und Quellgrund von Franziszi Frömmigkeit zu bestimmen, ist es nicht belanglos, dass sich seit dem karolingischen Zeitalter die *trinitarischen Frömmigkeitselemente* in der römischen Liturgie wie auch im privaten Beten zusehends mehren. Im

---

18 Vgl. 1 C 26-27: 22f. Zur chronologischen Einordnung vgl. jedoch VAN DEN BORNE, Voornaamste feiten, 205-207. Weitere Stellen, die das Werden und die Entwicklung dieser Seite in seinem Gottesbild beleuchten s. bei FQS ^{1}V, 591b (Gott/Milde, Güte...).

19 Vgl. auch die Parallelen: Mt 19,17; Mk 10,18: vgl. hierüber SCHMID, J.: Das Evangelium nach Markus, Regensburg ^{3}1954, 190-198. Für die Auslegungsgeschichte vgl. etwa: BEDA: PL 92, 554AB: Glossa ordinaria: PL 114, 323f.; BRUNO VON SEGNI: PL 165, 233B. – Franziskus führt Lk 18,19 in seinen Schriften viermal an (FQS ^{2}I, 241b; man füge noch hinzu: Laudes, oratio: Opuscula [Lem.], 123, bzw. FQS ^{2}I, 171).

20 An Pseudodionysius erinnern in unserem Zusammenhang: CORNET, B.: Le „De Reverentia Corporis Domini“, in: EtFr N.S. 6 (1955) 88f., und OPTATUS (VAN VEGHEL): Franciscus gezien tegen de achtergrond van zijn tijd, in: FrancLeven 39 (1956) 109 Anm. 17 (Lit.); vgl. jedoch ESSER, K.: Franziskus von Assisi und die Katharer seiner Zeit, in: AFH 51 (1958) 244 Anm. 1. – Ganz ähnliche Formulierungen kennt übrigens auch der hl. Augustinus: s. KOPER, R.: Das Weltverständnis des hl. Franziskus von Assisi, Werl/Westf. 1959, 77; s. ebenso: 83 Anm. 3. In den damals noch dem hl. Bernhard von Clairvaux zugeschriebenen Predigten „Super Salve Regina“ (in Wirklichkeit jedenfalls von Bernhard von Toledo OSB [† 1125]) findet sich der Satz: „Deus ergo omne bonum et summum bonum“ (Sermo 1, n. 5: PL 184, 1064). Vgl. auch WILMART, A.: Auteurs spirituels et textes dévots du moyen âge latin, Paris 1932, 305.

21 Von der Stelle im verlorenen Brief berichtet THOMAS VON ECCLESTON, De adventu Fratrum Minorum in Angliam, coll. 6: A. G. LITTLE / J. H. MOORMAN, Manchester 1951, 32; dt. in: HARDICK, L.: Nach Deutschland und England, Werl/Westf. 1957, 149. – Zu der abgekürzten Schreibweise folgender Stellen aus Opuscula [Lem.] vgl. Anm. 10: 24,5-6; 44,7-14; 50,21-51,4; 54,21-55,8; 57,22-59,19; 60,21-61,24; 62, 5-9, 17-19; 97,19-20; 99,4-5 (vgl. aber FQS ^{2}I, 131 Anm. 82); 104, 8-12; 105,11-12; 107,7-16; 121,19-122,22; 123,9-19; 124,4-125,8; 128,6-13; BOEHMER, H. / WIEGAND, F.: Analekten zur Geschichte des Franciscus von Assisi, Tübingen ^{2}1930, 27,15-16; 33,29; ESSER, K.: Das Testament des hl. Franziskus von Assisi. Eine Untersuchung über seine Echtheit und seine Bedeutung, Münster/Westf. 1949, 103, n. 13.

Besonderen hat Diego Zorzi nachgewiesen, wie sehr das trinitarische Motiv gerade die provenzalische Dichtung beherrschte.[22]

Unter den auf die Heiligste Dreifaltigkeit bezogenen Gebeten scheiden von vornherein zwei Stellen aus, in denen Franziskus den dreieinen Gott preist bzw. um den Segen über die regeltreuen Söhne anfleht, ohne jedoch die einzelnen Personen zu nennen.[23] Der größeren Zahl wegen verdienen dagegen jene Gebete beachtet zu werden, in denen er *Vater, Sohn und Heiligen Geist nacheinander*, aber auf gleicher Ebene, *erwähnt*, ohne den [S. 133] ewigen Ausgang und die innertrinitarische Stellung, die eigene oder zugeeignete heilsgeschichtliche Sendung oder die Stufenfolge unseres betenden Zugangs auszusprechen. Es sind dies zunächst Stellen seiner Schriften, die er mit dem Segenswort „In nomine Patris et Filii et Spiritus Sancti" beginnt oder beschließt.[24] Wenn sich dieser Segensspruch auch zur Zeit unseres Heiligen noch nicht am Anfang der Messe befand, so war er dem christlichen Volk vom Taufbefehl Christi und von der Taufe selbst her wohl bekannt. Die trinitarische Invokation trifft man seit dem 4. Jahrhundert in Byzanz und seit Karl dem Großen im Abendland öfters zu Beginn von Urkunden.[25]

Ähnlich findet sich in den Opuscula die kleine Doxologie „Gloria Patri" mehr denn einmal, die bekanntlich „den antiphonischen Psalmengesang als regelmäßiger Abschluß eines jeden Psalms schon von seiner Wiege in Antiochia aus durch die ganze Welt begleitet" hat.[26] Den getreuen Widerhall zum liturgischen Beten der Kirche bilden zudem das dreimalige „Sanctus" und das „Benedicamus Patrem et Filium cum Sancto Spiritu".[27] Ähnlich dürfen die beiden trinitarischen Segenswünsche in seinen Schriften mit dem liturgischen Vorbild des priesterlichen Schlusssegens verbunden werden.[28]

---

[22] Vgl. JUNGMANN, J. A.: Die Abwehr des germanischen Arianismus und der Umbruch der religiösen Kultur im Mittelalter, in: ZKTh 69 (1947) 68-74, bzw. ZORZI, D.: Valori religiosi nella letteratura provenzale. La spiritualità trinitaria, Mailand 1954, bes. 137-248.

[23] „Tu es trinus et unus, Dominus Deus, omne Bonum": Chartula fr. Leonis: Opuscula [Lem.], 124; NbR, epilogus: 62.

[24] Beginn der NbR: 24; Einleitung von Verba admon. bzw. Ep. ad fideles: BOEHMER / WIEGAND, Analekten, 27, 33; Schluss der Ep. ad fideles: Opuscula [Lem.], 97. – Zu den trinitarischen Gebeten s. LAMPEN, Cultor Trinitatis, 454-456, und PANCRATIUS (VAN STRIJP): Franciscus, vereerder der H. Drieëendheid, in: FrancLeven 25 (1942) 13-22, 151-161, 219-226, 265-277, die jedoch auf unseren besonderen Fragepunkt (Stellung Christi im trinitarischen Beten) nicht näher eingehen.

[25] Vgl. JUNGMANN, Missarum Sollemnia I, 383f., bzw. DERS., Abwehr des germanischen Arianismus, 71, und neuestem STICKLER, A. M.: Invokation, in: LThK [2]V, 746 (Lit.).

[26] Schluss der NbR: 62; Laudes: 122; Off. Pass.: 128 (jedesmal nach den einzelnen Psalmen und nach der marianischen Antiphon). – Zitat aus JUNGMANN, Missarum Sollemnia I, 423; ebd. s. auch die Sinndeutung der kleinen Doxologie.

[27] Laudes: 121, 122; verlorener Brief an Minister und Minderbrüder Frankreichs (s. Anm. 21). Die dort wiedergegebene Stelle bildet den liturgischen Schluss des Canticum der Drei Jünglinge (Dtn 3,3-34); s. hierzu ALBRIGI, P.: Cantico, in: EC III, 621-624 (Lit.); vgl. sodann SCHNEIDER, H.: Die altlateinischen biblischen Cantica, Beuron 1938. – Zur trinitarischen Deutung des Sanctus s. JUNGMANN, Missarum Sollemnia II, 168 Anm. 28.

[28] Ep. ad fideles: 98: „... si in eis (Ermahnungen) 'perseveraverint usque in finem' (Mt 10,22), benedicat eis Pater et Filius et Spiritus Sanctus"; ähnlich Test 13: ESSER, Das Testament, 103, 198 (Kommentar). Hier kommt immerhin die mittlerische Stellung Christi einigermaßen zum Ausdruck. Darum wird unten III, 3

Schließlich hat sich der Heilige in seinem Schuldbekenntnis: „Confiteor ... Deo Patri et Filio et Spiritui Sancto“ wohl vom Confiteor des kirchlichen Stundengebetes anregen lassen.[29]

In die gleiche Richtung weist das Grundschema einer damals noch jedem Minderbruder zugestandenen Exhorte: „Fürchtet und ehret, lobet und preiset, danket und betet an Gott, den allmächtigen Herrn, in seiner Dreifaltigkeit und Einheit, den Vater und den Sohn und den Heiligen Geist, den Schöpfer des Alls.“ In dieser Gebetsmahnung scheint die zeitgenössische Frömmigkeit insofern durch, als Franziskus darin die beherrschnde [S. 134] Stellung der Heiligsten Dreifaltigkeit im christlichen Glauben und Beten stark betont.[30] Als trinitarischer Lobpreis ohne heilsgeschichtliche Sicht kann schließlich die Stelle im Brief an das Minderbrüderkapitel herangezogen werden. Darin wird nämlich die gnadenwirkende Tätigkeit Christi im Mysterium der Eucharistie auf ihren Urgrund, auf das letzte „Principium quod“, zurückgeführt: „,... unus ubique, sicut ei placet, operatur (Jesus Christus) cum Domino Deo Patre et Spiritu Sancto Paracleto in saecula saeculorum. Amen.“[31]

Allen vorausgehend besprochenen Gebetsformeln des hl. Franziskus kommt als gemeinsamer Nenner das bloße Erwähnen der drei göttlichen Personen zu, ohne dass in ihnen die besondere Stellung Christi ausdrücklich hervorgehoben würde.

III. An den Vater gerichtete Gebete

1. Bereits viel näher berühren unseren Gesichtspunkt jene Gebete des hl. Franziskus, in denen er sich unmittelbar an den Vater richtet und die eine *heilsgeschichtliche Grundform* aufweisen. Denn bei ihnen stellt sich von selbst die Frage, welchen Rang und Raum Christi mittlerische Aufgabe darin einnimmt. Nach eingehendem Vergleich der

---

nochmals darauf zurückzukommen sein. – Zum Priestersegen vgl. JUNGMANN, Missarum Sollemnia II, 544-554.

29 Ep. ad Capit.: 105, bzw. ABATE, G.: Il primitivo Breviario francescano, in: MF 60 (1960) 47-240, 93 Anm. 16. Die trinitarische Fassung bezeugt tatsächlich das sog. Brevier des hl. Franziskus, der wohl älteste Zeuge der von Innozenz III. neugeordneten Liturgie der päpstlichen Kurie (s. VAN DIJK, S. J. P. / WALKER, J. H.: The origins of the modern Roman liturgy, Westminster-London [1960], 129-135), indes sie im so genannten Regelbrevier, wodurch nach 1223 das Kurienbrevier dem Minderbrüderorden angepasst wurde, fehlt. – Wenig wahrscheinlich scheint eine Anregung vom Confiteor der Messe, da eine trinitarische Fassung für die Lebenszeit des Heiligen noch nicht nachgewiesen werden konnte: s. JUNGMANN, Missarum Sollemnia I, 390f.

30 NbR 21: 50f. (FQS ²I, 69f.). – Zum zeitgeschichtlichen Hintergrund vgl. bes. JUNGMANN, Abwehr des germanischen Arianismus, 70. Bei Franziskus darf diese Feststellung immerhin nicht verallgemeinert werden; denn bei all seiner Verehrung der Heiligsten Dreifaltigkeit bewahrt er seine heilsgeschichtliche Sicht.

31 Opuscula [Lem.], 104; ähnlich auch in NbR 22: 55. Franziskus ruft hier seine Söhne auf, ihre Seelen dem einwohnenden dreifaltigen Gott offenzuhalten. Vgl. zu beiden Stellen: PANCRATIUS, Vereerder der H. Drieëenheid, 271f., 157. – Natürlich können wir im Rahmen des uns gestellten Themas die trinitarische Frömmigkeit des Heiligen nicht nach allen Gesichtspunkten beleuchten. – LAMPEN, Cultor Trinitatis, 461-466, weist noch auf die Anknüpfungspunkte in der damals aufblühenden Dreifaltigkeitsverehrung in Italien hin. Für wahrscheinliche Einflüsse durch die Troubadourlyrik s. ZORZI, Valori religiosi, passim.

Opuscula und unter Wahrung der einleitend festgesetzten Auswahlkriterien (I, 1) können wir die Zahl der an den Vater gerichteten Gebete und gebetsähnlichen Formeln mit *21* angeben.[32] Doch sind sie ihrem inneren Sinngefüge nach verschiedenartig und verlangen, entsprechend ihrem jeweils eigenen Aufbau, gesondert behandelt zu werden.

2. Zunächst wird unsere Aufmerksamkeit auf eine Reihe von Texten gelenkt, in denen Franziskus *Christus zum Vater beten* hört.[33] In der langen Mahnung des 22. Kapitels der Regula non bullata führt er aus: „Laßt uns also die Worte, das Leben und die Lehre und das heilige Evangelium dessen beobachten, der sich herabgelassen hat, für uns seinen Vater zu bitten ..., wenn er sagt: ‘Vater, ich habe deinen Namen den Menschen kundgetan, die du mir gegeben hast’ (Joh 17,6).“ Anschließend fügt er weitere Stücke aus dem hohenpriesterlichen Gebet ein, die er aber nicht wörtlich wiedergibt, ein Zeichen, dass er sie tief zu eigen besaß, so dass er sie aus dem Gedächtnis in die [S. 135] Feder diktieren konnte.[34] – Vom Abendmahlssaal begleitet der Heilige den Herrn zum Ölberg und hört ihn dort betend ringen: „Vater, wenn es möglich ist, so gehe dieser Kelch an mir vorüber (Mt 26,39).“[35] Den Blutschweiß Christi kurz andeutend, fährt er fort: „Er legte aber seinen Willen in den Willen des Vaters und sprach: ‘Vater, es geschehe dein Wille, nicht wie ich will, sondern wie du’ (willst) (Mt 26,42b. 39c).“[36]

Während der Heilige an den genannten Stellen der *Stimme Christi im Evangelium* lauscht, hört er sie ungleich häufiger *im Psalmengebet* erklingen. Der Frage, wie die Kirche im Verlauf der Jahrhunderte das alttestamentliche Buch des Psalters christlich zu deuten suchte, bringt die Frömmigkeitsgeschichte neuerdings großes Interesse entgegen. So weiß man heute, dass sowohl die Frühkirche wie auch die großen Väter des Westens die Psalmen mit Vorliebe auf Christus bezogen. Entweder fanden sie in einzelnen Versen oder in ganzen Liedern Anspielungen auf Christi Leben und Leiden vorher-

---

32 Zu den nachfolgend verwendeten Abkürzungen s. Anm. 10. – Test 13: 103; Opuscula [Lem.]: 44,7-14; 55,11-27; 56,15-57,20; 57,22-61,24; 88,15-21; 94,10-21; 107,7-16; 123,9-19; 124,4-125,8; 127,5-128,4; 129,4-130,7; 130,10-131,12; 131, 16–132,13; 132,17-133,26; 135,4-8; 135,21-137,2; 138,4-139,12; 142,15-143,11; 145,4-22; 147,5-148,13. Gewisse Doppelzählungen mit Anm. 21, ließen sich nicht vermeiden, weil die Grenzen zwischen betont trinitarischen und heilsgeschichtlich-liturgischen Gebeten, fließend sind; s. auch Anm. 54.

33 Vgl. zum Folgenden bes. MÜLLER, Gotteskinder, 132-134; VITUS A BUSSUM, De spiritualitate franciscana, 52-54; SCHWENDINGER, Franziskanische Frömmigkeit, 58-61.

34 Opuscula [Lem.], 56f. (FQS ^{2}I, 73f., Anm. 32); s. auch ESSER, K.: Homo alterius saeculi. Endzeitliche Heilswirklichkeit im Leben des hl. Franziskus, in: WiWei 20 (1957) 191, Anm. 69. – Ähnliches gilt für Ep. ad fideles: 94 (FQS ^{2}I, 149f., Anm. 100); s. hierüber bes. CHAUVET, Sapienza cristiana, 216-221.

35 Ep. ad fideles: 88 (FQS ^{2}I, 145). Man beachte, dass Franziskus das besitzanzeigende „mi“ auslässt; s. aber NESTLE, E. (Hg.): Novum Testamentum graece et latine, Stuttgart ^{10}1930, 74.

36 Ep. ad fideles: 88 (FQS ^{2}I, 145). – Dass Franziskus wiederum aus dem Gedächtnis zitiert, beweist die Tatsache, dass er unbewusst die beiden genannten Halbverse mit einer gewissen Freiheit mischt (s. noch Mk 14,36). In diesem Sinne kann FQS ^{2}I, 145, ergänzt werden. – Hier könnte noch aus Fr. Leo, S. Patris nostri Francisci intentio Regulae, n. 2: L. LEMMENS, Quaracchi 1901, 84f., angefügt werden. Franziskus habe gesagt: „Religio et vita Fratrum Minorum est quidam ‘pusillus grex’ (Lk 12,32), quem Filius Dei in hac novissima hora Patri (!) suo postulavit dicens: ‘Domine Pater, vellem, quod faceres et dares mihi quemdam populum novum et humilem in hac novissima hora ...“ Parallel hierzu ist: SpSab, c. 26, n. 1-7: 72-74; vgl. auch 2 C 71: 174; zu „novissima hora“ s. ESSER, Homo alterius saeculi, 187.

gesagt, oder sie vernahmen darin seine zum Vater betende Stimme („Christologisierung" von unten), oder die Beter richteten sich in den Psalmworten unmittelbar an Christus, wobei sie den „Kyrios" der Septuaginta auf Christus übertrugen („Christologisierung" von oben).[37]

Im näheren Zusammenhang beschäftigt uns hier einzig die Frage nach der ersten Christusdeutung.[38] Für das Verrichten des kanonischen Stundengebetes durch den Heiligen fehlen uns leider von seinen Schriften her Anhaltspunkte, die irgendeinen Rückschluss gestatteten.[39] Man könnte hier höchstens die Mahnung des Ordensstifters erwähnen: „... quod clerici dicant officium cum devotione *coram Deo*, non attendentes melodiam vocis, sed consonantiam mentis, ut vox concordet menti, mens vero concordet [S. 136] cum Deo, ut possint per puritatem mentis placere Deo ..."[40] Auch die Biografen hellen unseren Fragepunkt kaum mehr auf. Am ehesten wird man noch auf die Stelle bei Bonaventura hinweisen können: „Psalmos cum tanta mentis et spiritus attentione dicebat, quasi Deum praesentem haberet; et cum nomen Domini in ipsis occurreret, prae suavitatis dulcedine labia sua lingere videbatur."[41]

Ganz anders verhält es sich dagegen mit dem *Passionsoffizium*, das Franziskus mit Hilfe von ganzen Psalmen oder bestimmten Einzelversen verfasste.[42] Mit anderen nach Belieben gewählten Schriftstellen und zusammen mit persönlichen Anrufungen fügte er die Psalmenverse zu einem Gebetsmosaik. Gerade solche Zusätze gestatten es zumeist

---

[37] Vgl. u. a. VANDENBROUCKE, F.: Les psaumes et le Christ, Löwen 1955; J. A. JUNGMANN in seiner Besprechung von FISCHER, B.: Die Psalmenfrömmigkeit der Märtyrerkirche, Freiburg i. Br. 1949, in: ZKTh 71 (1949) 506; den Bericht von S. J. D'A., in: Vie Spirituelle 94 (1956) 73f.; s. auch SCHNEIDER, H.: Psalmenfrömmigkeit einst und heute, in: GuL 33 (1960) 359-369 (Lit.).

[38] Die übrigen Gesichtspunkte werden im folgenden Abschnitt IV, 4 gewürdigt werden. Soweit das Off. Pass. die Passionsfrömmigkeit des Heiligen offenbart, vgl. unsere Studie: Das Leiden Christi im Leben des hl. Franziskus von Assisi. Eine quellenvergleichende Untersuchung im Lichte der zeitgenössischen Passionsfrömmigkeit, in: CFr 30 (1960) 129-145, bzw. im Sonderdruck: 26-42. Gewisse Wiederholungen sind immerhin nicht zu umgehen.

[39] Vgl. NbR 3: 27f.; BR 3: 66; s. hierüber bes. VAN DIJK, S. J. P.: The liturgical legislation of the Franciscan Rules, in: FrancSt N.S. 12 (1952) 176-195, 241-262, bzw. DERS. / Walker, The origins of the modern Roman liturgy, 179-212 (die Verf. scheinen jedoch den angeblichen Gegensatz zwischen beiden Regeln hinsichtlich der liturgischen Gesetzgebung zu übersteigern); s. auch De religiosa habitatione in eremo: 84, und Test 4. 9. 10: 101. 102.

[40] Ep. ad Capit.: 105f. – Die Entsprechung mit der Benediktusregel – wie immer die leichte Abänderung gedeutet werden mag – ist offenkundig: Benedicti Regula, c. 19, n. 7: R. HANSLIK, in: CSEL 75, 75: Zur vergleichenden Deutung der Stelle s. nun DE BOER, B.: La soi-disante opposition de Saint François d'Assise à Saint Benoît, in: EtFr N.S. 8 (1957) 180-194; 9 (1958) 57-65 (Lit.).

[41] LM X,6: 604; s. hierüber ESSER / GRAU, Antwort der Liebe, 227. – Aus der Gegenüberstellung von „nomen Domini" zum nachfolgend eigens erwähnten „nomen Jesu" erhellt, dass mit ersterem irgendwelche Namen Gottes gemeint sind. Vgl. ebd., c. 8, n. 9: 595, bzw. die Register, 732ab (cantando); 739c (horae canonicae); 747ab (orare); 750abc (Psalmos).

[42] Vgl. hierüber bes. SAUSER, T.: Das „Officium de passione Domini", eine Gebetsperle des hl. V. Franziskus, in: Spiritus et Vita (Hall/Österreich) 5 (1925) 114-127: BRACALONI, L.: L'Ufficio composto da S. Francesco d'Assisi, in: StFr 12 (1940) 251-265; wertvolle Anregungen bietet auch: CAMBELL, J.: Les écrits de S. François d'Assise devant la critique, in: FrSt 36 (1954) 232-240; s. auch unsere in Anm. 38 bereits erwähnte Studie.

mühelos, die Sinndeutung zu finden, die Franziskus beim Verrichten des Votivoffiziums mit den einzelnen Gebetsstunden verband.[43]

Beispielshalber sei zunächst der Psalm der Komplet des ersten Gebetsschemas wiedergegeben, eine Gebetsstunde, die nach der vorausgeschickten Rubrik für den Abend des Gründonnerstags vorgesehen ist. Wie Jacques Cambell und vor ihm Timotheus Sauser richtig bemerkten, schwebt dem Beter die Seelenangst Jesu im Garten von Gethsemani vor Augen, wo er, von den Seinen verlassen und von der Feindesmeute umringt, den himmlischen Vater um Hilfe anfleht.[44] Um diese Deutung überzeugend zu beweisen, bringen wir den Psalm im vollen Urtext: „Deus, vitam meam annuntiavi tibi: posuisti lacrymas meas in conspectu tuo" (Ps 55,8c-9b). – „Omnes inimici mei adversum me [S. 137] cogitabant mala mihi: consilium fecerunt in unum" (Ps 40,8b/c; Ps 70,10c). – „Et posuerunt adversum me mala pro bonis: et odium pro dilectione mea" (Ps 108,5). – „Pro eo, ut me diligerent, detrahebant mihi: ego autem orabam" (Ps 108,4). – „*Mi Pater sancte, Rex caeli et terrae,*[45] ne discesseris a me: quoniam tribulatio proxima est, *et* [R] non est qui adiuvet" (Ps 21,12). – „Convertentur inimici mei retrorsum, in quacumque die invocavero te: ecce cognovi, quoniam Deus meus es" (Ps 55,10). – „Amici mei et proximi mei adversum me appropinquaverunt et steterunt: et *proximi mei* [R] de longe steterunt" (Ps 37,12). – „Longe fecisti notos meos a me, posuerunt me abominationem sibi: traditus sum et non egrediebar" (Ps 87,9). – „*Pater sancte,*[46] ne elongaveris auxilium tuum a me: Deus meus ad auxilium meum respice" (Ps 21,20a; Ps 70,12b). – „Intende in adiutorium meum: Domine, Deus salutis meae" (Ps 37,23).

---

[43] Vgl. FQS ^{2}I, 36f.

[44] SAUSER, Officium de passione, 119; CAMBELL, Les écrits, 237, der u. W. zum ersten Mal hervorhob, dass Franziskus in seinem Off. Passionis öfters Verse des Psalterium Romanum und Gallicanum miteinander mischt. Die lange – jedenfalls zu Unrecht – dem hl. Hieronymus zur Last gelegte, sehr fehlerhafte Psalmenübersetzung des Romanum war in Rom, Italien (mit Ausnahme des Nordens) und in einem großen Teil des übrigen Abendlandes in Gebrauch. In Frankreich hingegen zog man seit Karl dem Großen das seit dem 9. Jahrhundert irreführend als „Gallicanum" bezeichnete Psalterium vor, eine Revision des lateinischen Psalters, die Hieronymus 389 auf Grund der Hexapla für Studienzwecke vornahm; vgl. LECLERCQ, H.: Psautier, in: DACL XIV/2, 1951-1954, der hier die freilich nicht unwidersprochenen Forschungsergebnisse von D. de Bruyne wiedergibt, und WEBER, R.: Le Psautier Romain et les autres anciens Psautiers latins. Édition critique, Rom 1953, S. VIIIf. Auf diese Ed. stützen sich unsere entsprechenden Hinweise auf gemischte Verse; nachgestelltes Sigel [R] weist auf Versteile, die dem Romanurn entnommen sind, während [F] einen persönlichen Zusatz des Heiligen anzeigt. – Es ist nun sehr bezeichnend, wie Franziskus in der endgültigen Regel (BR 3: 66) den Vollzug der Liturgie zwar „secundum ordinem sanctae Romanae Ecclesiae" (= Römische Kurie) vorschreibt, aber der leichteren Verständlichkeit wegen „excepto psalterio", d. h. Gallicanum statt Romanum (vgl. VAN DIJK / WALKER, Roman liturgy, 176-195). Diesen zweifellos schwierigen Übergang – der Mönch kannte ja den Psalter auswendig (vgl. die Studie: Leiden Christi 134, bzw. 31, Anm. 112) –, scheint nun das Off. Passionis widerzuspiegeln, das darum eben um diese Zeit entstanden sein muss. In diesem Sinne seien unsere Ausführungen in: Leiden Christi, 387 (100) berichtigt.

[45] Der Zusatz des hl. Franziskus steht für „Deus meus" in Ps 21,11b des Psalterium Gallicanum; er ist sehr biblisch. CAMBELL, Les écrits, 237, verweist auf: Mt 26,39-42; Joh 17,11; Lk 10,21.

[46] Franziszi persönlicher Zusatz steht für „Tu autem Domine" im Gallicanum und nimmt das Motiv von Joh 17,11 auf. – Den Text bieten wir nach Opuscula [Lem.], 127f., wo indes die biblischen Einzelhinweise fehlen. – Wegen des teilweise gleichlautenden Textes gleitet der Beter – wohl ganz unbewusst – von Ps 21,20a zu 70,12b hinüber, nicht ohne vom Halbvers 20b „ad" an Stelle „in" zu setzen.

Weil zwei Verse dieser freien Psalmenkomposition je ein „Deus“ bzw. „Dominus“ des Psalters zu „Pater sancte“ verdeutlichen, erkennt man die Sinnrichtung des zum Vater flehenden Erlösers mit zweifelloser Sicherheit. – Außer der Komplet lässt sich diese „Christologisierung“ der Psalmen auch in der Matutin, Prim, Terz und Sext des ersten Schemas und für die Matutin der Adventszeit nachweisen.[47] Wo jedoch Franziskus den Psalm unverändert aus der Bibel übernimmt, wie beispielsweise für die Gebetsstunden von Ostern (mit Ausnahme der Matutin) oder für die Terz und Non des dritten Schemas, wo jeder persönliche Zusatz fehlt,[48] wird man darin nicht einfach die „vox Christi ad Patrem“ voraussetzen dürfen, zumal der Heilige auch die beiden anderen Deutungen übt, wie noch zu zeigen sein wird.[49] Hingegen weisen viele Anzeichen darauf hin, dass Franziskus Ps 69 der Karsamstagskomplet als Bitte Christi zum Vater um Gewährung des Auferstehungssieges verstanden hat. Um sich davon zu überzeugen, braucht man nur auf folgende Stichworte zu achten: „Deus in adiutorium meum intende ... Avertantur statim erubescentes, qui dicent mihi: ‘Euge, euge!’ ... Magnificetur Dominus ... Domine, ne moreris.“[50] – Noch offenkundiger ist die Anwendung auf das Ostergeheimnis im Ps 29, den unser Heiliger von Ostern bis Christi Himmelfahrt für Matutin oder Vesper dem Beter zur freien Wahl überlässt. Es sei einzig auf den Kernvers verwiesen: „Domine, eduxisti ab inferno animam meam, salvasti me a descendentibus in lacum“, und: „Quae utilitas in sanguine meo, dum descendo in corruptionem“ (Ps 29,4, 10a).[51] [S. 138]

3. An den bisher besprochenen Stellen zeigt sich Franziskus augenscheinlich vom Beispiel des im Evangelium zum Vater betenden Erlösers beeinflusst.[52] Seine Schriften enthalten aber auch Anreden an die erste göttliche Person mit Hervorhebung von Christi *mittlerischer Stellung*. Diese Gebetsweise wurde zweifellos vom *liturgischen Beten* der Kirche angeregt. Die römische Liturgie hielt bis zum Ende des ersten Jahrtausends dermaßen streng am liturgischen Gesetz fest, innerhalb der Messe das Gebet an Gottvater zu richten, dass sich bis dahin keine Kollekte, Sekret und Postkommunio mit Christusanrede nachweisen lässt.[53] Bei Franziszi Gehorsam der Kirche gegenüber überrascht es keineswegs, wenn wir in seinen Opuscula öfters das Echo solcher Gebetsweisen finden.

---

47 Opuscula [Lem.], 129f., 130f., 131f., 132f., 145f. Vgl. hierzu den Kommentar von T. SAUSER, Officium de passione, 119f., 120, 121, 126.

48 Opuscula [Lem.], 141f., 143f. bzw. 138f.

49 Vgl. unten III, 3, bzw. IV, 4.

50 Opuscula [Lem.], 137 (s. auch ebd. 140); s. CAMBELL, Les écrits, 237. – Verse, die eine Deutung auf die Auferstehungserwartung zulassen, sind: 2a, 4b, 5b, 7c; s. auch Anm. 51.

51 Opuscula [Lem.], 139. CAMBELL, Les écrits, äußert sich nicht über die mutmaßliche Deutung dieses Psalms durch Franziskus. – Nach der von G. M. TOMMASI / A. P. VEZZOSI edierten Psalmverteilung „iuxta antiquiorem psallendi modum Ecclesiae Romanae“ (Op. om. II, Rom 1747-1748, S. LXVIIab, bzw. III, S. IIIa) bildete Ps 69 den 2. Psalm der 1. Nokturn des Gründonnerstags, während Ps 29 den 3. Psalm der 2. Nokturn des Karsamstags ausmachte.

52 Vgl. HILLMANN, W.: Gebet, III. Das G. im NT, in: LThK ^{2}IV, 540-542 (Lit.); HAMMAN, La prière I, 82-86, 264-270, 385-404.

53 JUNGMANN, Missarum Sollemnia I, 486f.; andere Stellen und die entsprechende Lit. erschließen die Register (II, 621a, Christus).

Gleich von Anfang an sei jedoch betont, dass nachfolgend nebst den ausgesprochen liturgischen Formeln auch jene Gebete einbezogen werden, in denen die innertrinitarische Eigentümlichkeit des Wortes oder die besondere heilsgeschichtliche Sendung Christi unterstrichen wird.[54]

Nach der Regula non bullata können die missionierenden Minderbrüder außer der Predigt des guten Beispiels „das Wort Gottes verkünden: sie (die Ungläubigen) sollen glauben an den allmächtigen Gott, Vater, Sohn und Heiligen Geist, den Schöpfer aller Dinge, an den Sohn, den Heiland und Erlöser ..."[55] Ähnlich wie in diesem kurzen Glaubensbekenntnis tritt auch in den beiden Mariengebeten unseres Heiligen die heilsgeschichtliche Aufgabe des Gottmenschen stärker hervor. Maria ist „electa a sanctissimo Patre de caelo, quam consecravit cum sanctissimo dilecto Filio et Spiritu Paracleto ... Ave palatium eius. Ave tabernaculum eius ... Ave ancilla eius. Ave mater eius."[56]

Bemerkenswert ist weiterhin die dem Brief an das Minderbrüderkapitel angeschlossene Oration. Darin wendet sich Franziskus an Gott mit der Bitte um die reine und umfassende Erfüllung seines Willens im Minderbrüderleben, um so, „vom Feuer des Heiligen Geistes entflammt, den Fußspuren deines Sohnes, unseres Herrn Jesu Christi, zu folgen".[57] Noch klarer tritt die besondere Heilsaufgabe Christi im feierlichen Schlusssegen seines Testamentes ins Licht: „Et quicumque haec observaverit, in caelo repleatur benedictione altissimi Patris et in terra repleatur benedictione dilecti Filii sui cum sanctissimo Spiritu Paracleto et omnibus virtutibus caelorum et omnibus sanctis."[58] [S. 139]

Eine spürbare liturgische Beeinflussung verraten Franziszi Dankgebete an den Vater für das Heilswirken durch den Sohn. Hierbei ist in erster Linie an seinen Lobeshymnus im 23. Kapitel der Regula non bullata zu erinnern, wo er anhebt: „Omnipotens, altissime, sanctissime et summe Deus, Pater sancte et iuste, Domine Rex caeli et terrae, propter temetipsum gratias agimus tibi, quia ..." Und dann beginnt der Poverello in schlicht-kindlicher Art, aber mit erstaunlichen heilsgeschichtlichen Ausblicken, voll hingerissener Begeisterung all die Großtaten Gottes, vorab unsere Erschaffung, Erlösung und endzeitliche Errettung durch Christus aufzuzählen.[59]

---

54 Sie ließen sich daher mit einiger Berechtigung auch unter die trinitarischen Gebete einordnen; s. Anm. 32.

55 NbR 16: 44 (FQS ^{2}I, 65). Man darf hier wohl an einen Einfluss des Credo in der Messe denken; s. DENZINGER, Enchiridion Symbolorum, n. 86 (vgl. auch ebd., n. 6: Symbolum Apostolicum). Zur Verwendung des ersteren s. JUNGMANN, Missarum Sollemnia I, 600-602.

56 Salutatio B. V. M.: 123; ähnlich auch die marianische Antiphon: 128. – Zur Salutatio s. unseren Artikel: De seraphici Patris Francisci habitudine erga beatissimam Virginem Mariam, in: MELCHIOR DE POBLADURA (Hg.): Regina Immaculata, Rom 1955, 19-23, und neuestens CHAUVET, La sapienza cristiana, 221-223.

57 Opuscula [Lem.], 107 (FQS ^{2}I, 137). Der Gebetsschluss ist hingegen ausgesprochen trinitarisch. Vgl. hierüber VERHEY, S.: Der Mensch unter der Herrschaft Gottes. Versuch einer Theologie des Menschen nach dem hl. Franziskus von Assisi, Düsseldorf 1960, 82-88.

58 Test 13: 103, 198 (Kommentar).

59 Opuscula [Lem.], 57f. Liturgisch inspiriert kann diese Gebetsweise etwa in Rücksicht auf die Präfation an Christusfesten und im Vergleich mit „Unde et memores" des Messkanons genannt werden; vgl. JUNGMANN, Missarum Sollemnia II, 146-148, 273-275, 592. – In unserem Zusammenhang können wir dieses franziskanische „Hochgebet" nicht eingehend auslegen; vgl. etwa den anregenden Kommentar von MOTTE, I.-É. / HÉGO, G.: La Pâque de saint François, Paris 1958, 105-120 (die Verf. bringen es mit dem

Diese Stelle steht im Gebetsleben des Heiligen von Assisi nicht etwa vereinzelt da; gerade sein *Passionsoffizium* – von gewissen neueren Autoren wird es mit „Christusoffizium" umschrieben – bietet verschiedene Proben Gott für die Heilstaten des Erlösers lobpreisender Gebete. So ruft der Beter in der Vesper – im Grundbestand bleibt dieselbe für alle Festkreise gleich, Ostern und Weihnachten freilich ausgenommen – alle Völker zum Jubel auf. „Denn der heiligste Vater im Himmel, unser König, sandte vor Ewigkeiten seinen geliebten Sohn aus der Höhe — und hat das Heil gewirkt inmitten der Welt" (Ps 73,12).[60] In der *Matutin des Osterfestes* dankt Franziskus Gottvater für die Vollendung des Heilswerkes der Auferstehung seines Sohnes: „Cantate Domino canticum novum: quia mirabilia fecit" (Ps 97,1a). – „*Sanctificavit Filium suum* [F] dextera eius: et brachium sanctum eius (97,1b/c). – ... „In *illa* [F] die mandavit Dominus misericordiam suam: et nocte canticum eius" (Ps 41,9a). – „Haec est dies, quam fecit Dominus: exsultemus et laetemur in ea" (Ps 117,24).[61]

Die „Wunderwerke", die zu besingen Franziskus hier alle Menschen und Geschöpfe einlädt, sind nicht bloß die Osterereignisse. Der persönliche Zusatz „sanctificavit" (für „salvavit" von Ps 97,1b) weist deutlich auf Christi Opferweihe in der Passion hin („Und für sie [die Apostel] heilige ich mich ...": Joh 17,19).[62] Der betonte Hinweis auf „illa die" bezieht sich im Geiste des Beters zweifellos auf das Zentralgeheimnis, die Auferstehung des Herrn.[63] Für die Zeit zwischen Himmelfahrt und Pfingstoktav sieht Franziskus drei weitere Verse aus Ps 67 (33-34a, 34b-35, 36) vor. Das „ascendit" von V. 34a stimmt ein in den Jubel der Festliturgie auf den siegreichen Einzug des Erlösers [S. 140] in die himmlische Herrlichkeit.[64] Wegen der angeführten Rubrik ist es sodann sehr wahrscheinlich, dass unser Heiliger beim Beten von „Ecce (Deus) dabit voci suae vocem virtutis" den im Sturmesbrausen über die Urgemeinde niedersteigenden Heiligen Geist (vgl. Apg 2,1-4) vor Augen hatte.[65] Die heilsgeschichtlich umfassende Sicht des Osterpsalms zeugt somit eindrücklich von der biblischen Nähe von Franziszi Beten.

Messkanon in Beziehung), und LINDEN, Vater und Vorbild, 145-148, der an das „gratias agimus tibi propter magnam gloriam tuam" des Gloria erinnert.

60 Zu „Christusoffizium" vgl. FELDER, Ideale, 401; FQS ^{2}I, 37; unsere Studie: Leiden Christi, 131f. bzw. 28-30. – Den zitierten Text s. in Opuscula [Lem.], 135f. (FQS ^{2}I, 179f.). Er ist wiederum von biblischen Erinnerungen durchtränkt; CAMBELL, Les écrits, 237, weist hin auf Joh 3,17; 4,9f. (an dieser Stelle fehlt freilich jeder Berührungspunkt); Eph 1,6; Ps 143,7.

61 Opuscula [Lem.], 138; zu [F] s. Anm. 44.

62 Rein der Formulierung nach scheint im genannten Zusatz noch mehr Joh 10,36 nachzuklingen („quem [Filium Dei] Pater sanctificavit"), doch würde der Sinn von Christi Auserwählung für sein Messiasamt (vgl. WIKENHAUSER, A.: Das Evangelium nach Johannes, Regensburg ^{3}1961, 203f. bzw. für Joh 17,19: 307) weniger gut in den Zusammenhang passen. Vgl. in unserem Sinne: I.-É. MOTTE / G. HÉGO, Pâque, 100.

63 MOTTE / HÉGO, Pâque, 100f., „illa die" auf die Parusie zu beziehen, erscheint vom Zusammenhang her unbegründet zu sein.

64 Ebd. 103. – Ps 67 wurde zweifellos wegen der Anknüpfungspunkte an das Festgeheimnis schon zur Zeit des Heiligen in Messe und Offizium von Christi Himmelfahrt verwendet; vgl. RIGHETTI, M.: Manuale di storia liturgica. II: L'anno liturgico. Il Breviario, Milano 1946, 208.

65 MOTTE / HÉGO, Pâque, 103f. – Die Verf. verbinden mit diesem Vers freilich Gedanken, die über den vorliegenden Text hinausgehen und die Franziskus kaum vorgeschwebt haben. – Ps 67 wurde tatsächlich, zusammen mit Ps 47 und 103, vom franziskanischen Brevier aus dem alten gallikanischen Offizium für

Nicht weniger aufschlussreich ist auch die sehr persönlich gehaltene *Vesper zum Weihnachtsfest*. Da wir an anderer Stelle näher darauf einzugehen hoffen,[66] sei hier allein die gedankliche Linie skizziert. Der Beter lädt ein zum Lob und Jubel über den „wahren und lebendigen Gott" – hier klingt ein Motiv des Messkanons an – und fährt dann begründend fort: „Denn der heiligste Vater im Himmel, unser großer König, hat vor Ewigkeiten seinen geliebten Sohn aus der Höhe gesandt – und er ist von der seligen Jungfrau, der heiligen Maria, geboren worden." Das in unserem Zusammenhang so stark betonte „ante saecula" weist nicht bloß hin auf den zeitlosen Ausgang des göttlichen Wortes, sondern scheint die ewige Vorherbestimmung der Menschheit Christi und ihr Mitwirken am Schöpfungswerk mit anzudeuten.[67] Die göttliche Sohnschaft des Neugeborenen wird anschließend nochmals hervorgehoben durch Ps 88 (27a-28).[68]

Doch darüber verliert unser Beter die zeitliche Geburt Christi aus dem Schoß Mariens durchaus nicht aus seinem Blickfeld. Das belegt der bereits zitierte Zusatz zu Ps 73,12a klar genug. Die historische Sicht gewinnt aber noch an Schärfe durch den frei geformten, das ganze Lied beherrschenden Vers: „Quia sanctissimus puer dilectus datus est nobis et natus fuit pro nobis in via et positus in praesepio: quia non habebat locum in diversorio" (vgl. Jes 9,6 und Lk 2,7; 2,16).[69] Bemerkenswert ist ebenfalls, dass Franziskus in seinem Festgesang den Heilscharakter der Geburt Christi eigens hervorhebt: „In [S. 141] *illa* (P) die mandavit Dominus *Deus* (F) misericordiam suam: et nocte canticum eius" (Ps 41,9a). Das Weihnachtsgeheimnis geleitet unseren Beter von selber zum Fest der Erscheinung. Mit den Worten von Ps 95,7-8b lädt er die Mitmenschen ein, dem neugeborenen König die Gaben des Lobes und des Lebens darzubringen. Anknüpfend an das „Tollite" von V. 8b beschließt er sein Lied mit: „Bringt dar eure Leiber und tragt sein heiliges Kreuz – und folget bis zum Ende seinen heiligsten Geboten" (Lk 14,27).[70] Diese Stelle mit ihrer Zusammenschau von Krippe und Kreuz ist bemerkenswert. Doch

---

die Oster- und Pfingstmatutin übernommen; vgl. Righetti, Manuale di storia liturgica, 213, bzw. ABATE, G.: Il primitivo Breviario francescano (1221-1227), in: MF 60 (1960) 47-240. 89.

[66] Das heißt in unserer Studie über die Weihnachtsfrömmigkeit des hl. Franziskus, die wir in absehbarer Zeit zu veröffentlichen gedenken. Vgl. unsere Studie: De kerstviering van Greccio in het licht van haar tijd, in: FrancLeven 40 (1957) 163-177; 41 (1958) 21-27.

[67] Opuscula [Lem.], 147f. (FQS ^{2}I, 189f.); zu „wahren und lebendigen Gott" vgl. JUNGMANN, Missarum Sollemnia II, 211, Anm. 50; bzw. 72, Anm. 84. – *„Quia sanctissimus Pater de caelo* (F für 'Deus autem' Ps 73,12a), rex noster, ante saecula *misit dilectum Filium suum de alto* (P; vgl. Gal 4,4 und Ps 143,7a; für 'operatus est salutem in medio terrae' des Ps 73,12b), *et natus fuit de beata Virgine sancta Maria"* [F]. – Zur Deutung des vorliegenden Textes vgl. MÜCKSHOFF, M.: Die mariologische Prädestination im Denken der franziskanischen Theologie, in: FrSt 39 (1957) 288-502, 413f. (Lit.), und neuestens die scharfsinnige Analyse von VERHEY, Der Mensch unter der Herrschaft Gottes, 32f.; ebd. 33, Anm. 25 s. die Hinweise auf die mögliche Rückbeziehung von „ante saecula" zu „rex noster", wodurch natürlich die im Text vorgetragene Deutung ausgeschlossen würde. Wir ziehen die bisherige Deutung als die *wahrscheinlichere* vor, weil Franziskus in Admon. 5 (Opuscula [Lem.], 8f.) denselben Gedanken noch klarer ausgesprochen hat. – Zu diesem Psalm wäre noch zu vergleichen: MASSÉ, L.: Ad vesperam in nativitate Doinini, in: Studium (Montréal) 13 (1959) 165-175. Leider konnten wir die Studie nicht einsehen.

[68] Opuscula [Lem.], 147. – Nicht ohne Absicht scheint Franziskus „... susceptor salutis meae" (V. 27b) ausgelassen zu haben. In der verkürzten Form tritt der Gedanke der ewigen Geburt noch schärfer ins Licht.

[69] Opuscula [Lem.], 147; s. auch den nachstehend zitierten Vers des Engeljubels Lk 2,14.

[70] Opuscula [Lem.], 148 (FQS ^{2}I, 190); s. unsere Studie: Das Leiden Christi, 142f. bzw. 40.

fügt sich unser Mystiker damit bewusst oder unbewusst in den Rahmen der geistlichen Tradition ein. Ähnlich sieht auch Bernhard das wimmernde Kind und den gegeißelten und gekreuzigten Heiland in einem.[71]

Beim Erwägen der unfassbaren Güte des Vatergottes, die er durch Geburt, Leben und Leiden seines Sohnes dem Menschengeschlecht erwiesen hat, und im Überdenken der menschlichen Sündhaftigkeit führt Franziskus seinen großen Dankeshymnus der Regula non bullata fort: „... suppliciter exoramus, ut Dominus noster Jesus Christus, Filius tuus dilectus, 'in quo tibi bene complacuit' (Mt 17,5), una cum Spiritu Sancto Paracleto gratias agat tibi, sicut tibi et ipsis placet, pro omnibus; qui tibi semper sufficit ad omnia (vgl. 2 Kor 3,5), per quem nobis tanta fecisti. Alleluia." Hier wird die liturgische Gebetsform, die den Beter beseelt, besonders deutlich erkennbar. Außer der Vateranrede erhält darin das *mittlerische Fürbittgebet Christi* starkes Gewicht. Der Gottmensch, auf dem das uneingeschränkte Wohlgefallen des Vaters ruht, ist allein befähigt, Gott für die dem Menschengeschlecht erwiesenen Heilstaten würdig zu danken. In ihm und mit ihm wird der menschliche Lobpreis aufgewertet und der sicheren Annahme bei der Heiligsten Dreifaltigkeit gewürdigt.[72]

4. An verhältnismäßig wenigen Stellen wendet sich der Ordensstifter in seinen *Gebeten an den himmlischen Vater allein*. Wiederum in der Regula non bullata führt Franziskus aus: „'Und wenn ihr euch zum Gebet anschickt' (Mk 11,25), dann sprecht: 'Vater unser, der du bist im Himmel' (Mt 6,9). 'Und anbeten wollen wir ihn mit reinem Herzen, weil man ja beständig beten muß, ohne nachzulassen' (Lk 18,1); denn der Vater sucht solche Anbeter. 'Gott ist Geist, und die ihn anbeten, sollen in Geist und Wahrheit anbeten' (vgl. Joh 4,24; 4,23b)."[73] Da der Heilige diesem „paternalen" Gebet unmittelbar darauf einen Bittruf an Christus anfügt, ließe sich über seine Einordnung streiten. Immerhin [S. 142] fehlt die Erwähnung des Heiligen Geistes im ganzen Abschnitt. Zudem scheinen die beiden Sätze eine in sich geschlossene Einheit zu bilden.

Ähnlich liegt der Fall für die Stelle im Brief an die Gläubigen, worin sich die innerlich angestaute Glut des Mystikers im Ausruf Bahn verschafft: „O quam gloriosum et sanctum et magnum habere in caelis Patrem!"[74] Von derselben religiösen Hoch-

---

71 Vgl. etwa ST. BERNHARD, In Virginis nativ., sermo 3, n. 9: PL 183, 99B. Bereits der hl. AUGUSTINUS, Sermo 196 de tempore, c. 3: PL 38, 1020, hat einen ähnlichen Gedanken; vgl. auch DUMOUTET, E.: Le Christ selon la chair et la vie liturgique au moyen âge, Paris 1942, 83.

72 c. 23: 58f.; vgl. hierzu auch VERHEY, Der Mensch unter der Herrschaft Gottes, 154, und MOTTE / HÉGO, Pâque, 111-113. – Der Nachsatz „sicut tibi *et ipsis* placet" beweist immerhin, wie tief das trinitarische Moment (im Sinn der dreipersönlichen Wesenseinheit) im Bewusstsein des Heiligen verankert war. – Hier sei nur nebenbei darauf hingewiesen, dass in Texten, wo Franziskus Christus für uns beim Vater bitten hört, der Mittlergedanke stark hervortritt.

73 c. 22: 55 (FQS [2]I, 73). – Man kann hier auch daran erinnern, dass die Laienbrüder an Stelle des kirchlichen Stundengebetes das auch in anderen Ordensgemeinschaften übliche Vaterunser-Brevier verrichteten: NbR 3: 28 und BR 3: 66. Vgl. hierüber OLIGER, L.: Expositio quatuor Magistrorum super Regulam Fratrum Minorum (1241-1242), Rom 1950, 178. Vgl. überdies 1 C 45: 35 und 2 C 124. 160: 203. 223, bzw. CASUTT, L.: Die älteste franziskanische Lebensform, Graz 1955, 54f. – Auf die bei dieser Regelvorschrift einsetzende Streitfrage zur Sinnbedeutung von „clerici" und „laici" können wir hier nicht eingehen; s. die Lit. in: BgFr XI, n. 1257.

74 Opuscula [Lem.], 94.

stimmung getragen sind die *Laudes Dei*, die unser Heiliger zusammen mit dem aaronitischen Segen nach Empfang der Wundmale für Bruder Leo eigenhändig niederschrieb und die daher gleichsam als die Dankesantwort für die mystische Auszeichnung gedeutet werden dürfen. Auf dem vergilbten Pergament stehen die litaneiförmig aneinandergereihten Sätze: „Tu es sanctus Dominus Deus solus, qui facis mirabilia. Tu es fortis. Tu es magnus. Tu es altissimus. Tu es Rex omnipotens, tu Pater sancte, Rex caeli et terrae ...“[75] Im Hinblick auf den noch herauszuarbeitenden Vaterbegriff des Heiligen muss hier wohl beachtet werden, dass er „Dominus Deus“ mit „Pater“ – und kurz darauf anschließend – mit „trinus et unus“ gleichsetzt.

Die Matutin der Adventszeit von Franziszi *Passionsoffizium* scheint unter den Opuscula des Heiligen der letzte Zeuge eines unmittelbaren und ausschließlichen Vatergebetes zu sein. Wohl kommt darin das Ich-Du-Verhältnis des Beters zum himmlischen Vater vor, doch fehlt jeder auf Christus, sein Leben oder Leiden hinweisende Vers. Darum wird man berechtigterweise auf ein „paternales“ Gebet rückschließen dürfen. Der Hauptvers lautet: „Confitebor tibi Domine, (...) *sanctissime Pater, Rex caeli et terrae* (F): quoniam consolatus es me“ (Jes 12,1b/c). – „*Tu es* (F) Deus Salvator meus: fiducialiter agam et non timebo“ (Jes 12,2a).[76]

Thomas von Celano, der erste Biograf des Heiligen, bestätigt nicht nur die Tatsache von Franziszi Gebet zum Vater, sondern erklärt auch die *psychologischen Hintergründe* von dessen Entstehen und Betonen. Nach dem Verzicht auf allen Besitz im bischöflichen Palast von Assisi ruft der Poverello aus: „Amodo ... dicam libere: ‘Pater noster, qui es in caelis’, non pater Petrus Bernardonis“ (Mt 6,9 bzw. Joh 13,19). Gleichsam als Stellvertreter des himmlischen Vaters wählt er sich einen schlichten Mann aus dem Volk, der ihm an Stelle der Flüche, die der maßlos enttäuschte irdische Vater ihm nachschleudert, himmlischen Segen wünschen soll. Nachdem ihn Bernardone in restlosem Unverständnis der religiösen Berufung misshandelt und enterbt hatte, wirft sich Franziskus in rückhaltlosem Vertrauen in die *Vaterarme Gottes*.[77] – Wie kurz darauf der freiwillig Arme, Lob- [S. 143] lieder singend, durch den Wald geht und, von Räubern angefallen, nach seinem Namen gefragt wird, antwortet er: „Praeco sum magni Regis.“[78]

---

75 Opuscula [Lem.], 124f. (FQS ^{2}I, 37 bzw. 161-163). – Zum aaronitischen Segen s. VAN DIJK, S. J. P.: Saint Francis' blessing of Br. Leo, in: AFH 47 (1954) 199-201.

76 Opuscula [Lem.], 145. – SAURER, Officium de passione, 126, meint zwar: „Diese Hore ist ganz von Adventsstimmung erfüllt. Trost und Zuversicht gewährt die selige Gewißheit vom Kommen des ersehnten Retters.“ Wenigstens von dem im Text angeführten Vers scheint diese Deutung kaum gestützt zu werden. – Jes 12,1-6 wurde bereits damals in den Laudes von Feria II als Canticum verwendet: vgl. ABATE, Breviario francescano, 91.

77 2 C 12: 138. – In die „paternale“ Gebetshaltung spielt sowohl der Vorsehungsglaube als auch die religiöse Armutsauffassung des Heiligen hinein. Dieser kurze Hinweis mag in unserem Zusammenhang genügen. – Zur Szene selbst s. u. a. LAMPEN, Cultor Trinitatis, 451, der unseres Wissens erstmals auf das psychologische Moment aufmerksam gemacht hat, und zum lokalhistorischen Hintergrund s. bes. FORTINI, A.: Nova vita di S. Francesco I/1 und II Appendice (Assisi / Sta. Maria degli Angeli 1959), 291-294 bzw. bes. 223-237.

78 1 C 16: 15. Franziskus befand sich hier auf dem Weg nach Gubbio, und zwar zur Winterszeit. Ob man die Wanderung während der letzten Monate des Jahres 1206 oder während der ersten von 1207 festlegen soll, vermögen wir nicht zu entscheiden; vgl. PARIS, U.: S. Francesco e i Francescani nella città di Gubbio, Assisi ^{2}1941, 18-20 der für letztere Lösung eintritt. – Noch mit geringerer Wahrscheinlichkeit

Ähnlich berichtet Thomas von Celano, dass Beten für Franziskus den großen König anreden und zum Vater flehen hieß.[79] Bei Niedergeschlagenheit solle sich der Knecht Gottes „sofort zum Gebet erheben und so lange vor dem höchsten Vater verharren, bis er ihm die Freude seines Heiles wiedergibt" (vgl. Ps 50,14).[80] Auf La Verna wünscht er über den Willen des „ewigen Königs" Aufschluss und wirft sich dann zum Gebet nieder mit der Bitte: „Gott, 'der Vater der Barmherzigkeit und der Gott alles Trostes' (2 Kor 1,3), wolle sich würdigen, ihm seinen Willen kundzutun."[81]

Die Tatsache von Franziszi kindlichem Verhältnis zu Gottvater wird also vom ersten Lebensbeschreiber grundsätzlich übereinstimmend mit den Schriften bezeugt. Für ein tieferes Verstehen desselben müssen freilich die Opuscula unbedingt herangezogen werden. Wertvoll jedoch erweist sich Celanos Bericht über die historischen Beweggründe des „paternalen" Betens unseres Mystikers. Andererseits muss aus dem vorausgehenden Abschnitt ein ebenso bedeutsamer Umstand ergänzend hinzugefügt werden. Da Franziszi Frömmigkeit in außerordentlichem Grad – besonders auf dem Weg über die Liturgie – von der Bibel genährt wurde, wirkte der vertrauliche *Verkehr Jesu mit dem Vater in den Evangelien* zweifellos entscheidend auf ihn ein. Wie gerade das Officium Passionis klar beweist, hat hauptsächlich das Johannesevangelium sein Gebetsleben geprägt.[82] Vielleicht war der Heilige in seinem „paternalen" Beten auch religiösen Strömungen seiner Zeit verpflichtet. Diego Zorzi hat für die provenzalische Troubadourlyrik eine überraschend hohe Zahl von Vateranreden nachgewiesen. Mit dem Betonen der Vaterschaft Gottes gehen darin gemütswarme Anrufungen und Beiworte, die sich vorab auf die göttliche Güte beziehen, Hand in Hand.[83]

5. Gerade um des formalen Gesichtspunktes unserer Untersuchung willen ist hier noch die Frage zu beantworten, in welchem *theologischen Sinn* der Ordensgründer den *Vaternamen* gebrauchte. Zielte sein Beten wirklich auf die erste Person der Heiligsten Dreifaltig- [S. 144] keit oder wandte es sich an den *dreieinen Gott*?[84] Für eine abschließende

---

kann natürlich der Ort des Überfalls bestimmt werden. Der vorgenannte Verf. weist auf Grund einer gewissen Tradition auf Caprignone hin (70-74). Eine andere geografische Bestimmung versucht neuestens – freilich ohne durchschlagende Argumente (Verf. beruft sich hauptsächlich auf HEINRICH VON AVRANCHES († 1272), Legenda versificata, L. 4, VV. 56ff.: AF X, 429!) – FORTINI, Nova vita II, 237-255 (bei der Abtei S. Maria di Valfabbrica statt Caprignone, in der Nähe der Abtei San Verecondo di Vallingengo).

79 2 C 97, 95: 188, 187.

80 2 C 125: 204 (FQS [1]V, 355).

81 1 C 92: 70 (FQS [1]V, 167); s. noch 1 C 6, 47: 9f., 37. – Beachtenswert ist sodann AP, n. 38: F. VAN ORTROY, in: MF 9 (1902-1905) 45b. Davon hängt ab die so genannte Legenda trium sociorum, n. 58: G. ABATE, in: MF 39 (1939) 422 bzw. 366 (Abhängigkeit!).

82 Auf den Einfluss der Evangelien allgemein wiesen hin: MÜLLER, Gotteskinder, 132; VITUS A BUSSUM, De spiritualitate franciscana, 54; „Sed praecipua ratio eius religiosissimae in Patrem pietatis et devotionis sine dubio invenitur in exemplo ipsius Domini nostri Jesu Christi ..." Die besondere Bedeutung des Johannesevangeliums betonte neuestens ESSER, Homo alterius saeculi, 191, Anm. 69. – Zum Verhältnis Jesu zum Vater in den Evangelien vgl. die Lit. in Anm. 55.

83 Vgl. ZORZI, Valori religiosi, 260-264.

84 Vgl. z. B. POHLE, J. / GUMMERSBACH, J.: Dogmatik I, Paderborn [10]1952, 361. Muten wir mit dieser Fragestellung unserem Heiligen, der sich selber „ignorans ... et idiota" nannte (Ep. ad Capit.: 105), zuviel theologische Reflexion zu? Zunächst sei festgehalten, dass die scholastischen Lehrer dieses Problem

Lösung der gestellten Frage ist jedoch der Gesichtskreis über diesen Abschnitt hinaus zu erweitern. Es gilt nämlich zu fragen: Meinte der Heilige mit dem Namen Gott ebenfalls die erste Person oder schließt er das göttliche Wort und den Heiligen Geist mit ein? Nach Karl Rahner ist die erste Deutung der nahezu ausschließliche Sprachgebrauch des Neuen Testamentes.[85]

In der Beantwortung der Doppelfrage geht man am besten vom Vaternamen selbst aus. Hilarion Goossens hält dafür, dass in Gebeten mit ausdrücklicher Vateranrede nicht die „Paternitas im trinitarischen Sinn, sondern die Paternitas Gottes, die in der Theologie mit 'Paternitas moralis' angedeutet wird", zugrunde liege.[86] In dieser ausschließlichen Form dürfte indes die Behauptung nicht den vollen Sachverhalt wiedergeben. Franziskus kennt zweifellos den *Vaterbegriff im eigentlichen Sinn*, und dies zunächst in jenen Texten, worin er Christus im Evangelium oder in den Psalmen zum Vater beten hört, aber auch in den liturgisch angeregten Gebeten, in denen die heilsgeschichtliche Sendung des göttlichen Wortes und des Heiligen Geistes hervortreten. Daneben belegt die voraufgehend (III, 4) besprochene Stelle aus den Laudes Dei, dass dem Heiligen auch die *moralische Vaterdeutung* nicht fremd war. Für die beiden anderen ausschließlich „paternalen" Gebete drängt sich weder die eine noch die andere Auslegung auf. Doch neigen wir zur Annahme, dass Franziskus dort ebenfalls die drei göttlichen Personen vorschweben. Da er sonst an keiner Stelle zur ersten Person ein Ich-Du-Verhältnis ausdrückt, lebt darin vielleicht die ehrfürchtige Haltung gewisser Väter erneut auf, nach der sie das persönliche Du allein dem naturhaften Sohn vorbehalten und als Adoptivkinder den Vater nur in der Wir-Form anredeten.[87]

Auch dem Begriff *„Deus"* kommt in den Schriften eine *gewisse Ambivalenz* zu. Wohl in der überwiegenden Mehrzahl wendet er sich ausdrücklich oder einschließlich an die drei göttlichen Personen. Daneben aber stehen Texte, in denen „Deus" mit oder ohne verdeutlichenden Zusatz zweifellos die erste Person ausdrückt. So nennt Franziskus den Gottmenschen in der Regula non bullata „Filius Dei vivi omnipotentis". Noch kennzeichnender ist das tiefsinnige Gebet des Heiligen am Schluss des Briefes an das Minderbrüderkapitel, worin sich in wenigen Zeilen beide Bedeutungen vorfinden.[88] [S. 145]

Abschließend wird man zu Recht betonen dürfen, dass Franziskus zu Gottvater und zum väterlichen dreifaltigen Gott in einem ehrfürchtig-zarten Verhältnis stand, das nicht

bereits ausdrücklich formuliert haben; s. z. B. ALEXANDER VON HALES, Glossa in IV. Sent, I, d. 18, n. 17, Quaracchi 1951, 187 (entstanden zwischen 1223-1227: ebd. 116*); oder noch ausdrücklicher: DERS., Quaestiones disputatae „antequam esset frater", q. 44, n. 9-14, Quaracchi 1960, 752-754. Andererseits legt sich von Franziszi Gebetsanrede die entsprechende Frage von selbst nahe.

85 RAHNER, K.: Theos im Neuen Testament, in: Schriften zur Theologie I, Einsiedeln 1956, 91-167, 143-167; der uns hier interessierende Teil erschien vorher in Artikelform: „Gott" als erste trinitarische Person im NT, in: ZKTh 66 (1942) 71-88; vgl. auch SCHOONENBERG, P.: Christus en de Vader, in: Nederlandse Kath. Stemmen 54 (1958) 257-270.

86 H. GOOSSENS, De Gods- en Christusvisie van Sint Franciscus, in: Sint Franc 1 (1955) 22.

87 Vgl. die Belege bei JUNGMANN, Missarum Sollenmia II, 350.

88 Opuscula [Lem.], 37, 107.

bloß an das Beispiel Jesu erinnert, vielmehr von ihm erzeugt und getragen wurde.[89] In diese Frömmigkeitshaltung fügt sich die andere organisch ein, nämlich sein waches Wissen um die mittlerische Stellung Christi. Die von der Liturgie genährte Gebetsweise führt Franziskus von selber durch Christus hin zum dreifaltigen Gott. [S. 188]

IV. Unmittelbar an Christus gerichtete Gebete

1. In den vorausgehenden Abschnitten untersuchten wir Franziszi Gebetsanreden an den einen und dreieinen Gott und an den himmlischen Vater,[90] sofern sie sein Christusverhältnis widerspiegeln oder doch besser verstehen helfen. Im folgenden Teil wenden wir uns den unmittelbar an Christus gerichteten Gebeten (Jesusgebete) zu. Dabei suchen wir wiederum deren Zahl zu bestimmen und deren religiösen Aussagewert zu befragen. Wider Erwarten bleiben die eigentlichen Christusanreden den früher besprochenen Gebetsformen gegenüber in der Minderzahl. Unter gleichbleibenden Bedingungen (I,1) zählten wir 17 christozentrische Gebete oder Texte mit christozentrischen Elementen.[91] Um tiefer in ihren religiösen Sinngehalt einzudringen, sollen sie einzeln nach verschiedenen Gesichtspunkten erörtert werden. Wegen ihres verschiedenen Zeugniswertes sind zunächst die von den Opuscula und den Biografen bezeugten Jesusgebete gesondert zu behandeln.[92] Zudem bilden das christozentrische Psalmenbeten und die Verehrung der heiligen Namen und Worte in Franziszi Frömmigkeit innere Sinneinheiten und nehmen darin einen so bedeutsamen Raum ein, dass sie eine eigene Behandlung verlangen.

2. Unter den Gebeten, die sich ausschließlich und unmittelbar an Christus wenden, nimmt zeitlich und bedeutungsmäßig folgendes den ersten Rang ein: „Adoramus te, Domine Jesu [S. 189] Christe, et ad omnes ecclesias tuas, quae sunt in toto mundo, et

---

89 So sicher man die Innigkeit seines Vaterverhältnisses zu betonen berechtigt ist, so wenig darf man es auf Kosten des erhabenen Gottesbildes zu bloßem religiösem Gefühlserleben verniedlichen. Hier sind z. B. gewisse zu starke Formulierungen von SCHWENDINGER, Franziskanische Frömmigkeit, 58f., auf das objektive Maß zurückzuführen.

90 [1] Anreden an den Heiligen Geist sind in Franziszi Schriften nicht nachzuweisen, wie ja auch die römische Liturgie keine an die dritte Person gerichteten Orationen kennt: siehe JUNGMANN, Missarum Sollemnia I, 486f. Anm. 25. Es wäre immerhin eine dankenswerte Arbeit, die Stellung des Heiligen Geistes in der Frömmigkeit des hl. Franziskus darzustellen. Dabei müsste der in seinen Schriften häufig vorkommende Begriff „spiritualis" eingehend untersucht werden; vgl. den vorzüglichen Exkurs in FQS [2]I, 202-206, und die eindringende Analyse von VERHEY: Der Mensch unter der Herrschaft Gottes, 62-67.

91 [2] Wie aus unserer Formulierung bereits ersichtlich ist, sind darunter z. T. Texte gemeint, die wegen ihrer hauptsächlichen „paternalen" Sinnrichtung schon an anderer Stelle zur Sprache kamen. Zum Begriff „christozentrisch" vgl. oben Anm. 6 bzw. zum nachstehend angewandten Zitationsverfahren Anm. 10. – Opuscula [Lem.], 5,8-22; 55,17-56,11; 94,5-11; 99,13-100,4; 100,5-17; 103,12-23; 114,13-17; 122,3-5; 123,14-16; 128,6-13; 134,4-135,2, 11-16; 136,11-137,2; 143,1-3; 147,19-21 u. 148,4-13; Test 2: 101; L. OLIGER, in: AFH 6 (1913), 12,22-26; vgl. auch Anm. 18.

92 [3] Die quellenkritische Begründung dieser gesonderten Behandlung legten wir dar in unserer Studie: Das Leiden Christi im Leben des hl. Franziskus von Assisi. Eine quellenvergleichende Untersuchung im Lichte der zeitgenössischen Passionsfrömmigkeit, in: CFr 30 (1960) 6-10, im Sonderdruck: Rom 1960, 2-6.

benedicimus tibi, quia per sanctam crucem tuam redemisti mundum."[93] Br. Thomas von Celano berichtet uns, der Ordensvater habe die Brüder der Frühzeit, da sie das kirchliche Stundengebet noch nicht gekannt hätten, diese kurze *Anbetungsformel* verrichten gelehrt. Mit großer Sorgfalt hätten die ersten Brüder die Anweisung ihres geistlichen Vaters beobachtet. Wenn sie darum irgendeine Kirche auch nur von fern erblickten und „wo immer sie ein Kreuz oder ein Kreuzzeichen am Boden oder an einer Wand, an Bäumen oder an Zäunen am Weg" gewahrten, beteten sie tief verneigt: „Adoramus ..."[94] Wenn auch Celano in der Zeitbestimmung durchaus nicht immer die Anforderungen moderner Geschichtsschreibung erfüllt, scheint doch diese zeitliche Festlegung innerlich glaubwürdig zu sein. Daraus ergibt sich aber, dass die von der Liturgie der Kreuzfeste geprägte Anbetungsformel in der Frühzeit noch nicht – oder mindestens nicht ausschließlich – eucharistisch gedacht war. Sonst wäre ja ihr Verrichten vor jedem Kreuz oder vor kreuzähnlichen Zeichen nicht erklärlich. Aber selbst wenn der Heilige seine Anbetungsformel in Kirchen aussprach, zwingt dies keineswegs zur Deutung auf die Eucharistie, zumal Franziskus gern in kleinen, verlassenen Kapellen verweilte. In diesen wurde jedoch das Altarssakrament sicher nicht aufbewahrt, ganz abgesehen davon, dass der vom Messopfer losgelöste eucharistische Anbetungskult erst zu seiner Lebzeit langsam aufzukommen beginnt.[95]

Der Sinn der kurzen Gebetsformel kann daher für die frühe Zeit dahin umrissen werden: Franziskus und seine ersten Gefährten wandten sich beim Erblicken eines Zeichens, das sie als Ort geheimnisvoll göttlicher Gegenwart an die erlösende Heilstat Christi erinnerte, anbetend und lobpreisend an Christus. Ihre tiefe Ehrfurcht und brennende Liebe ließen ihren Geist sich ausweiten auf die übrigen Kultstätten der ganzen Welt,[96] um in ihnen allen dem Gottmenschen die Gabe ihrer Anbetung und ihres Dankes zu entrichten. [S. 190]

---

93 [4] Test 2: 101. – Um unnötige Wiederholungen zu vermeiden, sei auf die ausführliche Deutung dieses Gebetes in unserer vorgenannten Studie verwiesen: Leiden Christi, 14-16 (10-12); ebd. 14 Anm. 29 (10 Anm. 29) siehe die Hinweise auf die liturgische Herkunft der Antiphon. Darüber hinaus vgl. nun auch ABATE, Breviario francescano, 173, 186f.

94 [5] 1 C 45: 35f. (FQS [1]V, 117f.); davon hängt ab: LM IV,3: 572. Bemerkenswert ist sodann der Bericht von AP, n. 19: F. VAN ORTROY, in: MF 9 (1902-1905) 40a: „Et ibi credebant se locum Domini invenire (in der Edition fiel – wohl aus Versehen – das Wort „Dominus" aus; tatsächlich wird es ergänzt von ABATE); davon hängt wiederum ab die so genannte Leg. trium sociorum, n. 37: ABATE, in: MF 39 (1939) 406 bzw. 359f. (Abhängigkeit).

95 [6] Grundlegend ist immer noch BROWE, P.: Die Verehrung der Eucharistie im Mittelalter, München 1933; siehe aber auch KÖSTER, L.: De custodia sanctissimae Eucharistiae disquisitio historico-iuridica, Rom 1940, 59-64. Das Sanctissimum wurde zur Zeit unseres Heiligen für die Kranken in Kathedralen und Pfarrkirchen, nicht jedoch in anderen Kirchen oder Kapellen aufbewahrt. – Über die Weise der Aufbewahrung im Anschluss an die Canones des Lateranum IV und in Auseinandersetzung mit G. Dix ist nun besonders zu berücksichtigen: VAN DIJK, S. J. P. / WALKER, J. H.: The myth of the aumbry. Notes on medieval reservation practice and Eucharistic devotion, London 1957; siehe auch JUNGMANN, Missarum Sollemnia [4]I, 155-160; [4]II, 258-263 (Elevation und Verehrung innerhalb der Messe). – Bezüglich seiner Vorliebe für einsame Kirchen siehe Register in AF X, 737a (Ecclcsias derelictas) bzw. unsere Studie: Leiden Christi, 261f. (63f.).

96 [7] Dass „mundus" hier mit dem einleitenden Satz von Ep. ad Capitulum: Opuscula [Lem.], 87, „An alle Menschen ohne Ausnahme" sinnverwandt sein und somit in abgeschwächter Bedeutung nur der Verstärkung der Sprache dienen soll, wie dies KOPER, R.: Das Weltverständnis des hl. Franziskus von Assisi.

Der Umschwung von Franziszi Frömmigkeit zur Eucharistie dürfte sich zunächst angebahnt haben durch die Canones 19-21 des IV. Laterankonzils, dem er wahrscheinlich mindestens als privater Beobachter beiwohnte.[97] Eine Steigerung erfuhr die Andacht zweifellos durch das Zusammentreffen unseres Heiligen mit Jakob von Vitry, dem einstigen geistigen Betreuer des Lütticher Beginenkreises, am Sterbebett Innozenz' III. (1216).[98] Sofern nun der autobiografisch einführende Bericht des Heiligen im Testament: „Et dominus dedit mihi talem fidem in ecclesiis, ut ita simpliciter orarem et dicerem: 'Adoramus te'"[99] eucharistisch gedeutet werden müsste – zwingende Gründe liegen vom Wortlaut her jedenfalls nicht vor –, läge die Erklärung nahe, dass hier Franziskus die Vergangenheit unbewusst im Lichte der inzwischen weiter vorangeschrittenen Gegenwart schaute. Da in der späteren Lebenszeit die Andacht zum eucharistisch gegenwärtigen Herrn stark in den Vordergrund tritt, ist es immerhin wahrscheinlich, dass er die Anbetungsformel je nach den örtlichen Umständen auf ihn bezog, ohne indes die frühere Deutung auf das Kreuzgeheimnis auszuschließen. Die Liebe zum Altarssakrament hob ja seine Verehrung der Passion Jesu nicht auf, wie wir an anderer Stelle aufzuzeigen suchten.[100]

Ganz von Wort und Geist des NT erfüllt ist folgender Aufruf unseres Heiligen zum Jesusgebet: „Et ad ipsum recurramus tamquam 'ad pastorem et episcopum animarum' nostrarum (1 Petr 2,25), qui dicit 'Ego sum Pastor bonus', qui pasco oves meas, 'et animam meam pono pro ovibus meis' (Joh 10,11. 15)."[101] In diesen wenigen, anspruchslosen Zeilen schimmert ein inniges Christusverhältnis durch. Dem Guten Hirten im Evangelium, der zu unserer Rettung sein Leben dahingab und unsere Seelen liebreich hegt und hütet, sollen wir uns voll Vertrauen nahen. Mit diesem kurzen Hinweis erlangt der Poverello unbewusst Anschluss an eine Lieblingsvorstellung des christlichen Altertums.[102] Die Anregung zu dieser Sicht verdankt er zweifellos der Hirtenparabel des Johannesevangeliums selber. Von Bilddarstellungen der Kunst konnte Franziskus kaum

Eine Untersuchung über das „Exivi de saeculo", Werl/Westf. 1959, 21, vorschlägt, will uns nicht recht einleuchten. Der Beter lässt sich hier zweifellos von einer *örtlich*-universellen Vorstellung leiten.

97 [8] Die betr. Canones 19 (Reinheit von Kirchen und kultischen Geräten), 20 (Aufbewahren der Eucharistie unter Schloss), 21 (Beicht- und Kommunionempfang in der österlichen Zeit) siehe bei HEFELE, C. J. / LECLERCQ, H.: Histoire des Conciles V/2, Paris 1913, 1348. 1348f.; bezüglich von Franziszi Teilnahme am Konzil siehe SPÄTLING, L.: Der Anteil der Franziskaner an den Generalkonzilien des Spätmittelalters, in: Anton. 36 (1961) 300-303 bzw. den Einfluss des Lateranum auf ihn: CORNET, B.: Le „De Reverentia Corporis Domini", exhortation et lettres de S. François, in: EtFr 7 (1956) 164 und ESSER, K.: Missarum sacramenta. Die Eucharistielehre des hl. Franziskus von Assisi, in: WiWei 23 (1960) 102. In diesem Zusammenhang sei auch auf die persönlich große Verehrung der Eucharistie durch Papst Innozenz III. hingewiesen: vgl. TILLMANN, H.: Papst Innocenz III., Bonn 1954, 153, 160, 164, 250f., 256.

98 [9] Vgl. zum Zeugnis und zur Lit. unsere Studie: Leiden Christi, 23 (19).

99 [10] Test 2: 101, 145f. (Kommentar). Der Hg. wie auch CORNET, De Reverentia, 29 (die textkritischen Erkenntnisse von Eßer blieben ihm anscheinend noch unbekannt) und VAN DIJK / WALKER, Aumbry, 69, kennen nur die eucharistische Deutung.

100 [11] Leiden Christi, 386-388 (99-101).

101 [12] NbR 22: 55; es ist zu beachten, dass eine Ermahnung zum Vatergebet vorausgeht: siehe oben III, 4.

102 [13] Vgl. besonders KEMPF, Th. K.: Christus der Hirt. Ursprung und Deutung einer altchristlichen Symbolgestalt, Rom 1942. – Dass das Motiv in der Gedankenwelt des Heiligen nicht etwa isoliert dasteht, beweisen – nebst dem gleich anschließend zu besprechenden Gebet – 6. Verbum admon.: 9 bzw. die Beschreibung des idealen Generalministers bei 2 C 184-186: 235-237; vgl. auch SpSab, c. 80, n. 3 und c. 87, n. 4-5: 232, 258.

beeinflusst werden, da diese nach Anton Legner im 13. Jahrhundert gerade in Italien so gut wie [S. 191] fehlten.[103] Im Brief an die Gläubigen findet sich eine ebenso bemerkenswerte Stelle: „O, wie ist es heilig, tröstlich, schön und liebenswert, im Himmel einen *Bräutigam* zu haben! O, wie ist es heilig, und wie ist es lieb, wohlgefällig, demütig, friedvoll, süß und liebevoll und über alles zu ersehnen, einen solchen *Bruder* zu haben, der sein Leben für seine *Schafe* hingegeben (Joh 10,15) und für uns zum Vater gebetet hat, als er sprach: 'Heiliger Vater, bewahre sie in deinem Namen ...'" (Joh 17,11-22). Wieviel Gefühlswärme der Mystiker in seinen Ausruf legt, zeigt allein, dass er im Zuschreiben von Eigenschaften sich kaum genugtun kann. In den beiden kurzen Sätzen finden sich nicht weniger als elf Beiwörter, wovon zwei wiederholt werden! Dabei hieße es jedem einzelnen Ton einer Melodie einen eigenen Sinn unterschieben, wollte man jedes Wort unseres Heiligen nach seiner besonderen Aussage befragen. Das hilflose Aneinanderreihen von Wörtern ist das Stammeln eines Gottergriffenen, der das Unmögliche versucht, den Unaussprechlichen mit menschlichen Lauten wiederzugeben.[104] – Das in der Frühzeit des Christentums bereits aufklingende Motiv der bräutlichen Christusliebe bildet nur den Widerhall zur vorausgehenden Stelle über die mystische Empfängnis und Geburt Christi in den Seelen. Innige Freundschaft verrät sodann die Bezeichnung Christi als Bruder, der das Leben für seine Schafe einsetzt und für uns beim Vater Fürbitte einlegt.[105]

Unter den Jesusgebeten des hl. Franziskus nimmt der wörtlich aus Offb 5,12 übernommene Lobpreis eine besondere Stellung ein. Er findet sich als bloßes Zitat ohne jeden deutenden Einschub in den „Laudes", die der Heilige nach einer einleitenden Rubrik vor allen kanonischen Gebetsstunden verrichtete.[106] Daher fällt es schwer zu erkennen, wie er das *Lob* der zahllosen den himmlischen Thron umstehenden Engel *auf das Lamm* verstand.[107] „Dignus est Agnus, qui occisus est, accipere virtutem et divini-

---

103 [14] LEGNER, A.: Der Gute Hirte, Düsseldorf 1959 (Lukas-Bücherei zur christlichen Ikonographie, 11), 32: „Seltsam genug, daß während dieser Jahrhunderte (der Gotik) Italien in dieser Ikonograpbie so gut wie keine Rolle spielte, wo doch gerade da den Meistern die frühchristlichen Sarkophage vor Augen standen ...".

104 [15] Opuscula [Lem.], 94 (FQS ^{2}I, 149). – Das Häufen von Adjektiven kennzeichnen HAVERS, W. / SOLTA, G. R.: Gebet und Sprache, in: KÖNIG, F.: Religionswissenschaftliches Wörterbuch, Freiburg i. Br. 1956, 276, treffend als „Ausdrucksverstärkung und emotionale Entladung".

105 [16] Franziskus ließ sich inspirieren von Mt 12,48-50, für die bräutliche Liebe zu Christus vielleicht von 2 Kor 11,2. Der Bruder-Gedanke beeinflusste auch seine Marienfrömmigkeit: „Matrem Jesu indicibili complectebatur amore eo quod Dominum Maiestatis (vgl. Ps 28,3; Jes 2,10) fratrem nobis effecerit": 2 C 198: 243. – Für die Entwicklung des Motivs der bräutlichen Christusliebe s. BERNARDS, M.: Speculum Virginum. Geistigkeit und Seelenleben der Frau im Hochmittelalter, Köln 1955, 186f.

106 [17] Vgl. BOEHMER, H. / WIEGAND, F.: Analekten zur Geschichte des Franciscus von Assisi, Tübingen ^{2}1930, 45 bzw. FQS ^{2}I, 170 und 36; s. auch Opuscula [Lem.], 119.

107 [18] Hinzu kommt, dass Franziskus dieses Kapitel der Offb nur noch dreimal zitiert (5,13: Ep. ad fideles: Opuscula [Lem.], 94s, Schlussgebet nach den Gebetsstunden seines Off. Passionis: 128, und Laudes: 122). – Es bietet sich hier die Gelegenheit, unsere Ausführungen zu Ep. ad fideles: 94s in: Leiden Christi, 12 Anm. 22 (8) zu verbessern. Wie mich Dr. P. K. Eßer freundlicherweise aufmerksam machte, ist meine Kritik an der Übersetzung von FQS ^{2}I, 150 insofern ungerechtfertigt, als diese sich auf die von BOEHMER / WIEGAND (Analekten zur Geschichte des Franciscus von Assisi, 37) bevorzugte Lesart: „Ei autem qui tanta sustinuit ..." an Stelle von „Et quia tanta sustinuit ..." von Opuscula [Lem.], 94s stützt. Welche der beiden Lesarten die richtigere ist, müsste eine schon längst fällige definitive Edition der Schriften entscheiden. Sofern die grammatikalisch schwierige Rezension „Ei ..." textkritisch besser bezeugt ist,

tatem et sapientiam et fortitudinem et honorem et gloriam et benedictionem."[108] Der Zusammenhang der „Laudes", in dem dieses Engelslied steht, legt den Schluss nahe, dass Franziskus sich [S. 192] beim Vollzug des kirchlichen Stundengebetes gleichsam als Glied der endzeitlichen Gemeinschaft der Heiligen vor den Thron Gottes versetzt sah. Sein rühmendes Preisen richtete er nicht nur an den dreifaltigen Gott, sondern auch an das Lamm, „das geschlachtet worden ist", d. h. an den verherrlichten Christus, der im Himmel für immer die Zeichen seines Todesleidens an sich trägt, mit denen er sich die unvergleichliche Herrlichkeit und uns das Heil verdient hat.[109] Bei seiner außerordentlichen Verehrung der Eucharistie ist es nicht unwahrscheinlich, dass Franziskus im Lamm Gottes den immer wieder unblutig geopferten Leib Christi anbetete.[110] Auch die historische Sicht auf das „Hinschlachten" des Lammes am Kreuz wird nicht völlig gefehlt haben; denn die Lebensbeschreiber beleuchten in mehrfachen Berichten, wie sehr sich der Heilige beim Anblick von leidenden Lämmern zum Mitleid mit dem „anderen Lamm" bewegen ließ.[111]

Den Abschluss von Franziszi Betrachtung über die Eucharistie formt ein *Bekenntnis zur wahren Gegenwart Jesu im Sakrament.* Wie die Apostel zu Lebzeiten des Herrn mit leiblichen Augen nur dessen äußere Erscheinung wahrnahmen und trotzdem an seine Gottheit glaubten, „sic et nos videntes panem et vinum oculis corporeis videamus et credamus firmiter, eius sanctissimum corpus et sanguinem vivum esse et verum".[112] Wenn diese Stelle streng genommen auch nicht in eigentlicher Gebetsform vorliegt, lässt sie sich doch wegen des Rahmens, in dem sie steht, und wegen des Geistes, der sie beseelt, als Gebet betrachten. Die Aufforderung zu lebendig beseeltem Glauben an den eucharistisch lebendig und zweifellos sicher gegenwärtigen Gottmenschen beweist, dass unser Mystiker Christus nicht etwa in fernab entrückter Vergangenheit, sondern in geheimnisvoll persönlicher Nähe schaute und erlebte.[113]

---

haben wir ein weiteres christozentrisches Gebet vor uns, das in die Liste von Anm. 2 (II) nicht mit einbegriffen ist.

108 [19] Opuscula [Lem.], 122.

109 [20] Vgl. WIKENHAUSER, A.: Die Offenbarung des Johannes, Regensburg 1959 (Regensburger NT, 9), 57f.; zum Begriff von „Lamm Gottes" in der Heiligen Schrift vgl. R. SCHNACKENBURG, in: LThK ^{2}VI, 768f. (Lit.); zur Stelle in den Schriften unseres Heiligen s. ESSER, K. / GRAU, E.: Antwort der Liebe. Der Weg des franziskanischen Menschen zu Gott, Werl/Westf. 1958, 58f.

110 [21] Vgl. Ep. ad Capitulum: 102: „Despicit enim homo, polluit et conculcat Agnum Dei, quando, sicut dicit Apostolus (1 Kor 11,29), 'non diiudicans' et discernens sanctum panem Christi ..."; vgl. auch die Rubrik von Off. Pass. für das Passionsschema: FQS ^{2}I, 183. – Das eucharistische Geheimnis kommt in den folgenden Gebeten mehrfach zur Sprache.

111 [22] Vgl. u. a.: 1 C 77-79: 57-59; 2 C 111: 196. „... In omni genere animalium speciali dilectione ac promptiore affectu agniculos diligebat, eo quod Domini nostri Jesu Christi humilitas in Scripturis sacris agno assimiliatur frequentius ...": 1 C 77: 57.

112 [23] 1. Verbum admon.: 5 (FQS ^{2}I, 120). Zum geistesgeschichtlichen Hintergrund dieses Schauverlangens s. u. a. JUNGMANN, Missarum Sollemnia ^{4}I, 155-160; ^{4}II, 256-271; CORNET, Reverentia, in: EtFr 6 (1955) 167-170; vgl. nun auch ESSER, Missarum sacramenta, 99: „Das 'Schauen' ist bei ihm nur Ausdruck und Betätigung des Glaubens an die wirkliche Gegenwart des Herrn in diesem Sakrament und, wenn man es anders ausdrücken will, die Grundlage seiner so persönlichen Hingabe an ihn."

113 [24] Dieser Zug kann kaum allein aus der Zeitrichtung erklärt werden (vgl. das Urteil Eßers in der vorigen Anm.). Ob hier und an anderen ähnlichen Stellen bereits eine eigentliche mystische, d. h. irgendwie unmittelbare Gottes- bzw. Christuserfahrung angenommen werden darf; müssen wir dahingestellt sein lassen.

Franziszi inniges Verhältnis zum eucharistischen Mysterium erhält sodann von einer Stelle seines Schreibens an die Kleriker neues Licht. Nach dem Hinweis auf verschiedene [S. 193] Missbräuche in Feier und Spendung der Eucharistie ruft er aus: „Non movemur de his omnibus pietate, cum ipse pius Dominus in manibus nostris se praebeat, et eum tractemus et sumamus cotidie per os nostrum? An ignoramus, quia venire debemus in manus eius?“[114] Man verspürt hier wiederum den warmen Akzent der Liebe. Christus ist hier nicht so sehr der drohende Richter der Endzeit, sondern der gütige Freund, der mit den Beweisen der Liebe erkaltete Herzen für sich gewinnen will. Da der *gütige* Herr sich sogar durch unsere Hände darreichen lässt – Franziskus schließt sich als Diakon in der Wirform mit ein[115] –, sollen wir uns bei *unwürdiger Behandlung* der heiligen Gestalten zu *liebendem Mitgefühl* mit dem Herrn bewegen lassen; anders freilich würden wir in die Hände des endzeitlichen Richters geraten.[116] Der Text ist schon rein sprachlich bemerkenswert. Man beachte das Wortspiel „Pietas – pius“ und die kunstvolle Antithese „in manibus se praebet – venire debemus in manus eius“. Daneben beleuchtet gerade die Bezeichnung „pius Dominus“ in etwa den geistesgeschichtlichen Standort des Heiligen. Das Beiwort erinnert an den bereits in patristischen Schriften öfter wiederkehrenden Ausruf: „bone Jesu“. Andererseits hindert das ehrfürchtige „Dominus“ und die Beschwörung der Gerichtsszene, beide völlig gleichzusetzen.[117]

Aus demselben Quellgrund seiner *eucharistischen Frömmigkeit* entspringt der dichterisch beschwingte *Jubel* im Brief an das Minderbrüderkapitel: „Totus homo paveat, totus mundus contremiscat, et caelum exsultet, quando super altare in manibus sacer-

---

Sicher ist jedenfalls, dass er das religiöse Erfahrungsmoment überraschend oft und stark betont. CORNET (De Reverentia, 90) hat allein für die ersten 19 Verba admon. 15 Stellen mit „videre Deum“ gezählt! In dieser Sicht erhält Bonaventuras Kennzeichnung ihr volles Gewicht: „Psalmos cum tanta mentis et spiritus attentione dicebat, quasi Deum praesentem haberet“ (LM X,6: 604). Daher dürfte TILEMANN, H.: Studien zur Individualität des Franziskus von Assisi, Leipzig 1914, 184, den Kern treffen: „Hier tritt uns mit greifbarer Deutlichkeit entgegen, in welch hohem Maße die Religion für Franziskus Gegenwart Gottes ist.“

114 [25] L. OLIGER, in: AFH 6 (1913) 12; zum Zeithintergrund vgl. bes. FELDER, H.: Die Ideale des hl. Franziskus von Assisi, Paderborn ^{6}1951, 56 Anm. 2, und. CORNET, Reverentia, in: EtFr 7 (1956) 155-160.

115 [26] Vgl. CALLEBAUT, A.: Saint François lévite, in: AFH 20 (1927) 193-196, 195f.; s. auch CORNET, Reverentia, in: EtFr 6 (1955) 174-176: Im Unterschied zu den gewöhnlichen Gläubigen empfingen Priester und Diakone den Leib des Herrn auf der Hand, mit der sie ihn selber zum Mund führten (176); vgl. auch JUNGMANN, Missarum Sollemnia ^{4}II, 473.

116 [27] „De his“ muss zweifellos rückbezüglich, d. h. auf die beklagten Missbräuche, gedeutet werden und nicht nur auf den mit „cum“ eingeleiteten Kausalsatz. Deshalb ziehen wir für „pietas“ „liebendes Mitgefühl“ der von FQS ^{2}I, 154 gewählten Übersetzung: „liebende Hingabe“ vor. Nach DU CANGE, Ch.: Glossarium mediae et infimae latinitatis V, Paris 1845, 248b kann „pietas“ nebst „Pietät“ und „Frömmigkeit“ auch „miseratio“ bedeuten. „Pius“ in diesem letzteren Sinne s. auch bei 1 C 83, 118: 62, 93 und P. SABATIER: Le Speculum perfectionis II: Etude critique, Manchester 1931, 264b (Register).

117 [28] Es ist nicht möglich zu entscheiden, ob Franziskus von Offb 15,4a,b: „Quis non timebit te, Domine, et magnificabit nomen tuum? Quia solus pius es“ beeinflusst war; in den Opuscula kommt das genannte Kapitel nie vor (FQS ^{2}I, 243). Wahrscheinlicher ist ein Einfluss durch liturgische Texte: vgl. nun DÜRIG, W.: Pietas liturgica. Studien zum Frömmigkeitsbegriff und zur Gottesvorstellung der abendländischen Liturgie, Regensburg 1958, bes. 220f. Sofern unsere Deutung Franziszi Aussage angemessen ist, ist sie Zeuge einer mehr subjektiv-individuellen Pietas-Auffassung. – Dagegen kann es keinem Zweifel unterliegen, dass der Gerichtsgedanke von Hebr 10,31 abhängt; eine Stelle, die er auch anderswo verwertet: NbR 5: 30. – Zu „bone Jesu“ s. bes. BAUS, K.: Das Gebet zu Christus beim hl. Hieronymus, in: TThZ 60 (1951) 178-188, 185.

dotis est Christus, Filius Dei vivi. O admiranda altitudo et stupenda dignatio! O humilitas sublimis! O sublimitas humilis, quod Dominus universitatis, Deus et Dei Filius sic se humiliat, ut pro nostra salute sub modica panis formula se abscondat! Videte, fratres, humilitatem Dei et 'effundite coram illo corda vestra' (Ps 61,9); 'humiliamini' et vos, 'ut exaltemini' ab eo (vgl. 1 Petr 5,6). Nihil ergo de vobis retineatis vobis, ut totos vos recipiat, qui se vobis exhibet totum."[118] [S. 194]

Wie leicht einzusehen ist, bildet das beherrschende Thema des hymnischen Gebetes die unendliche Spannung zwischen göttlicher Größe und geschöpflicher Ohnmacht, die der Gottmensch in unfassbarer „Demut" jedesmal überbrückt, wenn er auf das Wort des konsekrierenden Priesters in den anspruchslosen Gestalten von Brot und Wein gegenwärtig wird. Christi vollkommenem Schenken seiner selbst soll unsere ungeteilte Herzenshingabe entsprechen. Der Leitgedanke dieser Stelle ist zweifellos nicht originell. Er schwebt bereits in altchristlicher Zeit vielen Väterhomilien über das Geheimnis der Menschwerdung vor. Die Anwendung dieses Motivs auf die Eucharistie vollzog bereits der hl. Augustinus.[119] Den Vätern wie auch Franziskus war noch ein viel tieferer Demutsbegriff geläufig, als er seit der Hochscholastik Gemeingut der Theologie wurde. Das sich liebende Niederneigen des jedes menschliche Begreifen unendlich übersteigenden Gottes zu seinem Geschöpf lässt sich freilich nicht in den engen Rahmen der Demut als Mäßigung des menschlichen Geltungsstrebens hineinzwingen.[120] – Im vorliegenden Ausruf des Mystikers wird zwar der Leser den unverhaltenen Durchbruch des religiösen Gemüts mühelos feststellen – er ist so offenkundig, dass er nicht erst zu beweisen ist –, doch wird man daneben die außerordentlich starke Betonung von Christi Gottheit nicht übersehen dürfen. Ausdrücke wie „Sohn des lebendigen Gottes" und „Herr des Alls, Gott und Gottes Sohn" belegen dies deutlich genug.

Der Widerschein von Franziszi erhabenem *Gottesbild* auf sein *Christusverhältnis* ist vielleicht noch klarer erkennbar in seiner *Gebetsaufforderung* im Brief an die Kustoden: „Et quando a sacerdote sacrificatur (Dominus) super altare et in aliqua parte portatur, omnes gentes flexis genibus reddant laudes, gloriam et honorem Domino Deo vivo et vero."[121] Der eucharistische Zusammenhang (Opfer auf dem Altar – Tragen des Herrenleibes zu den Kranken) verlangt, dass „Dominus Deus" hier auf Christus bezogen wird,

---

118 [29] Opuscula [Lem.], 103. – Die gehobene Sprache mit den verschiedenen Wortspielen und Antithesen scheint hier eine gewisse Nachhilfe des übersetzenden Sekretärs zu verlangen: vgl. VERHEY, Herrschaft Gottes, 15f. bzw. unsere Studie: Leiden Christi, 7 (3).

119 [30] Vgl. zum Lieblingsthema des „Christus, humilitatis Magister" bei Augustinus und dessen Vorgeschichte: SCHEEL, O.: Die Anschauung Augustins über Christi Person und Werk, Tübingen 1901, 347-424 bzw. neuestens SCHAFFNER, O.: Christliche Demut. Des hl. Augustinus Lehre von der Humilitas, Würzburg 1959, 93-107 (Inkarnation), 117 mit Anm. 103 (Eucharistie). Die Anwendung auf die Eucharistie findet sich sodann bei PSEUDO AUGUSTINUS, Sermo 151, n. 2: PL 39, 2035; von GLORIEUX, P.: Pour revaloriser Migne, in: Mélanges de science religieuse 9 (1952) 25 als „centons, ou imitations d'Ambroise" bezeichnet.

120 [31] Vgl. SCHAFFNER, Christliche Demut, 30f. 102f. – Vgl. auch den bemerkenswerten Satz des hl. BONAVENTURA, IV Sent., d. 10, p. 1, a. u., q. 1, ad 3: Op. om. IV, 218b: „... in hoc Sacramento est exemplum totius humilitatis, quia Dominus maiestatis tam modico et paupere pallio adhuc in exemplum humilitatis et paupertatis vestitur." Man erkennt hier klar den Einfluss des Ordensvaters!

121 [32] Opuscula [Lem.], 114.

wiewohl „Dominus" in den Schriften des Heiligen keineswegs nur für Christus steht.[122] Gerade weil *jener* „Herr-Gott" ist, der auf dem Altar als Opferlamm die erlösende Tat von Golgotha erneuert und dem Sterbenden sich selber als Wegzehr für den Gang in die [S. 195] Ewigkeit schenkt, deshalb soll man ihm die höchste Ehre entbieten. – Wenn Franziskus hier von der Menschheit Christi – mindestens verbal – schweigt, ist dies zwar kerygmatisch nicht zu billigen, erklärt sich jedoch aus dem damaligen Überbetonen der Idiomenkommunikation und aus der theologisch unzulänglichen Bildung des Heiligen.[123]

3. Nachdem wir die Jesusgebete in den Schriften des hl. Franziskus eingehend besprochen haben, müssen auch die frühen Lebensbeschreibungen über die Stellung Christi in seinem Beten befragt werden. Jedoch begeben wir uns damit – dies sei mit Nachdruck vorausgeschickt – auf quellenkritisch nicht gleich sicheren Grund.[124] Denn das Beten vollzieht sich in jener persönlichen und unmitteilbaren Geheimnissphäre, die nebst dem Beter – und auch ihm nur ungenau! – Gott allein bloßliegt. Hinzu kommt, dass sich der Heilige mit schier unwiderstehlicher Macht zum Gebet der Stille hingezogen fühlte, wobei ja freilich die innerliche Erlebnisfülle sich häufig in Ausrufen, Gesten und im Ausdruck der ganzen Körperhaltung Bahn schuf.[125] Deshalb konnten die vertrauten Brüder den ekstatischen Beter der Wälder öfter insgeheim beobachten. Doch hieße es übertreiben, wollte man bei ihnen auf Grund des gelegentlichen Zuschauens und Ablauschens voraussetzen, sie seien vollständig in das Gebetsgeheimnis des Ordensgründers eingedrungen. Weiter bleibt zu bedenken, dass Franziskus bei außergewöhnlichen Begnadigungen nicht nur zu strengster Verschwiegenheit mahnte, sondern sie aus Gründen der Demut und Dankbarkeit genauestens übte.[126] Andererseits aber hat er schon von Anfang an seine geistlichen Söhne in seine Gebetsweise eingeführt.[127] Damit

---

[122] [33] Vgl. einen Paralleltext zu „Dominus Deus vivus et verus" in 16. Verbum admon.: 14 (hier freilich auf Gott schlechthin bezogen). Franziskus ließ sich hier jedenfalls vom Memento der Lebenden im Kanon oder direkt von 1 Thess 1,9 beeinflussen. Weniger wahrscheinlich ist ein Nachwirken des 1. Opferungsgebetes, da es bis zum Minoritenmissale im 13. Jahrhundert in Italien noch sehr selten ist: JUNGMANN, Missarum Sollemnia ^{4}II, 211 und Anm. 50 bzw. 72 Anm. 84; s. auch oben Anm. 67. – Zum Opfergedanken und zur Sinnbedeutung von „vivus et verus" bei Franziskus s. CORNET, Reverentia, in: EtFr 6 (1955) 80-83, 77. – Seit dem 12. Jahrhundert sind mehrere konziliare Erlasse bezüglich der Krankenkommunion nachzuweisen: DERS., Reverentia, in: EtFr 7 (1956) 30f. – Für die verschiedene Anwendung von „Dominus" in den Opuscula s. z. B. NbR 23: 57 (Gottvater); ebd., c. 10, 23: 39, 59f. (Deus); Ep. ad Clericos: L. OLIGER, in: AFH 6 (1913) 12 (Christus).

[123] [34] Vgl. JUNGMANN, J. A.: Die Abwehr des germanischen Arianismus und der Umbruch der religiösen Kultur im frühen Mittelalter, in: ZKTh 69 (1947) 74-83. – Für Franziskus brauchen wir jedoch wohl kaum ein spätes Nachwirken einer antiarianischen Abwehrhaltung anzunehmen. Hingegen könnte darin ein unausgesprochener Protest gegen die Katharer, die Christus nur als höchstes Geschöpf des guten Gottes gelten ließen, enthalten sein; vgl. jedoch ESSER, K.: Franziskus von Assisi und die Katharer seiner Zeit, in: AFH 51 (1958) 225-264, 230, 250f.

[124] [35] Vgl. unsere Studie: Leiden Christi, 7-10 (3-6).

[125] [36] „Eligebat ... frequenter solitaria loca, ut ex toto animum in Deum posset dirigere ...": 1 C 71: 53; s. auch 1 C 91, 94, 103: 69f., 72, 80; LM I,5: 562. – Zur Gebetsweise des Heiligen s. den Beleg anschließend im Text.

[126] [37] Nebst den Belegen in Anm. 8 (I) s. noch 1 C 24: 20; 2 C 117: 199f.; 2 C 95: 187.

[127] [38] 1 C 45: 35f.; s. auch LM IV,3: 572. Hier findet sich der interessante Hinweis, der der inneren Wahrscheinlichkeit nicht entbehrt: „Vacabant enim ibidem (erste Brüder in Rivotorto) divinis precibus inces-

hob er jedoch unweigerlich irgendwie den Schleier vom Geheimnis seines Redens mit Gott. Schließlich war auch seine Zurückhaltung nicht derart ausnahmslos, dass er seinen Vertrauten nicht gelegentlich einen Blick in sein Innenleben gestattet hätte, besonders wenn er dies dem Willen des Herrn entsprechend fand.[128]

In dieser Sicht verwundert es denn auch nicht, dass wir gerade bei Celano und Bonaventura die meisten Formen von Franziszi Jesusgebet wiederfinden.[129] An erster Stelle sei hier die *zusammenfassende Schilderung* Br. Thomas' von Celano angeführt: „Wenn er ... in Wäldern und einsamen Orten betete, erfüllte er das Gehölz mit Seufzern, netzte den Boden mit Tränen, schlug sich mit der Hand die Brust. Gleich als hätte er dort eine noch [S. 196] verborgenere Geheimkammer gefunden, sprach er oft in lautem Zwiegespräch mit seinem Herrn. Dort stand er Rede und Antwort seinem Richter, dort flehte er zum Vater, dort besprach er sich mit dem Freunde, dort spielte er mit dem Bräutigam. Ja wirklich, um alle Fasern seines Herzens auf vielfache Weise zu einem Brandopfer zu machen, stellte er sich den höchst Einfachen in vielfacher Gestalt vor Augen. Oft betete er, ohne die Lippen zu bewegen, in seinem Innern. Alles Äußere wusste er nach innen zu kehren, um dann seinen Geist davon abzukehren und nach oben zu lenken. All sein geistiges Schauen und sein ganzes Gemüt richtete er so einzig und allein auf das Eine hin, das er vom Herrn begehrte. Der ganze Mensch war nicht so sehr Beter als vielmehr selbst Gebet geworden."[130]

Wenn man auf die Gebetsweisen rückblickt, wie sie die Schriften von Franziskus bezeugen, staunt man ehrlich über die geschichtliche Treue des Biografen. Im Grunde versetzt er das Beten unseres Heiligen einfach in die geschichtlich greifbare Umwelt. Auf jeden Fall gibt er einen bestimmten Ausschnitt von dessen Gebetsleben zuverlässig, wenn auch in literarisch glänzendem Kleid wieder.[131]

Außer dem „Adoramus" (vgl. IV, 2) bietet Br. Thomas überdies an zwei Stellen eigentliche *Gebetsformeln*, die der Ordensstifter bei bestimmten Anlässen verrichtet habe. Nach der Bestellung Br. Petrus Cattanis zum Vikar in der Leitung des ganzen Ordens auf dem *Pfingstkapitel von 1220* habe er, die Augen zum Himmel gewandt, gebetet: „Domine, tibi recommendo familiam, quam mihi hactenus commisisti. Et nunc, propter infirmitates quas tu nosti, dulcissime Domine, 'curam eius habere' (vgl. Lk 10,35) non valens, ipsam recommendo ministris. Teneantur 'in die iudicii' coram te, Domine, 'reddere rationem' (vgl. Mt 12,36), si aliquis frater eorum vel negligentia, vel exemplo, seu etiam aspera correctione perierit."[132] Der Heilige hat zwar dieses Gebet bestimmt nicht wörtlich in der vorliegenden Form verrichtet, doch hört sich gerade das

---

santer, mentaliter potius quam vocaliter studio intendentes orationis devotae, pro eo quod nondum ecclesiasticos libros habebant ..."

128 [39] Vgl. u. a. 1 C 58: 45; 2 C 49, 64, 105, 126, 151, 213: 161, 169, 192, 204f., 218, 253.

129 [40] Es wird nicht nötig sein, dieselben einzeln zu erörtern, vielmehr geben wir nachstehend die entsprechenden Verweise unter den hauptsächlichen Themen. Vgl. aber noch IV, 4-5 (Psalmbeten – heilige Worte und göttliche Namen).

130 [41] 2 C 95: 187 (FQS [1]V, 325f.); parallel bzw. davon abhängig ist LM X,4: 603.

131 [42] Vgl. hierzu die anregenden Ausführungen von ESSER / GRAU, Antwort der Liebe, 234f., 245, und LINDEN, R.: Vater und Vorbild. Franziskus – Forma Minorum, Werl/Westf. 1960, 143.

132 [43] 2 C 143: 212f.; parallel dazu ist SpSab, c. 39: 101-103.

eindringliche Betonen der Verantwortung des Oberen für das Seelenheil der ihm untergebenen Brüder wie ein verstärktes Echo auf die einschlägigen Bestimmungen in den Regeln an.[133] Die Vorstellung vom endzeitlichen Richter fordert, dass wir „Dominus" auf Christus beziehen. Das der Anrede beigefügte „dulcissime" ist zwar in den Schriften in Verbindung mit Christus nicht bezeugt. Doch war Franziskus der Gedanke von der „Süßigkeit" Gottes sehr geläufig, und einmal bezieht er „dulce et amabile" ausdrücklich auf den Guten Hirten.[134] Dass sich darin nicht sentimentale Verniedlichung, sondern mystische Gotteserfahrung kundgibt, sei hier nur am Rande bemerkt.[135] Damit aber zeigt sich erneut, dass unser [S. 197] Heiliger sich in seinem Beten zugleich in inniger Liebe Christus nahte und doch ehrfurchtsvollen Abstand vor dem erhöhten Herrn zu wahren wusste.

Ein weiteres Gebet des hl. Franziskus, das angeblich im Wortlaut überliefert sein soll, lässt der Biograf als *Verwünschung von neuerungssüchtigen Brüdern* entstanden sein. Zwei Brüder hatten sich nach der Deutung Robertus', Bischofs von Fondi (OCist., 1210-1227), um größere Selbstverachtung vorzutäuschen, einen längeren Bart wachsen lassen. Als der Ordensvater davon vernahm, wandte er sich tränenüberströmt an den „Herrn Jesus Christus". Die im Gebet aufklingenden Themen: Apostelwahl und Ordensberuf, Judasverrat und Ordensapostasie, Verkündigung des Evangeliums durch die Jünger und Erfüllung des evangelischen Geheimnisses im Minderbrüderorden, die auferbauende Wirkung des guten Beispiels und die niederreißende Wirkung des Ärgernisses, fügen sich zwanglos in die übrige religiöse Vorstellungswelt des Heiligen ein. Doch schließt die literarisch kunstvoll-antithetische Form rundweg aus, dass hier der – auch nur annähernd – ursprüngliche Wortlaut eines Franziskusgebets vorliegt.[136]

Die *Speculum-Perfectionis-Gruppe* überliefert einhellig ein Christusgebet, das der sterbende Ordensvater beim Aussätzigenhospital San Salvatore delle Pareti als Segen über seine Heimatstadt gesprochen haben soll, als man ihn auf einer Bahre vom Bischofspalast nach Portiunkula trug. Darin dankt er zunächst dem Herrn, dass er in seiner überfließenden Erbarmung die zuvor verkommene Stadt auserwählt hat, die Minderbrüder zu beherbergen. Nach dem Bericht schloss er folgende Bitte an: „Rogo ergo te, Domine Jesu Christe, 'Pater misericordiarum' (2 Kor 1,3), ut non consideres ingratitudinem nostram, sed recordare semper tuae abundantissimae pietatis, quam ostendisti in ea, ut semper sit locus et habitatio illorum, qui te vere agnoscant et glorificent nomen tuum

133 [44] Die Belege der Opuscula [Lem.]: NbR 4, 5: 30f.; BR 10: 71f. – Zum geschichtlichen Hintergrund der Szene s. ESSER, K.: Das „ministerium generale" des hl. Franziskus von Assisi, in: FrSt 33 (1951), 329-348.

134 [45] Die betreffende Stelle s. in Ep. ad fideles: 94. Die übrigen Fundorte vgl. im bisher ausführlichsten Register der Opuscula: WILLIBRORD DE PARIS: Le message spirituel de saint François d'Assise dans ses écrits, Blois 1960, 205.

135 [46] Vgl. den bemerkenswerten Hinweis von VETTER, E.: Maria im Rosenhag, Dusseldorf 1956 (Lukas-Bücherei zur christlichen Ikonographie, 9), 25: „Das Süße ist eine Qualität des Herzens, eine Form, in der die Innerlichkeit sich bekundet": zit. in: ASOC 14 (1958) 143. – Es ist durchaus möglich, dass Franziskus hier wiederum von der provenzalischen Minnedichtung beeinflusst wurde, die teilweise diese besondere mystische Sinndeutung ebenfalls kannte („dolcezza che si può assaporare"); vgl. ZORZI, D.: Valori religiosi nella letteratura provenzale. La spiritualità trinitaria, Mailand 1954, 264-268, bes. 266.

136 [47] 2 C 156: 220f. (FQS [1]V, 381f.); parallel hierzu – in kurzer Zusammenfassung –: LM VIII,3: 593.

benedictum et gloriosissimum in saecula saeculorum" (vgl. Ps 24,6; 78,8f.).[137] Wenn wir uns hier auch nicht mehr auf quellenkritisch voll verlässlichem Boden befinden, fügt sich die Szene selber historisch sehr gut in die übrigen, von sicheren Quellen vermittelten Berichte über seinen Aufenthalt im bischöflichen Palast und dessen Verlassen vor dem Tode ein. Auch wird mehrfach bezeugt, wie der sterbenskranke Ordensgründer seine geistlichen Söhne segnete.[138] Andererseits lässt sich dieses Gebet mühelos mit der übrigen religiösen Vorstellungswelt des Heiligen verbinden. Bemerkenswert ist das der Christusanrede als Apposition beigefügte „Pater misericordiarum". Sofern der von allen drei Textzeugen gemeinsam überlieferte Ausdruck Glauben verdient, würde sich Franziskus einzig an dieser Stelle mit dem im moralischen Sinne angewandten Vaternamen an Christus wenden. Gegen diese Sprechweise, die gerade für Benedikt und später beim hl. Gregor dem [S. 198] Großen bezeugt ist, kann zwar dogmatisch nichts eingewendet werden, doch ist sie aus kerygmatischen Gründen wenig empfehlenswert.[139]

In kürzeren und allgemeinen Hinweisen kommt Thomas von Celano noch öfter auf Franziszi Jesusgebet zu sprechen. Weil der Heilige noch „novus Christi athleta" war, habe der bereits innerlich Umgewandelte die Güte des Erlösers angefleht und schließlich, dem eigenen Tun misstrauend, „sein ganzes Sinnen auf den Herrn geworfen (Ps 54,23a)."[140] In der Kapelle von San Damiano habe sich Francesco nach dem Aussätzigenkuss vor dem Kreuz zum Gebet niedergeworfen.[141] In einer verlassenen Kapelle – wohl S. Pietro in Bovara, zwei Kilometer südlich Trevi – habe er in der Nacht „orationes longas ac devotissimas Domino" verrichtet. Wie er sich zur Ruhe begeben wollte, belästigten den Beter nach dem Lebensbeschreiber Anfechtungen des Teufels. Doch schlug er den Versucher in die Flucht durch das Kreuzzeichen und die Erklärung, alles von Gott dem Widersacher Zugestandene bereitwillig hinzunehmen.[142] Der Ordensvater forderte seine geistlichen Söhne durch Wort und Tat „ad devotionem Redemptoris" auf, wie er selber Christi Worte und Werke, besonders die Demut der Menschwerdung und die im Leiden offenbar gewordene Liebe, unaufhörlich betrachtete.[143] Im Gebet zu Christus befreite er einen Bruder von der gefährlichen Selbsttäuschung, als dieser sich unter dem Vorwand größerer Lebensstrenge von der Brüdergemeinschaft abgesondert

---

137 [48] SpSab, c. 124: 348f; SpLem, n. 9: 32f.; Legenda (sic dicta!) antiqua, n. 113: F. M. DELORME, Paris 1926, 57f.

138 [49] Vgl. 1 C 108: 84 bzw. Register in AF X, 731a: Benedictio.

139 [50] Vgl. u. a. BEUMER, J.: Zur theologischen Frage nach der Vaterschaft Christi, in: ZAM 17 (1942) 32-44; KEMMER, A.: Christus in der Regel St. Benedikts, in: STEIDLE, B.: Commentationes in Regulam S. Benedicti, Rom 1957 (Studia Anselmiana, 42) 1-14, bes. 2-5 (Lit.). – Zum reich begüterten Hospital der Crociferi vgl. FORTINI, A.: I documenti degli archivi Assisani e alcuni punti controversi della vita di S. Francesco, in: AFH 43 (1950) 29f.

140 [51] 1 C 10: 12 (FQS [1]V, 79f.). – Zum zitierten Psalmvers s. auch 1 C 29: 24 und Anm. 12. Der Biograf zitiert bezeichnenderweise nicht nach dem Vulgatatext, sondern nach dem Psalterium Romanum (s. WEBER, R.: Le Psautier Romain et les autres anciens Psautiers Latins, Rom 1953, 123). Er bestätigt hier an einer scheinbaren Kleinigkeit seine geschichtliche Zuverlässigkeit. Vgl. auch oben III, 2 und unten IV, 4.

141 [52] 2 C 10: 136f. Vgl. hierüber K. ESSER: Das Gebet des hl. Franziskus vor dem Kreuzbild in San Damiano, in: FrSt 34 (1952) 1-11; vgl. auch unsere Studie: Leiden Christi, 246f. (48f.).

142 [53] 2 C 122: 202 (FQS [1]V, 351f.). Bei der Vieldeutigkeit von „Dominus" ist es schwierig zu bestimmen, auf wen es sich bezieht.

143 [54] 4 C, n. 10: 123 bzw. 1 C 84: 63 (FQS [1]V, 157). Vgl. auch SpSab, c. 13: 38.

hatte.[144] Einem armen Mann, der auf seinem Esel den Heiligen zu einer Einsiedelei – jedenfalls La Verna – geleitete, auf der Reise dahin aber vor Durst fast verschmachtete, erwirkte er im Gebet, dass Christus eine Quelle aufsprudeln ließ.[145] In der letzten Krankheit, da ihn die Schmerzen mehr als sonst bedrückten, „patientiae scutum, orando ad Christum, servat immobile".[146] Da hier ein um historische Akribie unbesorgter Biograf des Mittelalters vom Jesusgebet unseres Mystikers schreibt, bleibt – mindestens für einzelne Begebnisse – die Frage offen, ob nicht tatsächlich die Anrede an Gott statt an Christus stand.

Außer dem an Christus gerichteten Bittgebet verdient Franziszi *Christuslob* noch eigens hervorgehoben zu werden. Aus eigener Anschauung – oder doch im Namen eines Augenzeugen – berichtet Br. Thomas: „Nonnumquam vero talia faciebat. Dulcissima melodia spiritus intra ipsum ebulliens, exterius gallicum dabat sonum ... Lignum [S. 199] quandoque, ut oculis vidi, colligebat e terra, ipsumque sinistro brachio superponens arculum filo flexum tenebat in dextera, quem quasi super viellam trahens per lignum, et ad hoc gestus repraesentans idoneos, gallice 'cantabat de Domino' (vgl. Ps 12,6 u. a.)."[147] Diese Szene – ihre Originalität schließt eine Unterstellung durch den Lebensbeschreiber zweifellos aus –, belegt nicht allein Franziszi dichterische Ader und den Drang zur äußeren, bildhaften Darstellung innerer Erfahrungen, sie zeigt ebenso den gefühlvoll-mystischen Charakter seiner Frömmigkeit. Wie auch immer man den Gebrauch der französischen Sprache erklären mag, so erscheint gerade hier ein Nachwirken der provenzalischen Minnesänger mehr als wahrscheinlich. Wie die Troubadours zusammen mit den Spielleuten (Joglars) von Ritterehre und Rittertaten sangen, so besang der Christusritter die Heilstaten des Gottmenschen.[148]

Celano bezeugt für Franziskus auch das *auf Christus bezogene Naturlob*. Wie der Heilige über den See von Piediluco fährt und am Ufer landet, wird ihm ein großer, noch lebender Fisch angeboten, den er, wie er es bei allen Geschöpfen zu tun pflegte, vertraulich mit „Bruder" anspricht; darauf schenkt er ihm die Freiheit zurück. Doch der Fisch will sich von seinem Lebensretter nicht mehr trennen und spielt vor ihm im Wasser, „de quo plurimum iucundatus, Christum Dominum collaudabat". An anderer Stelle berichtet der Biograf, dass der Ordensgründer nach seiner Vogelpredigt dem Federvolk durch das Kreuzzeichen die Erlaubnis zum Weiterflug erteilt. Über deren Folgsamkeit entzückt, beginnt er von dem Tag an alle Lebewesen zum Lob und zur Liebe des Schöpfers aufzurufen.[149] Schließlich kennzeichnet Br. Thomas Franziszi

---

144 [55] 2 C 33, 32: 151, 150.

145 [56] 2 C 46: 160.

146 [57] 2 C 213: 252.

147 [58] 2 C 127: 205. Ein Paralleltext hierzu findet sich in SpSab, c. 93, n. 1-6: 270f.

148 [59] Vgl. hierzu bes. FELDER, H.: Der Christusritter aus Assisi, Zürich 1941, 17-21, 136-165; VAN CORSTANJE, A.: Franciscus de Christusspeler, in: Sint Franc 2 (1956) 7-24, 13; s. aber VERHEY, Herrschaft Gottes, 38. – Zum mystischen Charakter dieses Erlebnisses ist besonders zu vergleichen: CASUTT, L.: Das Erbe eines großen Herzens, Graz 1949, 14.

149 [60] 3 C, n. 24: 282 (etwas veränderte Wiedergabe von 1 C 61: 46f.) bzw. 1 C 58: 44f.; s. LM XII,3: 612. – Das starke Hervortreten des Lobcharakters im Gebetsleben unseres Heiligen hat unübertrefflich gekennzeichnet: JULIANUS VON SPEYER († um 1250), Officium rhythmicum S. Francisci, ad Laudes, antiphona V, in: AF X, 383: „Laudans laudare monuit, / Laus illi semper affuit, / Laus, inquam, Salva-

Sterben als ein letztes Loslösen irdischer Fesseln und als ein Verklingen seines Lebens in Christuslob.[150]

Wenn wir rückblickend das Christusgebet in den verschiedenen Quellen vergleichen, dürfen wir feststellen, dass es sich in den Schriften des Heiligen wie auch in den Viten Celanos im Wesentlichen entspricht. Nach dem übereinstimmenden Zeugnis beider stand [S. 200] Christus in seiner liebreichen Menschheit ebenso wie in seiner göttlichen Erhabenheit vor Franziszi Seele. Die dynamische Spannung beider vorschwebender Bilder gebiert das ehrfürchtige Lob, die vertrauensvolle Bitte und die hingerissene Liebe. In den biografischen Schriften wird allerdings bedeutend mehr Gewicht auf gefühlshafte Innigkeit gelegt. Andererseits empfindet man es als bedauernswerte Lücke, dass bei Celano wie bei Bonaventura Franziszi eucharistischer Kult ungleich schwächer bezeugt wird.[151]

4. Um das vorher Gesagte möglichst zu ergänzen, haben wir von *Franziszi christozentrischem Psalmbeten* („Christologisierung von oben") noch eigens zu handeln. Wir können diesen Gesichtspunkt hier allein nach den großen Linien beleuchten, da wir ihn in einer eigenen Studie im Blickfeld von Christi Passion sehr ausführlich dargestellt haben.[152] Ebenfalls um unnötige Wiederholungen zu vermeiden, deuten wir die Momente von christozentrischer Naturmystik hier nur kurz an, da wir darüber eine eigene Untersuchung vorzulegen gedenken.[153] Die geschichtlichen Verbindungslinien zum altchristlichen Psalmbeten wurden früher bereits gestreift (III, 2).

Vielleicht überrascht die Feststellung, dass unser Mystiker in seinem *Passionsoffizium* kein einziges Mal Christus in der Ich-Du-Form anspricht. Immerhin wird im ersten Teil der *Non*, die für die Passionszeit vorgesehen ist, der Erlöser mit dem Beter redend eingeführt. Der Gekreuzigte beschreibt mit den Worten von Ps 21 seine namenlosen äußeren und inneren Leiden. Diesen Abschnitt schließt folgender Vers ab –

---

toris; / Invitat aves, bestias / Et creaturas alias / Ad laudem Conditoris." Vgl. auch VERHEY, Herrschaft Gottes, 30, 172f., 175. – Wie aus der im Text angeführten Stelle ersichtlich ist, war Franziszi Naturlob weder bloß trinitarisch noch bloß christozentrisch. Je nachdem ihn die Gnade führte, betonte er mehr diesen oder mehr den anderen Gesichtspunkt.

150 [61] „Levat post haec (leihweise Rückgabe der Kleider durch den Guardian) Sanctus palmas ad caelum, et Christum suum magnificat, quod iam exoneratus omnibus, liber vadit ad ipsum": 2 C 216: 254. – Hier kann auch auf das Lobgebet von Br. Silvester hingewiesen werden, mit dem er im Auftrag des Ordensstifters die Teufel von Arezzo beschwört, die dort zwei Parteien zu tödlichem Hass gegeneinander aufstachelten: „Laudatus et benedictus sit Dominus Jesus Christus ...": Legenda antiqua, n. 81: DELORME, 46f., 47. Bei der Parallele in 2 C 108: 194 fehlt jedoch das Lobgebet. Zum geschichtlichen Hintergrund vgl. RENZONI, M.: S. Francesco ed Arezzo, in: StFr S. 3,22 (1950) 129-155. – Ganz allein steht dagegen Leg. ant., n. 34: 20, wenn sie berichtet, die Minderbrüder und Bewohner von Greccio hätten einander gewohnheitsmäßig den Gruß entboten: „Laudatus sit Dominus Deus".

151 [62] Man kann hier höchstens auf 2 C 201: 245 verweisen, wo die eucharistische Andacht unseres Heiligen – nebst anderen – kurz gestreift wird; s. GOOSSENS, H.: De Gods- en Christusvisie van Sint Franciscus, in: Sint Franc 1 (1955) 33f.

152 [63] Das heißt in unserer Untersuchung: Das Leiden Christi im Leben des hl. Franziskus von Assisi, in: CFr 30 (1960) 129-145 bzw. Rom 1960, 26-42.

153 [64] Das heißt in einer Studie über die Christusmystik des hl. Franziskus, wofür wir bereits viel Material gesammelt haben.

er leitet zugleich zum Gebet Jesu an den Vater über: „Ich bin entschlafen und bin wieder auferstanden, – und mein heiligster Vater hat mich mit Ehren aufgenommen“ (Ps 3,6a,b; 72,24c).[154] Erst gegen Ende erklingt dann das Lob an Christus. Dabei darf nicht übersehen werden, dass der Heilige hier das „Dominus Deus Israel“ der Psalmvorlage (Ps 71,18a) mit Jesus gleichsetzt: „Gepriesen sei der Herr, der Gott Israels, der die Seelen seiner Knechte mit seinem eigenen heiligsten Blute erlöst hat – und alle, die auf ihn hoffen, werden nicht verlassen sein“ (Ps 33,23).[155]

In ähnlicher Weise fordert Franziskus in der *Vesper* – dies selbst am Weihnachts- und Osterfest! – zum bereitwilligen Tragen des eigenen Kreuzes in Gemeinschaft mit dem Erlöser auf.[156] Und in der Vesper von Christi Himmelfahrt wiederholt er in freier Form [S. 201] aus dem Apostolischen Glaubensbekenntnis: „Et ascendit ad caelos: *et* sedet ad dexteram *sanctissimi* (F) Patris *in caelis* (F)“, um nachher die Psalmverse 56,12 und 95,13a,b auf das Festgeheimnis anzuwenden: „Exaltare super caelos Deus: et super omnem terram gloria tua“ (Ps 56,12). „*Et scimus* (F), *quoniam* (R) venit: quoniam veniet *iustitiam* (F) iudicare“ (Ps 95,13a,b; evtl. auch Ps 9,5b).[157] – In der Weihnachtsvesper richtet sich zwar sein ergriffenes Loblied auf den „lebendigen und wahren Gott“, doch begegnen uns darin bereits Verse, die ausschließlich vom menschgewordenen Gottessohn handeln: „Denn das heiligste, geliebte Kind ist uns geschenkt und für uns am Wege geboren und in die Krippe gelegt worden – weil es keinen Platz in der Herberge hatte“ (vgl. Lk 2,7; Jes 9,6; Gal 4,4).[158]

Die Lebensbeschreiber versichern uns ebenfalls, dass der Poverello einzelne Psalmverse auf den Gottmenschen bezog. So berichtet Thomas von Celano: „Wenn er den Psalmvers beten musste: ‘Auf einen Felsen hast du mich erhoben’ (Ps 60,3b), sagte er, um sich ehrfürchtiger auszudrücken: ‘Unter die Füße des Felsens hast du mich erhoben.’“[159] Da sich der Herr im Evangelium selber als „Eckstein“ bezeichnet (Mt 21,42,

154 [65] Opuscula [Lem.], 134f. (FQS ^{2}I, 178f.). – Als Beispiel, bis zu welchem Ausmaß Franziskus sich den Psalter persönlich angeeignet hatte, bieten wir nachstehend den Kernvers lateinisch. (Die Erklärung von Kursiv und nachgestellter Sigel F bzw. R vgl. oben Anm. 44.) „Ego dormivi (...) et *re*surrexi (R): *et Pater meus sanctissimus* (F für ‘Dominus’) cum gloria suscepit me“ (Ps 3,6ab; s. aber Ps 72,24c, wo der Versteil in der Vulgata lautet: „et cum gloria suscepisti me“). – Vgl. zu dieser Stelle – wie überhaupt zur Gebetsstunde der Non – unsere Studie: Leiden Christi, 140-142 (38f.), wo wir Franziszi Psalm eingehend erörtert haben.

155 [66] Opuscula [Lem.], 135 (FQS ^{2}I, 179). Der Vers setzt sich zusammen aus: Vulgata Ps 71,18a u. Ps 33,23 mit dem Eigengut: „de proprio sanctissimo sanguine suo“; vgl. hierzu Hebr 9,12.

156 [67] Opuscula [Lem.], 136, 148.

157 [68] Opuscula [Lem.], 136f. (FQS ^{2}I, 180); s. DENZINGER, Enchiridion Symbolorum, n. 6, V. 6ab; zu Kursiv und Siglen vgl. Anm. 44 (I).

158 [69] Opuscula [Lem.], 147 (FQS ^{2}I, 189). – Diese Stelle werden wir ausführlich besprechen in unserer Studie über die Weihnachtsfrömmigkeit des hl. Franziskus.

159 [70] 2 C 165: 226 (+ Anm. 17; FQS ^{1}V, 390); genaue Parallelen hierzu bieten: SpSab, c. 118, n. 3: 331, und Legenda antiqua, n. 51: DELORME, 30. Der Psalmvers kommt immerhin in Franziszi Off. Passionis nicht vor. Der Ps 60 wurde nach dem Regelbrevier als 8. Ps der Mittwochsmatutin verrichtet: vgl. ABATE, G., Il primitivo Breviario francescano (1224-1227), in: MF 60 (1960) 89 bzw. nach der von G. M. TOMMASI und A. F. VEZZOSI edierten Psalmverteilung „iuxta antiquiorem psallendi modum Ecclesiae Romanae“ (Op. om. II, Rom 1747, S. LXXIa, LXXIb) als 2. Ps für die Apostelfeste und als 2. „ad visitandum infirmum“; letzteres trifft jedoch nicht zu für das so genannte Brevier der hl. Klara: vgl. L. BRACALONI, in: AFH 16 (1923) 76.

44) und ihn Paulus sogar ausdrücklich „Felsen" nennt (1 Kor 10,4), kam es dem Poverello unvorstellbar anmaßend vor, sich auch nur dem Schein nach über Christus zu stellen. – Bei der Schilderung der Naturmystik des Heiligen führt derselbe Biograf aus: „Selbst gegen die Würmlein entbrannte er in übergroßer Liebe, weil er vom Erlöser das Wort gelesen hatte: 'Ein Wurm bin ich, nicht mehr ein Mensch'" (Ps 21,7a).[160] In diesem Zusammenhang verdient auch Celanos Hinweis erwähnt zu werden, nach dem Franziskus Psalmverse, die auf Armut oder Arme anspielen, mit besonderer Ergriffenheit rezitierte. Zwar wird er etwa in Ps 68,33a: „Videant pauperes et laetentur" zunächst an die Minderbrüder gedacht haben, doch fasste er die Armut immer in engster Beziehung zum armen Erdenheiland auf.[161] Nach Bonaventura habe der Heilige bei starker An- [S. 202] fechtung durch Satan voll Vertrauen zu Christus gebetet: „Sub umbra alarum tuarum protege me a facie impiorum, qui me afflixerunt" (Ps 16,8b, 9a).[162]

Es unterliegt keinem Zweifel, dass der Ordensstifter beim Psalmbeten ungleich häufiger mit dem Leben und Leiden des Herrn seelisch in Verbindung trat, als es uns von seinem Passionsoffizium und den Berichten der Lebensbeschreiber her einzeln nachzuweisen möglich ist. Zu dieser Annahme berechtigen uns die Ausführungen über andere Formen seines christozentrischen Betens. Die Biografen vermochten in dieses Geheimnis seines Betens umso weniger vorzudringen, als sich ein persönliches Anwenden von Psalmen und Psalmversen auf die Person Jesu und einzelne Lagen seines Lebens beim äußeren Vollzug des Stundengebets in keiner Weise kundzugeben brauchte. Aus seinen Anordnungen in den Regeln und übrigen Schriften über das Verrichten des Chorgebets konnten die Lebensbeschreiber keine Rückschlüsse ziehen. Diese zielen ja mehr ab auf den andächtigen Voll-

---

160 [71] 1 C 80: 60 (FQS [1]V, 153); s. auch 4 C, n. 7: 122 und 2 C 165: 226. Man beachte, dass Franziskus Ps 21,7a in seinem Off. Passionis tatsächlich verwendet: Opuscula [Lem.], 132. In allegorischer Deutung auf den sündigen Menschen bezogen findet sich die Stelle auch in Ep. ad fideles: 93; im ähnlichen Sinne spricht auch der hl. BENEDIKT, Regula, c. 7, n. 52: R. HANSLIK, in: CSEL 75, 49. Vgl. auch unsere Studie: Leiden Christi, 259f. (61f.). Den dort in Anm. 64 angeführten Väterstellen sei noch die bemerkenswerte Stelle angefügt: PSEUDO-DIONYSIUS, De caelesti hierarchia c. 2, § 5: PG 3, 145 A; vgl. auch die französische Übersetzung von G. HEIL / M. DE GANDILLAC, in: SC 58, 84f. Anm. 5. – Ps 21 wurde in der Sonntags- und Ferialprim als erster Ps rezitiert: vgl. ABATE, Breviario francescano, 92f.

161 [72] 2 C 70: 173 (FQS [1]V, 303). Der zitierte Psalmtext findet sich im 4. Teil seines Off. Passionis: Opuscula [Lem.], 145. Der beim Biografen ebenfalls genannte Ps 9,19b wird hingegen in den Schriften des Heiligen nie angeführt. Ps 68 wurde als 1. Ps der Donnerstagsmatutin, Ps 9 als 7. der Sonntagsmatutin verrichtet: ABATE, Breviario francescano, 89, 88. Anspielungen auf die Armut trifft man auch im Ps 69, den Franziskus für die Komplet des Karsamstages vorsieht; V. 6a lautet: „Ego vero egenus et pauper sum": Opuscula [Lem.], 137. Man vgl. überdies Ps 9,10-11a, den er zur Sext der nachpfingstlichen Zeit verrichtete (143). Daneben finden sich aber sehr zahlreiche andere Psalmstellen, worin von der Armut die Rede ist, wie jede ausführliche Bibelkonkordanz zeigt. Der Heilige wurde demnach jede Woche häufig an seine religiöse Lieblingsvorstellung erinnert. Vgl. neuestens: AUGUSTINUS VON TILS: Der hl. Franziskus von Assisi und die Armut. Eine genetische Darstellung seiner religiösen Anschauung von der Armut im Lichte der Quellen des 13. Jahrhunderts, Brixen 1961, 109.

162 [73] LM X,3: 602f. – Da 2 C 122: 202 den nämlichen Bericht, jedoch ohne das Psalmengebet zu erwähnen, anführt, kann man gegen die Geschichtlichkeit des bonaventurianischen Einschubes Bedenken vorbringen, ohne damit als hyperkritisch zu gelten. Im Off. Passionis fehlt jedenfalls diese Psalmstelle. – Vgl. ebenso LM IX,7: 600: Franziskus habe vor seinem Gang zum Sultan den Psalmvers 22,4ab, und zwar nach dem Psalterium Romanum (in diesem Sinne ergänze die PP. Editores: 600 Anm. 6), gesungen. – Hier mag man auch SpSab, c. 81, n. 14: 242 erwähnen, wo Ps 118,106 (frei zitiert!): „Ego iuravi et statui custodire iustitias Domini" von Franziskus auf die Regelbeobachtung angewandt wird.

zug, die Einhaltung der kirchlichen Form und die genaue Umschreibung des Pflichtmaßes als auf eine Anleitung zu mystischer Deutung der Psalmen.[163]

5. Um die Ausführungen über die Stellung Christi im Gebetsleben des hl. Franziskus abzurunden,[164] muss noch sein *Kult der heiligen Worte und göttlichen Namen* eingehend erörtert werden. Es ist das Verdienst von Bertrand Cornet, diese auf den ersten Blick überraschende Andachtsform nach ihrem geistesgeschichtlichen Quellgrund und Standort untersucht zu haben.[165] Im Folgenden suchen wir seine Forschungen kurz wiederzugeben und im einen und anderen Punkt weiterzuführen. – Franziskus verbindet in [S. 203] mehreren Texten so nachdrücklich „Leib und Blut Christi, seine heiligen Namen und niedergeschriebenen Worte“, dass es sich offensichtlich dabei um ein Herzensanliegen handeln muss. Im Brief an die Kleriker führt er beispielsweise aus: „Attendamus, omnes clerici, magnum peccatum et ignorantiam, quam quidam habent super sanctissimum corpus et sanguinem Domini nostri Jesu Christi et sacratissima nomina et verba eius scripta, quae sanctificant corpus.“[166]

a) Was die *„Worte des Herrn“* betrifft, ist aus dem vorliegenden Text klar ersichtlich, dass der Heilige darunter zunächst die *Konsekrationsformel* oder die „forma“ des eucharistischen Sakramentes versteht. An die Mahnung schließt er nämlich als Begründung an: „Scimus, quia non potest esse corpus (Christi), nisi prius sanctificetur a verbo.“ Der schulmäßig nicht gebildete Briefschreiber hat in seiner Terminologie den zu Ende des 12. bzw. zu Beginn des 13. Jahrhunderts erfolgten Fortschritt nicht mitvollzogen. Wie er für die Wandlung noch ganz unbekümmert das archaisch klingende „sanctificare“ verwendet, so setzt er für die „forma sacramenti“ mit Vorliebe einfach „verba Domini“.[167] Diese „Worte des Herrn“ will unser Mystiker mit tiefer Ehrfurcht behandelt wissen, eben weil sie das Brot in den Leib Christi umzuwandeln vermögen. Deshalb lädt er seine Brüder wie auch die Weltpriester dringend ein, achtlos hingeworfene Blätter mit

---

163 [74] Vgl. NbR 3: 27f.; BR 3: 66; Test 9f.: 102.

164 [75] Dies sei immerhin nicht absolut verstanden; denn Franziszi Gebetsweise wie auch sein Gottes- und Christusbild könnten noch beleuchtet werden durch die in seinen Schriften öfter vorkommenden Segenswünsche (z. B. „cum benedictione Dei“: Test 8: 102); das mystische „in“ oder „per“ („gaudentes in Domino“: Opuscula [Lem.], 34, 16-17; „per Dominum Jesum Christum“: 106, 19-20); Invokationsformeln („In nomine Domini“: 29, 11); Devotionsformeln im Sinne von Beteuerung der eigenen Niedrigkeit oder Abhängigkeit von einem Höheren („Ego frater Franciscus, homo inutilis et indigna creatura Domini Dei“: 106, 18-19). – Zur Vorgeschichte dieser Formeln im rechtsgeschichtlichen Bereich s. SCHMITZ, K.: Ursprung und Geschichte der Devotionsformeln bis zu ihrer Aufnahme in die fränkische Königsurkunde, Stuttgart 1913 (Kirchenrechtliche Abhandlungen, 81), bzw. STICKLER, A. M.: Invokation, in: LThK ^{2}V, 746 (Lit.). Diese ziemlich zahlreichen, gebetsähnlichen Formeln konnten hier unmöglich untersucht werden. Sie würden wohl genügend Material für eine eigene Studie liefern. Eine erste Einsichtnahme schien uns die Ergebnisse der vorliegenden Untersuchung zu bestätigen. Die auf Gott allein bezogenen Ausdrücke sind jedoch auffallend häufig.

165 [76] CORNET, Reverentia Corporis Domini, in: EtFr 6 (1955) 83-91.

166 [77] L. OLIGER, in: AFH 6 (1913) 12.

167 [78] CORNET, Reverentia Corporis Domini, 69-76 bzw. 85, wo auch die Verweise für die Bedeutung des hl. Augustinus und Petrus Lombardus für die Entwicklung der Terminologie „res-sacramentum“ bzw. „forma-materia“ geboten werden. Für Letzteren vgl. jedoch neuestens: BERTETTO, D.: La problematica eucaristica in Pier Lombardo, in: Miscellanea Lombardiana, Turin (1957), 149-164, 155.

den Konsekrationsworten ehrerbietig zu sammeln und aufzubewahren. Das in Franziszi Mahnschreiben durchscheinende Bild von den Sakristeien seiner Zeit verrät zum Teil schreiende Missstände, die er als Reformer mit klarem Blick feststellt und mit unbeirrbarem Optimismus zu beheben sucht.[168]

Wenn auch der Poverello unter den „verba Domini" nicht ausschließlich nur die Einsetzungsworte versteht – dies wird gleich aufzuzeigen sein –, so tritt doch ihre Verehrung besonders stark ins Licht. Worin liegt jedoch der Grund, dass Franziskus gerade diese Herrenworte gleichsam aus dem Messkanon und dem ntl. Textzusammenhang herauslöst und sie zum Gegenstand besonderer Verehrung erhebt? Die Antwort von Bertrand Cornet trifft hier den Kern, wenn er schreibt: „... Den Grund seines Kultes [S. 204] für die 'verba sanctissima' macht *Christi mystische* – eine dynamische, aber reale – *Gegenwart* in jedem dieser Worte aus."[169] Tatsächlich umschreibt diese Deutung im Grunde nur die ebenso kurze wie tiefsinnige Aussage des Heiligen: „... honorantes in sermonibus Dominum, qui locutus est."[170] Bei der Einsetzungsformel allerdings ist diese mystische Gegenwart des Gottmenschen besonders wirksam; denn sobald der gültig

---

168 [79] CORNET, Reverentia Corporis Domini, 83f. und bes. 7 (1956) 33-35, wo die Literaturhinweise für den Zeithintergrund zu finden sind. – Belege in den franziskanischen Quellen sind – nebst der in Anm. 166 [77] zitierten Stelle – bes.: Test 3: 101, 152, 157 (Kommentar); Ep. ad Capitulum: 105f.; ad Custodes: 113f.; vgl. aber auch SpSab, c. 65, n. 10: 180f.; Legenda antiqua, n. 80: F. M. DELORME, 46. Diese beiden Quellen berichten, Franziskus habe die Brüder durch ein ausdrückliches Regelgebot verpflichten wollen, lästige Weltpriester an ihre Pflicht zu erinnern. Aus begreiflicher Furcht vor Konflikten hinderten die Ministri den Ordensstifter daran; vgl. ESSER, K.: Das Testament des hl. Franziskus von Assisi, Münster 1949, 131f. Es ist nun bemerkenswert, wie der Heilige auf die vorgebrachten Schwierigkeiten eingeht (Ep. ad Custodes: 113) und die Pflichtanweisung auf eine nach persönlichem Ermessen zu erfüllende Mahnung reduziert. – Man kann sich hier auch fragen, was Franziskus konkret unter diesen „verba" verstand: ob das ganze Missale – das Vollmissale hatte ja am Ende des 12. Jahrhunderts die Mehrzahl der früher gebräuchlichen liturgischen Bücher endgültig abgelöst (vgl. VAN DIJK, S. J. P. / WALKER, J. H.: The origins of the modern Roman liturgy, Westminster-London [1960], 61) –, oder ob er an fliegende Blätter dachte, die sich vom zu langen Gebrauch vom Einband losgelöst hatten, oder ob ihm eine Vorform unserer heutigen Kanontafeln vorschwebte (vgl. JUNGMANN, Missarum Sollemnia ^{4}I, 77 Anm. 1).

169 [80] CORNET, Reverentia Corporis Domini, 6 (1955) 86. – Mit der Verehrung der Wandlungsworte als bewusst gepflegter Andacht steht Franziskus – soweit wir dies in der Literatur feststellen konnten – einzig da; die große Scheu vor den Einsetzungsworten, die für die Iroschotten bezeugt ist (JUNGMANN, Missarum Sollemnia ^{4}II, 255 Anm. 16), kann hier wohl kaum zum Vergleich herangezogen werden. – VAN DIJK, S. J. P.: Liturgy of the Franciscan Rules, in: FrancSt 12 (1952) 244, meint, es könnte sich hierbei um eine persönliche Deutung von Kanon 19 des IV. Laterankonzils handeln. Im Text des konziliaren Erlasses ist zwar von der Sauberkeit der eucharistischen Geräte die Rede (vgl. HEFELE, C. J. / LECLERCQ, H.: Histoire des Conciles V/2, Paris 1913, 148f.), nicht aber vom Missale oder von den Konsekrationsworten. Bemerkenswert ist jedoch sein Hinweis (VAN DIJK: Liturgy, 244f.) auf die Synode von Lombez bei Albi, die zur Verurteilung der katharischen „Boni homines" 1165 einberufen wurde (s. HEFELE / LECLERCQ, 1006-1010). Diese Häretiker leugneten u. a., quod „corpus Dominicum non consecratur nisi per sacerdotem, sive bonus sit sive malus. Per verba enim sacra, quae dixit Salvator in coena ... consecratur et conficitur Dominicum corpus" (s. MANSI, J. D.: Sacrorum Conciliorum nova et amplissima collectio XXII, Venedig 1778, 162E). Da die Katharer trotz ihrer Brotbrechungszeremonie die Realpräsenz hartnäckig leugneten und zudem das Missale in herausfordernder Art verachteten (vgl. BORST, A.: Die Katharer, Stuttgart 1953, 201f., 217, 219), mag in Franziszi betonter Verehrung der Einsetzungsformel eine antihäretische Haltung mitgewirkt haben.

170 [81] Ep. ad Capitulum: 105; vgl. hierzu bes. ESSER, Missarum sacramenta, 106.

geweihte Priester sie über die Gestalten von Brot und Wein ausspricht, vollzieht sich das Wunder der Wandlung gleichwie im Abendmahlssaal, wo Christus sie erstmals sprach. Daher schaut unser Heiliger in jedem konsekrierenden Priester, gleichviel ob er heilig oder sündig lebe, den Herrn.[171] Von der gleichen Vorstellung nährt sich sein Bestreben, diese Wertschätzung auf die eucharistischen Gefäße und die liturgischen Bücher überhaupt auszudehnen; denn „dadurch dringt die Erhabenheit unseres Schöpfers und unsere Abhängigkeit von ihm tief in uns ein".[172]

Bereits an der angeführten Stelle wird sichtbar, dass Franziskus nicht bei den Wandlungsworten stehenbleibt. Die „verba Domini" sind ihm die *liturgischen Bücher* mit den Formeln der übrigen Sakramente, mit den Gebeten und Segnungen der Kirche, mit besonderem Nachdruck meinen sie aber die *Schriftworte*.[173] Sie sind ihm die „wohlduftenden Worte des Herrn", die er den heilsbegierigen Menschen weiterschenken möchte. In seinem Schreiben an die Gläubigen hat er sich vorgenommen, „die Worte unseres Herrn Jesus Christus, der das Wort des Vaters ist, mitzuteilen". Im nämlichen Brief schärft er ein: „... Wir alle müssen fest überzeugt sein, daß niemand gerettet werden kann als nur durch die heiligen Worte des Herrn und durch das Blut unseres Herrn Jesus Christus. Die Kleriker sprechen und verkünden diese Worte und spenden das Sakrament. Und nur sie allein dürfen diesen Dienst ausüben und [S. 205] niemand sonst."[174] In einer erstaunlich tief vordringenden Schau sieht der Poverello also das Predigtwort als Analogie zum innertrinitarischen „Sichaussprechen" des Vaters im Sohn und als Weiterklingen der Frohbotschaft Christi, deren Annahme oder Ablehnung – ähnlich wie bei der Eucharistie – über unser ewiges Heil entscheidet.[175]

Allein die Verehrung des biblischen Wortes weist für ihn noch eine neue Seite auf. Den Brief an die Kleriker führt er so ein: „Nihil enim habemus et videmus corporaliter in hoc saeculo de ipso Altissimo nisi corpus et sanguinem, nomina et verba, per quae facti sumus et redempti de morte ad vitam."[176] Der Sinn des Satzes erschließt sich dem heutigen Leser nicht ohne Weiteres. Um ihn tiefer zu verstehen, muss man das gotische

---

171 [82] „Et ipsos (sacerdotes pauperculos) et omnes alios volo timere, amare et honorare, sicut meos dominos. Et nolo in ipsis considerare peccatum, quia Filium Dei discerno in ipsis, et domini mei sunt": Test 3: 101, 146-150 (Kommentar); vgl. auch CLASEN, S.: Priesterliche Würde und Würdigkeit. Das Verhältnis des hl. Franziskus zum Priestertum der Kirche, in: WiWei 20 (1957) 43-58.

172 [83] Ep. ad Capitulum: 104f. (FQS ²I, 135); s. ESSER, Missarum sacramenta, 106.

173 [84] „... officialia cetera custodire, quae continent verba sua sancta": 104f.; „officialia" steht für „officiales libri", die im Sprachgebrauch des Mittelalters Bücher mit irgendwelchem Teil des kirchlichen Offiziums – darin waren bekanntlich Messe und Stundengebet eingeschlossen – meinten; vgl. DU CANGE, Glossarium mediae et infimae latinitatis IV, Paris 1845, 702a, und NIERMEYER, J. F.: Mediae latinitatis lexicon minus I, Leiden 1954-1960, 737a.

174 [85] Opuscula [Lem.], 87, 91 (FQS ²I, 144, 147). – Im zitierten Text ist die Bezugnahme des Heiligen auf die asakramentalen und antikirchlichen Strömungen seiner Zeit offenkundig; vgl. u. a. ESSER, K.: Die religiösen Bewegungen des Hochmittelalters und Franziskus von Assisi, in: *Festgabe J. Lortz* II: Glaube und Geschichte, Baden-Baden 1958, bes. 304-307.

175 [86] Zu diesem predigttheologisch sehr fruchtbaren Denkansatz vgl. u. a. SCHELKLE, K. H.: Jüngerschaft und Apostelamt. Eine biblische Auslegung des priesterlichen Dienstes, Freiburg i. Br. 1957, 57-83 bzw. die reiche Lit. und deren Besprechung bei: ALZEGHI, Z. / FLICK, M.: Il problema teologico della predicazione, in: Gr 40 (1959) 671-744.

176 [87] Ep. ad Clericos: OLIGER, 12.

Schauverlangen mit berücksichtigen. Franziskus, nicht anders als seine Zeitgenossen überhaupt, suchte als Ersatz für die häufige Kommunion die sakramentalen Gestalten möglichst oft heilbringend zu schauen.[177] Bei unserem Heiligen gesellt sich als weiteres Element die Sichtbarkeit des geschriebenen und die Hörbarkeit des gesprochenen Gotteswortes hinzu. In den menschlich vernehmbaren Worten der Schrift „vollzieht sich eine andere 'Inkarnation' des Wortes Gottes, eine andere Fleischwerdung des Logos, der sich in menschlichem Sprechen und Denken einhüllen läßt, um sich uns offenbaren zu können".[178] Insbesondere schweben Franziskus die Schriftworte vor Augen, die von unserer Erschaffung und Erlösung durch Christus reden. Beim Hören und Lesen der biblischen Stellen erfährt somit der Glaube unseres Mystikers die geheimnisvoll gegenwärtige schöpferische und erlösende Kraft Gottes.

b) In den bereits angeführten Texten steht in den meisten Fällen nebst „verba" ebenso *„nomina"*. Bertrand Cornet stellt sich die Frage, ob diese verbal verschiedenen Ausdrücke nicht vielleicht die nämliche Wirklichkeit ausdrücken. Zu Recht stellt er dies in Abrede: „'Nomina' und 'verba' sind die Elemente eines Doppelgliedes, aber sie sind nicht synonym ... Sie offenbaren zwei Gesichter derselben Wirklichkeit ... Sie drücken einen anderen Gesichtspunkt ein und derselben Wirklichkeit aus: die göttliche Gegenwart, die sich im Gebrauch der Worte Christi oder im Gebrauch der Namen Gottes kundgibt."[179] Die „sacratissima nomina" bilden in der Tat einen, wenngleich hervorgehobenen, Spezialfall der „verba". Während die „verba" die Schriftworte nach ihrem gesamten Umfang – mit besonderer Betonung der Einsetzungsformel – bedeuten, greifen die „nomina" die Namensbezeichnungen der göttlichen Personen, besonders jener Christi und der eucharistischen Geheimnisse, heraus.

Bevor wir dies im Einzelnen belegen, muss ein kurzer Hinweis auf den *geistesgeschichtlichen* [S. 206] *Hintergrund* des Namenkults gegeben werden. Es ist allbekannt, wie sehr der Hebräer den Namenrealismus pflegte. Er schaute durch die Benennung gleichsam auf die gemeinte Person. Deren Namen boten sich ihm dar als gleichwertiger Ersatz für den Genannten, als metaphysisch gleichsam von dessen Träger abgehobene Wirklichkeit, als Kultbilder von dichtester Aussagekraft. Gerade die Psalmen beleuchten eindrucksvoll, wie der atl. Beter durch Anrufen der Gottesnamen dessen unendliche Herrlichkeit lobpreisen und sich seiner schützenden Macht versichern wollte.[180] Aus dem vorausgehend aufgezeigten persönlichen Verhältnis unseres Heiligen zum Psalter (bes. III, 2) errät man seine Einstiegstelle zum atl. Namenkult mühelos.[181] Andererseits zeigen sich schon im NT Anzeichen eines Namen-Jesu-Kults, der sich im Verlauf der Jahrhunderte immer kraftvoller ausprägt, bis er im hl. Bernhard einen gewissen Höhe-

---

177 [88] Vgl. die Lit. oben Anm. 123.

178 [89] SCHNITZLER, Th.: Die Messe in der Betrachtung II, Freiburg i. Br. 1957, 80; für Franziskus vgl. ESSER / GRAU, Antwort der Liebe, 77-88 bzw. VERHEY, Herrschaft Gottes, 88f.

179 [90] CORNET, Reverentia Corporis Domini, 6 (1955) 87, 89.

180 [91] Vgl. den Überblick und die Lit. bei PHILIPP ,W.: Name Gottes, bzw. SCHMITZ, C. A. / BALTZER, K./ REICKE, B.: Namenglaube, in: RGG ^{3}IV, 1298-1300, 1301-1306; vgl. auch HÄRING, B.: Das Gesetz Christi, Freiburg i. Br. 1954, 757-759, der die göttlichen Namen sehr treffend als Kultbilder bezeichnet.

181 [92] Es sei hier einzig an sein Off. Passionis erinnert, worin der Name Gottes an folgenden Stellen erwähnt wird: Opuscula [Lem.], 136, 138, 141 (zweimal), 142 (dreimal), 145, 148.

punkt ersteigt.[182] Bertrand Cornet macht sodann auf die allgemeine Überzeugung des mittelalterlichen Menschen aufmerksam, dass die Namen, auch wenn sie menschlichen Ursprungs sind, nicht bloß die äußere Form, Farbe oder den Ton, sondern das innere Wesen der Dinge darstellen.[183] Nebst dieser philosophischen Grundlage verdankt der Namenkult im Mittelalter nicht zuletzt der weiten Verbreitung des „Corpus dionysiacum" – besonders von dessen Schrift über die göttlichen Namen – seinen Aufschwung.[184] Man wird freilich beim Poverello keine unmittelbare Anregung durch Pseudo-Dionysius Areopagita und noch weniger durch die philosophische Lehre annehmen müssen,[185] doch stand er mitten in jener geistigen Atmosphäre, die solche Vorstellungen unbewusst, aber unfehlbar ins Denken der Zeitgenossen übertrug.

Bei den einzelnen Gesichtspunkten von *Franziszi Namenkult* verdient zunächst dessen eucharistische Färbung beachtet zu werden. Im Brief an die Kleriker bedauert er „die Unwissenheit, die manche an den Tag legen gegenüber dem heiligsten Leibe und Blute unseres Herrn Jesus Christus und seinen hochheiligen Namen und niedergeschriebenen Worten, die den Leib (Christi) heilig gegenwärtig setzen."[186] Was versteht nun der Heilige konkret unter „seinen hochheiligen Namen"? Dass sie sich auf Christus beziehen, [S. 207] lässt sich nicht im Geringsten bezweifeln. Warum aber treten sie in diesem eucharistischen Zusammenhang auf? Gerade auf Grund des Textzusammenhangs wird man die „sacratissima nomina" mit „sanctissimum corpus et sanguis Domini nostri Jesu Christi" gleichzusetzen haben.[187] Franziskus wünscht also, dass die Namensbezeichnungen von „Leib und Blut Jesu Christi" mit höchster Ehrfurcht ausgesprochen und wegen ihrer Wirkmächtigkeit über alles verehrt werden.

Der Heilige kennt jedoch auch den *Namen-Jesu-Kult* im engeren Sinn. So leitet er sein Schreiben an das Minderbrüderkapitel mit folgenden Worten ein: „... frater Franciscus ... salutem in eo qui redemit et lavit nos in pretioso sanguine suo (vgl. Offb 1,5), cuius nomen audientes adorate eum cum timore et reverentia proni in terram, Dominus Jesus Christus, Altissimi Filius nomen illi (vgl. Gen 19,1 u. a.; Lk 1,32), qui

---

182 [93] Für das NT vgl. nun bes. DUPONT, J.: Nom de Jésus, in: Dict. Bible Suppl. VI, 514-541; für die östliche Kirche s. bes. HAUSHERR, I.: Noms du Christ et voies d'oraison, Rom 1960 (Orientalia Christiana Analecta, 157), 9-11 (Lit.); als allgemeinen geschichtlichen Überblick s. sodann BIASIOTTO, P. R.: History of the development of devotion to the Holy Name, St. Bonaventure, N. Y. 1943 (s. aber H. RAHNER, in: ZKTh 69 [1947] 382), und neuestens MONTANARO, A.: Il culto al SS. Nome di Gesù. Teologia – Storia – Liturgia, Neapel 1958.

183 [94] Außer B. CORNET, in: EtFr 6 (1955) 87, vgl. bes. DAVY, M.-M.: Les „auctoritates" et les procédés de citation dans la prédication médiévale, in: Revue d'histoire franciscaine 8 (1931) 344-354, 352f.; weitere Lit. s. nun bei J. PONTHOT, in: EThL 35 (1959) 339 Anm. 1.

184 [95] B. CORNET, in: EtFr 6 (1955) 88 f.; s. sodann den vorzüglichen Überblick: Denys l'Aréopagite (le Pseudo-), in: DSp III, 244-429, bes. 258, 318-343 (Einfluss). – Für den Kult der Namen Gottes im Besonderen seit der Zeit der Patristik bis auf Alexander von Hales s. den vorzüglichen Überblick von SCHLENKER, E.: Die Lehre von den gottlichen Namen in der Summe Alexanders von Hales, Freiburg i. Br. 1938, 14-87.

185 [96] Wie dies B. CORNET, in: EtFr 6 (1955) 88f., vermutet.

186 [97] L. OLIGER, in: AFH 6 (1913) 12 (FQS ^{2}I, 153). – Dazu parallel ist: „Rogo vos ..., quatenus clericis humiliter supplicetis, quod sanctissimum corpus ... et sancta nomina et verba eius scripta, quae sanctificant corpus, super omnia debeant venerari": Ep. ad Custodes: Opuscula [Lem.], 113.

187 [98] Opuscula [Lem.], 113 u. ö. – Dieser Gedanke scheint B. Cornet entgangen zu sein.

est benedictus in saecula. Amen."[188] Man wird an dieser Stelle wiederum das starke Betonen der göttlichen Erhabenheit Christi nicht übersehen dürfen. Ebenso fehlen das bernhardische „dulce" und besitzanzeigende „meum".

Im Vergleich zu dieser einzigen ausdrücklichen Stelle der „Opuscula" fällt die beträchtliche Zahl von *Belegen in den Legenden* nicht wenig auf. In der Schilderung der Weihnachtspredigt des Diakons Franziskus bei Greccio führt Thomas von Celano aus: „Dann predigt er dem umstehenden Volk von der Geburt des armen Königs und bricht in lieblichen Lobpreis über die kleine Stadt Bethlehem aus. Oft wenn er Christus 'Jesus' nennen wollte, nannte er ihn, von übergroßer Liebe erglühend, nur 'das Kind von Bethlehem ...' Wenn er das 'Kind von Bethlehem' oder 'Jesus' nannte, dann leckte er gleichsam mit der Zunge seine Lippen, indem er mit seinem glückseligen Gaumen die Süßigkeit dieses Namens verkostete und schlürfte."[189] Noch überschwänglicher berichtet der Biograf: „Zudem wissen die Brüder, die mit ihm verkehrten, wie er täglich, ja ständig die Rede von Jesus auf den Lippen hatte, wie süß und lieblich sein Zwiegespräch, wie gütig und liebevoll seine Unterredung mit ihm war. Aus der Fülle des Herzens redete sein Mund ... Immer war er mit Jesus beschäftigt, Jesus trug er stets im Herzen, Jesus im Munde, Jesus in den Ohren, Jesus in den Augen, Jesus in den Händen, Jesus in all seinen übrigen Gliedern. – Wie oft vergaß er, wenn er zu Tisch saß und 'Jesus' [S. 208] hörte oder nannte oder nur dachte, die leibliche Speise und, wie man von einem Heiligen liest (Bernhard von Clairvaux!): 'Er sah und sah doch nicht, er hörte und hörte doch nicht'."[190]

Diese Stelle, zusammen mit der anderen, in der die Rede ist von „Eratque sibi hoc nomen (Pueri Jesu) quasi mel et favus" (vgl. Spr 16,24),[191] stellt uns vor ein *quellenkritisch schwieriges Problem*. Berichtet Celano von einem geschichtlich zuverlässigen Sachverhalt oder unterstellt er Franziskus bernhardische Frömmigkeitsformen? Oder benützt der Biograf vielleicht nur die Worte und Vorstellungen des „Doctor mellifluus", um eine ähn-

---

[188] [99] Opuscula [Lem.], 99f. – P. R. BIASIOTTO (History of the development of devotion, 69-71) bietet merkwürdigerweise allein Belege aus den biografischen Quellen und lässt diese einzige Stelle der Opuscula außer Acht. – Hier sei auch ein Hinweis auf das Hostieneisen im Franziskanerkloster von Greccio gestattet. Tatsächlich berichten SpSab, c. 65, n. 13: 181, und SpLem, n. 36: 73: Franziskus „voluit mittere cum ferramentis pulchris hostiarum (quosdam fratres) ad faciendum eas omni tempore" (73). Nach TERZI, A.: Memorie francescane nella Valle Reatina, Rom 1955, 186-188 bzw. 202 Anm. 110, hat das in Greccio erhaltene Hostieneisen Franziskus persönlich benützt. Eine der beiden Platten des zangenförmigen Instrumentes weist nach der Abbildung (ebd. 187) das Monogramm IHC, Abkürzung von IHCOYC, auf. Leider wurde die Reliquie noch nie fachmännisch untersucht. Das vom Verfasser (Memorie francescane, 202 Anm. 110) vorgebrachte Argument, die griechische Schreibweise erhärte ihr Alter, ist freilich nicht stichhaltig; sie findet sich in der bildenden Kunst bis ins 17. Jahrhundert hinein: s. T. M. GALLINO, in: Bullettino di studi bernardiniani (Siena) 2 (1936) 6; vgl. auch BIASIOTTO (History of the development of devotion, 2-11, 4) und H. FELDBUSCH, in: RDK III, 707-720, 713. – Für die Geschichte der Hostieneisen – eine abschließende Studie fehlt leider noch – s. bes. JUNGMANN, Missarum Sollemnia [4]II, 46f. Wenn sich die Echtheit der vorgenannten Reliquie beweisen ließe, würde sie Franziszi Namen-Jesu-Andacht in willkommener Weise neu beleuchten.

[189] [100] 1 C86: 64 (FQS [1]V, 159).

[190] [101] 1 C 115: 90 (FQS [1]V, 194f.). – Der Hinweis auf Bernhards Leben bezieht sich nach den PP. Editores auf Vita I, L. 1, c. 4, n. 20: PL 185, 238C, oder: Vita II, c. 4, n. 16: 479B. – Vgl. auch 4 C, n. 8: 122.

[191] [102] 2 C 199: 244; vgl. auch LM X,6: 604: „Nomen autem Jesu cum exprimeret vel audiret, iubilo quodam repletus interius, totus videbatur exterius alterari ac si mellifluus sapor gustum, vel harmonicus sonus ipsius immutasset auditum."

liche Sachlage bei einem geistesverwandten Heiligen auszudrücken?[192] So eindeutig die gestellten Fragen lauten, so schwierig erweist sich eine befriedigende Antwort darauf. Gewiss wollen und können die als Gelegenheitsschriften entstandenen „Opuscula" nicht als Autobiografie des Heiligen gelten. Ebenso sicher blieben uns von ihm nicht alle Schriften erhalten, und die vorliegenden vermögen uns darum auch nicht den ganzen Franziskus zu zeichnen.[193] Zudem legte sich unser Mystiker in der Wiedergabe innerseelischer Vorgänge – wie bereits betont wurde (IV, 3) – stärkste Zurückhaltung auf, die immerhin nicht ein unbedingtes Sich-Abschließen bedeutete.

Hinsichtlich des bernhardischen Kolorits der biografischen Beschreibung ist zunächst zu bedenken, dass sich Franziskus, gleichviel ob bewusst oder unbewusst, im Einflussbereich des Abts von Clairvaux befand. Andererseits kann wohl bei Br. *Thomas von Celano* eine gewisse *bernhardische Deutungstendenz* wohl kaum bestritten werden, und zwar in dem Sinn, dass er das Namen-Jesu-Element im Gleichgewichtsgefüge von Franziszi Frömmigkeit überbetonte und das Gefühlvolle daran übertrieb.[194] Die andere Seite, der ehrfurchtsvolle Abstand vor der erhabenen Größe des Herrn wird im Vergleich dazu nicht oder doch zuwenig „belichtet". Man muss daher Celano nicht einer fälschenden Unterstellung, sondern nur einer unbewussten Akzentverschiebung zeihen. Sie erklärt sich leicht aus der Lage des außenstehenden Biografen, der überdies zum geringeren Teil aus persönlichem Miterleben berichten konnte.

In dieser Sicht steht nun auch nichts im Wege, jene Berichte Celanos für geschichtlich anzunehmen, in denen er von *Wunderheilungen* und Teufelsaustreibungen unseres Heiligen im Namen Jesu spricht.[195] Ähnlich wird man ohne Argwohn das Zeugnis der Speculumgruppe gelten lassen, wonach der Ordensgründer die Jünger „in nomine Domini" zu zweit ausgesandt und sich selber nach dem Generalkapitel [S. 209] von 1217 „in nomine Domini nostri Jesu Christi et gloriosae Virginis, matris eius et omnium Sanctorum" Frankreich als besonderes Apostolatsfeld auserkoren habe."[196]

Um das Bild abzurunden, muss freilich darauf hingewiesen werden, dass in der Frömmigkeit des hl. Franziskus der Kult des Namens Jesu und der Bezeichnungen der eucharistischen Geheimnisse keineswegs isoliert dasteht. Die bereits herangezogenen Stellen aus den Opuscula lassen darüber keinen Zweifel bestehen. So führt der Poverello – um nur dieses eine Beispiel anzuführen – im Brief an die Kustoden ganz allgemein aus: „*Nomina* etiam et *verba Domini* scripta, ubicumque inveniantur in locis immundis, colligantur et in loco honesto debeant collocari."[197] Diese und die übrigen Belege aus

---

192 [103] Ein ganz ähnliches Problem hinsichtlich der treuen Wiedergabe von Franziszi seelischen Erfahrungen stellte sich bereits in unserer Studie: Leiden Christi, 385, 388 (98f., 101f.).

193 [104] Vgl. ebd. 7f. (3f.) und GOOSSENS, Gods- en Christusvisie, 38-42, wo unsere Frage in einen weiteren Rahmen gefasst und einer Lösung nähergeführt wird.

194 [105] Das Gefühlsmoment fehlt in den Opuscula wahrlich nicht, wie wir schon bei der Gottesvorstellung in Franziszi Gebetsleben betonten (I, 2). Vgl. aber auch die Jesusgebete unseres Heiligen (IV, 2).

195 [106] 1 C 64, 65, 69: 48f., 49, 51; dagegen ist bei 2 C 108, 122: 194, 202 vom Namen Gottes die Rede.

196 [107] SpSab, c. 65, n. 14: 181f.; SpLem, n. 37: 73; Legenda antiqua, n. 80: DELORME, 46, bzw. SpSab, c. 65, n. 4-9: 180, und SpLem, n. 37: 74. Vgl. hierüber bes. CALLEBAUT, A.: Autour de la rencontre à Florence de S. François et du Cardinal Hugolin (en été 1217), in: AFH 19 (1926) 530-558.

197 [108] Opuscula [Lem.], 114; Ep. ad Clericos: OLIGER, 12; ad Capitulum: 105; Test 3: 101 und 152f., wo mit Recht eine Beschränkung auf die Eucharistie ausgeschlossen wird.

seinen Schriften werden von einer Stelle bei Br. Thomas von Celano hell beleuchtet. Nach dem Bericht des Biografen habe der Ordensstifter, wo immer er einen beschriebenen Zettel, gleichviel ob religiösen oder profanen Inhalts, fand, sorgsam aufgehoben, „ea reverentia quidem, ne ibi esset nomen Domini, vel ad id pertinens scriptum". Auf die Frage anderer, warum er auch Schriften mit heidnischem Inhalt auflese, in denen sich des Herren Name sicher nicht finde, habe er geantwortet: „Fili, quia ibi litterae sunt, ex quibus componitur gloriosissimum Domini Dei nomen" (Dtn 5,11). Aus dem gleichen Grund ließ er bei Briefen überflüssig oder gefehlt geschriebene Buchstaben und Silben nicht ausstreichen.[198] Besonders tief drang zudem die Erwähnung der Liebe Gottes in die Seele unseres Mystikers. Wie derselbe Lebensbeschreiber berichtet, wurde Franziskus beim bloßen Hören dieser Wendung derart ergriffen, als ob „eine innere Saite des Herzens durch den Anschlag eines von außen kommenden Klanges in Schwingung versetzt" worden wäre.[199]

Man wird demnach rückblickend sagen dürfen: Franziskus verehrte die „verba Domini" im allgemeinen Sinn des Gotteswortes, näherhin die geschriebenen und gesprochenen Worte Christi aus dem Evangelium und noch besonders die Einsetzungsworte der Eucharistie. Die „nomina Domini", das sind die Gottesnamen, besonders der Name Jesus und die Doppelbezeichnung „Leib und Blut des Herrn", rief er an, weil er in diesen Kultbildern Gottes bzw. Christi Herrlichkeit schaute und durch sie die geheimnisvolle Gegenwart des Herrn erfuhr. [S. 210]

V. Zusammenfassender Rückblick

1. Nach den längeren, vorherrschend analytischen Ausführungen über Franziszi Christusgebet drängt sich von selber ein kurzer Überblick der gewonnenen Erkenntnisse auf. Die verschiedene *Sinnrichtung der Gebetsweisen*[200] mag auf den ersten Blick ein rein formales Unterscheidungsmerkmal erscheinen. Die vorliegende Studie dürfte jedoch gezeigt haben, dass die unmittelbare Gebetsanrede für das bewusste Erfahren einer religiösen Verbindung einen zwar nicht ausschließlichen, aber sehr gewichtigen Maß-

---

198 [109] 1 C 82: 61 (FQS ^{1}V, 154f.); vgl. auch ESSER, Testament, 157, der mit Grund die sehr oberflächliche Deutung abwehrt, in dieser Ehrfurcht eine „fast selbstverständliche Scheu des literarisch Ungebildeten vor allem Geschriebenen" zu sehen. – Hinsichtlich des Ausstreichens von Buchstaben s. ebd. 113 Anm. 24. Die Aussage des Biografen verlöre in etwa an Gewicht, falls die Behauptung von PLATZECK, E. W.: Das Sonnenlied des hl. Franziskus von Assisi, München 1957, 78 Anm. 49, so allgemein zutreffen würde, dass „das Ausstreichen von bereits geschriebenen Buchstaben im Mittelalter verpönt" gewesen sei. Auf jeden Fall hob man Fehler hervor, indem man unter überflüssige Buchstaben Punkte setzte oder indem man Worte oder Satzteile mit einem „va...cat" umschloss; s. LAURENT, M. H.: De abbreviationibus et signis scripturae gothicae, Rom 1929, 61-63.

199 [110] 2 C 196: 242f. (FQS ^{1}V, 418; ebd. 138f. Anm. 256 der treffende Hinweis, dass der Heilige darunter vorab die Liebe, mit der Gott uns liebt, verstand).

200 [111] Wir leugnen natürlich nicht, dass das Problem der vorliegenden Studie auch anders – z. B. unter bestimmten thematischen Gesichtspunkten – angegangen werden könnte. Für eine frömmigkeitsgeschichtliche Behandlung jedoch dürfte der von uns hier eingeschlagene Weg angemessener sein. – Da die genaue Entstehungszeit vieler Schriften unseres Heiligen nicht feststeht, mussten wir leider darauf verzichten, die Entwicklungslinie von Franziszi Beten herauszuarbeiten.

stab bildet. Wegen der verhältnismäßig geringen Zahl und besonderen Eigenart von Franziszi Schriften ist der Aussagewert von Vergleichszahlen ein beschränkter. Trotzdem scheint kein sichererer Weg zu bestehen, um religiöse Frömmigkeitsformen unseres Heiligen vergleichsweise zu beurteilen. – Gebete, in denen Franziskus unmittelbar Gott anspricht – entweder als erste göttliche Person oder als Dreieinen –, zählten wir sechzehn. An die drei göttlichen Personen auf derselben Ebene, ohne ihre innertrinitarische Stellung eigens hervorzuheben, wandte er sich an zwanzig Stellen. Die direkten Anreden an den Vater, in denen er zu Gottvater oder zum väterlichen dreifaltigen Gott betete, belaufen sich auf zweiundzwanzig. Unmittelbar an Jesus selber gerichtete Gebete weisen die Opuscula allein siebzehn auf. Diese verschiedenen Gebetsweisen sind jedoch innerlich nicht unabhängig. So wird Gottvater als erste göttliche Person zugleich in „theistischen", trinitarischen und „paternalen" Gebeten angerufen. Und das in den „Gott-Gebeten" durchscheinende Gottesbild des alles Geschöpfliche unendlich überragenden „Allerhöchsten" wirkt im starken Betonen der Gottheit Christi in Franziszi Jesusgebeten spürbar nach. Ebenso zeigt sich sein Erfahren Gottes als „höchstes Gut" im innigen und vertrauten Umgang mit dem Gottmenschen.

2. Die Sinnrichtung der Gebete erschließt zugleich ihren *religiösen Sinngehalt.* In erster Linie zeichnen sich Franziszi Gebete durch ihre *biblische Nähe* aus. Dies zeigt nicht bloß der verbale Ausdruck – nicht selten sind sie im vollen oder teilweisen Wortlaut der Heiligen Schrift des AT und NT entnommen –, sondern auch ihre innere Struktur. Gerade die vielen „paternalen" Gebete seiner Schriften offenbaren den beträchtlichen Einfluss des zum himmlischen Vater betenden Jesus der Evangelien. Biblisch darf auch der vorherrschende Lobcharakter von Franziszi Gebeten bezeichnet werden. Eng damit hängt die *heilsgeschichtliche Sicht* unseres Beters zusammen. Er wendet sich in seinem Beten nicht an ein weltfernes, abstraktes Wesen, sondern an Gott, der sich in der Menschheitsgeschichte immer neu geoffenbart hat. So lobpreist er den Herrn für unsere Erschaffung, Erlösung und endzeitliche Rettung durch Christus. Bemerkenswert ist sodann, wie sehr Franziskus in seinem Gebetsverkehr um die *Mittlerrolle Christi* weiß. Zu dieser Gebetsweise regte ihn zweifellos vorzüglich die Liturgie der Kirche an. Selbst in mittlerischen Gebeten zeigt sich jedoch die starke *trinitarische Ausrichtung* seiner Frömmigkeit. In der Verehrung des dreifaltigen Gottes, ohne die besondere Sendung [S. 211] des göttlichen Wortes und Heiligen Geistes zu betonen, gibt sich unser Heiliger als Kind seiner Zeit zu erkennen. Da in solchen Gebeten Christi eigene Heilsaufgabe nicht hervortritt, sind sie für unseren Gesichtspunkt eher negativ, im Sinne der Abgrenzung erheblich.

3. Hinsichtlich der *Formen und Eigentümlichkeiten von Franziszi Jesusgebet* bleibt zunächst zu betonen, dass darin keineswegs bloß Christi Menschheit als Ziel des Beters aufscheint. Mehrere Texte betonen vielmehr Christi Gottheit überraschend stark. Der Heilige wendet sich mit ihnen bittend und lobpreisend an den Erlöser, an den erhöhten Herrn, an den Bräutigam der Seele, an den Guten Hirten, an das Lamm Gottes, besonders häufig aber an den eucharistisch gegenwärtigen Gottmenschen. Dessen Erhabenheit, demütige Erniedrigung und freigebige Güte ruft bei unserem Mystiker eine Flut von Freude, Dank und Anbetung hervor. – In der *christlichen Psalmdeutung* ist auffällig, mit

welcher Vorliebe Franziskus in den atl. Liedern die Stimme Christi zum Vater vernimmt. Zugleich glaubt er an verschiedenen Stellen wegen verbaler oder sachlicher Ähnlichkeiten Ereignisse aus dem Leben und Leiden Jesu vorhergesagt. Sehr wohl zu beachten ist dagegen, dass sich der Poverello in keinem seiner frei geformten Psalmen des Passionsoffiziums ausschließlich und allein an Christus wendet. Immerhin hört er an einer Stelle den Leidensmann über seine Passion zur Seele des Beters sprechen, und gegen Ende wendet er sich lobpreisend an Christus. Daneben finden sich innerhalb von Liedern, in denen Franziskus die „vox Christi ad Patrem" vernimmt, gelegentlich „Er-Christusgebete", das sind Texte, in denen der Heilige über eine Heilstat des Gottmenschen gläubig nachsinnt, ohne sich in persönlicher Anrede an ihn zu wenden.

Die Verehrung der *göttlichen Worte* bezog sich bei unserem Mystiker auf das Gotteswort, näherhin auf die geschriebenen und gesprochenen Worte Christi im Evangelium. Mit auffallend großer Ehrfurcht behandelte Franziskus die Einsetzungsworte der Eucharistie. In den Worten der Schrift verehrt er den Herrn, der sie sprach; in ihnen, besonders in Texten, die von unserer Schöpfung und Erlösung durch Christus reden, erkennt und erfährt er die geheimnisvolle und zeitlose Gegenwart der schöpferischen und erlösenden Macht Gottes. Von den heiligen Worten ist das *Anrufen der göttlichen Namen* wohl zu unterscheiden. Dieser Kult kann allein auf dem geistesgeschichtlichen Hintergrund des biblischen und mittelalterlichen Namenrealismus richtig begriffen werden. Von biblischen Worten sind die göttlichen Namen insofern zu unterscheiden, als sie nicht das gesamte Heilsgeschehen, sondern bestimmte das Heil vermittelnde Personen meinen. Franziskus versteht darunter im weiteren Sinn die göttlichen Personen, besonders jedoch den Namen Jesu und „Leib und Blut Jesu Christi". Bei ihm finden sich immerhin keine Anzeichen für ein methodisches und fortgesetztes Anrufen des Namens Jesu, wie es etwa der östliche Hesychasmus übte.

4. Für den Sicherheitsgrad unserer Ergebnisse ist bedeutsam, auf die *Unterschiede und Übereinstimmungen in Franziszi Jesusgebet der Opascula und frühen Viten* hinzuweisen. Die Leitmotive seines Lob- und Bittgebets zu Christus finden sich in beiden Quellen übereinstimmend. Im Sinne einer glaubwürdigen Ergänzung berichten die Biografen vom Drang unseres Mystikers zur Gebetsgebärde, zur Verleiblichung und äußeren Darstel- [S. 212] lung innerer Erfahrungen. Darauf mag – nebst der persönlichen dichterischen Veranlagung – wohl das Moment der ritterlichen Umwelt mit eingewirkt haben. Allgemein wird man indes sagen müssen, dass die Legenden das christozentrische Element in Franziszi Jesusgebet übersteigern. Dies gilt namentlich für die Namen-Jesu-Verehrung, die Thomas von Celano in stark überschwänglicher Form und mit auffallend bernardischem Kolorit darstellt. Der Biograf unterstellt unserem Heiligen freilich nicht eine verfälschte Wirklichkeit, verschiebt aber ungewollt und unbewusst die Akzente.

5. Für die verschiedenen Gebetsweisen des Ordensgründers können nebst dem biblischen und liturgischen Quellgrund auch *zeitgenössische Einflüsse* genannt werden. Für die Betonung des Vatergedankens darf auf das „paternale" Element der provenzalischen Minnedichtung hingewiesen werden. Die trinitarische Gebetsweise ist wiederum mit den Troubadours Frankreichs und zugleich mit der damaligen Dreifaltigkeitsverehrung Italiens zu verbinden. Die so starke eucharistische Ausrichtung seines Betens wurde

zweifellos erstmals durch das IV. Laterankonzil und hernach durch die Begegnung unseres Heiligen mit Jakob von Vitry ausgelöst. Die Namen-Jesu-Andacht fügt sich in eine bis auf die Urkirche zurückreichende religiöse Bewegung ein, die jedoch in zeitlicher Nähe zu Franziskus bei Bernhard von Clairvaux einen gewissen Höhepunkt erstieg.

6. In der strengen Zurückhaltung hinsichtlich eigener religiöser Erfahrungen stehen die Schriften des Heiligen geistesgeschichtlich weit entfernt von den „Offenbarungen" späterer Mystikerinnen. Darum konnte über sein *inwendiges Beten zu Christus* nichts Wesentliches beigesteuert werden. Immerhin gibt Franziskus von seinem inneren Beten in Sprache und Gebärde so viel preis, dass dessen Tatsache sicher erschlossen und bestimmte Umrissformen erahnt werden können.

7. Das *Verhältnis des hl. Franziskus zum Gottmenschen* ist weder bloß liturgische, auf den erhöhten Herrn ausgerichtete Christusfrömmigkeit noch zarte Jesusinnigkeit allein, sondern beides zugleich. Als treuer Widerschein des Gottesbildes wahrte seine Haltung zu Christus zugleich ehrfürchtige Distanz und nahte sich ihm doch in vertraulicher Liebe. Das vorherrschende Element bestimmen zu wollen, wäre ein unmöglicher und ergebnisloser Versuch. Die beiden Gesichtspunkte vereinten sich bei ihm zu geschlossener Lebenseinheit, wobei freilich zeitweise mehr der eine oder der andere heller ins Licht getreten sein mag. In seiner persönlichen Synthese von subjektiver und objektiver, von gefühlvoller und liturgischer Frömmigkeit dürfte Franziskus gerade für die Überwindung der Gebetsnöte unserer Zeit ein providentielles Vorbild sein.

Das Geheimnis der Geburt Jesu in der Frömmigkeit des hl. Franziskus von Assisi

Die Krippenfrömmigkeit verdankt ihren Ursprung weder Bernhard von Clairvaux noch dem Poverello, vielmehr ist sie – wenn auch in geistesgeschichtlich verschiedener Ausprägung – bereits in der Väterzeit lebendig.[1] Andererseits ist ebenso bezeichnend, dass unseres Wissens diese Form zarter Jesusfrömmigkeit in gewissen religiösen Kreisen – so im ägyptischen Mönchtum – oder in bestimmten Zeitepochen – wie zum Beispiel in der Merowingerzeit – bisher noch nicht belegt werden konnte. Es darf sodann als gesichert gelten, dass mit der Jahrtausendwende und mit dem Aufkommen der Kreuzzüge das Geburtsgeheimnis in der Verehrung der Christenheit intensivere und konkretere Formen annahm. Einen gewissen Höhepunkt erstieg die religiöse Ausrichtung auf den „Puer Jesus“ zweifellos beim hl. Bernhard. Für den geistesgeschichtlichen Standort des hl. Franziskus ist auch nicht ohne Bedeutung, dass sich die evangelischen Erneuerungsbewegungen seiner Zeit von der Armut des Krippenkindes religiös anregen ließen.[2] Schließlich sei für den geistlichen wie geografischen Raum Italiens hervorgehoben, dass der hl. Petrus Damiani († 1072) die Erniedrigung und die Entbehrungen des neugebornen Kindes von Bethlehem mit fühlbarer Innigkeit betrachtete, wenn auch die moralisierende Ausrichtung des Reformers die Gefühlswärme seiner Frömmigkeit in etwa abschwächte.[3] – Bei Franziskus legt sich aus einleuchtenden Gründen nahe, das Thema seiner Weihnachtsfrömmigkeit nach den verschiedenen Quellen gesondert zu behandeln. [S. 261]

I Franziszi Weihnachtsfrömmigkeit im Spiegel seiner „Opuscula“

Wer die bisherige Literatur über unseren Fragepunkt kritisch durchgeht, wird kaum die Auffassung vertreten, eine monografische Studie erübrige sich.[4] Bevor wir uns der

---

1 Vgl. z. B. VAN HULST, C.: Crèche, in: DSp II/2 (1953) 2520-2526.

2 Die näheren Verweise für die voraufgehenden Behauptungen sammelten wir in unserer noch nicht veröffentlichten Vorarbeit: Die vorfranziskanische Christusfrömmigkeit. Bestandaufnahme und Übersicht. Rom 1958, 210, 138* S. (Ms.). Einen nicht zu unterschätzenden Faktor in der Entfaltung der Krippenfrömmigkeit bildete die seit dem 7. Jahrhundert im spanischen Raum sich stärker entwickelnde Marienverehrung; vgl. JUNGMANN, J. A.: Die Abwehr des germanischen Arianismus und der Umbruch der religiösen Kultur im frühen Mittelalter, in: ZKTh 69 (1947) 36-99, bes 85-88.

3 Vgl. VAILATI, V.: La devozione all'umanità di Cristo nelle opere di S. Pier Damiani, in: Divus Thomas (Piacenza) 20 (1943) 78-93, 83-85.

4 Es sei vorausgeschickt, dass wir hier das reiche auf die Weihnachtsfeier von Greccio bezügliche Schrifttum nicht berücksichtigen; vgl. unten in Anm. 22. Wir haben hier vielmehr die Verehrung des Heiligen zum Geheimnis der Geburt Christi ganz allgemein vor Augen. Vgl. bes. FELDER, H.: Die Ideale des hl. Franziskus von Assisi, Paderborn [6]1951, 32f.; BRACALONI, L.: Spiritualità francescana in conformità di Cristo via, verità e vita, Venezia [[2]1949], 98-100; LORTZING, J. [†]: Franz von Assisi als Reformator, in: WiWei 9 (1942) 61-70, 126-139, bes. 63f.; OPTATUS [VAN VEGHEL]: De geest van Franciscus. Proeve

Darstellung der devotionalen Elemente in Franziszi Geburt-Christi-Frömmigkeit zuwenden, legt sich ein geraffter Überblick zu seinem dogmatischen Verständnis dieses christologischen Geheimnisses nahe.

1. Die Verehrung der Geburt Christi stützt sich bei Franziskus auf das solide Fundament seines stark betonten *Glaubens an die wirkliche Menschwerdung des Gotteswortes*. Der Heilige hat die wesentlichen Umrisse dieses zentralen christologischen Geheimnisses mehrmals und ohne geringsten theologischen Mangel, zugleich mit einer gewissen heilsgeschichtlichen Sicht ausgesprochen. In diesem Zusammenhang fällt dem Leser unwillkürlich auf, wie stark er dabei die Wirklichkeit der menschlichen Natur Christi hervorhebt. Für einen fachtheologisch nicht gebildeten Mann ist überdies bemerkenswert, welche Beweggründe zur Menschwerdung des Verbums in seinem religiösen Bewusstsein stärker hervortraten, nämlich die Liebe Christi zum sündigen Menschengeschlecht und die Urbildlichkeit der hypostatisch mit dem Wort Gottes vereinigten Menschennatur.[5] Um diese Behauptung zu belegen, sei hier eine Stelle aus der *Epistola ad fideles* herangezogen:

> Istud Verbum Patris, tam dignum, tam sanctum et gloriosum, nuntiavit altissimus Pater de caelo venturum per sanctum Gabrielem archangelum suum sanctae et gloriosae Virgini Mariae, ex cuius utero [S. 262] veram recepit carnem humanitatis et fragilitatis nostrae. Qui, 'cum dives esset' (2 Kor 8,9) super omnia, voluit tamen ipse cum beatissima matre sua eligere paupertatem.[6]

Frömnmigkeitsgeschichtlich gesehen, fällt beim angeführten Text zunächst auf, wie betont Franziskus die erhabene Größe des Gotteswortes hervorhebt. Als Kontrapunkt hierzu unterstreicht er sogleich die Realität der Menschwerdung bis zur Teilnahme an der geschöpflichen Gebrechlichkeit. Hier wenigstens kann in keiner Weise von einer Verniedlichung des Inkarnationsmysteriums die Rede sein. Immerhin kündet sich an unserer Stelle auch der Geist des Mittelalters an. Dies nicht nur im Erwähnen der Gottesmutter, sondern vorab im Nachdruck, den der Heilige auf die von Jesus und seiner Mutter frei gewählte Armut verlegt. Hier leuchten typische Züge des für das Mittelalter

---

van synthese, Roermond-Maaseik 1946, 28-32; BUSENBENDER, W.: Der Heilige der Inkarnation. Zur Frömmigkeit des hl. Franziskus von Assisi, in: WiWei 15 (1952) 1-14; ESSER, K. / GRAU, E.: Antwort der Liebe. Der Weg des franziskanischen Menschen zu Gott, Werl/Westf. 1958, 27-40; CICCARELLI, M. M.: I misteri di Cristo nella spiritualità francescana, Benevento 1961, 103-254 (der Verf. zieht auch die Schriften späterer franziskanischer Theologen heran). – Weitere Lit. vgl. bei SCHLAURI, I.: Saint François et la Bible. Essai bibliographique de sa spiritualité évangélique, in: CFr 40 (1970) 419-421.

5 Vgl. VERHEY, S.: Der Mensch unter der Herrschaft Gottes. Versuch einer Theologie des Menschen nach dem hl. Franziskus von Assisi, Düsseldorf [1960], 58-60, 33-35. In dem noch nicht veröffentlichten 2. Kapitel: Die christologischen Anschauungen des hl. Franziskus unserer Dissertation: Die Christusfrömmigkeit des hl. Franziskus von Assisi, Rom 1959, 55-82 und 52*-83*, suchten wir die angedeuteten Gesichtspunkte ausführlicher darzustellen.

6 [LEMMENS, L.]: Opuscula S. Patris Francisci Assisiensis, Quaracchi ^{3}1949 (= Opuscula [Lem.]), 88, oder – mit zwei kleineren Abweichungen: „per sanctum Gabrielem angelum suum in uterum" (statt: venturum) und: „cum beatissima Virgine matre" – bei: BOEHMER, H. [†] / WIEGAND, F.: Analekten zur Geschichte des Franciscus von Assisi, Tübingen ^{2}1930, 34. Für einen kritisch sicheren Text muss die unter Leitung von Prof. P. Dr. Kajetan Eßer O.F.M. in Vorbereitung befindliche kritische Edition der *Opuscula* abgewartet werden.

kennzeichnenden religiösen Christusbildes auf. In der angeführten Aussage wird zudem ein gesteigertes religiöses Gefühl spürbar. Der Paulustext: „cum dives esset“ erfährt die Steigerung zu „super omnia“, um damit die Erniedrigung des armen Erdenheilandes umso deutlicher zum Bewusstsein zu bringen.[7]

2. Um den Stellenwert der Geburt Christi in der Frömmigkeit des Poverello richtig einzuschätzen, muss der *Weihnachtspsalm seines „Officium Passionis“* besonders beachtet werden. Nach der angeschlossenen Rubrik sollte dieser Psalm bei allen Horen zwischen Weihnachten und dem Oktavtag von Epiphanie gebetet werden. Die darin eingeflochtenen Gedanken des Festgeheimnisses schienen demnach Franziskus, in dem einmaligen Verrichten am selben Tag nicht ausgeschöpft werden zu können.[8] [S. 263]

> Exsultate Deo adiutori nostro (Ps 80,2a): iubilate *Domino* Deo *vivo et vero* in voce exsultationis (Ps 80,2b + 46,2b).
>
> Quoniam Dominus excelsus, terribilis: Rex magnus super omnem terram (Ps 46,3).
>
> *Quia sanctissimus Pater de caelo*, Rex noster, ante saecula (Ps 73,12a) *misit dilectum Filium suum de alto: et natus fuit de beata Virgine sancta Maria* (vgl. Ps 143,7a; Joh 3,17; 1 Kor 2,7; Gal 4,4).
>
> Ipse invocabit me: Pater meus es tu [...]: et ego primogenitum ponam illum, excelsum prae regibus terrae (Ps 88,27a-28ab).
>
> In *illa* die mandavit Dominus *Deus* misericordiam suam: et nocte canticum eius (Ps 41,9a).
>
> Haec est dies quam fecit Dominus: exsultemus et laetemur in ea (Ps 117,24).
>
> *Quia sanctissimus puer dilectus datus est nobis et natus fuit pro nobis in via et positus in praesepio: quia non habebat locum in diversorio* (vgl. Jes 9,6; Lk 2,7. 12. 16).
>
> Gloria in altissimis *Domino* Deo: et in terra pax hominibus bonae voluntatis (Lk 2,14).

---

[7] Kürzer ist ein Paralleltext, in dem freilich die Armut des Herrn nicht erwähnt wird, in NbR 23: D. E. FLOOD: Die Regula non bullata der Minderbrüder, Werl/Westf. 1967, 72: „Et gratias agimus tibi [Deo, Domino regi caeli et terrae], quia per sanctam voluntatem tuam et per unicum Filium tuum in Spiritu Sancto creasti omnia spiritualia et corporalia et nos ad imaginem tuam et similitudinem factos in paradiso posuisti. Et per culpam nostram cecidimus. Et gratias agimus tibi, quia, sicut per Filium tuum nos creasti, sic per sanctam dilectionem tuam qua dilexisti nos ipsum verum Deum et verum hominem ex gloriosa semper Virgine beatissima sancta Maria nasci fecisti ...“. – Von der Nachfolge des armen und niedrigen Jesus in der Krippe spricht bereits der hl. BEDA († 735), In Lucae evangelium expositio, lib. 1, c. 2, v. 12: CCL 120, 51f.; vgl. auch: BERNHARD, In Nativ. Domini, sermo 4, n. 1: Opera IV, Romae 1966, 263f.; PETRUS DAMIANI, Opusc. 29: De vili vestitu ecclesiasticorum, c. 2: PL 145, 521A (Windeln als Ansporn zu ärmlicher Kleidung); INNOZENZ III., Sermo 12: In Purificatione Virginis Mariae: PL 217, 510B (sehr bemerkenswerte Ausführungen).

[8] Die Rubrik lautet: „Nota, quod iste psalmus dicitur a Nativitate Domini usque ad octavam Epiphaniae ad omnes horas“ (Opuscula [Lem.], 148). Immerhin fügt cod. Berlin, theol. lat. quarto 196, einschränkend hinzu: „Et sic dicitur psalmus supradictus in omnibus horis a Nativitate Domini usque ad octavam Epiphaniae, praeter quam in Completoriis, in quibus dicitur psalmus ‘Deus in adiutorium meum’ [Ps 69] et ad Primam, in qua dicitur psalmus ‘Miserere mei etc.’ [vgl. Opuscula [Lem.], 130f.]“ (BOEHMER, H.: Analekten zur Geschichte des Franciscus von Assisi, Tübingen 1904, 122). Der historische Zeugniswert dieser Rubrik – wie überhaupt der Rubriken des *Officium Passionis* – wird im Zusammenhang der angekündigten kritischen Edition der Opuscula (vgl. oben Anm. 6) näher untersucht werden müssen. Dem Studium dieser Frage widmet sich P. Laurent Gallant O.F.M.

Laetentur caeli et exsultet terra, commoveatur mare et plenitudo eius: gaudebunt campi et omnia quae in eis sunt (Ps 95,11-12a).

Cantate *ei* canticum novum: cantate Domino omnis terra (Ps 95,1bc).

Quoniam magnus Dominus et laudabilis nimis: terribilis est super omnes deos (Ps 95,4).

Afferte Domino, patriae gentium, afferte Domino gloriam et honorem: afferte Domino gloriam nomini eius (Ps 95,7-8a).

Tollite (Ps 95,8b) *corpora vestra et baiulate sanctam crucem eius: et sequimini usque in finem sanctissima praecepta eius* (vgl. Mt 11,29 + 16,24; Lk 14,27; 1 Kor 6,15).[9] [S. 264]

Der Ordensstifter beginnt sein weihnächtliches Psalmlied mit dem Aufruf, „Gott, unserem Helfer", „dem lebendigen und wahren Gott" Lob zu erweisen. Zweifellos steht dem Beter Gottvater vor Augen; denn, während er sich in den beiden ersten Versen ziemlich an den Wortlaut der biblischen Vorlage hält, bricht im dritten Vers die persönliche Frömmigkeit viel freier durch, auch wenn die neutestamentliche und liturgische Inspiration unverkennbar ist. Trotz der vorzeitlichen Perspektive („ante saecula"), die diesen persönlichen Einschub kennzeichnet, wird zugleich das historische Moment der zeitlichen Geburt Christi aus Maria stark unterstrichen. Immerhin wird hier noch kein subjektiver Bezug des Beters zum Geburtsmysterium geknüpft. Die bezeichnende Gegenüberstellung von „sanctissimus Pater" und „dilectus Filius" und noch deutlicher der anschließende Vers, der mit geringer Kürzung Ps 88,27a-28ab wiedergibt, rufen die Innigkeit des neutestamentlichen Sohn-Vater-Verhältnisses in Erinnerung, das in der Spiritualität unseres Heiligen und gerade im *Officium Passionis* nachdrücklich in Erscheinung tritt.[10] Am eben angeführten Psalmvers berührt unseren Fragepunkt besonders die Deutung von: „... et ego [Deus/Pater] primogenitum ponam illum ...". Wenn im Psalter sich David der Erhebung vom jüngsten Sohn des Isai zum Gott stellvertretenden

---

9 Opuscula [Lem.], 147f., bzw. BOEHMER, Analekten ... (1904), 121f. (die beiden Editionen stimmen mit Ausnahme von „de caelis" in Vers 3 (bei BOEHMER, 121) wörtlich überein. Unverständlicherweise wurde das *Officium Passionis* in der Studentenausgabe bis zur 3. von C. Andresen besorgten Neuauflage von 1961 (vgl. CFr 33 [1963] 327f.) ausgelassen! – In unserer Wiedergabe des Psalms werden persönliche Einschübe des Heiligen in biblische Zitate durch Kursivschrift gekennzeichnet. – Hinsichtlich der Lit. zum *Off. Pass.* im Allgemeinen und zum Weihnachtspsalm im Besonderen vgl.: SAUSER, T.: Das „Officium de passione Domini", eine Gebetsperle des hl. Vaters Franziskus, in: Spiritus et Vita (Hall/ Österr.) 5 (1925) 114-127, 126f.; BRACALONI, L.: L'Ufficio composto da S. Francesco d'Assisi, in: StFr 37 (1940) 251-265, 258f.; CAMBELL, J.: Les écrits de saint François devant la critique, in: FrSt 36 (1954) 232-240; ebd. 239 schlägt der Verf. für Vers 4 und 5 folgende Textkorrekturen vor: „invoca*v*it me" (statt invoca*b*it) und: „mandavit Dominus" (Auslassung des nachfolgend eingeschobenen *Deus*); SCHMUCKI, O.: Das Leiden Christi im Leben des hl. Franziskus von Assisi, in: CFr 30 (1960) 129-145; DERS.: Die Stellung Christi im Beten des hl. Franziskus von Assisi, in: WiWei 25 (1962) 128-145, 188-212, bes. 135-142 und 200-202; FRANCESCHINI, E.: Note sull'«Officio della passione dei Signore», in: Quad. Spir. Franc. 4 (1962) 42-62, 59-61; DE SCHAMPHELEER, J.: L'Office de la Pâque. Commentaire de l'«Officium Passionis» de Saint François, Paris Bruxelles [1963] (cf. CFr 34 [1964] 184f.); SIERRA, G.: San Francisco en el Oficio de la Pasión, in: Reflejos (León) 25 (1964) 9-20, bes. 12f.; DESBONNETS, Th. / VORREUX, D.: Saint François d'Assise. Documents, écrits et premières biographies, Paris [1968], 193f. (für die liturgischen Quellen); als Einzelkommentar zum Weihnachtspsalm ist uns einzig der folgende Artikel bekanntgeworden, den wir leider persönlich nicht einsehen konnten: Massé, L.: Ad vesperam in nativitate Domini, in: Studium (Rosemont) 13 (1959) 165-175.

10 Vgl. unsere Studie: Stellung Christi, 141-145.

König Israels erinnert, worin er zugleich seinen größten Nachkommen, den Messias, vorherbildet, deutet Franziskus den Vers nach dem Textzusammenhang unmittelbar auf Christus. In der Aufnahme zur Personeinheit mit dem Worte erlangt die Menschheit Christi Anteil an dessen Erstgeburtsrechten.[11] Ob dem Heiligen zugleich die Worte des Lukasevangeliums (2,7): „Et peperit [Maria] filium suum primogenitum et pannis eum involvit, et reclinavit eum in praesepio ..." vorschweben, lässt sich mindestens nicht ausschließen. [S. 265]

Im hierauf folgenden Vers verkündet der Poverello mit dem Psalmisten, dass Gott „*illa* die" sein Erbarmen entboten hat. Um die Anpassung der Stelle auf das Festgeheimnis zu verdeutlichen, fügt der Beter dem sonst unverändert übernommenen Vers das sozusagen mit dem Zeigefinger auf die Weihnachtsnacht hinweisende Demonstrativpronomen ein.[12] Zweifellos den Kern des Weihnachtspsalms bildet der nachfolgende, aus verschiedenen Schriftstellen mosaikartig zusammengesetzte Vers: „Denn das heiligste, geliebte Kind ist uns geschenkt und für uns am Wege geboren und in die Krippe gelegt worden, weil es keinen Platz in der Herberge hatte." Der besonderen Bedeutung dieser Stelle wegen seien die entsprechenden biblischen Vorlagen einzeln aufgeführt:

> „Parvulus enim natus est nobis et filius datus est nobis" (Jes 9,6).[13] „Et peperit filium suum ..., et reclinavit eum in praesepio; quia non erat eis locus in diversorio" (Lk 2,7). „Et venerunt [pastores] festinantes: et invenerunt ... infantem positum in praesepio" (Lk 2,16).

Es ist kaum nötig, eigens hervorzuheben, dass der Heilige hier von der Weihnachtsliturgie beeinflusst war. Ebenso ist die Sinnrichtung auf das geschichtliche Begebnis in Bethlehem jedem aufmerksamen Leser deutlich genug. Den biblischen Realismus unterstreicht das mit *in via* eigenartig ausgedrückte Ortsverhältnis der Geburt. Es ist jedoch wenig wahrscheinlich, dass Franziskus diese Bestimmung wörtlich verstand, in dem Sinne, als ob er die Geburt Jesu draußen auf der Straße erfolgt geglaubt hätte. Vielmehr klingt hier seine Vorstellung vom armen Leben als irdische Pilgerschaft an. Christus begann nach diesem biblischen Bild schon in der Krippe seinen Weg der freiwilligen Heimatlosigkeit.[14] Die Deutung empfängt vom Nachsatz über den mangelnden Platz in der Herberge ein umso stärkeres Gewicht. Im finalen „pro nobis" knüpft der Beter mit dem Mysterium eine Subjektbeziehung, und zwar nicht in einer Ich-Du-Form, sondern

---

[11] Opuscula [Lem.], 147. – Zur Deutung des Psalmverses vgl. CASTELLINO, G.: Libro dei Salmi, Torino 1955 (La Sacra Bibbia) 608f.; KRAUS, H. J.: Psalmen, 2. Teilband, Neukirchen-Vluyn 1966 (Bibl. Kommentar des A.T., XV/2) 623f. – Ps 88 war damals bereits als 1. Psalm der 3. Nokturn des Weihnachtsfestes in Gebrauch; vgl. G. M. TOMMASI, Op. om. IV: Responsorialia et antiphonaria, ed. F. A. VEZZOSI, Rom 1749, 40b.

[12] Wie schon für die Ostermatutin des *Officium Passionis* (Opuscula [Lem.], 138), wo sogleich anschließend der Osterjubel: „Haec est dies ..." folgt.

[13] Jes 9,6 wurde im Responsorium wie auch in zwei Antiphonen der Laudes von Weihnachten verwendet; vgl. TOMMASO, Responsorialia et antiphonaria, 41.

[14] „Et 'tamquam peregrini et advenae' (vgl. Ps 38,14cd und 1 Petr 2,11) in hoc saeculo, in paupertate et humilitate Domino famulantes, vadant pro eleemosyna confidenter" (BR 6: Opuscula [Lem.], 68). Den nämlichen Gedanken vgl. in Test 7: ESSER, K.: Das Testament des hl. Franziskus von Assisi, Münster 1949, 102. Dazu vgl. DERS.: Homo alterius saeculi. Endzeitliche Heilswirklichkeit im Leben des hl. Franziskus, in: WiWei 20 (1957) 189f., bzw. die übrigen Spezialstudien bei SCHLAURI, S. François et la Bible, 422 (n. 376), 430f.

dadurch, dass er die gesamte Menschheitsfamilie mit einbezieht.[15] In diesem einzeln unter- [S. 266] suchten Satz ist eine unverkennbare, wenn auch verhaltene Gemütswärme einbeschlossen. Wir bezeichnen die weihnächtliche Gefühlsinnigkeit als verhalten, weil sie bestimmt einer Steigerung fähig wäre. So fehlt das bereits in patristischer Zeit öfter anklingende Motiv des „parvulus".[16]

Der zentrale Vers geht über in das Zitat des Engelgesanges über den Fluren Bethlehems (Lk 2,14), dem allein als persönliche Zutat ein *Dominus* eingeschoben ist. Dann bricht sich die innere Freude mit einigen Psalmversen Bahn, die sozusagen unverändert, aber in freier Umstellung der Bibel entnommen sind (95,11-12a. 1bc. 4. 7-8a).[17] Der zuletzt genannte Vers sei deswegen hervorgehoben, weil er unseren Beter allem Anschein nach an das Überbringen von Gaben durch die Hirten oder die Weisen erinnerte: „Bringet dem Herrn, ihr Völkerstämme, bringt dem Herrn Preis und Ehre, bringt dem Herrn Lobpreis für seinen Namen."[18]

Abschluss des Weihnachtspsalms bildet der Aufruf: „Bringet dar eure Leiber und tragt sein heiliges Kreuz, und folget bis zum Ende seinen heiligen Geboten." „Tollite corpora" steht für „tollite hostias" des Psalmtextes (95,8b) und reicht somit den Schlüssel [S. 267] zum Verständnis des Folgenden. Die Leiber sollen gleichsam wie Opfergaben in die Hände genommen und dem Neugeborenen zum Geschenk überreicht werden. Das kann indes nicht mit dem einmaligen bloßen Schenkungsakt vollzogen werden, sondern fordert die lebenslange Hingabe der Person an den Herrn durch

---

15 Dass das „natus pro nobis" nicht etwa bloß vom Isaiaszitat her gegeben ist, sondern persönlich erlebt wurde, beweisen die Parallelen in *Epistola ad fideles*: Opuscula [Lem.], 89. – Als frühes Beispiel einer Ich-Du-Beziehung vgl. die Stelle eines im Banne des hl. Augustin stehenden Predigers bei: RAHNER, H.: Die Gottesgeburt. Die Lehre der Kirchenväter von der Geburt Christi im Herzen der Gläubigen, in: ZKTh 59 (1935) 392.

16 Einige Belege sammelten wir in der oben in Anm. 2 bereits angeführten Vorarbeit: Die vorfranziskanische Christusfrömmigkeit, unter IV, 3a. – Für Bernhard von Clairvaux sei beispielsweise verwiesen auf: In laudibus Virginis Matris, hom. 3, n. 14: Opere IV, Romae 1966, 45.

17 Zum Engelsgesang vgl. JUNGMANN, J. A.: Missarum Sollemnia. Eine genetische Erklärung der römischen Messe I, Freiburg ^{4}1958, 451f. – Ps 95 wurde damals schon in der Weihnachtsmette, und zwar als 2. Psalm der 3. Nokturn, gesungen; vgl. TOMMASI, Responsorialia et antiphonaria, 40b.

18 Vgl. ESSER, K. / HARDICK, L.: Die Schriften des hl. Franziskns von Assisi, Werl/Westf. ^{2}1956, 190. – Vom Fest der Epiphanie findet sich in den *Opuscula* nur noch der Hinweis als *terminus a quo* für eine besondere Fastenzeit; vgl. NbR 3: FLOOD, 57: „Et similiter ornnes Fratres ieiunent ... ab Epiphania, quando Dominus noster Iesus Christus incepit ieiunare, usque ad Pascha" bzw. BR 3: Opuscula [Lem.], 66: „Sanctam vero quadragesimam quae incipit ab Epiphania usque ad continuos quadraginta dies, quam Dominus suo sancto ieiunio consecravit, qui voluntarie eam ieiunant, benedicti sint a Domino ...". Eine Anspielung auf die Weisen – als vergleichende Deutung des Herbeieilens von Jacopa de' Settesoli an das Sterbebett des Heiligen – bringt Per 101: BROOKE, R. B.: Scripta Leonis, Rufini et Angeli sociorum S. Francisci, Oxford 1970, 268: „Qui regibus inspiravit ut irent cum muneribus ad venerandum et honorandum puerum dilectum Filium suum in diebus nativitatis et paupertatis suae, illi nobili dominae in remotis partibus voluit inspirare ut iret cum muneribus ad venerandum et honorandum gloriosum et sanctum corpus sancti servi sui, qui tanto amore et fervore in vita et in morte dilexit et secutus est paupertatem dilecti Filii sui." – Für die übrigen Begebnisse der Kindheitsgeschichte Jesu findet man u. W. weder in den Schriften noch in den biografischen Zeugnissen Belege. In diesem Zusammenhang könnte immerhin der Namen-Jesu-Kult erwähnt werden. Darüber vgl. in unserer Studie: Die Stellung Christi, 207-209. – Ps 95 wurde ebenso für Epiphanie als 2. Psalm der 3. Nokturn verwendet; vgl. TOMMASI, Responsorialia et antiphonaria, 48a.

vollkommenes Erfüllen seines Willens und Halten seiner Gebote. Die darin einbeschlossenen Opfer bedeuten – in einem wohlbekannten biblischen Bildwort ausgesprochen –: das Kreuz Christi mittragen.[19] Diese Stelle des Weihnachtspsalms ist wegen ihrer Zusammenschau von Krippe und Kreuz bemerkenswert. Doch fügt sich unser Mystiker damit – ob bewusst oder unbewusst, sei dahingestellt –, in den Rahmen einer vorausbestehenden geistlichen Tradition ein. Ähnlich sieht auch Bernhard von Clairvaux das wimmernde Kind und den gegeißelten und gekreuzigten Heiland in Einem.[20]

Das Zeugnis der *Opuscula* offenbart zweifellos eine innige und ergriffene Liebe zum Geburtsgeheimnis. Auch sind Anzeichen von realistischer Betrachtung historischer Einzelheiten erkennbar. So ist an zwei Stellen sein Armutsideal mit dem Weihnachtsmysterium verbunden. Andererseits fällt – etwa gegenüber dem hl. Bernhard – ein weit geringeres Ausmalen von biblischen Einzelheiten auf. Ebenso erreicht – wenigstens in den uns überlieferten Texten – das Mitfühlen mit dem Geheimnis nicht jene Gemütswärme, wie sie zum Beispiel die Weihnachtspredigten des „Doctor mellifluus" kennzeichnet.[21] Man kann freilich einwenden, dass die *Opuscula* mit den Predigten des großen monastischen Theologen nicht vergleichsfähig seien, da diesen von seiner Bildung und außergewöhnlichen sprachlichen Begabung her eine ganz andere Ausdrucksfähigkeit auszeichnet. Zudem wird ein ausgewogenes Urteil mit in Anschlag bringen, dass die liturgische Vorlage der Psalmen für das Devotionsoffizium des Poverello von selber eine objektivere Sprechweise bedingt. Nach dem Versuch eines vorläufigen Werturteils hinsichtlich der Weihnachtsfrömmigkeit der „Schriften" drängt der Anreiz umso mehr, die übrigen Quellen nach unserem Thema zu beleuchten. [S. 268]

II Franziszi Weihnachtsfrömmigkeit im Licht der biografischen Quellen

1. Wenn der Poverello so weitherum bekannt ist, verdankt er dies – unter anderen Gründen – nicht zuletzt der *Krippenfeier in Greccio*. Da wir diesem Ereignis bereits eine längere Studie widmeten, worin wir dessen historischen Verlauf, religiösen Gehalt, frömmigkeitsgeschichtliche Wurzeln und mutmaßliche Nachwirken herauszustellen suchten, dürfen wir uns hier auf das Umreißen der wesentlichen Linien einschränken.[22]

---

[19] Es sei uns gestattet, auf unsere Studie: Das Leiden Christi, 142f., zu verweisen.

[20] Vgl. z. B. BERNHARD, In vigilta Nativ., sermo 3, n. 9: Opera IV, Romae 1966, 218; den gleichen Gedanken sprach übrigens bereits aus: AUGUSTINUS, Sermo 196, de tempore, c. 3: PL 38, 1020; vgl. auch DUMOUTET, E.: Le Christ selon la chair et la vie liturgique au moyen-âge, Paris 1942, 83.

[21] Vgl. z. B. DIDIER, J.-Ch.: L'imitation de l'humanité du Christ selon S. Bernard, in: Vie Spir. Suppl. 25 (1930) [86].

[22] Zunächst in wissenschaftlich freierer Form durch: Die Krippenfeier von Greccio in zeitgenössischer Beleuchtung, in: St. Fidelis 44 (1957) 8-20; hernach – mit mehreren Verbesserungen und dem vollen wissenschaftlichen Apparat – durch: Die kerstviering van Greccio in het licht van heer tijd, in: FrancLeven 40 (1957) 163-177; 41 (1958) 21-27. – Es sei eigens betont, dass wir in unserem Zusammenhang den Begriff „Krippe" nicht im eingeschränkten Sinn von Rekonstruktionskrippe (vgl. darüber das grundlegende Werk von BERLINER, R.: Die Weihnachtskrippe, München [1955] und unsere Besprechung in CFr 27 [1957] 445-447), sondern im weiteren Sinne der spirituellen Verehrung, künstlerischen Darstellung und quasi-dramatischen Vergegenwärtigung des biblischen Geburtsmysteriums

a) Der geschichtliche Verlauf der Weihnachtsfeier. – Das Jahr 1223 war für den Ordensstifter seelisch eines der drangvollsten; denn die endgültige Regel reifte in der ersten Hälfte dieses Jahres in ihrem Entwurf heran und wurde hierauf an der Kurie, mit Kardinal Hugolin als Verhandlungspartner, auf den Stand gebracht, in dem sie am 29. November 1223 durch Papst Honorius III. mit der Bulle *Solet annuere* feierlich bestätigt wurde. In Auseinandersetzung mit der Partei der Minister und gebildeten Brüder musste der Heilige gewisse Abschwächungen der evangelischen Ideale, namentlich in Form einzelner Auslassungen, hinnehmen.[23] Nach seiner [S. 269] Rückkehr aus Rom – sie erfolgte bei anhaltendem Regen und eisigen Winden, wohl in den ersten Novemberwochen –, scheint sich der von der Krankheit stark geschwächte Poverello in das Eremitorium von Fontecolombo zurückgezogen zu haben. Dahin ließ er etwa vierzehn Tage vor Weihnachten seinen ritterlichen Freund Johannes aus Greccio rufen.[24] Wie der Biograf uns berichtet, habe Franziskus zu diesem gesprochen:

> Si desideras, ut apud Graecium praesentem festivitatem Domini celebremus, festina praecedere, et quae tibi dico, praepara diligenter. Volo enim illius pueri memoriam agere, qui

---

verwenden; vgl. dazu Kerstviering 41 (1958) 24 Anm. 30. – Ebd. 40 (1957) 163f. Anm. 1-3, führten wir die frühere Lit. möglichst vollständig an; vgl. überdies BROWN, R.: A Francis of Assisi Research Bibliography, in: ENGLEBERT, O.: Saint Francis of Assisi, Chicago/Ill. [1965], 541f.; SCHLAURI, S. Francis et la Bible, 424; BgFr XII, n. 381; nicht persönlich einsehen konnten wir: GARRUCHAGA, J. / GUTIÉRREZ, R. / MARTÍN, J. C.: Indice bibliográfico de publicaciones belenistas y temas afines, [San Sebastián 1967] (Publicaciones de la Asociación Belenista de Guipúzcoa), (vgl. Bibl. Hisp. 26 [1968] 444). – Darüber hinaus seien noch erwähnt: ROSENTHAL, E.: The crib of Greccio and Franciscan realism, in: Art Bull. (New York) 36 (1954) 57a-60a (vgl. BgFr XI, n. 509[a]); MARINI, E.: Greccio: culla del Presepio, in: Frate Franc. (Roma) 6 (1959) 162-165; TERZI, A.: A Greccio fu rappresentato il primo presepio, Roma 1964 (cf. MF 67 [1967] 452); DERS.: Nella selva di Greccio nacque il presepio plastico, Roma [2]1966; VAN HULST, C.: San Francesco e noi davanti al presepio, in: Rivista di vita spirituale (Roma) 18 (1964) 103-122; LUPINETTI, D.: Betlem e Greccio. Visione storica del Presepio, L'Aquila 1965 (Pubblicazioni della «Cattedra Bernardiniana», 4); MARINI, E.: A Greccio è sempre Natale, [ohne Erscheinungsort] 1968; BERGAMASCHI, A.: A Greccio se rouvre le discours interrompu à Bethléem, in: EtFr n.s. 19 (1969) 414-419: die Studie gefällt sich in zum Teil rein subjektiven, „meta-historischen" Deutungen der Grecciofeier, so z. B. „... le caractère da contestation que revêt l'innovation da François" (415), weshalb sich eine eigene Auseinandersetzung mit ihr erübrigt.

[23] Zur Geschichte der Regel vgl. u. a.: HARDICK, L.: Zur Geschichte der Regel und ihrer Beobachtung in der ersten Zeit, in: Werkbuch zur Regel des hl. Franziskus, Werl/Westf. 1955, 38-43; ESSER, K.: Die endgültige Regel der Minderen Brüder im Lichte der neuesten Forschung, in: DERS. / GRAU, E.: Franziskanisches Leben. Gesammelte Dokumente, Werl/Westf. 1968, 31-96; HILARIUS DE WINGENE: Opinationes diversae de primordiis Ordinis Fratrum Minorum, in: Laur 8 (1967) 492-511; SELGE, K.-V.: Franz von Assisi und Hugolino von Ostia, in: San Francesco nella ricerca storica degli ultimi ottante anni, Todi 1971, 157-222. – Die Abschwächungen dürfen nicht übersteigert werden, wie vorab K. Eßer, aber auch BEYSCHLAG, K.: Die Bergpredigt und Franz von Assisi, Gütersloh 1955, 82, feststellen.

[24] Da die ersten Biografen darüber schweigen, ist man auf Vermutungen angewiesen. Weil man sich den Aufenthaltsort des Heiligen in dar Nähe von Greccio vorstellen muss, kommen am ehesten die Einsiedeleien von Poggio Bustone und Fontecolombo in Frage. Letzterem Ort wird man den Vorzug geben dürfen, zumal der Ordensstifter – einer im Kern glaubwürdigen Überlieferung zufolge – dort die *Regula bullata* ausgearbeitet hat. Zudem berichtet Per 92: BROOKE, 252, ausdrücklich: „Et sic B. Franciscus licentiatus ab ipso [Kard. Leone Brancaleoni], reversus est ad eremitorium S. Francisci [i] de Fonte Columbarum iuxta Reate". Vgl. dazu: SCHMUCKI, O.: De infirmitatibus S. Francisci Assisiensis inde a iuventute usque ad stigmatum susceptionem, in: Miscellanea Melchor de Pabladura, I, Romae 1964, 122f.

in Bethlehem natus est, et infantilium necessitatum eius incommoda, quomodo in praesaepio reclinatus et quomodo, adstante bove atque asino, supra foenum positus exstitit, utcumque corporeis oculis pervidere.[25]

Im ausführlich wiedergegebenen Gespräch, das trotz der wesentlichen Treue, womit es berichtet wird, doch nicht als eine Art Reportage verstanden sein will, erfahren wir etwas über die Motive und Ziele, die dem Heiligen dabei vorschwebten. Vor seinen Augen und denen des umstehenden Volkes sollte die Geburt Christi in Bethlehem so naturgetreu wie möglich neu erstehen. Das [S. 270] hier geäußerte Schauverlangen teilt Franziskus mit dem Zug des gotischen Zeitalters. Die Freude am Sichtbarwerden übernatürlicher Dinge tritt auch an mehreren Stellen der *Opuscula*, namentlich im Zusammenhang mit seiner eucharistischen Frömmigkeit zu Tage.[26] Doch bleibt sein Drang zum Realismus dabei nicht stehen: Die Mysterienfeier soll das geschichtliche Geschehen in Bethlehem nicht bloß veranschaulichen, sondern den Beschauer zugleich an den Entbehrungen des Neugeborenen persönlich teilnehmen lassen. Denn, was in der angeführten Unterredung nicht eigens ausgedrückt ist: die Feier soll sich im Freien, in der winterlichen Landschaft, abspielen. Das heute in den Franziskanerkonvent baulich einbezogene Krippenoratorium – es hält unzweifelhaft die historische Stätte des Ereignisses fest –, bestand damals noch nicht.[27]

In die wenig tiefe Einbuchtung des bis heute sichtbaren Felsblockes wurde ein Häufchen Heu gestreut, worauf – aller Wahrscheinlichkeit nach – eine Christkindfigur zu liegen kam. Über der realistisch angedeuteten Futterkrippe wurde ein hölzerner Tragaltar aufgestellt. Den Stallcharakter sollten die beiden symbolischen Tiere unterstreichen. Hingegen scheinen Darstellungen von Maria und Joseph in Form von Figuren, Bildern

---

25 1 C 84: AF X, 63. – BONAVENTURA, LM X, 7: AF X, 604f., erzählt als einziger der alten Biografen die Einzelheit, Franziskus habe für diese nächtliche Feier, „ne ... hoc novitati posset adscribi", beim Papst um Erlaubnis nachgesucht. Den geschichtlichen Hintergrund dieses Gesuches suchten wir aufzuhellen in der Studie: Kerstviering, 40 (1957) 164, 169, 176. Doch ist der an der zuletzt zit. Stelle angegebene Grund nicht mehr haltbar; vgl. VAN HULST, S. Francesco e noi davanti al presepio, 105f.: „Ma perché era necessario un permesso speciale? – Forse perché papa Innocenzo III nel 1207 in una sua lettera all'arcivescovo di Gnesna in Polonia aveva proibito certi eccessi del clero nei drammi liturgici di Natale. Si può osservare però, che la lettera, che non aveva forza giuridica per l'Italia al tempo di san Francesco, parla soltanto dei *ludi theatrales* nei tre giorni che seguono la festa di Natale; essa otteneva valore di legge piú generale soltanto nel 1234 quando fu promulgata nei *Decretali* di Gregorio IX ... Perciò ci sembra che questo divieto venga citato a torto."

26 Vgl. z. B. Verbum admon. I: Opuscula [Lem.], 3-5, und die bemerkenswerte Spezialstudie von GRAU, E.: Zur Authentizität der ersten Admonitio des hl. Franziskus, in: FrSt 52 (1970) 120-136. Die übrige Lit. zur eucharistischen Frömmigkeit verzeichnet SCHLAURI, S. François et la Bible, 425f.

27 Vgl. die Verweise im Art: Kerstviering, 40 (1957) 166f. – Wenn wir TERZI, Nella selva di Greccio, 18-20, richtig verstehen, setzt er eine damals bereits bestehende, vom franziskanischen Eremitorium räumlich getrennte Felsengrotte voraus. Wegen deren Enge sei es materiell unmöglich gewesen, dass darin – nebst der Krippe und den beiden Tieren – auch der Altar Platz gefunden hätte. „La Messa quindi fu necessario celebrarla nel prolungamento del presepio sopra un altare improvvisato e precisamente dove ora è la finestra della grotta stessa. Per conseguenza il Sacerdote, il Diacono e il clero dovevano stare fuori della grotta stessa lungo il sentiero che conduceva al romitorio, e i fedeli davanti l'entrata della grotta, verso nord-ovest, dove ci doveva essere uno spiazzo erboso, poiché non vi sono rocce che affiorino" (20). Die vom Verf. für seine Auffassung vorgebrachten Gründe – ebenso die auf S. 19 abgedruckte wenig klare topografische Skizze – wirken wenig überzeugend, auch wenn wir uns in dieser Einzelfrage natürlich kein fachkompetentes Urteil anmaßen.

oder lebender Personen gefehlt zu haben, mindestens schweigen sich die ältesten Biografen darüber völlig aus.[28] [S. 271]

Zur Weihnachtsfeier strömten von den umliegenden Eremitorien und Dörfern die Minderbrüder bzw. die Gläubigen nach Greccio. Nachdem die zum Chorgebet verpflichteten Brüder im winzigen Oratorium die Christmette gesungen – „Domino laudes debitas persolventes“ –, begeben sich alle, Brüder und Gläubige, zum wenige Meter entfernten Krippenaltar. Der Biograf berichtet:

> Personat silva voces et iubilantibus rupes respondent ... Stat Sanctus Dei coram praesaepio, suspiriis plenus, pietate contritus et mirabili gaudio superfusus. Celebrantur Missarum solemnia supra praesaepe et nova fruitur consolatione sacerdos.[29]

Als Diakon[30] singt Franziskus während des Hochamtes das Evangelium von der Geburt Christi. Die innere Ergriffenheit variiert – entsprechend dem Inhalt des zu singenden Textes – Klangfarbe und Stärke der Stimme ähnlich wie auf einem Musikinstrument.[31] An den dramatisierenden Gesang schließt sich die Predigt des Heiligen an, wobei nicht bloß Mund und Gesichtsausdruck, sondern das Gebärdenspiel der Hände, ja des ganzen Körpers, die angestaute Fülle innerer Erfahrungen zum Ausdruck bringen.[32] Thomas von Celano deutet das Thema der eigenartigen Weihnachtspredigt so an: „Prae-

---

28 Vgl. Kerstvieriug, 166-169, bzw. 1 C 84-87: 63-65 und LM X, 7: 604f. – Das Vorhandensein einer figürlichen Darstellung des Jesuskindes suchten wir zu begründen: ebd. 167 Anm. 8, und in CFr 27 (1957) 446 (Besprechung von Berliner). Zu dieser Frage vgl. auch ROSENTHAL, The crib of Greccio, 58 Anm. 8, und VAN HULST, San Francesco e noi davanti al presepio, 107f. Die Gründe, die letzterer dagegen anführt – er betont mit Recht die eucharistische Sinnrichtung der Feier –, überzeugen nicht. So, wenn er behauptet: „Tale presenza era del tutto superflua per il concetto francescano della celebrazione eucaristica del Natale in forma drammatica. Era Gesù eucaristico che nella santa messa notturna scendeva sull'altarino del presepio“ (107). – Lit. und Begründung, warum Franziskus Ochs und Esel an den Krippenaltar heranführen ließ, vgl. in: Kerstviering 167f. Anm. 9.

29 1 C 85: 64; s. unseren Kommentar ebd. 169f.

30 Wiewohl die Tatsächlichkeit der Diakonatsweihe des hl. Franziskus gelegentlich angezweifelt wurde, ist daran – auf Grund eindeutiger Aussagen der Quellen – unbedingt festzuhalten; vgl. CALLEBAUT, A.: Saint François lévite, in: AFH 20 (1927) 193-196; ALBAN VON HERMETSCHWIL: Zur Diakonatsweihe des hl. Franziskus, in: St. Fidelis 28 (1941) 7-11.

31 Sofern wir 1 C 86: 64 nicht missverstehen oder dessen Aussage nicht überfordern: „Et quidem vox eius, vox vehemens, vox dulcis, vox clara, voxque sonora, cunctos invitans ad praemia summa.“ Zweifel erregen könnte die Tatsache, dass der Biograf hier mit gleichen Worten den Gesang des Evangeliums beschreibt, die er an anderer Stelle zur Kennzeichnung der Stimme unseres Heiligen verwendet (2 C 83: 62). Doch scheint unsere Deutung gerade durch die anschließend berichtete Predigtweise gestützt zu werden.

32 Zu seiner Predigtweise ganz allgemein vgl. z. B. 1 C 73, 83, 97: 54f., 62, 74; 2 C 107: 193f., und als Kommentar H. FELDER: Der Christusritter aus Assisi, Zürich-Altstetten 1941, 142. – Hier ließe sich auch fragen, ob Franziskus bei dieser liturgischen Feier berechtigterweise predigte. Er war gewiss Diakon (vgl. Anm. 30), und in dieser Eigenschaft sagte ihm der weihende Bischof: „Diaconum oportet ministrare ad altare et baptizare et praedicare“ (vgl. ANDRIEU, M.: Le Pontifical Romain au moyeu-âge, II, Città del Vaticano 1940, 338); auch Decret., c. 1, § 7, D. XXV, 1: FRIEDBERG, A.: I, Leipzig 1879, 90, bestimmte: „... diaconibus Novum [Testamentum] praedicare praeceptum est.“ Doch war ihnen die Ausübung dieser Vollmacht nur außerordentlicherweise und bei Fehlen von Bischöfen oder Priestern und mit deren Auftrag, bzw. auf Grund eines besonderen Privilegs, zugestanden; vgl. WERNZ, F. X.: Ius decretalium, III/1, Romae [2]1908, 26 (n. 33). Bei Franziskus wird man wohl ein spezielles Privileg voraussetzen dürfen.

dicat deinde populo circumstanti et de nativitate pauperis Regis et Bethlehem parvula civitate melliflua eructat."[33] Sooft der Prediger den Namen Jesu auf die Lippen nehmen will, heißt er [S. 272] diesen „Kind von Bethlehem". Beim Aussprechen dieses Ortsnamens jedoch überwallt sein Herz dermaßen, dass er dabei das Blöken der Schafe nachahmt: „Bäth-lä-häm". Die Namen „Jesus" und „Bethlehem" lösen auf seinem Gaumen einen Genuss von solch mystischer Wonne aus, dass er wegen des überlangen Hinziehens und Auskostens der Worte den Eindruck eines lallenden Kindes erweckt.[34]

Nach dieser einzigartigen Wortverkündigung, die das Geheimnis der Geburt Christi mehr in heiligem Spiel mimte als in Worten deutete, fährt der Zelebrant mit der Eucharistiefeier fort. Das Mysterium der Menschwerdung mündet in das der Erlösung und der eucharistischen Gegenwart des erhöhten Christus.[35]

b) Dieser Versuch, die Linien der mitternächtlichen Weihnachtsfeier in Greccio nachzuzeichnen, erlaubt uns nun, deren religiösen Gehalt frömmigkeitsgeschichtlich zu deuten und einzuordnen. Zuvor jedoch soll die geschichtliche Verlässlichkeit des biografischen Berichtes kurz überprüft werden. Die Tatsache, dass nur Thomas von Celano und der hl. Bonaventura[36] – zum Teil wörtlich übereinstimmend, zum Teil sich wechselseitig ergänzend – [S. 273] diese Szene beschreiben, braucht nicht notwendig wider deren Geschichtlichkeit zu sprechen. Wegen der betonten Originalität der Mysterienfeier ist eine Unterstellung durch die Biografen schlechthin auszuschließen. Verschiedene Einzelheiten, wie etwa das Einholen der päpstlichen Sonder-

---

33 1 C 86: 64.

34 Vgl. FELDER, Christusritter, 141. – Bevor wir das Geschehen gesamthaft und frömmigkeitsgeschichtlich zu deuten versuchen, sei hier eigens angemerkt, dass die eben beschriebene Erfahrung weder mit sentimentaler Gefühlsseligkeit noch mit bloß profanem, von den provenzalischen Minnesängern beeinflusstem Drang zu Spiel und Pantomime erklärt werden kann. vielmehr handelt es sich in erster Linie um jene mystische Gnade, in der unser Gottesfreund das Inkarnationsmysterium nach dem Gleichnisbild sinnenhaften Ergötzens, in diesem Fall des Geschmack- und Hörsinnes, empfand. Zur grundsätzlichen Frage der „sensus spirituales" vgl. TRUHLAR, C.: De experientia mystica, Romae 1951, 21-24 (n. 24-27), und DERS.: Christuserfahrung, Rom 1964; den mystischen Erfahrungscharakter der vorgenannten Szene betont mit Recht BRACALONI, Spiritualità francescana, 99. – Die außerordentliche Fähigkeit des Heiligen, innerseelische Erfahrungen im körperlichen Bereich auszudrücken, suchten wir zu beleuchten in unserer Studie: De S. Francisci Assisiensis stigmatum susceptione. Disquisitio historico-critica luce testimoniorum seeculi XIII, in: CFr 33 (1963) 397-407, 402f. (Greccio).

35 1 C 86: 64, bzw. LM X, 7: 605. – An beiden Stellen wird von einer Vision berichtet: Ritter Johannes schaut, wie Franziskus die leblose Christkindfigur aufweckt. Zu deren Geschichtlichkeit und Deutung verweisen wir auf unseren Art. Kerstviering, 40 (1957) 171 Anm. 18. Vgl. auch: ROSENTHAL, The crib of Greccio, 58 Anm. 8; VAN HULST, San Francesco e noi davanti al presepio, 107.

36 Völlig von den beiden Biografen, bes. 1 C, hängen ab: JULIAN VON SPEYER, O.Min. († ca. 1250), Vita S. Francisci, n. 53-54: AF X, 360f.; u. 53: 360: „... solemnitate quadam dominicae nativitatis instante, humilem nascentis in Bethlehem Salvatoris infantiae paupertatem, similitudine qua poterat, vir Dei repraesentare desiderans ..."; HEINRICH VON AVRANCHES († 1272), Legenda S. Francisci versificata, libr. 11, vv. 96-118: ebd. 476f.; vv. 100-106: 476f.: „Ad sacra conveniens populus solemnia, replet / Ecclesiam, dat cera faces, thus spirat odorem. / Post matutinas missae celebrantur ad illud / Festum spectantes, Evangeliumque canoro / Franciscus dulcore legit, tandemque sedenti / Sermonem populo facit, indurataque corda / Mollit et ex duris producit flumina saxis ..." (es braucht wohl keine langen Beweise, um die hier über die alten Biografen hinaus eingefügten Einzelheiten als bloße dichterische Ausschmückungen zu erkennen!); BARTHOLOMÄUS VON TRIENT, O.P. († 1251), Epilogus in S. Franciscum, n. 7: ebd. 542.

erlaubnis, fügen sich glaubwürdig in den zeitgeschichtlichen Rahmen ein. Die Thematik der mimisch-mystischen Predigt über das „Kind von Bethlehem“, das gemütstiefe Mitleiden mit dessen Erniedrigung und Entbehrungen, die Querverbindung von Krippe und Kreuz führen die Linien der *Opuscula* ungebrochen, wenngleich in gefühlsmäßiger Steigerung weiter. Wenn das religiöse Gefühl im biografischen Bericht bedeutend stärker hervorgehoben wird, muss für eine sachgerechte Beurteilung die verschiedene Eigenart der Quellen und des beschriebenen Phänomens berücksichtigt werden. Während die liturgisch-objektive Vorlage des Weihnachtspsalms einen Gefühlsdurchbruch eher hemmte, mussten ihn der stimmungsvoll-konkrete Rahmen und der mystische Erfahrungscharakter des Weihnachtsspieles sehr fördern.[37]

Die Geschichtlichkeit des nächtlichen Ereignisses vorausgesetzt, bleibt zunächst zu betonen, dass es sich leicht in die Überlieferung der mittelalterlichen Mysterienspiele, näherin der Hirtenspiele, einfügt. Sicher ist die von P. Beda Kleinschmidt O.F.M. († 1932) bereits 1903 widerlegte, aber inzwischen immer neu aufgewärmte Deutung abzulehnen, die Franziskus wegen der Weihnachtsfeier von 1223 zum „Erfinder der Krippe“ hinstellt.[38] Darstellungen der Lagerstatt des Jesuskindes bestanden ja Jahrhunderte zuvor. Noch weniger kann der Poverello die Rekonstruktionskrippe erstmals aufgebracht haben. Diese Sprechweise verfehlt den Quellenbefund vollkommen und verkennt zugleich Sinn und Inhalt des [S. 274] kunstgeschichtlich eindeutig festgelegten Begriffs. Gesondert für sich bestehende Weihnachtskrippen, welche die „Ereignisse um die Geburt Christi mit freibeweglichen plastischen Figuren“ räumlich darstellen, haben sich erst seit dem 16. Jahrhundert aus den Krippenspielen entwickelt.[39] Ein ursächlicher Zusammenhang zwischen dem Weihnachtsspiel von Greccio und den um Jahrhunderte später einsetzenden Weihnachtskrippen ist historisch weder bewiesen noch beweisbar.[40]

Die von uns angedeutete Verknüpfung der Feier von 1223 mit den vorausgehenden Mysterienspielen wurde nach P. B. Kleinschmidt vom bekannten Erforscher des religiö-

---

[37] Doch sei damit die Möglichkeit nicht ausgeschlossen, dass Celano da und dort zu starke Gefühlsakzente setzt, wie wir dies auch anderswo beobachtet haben; vgl. SCHMUCKI, Stellung Christi, 207-209.

[38] B. KLEINSCHMIDT: Die Weihnachtskrippe, in: Theol. Prakt. Qschr. 56 (1903) 96-113, bes. 97-100 (der Verf. hat hier jedoch den kunstgeschichtlich festgelegten Begriff von Rekonstruktionskrippen noch nicht klar erkannt); VAN HULST, San Francesco, 121: „I presepi, che corrispondono all’uso moderno appariscono molti anni dopo la celebrazione francescana di Greccio e senza che si possa dimostrare alcun legame tra essi.“ Wie außerordentlich zähe sich dieser Irrtum nicht nur in der populären Erbauungsliteratur festhält, beweist ein Blick auf die Titel der neueren Lit., die wir oben in Anm. 22 anführten. In besonderer Weise hat der jüngst verstorbene († 1971), um die franziskanischen Stätten des Rietitales sehr verdiente Bischof A. Terzi O.F.M. diese Legende immer wieder aufgefrischt, zuletzt in: Nella selva di Greccio nacque il presepio plastico, Roma ^{2}1966, bes. 23-32: „San Francesco ideatore del presepio plastico.“ – Noch mehr erstaunt MCNAMARA, R. F.: Crib, in: New Cath. Encycl. IV [Washington 1967], 447f., mit der Aussage: „But it was St. Francis of Assisi who really launched the crib devotion with his *presepio* at Greccio in 1223“ (448a). „Franziskus – Erfinder der Krippe“ scheint zu jenen historischen Irrtümern zu gehören, die, sofern einmal in Umlauf gesetzt, unausrottbar und gedankenlos weitertradiert werden!

[39] Nebst LÜTZELER, H.: Bildwörterbuch der Kunst, Bonn [^{2}1962], 415f. (Zitat 415), vgl. bes. BERLINER, Die Weihnachtskrippe, passim; vgl. die Rezensionen zu diesem Werk in: BgFr XI, n. 368.

[40] BERLINER, Die Weihnachtskrippe, 28f.: „Meines Wissens fehlen vorläufig überhaupt Belege dafür, daß Jünger des hl. Franziskus sich vor der Gegenwart der Weihnachtskrippe in einem das Durchschnittliche überschreitenden Maß annahmen“.

sen Brauchtums P. Louis Gougaud O.S.B. († 1941), von Bischof Adriano Bernareggi († 1953) und schließlich vom ehemaligen Hauptkonservator des Bayerischen Nationalmuseums Rudolf Berliner ausführlich begründet.[41] Gegen diese Deutung wandte sich der Kunsthistoriker Erwin Rosenthal, der zwar zwischen den geistlichen Schauspielen und unserer weihnächtlichen Feier eine gewisse Gemeinsamkeit im Verlebendigen der Legende anerkennt, letzterer jedoch die für Mysterienspiele bezeichnenden Elemente der Darsteller und des Dialogs abspricht. Franziskus habe keineswegs eine szenische Darstellung des Weihnachtsgeheimnisses, sondern einzig die Schaffung einer realistischen „Stallatmosphäre" beabsichtigt. Er kennzeichnet die Inszenierung (*mise en scène*) als ein lebendes Schaubild (*tableau vivant*), bei dem plastische Figuren völlig fehlten. Immerhin rechnet der Verf. mit der Möglichkeit, dass Franziskus mit voraufgehenden Mysterienspielen, vielleicht sogar in Bethlehem selber, habe bekannt werden können.[42]

Gegen die ideelle Verbindung mit den geistlichen Schauspielen wendet sich ebenfalls C. van Hulst O.F.M., da sie ihm unwahrscheinlich und unbeweisbar erscheint. Er stellt der Schlichtheit der weihnächtlichen Feier, die in Greccio im winterlichen Wald ohne Darsteller oder Figuren ablief, die liturgische Feierlichkeit der in [S. 275] Kathedralen und großen Klosterkirchen inszenierten Mysterienspiele gegenüber.

> Quanto abbiamo detto ci sembra abbastanza convincente per dover negare che la celebrazione del Natale di Greccio sia stata un ufficio drammatico o che tali uffici abbiano influito in larga misura su essa.[43]

Dem Verf. scheint hingegen wahrscheinlicher zu sein, dass Franziskus unter direktem Einfluss des Krippenheiligtums in Santa Maria Maggiore in Rom gestanden sei. Andererseits betont der Autor mit besonderem Nachdruck die symbolische Nähe zwischen dem Mysterium der Geburt und der Eucharistie, wie sie unserem Heiligen in Greccio vor Augen schwebte. Mit zahlreichen Belegen weist der Verf. überzeugend nach, dass die Vorstellung von der eucharistischen Krippe vor Franziskus stark verbreitet war und sich bis in die Väterzeit zurückverfolgen lässt.[44]

Auch wenn die teils recht bedeutenden Unterschiede zu den Sakralspielen nicht bestritten werden können, darf man anderseits offenkundige Gemeinsamkeiten nicht einfach übersehen oder gar unterschlagen. Der improvisierte Futtertrog mit der darinliegenden Christkindfigur,[45] die apokryphen Tiere,[46] die freudbewegte Lichterprozession,

---

[41] GOUGAUD, L.: La crèche de Noël avant S. François d'Assise, in: Rev. Sc. Rel. 2 (1922) 26-34; BERNAREGGI, A.: Le fonti del presepio di Greccio, in: Scuola Catt. 52 (1924) 7-29, 99-108; BERLINER, Die Weihnachtskrippe, 28b: „Daß der hl. Franziskus nicht als 'Erfinder' der Krippe gelten kann, sondern daß seine Weihnachtsfeier im Walde von Greccio (1223) in die Entwicklungsreihe der liturgischen Spiele in der Weihnachtsnacht gehört, ist längst erkannt. Der Eindruck des kommemorativ-symholischen Gottesdienstes sollte für das Gefühl verstärkt werden durch Versetzung in eine der Nacht von Bethlehem angeglichene Umwelt ...".

[42] ROSENTHAL, The crib of Greccio, bes. 58f.

[43] VAN HULST, San Francesco, 119 (Zitat), 112-119 (Schauspiele), 119f. (S. Maria Maggiore).

[44] Ebd. 108-112; vgl. auch oben Anm. 1 und unten Anm. 49.

[45] Vgl. oben Anm. 28.

[46] VAN HULST, San Francesco, 121, behauptet: „... con la presenza dell'asinello e del bue (non sappiamo se negli offici drammatici di quegli anni fossero presenti) ...". Vgl. jedoch BERLINER, Weihnachtskrippe, 21a „In die Praesepien der kirchlichen Schauspiele sind auch Ochs und Esel eingedrungen und zwar,

die mimischen Elemente des Evangeliumsgesangs und der szenischen Predigt stempeln die Feier des Poverello zu einer kunstlos-populären Form eines mit liturgischen Elementen dramatisierenden Besuches der eucharistischen Krippe.[47] Rosenthal wird mit seiner Deutung dem geschichtlichen Befund der Quellen nicht gerecht. Hauptsächlicher, ja im Grunde einziger Darsteller war Franziskus selber, dessen Dialog sich mit dem figürlich und mystisch gegenwärtigen Jesuskind bzw. mit dem umstehenden Volk vollzog. Ja, man kann sogar der Meinung sein, dass alle Teilnehmer aktiv ins Mysterienspiel einbezogen waren. Dies gilt nicht allein für die äußere Mitwirkung in Gesang und Lichterprozession, sondern vorab für das [S. 276] realistische Miterleben der Entbehrungen des Jesuskindes (winterlicher Wald!). Die nicht zu bestreitenden Unterschiede zu den weihnächtlichen Sakralspielen stammen dagegen aus der betont individuellen Eigenart, die der Heilige seiner Feier aufzudrücken wusste. Dessen Urtümlichkeit und sein spielerisches Improvisationstalent dürfen jedoch nicht dazu verleiten, die ideengeschichtlichen Wurzeln der Feier von 1223 in den früheren Weihnachtsspielen zu verkennen.

Bei den Mysterienspielen ist ein Kräftespiel von verhüllenden und veranschaulichenden Elementen wirksam. Je nach dem Vorherrschen der symbolischen oder naturalistischen Komponente wird bei einer Darstellung deren geistige Nähe zur Liturgie oder zum Theater erkennbar.[48] Darum stellt sich für unseren Fall die Frage nach dem entwicklungsgeschichtlichen Standort der Weihnachtsfeier von Greccio. Man wird mit R. Berliner berechtigterweise deren starken symbolischen Grundzug unterstreichen. Ja, man kann mit C. van Hulst – wie bereits betont –, die Verbindungslinien mit der Patristik noch deutlicher aufzeigen, als es dem bekannten Krippenfachmann gelang; denn die Sinnverbindung zwischen Krippe und Altar wurde von den Vätern öfter hervorgehoben.[49] Es ist erstaunlich, mit welch theologischem Spürsinn Franziskus in der einen symbolischen Feier Krippe, Kreuz und Altar spirituell verknüpfte, ohne das unnachahmliche Heilsgeschehen in indiskret-naturalistischen Formen wiederzugeben, die dessen Sinngefüge gesprengt hätten. In der zeichenhaft unter dem Tragaltar ange-

---

woran zu zweifeln kein Grund vorliegt, nicht nur in Abbildern", und die Anm. 106 auf S. 169ab. Vgl. auch die neueste, mit ebenso großer Gelehrsamkeit wie geistiger Schärfe geschriebene Untersuchung von STEMMLER, Th.: Liturgische Feiern und geistliche Spiele. Studien zu Erscheinungsformen des Dramatischen im Mittelalter, Tübingen 1970, 143; wie überhaupt: Texte aus der Weihnachtszeit, 72-96, und die voraufgehende Lit., 309-326.

47 Den Einzelnachweis suchten wir zu führen im Art.: Kerstviering, 40 (1957) 174-176.

48 In diesem Sinne schlägt STEMMLER, Liturgische Feiern, 19, eine Sprachregelung vor, die Beachtung und Nachfolge verdient. „Wir unterscheiden streng zwischen 'quasi-dramatischer liturgischer Feier' und 'geistlichem Spiel'. Die quasi-dramatische Feier ist in ihrem ganzen Wesen von der Liturgie geprägt ... Sie ist nicht autonom, sondern eine Funktion der Liturgie, von der sie in allen Einzelheiten abhängt ... – Von der quasi-dramatischen liturgischen Feier unterscheiden wir das geistliche Spiel ... Dieses ist frei von den Fesseln der Liturgie. Es besteht autonom für sich; seine Gestaltung wird nicht durch ihm äußere ... Denkmuster bestimmt ..." Es sei ausdrücklich betont, dass wir das religiöse Geschehen in Greccio als quasi-dramatische liturgische Feier verstehen, auch wenn wir die terminologische Unterscheidung zwischen Feier und Spiel nicht konsequent durchgehalten haben.

49 BERLINER, Weihnachtskrippe, 28b; VAN HULST, C.: Crèche, in: DSp II, 2521f., und oben Anm. 44; Kerstviering, ebd. 171 Anm. 17. – Nicht zugänglich war uns die Spezialstudie von BARB, A. A.: Krippe, Tisch und Grab. Ein Versuch zur Formsymbolik von Altar und Patene, in: Mullus. Festschrift Theodor Klauser, Münster/Westf. 1964, 17-27.

deuteten Krippe wollte er das geheimnisvolle Weiterführen der Inkarnation durch das eucharistische Mysterium veranschaulichen. Dass die eucharistische Krippe ein religiöser Brennpunkt dieser nächtlichen Feier war, bedarf nachgerade kaum noch langer Beweise.

Es ist freilich eine andere Frage, ob es angeht, beim Betonen des symbolischen Grundcharakters der Mysterienfeier stehenzubleiben. Nach R. Berliner erfolgte dieselbe „auf der transzendenten Ebene [S. 277] des Sakramentes jenseits des nur stimmungsverstärkenden Rahmens".[50] Eine entscheidende Antwort auf diese entwicklungsgeschichtlich bedeutsame Frage hängt teils davon ab, ob man die Gegenwart einer figürlichen Darstellung des Jesuskindes annimmt oder nicht.[51] Wie wir zuvor bereits nachzuweisen suchten, kann die Anwesenheit einer Christkindfigur kaum bezweifelt werden. Zudem dürfen die realistischen Elemente der Szenerie im winterlichen Wald,[52] die zeitliche Ansetzung der Feier um Mitternacht und die in den herbeigeführten Tieren angedeutete „Stallatmosphäre" nicht übersehen werden. Der Wunsch, den der Ordensstifter Ritter Giovanni gegenüber ausgesprochen hatte, das Begebnis von Bethlehem so anschaulich und greifbar wie nur möglich zu betrachten, offenbart doch deutlich den Zug zur Rekonstruktion. Schließlich gilt es auf die schauspielerisch veranschaulichende Tendenz von Franziszi Predigt hinzuweisen, die man unmöglich mit der sakramentalen Opferfeier auf eine Stufe stellen kann.[53]

Als Gegenprobe zu unserem Deutungsversuch seien einige Aussagen der ältesten Lebensbeschreiber angeführt, womit sie das Geschehen von Greccio charakterisieren. Dass sie zunächst Hinweise auf dessen liturgisch-sakramentale Eigenart bieten, erstaunt nicht. So spricht Celano von „Celebrantur Missarum solemnia supra praesaepe ..." (1 C 85: 64), während Julian von Speyer noch ausdrücklicher sagt: „... vigiliae celebres inchoantur" und „... novoque ritu celebrantur Bethlehem novae solemnia" (Jul 54: 360). Daneben unterstreichen sie auch den Erinnerungscharakter der nächtlichen Feier: „... pueri memoriam agere ..." (1 C 84: 63); „Cum enim die Nativitatis Domini de ipso Bethlehemitico puero praesaepii memoriam celebraret ..." (3 C 19: 280) und Julian: *Domini Jesu Christi infantiam recolere* (vgl. Jul 55: 361). Schließlich betonen beide Biografen ebenso die Zielsetzung, das bethlehmitische Heilsgeschehen mimisch zu erneuern und zu vergegenwärtigen: „... corporeis oculis pervidere ..." (1 C 84: 63); „quasi nova Bethlehem de Graecio facta ..." (1 C 85: 64); „... universa olim circa puerum Iesum facta colludia mystice iteraret" (3 C 19: 280); „... humilem nascentis in Bethlehem Salvatoris infantiae paupertatem, similitudine qua poterat ... repraesentare ..." (Jul 53: 360). Gerade [S. 278] die Kennzeichnung mit „colludia mystice iterare", was treffend durch Mysterienspiel deutsch wiedergegeben wurde, weist eindrücklich auf die

---

[50] BERLINER, Weihnachtskrippe, 28b.

[51] Berliners Antwort (ebd. 175 Anm. 175) ist entschieden verneinend; doch hat der Verf. die Quellenzeugnisse nicht aus erster Hand geprüft und sicher sie nicht nach ihrem vollen Aussagewert genommen. Vgl. auch oben Anm. 28 und unten Anm. 62.

[52] Dieses Element hat freilich noch einen tieferen Quellgrund, den wir unten in Nr. 2 zu erschließen suchen.

[53] Wie dies BERLINER, Weihnachtskrippe, 28b, tut.

Tradition der quasi-dramatischen liturgischen Feiern hin und dürfte diese Verbindung bis zur Sicherheit erhärten.[54]

Somit kann zusammenfassend betont werden: neben der offenkundigen symbolischen Ausrichtung darf die Neigung des Heiligen zur äußeren Darstellung des inneren Erlebens und zur Vergegenwärtigung des geschichtlich Vergangenen in der quasi-dramatischen Feier von Greccio nicht verkannt werden. Dabei gehören die realistischen Momente nicht allein zur bergenden Schale oder zum stimmungsverstärkenden Rahmen, sondern sie treten mitbestimmend ins Mysterienspiel ein, ohne dasselbe jedoch ins Naturalistische absinken zu lassen. Der Drang zur Veranschaulichung erwächst Franziskus aus seiner poetisch-sensiblen Veranlagung, aus dem Zug der gotischen Zeit zur sakralen Schau und der Freude der ritterlichen Umwelt an szenischer Darstellung. Zutiefst wurzelt dieser in der mystischen Erlebnisart des Heiligen. Es möchte uns scheinen, dass Franziskus gerade in den realistischen Elementen der Weihnachtsfeier seiner Zeit vorauseilte und spätere Entwicklungen vorwegnahm.[55]

2. Die Weihnachtsfrömmigkeit des hl. Franziskus muss zudem im Lichte anderer biografischer Berichte beleuchtet werden. So bedeutsam und bezeichnend auch die weihnächtliche Feier von Greccio im Leben des Poverello dasteht, bildet sie doch darin nur eine Episode. Diese Behauptung erhellt allein schon aus der Tatsache, dass sie weder von Franziskus vor seinem Tod (1226) noch von seinen Söhnen jemals wiederholt wurde.[56] Deshalb drängt es sich geradezu [S. 279] auf, andere Zeugnisse über seine Weihnachtsfrömmigkeit zur Abrundung des bisher gewonnenen Bildes heranzuziehen.

---

[54] Vgl. GRAU, E.: Thomas von Celano. Leben und Wunder des hl. Franziskus von Assisi, Werl/Westf. ^{2}1964 (FQS, 5), 453. – Zu *colludium* (Celano verwendet das Wort anscheinend in einer sonst nicht bezeugten weiblichen Form *colludia*) vgl. BLAISE, A. / CHIRAT, H.: Dictionnaire latin-français des auteurs chrétiens, Turnhout [1954], 159a (Spiel unter Zusammenwirken mehrerer Personen).

[55] Freilich nicht so, dass der Heilige die realistischen Elemente aus ihrem symbolischen Sinneszusammenhang herausgerissen hätte (dies zeigte sich schon zuvor in einzelnen Auswüchsen quasi-dramatischer Feiern und sollte sich in der Folgezeit in gewissen theatralischen Entartungen geistlicher Spiele verwirklichen; vgl. Kerstviering, 50 [1957] 176). Anderseits ist der Fortschritt an Realismus und Naturnähe gegenüber den früheren Weihnachtsfeiern offenkundig, auch wenn die geistesgeschichtlichen Wurzeln dieser Entwicklung sich bereits ins 12. Jahrhundert zurückverfolgen lassen, wie ROSENTHAL, The crib of Greccio, 59, richtig bemerkt.

[56] Vgl. unseren Art. Kerstviering, 51 (1958) 24; ebd. 23-26, suchten wir das Nachwirken von Greccio in der franziskanischen Spiritualität anzudeuten; vgl. auch CICCARELLI, I misteri di Cristo, 103-254. In diesem Zusammenhang ist besonders hinzuweisen auf die Fern-Audition bzw. Fern-Vision der liturgischen Weihnachtsfeier in San Francesco durch die hl. Klara; vgl. THOMAS VON CELANO, Legenda S. Clarae, n. 29: OMAECHEVARRÍA, I.: Escritos de Santa Clara y documentos contemporáneos, Madrid 1970, 161f.: „Cumque de parvulo Iesu cogitare coepisset, et multum doleret quod suis laudibus interesse non posset, suspirans ait: 'Domine Deus, ecce sola relicta sum tibi in loco isto'. Ecce repente mirabilis ille concentus, qui in ecclesia sancti Francisci fiebat, suis coepit auribus intonare. Audiebat iubilum Fratrum psallentium, harmonias cantantium attendebat, ipsum etiam percipiebat sonitum organorum." Nachdem der Verf. eine natürliche Erklärung des Phänomens ausgeschlossen hat, fährt er fort: „Verum quod totum hoc excellit oraculum, ipsum digna fuit Domini praesepe videre" (162). Die letztgenannte Vision scheint sich offenbar nicht auf eine Krippennachbildung in San Francesco, sondern auf die Geburtsszene in Bethlehem selber zu beziehen. Das voraufbeschriebene Ereignis fällt auf 1252; vgl. GRAU, E.: Leben und Schriften der hl. Klara von Assisi, Werl/Westf. ^{2}1953 (FQS, 2), 43 Anm. 67.

In den Kapiteln, wo Thomas von Celano in seiner zweiten Lebensbeschreibung – wenn auch ziemlich schemenhaft – die verschiedenen Devotionen des Ordensvaters beschreibt, kommt er auch auf dessen Krippenfrömmigkeit zu reden. Er leitet diesen Abschnitt folgendermaßen ein:

> Nativitatem pueri Iesu prae aliis solemnitatibus ineffabili alacritate colebat, festum festorum asserens, quo Deus, infans parvulus factus, ad ubera pependit humana.

Mit dem Hinweis auf die Erniedrigung greift der Biograf auf einen anderweitig ebenfalls bezeugten Kerngedanken des Heiligen zurück.[57] Als weiteren Beweggrund zu inniger Liebe zum Jesuskind führt Br. Thomas an mehr denn einer Stelle die Armut Jesu und seiner Mutter in Bethlehem an:

> Paupercula Virgo quanta illo die fuerit circumventa penuria, non sine lacrimis recolebat. Sedenti namque ad prandium die quadam, paupertatem beatae Virginis commemorat quidam Frater, et Christi Filii eius inopiam replicat. Protinus surgit a mensa, singultus ingeminat dolorosos, et perfusus lacrimis supra nudam humum reliquum panem manducat. Inde hanc virtutem regiam esse dicebat, quae in Rege et Regina tam praestanter effulserit.[58]

In die nämliche Richtung weist die Antwort des Poverello an Kardinal Hugolin, der den Heiligen zur Rede stellte, weil er erbetteltes Brot an die Tafel des Gastherrn mitgebracht und unter die Anwesenden verteilt hatte: [S. 280]

> Ego autem regalem habeo dignitatem et nobilitatem insignem, illum sequi Dominum, qui, cum esset dives, pro nobis egenus factus est (vgl. 2 Kor 8,9).[59]

Man wird somit sagen dürfen, Franziskus habe seine Motive für die evangelische Armut in nicht geringem Ausmaß vom Geburtsgeheimnis Christi her empfangen.[60] Hierin stimmt der Biograf mit den *Opuscula* völlig überein. Nebenbei fällt an den angeführten Texten die zeitbedingte sprachliche Einkleidung der Begründung auf, die offenkundig von den Vorstellungen der feudalen Gesellschaft (Königtum, Adel) inspiriert ist.

Eine willkommene Ergänzung zur bisher bekannten Weihnachtsfrömmigkeit des Heiligen ergibt sich aus dem kurzen Hinweis des Biografen:

> Infantilium illorum membrorum imagines famelica cogitatione lambebat, et eliquata pueri

---

[57] 2 C 199: 244. – Die Parallele im Weihnachtspsalm der *Opuscula* besprachen wir oben, I, 2. – Der Zusatz ist literarische Einkleidung des Biografen, wobei aber zu betonen ist, dass die Motivierung psychologisch durchaus glaubwürdig ist, da die mittelalterlichen Menschen – wie übrigens auch heute noch die Bewohner südlicher Gegenden – dem Vorgang der Stillung viel unbefangener gegenüberstanden als der heutige und nördliche Mensch, wie z. B. das Fresco im Krippenoratorium von Greccio aus der 1. Hälfte des 15. Jahrhunderts beweist; vgl. TERZI, A.: Memorie francescane nella Valle Reatina, Roma 1955, 152f. (Beschreibung mit Reproduktion).

[58] 2 C 200: 244f.; vgl. auch 2 C 83, 85: 180, 181; eine weitere Parallele vgl. unten in Anm. 71. – Die Lit. zur franziskanischen Armut bei SCHLAURI, S. François et la Bible, 405-410.

[59] 2 C 73: 175. – Auch das zweite Grundanliegen des Minderbrüderlebens, die Demut, hat Franziskus mit der Vorbildlichkeit der Menschwerdung des Wortes begründet; vgl. Per 61: BROOKE, 196: „... nolo verecundari ire pro eleemosynis, immo volo habere et tenere secundum Deum pro magna nobilitate et regali dignitate et honore illius summi Regis, qui cum sit Dominus omnium, pro nobis fieri voluit servus omnium et, cum esset dives et gloriosus in maiestate sua, pauper et despectus venit in humanitate nostra." – Zum Gedanken der Christusnachfolge und der franziskanischen Demut vgl. die Lit. bei SCHLAURI, ebd., 421-423 und 410f.; für die spirituelle Begründung des Bettels im besonderen vgl. CASUTT, L.: Bettel und Arbeit nach dem hl. Franziskus von Assisi, in: CFr 37 (1967) 229-249.

[60] Darauf wies in fragender Form hin: OPTATUS [VAN VEGHEL], De geest van Franciscus, 31 Anm. 16.

compassio in cor suum etiam verba dulcedinis faciebat more infantium balbutire. Eratque sibi hoc nomen quasi mel et favus in ore.[61]

Bei dieser kindlichen Form, Bildnisse des Jesuskindes zu küssen, wird man in erster Linie an Christkindfiguren denken dürfen. Wenigstens lässt das vom Biografen verwendete Wort „imagines" diese Deutung zu. Das Stammeln von Koseworten scheint eine Rückerinnerung an die Weihnachtsfeier von Greccio zu sein. Damit würde unsere Deutung vom Vorhandensein einer figürlichen Darstellung durch ein weiteres Argument gestützt, zumal sich auch der gedrängte Hinweis auf den Kult des Namens Jesus mühelos in diesen Kontext einfügt.[62]

Während Franziskus und der von ihm gestiftete Orden als innere Vorbereitung zwischen dem Fest von Allerheiligen und Weihnachten [S. 281] fasten,[63] will er am Geburtsfest – selbst wenn es auf einen Freitag fiele –, die Minderbrüder, aus berechtigter Freude über den Anbruch der Erlösung, vom kirchlichen Abstinenzgebot befreit wissen. Denn auf den Einwand von Br. Moricus, es sei diesmal an Weihnachten Freitag – somit kommen für die Lebenszeit des Heiligen seit der Ordensgründung in Frage: 1209, 1215 und 1220 –,[64] und die Brüder seien zum Beobachten des Fleischverbotes verpflichtet, antwortet er:

Peccas Frater, diem Veneris vocans, quo 'Puer natus est nobis' (Jes 9,6). Volo, inquit, quod etiam parietes tali die comedant carnes, et si non possunt, vel de foris liniantur!

In seiner Antwort erweist sich der Ordensvater freilich weniger als Kenner des Kirchenrechts denn als Mystiker. Da er nämlich in seinen Regeln den Sonderfall des auf einen Freitag fallenden Weihnachtsfestes nicht eigens vom Abstinenzgebot ausgenommen hatte, blieb formalrechtlich die Verpflichtung für die Minderbrüder auch bei diesem Zusammentreffen bestehen. Die Aussage des Heiligen will demnach ungefähr folgendes besagen: Es wäre ein Vergehen gegen den Sinn des Weihnachtsfestes, dasselbe als

---

61 2 C 199: 244.

62 Vgl. oben Anm. 28 und 51. Mindestens darf dieser Stelle soviel entnommen werden, dass Franziskus mit bildlichen Darstellungen der Geburtsszene vertraut war. – Zum Namen-Jesu-Kult vgl. unseren Art. Stellung Christi, 207-209.

63 NbR 3: FLOOD, 57, bzw. BR 3: Opuscula [Lem.], 66; vgl. hierüber bes. FIDEL [ELIZONDO] DE PAMPLONA: Ayunos y abstinencias en la Regla franciscana, in: Ius Seraphicum 1 (1955) 268-294 (vergleich mit der Fastenpraxis anderer Orden des 12. und 13. Jahrhunderts), bzw. SULLIVAN, J. J.: Fast and abstinence in the First Order of St. Francis: A historical synopsis and a commentary, Washington 1957, 9f. – Für das Fasten von Allerheiligen bis Weihnachten führt OLIGER, L.: Expositio quatuor Magistrorum super Regulam Fratrum Minorum, Romae 1950, 179, Parallelen bei den Katholischen Armen und den Hospitalitern vom Hl. Geist an; für das Adventsfasten nach einem Dekret Gregors VIII. vgl. ebd. Für die Geschichte dieser Fastenpraxis vgl. bes. PARRA HERRERA, A.: Legislación eclesiástica sobre el ayuno y la abstinencia. Sintesis histórica y comentario, Washington 1935, 59-62. Das Adventsfasten begann mit dem Feste des hl. Martin und scheint im Hochmittelalter ein ziemlich verbreiteter Brauch, wenn auch jedenfalls nur auf freiwilliger Basis, gewesen zu sein. Vgl. noch PETRUS DAMIANI, De Ordine Eremitarum: PL 145, 330f.; Innozenz III. bezeugt diese Praxis für Rom: Decretales Gregorii IX, c. 2, X de observat. ieiuniorum III, 46: FRIEDBERG, A.: II, Leipzig 1881, 651, oder PL 215, 811A.

64 Vgl. CAPPELLI, A.: Cronologia, cronografia e calendario perpetuo, Milano ²1930, 50f. und 92f. – Welcher der zwei Minderbrüder, die in den frühfranziskanischen Quellen mit dem Namen Moricus aufscheinen, hier spricht, kann leider mangels näherer Anhaltspunkte nicht entschieden werden; vgl. GRAU, E.: Die ersten Brüder des hl. Franziskus, in: FrSt 40 (1958) 132-144, 140f., bzw. BROWN, R.: Appendix VII: Companions, in: ENGLEBERT, St. Francis of Assisi, 437.

Bußtag zu begehen.[65] Es ist nur ein treues Echo auf diese religiöse Haltung des [S. 282] Ordensgründers, wenn die hl. Klara das Geburtsfest Christi – nebst allen Sonntagen – vom immerwährenden Fastengebot ausnimmt. Übrigens führt sie diese Bestimmung auf den ausdrücklichen Willen des hl. Franziskus zurück.[66]

Wenn man auch geneigt ist, in der Anweisung des Heiligen, an Weihnachten die Hauswände mit Fleisch zu bestreichen, eher eine hyperbolische Äußerung seiner Festfreude als einen buchstäblich auszuführenden Wunsch zu erblicken, enthält sie doch einen Kernpunkt seiner Weihnachtsfrömmigkeit. Franziskus will nämlich selbst die unbeseelte und irrationale Natur an der Wonne des Geburtsfestes Christi teilnehmen lassen. Celano bestätigt diesen Sachverhalt auch an einer anderen Stelle:

> Volebat hoc die pauperes et famelicos a divitibus saturari, et annonam et foenum plus solito bobus et asinis indulgeri. „Si locutus", ait, „fuero Imperatori [Otto IV. oder Friedrich II.], supplicabo constitutum fieri generale, ut omnes qui possunt, frumenta et grana per vias proiciant, ut die tantae sollemnitatis abundent aviculae, praecipue sorores alaudae."[67]

Den tieferen Grund dieser Einstellung verrät die *Compilatio Perusina*, wenn sie berichtet:

> Nam B. Franciscus maiorem reverentiam habebat in Nativitate Domini quam in ulla alia sollemnitate Domini, quoniam licet in aliis eius sollemnitatibus Dominus salutem nostram

---

65 2 C 199: 244. – Für die Geschichte des Freitagsfastens bzw. der Abstinenz von Fleischspeisen vgl. PARRA HERRERA, Legislación eclesiástica, 15-20 (war ursprünglich mit den altchristlichen „Stationes" verbunden; erhielt erst um die Jahrtausendwende gesetzliche Verpflichtung; seit 1216 nurmehr Abstinenz vorgeschrieben). Für die franziskanischen Regeln vgl. SULLIVAN, Fast and abstinence, 28-32 (Lit.). – Wegen der frühen Bezeugung des Freitagsfastens und ob dessen ideeller Verbindung mit dem Kreuztod Christi („... quia ... sexta feria crucifixus est Salvator": Decr., c. 16, D. 3 de consecr.: FRIEDBERG, I, Leipzig 1879, 1356) bezieht Franziskus den Tadel nicht etwa auf „dies veneris", sondern auf „Vener*dì*" = Tag der Bußtrauer. – 1216 nimmt Honorius III. in einem Antwortschreiben an den Bischof von Prag die Religiosen bezeichnenderweise vom Gunsterweis des Nichtfastens für unseren fraglichen Sonderfall aus; ein Entscheid, den Gregor IX. aufnehmen wird in seine Decretales, c. 3, X de observat. ieiuniorum III, 46: FRIEDBERG, II, 651.

66 KlReg 3, 8: [HILARIUS VON PARIS], Seraphicae legislationis textus originales, Quaracchi 1897, 56, oder bei OMAECHEVARRÍA, Escritos de S. Clara, 258: „In Nativitate vero Domini, quocumque die venerit, bis refici possint"; bzw. S. Clara, Epistola III ad B. Agnetem: J. K. VYSKOČIL / L. BARABÁS, in: Santa Chiara d'Assisi. Studi e cronaca del VII centenario 1253-1953, Assisi [1954], 138, oder bei OMAECHEVARRÍA, ebd., 335f.: „Noverit quidem tua prudentia, quod, praeter debiles et infirmas ..., nulla nostrum sana et valida nisi cibaria quadragesimalia tantum, tam in diebus ferialibus quam festivis manducare deberet, die quolibet ieiunando, exceptis diebus dominicis et Natalis Domini, in quibus bis in die comedere deberemus." Zu beachten ist, dass der ganze Abschnitt auf die Mahnung des Ordensvaters zurückgeführt wird.

67 2 C 200: 244. – Nach BERGAMASCHI, A Greccio, 417, soll Franziskus bei der Weihnachtsfeier von 1223 diesen Plan genährt haben, wofür der Verf. den Quellenbelag natürlich schuldig bleibt! Diese Bitte wird dem Traktat Friedrichs II. *De arte venandi cum avibus* (verfasst sicher nach 1228, wohl kurz vor 1250, also zweifellos nach dem Tode des hl. Franziskus; vgl. EncIt XIV [1933] 739a) gegenübergestellt. „Dans un tel contexte, la pétition du Poverello ne peut apparaître que comme une radicale contestation de tout ce que représentait le Saint Empire au plan religieux comme au plan social. Si l'empereur veut se conformer aux indications éthiques de la nature, il doit renoncer à l'art de la chasse aux oiseaux, et aller jusqu'au bout, et donc renoncer aussi à l'art de la guerre contre les hommes. La contestation de François est impitoyable, même si elle demeure au niveau de l'ironie" (417). Solch willkürliche Deutungen, auch wenn sie modern klingen, haben natürlich mit dem Erheben des objektiven Sinnes einer Quellenaussage nichts gemein!

operatus sit, tamen ex [S. 283] quo natus fuit nobis, ut dicebat B. Franciscus, oportuit nos salvari. Propterea volebat, ut tali die omnis christianus in Domino exsultaret et pro eius amore qui semetipsum dedit nobis, omnis homo non tantum pauperibus cum hilaritate esset largus, sed etiam animalibus et avibus.[68]

In Bethlehem schenkte sich uns Christus durch seinen Eintritt in die Welt. Damit aber schlug die Stunde des Heiles an. Die uns in der Menschwerdung zuteilgewordene Güte Gottes soll daher der beschenkte Mensch dem Nebenmenschen und der übrigen Schöpfung zeichenhaft weiterreichen. Die Bruderanrede der Kreaturen schließt indes noch mehr ein. Nicht allein den Menschen, sondern auch in gewissem Sinne den übrigen Geschöpfen überhaupt, wurde der „Herr voll Majestät" in seiner irdischen Geburt zum Bruder.[69] Als kosmischer Widerhall fügt sich der gnadenhaften Verbrüderung in Christus die geheimnisvolle Verschwisterung der seit dem Sündenfall entzweiten Schöpfung mit dem neubegnadeten Menschen an.[70]

III Zusammenfassung und Gesamtwürdigung

Nach der Darstellung der Weihnachtsfrömmigkeit des hl. Franziskus im Lichte der *Opuscula* und der biografischen Quellen liegt der Versuch einer allgemeinen Würdigung und zusammenfassenden Gesamtschau nahe.

1. Eine sachgerechte *Wertung dieser Form von Jesusfrömmigkeit* bei Franziskus wird erheblich erschwert, weil eine größere Anzahl konkreter Ansatzpunkte fehlen, um Werden und Entfalten dieser Frömmigkeitsform zu beobachten. Zwar lässt sich die Krippenfeier in Greccio auf Jahr und Tag genauestens festlegen. Aber damit beginnt die Problematik sich erst recht zuzuspitzen; denn wie oben aufzuzeigen versucht wurde, handelt es sich bei der weihnächtlichen Feier um eine einzelne Episode, die irgendwie isoliert im Leben des Heiligen dasteht. Doch darf nicht übersehen werden, dass die eucharistische Krippenfeier nach der Reise unseres Heiligen nach Ägypten und – vielleicht sogar nach Palästina – (1219/20) stattfand. Dass die geistig-geografische Nähe zu den Stätten [S. 284] von Geburt, öffentlichem Wirken und Tod Jesu seiner christozentrischen Frömmigkeit neuen Auftrieb gab, ist leicht einzusehen.[71]

Es stellt sich aber überdies die Frage, ob sich aus den *Opuscula* ein zeitlich irgendwie fixierbarer Punkt gewinnen lasse. Wegen gedanklicher Berührungspunkte zwischen *Regula non bullata* und *Epistola ad fideles* könnte man für den diesem Brief

---

[68] Per 110: BROOKE, 282.

[69] Vgl. 2 C 198: 243.

[70] Vgl. zur zit. Stelle JUNGE, L.: Die Tierlegenden des hl. Franz von Assisi. Studien über ihre Voraussetzungen und ihre Eigenart, Leipzig 1932, 116; zur Naturmystik vgl. einige Hinweise und die bedeutendere Lit. bei SCHMUCKI, O.: Saggio sulla spiritualità di san Francesco, Roma 1967, 31-36, oder in: ItFr 42 (1967) 409-415.

[71] Den vielleicht erfolgten Besuch der heiligen Stätten Palästinas suchten wir zu beleuchten in unserer Studie: Das Leiden Christi im Leben des hl. Franziskus, 373-376; die übrige Lit. vgl. bei SCHLAURI, S. François et la Bible, 373f.

entnommenen Text (I, 1a) als ungefähren *terminus ante quem* das Jahr 1221 annehmen. Weil darin von der Armut Jesu und seiner Mutter die Rede ist, dürfen wohl die damit übereinstimmenden biografischen Zeugnisse für den vorgenannten Zeitraum angesetzt werden.[72] Ähnlich kann aus der Stelle der *Regula non bullata*: „... et [Christus] fuit pauper et hospes et vixit de eleemosynis, ipse et beata Virgo et discipuli eius", erschlossen werden, dass das „Pilgermotiv" dem Ordensgründer vielleicht schon vor 1215 geläufig war.[73] Wenn sodann unsere Datierung des *Officium Passionis* für die Zeit des Übergangs von der Regula non bullata zur bullierten Regel[74] berechtigt ist, muss der Weihnachtspsalm in denselben Jahren entstanden sein. Damit scheinen die Möglichkeiten ausgeschöpft zu sein, die Weihnachtsfrömmigkeit des hl. Franziskus genetisch einzuordnen.

Kenner der Celano-Schriften werden hier noch an die Stelle aus der ersten Vita erinnern:

> Summa eius intentio, praecipuum desiderium, supremumque propositum eius erat sanctum Evangelium in omnibus et per omnia observare ac perfecte omni vigilantia, omni studio, toto desiderio mentis, toto cordis fervore, 'Domini nostri Iesu Christi doctrinam sequi et vestigia' imitari. Recordabatur assidua meditatione verborum eius et [S. 285] sagacissima consideratione ipsius opera recolebat. Praecipue incarnationis humilitas et charitas passionis ita eius memoriam occupabant, ut vix vellet aliud cogitare.[75]

Allein, diese biografische Einleitung zum Greccioberich vermag wegen ihres allgemeinen und in etwa übersteigernden Charakters über die zeitliche Unbestimmtheit umso weniger hinwegzuhelfen, als Celano für die Chronologie bekanntermaßen wenig verlässlich ist.[76] Hinzukommt, dass er kein weiteres geschichtliches Faktum anführt, woraus die Weihnachtsfrömmigkeit des Poverello beleuchtet würde. Man ist somit versucht, das stärkere Hervortreten der Geburt-Christi-Verehrung ungefähr nach 1220 anzusetzen.

2. Der Versuch einer zeitlichen Einordnung führt von selber zur Frage nach dem *intensiven Ausmaß* und den bezeichnenden Charakterzügen *der Weihnachtsfrömmigkeit* unseres Heiligen. Gegenüber dem soeben angeführten Werturteil Celanos gilt zunächst

---

[72] Vgl. ESSER / HARDICK, Die Schriften des hl. Franziskus, 45f., 28f. – Sofern unsere mutmaßliche Datierung des folgenden Begebnisses zutrifft (vgl. SCHMUCKI, O.: „Secretum solitudinis". De circumstantiis externis orandi penes S. Franciscum Assisiensem, in: CFr 39 [1969] 25: „probabiliter primos annos actuositatis apostolicae S. Conditoris respicit ..."), ließe sich ein weiterer fassbarer Ansatzpunkt für ein frühes Entstehen der Inkarnationsmystik gewinnen. Per 89: BROOKE, 240-242, berichtet nämlich über ein Gespräch „cum B. Franciscus ivisset ad quoddam eremitorium Fratrum prope Roccam Bricii" (d. h. Rocca Sant'Angelo, im Stadtbereich von Assisi) mit einem Gefährten. Der Ordensvater habe zu dem durch freventliches Urteil fehlenden Bruder gesagt: „Cum vides pauperem, debes considerare illum in cuius nomine venit, videlicet Christum, qui nostram paupertatem et infirmitatem assumere venit" (242). Wie immer diese zeitliche Festlegung beurteilt werden mag, ergeben mehrere übereinstimmende Anzeichen, dass Franziskus das Weihnachtsgeheimnis gerade über den Weg seiner Berufung zur evangelischen Armut aufgegangen ist.

[73] Vgl. FLOOD, Die Regula non bullata, 105-125, wo der Verf. aufzuzeigen sucht, dass die NbR 1-17 in ihrer Grundgestalt auf die Zeit vor dem Laterankonzil zurückgehen. Text: NbR 9: ebd., 61.

[74] Vgl. SCHMUCKI, Die Stellung Christi, 136 Anm. 44.

[75] 1 C 84: 63.

[76] GRAU, Thomas von Celano, 47.

festzustellen, dass das Inkarnationsmysterium in der Religiösität des Ordensstifters nicht jenen breiten Raum einnimmt, wie er wahrhaben möchte. Wenigstens fehlen uns hierfür die quellenmäßigen Grundlagen. Einmal sind keine Zeugnisse für ein frühes Entstehen dieser Devotion auffindbar. Bestimmte Anzeichen legen sodann nahe – so die Fastenfrage, Greccio und Weihnachtspsalm –, dass diese Form der Frömmigkeit namentlich während der Weihnachtszeit betonter vor seine Seele trat. Bei dieser liturgischen Gelegenheit erreichte sie freilich einen hohen affektiven Intensitätsgrad. Gewiss verbleiben die einschlägigen Stellen der *Opuscula* in gefühlsmäßig nüchternerem Rahmen als die biografischen Zeugnisse. So sucht man dort vergeblich nach jener fromm-innigen Ich-Du-Beziehung, wie sie die Grecciofeier voraussetzt. Doch braucht dieser Befund noch keinen inneren Widerspruch zu bedeuten; denn, abgesehen davon, dass die seelische Glut in den *Opuscula* durchaus, wenn auch verhaltener, zu spüren ist, müssen – für ein abgewogenes Urteil – der verschiedene Textzusammenhang und die objektiv-liturgische Vorlage des Weihnachtspsalmes in Anschlag gebracht werden.

3. An Merkmalen treten in der *Weihnachtsfrömmigkeit* des hl. Franziskus im einzelnen besonders hervor:

a) deren dogmatisch solides Fundament; denn bei aller Innigkeit seines Christusverhältnisses bleibt sich der Heilige der erhabenen Majestät des Verbums auch nach dessen Menschwerdung wohl bewusst. Diese Tatsache erhellt besonders deutlich aus [S. 286] den einschlägigen Stellen der *Opuscula.* Außerdem fällt die bewusste Betonung der Wirklichkeit von Christi Menschennatur auf. Dies erklärt sich wohl besonders als kämpferische – wenn auch indirekte – Abwehrstellung gegen den katharischen Doketismus.[77] In dieser Sicht erhält auch die quasi-dramatische Feier von 1223 neues Licht, insofern sie das Heilsmysterium dem menschlichen Auge anschaulich vergegenwärtigen will.

b) Der mittelalterliche Zug zur Historisierung scheint bereits in den *Opuscula* durch, indem der Heilige darin die Armut, Entbehrung und Heimatlosigkeit des Jesuskindes betrachtet. Noch deutlicher werden natürlich die geschichtlichen Verbindungslinien zur Geburt Christi in der Mysterienfeier von Greccio gezogen; denn damit sollte der Eintritt des Gotteswortes in die menschliche Geschichte im Rahmen der eucharistischen Opferfeier symbolisch-kommemorativ in das Hier und Heute zurückgebracht werden. Der symbolische Charakter der in die mitternächtliche Messliturgie eingebauten Feier bewahrt den Heiligen vor theatralischem Naturalismus. Überdies sei eigens hervorgehoben, dass in seinen Weihnachtsvorstellungen die phantastischen Erfindungen der Apokryphen fehlen. Ochs und Esel waren im christlichen Bewusstsein derart verankert, dass sie nicht mehr als unevangelische Zutat empfunden wurden.

[77] Vgl. ESSER, K.: Der hl. Franziskus und die religiösen Bewegungen seiner Zeit, in: San Francesco nella ricerca storica degli ultimi ottanta anni, Todi 1971 (Atti del IX Convegno storico internazionale dell'Accademia Tudertina), 95-123, bes. 111, 119f.

Andererseits fehlen quellenmäßige Belege für eine besondere Beziehung des Heiligen zu den übrigen Geheimnissen der Kindheit Jesu.[78]

c) Mit besonderem Nachdruck muss bei Franziskus das mystisch-erfahrungsmäßige Erleben des Inkarnationsmysteriums betont werden. Dieser Gesichtspunkt tritt zwar in den *Opuscula* noch kaum in Erscheinung, doch bezeugt das Geschehen von Greccio – namentlich der „nachvollziehende“ Evangeliumsgesang und die mimisch-mystische Wortverkündigung – dessen Vorhandensein sehr klar.

d) Schließlich darf die für einen Nicht-Fachtheologen[79] erstaunliche Zusammenschau verschiedener Heilsmysterien ausdrücklich erwähnt werden. Wie Franziskus schon in den *Opuscula* Krippe und Kreuz in einem sieht, so verbindet er im sakramentalen [S. 287] Opfer über dem Krippenaltar äußerlich wahrnehmbar das Geheimnis von Menschwerdung und Erlösung. Da er zudem die Wirkungen von Christi Heilstat am Kreuz nicht allein auf die Menschen beschränkt wissen will, verlegt er die nächtliche Mysterienfeier in die winterliche Natur und erfährt so die neue Verschwisterung aller Geschöpfe in Christus. Hier wird bereits ein bemerkenswerter Ausschnitt seiner christozentrischen Naturmystik ansichtig, die wir bei Gelegenheit durch eine Sonderstudie zu beleuchten hoffen.

---

[78] Im Gegensatz etwa zu BONAVENTURA, Da quinque festivitatibus Pueri Iesu: Op. om. VIII, 88-95; vgl. STANISLAS DU CHAMBON-FEUGEROLLES: La dévotion à l'humanité du Christ dans la spiritualité de S. Bonaventure, Lyon 1932, 67-83.

[79] Franziskus bekennt sich selber als: „ignorans sum et idiota“ (Epistola ad Capitulum: Opuscula [Lem.], 105; vgl. auch Test 9: ESSER, 102). Die Lit. über seine persönliche Kultur bei SCHLAURI, S. François et la Bible, 369.

Franziskus von Assisi erfährt Kirche in seiner Brüderschaft

Das Verhältnis des hl. Franziskus zur katholischen Kirche ist – besonders seit den herausfordernden Unterstellungen Paul Sabatiers[1] – öfter Gegenstand von Aufsätzen geworden.[2] Mein aus einem Vortrag hervorgegangener Beitrag möchte über die thematische Engführung Sabatiers und seiner Bekämpfer oder Befürworter bewusst hinausführen. Die Stellung des Poverello zur Kirche ist ja wirklich nicht allein auf sein Stehen zu deren Amtsvertreter eingeschränkt. Für eine erweiterte Sicht auf das ganze Kirchengeheimnis hat Kajetan Eßer in verschiedenen Untersuchungen, besonders in seiner einschlägigen Studie „Sancta mater Ecclesia Romana",[3] wesentliche Vorarbeit geleistet. Aufgrund der besonderen Themenstellung: „Sentire Ecclesiam", wie sie der Festschrift für Hugo Rahner gesetzt war, hob Eßer hier mit besonderem Nachdruck die Bedeutung der hierarchisch strukturierten Kirche in der Frömmigkeit des Heiligen hervor. Es dürfte daher möglich sein, das Thema: Franziskus – Kirche, und dies gerade im Blick auf die in der franziskanischen Brüderschaft aufscheinende Kirchenerfahrung, mit einigem neuen Liecht zu erhellen, ohne einfach allerseits bekannte Einsichten ermüdend zu wiederholen.

Bevor ich mich der Behandlung des Themas selber zuwende, drängen sich einige methodische Vorbemerkungen auf. Es mag fast als Gemeinplatz erscheinen, wenn der Leser zunächst an die sehr komplexe Quellenlage erinnert wird. Es bedarf wohl kaum einer längeren Begründung dafür, dass ich den gewählten Gegenstand vorab im Lichte

---

1 Vgl. SABATIER, P.: Vie de S. François d'Assise. Edition définitive, Paris 1931, passim; DERS.: Etudes inédites sur S. François d'Assise. Editées par A. GOFFIN, Paris 1932. – Seit der erstmaligen Ausgabe der berühmten „Vie" 1894 bis zur sog. „Edition définitive" hat der Verf. seine ursprünglichen Auffassungen immerhin etwas abgeschwächt. Vgl. CUTHBERTUS A BRIGHTON in seiner Besprechung in CFr 3 (1933) 411-414 und VEUTHEY, L.: Il pensiero definitivo del Sabatier sulla vita di S. Francesco e sulle sue fonti storiche, in: MF 33 (1933) 3-14. Wider das angebliche innere Drama des hl. Franziskus, das durch die unredlich-gewaltlose unter dem Anschein der Freundschaft von Kardinal Hugolin und der Mithilfe von Br. Elias vollzogene Umwandlung der ursprünglichen Brüderschaft entstanden sei, schrieb VAN DEN BORNE, F.: Het „drama" in de moderne Franciscus-biografie. Een beschouwing over Sabatier en Schreurs, in: Sint Franc 2 (1956) 248-287.

2 Die ältere Lit. ist greifbar bei FELDER, H.: Die Ideale des hl. Franziskus von Assisi, Paderborn ^{6}1951, 59-75, bes. 72 Anm. 1. Im Sinne von Sabatier äußert sich z. B. BERGAMINO, A.: Francescanesimo, Chiesa e Impero nella prima metà del secolo XIII, in: Nuova Rivista Storica 13 (1929) 550-579: vgl. CFr 2 (1932) 418f. Neuere Lit. bei SCHLAURI, I.: Saint François et la Bible. Essai bibliographique de sa spiritualité évangélique, in: CFr 40 (1970) 428f.; BgFr XII (1958-63) Nr. 458-460; XIII (1964-73) Nr. 577f., 588, 694-698. Hier seien besonders angeführt: SELGE, K.-V.: Franz von Assisi und die römische Kurie, in: ZThK 67 (1970) 129-161, und DERS.: Franz von Assisi und Hugolino von Ostia, in: San Francesco nella ricerca storica degli ultimi ottanta anni, 13-16 ottobre 1968, Todi 1971 (Convegni del Centro di studi sulla spiritualit medievale, IX) 157-222, wo trotz vieler treffender Beobachtungen das Nachwirken Sabatiers spürbar ist.

3 ESSER, K.: Sancta mater Ecclesia Romana. Die Kirchenfrömmigkeit des hl. Franziskus von Assisi, in: Sentire Ecclesiam. Das Bewußtsein von der Kirche als gestaltende Kraft der Frömmigkeit. Hg. J. DANIÉLOU u. H. VORGRIMLER, Freiburg [1961], 218-250, oder in: WiWei 24 (1961) 1-26.

der *Opuscula* zu beleuchten gedenke. Wiewohl zwar die *Schriften*[4] von schlechthin unersetzbarem Wert sind, um in das menschlich-reli- [S. 2] giöse Geheimnis des Heiligen vorzudringen, spürt doch deren aufmerksamer Leser schnell, dass aus mehreren Texten nicht nur der Poverello spricht. Seine geringen Lateinkenntnisse verlangten bei größeren Schriften regelmäßig die Mithilfe von Sekretären, die sein italo-umbrisches Diktat mit mehr oder minder großer Treue und Geschicklichkeit in den lateinischen Text umsetzten. Wegen der außerordentlichen Verschwiegenheit des Ordensgründers hinsichtlich persönlicher Erfahrungen sind seine Schriften zudem weit entfernt von der literarischen Gattung redereicher Autobiografien von Visionären. Wer folglich irgendeinen Gesichtspunkt seiner religiösen Vorstellungen rekonstruieren will, muss aus den mehr assoziativ als logisch aufeinanderfolgenden Gedankenreihen behutsam einzelne Bruchstücke herauslösen und sie zu einem vorausgesetzten Zusammenhang zu fügen versuchen, der vielleicht mehr dem eigenen als demjenigen des Poverello entspricht.

Glücklicherweise besteht die Möglichkeit, den Befund der *Opuscula* an Hand der vielfältigen biografischen Quellen, namentlich des Thomas von Celano, der Dreigefährtenlegende und der *Compilatio Perusina* – auch *Legenda antiqua* genannt – zu überprüfen oder gar zu ergänzen.[5] Im Rahmen eines Aufsatzes kann es sich freilich nicht um eine abschließende Beleuchtung aller einschlägigen Texte handeln, sondern um das Einbeziehen von Zeugnissen, die das in den *Opuscula* erscheinende Bild abrunden. Doch gerade für die biografischen Quellen sind dem Versuch, den Persönlichkeitskern des hl. Franziskus in den Blick zu bekommen, unüberschreitbare Grenzen gesetzt. Die mittelalterlichen Legendenschreiber berichten nicht mit der sachlich-kritischen Distanz des modernen Geschichtsschreibers, sondern als begeisterte Lobredner des Heiligen. Es geht ihnen weniger um den chronologisch treuen Ablauf des Geschehens und um die historisch genaue Charakterisierung der Persönlichkeit als um die religiöse Erbauung des Lesers und die Verherrlichung des Ordensstifters. Naturgemäß kommt der Zug zur

---

4 Soweit nicht kritische Editionen von einzelnen *Opuscula* durch K. Eßer vorliegen, zitieren wir nach: Opuscula sancti Patris Francisci Assisiensis sec. codices mss. emendata et denuo edita a PP. Collegii S. Bonaventurae [L. Lemmens], Ad Claras Aquas ^{3}1949 (= Opuscula [Lem.]), bzw. für die deutsche Übersetzung: Die Schriften des hl. Franziskus von Assisi. Einführung, Übersetzung, Erläuterungen K. ESSER und L. HARDICK, Werl/Westf. ^{2}1956 [= FQS ^{2}I]. – Im Folgenden nehme ich z. T. Gedanken neu auf, die ich darzulegen suchte: OKTAVIAN SCHMUCKI (VON RIEDEN): Das Leiden Christi im Leben des hl. Franziskus von Assisi. Eine quellenvergleichende Untersuchung im Lichte der zeitgenössischen Passionsfrömmigkeit, in: CFr 30 (1960) 6-10.

5 Vgl. Thomas de Celano, Vita prima/secunda S. Francisci, in: AF X, Ad Claras Aquas 1926-41, 3-115 bzw. 129-260 [= 1 C, 2 C mit der entsprechenden Nr.]. Die dt. Übersetzung der angeführten Texte folgt der von GRAU, E.: Thomas von Celano, Leben und Wunder des heiligen Franziskus von Assisi, Werl ^{2}1964 (FQS, V) gebotenen. – DESBONNETS, Th.: Legenda trium Sociorum. Edition critique, in: AFH 67 (1974) 89-144 [= Gef] bzw. Die Dreigefährtenlegende des heiligen Franziskus. Die Brüder Leo, Rufin und Angelus erzählen vom Anfang seines Ordens. Einführung von S. CLASEN. Übersetzung und Anmerkungen von E. GRAU, Werl/Westf. 1972 (FQS, VIII). – „Compilatio Assisiensis" dagli Scritti di fr. Leone e Compagni su S. Francesco. I edizione integrale dal Ms. 1046 di Perugia con versione a fronte a cura di M. BIGARONI, [S. Maria degli Angeli – Assisi] 1975. Die unter 7 verschiedenen Namen kursierende Quelle sollte richtigerweise „Compilatio Perusina" [= Per] genannt werden; vgl. meine kritischen Hinweise zu dieser Ausgabe in CFr 45 (1975) 316-319. Für jene Texte, die unter kritischem Vergleich aller Hss. vorliegen bei BROOKE, R. B.: Scripta Leonis, Rufini et Angeli sociorum S. Francisci, Oxford 1970, gebe ich zugleich die verschiedene Nummernfolge an.

zeitenthobenen Idealisierung mit den Jahren der Entfernung von den berichteten Ereignissen umso deutlicher zum Durchbruch. Es fehlen auch nicht hagiografische Interpretationsschemata aus früherer Zeit, die der geschichtlichen Individualität des Poverello teils Gewalt antun, oder bestimmte polemisch-apologetische Tendenzen, woraus sich einzelne Berichtslücken oder einseitig gesetzte Akzente erklären. Ihre Berichte sind darum öfter von legendarischen Elementen umrankt. Wer sich [S. 3] davon nicht zu befreien weiß, setzt sich der Gefahr aus, eine vielleicht sympathische, aber ungeschichtliche Hülle statt des echten Kerns wahrzunehmen.

Gegenüber einer sehr gezielten und selektiven Behandlung spiritueller Vorstellungen des hl. Franziskus, wobei nicht nur das unterschlagen wird, was dem heutigen Menschen nicht mehr zusagt, sondern zugleich moderne Probleme und Entwicklungen einem mittelalterlichen Menschen unterstellt werden, sei ausdrücklich betont, dass ich das vorgenannte Thema als Historiker zu beleuchten gedenke. Es werden also weder heutige Anschauungen einer gegenüber der Frühscholastik unvergleichlich vertieften Ekklesiologie einfach auf Franziskus übertragen, noch sollen seine Vorstellungen aufgrund gewisser Wortähnlichkeiten mit landläufigen Ideen modisch „aufgefrischt" werden. Was dabei vom Poverello auf dem aktualisierenden Bildschirm aufschiene, wäre ja nicht seine geschichtliche Persönlichkeit, sondern allein meine willkürliche Absicht. Wie jede andere Figur der Vergangenheit muss auch Franziskus aus den Voraussetzungen seiner Zeit verstanden werden. Erst in einem zweiten Arbeitsgang darf – mit der seiner geschichtlichen Größe gebührenden Ehrfurcht! – versucht werden, die zeitgebundenen Momente von den überzeitlichen zu scheiden.

Nach dieser längeren Einleitung[6] ist mir der Weg zum Thema selber freigelegt. Die vom Gegenstand her gestellte Aufgabe setzt einen besonderen Akzent auf das Erlebnismäßige und betont zugleich als Vorzugsrahmen der Kirchenerfahrung den Bereich der Brüderschaft. Nun entquillt jedoch jede Erfahrung aus einer entsprechenden geistigen Vorstellung. Die Kirchenerfahrung des Heiligen verbliebe in einem luftleeren Raum, wenn sie nicht auf den konkreten Hintergrund seines dogmatischen Kirchenbildes bezogen gesehen würde. Dies ist ein Grund, warum ich in einer ersten Gedankenreihe die Umrisslinien seines Kirchenbildes zu zeichnen versuche, um erst hernach dessen Spiegelung im ekklesialen Erleben der Brüderschaft zu betrachten.

I. Das Kirchenbild des hl. Franziskus

1. Franziskus lebt durchaus vom Bewusstsein, dass die Kirche eine übernatürliche Gemeinschaft, eine Heilsgemeinde ist, auch wenn er diesen Begriff direkt nie ausspricht. Diese Tatsache erhellt unzweifelhaft aus einem typischen stilistischen Strukturmerkmal seiner Gebete, die fast ausschließlich in der Wirform ausgedrückt sind.[7] Das zeigt sich

---

[6] Ich hoffe, dass sie mithilft, anfechtbare Entwicklungen in der heutigen Franziskushagiografie zu korrigieren.

[7] Vgl. SCHMUCKI, O.: Die Stellung Christi im Beten des hl. Franziskus von Assisi, in: WiWei 25 (1962) 128-145, 188-212.

schon in der ältesten und sicher bezeugten Anbetungsformel: „Adoramus te, Domine Jesu Christe, et ad omnes ecclesias tuas, que sunt in toto mundo, et benedicimus tibi, quia per sanctam crucem redemisti mundum“[8]. Das kurze Christusgebet ist – wie ich anderswo aufzuzeigen versuchte[9] – von der Liturgie der Kreuzauffindung abhängig. Allein das mittlere Glied: „et ad omnes ecclesias tuas, quae sunt in toto mundo“ stammt von Franziskus selber. Gerade aus diesem persönlichen Zusatz gewinnt nun die vorhin angedeutete Feststellung das nötige Relief. Der Heilige wirft sich vor Kreuzen oder kreuzähnlichen Zeichen, die – als Orte geheimnisvoll göttlicher Gegenwart – ihn an die erlösende Heilstat des Herrn erinnern, anbetend auf die Knie. In den Wir-Lobpreis schließt er eine Gemeinschaft vorgestellter Beter mit ein. Aus naheliegenden Grün- [S. 4] den mag er dabei besonders an seine Brüder gedacht haben, denen er ja in der Frühzeit des Ordens die Anbetungsformel zugedacht hatte. Doch schließt schon deren liturgischer Ursprung eine intentionelle Ausweitung auf die gesamtkirchliche Betergemeinde nicht aus. Für den auch anderswo greifbaren Drang in die kosmische Weite ist bezeichnend, wie der Heilige sein Christuslob nicht auf die Kultstätte, wo er sich gerade befindet, einschränkt, sondern in seiner Gebetsabsicht irgendwie „allgegenwärtig“ sein möchte. Die Anbetung des Herrn soll in einem kosmischen Chor allüberall anklingen!

Statt einer Vielzahl anderer Zeugnisse möchte ich hier namentlich eine Stelle aus dem 23. Kapitel der *Regula non bullata* anführen. David Ethelbert Flood versteht dieses Kapitel als Umriss einer Lebensordnung, den die Brüder ihren Zeitgenossen in der literarischen Form der „Laude“ anboten.[10] Wie immer man diesen anregenden Auslegungsvorschlag beurteilen mag, aus der genaueren Lesung des Textes selber ergibt sich soviel als sicher, dass Franziskus sich darin über die Grenzen seiner Brüderschaft hinaus an die Menschen als solche wendet. Darin mahnt er u. a.: Lasst uns „Ihn preisen und Ihm Dank erweisen, dem höchsten ... Gott, ... dem Vater und dem Sohn und dem Heiligen Geiste, dem Schöpfer aller Dinge, dem Erlöser derer, die an Ihn glauben, auf Ihn hoffen und Ihn lieben ...“[11]. Aus dem Textzusammenhang des Kapitels, worin die Minderbrüder allen Mitmenschen die Grundanliegen des christlichen Lebens dringlich in Erinnerung rufen, ist die Aussageabsicht zweifellos umfassend. Das Geheimnis der Kirche könnte übrigens wohl kaum tiefer umschrieben werden als „die Gemeinschaft des Glaubens, der Hoffnung und der Liebe“[12], die im dreifaltigen Gott ihren Quellgrund und Bezugspunkt besitzt.

Dasselbe Kapitel bringt überdies die Gliederung in die beiden seit Gratian bekannten kirchlichen Stände, nämlich all jener, „die in der heiligen, katholischen und aposto-

---

8 Vgl. ESSER, K.: Das Testament des heiligen Franziskus von Assisi. Eine Untersuchung über seine Echtheit und seine Bedeutung, Münster/Westf. 1949, 101 (Nr. 2).

9 SCHMUCKI, Leiden Christi, 14-16; DERS., Stellung Christi, 188-190.

10 FLOOD, D. E.: Die Regula non bullata der Minderbruder, Werl/Westf. 1967, 134-136; vgl. auch DERS. / VAN DIJK, W. / MATURA, Th.: La naissance d'un charisme: une lecture de la première Règle de François d'Assise, Paris [1973]; vgl. meine Besprechung in: CFr 43 (1973) 385-387.

11 FQS ^{2}I, 77.

12 Vgl. Zweites Vatikanisches Konzil, Dogmatische Konstitution über die Kirche, Nr. 8, in: RAHNER, K. / VORGRIMLER, H.: Kleines Konzilskompendium, [Freiburg 1966] 130.

lischen Kirche Gott dem Herrn dienen wollen“[13], in Kleriker und Laien. Es ist jedoch für den jeder theoretischen Systematik abholden Augenmenschen Franziskus kennzeichnend, dass er die Glieder beider Stände gleichsam abzuschreiten sucht. So zählt er unter den Klerikern alle damaligen Weihegrade – mit Ausnahme der Bischöfe – einzeln auf und spricht von den männlichen wie weiblichen Ordensleuten, die damals zum Klerikerstand gerechnet wurden.[14] Hinsichtlich der Laien nennt Franziskus in bunter Mischung Lebensstände, wie die Kinder, Jungfrauen, Verheiratete, Männer und Frauen und Greise; Besitzstände, wie die Armen, Knechte und Herren, Könige und Fürsten; Berufsstände, wie die Arbeiter und Bauern; schließlich die uneigentlichen Stände der Gesunden und Kranken.[15] An all die aufgeführten Stände, an alle Völker und alle Menschen auf der ganzen Welt [S. 5] ergeht die Mahnung der Minderbrüder, „im wahren Glauben und in der Buße auszuharren; denn anders kann niemand gerettet werden“.[16] Die „heilige, katholische und apostolische Kirche“ ist also auf die endzeitliche Errettung aller Menschen hin angelegt. Sie ist „katholische“ Vielheit in ihrer alle Stände, Menschen und Völker umfassenden Einheit.

2. In einem weiteren gedanklichen Schritt müssen wir uns nun fragen, ob das dogmatische Kirchenbild des Poverello den Blick auf die Christusimmanenz im mystischen Leib der Kirche einschließt oder nicht. Mit Kajetan Eßer ist zunächst unumwunden einzugestehen, dass „die Kirche als der Leib Christi ... bei ihm nicht so ausgeprägt“ erscheint „wie bei seiner treuesten Schülerin, der hl. Klara, doch finden sich manche Aussagen bei Franziskus, die nur von dieser Wirklichkeit her zu verstehen sind“.[17] Ohne jeden Anspruch auf Vollständigkeit seien anschließend die bedeutenderen Gesichtspunkte dieser mystischen Gegenwart Christi nach unserem Heiligen hervorgehoben.

Im bereits herangezogenen 23. Kapitel der ohne Bulle bestätigten Regel kennzeichnet er „unseren Herrn Jesus Christus“, den geliebten Sohn des Vaters, als den, der

---

13 FQS ^{2}I, 75. Vgl. CONGAR, Y. M.-J.: Jalons pour une théologie du laïcat, Paris 1953, 15-27. Für Gratian siehe ebd. 27 Anm. 21.

14 Vgl. ebd. 25: „On serait porté à dire qu'au fond, en Occident, il n'y eut guère de moines qui ne fussent, sinon des clercs, du moins dans la ligne de la cléricature.“

15 Vgl. HÄRING, B.: Stand, Standesseelsorge, in: LThK ^{2}IX, 1009-1011; CARPENTIER, R.: Devoir d'état, in: DSp III, 672-702, und DERS.: Etats de vie, ebd. IV, 1406-1428 (Lit.).

16 FQS ^{2}I, 75f., bzw. für den lateinischen Text: ESSER, K.: Textkritische Untersuchungen zur Regula non bullata der Minderbrüder, Grottaferrata (Romae) 1974, 190f.: „Et Domino Deo universos intra sanctam ecclesiam catholicam et apostolicam servire volentes et omnes sequentes ordines, sacerdotes, diaconos, subdiaconos, acolythos, exorcistas, lectores, ostiarios et omnes clericos, universos religiosos et religiosas, omnes conversos et parvulos, pauperes et egenos, reges et principes, laboratores et agricolas, servos et dominos, omnes virgines et continentes et maritatas, laicos, masculos et feminas, omnes infantes, adolescentes, iuvenes et senes, sanos et infirmos, omnes pusillos et magnos, et omnes populos, gentes, tribus et linguas (cfr. Offb 7,9), omnes nationes et omnes homines ubicumque terrarum, qui sunt et erunt, humiliter rogamus et supplicamus nos omnes fratres minores, 'servi inutiles' (Lk 17,10), ut omnes in vera fide et poenitentia perseveremus, quia aliter nullus salvari potest.“ Für eine eingehende Analyse des hier verwendeten Vokabulars vgl. LE GOFF, J.: Le vocabulaire des catégories sociales chez saint François d'Assise et ses biographes du XIIIe siècle, in: „Ordres et classes“. Colloque d'histoire sociale, Saint-Cloud, 24-25 mai 1967, Paris 1973, 93-123; diese Studie war mir leider unzugänglich.

17 Sancta Mater Ecclesia Romana, in: Sentire Ecclesiam, 248.

– zusammen mit dem Heiligen Geist – stellvertretend für die sündverlorene Menschheit vollgültig und umfassend Dank sagt.[18] Zum hier durchscheinenden Bewusstsein der universalen Mittleraufgabe des Herrn hinzu tritt die Überzeugung von der Einwohnung Christi im Christen. Sie erhellt in einer zwar vom Kontext her bedingten negativen Aussageform aus einer Stelle der *Epistola ad fideles*. Unbußfertige Sünder, die das Altarssakrament zu empfangen verweigern und sich von der bösen Begierlichkeit treiben lassen, sind geistlich blind, „da sie das wahre Licht, unseren Herrn Jesus Christus, nicht sehen. Die geistliche Weisheit besitzen sie nicht, weil sie den Sohn Gottes nicht in sich haben, der die wahre Weisheit des Vaters ist".[19] Andererseits öffnet ein intensiv christliches Leben das Auge des Glaubens und den Sinn für geistliche Erfahrung, weil Christus, die hypostatische Weisheit, in solchen Menschen wohnt. – Überdies will Franziskus – nach Ausweis seines Testamentes – allen Priestern, auch den armseligsten und ihm feindlich gesinnten unter ihnen, „Ehrfurcht erweisen, sie lieben und ehren wie meine Herren. Und ich will bei ihnen nicht die Sünde beachten, weil ich den Sohn Gottes [S. 6] in ihnen erblicke, und sie meine Herren sind"[20]. Jeder Priester trägt wegen der sakramentalen Weihe und seinem eucharistischen Dienst Christi Ebenbild unverlierlich in sich. Jede Begegnung mit einem Geweihten öffnet darum seinem Glaubensauge den Durchblick auf Christus hin.

In besonders ausgeprägter Weise erfährt Franziskus jedoch die Heilsgegenwart Christi – als geheimnisvolle Fortführung der Inkarnation – in der Eucharistie und im Gotteswort. Nach dem ersten *Mahnwort* offenbart die eucharistische Gegenwart dem gläubigen Christen von heute den Gottmenschen ähnlich, wie die dem Herrn zeitgenössischen Apostel allein im Glauben durch den Schleier seiner Menschheit zum Geheimnis der göttlichen Person vordrangen. Im eucharistischen Mysterium wird die verheißene rettende und stärkende Gegenwart Christi in seiner Kirche über Zeit und Raum hinaus gleichsam anschaubar. Die Kenosis des Verbum bei der Menschwerdung setzt sich in der Erniedrigung seiner eucharistischen Gegenwart ergreifend fort. „Und auf diese Weise ist der Herr immer bei seinen Gläubigen, wie er selber sagt: 'Seht, ich bin bei euch bis zur Vollendung der Welt'".[21]

---

18 FQS ²I, 75; Vgl. SCHMUCKI, Stellung Christi, 139.

19 FQS ²I, 150; Opuscula [Lem.], 95: „... caeci sunt, quia verum lumen Dominum nostrum Iesum Christum non vident. Hi sapientiam non habent spiritualem, quia non habent Filium Dei in se, qui est vera sapientia Patris ...". Vgl. VERHEY, S.: Der Mensch unter der Herrschaft Gottes. Versuch einer Theologie des Menschen nach dem hl. Franziskus von Assisi, Düsseldorf [1960], 109f.; ESSER, K.: Der Brief des hl. Franziskus an die Gläubigen, in: DERS.: Studien zu den Opuscula des hl. Franziskus von Assisi, Rom 1973, 341-350.

20 FQS ²I, 94; ESSER, Das Testament, 101: „Et ipsos [pauperculos sacerdotes huius saeculi] et omnes alios volo timere, amare et honorare sicut meos dominos. Et nolo in ipsis considerare peccatum, quia Filium Dei discerno in ipsis, et domini mei sunt" (Nr. 3). Vgl. ebd. 146-152 (Kommentar); CLASEN, S.: Priesterliche Würde und Würdigkeit. Das Verhältnis des hl. Franziskus zum Priestertum, in: WiWei 20 (1957) 43-58.

21 Mt 28,20; FQS ²I, 119f.; Opuscula [Lem.], 3-5; GRAU, E.: Zur Authentizität der ersten Admonitio des heiligen Franziskus, in: FrSt 52 (1970) 120-136; ESSER, K.: Betrachtung über die erste Ermahnung unseres heiligen Vaters Franziskus, in: Meßopfer – Stundengebet – Betrachtung, Werl/Westf. 1963 (Wandlung in Treue, 5) 169-182.

Für das mystische Verbleiben Christi in seinem geoffenbarten Wort ist gerade die Einleitung zur *Epistola ad fideles* kennzeichnend. Der von vielfältigen Krankheiten[22] behinderte Heilige will über den Umweg eines öffentlichen Briefes sein Apostolat weiterführen, das er – entsprechend seiner poetischen Veranlagung – umschreibt mit: „administrare odorifera verba Domini mei“[23]. Er wünscht „durch dieses Schreiben und durch Boten, die Worte unseres Herrn Jesus Christus, der das Wort des Vaters ist, mitzuteilen, sowie auch die Worte des Heiligen Geistes, die 'Geist und Leben sind'“. Schriftwort als geisterfülltes, hör- und lesbares Wort des Verbum, eine im Mysterium bis zur Zeitvollendung weitergesagte Menschwerdung der ewigen Weisheit: dies sind unserer Theologie nunmehr geläufige Einsichten. Dies darf jedoch den heutigen Leser nicht davon abhalten, die für die kulturellen Voraussetzungen des Heiligen erstaunliche Tiefenschau richtig zu würdigen.[24]

3. Der eben angeführte Text aus der *Epistola ad fideles* beweist nicht bloß die Christusmystik des Ordensgründers, sondern beleuchtet zugleich sein besonderes Verhältnis zum Heiligen Geist, der das biblische Wort dermaßen erfüllt, dass es Geist und Leben zu spenden vermag. Durch seine „Gnade und Erleuchtung“ werden auch die göttlichen Tugenden in die Herzen der Gläubigen eingegossen, „um sie Gott aus Ungläubigen zu Gläubigen zu machen“: so ruft Franziskus in seiner [S. 7] *Salutatio B. Mariae Virginis* aus.[25] Über Männer und Frauen, die in reiner Einfalt Gott dienen und um seinetwillen jeder Kreatur untergeben sind, „'wird der Geist des Herrn ... ruhen' (vgl. Jes 11,2a), und er wird sich in ihnen eine Wohnstatt und Bleibe schaffen“[26]. Allein in der Kraft des einwohnenden Heiligen Geistes sind wir imstande, die Gottheit Christi gläubig zu bekennen,[27] und, nur wenn wir von seinem Feuer entflammt sind, vermögen wir den Fußspuren unseres Herrn Jesus Christus zu folgen.[28] Aus diesen – allein den *Opuscula* entnommenen – Belegen geht mindestens so viel hervor, dass Franziskus dem geheim-

---

[22] Vgl. SCHMUCKI, O.: Les maladies de saint François d'Assise avant sa stigmatisation, in: Medicina nei Secoli. Rivista storico-Medica (Rom) 9 (1972) Nr. 1, 18-57. Vgl. andere Studien in: BgFr XIII (1964-1973) n. 552-554.

[23] Opuscula [Lem.], 87.

[24] Joh 6,64b; FQS ^{2}I, 144. Wie sehr diese Sicht schon bei den Vätern und geistlichen Schriftstellern vor Franziskus vorherrschte, zeigt in einem ebenso belegten wie eindringenden Überblick: MAGRASSI, M.: Bibbia pregata, in: L'„oggi“ della Parola di Dio nella Liturgia, Torino [1969] (Quaderni di Rivista Liturgica, 10), 179-292.

[25] FQS ^{2}I, 167; Opuscula [Lem.], 123: „... quam consecravit cum sanctissimo dilecto Filio et Spiritu Paracleto, in qua fuit et est omnis plenitudo gratiae et omne bonum. ... Ave, mater eius, et vos omnes sanctae virtutes, quae per gratiam et illuminationem Sancti Spiritus infundimini in corda fidelium, ut de infidelibus fideles Deo faciatis.“ Vgl. PYFFEROEN, I. / VAN ASSELDONK, O.: Maria Santissima e lo Spirito Santo in san Francesco d'Assisi, in: Laur 14 (1975) 446-474 (mit weiterer Lit.!).

[26] Epistola ad fideles, 93: „Et omnes, qui talia fecerint et perseveraverint usque in finem, 'requiescet super eos Spiritus Domini' et 'faciet in eis' habitaculum et 'mansionem' ...“; FQS ^{2}I, 148f.

[27] FQS ^{2}I, 120f.; Opuscula [Lem.], 4.

[28] FQS ^{2}I, 137; Opuscula [Lem.], 107: „Omnipotens ... Deus, da nobis miseris propter temetipsum facere quod scimus te velle, et semper velle quod tibi placet, ut interius mundati, interius illuminati et igne Sancti Spiritus accensi sequi possimus vestigia Filii tui, Domini nostri Iesu Christi ...“ Vgl. zu diesem Abschnitt VERHEY, Der Mensch unter der Herrschaft Gottes, 62-67 („Der Geist des Herrn“).

nisvollen Wirken der Dritten Person in jeder Einzelseele entscheidende Bedeutung zumisst, auch wenn er diese nirgendwo ausdrücklich als die Seele des mystischen Leibes oder das einigende Band der kirchlichen Communio erklärt. Dass dem Poverello jedoch die gemeinschaftsbegründende Aufgabe des Heiligen Geistes nicht entging, beweist der biografische Bericht Celanos, wonach er ihn „Generalminister des Ordens", d. h. dessen eigentlichen Leiter, genannt habe.[29] In dieser Schau ist übrigens die Regelvorschrift zu verstehen, dass das brüderliche Zusammentreffen des Generalkapitels am Pfingstfest erfolgen soll.[30]

4. Bei der Vorbereitung der abschließenden kritischen Ausgabe der *Opuscula* hat K. Eßer in vier aus den ältesten Handschriften für den Mariengruß eine sehr bemerkenswerte abweichende Lesart entdeckt, der jedenfalls als „lectio difficilior" der Vorzug zukommt. Statt: „Ave ... Maria, quae es Virgo perpetua" liest dieser Text: „Ave ... Maria, quae es virgo, Ecclesia facta ...".[31] *Maria*, zugleich Gottes- [S. 8] mutter und Jungfrau, die „vom heiligsten Vater im Himmel" Auserwählte, die „mit seinem heiligsten, geliebten Sohn und dem Geiste, dem Tröster" Geweihte, „in der alle Fülle der Gnade und alles Gut war und noch ist",[32] wird zum Typus der Kirche, zum Urbild der Jungfrau und Mutter Kirche. Aus dieser gedanklichen Verbindung würde sich leicht erklären, warum Franziskus die Kirche so oft und mit solchem Nachdruck Mutter heißt. So wenn er die Kleriker beschwört, sich hinsichtlich der würdigen Aufbewahrung des Allerheiligsten und der liturgischen Bücher „die Gebote des Herrn und die Bestimmungen der heiligen Mutter Kirche" zu beobachten.[33] Wahrscheinlich bezieht sich der

---

29 2 C 193: AF X, 241: „Volebat denique religionem pauperibus et illitteratis, non solum divitibus et sapientibus esse communem. 'Apud Deum', inquit, 'non est acceptatio personarum', et generalis minister Religionis, Spiritus Sanctus, aeque super pauperem et simplicem requiescit. Hoc sane verbum voluit in Regula ponere, sed bullatio facta praeclusit." Der Ausspruch, der alle Anzeichen geschichtlicher Wahrheit in sich trägt, ist somit nach dem 29. November 1223 anzusetzen. Weitere biografische Stellen zu diesem Thema bei MAILLEUX, G.: Thesaurus Celanensis. Concordance, Index, Listes de fréquence, Tables comparatives, Louvain 1974, 568-570 (Spiritus); GODET, J.-F.: Sancti Bonaventurae Legendae major et minor sancti Francisci. Concordance, Index, Listes de fréquence, Tables comparatives, Louvain 1975, 302-304.

30 NbR 18: ESSER, Textkritische Untersuchungen, 184: „Omnes enim ministri, qui sunt in ultramarinis et ultramontanis partibus, semel in tribus annis, et alii ministri semel in anno veniant ad capitulum Pentecostes apud ecclesiam sanctae Mariae de Portiuncula, nisi a ministro et servo totius fraternitatis aliter fuerit ordinatum." – BR 8: Opuscula [Lem.], 70f. Vgl. MARINUS A NEUKIRCHEN: De Capitulo generali in primo Ordine seraphico, Rom 1952, bes. 29-41; ESSER, K.: Anfänge und ursprüngliche Zielsetzungen des Ordens der Minderbrüder, Leiden 1966, 81-96.

31 Vgl. PYFFEROEN, H.: Ave ... Dei Genitrix Maria, quae es Virgo, Ecclesia facta, in: Laur 12 (1971) 412-434, wo reiches Vergleichsmaterial aus der früheren Mariologie und Marienfrömmigkeit zusammengetragen wurde. – Zu den Mss. vgl. DERS. / VAN ASSELDONK, Maria santissima, 452 Anm. 15.

32 FQS ^{2}I, 167; Opuscula [Lem.], 123; vgl. oben Anm. 25.

33 FQS ^{2}I, 154; De reverentia corporis Domini et de munditia altaris: Opuscula [Lem.], 23: „Et scimus, quia haec omnia tenemur super omnia observare secundum praecepta Domini et constitutiones sanctae matris Ecclesiae." Vgl. ESSER, K.: Über die Chronologie der Schriften des hl. Franziskus, in: DERS., Studien zu den Opuscula, 316-318.

Briefschreiber mit diesem mahnenden Hinweis auf die entsprechenden Vorschriften des IV. Laterankonzils von 1215[34].

5. Im Kirchenbild des hl. Franziskus fehlen auch nicht die Züge der Gemeinschaft der Heiligen und Sünder. Im inhaltlich so reichen 23. Kapitel der *Regula non bullata* lesen wir, dass vom dreifaltigen Gott „alle Vergebung, alle Gnade, alle Herrlichkeit für alle Büßenden, alle Gerechten und alle Seligen, die sich im Himmel erfreuen, herkommt".[35] Büßer, Gerechte und Selige sind demnach zu einer Kommunioneinheit zusammengeschlossen: erlassene Schuld, Kraft zu vollendet christlichem Leben und beseligende Gottesschau sind Geschenk des gnädigen Gottes. – Im voraufgehenden Textzusammenhang wendet sich der Poverello an die Gemeinschaft der verherrlichten Heiligen mit der Bitte, sie möchten dem höchsten Vatergott mit dem vielgeliebten Sohn Jesus Christus und dem Heiligen Geist für die dem Menschengeschlecht erwiesenen Großtaten Dank sagen. Für das in universale Weiten ausgreifende Empfinden des Ordensgründers ist bezeichnend, dass er sich in seinem Aufruf an alle Engel und Erzengel, an alle Heiligen der Vergangenheit, Gegenwart und Zukunft richtet.[36] Das Alte Testament wird in einem heilsgeschichtlichen Rückblick mit den Gruppen der Patriarchen und Propheten bzw. deren Vertretern Henoch und Elias eingeführt. Ebenso wendet sich der Beter an die Heiligengruppen der Unschuldigen Kinder, Apostel, Evangelisten, Jünger, Martyrer, Bekenner und Jungfrauen. Aus der Schar der Engel und Heiligen werden einzeln genannt: allen voran „die glorreiche, seligste, allzeit jungfräuliche Mutter Maria", sodann die Erzengel Michael, Gabriel und Raphael, die beiden Johannes, der Täufer und der Evangelist, und hierauf Petrus und Paulus.[37] Aus dieser Analyse [S. 9] dürfte mindestens soviel klar geworden sein, dass Franziskus in einem betont innigen Verhältnis zu den in Gott verherrlichten Heiligen, und zwar weniger zu bestimmten einzelnen Vertretern als zu ihnen als himmlischer Gemeinschaft, stand.

Nicht weniger ausgeprägt findet sich bei unserem Heiligen das Bewusstsein der kollektiven Sündverhaftung. Im selben Regelkapitel z. B., das sich – wie schon gesagt – an die Menschheit als solche richtet, führt er die Dringlichkeit der mittlerischen Fürbitte Christi mit der folgenden Begründung ein: „Und da wir Elenden und Sünder allesamt

---

[34] Vgl. Concilium Lateranense IV, Const. 19-20, in: Conciliorum oecumenicorum decreta. Edidit Centro di Documentazione Istituto per le Scienze Religiose – Bologna, Freiburg ²1962, 220.

[35] FQS ²I, 76; ESSER, Textkritische Untersuchungen, 191: „... a quo [Domino Deo] et per quem et in quo est omnis venia, omnis gratia, omnis gloria omnium poenitentium et iustorum, omnium beatorum in caelis congaudentium."

[36] „... et omnes sanctos, qui fuerunt et erunt et sunt, propter tuum amorem humiliter deprecamur, ut, sicut tibi placet, pro his tibi gratias referant summo vero Deo, aeterno et vivo, cum Filio tuo carissimo Domino nostro Jesu Christo et Spiritu Sancto Paraclito ‘in saecula saeculorum’ (Apoc 19,3). ‘Amen. Alleluja’ (Apoc 19,4)" (ESSER, ebd. 190).

[37] FQS ²I, 75; ESSER, 190. Man wird kaum fehlgehen mit der Annahme, dass Franziskus bei dieser Sicht von der Allerheiligenlitanei inspiriert war. Vgl. den nach dem Regelbrevier bzw. -missale kritisch rekonstruierten Text dieser Litanei bei VAN DIJK, S. J. P. / WALKER, J. H.: The Origins of the Modern Roman Liturgy. The Liturgy of the Papal Court and the Franciscan Order in the Thirteenth Century, Westminster, MD - London [1960], 514-520. Hinsichtlich der Rezitationshäufigkeit vgl. ebd. 348. Für die in der Allerheiligenlitanei fehlenden Elias und Henoch vgl. VORREUX, D.: Saint François d'Assise. Documents, écrits et premières biographies, Paris [1968], 82 Anm. 74.

nicht würdig sind, deinen Namen zu nennen, so bitten wir ..."[38]. Nicht ohne das Einfärben eines gewissen Heilspessimismus, in dem die augustinische Tradition nachwirkt, lässt er in der *Epistola ad fideles* niederschreiben: „... wir alle sind durch unser Verschulden elend und voll Fäulnis, abscheulich und Würmer ..."[39]. Selbst im so farbenfrohen *Cantico di frate Sole* kehrt das Motiv der gesamtmenschlichen Unwürdigkeit vor Gott schon im Einleitungsvers zurück: „et nullu homo ène dignu te mentovare" („... und kein Mensch ist würdig, dich zu nennen")[40]. Typisch ist schließlich, dass Franziskus im Anschluss an Hebr 6,6 den sündigen Menschen über die Jahrhunderte zurück als mitverantwortlich am Leiden Christi erklärt: „... selbst die bösen Geister haben ihn [den Herrn] nicht gekreuzigt, aber du hast ihn im Bunde mit ihnen gekreuzigt und kreuzigst ihn noch, wenn du deine Lust an Lastern und Sünden hast".[41]

6. Franziskus ist sicher stark zeitverhaftet, wenn er die Kirche, sooft er sie ausdrücklich nennt, weithin mit Hierarchie und Klerus gleichsetzt.[42] Die Kämpfe um die Befreiung von der Bevormundung durch die Laienherrschaft im Investiturstreit, die Befestigung, ja Überbetonung der päpstlichen Zentralgewalt, um auflösende Wirkungen kirchlicher Partikularismen zu bannen, und die Abwehr häretischer Volksbewegungen, die gerade das Weihepriestertum in Frage stellten, führten als Rückstoß zu Klerikalismus und Übersteigerung der hierarchischen Gewalt der kirchlichen Amtsträger. Andererseits dürften die bisherigen Ausführungen zur Genüge gezeigt haben, dass Franziskus – trotz offenkundiger Beeinflussung durch Zeitströmungen – andere Gesichtspunkte des Kirchenmysteriums wirklich nicht übersehen hat!

Nach dieser Klarstellung sind kaum noch viele Einzelbelege dafür nötig, dass der Poverello die kirchliche Führungsmacht des Papstes und der Bischöfe uneingeschränkt bejahte. Obwohl nach dem damals geltenden Kirchenrecht die Bestätigung der Bußbrüderschaft durch den Diözesanbischof Guido II. vollauf genügt hätte, wandte sich Franziskus – wohl im Frühling 1209 – an Innozenz III., um [S. 10] die Gutheißung seiner evangelischen Lebensform zu erreichen.[43] Man kann zur Erklärung seines

---

[38] FQS ^{2}I, 75; ESSER, Textkritische Untersuchungen, 190: „Et quia nos omnes miseri et peccatores non sumus digni nominare te, suppliciter exoramus, ut Dominus noster Jesus Christus 'Filius tuus dilectus, in quo' tibi 'bene complacuit' (cfr. Mt 17,5), una cum Spiritu Sancto Paraclito gratias agat tibi, sicut tibi et ipsi placet ..."

[39] FQS ^{2}I, 148; Opuscula [Lem.], 93: „Et habeamus corpora nostra in opprobrium et despectum, quia omnes per culpam nostram sumus miseri et putridi, foetidi et vermes, sicut dicit Dominus per prophetam: 'Ego sum vermis et non homo, opprobrium hominum et abiectio plebis' (Ps 21,6)."

[40] San Francesco d'Assisi, Gli Scritti, a cura di G. V. SABATELLI, S. Maria degli Angeli – Assisi [1971], 175, bzw. FQS ^{2}I, 164.

[41] FQS ^{2}I, 123; Opuscula [Lem.], 8: „Et etiam daemones non crucifixerunt eum, sed tu cum ipsis crucifixisti eum et adhuc crucifigis delectando in vitiis et peccatis." Vgl. ESSER, K.: Betrachtung über die fünfte Ermahnung unseres hl. Vaters Franziskus, in: Hören des Wortes. Antwort in Buße, Werl/Westf. 1964 (Wandlung in Treue, 6), 163-167.

[42] Vgl. ESSER, Sancta Mater Ecclesia, 247.

[43] 1 C 32: 25f.: „Videns beatus Franciscus quod Dominus Deus quotidie augeret numerum in idipsum, scripsit sibi et fratribus suis, habitis et futuris, simpliciter et paucis verbis, vitae formam et regulam, sancti Evangelii praecipue sermonibus utens, ad cuius perfectionern solummodo inhiabat. Pauca tamen alia inseruit, quae omnino ad conversationis sanctae usum necessario imminebant. Venit proinde Romam

Vorgehens wohl auf zeitgenössische Vorläufer – wie die Humiliaten – hinweisen, die 1201 die päpstliche Anerkennung erhielten,[44] oder die quasisuburbikarische Stellung der Heimatdiözese Assisi als fördernden Faktor hervorheben; sicher ist jedoch soviel, dass Franziskus völlig freiwillig und mit gläubiger Ehrfurcht die Romreise antrat.[45] Trotz seiner staunenswerten Unmittelbarkeit zum Gotteswort, die ihm das Anhören der Missionsrede in der Portiunkula-Kapelle zur lebensweisenden Offenbarung werden ließ, will er doch sein Charisma durch den Nachfolger Petri prüfen und bestätigen lassen. „Dies ist das Leben des Evangeliums Jesu Christi, um welches Bruder Franziskus den Herrn Papst Innozenz gebeten hat, daß er es ihm gewähre und bestätige; und der Herr Papst gewährte und bestätigte es ihm und seinen Brüdern, die er hatte und haben wird“[46]: so bemerkt er einleitend zur „Regula non bullata“. Es ist hier nicht der Ort, um zu versuchen, den geschichtlichen Ablauf der sicher nicht leichten Verhandlungen zu rekonstruieren. Allein dies sei hervorgehoben, dass es im Lichte des sonstigen Verhaltens des päpstlichen Partners, der ähnliche Anfragen mit der Rückführung auf bereits bestehende Ordensregeln beantwortete, geradezu an ein Wunder erinnert, wenn es dem Poverello trotzdem gelang, die mündliche Zustimmung des Papstes zu einer Lebensform zu erlangen, für die es im früheren Mönchtum kein vergleichbares Gegenstück gab.[47]

Dass Franziskus überdies die bischöfliche Hirtengewalt in Ehren hielt, beweist eine Fülle von biografischen Zeugnissen. Für den Zweck dieser Ausführungen mag es genügen, an das Vertrauensverhältnis unseres Heiligen zu Guido II. von Assisi zu erinnern, der – trotz völlig anderer geistiger Ausrichtung – seiner besonderen Berufung gegenüber bewunderungswürdig viel Verständnis entgegenbrachte, ja für eine gewisse Wegstrecke sogar die Aufgabe eines Seelenführers [S. 11] übernahm.[48] – Schließlich

---

cum omnibus dictis fratribus, desiderans nimium sibi a domino Papa Innocentio tertio quae scripserat confirmari.“ Vgl. auch Gef 46-53: Th. DESBONNETS, in: AFH 67 (1974) 124-128, bzw. CLASEN / GRAU, Die Dreigefährtenlegende, 238-249, mit wertvollen historischen Anm. – 2 C 16: 140f.; AP 31-36: DI FONZO, L.: L'Anonimo Perugino tra le Fonti Francescane del Sec. XIII, Roma 1972, [340]-[344]; LM III, 8-10: AF X, 569-571.

44 Vgl. BOLTON, B. M.: Innocent III's treatment of the Humiliati, in: Studies in Church History 7 (1971) 73-82; DIES.: The Poverty of the Humiliati, in: FLOOD, D. (Hg.): Poverty in the Middle Ages, Werl/Westf. 1975 (Franziskanische Forschungen, 27), 52-59.

45 Zur besonderen Stellung Assisis vgl. VAN DIJK, S. J. P.: Ursprung und Inhalt der franziskanischen Liturgie des 13. Jahrhunderts, in: FrSt 51 (1969) 99. – Für einen ausgezeichneten historischen Kommentar der Bestätigung der franziskanischen Urregel durch Innozenz III. vgl. MACCARRONE, M.: Riforme e innovazioni di Innocenzo III nella vita religiosa, in: DERS.: Studi su Innocenzo III, Padova 1972 (Italia Sacra. Studi e documenti di storia ecclesiastica, 17), 221-337, bes. 300-306 („L'approvazione di S. Francesco“). Für den genaueren Zeitpunkt siehe BROWN, R.: Appendix II: Chronology, in: ENGLEBERT, O.: Saint Francis of Assisi. A biography, Chicago [1965], 377-382.

46 FQS ²I, 51; ESSER, Textkritische Untersuchungen, 168.

47 Vgl. MACCARRONE, ebd. 302-305. Vgl. ESSER, Anfänge und ursprüngliche Zielsetzungen, 53-135 („Das 'Neuartige' des Minderbrüderordens“). Sehr bezeichnend ist die Charakterisierung des Fürsten der Juristen, Bartolo von Sassoferrato († 1357): „eius [des Minderbrüderordens] vita tanta est novitas, quod de ea in corpore iuris non reperitur auctoritas“, zitiert bei WAGNER, E.: Historia Constitutionum generalium Ordinis Fratrum Minorum, Rom 1954, 15.

48 Gef 10: DESBONNETS, 97: „Nemini enim suum pandebat secretum, nec ullius in hac parte consilio utebatur nisi solius Dei qui viam eius dirigere coeperat, et aliquando episcopi Assisii, quia tunc temporis apud nullos erat vera paupertas quam desiderabat super omnia huius mundi, volens in ea vivere atque

unterstreicht er mit betonter, aber nie direkt hervorgekehrter Spitze wider den Donatismus der Waldenser die Heilsnotwendigkeit des Weihepriestertums. Folgende Stelle aus der *Epistola ad fideles* beleuchtet diesen Sachverhalt schlaglichtartig „Wir sollen ... den Klerikern Hochachtung und Ehrfurcht erzeigen, nicht allein um ihrer selbst willen – wenn sie Sünder wären –, sondern wegen ihres Amtes und der Verwaltung des heiligsten Leibes und Blutes unseres Herrn Jesus Christus, den sie auf dem Altare opfern und den sie empfangen und anderen austeilen. Und wir alle müssen fest überzeugt sein, daß niemand gerettet werden kann als nur durch die heiligen Worte des Herrn und durch das Blut unseres Herrn Jesus Christus. Die Kleriker sprechen und verkünden diese Worte und spenden das Sakrament. Und nur sie allein dürfen diesen Dienst ausüben und niemand sonst."[49]

7. Meinem Versuch, das franziskanische Kirchenbild zu erhellen, fehlte eine wesentliche Dimension, wenn dessen Ausrichtung auf die Vollendung der Endzeit verschwiegen würde. Schon beim Darlegen der „Communio Sanctorum" trat übrigens diese Hinordnung zutage. Sie wird jedoch besonders deutlich greifbar in den *Lobgebeten vor den kanonischen Tagzeiten.*[50] Diese Doxologie, die nach karolingischer Gebetstradition in einer für Franziskus typischen Mischform biblische Texte zu einem einheitlichen Mosaik verbindet,[51] gibt in fünf aufeinanderfolgenden Kurzszenen Phasen der himmlischen Liturgie nach der Geheimen Offenbarung wieder. Zunächst ertönt das Trishagion der Serafine vor dem göttlichem Thron (Jes 6,3 und Offb 4,8bc). Hierauf folgt das Bekenntnis der Lobwürdigkeit Gottes aus dem Mund der 24 Ältesten (Offb 4,11a). Dasselbe trägt unverkennbar den Stempel des Heiligen an sich, weil die der Bibelstelle eingefügten Worte einen Teil des Eingangsverses des *Cantico di frate Sole* wiedergeben: „... le laude, la gloria e l'honore e onne benedizione"[52]. Daran schließt sich die Doxologie des zahllosen Engelchores – samt den Lebewesen und Ältesten – auf das Lamm an (Offb 5,12b)[53]. Der nachfolgende Vers enthält die Einladung an alle Gottesfürchtigen, vermittelt durch eine Engelsstimme vom Throne Gottes her, zum Gotteslob (Offb 19,5b). Ein Aufruf an den gesamten Kosmos zur Verherrlichung des Glorreichen beschließt den tiefsinnigen Gebetstext (Offb 5,13). Es verdient sorgfältig beachtet zu

mori." Ebd. 20: 105: „Intelligebat enim [episcopus] aperte facta ipsius ex divino esse consilio et agnoscebat ea quae viderat non parvum mysterium continere. Sicque ex tunc factus est eius adiutor, exhortando et fovendo ipsum ac dirigendo et amplexando in visceribus caritatis."

49 FQS ²I, 147; Opuscula [Lem.], 91; vgl. ESSER, K.: Der Brief des hl. Franziskus an die Gläubigen, in: Studien zu den Opuscula, 348.

50 FQS ²I, 170f.; Opuscula [Lem.], 121s; vgl. Saint François d'Assise, Documents, écrits et premières biographies, 30.

51 Vgl. SCHMUCKI, Leiden Christi, 129-145; DERS., Stellung Christi, 135-137.

52 San Francesco, Gli Scritti, a cura di G. V. SABATELLI, 175.

53 In der Benennung Christi als Lamm Gottes wurzelt die besondere Vorliebe des Heiligen für Lämmer; vgl. etwa 1 C 77-79: 57-59; „... in omni genere animalium speciali dilectione ac promptiore affectu agniculos diligebat, eo quod Domini nostri Iesu Christi humilitas in Scripturis sacris agno assimilatur frequentius et convenientius coaptatur" (1 C 77: 57).

werden, dass – nach der einleitenden Rubrik[54] – Franziskus dieses „Invitatorium" vor jeder Hore des offiziellen Stundengebetes und des marianischen [S. 12] Votivoffiziums zu verrichten pflegte. Er versetzte sich somit geistig jedesmal in den Bereich der himmlischen Verherrlichung und vollzog sein liturgisches Lob in engstem Anschluss an die Liturgie der Engel und Heiligen.[55]

Nach diesem Versuch, die verschiedenen Gesichtspunkte des dogmatischen Kirchenbildes des hl. Franziskus in den Blick zu bekommen, dürfte dessen überraschender Reichtum von selber deutlich geworden sein. Es konnte jedoch nicht Aufgabe eines Aufsatzes sein, den genauen Stellenwert jedes Ausschnittes im Gesamtbild zu bestimmen. Dazu bedürfte es einer längeren monografischen Studie mit vergleichender Wort- bzw. Gedankenstatistik. Bei einem fachtheologisch nicht vorgebildeten Mystiker darf eher eine außerordentlich tiefe Kirchenfrömmigkeit als eine systematische Ekklesiologie erwartet werden. Tatsächlich eilt bei ihm die spirituelle Erfahrung der rationalen Rechenschaft stets voraus. Franziskus hat überdies die oben dargelegten kirchendogmatischen Aspekte nicht jedesmal ausdrücklich auf das Kirchenmysterium bezogen gesehen. Vom Standpunkt einer außerordentlich entfalteten Kirchenlehre, wie wir sie nun in den Dokumenten des Zweiten Vatikanischen Konzils besitzen, stellen sich naturgegeben Interpretationshilfen ein, die jedoch nicht wesensfremde Vorstellungen an Franziskus herantragen oder sein schlichtes Bild verfälschen dürfen.

In seinem Kirchenbild tritt ganz offenkundig der Zug zur universalen Weite besonders hervor. Das Geheimnis der Communio Sanctorum stand beim Poverello schon von seiner künstlerischen Veranlagung her, durch seine Naturmystik mit dem brüderlichen Verhältnis zu jedem Geschöpf und sein unstetes Wandern im Sinne der Aussendungsrede stark im Vordergrund. Von seiner evangelischen Armutsauffassung hing auch die betonte eschatologische Sicht seiner Kirchenfrömmigkeit ab. Ohne der verhängnisvollen Überbetonung kirchenrechtlicher Gesichtspunkte der damaligen Ekklesiologie zu verfallen,[56] lebte Franziskus aus einer ungebrochenen Gläubigkeit zum kirchlichen Amte. Seine Frömmigkeit wurde – trotz ihrer ausgeprägten Individualität – entscheidend vom Geheimnis der Kirche genährt. Gerade darin wurden die Klippen eines fruchtlosen Heilsindividualismus wie auch eines falschen religiösen Kollektivismus vermieden.[57] Diese geradezu instinktive Glaubenssicherheit wurzelte wohl darin, dass er das Mysterium der „heiligen, katholischen und apostolischen Kirche" namentlich im Gebet erfuhr.

---

[54] „Incipiunt laudes, quas ordinavit beatissimus pater noster Franciscus, et dicebat ipsas ad omnes horas diei et noctis et ante officium beatae Mariae Virginis ..." (Opuscula [Lem.], 119).

[55] Vgl. ESSER, K.: „Homo alterius saeculi". Endzeitliche Heilswirklichkeit im Leben des hl. Franziskus, in: WiWei 20 (1957) 180-197.

[56] Vgl. darüber die Ausführungen von CONGAR, Y.: Die Lehre von der Kirche. Von Augustinus bis zum Abendländischen Schisma, Freiburg 1971 (Handbuch der Dogmengeschichte, III/3c), 65-68, 91-97, 111-123.

[57] ESSER, Sancta Mater Ecclesia, 249: „Damit [mit der Anerkennung der kirchlichen Autorität] ist wohl der Grundzug in der Kirchenfrömmigkeit des hl. Franziskus gegeben: seine bei aller charismatischen Begnadung strenge Bindung an das Objektive: an das Wort Gottes, das allein die Mutter Kirche vermittelt; an die Sakramente, durch die sie den Eintritt und das Leben im Reiche Gottes möglich macht; an die Hierarchie, durch die Christus jeden und alle in seiner Kirche leitet. Bei aller oft zauberhaft anmutenden Individualität des Heiligen wird man gerade diesen Grundzug nicht übersehen dürfen."

II. Das Kirchenerlebnis des hl. Franziskus in seiner Brüderschaft

Nachdem sich uns gleichsam der erste Flügel des Diptychon, d. h. sein dogmatisches Kirchenbild, eröffnet hat, möchte ich dessen zweiten Flügel, nämlich die im religiösen Leben der franziskanischen Brüderschaft durchscheinende Kirchenerfahrung, aufzeigen. Schon hier sei jedoch betont, dass Franziskus seinen [S. 13] Orden nirgendwo als Kirche im kleinen bezeichnet.[58] Anderseits bestehen genügend Anhaltspunkte, um einen spürbaren Einfluss seines Kirchenbewusstseins auf die Verwirklichung der eigenen Berufung und der seiner Brüdergemeinschaft festzustellen. Um uns davon zu überzeugen, brauchen wir bloß die dargelegten Einzelzüge seines Kirchenbildes im Erleben der Brüdergemeinschaft widerspiegeln zu lassen.

1. Zunächst ist der Widerschein der Kirche als Gemeinschaft in der *Bruderschaftsstruktur* des Minderbrüderordens bemerkenswert. In einem Abschnitt der *Compilatio Perusina* lesen wir: „Einstmals sprach er [Franziskus]: 'Orden und Leben der Minderen Brüder stellt die kleine Herde dar, die Gottes Sohn in dieser letzten Stunde von seinem himmlischen Vater sich erbat mit den Worten: – Vater, ich möchte, dass du mir in dieser letzten Stunde ein neues und demütiges Volk schaffest und schenkest. Es soll sich von allen vorausgehenden an Demut und Armut unterscheiden und mit meinem Besitz sich allein begnügen –. Und der Vater sprach zu seinem geliebten Sohn: – Deine Bitte ist erfüllt –'. Im Anschluss daran berichtet Franziskus weiter, der Herr habe darum gewünscht, dass sie Mindere Brüder heißen, weil sie jenes Volk darstellten, das der Sohn Gottes von seinem Vater erbeten habe. Von ihnen sage der Sohn Gottes selber im Evangelium aus: 'Fürchte dich nicht, du kleine Herde; denn eurem Vater hat es gefallen, euch das Reich zu geben' (Lk 52,32), und anderswo: 'Was ihr einem meiner geringsten Brüder getan, habt ihr mir getan' (vgl. Mt 25,40 und 45). Mag der Herr auch diese Worte auf alle Armen im Geiste bezogen haben, so hat er doch damit besonders die künftige Entstehung des Ordens der Minderen Brüder in der Kirche vorhersagen wollen".[59]

In diesem auf die Gefährten des Ordensgründers, namentlich Br. Leo, zurückgehenden Bericht kann durchaus ein historisch vertrauenswürdiger Kern vorliegen, wobei vom angeblich übernatürlichen Offenbarungscharakter dieser geistlichen Standortbestimmung des Ordens in der Kirche[60] bzw. von der exegetisch fragwürdigen Gleichsetzung von „kleiner Herde" mit einer konkreten Institution natürlich abzusehen ist. Jedenfalls

---

58 Anders als im frühen Mönchtum, wo dieses Bewusstsein gelegentlich die Gefahr einer geistlichen Autarkie in sich schloss; vgl. LECLERCQ, J.: Chiesa e monachesimo, in: DIP II, [Rom 1975], 1006-1013; zum Thema selber vgl. HEGGLIN, B.: Der benediktinische Abt in rechtsgeschichtlicher Entwicklung und geltendem Kirchenrecht, Erzabtei St. Ottilien 1961; DE VOGÜÉ, A.: La communautè et l'abbé dans la Règle de saint Benoït, Bruges 1960.

59 Per 101: BIGARONI, 298, bzw. n. 67: BROOKE, 202-204. Bei der dt. Übersetzung dieses Textes sah ich ein: Spiegel der Vollkommenheit des hl. Franziskus, hg. H. SCHÖNHÖFFER, Freiburg i. Br. 1922, 47f.

60 GHINATO, A.: Una Regola in cammino. Il dinamismo della Regola nella evoluzione storica dei Frati Minori, Roma 1973, 77f., weist bei den Spiritualen den Zug zum Erdichten wunderbarer Begebnisse nach, die der Franziskusregel den Charakter einer sakralen Unberührbarkeit verleihen sollten. Diese Tendenz ist auch bei unserem Bericht spürbar.

erscheinen auch in den *Opuscula* Armut und Demut – und dies im Sinne des völligen innerlichen Leerseins an irgendwelchem irdischen Gut und des absoluten Minderseins im Dienste der Brüder – als unterscheidendes Kennzeichen der franziskanischen Brüderschaft.[61] Ebenso steht die hier so stark hervorgehobene eschatologische Ausrichtung des Ordens im Gedankenkreis des Heiligen nicht isoliert da, wie noch näher zu zeigen sein wird.[62] Für den Ertrag des gegenwärtigen Themas muss jedoch mit besonderem Nachdruck das hier deutlich erkennbare Gemeinschaftsbewusstsein unterstrichen werden: der Orden der [S. 14] Minderen Brüder ist eine durch seine besondere Physiognomie wahrnehmbare Gruppe im Volk Gottes, eine kleine Herde mit einem bestimmten ihr angewiesenen Standort und Wirkungsfeld in der Kirche.

Gleichsam als Stichprobe auf die Verlässlichkeit der eben besprochenen biografischen Aussagen möchte ich auf Paralleltexte in der *Regula non bullata* hinweisen. Als Grundgesetz evangelischer Brüderlichkeit in seiner Gemeinschaft hält Franziskus in lapidarer Kürze fest: „Und niemand soll in dieser Lebensweise 'Prior' genannt werden, sondern alle sollen einfachhin 'Mindere Brüder' heißen. Und einer wasche des anderen Füße!“[63] „Ebenso soll kein Bruder eine Machtstellung oder ein Herrscheramt innehaben, vor allem nicht unter den Brüdern selbst. Denn, wie der Herr im Evangelium sagt: 'Die Fürsten der Völker herrschen über diese, und die Großen lassen sie ihre Macht fühlen' (Mt 20,25), so soll es unter den Brüdern nicht sein (vgl. Mt 20,26a), sondern 'wer der Größte unter ihnen sein will, der sei ihr Diener' (vgl. Mt 20,26) und Knecht, und wer der Größere unter ihnen ist, soll werden wie der Geringere (vgl. Lk 22,26).“[64] Dieses Mosaik synoptischer Stellen in dem aus der Frühzeit des Ordens stammenden Kapitel[65] beweist, wie sehr die Armut und Minorität Kernanliegen der franziskanischen Fraternität bildeten.

Ähnlich wie die kirchliche Heilsgemeinschaft ist auch die franziskanische Brüderschaft gegliedert. So wendet sich Franziskus schon in der *Regula non bullata* an alle Brüder „Prediger, Beter oder Handarbeiter, seien sie Kleriker oder Laien“[66]. Es bestand somit bereits während einer anhebenden Entwicklungsphase – d. h. noch vor 1215[67] – eine gewisse Gliederung in der franziskanischen Brüderschaft, die sich nicht allein aufgrund der Priesterweihe, sondern auch wegen besonderer Berufungen innerhalb desselben Minderbrüderberufes ergab. Nebst den Brüder Predigern und Handarbeitern hatte im frühen Orden der zum kontemplativen Leben Gerufene volles Heimatrecht. Anderseits spricht der wohl nach 1224 verfasste *Brief an das Kapitel* vom General-

---

[61] Vgl die Lit. zu diesem Themenkreis bzw. zur franziskanischen Brüderlichkeit bei SCHLAURI, Saint François et la Bible, 405-411 und in BgFr XIII, n. 745, 761-780.

[62] Vgl. unten II, 7.

[63] FQS ^{2}I, 57; bzw. NbR 6: ESSER, Textkritische Untersuchungen, 173.

[64] NbR 5: FQS ^{2}I, 57; ESSER, 172.

[65] FLOOD, Die Regula non bullata, 105-125, 139.

[66] NbR 17: ESSER, 182: „Unde deprecor in caritate, quae Deus est (cf. 1. Joh 4,8), omnes fratres meos praedicatores, oratores, laboratores, tam clericos quam laicos, ut studeant se humiliare in omnibus ...“

[67] Vgl. FLOOD, Die Regula non bullata, 105-125, 139.

minister, den Ministern und Kustoden, den Priestern und allen einfachen Brüdern.[68] Die evangelisch verfasste Brüderschaft bedeutet also keine künstliche Gleichschaltung, sondern schließt Über- und Unterordnung, verschiedene Gaben und Berufungen ein. Alle jedoch sind einander „Fratres Minores", deren wechselseitige geistliche Liebe sogar das Vergleichsmaß höchster menschlicher Liebe, die einer Mutter zu ihrem Kind, übersteigen[69] und deren gegenseitige Dienstbereitschaft alle Schranken niederlegen soll.

2. Die Gemeinschaft der Minderbrüder wird nicht bloß durch die Bande brüderlicher und dienender Liebe zusammengehalten, sie wächst und erneuert sich – nicht anders als die Kirche selber – durch das Gotteswort und den Gotteskult. Die Brüderschaft selber ist – wie bereits angedeutet wurde – Frucht einer Evan- [S. 15] geliumslesung innerhalb der Eucharistiefeier in der Portiunkula-Kapelle. Im autobiografischen Rückblick darauf bekennt Franziskus vor seinem Sterben im *Testament*: „Und nachdem mir der Herr Brüder gegeben hatte, zeigte mir niemand, was ich zu tun hätte, sondern der Allerhöchste selbst hat mir geoffenbart, daß ich nach der Weise des heiligen Evangeliums leben solle"[70]. Die damals aufleuchtende Lebensform umfasst besonders das in der Missionsrede des Herrn an die Apostel enthaltene Programm der heimatlosen Wanderpredigt, das Friedensapostolat und die äußere Bedürfnislosigkeit. Franziskus unterstreicht – wie ich bereits in anderem Zusammenhang vermerkte (I, 6) – den entscheidenden Wert der Gutheißung dieser am Evangelium orientierten Lebensweise durch den Papst. Die „charismatische" Offenbarung unterstellt er mit spontaner Gläubigkeit dem kirchlichen Lehramt, dem er auch dann noch den Vorzug vor dem eigenen Verständnis gibt, wenn es beschneidend eingreift.

Wie sehr das Gotteswort das Leben und Wirken der Minderbrüder bestimmte, erhellt auch aus dem *20. Wort der Mahnung*: „Selig jener Ordensmann, der nur an den hochheiligen Worten und Werken Gottes seine Wonne und Freude hat und dadurch die

---

[68] FQS ^{2}I, 131; Opuscula [Lem.], 99: „Reverendis et multum diligendis fratribus universis, generali ministro religionis minorum, domino suo, et ceteris ministris generalibus, qui post eum erunt, et omnibus ministris et custodibus et sacerdotibus fraternitatis eiusdem in Christo humilibus et omnibus fratribus simplicibus et obedientibus, primis et novissimis ..."

[69] Vgl. BR 6: Opuscula [Lem.], 69: „Et secure manifestet unus alteri necessitatem suam; quia, si mater nutrit et diligit filium suum carnalem, quanto diligentius debet quis diligere et nutrire fratrem suum spiritualem?" Vgl. auch unten II, 4.

[70] Test 4: FQS ^{2}I, 95, bzw. ESSER, Das Testament, 101. Vgl. ebd. 160-169 den Kommentar zur Stelle. Zur Entdeckung der evangelischen Lebensform im Marienheiligtum vgl. ILARINO DA MILANO: Un prefrancescanesimo nell'evangelismo di S. Stefano di Muret, istitutore di Grandmont?, in: Miscellanea Melchor de Pobladura I, Rom 1964, 75-97; CLASEN, S.: Miszellen zur Geschichte des hl. Franziskus von Assisi, in: WiWei 35 (1972) 217-230, bes. 219-224: „Apostolische oder christusförmige Lebensform des Franziskus?" Bemerkenswert sind die Ausführungen des Verf. über die für die zeitliche Festlegung des Ereignisses vorgebrachten Auffassungen (28. Oktober: Fest des hl. Lukas, bzw. 24. Februar: Fest des hl. Matthias), wobei er das Kollektivfest für alle Jünger des Herrn (4. Januar), für alle Apostel (6. Juli) und der Aussendung der Apostel (15. Juli) erstmals in die Diskussion bringt. Für die inhaltliche Bestimmung der evangelischen Lebensform vgl. LAPSANSKI, D. V.: Perfectio evangelica. Eine begriffsgeschichtliche Untersuchung im frühfranziskanischen Schrifttum, München 1974, 44-59.

Menschen in Fröhlichkeit und Freude zur Liebe Gottes hinführt".[71] Die in der Freude an der Schriftlesung und -meditation gewonnenen Einsichten strömen von selber in der Wortverkündigung über und werben so überzeugend für die Liebe Gottes.

Wahrscheinlich seit dem nach 1214 in Einsiedeleien einsetzenden Sesshaftwerden wird der Vollzug des göttlichen Offiziums zu einem wesentlichen Element der Minderbrüdergemeinschaft.[72] Solange die *Regula non bullata* Geltung hatte, richtete sich deren kanonisches Stundengebet nach den liturgischen Gebräuchen der Lokalkirche.[73] Die Regel von 1223 hingegen schreibt – zum Zeichen der [S. 16] besonderen Verbindung des Ordens mit der päpstlichen Zentralgewalt – vor, dass die Tagzeiten „nach dem Brauch der heiligen Kirche von Rom"[74], näherhin nach der in der Kapelle des päpstlichen Palastes im Lateran geübten Form verrichtet werden.[75] Fast unüberwindliche Schwierigkeiten stellten sich der Verwirklichung der wohl in naher Zusammenarbeit mit Kardinal Hugolin abgefassten Regelvorschrift entgegen – man stelle sich allein das Problem der kurzfristigen Abschrift der Chorbreviere konkret vor! Überdies scheinen unter den lesekundigen Laienbrüdern Spannungen entstanden zu sein, weil ihnen der in der voraufgehenden Regel zugestandene Gebrauch des Psalters entzogen wurde. Die letzten Lebensjahre des Heiligen scheinen auch von dieser Sorge belastet gewesen zu sein.[76] Darum kehrt er in der *Epistola ad Capitulum* mit Nachdruck auf diese liturgischen Verordnungen zurück. Brüder, die diese zu befolgen sich weigern, will er nicht mehr als zur katholischen Kirche und seiner Brüderschaft gehörig betrachten. Gleichzeitig beschwört er die Brüder, das Stundengebet „mit Hingebung vor Gott" und im Gleichklang der Stimme mit dem Geiste zu vollziehen.[77] Aus diesen Andeutungen geht

---

[71] FQS ^{2}I, 127f.; Opuscula [Lem.], 15 (XXI); vgl. ESSER, K.: Betrachtung über die 20. Ermahnung unseres hl. Vaters Franziskus, in: Bedrängt, doch nicht erdrückt, Werl/Westf. 1969 (Wandlung in Treue, 10), 149-154.

[72] Vgl. ESSER, K.: Die „Regula pro eremitoriis data" des hl. Franziskus von Assisi, in: DERS., Studien zu den Opuscula, 167; SCHMUCKI, O.: „Secretum solitudinis". De circumstantiis externis orandi penes sanctum Franciscum Assisiensem, in: CFr 39 (1969) 25.

[73] NbR 3: ESSER, Textkritische Untersuchungen, 170: „... omnes fratres sive clerici et laici faciant divinum officium, laudes et orationes, secundum quod debent facere. Clerici faciant officium et dicant pro vivis et pro mortuis secundum consuetudinem clericorum." Vgl. VAN DIJK / WALKER, The Origins of the Modern Roman Liturgy, 179-201, bes. 188-193, 195f.; VAN DIJK, Ursprung und Inhalt der franziskanischen Liturgie des 13. Jahrhunderts, 106-108. Der Verf. übersetzt den oben angeführten Text so: „Die [gebildeten] Kleriker sollen das Offizium halten und für Lebende und Abgestorbene beten, nach dem Brauch (consuetudo) der Kapläne der Römischen Kirche." Es ist jedoch zu beachten, dass der Verf. sich dabei auf die nähere Bestimmung durch die Worte: „Romanae ecclesiae" abstützt, die K. Eßer (ebd. 170, Anm. 9) in den Variantenapparat verweist. Somit bleibt die Frage der richtigen Deutung dieser Regelstelle immer noch in der Schwebe.

[74] BR 3: FQS ^{2}I, 82; Opuscula [Lem.], 66: „Clerici faciant divinum officium secundum ordinem sanctae romanae Ecclesiae excepto psalterio, ex quo habere poterunt breviaria."

[75] Vgl. VAN DIJK / WALKER, The Origins, 201-212. „The ordo sanctae Romane ecclesie is identical with the consuetudo clericorum Romane ecclesie referred to in the previous Rule. It was the liturgical custom of the papal chaplains already followed in Assisi" (205f.). Vgl. auch VAN DIJK, Ursprung, 108-111.

[76] Vgl. VAN DIJK / WALKER, The origins 254-259; VAN DIJK, Ursprung, 194f. Der 1971 verstorbene, um die Erforschung der frühfranziskanischen Liturgie sehr verdiente Forscher scheint mir öfter die Spannungen und Schwierigkeiten zu dramatisieren!

[77] Opuscula [Lem.], 105: „In multis offendi mea gravi culpa, specialiter quia regulam, quam Domino promisi, non servavi, nec officium, sicut regula praecipit, dixi sive negligentia sive infirmitatis meae

klar hervor, dass der treue und fromme Vollzug des Stundengebets ein Herzensanliegen des Ordensgründers und ein Wesenselement der franziskanischen Brüderschaft war. In ihm erfuhr die franziskanische Gemeinschaft das Verweilen des Herrn mitten in ihr und zugleich das innige Verbundensein der Brüder unter sich.

Daneben empfand Franziskus zweifellos die Eucharistiefeier als einen Angelpunkt seiner Frömmigkeit. Der hier notwendig beschränkte Raum schließt eine eingehende Erörterung dieses Themas aus. Ich verweise darum nur auf folgende viel diskutierte, aber immer noch nicht völlig erhellte Stelle der *Epistola ad Capitulum*: „Überdies mahne ... ich im Herrn, daß in den Niederlassungen, wo die Brüder weilen, nach der Art der heiligen Kirche nur eine Messe am Tag gefeiert werden soll. Wenn aber mehrere Priester an dem Ort sein sollten, so sei der eine Priester um der Liebe willen damit zufrieden, wenn er der Messfeier eines anderen [S. 17] beigewohnt hat.“[78] Aus dem näheren Kontext wird das wohl hauptsächliche Motiv greifbar, das dem Ordensvater vor Augen stand: Die Häufung der Einzelzelebration bringt durch das Stipendienwesen[79] die franziskanische Armut in Gefahr! Worauf sich der Heilige mit der modalen Begründung „secundum formam sanctae Ecclesiae“ abstützt, ist umstritten. Da eine diesbezügliche Einschränkung des Zelebrierens weder in der allgemeinkirchlichen Gesetzgebung noch im Brauchtum der päpstlichen Kapelle nachzuweisen ist, scheint der Poverello hier wohl einfach auf den liturgiegerechten Vollzug nach dem römischen Missale abzuzielen. Für unser Thema ertragreicher ist die Begründung: „per amorem caritatis“ sollen mehrere zusammenlebende Priester zugunsten eines Mitbruders auf die Einzelzelebration verzichten. So tief christlich die hier aus inniger übernatürlicher Liebe nahegelegte Verzichtleistung begründet wird, bleibt doch die ausdrückliche Bezugnahme auf die Brüderschaft unausgesprochen; etwa in dem Sinn, dass die Beteiligung an der einen Eucharistiefeier die brüderliche Gemeinschaft deutlicher darstelle und innerlich besonders fördere. Aber auch so steht die Intuition des Ordensgründers m. W. einsam im

---

occasione sive quia ignorans sum et idiota. Ideoque per omnia oro, sicut possum, generalem dominum meum ministrum, ut faciat regulam ab omnibus inviolabiliter observari, et quod clerici dicant officium cum devotione coram Deo, non attendentes melodiam vocis, sed consonantiam mentis, ut vox concordet menti, mens vero concordet cum Deo, ut possint per puritatem mentis placere Deo et non cum lascivitate vocis aures populi demulcere. Ego enim promitto haec firmiter custodire, sicut dederit mihi gratiam Dominus, et haec fratribus, qui mecum sunt, observanda tradam in officio et ceteris regularibus constitutis. Quicumque autem fratrum haec observare noluerint, non teneo eos catholicos nec fratres meos; nolo etiam ipsos videre nec loqui, donec poenitentiam egerint.“ – Die Anspielung auf Benedikts Regula monasteriorum, c. 19: „Mens nostra concordet voci nostrae“, mit der entsprechenden Umstellung, wurde unberechtigterweise als devotionaler Subjektivismus in einer Zeit liturgischer Dekadenz abgewertet; so, z. B., vom sonst so ausgewogenen MAGRASSI, M.: La spiritualità dell'Ufficio divino, in: Liturgia delle ore. Documenti ufficiali e studi, Torino [1972], 379; vgl. DE BOER, B.: La soi-disant opposition de saint François d'Assise à saint Benoît, in: EtFr n. s. 8 (1957) 181-194; 9 (1958) 57-65.

78 FQS ²I, 134; Opuscula [Lem.], 104. Vgl. VAN DIJK / WALKER, The Origins, 511, 237, 292f.; VAN DIJK, Ursprung, 192-194, wo jedoch – nebst sehr wertvollen Elementen – eigenartig persönliche Deutungen vorgebracht werden.

79 Vgl. JUNGMANN, J. A.: Missarum Sollemnia. Eine genetische Erklärung der Römischen Messe II, Freiburg ⁴1958, 32f., 587; MÖRSDORF, K.: Meßstipendium, in: LThK ²VII, 354f. (Lit.).

Mittelalter: selbst die eigenen Söhne waren nicht reif, um seinem Herzenswunsch Folge zu leisten![80]

3. Ein wesentlicher Ausschnitt der Kirchenerfahrung in der franziskanischen Brüderschaft bildet – übereinstimmend mit der besonderen Stellung des Heiligen Geistes in ihr – die zentrale Bedeutung des *pneumatischen Elementes* im Leben des einzelnen Bruders wie der ganzen Gemeinschaft. Es fehlt hier der Raum, um auch nur dessen hauptsächlichen Ausprägungen im Lichte der *Opuscula* namhaft zu machen.[81] Ausgehend von einem besonders inhaltsreichen Zeugnis soll die Sinnfülle der Wörter „spiritus“, „spiritualis“, die Franziskus in betonter Gegenüberstellung zu „caro“, „corpus“, „carnalis“ verwendet, in etwa sichtbar werden.

Im 22. Kapitel der *Regula non bullata*, in dem D. E. Flood eine Form geistlichen Testamentes des Ordensgründers an die Brüder vor seiner Abreise in den Orient (1219) erblicken zu dürfen glaubt,[82] lässt der Heilige niederschreiben: „Darum [wegen der Gefahr, dem Einwirken Satans zu erliegen] wollen wir Brüder alle uns sorgsam davor hüten, daß wir nicht durch den Schein eines Lohnes oder eines Werkes oder einer Hilfe unsern Geist und unser Herz verlieren oder vom Herrn abwenden. Vielmehr bitte ich in der heiligen Liebe, die Gott ist (1 Joh 4,16), alle Brüder, die Minister und auch die anderen, alle Hindernisse zu beseitigen und alle Sorgen und Kümmernisse hintanzustellen, um so nach besten Kräften mit geläutertem Herzen und reinem Sinn Gott dem Herrn zu dienen, Ihn zu lieben, anzu- [S. 18] beten und zu ehren, denn Ihn verlangt über alles Maß danach“.[83] „Spiritus“ bzw. „spiritualis“ bedeutet somit die Einstellung des von rein irdischen und egoistischen Bindungen gereinigten Herzens, das sich der einströmenden Gnade des Heiligen Geistes völlig offenhält, sich bereitwillig und hochherzig von ihr führen lässt und das göttliche Liebeswerben uneingeschränkt annimmt. Wo diese Haltung dauerhaft wird, gewinnt der Heilige Geist, die personale Liebe Gottes, im Menschen Raum; wächst der „Geist des heiligen Gebetes und der Hingabe“ ungebrochen, dem sich alle übrigen Seinsbereiche und Tätigkeitsformen immer mehr unterordnen;[84] entfaltet sich die gegenseitige Bruderliebe unbehindert[85] und strahlt das

---

[80] Vgl. weitere Lit. bei FQS ²I, 134 Anm. 86; Octave D'ANGERS: La messe publique et privée dans la piété de saint François, in: EtFr 49 (1937) 475-486; ISERLOH, E.: Der Wert der Messe in der Diskussion der Theologen vom Mittelalter bis zum 16. Jahrhundert, in: ZKTh 83 (1961) 44-79, bes. 53f.

[81] Vgl. die bemerkenswerten Exkurse: „Leib“ und „Fleisch“ bzw. „Geist“, „geistlich“ (spiritualis) bei FQS ²I, 197-199, 202-206; weiterführende Deutungen siehe zudem bei VERHEY, Der Mensch unter der Herrschaft Gottes, 48-51, 62-67; andere Lit. bei SCHLAURI, Saint François et la Bible, 402 und 414; BgFr XIII, n. 715.

[82] Die Regula non bullata, 133f.; FLOOD, in: DERS. / VAN DIJK / MATURA, La naissance d'un charisme, 73-75, wo der Verf. auf die von K.-V. Selge in dieser Frage vorgebrachte Kritik antwortet; vgl. O. SCHMUCKI, in: CFr 43 (1973) 386, bzw. die neuen Einwände von ESSER, Textkritische Untersuchungen, 164 Anm. 308.

[83] FQS ²I, 72; ESSER, Textkritische Untersuchungen, 187f.

[84] FQS ²I, 84; BR 5: Opuscula [Lem.], 68: „Fratres illi, quibus gratiam dedit Dominus laborandi, laborent fideliter et devote, ita quod, excluso otio animae inimico, sanctae orationis et devotionis spiritum non exstinguant, cui debent cetera temporalia deservire.“

[85] FQS ²I, 59; NbR 7: ESSER, Textkritische Untersuchungen, 174: „Et ubicumque sunt fratres et in quocumque loco se invenerint, spiritualiter et diligenter debeant se revidere et honorare ad 'invicem sine murmuratione' (1 Petr 4, 9).“

evangelische Leben immer wirksamer auf den Nebenmenschen aus.[86] Nicht zuletzt aus diesem echt biblischen[87] Offensein dem Einwirken des Heiligen Geistes gegenüber und aus dieser empfangend-tatbereiten Einstellung zum Vorauswirken der Gnade erklärt sich die erstaunliche Dynamik der ersten franziskanischen Generation.

4. Der Maria im franziskanischen Kirchenbild zugebilligte Rang spiegelt sich im *mütterlichen Element* im Leben der Minderbrüder wider. Es ist bezeichnend, dass die Kindesliebe einer Mutter zum unvergleichlich zu überbietenden Maßstab der Bruderliebe erhoben wird.[88] Ebenso vielsagend ist die Aufgabenbezeichnung „Mutter" für die mit der Sorge um die kontemplativen Brüder betrauten Brüder „Martha".[89] Diese Einsicht wird in der *Epistola ad fideles* noch vertieft, wenn der Heilige von der mystischen Mutterschaft spricht.[90] Wir sind Mütter Christi, [S. 19] wenn wir Christus so in uns tragen, dass Liebe und Gewissensreinheit unsere Personmitte – das Herz – wie auch das äußere Verhalten prägen und wenn wir ihn überdies im beispielhaften Wirken so bezeugen, dass es im Nächsten neues Leben weckt.[91] „Seine Mütter sind in der

---

86 FQS ^{2}I, 65; NbR 16: ESSER, 180: „Fratres vero, qui vadunt [inter saracenos et alios infideles], duobus modis inter eos possunt spiritualiter conversari. Unus modus est, quod non faciant lites neque contentiones, sed sint subditi 'omni humanae creaturae propter Deum' (1 Petr 2,13) et confiteantur se esse christianos. Alius modus est, quod, cum viderint placere Domino, annuntient verbum Dei, ut credant Deum omnipotentem, Patrem et Filium et Spiritum Sanctum ..."

87 Der paulinische Einfluss auf Franziskus ist hier offenkundig; vgl. VERHEY, Der Mensch unter der Herrschaft Gottes, 186. Auf die spirituelle Haltung unseres Heiligen trifft genau zu, was [HIERZENBERGER, G.]: Geist, in: Praktisches Bibellexikon, Freiburg 1969, 383, schreibt: „Der Mensch ist immer der von Gott her Gewordene, von ihm Abhängige, in ihm Geborgene, von ihm Geführte. Der Geist ist Träger dieser Verbundenheit und weist hin auf das Bewußtsein des Menschen, zwar ein Teil der geschaffenen Welt zu sein, aber doch durch seinen menschlichen Geist alle übrigen Geschöpfe zu übersteigen und Gott als freier Partner gegenüberzustehen."

88 Vgl. oben Anm. 69.

89 Regula pro eremitoriis data: ESSER, K.: Die „Regula pro eremitoriis data" des hl. Franziskus von Assisi, in: DERS., Studien zu den Opuscula, 159f.: „Illi qui volunt religiose stare in eremis sint tres fratres vel quattuor ad plus. Duo ex ipsis sint matres et habeant duos filios vel unum ad minus. Isti duo qui sunt matres, teneant vitam Marthae et duo filii teneant vitam Mariae ..." (159). Vgl. den Kommentar ebd. 168-171.

90 Opuscula [Lem.], 93. Sehr bemerkenswert ist, dass diese tiefe Sicht bereits in einer früheren, offenkundig an Mitglieder der Pönitentenbewegung gerichteten Redaktion des Mahnschreibens vorkommt; vgl. ESSER, K.: Ein Vorläufer der „Epistola ad fideles" des hl. Franziskus von Assisi (Cod. 225 der Biblioteca Guarnacci zu Volterra), in: CFr 45 (1975) 5-37, 35a: „O quam beati et benedicti sunt illi et illae, dum talia faciunt et in talibus perseverant, quia 'requiescet super eos spiritus Domini' (cf. Is 11,2a) et faciet apud eos habitaculum et mansionem, et sunt filii patris caelestis, cuius opera faciunt, et sunt sponsi, fratres et matres Domini nostri Iesu Christi. ... Matres, quando portamus eum in corde et corpore nostro per divinum amorem et puram et sinceram conscientiam; parturimus eum per sanctam operationem, quae lucere debet aliis in exemplum. ... O quam sanctum et quam dilectum, beneplacitum, humilem, pacificum, dulcem, amabilem et super omnia desiderabilem habere talem fratrem et talem filium: Dominum nostrum Iesum Christum ..." Vgl. ebd. 16-18. Sehr beachtenswert ist der betonte Rückbezug auf die vorher generell ausgesagte mystische Mutterschaft durch die Kennzeichnung Christi als unseren Sohn!

91 Vgl. die Lit. zu diesem Gesichtspunkt der marianischen Frömmigkeit des Heiligen oben in Anm. 25 und 31 bzw. bei SCHLAURI, Saint François et la Bible, 426-428.

Kirche und durch sie alle, die wie Maria, das Urbild der Kirche, das Wort Gottes aufnehmen und ihm dienend leben."[92]

Nebst der Verchristlichung der Welt durch ein vorbildliches und darin von selber Leben zeugendes Verhalten kennt Franziskus auch die mystische Mutterschaft durch das Apostolat der Predigt und des fürbittenden Gebetes. In einem von Thomas von Celano überlieferten Mahnwort gegen Brüder, die sich auf ihre Predigterfolge etwas einbilden, stellt der Ordensvater die anscheinend unfruchtbare Daseinsform des in der Stille betenden Bruders dem vordergründig viel ergebnisreicheren Predigtapostolat gegenüber. Das endzeitliche Gericht wird indes die menschlichen Werturteile völlig umkehren: „... der schlichte Minderbruder, der in der Kirche nicht die Aufgabe hat, Söhne zu gebären ..., wird beim Gerichte sehr viele gebären; denn die er jetzt durch sein stilles Gebet bekehrt, die wird ihm dann der Richter zu seinem Ruhm anrechnen."[93] Natürlich spricht Franziskus der von ihm selber so intensiv getätigten Wortverkündigung die übernatürliche Fruchtbarkeit nicht ab, sofern sich der Prediger nur seiner werkzeuglichen Aufgabe bewusst bleibt; aber er weiß zugleich um die unersetzliche Aufgabe der auf die Umwelt überfließenden Fülle der Kontemplation in der Kirche.

5. Nicht anders als in der gesamten Kirche verwirklicht sich in der franziskanischen Brudergemeinschaft die Solidarität *heiliger und sündiger Brüder*. Dieses Ideal christlichen Gemeinsinnes spricht Franziskus ebenso schlicht wie tief in der *Regula non bullata* aus: „Und kein Bruder soll einem anderen etwas Böses tun oder etwas Schlechtes sagen. Vielmehr sollen sie in der Liebe des Geistes einander willig dienen und gehorchen. Und das ist der wahre und heilige Gehorsam unseres Herrn Jesus Christus."[94] Zu dieser in Christus alle hemmenden Grenzen überschreitenden Dienstbereitschaft hinzu fördert die Bruderliebe die Atmosphäre vollen Vertrauens, aufmerksamer Hilfsbereitschaft jedem in Not befindlichen,[95] besonders dem erkrankten Bruder gegenüber.[96] Auf dieser Stufe schwindet jede Form gegenseitiger Missgunst, weil die Brüder im Beneiden des durch Gott im anderen Gewirkten Gott lästerten; vielmehr empfinden sie aufrichtige Freude an des anderen [S. 20] Erfolg.[97] Ihre Liebe

---

92 ESSER, Sancta Mater Ecclesia, 240.

93 2 C 164: GRAU, Thomas von Celano, 380; AF X, 225. Bedeutsame Varianten bietet die Parallelstelle in Per 103: BIGARONI, 308/310, bzw. Per 71: BROOKE, 210/212. Vgl. auch 3 C 1: AF X, 271 (hier ist von der „Unfruchtbarkeit" des ganzen Ordens die Rede); LM VIII, 2: AF X, 592.

94 NbR 5: FQS ^{2}I, 57; ESSER, Textkritische Untersuchungen, 172.

95 NbR 9: ESSER, 176: „Et secure manifestet unus alteri necessitatem suam, ut sibi necessaria inveniat et ministret. Et quilibet diligat et nutriat fratrem suum, sicut mater diligit et nutrit filium suum, in quibus ei Deus gratiam largietur." Man beachte den Nachdruck auf die gegenseitige Hilfe für die lebensnotwendige Ernährung, die für Wanderprediger öfter größte Schwierigkeiten bereiten musste!

96 NbR 10: ESSER, 177: „Si quis fratrum in infirmitate ceciderit, ubicumque fuerit, alii fratres non dimittant eum, nisi constituatur unus de fratribus vel plures, si necesse fuerit, qui serviant ei, sicut vellent sibi serviri ..."

97 Vgl. Verbum admonitionis VIII, XVII: Opuscula [Lem.], 10f., 14; vgl. ESSER, K.: Betrachtung über die achte Ermahnung unseres heiligen Vaters Franziskus, in: Regel und Leben, Werl/Westf. 1962 (Wandlung in Treue, 2) 149-154; DERS.: Betrachtung über die 17. Ermahnung unseres hl. Vaters Franziskus, in: Zeugnis von Christus, Werl/Westf. 1966 (Wandlung in Treue, 8), 168-173.

wird selbstlos, ohne Rücksicht auf persönlichen Vorteil, zeigt sich gütig im Gespräch, auch hinter dem Rücken des Bruders. So gelebte Liebe wird spontan zum Medium des Apostolates. Die Minderbrüder, die das Ideal christlicher Brüderlichkeit vorleben, werden zu berufenen Kündern des Friedens, weil sie selber „milde, friedfertig und bescheiden, sanftmütig“ sind „und mit jedermann anständig reden, wie es sich gehört“,[98] „dem Bösen nicht widerstehen, sondern wenn sie jemand auf die Wange schlägt, dem ... auch noch die andere hinhalten“[99], „sich freuen, wenn sie mit gewöhnlichen und verachteten Leuten verkehren, mit Armen und Schwachen, Kranken und Aussätzigen und Bettlern am Wege“[100]. Franziskanische Brüderlichkeit führt somit zu echter Solidarität, zum Mittragen der Last nicht bloß der Mitbrüder, sondern aller Menschen überhaupt.

Dieses evangelische Idealbild wurde – gerade in der Frühzeit des Ordens – sicher von vielen Gliedern erreicht. Doch wäre es ungeschichtlich, wenn nicht zugleich die Erfahrung gegenseitiger Verfehlungen in der Brüderschaft angenommen würden. So ist bereits bemerkenswert, dass für das bedeutsame Band der Gemeinschaft, den Gehorsam, die zu meidende Sünde als unüberschreitbare Grenze aufgezeigt werden musste. Sollte sich ein Bruder wider einen unsittlichen Befehl auf sein eigenes Gewissen berufen und wegen der pflichtigen Gehorsamsverweigerung Verfolgung erleiden, darf er sich dennoch nicht von den Brüdern trennen.[101] Andererseits wird der Ungehorsame zum geistlichen Mörder des Bruders, weil er ihn durch sein schlechtes Beispiel mit ins Verderben zu reißen droht.[102] In dem auf die Frühzeit der Brüderschaft zurückreichenden 11. Kapitel der *Regula non bullata* [103] wird ein langer Katalog zu vermeidender Sünden wider die Bruderliebe aufgezählt, angefangen mit Verleumdung und Streit.[104] Ein Beweis, dass solche Verfehlungen eine belastende Alltagserfahrung schon im frühen Minderbrüderleben waren. Vielsagend sind sodann die entsprechenden Vorschriften hinsichtlich des Empfangs des Bußsakramentes.[105] Franziskus selber fügt seinem *Brief an das Kapitel* ein öffentliches Schuldbekenntnis ein.[106] [S. 21]

---

98 BR 3: FQS ²I, 83; Opuscula [Lem.], 67.

99 NbR 14: FQS ²I, 64; ESSER, Textkritische Untersuchungen, 180.

100 NbR 9: FQS ²I, 60; Esser, 176: „Et debent gaudere, quando conversantur inter viles et despectas personas, inter pauperes et debiles et infirmos et leprosos et iuxta viam mendicantes.“

101 Vgl. Verbum admonitionis III: De perfecta et imperfecta obedientia: Opuscula [Lem.], 6-7. Vgl. die Lit. zur franziskanischen Gehorsamsfrage bei SCHLAURI, Saint François et la Bible, 411f., und BgFr XIII, n. 745-759, bzw. den Kommentar der Mahnung bei ESSER, K.: Betrachtung über die dritte Ermahnung unseres hl. Vaters Franziskus, in: Einzelmensch und Gemeinschaft, Werl/Westf. 1962 (Wandlung in Treue, 3), 145-154.

102 Verbum admon. III: Opuscula [Lem.], 7: „Sunt enim multi religiosi, qui sub specie meliora videndi quam illa quae sui praelati praecipiunt, retro aspiciunt et ad vomitum propriae voluntatis redeunt; hi homicidae sunt et propter mala sua exempla multas animas perdere faciunt.“

103 Vgl. FLOOD, Die Regula non bullata, 139.

104 ESSER, Textkritische Untersuchungen, 178: „Et omnes fratres caveant sibi, ut non calumnientur neque contendant verbis ... Neque litigent inter se neque cum aliis ... Et non irascantur ...“

105 NbR 20: Esser, 184f.: „Et fratres mei tam clerici quam laici confiteantur peccata sua sacerdotibus nostrae religionis. Et si non potuerint, confiteantur aliis discretis et catholicis sacerdotibus ... Si vero tunc non potuerint habere sacerdotem, confiteantur fratri suo ... Non tamen propter hoc dimittant recurrere ad sacerdotem, quia potestas ligandi et solvendi solis sacerdotibus est concessa.“ Vgl. zum ganzen Fragenkomplex L. D. ISABELL: The Practice and Meaning of Confession in the Primitive Franciscan Com-

Die *Epistola ad Ministrum* bestätigt nicht nur diesen Befund, sondern enthält auch eine der vielleicht schönsten Mahnungen in der spirituellen Literatur zur Barmherzigkeit gegenüber dem gefallenen Bruder: „Und daran will ich erkennen, daß du den Herrn und mich, seinen und deinen Diener, liebst, daß du Folgendes tust; nämlich: es darf keinen Bruder auf der Welt geben, mag er auch gesündigt haben, so viel er nur sündigen konnte, der deine Augen gesehen und dann von dir fortgehen müßte ohne dein Erbarmen, wenn er Erbarmen sucht; und sollte er nicht Erbarmen suchen, dann frage du ihn, ob er Erbarmen will. Und würde er danach auch noch tausendmal vor deinen Augen erscheinen, liebe ihn mehr als mich, damit du ihn zum Herrn ziehst. Und mit solchen habe immer Erbarmen.“[107] Der berühmte Literaturdeuter Erich Auerbach schreibt u. a. zu diesem Brief: „Der Inhalt des Briefes ist eine bis zu dem äußersten Grenzfall hochgetriebene Lehre, dem Übel nicht auszuweichen und ihm sich nicht zu widersetzen; eine Beschwörung, nicht etwa die Welt zu verlassen, sondern sich mitten in ihre Qual zu mischen und das Böse leidenschaftlich zu leiden ...“[108]. Wohl richtiger muss gesagt werden, dass die von Christus, dem guten Hirten, inspirierte Liebe zum irrenden Bruder Franziskus bis zu jener äußersten Grenze begleitet, wo Erbarmen Ermutigung zum Weitersündigen und Mitverantwortung für fremde Schuld würde. Er versucht die evangelische Bereitschaft zur Sündvergebung bis zu jenem unermesslichen Grad nachzuvollziehen, dass sie sich vom Bösen nicht mehr überwinden lässt, sondern das Böse durch das Gute überwindet (vgl. Röm 12,21).

6. Hilarin Felder hat Franziskus mit einer treffenden Kennzeichnung „die *personifizierte Kirchlichkeit*“ geheißen.[109] Dieser Ausschnitt seiner Frömmigkeit ist in unserem Jahrhundert so oft und – selbst bei nicht-katholischen Forschern – wesentlich übereinstimmend dargestellt worden, dass ich nicht einmal zusammenfassend darüber zu referieren brauche. Die Tatsache seiner kirchlichen Gesinnung soll zuerst an Hand einiger Quellentexte kurz beleuchtet werden, um hernach auf die Frage hinzuweisen, ob er unter der kirchlichen Autorität vielleicht gelitten habe, und ob sich in seinem Leben kirchenkritische Gesichtspunkte vorfinden.

Franziskus hat 1209, jedenfalls von Innozenz III. dazu aufgefordert, im Namen der Brüderschaft dem Papst ein förmliches Gehorsamsversprechen („obedientiam et reverentiam“) abgelegt, in Analogie zum Gelöbnis, das die Bischöfe für ihre Diözese eingingen.[110] Andererseits verpflichteten sich die Brüder in ihrer Profess zum Gehorsam

---

munity according to the Writings of Saint Francis of Assisi and Thomas of Celano, Assisi 1973; vgl. meine Besprechung in: CFr 44 (1974) 146-149.

106 Opuscula [Lem.], 105.

107 FQS ^{2}I, 140; Opuscula [Lem.], 108f.

108 Mimesis. Dargestellte Wirklichkeit in der abendländischen Literatur, Bern 1946, 161.

109 Die Ideale des heiligen Franziskus von Assisi, Paderborn ^{6}1951, 71.

110 NbR, prol.: ESSER, Textkritische Untersuchungen, 168: „Frater Franciscus et quicumque erit caput istius religionis promittat obedientiam domino Innocentio papae et reverentiam et suis successoribus. Et omnes alii fratres teneantur obedire fratri Francisco et eius successoribus.“ – Bezüglich der Analogie zum Gehorsamsversprechen vgl. MACCARRONE, M.: Riforme e innovazioni di Innocenzo III nella vita religiosa, in: DERS., Studi su Innocenzo III, 304f.: „E' una clausola nuova, che non si riscontra in nessun testo di precedente Regola religiosa e manifesta il proposito di Innocenzo III di creare uno speciale legame tra la

gegenüber Franziskus und seinen Nachfolgern in der Ordensleitung. Der Ordensgründer wird damit zu einem lebendigen Bindeglied zwischen Brüderschaft und höchster kirchlicher Autorität. Die enge Verknüpfung mit ihr war eine [S. 22] unabdingbare Forderung von der bedrohlichen Lage der Zeit her;[111] denn aus verschiedenen Gründen – teils auch wegen mangelnden Verständnisses früherer Päpste – waren die evangelischen Erneuerungsbewegungen, beinahe wider den Willen ihrer Erwecker, in die häretische Opposition abgedrängt worden. Die mittelalterliche Kirche – namentlich in gewissen Gegenden Frankreichs und Italiens – war von den Kathareren und Waldensern in bedrohlichem Ausmaß unterwandert. Die von Franziskus ins Leben gerufene Brüderschaft wies andererseits zu den vorgenannten ketzerischen Bewegungen verwandte Züge auf, so dass für einen nichteingeweihten äußeren Beobachter die Grenzen zwischen beiden fließend wurden. Das unsesshafte Herumwandern der Brüder in der Frühzeit bot außerdem einer Ansteckung durch den Irrglauben breite Angriffsflächen dar.

Es ist nun sehr bezeichnend, wie der Poverello die Gemeinschaft wider solche Gefahren abzusichern suchte. Statt vieler Belege sei einzig auf das 19. Kapitel der „Regula non bullata" hingewiesen. Darin steht der programmatische Satz: „Omnes fratres sint catholici, vivant et loquantur catholice."[112] Wer unter den Brüdern wider die am kirchlichen Lehramt orientierte katholische Glaubenslehre und wider das entsprechend katholisch ausgeprägte Leben verstößt, ohne den Willen, sich zu bessern, geäußert zu haben, soll von der Bruderschaft ohne jede Einspruchsmöglichkeit ausgeschlossen werden. In diesem Licht ist auch die im Gefolge innerer Ordenswirren während seiner Abwesenheit im Orient (1219/1220) eingeführte Institution des Ordensprotektors zu sehen. Seine Aufgabe sollte nämlich darin bestehen, die Unterordnung der Brüderschaft unter die kirchliche Autorität und die Treue zum katholischen Glauben zu überwachen.[113] Der sonst für Schwachheiten seiner Brüder so verständnisvolle und versöhnungsbereite Ordensvater wird am Lebensende gegen Glaubensverfehlungen so unerbittlich, dass er in seinem Testament sogar eine Form von Inquisitionsgericht vorsieht.[114]

Die kirchlich-katholische Haltung unseres Heiligen steht demnach außer allem Zweifel. Sie ist ihm von keinem Außenstehenden gewaltsam aufgedrängt worden, son-

---

Sede apostolica ed il nuovo ordine che sorgeva nella regione a lui immediatamente soggetta, riservando alla diretta subordinazione e vigilanza del papa l'ufficio proprio del vescovo diocesano di fronte ad una comunità religiosa."

111 Vgl. die Lit. darüber bei SCHLAURI, Saint François et la Bible, 370-373, bzw. in BgFr XIII, n. 536-543; vgl. auch ESSER, Anfänge und ursprüngliche Zielsetzungen, 148-153 („Die Gefahr der Häresie").

112 ESSER, Textkritische Untersuchungen, 184.

113 BR 12: Opuscula [Lem.], 74: „Ad haec per obedientiam iniungo ministris, ut petant a domino papa unum de sanctae romanae Ecclesiae cardinalibus, qui sit gubernator, protector et corrector istius fraternitatis; ut semper subditi et subiecti pedibus eiusdem sanctae Ecclesiae, stabiles in fide catholica, paupertatem et humilitatem et sanctum Evangelium Domini nostri Iesu Christi, quod firmiter promisimus, observemus"; vgl. auch ESSER, Anfänge, 197-204 („Die Bindung an die Kirche"). Zur Institution des Kardinalprotektors vgl. bes. THOMSON, W. R.: The earliest Cardinal-Protectors of the Franciscan Order: a Study in Administrative History, 1210-1261, in: Studies in Medieval and Renaissance History, Bd. IX, hg. von H. L. ADELSON, Lincoln 1972, 17-80, bes. 39-52.

114 Test 10: ESSER, Das Testament, 102, 185-191 (Kommentar).

dern stellt ein konnaturales Herzstück seiner Frömmigkeit dar. Wir müssen jedoch einen Schritt über diese geschichtlich unanfechtbare Tatsache hinausgehen. So darf gesagt werden, dass Franziskus seine Kirchlichkeit auch erlitten hat, auch wenn es hier nicht möglich ist, diese Behauptung von den Quellen her einzeln nachzuweisen. Gewiss gehört es in den Bereich immer neu aufgewärmter Geschichtsfabeln, wenn man seit Paul Sabatier behauptet, die kirchliche Autorität – namentlich Kardinal Hugolin – habe in geriebener Diplomatie die ursprünglich charismatisch freie Brüderschaft in einen kirchlichen Orden „umfunktioniert".[115] Anderseits scheint mir – allein schon aus einer vergleichenden Lesung von *Regula* [S. 23] *non bullata* und *Regula bullata* – hervorzugehen, dass die Mitarbeit Kardinal Hugolins an der definitiven Regel dem Heiligen den Verzicht auf Herzensanliegen – so z. B. hinsichtlich der verbotenen Vorsorge für den morgigen Tag[116] – auferlegte. Es kann m. E. keinem Zweifel unterliegen, dass der Ordensgründer unter der von der kirchlichen Zentralgewalt aus Gründen eines wirksameren Apostolates geförderten Entwicklung zu einem Orden gebildeter Brüder gelitten hat.[117] Doch erfolgte der Konflikt in ganz anderer Tiefe als dies zumeist dargestellt; wird, nämlich nicht auf der Ebene eines angeblich frontalen Zusammenstoßes zwischen Franziskus und der kirchlichen Leitung, sondern in der mystischen Nacht des scheinbaren Widerspruchs zwischen dem unmittelbaren Gottesruf des Bibelwortes und der mittelbaren Gottesführung in der kirchlichen Autorität. Dass sich der Poverello bei dieser scheinbaren Ausweglosigkeit für die Autorität der Kirche entschieden hat – entgegen dem Verhalten einzelner Spiritualen in späterer Zeit! –, gehört wohl zu seinen größten geschichtlichen Verdiensten.[118]

Schließlich möchte ich noch den Sachverhalt andeuten, wonach in den Quellen keine Anhaltspunkte für irgendwelche Form von verbaler Kirchenkritik vonseiten des Heiligen bestehen. Ich glaube nicht, dass der autobiografische Hinweis: „... nachdem mir der Herr Brüder gegeben hatte, zeigte mir niemand, was ich zu tun hätte ..."[119] als Seitenhieb gegen die kirchliche Hierarchie gedeutet werden kann. Gewiss hielt er Mahnpredigten an Priester, in denen er auf ihr konkretes Versagen hingewiesen haben mag, doch zog er

---

[115] Vgl. die in Anm. 1 verzeichnete Lit.

[116] NbR 14: ESSER, Textkritische Untersuchungen, 179: „Quando fratres vadunt per mundum, nihil portent per viam neque sacculum (cf. Lc 9,3 und 10,4) neque peram neque panem neque pecuniam (cf. Lc 9,3) neque virgam (cf. Mt 10,10)." Dass dieses von der Aussendungsrede herstammende Element Franziskus besonders lieb war, bedarf keiner Beweise! Doch sei mit Nachdruck betont, dass die BR die wesentlichen spirituellen Leitideen, wenn auch in kürzerer Form und in einer weniger biblischen Sprache, getreu wiedergibt, wie auch BEYSCHLAG, K.: Die Bergpredigt und Franz von Assisi, Gütersloh 1955, 53-84, bes. 82, zugesteht. Vgl. auch ESSER, K.: Die endgültige Regel der Minderen Brüder im Lichte der neuesten Forschung, in: DERS. / GRAU, E.: Franziskanisches Leben. Gesammelte Dokumente, Werl 1968, 31-96; vgl. auch BgFr XIII, n. 306.

[117] Auch wenn man bestimmten Berichten aus dem Gefährtenkreis gegenüber historische Bedenken hätte, könnten doch Aussagen überraschen wie etwa 2 C 188: AF X, 238: „Et paulo post, cum infirmitate nimia gravaretur, in vehementia spiritus in lectulo se direxit: 'Qui sunt isti', ait, 'qui religionem meam et fratrum de meis manibus rapuerunt? Si ad generale capitulum venero, tunc eis ostendam qualem habeam voluntatem'." Hinsichtlich der Wissenschaft vgl. etwa 2 C 195: 242.

[118] Diese Deutung legte ich erstmals vor in meinem: Saggio sulla spiritualità di san Francesco, in: ItFr 42 (1967) 113.

[119] Test 4: FQS ^{2}I, 95; vgl. oben Anm. 70.

sich dafür hinter verschlossene Kirchentüren zurück.[120] Bei einem der über weite Strecken Europas gewandert war, fehlte es natürlich nicht an viel negativem Beobachtungsmaterial. Wie er sich mit Irrgläubigen nur ausnahmsweise direkt auseinandersetzte,[121] sondern gegenüber ihrer Verneinung einfach die positiven katholischen Werte herausstellte, so bestand seine Kirchenkritik im unüberhörbaren Protest eines durch und durch evangelischen Lebens.[122] Das durch seine freiwillige [S. 24] Armut, sein echtes Bruder- und Mindersein schaubar gewordene Urteil über materialistisches Profitdenken und rücksichtslose Machtgier bedurfte eines deutenden Wortes nicht mehr. Diese eindringliche Botschaft wurde auch von einem Kardinal Hugolin verstanden, wenn Franziskus selbsterbettelte Brotstücke an die reich gedeckte Tafel brachte,[123] wenn er sich stets weigerte, ein privilegiertes Sonderrecht in Form von päpstlichen Freibriefen den Bischöfen gegenüber zu verschaffen.[124] Besonders deutlich wahrnehmbar wurde die Herausforderung eines völlig nach dem Evangelium ausgerichteten Lebens, wenn der Poverello schutzlos zum Lager der Muslime überging, um die Frohbotschaft Christi in reinster Ausprägung zu verkünden, während das Kreuzfahrerheer unter Führung des Kardinallegaten Pelagius auf den Angriff wartete.[125]

7. Als letzten Zug im dogmatischen Kirchenbild des Heiligen aus Assisi hob ich seinen steten Blick auf die Kirche der Vollendung hervor. Dieser Sicht entspricht existentiell die *eschatologische Grundausrichtung des franziskanischen Lebens*. Gerade die auf das Lebensminimum reduzierten Ansprüche in der minoritischen Armut hinderten jeden wahren Minderbruder von selber, sich im Bereich irdischer Institutionen vergnüglich einzurichten, sondern er wurde von seiner gewählten Lebensform ständig an die Vorläufigkeit des irdischen Daseins erinnert. Anderseits führte das unstete Herumwandern ohne festen Bezugspunkt und bleibende Heimstatt notwendig zum konkreten Erfahren des Pilgerstandes.[126] Von diesem realistischen Kontext her sind die Worte des 6. Kapitels der definitiven Regel erst richtig zu verstehen: „Die Brüder sollen nichts als Eigentum erwerben, weder ein Haus noch eine Niederlassung noch irgendeine andere Sache. Und gleichwie 'Pilger und Fremdlinge' (1 Pet 2,11), die in dieser Welt dem Herrn in Armut und Demut dienen, mögen sie voll Vertrauen um Almosen gehen und sollen sich dabei nicht schämen, weil der Herr sich um unsertwillen in dieser Welt arm gemacht hat. Dies ist jene Erhabenheit der höchsten Armut, die euch, meine innig-geliebten Brüder, zu Erben und Königen des Himmelreiches eingesetzt, an Habe arm

---

120 Vgl. Per 60: BIGARONI, 154, bzw. n. 18: BROOKE, 118: „... semper postquam predicaverat populo, finita praedicatione, faciebat congregari omnes sacerdotes qui aderant ibi in aliquo remoto loco ut a saecularibus non audiretur, et praedicabat eis de salute animarum et maxime ut curam et sollicitudinem haberent conservandi mundas ecclesias et altaria et omnia quae pertinent ad celebranda divina mysteria."

121 Vgl. etwa 2 C 78: 177f., bzw. GRAU, 301f. mit Anm. 158.

122 Vgl. die entsprechende Lit. (z. T. mit aktualisierender Tendenz!) in BgFr XIII, n. 841-844.

123 Vgl. 2 C 73: AF X, 175, bzw. GRAU, 297f. (mit den entsprechenden Anmerkungen).

124 Vgl. ESSER, Testament, 174-182 (zu Nr. 8 mit dem Privilegienverbot); FQS ^{2}I, 218: „Franziskus ... will die Diözesan-Ordnung der Kirche nicht durch Sonderrechte durchbrechen."

125 Vgl. SCHMUCKI, Leiden Christi, 369-372.

126 Vgl. ESSER, Anfänge, 54-60 („Nicht-seßhafte Wanderprediger").

gemacht, durch Tugenden geadelt hat. Sie soll 'euer Erbteil sein, der euch hingeleitet in der Lebendigen Land' (Ps 142,6)."[127] In der Geborgenheit brüderlicher Liebe als Pilger und Fremdlinge in Armut und Demut und im Blick auf die künftige Welt dem Herrrn dienen: Dies ist doch wohl die treffendste Kennzeichnung des franziskanischen Lebens. Wie der Wanderer sehnsüchtig zum Ziel seiner Reise ausblickt, so schaut der franziskanische Pilger unentwegt und durch nichts beschwert auf die ihm verheißene Endvollendung.

III. Zusammenfassung

Im voraufgehenden Aufsatz suchte ich aufzuzeigen, wie sich bestimmte – namentlich in der Gebetserfahrung Franziskus bewusstgewordene – Vorstellungen von der Kirche in bemerkenswerter Entsprechung in den Leitideen und Ausdrucksformen der frühfranziskanischen Brüderschaft widerspiegeln. [S. 35]

1. Die Kirche ist für Franziskus – nach dem Zeugnis der *Opuscula* – die nach Ständen gegliederte Heilsgemeinschaft der an Gott Glaubenden, auf ihn Hoffenden und ihn Liebenden; eine „katholische" Vielheit in ihrer alle Stände, Menschen und Völker umfassenden Einheit. Seine Kirchenerfahrung ist gekennzeichnet durch einen anlagebedingten Drang ins kosmisch Weite. – Ohne seinen Orden je mit dem anfechtbaren Bild der „ecclesiola in Ecclesia" zu verbinden, sieht ihn Franziskus mit einem klar umschriebenen Standort und Wirkungsfeld in der Kirche. Die nach verschiedenen Aufgaben gegliederte Brüdergemeinschaft muss dem äußeren Beobachter durch die Ungeschütztheit innerer und äußerer Armut und durch die evangelische „Minoritas" des unscheinbar-selbstlosen Dienens am geringsten Bruder erkenntlich sein.

2. Die Christusimmanenz im mystischen Leib der Kirche tritt bei unserem Heiligen zwar direkt weniger deutlich in Erscheinung, doch hebt er an verschiedenen Stellen das Einwohnen Christi im begnadeten Einzelmenschen, im geweihten Priester, im biblischen Gotteswort und in den eucharistischen Gestalten hervor. – Wie die evangelische Kernidee der Aussendungsrede Jesu an die Apostel (Mt 10,1ff.) bzw. an die 72 Jünger (Lk 10,1ff.) die Frucht einer Evangeliumslesung innerhalb einer Eucharistiefeier im Marienheiligtum von Portiunkula war, so wurden das persönliche Vertiefen des Gotteswortes, der wohl mit dem Sesshaftwerden des Ordens (nach 1224) einsetzende gemeinschaftliche Vollzug des Göttlichen Offiziums und die Teilnahme aller Brüder an der einen heiligen Messe in den einzelnen Niederlassungen zu eigentlichen Quellen und wesentlichen Äußerungsformen der frühfranziskanischen Gemeinschaft. In ihnen erfuhr sie stets neu das ständige Verweilen Christi in ihr und vertiefte immer mehr die Verbindung sowohl mit dem Herrn selber wie auch unter den Brüdern.

---

[127] FQS ^{2}I, 84f.; Opuscula [Lem.], 68f. Vgl. den Kommentar zu dieser Stelle von ESSER, K.: „Zu leben ohne Eigentum", in: DERS.: Franziskus und die Seinen. Gesammelte Aufsätze, Werl/Westf. 1963, 95-132. Zum Pilgermotiv vgl. die Lit. bei SCHLAURI, Saint François et la Bible, 430f.

3. Auch wenn der Poverello den Heiligen Geist nirgendwo ausdrücklich als die Seele des mystischen Leibes erklärt, so weiß er doch deutlich um dessen unabdingbares Wirken im begnadeten Einzelmenschen. – Erstaunlich oft und mit besonderem Nachdruck hebt er die zentrale Bedeutung des pneumatischen Elementes im christlichen Lebensvollzug hervor. Die Haltung des „Spiritualis"-Seins ist ein von egoistischen Bindungen befreites Herz, das sich der einströmenden Gnade des Heiligen Geistes völlig offen hält. Wenn Franziskus den Heiligen Geist überdies zum „Generalminister" seiner Brüderschaft „ernennt", beweist er damit, wie sehr er sich dessen gemeinschaftsbegründender Aufgabe bewusst blieb.

4. In Übereinstimmung mit des Heiligen Überzeugung, dass Maria Urbild der Jungfrau und Mutter Kirche ist, betont er für seine Brüdergemeinschaft den unersetzlichen Wert des mütterlichen Elementes in ihr. So ist für ihn die Kindesliebe einer Mutter der unvergleichlich zu übersteigende Maßstab der wechselseitigen Bruderliebe, die namentlich Mitglieder auszeichnen muss, die in der Gemeinschaft mit Führungsaufgaben betraut sind. Mystische Mutterschaft besteht im Einwohnen Christi in einem innerlich gereinigten und von göttlicher Liebe erfüllten Herzen. Sie pflanzt sich fort in einer vorbildlichen und darin von selber übernatürliches Leben zeugenden Lebensform, im Verkünden des Wortes Gottes und schließlich in dem verborgenen, für die Bekehrung der Sünder geübten Fürbittgebet.

5. Ähnlich wie in der Kirche die auf Erden pilgernden Büßer und Gerechten mit den im Himmel verherrlichten Seligen zu einer Kommunioneinheit verbunden sind, so verwirklicht sich in der franziskanischen Brüderschaft die Solidarität heiliger und sündiger Brüder. Diese soll in Christus alle hemmenden Schranken niederlegen, eine Atmosphäre vollen Vertrauens schaffen und sich in aufmerksamer Hilfsbereitschaft jedem in Not befindlichen, besonders dem erkrankten Bruder ge- [S. 26] genüber, bzw. in einem bis zur äußersten Grenze reichenden Erbarmen mit dem fehlenden Bruder zeigen.

6. Da der Ordensgründer die kirchliche Führungsvollmacht des Papstes wie der Bischöfe für sich und seine Gemeinschaft uneingeschränkt bejahte und entgegen dem Donatismus der Waldenser die Heilsnotwendigkeit des Weihepriestertums betonte, überrascht die in seiner Frömmigkeit stark hervortretende Kirchlichkeit keineswegs. Dafür zeugt sein vor Innozenz III. nach der mündlichen Bestätigung der Protoregel abgelegtes Gehorsamsgelöbnis dem Papst gegenüber. Vom Zeithintergrund antikirchlicher Reformgruppen her erklärt sich ebenso der in der *Regula non bullata* erkennbare Nachdruck auf die kirchentreue Einstellung der Brüder. Die Kirchlichkeit des Heiligen blieb auch dann unerschüttert, als die päpstliche Kurie bei der definitiven Regelbestätigung – im Hinblick auf die für eine Vielzahl mögliche Verwirklichung des Armutsideals und den apostolisch wirksameren Einsatz der Brüderschaft – beschneidend eingriff. Der dabei für Franziskus unausweichliche Konflikt offenbarte sich im scheinbaren Widerspruch zwischen dem unmittelbaren Gottesruf im Bibelwort und der mittelbaren Gottesführung in der kirchlichen Autorität. Im Lichte aller zur Einsicht vorliegenden Quellen hat sich der Heilige stets mit innerer Zustimmung zur Führung des kirchlichen Amtes bekannt. In seinen *Schriften* und in seinem Leben fehlt jede Spur verbaler Kirchenkritik. Gegenüber

klar erkannten und schmerzlich erlittenen Missständen setzte er einzig den Protest eines durch und durch vom Evangelium erleuchteten Lebens.

7. Wie im dogmatischen Kirchenbild des Ordensgründers der ständige Blick auf die endzeitliche Vollendung der christlichen Berufung hervorsticht, so fällt gerade in den „Opuscula“ die eschatologische Grundrichtung des franziskanischen Lebens auf. Existentiell erfuhren Franziskus und seine Brüder das evangelische Pilgerideal gerade durch die von der Aussendungsrede her bedingte Wanderpredigt ohne festes Heim und sicheren Unterhalt und im Verzicht auf jede irdische Sicherung oder Voraussicht auf den morgigen Tag. In der Geborgenheit brüderlicher Liebe als Pilger im steten Blick auf die künftige Welt dem Herrn dienen: Dies ist vielleicht die treffendste Umschreibung des franziskanischen Lebens.

„Ignorans sum et idiota“

Das Ausmaß der schulischen Bildung
des hl. Franziskus von Assisi

Wer versucht, irgendeine religiöse Vorstellung des hl. Franziskus in ihrem Bezug auf die vorausgehende Zeit zu untersuchen, sieht sich früher oder später vor die Frage gestellt, wie weit der Heilige bildungsmäßig imstande war, die Schriften eines anderen Autors zu lesen und zu verstehen. Es fehlt freilich nicht an Auffassungen solcher, die den Poverello gleichsam als Engel vom Himmel in die geistige Welt des 12. und 13. Jahrhunderts niedersteigen lassen und seine Frömmigkeit allein unter dem Blickwinkel einer völligen Originalität und als Ergebnis unmittelbar göttlichen Einwirkens auf ihn erklären wollen.[1] Die Unhaltbarkeit dieses un- [S. 284] geschichtlichen Vorgehens liegt dermaßen auf der Hand, dass sich eine ausdrückliche Auseinandersetzung mit ihm erübrigt.

Wer es unternimmt, Einstiegstellen irgendeiner Frömmigkeitsform unseres Heiligen in die Umwelt und Vorzeit abzuklären, stößt jedoch unweigerlich auf seine autobiografische Kennzeichnung im *Testamentum maius*: „Et eramus [d. h. Franziskus und die ersten Brüder] idiotae et subditi omnibus“, bzw. in der *Epistola toti Ordini missa*: „... nec officium, sicut regula praecipit, dixi sive negligentia sive infirmitatis meae occasione sive quia ignorans sum et idiota“.[2] Wenn wir die mit dem Wort „idiota“ im heutigen Sprachgebrauch unwillkürlich sich einstellende Bedeutung von hochgradigem Schwachsinn natürlich auszuschließen haben, geht doch daraus – zusammen mit anderen noch zu berücksichtigenden Zeugnissen – hervor, dass Franziskus nach damals geläufigen Vorstellungen sich als Ungebildeten einstufte. War er aber damit nicht zugleich unfähig, geistig mit den damaligen und namentlich den früheren religiösen Strömungen in Beziehung zu treten?

Natürlich liegt es uns hier ferne, das immer noch umstrittene Thema von Franziszi Stellung zu Studium und Wissenschaft aufzurollen.[3] Vielmehr geht es uns hier einzig

---

1 Als Musterbeispiel solch einseitiger Franziskusdeutung sei folgendes Urteil von E. RENAN (Nouvelles études d'histoire religieuse, Paris 1884, 329) zitiert: „er ist zweifellos Christ ..., aber seine Art von Frömmigkeit kommt einzig aus ihm allein“; entnommen aus: HEFELE, H.: Die Bettelorden und das religiöse Volksleben Ober- und Mittelitaliens im XIII. Jahrhundert, Leipzig 1910, 1 Anm. 1. Dieselbe Tendenz ist bewusst oder unbewusst – bei vielen katholischen Forschern, namentlich unter den Söhnen des Heiligen, fühlbar. – Vgl. die Literatur zum Zeithintergrund und dessen Einfluss auf Franziskus bei BROWN, R.: A Francis of Assisi research bibliography, comprehensive für 1939-1969, selective for older materials, in: HABIG, M. A. (Hg.): St. Francis of Assisi, writings and early biographies: English Omnibus for the sources for the life of St. Francis, Chicago, Illinois [1973], 1702-1707 u. 1739.

2 Vgl. Test 19, in: Opuscula (Eßer), 440, bzw. Epistola, n. 39, ebd., 262. Die genauere Sinnbedeutung von „idiota“ wird im Verlauf dieses Aufsatzes (bes. im Abschnitt 6) herausgearbeitet.

3 Er sei verwiesen auf FELDER, H.: Geschichte der wissenschaftlichen Studien im Franziskanerorden bis um die Mitte des 13. Jahrhunderts, Freiburg im Br. 1904, bes. 58-96 („Der Stifter des Minoritenordens und seine Stellung zur Wissenschaft“); DERS.: Die Ideale des hl. Franziskus von Assisi, Paderborn [6]1951, 356-358 (356 Anm. 1 die Lit. kritischer Stimmen zu seiner These). Dem Quellenbefund entsprechen bedeutend eher die Ausführungen von GRATIEN [DE PARIS]: Histoire de la fondation et de l'évolution de l'Ordre des Frères Mineurs, au XIIIe siècle, Paris-Gembloux 1928, 81-96 („Les idées de saint François sur la prédication, les études et la science“); im besonderen Blick auf die spirituellen Grundanliegen des

darum, aufzuzeigen, ob und in welchem Ausmaß der Ordensstifter an der Bildung seiner Zeit teilnahm bzw. teilzunehmen imstande war.

1. Bei der weiten Ausbreitung des Analphabetentums im Mittelalter[4] ist zunächst die Frage aufzuwerfen, ob der Sohn des Kaufmanns Pietro di Bernardone je eine Schule besuchte. Glückli- [S. 285] cherweise berichten Thomas von Celano und der hl. Bonaventura übereinstimmend, Francesco habe in früher Jugend – d. h. als „infantulus“ bzw. „puerulus“ – in der Kirche San Giorgio in Assisi lesen gelernt.[5] Diese, damals von der Ringmauer noch nicht einbezogene Pfarrkirche diente – nebst einem Ausschnitt von Stadtbewohnern – vorab der Seelsorge von Gläubigen, die in der Umgegend der Stadt zerstreut wohnten. Zu der vom Domkapitel in San Rufino abhängigen Kirche hinzu traten – in einer für das Mittelalter typischen Verbindung – ein Kollegiatskapitel, ein Armenspital und eine Pfarrschule. Der Kollegiatskirche von San Giorgio mit mehreren Klerikern stand ein Prior vor, der gleichzeitig das rechtlich mit der Kirche verbundene Armenhaus (S. Rufinus in Trivio oder auch in Trivio S. Georgii genannt) leitete. Über beide Stiftungen hatte das Domkapitel San Rufinos die Patronatsrechte inne.[6] [S. 286]

Da Francesco hier den ersten Unterricht empfing, in der dortigen Kirche überdies seine erste Predigt hielt und darin auch seine vorläufige Ruhestätte fand, liegt es nahe, mit L. Bracaloni anzunehmen, die Familie di Bernardone sei hier pfarrgenössig gewesen.[7] Da leider entsprechende Dokumente fehlen, vermag man sich dagegen nur schwer

---

Heiligen vgl. neuestens: ESSER, K.: Studium und Wissenschaft im Geiste des hl. Franziskus von Assisi, in: WiWei 39 (1976) 26-41.

4 Vgl. unten Anm. 21-23.

5 1 C 23, S. 20: „Et mirum certe, quia ibi coepit primitus praedicare, ubi, cum adhuc esset infantulus, didicerat legere, in quo etiam loco sepultus est honorifice primum ...“ (vgl. auch ebd. 20 Anm. 5). Vgl. auch: Jul, c. 12, n. 72, S. 369; Jord (BOEHMER), n. 50, S. 45; LM XV,5: S. 625: „Pervenientes denique ad civitatem cum iubilo, pretiosum thesaurum, quem portabant, in ecclesia Sancti Georgii cum omni reverentia condiderunt. In eo siquidem loco puerulus litteras didicit, ibique postmodum primitus praedicavit, postremo ibidem locum primum quietis accepit“. – LM I,1: S. 560, spricht der Biograf zutreffend von „aliqualem litterarum notitiam“. „Littera“ ohne Beiwort ist ohne weiteres „Latina lingua“: vgl. DU CANGE, Ch. D.: Glossarium mediae et infimae latinitatis IV, Paris 1845, col. 129c. „Litterae“ kann schon im Altertum – nebst schreiben und lesen – bedeuten: Grammatik und Literatur, aber auch einfach Bildung in den höheren Fächern; vgl. FORCELLINI, A.: Totius latinitatis lexicon III, Padova 1828, col. 929.

6 BRACALONI, L.: La chiesa di S. Giorgio in Assisi, in: CFr 8 (1938) 493-511, bes. 495-499; DERS.: Terres franciscaines, Montral ^{2}1933, 145-153; vgl. auch: FALOCI PULIGNANI, M.: Il maestro di san Francesco, in: MF 22 (1921) 57-64, wo freilich einige unbewiesene Behauptungen vorgetragen werden, wie S. TOSTÍ, in: AFH 16 (1923) 440, bzw. BRACALONI, La chiesa, 500 Anm. 4, aufzeigen; FORTINI, A.: Nova vita di san Francesco I/1, [S. Maria degli Angeli-Assisi 1959], 116-120; III, ebd. 1959, 54-60. – Im Gefolge der Umsiedelung der Klarissen von San Damiano nach dem Grund und Boden von San Giorgio, der ihnen am 11. März 1255 von Innozenz IV. zugesprochen worden war (BRACALONI, La chiesa, 506), und wegen der dort aufgeführten Kirche und des Klosters der hl. Klara wurden Pfarrkirche und Spital von San Giorgio – wenigstens zum Teil – abgerissen. Stark umstritten bleibt, wie viel von den ursprünglichen Gebäudeteilen erhalten blieb. Wir verweisen für diese Spezialfrage auf BRACALONI, La chiesa, 503-510, bzw. auf CASOLINI, F.: Il Protomonastero di S. Chiara in Assisi. Storia e cronaca (1253-1950), [Mailand 1950], 50-65; 312-316.

7 BRACALONI, La chiesa, 501: „Non è da escludere, ed è anzi molto verosimile quando si ammetta che S. Giorgio era la sua chiesa parrocchiale ...“. Nicht San Nicolò, wie FORTINI, Nova vita I/1, 120, ohne stichhaltige Begründung behauptet; vgl. auch DERS., Nova vita III, 13-15.

ein Bild von der Pfarrschule selber zu machen. Gewisse Autoren sehen in ihr, gestützt auf die bereits angeführten franziskanischen Quellen, eine von Pfarrei und Armenhaus rechtlich verschiedene kirchliche Stiftung, indes L. Bracaloni sie mit weit mehr Berechtigung als Pfarrschule im Dienste der religiösen Unterweisung beurteilt.[8] Denn, wenn die Schule je als kirchliche Einrichtung öffentlichen Rechts bestanden hätte, müssten sich – in den immerhin zahlreichen auf San Giorgio bezüglichen und erhaltenen Dokumenten – gelegentliche Hinweise darauf finden. Deren Ausfall erklärt sich hingegen zwanglos, wenn der Unterricht auf dem freien und gutwilligen Entgegenkommen eines der dort tätigen Kleriker beruhte. Von diesem wurde das verwöhnte und – wie wir uns mühelos vorstellen können – quecksilbrige Kaufmannssöhnchen mit anderen Stadtbuben in die Kunst des Lesens und Schreibens, in gewisse Grundbegriffe des Rechnens, in einige liturgische Gesänge der Kirche und vorab in die Grundlehren des christlichen Glaubens und Lebens eingeführt.[9] [S. 287]

Hinsichtlich des methodischen Vorgehens des Lehrers an der „Schola minor“ sind wir allein auf Vermutungen angewiesen. Wenn wir berechtigt sind, die aus anderen zeitgenössischen Quellen für den Elementarunterricht üblichen Gepflogenheiten auf die Pfarrschule San Giorgios zu übertragen, genoss Francesco hauptsächlich Unterweisung in der lateinischen Sprache. Die Elementarschüler durchliefen normalerweise die folgenden drei Stufen: Erlernen von Lesen und Schreiben, Anfangsgründe der Grammatik und deren Vertiefung. Wenn wir die aus den beiden Autografen des Heiligen durchscheinenden Lateinkenntnisse vor Augen halten,[10] werden wir kaum fehlgehen anzunehmen, dass er im Schulunterricht kaum über die erste Stufe hinausgelangte.

„Das Lehrbuch der ersten [Stufe] war die ‘Tafel’, eine Fibel mit mit den Buchstaben und einigem lateinischen Lesestoff, Glaube, Vaterunser, Gebete; ihr Hauptbestreben war, den Psalter, das gewöhnliche Gebetbuch der Gebildeten im Mittelalter lesen zu lernen“, wie Hilarin Felder näher aufzeigt.[11] Gerade die erstaunlichen Kenntnisse des

---

[8] BRACALONI, La chiesa, 500. – FALOCI PULIGNANI, Il maestro, 57-64, und – in Abhängigkeit von ihm – VITO DA CLUSONE: Cultura e pensiero di S. Francesco d'Assisi. Opera critico-storica, Modena [1952], 13-37, glauben, gestützt auf 2 Kompilationen (eine anonyme, 1495 erstmals ediert) den Namen des Lehrers: Alessandro, Priester aus Foligno, angeben zu können. Der Hinweis Jacobillis auf ein Ms. der *Legenda trium sociorum* in der Bibliothek von San Francesco, Assisi, zur Stütze dieses Berichtes vermag ihn nicht zu beglaubigen; denn es fehlt uns nunmehr jede Möglichkeit, dessen Aussagewert zu überprüfen; vgl. auch oben Anm. 6.

[9] Von den in Anm. 5 angeführten Quellenbelegen könnte zwar der von Bonaventura gewählte Ausdruck: „litteras didicit“ auch in vollerem Sinn verstanden werden, doch wird dessen Sinn ganz offenkundig durch Celanos: „didicerat legere“ eingeschränkt. – Wollte man auf 1 C 89, S. 67 abstellen, wäre Franziskus in der frühen Jugend „in via Dei et ipsius cognitione ... parum vel nihil ... instructus“ gewesen; doch sind wir geneigt, hier ein Beispiel der bekannten Schwarzweißmalerei des Biografen zu sehen. Vgl. zur literarischen Eigenart der *Vita prima* GRAU, E.: Thomas von Celano, Leben und Wunder des heiligen Franziskus von Assisi, Werl/Westf. ²1964, 32f.

[10] Die beiden Autografen sind die *Chartula fr. Leoni data*, in: Opuscula, 142 u. 134-146, bzw. LAPSANSKI, D.: The Autographs on the «Chartula of St. Francis of Assisi», in: AFH 67 (1974) 18-37, bes. 28, 34 u. 35f., und die *Epistola ad fratrem Leonem*, in: Opuscula, 222, bzw. für die Einführungen, 216-224; vgl. auch MORETTI, G.: I santi dalla loro scrittura. Esami grafologici, Roma ²1973, 45-48.

[11] FELDER, Geschichte der wissenschaftlichen Studien, 340 (mit der in den Anm. verzeichneten Lit.). Vgl. auch LIMMER, R.: Bildungszustände und Bildungsideen des 13. Jahrhunderts. (Dargestellt unter besonderer Berücksichtigung der lateinischen Quellen), München 1928, bes. 142f., 147-152; LECLERCQ, H.:

Ordensgründers in den Psalmen, wie diese in den gedächtnismäßig zusammengefügten Gebetsmosaiken des Officium Passionis Domini[12] zutage treten, erklären sich mühelos, [S. 288] wenn in San Giorgio tatsächlich das Psalterium als hauptsächliches Schulbuch verwendet wurde. Auch wenn R. Limmer besonders deutsche Quellen verarbeitet hat, dürften seine Angaben über das praktische Vorgehen auch für die Pfarrschule Assisis gültig sein. Nach ihm wurde das Lesen und Aussprechen der lateinischen Sprache zum Ziel eines ersten Grammatikunterrichts so eingeübt, dass der Lehrer die entsprechenden Verse sachlich kurz erklärte und vorsagte, während die Schüler dieselben schrittweise nachsprachen und so auswendiglernten.[13] Dieser Lehr- und Lernbetrieb fügt sich ohne Schwierigkeit in die seit der Väterzeit betont gepflegte Gedächtniskultur hinein. Schon im christlichen Altertum setzte man ja bei einem Mönch das gedächtnismäßige Beherrschen des Psalteriums als Selbstverständlichkeit voraus.[14]

Hinsichtlich der Jahre, in denen Francesco in der Pfarrschule dem Elementarunterricht folgte, bietet einzig die Bezeichnung „puerulus“-„infantulus“ der frühen Quellen einen gewissen Anhaltspunkt. Nach einer Studie G. Abates über die Chronologie des Lebens Bonaventuras fällt die biografisch unbestimmte Angabe „puerulus“ zeitlich ungefähr mit dem 9.-10. Lebensjahr zusammen.[15] H. Felder legt dar, dass die meisten Scholaren mit 14-16 Jahren die dreistufige Elementarbildung vollendet hatten, indes R. Limmer bemerkt: „Vom 7.-10. Lebensjahr lernte er [der Schüler] dort [an der Schola minor] an Hand des Psalters lesen und schreiben, Latein sprechen; dazu kam Gesangunterricht, erste Einführung in den Computus.“[16] Wenn wir 1181 als das wahrscheinlichere Geburtsjahr (statt 1182) voraussetzen,[17] dürfte somit der Besuch der Pfarrschule San Giorgio zwischen 1190-1191 anzusetzen sein. [S. 289]

Soweit wir berechtigt sind, aus den gelegentlichen Angaben der Biografen bzw. aus den von Sekretären weniger stark beeinflussten „Opuscula“ auf den Erfolg des Lateinunterrichtes rückzuschließen, war Franziskus imstande, lateinische Schriften – wenn

---

Ecoles, in: DACL IV/2, Paris 1921, 1730-1883 (Lit.!); TESTORE, C.: Scuola, in: EC XI, Città del Vaticano [1931], 187-198; für Italien im bes. s. MANACORDA, G.: Storia della scuola in Italia, I. Il medio evo, Mailand [1913]; für die Zeit des Mittelalters sei noch hingewiesen auf LESNE, E.: Les écoles de la fin du VIIIe à la fin du XIIe siècle, Lille 1940; DELHAYE, Ph.: L'Organisation scolaire au XIIe siècle, in: Traditio 3 (1947) 211-268; WÜHR, W.: Das abendländische Bildungswesen im Mittelalter, München 1950; LIMMER, R.: Pädagogik des Mittelalters, Mallersdorf 1958; für den englischen Raum vgl die bemerkenswerte Untersuchung von ORME, N.: English Schools in the Middle Ages, London [1973]; vgl. CFr 45 (1975) 157f.

12 Vgl. Opuscula, 338-351 (Text); 322-337 u. 351-353 (Einführung u. Lit.). – Diese Deutung erlangt noch vermehrte Beweiskraft durch: SALIMBENE DE ADAM, Cronica, ed. G. SCALIA, I, Bari 1966, 137: „... et vocabatur [frater Helyas] in seculo Bonusbaro, et suebat cultras et docebat puerulos in civitate Assisii psalterium legere“.

13 LIMMER, Bildungszustände, 151f.

14 Vgl. OKAVIAN [SCHMUCKI] VON RIEDEN: Das Leiden Christi im Leben des hl. Franziskus. Eine quellenvergleichende Untersuchung im Lichte der zeitgenössischen Passionsfrömmigkeit, in: CFr 30 (1960) 134 Anm. 112 (Lit.).

15 ABATE, G.: Pe la storia e la cronologia di S. Bonaventura, O. Min., in: MF 49 (1949) 542.

16 FELDER, Wissenschaftliche Studien, 341, bzw. LIMMER, Bildungszustände, 142.

17 Vgl. BROWN, R.: Appendix II: Chronology, in: ENGLEBERT, O.: Saint Francis of Assisi: A biography, Chicago, Illinois [2][1965], 373.

auch nicht ohne eine gewisse Anstrengung — zu lesen.[18] Nach dem Zeugnis der beiden Autografen hingegen musste es ihm sehr schwer fallen, sich lateinisch korrekt auszudrücken.[19] Aufgrund der zwar recht dürftigen Schulbildung, aber sehr wachen Intelligenz konnte unser Heiliger die biblischen und lateinischen Bücher in der damals geläufigen Sprache des Kirchenlateins lesen und wenigstens ihrem Hauptinhalt nach verstehen. Weiterhin dürfte es ihm möglich gewesen [S. 290] sein, Werke kirchlicher Schriftsteller – sofern sie nicht in einem schwer fasslichen Latein oder in einer ausgesprochen theologischen Fachsprache geschrieben waren –, einzusehen und mit Hilfe eines gebildeten Mitbruders zu verstehen.[20]

Diese eingeschränkten Kenntnisse des Ordensgründers müssen natürlich im Spiegel des Bildungsstandes der damaligen Zeit beurteilt werden. Wir brauchen hier nicht lange darzutun, dass der Laie – von löblichen Ausnahmen abgesehen –, „illitteratus“ war und nur selten lesen und schreiben konnte.[21] Ähnlich fehlte dem angehenden Seelsorgsklerus

---

[18] 1 C 22, S. 19: Franziskus versteht die Worte des lateinischen Aussendungsevangeliums einigermaßen; 2 C 102 und 105, S. 190f. und 192: er liest gelegentlich Bücher der Heiligen Schrift; 2 C 97, S. 188: er betet die Terz. – Vom Gesamturteil zum Zeugniswert der Quelle hängt die Einschätzung folgenden Berichtes ab: *Anonymus Perusinus* (= AP), n. 11a, in: DI FONZO, L.: L'Anonimo Perugino tra le fonti francescane del sec. XIII. Rapporti letterari e testo critico, Roma 1972, [328], oder in: MF 72 (1972) 440: „Et cum aperuisset sacerdos librum [Missale], quia ipsi [Franziskus, Bernhard von Quintavalle und Petrus Cattani] adhuc bene legere nesciebant, invenerunt statim locum ubi scriptum erat.“ Wenn die Feststellung von der Leseschwierigkeit für Franziskus und Bernhard der inneren Wahrscheinlichkeit auch nicht entbehrt, stößt sie für Petrus wider das glaubwürdige Zeugnis des Jord (BOEHMER), n. 11f., 9 und 12; vgl. auch die EDITORES [M. BIHL], in: AF X, 21 Anm. 6; DI FONZO, L'Anonimo, [254] oder 365, bzw. [254]f. oder 393f.

[19] Für die Beurteilung seiner Schreibfähigkeit sind wir leider einzig auf die in Anm. 10 angeführten Autografen angewiesen. Vgl. hier ergänzend das Urteil ESSERS (Opuscula, 218) hinsichtlich der *Epistola ad fratrem Leonem* und in Anschluss an FALOCI PULIGNANI, M.: La calligrafia di S. Francesco, in: MF 7 (1898) 67-71, bes. 71: „Zum anderen ist offensichtlich, dass der Text ein italienisiertes Latein bietet, um nicht zu sagen: ein latinisiertes Italienisch. So wie wir 'die plumpe, gedrungene, große Schrift eines Mannes, der zu schreiben nicht gewohnt ist', vor uns haben, ebenso haben wir ein Latein vor uns, das nur vom Volgare her verständlich ist. Was bei den litaneiartig aneinandergereihten, schlichten Anrufungen der 'Laudes Dei altissimi' nur hier und da auffiel, wird hier überdeutlich: der Schreiber, der sich nach der Überschrift selbst Frater Franciscus nennt, beherrscht weder die lateinische Schrift noch die lateinische Sprache. Beides trifft aber, wie im Verlauf dieser Untersuchungen schon wiederholt deutlich wurde, tatsächlich auf Franziskus von Assisi zu.“ – Hier ist sodann folgendes Zeugnis zu berücksichtigen: FRATRIS THOMAE VULGO DICTI DE ECCLESTON, Tractatus de adventu Fratrum Minorum in Angliam, ed. A. G. LITTLE – [J. R. H. MOORMAN], coll. VI [Manchester ^{2}1951], 32: „Dixit etiam [frater Martinus de Bartona] quod frater quidam, qui stetit in oratione Brixiae in die Natali Domini, in terrae motu, quem praedixerat sanctus Franciscus et per omnes scholas Bononiae per fratres praedicari fecerat, per litteram, in qua fuit falsum Latinum, et ecclesia corruit, sub ruina lapidum illaesus inventus est.“

[20] Nach der von G. ODOARDI in MF 55 (1955) 422-427 so eindeutig und begründet ausgesprochenen Kritik sehen wir uns der Mühe enthoben, verschiedene maßlos übertriebene Behauptungen hinsichtlich der angeblich außerordentlich hohen Bildung unseres Heiligen bei VITO DA CLUSONE, Cultura di S. Francesco, bes. 89-127 („Genialità di S. Francesco“) einzeln zurückzuweisen. Zur Intelligenz des Ordensgründers vom Standpunkt des Psychologen vgl. u. a. CALAMITA, F. P.: La persona di S. Francesco d'Assisi. (Note di antropologia), Assisi ^{2}1927, bes. 262-287; zum Werk s. meine Hinweise in: CFr 33 (1963) 225.

[21] Vgl. LIMMER, Bildungszustände, 122f.; GRUNDMANN, H.: Literatus-illitteratus. Der Wandel einer Bildungsnorm, in: Archiv für Kulturgeschichte 40 (1958) 1-65. „Im Mittelalter aber wenigstens bis ins 12. Jahrhundert fehlt auch dieses Mindestmaß [litteratus = buchstabenkundig, schreib- und lesefähig zu sein] fast allen Laien bis in die höchsten Gesellschaftsschichten, und es wird ihnen garnicht zugemutet wie den

– und dies namentlich auf dem Lande – eine wirkliche theologische und pastorale Ausbildung. „So kam es, dass viele geweiht und mit einer Pfründe begabt wurden, die ‘modici in scientia’ ..., als ‘sacerdotes simplices’ oder ‘illitterati’ unfähig zur Predigt und Seelsorge, ohne Verständnis für ihre Funktionen und Lesungen, dem Volk, besonders aber gebildeten Laien, zum Gespötte wurden.“[22] Ja, wenn die Behauptung R. Limmers der geschichtlichen Lage [S. 291] tatsächlich entspricht, ließ selbst in den älteren Orden die schulische Ausbildung im 13. Jahrhundert sehr zu wünschen übrig.[23]

Wenn zuvor das „Litteratus“-Sein immerhin als ideales Lebensziel für Kleriker wie Laien galt, bahnt sich nach H. Grundmann – parallel zu den seit dem 12. Jahrhundert gesteigerten Bildungsansprüchen für „litterati“ – in den religiösen Reformbewegungen im zeitlichen Raum zwischen Bernhard von Clairvaux und Franziskus eine Umkehrung der Wertmaßstäbe an. Es wurde nämlich die Frage laut, ob tatsächlich die „litterati“ die besseren Christen seien oder ob nicht doch die „illitterati“ leichteren Eingang in den Himmel fänden.[24] Anderseits hielten die Kleriker in ihren Auseinandersetzungen den Häretikern die Anmaßung vor, die Schrift verstehen und erklären zu wollen, wiewohl sie „illitterati“ und „idiotae“ seien. In ihrer Antwort beriefen sich nun die Ketzer ausdrücklich auf Apg 4,13, wo die Beredsamkeit der Apostel, trotzdem sie ja „homines ... sine litteris et idiotae“ waren, dem versammelten Synedrium Bewunderung abrang. Bei der entscheidenden Bedeutung, die der Nachahmung der Apostel als gemeinsamer Triebfeder in der evangelischen Erneuerungsbewegung vor Franziskus zukam,[25] sind die zeitbedingten besonderen Sinnbedeutungen leicht zu erahnen, die beim Verwenden der die Bildungsunterschiede anzeigenden Wörter „litterati“ und „idiotae“ mitklangen.[26]

Klerikern und Mönchen; die Laien sind und bleiben zumeist illitterat, sie sind Analphabeten“ (3f.). Vgl. auch ebd. 13f. und passim. – Nach THOMPSON, J. W.: The literacy of the laity in the Middle Ages, Berkley-New York 1939 und ²1960 (Kap. 3 handelt über Italien), sei der Bildungsstand vieler Laien in Italien – im Vergleich zum übrigen Europa – relativ höher gewesen; so nach R. BROWN, in: ENGLEBERT, Saint Francis, 460 Anm. 19. Das Werk von J. W. Thompson war uns leider unzugänglich.

22 Vgl. LIMMER, Bildungszustände, 90f.; HEER, F.: Aufgang Europas. Eine Studie zu den Zusammenhängen zwischen politischer Religiosität, Frömmigkeitsstil und dem Werden Europas im 12. Jahrhundert, Wien-Zürich 1949, behauptet sogar, dass im 13. Jahrhundert nur mehr ganz wenige Mönche und Domherren schreiben und lesen konnten bzw. die große Mehrheit der Kleriker an den Land- und Eigenkirchen überhaupt keine literarische Bildung besaß. Vgl. zur Lage auch VAN DIJCK, S. J. P. / HAZELDEN WALKER, J.: The origins of the modern Roman liturgy. The liturgy of the papal court and ihe Franciscan Order in the thirteenth century, Westminster, MD-London [1960], 38f. Nach GRUNDMANN, Litteratus, 52-54, sollte der Kleriker nach der im 12. Jahrhundert zur Geltung kommenden Bildungsnorm geradezu humanistisch gebildet sein!

23 LIMMER, Bildungszustände, 107f. Für eine nüanciertere Schau ist in diesem Zusammenhang besonders einzusehen: LECLERCQ, J.: L'amour des lettres et le désir de Dieu. Initiation aux auteurs monastiques du Moyen Age, Paris 1957, bes. 138-141.

24 GRUNDMANN, Litteratus-illitteratus, 54f.

25 Vgl. hier u. a. LAPSANSKI, D. V.: Perfectio evangelica. Eine begriffsgeschichtliche Untersuchung im frühfranziskanischen Schrifttum, München 1974, 1-43 („Vertreter vorfranziskanischer Bewegungen und ihre Auffassungen von der ‘vita apostolica’ und der ‘vita evangelica’“).

26 Unter Abschnitt 6 soll nochmals von den mitschwingenden Nebenbedeutungen die Rede sein. Vgl. noch den begriffsgeschichtlichen Durchblick von OURY, G.: Idiota, in: DSp VII/2, Paris 1971, 1242-1248; andere Lit. vgl. in Anm 73.

2. Eine weitere Anschlussform an die Kultur seiner Zeit wurde Franziskus überdies vermittelt durch seine Französischkenntnisse. Verschiedene Quellenberichte von unzweifelhaft geschichtlichem Wert bezeugen übereinstimmend, dass er die Sprache Galliens eini- [S. 292] germaßen verstand und sprach.[27] Es ist für unser Thema nicht ohne Bedeutung, dass seine Vorliebe für die französische Sprache schon vor seiner Bekehrung bezeugt ist. So bettelte Francesco bei seiner Wallfahrt nach Rom, in die sich ausgeliehenen Lumpen eines Bettlers gehüllt, im sogenannten Paradies, d. h. auf dem Vorplatz von St. Peter, auf französisch Almosen.[28] Wie eine Reihe anderer biografischer Zeugnisse belegt, fällt die Verwendung dieser Fremdsprache mit religiös besonders tiefen Erlebnissen, namentlich im Zusammenhang mit der Armut[29] oder dem Leiden Christi[30] zusammen.

Es stellt sich somit zwangsläufig die Frage, wo sich Franziskus während seiner Jugend diese Sprachkenntnisse erworben hat. Leider versagen hier die biografischen und archivalischen Quellen, so dass wir auf bloße Vermutungen angewiesen sind. Es scheint uns wenig wahrscheinlich, dass der Sohn Pietros di Bernardone in der Pfarrschule bei San Giorgio auch in die Anfangsgründe der französischen Sprache eingeführt wurde.[31] Die betont religiöse Zielsetzung der „Schola minor“ an der Pfarrkirche dürfte wohl kaum eine fremde Volkssprache als eigenes Lehrfach zugelassen haben. Bei einem so reich begüterten Tuchhändler, wie dies sein Vater war,[32] bestand an sich die Möglichkeit, einen Privatlehrer für den [S. 293] Französischunterricht anzustellen. Da die *Legenda trium Sociorum* jedoch ausdrücklich bezeugt: „quia libenter lingua gallica loquebatur, licet eam recte loqui nesciret“[33], wird man den historischen Sachverhalt am

---

[27] Vgl. vorab BIHL, M.: De nomine S. Francisci, in: AFH 19 (1926) 469-529, bes. 475-477; FELDER, H.: Der Christusritter aus Assisi, Zürich-Altstetten 1941, 147.

[28] *Legenda trium Sociorum*, n. 10, ed. Th. DESBONNETS, in: AFH 67 (1974) 96f.: „Exiens autem ante fores ecclesiae ubi multi pauperes aderant ad eleemosynas petendas, mutuo accepit secreto panniculos cuiusdam pauperculi hominis et suos deponens illos induit. Atque stans in gradibus ecclesiae cum aliis pauperibus eleemosynam gallice postulabat ...“. Das Einzelelement des französisch Sprechens bleibt unerwähnt bei 2 C 8, S. 135; hingegen heißt der Biograf die dem Haupteingang der alten Petersbasilika vorangestellte Säulenhalle mit erstaunlich genauer Ortskunde: „in paradiso ante ecclesiam sancti Petri“, wie er auch allein die seit altersher bekannte Einzelnachricht bietet: „qui locus ferax est pauperum“; vgl. FORTINI, Nova vita II, 221-223.

[29] Wie E. GRAU, in: CLASEN, S. / DERS.: Die Dreigefährtenlegende des heiligen Franziskus. Die Brüder Leo, Rufin und Angelus erzählen vom Anfang seines Ordens, Werl/Westf. 1972, 189 Anm. 16, richtig bemerkt: „Es ist auffallend, daß Franziskus sich gerade dann der französischen Sprache bedient, wenn es um die Armut. geht.“

[30] Vgl. OKTAVIAN [SCHMUCKI] VON RIEDEN, Das Leiden Christi, 255f.

[31] Wie FELDER, Christusritter, 28, ohne Quellenbelege anzuführen, behauptet.

[32] FORTINI, Nova vita II, 101-112, der den Landbesitz der Familie freilich aufgrund von Dokumenten rekonstruiert, die auf die Zeit nach dem Tod des Heiligen zurückgehen. – Hinsichtlich der Ausbreitung der französischen Sprache im geografischen Raum Italien vgl. MEYER, P.: De l'expansion de la langue française en Italie pendant le moyen âge, in: Atti del congresso internazionale di scienze storiche, IV. Atti della sezione III: Storia della letteratura, Roma 1904, 61-104, bes. 68f., wo der Verf. jedoch zu Unrecht die Glaubwürdigkeit der franziskanischen Quellen in Zweifel zieht; vgl. L. OLIGER in: Anton. 2 (1927) 278 Anm. 1. Zum Problem der Mehrsprachigkeit im Mittelalter s. zudem noch BISCHOFF, B.: The study of foreign languages in the Middle Age, in: Speculum 36 (1961) 209-224.

[33] Gef 10: DESBONNETS, 97.

besten wohl mit der Annahme treffen, Francesco habe bei seinem Vater – vielleicht anlässlich seiner Handelsreisen in die Provence oder in die Champagne[34] – einige französische Sprachelemente erlernt. Sicher ist deren Vermittlung durch die angeblich aus Frankreich stammende Mutter auszuschließen. Wie Abate überzeugend nachgewiesen hat, weist der Name Pica nicht auf ihren Ursprung aus der Picardie hin, sondern wurde als Neckname wegen ihres seltsam erscheinenden Verhaltens bei der Geburt Francescos anstelle ihres Taufnamens Giovanna in Umlauf gebracht.[35]

Wenn die Vorliebe seines Sohnes für französische Sprache und Eigenart den beruflichen Erwartungen des Fernkaufmanns Pietro sehr entgegenkommen musste, lag doch der Schwerpunkt dieses Interesses sicher nicht im Bereich des Geschäftlichen, sondern in der Anziehungskraft der ritterlichen Lebensform. Diese war bekanntlich in Frankreich beheimatet und wurde von dort aus durch Troubadours und Joglars in die übrigen europäischen Länder verbreitet.[36] Auch wenn man die übersteigerte Auffassung H. Felders nicht zu teilen braucht, der das geistliche Rittertum geradezu als grund- [S. 294] legendes Deutungsprinzip des Franziskuslebens verwendet,[37] ist ein entscheidender Einfluss dieser Zeitströmung auf seine Frömmigkeit unmöglich in Abrede zu stellen. Diese Tatsache erhellt besonders deutlich aus dem in mehreren Phasen ablaufenden Gespräch zwischen einem Novizen, „qui sciebat legere Psalterium, sed non bene“, und Franziskus, dem dieser die vom Generalvikar Elias bereits erhaltene Erlaubnis, ein Psalterium für sich brauchen zu dürfen, sicherheitshalber zur Bestätigung unterbreitet hatte. Auf die Anfrage des Novizen habe der Ordensvater folgenderweise geantwortet: „Carolus imperator, Rolandus et Oliverius et omnes paladini et robusti viri, qui potentes fuerunt in proelio, persequentes infideles cum multo sudore et labore, usque ad mortem habuerunt de illis gloriosam et memorabilem victoriam et ad ultimum ipsi sancti

34 Vgl. hierzu: BIHL, De nomine S. Francisci, 471, mit der in den Anm. 3-4 angegebenen Lit.; später erschienene Studien s. bei: BROWN, A Francis of Assisi research bibliography, 1709, und besonders SAPORI, A.: Le marchand italien au moyen âge, Paris 1952.

35 ABATE, G.: La casa natale di S. Francesco e la topografia di Assisi nella prima metà del secolo XIII, Roma 1966, 77-84.

36 Darüber s. besonders BIHL, De nomine S. Francisci 477f., mit Lit. für Umbrien, und FELDER, Christusritter, 15-22, 146-148. Weitere Lit. verzeichnet BROWN, A Francis of Assisi research bibliography, 1710; im Einzelnen sei verwiesen auf: COHEN, G.: Histoire de la chevalerie en France au moyen âge, Paris 1949; VINCENTI, E.: Bibliografia antica dei trovatori, Milano 1963; vgl. auch die in den Anm. 39-40, 45, 50, 56 angegebene Speziallit.

37 Dies schon in seinem berühmten Werk: Die Ideale des hl. Franziskus (namentlich Kap. 2: Franziskus und Christus, S. 21-40); in sicher übersteigerter Form im Alterswerk: Christusritter, passim. Neuere Studien über das ritterliche Element bei Franziskus vgl. in VAN DE LAAR, Cl.: Coll. Franc. Bibliographia Franciscana 1931-1970. Index, Roma [1972], 212a (mens equestris), bzw. BgFr XII (1964-73), n. 549f. In vorherrschend theologisch-typologischer Sicht handelt neuestens darüber: GAGNAN, D.: François au livre de la nature. 6-8. Le chevalier, in: EtFr 23 (1973) 339-365; 24 (1974) 289-308, 367 385; vgl. schließlich die problemgeschichtlich bemerkenswerten Darlegungen bei CADINI, F.: L'avventura di un cavaliere di Cristo. Appunti per uno studio sulla cavallena nella spiritualità di S. Francesco, in: StFr 73 (1976) 27-198 (mit reicher weiterer Lit.).

martyres mortui sunt pro fide Christi in certamine. Et multi sunt qui sola narratione eorum, quae illi fecerunt, volunt recipere honorem et humanam laudem.“[38]

An diesem Exemplum des Heiligen ist das Nachwirken der fränkischen Heldenepik, näherhin des sogenannten Rolandslieds,[39] so offenkundig, dass der Einfluss keines weiteren Beweises bedarf. Der sagenhafte Heldenkampf Karls des Großen – zusammen mit [S. 295] den zwölf Paladinen, namentlich seinem Neffen Roland, dem Freund Oliver und Erzbischof Turpin – wider die Sarazenen und ihre Bereitschaft, beim Niederringen der christlichen Erbfeinde sogar das Martyrium zu erleiden, wird als Vorbild eines nicht auf Gelehrsamkeit, sondern tätigen Einzatz ausgehenden Lebens hingestellt.

Bezeichnenderweise fehlt auch nicht ein Nachklang aus der bretonischen Heldenromantik der Artussage. Der Hof von König Artus mit den zwölf Rittern wird von der nordfranzösischen Dichtung seit 1135 als Urbild ritterlicher Lebensform dargestellt. Indes Artus als Vorbild eines ritterlichen Herrschers einen glänzenden Hof hält, ziehen die zwölf Helden in die Welt, um große Dinge zu vollbringen.[40] Franziskus spielte auf ein Element der „Table ronde“ an, als er sich – nach der Compilatio Perusina – zum Problemkomplex Predigt bzw. Wissenschaft und Gebet äußerte. Predigern gegenüber, die Tag und Nacht ihre ganze Sorge auf das Studium verlegen und dabei ihre Berufung und das hingebende Gebet hintanstellen, gibt der Ordensgründer zu bedenken, dass sie bei erreichten Bekehrungen sich fälschlich überheben, da deren Gewinn anderen zuzuschreiben sei. „,... quoniam, quos credunt suis verbis aedificari vel ad poenitentiam converti, Dominus aedificat et convertit orationibus sanctorum fratrum, licet id ipsi ignorent, quia sic est voluntas Dei, ut illud nec advertant, ne inde superbiant. Isti sunt fratres mei milites tabulae rotundae, qui latitant in desertis et in remotis locis, ut diligentius vacent orationi et meditationi, sua et aliorum peccata plorantes, quorum sanctitas a Deo cognoscitur, aliquando a fratribus et ab hominibus ignoratur.“[41] In den Augen des Ordensstifters sind somit die Minderbrüder schlechthin – „meine Brüder Ritter von der Tafelrunde“ – die in den Einsiedeleien der Frühzeit des Ordens lebenden Brüder.[42] [S. 296]

Schließlich lässt sich mühelos aufzeigen, dass Franziskus sogar noch während der letzten Lebensjahre unter dem Einfluss der Troubadourlyrik stand. Gerade der Sonnen-

---

[38] Per 103: BIGARONI, 312 bzw. Per 70 und 72: BROOKE, 208 und 214. – Es sei eigens vermerkt, dass wir die aus diesen Ausgaben angeführten Texte – deren leichteren Lesbarkeit wegen – auf eine moderne lateinische Orthografie umgeschrieben haben.

[39] Vgl. FELDER, Christusritter, 15f. – Für weitere neuere Lit. sei – auswahlsweise! – verwiesen auf: BURGER, A.: La question rolandienne, in: Cahiers de Civilisation médiévale 4 (1961) 269-291 und DUFOURNET, J.: Cours sur la Chanson de Roland, Paris 1972; vgl. auch unten Anm. 50.

[40] Vgl. FELDER, Christusritter 16f., und darüber hinaus: FRAPPIER, J.: Amour courtois et Table ronde, Paris 1974; LUTTRELL, Cl.: The creation of the first Arthurian romance. A quest, London 1974. – Es verdient immerhin hervorgehoben zu werden, dass die bei Chrestien de Troyes bzw. Wolfram von Eschenbach mit der Artussage verbundene Grallegende auf Franziskus anscheinend nicht einwirkte; vgl. FELDER, Christusritter, 17 Anm. 1, und besonders COCHERIL, M.: Graal, in: DSp VI, Paris 1967, 672-700 (Lit.!).

[41] Per 103: BIGARONI, 308/310, bzw. Per 71: BROOKE, 210/212.

[42] Vgl. SCHMUCKI, O.: „Secretum solitudinis“. De circumstantiis externis orandi penes sanctum Franciscum Assisiensem, in: CFr 39 (1969) 5-58, 10f.

gesang ist teilweise nur auf diesem Zeithintergrund richtig zu verstehen.[43] Die Troubadours, „Dichter, Komponisten, Sänger und Rezitatoren zugleich“[44], ließen durch die Joglars (Jongleurs, Giullari), das sind fahrende Spielmänner, ihre Dichtungen in Szene setzen.[45] Nur von diesem vorherrschenden Zeitgeist her lässt sich richtig deuten, wenn der im Gefolge des Trachoms zeitweilig erblindete Ordensvater nach dem Dichten und Diktieren seiner „Lauda“ Br. Pazifik rufen ließ, „qui in saeculo vocabatur rex versuum et fuit valde curialis doctor cantorum“, damit er mit einigen geistlichen Brüdern durch die Welt predigend und lobpreisend zöge. „Nam volebat et dicebat, quod prius aliquis illorum praedicaret populo, qui sciret praedicare, et post praedicationem cantarent ‘Laudes Domini’ tamquam ioculatores Domini. Finitis ‘Laudibus’, volebat ut praedicator populo diceret: ‘Nos sumus ioculatores Domini et in his volumus a vobis remunerari, scilicet ut stetis in vera poenitentia’. Et dicebat: ‘Qui enim sunt servi Dei nisi quodammodo quidam ioculatores eius, qui corda hominum movere debent et erigere ad laetitiam spiritualem?’. Et specialiter de Fratribus Minoribus dicebat, qui populo pro ipsius salvatione dati fuerunt.“[46] Das ganze minoritische Apostolat der charismatischen Bußexhorte[47] ist in dieser Anweisung des Heiligen in den Rahmen der „heiteren Wissenschaft“ fahrender Spielleute eingespannt. Die Minderbrüder sind eine Art fahrender Sänger der Liebe Gottes, denen der Auftrag gestellt ist, eine Atmosphäre geistlicher Freude zu schaffen und als Lohn ihres geistlichen Spiels die Bekehrung der Menschen bzw. deren Ausharren in der Buße einzufordern. [S. 297]

Nach den voraufgehend kurz beleuchteten Quellenbeispielen, die den Einfluss der französischen Heldenepik und ritterlichen Lebensformen auf die Frömmigkeit unseres Heiligen bezeugen, stellt sich die Frage, ob er die nordfranzösische („langue d’oïl“) oder die südfranzösische bzw. provenzalische („langue d’oc“) Mundart sprach. Diese Streitfrage konnte bis heute nicht eindeutig in dem einen oder anderen Sinne entschieden werden. Natürlich wäre es bereits leichter, sich für eines der beiden Idiome zu entscheiden, wenn die Quellen Hinweise darüber berichteten, mit welchen Städten des heutigen Frankreichs (Provence oder Champagne) Pietro di Bernardone Handelsbeziehungen pflegte.[48] Hilarin Felder lässt – gegenüber Auffassungen, es handle sich einzig um provenzalische Minnelieder, wenn bei den Biografen von Franziszi Vorliebe für die französische Sprache die Rede ist –, bedenken: „Die provenzalische Mundart galt genauso wenig als Französisch wie die italienischen oder spanischen Idiome.“ Von den

---

43 Vgl. dessen Text bei SABATELLI, G. V.: San Francesco d’Assisi, Gli scritti, S. Maria degli Angeli-Assisi [1971], 175f., bzw. Opuscula, 128f.

44 So FELDER, Christusritter, 18.

45 Ebd., 17-22, bzw. die neuere Lit. in Anm. 36; im bes. vgl. noch GAY-CROSIER, R.: Religious elements in the secular lyrics of the Troubadours, Chapel-Hill 1971; CROPP, G. M.: Le vocabulaire courtois des troubadours de l’époque classique, Genéve 1975.

46 Per 83: BIGARONI, 236, bzw. Per 43: BROOKE, 164/166.

47 Vgl. bes. ZERFASS, R.: Der Streit um die Laienpredigt. Eine pastoralgeschichtliche Untersuchung zum Verständnis des Predigtamtes und zu seiner Entwicklung im 12. Jahrhundert, Freiburg [1974]; vgl. unsere Besprechung in CFr 45 (1975) 140f.; DELCORNO, C.: Origini della predicazione francescana, in: Francesco d’Assisi e francescanesimo dal 1216 al 1226. Atti del IV Convegno internazionale. Assisi, 15-16-17 ottobre 1976, Assisi 1977 (Società internazionale di studi francescani, Convegni IV) 127-160.

48 Vgl. oben Anm. 34.

sachlichen Anhaltspunkten der Quellentexte her könne man einzig „an Nordfrankreich, bzw. an das Königtum Frankreich, und an die langue d'oïl denken“[49].

Schließlich sei noch kurz auf die von Livarius Oliger angeregte Diskussion hingewiesen, ob Francesco in seiner Jugendzeit Ritterromane gelesen habe. Sind die oben besprochenen Anspielungen in der *Compilatio Perusina* an das Rolandslied allein mit mündlicher Volksüberlieferung und dem Anhören der fahrenden Minnesänger zu erklären, oder müssen schriftliche Vorlagen zur Erklärung von dessen Kenntnis herangezogen werden? Der Verfasser schließt aufgrund von einigen Wortvergleichen auf eine wahrscheinlich erfolgte Anregung des Heiligen durch Pseudo-Johannes Turpins *De vita Caroli Magni et Rolandi historia*[50]. Persönlich neigen wir eher zur Annahme, dass ihm die ritterlichen Vorstellungen durch seinen vielgereisten Vater oder durch fahrende Spielleute vermittelt wurden. Dass der begeisterungsfähige Junge für solche Darbietun- [S. 298] gen ganz Aug und Ohr gewesen ist, braucht wohl kaum einer längeren Begründung!

3. Aus den frühen Quellen erhellt zudem, dass Francesco bis zu seiner Bekehrung an der Seite seines geschäftstüchtigen Vaters den *Kaufmannsberuf* ausübte. Thomas von Celano kennzeichnet ihn in der *Vita prima* in seinem gewohnt antithetischen Stil, aber in glaubwürdiger Weise als „cautus negotiator sed vanissimus dispensator“[51]. Die *Legenda trium Sociorum*[52] hebt darüber hinaus seinen Scharfsinn, die außerordentliche Freigebigkeit und heitere Gemütsart hervor. In einer lebendigen Einzelschilderung stellt dieselbe Quelle den Kaufmannssohn vor, wie er im Tuchladen, „von Gier nach Reichtum und Geschäftssorge“ völlig befangen, von einem Armen gestört wird, der ihn „um der Liebe Gottes willen“ um ein Almosen bittet und von ihm zunächst schroff abgewiesen wird.[53]

Die für die Ausübung des Tuchhandels erforderlichen. Kenntnisse dürfte sich der Sohn Pietros wohl kaum durch eine eigene Ausbildung erworben haben. Die an der Pfarrschule San Giorgio erworbene minimale Lese- und Schreibfähigkeit bzw. die Kenntnisse elementaren Rechnens dürften für den schriftlichen Verkehr mit Kunden oder Lieferanten zur Not ausgereicht haben.[54] Hingegen sind ihm wahrscheinlich die

---

49 FELDER, Christusritter, 148 Anm. 2.

50 OLIGER, L.: S. Franciscus cognovitne Pseudo-Turpinum?, in: Anton. 2 (1927) 277-280; das Rolandslied wurde ediert von S. CIAMPI. Florenz 1822 (vgl. ebd., 27 Anm. 3); vgl. auch oben Anm. 39.

51 1 C 2, S. 7; vgl. auch 4 C 2, S. 119: „Qui [Franciscus] negotiator effectus, fere usque ad vicesimum quintum aetatis suae annum tempus suum vane vivendo consumpsit.“

52 Gef 2: DESBONNETS, 90: „Hic [Franciscus], postquam fuit adultus et subtilis ingenii factus, artem patris id est negotiationem exercuit, sed dissimiliter valde quoniam ipso hilarior et liberalior, deditus iocis et cantibus ... in expendendo largissimus adeo ut omnia quae habere poterat et lucrari in comestionibus aliisque rebus consumeret.“

53 Gef 3: DESBONNETS, 91: „Cum autem quadam die in apotheca ubi pannos vendebat circa huiusmodi staret sollicitus, venit quidam pauper ad eum petens eleemosynam amore Dei. Cumque cupiditate divitiarum et mercationis cura detentus illi eleemosynam denegasset ...“. Vgl. auch AP 4a: Di FONZO, 436.

54 PIRENNE, H.: L'instruction des marchands au moyen âge, in: Annales d'Histoire économique et sociale 1 (1929) 13-28 stützt sich für seinen Essai notgedrungen auf eine sehr schmale Quellensbasis, abgesehen davon, dass er vorab flandrische Verhältnisse berücksichtigt. Vgl. immerhin bes. S. 27 über die wahr-

mehr praktischen Fertigkeiten, wie etwa die [S. 299] Kenntnisse der Tucharten, des Geldwertes und der Verkaufstechnik, wohl im täglichen Kontakt mit dem sehr gewieften Kaufmann, wie dies sein Vater war, zugewachsen.[55]

4. Was für die Volksbildung im zeitlichen Raum zwischen dem 8. und 12. Jahrhundert ganz allgemein gilt, darf bedenkenlos auch auf Franziskus angewendet werden: wie seine Zeitgenossen stand auch er im straffen, beinahe unentrinnbaren *Ordnungsgefüge der mittelalterlichen Frömmigkeit*. Weit mehr als durch lehrmäßige Unterweisung des geschriebenen oder gesprochenen Wortes wurde der christliche Glaube in der Lebensübung vermittelt; so in den Gebetsgebräuchen der Familie, im Teilnehmen am kirchlichen Gottesdienst mit den zahlreichen liturgischen und paraliturgischen Ausdrucksformen und ganz allgemein im gesamten christlichen Brauchtum.[56] Religiöse Kenntnisse wurden somit weniger durch verstandesmäßiges Durchdringen und gedächtnismäßiges Erlernen als durch gemüthaftes Erfahren und praktisches Einüben vermittelt.[57]

Solche Einflusselemente begannen über die Seele des werdenden Ordensgründers besondere Macht zu gewinnen, als um 1204 die ersten Anzeichen der kommenden Bekehrung zutage traten. Bei diesem religiösen Bildungsfaktor sind seine glücklichen Naturanlagen besonders in Rechnung zu stellen; so seine frische dichterische Phantasie, die rasche Auffassungsgabe, empfindsame Sensibilität, [S. 300] das treue Gedächtnis und der Drang zu mimisch-bildhafter Darstellung.[58]

5. Die Ausweitung der zuvor erhaltenen Schulbildung hängt entscheidend vom *Willen zur persönlichen Fortbildung* ab. Wie bereits vermerkt wurde, würde es den Rahmen dieses Aufsatzes sprengen, wollten wir hier die kontroverse Frage von Franziszi

---

scheinliche Ausbildungsform bzw. S. 23 über die bildungsmäßigen Voraussetzungen für die Ausübung des Handels oder eines Handwerks.

55 Vgl. PIRENNE, H.: Histoire éonomique de l'occident médiéval. Préface de E. COORNAERT, [Brügge] 1951, 19f. und 288f. (Tuchhandel), 248-250 (die Märkte in der Champagne und der Tuchhandel bzw. der Kredit), 263-284 (Kredit und Geldhandel). – Von diesem Werk besteht auch eine dt. Übersetzung: DERS.: Sozial- und Wirtschaftsgeschichte Europas im Mittelalter, Bern [1946]. – Nicht einsehen konnten wir: LUZZATO, G.: Breve storia economica d'Italia. Dalla caduta dell'Impero romano al principio del Cinquecento, Turin 1958.

56 HEER, Aufgang Europas, 87. Für weitere Lit. vgl. WOLTER, H.: Laienbewegung im 12. Jahrhundert, das Ethos des christlichen Ritters. Seelsorge, Volksfrömmigkeit und mystische Theologie, in: JEDIN, H. (Hg.): Handbuch der Kirchengeschichte, III: Die mittelalterliche Kirche, 2: Vom kirchlichen Hochmittelalter zum Vorabend der Reformation, Freiburg 1968, 132-143.

57 In diesem Zusammenhang sei bes. auf die geistlichen Spiele hingewiesen; s. die hervorragende Studie mit der darin verzeichneten und verarbeiteten Lit.: STEMMLER, Th.: Liturgische Feiern und geistliche Spiele, Studien zu Erscheinungsformen des Dramatischen im Mittelalter, Tübingen 1970; vgl. außerdem die Artikel: Volksandachten, Volksbrauch, Volksfrömmigkeit, Volkskunde, Volkskunst, in: LThK X (^{2}1965) 847f., 848f., 850f., 854-856, 856f.

58 Vgl. u. a. das eindringliche Seelengemälde bei 1 C 83, S. 61f., oder in der dt. Übersetung bei GRAU, Thomas von Celano, 149f. Es sei zudem verwiesen auf: BOEHMER, H.: Analekten zur Geschichte des Franciscus von Assisi, Tübingen 1904, XLIX-LI; FELDER, Christusritter, 140-144; gewisse (ebd., 143f.) angeführte Urteile über des Ordensgründers angebliches dichterisches Können sind freilich mehr enthusiastisch als historisch!

Einstellung zu Studium und Wissenschaft in seinem Orden eingehend beleuchten.[59] Sicher ist jedoch soviel, dass der Gründer des Minoritenordens zwar der Theologie und den Theologen gegenüber große Ehrfurcht erwies,[60] in einem späteren Entwicklungsstadium desselben für Brüder Prediger sogar das Schriftstudium ausdrücklich zugestand,[61] aber gegen Bücherbesitz und scholastischen Studienbetrieb im Rahmen seiner Büderschaft ernste Bedenken hegte, weil er durch diese eine Gefährdung der Armut und Einfalt befürchtete.[62]

Trotz diesem kaum bestreitbaren Misstrauen steht ebenso sicher fest, dass unser Heiliger durch regelmäßiges Lesen bzw. Anhören von Bibelausschnitten und durch häufige Schriftmeditation seine [S. 301] eigenen religiösen Kenntnisse dauernd zu vermehren suchte.[63] Wohl dürfen die größeren Schriften – wie beispielsweise die *Regula non bullata* und die *Epistola toti Ordini missa* – nicht ohne weiteres als gültiger Maßstab hergenommen werden, um den wirklichen Umfang seiner Schriftkenntnisse festzustellen, doch verraten sie in ihrem biblischen Geist und im ständig neuen Anklingen biblischer Motive eine außerordentliche Vertrautheit des Heiligen mit dem Worte Gottes.[64] Man wird darum biografische Berichte ohne kritische Einwände annehmen dürfen, die seine treffsicheren Antworten auf Anfragen geschulter Theologen

---

[59] Vgl. oben Anm. 3; weitere Lit. und zusammenfassende Ausführungen s. auch bei FRASCADORE, E. / OOMS, H.: Bibliografia delle Bibliografie Francescane, Firenze 1964-[1967], 5-8 („S. Francesco e la cultura“).

[60] Dies erhellt beispielsweise aus: Test 13: Opuscula, 439: „Et omnes theologos et qui ministrant sanctissima verba divina, debemus honorare et venerari, sicut qui ministrant nobis spiritum et vitam.“

[61] Vgl. *Epistola ad S. Antonium*, in: Opuscula, 153; s. auch ebd., 153f. Lit. und Deutung; 2 C 195, S. 242: „Dolebat si, virtute neglecta, scientia quaereretur, praesertim si non ea vocatione quisque persisteret, in qua vocatus a principio fuerit. ‘Fratres’, ait, ‘mei, qui scientiae curiositate ducuntur, in die retributionis manus invenient vacuas. Vellem eos magis roborari virtutibus, ut cum tempora tribulationis venirent, secum haberent in angustia Dominum. Nam et ventura est’, inquit, ‘tribulatio, qua libri ad nihil utiles in fenestris proiciantur et latebris’. – Non hoc dicebat quod Scripturae studia displicerent, sed quo a superflua cura dicendi universos retraheret, et quosque magis charitate bonos, quam curiositate sciolos esse vellet“. – Für die Prediger im besonderen vgl. 2 C 163, S. 224f.

[62] Vgl. den in Anm. 61 zit. Text, bzw. 2 C 62, S. 168 (Contra curiositatem librorum); 2 C 194, S. 241 (Qualiter volebat magnos clericos venientes ad Ordinem expropriari: vgl. unten Anm. 81). Noch deutlicher zeichnet sich das Misstrauen wider die Wissenschaft ab in Per 103-104: BIGARONI, 306-314.

[63] Vgl. bes. 2 C 102, S. 190f.: „Quamvis homo iste beatus nullis fuerit scientiae studiis innutritus, tamen quae de sursum est a Deo sapientiam discens, et aeternae lucis irradiatus fulgoribus de Scriptura non infime sentiebat. Penetrabat enim ab omni labe purum ingenium mysteriorum abscondita, et ubi magistralis scientia foris est, affectus introibat amantis. Legebat quandoque in sacris libris, et quod animo semel iniecerat, indelebiliter scribebat in corde. Memoriam pro libris habebat, quia non frustra semel capiebat auditus quod continua devotione ruminabat affectus.“ Vgl. Hinweise und angeführte Lit. in unserer Literaturübersicht: Messis opima librorum ab obitu S. Francisci Assisiensis anno 750° recurrente vulgatorum, in: CFr 46 (1976) 321-364, bes. 350-363.

[64] Vgl. SCHLAURI, I.: Saint François et la Bible. Essai bibliographique de sa spiritualité évangélique, in: CFr 40 (1970) 365-437. Nachher sind u. a. erschienen: ESSER, K.: Das Wort Gottes im Leben des hl. Franziskus, in: Pontificium Athenaeum Antonianum. Studium Biblicum Franciscanum, La Sacra Scrittura e i Francescani, Roma [1973], 19-30; CONTI, M.: La Sacra Scrittura nella Regola francescana, ebd., 31-47: vgl. CFr 44 (1974) 410-412; D. V. LAPSANSKI, Perfectio evangelica, 45-59 („Die Schriften des hl. Franziskus“): vgl. unsere Besprechung in: Messis opima, 354-357.

über schwierige Bibelstellen wiedergeben.[65] Bezeichnend ist sodann, dass Franziskus sich für das – jedenfalls von einem päpstlichen Kaplan 1223 erworbene – Tragbrevier die liturgische Evangelienreihe abschreiben ließ, damit er im Falle einer verhinderten Teilnahme an der Eucharistiefeier wenigstens das Tagesevangelium anhören konnte.[66] Ebenso wird man Bonaventura nicht ins Unrecht setzen können, wenn er zwar im ausgesprochen strittigen Kontext des Verhältnisses zwischen Handarbeit und Studium – vom Ordensgründer anmerkt: „... alio- [S. 302] quin ipse [Regulae] transgressor fuisset, qui cum paucas litteras sciret, postmodum in litteris profecit, non solum orando, sed etiam legendo.“[67] Es sei hier immerhin zugestanden, dass bei der staunenswerten biblischen Kenntnis ein rein natürlich-historischer Erklärungsversuch versagt. Seine im mystischen Erleben und praktischen Verwirklichen erwachsene Wesensverwandtschaft zum Worte Gottes entzieht sich bloß menschlicher Forschung und gründet in der besonderen Gnadenführung des Heiligen Geistes.[68]

6. Nach dem schrittweisen Abwägen der verschiedenen Wege, über die Franziskus sein kulturelles und religiöses Wissen erlangen konnte, verbleibt uns noch die Aufgabe, den beabsichtigten Sinn abzuklären, den Franziskus mit der *Selbstbezeichnung „Idiota“ und „ignorans“* verband.[69] Dieses Ziel dürfte wohl am sichersten erreicht werden, wenn die Bedeutung derselben oder synonymer Beiwörter in der doppelten *Vita* des Thomas von Celano mitberücksichtigt wird. – So richtete ein Dominikaner in Siena an Franziskus die Frage über die richtige Deutung von Ez 3,18-20. Dabei habe sich der Heilige zunächst als „idiota“, als Ungebildeten, bezeichnet, weshalb er selber der Belehrung bedürfe, statt über die Schriftstelle Auskunft geben zu können.[70] Die im Unterton mitschwingenden Bedeutungen kennzeichnet besonders deutlich die Gleichnisrede des Ordensgründers über die Voraussetzungen eines wahren Minderbruders, veranschaulicht an einer persönlichen Situation. Nur wenn er beim Kapitel seine Absetzung als Generalminister, weil „illitteratus et contemptibilis ..., elinguis ..., simplex et idiota“, mit völlig innerem Gleichmut und Freude des Geistes ertrüge, könne er als echter Minderbruder gelten.[71] Das Ungebildetsein erhält durch die verstärkend hinzugefügten Beiwörter zweifellos einen abschät- [S. 303] zenden Nebensinn. Die nämliche Folgerung drängt sich übrigens auch auf, wenn die in der umbrischen Stadt Terni erfolgte Begegnung mit Bischof

---

65 Nebst einer allgemeinen Bemerkung in 2 C 102, S. 191, vgl. bes. 2 Cel 103-105, S. 191f.

66 VAN DIJK, St. A.: The Breviary of Saint Francis, in: FrancSt 9 (1949) 13-40, bes. 20f. (persönliche Widmung Br. Leos und historische Vorbemerkung zum Tragbrevier); 24f. (zur Evangelienreihe); vgl. auch BgFr IX (1949-50) n. 193.

67 Epistola de tribus quaestionibus ad Magistrum innominatum, n. 10, in: Opera omnia VIII, Ad Claras Aquas 1898, 334b.

68 Die Tatsache hob richtig hervor: FELDER, Die Ideale, 359; vgl. auch den in Anm. 63 angeführten Text Celanos.

69 Vgl. die beiden Belege der Opuscula oben in Anm. 2.

70 2 C 103, S. 191.

71 2 C 145, S. 213f.; vgl. auch Per 109: BIGARONI, 340; Per 83: BROOKE, 232: „... et dicant [die Brüder am Kapitel nach der Predigt des Ordensvaters] adversus me: ‘Nolumus te regnare super nos; non enim es eloquens et es nimis simplex, et nimis verecundamur habere ita simplicem et despectum praelatum super nos’.“

Rainer (1218-1253) zum Vergleich herangezogen wird. Dieser habe nach der Predigt des Heiligen Gott gepriesen, weil er „in dieser letzten Stunde“ die Kirche „isto pauperculo et despecto, simplici et illitterato“ verherrlicht habe.[72] Trotz der kulturell so geringen Voraussetzungen des Predigers haben sich im hörenden Volk große umwandelne Folgen gezeigt: ein unzweifelhaftes Zeichen dafür, dass der Herr selber durch den Poverello gesprochen hat.

Nach den vorauf vergleichsweise angeführten Quellenzeugnissen ergibt sich somit, dass Franziskus mit „idiota“ bzw. „ignorans“ aus Demutsgesinnung seinen Daseinszustand des Ungebildeten ausdrücken wollte.[73] Deswegen – zusammen mit seinen Krankheiten – war ihm der von der Regel vorgeschriebene Vollzug des kirchlichen Stundengebetes nicht immer möglich. Es ist offenkundig, dass er sich mit dieser Selbstbezeichnung unterschätzte; denn ungebildet (= „idiota“), buchstabenunkundig (= „illitteratus“) und leseunfähig war er nach dem Besuch der Pfarrschule wirklich nicht. Es stellt sich jedoch die Frage, ob ihm – über das damit geäußerte spirituelle Mindersein hinaus – vielleicht noch andere Nebensinne vorschwebten. Wollte der sterbenskranke Ordensvater in seinem spirituellen Testament den nicht-klerikalen und ungelehrten Grundcharakter [S. 304] seiner frühen Brüderschaft noch einmal bewusst hervorheben? Man wird diese Vermutung zwar aus dem Kontext nicht strikte nachweisen können, doch erscheint sie uns im Lichte biografischer Zeugnisse als sehr wahrscheinlich.[74] Mit der Vorstellung des freiwilligen Verzichts auf menschliches Wissen und das daraus bei den Menschen resultierende Ansehen ist eng verknüpft das evangelische Ideal der Einfalt, das zweifellos zu den geistlichen Grundanliegen des Heiligen zählte.[75] Hingegen

---

[72] 2 C 141, S. 211f., bzw. 211 Anm. 15; vgl. auch Per 10: BIGARONI, 24; Per 103: BROOKE, 270: „... nunc autem in hac novissima hora illustravit [Dominus] eam [Ecclesiam] isto pauperculo et despecto homine et illitterato ...“

[73] Nach SLEUMER A. / SCHMID, J.: Kirchenlateinisches Wörterbuch, Limburg ^{2}1926, 401, heißt „idiota“ in erster Linie „der in eine Kunst oder Wissenschaft Uneingeweihte“, Ungebildete, erst in zweiter Linie der Blödsinnige. Dass letztere Bedeutung völlig ungerechtfertig auf Franziskus angewendet wurde, beweist CALAMITA, La persona di S. Francesco, 34-40. Es ist unbeweisbar, ja innerlich sehr wenig wahrscheinlich, dass sich der Heilige aus Demutsgesinnung als „Idiot“ bezeichnet hat, wie dies voraussetzt: RAMSTETTER, Ph.: Introduction to the Franciscan spirituality, in: FrancSt N.S. 2 (1942) 337. – Für die verschiedenen Sinnbedeutungen von „idiota“ vgl. noch GRUNDMANN, H.: Religiöse Bewegungen im Mittelalter. Untersuchungen über die geschichtlichen Zusammenhänge zwischen Ketzerei, den Bettelorden und den religiösen Frauenwegungen im 12. und 13. Jahrhundert und über die Grundlagen der deutschen Mystik, Darmstadt ^{2}1961, 29-31, 34, 62, 162; DERS., Litteratus-illitteratus, passim; BLAISE, A.: Dictionnaire latin-français des auteurs du Moyen-Age, Turnhout 1975, 450a (idiotes [-ta]); s. auch oben Anm. 26, bzw. unten Anm. 76.

[74] Vgl. GRUNDMANN, Litteratus-illitteratus, 55; RATZINGER, J.: Die Geschichtstheologie des heiligen Bonaventura, München-Zürich 1959, 156f. Anm. 66; DE BEER, F.: La conversion de saint François selon Thomas de Celano. Etude comparative des textes relatifs à la conversion en Vita I et Vita II, Paris [1963], 149-152, bes. 149. – Ohne sich dessen bewusst zu sein, wirkte im Misstrauen des Heiligen gegen die Wissenschaft frühchristliche Asketenfrömmigkeit nach, wie dies in bemerkenswerter Weise aufzeigt: ELM, K.: Franziskus und Dominikus. Wirkungen und Antriebskräfte zweier Ordensstifter, in: Saeculum 23 (1972) 127-147, bes 139f.

[75] Sehr typisch ist 2 C 193, S. 241: „Quando radebatur sanctus Franciscus, saepe rasori dicebat: ‘Cave, ne mihi magnam coronam facias! Volo enim, quod fratres mei simplices partem habeant in capite meo’. – Volebat denique religionem pauperibus et illitteratis non solum divitibus esse communem. ‘Apud Deum’, inquit, ‘non est acceptatio personarum, et generalis minister Religionis, Spriritus Sanctus, aeque super

dürfte schwerlich in der Wortwahl der Wille zur Nachahmung der Apostel mitgewirkt haben, die von den Hohenpriestern als „homines ... sine litteris et idiotae“ angesehen wurden (Apg 4,13).[76]

Dieser im Blick auf die besondere Lage im Minderbrüderorden erfolgte Selbstunterschätzung gegenüber finden sich in den biografischen Quellen Kennzeichnungen von Franziszi Bildungsstand, die den anderweitig bekannten historischen Tatsachen genau entsprechen. So berichtet Thomas von Celano in zutreffender Weise davon, dass der Heilige „nullis ... scientiae studiis innutritus“ gewesen sei.[77] Tatsächlich genoss er keine wissenschaftliche Ausbildung und war [S. 305] nie „litteratus“, ein Gebildeter im Vollsinn der damals geläufigen Bedeutung für einen, der die sieben freien Künste des Triviums und Quadriviums durchlaufen hatte. Vielleicht noch genauer kennzeichnet die tatsächliche Lage der hl. Bonaventura, wenn er vom Ordensvater berichtet: „post aliqualem litterarum notitiam lucrativis mercationum deputatus negotiis“[78], bzw.: „Ad tantam autem mentis serenitatem indefessum orationis studium cum continua exercitatione virtutum virum Dei perduxerat, ut, quamvis non habuerit sacrarum litterarum peritiam per doctrinam, aeternae tamen lucis irradiatus fulgoribus, Scripturarum profunda miro intellectus scrutaretur acumine.“[79] Franziskus fehlte demnach nicht allein die volle literarische, sondern auch die theologische Ausbildung. Seine außerordentliche Schriftkenntnis war nicht Frucht des Studiums, sondern eingegossene Gabe des Heiligen Geistes.

Schließlich sei hier noch das Zeugnis des Dominikaners Stephan von Bourbon († um 1261) angeführt, weil es als allgemeine Kennzeichnung des Bildungsgrads unseres Heiligen wirklich den Kern trifft. Er schreibt von ihm, dass er „simplex in litteratura“ und „homo valde parum litteratus“ gewesen sei.[80]

Aus diesen absichtslos mitgeteilten und darum unverdächtigen biografischen Zeugnissen ergibt sich eine wünschenswerte Gegenprobe auf die Stichhaltigkeit der von Thomas von Celano berichteten Schulbildung des Ordensvaters in San Giorgio.[81] Das dort erlangte Mindestmaß schulischer Bildung genügte immerhin, dass Franziskus von der kirchlichen Autorität nahegelegt werden konnte, sich in seiner Eignschaft als

pauperem et simplicem requiescit'.“ Vgl. auch die Lit. über die Einfalt nach unserem Heiligen bei SCHLAURI, Saint François et la Bible, 413f.

[76] Dies, wiewohl 1 C 25, S. 21f. schreibt: „His [primis fratribus] uno apposito, frater Philippus septenarium numerum adimplevit, cuius Dominus munditiae calculo labia tetigit, ut loqueretur de ipso dulcia et melliflua eructaret, Scripturas quoque sacras intelligens et interpretans, cum non didicerit, illorum imitator effectus est, quos idiotas et sine litteris fore Iudaeorum principes causabantur.“ Vgl. zur biblischen Stelle: SCHLIER, H.: idiotes, in: KITTEL, G.: Theologisches Wörterbuch zum Neuen Testament III, Stuttgart 1938, 215-217; zum historischen Nachwirken s. GRUNDMANN, Litteratus-illitteratus, 55f.

[77] 2 C 102, S. 190; vgl. auch oben Anm. 63.

[78] LM I,1: 560.

[79] LM XI,1: 603. – In seiner Lm, c. 4, lect 3: 666, findet sich die interessante Variante: „... quamvis sacrarum litterarum peritiam non habuerit per studium eruditionis humanae ...“

[80] Vgl. LEMMENS, L. (Hg.): Testimonia minora saec. XIII de S. Francisco Assisiensi, Quaracchi 1926, 94f.

[81] Vgl. oben im Abschnitt 1.

Ordenshaupt zum Diakon weihen zu lassen.[82] Damit stand er nicht bloß der Bildung nach in der Mitte [S. 306] zwischen den „illiterati“ bzw. „simplices“ und den „litterati“ bzw. „sapientes“ seines Ordens, sondern bildete auch der Weihe und dem hierarchischen Grade nach gleichsam die verbindende Brücke zwischen den Laienbrüdern und den Brüdern Priestern.[83]

7. Zur leichteren Orientierung des Lesers seien hier zum Abschluss der Studie noch deren *Hauptergebnisse* kurz zusammengefasst.

a) Francesco besuchte als „puerulus“, d. h. jedenfalls zwischen dem 9.-10. Lebensjahr (somit wohl zwschen 1190-1191) die „Schola minor“, die an der Pfarrkirche seiner Familie San Giorgio in Assisi gegründet worden war. Wohl durch freies Entgegenkommen eines Klerikers des dort bestehenden Kollegiatstiftes lernte der Sohn des Pietro di Bernardone mithilfe des lateinischen Psalters lesen und schreiben, einige Grundbegriffe im Rechnen, einige liturgische Gesänge und die Hauptlehren des christlichen Glaubens und Lebens.

b) Soweit die „Opuscula“, namentlich die beiden überlieferten Autografen ein Urteil erlauben, kam Francesco kaum über die erste Stufe der Anfangsgründe in der Kenntnis der lateinischen Sprache hinaus. Er war immerhin imstande, die biblischen Bücher[84] oder im Kirchenlatein abgefasste Schriften[85] zu lesen und [S. 307] dem Hauptinhalt nach auch zu verstehen. Hingegen zeigt sich – gegenüber dem Verständnis des geschriebenen oder gesprochenen Lateins – ein merkliches Gefälle im Versuch der persönlichen Vertändigung mittels der lateinischen Sprache. Er sprach und schrieb nur ein stark italianisiertes und fehlerhaftes Latein wie er auch – nach Ausweis der Autografen – die

---

[82] Die einschlägigen Zeugnisse der Quellen hat sorgfältig zusammengetragen: CALLEBAUT, A.: Saint François lévite, in: AFH 20 (1927) 193-196. Franziskus war somit „Kleriker“. Dieses Wort bezeichnete aber damals – über den kirchlichen Weihegrad hinaus – den Bildungsstand eines Gebildeten und konnte deshalb auch gebildeten Frauen (immer in der männlichen Form „clericus“!), zugeschrieben werden; vgl. LANDGRAF, A. M.: Zum Gebrauch des Wortes „Clericus“ im 12. Jahrhundert, in: CFr 22 (1932) 74-78; HARDICK, L.: Gedanken zu Sinn und Tragweite des Begriffes „Clerici“, in: AFH 50 (1957) 7-26; und weitere Lit. in BgFr XI (1954-57) n. 1257; MARIANO D'ALATRI: „Clerici“ e „magni clerici“ nella Cronica di Salimbene da Parma, in: Rivista di Storia della Chiesa in Italia 30 (1976) 439-449.

[83] Vgl. den oben in Anm. 75 angeführten Text.

[84] Von den Ergebnissen unserer Studie her brauchen wir uns nicht aufzuhalten bei der Zurückweisung der rein auf unbegründeten Vermutungen aufbauenden Auffassung von FORTINI, G.: Una nuova ipotesi sulle origini della famiglia di San Francesco, in: Analecta TOR 13 (1976) 817-841, die unseren Heiligen von einer zum katholischen Glauben bekehrten jüdischen Familie abstammen lässt und die Kenntnis der hebräischen Sprache in ihm voraussetzt. Es ist wirklich bedauerlich, dass solch willkürliche Meinungen in Umlauf gesetzt werden, die das Gewirr nutzloser Hypothesen noch vermehren!

[85] Von dieser Voraussetzung her war es dem Heiligen möglich, mindestens mit Hilfe eines gebildeten Sekretärs, z. B. die früheren Ordensregeln zu lesen. Wenn Franziskus an einem Generalkapitel eine Monastizierung durch Übernahme institutioneller Elemente früherer Regeln ausschließt: „... nolo quod nominetis mihi regulam aliquam neque sancti Augustini, nec sancti Bernardi, nec sancti Benedicti“ (Per 18: BIGARONI, 56), musste er davon mindestens eine summarische Kenntnis besitzen. In diesem Zusammenhang freut es uns, auf die gründliche ordensvergleichende Studie des mit diesem Band geehrten Jubilars hinzuweisen: SPÄTLING, L.: Der heilige Franziskus von Assisi und das kluniazensische Mönchtum. Neue Akzente in der Verwirklichung des evangelisch-religiösen Lebens, in: FrSt 38 (1976) 112-121.

Feder nur sehr mühsam führte. Die bildungsmäßig bescheidenen Voraussetzungen des Heiligen müssen natürlich im Spiegel des fast durchwegs ungebildeten Laientums, der vielen Seelsorgspriester „modici in scientia“ und des an Kultur ebenfalls nicht hervorragenden zeitgenössischen Mönchtums gewertet werden.

c) Unzweifelhafte Quellenaussagen bezeugen, dass Franziskus schon vor Einsetzen seiner Bekehrung einigermaßen Französisch sprach: Er erlernte einige Elemente dieser Sprache – wohl die nordfranzösische „langue d'oïl“ – vielleicht durch Vermittlung seines Vaters, der bekanntlich Fernkaufmann war. Das französische Idiom wurde für ihn zum Ausdrucksmittel für besonders tief empfundene religiöse Erfahrungen, namentlich im Hinblick auf die evangelische Armut oder das Leiden Christi. Diese sprachliche Vorliebe war zudem ein Medium, um die in Frankreich beheimatete und von dort aus durch die vielen Troubadours und Joglars auch nach Italien verbreitete ritterliche Lebensform intensiv in sich aufzunehmen. Rein illustrativ angeführte Quellenberichte bezeugen, wie stark der Ordensgründer bis zu seinem Lebensende von der fränkischen Heldenepik (Rolandslied und Artussage) bzw. von der provenzalischen Troubadourlyrik beeinflusst war. Die ritterliche Zeitströmung bildete irgendwie die Grundstimmung und den bergenden Rahmen seiner gefühlsbetonten Religiösität.

d) Für die theoretischen Voraussetzungen, um den Kaufmannsberuf auszuüben, musste wohl das an der Pfarrschule vermittelte Bildungsminimum ausreichen, indes er sich die mehr praktischen Kenntnisse (Tucharten, Geldwerte, Verkaufstechnik) wohl im persönlichen Kontakt mit seinem Vater erwarb. [S. 308]

e) Im persönlichen Lesen bzw. Anhören von Bibelausschnitten und in fortwährender Schriftmeditation vertiefte Franziskus die Ausgangslage seiner religiösen Kenntnisse ununterbrochen. Wie seine Zeitgenossen stand er zudem im straffen Ordnungsgefüge der mittelalterlichen Frömmigkeit. Darin wurde der christliche Glaube weniger lehrmäßig denn in existentieller Übung vermittelt. Überhaupt erwuchs ihm seine erstaunliche Vertrautheit mit der Bibel weniger über den Weg persönlichen Studiums als durch die im Gebet erlangte übernatürliche Weisheit und im tätigen Verwirklichen erwachsene Wesensverwandtschaft zum Worte Gottes.

f) Wenn sich der Heilige als „idiota“ und „ignorans“ kennzeichnet, ist darin eine aus Demutsgesinnung erfolgte Selbstunterschätzung wirksam. In Wirklichkeit war er nicht Analphabet, des Lesens und Schreibens unkundig, auch wenn er nur wenig gebildet war. Die Wortwahl scheint indes noch von anderen Motiven mit bestimmt zu sein. In einer mehrheitlich unwissenden Umgebung ist Wissen ein außerordentlicher Machtfaktor, insofern es sozialen Vorrang, politischen Einfluss und Möglichkeit der Bereicherung verleiht. Vom evangelischen Grundanliegen der Armut und Minorität her konnte sich der Poverello nicht in der Vorzugsstellung des Gebildeten einstufen, sondern wusste sich an der Seite der wegen Unwissenheit, Mittellosigkeit und Ohnmacht Geringgeschätzten.[86] Im betonten Hervorheben des „Idiota“-Seins der Frühzeit scheint zudem seine Vorliebe für den ungelehrten Grundcharakter seiner Gründung durch.

---

[86] In diesem Zusammenhang sei auf einen der die franziskanische Minorität am meisten charakterisierenden Satz der NbR IX,2, in: Opuscula, 385, hingewiesen: „Et debent gaudere [fratres], quando conversantur inter viles et despectas personas, inter pauperes et debiles et infirmos et leprosos et iuxta viam mendi-

g) Aus den biografischen Zeugnissen ergibt sich die Möglichkeit, den Bildungsstand des Heiligen historisch zuverlässig zu umschreiben: er war nie Gelehrter, ein literarisch oder theologisch Gebildeter. Seine Schulbildung reichte nicht über die Anfangsgründe der ersten Bildungsstufe, d. h. über jenes Mindestmaß hinaus, um [S. 309] mit Mühe lesen und schreiben zu können. Anderseits machten diese kulturellen Lücken eine einzigartige menschlich-religiöse Begabung und intensive Lebenserfahrung wett, wie allein aus der Strahlungskraft seiner Persönlichkeit erhellt: Franziskus stand von seiner Bildung her in der Mitte zwischen den „illitterati“ bzw. „simplices“ und den „litterati“ bzw. „sapientes“ seines Ordens, ähnlich wie er als Diakon die verbindende Brücke zwischen Laienbrüdern und den Brüdern Priester bildete.

SOMMARIO

«Ignorans sum et idiota». Il grado di istruzione scolastica di san Francesco d'Assisi.

Francesco quale «puerulus», tra il nono e decimo anno di vita, frequentava la «Schola minor», eretta nella chiesa parrocchiale di San Giorgio di Assisi, dove sotto la guida di un chierico della Collegiata e con l'aiuto del Salterio imparò a leggere e scrivere, apprese un po' di aritmetica, alcuni canti liturgici, nonché gli elementi principali della vita e dottrina cristiana.

Alla luce dei due autografi risulta che Francesco non ha superato lo stadio delle prime cognizioni più elementari della lingua latina. Fu tuttavia in grado di leggere e di capire – almeno nella loro sostanza – i Libri sacri e scritti composti in latino ecclesiastico, mentre dovette faticare molto a parlare o scrivere in latino corretto. Scriveva infatti un latino molto vicino al volgare e frammischiato di errori.

Fonti degne di fede confermano che il Poverello, ancor prima della sua conversione, conosceva un po' di francese. Egli imparava alcuni elementi probabilmente della «langue d'oïl», forse con la mediazione di suo padre Pietro di Bernardone, il quale manteneva rapporti commerciali con la Francia. L'idioma francese gli servì per esprimere esperienze religiose particolarmente profonde, specie quelle relative alla povertà e alla Passione di Cristo. In tal modo riuscì ad assimilare lo stile di vita cavalleresco che dalla Francia andava diffondendosi in Italia per opera di trovatori e giullari. Come fanno fede parecchi racconti di fonti attendibili, lo stile cavalleresco costituiva, in qualche maniera, la cornice e il tono di fondo della sua religiosità permeata dal sentimento. [S. 310]

Con la lettura personale o l'ascolto di brani biblici e soprattutto con una continua meditazione della Scrittura, Francesco seppe approfondire incessantemente le sue cognizioni di base. Uomo del suo tempo, egli era profondamente inserito nella cristianità del medio evo, in cui la fede veniva tramandata più con l'esercizio esistenziale che con l'insegnamento dottrinale. Tuttavia la sua straordinaria familiarità con la Bibbia non fu tanto il frutto di uno studio personale quanto sapienza soprannaturale donatagli nell'ora-

cantes“. Überdies ist die Antwort des Ordensvaters an den Novizen wegen des Psalteriums sehr bezeichnend: „Postquam habueris Psalterium, concupisces et voles habere Breviarium; postquam habueris Breviarium, sedebis in cathedra, tamquam magnus praelatus dicens fratri tuo: 'Apporta mihi Breviarium'“ (Per 104: BIGARONI, 314).

zione, nonché connaturalezza con la parola divina cresciuta in lui attraverso una incessante prontezza di esecuzione.

Chiamandosi «idiota» e «ignorans» Francesco sottovalutava, per umiltà, il suo stato culturale vero, poiché non fu analfabeta, pur non divenendo mai colto. Il motivo della scelta di tale termine sembra che sia stato la consapevolezza del potere inevitabilmente unito alla cultura (preminenza sociale, influsso politico, possibilità di arricchimento). Ora, il Poverello, per vocazione evangelica, si mise dalla parte di coloro che a causa della loro ignoranza venivano disprezzati. Nell'accentuare il suo essere «idiota», traspare inoltre la sua predilezione per il carattere non colto della sua Fraternità.

Francesco, quindi, non fu un intellettuale, né in senso letterario né teologico. La sua formazione scolastica non superò lo stadio rudimentale, cioè quel minimo necessario per poter leggere e scrivere, pur con difficoltà. Le sue lacune culturali, però, venivano compensate da un ingegno umano e religioso straordinario nonché da una esperienza di vita intensissima. Culturalmente il Poverello si trovava a metà tra gli «illitterati» o «simplices» e i «litterati» o «sapientes» del suo Ordine, allo stesso modo che, quale diacono, costituiva la testa di ponte tra i fratelli laici e i fratelli sacerdoti.

Gli Scritti legislativi di San Francesco

Lo sviluppo e il significato della Regola francescana è una delle questioni più studiate e più discusse della storiografia francescana. Sull'evoluzione della legislazione primitiva, fino alla «Regola bollata» del 1223, sono stati scritti interi trattati, per cui è impossibile dare una visione esauriente di tutti i problemi riguardanti la Regola.[1] [S. 74]

La Regola francescana é conosciuta attraverso una quadruplice stesura progressiva: cioè il «Propositum vitae», presentato ad Innocenzo III nel 1209, la «Regola non bollata» comunemente assegnata al 1221, la «Regola bollata» del 1223, scritta due volte: la prima «perduta» da frate Elia, la seconda l'attuale. Per motivo di chiarezza esporrò lo sviluppo cronologico della legislazione francescana seguendo i passi principali.

I – Il «Propositum vitae» del 1209

Francesco, poco dopo aver ascoltato il Vangelo della «missio Apostolorum» o dei 72 discepoli, nel santuario mariano della Porziuncola in una data che non si può esattamente precisare,[2] in tempo relativamente breve si trovò circondato da seguaci: Bernardo da Quintavalle, Pietro Cattani, Egidio d'Assisi, Angelo Tancredi, ecc.[3] Poco

---

1 Per un certo numero di indicazioni bibliografiche sulle Regole francescane, cf. SCHLAURI, I.: Saint François et la Bible. Essai bibliographique de sa spiritualité évangélique, in: CFr 30 (1970) 365-437, spec. 377-380; Bibliographia Franciscana [= BgFr] 1931-1970. Index. Curavit Cl. VAN DE LAAR, Roma [1972], 503s; BROWN, R.: A Francis of Assisi research bibliography, comprehensive for 1939-1969, selective for older materials, in: HABIG, M. A.: St. Francis of Assisi, writings and early biographies: English Omnibus for the sources for the life of St. Francis, Chicago, Illinois [1972], 1667-1760, spec. 1746-1748. Per uno sguardo d'insieme cf. KYBAL, Vl.: Die Ordensregeln des heiligen Franz von Assisi und die ursprüngliche Verfassung des Minoritenordens. Ein quellenkritischer Versuch, Leipzig-Berlin 1915 e l'ed. anastatica: Hildesheim 1973 (cf. BgFr XIII, n. 1851); QUAGLIA, A.: L'originalità della Regola francescana, Sassoferrato (Ancona) [2]1959 (cf. BgFr XII, n. 190); HARDICK, L.: Storia della Regola e sua osservanza agli inizi dell'Ordine minoritico, in: Introduzione alla Regola francescana. Contributi e studi sulla Regola di S. Francesco, a cura dei Frati Minori tedeschi, Milano [1969], 1-74 (BgFr XIII, n. 1852 e n. 307s, dove vengono segnalati altri studi e le recensioni all'opera); CASUTT, L.: Die Regel des heiligen Franziskus, in: VON BALTHASAR, H. U. (ed.): Die großen Ordensregeln, Einsiedeln [3]1974, 261-321; GHINATO, A.: Una regola in cammino. Il dinamismo della Regola nella evoluzione storica dei Frati Minori. III ed. rifusa e aggiornata, Roma-Vicenza 1973 (cf. CFr 43 [1973] 387-391); IDEM (ed.): Concezioni di san Francesco d'Assisi intorno alla Regola dei Frati Minori. Testimonianze raccolte dagli scritti e dalle fonti biografiche del Santo, Roma 1974; STANISLAO DA CAMPAGNOLA: Scritti di Francesco d'Assisi, in: Fonti Francescane [= FF]. Scritti e biografie di san Francesco d'Assisi. Cronache e altre testimonianze del primo secolo francescano. Scritti e biograflie di santa Chiara d'Assisi, vol. I, Assisi 1977, 39-91, o in: IDEM: Francesco d'Assisi nei suoi scritti e nelle sue biografie dei secoli XIII-XIV, Assisi 1977, 13-63.

2 Per l'impossibilità di stabilire la data esatta di questa «folgorazione» evangelica, mi sia consentito di rinviare i lettori alla mia rassegna: Messis opima librorum ab obitu S. Francisci Assisiensis anno 750° recurrente vulgatorum, in: CFr 46 (1976) 345.

3 Cf. Leggenda dei tre compagni 27: FF 1087: «Due anni dopo la sua conversione, alcuni uomini si sentirono stimolati dal suo esempio a fare penitenza ed a unirsi a lui, rinunziando a tutto, indossando lo

prima di morire, cioè il 3 ottobre sera, 1226, dando uno sguardo retrospettivo a questa svolta decisiva della sua vita e del suo Istituto, dettò il «Testamento»: «E dopo che il Signore mi donò dei frati, nessuno mi mostrava che cosa dovessi fare; ma lo stesso Altissimo mi rivelò che dovevo vivere secondo la forma del santo Vangelo. Ed io con poche parole e semplicemente lo feci scrivere, e il signor Papa me lo confermò (FF 116). Da questo accenno autobiografico traspare la profonda convinzione, che contraddistingue i visionari carismatici, [S. 75] dell'origine divina del suo messaggio: «Altissimus revelavit mihi». Nello stesso tempo sorprende la consapevolezza d'essere stato lui solo a maturare davanti a Dio la decisione determinante: «nessuno mi mostrava che cosa dovessi fare». Inoltre non ha dubbi che il suo nuovo genere di vita prettamente evangelico derivi direttamente dal Vangelo stesso: «secondo la forma del santo Vangelo». Infine, l'approvazione del suo «Propositum vitae» da parte di Innocenzo III suggella il carattere eminentemente ecclesiale della sua iniziativa.

Purtroppo non abbiamo la possibilità di leggere quel testo di cui il Poverello afferma: «Ed io con poche parole e semplicemente lo feci scrivere» (FF 116), non tanto perché sia andato smarrito, quanto piuttosto perché venne gradatamente cambiandosi ed è stato sicuramente assorbito nella cosiddetta «Regola non bollata». Oltre alla testimonianza autobiografica del «Testamento» possediamo una descrizione del «Propositum vitae evangelicae» del primo biografo, Tommaso da Celano che, nella «Vita prima» del 1228, ci informa: «Vedendo che di giorno in giorno aumentava il numero dei suoi seguaci, Francesco scrisse per sé e per i frati presenti e futuri, con semplicità e brevità, una norma di vita o Regola, composta soprattutto di espressioni del Vangelo, alla cui osservanza perfetta continuamente aspirava. Ma vi aggiunse poche altre direttive indispensabili e urgenti per una santa vita comune» (1 C 32: FF 372).

Di fronte a testimonianze così autorevoli può sembrare strano che il P. Armando Quaglia O.F.M. abbia potuto mettere in dubbio l'esistenza della prima Regola, detta anche Protoregola, «Regula originalis» o «Forma vitae» del 1209. Il celebre storiografo francescano di Quaracchi, padre Michele Bihl, reagì contro questa supposizione infondata con una recensione divenuta famosa per la sua violenza.[4]

Data la genericità delle indicazioni biografiche sul contenuto di questo «Propositum vitae», è quasi impossibile ricostruirne, pur approssimativamente, il testo originale. Dalle testimonianze già citate sappiamo, tuttavia, che conteneva alcuni testi del Vangelo, specialmente quelli sulla vita apostolica uditi nel 1208 alla Porziuncola (o Mt 10,1-15 par., o Lc 10,1-12). Inoltre dovevano esservi incorporati i tre testi evangelici

---

stesso saio e conducendo la stessa vita». Cf. BROWN, R.: Appendix VII. Companions, in: ENGLEBERT, O.: Saint Francis of Assisi: a biography, Chicago, Illinois [1965], 427-440, con schizzi biografici.

4 QUAGLIA, A.: Origine e sviluppo della Regola francescana, Napoli 1948: cf. la recensione di M. BIHL, in: AFH 39 (1946, ed. 1948) 287-305. Dello stesso QUAGLIA vedansi ancora: La «prima» o la «seconda» Regola? Un problema che non esiste, in: VM 39 (1968) n. 1, 53-62; La Regola francescana e sua nomenclatura, in: Anton. 44 (1969) 348-353; Storia e non storia sui primordi della Regola francescana, in: MF 70 (1970) 250-261 (cf. BgFr XIII, n. 283, 1854, 1883); Due regole, due fondatori: san Benedetto e san Francesco, in: VM 45 (1974) 407-422; Spunti per la storiografia della «Regola», in: Frate Francesco 42 (1975) 177-183; Una deduzione impossibile! (A proposito di una interpretazione del Celano), ivi 44 (1977) 32-44; Giacomo da Vitry e la Regola francescana, in: MF 78 (1978) 133-141. Cf. anche sotto, nota 34.

che san Francesco, insieme con i primi due compagni Bernardo da Quintavalle e Pietro Cattani trovò per mezzo delle «sorti dei santi», cioè con una triplice consultazione dell'«evangeliario» o del messale della chiesa parrocchiale di San Niccolò della Piazza comunale.[5] Aprendo a caso il libro sacro, dopo una preghiera, trovarono il passo di Mt 19,21 «Se vuoi essere perfetto, va', vendi quello che possiedi, dallo ai poveri e avrai un tesoro nel cielo». Aprendo il messale una seconda e terza volta, gli occhi dei tre si posarono su Lc 9,3 «Non prendete nulla per il viaggio, né bastone, né bisaccia, né pane, né denaro, né due tuniche per ciascuno», e su Lc 9,23 «Se qualcuno vuol venire dietro a me, rinneghi se stesso, prenda la sua croce ogni giorno e mi segua». E' ovvio che questa seconda «rivelazione» di singoli aspetti della «vita secundum formam sancti Evangelii» otterrà un ruolo importante nell'orientamento della vita e nella formulazione del «Propositum» (cf. «Leggenda dei tre compagni» 28-29: FF 1088s.).

Molto difficile – per non dire impossibile – è stabilire ciò che comprendeva quel «pauca tamen alia inseruit, quae omnino ad conversationis sanctae usum necessario imminebant», cioè le direttive supplementari per l'organizzazione della vita comunitaria, di cui parla appunto il biografo (1 C 32: FF 436s.). Sicuramente non potevano mancare alcune strutture giuridiche e regolamenti elementari sulla vita comune della Fraternità. [S. 77]

Dalle indicazioni di dette testimonianze e da pochi altri indizi e supposizioni, diversi autori tentarono di ricostruire criticamente il testo della Regola primitiva. Dopo un primo tentativo serio che propose lo studioso protestante Karl Müller nel lontano 1885, Heinrich Boehmer aggiunse un'altra ricostruzione alla sua edizione critica degli Opuscoli di san Francesco.[6] Secondo un criterio alquanto discutibile, l'autore cappuccino di una biografia di san Francesco, il P. Cuthbert Hess of Brighton, pensava che dovesse appartenere alla Regola primitiva tutto ciò che nella «Regola non bollata» del 1221 aveva sapore di semplicità.[7] Rigettando l'ipotesi del Boehmer, Vladimiro Kybal, nel 1913 presentò un altro testo, come del resto il francescano croato Domenico Mandić, alcuni anni dopo, tentò la fortuna con una nuova ricostruzione.[8] Finalmente, l'esegeta protestante Karlmann Beyschlag nella sua dissertazione di laurea su san Francesco (o più esattamente su Lutero e il sermone della montagna), elencò su un'unica paginetta i passi della «Regola non bollata» che egli riteneva primitivi.[9]

---

5 Cf. FALOCI-PULIGNANI, M.: Il messale consultato da S. Francesco quando si convertì, in: MF 15 (1914) 33-43; SCHMUCKI, O.: Das Leiden Christi im Leben des hl. Franziskus von Assisi, in: CFr 30 (1960) 360-361; BRUNACCI, A.: Il messale consultato da san Francesco all'inizio della sua nuova vita, in: San Francesco Patrono d'Italia 58 (1978) 80-88; Missale manuscriptum a beato Francisco pro cognoscenda divina voluntate ter apertum, in: Acta O.F.M. 97 (1978) 111-113 (il ms. si trova ora a Baltimore U.S.A.).

6 MÜLLER, K.: Die Anfänge des Minoritenordens und der Bußbruderschaften, Freiburg i. Br. 1885, 184-188; BOEHMER, H.: Analekten zur Geschichte des Franciscus von Assisi, Tübingen 1904, 88-89.

7 CUTHBERT: Life of St. Francis of Assisi, New York 1912, 393-403.

8 KYBAL, Die Ordensregeln (adn. 1) 1-16, 10s; MANDIĆ, D.: De legislatione antiqua Ordinis Fratrum Minorum. Volumen 1. Legislatio franciscana ab an. 1210-1221, Mostar 1924, 121-125 (De restitutione Protoregulae), 122s (Textus originalis Protoregulae Minorum).

9 BEYSCHLAG, K.: Die Bergpredigt und Franz von Assisi, Gütersloh 1955 (Beiträge zur Förderung christlicher Theologie, II/57), 67; cf. la mia recensione in: CFr 27 (1957) 207-209. Solo al momento in cui sto correggendo le bozze ho potuto prendere conoscenza dell'ultimo tentativo di ricostruzione di ROTZETTER, A.: Die Funktion der franziskanischen Bewegung in der Kirche. Eine pastoraltheologische

Il solo fatto che i tentativi per ricostruire criticamente il testo originale del «Propositum vitae» si siano moltiplicati giungendo a risultati molto contrastanti, dissuade dal voler proseguirli. Poiché mancano i dati sufficienti nelle fonti per osare una ricostruzione che superi il livello di una pura ipotesi, sarebbe davvero temerario scegliere o proporre questo tema come tesi di laurea...

A questo punto sorge inevitabile una domanda determinante: san Francesco ha inteso fondare un Ordine religioso o soltanto [S. 78] un Istituto laicale, una Fraternità di penitenti, alla stregua delle comunità di Durando da Huesca, di Bernardo Primo o il Terz'Ordine degli Umiliati? Furono K. Müller e Pierre Mandonnet O.P. i primi a sollevare questo problema e furono seguiti in quest'ipotesi «laicale» da tutta una serie di studiosi, come per es. dal P. Gilles Gérard Meersseman.[10] Costoro sostengono il carattere laicale della primitiva Fraternità «dei penitenti, oriundi di Assisi», come secondo la «Leggenda dei tre compagni» i primi frati si sarebbero definiti (n. 37: FF 1441).

Anche se non posso fornirvi per ora le prove, sembra accertata l'intenzione di san Francesco di fondare sin dall'inizio una «veri nominis Religio», cioè un Ordine religioso a tutti gli effetti. Infatti, quando a Roma nel 1209 il vescovo assisano Guido II presentò il Poverello all'influente e pio cardinale Giovanni di San Paolo, questi gli propose di scegliere uno degli Istituti religiosi benedettini di tipo o cenobitico o eremitico. Ma Francesco, con umiltà e decisione, difese l'originalità sacra della sua istituzione. La sua intuizione mirò a una nuova formula di vita religiosa, diversa da quella monacale, distante dallo stile di vita e dalle direttive tradizionali dei monaci, dei canonici regolari, come pure degli eremiti solitari o semicenobitici. Sicuramente, non senza ardue lotte e lunghe trattative, Francesco ottenne alla fine il riconoscimento pieno, nelle forme canoniche, del genere di vita religiosa instaurata nella comunità assisana. Contrariamente al suo abituale modo di procedere nel voler ricondurre le nuove fondazioni a Regole o ad «institutiones» già esistenti, Innocenzo III diede al testo scritto presentatogli dal Santo con il nome di «Regula», la conferma apostolica, che elevava i Poveri di Assisi al rango di una «religio». Queste constatazioni sono state rigorosamente provate da Mons. Michele Maccarrone, con uno studio sull'atteggiamento di Innocenzo verso gli Ordini religiosi contemporanei.[11] [S. 79]

Che questo Pontefice di mente lucida e critica si sia lasciato conquistare dal fascino evangelico di un uomo che gli si era presentato senza particolari titoli – per es. come capo di un gruppo eretico che si era deciso di tornare all'ortodossia – e con un'apparenza esterna tutt'altro che attraente, si tratta per me di uno dei grandi miracoli morali della storia. L'approvazione dei pochi commi del testo assicurò all'Ordine

---

Interpretation der grundlegenden franziskanischen Texte, Schwyz / Schweiz 1977, 124-126. Vi ritornerò nella mia recensione dell'opera in: CFr 49 (1979) fasc. 1-2.

[10] Cf. MÜLLER, Die Anfänge des Minderbrüderordens (adn. 6); cf. VAN DEN BORNE, F.: Die Franziskus-Forschung in ihrer Entwickelung dargestellt, München 1917, 39-42; MANDONNET, P.: Les origines de l'ordo de Poenitentia, in: Compte rendu du IVe Congrès scientifique international des Catholiques, Sciences historiques, Paris 1898, 187-215; MEERSSEMAN, G. G.: Dossier de l'Ordre de la pénitence au XIIIe siècle, Fribourg / Suisse 1961.

[11] MACCARRONE, M.: Riforme e innovazioni di Innocenzo III nella vita religiosa, in: IDEM: Studi su Innocenzo III, Padova 1972, 221-337; spec. 300-305; cf. MARIANO D'ALATRI, in: CFr 44 (1974) 221s.

francescano il privilegio di possedere una Regola propria, contrariamente all'Ordine dei Predicatori che nel 1215 dovette ripiegare sulla Regola di Sant'Agostino, nonostante che san Domenico, per la sua formazione teologica ed esperienza antieretica, avesse requisiti più validi per aspirare ad una Regola autonoma.

E' bene che ci rendiamo conto in quale stato privilegiato si trovino gli Ordini francescani di potersi riferire a una «magna charta» che esprime il proprio carisma con un testo non soggetto a continui cambiamenti, come – giustamente – accade per le Costituzioni di un Istituto religioso. Non si è manifestato il pericolo che, con il rinnovamento postconciliare, la stima della Regola sia notevolmente diminuita? Non sono l'unico a ritenere che, sia nei lavori dei Capitoli speciali sia nella realtà della vita, la Regola abbia perso il suo valore di riferimento obbligato e di forza ispiratrice della vita francescana di oggi.[12]

Concludiamo questa prima parte con l'inizio del «Propositum vitae», tramandatoci nel prologo della «Regula non bullata»: «Nel nome del Padre e del Figlio e dello Spirito Santo. Amen. Questa è la vita del Vangelo di Gesù Cristo che frate Francesco chiese che dal signor papa Innocenzo gli fosse concessa e confermata. E egli la concesse e la confermò a lui e ai suoi frati presenti e futuri» (FF 1).

Come ha fatto notare Michele Maccarrone,[13] questa promessa di obbedienza al Papa è una clausola nuova nell'esperienza [S. 80] di vita religiosa che non si riscontra in nessun testo di precedenti Regole. In essa si manifesta il proposito del Pontefice di creare un legame speciale fra la Sede Apostolica e il nuovo Ordine che sorgeva nella regione a lui immediatamente soggetta. La diocesi assisana, dopo il 1204 assumeva un ruolo di dipendenza quasi suburbicaria, accettando usi liturgici della Cappella papale. Questo rapporto speciale tra Assisi e Roma aiuta a capire meglio il fatto che Innocenzo III si sia riservato un compito di vigilanza e controllo nei confronti della nascente Famiglia religiosa che normalmente allora esercitava il vescovo nella diocesi in cui era sorta.

II – La Regola non bollata

Finché la Famiglia francescana rimase in embrione, la persona carismatica del santo Fondatore suppliva certamente alla poca specificazione di particolari nella rudimentale Regola primitiva. E' difficile – per non dire – impossibile determinare fino a quale anno questo brevissimo testo del 1209 rimase intatto. Con lo svilupparsi prodigioso dell'Ordine – soprattutto dopo il 1217 e 1219 quando i frati si dirigevano nei paesi d'oltrealpe e

---

[12] Cf. p.e e. ELIZONDO, F.: Regola francescana presso i primi cappuccini, in: La vita dei Frati cappuccini ripensata nel 450° anniversario delle loro riforma, Roma 1978, 117-157, 157: «nel nostro sincero desiderio attuale di rinnovamento, forse abbiamo dimenticato per eccesso il nostro peculiare senso francescano della vita e la concretizzazione basilare ed esigente della regola».

[13] MACCARRONE, Riforme e innovazioni, 304s. Per il carattere suburbicario della diocesi assisana cf. VAN DIJK, S. J. P.: Ursprung und Inhalt der franziskanischen Liturgie des 13. Jahrhunderts, in: FrSt 51 (1969) 86-116, 192-217, 107s.

iniziarono la missione in Siria – il «Propositum vitae» non era più in grado di garantire quel minimo di unità inderogabile ad ogni Istituto religioso.

Il Santo cercava di andare incontro a questa esigenza con le aggiunte al codice di vita francescana, fatte periodicamente nei Capitoli generali. Giacomo da Vitry, che Francesco probabilmente aveva incontrato a Perugia sul letto di morte di Innocenzo III, nel 1216, attesta in una lettera dello stesso anno: «Gli uomini di questa "religione" convengono una volta l'anno nel luogo stabilito, per rallegrarsi nel Signore e mangiare insieme, ricavando da questi incontri notevoli benefici. Qui, avvalendosi del consiglio di persone esperte, formulano e promulgano delle leggi sante, che sottopongono al Papa per l'approvazione» (FF 2208). Un cenno a questa collaborazione capitolare nell'evoluzione della legislazione si è conservato nella «Lettera ad un ministro», dove Francesco preannuncia: «Di tutti i capitoli, poi, che sono contenuti nella Regola e che riguardano i peccati mortali, con l'aiuto [S. 81] del Signore nel Capitolo di Pentecoste, col consiglio dei frati, ne faremo uno, cioè questo: Se un frate, per istigazione del nemico, avrà peccato mortalmente, sia tenuto per obbedienza a ricorrere al suo guardiano» (FF 237).

Quindi – secondo le due testimonianze di indubbio valore storico e secondo lo stato attuale delle ricerche – è sicuro che il Capitolo generale annuale fosse lo strumento normale per completare periodicamente le leggi di vita nell'Ordine francescano, venendo incontro a situazioni ed esigenze particolari.

Negli ultimi decenni parecchi studiosi si sono interessati di queste ed altre testimonianze per chiarirne l'esatto significato. Ricordiamo il P. Lorenzo Casutt O.F.M.Cap. che, in uno studio polemico contro alcune opinioni del P. A. Quaglia, avanzò l'ipotesi che la frase «suas faciunt et promulgant institutiones sanctas» significasse l'assimilazione dei decreti del Concilio Lateranense IV (1215), al quale san Francesco con molta probabilità avrebbe assistito in persona come osservatore privato o capo di una nuova Famiglia religiosa.[14] Partendo da questa interpretazione ingegnosa, Francesco Vocking fece un raffronto accurato e dettagliato dei punti di contatto tra i decreti conciliari e gli scritti di san Francesco.[15] Infine, P. David Ethelbert Flood O.F.M. nella sua tesi di laurea all'Università di Cologna sulla «Regola non bollata», con l'edizione critica di essa, solidamente confermò e acutamente s'inoltrò nel confrontare le convergenze dottrinali.[16] Giu- [S. 82] stamente egli rilevò che, nella «Regola non bollata», non

14 CASUTT, L.: Die älteste franziskanische Lebensform. Untersuchungen zur Regula prima sine Bulla, Graz [1955], 65-68. Sulla «Regola non bollata» si veda ancora: ESSER, K.: Zur Textgeschichte der «Regula non bullata» des hl. Franziskus, in: IDEM: Studien zu den Opuscula des hl. Franziskus von Assisi, Rom 1973, 59-77; IDEM: Ein bedeutsames Fragment der «Regula non bullata» des hl. Franziskus, ivi, 195-224 (cf. BgFr XIII, n. 280s); PETEUL, M.-B.: Une page de théologie de saint François [sul. cap. XXIII], in: EtFr n.s. 19 (1969) 37-44; ESSER, K.: Textkritische Untersuchungen zur Regula non bullata der Minderbrüder, Grottaferrata 1974: cf. CFr 45 (1975) 313-315; BEGUIN, P.: La Regla de 1221, in: Cuadernos Franciscanos de Renovación 9 (1976) 209-228; cf. anche sotto, nota 15s.

15 FRANCISCUS [VOCKING]: Franciscus en het IVe Lateraans Concilie, in: FrancLeven 45 (1962) 47-59, 78-94, 132-152; 46 (1963) 6-20, 40-50, 67-81, 109-123, 131-143: cf. BgFr XII, n. 365.

16 FLOOD, D. E.: Die Regula non bullata der Minderbrüder, Werl/Westf. 1967 (Franziskanische Forschungen, 19), 125-133; cf. CFr 38 (1968) 207s; BgFr XIII, n. 256, dove vengono segnalate altre recensioni. – IDEM / VAN DIJK, W. / MATURA, Th.: La nascita di un carisma. (Una lettura della prima Regola di san Francesco). Traduzione di CH. G. CREMASCHI / F. OLGIATI, Milano 1976; cf. CFr 46 (1976) 321s.

s'incontrano citazioni vere e proprie di decreti conciliari, ma si trovano invece capitoli che presuppongono chiaramente l'influsso del Concilio Lateranense.

Ma quando cominciarono per la prima volta queste riunioni fraterne? In una opera monografica sui Capitoli generali P. Marino da Neukirchen sostiene che verso l'anno 1212 iniziasse questo istituto.[17] Prescindendo da questa data proposta da P. Marino, è fuori dubbio che i Capitoli – come periodico incontro dei frati itineranti e ovunque sparsi, nonché come legame fraterno di una comunità così dispersiva e poco organizzata – dovettero aver inizio abbastanza presto. Così ha dimostrato P. Kajetan Esser in un'opera con cui vagliò le testimonianze sorte fuori dell'Ordine francescano.[18]

Presupposta la validità dei criteri usati dal P. Flood, la «Regola non bollata», suddivisa – senza un chiaro nesso logico – in 24 capitoli dei quali non sono originali né i numeri romani né i titoli, sarebbe sorta nelle seguenti fasi cronologiche:

1° il prologo e i capitoli 1-17 provengono nella loro sostanza dal tempo prima del Concilio Lateranense. 1 titoli posteriormente aggiunti di questi capitoli sono: «I. Che i frati vivano in obbedienza, senza nulla di proprio e in castità; II. Dell'accettazione e delle vesti dei frati; III. Del divino Ufficio e del digiuno; IV. Dei rapporti tra i ministri e gli altri frati; V. Della correzione dei frati nelle loro mancanze; VI. Del ricorso dei frati ai loro ministri e perché nessun frate sia chiamato priore; VII. Del modo di servire e di lavorare; VIII. Che i frati non ricevano denaro; IX. Della questua; X. Dei frati infermi; XI. Che i frati non dican male né mormorino, ma si amino scambievolmente; XII. Degli sguardi impuri e dell'evitare la consuetudine con le donne; XIII. Dell'evitare la fornicazione; XIV. Come i frati devono andare per il mondo; XV. Che i frati non posseggano bestie, né vadano a cavallo; XVI. Di coloro che vanno tra i Saraceni e altri infedeli; XVII. Dei predicatori» (FF, 99-114). [S. 83]

Questa Serie di 17 capitoli dunque deriverebbe – nella formulazione attuale – grosso modo dal tempo prima del 1215. Anche per questa prima parte, tuttavia, P. Flood stabilisce criteri redazionali che permetterebbero di separare approssimativamente dal nucleo originario aggiunte successive. Di data posteriore sarebbero tutte le frasi con esortazioni di tono negativo, come per esempio frasi che cominciano col tipico: «Caveant fratres ...». Così, per esempio, si legge nel II capitolo quale indice di esperienze negative nell'accettare doni da parte di candidati prima di entrare nell'Ordine: «E se [il candidato] sarà deciso nell'accettare la nostra vita, si guardino bene i frati di non intromettersi nei suoi affari temporali, ma, quanto prima possono, lo presentino al loro ministro» (FF 5). Altre successive aggiunte si rivelerebbero dove concetti espressi già altrove vengono ulteriormente approfonditi. In questo senso l'Autore sostiene che il cap. IX sarebbe come un approfondimento e ampliamento della «forma vitae» preannunciata con parole semplici nel cap. VII. Quindi nei suddetti due tipi di commi si scoprirebbe il lavoro dei frati convenuti per i Capitoli generali.

2° I capitoli 18-20 presenterebbero la seconda fase di sviluppo legislativo, e cioè «XVIII. Come i ministri devono radunarsi insieme; XIX. Che i frati vivano

[17] De Capitulo generali in primo Ordine seraphico, Romae 1952, 17s; cf. anche CASUTT, Die älteste franziskanische Lebensform (adn. 14) 93-96.

[18] ESSER, K.: Origini e valori autentici dell'Ordine dei Frati Minori. Traduzione a cura di G. FOIADELLI, Milano [1972], 93-111.

cattolicamente; XX. Della confessione dei frati e della comunione del corpo e del sangue del Signor nostro Gesù Cristo» (FF, 114-115). Questi capitoli – sempre secondo l'analisi del P. Flood – sono la risposta in sede legislativa dell'Ordine alle istanze del Concilio Lateranense IV.

3° Finalmente, i capitoli 21-23 sarebbero stati aggiunti alla preesistente Regola come pezzi isolati dopo il predetto Concilio ecumenico, e cioè il cap. «XXI. Della lode e della esortazione che possono fare i frati; XXII. Dell'esortazione da farsi ai frati; XXIII. Preghiera, lode, rendimento di grazie» (FF, 116-122). Mentre con il cap. XXI ai frati vien offerto un campione di una esortazione penitenziale al popolo permessa a tutti i frati, allorché il vivo esempio di Francesco predicatore carismatico[19] non poteva più [S. 84] dettare legge, il cap. XXII non solo costituisce un documento essenziale per comprendere la spiritualità del Fondatore, ma – secondo una ipotesi interessante, anche se non dimostrabile – fu aggiunto alla «Regola non bollata». come una specie di testamento spirituale quando nel 1219 Francesco si recò a Damietta per subire il martirio o convertire il Sultano. Degna di rilievo senz'altro la proposta del P. Flood d'interpretare il cap. XXIII come riassunto della forma francescana di vita da proporre dai frati ai secolari in forma di lauda. L'epilogo del 24° capitolo (FF, 122) vien assegnato alla fine dello sviluppo redazionale della Regola (1221).

Vorrei sottolineare ancora che questo panorama genetico non è altro che una ipotesi di lavoro che si fonda soprattutto su criteri interni. In mancanza di testimonianze esterne non resta altra via che non un oculato esame interno del testo per comprendere l'origine delle singole parti. L'indagine del P. D. E. Flood potrà servire come punto di partenza e guida sperimentata su un terreno particolarmente arduo.

Tutta la Regola poi è arricchita di numerosi testi scritturali; qualche capitolo è tessuto quasi integralmente di essi (cf. per es. c. XXIII: FF, 116-119). Spesso sono testi facili e conosciuti che potremmo pensare li abbia potuto inserire Francesco stesso; tuttavia abbiamo da Giordano da Giano la testimonianza esplicita: «Et videns beatus Franciscus fratrem Cesarium sacris litteris eruditum ipsi commisit, ut regulam, quam ipse simplicibus verbis conceperat, verbis evangelii adornaret. Quod et fecit»[20]. Presupposta l'attendibilità del cronista, le citazioni bibliche, nella maggior parte dei casi, sembrano doversi attribuire, a Cesario da Spira. Veniamo così a sapere come la «Regola non bollata» non sia esclusivamente stesura di san Francesco. Anche se nessuno negherà l'aiuto dei fratelli capitolari i quali sono entrati nelle decisioni del Santo con la loro formazione ed esperienza, bisogna tuttavia non trascurare nella Regola l'unità sia dello spirito che del linguaggio, come giustamente ha rilevato il P. Flood. Anche quegli elementi che san Francesco ha assunto da altri, li ha tradotti nel suo linguaggio, nel suo modo inconfondibile di pensare. [S. 85]

Sotto l'aspetto dell'evoluzione legislativa dell'Ordine, è ancora da notare il prologo: «Frate Francesco e chiunque sarà a capo di questa Religione, prometta obbedienza e

---

19 Cf. DELCORNO, C.: Origini della predicazione francescana, in: Francesco d'Assisi e francescanesimo dal 1216 al 1226. Atti del IV Convegno internazionale, Assisi, 15-17 ottobre 1976, Assisi 1977, 125-160 (con la bibliog. ivi indicata); GODET, J. F.: Le rôle da la prédication dans l'évolution de l'Ordre des Frères Mineurs d'après les écrits de saint François, in: FrSt 59 (1977) 53-64.

20 Cf. Jord (BOEHMER), n. 15, 15.

reverenza al signor papa Innocenzo e ai suoi successori» (FF, 99). Nella concezione dunque di san Francesco la «Regola non bollata» era una cosa unica con la Regoletta presentata al Pontefice all'epoca della prima composizione e approvazione. Non certamente un tutt'uno anche nel senso letterario, come gli accenni alla ricerca del Flood hanno fatto intravvedere, ma era un tutt'uno moralmente, cioè una legge che si evolveva organicamente da un nucleo originario. E' quindi un abuso se alcuni autori continuano a chiamare questa Regola «non approvata».[21]

Con la sua competenza ormai universalmente conosciuta, il compianto P. Gaetano Esser, ha anticipato l'edizione critica della «Regola non bollata» con un'indagine speciale. L'edizione critica fu un'impresa particolarmente delicata, poiché i codici manoscritti che ne trasmettono il testo sono relativamente recenti, e ciò che è più grave, nessuno di essi può servire da base sicura per ricostruirne criticamente il testo originale. La trasmissione del testo, infatti, rivela i molteplici fattori che hanno intaccata la forma originale della «Regola non bollata», e cioè 1) la memoria viva – negli scrivani – di testi biblici e liturgici, soprattutto delle parole della «Regola bollata» e del «Testamento»; 2) la preoccupazione di «migliorare» il latino poco elegante o perfino sgrammaticato di san Francesco; 3) la tendenza di conformare affermazioni teologicamente o canonicamente sconcertanti ai canoni correnti; 4) la mancata conoscenza delle condizioni di vita particolari del tempo primitivo (per es. la vita pellegrinante dei primi frati); 5) lo sforzo di chiarire luoghi oscuri con aggiunte personali degli scrivani. [S. 86]

Il P. Esser ha quindi dovuto studiare parola per parola alla luce delle fonti storiche che sono a nostra disposizione per accertare se rendono realmente l'autentico pensiero di san Francesco o meno. Queste disquisizioni sono piene di informazioni sullo spirito del Poverello, su istituzioni e strutture primitive. Applicando gli strumenti dell'arte critico-storica al testo, l'Ed. ha potuto presentare un testo che supera molto quello pubblicato dal P. Flood (che si è attenuto, come basi dell'edizione, al cod. 1 del Pontificio Ateneo Antoniano), benché, allo stato attuale, non gli sia stato possibile ricostruire ovunque le «ipsissima verba» di san Francesco.[22]

Con quest'indagine e la duplice edizione critica del P. Esser però non è stata superata l'analisi storica del P. Flood, con cui si è sforzato di stabilire il tempo e le circostanze in cui sono stati aggiunti i singoli capitoli alla Protoregola. L'Autore, del resto, tornato sull'argomento con un volumetto destinato ad un pubblico più vasto, recentemente anche tradotto in italiano, dove il lettore potrà consultare la linea della

---

21 Cf. GHINATO, Una Regola in cammino (adn. 1) 31: «Da queste riflessioni rileviamo anzitutto un singolare atteggiamento di san Francesco di fronte alla sua Regola nel periodo della evoluzione della sua formulazione, che intercorre dal 1209 al 1221; e cioè l'idea dell'identità della Regola stessa – sia formale che sostanziale – nonostante le mutazioni, correzioni, aggiunte successive». Inoltre bisogna tener presente la testimonianza della Compilazione Perugina [Per] 67: FF 1618: «Fu rivelato a Francesco che il suo movimento doveva chiamarsi dei frati minori, e così fece scrivere nella prima Regola, che portò a Innocenzo III, e il Papa gliela approvò e concesse; e in seguito il Papa annunciò questa sua decisione a tutti nel Concilio [Concistoro?]», nonché il testo di Giacomo da Vitry sopra riportato.

22 ESSER, Textkritische Untersuchungen (adn. 14) 168-194; IDEM: Die Opuscula des hl. Franziskus von Assisi. Neue textkritische Edition, Grottaferrata (Romae) 1976, 363-366 e 371s (introduzione), 366-371 (testo critico); IDEM (ed): Opuscula sancti Patris Francisci Assisiensis, Grottaferrata (Roma) 1978, 241-294.

ricerca più avanti presentata. Inoltre egli apprezzerà il vivace commento della «Regola non bollata» che P. Taddeo Matura O.F.M. vi ha inserito in vista della vita moderna.[23]

Infatti, in confronto con la Regola successiva del 1223, la «Regola non bollata» particolarmente notevole per l'abbondanza di esortazioni e di consigli spirituali che costituiscono il frutto – probabilmente non superato dagli altri scritti – della sua esperienza mistica. Sicuramente, Francesco coglie un tratto essenziale della sua spiritualità quando esorta: «Tutti i frati cerchino di seguire l'umiltà e la povertà del Signore nostro Gesù Cristo, e si ricordino che nient'altro ci è consentito di avere, di tutto il mondo, come dice l'apostolo (cf. 1 Tim 6,8), "se non il cibo e le vesti e di questi ci dobbiamo accontentare"» (c. IX: FF 29). D'altro canto vien ricostruita fedelmente una caratteristica della vita minoritica itinerante, quando subito dopo aggiunge: «E devono essere lieti quando vivono tra persone di [S. 87] poco conto e disprezzate, tra poveri e deboli, tra infermi e lebbrosi e tra i mendicanti lungo la strada» (n. 30). Non conosco una descrizione più esatta e più concreta della «minoritas» francescana!

Non vi mancano accenni alla sua «teologia» della preghiera che rivelano come la sua mistica sia stata segnata profondamente dal mistero dell'inabitazione della santissima Trinità e come egli abbia notato lo stretto legame che intercorre tra povertà e preghiera. «Ma, in santa "carità, che è Dio" (1 Gv 4,16), prego tutti i frati, sia ministri che gli altri, che, allontanato ogni impedimento e messa da parte ogni preoccupazione e ogni affanno, in qualunque modo meglio possono, debbano servire, amare, adorare e onorare il Signore Iddio, con cuore puro e con mente pura, ciò che egli stesso domanda sopra tutte le cose» (c. XXII: FF 60; si veda tutto il capitolo).

Un elemento che ritengo particolarmente qualificante per lo spirito contemplativo del Santo sono le preghiere stesse che egli non esitò ad inserire in un testo legislativo. Che egli «non era tanto un uomo che prega, quanto piuttosto egli stesso tutto trasformato in preghiera vivente» (2 C 95: FF 682), si coglie non per ultimo nei modelli di preghiera proposti ai frati. «E quando vediamo o sentiamo che Dio è offeso e bestemmiato a parole e con i fatti, noi benediciamo e lodiamo il Signore "che è benedetto nei secoli. Amen"» (Rom 1,25; 9,5; e. XVII: FF 49). Il meraviglioso prefazio con cui Francesco conclude la sua Regola, è intriso dallo «spirito della santa orazione e devozione» e dimostra come dovremmo impostare la vita francescana per sperare in una sua rinascita.

III – La Regola smarrita del 1223

San Bonaventura nella sua «Leggenda maggiore» (IV, 11: FF 1093s.) riferisce: «Seguendo le indicazioni avute in visione [delle briciole e dell'ostia], volle, prima di farla approvare, ridurre a forma più compendiosa la Regola, che aveva steso con lunghe e abbondanti citazioni del Vangelo. Perciò, guidato dallo Spirito Santo, salì su un monte con due compagni e là, [S. 88] digiunando a pane ed acqua, dettò la Regola, secondo quanto gli suggeriva lo Spirito divino durante la preghiera. Disceso dal monte, la affidò da custodire al suo vicario. Ma siccome questi, pochi giorni dopo, gli disse che l'aveva

---

[23] Cf. sopra, nota 16.

perduta per trascuratezza, il Santo tornò di nuovo nella solitudine e subito la rifece in tutto uguale alla precedente, come se ricevesse le parole dalla bocca di Dio».

Si sono espressi forti dubbi sull'autenticità di questo racconto bonaventuriano. Il P. Lothar Hardick O.F.M. ne nega decisamente l'attendibilità, invocando il parallelismo tra Mosè il legislatore dell'Antico Testamento e san Francesco il novello Mosè, un'idea che del resto, si scopre presente in parecchi capitoli di questa vita di san Francesco.[24] Proprio per completare le somiglianze tra i due protagonisti – così sostiene P. Hardick – non avrebbe potuto mancare l'elemento della distruzione del testo legislativo. Altri studiosi di chiara fama, come il P. Sophronius Clasen O.F.M. e Fidentius van den Borne O.F.M. sono più cauti nel valutare l'attendibilità del racconto.[25] Secondo me è im- [S. 89] possibile negarla, poiché altrimenti si attribuirebbe a san Bonaventura una grande mancanza di obiettività, poiché sull'altare della tipologia egli avrebbe sacrificata la verità storica calunniando in modo certo non irrilevante frate Elia.

Qualunque posizione si voglia prendere a questo riguardo, è fuori dubbio che già al tempo dello sviluppo della «Regola non bollata» non mancarono forti tensioni all'interno dell'Ordine. Persino testimoni estranei all'Ordine riferiscono di molti inconvenienti derivati dalla mancanza di disciplina claustrale, dagli abusi derivati dal «vagari extra obedientiam», dai pericoli di apostasia dalla fede, dato il modo di vivere assai consimile a quello dei movimenti ereticali dell'epoca, e così via.[26] S'imponeva quindi uno sforzo congiunto per perfezionare l'organizzazione interna della Fraternità di predicatori itineranti, anche se ciò le avesse tolto una parte della sua improvvisazione carismatica e dello spazio di libertà evangelica.

Dopo i gravi turbamenti dell'Ordine sorti durante l'assenza del Fondatore nel vicino Oriente (1219-20), Francesco dovette subire forti pressioni da parte della Curia romana, perché la Regola fosse arricchita dalle esperienze monastiche anteriori. Secondo la

---

[24] HARDICK, Storia della Regola (adn. 1) 29-31; a quest'interpretazione si è associato recentissimamente CONTI, M.: Sinai – Fonte Colombo: il peso di una analogia nell'interpretazione della Regola francescana, in: Anton. 53 (1978) 23-55. «L'idea della Regola perduta, o per trascuratezza del vicario di san Francesco o perché sottratta di nascosto a frate Leone dai seguaci di frate Elia, sembra suggerita unicamente dall'analogia con gli avvenimenti del Sinai: Mosè che davanti al tumulto e all'idolatria del popolo spezza le tavole dell'alleanza. Infatti, troppe sono le divergenze tra i vari racconti in un fatto così grave: si passa da uno smarrimento generico, alla perdita della Regola per "trascuratezza", sino alla sua sottrazione a frate Leone, che la custodiva, di nascosto e furtivamente. La notizia, priva di qualsiasi fondamento storico, sembra nata sulla base delle modifiche che il testo "più compendioso" della Regola ha subito lungo l'*iter* redazionale, prima di giungere alla sua approvazione definitiva da parte della Sede Apostolica». Volendo stare alla linea dell'analogia tra Francesco e Mosè, avrebbe dovuto distruggere lo schema della Regola il Poverello stesso! Ritengo, inoltre, che lo studioso non valuti sufficientemente le implicazioni morali del racconto ben circonstanziato di san Bonaventura.

[25] CLASEN, S. (ed.): Franziskus, Engel des sechsten Siegels. Sein Leben nach den Schriften des heiligen Bonaventura, Werl/Westf. 1962, 187-189, dove l'A. non formula un giudizio inequivocabile sul valore storico del dettaglio; cf. invece IDEM: Franziskus, der neue Moses, in: WiWei 24 (1961) 200-208, 207, dove afferma che sono ugualmente non dimostrabili l'attendibilità e l'inattendibilità; VAN DEN BORNE, F.: De definitieve regel van de minderbroedersorde, in: Saint Franciscus 4 (1967) 28-55, spec. 50-52 (cf. BgFr XIII, n. 1853); CLASEN, S.: Antonius und Elias in ihrer Bedeutung für die innere Geschichte des Franziskanerordens, in: FrSt 46 (1964) 153-162, dove vien riassunto uno studio fondamentale del van den Borne sull'assunto: cf. CFr 19 (1949) 270-273.

[26] Cf. ESSER, Origini e valori autentici (adn. 18) 162-241.

«Compilazione Perugina» (impropniamente detta «Leggenda Perugina» 114; FF 1673), i frati letterati, i quali certamente godevano dell'appoggio del cardinale Ugolino e della Curia romana in generale, durante il «Capitolo delle Stuoie» (1219?) «facevano riferimento alle Regole di san Benedetto, sant'Agostino e san Bernardo, che prescrivono questa e quest'altra norma al fine di condurre una vita religiosa ben ordinata». A costoro Francesco avrebbe risposto: «Fratelli, fratelli miei, Dio mi ha chiamato a camminare la via della semplicità e me l'ha mostrata. Non voglio quindi che mi nominiate altre Regole, né quella di sant'Agostino, né quella di san Bernardo o di san Benedetto. Il Signore mi ha rivelato essere suo volere che io fossi un pazzo nel mondo:[27] questa è la scienza alla quale Dio vuole che ci dedichiamo! Egli vi confonderà per mezzo della vostra stessa scienza e sapienza». [S. 90]

Il Poverello temette, quindi, che il suo Ordine perdesse la sua vocazione di semplicità dedicandosi allo studio sacro. Saper leggere e scrivere in un'epoca di diffuso analfabetismo comportava potere, prestigio e proventi assicurati. Con mirabile chiaroveggenza, Francesco colse questo pericolo, annunziando ai fratelli ripetutamente «che molti, sotto pretesto di insegnare agli altri, avrebbero abbandonato la loro vocazione, cioè la pura e santa semplicità, la santa orazione e la nostra signora Povertà» (Per 70: FF 1623). L'annuncio della parola divina, secondo lui, era ridondanza della «devota orazione» (Per 71: FF 1624) e non frutto di scienza.

Si è parlato – soprattutto dopo le supposizioni fantasiose di Paul Sabatier[28] – del cosiddetto dramma di san Francesco. Gli accenni appena citati delle fonti rendono sicura l'esistenza di divergenze di vedute e di non lievi tensioni tra Francesco e il «partito» dei frati dotti. Ma il punto focale delle sofferenze spirituali non riguardava istituzioni esterne, ma l'interpretazione giusta della «vocazione» speciale dell'Ordine nell'ambito della Chiesa. Francesco infatti avvertiva la voce divina apparentemente in forma diversa nella «rivelazione» diretta della parola evangelica e nella mediazione dell'autorità ecclesiastica. Ora uno dei più grandi meriti di Francesco consiste proprio nel fatto che egli sopportò e superò questo tormentoso dubbio, sottomettendosi inequivocabilmente alla direzione della Chiesa.[29]

IV – La «Regola bollata» del 1223

Il testo definitivo e la carta fondamentale di vita, sempre vigente per tutte le Famiglie del primo Ordine francescano, vienne nominata «Regola bollata», perché essa venne approvata solennemente con la bolla «Solet annuere» da papa Onorio III, il 29 novembre 1223 (FF 2716). [S. 91]

---

27 Per l'esatto significato spirituale di quest'autodefinizione cf. SPIDLÍK, Th. / VANDENBROUCKE, F.: «Fous pour le Christ». I. En Orient. – II. En Occident, in: DSp V (1964), 752-770, e per Francesco: 764s.

28 Cf. soprattutto VAN DEN BORNE, F.: Het «drama» in de moderne Franciscusbiografie. Een Beschouwing over Sabatier en Schreurs, in: Sint Franc 2 (1956) 248-287 (cf. BgFr XI, n. 347).

29 Ho proposto questa spiegazione nel mio: Saggio sulla spiritualità di san Francesco, Roma 1967, 15, o in: ItFr 42 (1967) 113.

Le circostanze storiche della stesura di essa sono state ricordate brevemente sopra (III). Secondo san Bonaventura, dopo lo smarrimento intenzionale del primo schema per colpa di frate Elia, «il Santo tornò di nuovo nella solitudine [di Fontecolombo] e subito la rifece in tutto uguale alla precedente, come se ricevesse le parole dalla bocca di Dio. Ottenne, poi, che venisse confermata, come aveva desiderato, dal sopraddetto papa Onorio, nell'ottavo anno del suo pontificato » (LM IV, 11: FF, 870). Oggi, gli storici, liberando il cammino da racconti leggendari di ispirazione «spirituale» o di intenzione palesamente polemica contro gli avversari degli Ordini mendicanti, ritengono come certo che questa regola non sia venuta dal cielo per rivelazione divina a san Francesco. Anzi non manca chi sostiene che essa sia germinata come un laborioso compromesso tra san Francesco e i ministri appogiati dal cardinale Ugolino a cui si deve riconoscere un reale influsso sulla medesima.[30]

Infatti Ugolino, divenuto papa Gregorio IX, nella bolla «Quo elongati» del 1230, afferma tra l'altro di aver aiutato Francesco «durante la stesura della predetta Regola e nel presentarla alla Sede Apostolica per ottenerne la conferma» (n. 3: FF, 2197, n. 2731). L'autore, poi, della «Vita di papa Gregorio IX» – forse [S. 92] Giovanni di Campania, segretario del Pontefice – riferisce: «... anche l'Ordine dei Minori, quando moveva incerto i suoi primi passi, egli guidò, elaborando per loro una nuova Regola, dando così forma a quel movimento ancora informe, e designando il beato Francesco come ministro e capo» (n. 1: FF, 1943s., n. 2271). Finalmente, Giovanni Pecham riporta l'eco di chiacchiere di coloro che asserivano che i Frati Minori non vivessero secondo la Regola di san Francesco, ma secondo la Regola del beato Gregorio, cioè di Gregorio IX.[31]

30 Oltre gli studi che ho segnalato sopra, nota 1 e 24s, cf. OLIGER, L.: Regula S. Francisci anni 1223 fontibus locisque parallelis illustrata, in: idem (ed.): Expositio Quatuor Magistrorum super Regulam Fratrum Minorum (1241-1242), Roma 1950, 171-193; ESSER, K.: Die endgültige Regel der Minderbrüder im Lichte der neuesten Forschung, Werl/Westf. 1965; ristampato in IDEM / GRAU, E.: Franziskanisches Leben. Gesammelte Dokumente, Werl/Westf. 1968, 31-120; IDEM: La Regola definitiva. La Regola dei Frati Minori alla luce delle indagini più recenti. Milano 1967, 15-28 («Interpretazione della Regola e sua problematica»), 31-42 (testo della Regola con le 40 suddivisioni), 42-81 («Analisi del testo della Regola»), 82-104 («Risultati dell'analisi»); inoltre: idem: La Regola definitiva dei Frati Minori alla luce delle indagini più recenti, in: Documenti di vita francescana. Raccolti da K. ESSER e E. GRAU, Milano 1972, 31-98; cf. CFr 43 (1973) 390s; da segnalare anche l'incontro interfrancescano di Roma nel 750° della «Regola Bollata» (16 Aprile 1973), di cui Atti, con le conferenze di K. ESSER, A. BLASUCCI, C. A. LAINATI, G. ANDREOZZI, F. CASOLINI, A. M. FOUJOLS, sono state pubblicate in: VM 44 (1973) fasc. 3-4, 203-286. – Per singoli aspetti cf. ancora CONTI, M.: Le strutture dell'Ordine nel capitolo VIII della Regola, in: VM 46 (1975) 395-407; QUAGLIA, A.: Confrontiamoci sulla Regola, ivi 47 (1976) 27-41, 115-123, 203-210, 311-319; 48 (1977) 149-154; idem: A proposito dei dodici «capitoli» della Regola minoritica, in: MF 77 (1977) 123-129; IRIARTE, L.: Lo que San Francisco hubiera querido decir en la Regla, in: Estudios Franciscanos 77 (1976) 375-391 e in: SelFranc 6 (1977) 165-178. – Per il cardinale Ugolino cf. infine: PÁSZTOR, E.: San Francesco e il cardinale Ugolino nella «questione francescana», in: CFr 46 (1976) 209-239.

31 GIOVANNI PECHAM O.Min., Tractatus contra fratrem Robertum Kilwardby O.P., ed. F. TOCCO, in: Fratris Johannis Pecham quondam archiepiscopi cantuariensis Tractatus tres de paupertate. Aberdoniae 1910, 140: «Et hec omnia de pecunia et rebus dicit Gregorius nonus in expositione super regulam quam ipse condiderat, propter quod quidam detractores dicere presumpserunt fratres minores non vivere secundum regulam beati Francisci, sed secundum regulam beati Gregorii ...».

P. Kajetan Esser – che nel 1965 davanti al Congresso pastorale dell'Ordine dei Frati Minori a Noordwijkerhout tenne una conferenza sulla «Regola bollata» –, dopo un esame minuzioso del testo, afferma: tutta la Regola, tanto nel contenuto quanto nella struttura, è un'opera autentica di san Francesco, anche se ammette un certo influsso esterno da parte del cardinale Ugolino e alcuni cambiamenti stilistici da attribuirsi agli ultimi estensori del testo.[32] Il P. Fidentius van den Borne O.F.M. vagliando criticamente le affermazioni dell'Esser, con la maggioranza degli studiosi, giustamente preferisce la via media, cioè, pur mantenendo per certa la paternità sostanziale della Regola da parte del Fondatore, è incline a scoprire nella parte degli statuti un apporto non trascurabile della Curia Romana.[33]

Nella copia originale della bolla «Solet annuere» – gli estensori curiali di essa si servirono di un testo stereotipo con cui anteriormente erano stati concessi dei privilegi ai Cisterciensi – e della Regola stessa, conservata nella Sagrestia della Basilica assisana di San Francesco, si leggono i seguenti dodici capitoli: «I. Nel nome del Signore. Incomincia la vita dei Frati Minori; II. Di coloro che vogliono intraprendere questa vita e [S. 93] come devono essere ricevuti; III. Del divino Ufficio e del digiuno, e come i frati debbono andare per il mondo; IV. Che i frati non ricevano denari; V. Del modo di lavorare; VI. Che i frati di niente si approprino, e del chiedere l'elemosina e dei frati infermi; VII. Della penitenza da imporsi ai frati che peccano; VIII. Della elezione del ministro generale di questa Fraternità e del Capitolo di Pentecoste; IX. Dei predicatori; X. Dell'ammonizione e della correzione dei frati; XI. Che i frati non entrino nei monasteri delle monache; XII. Di coloro che vanno in missione tra i Saraceni e tra gli altri infedeli» (FF, 123-130, n. 74-109).

L'indagine dell'Esser ha portato ad un importante risultato: egli rigetta la divisione del testo in XII capitoli, perché opera superficiale e del tutto incongruente al contenuto, dovuta al lavoro meccanico di un amanuense o dell'Ordine o della Curia, a cui non era familiare il pensiero del Santo. Quanto sia per es. inadeguato il titolo del cap. XII risulta dal fatto che non solo, per la prima volta nella Regola di un Ordine religioso, si parli dell'attività missionaria tra i non-cristiani e dell'istituto del Cardinale-Protettore, ma inoltre della fede cattolica nonché della vita evangelica ed ecclesiale dei frati, in corrispondenza al primo capitolo (123). P. Kajetan Esser, quindi, introduce nel testo della Regola quaranta suddivisioni che permettono di penetrare nel modo tipico di pensare e di parlare di Francesco che non segue la via di un ragionamento «lineare», ma riproduce piuttosto una successione circolare di idee associate con nesso psicologico.

Un'analisi linguistica e spirituale, che continuamente tien conto del «Sitz im Leben» dei singoli commi, conduce il P. Esser ad un'altra conclusione di grande portata: la «Regola bollata» non meno di quella «non bollata» è da considerare un «documento spirituale» e non un codice di leggi, una «forma vitae secundum sanctum Evangelium», nella quale, dietro le direttive e ammonizioni, si intravvede la vita reale dei frati peregrinanti e predicanti. La «Regola bollata» non descrive infatti una vita conventuale e

---

32 ESSER, La Regola definitiva (adn. 30).

33 VAN DEN BORNE, Da definitieve regel, passim. Riferisce sui risultati contrastanti dell'indagine di P. Eßer e di P. van den Borne, confrontandoli criticamente HILARIUS A WINGENE: Opinationes diversae da primordiis Ordinis Fratrum Minorum, in: Laur 8 (1967) 492-511.

monastica, in cui i bisogni vitali sono assicurati da un'amministrazionc comune, ma la vita dei predicatori che vanno di cittá in città, guadagnandosi la vita come manuali occasionali o, in caso di necessità, mendicando di casa in casa.

La conclusione del celebre studioso che la Regola fosse di indole non giuridica e prettamente spirituale, fu – non senza [S. 94] ragione – fortemente contestata dal P. F. van den Borne il quale concede al suo interlocutore che Francesco, nel compilare la Regola, non si comportava da canonista nel senso scolastico e non intese naturalmente comporre un codice giuridico alla stregua dei decretalisti. Secondo lui, inoltre, Francesco volle che la sua «forma vitae» fosse un documento tanto spirituale quanto giuridico, con forza moralmente vincolante. Difatti, Francesco stesso insiste, nella sua «Lettera a tutto l'Ordine» (FF 228s.), con un vigore straordinario sull'obbligo dei frati di osservare integralmente e fedelmente le prescrizioni della Regola: «Io poi prometto di osservare fedelmente tutto ciò, come Dio mi darà la grazia, e insegnerò ai frati che sono con me perché li osservino, nell'Ufficio [divino] e in tutto ciò che la Regola stabilisce» («et ceteris regularibus constitutis»!). Dopo aver sottolineato il personale impegno, prosegue: «Quei frati, poi, che non vorranno osservare queste cose, non li ritengo cattolici, né miei frati: io non li voglio vedere, non vi voglio parlare finché non abbiano fatto penitenza».

Un altro compito riservato alla indagine definitiva è lo studio analitico dei rapporti di contenuto e di forma, che intercorrono tra la «Regola non bollata» e la «Regola bollata». Gli studi finora intrapresi sono o viziati da preconcetti ispirati alle teorie di P. Sabatier o difettano per incompletezza di analisi, perché limitati o a singoli aspetti o singoli capitoli, come nel caso del P. A. Quaglia,[34] che del resto rimane sempre un po' prigioniero di alcune idee sue sullo sviluppo storico delle Regole condivise solo da pochi studiosi. Ma fin da ora si può ritenere per certo che la «Regola bollata» non è un riassunto puro e semplice della Regola anteriore, come P. Leonhard Lemmens O.F.M. credette quando nel 1904 pubblicò gli Opuscoli.[35] D'altro canto, non è neppure una Regola del tutto nuova, senza alcun contatto colla precedente, come sostenne il Sabatier, bensì uno stadio finale di una lunga evoluzione. Gli elementi del laborioso sviluppo legislativo che Francesco e i suoi consiglieri ritennero ancora vivi, [S. 95] venivano incorporati nella nuova redazione, mentre altri rivelatisi o dannosi o sorpassati furono tralasciati. Nuovi elementi erano richiesti dall'esperienza pratica della vita e la necessità di adattare l'organizzazione dell'Ordine ai comuni canoni della Chiesa.

P. Stanislao da Campagnola O.F.M.Cap. vede la «Regola bollata», «non già come opera completamente nuova, ma come risultato di una profonda revisione (che risultò mutilante, edulcorante, compromissoria) della precedente forma di vita» (FF, 64). Dopo altri cenni di rilievo afferma ancora: «Si tratta senza dubbio di un testo originale; e, a parte gli svuotamenti e gli edulcoramenti, le cadute qualitative e i vuoti, ripropone sostanzialmente il nucleo originario del francescanesimo e, almeno in parte, l'esperienza personale di Francesco» (64s.). E' veramente interessante contrapporre a questi giudizi

---

[34] Oltre i numerosi studi suoi che ho indicato nelle note 1, 4, 30, cf. ancora: IDEM: Questione di nome e di sostanza. A proposito del «Breve scritto» di S. Francesco nel 1209-10, in: MF 76 (1976) 209-226.

[35] Opuscula sancti Patris Francisci Assisiensis, Ad Claras Aquas 1904, 160-169, 164.

molto radicali alcuni risultati a cui è giunto il teologo luterano P. Beyschlag, dopo un paragone attento, anche se non completo, delle due Regole.[36] Pur ammettendo la collaborazione di Ugolino in dettagli reali e stilistici nel formulare la «Regola bollata» ritiene determinante solo l'influsso di Francesco, riducendo l'apporto del Cardinale ad un'attività di consigliere e di assistenza. Una partecipazione dei ministri non è dimostrabile in nessun capitolo della Regola (19s.). Il Beyschlag ammette poi la tendenza di ridurre e semplificare la «Regola non bollata», e anche se ritiene in ciò possibile una funzione di consigliere in Ugolino, esclude in lui l'origine di conflitti con Francesco per essa (80). La «Regola bollata» come la «Regola non bollata» devono essere «considerate l'espressione valida della volontà di Francesco». La questione però se vi si manifesti *tutta* la sua volontà rimane aperta fin quando non si potrà determinare esattamente ciò che fu omesso per l'intervento dei ministri (82). Personalmente sono dell'avviso che K. Beyschlag abbia raggiunto la realtà storica molto più obiettivamente del P. Stanislao.

Francesco inizia e chiude la sua Regola definitiva con il richiamo alla vita evangelica: «La regola e la vita dei Frati Minori è questa, cioè osservare il santo Vangelo del Signore nostro Gesù Cristo, vivendo in obbedienza, senza nulla di proprio e in castità» (c. I: FF 75). Inoltre introduce l'istituto del Cardinale- [S. 96] Protettore, «affinchè sempre sudditi e soggetti ai piedi della medesima santa Chiesa, stabili nella fede cattolica, osserviamo la povertà, l'umiltà e il santo Vangelo del Signor nostro Gesù Cristo, che abbiamo fermamente promesso» (c. XII: FF 109).

Francesco vedeva indubbiamente la sua missione particolare nell'ambito della Chiesa nel «vivere secondo la forma del santo Vangelo» (Testamento: FF 116). Alla Regola, secondo lui, conviene questo compito di guidare i frati a vivere il Vangelo. Ma è importante notare che il Poverello con la «vita evangelica» né raggiunse di fatto né intese attuare tutto il Nuovo Testamento, o – meno ancora – tutta la Bibbia, come taluni sostengono.[37] Anche la visione biblica fu forzatamente limitata ed è provvidenzialmente unilaterale. Secondo la sua angolazione carismatica scorgeva Gesù Cristo particolarmente nella «umiltà dell'Incarnazione e la carità della Passione» (1 C 84: FF 466). Come, per la prima volta, ha messo in evidenza il P. Javier Garrido O.F.M. la prospettiva evangelica del Poverello si concentrava principalmente sulla sequela di Cristo, «servo di Dio»; secondariamente sulla missione degli Apostoli (o dei Discepoli) nonché sul discorso della montagna.[38] Il tentativo dell'Autore di «rilettura» teologica della «Regola bollata» e del «Testamento» merita attenzione per la straordinaria ricchezza di nuove intuizioni che contiene.

Padre Martino Conti O.F.M. riprende il discorso iniziato con il suo volume: La missione degli Apostoli nella Regola francescana (Genova 1972) e tenta una lettura

---

36 BEYSCHLAG, Die Bergpredigt (adn. 9) 51-84.

37 LAPSANSKI, D. V.: Perfectio evangelica. Eine begriffsgeschichtliche Untersuchung im frühfranziskanischen Schrifttum, München 1974, 55; cf. la mia recensione in CFr 46 (1976) 354-357, e, per la traduzione inglese, quella di D. GAGNAN, ivi 48 (1978) 151-154. Segnalo anche il suggestivo saggio di MATURA, Th.: La projet évangélique da François d'Assise aujourd'hui, Paris 1977; cf. CFr 47 (1977) 370.

38 GARRIDO, J.: La forma de vida franciscana. Introducción teológica a la Regla da san Francisco da Asís, Aránzazu 1975: cf. la mia recensione in CFr 46 (1976) 358-360. Segnalo, inoltre: LÓPEZ, S.: La Regla de los Hermanos Menores pacto da eterna Alianza, in: SelFranc 4 (1975) n. 1, 38-65.

della Regola in chiave biblica.[39] [S. 97] Convinto che la Regola ripropone alla lettura le forme di vita che Cristo ha insegnato agli Apostoli inviati in predicazione, l'analisi biblica del testo è continuamente condizionata da questa «missio Apostolorum». Naturalmente non è solo qui la visione di san Francesco, per cui sarà bene, per un'interpretazione biblica più ricca e completa, aggiungere anche le dimensioni di vita evangelica che ha evidenziate P. Garrido.

* * *

Giunto a termine del presente saggio critico-bibliografico, debbo riconoscere onestamente di non essermi pienamente attenuto al tema assegnatomi. Il titolo della lezione avrebbe richiesto che mi fossi anche occupato del significato storico e spirituale della «Regoletta per gli eremi»[40] e del «Testamento»[41], che il Poverello moribondo dettò, non per proporre una nuova Regola, ma quale ricordo, ammonizione, esortazione e suo testamento, appunto «perché osservassimo più cattolicamente la Regola che abbiamo promesso al Signore» (FF 127). [S. 98]

Mi sentirei pago della fatica se fossi riuscito a suscitare o a rafforzare nei lettori la convinzione che la «Regola bollata» non è solo un venerabile documento del passato, un bel pezzo da museo, ma una indispensabile «manuductio» a rivivere la vita evangelica, incarnata nella vita e nella stessa Regola di Francesco.[42]

---

[39] CONTI, M.: Lettura biblica della Regola francescana, Presentazione di A. BONI, Roma 1977; cf. la recensione in Anton. 52 (1977) 712-715. – Cf. ancora: ZAVALLONI, R.: Una Regola dalle dimensioni umane, in: VM 45 (1974) 293-297; CARDAROPOLI, G.: Una «rilettura teologica» della Regola minoritica, ivi 46 (1975) 343-354, 421-436; ESSER, K.: Rule and Testament of St. Francis: conferences to the modern followers of Francis. Translated by Sr. Audrey Marie, Chicago, Ill. 1977; un'opera che non ho potuto vedere.

[40] Cf. ESSER (ed.), Opuscula sancti Patris Francisci, 296-398; IDEM: Die «Regula pro eremitoriis data» des hl. Franziskus von Assisi, in: IDEM, Studien zu den Opuscula (adn. 14) 137-179.

[41] Cf. Opuscula [Esser], 307-317; qui potevano anche essere inclusi nello sguardo retrospettivo: Ultima voluntas scripta S. Clarae (ivi, 38) nonché il Testamentum Senis factum (323 s.). Per un commento sul «Testamento» cf., oltre le opere nominate nelle note 38-39 di P. Garrido e di P. Esser, soprattutto ESSER, K.: Das Testament des heiligen Franziskus von Assisi. Eine Untersuchung über seine Echtheit und seine Bedeutung, Münster/Westf. 1949, di cui è uscita una traduzione italiana a cura di Luigi Padovese, (Milano 1979); IDEM: Das Testment des hl. Franziskus in der Gesetzgebung des Kapuzinerordens, in: CFr 44 (1974) 45-69; Geistliches Vermächtnis I-III. Studientage der Franziskanischen Arbeitsgemeinschaft 1974-75-76, Werl/Westf. 1975-75-76 (un commento spirituale e pastorale, con la partecipazione di parecchi relatori, che continuerà: cf. CFr 46 [1976] 140 e 47 [1977] 366s); BARSOTTI, D.: «Questo é il mio testamento». Esercizi spirituali sul Testamento di san Francesco d'Assisi, Milano 1974; MANSELLI, R.: Dal Testamento ai testamenti di san Francesco, in: CFr 46 (1976) 121-129; CASTELLAR, M.: Testamento de san Francisco. Introducción a su estudio, in: Cuadernos Franciscanos da Renovación 9 (1976) 243-265.

[42] Non è, ovviamente, mio compito d'illustrare la storia molto dolorosa e complessa dell'osservanza della Regola. Per chi è interessato al tema indico: ELIZONDO, F.: De Evangelii et Regulae franciscanae obligatione usque ad Bullam «Exivi de paradiso» Clementis V (6 maii 1312), in: Laur 2 (1961) 226-260 (cf. BgFr XII, n. 1228); IDEM: Disquisitio historica de praeceptorum descriptione et enumeratione in Regula franciscana, in: CFr 37 (1967) 250-285; BONAVENTURA DA GANGI: I precetti della Regola dei Frati Minori, in: VM 38 (1967) n. 6, 79-87 (cf. BgFr XIII, n. 1855): GORI, S.: Quale fu l'intenzione di

san Francesco circa l'obbligatorietà della sua Regola, ivi 48 (1977) 333-345, 437-445; per i rapporti della Regola con l'altra legislazione dell'Ordine cf. LIPINSKI, I. J.: Rapporti fondamentali tra la Regola di san Francesco e la legislazione dei Frati Minori nel secolo XIII, Roma 1975; cf. CFr 47 (1977) 384s; ELIZONDO, F.: Legislación capuchina y exposiciones de la Regla franciscana, in: Laur 15 (1974) 251-287; IDEM: Regola francescana presso i primi cappuccini, in: ItFr 53 (1978) 625-665; idem: Los sumarios de la Regla franciscana en la Orden Capuchina, in: Laur 16 (1975) 383-430; 17 (1976) 3-42; per un aspetto particolarissimo, infine, cioè dell'influsso linguistico della traduzione tedesca nel medioevo della Regola cf. WOLF, N. R.: Regionale und überregionale Norm im späten Mittelalter. Graphematische und lexikalische Untersuchungen zu deutschen und niederländischen Schriftdialekten, Innsbruck 1975; cf. la mia recensione in CFr 46 (1976) 322-325.

La «Lettera a tutto l'Ordine» di San Francesco

A motivo del particolare interesse che la *Epistola toti Ordini missa*[1] riveste per gli ultimi anni della vita del Poverello, da parecchio tempo mi ero proposto di dedicarle uno studio monografico. L'invito di parlare ai confratelli della Provincia cappuccina romana a Viterbo e altrove su: «Spirito e pratica liturgica secondo san Francesco», mi offrì l'occasione di affrontare il commento dell'«Epistola», compito abbastanza difficile e rischioso per la molteplicità e complessità dei suoi contenuti. Non potrò, ovviamente, esaurire i diversi elementi accennati dal Santo nella Lettera.

Un discorso a parte meriterebbe il genere letterario di questa *lettera circolare* con evidente carattere dispositivo. Ricerche bibliografiche in varie direzioni hanno evidenziato che mancano ancora indagini comparative sul genere letterario degli epistolari del medio [S. 246] evo, per ricavarne criteri da applicare alle lettere di san Francesco.[2] Data la grande venerazione del Santo per la Sacra Scrittura non è improbabile che egli si sia ispirato, almeno parzialmente, al corpo delle Lettere paoline. Dagli studi compiuti da Bertrand Cornet O.F.M. e p. Kajetan Esser O.F.M. emerge invece con certezza che Francesco, nel dettare ad uno dei suoi intimi compagni in dialetto umbro il testo della «Epistola», aveva davanti agli occhi la Bolla «Sane cum olim» che papa Onorio III (1216-27) il 22 novembre del 1219 per la prima volta firmò a Viterbo.[3]

---

1 Cf. ESSER, K.: Die Opuscula des hl. Franziskus von Assisi. Neue textkritische Edition, Grottaferrata 1976, 237-258 e 264-269 (introduzione), 258-263 (edizione); IDEM (ed.): Opuscula sancti Patris Francisci Assisiensis, Grottaferrata 1978, 135-138 (introd.), 138-150 (testo); citerò sempre secondo questa ed. [= Opuscula]; per la traduzione italiana mi servirò, secondo l'esigenza di maggior fedeltà, di: Fonti francescane. Scritti e biografie di san Francesco d'Assisi. Cronache e altre testimonianze del primo secolo francescano. Scritti e biografie di santa Chiara d'Assisi, Assisi ²1978, 162-167 (= FF, con i numeri dei versetti [vv.] e i numeri marginali [nn.]); cf. ivi, 74-81 (introd. sulle Lettere); San Francesco d'Assisi, Gli scritti, a cura di G. V. SABATELLI, S. Maria degli Angeli-Assisi [1971], 108-115; Tutti gli scritti di san Francesco seguiti dai Fioretti, a cura di H. FÜRST, Milano [1972], 71-75, 127. – Per l'abbondanza di riferimenti ad autori patristici e medioevali si raccomanda: Saint François d'Assise. Documents, écrits et premières biographies, rassemblés et présentés par les PP. Th. DESBONNETS et D. VORREUX, O.F.M, Paris [1968], 127s (introd.), 129-136 (trad.). Generalmente molto esatta la trad. spagnola: San Francisco de Asís, Escritos, Biografias, Documentos de la época. Edición preparada por José Antonio GUERRA, Madrid 1978, 63s (introd.), 64-68 (trad.). – L'unico commento, prevalentemente ascetico, dell'*Epistola* si trova in: BAYART, P.: Saint François vous écrit ... Traduction et commentaires des Opuscules, Paris [1935], 250-283. – Oltre le sigle *FF* e *Opuscula [Eßer]*, userò *Rb* = Regula bullata; *RnB* = Regula non bullata e le rispettive trad. con il nome dell'A. (H. Fürst, J. A. Guerra, G. V. Sabatelli).

2 Cf., tra altri, FASCHER, E.: Briefliteratur, urchristliche, formgeschichtlich, in: RGG I, Tübingen ³1957, 1412-1415; BAUER, W.: Einführung in das Studium der Geschichte, Tübingen ²1928, 299-302, spec. 301; DAMIZIA, G.: Lettere Pontificie, in EC VII, Città del Vaticano [1951], 1215-1217; BACHT, H.: Enzyklika, in: LThK III, Freiburg ²1959, 910s; MELCHIOR A POBLADURA: Litterae circulares superiorum generalium Ordinis Fratrum Minorum Capuccinorum (1548-1803), vol. I, Romae 1960, p. XXIX-XLIV; Epistola sive Epistolae ..., in: Repertorium fontium historiae medii aevi ... IV, Fontes D-E-F-Gez, Romae 1976, 338-360, SCHALLER, H. M.: Ars dictaminis, Ars dictandi, in: LexMA I, München 1979, 1034-1039 (bibliog.).

3 CORNET, B.: Le «De Reverentia Corporis Domini», exhortation et lettre de S. François, in: EtFr n.s. 6 (1955) 65-91, 167-180; 7 (1956) 20-35, 155-171; 8 (1957) 33-58; testo della «Bolla» 7 (1956) 165-167 e, per l'influsso su san Francesco, ivi, 168-171; ESSER, K.: Über die Chronologie der Schriften des hl.

Con questo dettaglio si è giunti ad un *terminus post quem* in cui la «Epistola» è stata scritta. Come la prima volta ha messo in rilievo B. Cornet nella sua ricerca molto documentata sulla dottrina e prassi eucaristica del Poverello, la corrispondenza tra la «Epistola» e la «Bolla» è cosi evidente da non lasciar più alcun dubbio sulla reale dipendenza di Francesco da Onorio III. Il papa, proseguendo l'attività riformatrice che Innocenzo III aveva inaugurato, particolarmente in campo eucaristico e soprattutto durante il Concilio Lateranense IV (1215), raccomanda ai Prelati ecclesiastici, a tutti i sacerdoti e fedeli una celebrazione degna del sacrificio eucaristico e forme di speciale rispetto verso il Santissimo, «affinché con ciò in tutti si accresca la fede e la devozione».[4] P. Cornet non esagera affermando che il Ponte- [S. 247] fice con questa Bolla, spedita varie volte tra il 1219 e 1220, abbia lanciato una specie di crociata eucaristica a cui il «vir catholicus» si è associato con tutto l'entusiasmo di cui era capace.

Per la «Lettera a tutto l'Ordine» sorge subito la domanda se Francesco l'abbia dettata poco tempo dopo il suo ritorno dal Mediooriente, nel 1220. Da una serie d'indizi inerenti al testo, il p. Esser crede di dover sostenere questa tesi.[5] A me sembra invece che tutto il tenore della «Lettera» supponga uno stadio di clericalizzazione decisamente avviato e insediamenti fissi ormai quasi generalizzati; quindi una fase di evoluzione che è impossibile ammettere prima del 1224. Onorio III, il 29 marzo 1222, concesse all'Ordine minoritico i privilegio di celebrare gli «Officia divina», cioè la Messa e l'Ufficio divino, durante un interdetto generale, inserendo nel testo la clausula significativa: «nelle chiese, qualora vi toccherà averle».[6] Solo con una Bolla del 3 dicembre 1224, l'Ordine ottenne anche il privilegio di poter celebrare nei suoi «luoghi e oratori», con altari portatili «Missarum solemnia».[7] Mi pare poco probabile che il Poverello abbia

---

Franziskus, in: IDEM: Studien zu den Opuscula des hl. Franziskus von Assisi. Herausgegeben von E. Kurten O.F.M. und Isidoro de Villapadierna O.F.M.Cap., Rom 1973, 299-340, spec. 306-316 («Epistola ad capitulum»). Il testo della «Bolla» – oltre da K. Esser (ivi, 309s) e nelle edd. segnalate da PRESSUTTI, P.: Regesta Honorii Papae III, vol. I, Romae 1888, 377 n. 2269 –, si trova in: Decretalia Gregorii IX, lib. III, tit. XLI: De celebratione missae, cap. X: FRIEDBERG, A.: Corpus Iuris Canonici II, Lipsiae 1881, 642b; HONORIUS III, Bulla «Exspectavimus hactenus», 19 nov. 1219, in: Bullarium Romanum III, Augustae Taurinorum 1858, 364-366 («Sane cum olim», ivi, 366).

4 Cf. CORNET, Le «De Reverentia» 7 (1956) 166s; cf. anche FRANCISCUS [VOCKING]: Franciscus en het IVe Lateraans Concilie, in: FrancLeven 45 (1962) 47-59, 78-94, 133-152; 46 (1963) 6-20, 40-50, 67-81, 109-123, 131-143 (cf. BgFr XII, n. 365); MACCARRONE, M.: Innocenzo III teologo dell'Eucarestia, in: IDEM: Studi su Innocenzo III, Padova 1972, 339-431.

5 Über die Chronologie der Schriften, 303-316.

6 ONORIO III, «Devotionis vestrae» 29 martii 1222: BF I, 9b: «... indulgemus, ut in Ecclesiis, si quas vobis habere contigerit, cum generale terrae fuerit interdictum, liceat vobis clausis janius, ... submissa voce Divina Officia celebrare». Per una seconda copia della Bolla, conservata da san Francesco stesso, cf. FALOCI PULIGNANI, M.: Una bolla sconosciuta di Onorio III a san Francesco [del 5 aprile 1222], in: MF 27 (1927) 177-181, testo 178b/180a. Per l'esatta interpretazione canonica di questo privilegio, cf. MATHIS, B.: Die Privilegien des Franziskanerordens bis zum Konzil von Vienne (1311). Im Zusammenhang mit dem Privilegienrecht der früheren Orden dargestellt, Paderborn 1928, 51-55; VAN DIJK, S. J. P. / WALKER, J. H.: The origins of the modern Roman liturgy. The liturgy of the papal court and the Franciscan Order in the thirteenth century, Westminster MD-London [1960], 183s; ESSER, K.: Origini e valori autentici dell'Ordine dei Frati Minori, Milano [1972], 149.

7 ONORIO III, «Quia populares tumultus»: BF I, 20ab: «... cum professi paupertatem sitis ..., non temporale commodum, sed spirituale quaerentes ..., indulgemus, ut in locis, & Oratoriis vestris cum Viatico Altari

potuto prospettare l'unica messa al giorno (v. 38-42: FF 222s) nelle singole fraternità, prima che il suo Ordine avesse ottenuto il diritto dell'altare portatile e che nei luoghi esistessero delle piccole chiese. La ripetuta insistenza sull'osservanza della Regola, particolarmente a riguardo dell'Ufficio divino (v. 49-57: FF 226-230), non può che riferirsi alla «Regola bollata» del 1223 e alle reali difficoltà che [S. 248] l'Ordine incontrava nel tradurre in pratica la legislazione liturgica.[8] Chi, del resto, legge il «Testamento» del 1226 assieme alla «Lettera» avverte subito la somiglianza di tono e di temi (v. 35-41: FF 125-127). Da ciò e da altri indizi, mi pare lecito dedurre che la data della «Lettera a tutto l'Ordine» sia da spostarsi, all'incirca, agli ultimi due anni di vita del Santo.

I – «A tutti i reverendi e molto amati fratelli» «in Christo» (vv. 1-12: FF 214-216)

1. Come i documenti pontifici o imperiali, la «Lettera» inizia con una *formula d'invocazione* (v. 1: FF 214); nel nostro caso con un'invocazione non cristologica, ma trinitaria. Nelle preghiere di Francesco che i suoi «Opuscoli» ci hanno tramandato, spicca una straordinaria fede e devozione al mistero centrale della Ssma Trinità.[9] Il Poverello intende rivolgersi a tutti i fratelli dell'Ordine «in nome della somma Trinità e della santa Unità del Padre e del Figlio e dello Spirito Santo», cioè implorando il loro aiuto e proclamandosi loro strumento indegno.

2. In una lettera non può mancare l'*indirizzo* a cui il suo autore la dirige. Francesco enumera i destinatari del suo scritto con dovizia di dettagli. Egli porge il suo saluto «reverendis et multum diligendis fratribus universis» (v. 2: Opuscula, 138), «a tutti i reverendi e molto amati fratelli».[10] Tutti i membri della sua Fraternità sono «reverendi»: degni di riverenza, in virtù della medesima vocazione evangelica; e soprattutto sono fratelli da amare intensamente. Il Poverello non si [S. 249] contenta di ricordare i suoi in modo cumulativo, ma li elenca secondo le varie mansioni che coprono e le diverse classi in cui si dividono. In primo luogo saluta il «frate A.[11], ministro generale della Religione

possitis Missarum solemnia, & alia divina Officia celebrare, omni Parochiali jure Parochialibus Ecclesiis reservato». Cf. MATHIS, Privilegien des Franziskanerordens, 58-62.

8 Cf. VAN DIJK / WALKER, The origins of the modern Roman liturgy, 254-258; cf. anche VAN DIJK, S. J. P.: Ursprung und Inhalt der franziskanischen Liturgie des 13. Jahrhunderts, in: FrSt 51 (1969) 86-116, 192-217, spec. 192-195; bisogna però tener presente che l'A. tende a drammatizzare le difficoltà sorte dopo la Rb.

9 Mi sia consentito di rinviare il lettore al mio studio: Linee fondamentali della «forma vitae» nell'esperienza di san Francesco, in: Lettura biblico-teologica delle fonti francescane, a cura di G. CARDAROPOLI e M. CONTI, Roma [1979], 183-231, spec. 192s, dove ho segnalato la bibliog. relativa.

10 Cf. v. 2: FF 215; SABATELLI, 108. – La bibliog. sul tema fraternità e minorità cf. da SCHMUCKI, Linee fondamentali, 217-224 e 210-213; inoltre elementi di rilievo (soprattutto sulla minorità) si riscontrano da URIBE ESCOBAR, F.: Strutture e specificità della vita religiosa secondo la regola di S. Benedetto e gli opuscoli di S. Francesco d'Assisi, [Roma], Pontificium Athenaeum Antonianum, 1979, 249-257 e 257-269.

11 Cioè frate Elia d'Assisi, secondo vicario generale, di cui vien tacciuto il nome per le vicende (ribellione a Gregorio IX e la scomunica) di cui fu protagonista; cf. SCHMITT, Cl.: I vicari dell'Ordine francescano da Pietro Cattani a frate Elia, in: Francesco d'Assisi e francescanesimo dal 1216 al 1226. Atti del IV Convegno internazionale, Assisi 15-17 ottobre 1976, Assisi 1977, 235-263.

dei Frati Minori», il quale, dopo la sua dimissione dall'effettivo governo dell'Ordine nel 1220, considera «suo signore». Mentre punta i suoi occhi nell'imperscrutabile futuro, s'indirizza «a tutti gli altri ministri generali che saranno dopo di lui». Poi menziona «tutti i ministri e custodi», cioè i ministri provinciali che, a partire dal 1217, erano «costituiti ministri e servi degli altri frati» in una provincia geograficamente circoscritta (Rnb 4,1: FF 13). Passa invece, qui, sotto silenzio i ministri o guardiani dei singoli luoghi, i quali ricorrono comunque verso la fine della «Lettera» (v. 59: FF 231), come anche nel «Testamento» (v. 33s: FF 124), ma sotto la figura di un superiore personale di Francesco. Si rivolge, poi, espressamente alle due categorie di fratelli di cui è formato l'intero Ordine minoritico, cioè «ai sacerdoti della medesima fraternità» e «a tutti i fratelli semplici». Non è privo di particolare significato che i primi siano chiamati «umili in Cristo», poiché – come dirà in seguito – tutta la loro dignità sacerdotale è radicata in Gesù Cristo. D'altro canto, già allora probabilmente affiorava una certa tensione tra un'apparente superiorità dei «fratelli sacerdoti» e il senso di frustrazione dei «fratelli semplici». Nella minorità o «santa obbedienza» che «tiene ... in obbedienza al proprio fratello» (*Lodi delle virtù*, v. 14s: FF 258), Francesco ravvisa lo strumento che, superata ogni forma di sterile contrapposizione tra primi e ultimi, rinsalda la sua fraternità nella umiltà evangelica.

Secondo il Poverello, «fraternità» e «minorità» sono concetti e atteggiamenti così correlativi da condizionarsi reciprocamente nella esistenza del «Frate Minore» (cf. *Lodi delle virtù*, v. 6-7: FF 257). Lo svela nell'apporre il suo nome come autore del saluto iniziale e della intera lettera: «frate Francesco, uomo spregevole e caduco, vostro piccolo servo» (v. 4: FF 215). Più avanti caricherà ancora la dose definendosi: «Io, frate Francesco, uomo inutile e indegna creatura del Signore Iddio» (v. 58: FF 231). Con l'essere fratello dei suoi in Cristo son messi a confronto ben quattro termini [S. 250] diversi per sottolineare la sua «minorità» vista nello specchio della santità divina.

3. Francesco raggiunge i vertici della sua espressione letteraria nei suoi scritti quando prega. Ora il suo *saluto* dei fratelli «umili in Cristo» «in Colui "che ci ha redenti e ci ha lavati nel suo sangue prezioso"» (cf. Ap 1,5; v. 4: FF 215), si trasforma spontaneamente, prima in esortazione ad adorarlo «con timore e riverenza, prostrati a terra» (cf. 2 Esdr 8, 6); poi, in orazione stessa: «Signore Gesù Cristo, "Figlio dell'Altissimo" è il suo nome (cf. Lc 1,32), "che è benedetto nei secoli"» (Rm 1,25; v. 4: Opuscula, 139). Si noti il vigore con il quale il Santo mette in luce la dignità divina di Cristo. E' priva di ogni fondamento l'opinione – spesso acriticamente ripetuta – che il Poverello, nella vita e pietà, si sia orientato esclusivamente all'immagine di Cristo terreno dei vangeli sinottici.[12] Dal saluto risulta, inoltre, che il Santo concepiva Cristo come centro e modello al quale la fraternità dei «Frati Minori» necessariamente si riferisce e dal quale si lascia plasmare.

4. L'autore della «Lettera» fornisce un'ulteriore prova di ciò rivolgendosi ai frati con un appellativo di sorprendente cortesia che risente dell'epoca cavalleresca: «Udite, signori

---

[12] Cf. SCHMUCKI, Linee fondamentali, 185-189 (bibliog.).

figli e fratelli miei» (cf. v. 5: Opuscula, 139; v. 6: FF 216). Esercitando la sua funzione di padre spirituale verso la sua famiglia religiosa, Francesco rivolge ai suoi un *pressante invito, ripetuto* ben tre volte, a prestare attenzione al suo messaggio che trae la sua autorità dal fatto che è «la voce del Figlio di Dio» (v. 7: FF 216). Lo annunzia prima come imperativo generale, valido per tutti i cristiani: «Custodite con tutto il vostro cuore i suoi comandamenti e adempite i suoi consigli con animo perfetto» (cf. v. 8: FF 216); per determinarlo, poi, quale compito specifico dei suoi frati. La loro funzione nell'ambito della Chiesa è di professare l'amore di Cristo verso l'umanità e di renderlo visibile con la loro vita, «poiché per questo egli vi mandò per il mondo intero, affinché testimoniate la sua voce con la parola e con le opere e facciate conoscere a tutti che "non c'è nessuno onnipotente eccetto Lui"» (Tob 13,4; v. 10: FF 216).

Senza forse intenderlo, Francesco qui definisce il carisma particolare dei suoi frati: testimoniare l'onnipotenza creatrice di Dio e [S. 251] di Cristo, praticando e diffondendo il messaggio evangelico in tutto il mondo. Vanno rilevati sia il posto importante che riserva alla predicazione, sia la destinazione della presenza apostolica dei frati che supera ogni frontiera geografica. Ma potranno assolvere questa missione loro affidata solo se persevereranno essi stessi «nella disciplina e nella santa obbedienza» a tutto ciò che con la professione di «Frati Minori» hanno promesso d'osservare. A questa fedeltà li porterà l'aiuto di Dio che con paterno amore si comunica loro.[13]

II – «Tutto il rispetto e tutta l'adorazione al santissimo corpo e sangue del Signore nostro Gesù Cristo » (vv. 13-14: FF 217)

Chi è abituato alla logica aristotelica si meraviglierà, che Francesco introduca ora, quasi all'improvviso, il discorso della *devozione eucaristica*. L'anello di congiunzione pare debba cercarsi proprio nel concetto del versetto 12 (FF 216): «Il Signore Dio si offre a voi come a figli» (cf. Eb 12,7). Il ruolo dei suoi figli di annunciare la bontà di Cristo e la sua onnipotenza, su questo sfondo del divino amore, fortemente messo in rilievo qui, acquista un senso molto più concreto. Che il Santo, d'altronde, abbia perfettamente colto il carattere di dono promanante dall'infinita onnipotenza e bontà di Dio ed operante in modo particolare nel sacrificio eucaristico, risulterà chiaramente più avanti.

Chi confronta il brano che Francesco dedica al culto eucaristico con la bolla «Sane cum olim» di *Onorio III* da cui – come si è detto – dipende, è colpito dal «clima» notevolmente diverso dei due documenti. Il Sommo Pontefice non solo – fin quasi dall'inizio della sua «Lettera» – rileva degli abusi a riguardo della celebrazione e custodia dell'Eucaristia, ma prevede, inoltre, per sacerdoti colpevoli di tali delitti terribili sanzioni divine e inculca, con tono minaccioso, alcuni comportamenti concreti volti a

---

13 La scelta dell'inciso: «Tamquam filiis offert se nobis Dominus Deus» (tolto da Eb 12,7b), sembra dipenda dall'esortazione: «In disciplina ... perseverate» (Eb 12,7a: vv. 10-11: Opuscula, 140). Sebbene il contesto non offra elementi che giustifichino direttamente la connessione tra i vv. 11 e 10 (vv. 12 e 11: FF 216) or ora esposta (il dono della grazia rende possibile la perseveranza nella disciplina regolare), non mi pare che ci sia un diverso modo di darle un senso comprensibile.

migliorare la situazione.[14] Al [S. 252] contrario, *Francesco*, che già nell'introduzione si era messo su un piano di straordinaria umiltà, si appresta qui quasi ad esaurire il suo repertorio affettivo nel supplicare tutti i suoi fratelli di riverire questo mistero centrale della fede. Si tenga presente che Francesco, in questo passo, s'indirizza indistintamente a tutti i membri della sua fraternità. Mentre evoca l'immagine della massima umiliazione che giunge a baciare i piedi dell'altro, con intenti di supplica,[15] ed esprime il sommo grado di carità di cui è capace, scongiura tutti,[16] affinché prestino «ogni riverenza ed ogni onore», per quanto saranno in grado di fare, «al santissimo corpo e sangue del Signore nostro Gesù Cristo» (cf. v. 13: FF 217).

Si tratta, quindi non soltanto di un intensissimo culto della presenza reale, ma di un grande amore al *sacramento-sacrificio* eucaristico globalmente considerato, verso il quale Francesco intende trascinare i suoi figli. Già la terminologia «corpo e sangue del Signore» lo conferma. Un'ulteriore riprova proviene dalla frase subordinata alla precedente esortazione. Con parole che alludono alla Lettera ai Col 1,20, il Poverello adduce, come motivo per tributare una particolare riverenza al mistero eucaristico, il fatto che Cristo redentore ha operato la riconciliazione dell'universo con l'onnipotente Dio. Pur non enunciandolo espressamente, il Santo doveva essere consapevole che la pacificazione cosmica di Cristo non è solo un ricordo del lontano passato, ma è misteriosamente presente in ogni celebrazione eucaristica.[17] [S. 253]

III – «Tutti i miei fratelli ... venerino le divine parole scritte» (vv. 43-47: FF 224s)

Per esigenza di maggior chiarezza ritengo opportuno anticipare il commento ai vv. 43-47, poiché riguardano – almeno parzialmente – tutti i frati, prima di affrontare temi direttamente rivolti solo ai fratelli sacerdoti.

1. Con una frase molto ricca di contenuto e talmente complessa nella struttura grammaticale da richiedere un intervento redazionale più grande del solito da parte del segretario, Francesco dichiara i motivi per cui è doveroso «vasa et officialia cetera custodire, quae continent verba sua sancta», cioè, alla lettera: «custodire i vasi e gli altri

14 «Ne igitur de cetero propter incuriam sacerdotum in indevotos divina indignatio gravius exardescat, districte praecipendo mandamus, quatenus a sacerdotibus Eucharistia in loco singulari, mundo etiam et signato, semper honorifice collocata, devote et fideliter conservetur» (CORNET, Le «De reverentia» 7 [1956] 167; ESSER, Über die Chronologie, 309; cf. anche sopra, nota 3).

15 Cf. LENGLING, E.: Kuß. III. Fußkuß, in: LThK VI, Freiburg ^{2}1961, 697s.

16 In latino «deprecari» (v. 12: Opuscula, 140).

17 La dimensione sociale del mistero eucaristico era sottovalutata nel pensiero teologico e nella pratica religiosa del medio evo; cf. GERKEN, A.: Teologia dell'eucaristia, [Alba 1977], 135s: «A motivo delle controversie sulla questione "verità o immagine?" e del decadimento, ad esse collegato, del modo di pensare secondo il simbolo reale, il concetto "corpus mysticum" riferito all'eucaristia viene sostituito con il concetto di "corpus verum", che prima era applicato alla chiesa. Il rapporto tra chiesa ed eucaristia scompare sempre più dalla coscienza comune, mentre l'interesse va concentrandosi sulla presenza reale somatica».

oggetti che servono per gli uffici»[18]. Il Poverello qui include, ovviamente, tutti i *vasi sacri o libri liturgici* che servono per la celebrazione dei sacramenti. La loro cura e conservazione nelle sacrestie, annesse di solito soltanto alle chiese più grandi, era compito dei diaconi.[19] La prima persona plurale del «debemus ... custodire» assume fuori dubbio un significato autobiografico, in quanto il diacono Francesco[20] si sentiva direttamente coinvolto in questo servizio paraliturgico. Anche l'inciso: «nos, qui specialius divinis sumus officiis deputati» (v. 34: Opuscula, 145); «noi che siamo deputati ai divini uffici, in modo del tutto speciale»[21], può essere interpretato come partecipazione alla celebrazione dei sacramenti nella funzione di diacono.

Questa diligente cura nel trattare e custodire gli oggetti sacri deriva: 1° dalla disponibilità ad ascoltare ed eseguire le parole divine in colui che si è aperto generosamente a Dio nella fede (cf. Gv 8,47) e che si è dedicato a servizi intimamente legati al culto divino; 2° dal- [S. 254] l'effetto che queste forme di rispetto producono nell'uomo credente, poiché gli fanno sperimentare «l'altezza del nostro Creatore e della nostra soggezione rispetto a lui» (cf. v. 44: FF 225; SABATELLI, 112). Un'intuizione degna di un ingegno come quello di sant'Agostino, come giustamente annota Paul Bayart.[22] Gli umili gesti di riverenza che si compiono nel tener puliti e decorosi sia la chiesa che gli arredi sacri portano a provare in noi la trascendente grandezza di Dio e la nostra totale dipendenza da lui.

2. Gli elementi che il Santo subito dopo aggiunge richiedono qualche chiarimento storico per essere pienamente compresi. All'epoca del Poverello, ogni riga dei *libri liturgici* doveva essere faticosamente trascritta a mano su pergamena, che, a sua volta, era di notevole costo.[23] E' ovvio che questi codici in seguito al prolungato uso, specie quando appartenevano a piccole o povere chiese senza sacrestie e armadi adatti, si presentavano spesso in uno stato deplorevole, slegati e rovinati; i fogli, soprattutto quelli di più frequente uso, erano sbiaditi, logori e con macchie poco attraenti.

Esattamente in questo contesto vanno situate le parole del Santo: «Ammonisco, perciò, tutti i miei fratelli e in Cristo li conforto perché, ovunque troveranno *le divine parole scritte*, come possono, le venerino o, per quanto spetti ad essi, se non sono ben custodite o giacciono sconvenientemente, disperse in qualche luogo, le raccolgano e le custodiscano» (v. 45-46: FF 225). Il modo prudente con cui Francesco parla suppone che egli pensi a chiese fuori dell'Ordine, dove – durante il suo continuo pellegrinaggio

---

18 Cf. v. 44: FF 225; GUERRA, San Francisco de Asís (cf. sopra, nota 1) 67 nota 34.

19 Cf. CORNET, Le «De reverentia» 7 (1956) 31-35.

20 Anche se qualche volta si è espresso dei dubbi sulla storicità dell'ordinazione di san Francesco come diacono, è da ritenere sicura, a motivo di testimonianze storiche inequivocabili; cf. i passi relativi in FF, p. 2632b (indice tematico); CALLEBAUT, A.: Saint François lévite, in: AFH 20 (1927) 193-196; ALBAN VON HERMETSCHWIL: Zur Diakonatsweihe des hl. Franziskus, in: St. Fidelis 28 (1941) 7-11; VAN DIJK, S. J. P.: Saint Francis' blessing of Brother Leo, in: AFH 47 (1954) 199-201 (cf. BgFr XI, n. 190); D'ALATRI, M.: San Francesco d'Assisi diacono nella Chiesa, Roma 1977, 3-5.

21 Cf. v. 43: FF 224; cf. VORREUX, in: Saint Franois d'Assise. Documents, 133 nota 16.

22 Saint François vous écrit (cf. sopra, nota 1) 273.

23 Cf., p. e., BISCHOFF, B.: Paläographie des römischen Altertums und des abendländischen Mittelalters, [Berlin 1979], 21-23 (bibliogr.).

di predicatore penitenziale – piuttosto di frequente doveva aver osservato fogli volanti e stracciati di lezionari o messali. Incoraggia, quindi, i suoi frati perché si adoperino, per quanto è in loro potere, a rimediarvi.

3. Di valore imperituro è la motivazione che il Santo aggiunge: provvedendo al decoro dei libri liturgici, i confratelli onoreranno: «*il Signore nelle parole* che ha proferito» (cf. v. 46: FF 225; SABATELLI, 113). Evidentemente pensa alla parte prevalentemente biblica dei libri liturgici, per cui gli sembrano come un prolungamento della Incarnazione del Verbo, una specie di ottavo sacramento in cui Cristo perennemente fa risuonare la sua voce di maestro, come egli, nel [S. 255] sacramento del suo corpo e del suo sangue, «è sempre presente con i suoi fedeli»[24].

4. Questa realtà risalta, in un modo del tutto speciale, nella *formula di consacrazione*, messa in evidenza nella frase successiva: «Molte cose, infatti, "sono santificate mediante" (1 Tm 4,5) le parole di Dio, e in virtù delle parole di Cristo si compie [conficitur] il sacramento dell'altare» (cf. v. 47: FF 225; SABATELLI, 113). Va notato lo stupendo equilibrio teologico di colui che si definisce «ignorante e incolto» (v. 50: FF 226), in quanto fa concorrere in armoniosa unità la parola divina e il sacramento.[25] Gli è altrettanto alieno un sacramentalismo magico, come è escluso ogni biblicismo protestante.

IV – «Badate alla vostra dignità, fratelli sacerdoti» (vv. 15-37: FF 218-221)

1. Nella parte più lunga della «Lettera», il Serafico Padre s'indirizza «nel Signore» a tutti i «*fratelli sacerdoti* che sono o saranno e che desiderano essere sacerdoti dell'Altissimo» (v. 15: FF 218). Non solo non disapprova ma accoglie con gioia il fatto che nella sua Fraternità ci siano fratelli che sono stati ordinati presbiteri o vi aspirano. Inoltre lascia piena libertà ai confratelli sacerdoti di celebrare l'Eucaristia quotidianamente o meno. Richiede invece con grande insistenza «che quando vorranno celebrare la *Messa*, puri, in purità offrano riverentemente il vero sacrificio del santissimo corpo e sangue del Signore nostro Gesù Cristo, con intenzione santa e monda, non per alcuna cosa terrena o per timore o amore di alcun uomo, come se dovessero piacere agli uomini » (cf. Ef 6,6; Col 3,22; v. 16-17: FF 218; cf. SABATELLI, 109s).

---

[24] Ammon. I, 22: FF 145; cf. SCHMUCKI, O.: L'annuncio del mistero eucaristico di S. Francesco, esempio per la pietà e predicazione eucaristica dei suoi figli, in: St. Fidelis 64 (1977) 106-118.

[25] Cf. ESSER, K.: Il Testamento di san Francesco d'Assisi, Milano [1979], 127-134, 137: «... risulta così il parallelismo di due serie di concetti: Francesco venera il Sacramento, perché esso è senz'altro il fulcro della sua vita religiosa; conseguentemente onora i sacerdoti, perché amministrano e dispensano questo sacramento. Ha rispetto per i nomi e la parola scritta di Dio, perché per essi tutto è santificato, anche il sacramento dell'altare; onora perciò i teologi, perché amministrano (ministrant) e dispensano la parola di Dio».

Quest'accorato appello va letto sullo sfondo dell'epoca medioevale. L'assoluta purità che il Santo richiede non sembra riferirsi uni- [S. 256] camente e neanche principalmente alla castità del cuore e del corpo,[26] ma è da comprendersi alla luce degli altri complementi di questa complessa frase. Dal compimento di questo mistero centrale, il Poverello intende escludere ogni apparenza di *lucro terreno.*

Fin dalla tarda antichità, si era introdotto, in seguito alla oblazione di pane e vino ed altri generi, all'offertorio, l'uso di offrire un dono in denaro al celebrante perché ricordasse, in modo particolare, l'intenzione dell'offerente. A partire dal nono secolo, per il crescente numero di messe votive richieste da singoli fedeli, andava diffondendosi nei monasteri l'uso della messa privata quotidiana.[27] Non mancarono gravi abusi, come quello di celebrare parecchie messe al giorno, per l'accumularsi delle relative offerte; una pratica che nel 1065 Alessandro II e, nel 1206, Innocenzo III severamente proibirono. Poiché l'inventiva dell'avidità o dell'indigenza si dimostra inesauribile, alcuni sacerdoti – per osservare formalmente la legislazione ecclesiastica – pensarono di concentrare parecchie messe in una, ripetendole fino all'offertorio secondo il numero degli stipendi ricevuti: è la mostruosa pratica delle «missae bifaciatae aut trifaciatae».[28]

Nel timore che la celebrazione eucaristica a favore di persone o per motivi particolari potesse mettere in grave pericolo la povertà assoluta, Francesco esclude l'accettazione di *offerte* sotto ogni forma, [S. 257] tanto in natura quanto in moneta, come risulta dalla variazione di parole coscientemente prescelte per bandire dalla celebrazione eucaristica qualsivoglia interesse materiale o personale.

2. La libertà e il distacco da ogni motivo di convenienza materiale nel servizio sacerdotale all'altare mira ad un unico grande scopo: «tutta la volontà, per quanto l'aiuta la grazia di Dio, si diriga a lui, desiderando con ciò [la celebrazione] di *piacere al sommo Signore*» (cf. v. 18: FF 218; SABATELLI, 110). Da questa mirabile descrizione dell'atteggiamento interiore, che siamo soliti chiamare l'attenzione unicamente rivolta all'«opus

---

26 Si veda comunque la *Lettera ai fedeli II*, v. 14: FF 184; CORNET, Le «De reverentia» 6 (1955) 176-179; cf. anche BROWE, P.: Die häufige Kommunion im Mittelalter, Münster 1938, spec. 145-163; JUNGMANN, J. A.: Missarum Sollemnia. Origini, liturgia, storia e teologia della Messa romana II, [Torino 1954], 271-281.

27 Cf. NUSSBAUM, O.: Kloster, Priestermönch und Privatmesse. Ihr Verhältnis im Westen von den Anfängen bis zum hohen Mittelalter, Bonn 1961; cf. la mia recensione in: CFr 32 (1962) 461s; le conclusioni del Nußbaum sono pienamente condivise da KLAUSER, Th.: La liturgia della Chiesa occidentale. Sintesi storica e riflessioni, Torino-Leumann [1971], 139-147 («Origine della Messa privata e le sue conseguenze»); cf. inoltre LEFÈVRE, Pl.: La messe privée dans la tradition canoniale et monastique, in: Analectà Praemonstratensia 44 (1968) 275-281; HÄUSSLING, A. A.: Mönchskonvent und Eucharistiefeier. Eine Studie über die Messe in der abendländischen Klosterliturgie des frühen Mittelalters und zur Geschichte der Meßhäufigkeit, Münster [1973], 346: «Das Ergebnis der Studie kann nun zusammenfassend so formuliert werden: in den monastischen Klöstern im Frankenreich des frühen Mittelalters wird die Feier der Eucharistie ein Teil der nach dem Muster einer autonomen Kirchenstadt, genau: der Stadtkirche Rom, autark verstandenen und konzipierten Klosterliturgie». Cf. la recensione di A. DE VOGÜE, in: RHE 70 (1975) 490-495.

28 Cf. ORTOLAN, T.: Honoraires des messes, in: DThC VII/1, Paris 1922, 69-91, spec. 71-75; JUNGMANN, Missarum Sollemnia I, [Torino 1953], 181-196; MAYER, A.: Triebkräfte und Grundlinien der Entstehung des Meßstipendiums, St. Ottilien 1976, spec. 197-270 («Die Ausbildung des Meßstipendiums am Anfang des Hochmittelalters»).

divinum», e dalle affermazioni che susseguono si comprende agevolmente quello che il Santo intende dire. Nessun fratello sacerdote presuma di voler legare la sovrana liberalità di Cristo a intenzioni determinate di offerenti – spesso magari molto materiali e futili –, «poiché egli solo lì opera, come a lui piace» (v. 18: FF 218). Nella celebrazione eucaristica quello che conta è conformarsi al comando di Cristo di reiterare l'Ultima Cena, il memoriale del sacrificio redentore. Chi a questo orientamento istituzionale preferisse intenti terreni rassomiglierebbe a Giuda traditore, poiché celebrando in modo indegno si farebbe «reo del corpo e sangue del Signore» (cf. 1 Cor 11,27; v. 19: FF 218).

Mentre Francesco – in tacita antitesi con usi universalmente praticati – afferma per i suoi «fratelli sacerdoti» l'incompatibilità della celebrazione eucaristica e accettazione di offerte materiali, professa anche molto chiaramente il carattere di memoriale e di *sacrificio* della Messa, benché non fornisca, ovviamente, un tentativo d'approfondimento teologico. Ma chi potrebbe meravigliarsi, trattandosi di un uomo privo di formazione culturale che visse in un'epoca in cui le spiegazioni dei più celebri maestri non superavano l'enunciazione del mistero?[29]

3. In seguito, Francesco ricalca un brano della *Lettera agli Ebrei* (10,28), dove l'agiografo, con tono assai severo, esorta i cristiani alla assoluta fedeltà a Cristo. Senza forzature, il Santo applica l'avvertimento al mistero eucaristico, adoperando l'argomentazione *a minori ad maius*. Se ai trasgressori della legge mosaica in cose puramente corporali fu inflitta una punizione senza pietà, quanto più gravi sanzioni sono da prevedere «per chi avrà osato *calpestare il Figlio di Dio* [S. 258] e disprezzare il sangue versato da lui a santificazione dei membri della nuova alleanza. Chi pecca in tal modo offende direttamente lo Spirito Santo, comunicatosi all'anima come grazia ...»[30].

Il Poverello esemplifica le possibili forme in cui sacerdoti o semplici fedeli calpestano il Figlio di Dio: quando si accostano all'Eucaristia in modo irriverente, non discernendo «il santo pane di Cristo dagli altri cibi o riti» (v. 23: FF 219; cf. 1 Cor 11,29); quando lo mangiano in stato di peccato, indegnamente; o, pur trovandosi in stato di grazia, lo consumano senza frutto per mancanza di disposizioni dovute (vv. 23-24: FF 219). Sorprende che il Santo escogiti un caso in cui un celebrante è degno, cioè in stato di grazia, e allo stesso tempo mangia il pane eucaristico indegnamente. La citazione tratta da Ger 48,10, dove sono maledetti coloro che compiono l'opera di Dio con frode, fa intuire il nesso logico tra i due stati opposti. Egli pensa sicuramente a quel tentativo d'inganno con cui sacerdoti ledono i sovrani diritti di Dio perseguendo nel loro servizio sacrificale interessi umani. A costoro è diretto il terribile avvertimento del profeta Malachia (2,2): «Maledirò le vostre benedizioni».

Si noti come il Serafico Padre apra e chiuda un'ammonizione, in cui ricorrono accenti quasi minacciosi, con un richiamo a rientrare nel proprio cuore: «Recordamini, fratres mei sacerdotes» (v. 17: Opuscula, 142): «Ricordatevi, fratelli miei sacerdoti»

---

[29] Cf. CORNET, Le «De reverentia» 6 (1955) 81-83.

[30] Cf. TEODORICO DA CASTEL S. PIETRO, in: S. GAROFALO (ed.): La Sacra Bibbia, Il N.T., [Torino 1968], 689 ai vv. 26-31.

(v. 20: FF 219); nonché: «qui nolunt hoc ponere super cor»; «sacerdoti che non vorranno tenerlo presente nel loro cuore» (v. 20: Opuscula, 142; cf. v. 25: FF 219). Tutta la «Lettera», quindi, è un frutto mirabile di meditazione che promana dal cuore o centro di personalità del Poverello e mira, a sua volta, a suscitare la riflessione religiosa dei suoi fratelli.

4. Subito dopo risuona un altro appello di sapore profetico: «Audite, fratres mei»; «ascoltate, fratelli miei!» (v. 21: Opuscula, 143; cf. v. 26: FF 220). Così vien introdotto un procedimento logico chiamato *a fortiori*, composto – nel caso presente – di tre membri, con cui Francesco intende comprovare l'assoluta *necessità di santità sacerdotale*. Per la sua religiosità sono caratteristici i tre modelli che gli servono da punti di appoggio; prima di tutti Maria Santissima che «è così onorata, come è giusto, perché lo [Cristo] portò nel suo santissimo grembo» (v. 26: FF 220); poi, san Giovanni Battista, suo [S. 259] patrono di battesimo (2 C 3: FF 583), che «tremò e non osò toccare il capo santo di Dio»[31]; infine, il santo «sepolcro, nel quale Egli per qualche tempo giacque» (cf. v. 28: FF 220). Se la Beata Vergine, il capo e il sepolcro di Cristo giustamente sono molto venerati, con quanta più ragione è richiesta la disposizione di particolare dignità morale nei sacerdoti celebranti, poiché a loro è affidato l'ufficio di trattare con le loro mani, di ricevere «nel cuore e con la bocca» e d'offrire «agli altri perché lo ricevano» «Lui non già morituro, ma eternamente vivente e glorioso, Lui sul quale gli angeli desiderano volgere lo sguardo » (1 Pt 1,12; vv. 26-29: FF 220).

Sono senza dubbio degni di gran rilievo l'equilibrio e la profondità teologica, con cui il Poverello addita *Cristo glorioso* quale oggetto del mistero sacerdotale, senza, comunque, perdere di vista la sua correlazione al mistero dell'Incarnazione e Passione, come traspaiono nel suo ricordo sia della Madonna e di san Giovanni Battista, sia del Santo Sepolcro. Mi sembra poco probabile che il Santo, con l'accenno al Sepolcro di Cristo, ci abbìa lasciato una testimonianza autobiografica del suo pellegrinaggio in Terra Santa,[32] nel 1220. E' invece molto più verosimile un influsso della coeva interpretazione che la torre o pisside eucaristica sia un «nuovo sepolcro del corpo di Cristo»[33].

Merita attenta considerazione il *tertium comparationis* da cui il Poverello argomenta: se fu così santa, per una temporanea presenza del Verbo incarnato nel suo grembo, Maria; se, nonostante la sua vita austera, il Battista si reputò indegno di toccare per alcuni istanti il capo del Maestro; se il Santo Sepolcro gode tanta venerazione, a motivo del breve soggiorno della salma del Redentore in esso, quanto più eminente dovrà essere la santità dei sacerdoti che in modo abituale consacrano, consumano e distribuiscono il corpo eucaristico del Cristo immortale. Le tre situazioni da cui

---

31 Per un'eventuale fonte d'ispirazione cf. ESSER, Opuscula, 143 nota 40.

32 Cf. PIAT, St.-J.: Saint François d'Assise à la découverte du Christ pauvre et crucifié, Paris [1968], 185; cf. la mia rec., in: CFr 39 (1969) 434s e per la trad. italiana: BgFr. XIII, n. 665.

33 Cf. VAN DIJK, S. J. P. / WALKER, J. H.: The myth of the Aumbry. Notes on medieval reservation practice and Eucharistic devotion, London 1957, 28s, spec. la citazione a p. 29 nota 4. Non ho potuto consultare lo studio di CASPARY, H.: Kult und Aufbewahrung der Eucharistie in Italien vor dem Tridentinum, in: Archiv für Liturgiewissenschaft 9 (1965) 102-130. Si veda ora soprattutto: NUSSBAUM, O.: Die Aufbewahrung der Eucharistie, Bonn 1979 (Theophaneia, 29) 266-426 («Der Aufbewahrungsort»).

Francesco deduce come *a minore ad maius* si riferiscono, quindi, alle loro funzioni limitate nel tempo in ordine alla vita di Cristo, nonch al loro carattere di [S. 260] straordinaria santità o sacralità da cui risulta la congruenza di somma santità per coloro che sono destinati al suo servizio a vita.

5. Ricollegandosi con i temi precedenti e usando lo stesso tono caldo di esortazione biblica, Francesco prosegue: «Considerate la vostra *dignità*, fratelli (cf. 1 Cor 1,26) sacerdoti, e siate santi, perché egli è santo» (cf. Lv 19,2; cf. v. 30: FF 220; v. 23: Opuscula, 143). Al grado così elevato di onore che loro deriva dal proprio ministero deve corrispondere l'intensità del loro amore e rispetto per Cristo: «E come il Signore Iddio onorò voi sopra tutti gli uomini, a causa di questo ministero, così anche voi amatelo, riveritelo e onoratelo sopra tutti gli altri » (cf. v. 31: FF 22; SABATELLI, 111). A questo punto non è difficile cogliere quanto sia fondata la supposizione di p. Lorenzo C. Landini O.F.M.,[34] che l'assegnazione di un posto così rilevante di stima abbia contribuito non poco alla clericalizzazione della Fraternità minoritica.

6. Mentre il Poverello spiega il significato di amare e onorare Cristo eucaristico, ci dona, forse, la pagina letterariamente e spiritualmente più bella di tutti i suoi scritti. Ad ogni lettore salta agli occhi il latino forbito delle poche frasi in cui ricorre tutta una serie di concetti e immagini contrapposte in modo accentuato e dove la frequente rima imperfetta dell'assonanza tradisce la *vena poetica* dell'autore. E' innegabile che Francesco, mentre dettava in dialetto umbro la sua esortazione, usufruiva di un segretario oltremodo esperto nel voltarlo in latino. Più di qualsiasi altro documento degli scritti, il brano tradisce l'esperienza mistica del Serafico Padre, la sua visione dommatica di Cristo e il suo immenso amore per il mistero dell'Incarnazione e dell'Eucaristia.

Riappare, prima di tutto, l'esigenza di *libertà da intenti terreni*: «Gran miseria e miserevole infermità se, avendo Lui così presente, vi curaste di qualunque altra cosa che fosse nell'universo intero»! (cf. v. 32: FF 220; SABATELLI, 111). Passa, poi, ad esaltare l'esperienza di stupore e sgomento immensi davanti all'abbassamento del Verbo Incarnato quando si rende presente sotto le specie del pane e del vino: «Tutto l'uomo paventi, l'universo intero tremi e il cielo [S. 261] esulti, quando sull'altare nelle mani del sacerdote, c'è Cristo, Figlio del Dio vivo.»[35] Sorprende, qui e anche in frasi successive, l'insistenza con cui Francesco mette in luce la *divinità di Cristo*: «Christus, Filius Dei vivi» (Gv 11,27; v. 26: Opuscula, 144); «Deus et Dei Filius» (ivi). Questa osservazione – accertabile anche in numerosi altri passi dei suoi scritti – è in pieno contrasto con quanti continuano ad affermare che il Poverello si sia intenerito esclusivamente davanti alla vita terrena di Gesù. Al lettore non sfuggiranno né l'esperienza degli aspetti numinosi o tremendi del mistero eucaristico, né il suo carattere universale che tende a coinvolgere tutto l'uomo e l'intero universo.

---

[34] The causes of the clericalization of the Order of Friars Minor, 1209-1260, in the light of early Franciscan sources, Chicago 1968, 54s.

[35] Cf. Gv 11,27; FF 26: Opuscula, 144; v. 33: FF 221; SABATELLI, 111; GUERRA, 66.

7. Dopo queste premesse, l'attenzione principale si sposta sulla *umiltà del Cristo eucaristico* e sull'esigenza che i ministri vi si conformino. Le esclamazioni di stupore del mistico si susseguono con un ritmo serrato, quasi in forma litanica di antitesi: «O ammirabile altezza e degnazione stupenda! O umiltà sublime! O sublimità umile, che il Signore dell'universo, Dio e Figlio di Dio, così si umìli da nascondersi, per la nostra salvezza, in poca apparenza di pane!» (v. 34-35: FF 221). Il tema dominante di questa meditazione innica costituisce l'infinita tensione tra grandezza divina ed impotenza creaturale che il Verbo incarnato, con incomprensibile «umiltà», sorpassa ogniqualvolta si rende presente sotto le specie poco appariscenti di pane e vino per le parole del sacerdote consacrante. C'è appena bisogno d'accennare al concetto assai più profondo d'umiltà, d'ispirazione paolina (cf. Fil 2,6-8) e patristica,[36] qui soggiacente. Quando l'incommensurabile grandezza del Verbo incarnato per puro amore discende con l'Incarnazione al livello dell'indigenza umana, è assolutamente incongruo voler applicarvi un concetto di umiltà, elaborato durante la Scolastica, come moderazione dell'innata tendenza nell'uomo alla grandezza.[37]

Francesco non manca di tirare le conseguenze spirituali che derivano per i sacerdoti dalla precedente meditazione: «Considerate, fra- [S. 262] telli, l'umiltà di Dio, e "effondete davanti a lui i vostri cuori" (Sl 61,9); *umiliatevi anche voi*, perché siate esaltati da lui (cf. 1 Pt 5,6; Gc 4,10)» (cf. v. 36: FF 221; SABATELLI, 112). Per i «fratelli sacerdoti», la celebrazione eucaristica deve divenire scuola permanente dove apprendono da Cristo stesso la minorità, caratteristica fondamentale della Fraternità evangelica. Requisito essenziale perché vi pervengano è lo sguardo contemplativo rivolto alla sacra azione e l'apertura del cuore al suo intimo significato. L'ammonizione – pregna di spirito biblico – svela la fonte da cui è scaturita: la parola divina affettuosamente ruminata.

8. Il Poverello conclude l'esortazione con una richiesta che fa emergere ancor più chiaramente il suo carisma speciale: «*Nulla*, dunque, di voi, *tenete per voi*, affinché vi accolga tutti Colui che a voi si dà tutto» (v. 37: FF 221). L'Eucaristia è – per natura sua – dono di Dio che l'uomo accoglie nella misura in cui, svuotandosi da ogni forma di possessivo attaccamento a sé e alle cose, si affida totalmente al Donatore. Il Frate Minore è beato quando non trattiene niente per sé (Ammon. XI, 4: FF 160), vivendo in «altissima povertà», interiormente ed esteriormente, nonché realizzando la minorità nell'essere disponibile verso tutti, sull'esempio di Cristo eucaristico. Qui si coglie agevolmente l'angolazione particolare della devozione eucaristica di san Francesco.

---

[36] Cf. la bibliog. ed alcune annotazioni nel mio studio: Die Stellung Christi im Beten des hl. Franziskus von Assisi, in: WiWei 25 (1962) 128-145, 188-212, spec. 194. – Per altra bibliog. sul mistero eucharistico secondo lo spirito religioso del Poverello, cf. SCHLAURI, I.: Saint François et la Bible. Essai bibliographique de sa spiritualité évangélique, in: CFr 40 (1970) 365-437, 425s; ESSER, K.: «Missarum sacramenta». (La dottrina eucaristica di S. Francesco d'Assisi), in: IDEM: Temi spirituali, Milano ^{2}1973, 231-284. Cf. anche sopra, nota 24.

[37] Cf. ROSSI, G.: Umiltà, in: Dizionario enciclopedico di Teologia morale, [Roma 1973], 1118a-1122b, 1121a.

V – «Una sola messa al giorno» (vv. 38-42: FF 222-223)

1. Tra tutti i passi degli «Opuscoli», nessuno – e da secoli – è stato più dibattutto di queste poche frasi sull'unica messa della fraternità locale degli inizi. Il motivo storico della fin troppo eccessiva attenzione data a questo testo deriva dal fatto che, nel 1531, Filippo Melanchthon (1497-1560), nella sua opera «Apologia»[38] aveva [S. 263] sostenuto la tesi dell'opposizione di san Francesco alla legittimità dommatica della *messa «privata»*. Parecchi studiosi si sono occupati recentemente delle motivazioni storiche per cui, oltre alla messa comunitaria o conventuale, sono sorte negli ambienti monastici le messe private. Così il prof. Otto Nußbaum, nella sua dissertazione del 1961, e p. Angelo Alberto Häußling O.S.B. in un ampio studio del 1973[39] pervennero a dei risultati abbastanza contrastanti. In questa sede, comunque, interessa soprattutto il fatto accertato che, presso i monaci-sacerdoti, «la Messa privata quotidiana diventò un uso quasi generale. Entro breve tempo i sacerdoti diocesani seguirono l'esempio di questi monaci»[40]. Per il Duecento, poi, c'è da tener presente un sensibile aumento di messe votive per intenzioni specifiche, di quelle in onore dei santi o in suffragio per i defunti, le quali, a loro volta, contribuirono ad accrescere sensibilmente il numero delle «oblationes speciales» o stipendi di messe, del clero, delle celebrazioni singole e degli altari laterali.[41]

2. Sullo sfondo di questi dati incontestabili vanno lette le parole del Poverello, se non vogliamo correre il rischio di travisarne completamente il senso. «Ammonisco e esorto, perciò, nel Signore» (cf. v. 38: FF 222): si tratta, quindi, non di una prescrizione vera e propria, ma di un *intimo desiderio* che il Santo esprime con il consueto ricorso all'autorità del Signore di cui egli si sa l'inviato e il depositario. Con il mezzo letterario che gli è familiare in tutti i suoi scritti, Francesco rafforza l'idea enunciata ripetendola con due sinonimi. Da notare anche la congiunzione causale «propterea» – dal traduttore italiano delle *FF* inspiegabilmente tralasciata! –, con cui il Serafico Padre intende allacciare idealmente l'oggetto dell'esortazione ai ragionamenti precedenti che possono considerarsi come motivazione di ciò che seguirà.

L'ammonizione stessa riguarda *tutti «i luoghi* in cui dimorano i frati»; ciò suppone, ovviamente, uno stadio d'evoluzione in cui la convivenza in dimore stabili sembra essersi sostituita alla predicazione itinerante dei primi frati. Nei romitori primitivi dovevano essere riuniti non di rado più «fratelli sacerdoti»; altrimenti sarebbe [S. 264]

---

[38] Cf. ISERLOH, E.: Die Eucharistie in der Darstellung des Johannes Eck. Ein Beitrag zur vortridentinischen Kontroverstheologie über das Meßopfer, Münster 1950, 209-228; sull'inciso in questione cf. i seguenti studi: DAUSEND, H.: Die Brüder dürfen in ihren Niederlassungen täglich nur eine hl. Messe lesen. Eine Weisung des hl. Franziskus nach deutschen Erklärern, in: FrSt 13 (1926) 207-212 (su Melanchthon ivi, 208); OCTAVE D'ANGERS: La Messe publique et privée dans la piété de saint François, in: EtFr 49 (1937) 475-486; VAN DIJK / WALKER, The origins of the modem Roman liturgy (cf. supra, nota 6), 51s, 237, 292s, 297; VAN DIJK, Ursprung und Inhalt der franziskanischen Liturgie (sopra, nota 8) 192-194, dove s'incontrano elementi della pratica contemporanea degni di nota.

[39] Sono segnalati sopra, nota 27.

[40] Cf. KLAUSER, Liturgia della Chiesa occidentale, 141.

[41] JUNGMANN, Missarum Sollemnia I, 188-190. Cf. anche sopra, nota 28.

stata priva di fondamento reale un'ammonizione di celebrarvi «una sola messa al giorno, secondo la forma della santa Chiesa». Per poter avanzare una richiesta simile è da supporre l'esistenza di chiesine o oratori (Test 28-29: FF 122) accanto ai luoghi minoritici; inoltre è da ammettere già avvenuta la concessione pontificia di altari portatili, come si verificò con la bolla di Onorio III del 3 dicembre 1224.[42]

Il santo Fondatore auspica che *uno dei fratelli sacerdoti* presenti nel romitorio celebri ogni giorno, e solo lui, sull'unico altare della chiesina la messa, alla stregua della «missa conventualis» nei monasteri. Il complemento modale «secundum formam sanctae Ecclesiae» (v. 30: Opuscula, 145) sembra riferirsi alla Chiesa romana, e più esattamente, alla Curia pontificia, anche se questa precisazione nel testo manca. Va, tuttavia, chiarito quali elementi esattamente comprendeva l'obbligo dei frati di conformarsi al rito della cappella pontificia. E' da escludere che il Santo volesse motivare l'esortazione all'unica messa con un'eventuale pratica in uso nella Curia del papa. Nelle fonti tramandateci almeno difetta qualsiasi notizia che confermi una simile ipotesi avanzata gratuitamente da p. O. Bonmann O.F.M.[43] In una epoca di pluralismo liturgico, il Poverello richiede che il fratello sacerdote, nel celebrare l'unica messa comunitaria, si adegui al rito della Curia romana.

3. Con la frase seguente, Francesco specifica ulteriormente il *motivo dell'unica celebrazione* eucaristica ed accenna ad un tentativo di fondarla teologicamente: «Se poi nel luogo si troveranno più sacerdoti, l'uno per amore di carità si contenti, di aver ascoltata la celebrazione dell'altro sacerdote, poiché il Signore Gesù Cristo riempie presenti e assenti, che sono degni di Lui» (cf. vv. 39-40: FF 223). Il Serafico Padre non prevede una specie di concelebrazione dei vari «fratelli [S. 265] sacerdoti»; né quella cerimoniale con la partecipazione in sacri paramenti ad alcuni riti, escluso sempre il canone; né tanto meno quella sacramentale in uso nell'ordinazione dei vescovi o sacerdoti e, a Roma fino al secolo XII°, tra il Sommo Pontefice ed altri sacerdoti.[44]

---

42 Cf. sopra, nota 7.

43 Die Schriften des heiligen Franziskus von Assisi. Ins Deutsche übertragen, Freiburg 1940, 111. Cf. VAN DIJK, Ursprung und Inhalt der franziskanischen Liturgie, 192: «Wir haben keinen positiven Beweis dafür, daß zur Zeit des Innozenz in der päpstlichen Kapelle Privatmessen gelesen wurden. Sein Ordinarium, das Brevier des hl. Franziskus und das sogenannte Brevier der hl. Klara erwähnen nichts davon». L'A. ritiene, tuttavia, che il termine modale: «secundum formam sanctae Ecclesiae» (Opuscula, 145) vada probabilmente interpretato «secondo la Chiesa romana, cioè della Curia Romana» (192). San Francesco, forse, ha sentito della rubrica del Messale di Onorio III: «Sed si sunt plures sacerdotes in loco, secrete possunt cantare missam quam volunt» (192s).

44 Cf., tra altri studi, CORNIDES, A.: Concelebration, in: New Catholic Encyclopedia IV, New York [1967], 103-105; JOUNEL, P.: La concelebrazione. Rito e commento della concelebrazione e della comunione sotto le due specie, Roma 1967, 5-73 sulla storia della prassi; cf. Ephemerides Liturgicae 82 (1968) 153; GRÉGOIRE, R.: La communion des moines-prêtres à la messe d'après les coutumiers monastiques médiévaux, in: Sacris Erudiri 18 (1967-68) 524-549; DEKKERS, E.: La concélébration. Tradition ou nouveauté?, in: Mélanges liturgiques offerts au R. P. Dom Bernard BOTTE, Louvain 1972, 99-120; per la legislazione attuale cf. MISTRORIGO, A.: Dizionario liturgico-pastorale dai documenti del Concilio Vaticano II e dagli altri documenti ufficiali fino al 1977, Padova [1977], 977-988. Sulla questione – dibattuta anche nell'aula del Concilio Vaticano II –, se per l'essenza della concelebrazione sacramentale è richiesto il pronunciare delle parole della consacrazione dei consacranti o meno, cf. JUNGMANN, J. A.: Constitutio de Sacra Liturgia. Konstitution über die heilige Liturgie. Einleitung und Kommentar, in: Das

Dopo reciproco colloquio tra i «fratelli sacerdoti» presenti nel luogo rispettivo, uno celebrava la messa secondo il rito della Curia romana, mentre gli altri vi rinunciarono «per amorem caritatis» (v. 31: Opuscula, 145); cioè per un intenso amore soprannaturale che, in ultima analisi, è radicato nella carità in persona che è Dio,[45] assistendo all'unica messa della fraternità non diversamente dai «fratelli semplici» del luogo.

4. L'analisi della *motivazione teologica* della restrizione liturgica richiede un po' d'intuizione per comprenderla. Il Verbo incarnato – così mi sembra voglia dire Francesco – non è legato neanche alla sua presenza eucaristica nel distribuire i suoi doni, poiché è in grado di conferirli sia a coloro che partecipano al sacrificio eucaristico, sia a quelli che, senza colpa, devono essere assenti da esso, purché li meritino con disposizioni giuste. Con la frase successiva il Poverello chiarisce il suo ragionamento, avendo davanti agli occhi l'obiezione dei catari i quali, con sferzante scherno, avevano detto: «Il corpo di Cristo sarebbe consumato già da tempo, anche se avesse l'estensione di una montagna»[46]. Contro costoro afferma: la presenza moltiplicata di Cristo eucaristico in diversi luoghi né lo scinde né lo riduce, ma egli rimane sempre lo stesso nella sua piena individua- [S. 266] lità ed integrità, come, del resto, opera tutto quello che fa, nel tempo e nell'eternità, in intima unione con il Padre e lo Spirito Santo.

Non si può lealmente asserire che le ragioni addotte dal Santo siano probative per l'esigenza di un'unica messa al giorno. Anzi, nella seconda parte della motivazione, Francesco dimostra piuttosto la legittimità teologica di molteplici celebrazioni. Con il primo ragionamento, probabilmente, voleva dire che Cristo è pienamente libero di comunicare la grazia ai partecipanti alla celebrazione eucaristica, indipendentemente dal fatto che uno la compia sacramentalmente nella funzione di sacerdote, o che vi assista con viva fede ed intenso amore da semplice fedele. Se il mio tentativo di ricostruzione filologica raggiunge effettivamente gli intenti del Serafico Padre, è innegabile un certo pericolo che egli sottovaluti un tantino l'azione sacramentale del sacerdote.

5. La congiunzione conclusiva *«propterea»* che introduce il paragrafo, coordina la disposizione sull'unica messa con il testo immediatamente precedente. E', perciò, inammissibile che molti autori occupandosi di questo brano discusso limitino la loro attenzione unicamente a queste poche righe. Parecchi studiosi – come p. e. p. Ilarino Felder O.F.M.Cap. e p. Paolo Browe S.I.[47] – credevano di poter spiegare la restrizione

---

zweite Vatikanische Konzil. Konstitutionen, Dekrete und Erklärungen. Lateinisch und deutsch. Kommentare, Teil I, Freiburg 1966, 59-61, dove è indicata altra bibliog.

45 4 Cf. GODET, J.-F. / MAILLEUX, G.: Opuscula sancti Francisci. Scripta sanctae Clarae. Concordance, Index, Listes de fréquence, Tables comparatives, Louvain 1976, 67s.

46 BORST, A.: Die Katharer, Stuttgart 1953, 217 nota 14.

47 FELDER, H.: Die Ideale des hl. Franziskus von Assisi, Paderborn ^{6}1951, 42 nota 1; BROWE, Die häufige Kommunion (sopra, nota 26) 79s: «Der Grund, warum der Heilige seine Priester ermahnte, nicht so oft zu zelebrieren, erklärt sich leicht aus den Anschauungen, die seine Zeit über die häufige Kommunion hatte. Man fürchtete, die öftere oder tägliche Zelebration könne die Ehrfurcht vor dem großen Geheimnis mindern; je scheuer und seltener man sich ihm nahe, meinte man, desto inniger werde die Verehrung sein und bleiben». L'A. ammette, comunque, l'influsso di abusi di celebrazioni eucaristiche per avidità (80). Ne riferisce ISERLOH, Johannes Eck (sopra, nota 38) 212s.

suddetta con lo spirito di straordinaria *umiltà e riverenza* verso il Santissimo in Francesco; un atteggiamento che, da una pluralità di celebrazioni eucaristiche nello stesso giorno, egli credeva messo in serio pericolo. Se si tien conto di tutto il contesto della «Lettera» non si può negare una parte di fondatezza di questa supposizione, mentre esiterei molto a qualificarla esauriente.

Altri, come p. e. p. Octave d'Angers O.F.M.Cap. e il prof. Erwin Iserloh,[48] – partendo dall'inciso «per amorem caritatis» del testo – sostengono nel Poverello la presenza di «una viva consapevolezza che [S. 267] la *comunità dei fratelli* uniti nell'amore tragga la sua forza dall'*unico sacrificio* di Gesù Cristo e che l'unità del sacrificio e dell'assemblea offerente trovi la sua espressione particolarmente chiara nell'unica celebrazione»[49]. Dopo ripetute letture della «Lettera», non vedo, sinceramente, su quale fondamento si basi una ricostruzione simile. Temo che questi autori abbiano ampliato ingiustificatamente il senso del complemento causale: «per amore di carità», proiettando in esso idee paleocristiane che, solo in tempo recente, sono risalite nella coscienza della Chiesa occidentale. Almeno dall'esame filologico di ogni singola frase non mi sono risultati elementi che convalidassero questa tesi. Il richiamo – duplicato nella parola – alla carità si riferisce unicamente alla disponibilità di singoli «fratelli sacerdoti» a rinunciare alla celebrazione individuale.

6. Durante il mio commento alle parti precedenti, più volte, ho rilevato l'insistente appello di Francesco ai «fratelli sacerdoti» che, nella celebrazione eucaristica, si liberino da *considerazioni terrene*, come risulta soprattutto dall'invito: «puri pure faciant cum reverentia verum sacrificium sanctissimi corporis et sanguinis Domini nostri Iesu Christi, sancta intentione et munda, non pro illa terrena re neque timore vel amore alicuius hominis, quasi placentes hominibus» (n. 14: Opuscula, 140s). Per me non sussistono più dubbi che il nesso causale del «propterea» non si riferisca a quest'ammonizione la quale, letta con gli occhi rivolti a certi abusi dell'epoca, intende escludere, sotto ogni forma, le «oblationes speciales» o gli stipendi delle messe, affinché non venga compromessa «l'eccellenza dell'altissima povertà» (Rb 6,5: FF 90). Onde il motivo principale, per cui il Serafico Padre pregò i frati che nei luoghi fosse celebrata una sola messa al giorno, fu sicuramente l'intento di salvaguardare il vivere evangelico «senza nulla di proprio» (Rb 1,2: FF 75) e il divieto assoluto di ricevere «in nessun modo ... denari o pecunia direttamente o per interposta persona» (Rb 4,2: FF 87).

E' molto significativo che Alvaro Pelayo O.Min. († 1349), nato ancor durante il secolo di Francesco (verso il 1275/1280), propose esattamente questa interpretazione del brano nel suo famosissimo scritto: «De planctu Ecclesiae»[50]. Dopo aver rilevato che alla sua [S. 268] epoca si dicevano tante messe, solo a motivo di lucro («Missae quasi quaestuariae») soggiunge: «Unde et almus Franciscus voluit quod in quocunque loco Fratres contenti essent una missa, praesciens fratres se velle iustificare per missas, et ad quaestum eas reducere, sicut videmus hodie fieri. Unde et dicebat quod una missa

[48] Cf. OCTAVE D'ANGERS, La Messe publique (sopra, nota 38) 483; ISERLOH, Johannas Eck, 213s.

[49] ISERLOH, ivi, 214.

[50] Lib. 2, c. 5, Venetiis 1560, f. 14vb. La citazione da ISERLOH, 213 nota 95, va parzialmente corretta e completata.

caelum et terram implebat». Esattamente così hanno compresa la disposizione del Serafico Padre i *primi Cappuccini*, quando nelle ordinazioni del Capitolo di Albacina (1529) stabilirono «che si dica solum una messa in chiesa per consuetudine, secondo l'usanza dell'Ordine»[51]. Tra gli autori che in tempi recenti hanno commentato questo testo, optarono più decisamente per questa interpretazione il p. Stefano J. P. van Dijk O.F.M. e J. Hazelden Walker.[52]

7. Ritengo doveroso accennare, almeno brevissimamente, al fatto che questo accorato invito – da rilevare ancor una volta che non si trattò di una prescrizione di valore giuridicamente vincolante, ma di un ardente desiderio! – non trovò un'*eco* favorevole *nell'ambito dell'Ordine*. Pochi anni dalla scomparsa del Santo, la messa privata divenne sempre più abituale. Ne costituisce la prima eloquente testimonianza una rubrica del Messale secondo la Regola bollata, dove, a distanza di appena 4 anni dalla morte del Fondatore, è sancito: «Sed si sunt plures sacerdotes in loco, secrete possunt cantare missam quam volunt.»[53] Un'ulteriore evidente conferma di questa evoluzione rappresenta il fatto che il quarto successore di Francesco, Aimone da Faversham (1240-44), nel 1243 presentò al Capitolo generale di Bologna l'«Ordinale "Indutus planeta"», con cui definì sia le azioni che le parole della messa privata in conformità con il rito della Curia romana. Questo cerimoniale ebbe una fortuna senza pari, in quanto s'impose un po' universalmente, facendo dimenticare altre consimili compilazioni.[54]

8. Prima di concludere l'esame di questo interessante passo della «Lettera» si pone spontaneamente la domanda, se *Francesco* sia stato il *primo e l'unico Fondatore* ad emanare una simile disposizione. Senza voler affermare una dipendenza diretta, si può rilevare il rigore dei *Certosini*. All'inizio della riforma monastica non solo non celebrarono ogni giorno la messa conventuale, ma ancor nel secolo XII° permisero ai sacerdoti solo in casi rari di dire la messa ogni giorno. Veramente significativo è il motivo che ne adduce Pietro da Blois († ca. 1204): «Raro quippe hic missa canitur, quoniam praecipue studium et propositum nostrum est silentio et solitudini cellae vacare ...».[55]

Forse ancor più vicine, tanto nello spirito quanto nella pratica, alla «Lettera» di Francesco giudicherei due ordinazioni delle Costituzioni che *Alberto da Morra*, il futuro

---

51 Cf. Constitutioni delli Frati Minori detti della vita heremitica. Le prime Constitutioni della Congregatione Capuccina, n. VI: MELCHIOR A POBLADURA O.F.M.Cap. (ed.): Matthias a Salò O.F.M.Cap., Historia capuccina, pars prima, Romae 1946, 160, o in: ItFr 53 (1978) 11s. Cf. SCHMUCKI, O.: La figura di san Francesco nelle prime Costituzioni cappuccine, in: La vita dei Frati Cappuccini ripensata nel 450° anniversario della loro riforma, Roma 1978, 87-116, 97s.

52 The origins of the modern Roman liturgy (sopra, nota 6) 51s; VAN DIJK, Ursprung und Inhalt der franziskanischen Liturgie, (sopra, nota 8) 192-194. Alcuni ragionamenti dell'A. mi sembrano privi di fondamento storico e sembrano risalire al suo atteggiamento – anche altrove presente – di subodorare dovunque presunti conflitti con l'autorità della Chiesa.

53 Cf. VAN DIJK / WALKER, ibid., 292.

54 Ivi, 292-301; si veda anche in KLAUSER, Liturgia (sopra, nota 27) 142s.

55 Cf. *Consuetudines D. Guigonis*, e. 14, n. 5: PL 153, 659; cf. NUSSBAUM, Priestermönche (sopra, nota 27) 15 nota 7.

papa Gregorio VIII (21 ottobre-17 dicembre 1187), nel 1186 diede ai Canonici regolari agostiniani di S. Andrea di Benevento e della Ssma Trinità di Palazzolo: «Nullus inter vos missarum appetat sollemnia frequentare, sed unicuique satis sit, excepto hebdomodario, si semel in septimana licentiam accipiat celebrandi. Si sane accipere voluerit eucharistiam, de manu poterit recipere celebrantis». Per fondare questa restrizione, l'autore degli statuti si richiama all'esortazione di san Paolo in 1 Cor 11,28 e 29.[56]

In perfetta sintonia con gli intenti di san Francesco, questi statuti canonicali proibiscono l'accettazione di offerte per le messe. Circa 40 anni prima del Poverello, Alberto da Morra stabilisce:[57] «Si quis ad quemquam fratrum accesserit et porrecta oblatione missam ab eo pro qualicumque necessitate sua sive suorum petierit celebrari, non admittatur eius petitio, ne sub temporali mercede poni communio sacra putetur; significetur autem priori desiderium eius de habenda oratione fratrum, et ille pro ipso denuntiet omnipotentis Dei misericordiam exorandam». Senza pretendere che il Serafico Padre abbia attinto a questa fonte per la sua esortazione,[58] è, tuttavia, [S. 270] importante rilevare che la limitazione non costituisca una specie di isola in mezzo all'oceano di pratiche assai differenti. Che un futuro Papa, con un programma ambizioso di riforma ecclesiastica, lo abbia preceduto dimostra che il Santo d'Assisi si trova in buona compagnia ...

VI – «Ho peccato molto per mia grave colpa» (vv. 48-50: FF 226)

1. Da un'esigenza di connessione logica delle idee riesce effettivamente difficile capire perché Francesco, dopo aver esortato i suoi frati al rispetto particolare della parola divina (III), passi con assoluta immediatezza a una confessione pubblica dei suoi peccati. La motivazione per cui compie questo gesto non si spiega esclusivamente per lo spiccato *senso della propria indegnità* («Io, frate Francesco, uomo inutile e indegna creatura del Signore Iddio»: v. 58: FF 231); né si ricollega unicamente alla sua continua premura di mantenere un'assoluta trasparenza spirituale, come attestano i primi compagni: «L'aspirazione più alta e dominante di Francesco fu quella di non essere mai ipocrita davanti a Dio».[59] Questo comportamento di uno stato quasi permanente di confessione nei suoi scritti corrisponde ad una specie di procedimento letterario con un fine pedagogico: prima di richiamare i suoi figli ai relativi doveri assunti con la

---

56 § 29: KEHR, P.: Papst Gregor VIII. als Ordensgründer, in: Miscellanea Francesco Ehrle. Album II, Rom 1924, 248-275, 272.

57 § 30: KEHR, 273.

58 Poiché la Congregazione dei canonici di S. Agostino praticamente rimase limitata alla città di Benevento e, a motivo della prematura morte del Fondatore come Sommo Pontefice, non ebbe possibilità d'imporsi all'attenzione della Chiesa (KEHR, ivi, 263-266), non mi sembra verosimile la supposizione di VAN DIJK, Ursprung und Inhalt, 193, che Francesco abbia conosciuto questa Regola dagli eremi della Congregazione in Toscana e Umbria.

59 Per 41: FF, 1206, n. 1589; cf. anche ivi, 40: 1205, n. 1288.

promessa della vita evangelica,[60] egli riconosce la propria limitatezza o rinnova l'impegno di vivere esemplarmente ciò che chiederà agli altri.

2. Nella formula di confessione contenuta nella «Epistola», ogni lettore avverte immediatamente il suo *carattere trinitario*: «Confesso, inoltre, al Signore[61] Dio Padre e al Figlio e allo Spirito Santo» (v. 48: FF 226). Si avverte l'influsso sia della pietà dell'epoca carolingia sia della poesia provenzale. Infatti il Poverello si rivolge alle tre Persone divine, senza menzionare il ruolo intratrinitario o la missione storico-salvifica di ognuna e senza accennare alla successione «per Iesum Christum ..., in unitate Spiritus Sancti», tipica della preghiera [S. 271] liturgica del primo millennio.[62] Per quanto siano accessibili testi coevi di «Confiteor», sembra che il Santo, qui, si sia ispirato al rito della confessione nella Prima e nella Compieta dell'Ufficio divino.[63] Molto interessante è l'evidente, benché parziale coincidenza con il «Confiteor» che vien tramandato dal «Breviario di san Francesco». Alla Prima, dopo le preci, si recitava: «Confiteor Deo omnipotenti Patri et Filio et Spiritui Sancto, et beatae Mariae semper virgini, et omnibus Sanctis, et omnibus fratribus, omnia peccata mea: mea culpa, mea maxima culpa. Ideo precor beatam Mariam semper virginem, et omnes Sanctos et Sanctas Dei, et vos, fratres, ut oretis pro me».[64]

3. E' palese il parallelismo tra le due formule riguardo alla menzione di *tutti Santi*; e ciò vale soprattutto per la «Beata Maria sempre Vergine», il cui ricordo, nel «Confiteor», risale alla pietà mariana di san Bernardo di Chiaravalle.[65] La intemerata virginità della Madonna è uno degli attributi che il Poverello – dopo la divina maternità – esalta più frequentemente nei suoi scritti.[66] Francesco si stacca, invece, dal suo esempio, quando indirizza la confessione «a tutti i santi in cielo e in terra», pensando, probabilmente –

---

60 Cf., p. e., Test 1-4: FF 110; ivi, vv. 33-39: FF 124-126.

61 L'appellativo «Dominus», qui, va inserito secondo l'ed. critica di ESSER, v. 38: Opuscula, 146.

62 Cf. JUNGMANN, Missarum Sollemnia I (sopra, nota 26) 307-311; SCHMUCKI, Stellung Christi (sopra, nota 36) 132s.

63 Cf. JUNGMANN, ivi I, 248s; SCHMUCKI, ivi, 133. Per un «Confiteor» di un Pontificale di Poitiers dell IX° secolo cf. ancora da JUNGMANN, ivi, 249 nota 25. Cf. anche ISABELL, L. D.: The practice and meaning of Confession in the primitive Franciscan Community according to the writings of Saint Francis of Assisi and Thomas of Celano, Assisi 1973, 119-121. «According to the information he [S. J. P. van Dijk] communicated to me personally the *confiteor* in the letter [ad Capitulum] "opens ... with the words of the *Confiteor* as he (Francis) had learnt it as a boy from the canons of San Rufino"» (120). Poiché non vien fornita la base documentaria per quest'affermazione non mi pare possibile fondarsi su questa comunicazione epistolare dello studioso.

64 Cf. ABATE, G.: Il primitivo breviario francescano (1224-1227), in: MF 60 (1960) 47-240, 93 nota 16; cf. anche VAN DIJK †, St. J. P. (ed.): The Ordinal of the Papal Court from Innocent III to Boniface VIII and related documents, Fribourg/Switzerland 1975, 498b, dove è riprodotto un testo leggermente diverso.

65 Cf. JUNGMANN, Missarum Sollemnia I (sopra, nota 26) 249.

66 Cf. GODET / MAILLEUX, Opuscula S. Francisci (sopra, nota 45) 153 e 239; mi sia consentito di rinviare i lettori al mio saggio: De seraphici Patris Francisci habitudine erga beatissimam Virginem Mariam, in: MELCHIOR A POBLADURA (ed.): Regina immaculata, Romae 1955 (Bibliotheca Seraphico-Capuccina, 15) 15-47, spec. 17.

oltre ai cristiani glorificati in paradiso – ai fedeli di eroica santità viventi sulla terra.[67] E' molto significativo e tipico della sua religiosità «corale» [S. 272] che egli intende compiere la sua confessione al cospetto dello stuolo sterminato di tutti i santi, poiché gli rievocano la gloria e la santità di coloro che, con la grazia divina, hanno superato la forza distruggitrice del peccato.[68]

4. Il «Confiteor» francescano non si scosta nemmeno dalla formula liturgica nel fatto che si presenti come un *dialogo orante* con una pluralità di fratelli che gli sono conosciuti. Il suo senso di concretezza evita, comunque, la formula puramente rituale, specificando gli interlocutori secondo le varie categorie da cui la fraternità minoritica è composta. Spicca di nuovo (1, 2) il nome di vicario generale «fratello Elia», a cui si rivolge nella sua funzione di «ministro generale» e come suo «signore degno dì venerazione». Il Poverello considera, quindi, Elia d'Assisi – dopo la prematura morte di Pietro Cattani (1221) – suo supremo superiore; in lui venera il Signore Gesù Cristo al quale rivolge in primo luogo la sua confessione.[69] Confessa, poi, tutti i suoi peccati davanti a tutti gli altri fratelli dell'Ordine: «a tutti i sacerdoti dell'Ordine, e agli altri miei fratelli benedetti» (v. 48: FF 226). Da rilevare come il Fondatore riferisca l'attributo di speciale predilezione di «benedetti» [da Dio] solo ai fratelli laici; ciò sicuramente a motivo della loro vocazione divina a una vita d'umiltà, di attività umbratile e preghiera vicaria.[70]

5. Merita un'attenzione speciale ciò di cui il santo pubblicamente si accusa. Mentre nel «Confiteor» del «Breviario» la confessione si limita ad un *oggetto* generale, passando dal riconoscere «omnia mea peccata» all'insistente proclamazione: «mea culpa, mea maxima culpa»[71], Francesco precisa: «Ho peccato molto per mia grave colpa, specialmente perché non ho osservato la *Regola* che promisi al Signore, né ho detto *l'ufficio* come la Regola prescrive ...» (vv. 49-50: FF 226). Da notare subito che il Poverello, senz'ombra di dubbio, è [S. 273] convinto che, dalla professione minoritica, compiuta nelle mani del superiore,[72] scaturiscono dei doveri che onerano la coscienza del professo sotto peccato (cf. VII).

6. E' molto arduo voler valutare compiutamente il contenuto reale nelle accuse che il Santo – a distanza ravvicinata dal suo trapasso – si rivolse. Dal suo profilo spirituale

---

67 Mi sembra meno probabile, che Francesco qui intendesse conformarsi all'uso di san Paolo quando parla dei cristiani come «santi per vocazione», p. e. Rm 1,7.

68 JUNGMANN, ivi I, 250.

69 Cf. SCHMITT, I vicari dell'Ordine francescano, cit. in nota 11.

70 Cf. Per 71: FF 1624s; cf. SCHMUCKI, O.: Luogo di preghiera, eremo, solitudine. Concetti e realizzazioni in S. Francesco d'Assisi, in: Studi e Ricerche Franc. 7 (1978) 29-53, spec. 37s.

71 ABATE, Il primitivo breviario (sopra, nota 64) 93 nota 16. ISABELL, The practice (sopra, nota 63) 121 osserva giustamente che Francesco non chiede esplicitamente il perdono, ma riconosce di fronte ai confratelli la sua colpevolezza; la sua soddisfazione, invece, consiste nell'impegno di operare meglio in futuro.

72 Cf. LÀZARO [IRIARTE] DE ASPURZ: El rito de la profesión en la Orden Franciscana. Apuntes históricos, in: Laur 8 (1967) 178-212; o IDEM: Il rito della professione nell'Ordine francescano, in: StFr 66 (1969) 245-268.

come esso emerge dalle fonti – sia da quelle a carattere autobiografico, negli «Opuscoli», sia da quelle degli antichi biografi – pare doversi escludere una specie di scrupolosità morbosa, la quale, per ipersensibilità, gli avrebbe fatto scorgere colpe mai commesse o avvertite come peccati gravi mancanze che furono sicuramente lievi.[73] Nei *mistici*, tuttavia, non si potrà mai trascurare l'intensissimo grado con cui percepiscono la *trascendenza di Dio*; perciò cresce anche il senso correlativo di colpa, quando avvertono d'essere venuti meno all'ideale di santità morale. Rispecchia esattamente questo carattere relazionale di colpevolezza, quando Francesco alla domanda di fra Pacifico a Bovara presso Trevi (1213/14): «Cosa pensi di te stesso, fratello?», risponde: «Sono convinto di essere l'uomo più peccatore che esista nel mondo» (Per 23: FF 1570).

Osservati nello specchio della santità divina, certi suoi atteggiamenti gli dovevano apparire *trasgressioni* rilevanti *della Regola*. Questo soprattutto dopo la dimissione dall'effettivo governo della famiglia francescana, quando, sopraffatto dalla sua innata compassione per i poveri, spesso donava loro vestiti concessi espressamente a suo esclusivo uso da parte del guardiano personale.[74] Qualunque siano state le forme di violazioni delle promesse regolari che gli pesavano sull'anima, un elemento vien precisato dal testo stesso del «Confiteor». Francesco riconosce di non aver sempre attuato le prescrizioni della Regola riguardo alla recita dell'Ufficio divino;[75] anzi, [S. 274] indica tre circostanze concrete in cui si verificarono tali mancanze: «sia per negligenza sia a causa della mia infermità sia perché sono ignorante e incolto» (v. 50: FF 226).

7. Da quello che dalle fonti conosciamo del suo grado limitato di cultura,[76] del progressivo peggioramento di salute, a motivo della malaria cronicizzata, nonché del tracoma con la conseguente diminuzione di forza visiva,[77] e, finalmente, del carattere inadeguato e incompleto con cui il «Breviario di san Francesco» era rubricato,[78] non è difficile dare

---

73 Agli studiosi VAN DIJK / WALKER (The originis – come sopra, nota 6 –, 254-259) non può essere risparmiato il rimprovero di superficialità e di mancanza di rispetto nei confronti di un personaggio della grandezza storica di Francesco, per quanto scrivono in merito.

74 Cf., p. e., 1 C 76: FF 453; 2 C 83-92: 621-628.

75 Mi sia permesso di rinviare i lettori al mio saggio: Preghiera liturgica secondo l'esempio e l'insegnamento di san Francesco d'Assisi, Roma [1979], 3-17; a pag. 16-17 ho elencato le indagini più recenti, tra cui emergono indubbiamente quelle (più volte ricordate) del P. S. J. P. van Dijk, prematuramente scomparso l'8 marzo 1971; cf. CFr 46 (1976) 343-345. Cf., inoltre: MANNIE, St.: St. Francis and the Divine Office, in: Round Table of Franciscan Research 23 (1958) 5-16; 24 (1959) 28-34; HÄCKER, M. E.: Das Göttliche Offizium als Lebensäußerung der Kirche. (Testament des hl. Franziskus, Nr. 9), in: Geistliches Vermächtnis, Band 5, Werl/Westf. 1978 (Wandlung in Treue, 21), 50-67, dove si riscontrano imprecisioni storiche, mentre sono degni di nota alcuni consigli pratici per la celebrazione delle ore.

76 Cf. SCHMUCKI, O.: «Ignorans sum et idiota». Das Ausmaß der schulischen Bildung des hl. Franziskus von Assisi, in: Studia historico-ecclesiastica. Festgabe für Prof. Luchesius G. Spätling O.F.M., Rom 1977, 283-310.

77 Cf. IDEM, Le malattie di Francesco durante gli ultimi anni della sua vita, in: Francesco e francescanesimo dal 1216 al 1226 (sopra, nota 11) 315-362, dove ho segnalato la bibliog. precedente. E' ritornato a proporre la sua tesi sulla presunta tubercolosi, di san Francesco CIANCARELLI, S.: Le malattie di Francesco d'Assisi, in: Analecta T.O.R. 14/130 (1978) 273-293. Ritengo che lo storico, prima di formulare ipotesi, debba attenersi soprattutto alle indicazioni delle fonti antiche che parlano esplicitamente di «febris quartana».

78 VAN DIJK / WALKER, The origins (sopra, nota 6) 129-135 («The Breviary of St. Francis»), spec. 133s.

un significato concreto alle *cause scusanti* che il Poverello qui adduce. Una invincibile fiacchezza, la quasi-cecità e le frequenti perplessità per l'assenza di rubriche inequivocabili, dovettero rendergli spesso impossibile la recita delle ore liturgiche, negli ultimi anni della vita. Ma – anche dopo il 1220, quando passò a Pietro Cattani le redini –, sapendosi capo carismatico della fraternità, avvertì molto intensamente la responsabilità dell'essere lui espressione viva dell'ideale minoritico.[79] Questo spiega anche, perché gli gravasse enormemente l'impossibilità fisica di eseguire le prescrizioni circa l'ufficio divino, sebbene non mancò sicuramente tra i [S. 275] compagni più intimi chi lo abbia convinto del carattere puramente materiale dell'infrazione.

8. Come c'informa il *Testamento* (v. 29: FF 125), il Fondatore malato ricorse allora all'*aiuto di un confratello chierico* che, nel senso canonico dell'attributo, era costituito in un ordine maggiore o minore e, quindi, obbligato alle ore canoniche, e che fu, inoltre «clericus» nel senso culturale del termine, cioè sufficientemente istruito per poter leggergli ad alta voce le parti del Breviario che il Santo non sapeva a memoria. «E sebbene sia semplice ed infermo, tuttavia voglio sempre avere un chierico che mi reciti l'ufficio, così come è detto nella Regola».[80] E' commovente, come Francesco, giunto ormai alla sera della sua esistenza terrena, si riconosca non pienamente fedele all'ideale evangelico, davanti al Dio trino, a tutto l'immenso coro dei Santi e all'intera famiglia dei suoi fratelli e figli.

VII – «Osservare inviolabilmente la Regola» – «dire l'Ufficio con devozione davanti a Dio» (vv. 51-57: FF 227-230)

1. Il *nesso causale*, fortemente rimarcato: «Ideoque per omnia» – «E perciò, a causa di tutto questo ...» (v. 40: Opuscula, 147; SABATELLI, 113), svela il motivo che ha spinto il Fondatore a premettere un «Confiteor» alla pressante esortazione di osservare la Regola, e specialmente le prescrizioni circa le ore liturgiche. Di fronte alle sue trasgressioni, umilmente manifestate, anche i suoi figli si sentiranno animati ad ammettere i loro falli nell'impegno di attuare con maggiore coerenza le promesse religiose.

---

[79] Si veda, p. e., una delle testimonianze tipiche, riferita dalla cerchia dei primi compagni: «Una volta, notando come i frati già debordavano dai limiti della povertà e della discrezione sia nei cibi che nelle altre cose, disse ad alcuni, con l'intenzione di rivolgersi a tutti: "Non pensano i fratelli che al mio corpo sarebbe necessario un vitto speciale? Eppure, siccome devo essere modello ed esempio per tutti i fratelli, voglio che mi bastino alimenti da povero e oggetti grossolani ed esserne contento"» (Per 2: FF 1546); cf. altri testi simili da GODET, J.-F. / MAILLEUX, G.: Legenda seu Compilatio Perusina. Speculum Perfectionis. Concordance, Index, Listes de fréquence, Tables comparatives, Louvain-la-Neuve 1978, 135s («exemplum»), 151 («forma»).

[80] Cf. VAN DIJK / WALKER, ivi, 257: «Falling back on monastic customs, he [Francesco] asks for the privilege of having a cleric at his bedside. By setting such an example, he would make every excuse into a pretext, from whatever quarter it might come. Through lack of juridical sense and knowledge he was unaware that this way out was again open to discussion. Canon law did not require such a far-fetched solution, nor did the Rule to which he clung. And theologians agreed that by merely listening to the Office one did not fulfil the obligation».

Con tutto il peso della sua autorità morale, si rivolge, quindi, al «fratello Elia», immagine viva di Cristo nell'essere suo «signore»[81]; lo scongiura perché, nella sua qualità di vicario generale, procuri di «far osservare inviolabilmente da tutti la Regola» (v. 51: FF 227). La frase coordinata a questo accorato appello con l'abituale «et», [S. 276] rivela come Francesco, mentre dettava l'«Epistola», era preoccupato soprattutto di far osservare la legislazione liturgica. Un innato idealismo, le condizioni precarie di salute e un certo isolamento dall'Ordine minoritico, nella sua piena fase d'espansione internazionale, lo trattennero dal percepire e valutare realisticamente le insormontabili difficoltà di tradurre in atto tutte le prescrizioni circa l'Ufficio divino, a motivo di mancanti codici liturgici.[82]

2. D'altro canto, la celebrazione cantata delle ore liturgiche nelle minuscole chiese dei primordi pare che gli abbia rivelato il pericolo di un certo *formalismo esterno* e di un *esteticismo* in cerca più del plauso di eventuali ascoltatori laici che della gloria di Dio. Questa mancanza di «purezza di cuore», Francesco la caratterizza con una nota negativa simile a quelle additate anche dal cistercense coevo Corrado da Eberbach († 1226).[83] «... non cum lascivitate vocis aures populi demulcere» (v. 42: Opuscula, 147) – «non accarezzare gli orecchi del popolo con la mollezza del canto» (v. 53: FF 227). Può destare meraviglia che il «cantautore» del «Cantico delle creature», abituato nel frequente ascolto della propria poesia, a lodare Dio, anche per alleggerire le proprie sofferenze (FF 263); colui che, dopo la composizione del «Cantico», aveva dettato «alcune sante parole con melodia, a maggior consolazione delle povere signore del monastero di San Damiano»[84], e, dopo la predica fatta al popolo da uno dei frati, aveva voluto che «tutti insieme cantassero le Laudi del Signore, come giullari di Dio» (FF 1592), si pro- [S. 277] nunzi ora in una forma così negativa sul canto perfino liturgico. Nella sua predicazione itinerante, probabilmente, aveva osservato casi non rari di alcuni «chorales» che perseguivano più la propria che la lode divina. Mentre il Poverello per le sue creazioni s'ispirò sicuramente a melodie semplici e orecchiabili del canto Gregoriano, sottintese con il termine «lascivitas cantus» verosimilmente il «discantus», cioè il

---

81 Cf. Test 10s: FF 113 e vv. 33-34: FF 124.

82 Cf. VAN DIJK / WALKER, ivi, 254-259. Non mancano, comunque, nella ricostruzione degli AA. delle supposizioni prive di fondamento documentario.

83 Exordium magnum Ordinis Cisterciensis, dist. 5, c. 20: PL 185bis, 1174C: «Noverit ergo quicunque gratiam iucundae vocis a Deo accepit, horribile malum esse inde daemonum malitiam pascere, lascive et plausibiliter cantando, unde Deum honorare debuerat, devote et humiliter iubilando ...». Più oltre parla espressamente di «lascivia cantus» (1174D). Non ho potuto consultare l'ed. critica di GRIESSER, B.: Exordium magnum cisterciense sive Narratio de initio Cisterciensis Ordinis, auctore Conrado monacho ..., Roma 1961 (cf. P. ZAKAR, in: DIP III, [Roma 1976], 1370); cf. anche CANIVEZ, J.-M.: Conrad d'Eberbach, in: DHGE XIII, Paris 1956, 482.

84 Cf. Per 45: FF 1594; cf. BOCCALI, G.: Canto di esortazione di san Francesco per le «poverelle» di San Damiano, in: CFr 48 (1978) 5-29, spec. 17s; cf., inoltre, lo studio tuttora valido di OTTAVIO DA ANGERS: S. Francesco e il canto, in: ItFr 3 (1928) 257-268, 417-424, e l'ed. postuma, notevolmente ampliata: IDEM († 1940): Le chant liturgique dans l'Ordre de saint François aux origines, in: EtFr n.s. 25 (1975) 157-306. – L'autenticità del «Canto di esortazione» viene difesa con criteri interni da MENICHETTI, A.: Una «prosa» volgare di san Francesco, in: Studi e Problemi di Critica Testuale (Bologna) 19 (1979) 5-10.

canto a più voci. Fu soprattutto questo che egli volle bandito dai cori minoritici, a motivo dei facili abusi ad esso connessi.[85]

3. Tutta la premura del Poverello mirava a far sì che la celebrazione delle ore liturgiche fosse esclusivamente *lode divina*. Questo traspare da tutto il tenore con cui ammonisce i chierici a dire «l'ufficio con devozione davanti a Dio». Da notare il nome «clerici» per coloro che appunto secondo la Regola bollata (Rb 3,2: FF 82) sono incaricati di recitare «il divino Ufficio secondo il rito della santa Chiesa romana», o più esattamente, secondo il rito della Curia romana rinnovato da Innocenzo III. Il Fondatore, completando le scarne indicazioni della Rb, aggiunge una precisazione sul modo di compiere le lodi divine. I chierici salmeggiando si abbandonino solo a Dio; adorino «il Signore Iddio, con cuore puro e con mente pura»; abbiano «la mente e il cuore rivolti a Dio»; non deviino «la ... mente e il cuore dal Signore» (Rnb 22,26. 20. 25: FF 60, 59, 60). I frati in coro non si lascino invaghire dalle lusinghe del bel canto: «non badino alla melodia della voce, ma alla consonanza della mente, così che la voce concordi con la mente e la mente, poi, concordi con Dio, affinché possano, mediante la purezza del cuore, muovere a pietà Iddio («placare Deum»: v. 42: Opuscula, 147) e non accarezzare gli orecchi del popolo con la mollezza del canto» (vv. 52-53: FF 227; cf. SABATELLI, 113). [S. 278]

4. Da più parti si è voluto vedere in questo testo un'intenzionale contrapposizione del Poverello al famoso assioma della «Regula monasteriorum» di san *Benedetto da Norcia*: «"In conspectu angelorum psallam tibi". Ergo consideremus qualiter oporteat in conspectu Divinitatis et angelorum eius esse, et sic stemus ad psallendum, ut mens nostra concordet voci nostrae».[86] Alcuni interpreti si staccano dal senso ovvio della frase benedettina, caricandola di elementi teologici che, alla luce di un'analisi filologica, si manifestano del tutto infondati. E' il caso di p. O. Casel O.S.B. secondo cui «mens nostra concordet voci nostrae» equivarrebbe a: la vita interiore venga regolata secondo il «logos» obiettivo della liturgia.[87] Parimenti non convince il p. V. Warnach O.S.B., quando nella sua indagine monografica sul passo della «Regula» sostiene che «mens»

---

[85] Si veda soprattutto A. VAN DIJK, [S. J. P]: Quaestiones quaedam scholasticae de Officio divino et cantu ecclesiastico, in: EL 56 (1942) 3-47, spec. 12-17, dove è raccolto materiale molto interessante in merito; così, p. e., Dialogus inter Cluniacensem monachum et Cisterciensem de diversis utriusque Ordinis observantiis, in: MARTÈNE, E. / DURAND, U.: Thesaurus novus anecdotorum V, Paris 1717, 1586: «Illae tennulae et eviratae voces, quas vos [Cluniacenses] graciles vocatis et succo liquericii et sumptuosis electuariis acuere soletis, quid sunt nisi oblectamenta aurium contra regulae interdictum? ... Talibus vocibus cum novis et lascivis melodiis in novis et usurpatis festis vestris utimini contra veneranda Canonum decreta» (ivi, 15 nota 48). Si veda ancora a p. 14s una descrizione vivacissima di Elredo da Rievaulx S.O.Cist. († 1167), che facilmente spiega le obiezioni da parte del Poverello. D. VORREUX, in: Saint François d'Assise (sopra, nota 1) 134 nota 18, rinvia ancora a LECLERCQ, J.: La liturgie et les paradoxes chrétiens. (Lex orandi), Paris 1963, 271-293, che non ho potuto consultare. [S. 278]

[86] Cf. c. 19, vv. 5-7: STEIDLE, B.: Die Benediktus-Regel lateinisch-deutsch, Beuron ^{2}[1975], 106; cf., soprattutto, l'equilibrato e accurato esame comparativo di DE BOER, B.: La soi-disant opposition de saint François d'Assise à saint Benoît, in: EtFr n.s. 8 (1957) 181-194; 9 (1958) 57-65; altra bibliog. su questo punto abbastanza controverso elenca URIBE ESCOBAR, Strutture e specificità (sopra, nota 10) 114-117, 287-290, spec. 353-355.

[87] In: Jahrbuch für Liturgiewissenschaft 4 (1924) 219s, cit. da DE BOER, ivi 8 (1957) 191 nota 27.

esprime tutto l'uomo interiore, l'uomo orante o pneumatico, mentre «vox» non coincide con la voce umana semplicemente, ma è la parola che Dio pronuncia nella Bibbia o che la Chiesa prescrive nella liturgia; e, finalmente, il verbo «concordare» non intende esprimere un accordo qualunque ma l'unione del cuore durante la salmodia con il testo sacro o le parole liturgiche.[88]

Alla luce di tutta una serie di testi patristici sull'attenzione durante la preghiera, che raccolse il p. B. de Boer O.F.M. risulta, invece, che san Benedetto non intese dire altro che quanto richiese già sant'Agostino: «Psalmis et hymnis cum oratis Deum, hoc versetur in corde quod profertur in voce».[89] Con il termine «vox» il Patriarca del monachesimo occidentale designa il testo delle parole pronunciate dalla bocca dell'orante (perciò usa appunto «vox *nostra*»); di esse pretende che s'accordino pienamente («concordent» = «conve- [S. 279] niant» / «consonent») con la «mens» dell'uomo, cioè con il suo pensiero interiore.[90]

5. Dal *testo di san Francesco* traspare, in fondo, la stessa preoccupazione, anche se è espressa con una innegabile inversione dei due termini di confronto («vox concordet menti», anziché «mens nostra concordet voci nostrae») e con un prolungamento dell'arco dall'uomo fino a Dio. Il Poverello parte da una situazione esistenziale diversa, poiché aveva costatato che monaci o canonici (forse perfino alcuni dei suoi figli), essendo dotati di bella voce, si esibivano più per vana gloria che per glorificare «l'Altissimo al quale appartiene ogni bene»[91]. Anche l'Assisiate esige che durante le lodi divine sia raggiunta la fusione tra parole pronunciate e mente dell'orante, evitando le distrazioni che inquinano «la purezza del cuore», tendendo ad unirsi unicamente a Dio. Se si tiene conto del contesto, non si può non condividere la convinzione del p. B. de Boer: l'esortazione: «mens vero concordet cum Deo» si riduce ad un'esplicazione pleonastica della precedente richiesta: «Vox concordet menti»[92].

6. Un accenno speciale merita ancora la già rilevata *inversione dei due termini di paragone*. Sembra da escludere un qualsiasi intento in Francesco di contestare la coordinazione tra «vox» e «mens» in san Benedetto. Alla luce di un lungo brano del certosino coevo Adamo Scoto o da Dryburgh († 1212), riportato e commentato dal p. de Boer,[93] emerge che le due versioni venivano allora considerate, se non interscambiabili, sicuramente complementari.[94] Secondo un più avanzato stadio di evoluzione della mentalità

88 «Mens concordet voci». Zur Lehre des heiligen Benedikt über die geistige Haltung beim Chorgebet nach dem 19. Kapitel seiner Klosterregel, in: Liturgisches Leben 5 (1938) 169-190; cf. DE BOER, ivi, 190s.

89 Epistolarum classis III. Epistola 211, n. 7: PL 33, 960; cf. DE BOER, ivi, 185. Si veda anche: ZUMKELLER, A.: Das Mönchtum des heiligen Augustinus, Würzburg ^{2}1963, 207-227 («Gebet»).

90 Cf. DE BOER, ivi, 194.

91 Cf. Ammon. VII, 4: FF 156; cf. anche sopra, nota 85.

92 La soi-disant opposition (sopra, nota 86) 9 (1958) 59; ivi, 58s.

93 Cf. Liber de quadripertito exercitio cellae, in: PL 153, 799-884, spec. 878s; DE BOER, ivi, 61s; pare che lo scritto sia stato composto poco dopo il 1186; ivi, 61 nota 35.

94 Questo fatto emerge anche dal testo di Tommaso da Beverley, cistercense a Froidmont (ca. 1150-dopo 1225), Liber de modo bene vivendi, c. 52, n. 122: PL 184, 1274A: «Soror charissima, cum in conspectu Dei cantas Psalmos et hymnos, hoc tracta in mente tua, quod cantas in voce. Mens tua cum voce

religiosa, Francesco e altri autori spirituali dei secoli XII-XIII esaltano maggiormente la componente meditativo-contemplativa nella celebrazione liturgica, quando pren-[S. 280] dono la mente come misura della voce.[95] E' interessante, del resto, come anche il Concilio Vaticano II abbia messo in rilievo il bisogno di giungere ad un'armoniosa sintesi tra l'elemento oggettivo e soggettivo in ogni celebrazione delle ore, sottolineando la componente contemplativa.[96]

7. E' un procedimento familiare del Santo di *trascinare i suoi figli* a raggiungere un *ideale* da lui tracciato, enunciando il suo impegno di attuarlo nella propria vita: «Perciò io prometto di osservare fermamente queste cose secondo la grazia che Dio mi darà, e le raccomanderò all'osservanza dei frati che si trovano con me, per l'ufficio e per le altre prescrizioni della Regola (in Officio et ceteris regularibus constitutis)».[97] Si tratta di una specie di rinnovamento di professione religiosa, con un accento speciale messo sugli obblighi circa l'Ufficio divino.

Se rimanesse un resto di dubbio su ciò che il Poverello crede riguardo all'*obbligatorietà* dei «constituta regularia» o *precetti della Regola*, questo verrebbe dissipato dalla frase seguente in cui l'autore assume un tono di una severità quasi senza precedenti: «Tutti quei frati che non vorranno osservare queste cose, non li ritengo né cattolici e nemmeno miei fratelli; io non li voglio vedere, né parlare con loro finché non abbiano fatto penitenza» (v. 55: FF 228; cf. SABATELLI, 114; FÜRST, 75). L'intenzione principale del severo avvertimento verte molto probabilmente sulla *pratica liturgica*. La mancanza di libri liturgici, o almeno di codici rinnovati secondo le disposizioni della Rb (3,1-2: Opuscula, 229), cioè secondo la riforma innocenziana, con il Salterio Gallicano anziché quello meno comprensibile Romano, determinò quasi sicuramente per alcuni luoghi e frati minori l'impossibilità di conformarvisi. A questo stato di fatti bisogna aggiungere, versomilmente, l'opposizione dei fratelli laici culturalmente «clerici», che, secondo l'ordinamento della Rnb (3,8: Opuscula, 247), [S. 281] avevano goduto del permesso di usare dei Salteri; ma dopo il 1223 furono equiparati, canonicamente e culturalmente, ai laici, ai quali era interdetto l'uso di qualsiasi libro. Non ci vuole molta fantasia per immaginarsi che a costoro il dover retrocedere sulla scala sociale e la privazione di un mezzo d'espressione religiosa connaturale al loro grado d'istruzione

---

concordet, concordet cum lingua: non aliud cogites, et aliud cantes. Si aliud cantas in mente, et aliud cantes in voce, perdis fructum laboris tui». Sullo scrittore cf. E. BROUETTE, in: Dictionnaire des auteurs cisterciens II, Rochefort 1977, 681s.

95 Cf. DE BOER, ivi 9 (1958) 62-64.

96 Cf. la Costituzione su la sacra liturgia «Sacrosanctum Concilium», n. 90 e 99; si veda MAGRASSI, M.: La spiritualità dell'Ufficio divino, in: AA. VV.: Liturgia delle ore. Documenti ufficiali e studi. Torino-Leumann [1972] (Quaderni di Rivista Liturgica, 14) 365-404, spec. 372-376 («Una preghiera contemplativa»).

97 Cf. v. 43: Opuscula, 147; per la trad. italiana: SABATELLI, 113s, e FÜRST, 75. «Constituta [instituta] regularia» designa, ovviamente, le *altre* prescrizioni della Regola, cioè oltre a quelle dell'ufficio divino; certamente non solo le rubriche liturgiche come VAN DIJK, Ursprung und Inhalt (sopra, nota 8) 194, con una sorprendente esegesi restrittiva sostiene; cf., comunque, per *constituta*, ivi, 194 nota 102.

pesasse molto. Tale semplificazione nella strutturazione interna dell'Ordine francescano si deve, quasi sicuramente, alla pressione della Curia romana.[98]

8. Partendo da questa supposizione di S. J. P. van Dijk e J. H. Walker, si comprende agevolmente perché Francesco, dopo la conferma della Regola con la bolla di Onorio III «Solet annuere» del 1223 (cf. 2 C 193: FF 779), ritenesse come *non cattolici* (perché in contrasto con l'autorità della Chiesa) e neanche *suoi fratelli* (perché contestatori dell'unità della fraternità) coloro che intesero mettere in discussione l'ordinamento liturgico della Rb. Ogni dialogo tra il Fondatore e i membri contrari alle disposizioni liturgiche dovrà quindi supporre che quest'ultimi, sinceramente pentiti, riconoscano l'autorità ecclesiastica e le strutture precostituite dalla Rb. Pur tenendo presenti i limiti d'informazione che spinsero il Poverello a formulare un giudizio obiettivamente troppo severo, traspare, comunque, da tutto il discorso il carattere di vincolo essenziale d'unità con la Chiesa e tra i fratelli dell'Ordine che egli attribuisce alla celebrazione liturgica secondo il rito della Curia romana.

9. Per un'associazione psicologica d'idee, il Santo allarga ora il discorso dall'insubordinazione in campo liturgico ad uno *stato di permanente indisciplina*. Scambiando l'itineranza penitenziale degli inizi con un nomadismo girovago, alcuni frati sembrano aver eluso ogni dipendenza da un'autorità costituita e da ogni legame con una fraternità locale di fratelli. In una lettera del 1220, Giacomo da Vitry aveva già rilevato questo grande rischio: «Tuttavia a noi sembra che questa religione contenga in sé un gravissimo pericolo, perché vengono mandati a due a due per tutto il mondo, non solo i perfetti, ma anche i giovani e gli immaturi che avrebbero dovuto essere tenuti sotto controllo e provati per qualche tempo sotto la disciplina conventuale».[99] [S. 282]

Da questo sfondo storico si comprende, perché il Fondatore stigmatizzasse come non cattolico e lesivo della esigenza di fraternità minoritica anche l'«extra obedientiam evagari».[100] «Questo lo dico anche per tutti quegli altri che vanno vagando, trascurando la disciplina della Regola» (cf. v. 56: FF 230; SABATELLI, 114; FÜRST, 75). Le parole «regulae disciplina» (v. 46: Opuscula, 148) vanno intese alla luce sia della bolla di Onorio III sia dell'uso delle fonti monastiche; non possono significare altro che l'osservanza della vita quale è prescritta dalla Regola minoritica, con particolare riguardo al suo carattere di severità.[101] Con il termine riassuntivo di «obedientia», Francesco abbraccia tutti gli aspetti della disciplina regolare, in quanto si riferiscono tutti in

---

[98] Cf. sopra, nota 82.

[99] Cf. n. 1: FF 2221; cf. ESSER, Origini e valori autentici (sopra, nota 6) 61-69 («Predicatori ambulanti senza fissa dimora»), 167-171 («Vagari extra oboedientiam»); cf. anche URIBE ESCOBAR, Strutture e specificità (sopra, nota 10) 269-279 («L'obbedienza»), 308-313 («Promettere obbedienza»).

[100] Rnb 2,10: Opuscula, 244s; è una citazione dalla Bolla «Cum secundum consilium» di Onorio III (22 sett. 1220), in: BF I, 6a (cf. Opuscula, 245 nota 9); cf. DI MATTIA, S.: La bolla «Cum secundum consilium» di Onorio III. Estratto da *Annali della Libera Università della Tuscia*. Anno accademico 1973/74, Anno V - Fasc. III-IV, 15 pp.

[101] Cf. LECLERCQ, J.: Disciplina, in: DSp III, Paris 1957, 1291-1302 (bibliog.), spec. 1298s.

qualche maniera alla dipendenza dai ministri, i quali, a loro volta, rappresentano l'autorità di Dio.[102]

Dimenticando, per un istante, gli abusi rilevati sopra, il Poverello si eleva sull'altissimo livello della seguente *motivazione cristologica*: «poiché il Signore nostro Gesù Cristo dette la sua vita per non perdere l'obbedienza del Padre santissimo» (Fil 2,8; v. 57: FF 230). Chi tra i Frati Minori con umile fedeltà traduce in vita ciò che la Regola prescrive, è reso simile a Cristo redentore che si fece «obbediente fino alla morte e alla morte di croce» (Fil 2,8; cf. anche Eb 5,8).

10. Riepilogando gli elementi che durante il commento quasi esegetico dell'«Epistola» si riferivano alla *osservanza della Regola*, mi permetto di formulare un giudizio generale. Se il compianto p. Kajetan Esser e, dipendentemente dalle sue opinioni, parecchi altri studiosi (l'ultimo in ordine di tempo, p. Fernando Uribe Escobar), hanno attribuito alla Regola francescana il carattere prevalente di documento spirituale, urtano contro testi che, con inequivocabile chiarezza, parlano di prescrizioni/precetti osservanza, disciplina della Regola.[103] [S. 283]

VIII – «Frate Francesco, uomo inutile e indegna creatura del Signore Iddio» – «siate benedetti dal Signore» (vv. 58-61: FF 231-232)

1. Difficilmente potremmo immaginarci una *contrapposizione* più acuta, nella stessa persona di chi scrive la lettera ai suoi frati, tra una valutazione apparentemente abdicaria di sé e la sua viva coscienza di una elevata missione spirituale. L'uno dei due poli è contenuto in una specie di *firma* che l'autore appone alla sua lettera: «Io, frate Francesco, uomo inutile e indegna creatura del Signore Iddio» (v. 58: FF 231). Un'umiliazione che suonerebbe come falsa dimissione dalla propria dignità umana se non fosse riferita alla santità divina. La qualifica di «uomo inutile e indegna creatura» rammenta l'umile autoritratto di san Paolo: «Ultimo fra tutti [Cristo] apparve anche a me come a un aborto. Io infatti sono l'infimo degli apostoli, e non sono degno neppure di essere chiamato apostolo, perché ho perseguitato la Chiesa di Dio» (1 Cor 15,8-9).

L'altro polo: la preminente consapevolezza d'essere investito con una *missione carismatica* speciale, si manifesta nel suo comando che impartisce «per Dominum Iesum

---

[102] Cf. Admon. III: De perfecta obedientia: Opuscula, 63-65; cf. anche sopra, nota 99.

[103] Cf. ESSER, K.: La Regola definitiva. La Regola dei Frati Minori alla luce delle indagini più recenti, Milano 1967 (cf. BgFr XIII, n. 306, dove sono indicate l'ed. originale tedesca e altre traduzioni); URIBE ESCOBAR, Strutture e specificità (nota 10), 167-180 («Significato e scopo della Regola di san Francesco»). L'A., stranamente, non ha preso in esame le critiche rivolte alla posizione del P. Esser da VAN DEN BORNE, F.: Nabeschouwing, in: Sint Franc 2 (1965) 238-246 e di HILARIUS [PYFFEROEN] DE WINGENE: Opinationes diversae de primordiis Ordinis Fratrum Minorum, in: Laur 8 (1967) 492-511. – Gli studi precedenti sull'obbligatorietà sono soprattutto: MAZÓN, C.: Las reglas de los religiosos, su obligación y naturaleza jurídica, Roma 1940, 183-234; FIDEL [ELIZONDO] DE PAMPLONA: Origen de la obligatoriedad de la Regla franciscana, Roma 1956; RAVASI, L. R.: De Regulis et Constitutionibus religiosorum, Romae [1958], 44-76.

Christum» (v. 47: Opuscula, 148); quindi a nome del Figlio di Dio. L'ordine si rivolge innanzitutto a «frate H. [Elia], ministro di tutto il nostro Ordine, e a tutti i ministri generali che saranno dopo di lui e agli altri custodi e guardiani dei frati, che sono e saranno, che abbiano presso di sé questo scritto, e lo mettano in pratica e con cura lo custodiscano. E li scongiuro di mantenere sollecitamente le cose che sono scritte qui e le facciano osservare diligentemente, secondo il beneplacito dell'onnipotente Iddio, ora e sempre finché durerà questo mondo» (vv. 58-60: FF 231; SABATELLI, 114; FÜRST, 75).

In questo testo spiccano: a) la convinzione di san Francesco [S. 284] d'essere lui – nonostante la sua dimissione come ministro generale effettivo – capo carismatico della sua fraternità; b) per la sua missione religiosa speciale («dico, per il nostro Signore Gesù Cristo» – «secondo il beneplacito dell'onnipotente Iddio») attribuisce alla sua «Lettera» un carattere obbligatorio e quasi-statutario, come emerge anche dai suoi pressanti appelli di conservarla e osservarla; c) soprattutto dalle parole che esprimono la validità delle prescrizioni contenute dalla «Epistola» fino alla fine del mondo, appare la sua caratteristica di «testamento», di ultima volontà; d) se queste deduzioni corrispondono alla realtà dei fatti, non mi sembra illogica la convinzione che il Fondatore gravemente malato, con questo documento, abbia voluto contribuire a risolvere i problemi connessi con la crescente clericalizzazione dell'Ordine; ciò risulta già dai temi dominanti in esso: Eucaristia, sacerdozio, unica Messa al giorno, celebrazione delle ore liturgiche.

2. A questi fini s'adatta perfettamente la conclusione della «Epistola»: Francesco colma di *benedizioni divine* coloro che si appresteranno a mettere in pratica i suoi comandi e consigli: «E voi che farete queste cose "siate benedetti dal Signore" (Sl 113,15), e il Signore sia in eterno con voi. Amen» (v. 61: FF 232). Il Serafico Padre, probabilmente, si ispira a conclusioni di lettere paoline (cf. v. g. 2 Cor 13,13; Gal 6,18; Ef 6,23-24; Fil 4,23; Col 4,18c etc.), quando si accinge a benedire i suoi fratelli e ad augurare loro la perenne e benefica presenza di Cristo fra essi. Come in altri documenti simili,[104] Francesco assume qui un atteggiamento che rassomiglia a quello del patriarca Giacobbe prima della sua morte (Gen 27,27-29). In modo più semplice e meno solenne che non nel «Testamento» (vv. 48-49: FF 131), il Santo fa dipendere il conseguimento dei promessi favori divini dalla disponibilità dei frati ad attuare i suoi insegnamenti.

* * *

L'orazione finale che in un gran numero di codici antichi[105] conclude la «Epistola» (Opuscula, 149s) riassume, in maniera pro- [S. 285] fonda, non solo il tenore della

---

[104] Cf., p. e., Epist. ad fideles II, v. 88: Opuscula, 128: «Et omnes illi et illae, qui ea [haec verba] benigne recipient, intelligent et mittent aliis in exemplum, et si in ea "perseveraverint usque in finem" (Mt 24,13), benedicat eis Pater et Filius et Spiritus Sanctus. Amen». Cf. ancora: Epist. ad populorum rectores, v. 9: Opuscula, 153, e, in una forma particolarmente solenne: Test 40-41: Opuscula, 316s; cf. ESSER, K.: Il Testamento di san Francesco d'Assisi, Milano [1979], 187.

[105] Anche se in alcuni codici antichi l'«oratio» non è unita all'«Epistola» si dovrà dare ragione a ESSER, Die Opuscula (sopra, nota 1) 238s, se egli, nell'ed. critica, ha seguito il criterio del maggior numero dei mss. che le uniscono, tanto più che la preghiera riassume molto bene le idee principali della *Lettera*. Cf. anche Opuscula, 137: «Maxima codicum pars tradit epistolam totam una cum Oratione finali».

lettera ma anche lo stesso carisma francescano. I quattro attributi: «onnipotente, eterno, giusto e misericordioso» con cui il Poverello si rivolge a Dio, svelano il mirabile equilibrio della sua visione di Dio che, a contatto continuo con la Bibbia e la Liturgia, man mano andava maturandosi.[106] Il Fondatore, intensamente cosciente della debolezza umana s'indirizza a un Dio in cui grandezza e bontà si equivalgono, con la prima persona del plurale, includendovi quindi tutti i fratelli. Gli chiede che riveli a tutti la conoscenza del suo sovrano volere e dia loro il potere di tradurlo in pratica.

Ora, la volontà di Dio può essere ricondotta ad un'unica persona: Gesù Cristo, ed è ricapitolata in quest'unica azione che è sequela di Cristo. Come un bambino su un sentiero fangoso si tiene dietro a suo padre, ricalcando fiduciosamente le sue orme lasciate nel terreno impervio, così ogni Frate Minore s'attiene alle vestigia della vita terrena di Cristo nei vangeli per raggiungere la conformità al volere divino. Poter imitare Cristo, lungi dall'essere frutto di sforzi umani, è dono dello Spirito Santo che a questo scopo purifica l'anima dal male, illumina l'oscurità interiore e con il suo fuoco accende all'amore.[107] La via francescana della sequela di Cristo non ha altra meta che portare – «con l'aiuto della ... sola grazia» – a Dio l'Altissimo, che vive e regna «glorioso nella Trinità perfetta e nella semplice unità, Dio onnipotente per tutti i secoli. Amen» (vv. 64-65: FF 223). San Francesco rimane perfettamente coerente quando mette in risalto il carattere preminentemente trinitario della sua religiosità e quando, allo stesso tempo, sottolinea il ruolo indispensabile di Cristo guida e mediatore dei cristiani (cf. sopra I).

---

106 Si vedano alcune annotazioni e un sussidio bibliografico da: SCHMUCKI, Linee fondamentali (sopra, nota 9) 189-193.

107 Cf. RAHNER, K.: I gradi della perfezione cristiana, in: Saggi di spiritualità, Roma 1965, 45-78. Altra bibliog. è segnalata da LARKIN, E. E.: Ways, the three spiritual, in: New Catholic Encyclopedia XIV, New York [1967], 835s.

«Mentis silentium»

Le programme contemplatif de l'Ordre franciscain primitif[*]

La présente étude se propose de faire suite à la précédente sur la retraite et la solitude dans la prière de saint François,[1] où on a plutôt cherché à anticiper une part importante – en contenu et en extension – de son programme contemplatif. D'autre part la prière continue en constitue un élément dominant, comme nous l'avons mis en évidence ailleurs dans une vue d'ensemble.[2] Le développement prendra son point de départ dans la description générale de la vie à l'ermitage de la Portioncule aux origines (I), à partir de là, ensuite, nous analyserons séparément les points importants, en tenant compte aussi des autres témoignages biographiques (II). Enfin (III) nous tenterons de donner un panorama des résultats obtenus et d'évaluer l'apport personnel du Poverello. Dans l'exposé nous nous référerons, pour autant que l'espace limité le permet, à l'expérience de vie contemplative de l'époque ou antérieure,[3] dans l'intention de cerner les aspects originaux de la contribution franciscaine.

I. Descriptions biographiques générales

Il apparaîtra peut-être étonnant que notre examen ne parte pas de la *Regula pro eremitoriis data* (Règle pour les ermitages = Erm),[4] étant donnée la valeur critique incomparablement supérieure des Ecrits par rapport aux Vies primitives. Mais l'extrême brièveté de la règle – dans l'édition critique de K. Eßer elle n'occupe même pas une demi-page – ne permet évidemment pas de se faire une idée complète des intentions qui

---

* Extrait de Laur 14 (1973) 177-222 ; traduit de l'italien par frère Ignaz Schot.

1 Cf. SCHMUCKI, O.: «Secretum solitudinis». De circumstantiis externis orandi penes sanctum Franciscum Assisiensem, in: CFr 39 (1969) 5-58; ibid., p. 5, notes 1-12: bibliogr. sur la vie érémitique; ID.: Luogo di preghiera, eremo, solitudine. Concetti e realizzazioni in S. Francesco d'Assisi, in: Studi e ricerche Francescane 7 (1978) 29-53 où l'auteur reprend les éléments essentiels de l'étude précédente en les complétant (p. 34, note 1). – Pour l'expression «mentis silentium» cf. 1 C 44: Saint François d'Assise. Documents, Paris 1968, 255 (les sources seront habituellement citées d'après cette dernière traduction française tandis que l'original renvoie aux éditions critiques et aux traductions italiennes seulement lorsqu'elles sont citées; les sigles seront aussi ceux adoptés dans cette présentation: pp. 18-19), et 3 S 55, p. 840.

2 Cf. ID.: Franciscus «Dei laudator et cultor», in: Laur 10 (1969) 3-36, 173-215, 245-282.

3 Cf. n. 1, et surtout: LECLERCQ, J.: Saint Pierre Damien ermite et homme d'Eglise, Rome 1960; DUMONT, Ch. (éd.): Aelred de Rievaulx. La vie de recluse. La prière pastorale, Texte latin, intr., trad., et notes, Paris 1961 (Sources chrét., 76); L'eremitismo in Occidente nei secoli XI e XII. Atti della 2d. Settimana intern. di studi, Mendola, 30 ag. – 6 sett. 1962, Milano [1965] (Miscell. Centro st. med., 4); GNADINGER, L.: Eremitica. Studien zur altfranzösischen Heiligenvita des 12. und 13. Jh., Tübingen 1972 (Beih. Zeitschrift roman. Philologie, 130) (recherche exemplaire ...; bibl. pp. 394-410).

4 Cf. ESSER, K.: Die «Regula pro eremitoriis data» ..., in: FrSt 44 (1962) 382-417 (texte et commentaire).

guidèrent le Fondateur en l'établissant, ni des institutions concrètes dans lesquelles elle fut traduite.[5] [S. 115]

Il nous semble par contre important de donner immédiatement au lecteur une image assez complète de la vie érémitique primitive, en confrontant pour cela face à face les deux versions biographiques du style de vie mené à la Portioncule.

2 C 18-19		Per 9-10
«Le serviteur de Dieu François, chétif d'apparence et désireux d'humilité, avait fait profession d'être «mineur»; du monde, il ne voulut ici-bas pour lui et pour les siens qu'une petite parcelle (*portiuncula*): on ne peut pas servir le Christ si l'on n'a l'usage de rien. Ce n'est pas sans une prophétique inspiration de la sagesse divine que depuis longtemps on appelait Portioncule ce lieu qui devait échoir à des hommes désireux de ne rien posséder au monde. Car une église était là, dédiée à la Vierge-Mère que son incomparable humilité place, après son Fils, à la tête de tous les saints; et c'est dans cette église que prit naissance l'Ordre des Mineurs, c'est sur elle que repose, comme sur un solide fondement, toute l'architecture qui s'élève au fur et à mesure que se multiplient les frères. C'est le couvent qu' aimait le saint par-dessus tous les autres; il prescrivit aux frères de le tenir tout spécialement en vénération, de le conserver dans l'humilité et la très haute pauvreté, car c'était le miroir de l'Ordre, et c'est pourquoi il en refusait la propriété, n'en gardant que l'usage.[6] On y observait la plus stricte discipline concernant le travail, le silence (*in silentio et labore*) et tous les autres actes de la vie régùlière. N'y étaient admis que certains frères soigneusement choisis, réunis là de partout; le saint exigeait qu'ils fussent d'une piété sincère et d'une perfection sans		«Nous qui avons vécu avec le bienheureux François, nous rendons témoignage qu'il affirmait, en y mettant beaucoup d'insistance: «Parmi toutes les églises du monde qu'aime la bienheureuse Vierge, c'est à celle-ci qu'elle porte le plus d'amour.» Il parlait ainsi à cause des nombreuses prérogatives accordées par Dieu à ce couvent et parce qu'il en avait eu, en cet endroit même, la révélation. C'est pourquoi, durant toute sa vie, il témoigna à ce lieu grande dévotion et grand respect. Et pour que le souvenir en restât toujours gravé dans le cœur des frères, il voulut, aux approches de la mort, faire écrire dans son testament que les frères devaient agir de même. En effet, quand il fut près de mourir, il dit devant le Ministre général et d'autres frères: «Je veux prendre des dispositions concernant le couvent de la Portioncule et les laisser en testament à mes frères pour que ce lieu soit toujours traité par eux avec grande révérence et dévotion. Qu'ils fassent ce que faisaient les anciens frères. Ce lieu était déjà saint; ils en conservèrent la sainteté en y priant continuellement le jour et la nuit (*cum continua oratione die noctuque*), et en y gardant constamment le silence (*et continuo silentio*). Et si parfois ils parlaient après l'heure fixée pour l'entrée dans le silence, c'était toujours pour s'entretenir de la gloire de Dieu et du salut des âmes, avec beaucoup d'évélation et de ferveur. S'il arrivait, ce qui était rare,

5 Cela n'exclut évidemment pas que nous accordions toute l'attention requise à ce document primordial, spécialement dans la 2e partie.

6 2 C 18: 363 cf. aussi 1 C 106: 308; 3 S 56: 841; 2 C 20: 364; LM II,8: 599; cf. HILARIUS A WINGENE: S. Franciscus et S. Maria de Angelis ad Portiunculam, in: Laur 10 (1969) 329-352, 329 note 1 (bibliogr.).

reproche. L'accès en était encore interdit (*præcludebatur introitus*) à tout séculier de peur que, par [S. 116] démangeaison de savoir ce qui se passait dans le monde (*secularium relationem prurirent auribus* – cf. 2 Tim 4,3), les frères n'allassent interrompre leur contemplation des mystères du ciel pour se laisser impliquer par les bavards dans les affaires de la terre. Il n'y était pas davantage permis de prononcer des paroles inutiles (*otiosa verba*) ni de répéter celles d'autrui; si l'un ou l'autre s'en était rendu coupable, le châtiment lui apprenait à ne plus retomber dans cette faute par la suite. Les frères, établis là, s'adonnaient de jour et de nuit, sans interruption, à la louange divine et menaient ainsi une vie odoriférante semblable à celle des anges. L'endroit était d'ailleurs très indiqué puisqu'au dire des anciens du pays on l'appelait aussi Sainte-Marie des Anges. Au témoignage du bienheureux Père lui-même, Dieu lui avait révélé qu'entre toutes les églises construites dans le monde en son honneur, la bienheureuse Vierge aimait celle-ci d'un amour de prédilection; pour cette raison le saint lui aussi l'aimait plus qué les autres (cf. 2 Cor. 12,13)».[7]		qu'un frère entreprenne une conversation futile ou intempestive (*verba inutilia* [S. 116] *vel otiosa*), aussitôt il était repris par un autre. Ils affligeaient leur corps non seulement par le jeûne, mais encore par des veilles fréquentes (*non solum ieiunio, sed vigiliis multis*), le froid, la nudité et les travaux des mains (*et labore manum suarum*). Bien souvent, en effet, pour ne pas rester oisifs, ils allaient aider les pauvres gens dans leurs champs; et ceux-ci, parfois, leur donnaient en retour du pain pour l'amour de Dieu. Par ces vertus et d'autres encore ils se sanctifiaient et sanctifiaient ce lieu. Ceux qui vinrent après eux firent de même, sans aller aussi loin, et cela pendant longtemps. Mais ensuite le nombre des frères et des fidèles qu'on réunit dans ce lieu dépassa celui qu'on avait eu l'habitude d'y recevoir, principalement parce que c'était le point de rencontre de tous les frères de l'Ordre et le centre d'accueil de tous ceux qui voulaient y entrer. En outre, les frères aujourd'hui sont moins fervents dans la prière et les autres bonnes oeuvres, plus enclins aux bavardages inutiles et même à la diffusion des nouvelles du monde. Voilà pourquoi ce lieu n'est plus traité par les frères qui y demeurent et par les autres avec le respect et la dévotion qui conviennent et que je voudrais y voir régner.»[8]

«Je veux donc que ce lieu soit toujours sous l'autorité directe du Ministre général, afin que le Ministre général puisse veiller sur lui avec beaucoup de soin, et surtout qu'il y rassemble une bonne et sainte famille de religieux. Que les clercs soient choisis parmi les plus saints et les plus honnêtes, et aussi parmi ceux qui, de tout l'Ordre, savent le mieux chanter l'Office, afin que non seulement les frères, mais aussi les autres fidèles, les écoutent volontiers avec beaucoup de dévotion. Et pour les servir on choisira parmi les frères et les laïcs des hommes saints, discrets et vertueux. Je veux aussi qu'aucun frère ni qui que ce soit n'entre dans le couvent (*ut nullus Fratrum nec aliqua persona intret in illum locum*), sauf le Ministre général et ceux qui servent les frères. Que les frères de ce couvent ne parlent à personne (*et ipsi non loquantur cum aliqua persona*), si ce n'est à ceux qui les servent, et au Ministre général lors de ses visites. Je veux encore que les laïcs qui les servent ne leur rapportent aucune parole ou

7 2 C 19: 363-364, trad. de D. VORREUX.

8 Per 9: 881-883; cf. Spec. perf., 55: SABATIER, P.: Le Spec. perf. ou mémoires de Fr. Léon, vol. 1, Manchester, 2e éd. 1928, 142-151; ID.: vol. II: Etude critique, ibid. 1931, 95-101; Spec. perf. (minus), 27: LEMMENS, L.: Spec. perf. (Redactio I), Ad Claras Aquas 1901, 58-61.

nouvelle du siècle (*ut nulla verba vel nova huius sæculi ... ad illos referant*), qui ne soit utile à leurs âmes. Si je veux que personne n'entre dans [S. 117] ce couvent, c'est pour faciliter aux frères la garde de leur pureté et sainteté; si l'on y profère aucune parole inutile ou nuisible à l'âme, ce lieu sera conservé pur et saint au son des hymnes et des louanges du Seigneur. Et quand l'un des frères de ce couvent mourra, le Ministre général appellera, pour prendre la place du défunt, un autre frère, quel que soit le couvent dans lequel on l'aura trouvé. Pourquoi ces dispositions? Parce que, si les frères et les couvents où ils résident s'écartaient quelque jour de la pureté de vie et de la sainteté qui conviennent, je veux du moins que cette communauté soit un beau miroir de l'Ordre, un candélabre devant le trône de Dieu et de la bienheureuse Vierge. Que grâce à lui, le Seigneur prenne en pitié les défauts et les fautes des frères; que Dieu garde toujours et protège notre religion et sa petite pépinière!»[9]

Il n'est pas dans notre propos de commenter le passage entier se référant à l'histoire et à l'importance spéciale de Sainte-Marie des Anges comme berceau de l'Ordre des mineurs; ce qui nous intéresse c'est uniquement le genre de vie que menaient, selon la volonté expresse du Poverello, les frères qui demeuraient là. Cependant, avant d'entreprendre de mettre en relief les éléments les plus importants de cette vie contemplative, considérée comme exemplaire pour tous les ermitages de l'Ordre, il est nécessaire d'étayer la validité historique du récit, transmis sous une forme quelque peu divergente dans les premières sources.

Prenant en considération les résultats auxquels sont liés les recherches sur la complexe «Question franciscaine» des sources, il semble qu'ait failli la tentative de F. M. Delorme ofm et après lui de J. Cambell ofm, Th. Desbonnet ofm et B. R. Brooke, de démontrer que la *Compilatio Perusina* (*Compilation de Pérouse – Legenda Perusíne* «Legenda antiqua», «Legenda Delorme» [= Per]), dans sa forme actuelle, soit identique au matériel envoyé par les compagnons de s. François, frère Léon, Rufin et Ange, le 11 août 1246, au Ministre général Crescence de Jesi, pour être utilisé par Thomas de Celano dans la rédaction de la Vita secunda S. Francisci [= 2 C] (1246/1247). Nous retenons, par contre, comme plus fondée l'hypothèse qu'il s'agit de matériel ancien transmis d'abord oralement – et pour cela non exempt de contaminations légendaires et de projections des développements postérieurs à l'époque initiale –, et, fixé plus tard par écrit, peut-être par le même frère Léon, devenu vieux cependant et irrémédiablement nostalgique des idéaux primitifs.[10] De cela résulte l'évidente nécessité d'un examen attentif de la valeur de chacune des affirmations du Compilateur.

---

9 Per 10: 883-884, trad. de VORREUX.

10 Qu'il nous soit permis de renvoyer les lecteurs à nos deux articles: SCHMUCKI, O.: A Francisco legendarum ad Franciscum historicum. Quæstio franciscana et vita S. Francisci duplici opere illustratæ, in: CFr 38 (1968) 373- 392; «Scripta Leonis, Rufini et Angeli sociorum S. Francisci», CFr 41 (1971) 141-147; PHILIPPART, G.: Les écrits des compagnons de S. François. Aperçu de la «Question franciscaine» des origines à nos jours, in: AnBoll 90 (1972) 143-166; DESBONNETS, Th.: La Légende des Trois Compagnons. Nouvelles recherches sur la généalogie des biographies primitives de s. François, in: AFH 65 (1972) 66-106; CAMBELL, J.: Frate Leone, compagno di s. Francesco, in: Frate Franc. 39 (1972) 11-22; et surtout enfin CLASEN, S.: Die Dreigefährtenlegende des hl. Franziskus. Die Brüder Leo, Rufin und Angelus erzählen vom Anfang seines Ordens, Werl/Westf. 1972, 23-168, 16-21: bibliogr.

Mais avant d'aborder directement le commentaire critique du passage contenu dans la Per 9-10, il est nécessaire de caractériser son rapport avec 2 C 18-19. Selon ce qui a été dit avant, il faut exclure, semble-t-il, l'hypothèse, due à Sabatier, que c'est Thomas de Celano qui aurait abrégé, dans un élégant résumé, le chap. 55 du *Speculum perfectionis* – hormis quelques variantes verbales, il coïncide parfaitement avec le texte de la *Per* – en omettant cependant des éléments importants, et, en des cas précis, intentionnellement.[11] Il est beaucoup plus vraisemblable de re- [S. 118] tenir que les deux témoignages convergent sur quelques points parce que les deux rapporteurs ont utilisé le même matériel, venu à leur connaissance soit sous forme écrite (des trois compagnons 1246), soit par expérience directe et les récits oraux de la première tradition. Il semble donc plus probable que Celano soit le plus ancien, et qu'il faille écarter la supposition que la *Per* ne constitue qu'une amplification légendaire de la narration biographique. Le Compilateur devait certainement disposer d'éléments nouveaux que le biographe, en composant la *Vita secunda* avait omis par exigence de brièveté et, peut-être, en certains cas, par respect des circonstances internes de l'Ordre.

Outre l'ampleur différente du récit des deux témoins c'est surtout la diversité de leur structure rédactionnelle qui surprend. Thomas de Celano parle dans le premier numéro à la fois de la signification symbolique du nom «la Portioncule» de par sa fonction de centre spirituel de l'Ordre des mineurs, et de l'estime particulière que le Fondateur nourrissait pour le sanctuaire, tandis que dans le second numéro il décrit l'austère discipline régulière observée par les Frères. C'est donc toujours le biographe qui parle et caractérise. Le Compilateur par contre, après avoir rappelé, lui aussi, la dévotion spéciale de François pour la chapelle mariale et son exhortation à suivre son propre exemple, met dans la bouche du Poverello sur son lit de mort le récit sur la vie érémitique exemplaire. Pour donner plus de poids à l'admonition, laissée comme testament spirituel, François aurait rappelé devant frère Elie de Cortone, son vicaire,[12] et aux autres frères la manière éminente selon laquelle les «anciens frères» sanctifièrent ce lieu par leur vertu.

Même si on n'admet pas que dans le témoignage du Compilateur[13] on retrouve la forme authentique de l'exhortation de François, on ne pourra, cependant, mettre en doute qu'il aie, avant de mourir, recommandé vivement l'estime et le soin du sanctuaire à son Vicaire et ses fils spirituels. Ce fait concorde par ailleurs avec le témoignage de Celano lui-même: «Ce couvent ... il prescrivit aux frères de le tenir tout spécialement en vénération.» Il est ainsi plus que probable qu'il leur aura rappelé l'exemple des frères de la première heure et de la première ferveur. Une autre question demeure toutefois: à savoir si le Poverello a exprimé ses «volontés (*mandatum*)» sous la forme spécifique

---

[11] SpSab II, 98s.

[12] Non pas «ministre général» de plein droit, comme le Compilateur l'appelle anachroniquement; cf. ESSER, K.: Das «ministerium generale» des hl. Franziskus, in: FrSt 33 (1951) 329-348; (cf. BgFr X, n. 293).

[13] Du fait que les deux versions du Sp. perf. (maius et minus; cf. ci-avant note 8) sont certainement postérieures à la *Per* (cf. DESBONNETS, Th.: Petit dictionnaire des sources franciscaines, in: Doc., 148s), il n'y a pas de raison de s'arrêter sur certaines de leurs variantes.

d'un testament spirituel. Cela semble invraisemblable, ou au moins indémontrable, comme K. Esser l'a fait remarquer.[14]

Après ces éclaircissements préliminaires il nous reste à mettre en évidence le lien entre les passages du double témoignage biographique et le thème de la présente étude. Il a déjà été prouvé ailleurs comment le lieu si cher aux mineurs de la Portioncule et le genre de vie que les premiers frères y menèrent, fut de nature spécifiquement érémitique.[15] Ainsi les vertus que François célèbre dans les «anciens frères» habitant dans cet ermitage sont aussi des éléments qui caractérisent la vie contemplative de l'époque des premiers temps. Il est intéressant de remarquer que le passage du [S. 119] Compilateur a influencé fortement la vie et la législation du mouvement de retraite dans l'Ordre franciscain.[16]

Pour le moment nous nous contentons de relever les éléments principaux de la vie contemplative tels qu'ils résultent des deux témoignages biographiques: 1) l'effort de la prière continue; 2) la séparation physique du monde; 3) le contrôle de la parole par le «silence évangélique» (évitant les paroles oiseuses) et par le silence absolu durant des temps déterminés; 4) le silence mental au sens d'une sérénité intérieure détachée des préoccupations terrestres et de la frénésie de nouveauté; 5) la discipline austère dans la nourriture et le sommeil et 6) le travail manuel. En analysant d'un point de vue historico-critique chacun des éléments mentionnés, dans le contexte de la vie de s. François et sur l'arrière-plan de son époque, se présentera l'occasion d'étayer pas à pas la valeur critique des deux textes dont s'inspire principalement cette recherche.

II. Principaux aspects du programme contemplatif

1. L'idéal de la prière continue

La vie franciscaine, et spécialement celle des ermitages – comme d'ailleurs le monachisme depuis les origines lointaines – prend au sérieux l'avertissement biblique du «il faut prier sans cesse», comme on a cherché à l'illustrer dans une précédente recherche.[17] Dès lors il suffira ici de souligner l'accent que les deux témoignages mettent sur la prière continue. Selon 2 C 19, les frères choisis pour demeurer à la Portioncule devaient exceller en authentique dévotion; l'absence de contact avec les séculiers veillait à ne pas

---

14 ESSER, K.: Das Testament des hl. Franziskus von Assisi, Münster/Westf. 1949, 14-16.

15 SCHMUCKI, «Secretum solitudinis», 24, 42-44, 46s.

16 Cf. BLUMA, D.: De vita recessuali in historia et legislatione O.F.M., Rome 1959, 37, 49 note 3; (LEJERZA, F. / URIBE, A.): Espiritualidad de la reforma villacreciana, in: AIA 17 (1957) 623-660, 624.

17 Cf. SCHMUCKI, Franciscus «Dei laudator et cultor», spéc. 7-23, avec la bibliogr. correspondante dans les notes; on verra en outre SCHLAURI, I.: Saint François et la Bible. Essai bibliographique de sa spiritualité évangélique, in: CFr 40 (1970) 418-421; AZZIMONTI, F.: La prière de s. François, in: Evangile aujourd'hui 72 (1971) 41-52; TOPPI, F. X.: De spiritu orationis et praxi orationis sancti Patris nostri Francisci, in: Anal. O.F.M.Cap. 89 (1973) 39-55; VAN ASSELDONK, O.: De traditione vitæ orationis in Ordine nostro, ibid., 55-87, spéc. 55-63 (bibliogr.); (SCHMUCKI, O.: Gotteslob und Meditation nach Beispiel und Anweisung des hl. Franziskus, Lucerne 1980).

faire interrompre la contemplation des mystères du ciel; de plus, le biographe affirme hyperboliquement que les frères contemplatifs établis là «s'adonnaient de jour et de nuit, sans interruption, à la louange divine»[18]. S'inspirant probablement de l'image de l'*Apoc.* 8,3-4, du rite sacrificiel par lequel un ange brûle dans l'encensoir les parfums symbolisant les prières des saints, Celano parle du caractère angélique et du rayonnement spirituel de leur vie.[19]

La *Compilatio Perusina* s'accorde parfaitement en cela avec le biographe officiel. Les «anciens frères» de la Portioncule conservèrent la sainteté du lieu «en y priant continuellement le jour et la nuit», bien que, au moment où parlait François, les frères étaient moins fervents qu'au début de la prière (n. 9). C'est pourquoi il recommande au Ministre général de pourvoir à l'avenir à une famille[20] de frères saints qui conservent ce lieu dans la sainteté «par des hymnes et des louanges au Seigneur». L'accent est évidemment mis ici sur l'Office divin dont l'importance dans la vie de l'ermitage se déduit en- [S. 120] core de la disposition en vue de choisir des frères clercs «ceux qui, de tout l'Ordre, savent le mieux chanter l'Office», de manière à ce que non seulement les frères, mais aussi les autres fidèles les écoutent volontiers avec beaucoup de dévotion (n. 10). Et si les frères, où que ce soit, s'écartaient un jour de l'idéal de sainteté, S. Marie des Anges devra toujours rester un miroir de perfection pour tout l'Ordre, un candélabre[21] devant le trône de Dieu et la Bienheureuse Vierge. Que grâce à la ferveur des frères de ce couvent «le Seigneur prenne en pitié les défauts et les fautes des frères et garde toujours et protège l'Ordre et sa petite pépinière»[22]. La vigueur avec laquelle est soulignée, dans le texte cité, la fonction d'intercession par substitution attachée à la vocation contemplative, mérite d'être notée.

Un rapprochement avec la *Règle pour les ermitages* confirme la préoccupation du Fondateur de faire sanctifier la journée tant par la prière liturgique qui en constitue la charpente, que par la prière personnelle.[23] Les frères contemplatifs – les «frères ... qui prient» de la *Regula non bullata* ou qui «mènent la vie de Marie»[24] – s'évertueront à

---

18 Il est fait référence aux pages des Documents (o. c.), lorsque la traduction est citée, dans les autres cas aux numéros seulement.

19 Sur le concept de vie angélique cf., entre autres études, FRANK, S.: «Angelikos Bios». ... Untersuchung zum «Engelgleichen Leben» im frühen Mönchtum, Münster/Westf. 1964; une recherche a été faite en partant de cette étude pour montrer l'influence de ce modèle hagiographique sur 1-2 C: CLASEN, S.: Vom Franziskus der Legende zum Franziskus der Geschichte, in: WiWei 29 (1966) 15-29; cf. autre bibliogr. in: LECLERCQ, J.: Monasticism and Angelism, in: Downside Review 85 (1967) 127-137.

20 Le terme «famille» appliqué à une communauté local de frères, bien qu'absent des Ecrits, est attesté seulement en 2 C 161: 478: «Le salaire ou la gratification donnés en échange du travail n'étaient pas laissés à la disposition du frère mais devaient être remis au gardien ou à la communauté («guardiano vel familiæ committebat»)». L'application de ce terme à tout l'Ordre est par ailleurs plus fréquente: 1 C 73, 100; 2 C 143, 184, 192; Per 112.

21 L'image dérive peut-être de Jn 5,35 et Apoc 1,20. Sp. perf., c. 55, n. 41: 151 l'a rendue plus explicite: «un candélabre ... brûlant et éclairant toujours» (cf. ibid., 151 note dd et renvois de l'éd. aux passages bibliques).

22 Per 10: 884.

23 Cf. ESSER, «Regula pro eremitoriis», 409-413 (36-41 de la trad.); pour les détails de la confrontation nous renvoyons le lecteur à cette étude fondamentale.

24 Rnb 17: 72 (5); Erm (la traduction de J. F. GODET adoptée ici est plus littérale que celle des Documents, 99).

mettre en pratique le plus fidèlement possible la parole de l'évangile: «il faut prier sans cesse». La Per ajoute toutefois comme détail nouveau la récitation soignée de l'Office communautaire et la fonction sociale de cette vocation particulière, en faveur de l'Ordre des mineurs. Par contre, ni dans les deux sources biographiques, ni dans la *Règle pour les ermitages*, il n'est fait mention de la célébration eucharistique.

2. La séparation physique du monde

Le désir de retraite et de solitude fut de toujours une tendance spécifique du monachisme.[25] François en cela ne fait pas exception mais, dans sa période de conversion comme dans la vie évangélique qui suivit, il fut profondément perméable à l'esprit érémitique, ainsi que nous pensons l'avoir démontré dans l'étude «Secretum solitudinis». Il reste seulement maintenant à examiner de près les deux témoignages biographiques sur le point qui nous intéresse.

Selon 2 C 19, le couvent de la Portioncule aurait été accessible seulement à des frères en nombre restreint, choisis à cet effet dans tout l'Ordre. Pareillement l'entrée en fut interdite à tout laïc. La clôture ne s'étendait pas seulement aux femmes mais à tous les séculiers et finalement aux frères n'appartenant pas à la communauté de S. Marie des Anges.

Ce règlement est confirmé par la Per qui fournit cependant quelques détails complémentaires. Elle ne fait pas référence directement à un nombre limité dans la communauté locale, bien que la prescription de remplacer chaque frère défunt le suppose. Elle attribue la baisse de la ferveur première au fait que, dans un second temps, le nombre des frères et des fidèles dépassa beaucoup celui qu'on avait l'habitude d'y recevoir «princi- [S. 121] palement parce que c'était le point de rencontre de tous les frères de l'Ordre et le centre d'accueil de tous ceux qui voulaient y entrer»[26]. Il est fait clairement allusion ici à la Portioncule comme lieu de prédilection pour les chapitres généraux et comme «maison-mère» ou noviciat commun, spécialement pour les provinces italiennes.[27] Aux inconvénients pour le recueillement causés par cet afflux, François entendait remédier en réservant la constitution de la communauté religieuse au Ministre général en personne. Il lui reviendra de choisir les frères particulièrement aptes à cet office. Poussé peut-être par l'expérience peu bénéfique du grand nombre de frères et d'autres visiteurs, François ordonna avec une certaine rigueur: «Je veux aussi

---

25 Outre la bibliogr. signalée in: «Secretum solitudinis», 5s notes 1-12, cf. LECLERCQ, J.: Il ritiro come esercizio di vita solitaria, in: Vita Monastica 77 (1967) 55-62; ANSON, P. F.: Partir en désert. Vingt siècles d'érémitisme, trad. de l'anglais par Sr. Jean-Marie, Paris 1967; DE CERTEAU, M. / ROUSTANG, F.: La solitude, une vérité oubliée de la communication, Paris 1967; LECLERCQ, J.: L'eremitismo ieri e oggi, in: Vita Religiosa 3 (1967) 243-252; ID.: Vie religieuse et vie contemplative, Gembloux (1969); LE ROY LADURIE, M. (Sr.): Femmes au désert, Paris 1971; LOTZ, J.: Erfahrungen mit der Einsamkeit, Freiburg i. Br. 1972; autre bibliogr. in: Bull. spirit. monastique. Tables générales 1959-1970, in: Coll. Cist. 33 (1971) p. (410s), n. 682-719.

26 Per 9: 882.

27 Cf. MARINUS DE NEUKIRCHEN: De Capitulo generali in primo Ordine seraphico, Rome 1952, 60s, 70s; SCHMUCKI, O.: De initiatione in vitam franciscanam luce regulæ aliorumque primævorum fontium, in: Laur 12 (1972) 183s, 244-247.

qu'aucun Frère, ni qui que ce soit, n'entre dans le lieu, sauf le Ministre général et ceux qui servent les frères.»[28] Le motif de cette clôture pour ainsi dire aussi stricte est expliqué alors: «Si je veux que personne n'entre dans ce lieu, c'est pour faciliter aux frères la garde de leur pureté et de leur sainteté». Le terme «pureté» est compris non dans le sens restreint de pureté sexuelle, mais suivant le sens plénier qui lui est donné dans les *Ecrits* et les sources biographiques, être pur de coeur et sans égoïsme, simplicité intérieure et abandon total à Dieu.[29] La solitude rigoureuse visait à protéger la vocation contemplative des frères.

Il faut cependant rappeler que la clôture ainsi définie n'exclut pas de sortir du «cloître»[30] ainsi que le montre le récit sur la disponibilité des frères à prêter main forte aux paysans, ce dont nous parlerons plus loin (II – 6).

Il reste encore à clarifier l'incise qui a trait aux frères laïcs et aux séculiers,[31] «hommes discrets et de bonne réputation» qui devaient être au service des frères clercs. Il est dit expressément que ces frères en charge du service avaient accès à l'ermitage. Pour K. Eßer, pareille phrase semble une transposition typique de conditions plus tardives à un contexte de vie antérieur.[32] En fait les frères laïcs n'étaient certainement pas exclus de la vocation contemplative. Il se peut toutefois que soit conservé ici le souvenir que, dans une seconde phase du développement de l'Ordre, ce furent particulièrement les frères laïcs qui pourvurent aux besoins de la communauté.[33]

Le commentaire historique qui procède des deux passages biographiques permettra maintenant une rapide confrontation avec la *Règle pour les ermitages*. Dans sa concision ce règlement spécial ne fournit pas tous les détails analysés maintenant, mais il confirme pleinement la disposition essentielle:

> «Et dans l'enclos où ils demeurent, qu'ils ne permettent à personne d'entrer et qu'ils n'y mangent pas. Que les frères qui sont les mères s'appliquent à demeurer à l'écart de toute personne, et que, par obéissance à leur ministre, ils gardent leurs fils de toute personne, pour que personne ne puisse parler avec eux. Et que les fils ne parlent avec personne, sinon avec leurs mères et avec leur ministre et leur custode, quand il leur plaira de les visiter avec la bénédiction du Seigneur Dieu»[34]. [S. 122]

---

28 Per 10: 883. Nous reviendrons de suite après sur le dernier détail.

29 ESSER, K. / HARDICK, L.: Die Schriften des hl. Franziskus, Werl/Westf. ^{2}1956, 194-197 («Rein» und «Reinheit»); et, par exemple: 2 C 24: 368: «La pureté évangélique sincèrement pratiquée ...»; 2 C 103: 433s: «... la théologie de cet homme possède l'essor de l'aigle et plane sur les deux ailes de la pureté et de la contemplation ...»; Per 4 (tout le texte est à confronter); Per 75: 947: «... tout l'ordre s'épanouissait dans la pureté de la perfection ...»; SpSab, c. 95, n. 7: 275: «... cette allégresse spirituelle provenait de la transparence de son cœur et de la pureté de sa prière ininterrompue ...».

30 Cf. SCHMUCKI, «Secretum solitudinis», 40-42; ID., Luogo di preghiera, 43-45.

31 Si le «et» est intercalé entre «Frères» et «laïcs» – comme le témoignage des manuscrits le requiert (cf. BROOKE, R. B.: Scripta Leonis, Rufini et Angeli sociorum S. Francisci, Oxford 1970, 104 note a) – on pourra penser aux «familiers» que les Constitutiones Narbonenses, rubr. VI, n. 2: M. BIHL, in: AFH 34 (1941) 70 appelèrent «pueri sæculares».

32 Cf. ESSER, «Regula pro eremitoriis», 411 (39).

33 Cf. SCHMUCKI, De initiatione, 246 note 12.

34 Erm 7-9: ESSER, 414s (42-44), commentaire historique et littéraire.

La défense pour les séculiers d'entrer dans l'enceinte claustrale ne semble pas toutefois avoir été observée sans exception, ainsi qu'il en résulte de l'épisode raconté au sujet de l'évêque Guido II d'Assise.[35] A propos de Jacqueline de Settesoli on lit encore dans les sources que François la fit entrer, avec toute sa suite, dans le cloître, motivant la transgression d'une de ses dispositions antérieures:

> «En effet, par la volonté du saint, il avait été établi, longtemps auparavant, que pour l'honneur et la dignité de ce couvent aucune femme ne devait en franchir la clôture», par ces paroles: «Cette règle n'est pas applicable à cette dame qu'une telle foi et dévotion a fait venir de si loin»[36].

Comme il n'existait pas alors de législation ecclésiastique générale, s. François s'était pourvu d'un règlement personnel auquel, dans un esprit de liberté authentiquement évangélique, il déroge dans un cas comme celui rapporté.[37] C'est une autre question de savoir si, avec le motif du respect et de la dévotion au sanctuaire, le Compilateur a réussi à évoquer complètement les idées inspiratrices de la clôture franciscaine. Comme nous avons cherché à l'illustrer dans l'étude: «Secretum solitudinis», la retraite spirituelle selon François aurait sans doute pour objectif premier de créer le climat à l'esprit et à l'exercice de la prière.

3. Le contrôle de la parole

En se retirant des centres habités les ermites voulaient trouver l'atmosphère favorable à la vie contemplative, étant ainsi garanti le silence extérieur et ambiant. Mais la solitude aide peu s'il ne s'y ajoute pas la modération de sa propre langue. Se reliant à une très longue tradition spirituelle,[38] François inculqua la nécessité du silence vocal, soit absolu pour des temps déterminés, soit le silence qu'on appelle évangélique.

a) Le silence vocal absolu. Tenant compte du but principal de cette recherche, nous partirons de nouveau de l'examen du double témoignage biographique. Selon ce qu'affirme 2 C 19, les frères qui demeurent à la Portioncule observeront «la plus stricte

---

35 Cf. SCHMUCKI, «Secretum solitudinis», 46.

36 Per 101: 975-976; cf. SCHMUCKI, ibid., 42s. – L'interdiction qui s'étend, comme il a été vu, à tous les séculiers et finalement aux frères non contemplatifs est appliquée de manière particulière aux femmes.

37 Cf. BARRY, G. F.: Violation of the Cloister: an historical synopsis and commentary, Washington 1942, 1-17, 22-24; JOMBART, E. / VILLER, M.: Clôture, in: DSp II/1, 979-1007, 981s; LECLERCQ, J.: La séparation du monde dans le monachisme au moyen-âge, in: La séparation du monde, Paris 1961, 75-94 (autres études sur la clôture dans le monachisme oriental, 53-73, par Dom EGENDER, et sur le développement de cette institution canonique, 95-123, par C. HUYGHE).

38 Entre autres études, on verra: SOUILHE, J.: Le silence mystique, in: RAM 4 (1923) 128-140; MENSCHING, G.: Das heilige Schweigen. Eine religionsgeschichtliche Untersuchung, Gießen 1926; CECCHETTI, P. I.: «Tibi silentium laus», in: Misc. liturg. in honorem L. C. Mohlberg, II, Rome 1949, 521-570; reproduit in: Scritti di Mons. P. I. Cecchetti, Rome 1967, 3-53; MENSCHING, G. / HERTZSCH, E.: Schweigen, in: RGG V (^{3}1961), 1605s (bibl.; LECLERCQ, J.: Otia monastica. Etudes sur le vocabulaire de la contemplation au Moyen-Age, Rome 1963, 102-104; VOILLAUME, R.: Silence, solitude et présence, in: Vie Spir. 115 (1966) 665-675; FAGGIN, G.: Silenzio, in: Encicl. Filos. V (^{2}1969), 1357 (bibl.); GUTTIERREZ, D.: Del silencio sagrado al encuentro con Dios, in: Cistercium 23 (1971) 106-112; TRILLHAAS, W.: Religionsphilosophie, Berlin 1972, 260-269 (Die Sprache der Religion. Das Schweigen).

discipline concernant le silence ...», mais le mode et les temps prescrits ne sont pas précisés davantage. Après l'affirmation générale que «nos anciens frères» conservèrent la sainteté de ce lieu en y gardant «constamment le silence», la Per ajoute: «Et si parfois ils parlaient après l'heure fixée pour entrer dans le silence, c'était pour s'entretenir de la gloire de Dieu et du salut des âmes, avec beaucoup d'élévation et de ferveur» (n. 9). De ce passage on déduit que pour les ermitages franciscains le silence absolu était prescrit suivant un horaire établi; on n'y revient pas pour plus de précision par après. Des exceptions à la rigueur de la règle semblent avoir été prévues, au moins durant le temps fixé pour le silence (*«post ... constitutionem»*), et certainement après [S. 123] ce temps (*«post terminum»*),[39] où la conversation avait trait à des sujets religieux (*«ad laudem Dei et animarum salutem»*) et se déroulait avec beaucoup d'élévation et de ferveur. Le Compilateur informe encore qu'il n'était pas permis aux frères clercs contemplatifs de parler, sinon avec le Ministre général et les frères laïcs de service (n. 10).

Les éléments rapportés, bien que peu nombreux, sont cependant mis en valeur à la lumière des autres témoignages primitifs. Dans la *Règle pour les ermitages*[40] on apprend que le silence absolu commençait après la récitation des Complies «après le coucher du soleil», et finissait après Tierce, célébrée à l'heure qui convient.[41] Il faut remarquer la forme exhortative de la prescription qui fait appel à la bonne volonté des frères et qui, en même temps, tient compte des circonstances particulières et de la fragilité humaine: «... et qu'ils s'appliquent à garder le silence ...». Après Tierce, par contre, il devront (... «qu'ils rompent ...») interrompre le silence et pourront aller aux frères «Marthe» qui s'occupent avec un amour maternel de leurs besoins corporels, pour demander en aumône le repas quotidien, unique à ce qu'il semble.[42] La construction logique de la phrase de François n'est pas facile à interpréter dans un sens précis. Alors que l'expression «qu'ils rompent» semble supposer une prescription absolue de mettre fin au silence, le «qu'ils puissent parler et aller auprès de leurs mères» fait penser, manifestement, à une liberté de choix. Il est difficile de dire si, dans la première partie de la

---

39 Nous nous rendons compte que les deux mots employés par [e Compilateur «post terminum et constitutionem» peuvent être compris comme synonymes (post terminum constitutum), mais nous préférons l'interprétation proposée ici comme plus conforme au contexte.

40 Erm 3-4: «Et qu'ils disent toujours complies du jour, aussitôt après le coucher du soleil, et qu'ils s'appliquent à garder le silence; et qu'ils disent leurs heures; et qu'ils se lèvent à matines et cherchent d'abord le royaume de Dieu et sa justice. Et qu'ils disent prime à l'heure qui convient, et après tierce qu'ils rompent le silence et puissent parler et aller auprès de leurs mères.»; ESSER, 410-413 (39-41), commentaire.

41 Les heures liturgiques variaient probablement suivant le rythme naturel des saisons comme on le déduit de l'usage postérieur des ermites franciscains: cf. BLUMA, De vita recessuali, 117 (Tabula distributionis horarum divini Officii). – La règle du silence strict entre complies et le matin est très ancienne; cf. PS.-JEROME, Regula monachorum, c. 22: PL 30, 423D: «... que le silence soit observé chaque nuit, depuis la fin de l'heure de complies jusqu'après la messe, et de tierce à none». – Cf. aussi AELRED DE RIEVAULX o.cist. († 1167), De institutione inclusarum, n. 8: Ch. DUMONT, 62: «Depuis l'Exaltation de la Ste Croix jusqu'au Carême, on gardera le silence après complies jusqu'à l'aurore. Une fois dite prime, si quelque chose concernant les affaires du jour doit être communiqué aux serviteurs, qu'on le fasse en peu de mots, et que personne ne parle plus ensuite jusqu'à tierce».

42 Cf. SCHMUCKI (de Rieden), O.: De sancti Francisci Assisiensis stigmatum susceptione. Disquisitio historico-critica luce testimoniorum saec. XIII, in: CFr 24 (1964) 26.

phrase, le Poverello voulait imposer aux frères contemplatifs de parler au moins entre eux. La liberté de se rendre auprès des frères «Marthe» – qui correspondent aux frères de service du Compilateur – ou d'y renoncer s'explique peut-être par la possibilité de la réclusion spontanée ou d'une retraite absolue pour un temps limité: ce qui est attesté par s. François lui-même.[43] Quelle que soit la signification exacte que l'on veuille donner à cette phrase très simple, il est affirmé que le silence ne fut jamais permanent dans les ermitages franciscains. Le Poverello n'aurait jamais pensé remplacer le langage normal par un système de signes pour se communiquer mutuellement les idées.[44]

Le devoir des frères «Marthe» est que, de plus: «... par obéissance à leur ministre, ils gardent leurs fils de toute personne, pour que personne ne puisse parler avec eux. Et que les fils ne parlent avec personne, sinon avec leurs mères et avec leur ministre et leur custode, quand il leur plaira de les visiter avec la bénédiction du Seigneur Dieu»[45]. Sans vouloir répéter les éléments historiques que K. Eßer a déjà mis en lumière, concentrons le propos uniquement sur le silence. Au nom du ministre provincial et en stricte dépendance de lui, les frères-mères défendront leurs fils du contact avec les étrangers, y compris les confrères n'appartenant pas à l'ermitage. Les frères qui prient peuvent converser – et cela en dehors du silence strict – uniquement avec leurs mères et le ministre lui-même à l'occasion de la visite canonique. Ce paragraphe confirme donc lui-aussi la crédibilité du récit des sources biographiques. [S. 124]

Parmi les témoignages des anciens biographes mérite d'être raconté l'épisode du paysan qui, entrant avec son âne dans la cabane de Rivo Torto où les frères «étaient alors dans le recueillement de l'oraison» les troubla beaucoup.[46] Particulièrement intéressante aussi l'exhortation que François, selon la Per 80, aurait adressée aux frères choisis pour l'accompagner dans son voyage missionnaire en France, après le Chapitre général de 1217:

> «Au nom du Seigneur, allez deux à deux par les chemins, dignement; le matin, gardez le silence jusqu'après Tierce en priant Dieu dans votre cœur. Pas de bavardages inutiles, car bien que vous soyez en voyage, votre conduite doit être aussi intègre que si vous étiez dans un ermitage ou dans votre cellule. Où que nous soyons, où que nous allions, nous emportons notre cellule avec nous. Notre cellule, c'est notre frère le corps, et notre âme est l'ermite habitant cette cellule pour prier Dieu et méditer. Si notre âme ne demeure pas dans le calme et la solitude à l'intérieur de sa cellule, à quoi bon habiter une cellule faite de main d'homme?»[47].

Outre l'extraordinaire insistance sur le style de vie érémitique, notons seulement pour l'instant[48] l'harmonie entre la disposition de la *Règle pour les ermitages* et la présente admonition qui l'étend en fait aux frères en voyage. A ceux-là d'ailleurs est

---

43 Cf. ID., «Secretum solitudinis», 51-54. – Outre la bibl. citée cf. encore: LECLERCQ, J.: Le cloître est-il une prison?, in: RAM 47 (1971) 407-420.

44 Il suffit de rappeler dans ce contexte le frère imposteur qui, par singularité et ostentation d'une extra-ordinaire sainteté, ne voulait même pas se confesser en parlant mais seulement par signes: 2 C 28; Per 91.

45 Erm 8-9; ESSER, 414s (43-44), commentaire.

46 3 S 55: 841s; 2 C 44.

47 Per 80: 953s.

48 Cf. SCHMUCKI, O.: Spiritus orationis et actionis humanæ compositio ad mentem S. Francisci Assisiensis, in: Laur 23 (1982) 376-403.

destinée l'exhortation de la Règle de 1221: «Tous les frères auront soin de ne calomnier personne, d'éviter les paroles de dispute; qu'ils s'efforcent plutôt de garder le silence autant que Dieu leur donnera la grâce.»[49]

b) Le silence «évangélique». Dans l'exhortation rapportée ci-dessus, où le Poverello s'adressait à ses compagnons de voyage avant de partir pour Arezzo et Florence, on a déjà rencontré le conseil insistant d'éviter les «bavardages inutiles». Nous suivrons encore ici la ligne de recherche observée jusqu'ici. Thomas de Celano rapporte que le Saint ne tolérait pas que les frères ermites de la Portioncule «se laissent impliquer par les bavards dans les affaires de la terre. Il n'était pas davantage permis de prononcer des paroles inutiles, ni de répéter celles d'autrui; si l'un ou l'autre s'en était rendu coupable, le châtiment lui apprenait à ne plus retomber dans cette faute par la suite»[50].

Du texte on déduit la défense de dire des «paroles inutiles» et la punition au cas où elle serait transgressée, sans que le biographe fournisse des renseignements particuliers.

Le récit du Compilateur s'avère par contre plus détaillé. «S'il arrivait, ce qui était rare, qu'un frère entreprenne une conversation futile ou intempestive, aussitôt il était repris par un autre». Une certaine décadence, au jugement du Saint, se serait vérifiée par la suite, du fait que «les frères d'aujourd'hui ... sont plus enclins aux bavardages inutiles et même à la diffusion des nouvelles du monde»[51]. Pour l'avenir, ensuite, le Fondateur prescrit: [S. 125]

> «Je veux encore que les (frères) laïcs qui les servent ne leur rapportent aucune parole ou nouvelle du siècle, qui ne soit utile à leurs âmes. Si je veux que personne n'entre dans ce lieu, c'est pour faciliter aux frères la garde de leur pureté et sainteté; et si l'on y profère aucune parole inutile ou nuisible à l'âme, ce lieu sera conservé pur et saint au son des hymnes et des louanges du Seigneur» [52].

Pour saisir exactement le sens que François entendait donner aux mots: «bavardages inutiles», il faut avant tout remonter aux sources bibliques, c.-à-d. à Mt 12,36: «Or je vous le dis: les hommes rendront compte au jour du jugement de toute parole sans portée (*verbum otiosum*) qu'ils auront proférée»[53]. Pour l'interprétation patristique et médiévale courante du passage il suffira de garder à l'esprit la définition de saint Jérôme: «Une parole vaine est dite sans utilité pour celui qui parle et celui qui écoute

---

49 Rnb 11,1: 67.

50 2 C 19: 364.

51 Per 9: 882.

52 Per 10: 883.

53 Selon le but poursuivi dans la présente recherche nous ne nous occupons pas du commentaire que propose l'exégèse moderne en tenant mieux compte de l'ensemble du contexte; cf. ORTENSIO DA SPINETOLI: Matteo. Commento al «Vangelo della Chiesa», Assise (1971), 304s: «Sont inutiles les paroles qui n'ont pas de consistance, qui ne répondent dès lors ni objectivement, ni subjectivement à la vérité. Les discours inutiles sont ceux qui sont prononcés sans raison mais surtout sans fondement; telles sont les paroles fausses, injustes que les pharisiens prononçaient contre le Christ quand ils interprétaient ses miracles comme des manifestations sataniques. La parole évangélique n'a pas une valeur ascétique et morale; elle n'est pas une exhortation au silence et à la mortification de la langue, mais à la loyauté, à l'honnêteté, à la sincérité. Les paroles «inutiles» ne sont pas les sottises qui se disent, mais les paroles sont infondées, et dès lors calomnieuses et nocives, comme aussi les versets précédents (vv. 34-35) le laissent entendre.»

lorsque, négligeant les choses sérieuses, on parle de frivolités et on raconte des vieilles fables.»[54]

Ce qu'Anselme de Laon († 1117) affirme en reproduisant la pensée de s. Grégoire le Grand est également représentatif de la compréhension du texte au Moyen-Age: «Une parole est oiseuse quand elle manque d'utilité quant à sa justesse ou de sens accordé à la nécessité ...»[55].

On peut creuser davantage la signification et le «Sitz im Leben» (la situation existentielle) des «paroles oiseuses» dans la vie franciscaine primitive en recourant aux autres sources. Dans les *Admonitions* François les identifie à des histoires légères dont on se sert pour porter les autres à rire,[56] ou à des discours pour se vanter de faveurs spirituelles du Seigneur alors qu'il s'agirait de les traduire en actes.[57] Thomas de Celano adopte l'expression pour décrire le cadre des vertus des premiers frères, exaltant leur contrôle de la langue afin d'éviter des paroles déplacées.[58] Dans la Per le Fondateur exhorte les compagnons choisis à ne pas faire usage de «paroles oiseuses et inutiles» durant le voyage.[59] Dans le règlement sur les constructions de maisons que François aurait donné à ses frères durant sa maladie à Sienne au début de 1226, est attribuée aux cellules dispersées dans l'enceinte claustrale la fonction de favoriser la prière personnelle et d'aider à éviter, en recourant au travail manuel, les paroles oiseuses.[60]

La brève allusion de 2 C 19 à la sévère punition, infligée aux transgresseurs de la défense de dire des paroles oiseuses, est heureusement complétée, avec concision, par le même biographe,[61] et, par un récit plus abondant et détaillé, dans la Per 78.[62] A une

---

54 S. JEROME, Comm. in Mt. libri IV: CCL 77, 96.

55 ANSELME DE LAON, Glossa ordinaria: PL 114, 128A. – S. GREGOIRE LE GR., Moralium libri, lib. VII, c. 17, n. 58: PL 75, 800C: «Une parole est donc oiseuse quand elle manque de sens accordé à la nécessité ou d'intention conforme à l'utilité». Cf. aussi AELRED DE RIEVAULX, De inst. incl., n. 22: DUMONT, 96.

56 Adm 21: 50: «Malheur au religieux qui se plaît aux histoires légères et frivoles (*verbis otiosis et inanibus*) et s'en sert pour porter les hommes à rire.» Cf. le commentaire note 44.

57 Adm 22: 50: «Malheur au religieux qui au lieu de garder en son cœur les lumières et les grâces (bona) dont le Seigneur le favorise, et au lieu d'en faire profiter les autres par ses actions, s'empresse de les étaler aux yeux des autres pour les faire valoir ...».

58 1 C 41: 253: «Ils ne parlaient que forcés par la nécessité; aucune parole bouffonne ou inutile (scurrile aut otiosum quidpiam) ne sortait de leur bouche; on ne trouvait rien que d'honnête et de bienséant dans leur conduite et leur conversation».

59 Cf. le texte cité ci-avant note 47.

60 Per 16: 889: «Ensuite qu'ils fassent faire de pauvres petites maisons de terre et de bois, et quelques cellules où les frères puissent quelquefois prier et travailler plus à l'aise et surtout à l'abri des bavardages inutiles (*verba otiosa*)».

61 2 C 160: 477s: «Il se rendit compte un jour qu'à Sainte-Marie de la Portioncule, tout le profit des oraisons se perdait ensuite en conversations futiles; il prescrivit ce remède contre les bavards: "Tout frère qui se sera rendu coupable de paroles inutiles (*otiosum vel inutile verbum*) s'en accusera aussitôt et récitera un Notre Père par parole inutile. S'il se reprend lui-même de sa faute, il récitera pour lui le Notre Père; s'ils est repris par un autre frère, c'est pour ce dernier qu'il le récitera."»

62 Per 78: 950s: «... le règlement suivant ...: si un frère, soit en voyage soit au travail avec d'autres, se laisse aller à quelque bavardage inutile, il sera tenu de réciter le Notre Père avec les Louanges de Dieu, au commencement et à la fin de la prière. Si le fautif s'en accuse lui-même, dès qu'il a pris conscience de cet écart, il dira pour lui-même le Notre Père et les Louanges du Seigneur; s'il est repris par un frère avant de s'en accuser, c'est pour ce frère qu'il dira le Notre Père, de la manière indiquée. S'il est repris par un frère, se rebiffe et ne veut pas réciter le Notre Père, il en dira deux pour celui qui l'a repris, à

époque, qui par manque absolu d'indice ne peut être déterminée, François, séjournant à la Portioncule, perçut le danger de perdre les biens spirituels obtenu dans la prière à cause des bavardages inutiles; il aurait alors donné des sanctions précises contre ce vice.[63] Et ainsi: si un frère, en voyage ou durant le travail, avait dit une parole oiseuse, il devait, sitôt qu'il s'en rendait compte, confesser sa faute devant les autres et réciter un Notre Père – avec les louanges de Dieu au [S. 126] commencement et à la fin de la prière, selon le Compilateur[64] – soit pour lui-même, s'il se reprenait de lui-même, soit pour l'âme de celui qui l'avait averti de sa défaillance.

Celano interrompt ici son récit, tandis que le Compilateur fournit d'autres éléments qui pourront difficilement être qualifiés globalement d'amplification légendaire. Celui qui avait récusé l'avertissement en invoquant des excuses devrait réciter une double pénitence, pour celui qui l'avait repris et pour le témoin qui avait confirmé le reproche du premier. Il prononcerait les louanges de Dieu à voix haute pour une salutaire confusion de lui-même et l'avertissement des autres du couvent qui l'écouteraient en silence. Celui enfin qui, à la condition bien sûr d'attraper le confrère sur le fait, avait négligé de l'avertir, aurait été tenu de réciter le Notre Père et les louanges de Dieu pour lui.

Il ne nous est pas permis d'exclure à l'avance l'historicité de ce témoignage, bien que l'aspect «quantitatif» de la pénitence nous présente ici un François moins évangélique et plus lié à son époque, spécialement aux coutumes monastiques. Examiné en même temps que d'autres passages biographiques, ceci confirme davantage encore la grande importance que le Poverello accordait au contrôle de la langue pour l'esprit de prière et la recherche de la perfection évangélique.

Dans une formule qui lui est typique s. Bonaventure résume 2 C 160 en y insérant des éléments de doctrine proprement ascétiques:

> «En fait de paroles, il ordonnait aux frères l'observation du silence dont parle l'Evangile, (*evangelium ... silentium*): s'abstenir soigneusement et toujours de toute parole oiseuse parce qu'on aura, le jour du jugement, à en rendre compte (Mt 12,36). S'il prenait un frère à

---

condition qu'un autre frère se joigne au premier pour témoigner que la parole inutile a bien été prononcée. Ces Louanges du Seigneur, il les récitera au commencement et à la fin de la prière, assez haut et assez clair pour que tous les frères présents puissent entendre et comprendre; eux, pendant ce temps-là devront se taire et écouter. Un frère qui assiste à un bavardage inutile sans y mettre le holà sera tenu de réciter pour le coupable le Notre Père et les Louanges du Seigneur ...».

63 SpSab, o. 82, n. 4: 245, précise davantage les circonstances de la sanction: «... en ce temps-là, pour éviter l'oisiveté qui est la racine de tous les maux, surtout chez un religieux, il ordonna que tous les jours, après le repas, les frères tous ensemble avec lui devraient se mettre au travail, afin que le bienfait obtenu au moment de la prière ne soit pas perdu totalement ou en partie à cause de paroles inutiles ou oiseuses, ce à quoi on est davantage porté après un repas».

64 Il est difficile de préciser avec certitude à quelle louange de Dieu s. François fait allusion ici. Il nous semble peu probable qu'il s'agisse des *Laudes ad horas*: Doc., 179, comme le soutient J. CAMBELL (I fiori, 404s note 238). Il faut dire que, selon la recherche de K. ESSER (Die dem hl. Franziskus zugeschriebene Expositio in Pater noster, in: CFr 40 (1970), 243, 258s), l'Expos. dans aucun manuscrit ne se trouve jointe aux Laudes. Retenons que François visait une très courte louange divine, comme: «Laudatus sit Dominus Deus!» (Per 34), d'autant plus que la Per 78: 951 ajoute immédiatement après l'histoire des sanctions (note 62): «Tout frère qui, dans une cellule, dans une maison ou ailleurs, rencontre un ou plusieurs frères, aura toujours soin de louer et bénir Dieu».

bavarder assez souvent et sans utilité, il l'en reprenait avec véhémence; il affirmait que silence et discrétion protègent la pureté du cœur et sont une grande force, puisque «la langue (l'Ecriture parle ici de l'organe de la parole plutôt que du goût) peu donner et la vie et la mort.»[65]

C'est la première fois que nous rencontrons la qualification de «silence évangélique». Le Docteur Séraphique, cependant, n'attribue pas expressément cette dénomination à s. François. Par ailleurs la possibilité n'est pas exclue que le Poverello ait trouvé cette expression en partant précisément de Mt 12,36.[66]

Alors que d'autres éléments rapportés par le biographe ont déjà été rencontrés ailleurs, s. Bonaventure est, quant à lui, le premier à dire que, selon le Fondateur, le «silence emprunt de modestie (*modesta taciturnitas*)», protège la pureté de cœur et est une vertu d'une efficacité particulière (*non modicam esse virtutem*) du fait que de la langue, en tant qu'organe de la parole, dépend la vie éternelle. Sans tenir compte de l'élégance littéraire qui dépasse certainement le degré d'instruction du Saint, sont contenus dans le présent texte des éléments qui ne trouvent aucun correspondant dans les *Ecrits* ou dans les *Vies* antérieures mais qui correspondent bien [S. 127] à l'enseignement ascétique du Docteur Séraphique exprimé ailleurs.[67] Une exception, peut-être, est à faire pour le lien entre silence et garde du cœur.

L'exposé déjà plus long que prévu nous empêche de compléter l'argumentation en illustrant le silence qualifié, pour ainsi dire, par la non manifestation aux autres d'expériences spirituelles dont on a été gratifié par le Seigneur,[68] et le devoir de s'entretenir dans les conversations de propos spirituels.[69]

---

65 LM V, 6: 625s.

66 Jusqu'ici nous n'avons pas réussi à trouver un témoignage antérieur à s. François où on utilise le terme «silence évangélique». En outre il est plutôt étrange que s. Bonaventure, bien qu'il revienne fréquemment sur l'argument, n'utilise jamais, pour autant que nous connaissions ses écrits, cette expression (cf. Op. om. X/2, 233 c: index locorum S. Scripturæ).

67 Cf. surtout: S. BONAVENTURE, De donis Spiritus Sancti, coll. 9, n. 12: Op. om. V, 501s; nous n'avons par contre pas trouvé ressemblances dans les chapitres relatifs au silence des écrits suivants: De perfectione vitæ ad sorores, c. 4: Op. om. VIII, 115-117; De regula noviciorum, c. 15; ibid., 489; Epistola de imitatione Christi, n. 15s: ibid., 502s.

68 Adm 28: 53: «Bienheureux le serviteur qui amasse, mais dans le ciel, le trésor de grâces et de lumières que le Seigneur lui offre, et qui ne cherche pas, pour se faire valoir, à les manifester aux hommes à son tour; car c'est le Très-Haut lui-même qui manifestera ses propres œuvres à qui il lui plaira. Bienheureux le serviteur qui conserve en son cœur les secrets du Seigneur». – 1 C 96: 300: «Ses grands secrets, en effet, il avait pour habitude de ne jamais ou guère les confier, car il craignait de les voir divulguer (ce que font tous les préférés pour montrer combien ils sont spécialement aimés) et de porter ainsi préjudice à la grâce qu'il avait reçue. Il gardait toujours en son cœur cette parole du prophète qui revenait sur ses lèvres: ‹En mon cœur j'ai caché tes promessses pour ne point pécher contre toi› (Ps 118,11)». – LM X,4: 676: «C'est là (dans les lieux solitaires) – des indices certains le prouvent – que lui furent dévoilés certains secrets et mystères de la divine sagesse; mais il ne les divulguait pas à moins d'y être poussé par son amour du Christ ou par le bien qu'ils pouvaient faire à autrui».

69 En plus de Per 9 (cf. ci-avant I; II,3a), cf. 3 S 46: 835 (traduction de L. PICHARD): «Ils allaient donc, joyeux, n'ayant aux lèvres que les paroles du Seigneur, n'osant parler que de ce qui concernait la louange et gloire de Dieu et le bien de l'âme; et, fréquemment, ils se mettaient en oraison (ce sont s. François et ses onze compagnons en voyage à Rome en 1209). – Cf. aussi 3 S 59: 844: «Quand les frères venaient au Chapitre, aucun n'osait parler des affaires du monde; mais leurs entretiens portaient sur la vie des saints

4. Le silence mental

Selon une doctrine et une expérience chrétienne séculaire, la solitude et le silence créent la disposition idéale à la prière contemplative, en favorisant le recueillement intérieur. Même si ce lien n'est pas mentionné directement dans nos textes biographiques (I), ni dans la *Règle pour les ermitages*, d'autres témoignages très explicites à cet égard ne manquent pas.

Reconstituant les idées inspiratrices de la vie des premiers frères dans la cabane de Rivo Torto, Thomas de Celano rapporte: «Il avait inscrit sur les poutres le nom des frères: chacun retrouvait sa place pour prier et pour dormir, et l'exiguïté du lieu n'était pas un obstacle au recueillement (*ne ... mentis silentium perturbaret*)»[70]. En outre, en racontant l'épisode du passage près d'Assise,[71] en 1209, de l'empereur Otton IV qui allait se faire couronner par Innocent III, il fait savoir que François ni ne sortit personnellement de la cabane, ni ne permit aux siens d'aller le voir passer, sauf à un seul qui irait lui annoncer la brièveté de sa gloire. Il ajoute ensuite, en sorte de motivation:

> «Le Saint habitait toujours avec lui-même, il allait et venait bien au large dans son cœur dont il faisait un salon digne de recevoir Dieu; les rumeurs du dehors n'aguichaient plus ses oreilles, aucun appel n'aurait pu l'arracher, fût-ce pour un temps à la grande œuvre (*ingens negotium*) qui l'occupait. Fort de l'autorité dont le Siège Apostolique l'avait investi il refusait absolument de flatter les princes ou les rois.»[72]

Thomas de Celano interprète cette «grande œuvre» comme la charge de la prédication pénitentielle qu'Innocent III[73] avait donnée à François et de laquelle il prétendait ne se faire arracher ni par aucun événement, ni par aucun être humain. Mais cela ne constituait qu'une de ses préoccupations qui, du reste découlait de son inspiration principale à s'ouvrir au dialogue intérieur avec Dieu, comme le souligne l'hagiographe. Mais pour comprendre plus clairement le lien qui, selon le Poverello, unit le «silentium mentis» et la prière, il faut tenir compte de la valeur décisive qu'il attribue à l'effort de se détacher des préoccupations mondaines pour désencombrer l'âme des obstacles qui s'opposent à la rencontre avec Dieu dans la prière. Pour dissiper tout malentendu, rappelons tout de suite que François reconnaît, naturellement, les formes légitimes de soin et de sollicitude au service des [S. 128] frères.[74] A côté de cela subsiste un genre de

---

Pères et sur les moyens les plus parfaits et les plus efficaces d'obtenir la grâce de Notre-Seigneur Jésus-Christ».

70 1 C 44: 255. – Cf. aussi 3 S 55: 840: «L'homme de Dieu inscrivit le nom des frères sur les poutres de la cabane pour permettre à qui voudrait dormir ou prier de reconnaître tout de suite sa place, sans s'exposer, dans ce réduit étroit et exigu, à faire du bruit et à troubler le silence de l'âme».

71 Cf. BROWN, R.: Appendix II: Chronology, in: ENGLEBERT, O.: Saint Francis of Assisi: a biography, Chicago/Ill. (1965), 377-382, qui, avec l'aide de sources profanes, a pu confirmer pleinement la crédibilité du biographe.

72 1 C 43: 255.

73 Cf. 1 C 33, 36-37.

74 A titre d'exemples seulement, nous citons ici quelques textes: RCl (2): 102: «... je veux, et j'en prends l'engagement, avoir toujours, par moi-même et par mes frères, pour vous comme pour eux, un soin attentif et une affection toute spéciale»»; 2 C 168; 2 C 174: 488: «Quel supérieur a jamais témoigné à ses sujets la sollicitude que déployait François? Les mains levées vers le ciel ...»; 2 C 178: 291: «... s'occupe de la maison ...»; 2 C 188: 498: «Un frère lui demanda un jour pourquoi il s'était démis du soin des frères

préoccupations qui aveuglent spirituellement, rendant l'homme inapte à l'écoute de la parole divine et à la conversation avec Dieu. Partant d'une citation libre de Mt 13,22; Mc 4,19; Lc 8,14 dans la Règle de 1221:

> «Ce qui tombe dans les épines, représente ceux qui entendent la parole de Dieu; mais les soucis et les tracas de ce siècle, la séduction trompeuse des richesses et toutes les autres convoitises entrant dans leur cœur, étouffent la parole, qui ne peut porter de fruit»[75],

s'éclaire l'obstacle que le souci anxieux des choses terrestres crée à l'esprit de prière:

> «Gardons-nous bien de la malice et de la subtilité de Satan, qui ne veut pas que l'homme tienne son esprit et son cœur tournés vers le Seigneur; il rôde et voudrait bien s'emparer du cœur de l'homme par l'attrait de quelque récompense ou de quelque avantage, étouffer dans sa mémoire la parole et les préceptes du Seigneur; il veut aveugler le cœur de l'homme par les affaires et les soucis du monde, et s'y établir ...»

Après avoir cité Mt 12,43-45 (cf. Lc 11,24-26) il enchaîne:

> «Soyons donc tous très vigilants: que l'attrait d'une récompense ou d'un avantage quelconque ne nous conduise pas à notre perte, et ne détourne pas de Dieu notre esprit et notre cœur. Dans la sainte charité qu'est Dieu, je prie tous mes frères, ministres et autres, de s'employer du mieux qu'ils pourront, après après avoir supprimé tout empêchement, rejeté tout soucis et tout tracas, à servir, à aimer, adorer et honorer le Seigneur dans la pureté de leur cœur et de leur esprit: car c'est là ce que lui-même désire par-dessus tout»[76].

Avec une grande finesse psychologique, s. François avertit du danger qu'une très large gamme de pensées et d'occupations humaines peuvent littéralement prendre possession du cœur humain, en drainer toutes les énergies disponibles et détourner l'âme vers des objets exclusivement terrestres. Cet état intérieur enténèbrerait l'homme en le

---

et les avait confiés à des mains étrangères comme s'ils n'étaient plus rien pour lui ...»; Per 37: 912: «... il ne se mettait pas en peine de soigner ces maux»; Per 46: 922: «... pour le traitement de ses yeux ...»; Per 47: 923: «... Mes très chers frères et mes petits enfants, supportez sans ennui la peine et la fatigue que vous cause mon infirmité. Le Seigneur se substituera à son pauvre serviteur pour vous récompenser, en ce monde et en l'autre; il saura mettre à votre compte les bonnes œuvres que vous aurez dû négliger pour me soigner ...»; Per 76 du soin et de la sollicitude du Ministre général; Per 80: 953: «Le bienheureux François avait, en effet, beaucoup de respect et de dévotion pour le Corps du Christ. Il aurait voulu écrire dans la Règle que, dans les provinces où ils demeuraient, les frères devaient aussi lui consacrer beaucoup de soins et d'égards ...»; LM IX, 6: 669: «Malgré la certitude du profit que représentait pour lui la mort, l'homme de Dieu comprit alors qu'il lui était nécéssaire de vivre encore pour la famille qu'il avait engendrée, et il s'en retourna prendre la garde des brebis confiées à ses soins».

75 Rnb 22,14: 77; pour le concept biblique cf. VÖGTLE, A.: Sorgen, in: LThK ²IX, 892 (bibliogr.); REUSS, J.: Sorge, in: HAAG, H. (éd.): Bibel-Lexikon, Zürich ²1968, 1619s; GERVAIS, J.: Les épines étouffantes. Luc 8,14-15, in: Eglise et Théologie (Ottawa) 4 (1973) 5-39; pour les témoignages antérieurs à s. François on verra p. ex. ds. LECLERCQ, Otia monastica, 90-92, 96, 99, 106, 131; PALAZZINI, P.: Spiritualità eremitica di S. Pier Damiani e dei suoi discepoli a Fonte Avellana, in: Divinitas 16 (1972) 353-388, 366; PIERRE DAMIEN, Opusc. 15: De suæ Congregationis institutis, c. 1: PL 145, 336CD: «Assurément, cette voie érémitique ni ne gêne par les épines des soucis, ni n'entrave par la boue des affaires du monde l'avancement de ceux qui y marchent». – De la notion du «silence mental» se rapproche celle de «la garde du cœur», cf. AGNES, P.: Garde du cœur, in: DSp VI, 100-117.

76 Rnb 22,19. 22-23: 78.

privant de la force spirituelle visible et éteindrait inévitablement «l'esprit de prière et de dévotion dont toutes les valeurs temporelles ne doivent être que les servantes»[77].

Les nombreux[78] témoignages biographiques nous permettront un bref survol des types de préoccupations excessives qui font obstacle à la prière. Du jeune marchand, on affirme qu'il était «tout entier à la convoitise du gain et au souci de son commerce»[79]. Après la confirmation de leur vie évangélique de la part d'Innocent III, le petit groupe des premiers frères, se trouvant dans un endroit solitaire près de Orte, découvrit le bonheur de la pauvreté: «Finis les soucis terrestres: le seul plaisir était Dieu ...»[80]. Leurs exigences étaient réduites au minimum vital, «ils vivaient donc partout l'âme en paix, ni troublée par la crainte, ni distraite par les soucis; ils envisageaient le lendemain sans aucune appréhension»[81]. Au même contexte de la vie primitive se réfère la citation du biographe: [S. 129]

> «... embrasés de l'Esprit-Saint ils chantaient le Notre Père ... et la supplication des voix s'harmonisait au jaillissement de la ferveur (ce qu'ils faisaient non seulement aux heures prévues mais à chaque instant, car ils étaient bien peu troublés par les soucis terrestres ou mordus par l'angoisse, l'inquiétude ou les tracas)»[82].

Un récit de la *Compilatio Perusina* montre jusqu'à quel niveau le radicalisme évangélique de François se laisse emporter par là: «Ne vous souciez pas du lendemain!», au point en fait d'exclure, y compris pour la communauté, toute provision pour le lendemain.[83]

Une autre source d'anxiété est constituée normalement par son propre corps et sa santé. Aussi François exhorte-t-il les «frères malades» à ne pas se troubler, à ne pas exiger leurs remèdes avec impatience, ni à être trop préoccupés par la guérison de leur maladie.[84] A son sujet le biographe note expressément: «Il se regardait comme un objet

---

77 Rb 5,2: 92. – Le même enseignement se retrouve aussi ds. EpFid 63-66: 121s: «Or tous ceux qui ne vivent pas dans la pénitence et ne reçoivent pas le Corps et le Sang de notre Seigneur Jésus-Christ, mais qui s'adonnent aux vices et aux péchés, qui suivent leur concupiscence et leurs mauvais désirs; qui n'observent pas ce qu'ils ont promis d'observer; qui font de leur corps l'esclave du monde, des instincts charnels, des soucis et des agitations ambitieuses d'ici-bas; qui font de leur esprit l'esclave du démon, séduits par lui dont ils sont les fils et dont ils accomplissent les œuvres: tous ceux-là sont des aveugles, car ils ne voient pas la vraie lumière, notre Seigneur Jésus-Christ». – Cf. aussi Rb 10; Lettre aux chefs des peuples.

78 Leur grand nombre exclut une analyse détaillée; cela constituerait une matière suffisante pour un article entier.

79 3 S 3: 801: cf. aussi 1 C 17.

80 1 C 35: 247.

81 1 C 39: 251.

82 1 C 47: 258.

83 Mt 6,34; LP 4: 876: «... il résolut de l'observer à la lettre et s'y appliqua tout le temps de sa vie. Par exemple, quand le frère qui faisait la cuisine pour les frères voulait leur servir des légumes, il lui défendait de les tremper dans l'eau chaude le soir pour le lendemain, comme c'est la coutume, et cela afin de mettre en pratique la parole de l'Evangile: 'Ne vous inquiétez pas du lendemain'.» Cf. aussi l'application du texte biblique à la cellule personnelle Per 13. – Sur la problématique du littéralisme évangélique de s. François que soulève le texte mentionné cf. la bibliogr. de SCHLAURI, Saint François et la Bible, 401s.

84 Rnb 10,7: 67: «Si un frère malade se trouble ou s'irrite soit contre Dieu soit contre ses frères, ou s'il exige ses remèdes avec impatience, dans un désir excessif de sauver une chair qui pourtant mourra bientôt et qui est ennemie de l'âme, cela lui est inspiré par l'esprit mauvais; c'est un homme charnel ...». – Cf. aussi 2 C 175.

de rebut; il ignorait la peur de perdre sa vie corporelle autant que les ménagements pour la conserver ...»[85]. Accablé qu'il était d'innombrables maux et pénibles maladies, au point qu'il n'avait plus l'usage de son corps, tellement il était délabré, «quand il s'accordait le moindre adoucissement, sa conscience le lui reprochait encore»[86].

La science est un autre vaste domaine d'où le Saint craint de voir venir le risque de préoccupations terrestres qui arrachent l'âme à Dieu. Le novice «qui savait lire le Psautier, mais pas très bien», avant de se faire confirmer par François la permission du Vicaire général d'en détenir une copie, connaissait bien sa conviction à ce sujet:

> «... (François) ne voulait pas voir ses frères avides de science et de livres, mais il préférait les voir – comme il le prêchait – passionnés pour la pure et sainte simplicité, pour la prière, et pour Dame Pauvreté. C'est ainsi qu'avaient été formés les premiers frères, qui étaient des saints, et ils estimaient que telle était la voie la plus sûre pour faire son salut»[87].

A cette occasion le Compilateur fait s'exprimer le Saint sur le problème: science, vocation évangélique et apostolat franciscain:

> «Nombreux sont les frères qui, jour et nuit, mettent toute leur passion et tout leur soin à la poursuite de la science, abandonnant ainsi la prière et leur sainte vocation. Et quand ils ont prêché à quelques hommes ou au peuple, s'ils voient ou s'ils apprennent que certains ont été édifiés ou convertis à la pénitence par leurs discours, ils s'enflent et s'enorgueillissent du résultat et du travail d'autrui. Car ceux qu'ils croient avoir édifiés ou convertis à la pénitence par leurs discours, c'est Dieu qui les a édifiés ou convertis, par les prières des saints frères ...»[88].

A ce contexte se rapporte aussi la curiosité de savoir ou d'entendre des nouvelles récentes des personnes ou des événements. Il l'exclut particulièrement aux frères demeurant à la Portioncule comme un obstacle à la vie de prière: [S. 130]

> «Je veux encore que les (frères) laïcs qui les servent ne leur rapportent aucune parole ou nouvelle du siècle qui ne soit utile à leur âme»[89].

---

[85] 1 C 53: 262s.

[86] 2 C 210: 517. Le biographe ajoute une conversation entre le saint et un frère qui n'est pas nommé: «Que penses-tu, mon frère, des reproches que m'adresse souvent ma conscience pour les soins que je donne à mon corps? Elle craint que je sois trop indulgent parce qu'il est malade et que je prenne d'excessives précautions pour lui accorder ses aises. Et pourtant il n'y prend lui-même aucun plaisir, car cette longue maladie a fini par lui ôter toute envie de quoi que ce soit».

[87] Per 70: 943. – Cf. aussi 2 C 195: 505: «Négliger la vertu pour courrir après la science était un spectacle qui lui causait beaucoup de peine, surtout de la part de ceux qui cherchaient ainsi à éluder la vocation dans laquelle ils avaient d'abord été appelés. «Mes frères que travaille un appétit excessif pour la science, disait-il, se trouveront les mains vides au grand jour du rendement des comptes ...» Il ne disait pas cela pour détourner de l'étude de l'Ecriture Sainte, mais pour leur éviter à tous la passion immodérée de la science, et, pour certains, il aurait aimé les voir vraiment généreux plutôt qu'à demi érudits». – Il n'est évidemment pas dans notre intention d'analyser ici tout le problème complexe de l'attitude de François envers la science; cf. la bibl. de SCHLAURI, Saint François et la Bible, 369. – Sur le concept de «curiositas» (rendu ci-dessus par: appétit excessif) cf. METTE, H. J.: Curiositas, in: Festschrift Bruno Snell zum 60. Geburtstag am 18. Juni 1956 ..., München 1956, 227-235; LABHART, A.: Curiositas. Notes sur l'histoire du mot et de la notion, in: Rev. Etud. Lat. 37 (1959) 75s; CABASSUT, A.: Curiosité, in: DSp II/2, 2654-2661; FLORES D'ARCAIS, G.: Curiosità, in: Encicl. Filos. II (^{2}1967), 218s (bibl.).

[88] Per 71: 944.

[89] Per 10: 883; cf. SpSab, c. 55, n. 37: 150 e ibid., 150s note aa (textes parallèles). – Remarquons cependant que dans le présent contexte les sources n'utilisent pas le terme «curiositas»; cf. note 87.

Les multiples formes de préoccupations anxieuses citées ci-dessus sont en rapport étroit avec le silence mental, avec cette sérénité intérieure qui est le fruit exquis de l'esprit de pauvreté et qui prépare directement à la prière. Cela explique aussi pourquoi François, dans les passages biographiques sur la vie érémitique à S. Marie-des-Anges, met si fortement l'accent sur la très haute pauvreté, considérée comme le terrain idéal où fleurit l'oraison. Parmi les projets initiaux qui se présentèrent à l'esprit de François avec une force spéciale avant de mourir, il y eu encore celui-ci:

> «Il voulait même reprendre le service des lépreux et sa vie méprisée de naguère, fuir la compagnie des hommes et se retirer dans la plus profonde solitude pour être débarrassé de tout autre souci et n'avoir plus, entre lui et Dieu, que la seule cloison provisoire de la chair»[90].

5. La discipline dans la nourriture et le sommeil

Dans les textes biographiques qui constituent l'objet principal de cette recherche, est mis clairement en évidence le lien entre mortification et vie contemplative. 2 C 19 affirme de manière tout à fait générale: «On y observait la plus stricte discipline concernant le travail, le silence et toutes les autres prescriptions de la vie régulière». Dans les termes «disciplina» et «regularia instituta» (prescriptions ...),[91] est inclus, évidemment, l'exigence d'un style de vie austère qui concerne de manière spéciale la nourriture et le sommeil. L'information de la Per est plus large et enrichie de particularités:

> «Ils affligeaient leur corps non seulement par le jeûne, mais encore par des veilles fréquentes, le froid, la nudité et les travaux des mains»[92].

a) Le j e û n e. Entre autres formes de mortifications, le jeûne mérite une considération à part. En tant que vénérable pratique ascétique,[93] il ne pouvait certes pas manquer au programme de vie contemplative franciscaine. Outre le témoignage explicite du Compilateur, rappelons la Règle pour les ermitages selon laquelle les ermites, après

---

90 1 C 103: 307.

91 2 C 19: 363; cf. LECLERCQ, J.: Disciplina, in: DSp III, 1291-1302. – A la traduction «d'actes de la vie régulière» nous avons préféré celle proposée par GRAU, E.: Th. von Celano. Leben und Wunder des hl. Franziskus, Werl/Westf. ²1964, 244: «... Vorschriften der Regel». La signification est identique à «pour les autres observances régulières (*ceteris regularibus constitutis*)» de la EpOrd 42. En incise nous relevons le caractère législatif et normatif de l'expression et de la réalité qui nous concerne. Une interprétation purement spirituelle et exhortative de la Règle franciscaine se heurte, en effet, à des témoignages irrévocables. Cf. aussi BLAISE, A. / CHIRAT, H.: Dict. latin-français des auteurs chrétiens, Turnhout (1954), 209b (constitutum), 457 (instituta).

92 Per 9: 882.

93 Cf. PARRA HERRERA, A.: Legislaciôn eclesiástica sobre el ayuno y la abstinencia. Sintesis histórica y comentario, Washington 1935; VILLER, M. / RAHNER, K.: Aszese und Mystik in der Väterzeit. Ein Abriß, Freiburg i. Br. (1939), 319b (Fasten); REGAMEY, R. (éd.): Redécouverte du jeûne. (Sagesse du corps), Paris 1959; nous avons eu accès seulement à la trad. allemande: Wiederentdeckung des Fastens, Wien (1963), 15-111, 292-297 (données de la Bible et la tradition chrétienne); BOUTON, A. / ROUILLARD, Ph.: Jeûne, in: Catholicisme VI (1967) 827-835 (bibl.). – Pour la tradition érémitique en particulier on pourra consulter: GRIMLAIC, Regula solitariorum, c. 42: PL 103, 633s; c. 53: 644 B-646 B; S. PIERRE DAMIEN, Opusc. 15: De suæ Congr. instit., c. 6: PL 145, 340B-342B; c. 15: 347D-348D (cf. CAPITANI, O.: San Pier Damiani e i'istituto eremitico, in: L'eremitismo in Occidente nei secoli XI e XII, Milano (1965), 122-163, spéc. 160-163); AELRED DE RIEVAULX, De institutione inclusarum, n. 11s: DUMONT, 68-76.

Tierce, pouvaient se rendre auprès des frères «Marthe» pour demander l'aumône de l'unique repas quotidien.[94] Il est aussi typique que, dans les deux Règles pour tous les frères, François unisse les prescriptions qui ont trait à la prière et au jeûne, suivant en cela la parole du Christ qu'il cite de mémoire selon la tradition de Mc 9,29: «Ce genre de démon ne peut être chassé que par le jeûne et la prière»[95].

S. Bonaventure, en outre, rapporte que le Fondateur établit le schéma de la Règle définitive [= Rb] dans la solitude d'une montagne – c'est, pour s'en [S. 131] tenir à ce que disent d'autres sources, dans l'ermitage de Fonte Colombo – jeûnant au pain et à l'eau.[96] La rigueur de vie de François aussi bien que des premiers frères, en même temps que leur attachement à la prière continue[97] est bien mise en relief mais le Docteur Séraphique s'attarde de manière très particulière à décrire les divers carêmes que le Saint aurait observés.[98] Pour les quarante jours facultatifs de pénitence supplémentaire de l'Epiphanie,[99] Bonaventure nous informe:

> «L'une de ses dévotions particulières était, durant les quarante jours qui suivent l'Epiphanie, c.-à-d. le temps de la retraite du Christ au désert, de rechercher la solitude et, caché dans sa cellule, de s'appliquer sans interruption, tout en menant le jeûne le plus rigoureux possible, à prier et à louer Dieu»[100].

Examiné avec les autres témoignages,[101] ce texte présente tous les traits de crédibilité historique. De cela résulte non seulement le lien étroit existant entre prière et jeûne dans la vie contemplative franciscaine, mais encore que les temps de carême furent tout spécialement ce qui constitua le cadre préféré des retraites de François et des premiers frères.

b) La veille. Dans les deux passages biographiques il est fait allusion à cette très ancienne pratique ascétique ou liturgique de passer une partie ou l'entièreté de la nuit en prière.[102] Il est spécifié expressément que la prière à la Portioncule se faisait de jour et

---

94 Erm 5; cf. ci-avant n. 42; pour la pratique postérieure dans la vie érémitique franciscaine cf. BLUMA, De vita recessuali, 109s, 125s.

95 Rnb 3,1 (cit. texte biblique); Rb 3,5-8.

96 LM IV, 11; Per 113.

97 3 S 14s; 1 C 40.

98 LM IX,3: 666 (et note 11). Nous ne nous étendrons pas sur une discussion de la valeur critique des détails que le biographe rapporte en premier. Quelque puisse en être la conclusion, il nous semble physiquement impossible que François ait pu observer chaque année les trois Carêmes dévotionnels en plus des trois autres de la Règle!

99 Rb 3,6: 90: «Pour le Saint Carême qui, commençant à l'Epiphanie, dure quarante jours consécutifs, et que notre Seigneur a consacré par son saint jeûne, que ceux qui veulent bien l'observer soient bénis du Seigneur, et que ceux qui ne veulent pas n'y soient pas astreints.» Cf. OLIGER, L.: Sancti Francisci Regula anni 1223 fontibus locisque parallelis illustrata, in: ID.: Expositio Quattuor Magistrorum super Regulam Fratrum Minorum (1241-1242), Roma 1950, 178s. – Autre avait été la prescription de la Rb 3,13: 58: «Tous les frères jeûneront aussi de la Toussaint à Noël; et depuis l'Epiphanie, début du Carême de notre Seigneur Jésus-Christ, jusqu'à Pâques».

100 LM IX,2: 664s.

101 Cf. SCHMUCKI, «Secretum solitudinis», 51-54.

102 Cf. HAMMAN, A.: La prière, II: Les trois premiers siècles (Tournai 1963), 379 (veille); JUNGMANN, J. A.: Vigil, in: LThK (^{2}1965), 785-787 (bibl.). – Pour la tradition érémitique les références suivantes suffiront:

de nuit (I). De la Règle pour les ermitages on retient au moins cela, que dans les ermitages les frères se levaient pour réciter les matines à l'heure convenable, c.-à-d. à minuit.[103] Pour le Poverello cette habitude est attestée dans la délicieuse histoire d'un faucon qui, sur l'Alverne, le réveillait pour l'office de nuit, tout en tenant compte de son état de santé précaire.[104] A côté de l'usage liturgique de l'office de nuit – qui fut un temps règle générale pour le clergé menant vie commune, mais désormais remplacé de plus en plus par la forme plus commode qui consiste à l'anticiper la veille[105] – François pratiquait régulièrement la prière privée durant la nuit. Dans la vocation évangélique de Bernard de Quintavalle, décisif fut le fait qu'il avait vu:

> «que François passait les nuits en prière, ne dormait que très peu et prêchait les louanges de Dieu et de la glorieuse Vierge, sa mère; rempli d'admiration il se disait: 'Vraiment, c'est là un homme de Dieu!'»[106].

Le biographe raconte en outre:

> «Le soir, lorsqu'il gagnait son lit, il le faisait assez bruyamment pour que tous sachent bien qu'il était couché; mais pour prier la nuit, il avait l'art de se lever si discrètement, si furtivement, que pas un de ses compagnons ne l'entendait»[107].

Parmi les autres témoignages méritent d'être mentionnés la prière nocturne, aux environs de 1214, en l'église S. Pietro di Bovaro près de Trevi[108] [S. 132] et la vision concernant la pauvreté qu'il eut dans les circonstances de temps et de lieu non précisées, «une nuit, à la fin d'une longue oraison ...»[109]. Très éloquente est, pour terminer, l'affirmation générale du Compilateur qui dit que François s'adonnait la plus grande partie du jour et de la nuit à la prière.[110]

GRIMLAIC, Regula solitariorum, c. 40: PL 103, 631B: «La nuit aussi ils s'adonnent très dévotement aux saintes veilles et aux prières très pures». – S. PIERRE DAMIEN, De suæ Congr. instit., c. 17: PL 145, 349s: «... avant l'office de nuit de la communauté, soit que la nuit est encore assez avancée, soit que les vigiles sont plus longues pour une raison quelconque, il est loisible de prolonger le coucher. Mais après l'office de nuit, ce ne sera permis en aucune manière» (349BC). «... au signal, que l'office de nuit commence, afin qu'au lever du jour, moment où la mélancolie (acedia) se fait sentir davantage, on nous trouve occupés aux heures canoniales. Qu'il ne soit pas question, alors, de céder au sommeil où à la molesse, précisement à l'heure où notre Rédempteur est ressuscité après avoir détruit l'empire de la mort ...» (349C).

103 Erm 3, ESSER, 410s (39) (commentaire historique) – Une prescription qui sera constamment observée dans les maisons de retraite franciscaines; cf. BLUMA, De vita recessuali, 114-117.

104 2 C 168; cf. SCHMUCKI, O.: De stigmatum suceptione, in: CFr 24 (1964) 34.

105 Cf. RIGETTI, M.: Historia de la Liturgia, I, Madrid 1955, 1253-1255; il semble toutefois qu'au temps de s. François l'usage se soit maintenu dans certaines régions, comme le montre 3 S 38: 829: «Puis à l'aube (les deux frères) allèrent à l'église la plus proche pour entendre l'office», pourvu que l'on traduise plus littéralement: «Cette nuit-là donc, se levant pour Matines (*ad Matutinum*), ils se rendirent à l'église la plus proche».

106 1 C 24: 237; cf. SCHMUCKI, Franciscus «Dei laudator et cultor», 14s.

107 2 C 99: 430.

108 Cf. SCHMUCKI, «Secretum solitudinis», 17s; cf. aussi ibid., 27, 52s sur la prière de nuit dans un des neuf corridors d'une tour près du palais du card. Brancaleoni († 1228/30) vers la fin de 1223; sur ce personnage cf. J. M. BAK, in: Diz. Biogr. Italiani, XIII (1971), 814-817a.

109 2 C 82: 416.

110 Per 95; cf. SCHMUCKI, Franciscus «Dei laudator et cultor», 16s. Avec cela concorde la description de 1 C 71: 277: «Mais il revenait ensuite à la prière comme dans un havre bien abrité: non pas une prière rapide,

Les premiers frères suivaient en cela aussi l'exemple de leur Père, comme en témoigne la Per 2:

> «Les premiers frères, en effet, et ceux qui longtemps encore vinrent après eux, mortifiaient leur corps non seulement par une abstinence excessive dans le boire et le manger, mais encore par les veilles, le froid et les travaux manuels»[111].

Décrivant la mystérieuse expérience de bilocation de François sous l'aspect d'un char de feu, le biographe note expressément que cela arriva «vers minuit – quelques frères dormaient, les autres priaient avec ferveur dans le silence – ...»[112]. S. Bonaventure rappelle encore l'exhortation de François aux premiers frères, avant de les envoyer prêcher la pénitence: «Soyez ... assidus à la prière (*in orationibus vigiles*) ...»[113]. Instruit des effets négatifs de mortifications corporelles excessives, il les invite à la discrétion en donnant pour motif afin «que le corps ne prenne pas en dégoût les prières et les veilles»[114]. Par ailleurs surgit, dans une fine intuition, le risque latent de tout effort spirituel qui est de s'en faire un motif de gloire, «en accaparant les éloges décernés aux vertus et en détournant à son profit l'admiration des gens pour les prières et pour les veilles»[115].

6. Le travail manuel

Du fait qu'existent déjà des études monographiques sur ce point,[116] il n'est certes pas dans notre intention de le traiter à nouveau à la lumière de toutes les sources franciscaines primitives, mais nous nous limiterons uniquement aux textes qui ont un lien avec la vie contemplative. Une expérience spirituelle millénaire avait établi clairement la nécessité d'interrompre de temps en temps la prière par d'autres occupations afin de ne pas devenir victimes des illusions ou de l'oisiveté.[117]

---

superficielle et impatiente, mais une prière prolongée, toute intérieure et d'une sereine humilité. S'il commençait le soir, il en avait jusqu'au lendemain matin. Assis ou en mouvement, en train de manger ou de boire, il continuait d'être tout entier à sa prière. Et la nuit, seul, il partait prier dans les chapelles perdues au milieu des landes: c'est là qu'avec la grâce de Dieu il réussit à surmonter les terreurs et les angoisses qui assaillaient son âme».

111 Per 2: 874; cf. ci-avant note 92.

112 1 C 47: 258; cf. aussi LM IV,4: 612, qui ajoute le détail inédit: «C'est durant le séjour des frères au lieudit que se déroula l'événement que voici: un samedi, e saint s'en fut à Assise où il devait, le lendemain matin, donner le sermon habituel dans la cathédrale. Tandis que, selon son habitude, il passait la nuit en prière sous un auvent dans le jardin des chanoines ...»

113 LM III,7: 605.

114 2 C 129: 454; Per 96.

115 2 C 134: 457s.

116 Cf. ESSER, K.: Die Handarbeit in der Frühgeschichte des Minderbrüderordens, in: FrSt 40 (1958) 145-166; BERTINATO, P. D.: Il concetto di lavoro nella regola francescana, Venice 1964; CASUTT, L.: Bettel und Arbeit nach dem hl. Franziskus, in: CFr 37 (1967) 229-249.

117 On verra p. ex. S. BENOIT D'ANIANE o.s.b. († 821), Concordia Regularum, c. 55: PL 103, 1175-1196; GRIMLAIC, Regula solitariorum, c. 9: PL 103, 587G: «... ceux qui veulent vivre parfaitement dans la vie contemplative, qu'ils ne négligent pas de travailler à certains moments de leurs propres mains pour vivre»; ibid., c. 39s: 629-631 G; AELRED DE RIEVAULX, De institutione inclusarum, n. 9: DUMONT, 62/64. – Parmi les études monographiques cf. PEREZ DE LABORDA, M.: Trabajo y caridad. Un aspecto poco conocido del monacato antiguo, in: Yermo 3 (1965) 127-152; MENEPLACE, M.: Notas sobre el trabajo manuel en la

Dans les deux textes biographiques qui font l'objet fondamental de la présente recherche (I), les allusions à cet égard ne manquent pas. 2 C 19 souligne la rigueur de la discipline régulière observée à S. Marie-des-Anges en ce qui concerne le silence et le travail. De même, le Compilateur met sur la même ligne le jeûne, les veilles fréquentes, l'endurance du froid par manque de vêtement et le travail manuel.

> «Bien souvent, en effet, pour ne pas rester oisifs, ils allaient aider les pauvres gens dans leurs champs; et ceux-ci, parfois, leur donnaient en retour du pain pour l'amour de Dieu. Et par ces vertus et d'autres encore, ils se sanctifiaient et sanctifiaient ce lieu»[118]. [S. 133]

Le témoignage rapporté reflète de manière crédible les conditions de vie de la période primitive et mérite d'autant plus de crédit que toute visée tendancieuse en est absente.[119] La Per fait ressortir non seulement la valeur ascétique du travail («pour ne rester pas oisifs»), mais encore la fonction sociale d'aider les pauvres en cas de nécessité, et de se procurer la subsistance quotidienne.[120] Afin de pouvoir prêter aide «de nombreuses fois», les frères qui priaient devaient chaque fois abandonner l'enceinte claustrale, sans que cela leur apparaisse en contradiction avec le style contemplatif de la vie érémitique. Dans les deux textes, par contre, manquent des indices d'un travail en clôture, tout comme la Règle pour les ermitages se tait quant au travail des frères «Marthe».

Si on veut compléter ces maigres données, il est indispensable de se tourner vers d'autres sources. Dans la Règle de 1221 le Fondateur encourage:

> «Tous les frères s'appliqueront avec ardeur à un bon travail (*bona opera*), car il est écrit: ‹Sois toujours en train de faire quelque chose de bon (*bonum opus*), pour que le diable te trouve occupé›. Et encore: ‹L'oisiveté est ennemie de l'âme›. Voilà pourquoi les serviteurs de Dieu doivent toujours se livrer à la prière ou à quelque bonne activité (*bona operatio*)»[121].

Selon l'analyse historique et littéraire de D. E. Flood, ce passage ne semble pas appartenir à la Protorègle de 1209 mais aurait été inséré dans un second temps (avant 1221), lorsque l'expansion numérique de l'Ordre et le début de la sédentarisation dans les ermitages obligea le législateur à faire front au phénomène des frères fainéants.[122]

---

espiritualidad del monacato primitivo, ibid., 113-126 (sur les deux études cf. Coll. Cist. 28 (1966) 236s); LECLERCQ, J.: Le travail: Ascèse sociale d'après Isaac de l'Etoile, in:. Coll. Cist. 33 (1971) 159-166; BENITO Y DURAN, A.: Los monacatos de san Basilio y san Agustin y su coincidencia en el pensamiento del trabajo corporal, in: Augustinus (Madrid) 17 (1972) 357-396. – Pour le développement qui suivit dans l'ordre franciscain cf. CLASEN, S.: Der hl. Bonaventura und das Mendikantentum. Ein Beitrag zur Ideengeschichte des Pariser Mendikantenstreites (1252-72), Werl 1940, 65-77.

118 Per 9: 882.

119 D'autant plus qu'il est confirmé au moins partiellement par la lettre de Jacques de Vitry d'oct. 1216: «Le jour (les frères mineurs) descendent dans les villes et les villages pour se rendre utiles à certains en s'adonnant au travail, de nuit, cependant, il regagnent l'ermitage ou les lieux solitaires pour se livrer à la contemplation» (Doc., 1443, D. VORREUX traduit: «s'adonnant à la vie active de l'apostolat (*ut aliquos lucri faciant operam dantes actioni*)»); cf. ESSER, K.: Origini e valori autentici dell'Ordine dei Frati Minori, Milan (1972), 298s.

120 Cf. ESSER, Handarbeit, 163.

121 Rnb 7,9-11: 62-63 et notes 23-25 où sont indiquées les sources patristiques des citations.

122 FLOOD, Reg. non bull., 108-112, spéc. 110 note 21. Le danger de l'inactivité s'était encore accentué vers la fin de la vie du saint, comme il en ressort facilement du Test 19-21: 106: «Pour moi, je travaillais de mes mains, et je veux travailler; tous les frères, je veux fermement qu'ils travaillent à un métier honnête. Ceux qui ne savent point travailler, qu'ils apprennent, non pour le cupide désir d'en recevoir salaire, mais pour le bon exemple et pour chasser l'oisiveté. Cf. ESSER, Das Testament, 169-171, le commentaire.

L'admonition, qui s'appuie sur l'autorité et l'expérience spirituelle du monachisme antique, s'adresse indistinctement à tous les frères et invoque le motif traditionnel d'éviter l'oisiveté, parce que nocive au progrès spirituel, et d'écarter les tentations diaboliques en tenant les énergies psycho-somatiques occupées par le travail. Il est assez difficile d'établir ce que s. François voulait dire par «bon travail (*opera bona*)» et «bonne activité (*bona operatio*)». Même si ces termes admettent de soi l'interprétation très large de «bonnes œuvres», il semble toutefois résulter du contexte que le législateur visait avant tout le travail manuel.[123] Tous les frères – même donc ceux qui prient – sont tenus de s'appliquer ou à la prière ou à un travail manuel qui mérite la qualification de bonté morale.

Parmi les *Ecrits* mérite encore une attention spéciale le chap. 5 de la *Règle approuvée* [= Rb] où, bien qu'elle soit adressée à tous les frères, perce l'intention éminemment religieuse du travail du frère mineur.

> «Les frères auxquels le Seigneur a fait la grâce de travailler travailleront avec fidélité et dévotion; de telle sorte que, une fois écartée l'oisiveté ennemie de l'âme, ils n'éteignent point en eux l'esprit de sainte oraison et de dévotion que les autres choses temporelles doivent servir»[124].

Travailler signifie dès lors coopérer aux dons divins (*gratia*) selon la confiance que Dieu a en l'homme (avec fidélité), en s'adonnant pour cela [S. 134] entièrement à lui (avec dévotion). Les frères se livreront dès lors au travail manuel selon leurs capacités propres, de manière à éviter l'oisiveté et à respecter le primat absolu de la prière. L'intention spécifiquement théologale de la vie du frère mineur doit animer toute activité humaine.[125]

Qui parcourt les témoignages biographiques se rend facilement compte de la place importante que François attribue au travail manuel en rapport avec la vie contemplative. Ayant en vue les oisifs le biographe écrit:

> «Personne ne pouvait demeurer devant lui à ne rien faire sans recevoir de mordantes leçons. Lui-même d'ailleurs, modèle de toute perfection, travaillait de ses mains et ne voulait gaspiller aucune miette de ce don précieux qu'est le temps. Il dit un jour: 'Je veux que tous mes frères travaillent et se donnent de la peine; ceux qui ne connaissent pas de métier, qu'ils en apprennent un.' Et il en donnait le motif: 'C'est afin d'être moins à charge aux hommes, afin aussi d'éviter que nos cœurs et nos langues n'aillent verser dans le mal à cause de notre oisiveté'».[126]

Il s'ensuit de textes suffisamment explicites que cet avertissement n'exclut pas la vocation spéciale des frères «Marie». Ainsi frère Egide d'Assise est loué pour sa laborieuse vie solitaire et sa sainte contemplation.[127] En outre les Trois Compagnons caractérisent le style de vie primitif en ces termes:

---

[123] Comme le dit justement ESSER, Handarbeit, 150.

[124] Rb 5,1-2: 92.

[125] Cf. ESSER, Handarbeit, 153-155; ID. / GRAU, E.: Antwort der Liebe. Der Weg des franziskanischen Menschen zu Gott, Werl/Westf. 1958, 286s.

[126] 2 C 161: 478; SpSab, c.75, n. 1-2: 220. – Nous négligeons ici 1 C 39: «Durant le jour ceux (des premiers frères) qui connaissaient un métier travaillaient de leurs mains: ils passaient la journée dans une léproserie, dans une maison où ils trouvaient à s'employer honnêtement, et là ils se faisaient, avec humilité et dévotion, serviteurs de tous», parce que le témoignage se réfère au travail fait exclusivement à l'extérieur de l'enceinte claustrale.

[127] 1 C 25; cf. fr. LÉON, Vita beati fratris Aegidii, in: BROOCKE, Scripta Leonis, 318-349.

> «Ils employaient soigneusement chaque journée à la prière et au travail manuel, afin d'éviter absolument l'oisiveté, ennemie de l'âme. Ils avaient la sainte habitude de se lever au milieu de la nuit pour prier dévotement avec beaucoup de larmes et de longs soupirs»[128].

Ce que le Compilateur confirme en disant que:

> «Les premiers frères, en effet, et ceux qui, longtemps encore, vinrent après eux, mortifiaient leur corps non seulement par une abstinence excessive dans le boire et le manger, mais encore par les veilles, le froid et les travaux manuels»[129].

L'ordre que le Poverello donna en ce qui concerne les constructions vise encore plus clairement les frères contemplatifs:

> «Ensuite, qu'ils fassent faire de pauvres petites maisons de terre et de bois, et quelques cellules où les frères puissent quelquefois prier et travailler plus à l'aise et surtout à l'abri des bavardages inutiles»[130].

Il est à rappeler, enfin, une remarque du Compilateur qui, justement par son caractère incidentel et démuni d'intention, mérite foi:

> «Quand notre Père François demeurait à S. Marie de la Portioncule, il avait coutume, chaque jour après le repas, de se livrer avec les frères à quelque travail manuel pour combattre l'oisiveté. Il considérait, en effet, comme néfaste pour lui et pour les frères de perdre après la prière, par des paroles inutiles, le bénéfice de cette prière, obtenu avec la grâce»[131]. [S. 135]

Les sources ne nous informent pas sur le genre de travail qui se faisait dans les ermitages. En incise, toutefois, Celano rapporte que François «durant un carême avait travaillé à un panier y consacrant les moments perdus, afin de ne pas les passer dans l'oisiveté»[132]. Il semble donc probable que les travaux de ceux qui priaient servaient plutôt à remplir les intervalles de temps limités que leur laissait la prière publique et privée, et non pas à un exercice professionnel remunérateur. Avec cette modeste activité on entend conjurer avant tout les dangers dérivant de l'ennui et de l'inoccupation.

La fréquence et l'insistance dans nos sources des avertissements contre l'oisiveté laissent entrevoir combien ce danger était réel dans la vie du frère mineur en général[133]

---

128 3 S 41: 832.

129 Per 2: 874. Cf. aussi Per 12: 885: «De là (c.-à-d. l'absence d'une maison appropriée à la Portioncule) pour eux un trouble perpétuel car après leur travail il leur était presque impossible de pourvoir aux exigences de leur santé physique ou de leur vie spirituelle». – Per 71: 945: «Il formait ainsi les Ministres et les prédicateurs à l'exercice de leurs responsabilités. Il leur disait que leur charge de Ministre ou leur office de prédicateur et les soucis qu'ils entraînent ne devaient pas leur faire abandonner la prière; qu'ils devaient mendier et travailler manuellement comme les autres frères pour le bon exemple et pour le profit de leurs âmes et de celles d'autrui».

130 Per 16: 889.

131 Per 78: 950.

132 2 C 97: 428; cf. quelques témoignages non franciscains ds. CASUTT, Bettel und Arbeit, 242-246: «Ils (les premiers frères) faisaient probablement de la vannerie et du tressage en échange de moyens de subsistance» (242). – «Il s'agit de travaux manuels qui étaient faits au couvent; le produit de ce travail à domicile pouvait être échangé contre des denrées en nature ou donné à des séculiers» (246). Notons cependant que l'auteur considère ici le travail de tous les frères et pas seulement celui des «Frères ... orants».

133 2 C 159. Typique est le «frère mouche» des premiers temps (2 C 75) caractérisé avec un vivant réalisme: «... il priait peu et ne travaillait pas, il refusait même d'aller à la quête parce qu'il était gêné, mais il mangeait bien» (Per 62).

et la vie érémitique en particulier. Dans les années où Thomas de Celano compose la *Vita Secunda* (1246/47) ce vice semble avoir attiré aussi la critique de la part des étrangers. Il n'hésite pas, de fait, à affirmer:

> «Beaucoup transformaient en maisons de loisirs les couvents de contemplation; la vie érémitique instituée pour le progrès de l'âme devint alors le rendez-vous de tous les plaisirs. Que chacun vive à sa guise, telle est la règle des anachorètes de notre temps ... Dieu fasse que les ermites de notre temps ne soient pas indignes de la primitive splendeur dont la sainteté sera louée sans fin!»[134].

Relevons, pour finir, que le travail manuel, pour ainsi dire un passe-temps, des frères contemplatifs prenait périodiquement des proportions plus grandes, du fait que la *Règle pour les ermitages* prescrivait:

> «Que les fils assument de temps en temps l'office des mères à leur tour, pour le temps qu'il leur aura paru bon de disposer. Et qu'ils s'appliquent à observer toutes les choses susdites avec sollicitude et application»[135].

Alors que le Fondateur ne définit pas la fréquence dans les fonctions de «Marthe» et «Marie», les frères d'un ermitage espagnol s'étant divisés en deux moitiés, les uns s'occupaient des tâches domestiques, les autres par contre se dédiaient uniquement à la prière contemplative. Ainsi «chaque semaine» on passait de la vie active à la vie contemplative et le repos de ceux qui faisaient oraison était remplacé par le travail des mains (*laborum exercitia*)»[136].

Il faut noter que dans le présent texte il est traité exclusivement du travail manuel[137] claustral «du groupe actif» de l'ermitage. L'informateur – un clerc espagnol – ne fait aucune référence à une quelconque activité des frères contemplatifs. Mais il semble que ce silence ne doive pas être surévalué, d'autant plus qu'un chroniqueur du Moyen-âge était bien loin des exigences d'un historiographe moderne. Il faudra donc encore supposer ici pour les frères qui prient un travail modéré durant les temps libres, comme les autres allaient très probablement à la quête pour assurer la subsistance de la communauté.[138] [S. 136]

III. Conclusions et vue d'ensemble

1. Arrivés au terme d'une recherche qui, en raison du sujet lui-même, a été très analytique, il nous semble opportun d'indiquer les principales conclusions auxquelles nous

---

[134] 2 C 179: 492; cf. SCHMUCKI, «Secretum solitudinis», 39s.

[135] Erm 10, ESSER, 415s (44s) (commentaire).

[136] 2 C 178: 491; SCHMUCKI, ibid., 38s.

[137] Le terme «laborum exercitia» reflète l'usage consacré par la tradition; cf. LECLERCQ, J.: Exercices spirituels, in: DSp IV/2, 1902-1908, spéc. 1905: «Dans les Constitutions promulguées pour l'ermitage de Calmaldoli entre 1080 et 1085, le bienheureux Rodolphe appelle *manualia exercita* les travaux que l'on fait aux champs ou, en tout cas, «hors des cellules», et qui pourraient nuire à la «tranquillité érémitique».

[138] En ce sens on lit ds. Per 3: 875: «lui-même ne résisterait pas à une telle fatigue» (*tantum laborem*), c.-à-d. s. François en allant à la quête seul. Et par ailleurs Per 77: 950: «à force de prières et méditations (*multo labore orationis et meditationis*). Les diverses significations (du même mot *«labor»*, diversément déterminé) s'entremêlent.

avons abouti. Mais avant d'entamer cette tâche il importe de signaler une lacune – inévitable si on ne veut pas déborder davantage l'espace prévu – dont il faut tenir compte. Le but fixé à la vie contemplative dans l'Ordre franciscain constitue l'ascèse mystique à travers un processus de progressive purification intérieure.[139] Prévoyant un possible malentendu, notons donc que François n'a jamais conçu la vie érémitique comme une espèce de «technique» ou «préparation» spirituelle pour atteindre de ses propres forces à l'expérience mystique. Sa pauvreté intérieure le rend parfaitement indemne d'une pareille erreur pélagienne. De la même manière on dénaturerait gravement ses intentions en présentant sa vie contemplative en tant que retraite de la corresponsabilité dans le monde, comme nous aurons l'occasion de le montrer dans une autre étude.[140]

2. Une lacune surprenante, par contre, concerne non seulement la présente étude mais le programme contemplatif lui-même du Saint. De fait, un quelconque prétexte manque dans nos sources pour justifier que les études théologiques et par suite la «lectio divina» – contrairement aux usages du monachisme antique[141] – ont eu un rôle relevant dans la vie érémitique franciscaine.[142] Mais ce qui étonne plus encore c'est que, ni dans la *Règle pour les ermitages*, ni dans les deux textes biographiques sur la vie contemplative à S. Marie-des-Anges (I), il n'est fait mention de la célébration eucharistique. Il semble que, malgré la place importante de l'Office divin, la prière personnelle ait occupé un espace plus large et pris un rôle prédominant.[143] Il faut enfin mettre en relief que, hormis l'allusion en 2 C 19, est absent le «topos» de la vie angélique qui détermina si profondément l'esprit et la pratique du monachisme de l'antiquité chrétienne. Avec S. Clasen on peut toutefois relever l'influence de ce modèle hagiographique sur la structure des deux *Vies* de Thomas de Celano.[144]

3. L'*objet principal* de la présente étude est constitué par 2 C 18-19 et la Per 9-10 (cf. I). Nous savons que le texte de Celano est antérieur a celui du Compilateur. La Compilation, même s'il ne s'agit pas d'un florilège envoyé par les Trois Compagnons au Ministre général Crescence de Iesi en 1246, contient de précieux matériaux anciens.

---

139 Pour la bibliogr. relative à une première approche cf. SCHMUCKI, O.: Saggio sulia spiritualità di san Francesco, in: ItFr 42 (1967) 401-418; ID.: La meditatione francescana, ibid. 48 (1973) 75-89.

140 Voir ci-avant note 48.

141 Cf. la bibliogr. ds. Bulletin de spirit. monastique. Tables gén. 1959-1970, in: Coll. Cist. 33 (1971), p. (425s), n. 1055-1060. – De la tradition érémitique il suffit de rappeler: GRIMLAIC, Regula solitariorum, c. 20: LP 103, 599s: «Le solitaire doit aussi être un docteur car celui qui n'est pas instruit est déficient: il doit donc être sage et docte dans la loi divine pour savoir à partir de quoi annoncer l'ancien et le nouveau. Il est nécessaire aux solitaires qu'ils soient instruits en éloquence sacrée de beaucoup de manières» (599 D). «En cela ... la connaissance des Ecritures est la plus nécessaire au solitaire, car s'il veut que sa vie soit sainte il ne peut y arriver qu'en vivant saintement» (600A).

142 Qu'il nous soit accordé de renvoyer à notre art. La meditazione francescana, 79-82.

143 Comme du reste dans le monachisme de la chrétienté antique; cf. SCHMUCKI, O.: De stigmatum susceptione, in: CFr 34 (1964) 31s. – Dans le matériel de recherche que nous avons sélectionné manque, en outre, des allusions à une forme de paternité ou de direction spirituelle que François a certainement exercée envers les premiers émules; cf. SCHMUCKI, De initiatione, 249-251, avec la bibliogr. signalée là.

144 Cf. CLASEN, S.: Vom Franziskus der Legende zum Franziskus der Geschichte, in: WiWei 29 (1966) 15-29.

La structure des deux passages biographiques se présente assez différemment: dans le premier Celano raconte, dans le second François prononce avant de mourir un «mandatum» (des recommandations) à propos du sanctuaire marial, en faisant appel à l'exemple des «anciens frères». Mê- [S. 137] me si le discours revêt globalement les traits de crédibilité historique en soi, il n'est pas vraisemblable, du moins pas démontrable, que le Poverello ait prononcé ce testament particulier.

4. Parmi les idées inspiratrices de la vie érémitique franciscaine on a relevé:

a) La prière «ininterrompue» – au sens évangélique du terme – pratiquée comme prière à la fois communautaire et personnelle. L'Office divin déterminait la structure de la journée des ermites franciscains mais toute indication manque sur l'importance du mystère eucharistique. En ce qui concerne la prière, la valeur d'intercession en faveur de l'Ordre est mise en évidence.

b) Les sources soulignent fortement le détachement du monde qui devait garantir l'atmosphère idéale de la prière. L'accès dans l'enceinte claustrale était interdit à toute personne étrangère aux ermites, y compris aux frères mineurs eux-mêmes. Outre cette clôture «stricte» – qui, examinée à la lumière des autres passages biographiques, a connu des exceptions – ressort le «numerus clausus» des frères demeurant à l'ermitage.

c) Les biographes insistent en outre sur le contrôle sévère de la langue. Suivant d'antiques coutumes monastiques, le silence vocal absolu est imposé après complies jusqu'à l'heure de tierce incluse. La permission de parler le reste du temps s'étendait seulement aux frères «Marthe» et aux frères orants, et était limitée à des sujets religieux. En se référant à Mt 12,36, François instaura aussi le silence dit évangélique – le terme apparaît pour la première fois chez Bonaventure – qui comprenait l'obligation d'éviter des «paroles oiseuses», c'est-à-dire inutiles, des histoires pour se vanter ou faire montrer de ses expériences spirituelles, des mots pour rire ou des plaisanteries. Les transgresseurs étaient punis par la récitation du Notre Père avec les laudes (probablement une courte doxologie).

d) Le silence mental comportait cette sérénité intérieure qui est un fruit délicat de la pauvreté intérieure; il consiste dans le détachement de tout un éventail de préoccupations terrestres dérivant des travaux, de la possession, de la santé physique, de l'étude etc. ... Elles détournent en fait de la recherche de Dieu en privant l'homme de sa faculté spirituelle de vision.

e) La sévère discipline dans la nourriture et le sommeil est une des notes caractéristiques de la vie érémitique. Il semble que les ermites, spécialement le Poverello lui-même, aient observé le régime quarésimal de l'unique repas quotidien. Les témoignages biographiques décrivent en outre la pratique pénitentielle des veilles, au sens des Matines récitées à minuit et des prières personnelles durant la nuit.

f) La contemplation était régulièrement interrompue par le travail manuel, exercice corporel et pénitentiel, changement opportun et occupation pour éviter les dangers dérivant de la paresse, de l'ennui et des illusions. Les [S. 138] sources ne disent rien sur le genre de travail des frères «Marie». Il semble cependant qu'il ne s'agissait pas d'occupations professionnelles mais plutôt de petits travaux effectués à titre de passe-temps.

5. Après cette rapide synthèse de la recherche nous nous proposons de préciser la dépendance du programme contemplatif franciscain des courants spirituels contemporains et antérieurs. Sans pouvoir mener à bien une comparaison détaillée entre l'érémitisme avant le XIIIe sciècle et l'érémitisme franciscain, nous croyons légitime d'appliquer à notre cas le jugement que Dom Jean Leclercq émet sur la vie solitaire des XIe et XIIe sciècle:

> «D'une manière générale, on peut dire que chacun des éléments de l'érémitisme des XIe et XIIe sc. est traditionnel, mais que leur synthèse est originale. ... les ermites des XIe et XIIe sc. n'ont rien inventé; ils font réellement partie d'une tradition»[145].

Le caractère traditionnel de chacun des éléments du programme contemplatif du Poverello saute aux yeux de qui lit attentivement l'étude synthétique du spécialiste Pierre Doyère[146]. Ainsi, selon saint Pierre Damien

> «... pour le propos de la vie solitaire, trois principes extérieurs, parmi d'autres, apparaissent devoir être observés spécialement: le repos, le silence et le jeûne ... Tout comme en effet le propre du prêtre est d'offrir les sacrifices, celui du docteur de prêcher, ainsi la tâche de l'ermite n'en est pas moins de se reposer dans le jeûne et le silence»[147].

Le mouvement de prédication itinérante de Robert d'Arbrissel († 1117) et des autres au XI-XIIe sc. en France, comme d'ailleurs les cisterciens aux origines, s'inspirèrent aussi d'idées typiquement érémitiques: détachement du monde, pauvreté, simplicité, atmosphère contemplative avec le silence rigoureux qui «assure, dans une observance cénobitique, une solitude individuelle»[148].

A cause de son immense influence signalons encore le programme de la vie érémitique tracé par le bienheureux Guillaume de Saint-Thierry s.o.cist. († 1148/49). Avec P. Doyère on peut résumer en: prière, lecture, ascèse corporelle, docilité envers le directeur spirituel, travail manuel, stabilité dans la cellule.[149]

Il est évidemment très difficile de vouloir retrouver exactement les canaux à travers lesquels est parvenue à François la tradition érémitique antérieure. On ne devra pas, toutefois, passer sous silence le point de contact de Monteluco, au-desus de Spolète, qui fut appelé un peu emphatiquement «la Thébaïde de l'Ombrie», où, depuis le VIe sc.,

---

145 LECLERCQ, J.: Epilogue, in: L'eremitismo in Occidente, 593.

146 DOYERE, P.: Erémitisme en Occident, in: DSp IV/1 (1960), 953-982.

147 S. PIERRE DAMIEN, Opusc. 15: De suæ Congr. institutis, c. 5: PL 145, 339 D; cf. DOYERE, ibid., 962.

148 DOYERE, ibid., 963; cf. encore les études monographiques: MEERSSEMAN, G. G.: Eremitismo e predicazione itinerante dei secoli XI e XII, in: L'eremitismo, 164-179; BECQUET, J.: L'érémitisme clérical et laïc dans l'Ouest de la France, ibid., 182-202; GNÄDINGER, L.: Eremitica. Studien zur altfranzösischen Heiligenvita des 12. und 13. Jahrhunderts, Tübingen 1972, spéc. 54-90 (Motivik der *via solitaria*). Il faut encore rappeler des Humiliés: cf. MENS, A.: Humiliés, in: DSp VII/1 (1969), 1129-1136. «Il était donc possible de vivre dans le recueillement évangélique, dans une retraite relative, à quelques pas seulement de l'agitation de la société urbaine. C'est cette forme de vie que s'étaient choisie des humiliés. Ils étaient des ‹reclus et recluses *insimul viventes*›, comme s'exprime Humbert de Romans ...» (1130).

149 GUILLAUME DE SAINT-THIERRY, Epistola ad Fratres de Monte Dei: PL 184, 307-364 (passim). Cf. p. ex.: «Ces études (saintes, les exercices apostoliques) aiment le silence; elles requièrent la paix du cœur au sein du labeur corporel; la pauvreté d'esprit et la tranquillité d'âme au milieu des tribulations extérieures; une bonne conscience, en toute pureté du corps et du cœur» (lib. 2, c. 2, n. 6: 342 D). Cf. aussi DOYERE, ibid., 963.

était installée une colonie de moines-ermites immigrés de Syrie.[150] Cela, et peut-être aussi des lectures fortuites de la *Vita patrum*,[151] pourrait expliquer la présence chez saint François de quelques éléments d'une saveur typique de l'ancien monachisme chrétien.[152] [S. 139]

Un canal d'influences spirituelles et institutionnelles se vérifie vraisemblablement aussi dans le contact avec les Camaldules. De fait, non seulement les ressemblances du programme contemplatif, mais encore le caractère semi-cénobitique, avec les cellules réparties dans l'enceinte claustrale, sont frappantes dans les deux familles religieuses, bien qu'il soit impossible de constater des rencontres historiques du Poverello avec les monastères camaldules que sous-entend cette supposition.[153]

N'échappe pas davantage à un observateur attentif une certaine affinité entre l'insistance sur l'imitation du Christ, la «très haute pauvreté», l'absence de domicile fixe et la prédication pénitentielle dans le mouvement des ermites français des XI-XIIe sc. et chez saint François.[154] Des ressemblances dans la manière de se vêtir durant la phase de conversion progressive du Poverello avec celle du bienheureux Giovanni Bono, fondateur des Ermites de S. Maria a Budriolo (env. 1168-1249), l'esprit de componction et le rayonnement apostolique de tous deux firent finalement surgir l'idée au XVe sc. d'une dépendance temporaire du premier en tant que disciple.[155]

6. Les rapports probables avec l'un ou l'autre des mouvements érémitiques de l'époque ne portent pas, naturellement, préjudice à l'éventualité que François se soit inspiré directement de la Bible dans le développement de son programme contemplatif. On admettra cela surtout pour les propositions suivantes: d'atteindre la sérénité intérieure en dépassant les préoccupations terrestres (II,4), de prier sans cesse (II,1), de garder «le silence évangélique» (II,3b), d'observer un jeûne sévère et de veiller dans l'attente du

---

[150] Cf. la bibliogr. de SCHMUCKI, «Secretum solitudinis», 32, note 77 et CFr 43 (1973) 307.

[151] Cf. PL 73, 855-1022, et pour un témoignage qui semble être en faveur d'une semblable supposition cf. ci-avant note 69.

[152] Cf. ELM, K.: Franziskus und Dominikus. Wirkungen und Antriebskräfte zweier Ordensstifter, in: Sæculum (München) 23 (1972) 127-147. «Le *Povello* et *Pazzo* (Fou), celui qui quitte le monde nu et meurt sur la terre nue, l'extatique qui chante et danse, l'ascète qui se châtie, l'ermite caché dans des grottes et des huttes de terre, l'orant qui passe des nuits en larmes, le doué contempteur de la science, l'obéissant, celui qui est affublé d'un habit cendré, des cendres sur la tête, on ne le trouve pas dans la foule des Pénitents, ni chez les Humiliés et les Vaudois. On doit chercher une ressemblance ailleurs, on doit chercher dans le monachisme des origines, non chez Pachôme, ni chez Basile, non plus dans la Règle bénédictine ou le monachisme promu par elle, mais dans l'*«Historia Lausiaca»*, dans les *«Apophthegmata Patrum»*, chez les gyrovagues et les circoncellions, les rémoboth et les sarabaïtes, c.-à-d. chez les plus anciens ascètes non encore établis dans une règle et une obéissance et non encore intégrés socialement» (139s).

[153] Cf. ROBERT: Camaldules (Ordre des), in: DSp II/1, 50-60; DES MAZIS, A.: Camaldules (Ordres des), in: DHGE, XI, 512-536. – Il n'est en fait pas improbable que François, dans ses nombreux voyages en Italie, ait bénéficié de l'hospitalité des Camaldules. Pour une hypothétique rencontre – historiquement insoutenable – entre lui et le card. Hugolin à Camaldoli, cf. FISCHER, H.: Der hl. Franziskus ... während der Jahre 1219-1221. Chronologisch-historische Untersuchungen, Fribourg/Suisse 1907, 68-70.

[154] Cf. DOYERE, ibid., 960s, 962, et ci-avant note 148. – L'orientation vers un apostolat occasionnel se remarque déjà chez Grimlaïc (cf. ibid., 960). – Cf. la bibl. sur les rapports de s. François avec les mouvements de renouveau évangélique de son temps par SCHLAURI, Saint François et la Bible, 370-373.

[155] Cf. SCHMUCKI, «Secretum soilitudinis», 6, 13, 29, 33 (bibl.).

Seigneur avec des prières de nuit (II,5). Rien en fait n'empêche de penser que François, en fréquentant la source biblique commune, a découvert à nouveau et indépendamment ce que d'autres, avant lui, y avaient trouvé et mis en pratique.

7. Sans prétendre aucunement avoir épuisé les contacts possibles avec d'autres courants érémitiques de l'époque, je voudrais encore dégager quelques éléments qui chez François apparaissent comme nouveaux. Même si on rencontre dans les écrits de saint Pierre le Vénérable o.s.b. l'alternance entre vie cénobitique et érémitique, la manière suivant laquelle les frères «Marthe» et «Marie» se relayaient mutuellement apparaît toutefois inédite.[156] Très significatif de l'esprit franciscain est encore le nom de «mères» des frères «Marthe» par rapport à leurs «fils», les frères orants. Un amour maternel devait commander leur soin pour les confrères qui se dédiaient à la vocation contemplative. D'autre part il ne semble pas que se rencontre ailleurs non plus, sur le plan institutionnel, une disposition semblable où – comme le suppose la Règle pour les ermitages – plus d'une personne exerce en même temps la fonction de supérieur par rapport aux ermites et, après un temps déterminé, l'échange avec la prière contemplative.[157] La vie fraternelle, avec la rencontre quotidienne entre les frères [S. 140] «mères» et «fils» dans la petite maison communautaire, nous semble plus accentuée que dans d'autres Instituts érémitiques semi-cénobitiques.[158]

Bien que la pauvreté ait été une aspiration constante des ermites de tous les temps, on pourra difficilement trouver dans d'autres initiatives un radicalisme semblable à celui constaté chez le Poverello. Il suffit d'évoquer le minimum absolu auquel furent réduites les exigences vitales, l'état précaire des petites cellules de bois – juste pour ne pas être à la merci totale des intempéries –, l'enceinte claustrale plus symbolique que réelle sous forme d'une haie, et la pauvre maisonnette, probablement à l'entrée de la clôture.[159] L'état tellement pauvre des moyens de subsistance, cependant, n'avait d'autre but que de favoriser la liberté intérieure qui, en dégageant l'âme des obstacles, la dispose alors à recevoir la plénitude de Dieu.

Supplément Bibliographique

D'abord un merci sincère au traducteur frère Ignace, au directeur de Fidelis, Père Antoine Rotzetter, et aux frères de la Typographie de St-Fidèle à Lucerne, qui ont rendu possible la publication française de cette étude, parue en italien en 1973. Les neuf ans depuis la première parution requièrent quelques titres de recherches récentes, qui complètent ou modifient mes résultats.

Quant aux s o u r c e s franciscaines: Opuscula sancti Patris Francisci Assisiensis, denuo edidit iuxta codices mss. C. ESSER, Grottaferrata (Roma), Collegio S. Bonventura, 1978; François d'Assise, Ecrits. Texte latin de l'édition K. Esser. Introduction,

[156] Erm 10, ESSER, 415s (44s).
[157] Erm 2,8, ESSER, 409s (36s), 414s (43s).
[158] Erm 4-5, ESSER, 412s (40s).
[159] Cf. SCHMUCKI, «Secretum solitudinis», 50-60.

traduction, notes et index par Th. DESBONNETS / J. F. GODET / Th. MATURA / D. VORREUX (Sources chrétiennes, 285), Paris, Les Editions du Cerf – Les Editions Franciscaines, 1981; traduction plus fidèle que celle du P. D. Vorreux dans les Documents.

Quant aux mouvements érémitiques avant s. François, cf. D. V. LAPSANSKI, Perfectio evangelica. Eine begriffsgeschichtliche Untersuchung im frühfranziskanischen Schrifttum, München 1974: cf. CFr 46 (1976) 354-357 et, pour l'édition anglaise, CFr 48 (1978) 151-154; V. MERTENS, Gregorius Eremita. Eine Lebensform des Adels bei Hartmann von Aue in ihrer Problematik und ihrer Wandlung in der Rezeption, Zürich 1978: cf. CFr 50 (1980) 366-368; plusieurs auteurs, Eremitismo, in: DIP III (Roma) 1976), 1224-1244 (bibliogr.).

De la vie érémitique franciscaine ont traité entre autres: D. GAGNAN, François au livre de la nature. 3-4. La solitaire, in: EtFr n.s. 21 (1971) 179-241, 357-399; G. MELANI, Ritiri-Eremi e Santuari, in: Francescanesimo vivo. Scritti e pensieri spirituali di padre Gaudenzio Melani. Raccolti e presentati dal P. M. B. Barfucci, La Verna 1973, 93-108; J. PAUL, L'érémitisme et la survivance de la spiritualité du désert chez les Francisains, in: Conférences de la session: Les mystiques du désert dans l'Islam, le Judaïsme et le Christianisme, 28 juillet – 3 août 1974 (Gap 1975), 133-145; D. E. FLOOD, Franciscan Solitude, in: The Cord 26 (1976) 276-282; L. PELLEGRINI, L'esperienza eremitica di Francesco e dei primi francescani, in: Francesco d'Assisi e francescanesimo dal 1216 al 1226. Atti del IV Convegno Internazionale, Assisi, 15-17 ottobre 1976, Assisi 1977, 279-313; TOPPI (et autres auteurs), Le case di preghiera nella storia e spiritualità franescana, Napoli, Edizioni Dehoniane, 1978, spéc.: C. CARGNONI, Le case di preghiera nella storia dell'Ordine francescano, ibid. 55-112 (bibliogr.); O. VAN ASSELDONK, La Regola «pro eremitoriis data», in: Studi e Ricerche Franc. 8 (1979) 3-18; M. CONTI, Eremo ed evangelizzazione [S. 141] nella vita dei francescani, in: G. CARDAROPOLI / ID. (éd.), Lettura spirituale-apostolica delle fonti francescane, Roma (1980), 75-102.

Sur la «Question franciscaine»: R. MANSELLI, Nos qui cum eo fuimus. Contributo alla questione francescana, Roma, Istituto Storico dei Cappuccini, 1980, 94-105 (Per 9-10); E. PASZTOR, Frate Leone testimone di san Francesco, in: CFr 50 (1980) 35-84.

Questions particulières: la pluralité des testaments est soutenue, avec de bonnes raisons par R. MANSELLI, Dal Testamento ai testamenti di san Francesco, in: CFr 46 (1976) 121-129 (cf. note 14); – sur la problématique très complexe de la démission de saint François comme ministre général: C. SCHMITT, I vicari dell'Ordine francescano da Pietro Cattani a frate Elia, in: Francesco d'Assisi e francescanesimo dal 1216 al 1226, Assisi 1977, 235-263 (note 12); – sur la prière et s. F. voir la bibliogr. in: BgFr XIII, n. 701-720, et XIV (1974-1980), section en cours de publication; – bibliogr. sur le silence dans la tradition spirituelle: A. G. WATHEN, Silence: The meaning of silence in the Rule of St. Benedict, Washington 1973; E. LATTEUR, Silence du Christ et silence monastique, in: Coll. Cisterc. 38 (1976) 3-21; U. RUBERG, Beredtes Schweigen in lehrhafter und erzählender deutscher Literatur des Mittelalters ..., München 1978: cf. CFr 49 (1979) 331-333; T. RITTER, Le silence. Un chemin de communion, Paris 1979; A. GRÜN, Der Anspruch des Schweigens, Münsterschwarzach 1980; – bibliogr. sur la clôture: E. de MISCAULT, Séparation du monde et accueil, in: Coll. Cisterc. 33 (1971) 329-343; cf. Rev. Sc. Phil. Théol. 56 (1972) 524s., où sont indiquées d'autres études sur ce thème; J. LECLERCQ, La clôture. Points de repère historiques, in: Coll. Cisterc. 43 (1981) 366-376; – sur le travail voir l'étude sémantique: D. LAU, Der lateinische Begriff «labor», München 1975.

N. b. Les Documents traduisent souvent le terme locus par le mot anachronique de couvent. Malheureusement il n'était plus possible de changer tous ces passages sur les épreuves.

Schrittweise Entdeckung der evangeliumsgemäßen Lebensform durch den heiligen Franziskus von Assisi

Der evangelische Radikalismus des hl. Franziskus ist in der immer weniger zu überblickenden Literatur völlig unbestritten. Was Heinrich Karpp im groß angelegten Artikel über „die Funktion der Bibel in der Kirche" des Frühmittelalters aussagt,[1] gilt für den Heiligen aus Assisi ganz besonders. „Die Bibel ist vor allem die unentbehrliche und unbestrittene Quelle und Norm der Verkündigung und Lehre, der Missions- und Erziehungsarbeit der Kirche. Deren ganzes Leben und Reden ist von biblischen Beispielen, Wendungen, Vorbildern, Typen und Symbolen durchzogen." Den Zeitgenossen drang die Neuheit seiner evangeliumsgemäßen Lebensform derart stark ins Bewusstsein, dass sie – wie Kardinal Jakob von Vitry († 1240) – von einem Wiederaufleben „der Frömmigkeit, Armut und Demut der Urkirche" und dem Schöpfen „der reinen Wasser aus dem evangelischen Quell" sprechen.[2] Thomas von Celano preist ihn nicht bloß als „Diener des Evangeliums in Glaube und Wahrheit" (1 C 7: GRAU, 69), sondern sogar als neuen Evangelisten, der „die Wasser des Evangeliums auf dem ganzen Erdkreis" ausgegossen und „durch die Tat den Weg des Sohnes Gottes und die Lehre der Wahrheit" verkündet hat (1 C 89: GRAU, 156).

Die für nüchterne Menschen der Neuzeit übertrieben klingenden Urteile von Zeitgenossen bekunden zweifellos ein religiöses Neuheitserlebnis,[3] wie es kaum ein anderes Mal so eindrücklich auftrat. Schon von daher lohnt sich der Versuch, die historische Linie seiner stufenweisen Bibelentdeckung nachzuzeichnen. Die besondere Lage [S. 369] der uns zur Verfügung stehenden Quellen hindert uns freilich, über einige, zum Teil aufschlussreiche Umrisse hinauszugelangen. Denn die „Opuscula"[4] des Ordens-

---

1 Bibel, in: TRE VI, Berlin 1980, 48-93, 62. – Ich verwende die folgenden Abkürzungen oder Siglen: A. = Anmerkung; – 1-3 C: GRAU = Thomas von Celano, Leben und Wunder des heiligen Franziskus von Assisi. Einführung, Übersetzung, Anmerkungen E. GRAU, Werl/Westf. 1980; – Per = Compilatio Perusina (auch Legenda antiqua/perusina/Delorme u. ä. genannt); ich benütze die krit. Ed.: BROOKE, R. B.: Scripta Leonis, Rufini et Angeli, sociorum S. Francisci, Oxford 1970; – FQS ^{7}I = HARDICK, L. / GRAU, E.: Die Schriften des hl. Franziskus von Assisi, Werl/Westf. ^{7}1982; – LM = S. Bonaventura, Legenda maior, in AF X, 555-652, bzw. die dt. Übers. von CLASEN, S.: Franziskus, Engel des sechsten Siegels. Sein Leben nach den Schriften des hl. Bonaventura, Werl/Westf. 1962 (FQS VII); – Gef = Legenda trium sociorum, ed. Th. DESBONNETS, in: AFH 67 (1974) 89-144, bzw. CLASEN, S. / GRAU, E: Die Dreigefährtenlegende des hl. Franziskus, Werl/Westf. 1972 (FQS VIII).

2 Historia occidentalis, c. XXXII: HINNEBUSCH, J. F.: The „Historia occidentalis" of Jacques de Vitry: a critical edition, Fribourg 1972, 159.

3 Vgl. ESSER, K.: Anfänge und ursprüngliche Zielsetzungen des Ordens der Minderbrüder, Leiden 1966, 53-139 („Das 'Neuartige' des Minderbrüderordens"); MATANIĆ, A.: Francesco d'Assisi. Fattori causali della sua spiritualità, Roma 1984, 107-126 („Novitas franciscana"; 125f. Lit.).

4 Ich verweise für die entsprechenden Einleitungsfragen auf die „ed. major": ESSER, K.: Die Opuscula des hl. Franziskus von Assisi. Neue textkritische Edition, Grottaferrata 1976. – Für die hauptsächliche Lit. zum gegenwärtigen Thema sei bes. verwiesen auf: SCHLAURI, I.: Saint François et la Bible. Essai bibliographique de sa spiritualité évangélique, in: CFr 40 (1970) 365-437; s. überdies: BgFr XIII (1964-

gründers besitzen – wenn wir von gewissen Teilen seines „Testaments" absehen –, keinen autobiografischen Charakter und beleuchten wegen ihrer fragmentären Eigenart nur Ausschnitte seiner biblischen Spiritualität. In den Zeugnissen der biografischen Schriften hingegen scheinen öfter Voraussetzungen persönlicher Sehweise und eigenen Erlebens mit durch.

Um unnötige Wiederholungen zu vermeiden, sehe ich ab von zum Teil entscheidenden evangelischen Wendepunkten; so übergehe ich zum Beispiel die Szene der Enterbung vor Bischof Guido II. und die dabei von Franziskus entdeckte religiöse Bedeutung Gottvaters oder den besonderen Stellenwert des Hohenpriesterlichen Gebets (Joh 17,1-26) in seiner Frömmigkeit.[5] Überdies fehlt für mehrere Einzelschriften die historische Grundlage, um deren Entstehung einem bestimmten Jahr zuzuweisen (FQS [7]I, 35-41). Dies ist im Hinblick auf unser Thema für die beiden „Briefe an die Gläubigen" (FQS [7]I, 53-58, 59-67) und die „Ermahnungen" (98-110) besonders zu bedauern.[6] Die inhaltliche Auswertung allein der in den „Opuscula" enthaltenen biblischen Zitate oder Anklänge würde die Ausdehnung eines Buches verlangen (vgl. FQS [7]I, 334-340). Für [S. 370] die gegenwärtige Studie konnte ich denn auch nur einen geringen Teil des in Vorarbeiten aufgehäuften Materials verwerten. Auch bei der mir notgedrungen auferlegten Beschränkung hatte ich bei der Ausarbeitung große Mühe, der Textfülle irgendwie Herr zu werden.

1973), n. 666-687, 1235, 1311-1313; XIV (1974-1980), n. 949-1018, 2103; einzeln seien genannt: VERHEY, S.: Geen dove hoorder van het evangelie meer. Het groeiproces van Franciscus' roeping, in: FrancLeven 57 (1974) 32-43; KOHLENBERGER, H.: Andeutung zum Engagement des hl. Franziskus für eine evangelische Lebensform, in: FrSt 60 (1978) 120-131; VAN ASSELDONK, O.: Le Lettere di san Pietro negli Scritti di san Francesco, in: CFr 48 (1978) 67-76; IRIARTE, L.: Testi del Nuovo Testamento particolarmente cari a san Francesco, in: Laur 19 (1978) 261-274; mehrere Studien im Sammelwerk: CARDAROPOLI, G. / CONTI, M. (Hg.): Lettura biblico-teologica delle fonti francescane, Roma 1979: vgl. C. CARGNONI, in: CFr 50 (1980) 304-306; bes. VAN ASSELDONK, O.: Insegnamenti biblici „privilegiati" negli scritti di S. Francesco d'Assisi, ebd. 83-116; ein weiteres Sammelwerk: Parola di Dio e Francesco d'Assisi, Assisi 1982, umfasst mehrere Studien über unser Thema; bes. RAVASI, G. F.: „Cantico delle creature" e salmi della creazione, 64-89; URICCHIO, F.: S. Francesco e il Vangelo dell'infanzia di Luca, 90-154; BATTAGLIA, O.: S. Francesco e il vangelo di Giovanni, 155-202; die übrigen Studien vgl. in CFr 53 (1983) 101-104; MEES, M.: Das Verständnis des N.T. in den Schriften des hl. Franziskus, in: MF 82 (1982) 311-325; URICCHIO, F.: Francesco legge Matteo. Rilievi nell'uso di alcuni testi del primo Vangelo negli scritti del Santo, ebd. 326-416: vgl. dazu CFr 53 (1983) 332f.; BOTTINI, G. C.: La lettera di Giacomo negli scritti di san Francesco, in: DERS. (Hg.): Studia Hierosolymitana III, Jerusalem 1982, 159-168; FÜRST, H.: Das Schriftverständnis des hl. Franziskus, in: Persönlichkeit und Geistigkeit des hl. Franziskus von Assisi, Werl/Westf. 1982 (Wandlung in Treue, 25) 31-41. – Weitere Aufsätze über bestimmte Gesichtspunkte werden an Ort u. Stelle angeführt.

5 Vgl. u. a. EGGER, W.: „Verbum in corde – cor ad Deum". Analyse und Interpretation von RegNB XXII, in: Laur 23 (1982) 268-311; VIVIANI, W.: L'ermeneutica di Francesco d'Assisi. Indagine alla luce di Gv 13-17 nei suoi scritti, Roma 1983.

6 Opuscula, 107-112, 114-128. – Für die neuere Lit. zu den beiden Redaktionen s. in BgFr XIV, n. 358-365, u. die noch nicht veröffentlichte Diss. von G. P. Freeman, die angeführt wird in CFr 53 (1983) 258. – Neuerdings schlägt VIVIANI, L'ermeneutica (wie A. 5) 306-308, 321-323, für EpFid II 1219 u. für EpFid 1 1212 als Entstehungsjahre vor. Die vom Inhalt von EpFid II her gewonnenen Gründe verdienen Beachtung. – Die Admon I-XXVIII finden sich in Opuscula, 58-82; die 1974-1980 erschienenen Studien s. in BgFr XIV, n. 268-282, bzw. HARDICK, L.: Die Ermahnungen des hl. Franziskus von Assisi, Werl/Westf. 1981; s. meine Bespr. in: CFr 52 (1982) 464f.

I. Die Bibel in der Umwelt und in der Jugend des hl. Franziskus

1. Bevor ich mich mit dem Thema selber befassen kann, erhebt sich die Frage nach der Möglichkeit eines historischen Zugangs des Ordensgründers zur Bibel. Dem einen und anderen Leser mag diese Rückfrage als unnötiges Abweichen vom Gegenstand erscheinen. War es für einen mittelalterlichen Menschen wirklich so schwer, mit der Heiligen Schrift in Kontakt zu kommen? Tatsächlich müssen wir uns wohl oder übel in eine kulturell völlig von unserer Zeit verschiedene Umwelt zurückversetzen. Der weitaus größere Teil der damaligen Laien bis in sozial höher gestellte Schichten hinauf waren Analphabeten, also schreib- und leseunfähig.[7] Vollbibeln, bei denen über drei Millionen Buchstaben von einem Berufsabschreiber in ungefähr 1666 Stunden Arbeit mühselig abgeschrieben werden mussten, besaßen wirklichen Seltenheitswert. So nannte zum Beispiel die benediktinische Reichspropstei Heiligkreuz Naumburg in Hessen-Nassau um 1200 unter 184 Handschriften nur 55 Teilbibeln ihr eigen.[8] Die besonderen Anforderungen an den Abschreiber, die Länge der Arbeitsleistung und die hohen Kosten des Pergaments und der Schreibmaterialien machten die Vollbibel ohne Übertreibung zu einem Luxusartikel; denn schon 1853 errechnete Leicester Silk Buckingham die durchschnittlichen Herstellungskosten einer „Bibliotheca", d. h. einer alle Schriften umfassenden Bibel, für $ 1090. In heutiger Währung macht dieser Betrag $ 9962,60 aus.[9] Die Berechnung in heutiger Geldwährung sagt den damals gültigen Wert nur unbefriedigend aus. „Welchen Schatz man in den geschriebenen Büchern besaß, zeigt ihr Tauschwert. Um 1074 hat die kunstfertige Schönschreiberin Diemut von Wessobrunn († 1130[?]) für eine Bibel in zwei Bänden ihrem Kloster ein Landgut in Persinberch erworben."[10] Die Anschaffung einer Vollbibel konnten sich verständlicherweise allein gut dotierte kirchliche Institute oder besonders reiche Familien leisten. Solche Voraussetzungen erwiesen sich für den Umgang mit der Bibel bei allen mittelalterlichen Christen als nicht förderlich. Dies gilt noch besonders für den Poverello, von dem der Biograf anmerkt: „Niemand kann so gierig nach Gold sein, wie er nach Armut ..." (2 C 55: GRAU, 280). [S. 371]

2. Trotz der Unmöglichkeit, den Volltext persönlich zu besitzen, blieb der Kontakt mit mindestens einzelnen Teilen der Heiligen Schrift denkbar. Dies erscheint besonders wahrscheinlich bei jener geistigen Oberschicht, die Bücher zu lesen verstand. Darum besteht der nächste Schritt darin, die Bildungsvoraussetzungen des hl. Franziskus kurz

---

7 Vgl. SCHMUCKI, O.: „Ignorans sum et idiota". Das Ausmaß der schulischen Bildung des hl. Franziskus von Assisi, in: VÁZQUEZ, I. (Hg.): Studia historico-ecclesiastica. Festgabe für Prof. Luchesius G. Spätling O.F.M., Rom 1977, 283-310, bes. 290 A. 21 Lit.; dazu vgl. noch CARDINI, F.: Alfabetisimo e livelli di cultura nell'età comunale, in: Quaderni Storici n° 38 (1978) 488-522; LAURIOLA, G.: Intorno alla cultura di Francesco d'Assisi, in: StFr 78 (1981) 307-327, dem mein Aufsatz entgangen zu sein scheint und der den Bildungsstand des Heiligen entschieden zu hoch ansetzt.

8 LENHART, J. M.: History of Franciscan libraries of the Middle Ages, Washington 1954, 6-12, bes. 9f.

9 Ebd. 10. Die Umrechnung in heutige Währung verdanke ich der Freundlichkeit von Herrn Bankier Dr. O. Locuratolo in Rom.

10 ROST, H.: Die Bibel im Mittelalter. Beiträge zur Geschichte und Bibliographie der Bibel, Augsburg 1939, 61.

zu beleuchten. Ich bin hier in der glücklichen Lage, auf meinen in der Festschrift für Prof. Luchesius G. Spätling veröffentlichten Aufsatz über dieses Thema zurückgreifen zu können.[11]

Thomas von Celano und der hl. Bonaventura bezeugen übereinstimmend, dass Francesco, der Sohn des reichen Fernkaufmanns Pietro di Bernardone, als „infantulus“ bzw. „puerulus“, also mit 9 oder 10 Lebensjahren, die Pfarrschule an der Kirche San Giorgio in Assisi besucht hat (1 C 23: AF X, 20; LM XV, 5: 625). Wohl unter der Leitung eines an der Georgskirche wirkenden Priesters genoss der Knabe nach damaligen Gepflogenheiten hauptsächlich Unterweisung in der lateinischen Sprache. Die Elementarschüler durchliefen normalerweise folgende drei Stufen: 1. Erlernen von Lesen und Schreiben, 2. die Anfangsgründe und 3. die Vertiefung der Grammatik. Wenn wir die von den beiden Autografen des Heiligen bezeugten geringen Lateinkenntnisse uns vor Augen halten (vgl. BrLeo: FQS ^{7}I, 81f., u. LobGott bzw. SegLeo: 208-210), legt sich der Schluss nahe, er sei über die erste Lernstufe nicht hinausgekommen und habe es folglich an der Schule nur kurze Zeit ausgehalten.

In seinem heute noch bedeutsamen Werk über die Studien im Franziskanerorden[12] deutet Hilarin Felder den damals geübten Lehrbetrieb folgendermaßen an: „Das Lehrbuch der ersten [Stufe] war die ‘Tafel’, eine Fibel mit den Buchstaben und einigem lateinischen Lesestoff, Glaube, Vaterunser, Gebete; ihr Hauptbestreben war, den Psalter, das gewöhnliche Gebetbuch der Gebildeten im Mittelalter, lesen zu lernen.“ Aus dem Verwenden des Psalteriums als hauptsächlichem Schulbuch erklären sich die außergewöhnlichen Kenntnisse des Ordensgründers im Bereich der Psalmen. Sie treten in den „Opuscula“ allgemein und besonders in den gedächtnismäßig zusammengefügten Gebetsmosaiken des „Officium Passionis Domini“ (Opuscula, 188-222) unübersehbar zutage.

Das Vorgehen des Elementarschullehrers dürfte folgendes gewesen sein: um das Lesen und Aussprechen der lateinischen Sprache in den Schülern zu erreichen, erklärte er die einzelnen Psalmenverse kurz in Volgare und ließ diese von den Kindern im Chor so oft und so lange wiederholen, bis sie sich dem Gedächtnis genau eingeprägt hatten. Der antike und mittelalterliche Mensch verfügte ganz allgemein über eine viel wirksamere Mnemotechnik als wir. Die Kunstfertigkeit, das Einprägen von Gedächtnisstoffen durch längst erprobte Lernhilfen zu erleichtern und abzusichern, war [S. 372] pädagogisches Allgemeingut.[13] Schon in der Väterzeit setzte man bei einem Mönch das gedächtnismäßige Beherrschen des Psalters als selbstverständlich voraus. Am Generalkapitel von Assisi 1340 wurde dieser bezeichnende Einschub in die Ordenssatzungen beschlossen: „Kein Novize darf für die Profess als Kleriker zugelassen werden, bevor er nicht auswendig kennt: die Psalmen der Tagesstunden, das ganze Offizium unserer

---

[11] Vgl. oben A. 7.

[12] Geschichte der wissenschaftlichen Studien im Franziskanerorden bis um die Mitte des 13. Jahrhunderts, Freiburg i. Br. 1904, 340. – Zum Psalter als Schulbuch sei noch hingewiesen auf: KIRCHERT, K.: Grundsätzliches zur Bibelverdeutschung im Mittelalter, in: ZDA 113 (1984) 61-77, bes. 68 Lit.

[13] Vgl. u. a. GAECHTER, P.: Die urchristliche Überlieferung verglichen mit der irischen Gedächtniskultur, in: ZKTh 95 (1973) 20-60; BLUM, H. / REINERT, G.: Mnemotechnik, in: RITTER, J. / GRÜNDER, K. (Hg.): Historisches Wörterbuch der Philosophie V, Basel 1980, 1444-1448 Lit.

Herrin [das Marianum], das ganze Totenoffizium, die sieben Buß-Psalmen mit der Litanei [aller Heiligen] und aus dem Commune der Heiligen die Psalmen, Hymnen, Antiphonen, Responsorien, die Orationen und die Kapitel ...“[14]

Der junge quicklebendige Kaufmannssohn wird sich diesem Einpauken eines stellenweise kaum verständlichen Textes des Psalterium Romanum kaum sehr begeistert unterzogen haben. Doch vermittelte ihm diese anreizend-beharrliche Unterrichtsform den gedächtnismäßigen Besitz eines hochbedeutsamen biblischen Buches. Dies umso mehr, als er „mit einem glänzenden Gedächtnis begabt war“ (1 C 83: GRAU, 149), das „ihm Bücher ersetzte“ (2 C 102: 324), wie uns Celano versichert.

3. Wir sind leider über Faktum und Formen des in assisanischen Pfarreien geübten religiösen Unterrichts völlig im Dunkeln. Wohl hatte das 3. Laterankonzil 1179 darauf bestanden, dass an jeder Kathedralkirche ein Benefizium geschaffen würde, um einem Kleriker die Möglichkeit zu schaffen, unentgeltlichen Unterricht zu erteilen.[15] Bischof Guido II. scheint mit der Lehrerstelle an der St. Georgspfarrei der konziliaren Vorschrift Rechnung getragen zu haben. Was darüber hinaus die mit der ordentlichen Seelsorge beauftragten Priester getan oder unterlassen haben, entzieht sich unseren Kenntnissen. Natürlich wird Francesco vor seiner Bekehrung am sonntäglichen Gottesdienst teilgenommen haben. Die dabei während der Messe angehörte lateinisch vorgetragene Epistel- und Evangelienreihe und die muttersprachliche Homilie des Zelebranten dürften für die Erweiterung des biblischen Horizontes des jungen Kirchenbesuchers kaum viel beigetragen haben. Seine Hauptinteressen galten ja rein innerweltlichen Belangen, die ihn von religiösen Erlebnissen „abschirmten“.

II. Aussendungsrede und Bibellos: entscheidende Wegweiser in seiner Berufung

1. Nach einem autobiografischen Hinweis im „Testament“ (14: FQS ^{7}I, 218) fehlte Franziskus bei seiner Richtungssuche während des Bekehrungsvorgangs die eigentliche religiöse Führung eines Seelsorgers: „Und nachdem mir der Herr Brüder gegeben hat, zeigte mir niemand, was ich zu tun hätte, sondern der Höchste selbst hat mir geoffen- [S. 373] bart, daß ich nach der Form des heiligen Evangeliums [= secundum formam sancti Evangelii] leben sollte.“ Was Franziskus hier als mystische Erleuchtung und abschließende Klärung seines evangelischen Berufsweges andeutet, machen die verschiedenen Biografen in wesentlich übereinstimmender Form anschaulich. Nach der Wiederherstellung von San Damiano und der von Einsturz bedrohten Kapelle St. Peter in Spina „begab er sich an einen anderen Ort, der Portiunkula heißt“. Der Poverello habe sich, „von frommem Mitleid gerührt und weil er glühende Verehrung gegen die Mutter aller Güte hegte“, der verlassenen Kirche angenommen. „Als er die genannte Kirche

[14] DELORME, F. M.: Acta et constitutiones Capituli generalis Assisiensis (1340), in: AFH 6 (1913) 251-266, 253 n. 1 (dt. Übers. von mir).

[15] Concilium Lateranense III, Kanon 18: ALBERIGO, J. / JOANNOU, P.-P. / LEONARDI, Cl. / PRODI, P. (Hg.): Conciliorum oecumenicorum decreta, Romae ^{2}1962, 196.

wiederhergestellt hatte, stand man im dritten Jahre seiner Bekehrung", wohl im Jahre 1208. „Zu dieser Zeit trug er eine Art Einsiedlerhabit. Versehen mit einem Ledergürtel und einem Stab in der Hand, Sandalen an den Füßen, so schritt er einher."[16]

Die erste Entdeckung der evangelischen Lebensform erfolgte während einer Messe, die – sofern Bonaventura für diese Einzelheit Vertrauen verdient – „zu Ehren der Apostel" gefeiert wurde (269). Es ist wenig sinnvoll, diese religiöse Erweckung weiterhin auf das Fest des hl. Apostels Matthias am 24. Februar 1208 bzw. des hl. Evangelisten Lukas am 18. Oktober festlegen zu wollen. Man müsste zuvor ausfindig machen, welche Perikopenordnung im Bistum Assisi in Geltung war. Da die Kapelle überdies zu der am Berghang des Monte Subasio gelegenen Benediktus-Abtei gehörte, kann durchaus ein Benediktinerpriester die Messe in einem monastischen Missale gelesen haben. Schließlich stand es natürlich auch mittelalterlichen Zelebranten zu, an festfreien Tagen Votivmessen zu Ehren der Apostel zu feiern.[17]

Im Lichte der uns vorliegenden Quellenberichte ist es schwierig festzustellen, ob es sich beim fraglichen Evangeliumsausschnitt um Jesu Aussendungsrede an die zwölf Apostel bei Mt 10,7-15 (par. Mk 6,8-11 und Lk 9,2-5) oder um die Aussendung der (zweiund)siebzig Jünger bei Lk 10,1-16 gehandelt hat. Die „Drei Gefährten" sagen in ihrem mit schlichten Worten glaubwürdig berichtenden Zeugnis über den Ort der Messfeier nichts aus: „Eines Tages aber hörte er bei der Feier der Messe jene Worte, die Christus im Evangelium zu den Jüngern sprach, als er sie zum Predigen aussandte; daß sie nämlich weder Gold, noch Silber, weder eine Tasche noch Brot oder einen Stab auf dem Weg tragen, weder Schuhe noch zwei Röcke haben sollten. Als er dies nach einer eingehenden Belehrung durch den Priester verstand, wurde er von unsagbarer Freude erfüllt und sprach: 'Das ist es, was ich mit allen Kräften zu erfüllen wünsche'" (25: 210f.).

Übersetzer und Ausleger dieser Stelle[18] machen zu Recht darauf aufmerksam, [S. 374] dass darin die Parallelstellen der Apostel- und Jüngeraussendung ineinanderfließen. Da sich dieselbe Feststellung auch in der „NbR" nachweisen lässt, kann es sich nicht einfach um einen redaktionellen Eingriff der berichtenden Lebensbeschreiber handeln. Vielmehr scheint der zelebrierende Priester so evangelienkundig gewesen zu sein, dass er für die von Franziskus eigens gewünschte Erklärung alle dazugehörenden Stellen einbezog. Soweit ich im gegenwärtigen Augenblick die Quellenlage zu überblicken vermag, glaube ich immerhin, dass der bei der Messfeier vorgelesene Evangeliumstext entweder die Apostelsendung nach Mt 10,5ff. oder wahrscheinlich die Jüngersendung nach Lk 10,1ff. wiedergab. Denn nur diese beiden Perikopen enthalten Jesu Forderung zum Friedensgruß (Mt 10,12; Lk 10,5f.). Nun bekennt jedoch der Ordens-

---

16 1 C 21: GRAU, 82f.; vgl. zudem Gef 25: CLASEN / GRAU, 210-212; LM III, 1: CLASEN, 269f. Vgl. SCHMUCKI, O.: „Secretum solitudinis". De circumstantiis externis orandi penes sanctum Franciscum Assisiensem, in: CFr 39 (1969) 5-58, 31-34.

17 Zu dieser Frage vgl. bes. CLASEN, S.: Miszellen zur Geschichte des hl. Franziskus von Assisi, in: WiWei 35 (1972) 217-230, bes. 221b-224b; s. auch O. SCHMUCKI, in: CFr 46 (1976) 345, bzw. zur Perikopenordnung: VAN DIJK, S. J. P.: The Bible in liturgical use, in: LAMPE, G. W. H. (Hg.): The Cambridge History of the Bible II: The West from the Fathers to the Reformation, Cambridge 1969, 220-252.

18 Vgl. CLASEN / GRAU, 210 A. 3; CLASEN, Miszellen (wie A. 17) 221b-224b.

gründer ausdrücklich in seinem „Testament“ (23: FQS ^{7}I, 218f.): „Der Herr hat mir geoffenbart, daß wir als Gruß sagen sollten: ‘Der Herr gebe dir den Frieden!’“ Auch die Biografen berichten von dieser göttlichen „Offenbarung“ zum Friedensapostolat in unmittelbarem Textzusammenhang der Messfeier (1 C 23: GRAU, 84f.; Gef 26: CLASEN / GRAU, 212).

Thomas von Celano und die „Drei Gefährten“ heben ganz konkret hervor, wie Franziskus nach Vernehmen des göttlichen Willens sich dessen Forderungen bis in die kleinsten Einzelheiten angepasst hat. „Er war ja kein tauber Hörer des Evangeliums, sondern behielt alles, was er hörte, in seinem rühmenswerten Gedächtnis und mühte sich, es auf den Buchstaben sorgfältig zu erfüllen“ (1 C 22: GRAU, 84). Die „Drei Gefährten“ weichen von Celano nur in der Wortwahl ab, wenn sie den kirchengeschichtlichen Wendepunkt treffsicher kennzeichnen: „Nachdem er alles, was er gehört, seinem Gedächtnis eingeprägt, mühte er sich, es freudig zu erfüllen ... Alle Sorgen seines Herzens setzte er auf die Worte des neuen Gnadenerweises, wie er sie im Werk erfüllen könne“ (25: CLASEN / GRAU, 211). An den zwei Zeugnissen fällt auf, wie 1. der Heilige sich um das genaue Verständnis der Stelle bemüht und dafür die Hilfe eines Priesters beansprucht; 2. den evangelischen Text möglichst genau auswendig lernt und 3. ihn ohne Abstriche oder Umdeutung sogleich als verpflichtende Anweisung in das eigene Leben übersetzt.

2. Den nächsten entscheidenden Schritt zu einem vertieften Verständnis der evangelischen Lebensform tat Franziskus in dem Augenblick, als ihm der Herr im Frühjahr 1208 in Br. Bernhard von Quintavalle und Br. Petrus Cattani die ersten Lebensgefährten schenkte (Test 14: FQS ^{7}I, 218). Bernhard, ein reicher Kaufmann, überzeugte sich von der Echtheit der religiösen Berufung des Mitbürgers, als er ihn, bei ihm zu Gast, „die ganze Nacht beten, sehr wenig schlafen, Gott und seine glorreiche jungfräuliche Mutter lobpreisen“ sah (1 C 24: GRAU, 86). Bernhard erklärt die volle Bereitschaft, auf alle zeitlichen Güter zu verzichten, worauf Franziskus antwortet: „Wenn du dein Wort durch die Tat beweisen willst ..., wollen wir in aller Frühe in die Kirche gehen, das Evangelienbuch zur Hand nehmen und uns von Christus Rat holen“ (2 C 15: GRAU, 239). Aus der Dreigefährtenlegende (28: CLASEN / GRAU, 214) und durch Bonaventura (LM III, 3: CLASEN, 270f.) wissen wir, dass es sich um die Nikolauskirche am Marktplatz handelte. Sie wurde 1848 für den Kult geschlossen und in eine Kaserne für päpstliche Polizisten umgewandelt. Heute sind in deren Bereich Büroräume der [S. 375] assisanischen Post eingerichtet, indes die einstmalige Krypta als antikrömisches Museum dient.[19]

Die „Drei Gefährten“ führen an diesem Punkt unvermittelt die Figur des Petrus Cattani ein, „der ebenfalls Bruder werden wollte“ (214). In der Kirche angekommen, „beteten sie voll Hingabe zum Herrn, er möge ihnen beim ersten Öffnen des Buches seinen Willen kundtun“ (Gef 28: 215); „denn sie waren einfältig und wußten nicht, wie sie das Wort des Evangeliums vom Verzicht finden sollten“ (ebd. 214f.). Bei der hier angedeuteten Absicht handelt es sich ganz offensichtlich um die Anwendung der „Sortes

---

[19] FALOCI PULIGNANI, M.: Il messale consultato da S. Francesco quando si convertì, in: MF 15 (1914) 33-43a, 34f.; Guida d’Italia del Touring Club Italiano: Umbria, Milano 1950, 177f.

Apostolorum", auch Bibellos genannt. Viele Christen, darunter Heilige vom Größenmaß eines Augustinus, suchten im Verlauf der Jahrhunderte Gottes Willen zu konkreten Lebensumständen durch zufälliges Aufschlagen der Heiligen Schrift zu erfahren, wiewohl sich die kirchliche Autorität öfter kritisch dazu geäußert hatte.[20]

Durch eine besondere Fügung ist der „evangeliorum codex", den Franziskus mit den beiden ersten Gefährten in kindlichem Glauben an die Führung Gottes auf gut Glück dreimal aufschlug, erhalten geblieben. Im Jubiläumsjahr 1976 wurde nämlich in der „Walters Art Gallery" in Baltimore, Maryland, ein „Sacramentarium" oder Vollmissale im Auftrag des Liturgieprofessors Robert Amiet von Lyon auf Mikrofilm aufgenommen. In Zusammenarbeit mit dem Diözesanarchivar Assisis, Aldo Brunacci, ergab sich, dass es sich mit großer Wahrscheinlichkeit um jenes Missale handelt, das den drei Kirchenbesuchern an jenem frühen Frühlingsmorgen vorlag. In einem Antiquariatskatalog Joseph Baers in Frankfurt am Main war die Handschrift 1912 für 5 000 Mark zum Verkauf ausgeschrieben worden. Wiewohl Michele Faloci Pulignani schon 1914 die Verbindung des Kodex mit Franziskus überzeugend nachgewiesen hatte, wanderte er nach Übersee ab.[21]

Bei der ersten Befragung schlug der Heilige fol. 133r auf, wo er in der Messe vom Mittwoch nach dem 6. Pfingstsonntag den Evangeliumsausschnitt Mk 10,17-22 las.[22] [S. 376] Hier wurde ihm die Aufforderung Jesu an den reichen Mann zur verpflichtenden Wegweisung: „Geh, verkaufe, was du hast, gib das Geld den Armen; und du wirst einen bleibenden Schatz im Himmel haben; dann komm und folge mir nach!" (10,21). Bei der zweiten Anfrage öffnete sich der Kodex bei fol. 119v mit der Messe für den Donnerstag nach Pfingsten. Im Lesen der lukanischen Redaktion der Aussendungsrede Jesu an die Zwölf (9,1-6) war er besonders betroffen von der Anweisung: „Nehmt nichts mit auf den Weg"! (9,3b).[23] Beim dritten Bibellos stieß er in Blatt 250r auf das Commune-Formular für das Fest eines Martyrers, worin er im Evangeliumsabschnitt Mt

---

20 Vgl. u. a. BOEHM, M. H.: Los, losen, in: BÄCHTOLD-STÄUBLI, H.: Handwörterbuch des deutschen Aberglaubens V, Berlin 1932/3, 1373-1380; LECLERCQ, H.: Sortes Sanctorum, in: DACL XV/2, Paris 1953, 1590-1592; HARMENING, D.: Superstitio. Überlieferungs- und theoriegeschichtliche Untersuchungen zur kirchlich-theologischen Aberglaubensliteratur des Mittelalters, Berlin 1979, 191-204, der den Namen „Sortes Apostolorum" dem Bibellos vorbehalten wissen möchte, indes er für „Sortes Sanctorum" das Weiterwirken mantischer Traditionen des Heidentums behauptet.

21 Il messale consultato (wie A. 19) 33-43a; vgl. überdies: OKTAVIAN [SCHMUCKI] VON RIEDEN: Das Leiden Christi im Leben des hl. Franziskus von Assisi, in: CFr 30 (1960) 5-30, 129-145, 241-263, 353-397, bes. 360-363; BRUNACCI, A.: Il messale consultato da san Francesco all'inizio della sua nuova vita, in: San Francesco Patrono d'Italia (Assisi) 58 (1978) 80-88; nützlich sind die Bildwiedergaben der entsprechenden Blätter bei HABIG, M. A.: The Gospel-Book consulted by Francis. (A Picture Story), in: Franciscan Herald 61 (1982) 262-268; [SMITH PODLES, M. / PORTER. V.]: A guide to God's Minstrel: St. Francis of Assisi. An exhibition co-sponsored by The Archdioces of Baltimore and The Walters Art Gallery. The Walters Art Gallery, Baltimore, March 6 – April 25, 1982 [s. n. t.]: vgl. G. ZAMORA, in: CFr 53 (1983) 363 u. 400f.

22 Nicht Lk 18,21, wie M. A. HABIG (The Gospel-Book, 266) irrtümlich behauptet. Richtig war dagegen die Angabe bei FALOCI PULIGNANI, Il messale (wie A. 19) 39b. Fol. 133ra beginnt [S. 376] mit den Worten: „dilexit eum et dixit ei: 'Unum tibi deest: vende, quaecumque habes, vende ea et da pauperibus et habebis thesaurum in caelo et veni, sequere me'."

23 Vgl. FALOCI PULIGNANI, ebd., 40a; HABIG, ebd. 267. Die Augen des Heiligen blickten auf f. 119vb: „... sanare infirmos. Et ait ad eos: 'Nihil tuleritis in via'."

16,24-28 über Nachfolge und Selbstverleugnung besonders die Worte Jesu: „Wer mein Jünger sein will, der verleugne sich selbst, nehme sein Kreuz auf sich und folge mir nach" (16,24), als für die neue Lebensform kennzeichnend empfand.[24]

Warum der Ordensgründer in den drei Perikopen nur einzelne Verse als eine an ihn direkt ergangene Antwort deutete, kann aus den biografischen Berichten nicht ermittelt werden. Möglicherweise entsprachen sie genau einer bestimmten spirituellen Lage, welche auf die Textauswahl mit Einfluss nahm. Vielleicht spürte er beim Lesen der Evangeliumsstellen eine innere Erleuchtung, die ihn der göttlichen Offenbarung versicherte. Besonders bedeutsam erscheint mir jedenfalls, dass sich die drei Evangeliumsstellen immer zu Beginn des Blatts oder doch einer der beiden Spalten befinden. Die „Drei Gefährten" halten die Folgerung des Ordensgründers aus der Bibelbefragung glaubwürdig fest: „Brüder, das ist das Leben und die Regel für uns und alle, die sich unserer Gemeinschaft anschließen wollen" (29: CLASEN / GRAU, 216), und betonen: „Von jener Stunde an lebten sie mit ihm zusammen nach der ihnen vom Herrn gezeigten Form des heiligen Evangeliums" (ebd.).

3. Auch wenn Franziskus aus den Leseausschnitten gleichsam drei Kernsätze oder Losungen herausgegriffen hat, bildeten die Aussendungsreden und die im Bibellos auf- [S. 377] geschlagenen Abschnitte insgesamt Gegenstand seiner vertieften Reflexion. Die ebenso problemlose wie heroische Übung der evangelischen Handlungsanweisungen in der Frühzeit schenkte den Brüdern eine über den Erfahrungsweg gewonnene Weisheit. Anderseits erlangten wohl in diesem Zeitpunkt die an der Pfarrschule erworbenen Psalmenkenntnisse einen ständig wachsenden Einfluss auf die Frömmigkeit unseres Heiligen. Die Teilnahme am täglichen Stundengebet in Pfarr- oder Klosterkirchen[25] bot den ersten Brüdern Gelegenheit zu einem immer neuen Kontakt mit dem Psalter. Ein Echo von dessen bedeutsamen Stellung im minoritischen Wanderleben der Frühzeit vermittelt ein Bericht Celanos. Als die ersten Brüder ihrer acht geworden, teilte der

---

[24] Vgl. SCHMUCKI, Das Leiden Christi (wie A. 21) 361; HABIG, ebd., 268. Auf f. 250rb las er: „Dixit Jesus discipulis suis: 'si quis vult ...'" (24). – An diesem Punkt sei hingewiesen auf: Anonymus Perusinus 10f: DI FONZO, L.: L'Anonimo Perugino tra le fonti francescane del sec. XIII. Rapporti letterari e testo critico, in: MF 72 (1972) 117-483, 439f. Nach dieser Quelle seien die drei „ad quandam civitatis eiusdem ecclesiam" gegangen (10b: 439). Dort hätten sie sich – nach einem Gebet – mit folgender Bitte an den Priester gewandt: „Domine, ostende nobis Evangelium Domini nostri Jesu Christi" (439f.). Der Verf. fügt als Begründung hinzu: „... quia ipsi adhuc bene legere nesciebant, invenerunt statim locum, ubi scriptum erat ..." (n. 11: 440). An diesen verhältnismäßig späten Bericht – redigiert zwischen 1262/66-1270 (ebd. 469) – klammern sich BEGUIN, P.-B.: L'Anonyme de Pérouse, un témoin de la Fraternité franciscaine primitive, Paris 1979, 208-212; DESBONNETS, Th.: François consultant l'Evangile, in: Evangile aujourd'hui n. 105 (1980) 41-54. DI FONZO, L.: Per la cronologia di S. Francesco. Gli anni 1182-1212, in: MF 82 (1982) 1-115, bes. 85f., beruft sich auf die „tradizione Egidiana-Bernardiana", die – in *Vita fratris Bernardt*, in: AF III, 35-45, 36 – von S. Maria Maggiore („ad episcopatum") als besuchte Kirche spricht. Persönlich bin ich der Überzeugung, dass dieser Spätbericht nicht soviel Aufmerksamkeit verdient, wie sie ihm diese Autoren schenken. Man darf auch nicht übersehen, dass Bonaventura ausdrücklich betont: „cum familiaribus eius [von Franziskus] adhuc superviventibus collationem de his [über Leben u. Tugenden] habui diligentem" (LM, prol. 4: AF X, 559); sicher ist er mit Br. Ägidius persönlich zusammengetroffen (III, 4: 568). Vgl. auch unten, V, 7, A. 136. [S. 377]

[25] Vgl. SCHMUCKI, O.: Gotteslob und Meditation nach Beispiel und Anweisung des hl. Franziskus von Assisi, Luzern 1980, 12-16.

Ordensvater „sie in vier Gruppen von je zwei Mann und sagte zu ihnen: ‘Gehet, Geliebteste, je zwei und zwei nach den verschiedenen Weltgegenden und verkündet den Menschen die Botschaft vom Frieden und von der Buße zur Vergebung der Sünden! Seid geduldig in der Trübsal, voll Zuversicht, daß der Herr seinen Ratschluß und seine Verheißung erfüllen wird! Denen, die euch fragen, antwortet demütig; die euch verfolgen, die segnet; denen, die euch Unrecht antun und verleumden, saget Dank, weil uns dafür das ewige Reich bereitet ist“ (1 C 29: GRAU, 91).

In diesen Anweisungen für die ersten Versuche der Buß- und Friedensexhorte scheinen unverkennbar Wesenselemente der Bergpredigt durch (vgl. Mt 5,10-12. 25. 44). Für den Augenblick interessiert uns aber noch mehr der Abschluss des biografischen Berichts: „Die Brüder nahmen mit Freude und Jubel den Auftrag des heiligen Gehorsams entgegen. Demütig bittend warfen sie sich vor dem heiligen Franziskus auf die Erde; er aber umarmte sie und sagte liebevoll und gütig zu jedem: ‘Iacta cogitatum tuum in Domino, et ipse te enutriet’! (Ps 54,23a). – ‘Wirf dein Sorgen auf den Herrn, und er wird dich ernähren!’ Dieses Wort sagte er, sooft er Brüder im Gehorsam aussandte“ (1 C 29: GRAU, 91f.). Br. Thomas von Celano beweist seine Verlässlichkeit, dass er den Psalmvers in der Fassung des „Psalterium Romanum“ wiedergibt, wiewohl er in einem Zeitpunkt schrieb, da durch die „Bullierte Regel“ das „Psalterium Gallicanum“ eingeführt worden war.[26] In diesem Vers ist als Kernanliegen des Heiligen sein rückhaltloses Gottvertrauen eingeborgen, das den Minderbruder notwendig begleiten musste, wenn er sich ohne Wegzehrung, Geldmittel und Aussicht auf gesicherte Unterkunft auf die Wanderpredigt begab.

4. Es fehlt der verfügbare Raum, um den Niederschlag der Psalmenfrömmigkeit im Beten des Ordensgründers und seiner ersten Brüder mit weiteren Beispielen zu veranschaulichen. Das Bild des „allmächtigen, heiligsten, erhabensten, höchsten Gottes“ (NbR XXIII, 1: FQS ^{7}I, 201), das sich in den meisten seiner Gebete widerspiegelt, entspricht nicht zuletzt jenen Attributen, die er in den Psalmen vorfand. Auch sein Ideal restlos inneren und äußeren Armseins, wie auch seine eschatologisch ausgerichtete Pil- [S. 378] gerschaft nährten sich an diesen alttestamentlichen Liedern oder sprachen sich in ihnen aus. Schließlich hat auch seine Naturmystik, die in der berühmten, um 1215 anzusetzenden Vogelpredigt historisch erstmals fassbar ist, unverkennbare Wurzeln in diesen Erdgrund gesenkt.[27]

---

[26] 1 C 29: AF X, 24 u. A. 12; vgl. WEBER, R.: Le Psautier Romain et les autres anciens Psautiers latins. Edition critique, Rom-Vatikanstadt 1953, 123a. – BR III, 1f.: Opuscula, 229: „Clerici faciant divinum officium secundum ordinem sanctae Romanae Ecclesiae, excepto psalterio, ex quo habere poterunt breviaria.“

[27] Zum Gottesbild vgl. meinen Aufsatz: La visione di Dio nella pietà di san Francesco d’Assisi, in: ItFr 57 (1982) 507-524, bes. 509-514; oder in dt. Fassung ohne eigentlichen krit. Apparat: Das Gottesbild im Beten des hl. Franziskus von Assisi, in: Fidelis (Luzern) 70 (1983) 130-145. Zu der in der Erstfassung verzeichneten Lit. hinzu s. nun bes. LEHMANN, L.: „Gratias agimus tibi“. Structure and content of chapter XXIII of the Regula non bullata, in: Laur 23 (1982) 312-375. – Für die Vorstellung des Pilgerseins s. u. a. BILLOT, C.-Ch.: La marche d’après les Ecrits de saint François d’Assise, in: EtFr n. s. 16 (1966) 311-330. – Lit. zur Naturmystik bzw. zur Vogelpredigt (1 C 58: AF X, 44f.) vgl. bei: OCTAVIANUS [SCHMUCKI] VON RIEDEN: De sancti Francisci Assisiensis stigmatum susceptione. Disquisitio historico-

5. Vom siebten Gefährten des hl. Franziskus, Br. Philipp „der Lange",[28] betont der erste Lebensbeschreiber ausdrücklich: „... seine Lippen hatte der Herr mit der Reinigungskohle (vgl. Is 6,6f.) berührt, daß er über Gott bezaubernd rede und ihn begeistert lobe. Und obschon er die Heilige Schrift nicht auf der Schulbank gelernt, verstand und erklärte er sie so, daß er ein treuer Schüler jener ward, die von den Vorstehern der Juden als ungelehrt und ungebildet beschimpft wurden" (vgl. Apg 4,13; 1 C 25: GRAU, 87f. bzw. 87 A. 97). Natürlich hat er diese besondere Gnadengabe – unbeschadet der zentralen Stellung des Ordensgründers als „forma et exemplum / exemplar fratrum", d. h. seines formgebenden Vorbildcharakters für die Minderbrüder[29] –, auch zugunsten der Brüderschaft und wohl auch für Franziskus ausgeübt. Sein Charisma stellte er in den Jahren 1219-20 bzw. 1228-46 als Visitator in den Dienst der Klarissen, wobei er jedoch auch auf Schwierigkeiten stieß.[30]

6. Als die Brüder in Rivotorto noch in einem verlassenen Schuppen unvorstellbare Entbehrungen ausstanden, fehlten ihnen sogar Psalterien oder Neue Testamente. Bonaventura verdient Vertrauen, wenn er berichtet (LM IV, 3: CLASEN, 279f.): „Unaufhörlich flehten sie zu Gott. Sie beteten aber mehr mit dem Herzen (*mentaliter*) als mit dem Munde, da sie noch keine kirchlichen Bücher besaßen, um das vorgeschriebene Stundengebet singen zu können. Vielmehr lasen sie statt in diesen Büchern unaufhörlich bei Tag und Nacht im Buch des Kreuzes Christi, durch das Beispiel ihres Vaters belehrt, der oft zu ihnen vom Kreuze Christi sprach." Diese fortwährende Bild- [S. 379] meditation[31] im liebenden Sichversenken in die in Leiden und Sterben Jesu offenbarte Liebe knüpfte unwillkürlich an die dritte Evangeliumsbefragung in San Nicolò an, wo an die ersten Brüder die Aufforderung zur Kreuzesnachfolge und Selbstverleugnung ergangen war (vgl. oben II,2).

Von diesem Ausgangspunkt her entwickelte sich die wohl schon in der Urregel von 1209 (vgl. NbR I, 1: Opuscula, 242) enthaltene Vorstellung vom Wandeln in den Spuren des leidenden Herrn nach 1 Petr 2,21 weiter: „... auch Christus hat für euch gelitten und euch ein Beispiel gegeben, damit ihr seinen Spuren folgt" (vgl. FQS [7]I, 340a). Aus diesem Kern wird sich im Ordensvater in verschiedenen Entwicklungsstufen eine wunderbar tiefe Passionsfrömmigkeit entfalten, wie ich sie an anderer Stelle darzustellen

---

critica luce testimoniorum saeculi XIII, in: CFr 33 (1963) 210-266, 392-422; 34 (1964) 5-62, 241-338, bes. 15-18; s. außerdem CFr-BgFr 1931-1970. Index, curavit Cl. VAN DE LAAR, Roma 1972, 211b (7b: animalia), 212ab (7b: mundus seu res creatae); BgFr XII (1958-63), n. 462-470; XIII (1964-73), n. 809-818; XIV (1974-80), n. 1214-1269. Zum Thema ist bes. zu berücksichtigen RAVASI, „Cantico delle creature" (wie A. 4).

28 Vgl. GRAU, E.: Die ersten Brüder des hl. Franziskus, in: FrSt 40 (1958) 132-144, 141f.; BROWN, R.: Appendix VII: Companions, in: ENGLEBERT, O.: Saint Francis of Assisi, Chicago/Ill. [2]1965, 438-440 Lit.

29 Per 2, 38, 61, 79, 85: BROOKE, 90, 156, 194, 226, 236; für einen bes. bezeichnenden Bericht s. Speculum perfectionis (minus), n. 2: M. BIAGARONI, S. Maria degli Angeli 1983, 6-13. Vgl. auch ESSER, Anfänge (wie A. 3) 286b (Franziskus v. Assisi/forma Minorum).

30 Vgl. u. a. GRUNDMANN, H.: Religiöse Bewegungen im Mittelalter. Untersuchungen über die geschichtlichen Zusammenhänge zwischen der Ketzerei, den Bettelorden und der religiösen Frauenbewegung im 12. und 13. Jahrhundert und über die geschichtlichen Grundlagen der deutschen Mystik, Darmstadt 1961, 263f., 266f. Weitere Lit. s. noch in CFr 21 (1951) 237.

31 Vgl. SCHMUCKI, Gotteslob und Meditation (wie A. 25) 55-70, bes. 57.

versucht habe.[32] Es sei hier allein andeutungsweise auf sein „Passionsoffizium“ hingewiesen, in dem er von der hermeneutischen Voraussetzung ausgeht, im Psalter – mindestens an vielen Stellen in ihm – seien Leben und Leiden Jesu vorhergesagt. Im Licht der neutestamentlichen Erfüllung erlebt er in diesen zeitlich teilweise in die Frühzeit zurückreichen Gebetsstunden des Erlösers innere und äußere Leiden, seine vorbehaltlose Hingabe an den „heiligen Vater“ im Himmel, seine Auferstehung, Himmelfahrt und endzeitliche Wiederkunft.[33]

III. Momente wachsender Bibelkenntnisse zwischen Urregel (1209) und „Regula non bullata“ (= NbR/1221)

1. Bevor Franziskus 1209 mit den 11 Gefährten nach Rom ging, um von Papst Innozenz III. die kirchenamtliche Bestätigung seiner evangelischen Lebensform zu erlangen, ließ er sie „mit wenigen Worten und in Einfalt schreiben“ (Test 15: FQS [7]I, 218). Thomas von Celano bestätigt und ergänzt zugleich das Selbstzeugnis des Ordensvaters. Er spricht von „einer Lebensform und Regel, zu der er hauptsächlich die Worte des heiligen Evangeliums benützte, dessen Vollkommenheit einzig er sehnlich anstrebte. Er fügte nur wenig andere Vorschriften bei, die für ein Ordensleben durchaus notwendig waren“ (1 C 32: GRAU, 94). Auch wenn sich der Text der „NbR“ von 1221 [S. 380] etappenweise aus der Urregel entwickelt hat, erscheint mir das Unterfangen als aussichtslos, den ursprünglichen Wortlaut der Innozenz III. unterbreiteten „regula evangelica“ (4 C 5: AF X, 121) rekonstruieren zu wollen.[34] Dafür sind die von den Quellen überlieferten Angaben zu summarisch. Zudem müssen wir damit rechnen, dass einzelne Elemente der Urregel in der Folgezeit völlig ausgeschieden wurden.

---

[32] NbR I, 1: Opuscula, 242: „Regula et vita istorum fratrum haec est, scilicet vivere in obedientia, in castitate et sine proprio, et Domini nostri Iesu Christi doctrinam et vestigia sequi ...“. – Vgl. meine Studie: Leiden Christi (wie A. 21); zu 1 Petr 2,21 s. auch VAN ASSELDONK, Le Lettere di san Pietro (wie A. 4) 68-70.

[33] Es sei mir gestattet hinzuweisen auf meine Ausführung in: Leiden Christi (wie A. 21) 129-145, bzw. Gotteslob und Meditation (wie A. 25) 32-54, wo ich auf S. 54 die hauptsächl. Lit. anführe. Sehr zu bedauern ist, dass die großangelegte Untersuchung: GALLANT, Laurent: „Dominus regnavit a ligno“. L'„Officium Passionis“ de saint François d'Assise, édition critique et étude, Paris, Institut Catholique, 1978, bisher nur in Maschinenschrift zugänglich ist. – Bedeutsam ist nun auch der dem OffPass von LEHMANN, L.: Tiefe und Weite. Der universale Grundzug in den Gebeten des Franziskus von Assisi, Werl/Westf. 1984, 121-148 (Lit.!), gewidmete Kommentar. Für einen einzelnen Gesichtspunkt empfiehlt sich die eindringende Untersuchung: MATURA, Th.: „Mi Pater sancte“. Dieu comme Père dans les écrits de François, in: Laur 23 (1982) 102-132. – Als Nachtrag zu früheren Studien sei hier das interessante Zeugnis hinzugefügt aus der zwischen 1330-50 entstandenen (vgl. CFr 53 [1983] 324 Lit.): Vita del povero et humile servo de Dio Francesco, c. 51: MINOCCHI, S.: La leggenda antica. Nuova fonte biografica di S. Francesco d'Assisi, Firenze 1905, 100: „Anco, esso Francesco compose psalmj, dicendolj ad reverentia della paxione de Christo, pigliando alcunj versi integrj, overo in parte, dellj psalmi del Psalterio, consonanti et convenientj alla decta paxione.“

[34] Zu den verschiedenen Rekonstruktionsversuchen vgl. meinen Überblick: Gli scritti legislativi di san Francesco, in: Approccio storico-critico alle fonti francescane, Roma 1979, 73-98, 74-80 („Il 'propositum vitae' del 1209“), bes. die AA. 6-9 auf S. 77.

Sicher enthielt der noch völlig unentwickelte Regelentwurf die entscheidenden Stellen der evangelischen Ausgangslage; näherhin die Hauptelemente der Aussendungsreden mit dem hauslosen Wanderradikalismus, dem heroischen Gottvertrauen ohne jede Vorsorge für das Morgen, der Erlaubnis, von allen vorgesetzten Speisen essen zu dürfen, und der zu zweit geübten Buß- und Friedensverkündigung.[35] Zweifellos fehlte auch die Forderung zur restlosen Entäußerung allen Besitzes und zur Kreuzesnachfolge und Selbstverleugnung nicht. Schwierig scheint mir zu entscheiden, ob der Ordensgründer schon in dieser Erstfassung in irgendeiner Form die Antwort Jesu aus der Berufungsperikope des reichen Mannes nach Lk 18,18-30. 19 einfügen ließ: „Warum nennst du mich gut? Niemand ist gut außer Gott, dem Einen." Später jedenfalls wird der Text zu einem zentralen Motiv seiner Frömmigkeit und kennzeichnendes Element seines Gottesbildes. Dem „Deus ... solus bonus" begegnen wir in „NbR" XVII (17-18: Opuscula, 273f.) und der Weiterentfaltung desselben Grundgedankens: „Deus ..., omne bonum, summum bonum" an vielen anderen Stellen der „Opuscula" (z. B. LaudDei 3: 90). Im Motiv des „allguten Gottes" wirkt vielleicht die Vorstellung früherer monastischer Theologen mit nach.[36]

2. Mit Ausnahme des Franziskaners Armando Quaglia – er vertritt die Entstehung der „NbR" in einem Guss –, stimmen die Forscher mit Abweichungen in Einzelheiten darin überein, dass die Urregel sich seit 1209, unter bedeutsamem Einfluss der Kapitelsversammlungen, zur Fassung von 1221 fortentwickelt habe. David Ethelbert Flood fasst das Grundergebnis seiner Einzeluntersuchungen wie folgt zusammen: „Kapitel I-XVII enthalten einen Text, den es in seiner Grundstruktur vor dem vierten Laterankonzil gegeben hat. Die Einleitung der Regel gehört dieser früheren Gestalt des Textes an. Der Schluß (Kapitel XXIV) ist späteren Datums. Kapitel XVIII-XX sind die Auswirkung des Konzils. Kapitel XXI-XXIII wurden dem Text als einzelne [S. 381] Stücke nach 1216 hinzugefügt, unter welchen Umständen läßt sich im Augenblick nicht mit absoluter Sicherheit sagen."[37]

In diesem zeitlichen Rahmen, in dem viele Elemente den Gewissheitsgrad der bloßen Vermutung nicht übersteigen, müsste sich zu bewegen versuchen, wer die motivgeschichtliche Bereicherung der evangelischen Lebensform zwischen 1209-1220 nachzeichnen wollte. Ein Vorhaben, das völlig außerhalb der Möglichkeiten eines Aufsatzes steht und zusätzlich erschwert wird von dem, was Br. Jordan von Giano in seiner

---

[35] Vgl. u. a. ESSER, Anfänge (wie A. 3) 54-60 („Nicht seßhafte Wanderprediger"); ROTZETTER, A.: Die Funktion der franziskanischen Bewegung in der Kirche. Eine pastoraltheologische Interpretation der grundlegenden franziskanischen Texte, Schwyz 1977, bes. 130-169; EGGER, W.: Nachfolge als Weg zum Leben. Chancen neuerer exegetischer Methoden dargelegt an Mk 10,17-31, Klosterneuburg 1979, 248-261. – Die bes. religiös-soziale Lage der frühen franziskanischen Wanderprediger umschreibt ebenso treffend wie lebendig PEGORARO, G. B.: La revoluzione permanente di Francesco d'Assisi. San Francesco tra vangelo e istituzione (1217-1223), Vicenza 1982, 98; s. das Zitat in CFr 53 (1983) 312 A. 164.

[36] Vgl. SCHMUCKI, La visione di Dio (wie A. 27) 514-518, wo auch die entsprechende Lit. verzeichnet ist.

[37] Die Regula non bullata der Minderbrüder, Werl/Westf. 1967, 139 (s. BgFr XIII, n. 256, wo die Besprechungen angegeben sind). – Vgl. u. a. QUAGLIA, A.: Storiografia della Regola francescana nel secolo XIII, Falconara M. 1980: s. meine Bespr. in: CFr 51(1981) 417f.

berühmten „Chronica“[38] mitteilt: „Und da der selige Franziskus erkannte, daß Bruder Cäsarius [von Speyer] in der Heiligen Schrift bewandert war, betraute er ihn damit, die Regel, die er selbst mit einfachen Worten verfaßt hatte, durch Worte aus dem Evangelium auszuschmücken, was dieser auch tat.“

Es war Verdienst des protestantischen Exegeten Karlmann Beyschlag[39], das Kriterium der konstitutiven und ornamentalen Zitate bzw. Reflexionszitate auf die Untersuchung der „NbR“ angewandt zu haben. Die Verwendung dieses Prüfsteins, um die auf Franziskus allein zurückgehenden biblischen Belegstellen zu eruieren, ist immerhin der Gefahr subjektiver Willkür ausgesetzt. Willi Egger hat in seiner Habilitationsschrift[40] zum Erweis der Zugehörigkeit von Bibelstellen zur Urregel weitere bedenkenswerte Kriterien zur Sprache gebracht; näherhin das Kriterium der vielfältigen Bezeugung in den Quellen, der Neuheit im Vergleich zum kirchlichen Leben der Zeit und der Kohärenz mit dem für Franziskus kennzeichnenden Lebensstil. – Jüngst schlug Walter Viviani[41] in seiner Dissertation weitere Erkenntniszeichen vor, um die nur auf Franziskus zurückreichenden Schriftzitate festzustellen; nämlich a) Zitate, die in den „Opuscula“ sehr frei angeführt werden; b) das Verbinden verschiedener Verse eines oder mehrer Hagiografen zu einer Aussage; c) das Phänomen, wonach sich verschiedene Schrifttexte scheinbar ordnungslos um die eine Idee gleich wie eine Kristallisation ansammeln. Der vom Verf. für eine richtige Beobachtung geprägte Term: „concentrazione biblica“ scheint mir persönlich wenig glücklich zu sein. – Diese Hilfsmerkmale werden einer noch zu leistenden Untersuchung wertvolle Dienste leisten, um den auf Franziskus persönlich zurückgehenden Anteil biblischer Elemente in der „NbR“ von den durch Br. Cäsarius eingefügten zu scheiden. Anderseits stand die Ausweitung der biblischen Begründung durch den speyerischen Minderbruder unzweifelhaft unter Aufsicht und Beurteilung des Ordensvaters, dem die angenommenen Texte zur eigenen spirituellen Erfahrung wurden. [S. 382]

3. Aus Gründen der Klarheit musste ich vorausgehend dem Zeitablauf vorausgreifen. Seit ungefähr 1211/12 versammelten sich die ohne bestimmtes Zuhause die Gegenden Italiens durchwandernden Bußprediger zweimal jährlich zum Kapitel, nämlich an Pfingsten und am Feste der Weihe der Kirche des hl. Michael (Gef 57: CLASEN/GRAU, 252f.).[42] Wie wir aus der Drei-Gefährtenlegende vernehmen, hielt der Ordensvater während diesen Versammlungen jeweils Ansprachen. „Voll Eifer ermahnte er die

---

38 Nr. 15, in: HARDICK, L.: Nach Deutschland und England. Die Chroniken der Minderbrüder Jordan von Giano und Thomas von Eccleston, Werl/Westf. 1957, 51; zum Chronisten s. ebd., 19-29. – „Dieser Cäsar[ius], ein gebürtiger Deutscher aus Speyer und Subdiakon, ist in der Theologie Schüler des Magisters Konrad von Speyer, des Kreuzzugspredigers und späteren Bischofs von Hildesheim [† um 1246], gewesen“ (Chronik 9: ebd., 45).

39 Die Bergpredigt und Franz von Assisi, Gütersloh 1955, 54-67, 62; vgl. meine Bespr. in: CFr 27 (1957) 207-209.

40 Nachfolge als Weg (wie A. 35) 248-261; s. einige Stellungnahmen zu dieser bedeutsamen Veröffentlichung in: BgFr XIV, n. 962.

41 L’ermeneutica (wie A. 5) 112f.

42 NbR XVIII, 1: Opuscula, 274f.; Gef 57: DESBONNETS, 131f.; s. MARINUS [MAYER] DE NEUKIRCHEN: De Capitulo generali in primo Ordine seraphico, Romae 1952, 17f., 29-36; ESSER, Anfänge (wie A. 3) 81-96.

Brüder, das heilige Evangelium und die Regel, die sie versprochen hatten, fest zu beobachten" (255). In Anklang an Mt 5,16 „fügte er hinzu, der Wandel der Brüder unter den Leuten müsse so beschaffen sein, daß jeder, der sie hört oder sieht, den himmlischen Vater verherrlicht und voll Hingabe preist. Sein großes Anliegen war, sowohl er wie seine Brüder möchten stets in Fülle solche Werke vollbringen, durch die der Herr gepriesen wird" (58: 257). Neben dieser vorbildlichen Existenz, die in den Zeitgenossen unwillkürlich das Gotteslob auslöst, umreißen die Gefährten im Gleichklang mit dem, was andere Quellen aussagen, die den Minderbrüdern eigene Apostolatsmethode: „Wie ihr den Frieden mit dem Munde verkündet, so und noch mehr sollt ihr ihn in eurem Herzen tragen. Niemand soll durch euch zu Zorn oder Zank gereizt, vielmehr sollen alle durch eure Milde zu Friede, Güte und Eintracht aufgerufen werden. Denn dazu sind wir berufen, die Verwundeten zu heilen, die Gebrochenen zu verbinden und die Verirrten zurückzurufen (Ez 34,16). Viele scheinen uns Glieder des Teufels zu sein, die dereinst noch Jünger Christi werden" (58: 257f.).

Es bedarf wahrlich keiner bsonderen Bibelkenntnisse, um in dieser Kapitelsmahnung Elemente der Bergpredigt und das paulinische: „Lass dich nicht vom Bösen besiegen, sondern besiege das Böse durch das Gute!" (Röm 12,21) nachklingen zu hören. Übrigens wird die Tatsache biblisch-spiritueller Mahnungen anlässlich der Kapitel „bei der Kirche der heiligen Maria zu Portiunkula" auch von einem Gefährtenbericht aus der „Textsammlung von Perugia"[43] ausdrücklich bestätigt. Wer jedoch so eindrücklich und tief vordringend evangelische Texte auslegt, muss sie zuvor nicht bloß gedanklich besitzen, sondern sie vorab spirituell erfahren haben.

4. Von den sicher bezeugten Kapitelsansprachen her gewinnen die 28 erhalten gebliebenen „Ermahnungen" (FQS ^{7}I, 99-110) neues Licht.[44] Nun sind viele daraus eigentliche Auslegungen neutestamentlicher Stellen; so etwa „Ermahnungen" XIII-XVI, in denen Franziskus drei Seligpreisungen, nämlich die der „Friedfertigen" (zweimal!), der „Armen im Geiste" und der Herzensreinen (Mt 5,9. 3. 9. 8: FQS ^{7}I, 105f.) erläutert. Mit welch erstaunlicher Klarsicht und unerbittlicher Folgerichtigkeit Franziskus die innere Dimension der Armut sah, beweist er gerade in der „Ermahnung" XIV: „'Selig die Armen im Geiste, denn ihrer ist das Himmelreich' (Mt 5,3). Viele gibt es, die in Gebe- [S. 383] ten und Gottesdiensten eifrig sind und ihrem Leib viele Entsagungen und Abtötungen auferlegen, die aber an einem einzigen Wort, das ihren Leibern Unrecht zu tun scheint, oder wegen einer beliebigen Sache, die man ihnen fortnimmt, Anstoß nehmen und darüber sofort in Aufregung geraten. Diese sind nicht arm im Geiste; denn wer wirklich arm im Geiste ist, haßt sich selbst (vgl. Lk 14,26; Joh 12,25) und liebt jene, die ihn auf die Wange schlagen" (vgl. Mt 5,39: FQS ^{7}I, 106).

---

43 Per 71: BROOKE, 210/212. Die dt. Übers. dieser Texte stammt vom Verf. Vgl. SCHMUCKI, O.: Spiritus orationis et actionis humanae compositio ad mentem S. Francisci Assisiensis, in: Laur 23 (1982) 376-403, bes. 396-400.

44 Nebst der in A. 6 angeführten Lit. s. CONTI, M.: Il genere letterario delle Ammonizioni di san Francesco, in: Anton. 54 (1979) 10-39.

5. Sich auf die Wange schlagen zu lassen, war nicht fromme Floskel für einen praktisch nie eintretenden Ernstfall. Die „Drei Gefährten" berichten schon für die früheste Zeit, dass man den ärmlich gekleideten Bußpredigern sehr übel mitspielte, ihnen buchstäblich die Kleider vom Leibe riss, so dass sie splitternackt dastanden, „weil sie nach der Form des Evangeliums nur einen Habit hatten". Die Berichterstatter merken eigens an, dass die Beraubten „nicht verlangten, daß man ihnen das Weggenommene zurückerstattete". Andere bewarfen sie mit Kot oder hängten sich an ihre Kapuzen. „Dies und ähnliches tat man ihnen an, indem man sie für so verächtlich hielt, daß man sie dreist nach Lust und Laune peinigte." Alles – auch „Hunger und Durst, Kälte und Krankheiten" – „nahmen sie standhaft und geduldig auf sich, entsprechend der Mahnung des seligen Franziskus. Sie wurden nicht traurig, nicht unruhig, noch fluchten sie denen, die ihnen Böses antaten (vgl. 1 Petr 2,32), sondern wie vollkommene und evangelische Männer, denen großer Gewinn geworden ist, frohlockten sie sehr im Herrn und hielten es für lauter Freude, wenn sie in solche Versuchungen und Drangsale gerieten. Und nach dem Wort des Evangeliums beteten sie voll Sorge und Eifer für ihre Verfolger" (Gef 40: CLASEN / GRAU, 230f.).

Dieser ebenso lebendige wie glaubwürdige[45] Lagebericht nimmt sich wie ein existenzieller Kommentar zu Texten der Aussendungsreden und besonders der Bergpredigt aus. Vielleicht noch überraschender erscheinen die Gemeinsamkeiten zwischen der Erzählung und den Vorschriften der „NbR" XIV (FQS ^{7}I, 190f.). Dem wörtlich anzuführenden Zitat sei nur vorausgeschickt, dass das in der Frühzeit der Urregel eingefügte Kapitel nichts anderes ist als ein Mosaik von Stellen aus Lk und Mt: „Wenn die Brüder durch die Welt ziehen, sollen sie nichts auf dem Weg mit sich führen, weder (Lk 9,3) Beutel (10,4) noch Tasche noch Brot noch Geld (9,3) noch Stab (vgl. Mt 10,10). Und wenn sie irgendein Haus betreten, sollen sie zuerst sagen: 'Friede diesem Hause!' (vgl. Lk 10,5). Und sie mögen in diesem Hause bleiben und essen und trinken, 'was es bei ihnen gibt' (vgl. Lk 10,7). Sie sollen dem Bösen nicht widerstehen (vgl. Mt 5,39), sondern wenn sie jemand auf die eine Wange schlägt, sollen sie auch die andere hinhalten (vgl. Mt 5,39; Lk 6,29). Und 'wer ihnen das Kleid wegnimmt, dem sollen sie auch das Hemd' nicht verweigern (vgl. Lk 6,29). 'Jedem, der sie um etwas bittet', sollen sie geben; 'und wer das Ihrige wegnimmt', von dem sollen sie es nicht zurückfordern (vgl. Lk 6,30)."

Der mit den zwei synoptischen Evangelien teilweise frei kompilierte Mischtext ist derart bezeichnend für die von anderen „Opuscula" her bekannte Art des Umgangs des [S. 384] Heiligen mit der Bibel, dass wir ihn bedenkenlos ihm selber – zusammen mit der Nachhilfe eines Sekretärs – zuschreiben dürfen. Da der auf einige Zeilen zusammengedrängte evangelische Radikalismus[46] offenkundig auf konkrete Schwierigkeiten der

45 Damit sei die diesen Berichten zugrundeliegende Idealisierungstendenz nicht geleugnet; übrigens ähnlich, wie sie schon in den Sammelberichten in Apg 2,42-47; 4,32-35; 5,12-16 in Erscheinung tritt.

46 Vgl. u. a. bes. MATURA, Th.: Le projet évangélique de François d'Assise aujourd'hui, Paris 1977; dt.: Die Lebensordnung nach dem Evangelium. Franziskus von Assisi damals und heute. Dt. Ausgabe von R. Schmücker, Werl/Westf. 1979: vgl. CFr 47 (1977) 370f. u. 51 (1981) 23f. – Die Technik, verschiedene evangelische Texte um eine Idee zu verweben, wird von VIVIANI, L'ermeneutica (wie A. 5) 109-113, „concentrazione biblica" genannt; eine Terminologie, die nicht voll befriedigt, indes die Beobachtungen des Verf. wertvoll sind.

ersten Minderbrüder in ihrem Zusammentreffen mit anderen Menschen Antwort gibt, dürften diese verhältnismäßig früh in die Urregel Eingang gefunden haben. Das Evangelium erleuchtete so das Leben und das Leben selber beleuchtete das Evangelium mit neuem Licht. Der revolutionäre Charakter und die schöpferische Friedenstat der hier allen Minderbrüdern als Verhaltensregel auferlegten Forderung Jesu zum absoluten Gewaltverzicht[47] erhellen vom damaligen Zeithintergrund mit überwältigender Klarheit. Es sei allein an die Kreuzzüge zur Wiedereroberung des Heiligen Landes oder an die zwei Kreuzzüge wider die Katharer Südfrankreichs 1181 und 1209 und an die Machtkämpfe zwischen Papst und Kaiser erinnert.

6. Die evangelische Grundhaltung, die in den Namen „Minores“ stichwortartig eingegangen ist (vgl. NbR VII, 2: Opuscula, 253), fand ihren ersten Niederschlag vermutlich schon in der Urregel. Darüber unterrichtet ein Kapitel der „Textsammlung von Perugia“, wo zugleich der Versuch einer biblischen Begründung der Minorität nach Franziskus fassbar wird. „Einmal sagte er: ‘Der Orden und das Leben der Minderen Brüder ist jene kleine Herde (vgl. Lk 12,32a), die der Sohn Gottes in dieser letzten Stunde (vgl. 1 Joh 2,18) vom Himmlischen Vater mit den Worten erbeten hat: – Vater, ich möchte, dass du mir in dieser letzten Stunde ein neues und demütiges Volk schaffest und schenkest, das an Demut und Armut von allen übrigen, die ihm vorausgegangen sind, verschieden und zufrieden sei, mich allein zu besitzen –. Und der Vater antwortete seinem geliebten Sohn: – Sohn, was du erbeten, ist bereits gewährt.’ – Darum sagte der selige Franziskus, dass der Herr deswegen wollte, sie sollten Mindere Brüder heißen, weil sie jenes Volk seien, das der Sohn Gottes von seinem Vater erbeten hat. Der Sohn Gottes selber sage von ihnen im Evangelium: ‘Fürchte dich nicht, du kleine Herde! Denn euer Vater hat beschlossen, euch das Reich zu geben’ (Lk 12,32) und dazu: ‘Was ihr für einen meiner geringsten Brüder getan habt, das habt ihr mir getan’ (Mt 25,40c). Denn, wenn auch die Stelle so zu verstehen ist, dass der Herr darin alle geistlichen Armen meint, so sagte er darin doch hauptsächlich das Kommen des Ordens der Minderen Brüder in der Kirche voraus. Wie dem seligen Franziskus geoffenbart wurde, dass dieser Orden der Minderen Brüder Orden heißen solle, so ließ er in der [S. 385] ersten Regel den Namen niederschreiben, als er sie dem Herrn Papst Innozenz III. unterbreitete. Dieser bestätigte und gestand sie zu und verkündete dies allen im Konzil“ (Per 67: BROOKE, 202/204).

Der hier eigens übertragene Bericht aus dem Gefährtenkreis bietet für eine kritische Betrachtung mehr als nur Ansatzpunkt. Verrät die herausgehobene zeitliche Bestimmung der „letzten Stunde“, der „Zeit unmittelbar vor dem Ende“[48], nicht die Handschrift eines joachitischen Spiritualen? Ist die vorzugsweise Gleichsetzung zwischen „kleiner Herde“

---

[47] Vgl. u. a. GRABNER-HAIDER, A.: Gewalt, in: DERS. (Hg.): Praktisches Bibellexikon, Freiburg 1969, 417f.; WOLBERT, W.: Bergpredigt und Gewaltlosigkeit, in: Theol. Philos. 57 (1982) 498-525; PAUL, J.: Violenza, in: DF (1983), 1969-1978: ein Art., dem jeder Lit.-Hinweis fehlt! Vgl. z. B. BgFr XIII, n. 801-808; XIV, n. 760-765, 1095-1116; bes. – hinsichtlich des franziskanischen Verhältnisses zu den Häretikern –: MANSELLI, R.: De la „persuasio“ à la „coercitio“, in: Le Crédo, la Morale et l'Inquisition, Toulouse 1971 (Cahiers de Fanjeaux, 6), 175-197; s. CFr 44 (1974) 226f.

[48] Vgl. THÜSING, W.: Die Johannesbriefe, Düsseldorf 1970, 81. – Zum Fragenkomplex: Franziskus u. Joachim von Fiore s. die ausgewogenen u. gelehrten Ausführungen von CROCCO, A.: S. Francesco e Gioacchino da Fiore, in: MF 82 (1982) 520-533, bzw. für eine Zusammenfassung: CFr 53 (1983) 325f.

der Jüngerschar bei Lk 12,32 und der nummerisch als klein gedachten Zahl der Minderbrüder exegetisch nicht sehr bedenklich? Von den „Opuscula“ wissen wir, dass das Erwarten des endzeitlichen Kommens Christi in der Frömmigkeit des Ordensvaters stark hervortrat.[49] Die Einordnung der minoritischen Stiftung in die „letzte Stunde“ wird mit keinem Wort so näher bestimmt, dass sich eine joachistische Interpretation aufdrängte. Das Lesen des Textes bei Lk im Zusammenhang der Warnung Jesu vor ängstlicher Sorge (12,22-32. 32) kann im Ordensgründer in einem verhältnismäßig frühen Zeitpunkt den Eindruck einer ihm besonders zugedachten Offenbarung hervorgerufen haben. Dabei erschienen ihm die Minderbrüder als „kleine Herde“ „spirituell Armer“, die, von Sorgen um Nahrung und Kleidung völlig frei, auf die Rückkehr des Herrn warteten. Die Rückführung der Benennung „Mindere Brüder“ auf die hilfsbedürftigen „geringsten Brüder“ Christi in Mt 25,40c ist vielleicht noch bemerkenswerter. Demnach erfolgt in Liebesdiensten, die ihnen, den evangelischen Armen, Weltleute oder sie wechselseitig unter sich erweisen, eine ständige Christusbegegnung.

Die beiden Begründungen der franziskanischen Minorität vom Evangelium her dürften indes kaum die ursprünglichen gewesen sein. Dessen versichern uns die einschlägigen Stellen der „NbR“. Wohl auf die Phase der ersten Anreicherung weist zunächst eine Stelle aus Kap. V (FQS ^{7}I, 182f.) zurück, wo das Aufgabenfeld der „Ministri“ so umschrieben wird: „Ebenso soll hierbei [d. h. bei der Zurechtweisung von fehlenden Brüdern] kein Bruder eine Machtstellung oder ein Herrscheramt innehaben, vor allem nicht unter den Brüdern selbst. Denn wie der Herr im Evangelium sagt: ‘Die Fürsten der Völker herrschen über diese, und die die Größeren sind, üben Macht unter ihnen aus’ (Mt 20,25); so soll es unter den Brüdern nicht sein (vgl. Mt 20,26a). Und wer auch immer der ‘Größere unter ihnen werden will, der sei ihr Diener’ (vgl. Mt 20,26b) und Knecht. Und wer der Größere unter ihnen ist, werde wie der Geringere (vgl. Lk 22,26).“

Wenn nicht alle Anzeichen trügen, liegt der biblische Ausgangspunkt der franziskanischen Minorität genau in der Perikope Mt 20,20-28. Auf das ehrgeizige Bewerben der beiden Zebedäussöhne um höchste Stellen in seinem Reich antwortet Jesus mit der Belehrung über den Machtmissbrauch der Großen und die christliche Größe des Dienens. [S. 386] Auch hier lässt Franziskus Mt und Lk unvermerkt ineinanderfließen: ein untrügliches Zeichen, dass nicht ein Schriftfachmann wie Cäsarius von Speyer vom Blatt zitierte, sondern Franziskus Stellen aus dem Gedächtnis anführte.

Auf derselben Linie bewegt sich die ebenso kurze wie unerbittliche Anordnung in Kap. VI (3-4: FQS ^{7}I, 184): „Und keiner soll ‘Prior’ genannt werden, sondern alle sollen schlechthin ‘Mindere Brüder’ heißen. Und einer wasche des anderen Füße (vgl. Joh 13,14).“ Die von den beiden synoptischen Evangelien hergeleitete Dienstbereitschaft der Minderen Brüder wird vom Vorbild Jesu her konkretisiert. Wie der Meister beim letzten

[49] Die entsprechende Lit. vgl. bei SCHLAURI, Saint François et la Bible (wie A. 4) 430f.; s. überdies: BgFr XIII, n. 728f.; XIV, n. 993, 1067, 1082-1084; CFr 53 (1983) 342. – Zur Vorstellung der Minorität s. CARGNONI, C.: Umilità, umiliazione, in: DF (1983), 1869-1902 Lit.

Abendmahl sich niederbeugte, um den Jüngern die Füße zu waschen, so sollen die Minderen Brüder stets bereit sein, einander die niedrigsten Dienste zu erweisen.[50]

Im VII. Kap. – über „die Weise zu dienen und zu arbeiten" – fügt der Ordensvater fast unmerklich ein weiteres biblisches Mosaiksteinchen hinzu: die Brüder sollen keine leitenden Stellen in Häusern innehaben, in denen sie als Hilfsarbeiter dienen. „Sie sollen vielmehr die Minderen und allen untergeben sein, die im gleichen Hause sind" (VII, 1. 2: FQS ^{7}I, 184). Auch wenn nicht im lateinischen Wortlaut, so doch gedanklich hängt hier der Ordensvater ab von 1 Petr 2,13a: „Unterwerft euch um des Herrn willen jeder menschlichen Ordnung ..." Was das selbstlose einander Dienen und freiwillige Sichunterordnen unter alle anderen nach dem Heiligen im Blick auf die soziale Lage seiner Zeit einschloss, spricht er in der berühmten Stelle des IX. Kap. aus: „Und sie [die Minderbrüder] müssen sich freuen, wenn sie mit gewöhnlichen und verachteten Leuten verkehren, mit Armen und Schwachen und Aussätzigen und Bettlern am Wege" (2: FQS ^{7}I, 187). Aus Mangel an Raum sei hier bloß soviel angemerkt, dass hier die biblischen Texte über Dienen und Unterordnen von der franziskanischen Übersetzung ins Leben irgendwie neues Licht gewinnen.[51]

Es ist hier nicht so ganz ohne Bedeutung, wenn wir feststellen dürfen, dass der öfter zu Unrecht als durchweg ungeschichtlich gescholtene Thomas von Celano den Inhalt des „Minores"-Begriffs in voller Übereinstimmung mit den „Opuscula" angibt: „Und als wahrhaft Mindere Brüder, die allen untertan sind, suchten sie für sich immer einen geringgeschätzten Arbeitsplatz und wollten einen geringgeschätzten Dienst tun, der ihnen auch eine gewisse Unbill in Aussicht zu stellen versprach" (1 C 38: GRAU, 102).

7. In der „Textsammlung von Perugia" ist eine Erzählung überliefert, welche die bis zum äußersten Rand des Menschenmöglichen reichende Folgerichtigkeit der [S. 387] ersten franziskanischen Generation schlaglichtartig beleuchtet. Franziskus zusammen mit der frühen Brüderschaft sei „von solcher Reinheit gewesen, dass er seit der Stunde, da ihm der Herr offenbart hatte, er und seine Brüder sollten nach der Form des heiligen Evangeliums leben, er sie während des ganzen Lebens buchstäblich ad litteram beobachten wollte und dies auch zu erfüllen versuchte. Darum verbot er Bruder Koch, dass er, wollte er den Brüdern Gemüse zu essen bereiten, dasselbe schon am Abend ins Wasser einlegte, wie man dies für den kommenden Tag zu tun pflegt. Dies, um jenes Wort des

50 Vgl. Joh 13,1-20. 14; zur Bedeutung dieser Perikope in den Opuscula s. nun VIVIANI, L'ermeneutica (wie A. 5) 148-161; weitere (vom Verf. übersehene) Lit.: SCHÄFER, Th.: Fußwaschung, in: LThK ^{2}IV (1960) 476-478; bes. DERS.: Die Fußwaschung im monastischen Brauchtum und in der lateinischen Liturgie. Liturgiegeschichtliche Untersuchung, Beuron 1956; BEATRICE, P. L.: La lavanda dei piedi. Contributo alla storia delle antiche liturgie cristiane, Roma 1983 (Bibliotheca Ephemerides Liturgicae, 28).

51 Diese Tatsache hat m. W. erstmals hervorgehoben: EGGER, Nachfolge als Weg (wie A. 35) 283: „Die von Heimatlosigkeit und Wanderradikalismus geprägte Bewegung, die von Franziskus ausgelöst wurde, läßt sogar den ursprünglichen Sitz im Leben der Logienquelle und die soziologischen Gesetzmäßigkeiten der Jesusbewegung deutlicher faßbar werden." – Ober die Minorität in sozialer Perspektive, vgl. SCHMUCKI, O.: Linee fondamentali della „forma vitae" nell'esperienza di san Francesco, in: CARDAROPOLI / CONTI, Lettura biblico-teologica (wie A. 4) 183-231, bes. 210-213.

heiligen Evangeliums zu befolgen: 'Sorgt euch ... nicht um morgen'.[52] Eben darum legte der Bruder das Gemüse zum Einweichen ein, nachdem die Brüder die Matutin verrichtet hatten. Deshalb beobachteten auch viele Brüder noch für lange Zeit in vielen Niederlassungen, wo sie unter sich weilten, namentlich in Städten, dass sie nur soviel Almosen erbitten oder annehmen wollten, als es ihnen für einen Tag ausreichte.

Es ist kaum zu bestreiten, dass dem frühen Franziskanertum – trotz des bewundeungswürdigen Heroismus – die Gefahr eines gewissen Buchstabenkults und einer vergesetzlichten Evangeliumsbeobachtung drohte. Derart ungesicherter Lebensunterhalt führte zudem für eine ständig wachsende und international sich erweiternde Gemeinschaft zu schwersten Problemen. Infolge des Einwirkens der Minister, denen die Lösung der täglich anstehenden Lebensprobleme auferlegt war, fehlt in der „BR" jeder evangelische Hinweis auf die unnötige Sorge für das Morgen und auf den Verzicht auf Reiseproviant. Gefährtenberichte lassen keinen Zweifel darüber aufkommen, dass die bewusste Auslassung dem Ordensgründer zu einer der schwersten Lebensprüfungen geworden sei (vgl. zum Beispiel Per 69: BROOKE, 206/208). Seine einzigartige christliche Größe liegt meines Erachtens genau darin, dass er bei dem scheinbaren Widerspruch zwischen dem ihm direkt „offenbarten" Gotteswort der Aussendungsreden und indirekt dem im Entscheid der höchsten kirchlichen Autorität ihm kundgewordenen Gotteswillen sich für die Kirche entschied.[53] Klarer Beweis dafür ist, dass er noch im „Testament" (34: FQS ^{7}I, 220) schreibt, Ziel dieser letzten Schrift sei, „daß wir die Regel [natürlich die BR], die wir dem Herrn versprochen haben, besser katholisch beobachten".

8. Noch in der ersten Entwicklungsphase der Regel vor 1215 wurde mutmaßlich die gelegentlich verschämt verschwiegene Stelle aus Kapitel IX der „NbR" (3-6: FQS ^{7}I, [S. 388] 187) eingefügt: „Und sollte es notwendig werden [cum necesse fuerit], sollen sie um Almosen bitten gehen. Und sie dürfen sich nicht schämen und sollen daran denken, daß unser Herr Jesus 'Christus, der Sohn des lebendigen Gottes' (Joh 11,27), des Allmächtigen, 'sein Antlitz wie .den härtesten Felsen gemacht hat' (Jes 50,7) und sich nicht geschämt hat. Und er ist arm gewesen und ein Fremdling und hat von Almosen gelebt, er selbst und die selige Jungfrau und seine Jünger. Und wenn ihnen die Menschen Schmach antun würden und ihnen kein Almosen geben wollten, dann sollen

---

52 Vgl. Mt 6,34a. – Per 4: BROOKE, 94, überliefert den Text in der leicht abweichenden Form: „Nolite solliciti esse *de crastino*" (statt: in crastinum). – Vgl. BRENTANO, R.: Francis of Assis's Gloss of Matthew: 6: 34, in: Miscellanea di studi in onore di Vittorio Branca, I: Dal medioevo al Petrarca, Firenze 1983, 35-46, der das Einwirken der Stelle auf die Frömmigkeit von Persönlichkeiten vor dem Poverello seit dem altchristlichen Mönchtum beleuchtet.

53 Einen Deutungsversuch, den ich näher zu begründen versuchte in meinem Aufsatz: Franziskus von Assisi erfährt Kirche in seiner Bruderschaft, in: FrSt 58 (1976) 1-26, bes. 22f. Vgl. darüber hinaus noch: MATURA, Th.: L'Eglise dans les écrits de François d'Assise, in: Anton. 57 (1982) 94-112; ROTZETTER, A.: Zur Kirchlichkeit des Franz von Assisi, in: FrSt 65 (1983) 70-81 (z. T. aktualisierend). – ZERBI, P.: San Francesco d'Assisi e la Chiesa Romana, in: LAZZATI, G. (Hg.): Francesco d'Assisi nell'ottavo centenario della nascita, Milano 1982, 75-103, u. MICCOLI, G.: La proposta cristiana di Francesco d'Assisi, in: Studi Medievali 3a Serie 24/1 (1983) 17-73: beide bringen z. T. bemerkenswerte Sichten ein, doch übersteigern sie die angeblichen Spannungen mit der zentralen Kirchengewalt.

sie Gott dafür danken; denn für die Schmach werden sie große Ehre vor dem Richterstuhl unseres Herrn Jesus Christus erhalten."

Die für den Ordensgründer kennzeichnende Art, eine Vorschrift mit einer von biblischen Worten durchsetzten Mahnung zu begründen, lässt keinen Zweifel an seiner persönlichen Autorschaft zu. Die beschämende Aufgabe, für den Fall der Notwendigkeit von Tür zu Tür Almosen um der Liebe Gottes willen zu erbitten, und die dabei oft genug gemachte Erfahrung, von den Leuten angefahren und abgewiesen zu werden, bezieht der Heilige auf das Vorbild des menschgewordenen Sohnes Gottes zurück. Das jedenfalls über eine liturgische Lesung eingefügte Zitat aus der Gottesknecht-Perikope des Jesaia (50,7) lässt es als wahrscheinlich erscheinen, dass ihm in der Bildvorstellung der kieselsteinharten Stirn der unerschütterliche Starkmut des Unrecht und Misshandlung ertragenden Erlösers vor Augen stand.[54]

Das mittellose und ungesicherte Umherwandern der Minderbrüder hingegen wird von Christus, Maria und den Jüngern her begründet, die selber arm, heimatlos und dauernd auf die Gutherzigkeit von Wohltätern angewiesen gewesen seien. Diese Deutung der Lebensverhältnisse Jesu, seiner Mutter und der Zwölf ist ganz offenkundig beeinflusst von der zeitgenössischen Volksfrömmigkeit. Eigens untersucht werden müsste, ob sich ähnliche Übersteigerungen schon bei den Wanderpredigern in Frankreich oder im damals stark verbreiteten apokryphen Schrifttum gefunden haben.[55] Während für Jesus das dauernde Unterwegssein mit den Jüngern für die Reichgottesverkündigung und das Unterstütztwerden durch vermögende Frauen (vgl. Lk 8,1-3) feststehen, kann man bei Maria nur von Bescheidenheit der äußeren Lebensverhältnisse, nicht jedoch von Bettelarmut sprechen.[56]

9. Aus mehreren Gründen brachte das IV. Laterankonzil 1215 einen bedeutsamn Einschnitt für die Weiterentwicklung des franziskanischen Ordens mit sich. Die Betonung der Realpräsenz Christi in den eucharistischen Gestalten von Brot und Wein,[57] der [S. 389] Kommunion wenigstens einmal im Jahr in der österlichen Zeit (can. 21: 221) und der mit Schlüssel gesicherten Aufbewahrung des Allerheiligsten (can. 20: 220) lösten in der Frömmigkeit des Ordensvaters eine Neuorientierung aus. Im Bereich der „Opuscula" gehört wohl zu den ersten Zeugnissen seiner Ausrichtung auf den eucharistischen Herrn das XX. Kap. der „NbR", wo – nach Einzelvorschriften über das Bußsakrament der Brüder (1-4: FQS ^{7}I, 195f.) – die Mahnung folgt (5f.: 196): „Und

---

54 Vgl. SCHMUCKI, Das Leiden Christi (wie A. 21) 27.

55 Vgl. MANNS, F.: San Francesco e gli apocrifi, in: Frate Francesco 45 (1978) 79-84, der jedoch diese Stelle nicht bespricht.

56 Vgl. immerhin GEORGE, A.: Pauvre, in: Dictionnaire de la Bible. Supplément VII, Paris 1966, 387-406, bes. 397 „Socialement, Jésus est un pauvre": eine Behauptung, die der Verf. mit einer Reihe von Evangeliumszitaten nachweist. – LÁCONI, M.: Maria nel Nuovo Testamento, in: Enciclopedia mariana „Theotócos", Genova 1954, 41f.

57 Vgl. Concilium Lateranense IV, Constitutiones 1, 21, 20: ALBERIGO, Conciliorum oecumenicorum decreta (wie A. 15) 206 Lin. 33-41, 221, 220. – Zum Thema selber vgl. die ausgezeichnete Monografie von MACCARRONE, M.: Innocenzo III teologo dell'Eucarestia, in: DERS.: Studi su Innocenzo III, Padova 1972, 339-431, bes. 390-396 („La definizione del IV Concilio Lateranense"), 397f. (Einfluss auf Franziskus).

nach solcher Reue und Beichte sollen sie den Leib und das Blut unseres Herrn Jesus Christus mit großer Demut und Verehrung, empfangen, eingedenk, daß der Herr sagt: 'Wer mein Fleisch ißt und mein Blut trinkt, hat das ewige Leben' (vgl. Joh 6,55) und: 'Tut dies zu meinem Gedächtnis'" Lk 22,19). Mit dem konziliaren Wendepunkt muss die eucharistische Verheißungsrede im religiösen Bewusstsein des Heiligen stärker hervorgetreten sein. Im mutmaßlich seit 1220 anzusetzenden Sendschreiben des Ordensgründers finden sich jedenfalls relativ viele Belegstellen aus dem 6. Johannes-Kap. (FQS ^{7}I, 338), namentlich was den heilsbedeutsamen Charakter des Kommunionempfangs betrifft.

Es ist nicht auszumachen, ob Franziskus die 71 „canones" des IV. Laterankonzils in einer Abschrift voll oder teilweise vorlagen. Sofern er an der kirchlichen Versammlung als persönlicher Beobachter wirklich teilgenommen hat,[58] hörte er die Verlesung der konziliaren Dokumente selber mit an. Sicher konnte ein Freund – wie zum Beispiel Bischof Guido II. von Assisi – ihn über die für seine Gründung bedeutsamen Texte informiert haben. Weder Lk 22,19 noch Joh 6,55 gehören jedoch zum biblisch recht schmalen Fundament der vorherrschend kanonistischen Anordnungen.

Hingegen verdient Beachtung, dass die eucharistische Frömmigkeit des Heiligen durch den Brief Honorius III. „Sane cum olim" vom 22. November 1219 bedeutsam gefördert worden ist.[59] Für unser Thema ist besonders interessant, dass im „Brief an den Gesamtorden" – wohl aus dem Jahre 1225[60] – eine Stelle direkt vom Wortlaut des päpstlichen Rundschreibens abhängt und dabei ein freies Zitat aus Hebr 10,28f. mit übernommen wurde: „Erinnert euch, meine Brüder Priester, was über das Gesetz des Moses geschrieben ist: Wer es auch nur in materiellen [corporalibus] Dingen übertrat, starb ohne Erbarmen durch den Richterspruch des Herrn (vgl. Hebr 10,28). 'Wieviel größere' und schlimmere 'Strafen erleidet gerechterweise, wer den Sohn Gottes mit Füßen getreten und das Blut des Bundes, in dem er geheiligt worden ist, für unrein gehalten und dem Geist der Gnade Schmach angetan hat'" (Hebr 10,29: 17f., FQS ^{7}I, 91). Der konkrete Fall, dass Franziskus zur Entdeckung eines neutestamentlichen Textes über ein päpstliches Rundschreiben geführt wurde, steht stellvertretend wohl für eine Reihe anderer. Hier hat er bzw. sein Sekretär die Belegstelle immerhin irgendwie überprüft und getreuer als die Quelle selber angeführt. Zweifellos bildete – namentlich in der [S. 390] Frühzeit – vorab die Liturgie die verbindende Brücke für Franziskus und seine Brüder zur Bibel hin.

In den Zusammenhang der Ausrichtung der Frömmigkeit auf die Eucharistie gehört besonders die 1. „Ermahnung: Vom Leib des Herrn", auch wenn Anhaltspunkte fehlen, deren Entstehung zeitlich festzulegen. Natürlich kann es sich hier nicht um einen

---

[58] Die einschlägigen Zeugnisse sammelte ich in meiner Untersuchung: Leiden Christi (wie A. 21) 22; vgl. überdies eine Sonderstudie in BgFr XII, n. 365.

[59] Vgl. ESSER, K.: Über die Chronologie der Schriften des hl. Franziskus, in: DERS.: Studien zu den Opuscula des hl. Franziskus von Assisi, Rom 1973, 299-340, 309f. (Text von *Sane cum olim*), 309-313 (Einfluss auf Franziszi Briefe samt der voraufgehenden Lit.).

[60] Wie ich aufzuzeigen versuchte in meinem Kommentar: La „Lettera a tutto l'Ordine" di san Francesco, in: ItFr 55 (1980) 245-286, bes. 246-248.

Kommentar zu dieser bibeltheologisch dichten Meditation,[61] sondern allein um die eine und andere Verständnishilfe handeln. Der Heilige bringt hier eine Reihe biblischer Stellen – besonders aus dem Johannesevangelium – wechselseitig in Beziehung und beleuchtet in einer Analogieschlussfolgerung Sinn und Segen des Daseins Christi in den eucharistischen Gestalten. Den Verständnisschlüssel der Mahnung bilden das Johanneswort: „Gott ist Geist" (4,24) und das Selbstbekenntnis Jesu: „Ich bin der Weg, die Wahrheit und das Leben" (Joh 14,6). Wie der Vater, so wohnen Sohn und Heiliger Geist im unzugänglichen Licht; ihre göttliche Natur kann der Mensch nur „im Geiste", d. h. im vom Heiligen Geist geschenkten Glaubenslicht schauen. Trotz der Menschwerdung des Gotteswortes war den Aposteln und ist uns allen aufgegeben, im Glauben zu dessen göttlicher Natur vorzudringen. Ähnlich müssen wir „dem Geist und der Gottheit entsprechend schauen und glauben", dass „in der Gestalt von Brot und Wein" „wahrhaft der heiligste Leib und das Blut unseres Herrn Jesus Christus" zugegen ist. „Daher ist es der Geist des Herrn", d. h. die vom Heiligen Geist in uns eingegossene Liebe, „der den heiligsten Leib und das Blut des Herrn empfängt"[62]. „Täglich kommt er selber zu uns und zeigt sich in Demut." „Auf diese Weise ist der Herr immer bei seinen Gläubigen."

Die paulinische Theologie von der Entäußerung Christi nach Phil 2,5-11 verschmilzt mit dem johanneischen Grundgedanken, dass Jesus Christus den Vater offenbart, und mit dem Versprechen Jesu seiner bleibenden mystischen Gegenwart nach Mt 28,20: „Seht, ich bin bei euch bis zur Vollendung der Welt." Vielleicht melden moderne Theologen diesem Entwurf gegenüber Vorbehalte an, weil darin der eucharistische Mahl- und Opfergedanke nicht genügend zum Zuge kommt. Tatsächlich fehlt darin jeder Verweis auf die paulinische Sicht: „... sooft ihr von diesem Brot esst und aus diesem Kelch trinkt, verkündet ihr den Tod des Herrn, bis er wiederkommt" (1 Kor 11,26). [S. 391] Aber warum soll Franziskus nicht Kind seiner Zeit sein dürfen?[63] Übrigens hat

---

[61] Opuscula, 59-62; FQS ^{7}I, 99f.; es sei mir gestattet, auf meinen Deutungsversuch hinzuweisen: Doctrina et pietas eucharistica S. Francisci Assisiensis lumine primi Verbi Admonitionis ipsius, in: Analecta O.F.M.Cap. 93 (1977) 28-39, wo sich in den AA. auch die frühere Lit. verzeichnet findet. Vgl. zudem ROTZETTER, A.: Lebensgeschichte – Lebensprogramm – Grunderfahrung, in: DERS. / VAN DIJK W.-Ch. / MATURA, Th.: Franz von Assisi. Ein Anfang und was davon bleibt, Zürich ^{2}1982, 132-134 u. ö.; VIVIANI, L'ermeneutica (wie A. 5) 166-171.

[62] V. 12: FQS ^{7}I, 100. Meine Deutung orientiert sich an Röm 5,5, doch ist nicht auszuschließen, dass auf diese, theologisch nicht unanfechtbare Sprechweise die Lehrmeinung Petrus Lombardus' Einfluß gewonnen hat; vgl. II Sent., d. XXVII, c. 5: Hg. [I. Brady], Grottaferrata 1971, 484: „Unde apparet vere quia caritas est Spiritus Sanctus; quae animae qualitates informat et sanctificat, ut eis anima informetur et sanctificetur ..." Noch ausführlicher spricht sich der scholastische Theologe in demselben Sinn aus in I Sent., d. XVII: ebd. 141-152. Vgl. dazu BARTOLINI, R.: Lo Spirito del Signore. Francesco di Assisi, guida all'esperienza dello Spirito Santo, Assisi 1982, 241-261, mit dessen „maximalistischer" Auslegung – nach ihm ist Franziskus ein Theologe des Heiligen Geistes! – ich nicht einiggehen kann.

[63] Vgl. hier u. a. MAYER, A. L.: Die Liturgie und der Geist der Gotik, in: DERS. / VON SEVERUS, E. (Hg.): Die Liturgie in der europäischen Geistesgeschichte. Gesammelte Aufsätze, Darmstadt 1971, 18-47; JUNGMANN, J. A.: Missarum Sollemnia. Eine genetische Erklärung der römischen Messe I-II, Freiburg 1958, passim; bes. I, 137-168 („Die Messe im Zeitalter der Gotik"); II, 252-271 („Die Wandlung. Die begleitenden Handlungen"); GERKEN, A.: Theologie der Eucharistie, München 1973, 97-156 („Die Wende von der antiken Bildtheologie zur mittelalterlichen Eucharistielehre und ihre Konsequenzen").

die in der Mahnung aufleuchtende inkarnatorische Sicht durchaus ihre Berechtigung, sofern sie nur in eine Gesamtschau integriert wird.

10. Seit der vorläufigen Bestätigung der urfranziskanischen Bruderschaft durch Innozenz III. 1209 übte diese mit päpstlicher Erlaubnis die Laienpredigt in der Form der Buß- und Friedensmahnung. Leider musste ich es mir versagen, deren biblische Grundlagen und einige bezeichnende Momente in deren konkreten Übung aufzuzeigen.[64] Die Lücke kann vielleicht damit geschlossen werden, dass ich kurz auf die zwei Predigerkapitel der „NbR“ hinweise; näherhin auf Kap. XVII, das vielleicht in einigen Elementen schon auf die Zeit vor 1215 zurückgeht, und auf Kap. XXI, worin Franziskus seinen Söhnen ein Modell der Bußpredigt anbietet.

Die nach ersten Anzeichen von Abweisung bald sehr erfolgreiche Predigttätigkeit mochte bei mehreren Brüdern die Gefahr übersteigerter Selbsteinschätzung sichtbar werden lassen. Franziskus wendet sich „in der Liebe, die Gott ist“ (vgl. 1 Joh 4,16a), an alle im Orden miteinander bestehenden Brüdergruppen, an die „praedicatores, oratores, laboratores“ (XVII, 5: Opuscula, 272); also an jene, die sich der Wanderpredigt, dem kontemplativen Beten in seit 1214 dauernd übernommenen Einsiedeleien[65] oder der untergeordneten Hilfsarbeit bei Außenstehenden widmeten. Sie alle bittet er, „sich in allem zu verdemütigen, sich nicht zu rühmen, weder selbstgefällig zu sein noch innerlich sich zu erheben wegen guter Worte und Werke, überhaupt über gar nichts Gutes, das Gott bisweilen in ihnen und durch sie tut oder spricht ...“ (XVII, 5-6: FQS ^{7}I, 193).

Auch wenn hier der paulinische Ursprung des Themas einzig im Wort „gloriari“ (XVII, 6: Opuscula, 272) durchscheint, ist der spirituelle Hintergrund des nachdrücklich verlangten Werkzeugbewusstseins unzweifelhaft. Man braucht damit einzig 1 Kor 1,28-31, oder 4,6-7 zu vergleichen, um sich von der Abhängigkeit zu überzeugen. Der Ordensstifter geht ausdrücklich jene „Klugheit des Fleisches“ (Röm 8,6) oder fleischliche Gesinnung an, die sich gedrängt fühlt, viele „Worte zu machen, wenig aber zum Wirken“ und „eine Frömmigkeit und Heiligkeit zu haben, die nach außen hin den Menschen etwas vormacht“ (XVII, 11f.: FQS ^{7}I, 194). Franziskus erblickt das sicherste Heilmittel wider diese Formen mangelnder innerer Armut und pharisäischer Ausflucht in schönes Gerede darin: „alles Gute ... dem Herrn, dem erhabensten und höchsten Gott zurückzuerstatten und alles Gute als sein Eigentum anzuerkennen und ihm für alles Dank zu sagen, von [S. 392] dem alles Gute herkommt“ (XVII, 17: 194). Mit paulinischem Gedankengut vermischt sich das Bild des allein guten Gottes,[66] wie es unserem Heiligen erstmals im Bibellos der Nikolauskirche in Assisi aufgegangen war (s. oben II,2).

---

64 Einige Grundlinien suchte ich aufzuzeigen in meinem Aufsatz: Linee fondamentali (wie A. 51 u. 4) 224-231 (Lit.); weitere Lit. vgl. in BgFr XIV, n. 1280-1283; u. a. ELM, K.: Franz von Assisi: Bußpredigt oder Heidenmission? in: Espansione del francescanesimo tra Occidente e Oriente nel secolo XIII, Assisi 1979, 69-103: vgl. CFr 50 (1980) 374; eine sehr persönliche Sicht mit völlig unzulänglicher Lit. bei: CONCETTI, G.: Predicazione, predicatore, in: DF (1983), 1413-1430; s. schließlich CFr 53 (1983) 343f. u. unten, A. 69 u. 74.

65 RegEr: Opuscula, 296-298; s. SCHMUCKI, „Secretum solitudiis“ (wie A. 16) 25.

66 Vgl. SCHMUCKI, La visione di Dio (wie A. 27) 514-518 Lit.

Die Mahnung an die Brüder, womit Franziskus berechtigte Anliegen der Reformatoren wider empörende Formen veräußerlichter Werkfrömmigkeit um Jahrhunderte zuvor aufnahm, schließt mit einer Aufforderung, die seine spirituelle Eigenart und sein apostolisches Vorgehen kennzeichnet wie kaum ein zweiter Satz der „Opuscula“: „Und wenn wir sehen oder hören, [dass Menschen] Böses sagen oder tun oder Gott lästern, dann wollen wir Gutes sagen und Gutes tun und Gott loben (vgl. Röm 12,21), ‘der gepriesen ist in Ewigkeit’“ (Röm 1,25). An diesem Satz (19: FQS ^{7}I, 194) ist offenkundig, dass Röm 12,21 zwar nicht direkt angeführt, aber treu in den Kontext der damaligen Zeit übersetzt wird. Dem Poverello scheinen hier der Dualismus und die Polemik der Katharer vor Augen zu schweben. Ihnen gegenüber hebt er Gott, den Allguten, in den Mittelpunkt und sucht im Ausstreuen guten Samens deren ketzerisches Unkraut zu überwinden.[67]

Wer Kap. XXI der „NbR“ nur schnell überfliegt, wird dessen biblische Dichte, spirituelle Frische und unerhörte Neuheit nie erahnen. Ich kann hier nur einige Anregungen zum persönlichen Studium der „Lob- und Mahnrede, die alle Brüder halten können“ (XXI, 1-9: FQS ^{7}I, 196), vermitteln. – Der lateinische Begriff von „laus“ meint in unserem Zusammenhang einen Mahnruf zum Gotteslob, der sich in seinem Vollzug in lobpreisendes Beten verwandelt. Aus biografischen Quellen wissen wir – mindestens für die letzten Lebensjahre des Heiligen –, dass diese „Lauden“ durch sangeskundige Brüder nach Art provenzalischer Minnesänger gesungen wurden.[68] Alle Brüder – auch die Nicht-Kleriker – dürfen sich an die Leute wenden mit diesem oder irgendeinem ähnlichen Aufruf: „Fürchtet und ehret, lobet und benedeiet, ‘saget Dank’ (1 Thess 5,18) und betet an den Herrn, den allmächtigen Gott in der Dreifaltigkeit und [S. 393] Einheit, den Vater und den Sohn und den Heiligen Geist, den Schöpfer aller Wesen“ (2: 196). Elemente der Psalmenfrömmigkeit vereinen sich mit liturgischen zu einem trinitarischen Glaubensbekenntnis. Ehrfurcht, Verherrlichung und Danksagung sind die Grundakkorde eines Gebetes, das eigene Erfahrung wiedergibt.

---

67 Nebst der Lit. in A. 47 s. bes. ESSER, K.: Franziskus und die Katharer seiner Zeit, in: AFH 51 (1958) 225-264; ILARINO DA MILANO: Il dualismo cataro in Umbria al tempo di san Francesco, in: Filosofia e cultura in Umbria tra Medioevo e Rinascimento. Atti del IV Convegno di studi umbri, Perugia 1967, 175-216: s. BgFr XIII, n. 540; daneben noch BgFr XIV, n. 1289-1291. – VIVIANI, L’ermeneutica (wie A. 5) 271-274, 272, betont den johanneischen Einfluss auf das in den Opuscula öfter u. mit Nachdruck wiederkehrende Adjektiv *verum* u. meint, dass von daher die von K. Eßer ihm zugeschriebene antikatharische Zielsetzung neu überdacht werden müsse. Doch kann *verum* mit ebenso viel Recht mit 1 Thess 1,9 verbunden werden, wie ich im Aufsatz: La visione di Dio (wie A. 27) 518-520, aufzuzeigen suchte. Anderseits schließt eine biblische Abhängigkeit im Sprachgebrauch eine zeitgeschichtliche Einfärbung keineswegs aus. – In diesem Zusammenhang sei noch verwiesen auf das großangelegte Werk: ROTTENWÖHRER, G.: Der Katharismus I/1-2 u. II/1-2, Bad Honnef 1982, bzw. auf dessen Bespr. durch Th. JANSEN, in: CFr 54 (1984) 205-207, der u. a. anmerkt: „Da Eßer sich bei dieser Studie für die Darstellung des Katharismus der Ergebnisse von A. Borst bediente, muß das Verhältnis zwischen Franziskus und Katharern seiner Zeit anhand der Forschung des letzten Vierteljahrhunderts überprüft u. weiter vertieft werden“ (207).

68 Per 43: BROOKE, 166. – Vgl. die Lit. in meinem Überblick: Linee fondamentali (wie A. 51 u. 4) 227 A. 61; s. nun bes. LEHMANN, Tiefe und Weite (wie A. 33) 59-67; VIVIANI, L’ermeneutica (wie A. 5) 73-80. – Für den Zeithintergrund – vorab in sozialhistorischer Perspektive u. für die voraufgehende Lit. – ist hilfreich: HARTUNG, W.: Die Spielleute. Eine Randgruppe in der Geschichte des Mittelalters, Wiesbaden 1982, 1-6 Lit. Vgl. auch A. 69.

Der zweite Teil, die Bußexhorte, ist ein neutestamentliches Mosaik, in dem zum Teil nur frei angeführte Stellen aus den Synoptikern, dem Johannesevangelium bzw. dem 1. Johannesbrief und dem Jakobusbrief nahtlos miteinander verwoben erscheinen. Trotz seiner Kürze ist der Aufruf zur Buße sehr wirkungsvoll. Deren „Früchte" sieht Franziskus namentlich auf der Linie der wohltätigen und verzeihenden Bruderliebe. Ganz im Sinne der vom IV. Laterankonzil geforderten Osterbeichte besteht er eindringlich auf dem sakramentalen Sündenbekenntnis. Mit dem klaren Hinweis auf das nach dem Tod zu erwartende Gericht mahnt er alle, im Guten auszuharren und in der Bußgesinnung zu sterben.[69]

Allein schon die Tatsache der freien Komposition weist den Ordensgründer als Urheber des Textes aus. Natürlich erprobte er zuvor dieses Predigtmodell in der eigenen Verkündigung. Leider fehlt hier der konkrete Bezug zum Prediger, „der – nach 1 C 97: GRAU 166 – den ganzen Leib zur Zunge gemacht hat". Solche evangelisch erfüllten Texte zeigen auch, dass Franziskus für die Wortgottesverkündigung zwischen 1215-21 über den gedächtnismäßigen Besitz einer relativ breiten neutestamentlichen Basis verfügte. Dieselbe Tatsache bezeugt für einen ziemlich frühen Zeitpunkt die erste Fassung des „Briefes an die Gläubigen" mit dem doppelten Kap.: „von denen, die Buße tun" (FQS [7]I, 54-56), und „von denen, die nicht Buße tun" (56-58). Geradezu überwältigend tritt derselbe Sachverhalt in dem wohl 1219 oder 1220 hinzugefügten 22. Kap. der „NbR" „Von der Ermahnung der Brüder" ins Licht.[70]

11. Zwei in den Quellen zufällig überlieferte Episoden beweisen, wie begrenzt für die Brüder noch um 1220 die Möglichkeiten waren, mit Exemplaren von Neu-Testament-Handschriften umzugehen. Ein Gefährtenbericht der „Textsammlung von Perugia" (56: BROOKE, 186) und Thomas von Celano (2 C 91: 312) erwähnen übereinstimmend als Gesprächspartner des hl. Franziskus seinen Generalvikar – seit Mai 1220 Br. Petrus Cattani –, der bereits im März des nachfolgenden Jahres starb.[71] Die [S. 394] alte und mittellose Mutter zweier Minderbrüder erbittet vom Heiligen ein Almosen. Dieser wendet sich an den Generalvikar und fragt ihn: „Können wir irgend etwas finden, um es dieser unserer Mutter zu schenken?" (Per 56: 186). Der Text fügt erklärend hinzu: „Denn die Mutter eines Bruders hieß er seine Mutter und die aller anderen Brüder im

69 Für einen ausführlichen u. eindringlichen Kommentar dieses Kap. s. nun bes. ROTZETTER, A.: Gott in der Verkündigung des Franz von Assisi, in: Laur 23 (1982) 40-76; s. CFr 53 (1983) 344.

70 Opuscula, 279-287; FQS [7]I, 197-201; vgl. den sinnerhellenden Kommentar der Grundlinie des Kap. von EGGER, „Verbum in corde – cor ad Deum" (wie A. 5); s. auch – vorab für die johanneischen Momente –: VIVIANI, L'ermeneutica (wie A. 5) 243-256. Die Hypothese vom „Testaments"-Charakter des Kap. hat W. VIVIANI (300-321) – in Anschluss an D. E. Flood – mit neuen Argumenten gefestigt, ohne freilich zu einer historischen Sicherheit zu gelangen. Die Voraussetzungen einer „Abschiedsrede" scheinen mir persönlich ebenso überzeugend gegeben für den Zeitpunkt des Verzichts auf das Generalministerium (Mai 1220) wie für die Abreise in den Mittleren Orient (Juni 1219). Vgl. in diesem Sinn die Worte, die der Ordensgründer nach dem Amtsverzicht gesprochen habe: „Amodo sum mortuus vobis" (2 C 143: AF X, 212).

71 Vgl. SCHMITT, Cl.: I Vicari dell'Ordine francescano da Pietro Cattani a Frate Elia, in: Francesco d'Assisi e francescanesimo dal 1216 al 1226, Assisi 1977, 235-263, bes. 239-246; s. auch den Kommentar zur Gefährtenperikope von MANSELLI, R.: Nos qui cum eo fuimus. Contributo alla questione francescana, Roma 1980, 143-148.

Orden.“ Br. Petrus verneint, zumal die Notlage der Frau eine größere Aufwendung verlange. „‘In der Kirche haben wir nur ein Neues Testament, aus dem wir zur Matutin die Lesungen lesen.’ Denn in jener Zeit besaßen die Brüder noch keine Breviere, aber auch nicht viele Psalterien.“ Darauf habe Franziskus geantwortet: „Gib unserer Mutter das Neue Testament, damit sie es für ihre Notlage verkaufe. Und ich bin der festen Überzeugung, daß es dem Herrn und der seligen Jungfrau, seiner Mutter, so mehr gefällt, als wenn wir in ihm lesen.“ Celano fügt dem Bericht ein Element hinzu, das in unserem Zusammenhang besonders aufschlussreich ist: „Man gab also der Frau das Buch, und so wurde das erste Neue Testament, das im Orden vorhanden war, aus solch heiliger Liebe verschenkt“ (2 C 91: GRAU, 312).

Der hl. Bonaventura[72] berichtet um 1254 in seiner Antwort an einen Fragesteller, dem Studium und Lehrunterricht in der Heiligen Schrift im Orden zur franziskanischen Regel in Widerspruch erschien: „So wisse denn, wie sehr ihm das Studium der Heiligen Schrift gefiel: ich selber hörte von einem Bruder, der noch lebt; einmal, da ein Neues Testament in seine Hände kam, das mehrere Brüder nicht zugleich als ganzes benützen konnten, habe er dasselbe in Blätter zerlegt und diese den einzelnen übergeben. Es sollten alle studieren können, ohne dass der eine den anderen behinderte.“ Man kann durchaus historische Bedenken hegen wider die der Erzählung zugrundeliegende Tendenz, das inzwischen stark gepflegte Theologiestudium durch den Ordensgründer selber legitimieren zu lassen.[73] Deswegen braucht man die Glaubwürdigkeit Bonaventuras und seines Gewährsmannes hinsichtlich des einzigen Neu-Testament-Kodex im Orden nicht in Zweifel zu ziehen. Natürlich dienten die Einzelblätter wahrhaftig nicht einem wissenschaftlichen Studium, sondern der Schriftmeditation.

Auf diesem biografischen Hintergrund gewinnt an nötigem Relief, was Thomas von Celano in einer summarischen Beschreibung betont: „Obwohl dieser Selige in keinerlei Wissenschaften unterrichtet war, lernte er doch von Gott die Weisheit, die von oben ist, und, von den Strahlen des ewigen Lichtes erleuchtet, hatte er ein tiefes Verständnis von den heiligen Schriften. Sein von aller Befleckung reiner Geist drang in die verborgenen Geheimnisse ein, und was der Schulweisheit verschlossen ist, zu dem fand sein liebendes Herz den Weg. Er las zuweilen in den heiligen Büchern und, was er einmal geistig erfaßt hatte, das schrieb er unauslöschlich in sein Herz. Sein Gedächt- [S. 395] nis ersetzte ihm Bücher; denn es konnte nicht vergebens sein, was er einmal mit Ohren vernommen hatte, weil es dann die Liebe fortwährend mit voller Hingebung immer wieder überdachte“ (2 C 102: GRAU, 323f.). Die ungewöhnliche Fähigkeit des Heiligen, auf exegetische Fragen Rede und Antwort zu stehen, erweckte in den Zeitgenossen den

---

72 Epistola de tribus quaestionibus, n. 10: Opera omnia VIII, 334f. (dt. Übers. von mir); zur Entstehungszeit s. DISTELBRINK, B.: Bonaventurae scripta authentica, dubia vel spuria, critice recensita, Roma 1975, 45f. Lit.

73 Diese von FELDER, Studien (wie A. 12) 64-76 („Franziskus befürwortet grundsätzlich die Ordensstudien nach Maßgabe der beruflichen Stellung seiner Schüler“) mit Nachdruck vertretene Auffassung darf als widerlegt gelten, auch wenn es schwierig erscheint, die Aussagen der verschiedenen Quellen auf einen Nenner zu bringen. Vgl. nun die gelehrten u. ausgewogenen Ausführungen bei BERG, D.: Armut und Wissenschaft. Beiträge zur Geschichte des Studienwesens der Bettelorden im 13. Jahrhundert, Düsseldorf 1977, 43-56, 165-170 (AA.).

Eindruck: „ipsum semper inhabitasse Scripturas“ (2 C 104: AF X, 192), dass er „seit eh und je in der [Heiligen] Schrift daheim gewesen sei“.

12. Wegen einer Notiz über das Aufschlagen des persönlichen Psalteriums für ein Predigtthema verdient die Ansprache des hl. Franziskus vor Honorius III. kurz erwähnt zu werden. Nach der Rückkehr aus dem Mittleren Orient, wo er von den im Orden eingeführten monastischen Gebräuchen und den deswegen ausgebrochenen Unruhen vernommen hatte, sprach der Ordensstifter – wohl zwischen Februar und März 1220 – bei Honorius III. in Viterbo vor.[74] Wohl bei dieser Gelegenheit bot sich der Heilige selber für eine Predigt vor Papst und Kardinälen an, oder vielleicht wurde er durch Vermittlung Kardinal Hugolins dazu eingeladen, um gewisse Bedenken wider den Orden an der Kurie zu zerstreuen. Eine nach allen Regeln der Kunst für die Gelegenheit eigens aufgesetzte Predigt prägte sich der Heilige dem Gedächtnis ein. Doch als er Erlaubnis und Segen des Papstes zum Predigtbeginn erlangte, verließ ihn das Erinnerungsvermögen völlig. „Er gestand dies denn auch offen ein und rief des Heiligen Geistes Gnade an.“[75] Der Prediger Stephan de Bourbon – seit 1223 Dominikaner – hält allein die Einzelheit fest, dass er in der peinlichen Lage sein ganzes Vertrauen auf Gott gesetzt und sein Psalterium aufgeschlagen habe. Dabei sei er auf Vers 43,16 gestoßen: „Meine Schmach steht mir den ganzen Tag vor Augen, und Scham bedeckt mein Gesicht.“ Er habe hierauf in der italienischen Volkssprache „von der Überheblichkeit und den schlechten Beispielen der Prälaten viel gesprochen; wie die ganze Kirche darin beschämt werde; wie sie das Antlitz der Kirche seien, auf dem deren volle Schönheit widerleuchten sollte ...“[76]

Die gegenüber Celano und Bonaventura neue Einzelheit, die sich zudem in einer Beispielsammlung für Prediger vorfindet, müsste vorsichtig stimmen, wenn wir nicht in der Chronik Jordans von Giano läsen: „Der selige Franziskus hielt auf diesem Kapitel [von 1221] den Brüdern eine Predigt über das Thema: ‘Gepriesen sei der Herr mein Gott, der meine Hände zum Kampf unterweist’ (Ps 143,1), und lehrte sie die Tugenden und mahnte sie zur Geduld und zu einem beispielhaften Leben vor der Welt.“[77] Ver-
[S. 396] mutlich traten in dieser psalmorientierten Kapitelsansprache besonders die Verse 3-4 in den Vordergrund: „Herr, was ist der Mensch, dass du dich um ihn kümmerst; des Menschen Kind, dass du es beachtest? Der Mensch gleicht einem Hauch, seine Tage sind wie ein flüchtiger Schatten.“

---

74 Für das Datum s. Fischer, H.: Der hl. Franziskus von Assisi während der Jahre 1219-1221. Chronologisch-historische Untersuchungen, Freiburg/Schweiz 1907, 71-82, 75f.; über die Predigt S. 77-82. Vgl. auch Delcorno, C.: Origini della predicazione francescana, in: Francesco d’Assisi (wie A. 71) 125-160, bes. 147f. „La leggenda lascia intravedere un fatto storico: la scelta da parte di Francesco di una tecnica che non si accorda con gli schemi soliti della predicazione dei prelati“ (148).

75 LM XII, 7: AF X, 613; Clasen 361; vgl. auch 1 C 73 u. 2 C 25: AF X, 54f. u. 145f.; Grau, 138f. bzw. 249f.; Gef 64: Desbonnets, 138f., bzw. Clasen / Grau, 267f.

76 Vgl. Lemmens, L.: Testimonia minora saeculi XIII de S. Francisco Assisiensi, Ad Claras Aquas 1926, 94f.; vgl. auch Felder, Studien (wie A. 12) 43f.; zum Dominikanerautor (1190/95-ca. 1261) s. G. Gieraths, in: LThK ^{2}IX (1964) 1043.

77 Br. Jordan von Giano, Chronik, 16: Hardick, L.: Nach Deutschland und England, Werl/Westf. 1957, 52-54, 53.

Br. Jordan deutet für dieses Kapitel, an dem die Freude über die Rückkehr des Ordensvaters groß war, an, der Heilige habe während der Pontifikalmesse als Diakon das Evangelium gesungen (ebd.). Von dieser besonderen Aufgabe am Altare während der Generalkapitel berichtet auch die „Dreigefährtenlegende" (61: CLASEN / GRAU, 263). Für die weihnachtliche Mysterienfeier in der Mitternachtsmesse von 1223 schreibt Celano ausdrücklich: „Da legt der Heilige Gottes die Levitengewänder an – denn er war Diakon – und singt mit wohlklingender Stimme das heilige Evangelium ... Dann predigt er dem umstehenden Volk von der Geburt des armen Königs ..." (1 C 86: 152). Die Tatsächlichkeit der Diakonatsweihe wird somit von drei verschiedenen Quellen in einer Einzelheit indirekt und ohne Nebenabsicht so klar bezeugt, dass die von bestimmten Autoren geäußerten Zweifel daran völlig unberechtigt erscheinen.[78] Für das Thema dieser Studie ergibt sich daraus, dass Franziskus – bei besonderen Anlässen – die Evangeliumslesung besonders tief auf sich einwirken ließ, da er sie für den liturgischen Gesang vorzubereiten hatte.

IV. Wirksamwerden der Heiligen Schrift seit der „Regula bullata" (BR/1223) bis zum Tod des Ordensgründers

1. Das Jahr 1223 brachte für Franziskus und seine Stiftung das bedeutsame Ereignis der wohl nicht ohne innere Leiden erfolgten Ausarbeitung des neuen Regelentwurfs, die Verhandlungen darüber an der Römischen Kurie und dessen feierliche Bestätigung in der Bulle Honorius III. „Solet annuere" vom 29. November 1223. Natürlich können hier die vielen komplexen Einzelfragen, die sich auf das historische Werden der „Bullierte Regel (BR)" und das Mitwirken von Kanonisten und der Kurie selber beziehen, nicht besprochen werden. Hier sei einzig auf das Ergebnis des protestantischen Autors Karlmann Beyschlag[79] hingewiesen: „Reg. III [d. h. BR] darf ebenso wie Reg. II [= NbR] als gültiger Ausdruck des Willens des Franz betrachtet werden. Ob darin freilich der ganze Wille des Franz zum Ausdruck kommt, muß offenbleiben ..." [S.397]

---

[78] Für die frühere Lit. s. SCHMUCKI, O.: Das Geheimnis der Geburt Jesu in der Frömmigkeit des hl. Franziskus von Assisi, in: CFr 41 (1971) 260-287, 271 A. 30. – Mariano D'ALATRI (San Francesco diacono nella Chiesa, Roma 1977) betont namentlich die Diakonatsfunktion in der Predigt. ROTZETTER, A.: Das Diakonische Amt bei Franziskus von Assisi, in: WiWei 43 (1980) 47-55, versucht das Celano-Zeugnis als rein beiläufig zu entwerten u. behauptet – entgegen der Aussagen von 3 Quellen des 13. Jhs. –: „Er will nicht als amtlicher Christ leben" (48). – Zur Einordnung von Diakonsweihe u. -aufgaben in die Geschichte s. CROCE, W.: Aus der Geschichte des Diakonates, in: RAHNER, K. / VORGRIMLER, H. (Hg.): Diaconia in Christo. Über die Erneuerung des Diakonates, Freiburg 1962, 92-128; mir unzugänglich blieb: ZARDONI, S.: I diaconi nella Chiesa. Ricerca storica e teologica sul diaconato, Bologna 1983.

[79] Die Bergpredigt (wie A. 39) 82; für eine Problemübersicht u. die Lit. bis 1979, s. SCHMUCKI, Gli scritti legislativi (wie A. 34) 90-97; weitere Veröffentlichungen werden angezeigt in BgFr XIV, n. 283-305; für unseren bes. Gesichtspunkt ist hier – mit gewissen Vorbehalten wider die Überbetonung der „vita apostolica" im Sinn der Predigttätigkeit – zu nennen: CONTI, M.: Lettura biblica della Regola francescana, Roma 1977: s. die Bespr. von C. CARGNONI, in: CFr 48 (1978) 460-462; DERS.: Regola, monachesimo, in: DF (1983), 1501-1540.

Jedem Leser der beiden erhaltenen Regeln fallen nicht bloß deren verschiedene Länge, sondern auch deren Verschiedenheit in Stil und Struktur auf. In der „BR" bemerkt man sogleich die gegenüber der „NbR" bedeutend geringere Zahl biblischer Zitate. Andererseits bieten das einleitende 1. und das abschließende 12. Kap. einen evangelischen Schlüssel zum Gesamtverständnis: „Regel und Leben der Minderen Brüder ist dieses, nämlich unseres Herrn Jesu Christi heiliges Evangelium zu beobachten durch ein Leben in Gehorsam, ohne Eigentum und in Keuschheit" (I,1: FQS ^{7}I, 164). In Kap. XII schreibt der Ordensvater vor, vom Papst einen Kardinalprotektor zu erbitten, „auf daß wir, allzeit den Füßen dieser heiligen Kirche untertan und unterworfen, feststehend im katholischen Glauben (vgl. Kol 1,23), die Armut und Demut und das heilige Evangelium unseres Herrn Jesus Christus beobachten, wie wir fest versprochen haben" (XII,3-4: FQS ^{7}I, 173).

Gerade aus dem Schlusssatz der „BR" erhellt, dass hier das Evangelium nicht einfach zu deuten ist als Formalursache, nach der die drei Gelübde verwirklicht werden sollen. „Das heilige Evangelium unseres Herrn Jesus Christus" dürfte wesentlich dasselbe ansprechen, was das II. Vatikankonzil im Ordensdekret hervorhebt: „Letzte Norm des Ordenslebens ist die im Evangelium dargelegte Nachfolge Christi. Sie hat allen Instituten als oberste Regel zu gelten."[80] Die leider bald nach dem Tod des Ordensvaters einsetzende Vergesetzlichung des Quell- und Modellcharakters des Evangeliums raubte der franziskanischen Stiftung viel von ihrer ursprünglichen Frische, Freiheit und Wirksamkeit.[81]

Wer sich der Mühe unterzieht, die biblischen Elemente der „BR" näher zu betrachten, stellt zunächst folgendes Zahlenverhältnis fest: in den 12 Kapiteln finden sich 5 eigentliche Zitate aus dem Neuen Testament und 20 Anklänge an alttestamentliche (2 = Ps 11,7 oder 17,31 und 141,6 in IX, 3: 171 bzw. VI, 6: 169) oder neutestamentliche (18) Stellen. Man wird kaum behaupten dürfen, dass sich darin ein biblisch gegenüber der „NbR" erweiterter Horizont in Franziskus abzeichnet. Die hauptsächlichen Momente seiner spirituellen Entwicklung liegen in einer wesentlich treuen, aber stark gerafften Form vor. Die Aussendungsreden sind vertreten mit dem Friedensgruß in Lk 10,5 und mit dem Zugeständnis, von allen Speisen essen zu dürfen in Lk 10,8 (III, [S. 398] 13-14: FQS ^{7}I, 168). Von den in der Nikolauskirche aufgeschlagenen Stellen kehrt nur noch der Hinweis auf den völligen Besitzverzicht bei Mt 19, 1 wieder (vgl. II, 5: 165).

---

80 Das Dekret über die zeitgemäße Erneuerung des Ordenslebens „Perfectae caritatis", Nr. 2a: RAHNER, K. / VORGRIMLER, H.: Kleines Konzilskompendium, Freiburg 1966, 318. – Zum Problem im frühen Franziskanerorden vgl. ELIZONDO, F.: De Evangelii et Regulae franciscanae obligatione usque ad Bullam „Exivi de paradiso" Clementis V (6 maii 1312), in: Laur 2 (1961) 226-260; ESSER, K.: Die endgültige Regel der Minderen Brüder im Lichte der neuesten Forschung, in: DERS. / GRAU, E. (Hg.): Franziskanisches Leben. Gesammelte Dokumente, Werl/Westf. 1968, 31-96; ROTZETTER, A.: Regel und Evangelium. Eine Problemanalyse im Vergleich der Regeln der heiligen Benediktus, Franziskus und Ignatius, in: DERS. (Hg.): Geist und Geistesgaben. Die Erscheinungsformen des geistlichen Lebens in ihrer Einheit und Vielfalt, Zürich 1980, 79-94.

81 Um sich davon zu überzeugen, muss man nur die zahllosen Regelkommentare einsehen. Die Tendenz ist bereits deutlich erkennbar bei: [Alexander von Hales – Johannes von Rupella – Robert von Bascia – Odo Rigaud], Expositio Quatuor Magistrorum Super Regulam Fratrum Minorum (1241-1242). Accedit eiusdem Regulae textus cum fontibus et locis parallelis, hg. von L. OLIGER, Roma 1950.

Das biblisch am stärksten angereicherte Kap. ist unzweifelhaft das 6., in dem allein fünf neutestamentliche Verweise durchscheinen. Besondere Erwähnung verdient, dass hier – wohl durch Einfluss kurialer Berater – die exegetisch anfechtbare Deutung von der Bettelarmut Jesu, seiner Mutter und der Jünger einem Teilzitat aus 2 Kor 8,9 den Platz räumt: „Denn ihr wißt, was Jesus Christus, unser Herr, in seiner Liebe getan hat: Er, der reich war, wurde euretwegen arm, um euch durch seine Armut reich zu machen" (vgl. VI, 2-3: FQS ^{7}I, 169). Treffsicher ist sodann der Anklang an 1 Petr 2,11 mit dem Bild der Pilger und Fremdlinge als Lebensform der Minderen Brüder. Im selben Kap. wendet Franziskus die sog. „Goldene Regel" bei Mt 7,12 auf die Krankenpflege in seiner Brüderschaft an.[82]

Ein zweiter biblischer Pol stellt Kap. X mit 3 Vollzitaten und 3 biblischen Anklängen dar (171f.). In diesen Zeilen kehrt – wie sonst in keinem anderen Kap. – der innige Ton des mahnenden Ordensvaters wieder. So findet sich vermutlich der Satz, der an das eigens angesprochene Recht, zum Minister rekurrieren zu dürfen, anschließt, in keiner anderen Ordensregel: „Die Minister aber sollen sie liebevoll und gütig aufnehmen und ihnen mit so großer Herzlichkeit begegnen, daß sie mit ihnen reden und tun können wie Herren mit ihren Knechten. Denn so soll es sein, daß die Minister die Knechte aller Brüder sind" (vgl. Mt 20,26f.; X, 5-6: FQS ^{7}I, 172). Der Heilige gibt hier mit mindestens teilweise biblischer Terminologie den Geist des Neuen Testaments unüberholbar wieder. Weitere Anklänge aus Lk 12,15 und Mt 13,22 fließen unwillkürlich in des Ordensvaters Warnung vor Sünden der Brüder wider die Demut, vor übertriebener Geschäftigkeit und Verletzung der Liebe ein. Die drei eigentlichen Zitate aus Mt 5,44. 10 bzw. 10,22 lehren die Feindesliebe und das Gebet für die Verfolger bzw. die evangelische Seligkeit des Verfolgtwerdens und das Beharren im Guten.

Irgendwie revolutionär musste in den Ohren der damaligen Minderbrüder die Vorschrift in Kap. III,1 (166f.) klingen: „Die Kleriker sollen das Göttliche Offizium nach der Anordnung der heiligen Kirche von Rom verrichten, den Psalter ausgenommen." Wohl auf Rat Kardinal Hugolins zog Franziskus hier der fehlerhaften und darum stellenweise unverständlichen Übersetzung des Psalterium Romanum das sog. Psalterium Gallicanum vor. Der Römische Psalter war in Rom, Italien (mit Ausnahme des Nordens) und in einem großen Teil des übrigen Abendlandes in Gebrauch. Der Gallikanische Psalter ist eine Revision des Psalmentexts, die der hl. Hieronymus 389 [S. 399] aufgrund der Hexapla für Studienzwecke vorgenommen hat.[83] – Wir können uns unmöglich vor-

---

82 BR VI, 2. 9: Opuscula, 231; FQS ^{7}I, 169f. – Vgl. SCHMUCKI, O.: Infermità, in: DF (1983), 725-770, bes. 755. – Hier sei – wegen der bes. Beachtung in der Lit. – hingewiesen auf: BR IX,3f.: Opuscula, 234: „Moneo quoque et exhortor eosdem fratres, ut in praedicatione, quam faciunt, sint examinata et casta eorum eloquia (vgl. Ps 11,7; 17,31), ad utilitatem et aedificationem populi, annuntiando eis vitia et virtutes, poenam et gloriam cum brevitate sermonis; quia verbum abbreviatum fecit Dominus super terram (vgl. Röm 9,28)." Persönlich halte ich immerhin dafür, dass die Anspielung auf Röm 9,28 – schon wegen der Verbindung mit der scholastischen Theologie, die dabei erkennbar wird – nicht auf Franziskus selber zurückgeht. Vgl. SERAFÍN DE AUSEJO: „Palabra abreviada", in: Selecciones de Franciscanismo (Valencia) 8 (1979) 225-240 (vgl. BgFr XIII, n. 657); MANNS, F.: L'origine du thème „Verbum abbreviatum", in: Anton. 56 (1981) 208-210.

83 Vgl. SCHMUCKI, O.: Die Stellung Christi im Beten des hl. Franziskus von Assisi, in: WiWei 25 (1962) 128-145, 188-212, 136 A. 44.

stellen, was diese Umstellung in der Zeit vor dem Buchdruck für Mitglieder eines der absoluten Armut verschriebenen Ordens bedeutete. Da Franziskus – wie früher schon angedeutet (I,2) – das Psalterium Romanum auswendig kannte, betraf ihn diese Änderung in erster Person. Das Neuerlernen eines teilweise ziemlich verschiedenen und anderswo nur wenig abweichenden Textes bot für ihn zusätzliche Schwierigkeiten, weil er sich bei seiner Missionsreise im Mittleren Orient 1219/20 eine chronische Augenkrankheit, die Bindehautentzündung des Trachoms, zugezogen hatte. Bei dieser furchtbaren Erregerkrankheit bilden sich wegen eines Mikro-Organismus in der Bindehaut des Auges sulzige Körner, die – in fortgeschrittenen Fällen – auf die Hornhaut übergreifen und dort zu schweren Eintrübungen führen.[84] So konnte es dem Ordensvater kaum noch gelingen, die neue Psalmenversion seinem Gedächtnis einzuprägen. Tatsächlich zeigt z. B. das „Passionsoffizium" öfter Verse, die dem Psalterium Romanum entstammen.[85]

2. In der Sakristei des Klaraklosters in Assisi wird das sog. „Brevier des hl. Franziskus" mit großer Ehrfurcht und Sorgfalt aufbewahrt. Voll zu Recht, denn die 320 Blätter in 17 x 12 cm Größe umfassende Handschrift ist zunächst der wertvollste Zeuge für die von Papst Innozenz III. angeordnete und 1213-16 durchgeführte Liturgiereform für die Mitglieder der päpstlichen Kurie. Das Brevier gehörte 1216-23 einem Kaplan an der päpstlichen Kurie, von dem der Ordensvater das Buch – wohl anlässlich seiner Verhandlungen für die Regelbestätigung in Rom 1223 – erwarb, um sich der im Orden erneuerten liturgischen Gesetzgebung anzupassen. Auf den Blättern 265ra-319vb befindet sich in je zwei Spalten die Abschrift der Evangelien nach dem Verlauf des liturgischen Jahres; zunächst die der liturgischen Hauptzeiten, angefangen vom Advent; hierauf diejenigen der Proprien- und Communetexte für die Heiligen.[86] Die regelmäßige, aber etwas schwere Handschrift verrät französischen Einfluss und verweist – gegenüber anderen Teilen des Tragbreviers – auf eine wenig spätere Zeit; doch dürfte sie sicher noch in den ersten 20 Jahren des 13. Jahrhunderts geschrieben worden sein. Zeichen eines häufigen Gebrauches der Blätter lassen vermuten, das „Evangelistare" sei zunächst unabhängig vom Brevier gebraucht und erst später mit ihm zusammengebunden worden.[87]

Diese eher technischen Einzelnachrichten dürften uns befähigen, die handschriftliche Eintragung Br. Leos auf Blatt 1v des Breviers leichter zu verstehen: „Der selige Franziskus erwarb dieses Brevier für seine Gefährten, Bruder Angelus und Bruder Leo, weil er zur Zeit, da er gesund war, immer das Offizium verrichten wollte, wie es die Regel vorsieht. Und zur Zeit, da er krank war, da er es nicht selber lesen konnte, [S. 400] wollte er dasselbe anhören. Und darin fuhr er fort, solange er lebte. Er ließ auch dieses Evangelistar abschreiben. Denn wenn er an einem Tag wegen seiner Krankheit oder aus irgendeinem anderen offenkundigen Hindernis die Messe nicht anhören konnte, ließ er

[84] SCHMUCKI, Infermità (wie A. 82) 727-729, 769f. Lit.; DERS.: Das Phänomen Krankheit im Leben des hl. Franziskus von Assisi, in: Fidelis 71 (1984) 116-134, bes. 120-122.

[85] Vgl. DERS., Das Leiden Christi (wie A. 21) 133-145.

[86] Vgl. VAN DIJK, St. A.: The Breviary of Saint Francis, in: FrancSt 9 (1949) 13-40, bes. 14, 24f. (vgl. BgFr IX, n. 193); s. überdies BgFr XIV, n. 2389.

[87] Ebd., 14.

sich jenes Evangelium vorlesen, das an jenem Tag in der Kirche während der Messe vorgelesen wurde. Und darin fuhr er fort bis zu seinem Hinschied. Denn er pflegte zu sagen: 'Wenn ich die Messe nicht anhöre, bete ich im Gebet des Geistes ebenso an wie dann, wenn ich ihn während der Messe schaue'. Wenn der selige Franziskus das Evangelium vernommen oder gelesen hatte, küsste er jedesmal aus höchster Ehrfurcht vor dem Herrn das Evangelium."[88] Der Eintrag geht noch über einige Zeilen weiter. Darin bitten Br. Angelus und Br. Leo „Frau Benedikta, die Äbtissin der Armen Frauen des Klosters der hl. Klara" und alle ihre Nachfolgerinnen, „dass sie zum Gedächtnis und zur Verehrung des heiligen Vaters dieses Buch, in dem der vorgenannte Vater oftmals las, im Kloster der hl. Klara stets aufbewahren".

Das biografische Zeugnis aus erster Hand ist derart eindeutig und eindrücklich, dass sich jeder Kommentar erübrigt. Für das Thema dieser Untersuchung wäre jedoch wichtig zu wissen, wann genau das Evangelienperikopenbuch entstanden ist und wann der Heilige mit der täglichen Evangelienlesung begonnen hat. Durch das Verdienst von P. Laurent Gallant ist die genaue Liste der Evangelienabschnitte bekannt geworden.[89] Der Verf. hat zudem eine Studie in Aussicht gestellt, mit der diese evangelische „Bahnlesung" im Lichte der Liturgiegeschichte eingehend untersucht werden soll. Dies bleibt wünschenswert, auch wenn St. A. van Dijk in seiner Brevierbeschreibung die grundsätzliche Übereinstimmung der Perikopenreihe mit derjenigen der Römischen Liturgie vor der nachkonziliaren Reform festgestellt hat. Mindestens gewissen Abweichungen davon muss eine besondere Aufmerksamkeit geschenkt werden.[90] Sicher ist jedenfalls soviel: in dieser Handschrift des „Protomonastero" ist eine Hauptquelle verborgen, aus der Franziskus während seiner letzten Lebensjahre die Kenntnisse der vier Evangelien bezog.

3. Im Lichte der alten Quellen ist die Frage eher negativ als positiv zu entscheiden, ob Franziskus anlässlich seiner Teilnahme am 5. Kreuzzug 1219/20 die heiligen Stätten Palästinas besucht habe. Die geistig-geografische Nähe zu den Orten der Geburt, des Lebens und Leidens unseres Herrn hat – unabhängig von deren wirklichem Besuch – in seiner Frömmigkeit unauslöschliche Spuren hinterlassen. Beweise dafür bilden die Weihnachtsfeier von Greccio und seine mystische Kreuzigung auf La Verna, die zeitlich beide kurz nach der Überfahrt nach Syrien und Ägypten anzusetzen sind.[91] Es kann wirklich nicht darum gehen, diese beiden Höhepunkte der fran- [S. 401] ziskanischen Mystik – auch nur in deren Umrissen – darzustellen. Hier ist bedeutsam zu betonen, dass der Ordensstifter mit beiden religiösen Erfahrungen den Zeitgenossen eine konkrete, ja geradezu sicht- und greifbar gewordene „Exegese" des Geburt-Jesu-Berichts bei Lk 2,1-20 und der Kreuzigung Christi geschenkt hat.

---

88 Vgl LEMMENS, Testimonia minora (wie A. 76) 61, oder VAN DIJK, The Breviary (wie A. 86) 20f.; für den liturgiegeschichtlichen Kontext s. LECLERCQ, H.: Evangéliaire, in: DACL V (1922) 775-845.

89 L'Evangéliaire de saint François d'Assise, in: CFr 53 (1983) 5-22; s. bes. S. 19-22: Table des lectures selon l'ordre des textes dans les Evangiles.

90 Vgl. VAN DIJK, The Breviary (wie A. 86) 24f.

91 Vgl. SCHMUCKI, Leiden Christi (wie A. 21) 373-376; für weitere Lit. sei der Leser verwiesen auf: BgFr XII, n. 377f.; XIII, n. 589-593; XIV, n. 763-765.

In der Mysterienfeier von Greccio suchte Franziskus im Rahmen der in die winterliche freie Natur verlegten Mitternachtsmesse den Eintritt des menschgewordenen Gotteswortes in die Welt symbolisch-kommemorativ in das Hier und Heute zurückzubringen. Dem adeligen Freund Johannes hat Franziskus – nach dem Bericht Celanos (1 C 84: GRAU, 151) – seine Absichten so erklärt: „Ich möchte ... das Gedächtnis an jenes Kind begehen, das in Bethlehem geboren wurde, und ich möchte die bittere Not, die es schon als kleines Kind zu leiden hatte, wie es in eine Krippe gelegt, an der Ochs und Esel standen, und wie es auf Heu gebettet wurde, so greifbar als möglich mit leiblichen Augen sehen." Es bedürfte einer Monografie, um diesen „Übersetzungsversuch" in den Vorstellungshorizont des schlichten Volkes sachgemäß würdigen zu können. Einen Versuch dazu unternahm ich vor einigen Jahren in einem Aufsatz, worin ich auch die Weihnachtsvesper des „Officium Passionis" einbezog.[92]

4. Nicht einmal ein Jahr später erfolgte der zweite christologisch-mystische Einbruch im Leben des Poverello durch den Empfang der Wundmale in zeitlicher Nähe zum Fest der Kreuzerhöhung von 1224.[93] Im Rahmen einer Studie, in der Wegstationen beleuchtet werden, die über ein ganzes Leben zerstreut sind, können von der Stigmatisierung notgedrungen nur einzelne geschichtliche Gesichtspunkte berührt werden.[94] – Franziskus erreichte La Verna in Begleitung einiger vertrauter Gefährten noch vor dem 15. August 1224, um ein Votivfasten zu Ehren der in den Himmel aufgenommenen Gottesmutter und des Erzengels Michael zu beginnen.[95] Vor dem Fest der Assumpta wurde Franziskus von Zweifeln befallen, ob sein Vorhaben nicht doch sehr menschlichen Motiven entspreche. Ein Gefährtenbericht aus der „Textsammlung von Perugia" unterrichtet glaubwürdig: „Als er nun in die Zelle [d. h. in die notdürf- [S. 402] tig hergerichtete Hütte im Bereich einer Einsiedelei][96] eingezogen war, um dort ununterbrochen zu verbleiben, bat er den Herrn während der ersten Nacht, dass er ihm in einer erkennbaren Art kundgebe, ob es seinem Willen entspreche, dass er dort bleibe. Denn der selige Franziskus war

---

92 In meiner in A. 78 angeführten Studie: Das Geheimnis der Geburt Jesu, 268-283, wo ich im Blick auf die Lit. bis 1970 alle biografischen Zeugnisse auszulegen suchte. Ebd., 262-267, suchte ich überdies den Weihnachtspsalm im OffPass: Opuscula, 219-222, zu erklären; vgl. zudem LEHMANN, Tiefe und Weite (wie A. 33) 143-146. – Weitere Lit. zur Weihnachtsfeier s. nun bei VAN HULST, C.: Natale, natività, Greccio, presepio, in: DF (1983), 1067-1086, der sich leider vom Mythus: „Franziskus, Erfinder der Krippe" noch nicht befreien konnte. Vgl. JÁSZAI, G.: Krippe, in: Lex. Christl. Ikonographie II (1970) 657: „Weihnachtskrippe: Figürlich-räumliche, anschauliche Darstellung des Weihnachtsgeschehens zur Meditation ..., etwa seit Anfang des 16. Jahrhunderts. Die Darstellungen reichen thematisch von der alleinstehenden Krippe bis zur figurenreichen Schilderung des gesamten Weihnachtsgeschehens. Entstehung im 14./15. Jh., Blütezeit im 18. Jh. ..." (658).

93 Erst Bonaventura, LM XIII, 3: AF X, 616, hält diese ungefähre Zeitbestimmung fest: „quodam mane circa festum Exaltationis sanctae Crucis": ein Fest, das am 14. Sept. gefeiert wurde.

94 In der in A. 27 bereits angeführten Studie: De S. Francisci stigmatum susceptione, suchte ich die zwischen ca. Mitte des 19. Jhs. bis 1962 erschienene Lit. u. die Aussagen der älteren Quellen kritisch zu würdigen. Warum im Art.: BARFUCCI, M. B.: Stimmate, in: DF (1983), 1739-1758, ein Hinweis darauf entfiel, ist mir schwer verständlich. Weitere bibliog. Lücken können angefüllt werden in BgFr XIII, n. 606, 610-613; XIV, n. 749, 772, 774-784.

95 Vgl. Br. Leo in seinem eigenhändigen Bericht auf dem Segenspergament in Opuscula, 92, bzw. FQS [7]I, 210f.

96 Vgl. SCHMUCKI, „Secretum solitudinis" (wie A. 16) 45-50.

stets bemüht, wenn er irgendwo ununterbrochen zum Gebet verweilte oder wenn er durch die Welt zum Predigen zog, jene Willensform des Herrn zu erkennen, mit der er ihm mehr gefallen könnte. Denn gelegentlich befürchtete er, dass der Leib unter dem Vorwand, zurückgezogen sich dem Gebet hinzugeben, ausruhen und der Mühe ausweichen wollte, in die Welt hinaus zum Predigen zu ziehen, für die doch Christus vom Himmel her in diese Welt heruntergestiegen ist" (Per 93: BROOKE, 252/254).

Nach Thomas von Celano trat darum Franziskus vor den Altar des Oratoriums der Einsiedelei hin, nahm das Evangeliar zu sich und legte es voll Ehrfurcht auf den Altar. Er warf sich zum Gebet nieder und flehte demütig, „der gütige Gott, der Vater der Barmherzigkeit und Gott allen Trostes, wolle sich würdigen, ihm seinen Willen kundzutun". Er bat inständig darum, „daß ihm beim ersten Öffnen des Buches gezeigt werde, was er am besten tun solle" (1 C 92: GRAU, 160). „Und er stand auf vom Gebete im Geiste der Demut und mit zerknirschtem Herzen, bezeichnete sich mit dem Zeichen des heiligen Kreuzes, nahm das Buch vom Altar und öffnete es in ehrfürchtiger Scheu. Es geschah aber, daß er beim Öffnen des Buches zuerst auf das Leiden unseres Herrn Jesus Christus stieß, und zwar nur auf jene Stelle, die sein bitteres Leiden ankündigte.[97] Um aber jeden Verdacht auszuschließen, daß es sich hier um einen Zufall handle, öffnete er das Buch ein zweites und ein drittes Mal und fand wieder das gleiche oder ein ähnliches Schriftwort" (1 C 93: GRAU, 160f.).

Um seine quälenden Gewissensbedenken loszuwerden, zog der Heilige in rückhaltlosem Vertrauen auf Gottes Führung eine Art Bibellos aus dem Evangelienperikopenbuch. Welche neutestamentliche Stellen ihm dabei vor Augen kamen, ist wegen der unbestimmten Angaben des Lebensbeschreibers nicht auszumachen. Die aufs Geratewohl aufgeschlagenen Abschnitte betrafen in irgendeiner Form die Passion Jesu, besonders deren Vorhersage. Der Aufenthalt auf La Verna erschien ihm darum als gottgefällig, weil ihm in dieser Zeitspanne ein besonderer Anteil am Leiden des Herrn bevorstand.

Der Stigmatisationsvorgang selber vollzog sich während einer ekstatischen Vision. Der erste Biograf berichtet nämlich (1 C 94: GRAU, 162): „Da sah er [Franziskus] in einem Gottesgesichte einen Mann über sich schweben, einem Seraph ähnlich, der sechs Flügel hatte und mit ausgespannten Händen und aneinandergelegten Füßen ans Kreuz geheftet war. Zwei Flügel erhoben sich über seinem Haupt, zwei waren zum [S. 403] Fluge ausgespannt, zwei endlich verhüllten den ganzen Körper." Um die seiner Seele gegenwärtige Figur als Seraph zu erkennen, mussten dem Visionär die Merkmale dieser geheimnisvollen himmlischen Wesen aus der Berufungsvision bei Jes 6,2-7 bekannt gewesen sein.[98]

---

97 Die Hg. in AF X, 71 A. 5, geben als mögliche Evangeliumsstellen an: Mt 20,18f. 28; Mk 10,33f. 45; Lk 18,31-33; Joh 3,14-16; 8,28; 12,24-36. Die Leidensgeschichte hingegen findet sich bei: Mt 26-27; Mk 14-15; Lk 22-23; Joh 18-19. Für die entsprechenden Fundstellen im „Evangelistare", s. GALLANT, L'Evangéliaire (wie A. 89) 19-22. So die Vorhersage bei Mt 20,17-28 auf S. 9 Nr. 60; bei Lk 18,31-43 auf S. 8 Nr. 45; bei Joh 3,1-16 auf S. 17 Nr. 205; bei Joh 8,21-29 auf S. 9 Nr. 58; bei Joh 12,10-36 auf S. 10 Nr. 84; für die „Passio" nach Mt, Lk u. Joh s. auf S. 10f. Nr. 86, 89, 91.

98 Vgl. SCHMUCKI, De S. Francisci stigmatum susceptione (wie A. 27) 34 (1964) 35-59; GAGNAN, D.: François au Livre de la Nature. 10. La parabole. Le Séraphin symbole royal, in: EtFr n. s. 26 (1976) 57-88; für ikonografische Gesichtspunkte s. den Art. mehrerer Verf.: Engel, in: Lex. christl. Ikonographie I, Freiburg 1968, 626-642, bes. 634f. u. 642 Lit.

Die wohl bei der Heiligsprechung 1228 der mit der Prüfung beauftragten Kardinalskommission[99] vorliegende offizielle Beschreibung der Wundmalform überliefert der erste Biograf:[100] „Seine Hände und Füße schienen in ihrer Mitte mit Nägeln durchbohrt, wobei die Köpfe der Nägel an den Händen auf der inneren und an den Füßen auf der oberen Fläche erschienen, während ihre Spitzen sich an der Gegenseite zeigten ... Ferner war die rechte Seite wie mit einer Lanze durchbohrt und zeigte eine vernarbte Wunde, aus der häufig Blut floß, so daß sein Habit und seine Hose oftmals mit heiligem Blut getränkt wurden.“ Diese Stigmataform konnte erst nach des Ordensgründers Tod genauer beobachtet werden; denn zuvor setzte er alle nur erdenklichen Kunstmittel ein, um die ständig sich steigernde Aufmerksamkeit der Brüder vom außerordentlichen Geschehen wegzulenken.[101] Es schwebte ihm dabei jene spirituelle Verschwiegenheit vor, die er selber den Brüdern eindringlich anempfohlen hatte: „Wehe jenem Ordensmann, der das Gute, das der Herr ihm geoffenbart hat, nicht in seinem Herzen bewahrt (vgl. Lk 2,19. 51) und es anderen nicht durch das Wirken zeigt, sondern mit dem Blick auf Belohnung den Menschen durch Worte zu offenbaren wünscht. Er selbst empfängt seinen Lohn (vgl. Mt 6,2. 16), und die Zuhörer tragen zu wenig Gewinn davon“ (Erm XXI, 2f.: FQS [7]I, 108). Spirituelle Eröffnungen vor einer Mehrzahl von Menschen, wie sie heute in verschiedenen kirchlichen Gruppen gepflegt werden, wären bei Franziskus auf schwerste Bedenken gestoßen. Ebenso wäre ihm jeder Missbrauch seiner selbst zu einer Art allzeit bereiten Orakels oder als Ziel von religiösen Fanatismus oder Sensationalismus zuinnerst zuwider gewesen.

Nach dem Tod „strahlte an ihm wider das wahrhafte Bild des Kreuzes und das Leiden des unbefleckten Lammes, das die Sünden der Welt abgewaschen hat; er sah aus, als sei er frisch vom Kreuz herabgenommen, als seien seine Hände und Füße von Nägeln durchbohrt und die rechte Seite wie von einer Lanze verwundet“ (1 C 112: GRAU, 184). Da wir von einer ganzen Reihe von Stigmatisierten nach dem Poverello gelesen und zu einigen aus ihnen gar Zeitgenossen sind, fehlt uns die Möglichkeit, die ungeheure Einwirkung der ersten mystischen Kreuzigung auf den mittelalterlichen Christen zu ermessen. Franziskus erschien ihnen als die prophetische Erfüllung der Paulusstelle: „De cetero nemo mihi molestus sit; ego enim stigmata Domini Iesu in corpore meo porto“ (Gal 6,17). „In Zukunft soll mir niemand mehr solche Schwierig- [S. 404] keiten bereiten. Denn ich trage die Zeichen Jesu an meinem Leib“.[102] Diese „einzigartige Gnade und Zeichen einer bevorzugten Liebe“ (1 C 114: GRAU, 185) waren in ihrem Nachwirken derart geschichtsmächtig, dass die Christusfrömmigkeit des Ordensgründers fortschreitend immer deutlicher in eine ungeschichtliche Passionszentrik umgedeutet wurde.[103] Nicht ohne bedeutsamen Anteil des ersten Falles charismatischer Wundmale

---

[99] Vgl. 1 C 123: AF X, 98; s. darüber BIHL, M.: De canonizatione S. Francisci. (Occasione VII centenarii: 1228-1928), in: AFH 21 (1928) 468-514, 469, 496f.

[100] 1 C 95: GRAU, 163; vgl. SCHMUCKI, ebd., (A. 98), 61f., 280-338.

[101] Ebd., 253-259.

[102] Zur neueren Exegese der Paulusstelle vgl. u. a. ANDRIESSEN, P.: Les stigmates de Jésus, in: Bijdragen 23 (1962) 139-154; RINALDI, B.: La presenza della Croce nell'Epist. ai Galati, in: Scuola Cattolica 100 (1972) 16-47.

[103] Vgl. dazu einige Hinweise von SCHMUCKI, Leiden Christi (wie A. 21) 388-395.

bildete sich in der abendländischen Frömmigkeit eine vom Gesamt der Christusmysterien losgelöste Leiden-Jesu-Verehrung aus. In immer kühneren Steigerungen wurde Franziskus in der Folgezeit das nicht unbedenkliche Deutungsschema des „zweiten Christus" und des Engels des sechsten Siegels (vgl. Offb 7,2) aufgepresst, wobei joachitisch-spiritualistische Einflüsse mit am Werke waren.[104] Solche Verirrungen vergangener Zeiten müssten uns eine bewusste Selbstkontrolle und christliche Nüchternheit lehren, wenn wir über Franziskus reden oder schreiben. Seine kirchengeschichtliche Größe bedarf solcher Lügen wirklich nicht!

Im kleinen Segenspergament hat dessen Adressat, Br. Leo, mit roter Tinte unter anderem angemerkt: „... nach Vision und Anrede eines Seraphs und Einprägung der Wundmale Christi in seinem Leib verfaßte er diese Lobpreisungen" (FQS ^{7}I, 211). Es ist hier wirklich nicht der Ort, diesen litaneiartigen „Lobpreis Gottes" auszulegen.[105] Für unser gegenwärtiges Thema ist hingegen der „Segen für Bruder Leo" bedeutsam. Von Br. Thomas von Celano her (2 C 49: GRAU, 275) wissen wir folgende Einzelheiten: Br. Leo, der vertraute Gefährte des Heiligen auf La Verna, litt dort unter einer andauernden seelischen Versuchung. Aus der Segensantwort könnte es sich dabei um eine bohrende Angst um das ewige Heil gehandelt haben. Br. Leo glaubte, durch ein eigenhändiges Schriftstück des Ordensvaters mit Worten des Herrn würde er von der Bedrängnis befreit oder doch Erleichterung finden. Da er sich scheute, ihm diesen Wunsch zu eröffnen, habe dieser von ihm plötzlich Pergament und Tinte erbeten.

Nach der jedenfalls Br. Leo ausdrücklich mitgeteilten Absicht wandte sich Franziskus in seinem „Lobpreis" an den dreifaltigen Gott, um ihm für das Charisma der Wundmale zu danken. Dagegen richtete sich der Schreiber mit dem aaronitischen Segen[106] an den schwer bedrängten Gefährten. In drei rhythmischen Wunschsätzen entbie- [S. 405] tet ihm der Ordensvater Gottes Weihe und Schutz, seine Huld und sein Erbarmen, sein Wohlgefallen und seinen Frieden. Die Anrufung schließt mit der direkten Nennung des Adressaten: „Der Herr segne dich, Bruder Leo!" (FQS ^{7}I, 210). Stephan J. P. van Dijk hat in seinem Aufsatz[107] die Vermutung geäußert, Franziskus habe den aaronitischen Segen wohl nicht aus der Vulgata (Num 6,22-27), sondern aus der Liturgie für niedere Weihen, wie sie in Mittelitalien verbreitet war, gekannt. – In der letzten Segenszeile: „Dominus benedicat, f[rater] Leo, te", umschließt der Name „Leo" (zwischen e und o)

---

[104] Vgl. STANISLAO DA CAMPAGNOLA, L'angelo del sesto sigillo e l'„alter Christus". Genesi e sviluppo di due temi francescani nei secoli XIII-XIV, Roma 1971; vgl. BgFr XIII, n. 632 (Bespr.). – Eine weitere Übersteigerung führt gar zur Auffassung, Franziskus sei Christus auch in einer Art Auferstehung gleichförmig geworden: MANSELLI, R.: La risurrezione di san Francesco. Dalla teologia di Pietro di Giovanni Olivi ad una testimonianza di pietà popolare, in: CFr 46 (1976) 309-320.

[105] Opuscula, 90f., vgl. dazu den Kommentar von LEHMANN, Tiefe und Weite (wie A. 33) 249-267.

[106] Vgl. den mit großer philologischer Akribie verfassten Kommentar von SEYBOLD, K.: Der aaronitische Segen. Studien zu Numeri 6,22-27, Neukirchen-Vluyn 1977. Zu den paleografischen Aspekten des Segenspergaments s. LAPSANSKI, D.: The Autographs on the „Chartula" of St. Francis of Assisi, in: AFH 67 (1974) 18-37, mit 2 Bildtafeln. Für einen eindringenden Kommentar in franziskanisch-spiritueller Hinsicht empfehlen sich bes. KEUCK, W.: „Der Herr segne dich". Der Segen des hl. Franziskus für Bruder Leo (vgl. Num 6,24-27), in: WiWei 39 (1976) 81-107, u. LEHMANN, Tiefe und Weite (wie A. 33) 267-277.

[107] Saint Francis' Blessing of Brother Leo, in: AFH 47 (1954) 199-201, bes. 200f.

ein aufragendes Tauzeichen, das aus einer fleckenartigen, schwer zu bestimmenden Zeichnung entspringt. Bruder Leo schrieb am unteren Rand des Pergaments: „Ebenso verfertigte er dieses Zeichen Tau mit dem Kopf [thau cum capite] mit eigener Hand" (FQS ^{7}I, 211: Opuscula, 93). Die über diese Symbolverbindung bisher vorgetragenen Deutungen lassen sich auf zwei zurückführen. Eine wachsende Anzahl von Autoren meint, auf dem Blatt andeutungsweise den Golgothahügel mit dem Totenschädel Adams zu erkennen.[108] Andere sehen in der rudimentalen Zeichnung den Kopf Br. Leos dargestellt. Ihr liege irgendwie die Vision bei Ez 9,4 zugrunde: „Der Herr sagte zu ihm [d. h. zum Mann mit dem leinenen Gewand]: Geh mitten durch die Stadt Jerusalem und schreib ein T auf die Stirn aller Männer, die über die in der Stadt begangenen Greueltaten seufzen und stöhnen" (vgl. auch Offb 7,2f.). Der Ordensgründer habe den versuchten Bruder mit dem Segenswunsch und der Segensverheißung trösten wollen: Das Kreuzsiegel steht auf deiner Stirn; denn du gehörst zu den wahren Büßern und darum auch zu den von Gott Auserwählten.[109]

Das mystische Tau trat freilich nicht erst 1224 auf La Verna in den Gesichtskreis des Heiligen. Wie tief dasselbe im Wesen der franziskanischen Lebensform wurzelt, beweist allein die Tatsache, dass er es zu seinem Ordenssiegel und Ordenswappen wählte (vgl. 3 C 3: GRAU, 442f.). In diesem biblischen Symbolbuchstaben spricht er sein Leben der Buße nach dem Evangelium im Zeichen des Kreuzes aus. In der radikalen Abkehr von der Welt und rückhaltlosen Umkehr zu Gott führte sein Leben letzter Entäußerung, brüderlicher Liebe und dienenden Füreinanderseins zur Leidensnachfolge Christi. Darin wusste er das Unterpfand endzeitlichen Heils geborgen.[110] [S. 406]

5. Zeitlich wohl auf den Anfang des Jahres 1224 anzusetzen ist der Brief des hl. Franziskus an Antonius von Padua.[111] Dieser berührt unser Thema viel näher, als es zunächst erscheinen möchte. Wenn der Ordensvater diesen wirkmächtigen Prediger, „dessen Sinn der Herr aufgetan, daß er die Schrift verstand" (1 C 48: GRAU, 113), mit dem Ehrentitel „Bischof" anspricht und ihm erlaubt, „die heilige Theologie" vorzutragen, bejaht er das Schriftstudium grundsätzlich für den eigenen Orden. Er beeilt sich freilich, die nach ihm untrennbar mit der Erlaubnis verbundene Bedingung hinzuzu-

---

[108] Für die Lit. bis 1959 s. SCHMUCKI, Das Leiden Christi (wie A. 21) 18-26, bes. 24 A. 64; CLASEN, Miszellen zur Geschichte (wie A. 17) 217-219a (vgl. BgFr XIII, n. 631); GAGNAN, D.: François au Livre de la Nature. 5. Le prophète, in: EtFr n. s. 23 (1973) 83-116, bes. 90-116 u. 103f.; BAGATTI, B.: Note sull'iconografia di „Adamo sotto il calvario", in: Studii Biblici Liber Annuus (Jerusalem) 27 (1977) 5-32; FISCHER, R.: Das Tau-Kreuz und Franziskus, in: Fidelis 71(1984) 15-26.

[109] Nebst den Hinweisen, die ich in meiner in A. 108 angeführten Studie bot, s. nun bes. VORREUX, D.: Un symbole franciscain. Le Tau. Histoire, théologie et iconographie, Paris 1974: s. meine Bespr. mit Lit.-Ergänzungen in: CFr 48 (1978) 462fr; VORREUX, D.: Tau, in: DF (1983), 1785-1794; VAN LEEUWEN, B.: Franciscus tekent de Tau, in: FrancLeven 65 (1982) 81-98. Die ganze „No. 2 – April 1982" ist dem Thema: „Getekend met een Tau" gewidmet. Weitere Lit. ist verzeichnet in BgFr XIV, n. 988f. – Eine Sonderstellung nimmt LEHMANN, Tiefe und Weite (wie A. 33) 267-275, ein: „Die Frage, wessen Haupt auf der Chartula für Bruder Leo angedeutet ist, wird sich kaum so klären lassen, daß die eine Antwort die andere ausschließt. Wenn wir auch der ersten Deutung einen höheren Wahrscheinlichkeitsgrad einräumen, so läßt sich doch beides bejahen und zusammen sehen" (274).

[110] Vgl. SCHMUCKI, Leiden Christi (wie A. 21) 26.

[111] Opuscula, 94f.; FQS ^{7}I, 52. Vgl. zur zeitlichen Festlegung ESSER, Über die Chronologie (wie A. 59) 305f.

fügen: „wenn du nur nicht durch dieses Studium den Geist des Gebetes und der Hingabe auslöschest, wie es in der Regel steht.“ Das ganze franziskanische Leben steht unter der wertbestimmenden Ausrichtung auf Gebet und Weihehingabe an Gott. Mit umso mehr Grund müssen Schriftstudium und -unterricht in der evangelischen Brüderschaft allein kontemplativen Zielen dienen.[112]

Es ist zu bezweifeln, ob damals dem Ordensvater die praktischen Folgerungen dieses persönlich für Antonius zugedachten Vorrechts realistisch genug vor Augen waren. Ein noch so bescheidener Studienbetrieb verlangte mindestens eine Vollbibel und eine gewisse Anzahl anderer Bücher. Was der Ordensgründer einem bestimmten Minderbruder zugestand, rief naturgemäß in anderen das Verlangen nach Büchern, Studium und Lehrbetätigung wach. Dies war namentlich bei jenen Minderbrüdern der Fall, die seit 1215 immer zahlreicher mit den Voraussetzungen höherer Bildung in den Orden eingetreten waren. Der überall spürbare Drang, lesen und schreiben zu können und deswegen ein Psalterium zum persönlichen Gebrauch besitzen zu dürfen, wurde zum Symbol eines Aufstiegs auf der Leiter sozialer Geltung. Franziskus war spirituell zu hellsichtig, um diese Gefahrenmomente nicht wahrzunehmen. Er bangte schwer um die Minorität, Einfalt, Brüderlichkeit und Armut seiner Brüderschaft. Diese Besorgnis stand ihm klar vor Augen, als er in der „BR“ das uns Heutigen so schwer verständliche Verbot einfügte: „... und die von den Wissenschaften keine Kenntnis haben, sollen nicht danach streben, Wissenschaften zu erlernen“ (X, 7: FQS ^{7}I, 172).

In den Gefährtenberichten der „Textsammlung von Perugia“ sind eine ganze Reihe von Erzählungen überliefert, die sich auf diesen Problemkreis beziehen. Besonders bezeichnend ist der längere Bericht über den Laienbrudernovizen, „der den Psalter recht und schlecht zu lesen verstand“ (Per 70: BROOKE, 208). Aus Gründen, die ich anderswo darlegte,[113] wurde mit der „BR“ das den lesefähigen Laienbrüdern zuvor zugestandene Recht widerrufen, das Stundengebet mit einem Psalter zu verrichten. Nach unserem Bericht hatte sich der Brudernovize vom Generalvikar – zweifellos Br. Elias – das Privileg erbeten und auch erhalten, das vielleicht von daheim mitgebrachte Psalterbuch behalten zu dürfen. Er fühlte sich bei dieser mit viel Nachdruck durchgesetzten Sondererlaubnis nicht wohl. Der Ordensvater sollte mit einer ausdrücklichen Bestätigung sein Gewissen beruhigen. Mit ungewöhnlicher Hartnäckigkeit setzte er in [S. 407] mehreren Gesprächen zu diesem Versuch an. An einem bestimmten Punkt der Auseinandersetzung habe der Heilige dem Novizen geantwortet: „Sobald du das Psalterium erhalten hast, verlangst du mit Nachdruck nach einem Brevier. Wenn du ein Brevier hast, pflanzest du dich auf einen Lehrstuhl und befiehlst deinem Bruder wie ein hoher Prälat: ‘Bring mir das Brevier her!’“ Während er sich sein Haupt rundum mit Asche bestrich, habe er mit großem Eifer des Geistes ausgerufen: „*Ich* bin das Brevier. Ich bin das Brevier!“ (73: BROOKE, 214). In Anlehnung an biblische und vorab liturgische Gebräuche[114] verdemütigt sich der Heilige durch eine für ihn kennzeichnende Symbolhandlung in den Staub

---

[112] BERG, Armut und Wissenschaft (wie A. 73) 53f. u. 169f., wo auch die voraufgehende Lit. angeführt u. besprochen wird.

[113] Gotteslob u. Meditation (wie A. 25) 20-24.

[114] Vgl. HAMP, V. / LÖWENBERG, B.: Asche, in: LThK ^{2}I (1957) 917f.; SCHMUCKI, Leiden Christi (wie A. 21) 359 A. 98 Lit.; MANSELLI, R.: Il gesto come predicazione, in: CFr 51 (1981) 5-16.

seiner Nichtigkeit. Zugleich bezeichnet er sich mit dem rätselhaften Ausruf als lebendige Kurzfassung der evangelisch-minoritischen Lebensform.[115]

Der Gefährtenbericht fügt hinzu: „Und jener Bruder war sehr betroffen und beschämt. Hierauf sagte ihm der selige Franziskus noch: ‘Bruder, auch ich war versucht, Bücher zu besitzen. Doch, um darüber des Herrn Willen zu erfahren, nahm ich das Buch, worin die Evangelien des Herrn geschrieben standen, und bat den Herrn, dass er bei der ersten Öffnung des Buches ihn mir gnädig zeige. Nach Beendigung des Gebetes begegnete ich bei der ersten Öffnung des Buches jenem Wort des heiligen Evangeliums: ‘Euch ist es gegeben, die Geheimnisse des Reiches Gottes zu erkennen. Zu den anderen Menschen aber wird nur in Gleichnissen geredet’ (Lk 8,10). Und er fügte hinzu: ‘Es sind so viele, die gerne zur Wissenschaft aufsteigen, dass derjenige selig ist, der sich aus Liebe zu Gott, dem Herrn, unfruchtbar macht’“ (Per 73: 214/216).

In einer zweifellos anfechtbaren Akkommodation verstand der Heilige die im Bibellos aufgeschlagene Lukasstelle[116] wohl so: den wahren Jüngern Jesu wird das Verständnis der Geheimnisse des Reiches ohne wissenschaftliche Schulung geschenkt; dagegen bleibt die Bücherweisheit allein an der äußeren Schale der Gleichnisse hängen. Im Eigenschaftwort „sterilis – unfruchtbar“ klingt eine zuvor allegorisch ausgelegte Stelle aus dem Danklied Hannas bei 1 Sam 2,5cd nach: „Die Unfruchtbare bekommt sieben Kinder, doch die Kinderreiche welkt dahin.“ Die „Unfruchtbare“ bedeutet nach Franziskus jener Minderbruder, „der in der Kirche nicht die Aufgabe hat, Söhne zu gebären“ (2 C 164: GRAU 380) durch die Wortgottesverkündigung. Er widmet sich vielmehr an einsamen Orten dem Gebet und der Betrachtung, beweint dabei die eigenen und anderer Sünden und gewinnt auf diese Weise unbewusst viele Menschen für den Himmel. Solche nennt er seine „Ritter von der Tafelrunde“, d. h. die Minderbrüder im Vollsinn des Wortes. In diesem Werturteil erscheinen die Rollen ausgetauscht. Brüder, die sich fruchtbar wähnen – die Prediger – werden ob ihres Dünkels spirituell unfruchtbar. Die scheinbar „nutzlosen“ Brüder Maria (vgl. RegEins 2: FQS ^{7}I, 206) der Einsiede- [S. 408] leien erlangen in ihrem betenden und büßenden Füreinanderdasein wunderbare apostolische Fruchtbarkeit.[117]

6. Der mittelalterliche Christ Italiens war uns gegenüber auch darin sehr im Nachteil, dass ihm volkssprachliche Übersetzungen fehlten. Erst 1260 scheint ein größerer Teil der Heiligen Schrift für die Bedürfnisse der Kaufmannsaristokratie von Florenz italienisch vorgelegen zu haben.[118] Aus dieser Lage erhellt die unabschätzbare pastorale

---

115 Vgl. CASUTT, L.: Das Erbe eines großen Herzens. Studien zum franziskanischen Ideal, Graz 1949, 216 A. 36.

116 Lk 8,10, nicht Mk 4,11, wie BROOKE, Scripta (wie A. 1, unter Per) 216 C. 73 A. 1, anmerkt. Im „Evangelistare“ findet sich die Stelle Lk 8,4-15 auf f. 8r-a für den Sonntag Sexagesima; s. GALLANT, L’Evangéliaire (wie A. 89) 8.

117 Vgl. SCHMUCKI, Spiritus orationis (wie A. 43) 396-400. Nebst der dort verzeichneten Lit. zum Zeithintergrund dieser vom Rittertum stark geprägten Aussage s. noch CARDINI, F.: Alle radici della Cavalleria medievale, Firenze 1981.

118 Vgl. HALL, B.: Bibelübersetzungen III/3, in: TRE VI, Berlin 1980, 256 Lit. – RICCIOTTI, G.: Bibbia VI. Versioni moderne. – Italia, in: EC II, Città del Vaticano 1949, 1556-1563, schreibt: „I primi tentativi di traduzione della Bibbia in volgare risalgono in Italia a prima di Dante. Più che vere traduzioni, sono di solito parafrasi ampliative ed esplicative, fatte a scopo devozionale ...“ (1556). – Eine Sonderfrage, die

Bedeutung des „Cantico di frate Sole" oder „Sonnengesangs". Mit dieser zweifellos größten Poesie der italienischen Frühzeit unternahm der Heilige den Versuch, den „Lobgesang der drei jungen Männer" im Feuerofen (Dan 3,51-90) für das Verständnis der Zuhörer volkssprachlich wiederzugeben. Dieser Übersetzungsversuch orientiert sich an den naturwissenschaftlichen Vorstellungen seiner Zeit von den vier Elementen der Welt: Licht, Luft, Wasser, Erde. In diesen Grundelementen der geschaffenen Welt, in ihrer einzigartigen Schönheit, in ihrer Bestimmung, auf den Schöpfer hinzuweisen, und in ihrer lebenswichtigen wie belehrenden Aufgabe erblickt der Sänger die Motive, um den „höchsten, allmächtigen und guten Herrn" zu lobpreisen.[119]

Für das Sinnverständnis dieses eminent religiösen Lobgesangs ist die richtige Deutung der Präposition „per" sehr bedeutsam. Ein ausdrücklich als Gefährtenzeugnis gekennzeichneter Bericht der „Textsammlung von Perugia" versichert uns, dass Franziskus damit nicht ein werkzeugliches, sondern ein kausales Verhältnis ausdrücken wollte. Sein Gotteslob erfolgte somit nicht durch/mittels, sondern wegen der/für die Geschöpfe. „... wir, die wir mit ihm zusammen waren, sahen ihn innerlich und äußerlich fast in allen Geschöpfen so sehr sich erfreuen, sie gern berühren und anschauen, dass sein Geist nicht mehr auf Erden, sondern im Himmel zu weilen schien. Und dies [S. 409] ist offenkundig und wahr; denn um der vielen Tröstungen willen, die er in den Geschöpfen Gottes genießen durfte, verfasste er kurz vor seinem Hinscheiden einen bestimmten Lobgesang des Herrn wegen seiner Geschöpfe. Er wollte damit die Herzen derer, die diesen hörten, anregen zum Gotteslob. In seinen Geschöpfen sollte der Herr von allen gepriesen werden."[120]

Der Grundbestand der neun ersten Verse zum Lob des Herrn wegen der vier Elemente erfuhr eine bezeichnende Erweiterung bei zwei von den Gefährten ausdrücklich mitgeteilten Gelegenheiten. Als Guido II., Bischof von Assisi (1204-1228), und

---

eigens untersucht werden müsste, wäre die, ob Franziskus eventuell eine lat. oder altitalienische Evangelienharmonie zur Verfügung stand. Vgl. PETERS, C.: Das Diatesseron Tatians. Seine Überlieferung und sein Nachwirken im Morgen- und Abendland sowie der heutige Stand seiner Erforschung, Rom 1939, 132-139 (lat.), 193-195 (it.); TODESCO, V. / VACCARI, A. / VATTASSO, M. † (Hg.): Il Diatesseron in volgare italiano. Testi inediti dei secoli XIII-XIV, Città del Vaticano 1938, bes. 173-368 hinsichtlich des toskanischen Diatesserons. „... la versione è uno dei più vetusti monumenti in prosa della nascente lingua italiana, poiché la lunga storia che sta già dietro ai nostri più antichi manoscritti (del secolo XIV) e certi arcaismi ne fanno risalire l'origine al Duecento ..." (176).

119 Opuscula, 84. Für diesen Abschnitt verdanke ich viele Anregungen dem Aufsatz von POZZI, G.: Rileggendo il Cantico di Frate Sole, in: Messaggero Serafico (Orselina-Locarno) 60 (1971) Nr. 8, 2-32 (vgl. BgFr XIII, n. 332); die Studie erschien in Locarno 1982 auch als bibliophile Kleinschrift; s. CFr 52 (1982) 653, wo eine 2., bedeutsame Untersuchung des Verf. angeführt wird. Die kaum übersehbare Lit. zum „Sonnengesang" kann hier unmöglich besprochen werden. Ich verweise auf den interessanten bibliografisch-kritischen Versuch von BAJETTO, F.: Un trentennio di studi (1941-73) sul Cantico di Frate Sole. Bibliografia ragionata, in: ItFr 49 (1974) 5-62 (s. BgFr XIV, n. 375). Weitere Lit. zwischen 1974-80 ist verzeichnet in BgFr XIV, n. 372-425. Schließlich sei der ausführliche Kommentar von LEHMANN, Tiefe und Weite (wie A. 33) 279-324, eigens hervorgehoben.

120 Per 51: BROOKE, 178. – Nebst den voneinander abweichenden Deutungen des „per" in den franziskanischen Quellen, die BAJETTO, ebd. (A. 119) 58f. (im Register: „Problemi filologici") verzeichnet, s. bes. MANSELLI, Nos qui cum eo fuimus (wie A. 71) 134. – LEHMANN, Tiefe und Weite (wie A. 33) 304-309, entscheidet sich für „die offene und weite Bedeutung des 'per'. Franziskus lobt Gott durch und für die Geschöpfe."

Oportulo di Bernardo, „Potestà" oder Bürgermeister der Stadt (1225), miteinander in schwerstem Hader lagen und niemand zu deren Versöhnung einen Finger rührte, da ließ der an einem akuten Stadium der ägyptischen Augenkrankheit leidende Ordensgründer die Friedensstrophe hinzufügen: „Gelobt seist du, mein Herr, für jene, die aus Liebe zu dir vergeben und Siechtum tragen und Trübsal. / Selig, die darin ausharren in Frieden; denn du, Höchster, wirst sie einst krönen."[121] Franziskus erfährt hier die evangelische Seligkeit des Friedensstifters (Mt 5,9) und besingt gleichzeitig das von Jesus in der Bergpredigt vorgestellte Ideal der Feindesliebe.

Die letzte Laisse entstammt der Zeit der letzten Krankheit. Ein im Gefahrtenbericht nicht genannter Bruder sagte zum Ordensvater: „Vater, du sollst in Wahrheit wissen, dass, falls der Herr vom Himmel her nicht ein Heilmittel für deinen Leib schicken wird, deine Krankheit unheilbar ist, und dir zu leben wenig Zeit verbleibt, wie auch die Ärzte bereits gesagt haben." Hierauf habe Franziskus – trotz seiner schweren Krankheit – mit sichtlicher Freude Gott verherrlicht und Br. Angelus und Br. Leo zu sich bestellt, damit sie ihm von „Bruder Tod" sängen. Er habe vor dem Schlussvers die Strophe von „Bruder Tod" eingefügt (Per 100: BROOKE, 264). Von einem bloß natürlichen Standpunkt bleibt es unverständlich, wenn hier der Tod mit dem Brudernamen begrüßt wird. Doch in der Sicht des Glaubens ist für Franziskus sein Sterben ein aufgestoßenes Tor zum zweiten, ewig währenden Leben. Nur wer in der sündigen Abkehr von Gott abberufen wird, für den wird der erste Tod zugleich Pforte zum nie mehr endenden Zweiten Tod. In dieser Laisse klingt unüberhörbar eine Reminiszenz aus Offb 2,11b oder 20,6 nach. Sicher durchzieht dem Geiste nach diese Verse, was bei Offb 14,13 eine geheimnisvolle Stimme vom Himmel her ruft: „Selig die Toten, die im Herrn sterben ..." Übrigens entleiht schon die Eingangsstrophe Worte aus Offb 5,12: [S. 410] „Höchster, allmächtiger, guter Herr, dein ist das Lob, der Ruhm, die Ehre und alle Benedeiung."[122]

Vom biblischen Einfluss her gesehen, stellt der „Lobgesang der Geschöpfe" einen nicht zu unterschätzenden neuen Gesichtspunkt dar. Es handelt sich nicht bloß um biblische Stellen oder Anklänge, die zu einem Meditationsmosaik zusammengestellt werden, vielmehr ist der „Lobgesang" der geniale Versuch einer poetischen Übersetzung einer alttestamentlichen Vorlage (Dan 3) – unter Heranziehen neutestamentlicher Texte über Feindesliebe und Eschatologie – in die italienische Volkssprache. Immerhin überbietet der Dichter sein Vorbild, indem er in das „Cantico" sein naturwissenschaftliches Wissen und seine naturmystische Erfahrung einbringt. Die „Bruder-" und „Schwesteranrede" sind des Heiligen unverwechselbares Eigengut und bilden die spiri-

---

121 In der dt. Übersetzung folge ich z. T.: [SIGNER, L.]: Der Sonnengesang des hl. Franz von Assisi. Mit Meditationen von P. Brenni u. dem italienischen Urtext. Illustrationen von R. Wyß, Luzern 1980, S. [38]. Vgl. SCHMUCKI, O.: San Francesco d'Assisi messaggero di pace nel suo tempo, in: Studi e Ricerche Franc. 5 (1976) 211-232, bes. 229f.; MANSELLI, Nos qui cum eo fuimus (wie A. 71) 169-175; monografische Studien über diese Laisse sind angegeben in BgFr XIV, n. 1095-1111.

122 Übers. von SIGNER, ebd. (A. 121), [10]. vgl. über diese Laisse: GASCA QUEIRAZZA, G.: Per sora nostra morte corporale ..., in: Giornale Storico della Letteratura Italiana 149 (1972) 195-206 (BgFr XIII, n. 334); PRINI, P.: „Laudato si, mi Signore, per sora nostra morte corporale", in: Frate Francesco 44 (1977) 121-131.

tuelle Klammer, die Schöpfungsfreude und Todesrealismus verbindet und die literarische Einheit gewährleistet.[123]

7. Auf den ersten Blick möchte ein von den Gefährten in der „Textsammlung von Perugia" (38: BROOKE, 154/156) und kürzer vom Biografen Thomas von Celano (2 C 105: GRAU, 326) überlieferter Bericht als ein für unser Thema eher negatives Zeugnis erscheinen. „Ein andermal während seiner Augenkrankheit, da er deswegen unter besonders heftigen Schmerzen litt, redete ihn eines Tages ein Minister [wohl ein Provinzial] an: 'Bruder, warum lässt du dir nicht von deinem Gefährten aus den Propheten und anderen Büchern der Schrift vorlesen, damit dein Geist im Herrn juble und daraus größten Trost schöpfe?' Er wusste nämlich, dass er sich sehr im Herrn erfreute, wenn er die göttlichen Schriften vorlesen hörte. Doch er antwortete ihm: 'Bruder, ich empfinde so große Wonne und Tröstung in meinem Gedächtnis beim Betrachten der in den Fußspuren des Gottessohnes erscheinenden Demut, so dass, selbst wenn ich bis zum Ende der Weltzeit lebte, keine große Notwendigkeit bestünde, andere Bücher der Schrift zu hören oder zu betrachten."

Das von den Gefährten glaubwürdig[124] beschriebene Gespräch aus den letzten Lebensjahren bezieht sich zweifellos auf eine besondere gesundheitliche Lage des Ordensgründers. Beinahe unausstehliche Augen- und Kopfschmerzen infolge der infektiösen Bindehautentzündung mussten seine geistige Aufnahmefähigkeit stark reduzieren. Anderseits erstreckte sich im damaligen Zeitpunkt der gedächtnismäßige Besitz über ausgedehnte Teile der Bibel. Bemerkenswert ist der hier eher indirekt [S. 411] bezeugte Brauch, sich durch einen Bruder biblische Abschnitte und dies nicht bloß aus dem Neuen Testament vorlesen zu lassen. Kennzeichnend ist die dabei von ihm bekundete spirituelle Teilnahme: beim Anhören des Gotteswortes fühlte er sich bei inneren oder äußeren Leiden aufgerichtet und empfand höchste mystische Freude. Seine von der Schrift genährte Meditation hatte von dem in seinem religiösen Bewusstsein aufleuchtenden Bild des demütigen Christus des Neuen Testamentes ihren gemeinsamen Brennpunkt.

Das ganze Leben seit seiner Bekehrung und besonders offenkundig die letzte Krankheit zeigen den Heiligen in einem ständig neu ansetzenden Versuch, Christus gleichförmig zu werden. „So begleitet er sinnend und nachhandelnd das irdische Leben mit so lebhafter Teilnahme, als sähe er ihn leibhaftig vor sich wandeln", schreibt treffend Ambros Styra.[125] Da ich in mehr denn einer Studie dies einzeln aufzuzeigen

---

[123] Bemerkenswerte Ausführungen über diesen Gesichtspunkt bot Max SCHELER († 1928) in seinem Werk: Wesen und Formen der Sympathie, Bern 1974, 87-104.

[124] Natürlich handelt es sich hierbei nicht um eine wörtliche Wiedergabe des Gesprächs. Solche Berichte mit offenkundig paränetisch-hagiografischer Zielsetzung nähern sich der Literaturgattung der „exempla"; vgl. darüber u. a. den Art. mehrer Verf.: Exemplum, in: DSp IV/2, Paris 1961, 1885-1902, 1901f. Lit., bzw. neuestens die Aufsatzsammlung: Rhétorique et histoire. L'„exemplum" et le modèle de comportement dans le discours antique et médiéval. Table ronde organisée par l'Ecole française de Rome (le 18 mai 1979), in: Mélanges de l'Ecole française de Rome – Moyen âge – Temps modernes 92 (1980) 7-179.

[125] Franz von Assisi und das Evangelium Jesu, Habelschwerdt 1930, 33; vgl. auch SCHMUCKI, Linee fondamentali (wie A. 51) 193-199; POMPEI, A.: Gesù Cristo, cristocentrismo, regalità, salvezza, sequela, imita-

versucht habe, soll hier eine bezeichnende Begebenheit aus der vorletzten Woche vor dem Hinscheiden stellvertretend für eine ganze Reihe anderer stehen. Nach einer schlaflos verbrachten Nacht – bedingt von besonders heftigen Schmerzen – wollte Franziskus in der irrtümlichen Meinung, es sei Donnerstag, Jesu Abendmahl nachvollziehen.[126] Zunächst bat er den am Krankenlager weilenden Minister – vielleicht Br. Elias –, dass er ihm aus dem Johannesevangelium den Abschnitt der Fußwaschung (13,1-20) vorlese. Der besonderen Bedeutung wegen sei hier das Zeugnis des ersten Biografen im lateinischen Wortlaut wiedergegeben: „... hoc [Evangelium] etiam in prima libri apertione occurrit, cum tota et plena Bibliotheca esset, in qua Evangelium legi debebat" (1 C 110: AF X, 85f.). „Er stieß sofort auf diese Stelle, als er das Buch zum ersten Mal öffnete, obwohl es eine vollständige Ausgabe der ganzen Heiligen Schrift war, aus der das Evangelium gelesen werden sollte" (GRAU, 181). In der Niederlassung am Marienheiligtum von Porziunkula besaß man also 1226 bereits eine Vollbibel. Dies ist ja der Sinn der bezeichnenden Terminologie: „bibliotheca"[127].

An diesem Punkt dürfte wohl der Segen aller Brüder des Ordens in der Person der sein Bett umstehenden Vertrauten erfolgt sein. Dies scheint die Erzählung der Ge-[S. 412] fährten zum mindesten nahezulegen (Per 117: BROOKE, 290). Sie bemerken eigens, dass ihn die Unmöglichkeit, seine Brüder und Söhne mit den leiblichen Augen zu sehen, sichtlich schmerzte. „Hierauf hieß er Brote herbeibringen, die er segnete; und weil er wegen seiner Schwäche außerstande war, sie zu brechen, ließ er diese in sehr viele Bröckchen zerteilen. Er nahm je eines und überreichte es jedem Bruder und befahl, dasselbe ganz zu essen. Denn ebenso wie der Herr am Donnerstag vor seinem Tod mit den Aposteln zusammen essen wollte, so schien es jenen Brüdern, dass der selige Franziskus sie und in ihnen alle anderen Brüder vor seinem Tod segnen wollte, und dass sie jenes gesegnete Brot gewissermaßen mit jenen übrigen Brüdern äßen. Dies dürfen wir als offenkundig ansehen; denn, auch wenn es nicht auf einen Donnerstag fiel, so sagte er doch zu den Brüdern, er habe gemeint, es sei ein Donnerstag gewesen" (Per 117: BROOKE, 290).

An diesem einzigartigen Zeugnis tritt der mimische Charakter seiner Auslegung des johanneischen Berichts hervor. Was Jesus als Abschiedsmahl mit den Aposteln vollzog, macht der Heilige im sakralen Spiel anschaulich. Er wird der unfassbaren Demut und grenzenlosen Liebe des Herrn in der Eucharistie inne, indem er selber das Abendmahl

zione, in: DF (1983), 639-676 Lit.; IAMMARRONE, G.: La „sequela di Cristo" nelle fonti francescane, in: MF 82 (1982) 417-461.

126 Vielleicht ließ sich der Poverello nicht bloß vom Beispiel von Jesu Abendmahl leiten, sondern auch vom Brauch der Eulogie, dem gesegneten Brot, das an Sonn- und Feiertagen den Gläubigen als Kommunionersatz ausgeteilt wurde; vgl. JOANNOU, P. / DÜRIG, W.: Eulogie, in: LThK ^{2}III (1959) 1180f. (Lit.).

127 Zu dieser Sinnbedeutung vgl. ROST, Die Bibel im Mittelalter (wie A. 10) 150f.; MUNDÒ, A.: „Bibliotheca". Bible et lecture du Carême d'après S. Benoît, in: Rev. Bénédictine 60 (1950) 65-92. – Was die Perikope angeht, hält VIVIANI, L'ermeneutica (wie A. 5) 146f. – im Anschluss an VAN ASSELDONK (vgl. ebd., 147 A. 5) – dafür, dass nicht bloß Joh 13,1-20, sondern die Kap. 13-17 vorgelesen worden seien. Diese Hypothese entbehrt – wie der Verf. selber zugestehen muss –, jedes Quellenfundaments, ja sie widerspricht ausdrücklich den Anfangsworten bei 1 C 110: AF X, 85 (vgl. auch A. 12 der Edd.): „Ante sex dies paschae – irrtümlich für: Ante diem festum paschae –, sciens Iesus quia venit hora eius, ut transeat ex hoc mundo ad Patrem", die zweifellos zur Kennzeichnung der Perikope dienten; vgl. GALLANT, L'Evangéliaire (wie A. 89) 11 Nr. 90 (Hoher Donnertag).

irgendwie nachvollzieht. Er ist sich sicher dabei nicht bewusst geworden, dass seine Abschiedsfeier mit dem waldensischen Anspruch der Eucharistiefeier durch Laien bei Fehlen würdiger Priester hätte verwechselt werden können. Die eigene poetische Veranlagung und das Nachwirken des provenzalischen Minnesangs führten ihn dazu, die Christusgeheimnisse der Evangelien in einer Art mystisch-mimischer Exegese in Sakralspiel umzusetzen.[128]

8. Zeitlich ebenfalls einige Tage vor seinem Sterben ist die von Celano nur in der Hauptlinie gekennzeichnete letzte Mahnung zu verlegen: „Um sich aber in allem als Christi, seines Gottes, wahren Nachfolger zu zeigen, liebte er seine Brüder und Söhne, die er von Anfang an geliebt hatte, bis ans Ende. Er ließ nämlich alle Brüder, die dort anwesend waren, zu sich rufen, besänftigte sie mit tröstenden Worten wegen seines Todes und forderte sie in väterlicher Güte auf, Gott zu lieben. Über die Beobachtung der Geduld und der Armut hielt er noch eine längere Ansprache, worin er das heilige Evangelium allen übrigen Satzungen voranstellte" (2 C 216: GRAU, 428). Unverzichtbare Richtlinie der franziskanischen Stiftung ist das Evangelium, verstanden in einem umfassenden Sinn für die biblische Heilsbotschaft, in der Jesus Christus, besonders seine Armut und Demut, beherrschend im Zentrum stehen und bei der das Alte Testament im Licht der neutestamentlichen Erfüllung gesehen wird.[129]

9. Entgegen einer Ansicht, die immer wieder unbesehen weitergegeben wird, ist Franziskus nicht nach dem Rezitieren von Ps 141 (142) gestorben. Er stimmte vielmehr [S. 413] dieses Psalmlied an einem der letzten Tage selber an (1 C 109: GRAU, 180; 2 C 217: 429). Bonaventura bemerkt darüber hinaus, dass der Ordensvater „den Psalm noch zu Ende singen" konnte (LM XIV, 5: CLASEN, 379). Die beiden Lebensbeschreiber hielten es nicht für nötig anzudeuten, dass der Sterbenskranke das Lied auswendig betete. Leider erwähnen sie auch die Gründe nicht, warum seine Wahl gerade auf diesen Text fiel.[130] Bei näherem Zusehen ist man indes erstaunt, wie leicht sich dieses Klagelied eines schwer leidenden Gefangenen der Lage eines Sterbenden, besonders der des Franziskus, einfügte. Sein Todeskampf erklärt das laute Flehen zum Herrn um Hilfe. Im Gallikanischen Psalter ist der richtige Sinn von Vers 4a-b kaum verständlich: „In deficiendo ex me spiritum meum, et tu cognovisti semitas meas." Die Einheitsübersetzung liest dafür: „Wenn auch mein Geist in mir verzagt, du kennst meinen Pfad." Der mittelalterliche Beter dachte hierbei ziemlich sicher an das Entweichen der Geistseele

---

[128] Über dieses Thema vgl. die Aussagen der Quellen u. die Lit. in meinen Studien: De S. Francisci stigmatum susceptione (wie A. 27) 33 (1963) 397-407; Die Geburt Jesu (wie A. 78) 268-283.

[129] Vgl. LAPSANSKI, D. V.: Perfectio evangelica. Eine begriffsgeschichtliche Untersuchung im frühfranziskanischen Schrifttum, München 1974: s. BgFr XIV, n. 950; ebd., n. 949-986, sind weitere Studien, erschienen 1974-80, verzeichnet. Vgl. auch CARDAROPOLI, G.: Evangelicità, Evangelizzazione, in: DF (1983), 549-572.

[130] VIVIANI, L'ermeneutica (wie A. 5) 146 A. 1, schreibt – leider ohne Quellennachweis: „Facciamo notare che Francesco, non sappiamo se consciamente o per innata immedesimazione alle situazioni espresse dalla parola di Dio, canta proprio il salmo che era recitato abitualmente dall'ebreo morente."

im Tod.[131] In den Versen 4c-5d dürfte er die namenlose Einsamkeit gespürt und ausgesprochen haben, der jeder Todgeweihte ausgesetzt ist. Bestimmend für die Auswahl des Psalms war wohl Vers 6: „Herr, ich schreie zu dir, / ich sage: Meine Zuflucht bist du, mein Anteil im Land der Lebenden.“ Rückhaltloses Gottvertrauen war die Grundstimmung seines Lebens. Die „terra viventium“ war für ihn – schon wegen „BR“ VI, 5 (FQS ^{7}I, 169) – gleichbedeutend mit Ausblick auf das ewige Leben, das ihm in einer mystischen Audition in San Damiano 1225 für sicher versprochen worden war (Per 43: BROOKE, 162-166).

Der letzte Vers 8: „Educ de custodia animam meam, ad confitendum nomini tuo: me exspectant iusti donec retribuas mihi“ (Führe aus dem Kerker meine Seele, damit ich deinen Namen lobpreise. / Auf mich warten die Gerechten, bis du mich belohnen wirst), kam zweifellos den eigenen Vorstellungen sehr entgegen; so wenn er nach einem Gefährtenbericht „Bruder Leib“ als Zelle beschrieb, in der die Seele als Eremit zu Gebet und Meditation verweilt,[132] oder wenn er mit seinen Zeitgenossen den Verdienst- und Lohngedanken stark betonte.[133] Mit Ps 141, den er wohl abwechselnd mit den sein Lager umstehenden Brüdern betete, schließt sich der Kreis: der sterbende [S. 414] Ordensgründer findet zurück zum Psalmunterricht der Jugend und zu der von diesem biblischen Buch so stark geprägten Frömmigkeit der Frühzeit.

V. Rückblick

1. Trotz dieser längeren Ausführungen wäre es vermessen zu meinen, damit das im Titel ausgesprochene Thema ausgeschöpft zu haben. Immerhin dürfte der Durchblick deutlich aufgezeigt haben, dass der Umgang des hl. Franziskus mit der Bibel eine Konstante seiner Frömmigkeit war. Diese Tatsache verwundert umso mehr, als der Zugang zum Buch der Bücher vor Aufkommen der Druckerkunst unvergleichlich schwieriger und kostspieliger war als in unserer Zeit. Für den Poverello und seine Stiftung ist zudem die Berufung zu absoluter Armut mit zu bedenken. Für seinen Orden musste wegen des hohen Anschaffungspreises bereits der Gebrauch von handgeschriebenen Psalterien und Neuen Testamenten – von Vollbibeln ganz zu schweigen – als unvorstellbarer Luxus

---

131 Diese Vermutung wird jedoch nicht bestätigt von: [Anselm von Laon † 1117], Glossa ordinaria. Lib. Psalm., Ps. CXLI, in: PL 113, 1064-1066, oder von Petrus Lombardus, In totum Psalterium commentarii, in: PL 191, 1243-1248.

132 Interessant ist der Kommentar Anselms (ebd. [wie A. 131] 1065f.): „Hic carcer vel spelunca mundus potest dici, ubi omnia vana: unde rogat educi animam, quae inde multa patitur.“ – Petrus Lombardus fügt noch hinzu: „Vel carcer dicitur corpus humanum, sed non est magnum de corpore exire, quod et mali habent, et omnes cito vel sero hoc habent“ (ebd., 1246B). – Zu Franziskus selber s. Per 80: BROOKE, 228: „... frater enim corpus est cella nostra et anima est eremita, quae moratur intus in cella ad orandum Deum et meditandum. Unde si anima non manserit in quiete et solitudine in cella sua, parum prodest religioso cella manu facta.“ Vgl. darüber: SCHMUCKI, Spiritus orationis (wie A. 43) 400f. Lit.

133 Vgl. z. B. GODET, J.-F. / MAILLEUX, G.: Opuscula sancti Francisci. Scripta sanctae Clarae. Concordance. Liste de fréquence. Tables comparatives, Louvain 1976, 154f. (merces, mereo, meritum); vgl. zudem SOLIGNAC, A.: Mérite et vie spirituelle, in: DSp X, Paris 1980, 1040-1051, 1049-1051 Lit.

erscheinen. Seine besondere Verehrung für die „heiligsten Namen und geschriebenen Worte“ (Test 12: FQS [7]I, 217f.), für die „Worte unseres Herrn Jesus Christus, der das Wort des Vaters ist“, und für die „Worte des Heiligen Geistes, die ‘Geist und Leben sind’“ (Joh 6,64),[134] ließ ihn die Kenntnis der Heiligen Schrift von ähnlicher Heilsnotwendigkeit wie den Genuss der Eucharistie selber erscheinen und half ihm, Armutsbedenken zu überwinden.

In der frühesten Phase der franziskanischen Bruderschaft fehlten zweifellos irgendwelche Bücher. Wohl für mehrere Jahre bildete die Teilnahme der Brüder an der Feier der Eucharistie und des Stundengebetes in Pfarr- und Klosterkirchen den einzig möglichen Zugang zu biblischen Lesungen. Nachdem dem Minderbrüderorden von der Benediktinerabtei am Subasio – wohl 1211 – die Portiunkulakapelle überlassen worden war und immer zahlreichere Kleriker eintraten, muss in sehr einfacher Form das Chorgebet eingeführt worden sein. Mit diesem Wendepunkt ergab es sich von selber, dass Psalterien zum gemeinsamen und immer mehr auch zum persönlichen Gebrauch zugelassen wurden. Die unstete Buß- und Friedensexhorte zu zweit forderte für Klerikerbrüder das Mittragen von Psalterien. Die „Drei Gefährten“ bemerken für den Augenblick, da die Generalkapitel abgeschlossen wurden: „Sie [die Brüder] aber empfingen seinen Segen und zogen mit großer Freude des Geistes gleichwie Pilger und Fremdlinge (vgl. 1 Petr 2,11) durch die Welt, trugen nichts mit auf ihrem Weg als die Bücher, aus denen sie die Tageszeiten beten konnten“ (Gef 59: CLASEN / GRAU, 259). Erst für 1220/21 wird für die Niederlassung am Marienheiligtum von Porziunkula ein erstes und einziges Exemplar mit allen Schriften des Neuen Testamentes bezeugt. Wie weit dessen Anschaffung zurückreicht, kann aus den wenigen Angaben der Berichterstatter leider nicht erschlossen werden. Aus einer handschriftlichen Eintragung Br. Leos geht sodann hervor, dass der Ordensgründer ein „Evangelistare“, d. i. ein liturgisches Evangelienperikopenbuch, mit dem 1223 von einem päpstlichen Kaplan erwor- [S. 415] benen Brevier zusammenbinden ließ. Wenn er wegen Krankheit oder aus anderen Gründen der heiligen Messe nicht beiwohnen konnte, ließ er sich jedesmal das entsprechende Tagesevangelium vorlesen. Allein für die letzten Lebenstage des Heiligen vernehmen wir vom Vorhandensein einer Vollbibel im Bereich der Niederlassung von Portiunkula.

2. Für die biblische Begründung seiner Frömmigkeit erwies sich sein erster Unterricht an der Pfarrschule San Giorgio in Assisi durch Auswendiglernen des Psalters von maßgebender Bedeutung. Bald nach seiner Bekehrung bis zu seinem Lebensende erfüllten die Psalmen, die er im Blick auf Christus deutete, sein persönliches Beten und sein apostolisches Wirken.

3. Der herausragende Stellenwert der Aussendungsreden Jesu im Reifungsprozess der persönlichen Berufung für die evangelische Lebensform und die Entwicklung des frühen Minderbrüderordens dürfte aus dem voraufgehenden Überblick evident geworden sein.

---

[134] EpFid II, 3: Opuscula, 115; FQS [7]I, 60; zu diesem Text s. bes. BARTOLINI, Lo Spirito del Signore (wie A. 62) 23-64, u. CONTI, M.: La Parola di Dio „spirito e vita“ negli scritti di S. Francesco, in: Anton. 57 (1982) 15-59; weitere Studien zum Thema s. in: CFr 53 (1983) 332 A. 224.

Eigens betont zu werden verdient, dass die 1208 im Marienheiligtum von Portiunkula „geoffenbarte" Aussendungsrede bzw. die kurz darauf in der Nikolauskirche vernommenen drei synoptischen Losungsworte und das mindestens seit 1223 regelmäßig benützte „Evangelistare" auf die Liturgie als Hauptquelle seiner biblischen Kenntnisse hinweisen. Während des ersten Jahrzehnts der franziskanischen Stiftung bildeten anscheinend die biblischen Lesungen in der Mess- und Offiziumsliturgie den fast ausschließlichen Weg ihres Zugangs zur Heiligen Schrift. Es wäre m. E. eine dankbare Aufgabe, die biblischen Zitate der „Opuscula" mit der Lesereihe des „Evangelistare" zu vergleichen. Vermutlich erklären sich bestimmte Lücken daraus, dass entsprechende neutestamentliche Stellen in den Franziskus bekannt gewordenen Perikopenordnungen fehlten.

4. Der Wortschatz der romanischen Sprachen ist in weitem Ausmaß direkt oder über den Umweg kirchenlateinischer Schriften von der Vulgata her geprägt.[135] Schon von seiner volkssprachlichen Herkunft und elementaren Ausbildung in Kirchenlatein erklärt sich die biblische Ausdrucksweise seiner „Opuscula". Da Volkssprache und Volksfrömmigkeit immer innig aufeinander bezogen sind, verwundert es auch nicht, wenn bei einem Volksprediger wie Franziskus Einflüsse volksfrommer Vorstellungen festzustellen sind. Ich verweise dafür einzig auf die in „NbR" (IX, 5: FQS ^{7}I, 187) von Christus, Maria und den Aposteln her begründete Bettelarmut der Minderbrüder. Für andere Stellen vermutet Frédéric Manns[136] ein Nachwirken des im Mittelalter weit verbreiteten apokryphen Schrifttums.

5. Eine nicht zu unterschätzende Hilfe für eine intensive und extensive Kenntnis der Heiligen Schrift wurde dem Ordensgründer im Umgang mit biblisch gebildeten Brüdern oder Klerikern zuteil. Es ist kaum anders denkbar, als dass Br. Philipp Longo, Antonius von Padua und Cäsarius von Speyer, deren Schrifterfahrenheit von den Quellen ausdrücklich gepriesen wird, ihrem Ordensvater bedeutsame Anregungen vermittelt haben. Zudem pflegte er freundschaftliche Beziehungen mit Bischof Guido II., den Kardinälen Johannes von St. Paul, Hugolin, Jakob von Vitry und Leo Brancaleone. Mit solch einflussreichen Männern hat Franziskus natürlich die evangelische Grundlegung der minoritischen Lebensform besprochen. Thomas von Celano unterrichtet ausdrücklich über Schriftgespräche zwischen ihm und einem Dominikanermagister in Siena und einem Kardinal in Rom (2 C 103-104: GRAU, 324-326). Da er bei seinen Predigtwanderungen regelmäßig beim verantwortlichen Bischof oder Pfarrer bzw. bei Klosteräbten

---

[135] Vgl. u. a. KLEIN, H. W.: Latein und Volgare in Italien. Ein Beitrag zur Geschichte der italienischen Nationalsprache, München 1957; DURANTE, M.: Dal latino all'italiano moderno. Saggio di storia linguistica e culturale, Bologna 1982; für die Phase des Übergangs im 13. Jh. ist bes. lehrreich: RICHTER, M.: Latina lingua – sacra seu vulgaris, in: LOURDAUX, W. / VERHELST, D. (Hg.): The Bible and Medieval Culture, Leuven-Louvain 1979, 16-34; in meiner Bespr. in: CFr 51(1981) 426f., weise ich auch auf die übrigen Studien des Sammelbandes hin.

[136] François d'Assise exégète. Introduction: vrai ou faux problème? in: Francesco d'Assisi nel 750mo della morte (1226-1976), Jerusalem 1976, 201-224, 210 A. 9, 221 A. 11; DERS.: San Francesco e gli apocrifi, in: Frate Francesco 45 (1978) 79-84.

vorsprach, sind eine lange Reihe von biblischen Kontakten möglich, von denen die Quellen uns leider nicht berichten.

6. Des Heiligen Abhängigkeit vom volksfrommen Brauchtum ist besonders augenscheinlich bei den „Sortes Apostolorum" oder der „Sors consultiva" des Bibelloses. In mehreren Fällen, die sich zwischen dem Ordensbeginn in der Nikolauskirche 1208 und den letzten Lebenstagen des Ordensgründers verteilen, schlägt er selber auf oder lässt durch einen Bruder aufschlagen: das „Sacramentarium" oder Vollmissale, das „Evangelistare" oder Evangelienperikopenbuch, die „Bibliotheca" oder Vollbibel.[137] Solche Befragungen entsprangen dem sehnlichen Wunsch, nur den Willen Gottes in allen Lebenslagen oder -unternehmungen zu erfüllen. Dabei ließ sich der Heilige von einem vorbehaltlos-kindlichen Glauben in die göttliche Vorsehung führen. Darum erschienen ihm die beim jeweiligen Öffnen des Buches unter die Augen kommenden Stellen oder Abschnitte als an ihn persönlich ergangene Botschaften Gottes, denen er sein Leben unverzüglich und abstrichlos anglich.

Bei der Ausführung des Bibelloses befolgte Franziskus einen wohl durch das religiöse Brauchtum vorgeformten Ritus. Zunächst legte er das heilige Buch auf den Altar. Dann kniete er sich zum Gebet nieder, stand wieder auf, bezeichnete sich mit dem Kreuzzeichen, hob schließlich das Buch vom Altar und schlug es dreimal auf. Diese Form des beratenden Loses, um in einer besonderen Lage in der Bibel Auskunft einzuholen, lebte in jüngster Zeit bei charismatischen und neokatechumenalen Gruppen neu auf. Es wäre ein Unrecht, diese Praxis pauschal als Aberglauben einzustufen; doch [S. 417] müsste man Franziskus sein, um gewissen damit unweigerlich verbundenen Gefahren völlig zu entgehen.[138]

7. Eine vorläufige Bilanz des Umgangs des hl. Franziskus mit der Bibel erlauben die in den „Opuscula" von ihm angeführten Stellen bzw. die von den Lebensbeschreibern ihm zugeschriebenen biblischen Auslegungen. Es ist vielleicht nicht unnütz hervorzuheben,

---

137 DESBONNETS, François consultant l'Evangile (wie A. 24) 41-54, unternahm den Versuch, aufgrund des in A. 24 angeführten *Anonymus Perusinus* u. der Frühdatierung (1240/41) dieser Quelle das Bibellos als legendär abzuweisen. Abgesehen davon, dass der Versuch P.-B. Beguin's den Anon. Perus. vorzudatieren als misslungen bezeichnet werden muss, wie ich in CFr 51 (1981) 24-29, bes. 25 A. 29 darzulegen versuchte, ist die Bibelbefragung so oft u. von verschiedenen Quellen – und zwar ohne jede polemische oder apologetische Nebenabsicht – bezeugt, dass es als willkürlich erscheinen muss, deren Tatsächlichkeit zu leugnen. Hinzu kommt, dass diese Praxis einem im Mittelalter weit verbreiteten Brauch entsprach (s. A. 20). Bezeichnenderweise fühlt sich der theologisch gelehrte Biograf 1 C 92: AF X, 70, genötigt, diese Übung unter Hinweis auf das Beispiel früherer Heiligen zu rechtfertigen: „Sanctorum quippe ac perfectissimorum virorum spiritu ducebatur, qui pia devotione in desiderio sanctitatis simile aliquid fecesse leguntur" (s. auch 70 A. 14).

138 Dies betont nicht zu Unrecht BAROFFIO, B.: Lectio divina e vita religiosa, Leumann (Torino) 1981, 26. – ROTZETTER, A.: Mystik und buchstäbliche Befolgung des Evangeliums bei Franz von Assisi, in: Concilium 17 (1981) 734-740, hebt diese kindlich-unbedingte Bindung an das Gotteswort mit Recht ab von der protestantischen Abwehrbewegung des 19.-20. Jhs. in Amerika, die unter dem Namen Fundamentalismus bekannt ist. Den vom Verf. aufgezeigten wesentlichen Unterschieden zwischen dem franziskanischen u. fundamentalistischen Schriftverständnis ist voll beizupflichten. Zu der im Aufsatz angeführten Lit. vgl. noch: BARR, J.: Fundamentalism, London 1977 (dt. Fundamentalismus, München 1981).

dass die von den Biografen hierüber vermittelten Auskünfte das Bild der „Schriften“ nicht unbedeutsam ergänzen.

a) Nur schon aus den Zeugnissen zum Bibellos ergibt sich, dass für den Poverello die Heilige Schrift hören oder lesen ein Ratholen bei Christus, ein Zwiegespräch mit einer lebendigen, ihm den Weg weisenden Person war. Davon her erklären sich die Zeichen besonderer Ehrfurcht vor dem Buch der Bücher; die Überzeugung, dass in den vernommenen Schriftworten eine an ihn persönlich gerichtete Offenbarung ergangen sei; das Bemühen, deren Wortlaut genauestens zu kennen und dem Gedächtnis einzuprägen; die Bereitschaft, den ihm kundgewordenen Bescheid sogleich und vollauf in die Tat umzusetzen. Es wäre ihm als Beleidigung des zu ihm redenden Herrn erschienen, an seinen Worten herumzudeuteln.

b) In den hier untersuchten Stellen fiel mir auf, wie sehr Franziskus den Wortsinn der Heiligen Schrift zu erkennen und nach ihm zu leben suchte. Was er in seinem „Testament“ (38f.: FQS ^{7}I, 220) von den Brüdern hinsichtlich der Regel verlangt, verwirklichte er selber bezüglich der Bibel: „... ich befehle streng im Gehorsam, daß sie keine Erklärungen zur Regel und auch nicht zu diesen Worten hinzufügen, indem sie sagen: So wollen sie verstanden werden. Sondern wie mir der Herr gegeben hat, einfältig und lauter die Regel und diese Worte zu sagen und zu schreiben, so sollt ihr sie einfältig und ohne Erklärung verstehen und mit heiligem Wirken bis ans Ende beobachten.“ Um das Wort Gottes in seiner eindeutig-buchstäblichen Aussage[139] einfältig und lauter – ohne Vorbehalte und Abschwächungen – zu verstehen und zu verwirklichen, ist Herzenseinfalt und Herzensreinheit verlangt. Der Ordensgründer hat die innere Bereitung auf die göttliche Botschaft durch ein darauf abgestimmtes Leben mit großem Nachdruck gefordert und selber gepflegt. Die wachsende Gleichförmigkeit mit Christus wurde für ihn zum Mittel stets tieferer biblischer Weisheit.

c) Besonders aus dem „Passionsoffizium“ ergibt sich, dass der Poverello das Alte und Neue Testament als eng verbundene Einheit auffasste. Gerade am Beispiel des [S. 418] Psalters erfuhr er die prophetisch-typologische Vorhersage von Christi Leben und Leiden im Alten Testament. Neben dieser immerhin mit Maß verwendeten typologischen Auslegung kommen Fälle reiner Allegorese nur selten, und zwar – von einem einzigen Fall für Ps 21,7 in der 2. Version des „Briefes an die Gläubigen“ abgesehen (II, 46: FQS ^{7}I, 63) – nur in biografischen Quellen vor.[140]

---

139 Vgl. hierüber VIVIANI, L'ermeneutica (wie A. 5) 343-368 („Il cosiddetto letteralismo di Francesco“), der z. T. beachtenswerte Einsichten vermittelt, doch ist sein Versuch, den Begriff als unberechtigt abzuweisen, nicht frei von Vorurteilen. Der Verf. berücksichtigt zudem weder die ganze Breite der verfügbaren Quellen noch die zahlreichen zum Problem veröffentlichten Studien.

140 MANSELLI, R.: S. Francesco d'Assisi, Roma ^{2}1980, 125f., gibt zweifellos eine richtige Beobachtung wieder, wenn er des Ordensgründers Überzeugung betont, dass die Worte, namentlich die der Bibel, „andavano intese sempre nel senso letterale, nel loro significato più ovvio e più semplice“. Doch scheint mir, dass des Verf. Behauptung „sempre“ der Nüancierung bedarf. Auch bezweifle ich, ob aus dem unleugbaren Vorzug für den Wortsinn ein bewusster Gegensatz zur allegorischen Interpretation in der zeitgenössischen Theologie herausgelesen werden darf. Denn, wie VIVIANI, L'ermeneutica (wie A. 5) 82-99, am Beispiel der Johannesexegese überzeugend nachweist, fehlte Franziskus jeder Kontakt mit der Schultheologie. Er behauptet m. E. zu Recht, dass die eigentlichen Einflusswege seines Schriftverständnisses die religiöse Kunst, das Sakralspiel, die Predigt und Liturgie waren (ebd., 104-109).

d) Gerade bei den relativ häufigen biblischen Mischtexten, die von Franziskus aus dem Gedächtnis zusammengefügt erscheinen, zeigt sich sein klares Bewusstsein vom Neuen Testament als innerer Einheit. Nach Art einer bibeltheologischen Meditation verknüpft er verschiedene Texte und folgert aus dem Zusammenspiel ähnlicher Begriffe und Bilder in einem Analogieschluss neue spirituelle Gesichtspunkte. Kaum eine andere Auslegungsform bezeugt so deutlich sein meditatives Verweilen über biblischen Texten, Worten und Bildern. Seit dem altchristlichen Mönchtum wird diese Schriftmeditation mit dem Verb „ruminare" wiedergegeben.[141] Tatsächlich ist des Heiligen Umgang mit der Bibel – ganz ähnlich wie derjenige der monastischen Theologie des 12. Jahrhunderts – „nicht eigentlich auslegend, sondern liebend, betend und (nach Ps 34,9) 'schmeckend' ..."[142]. Zweifellos stand sein Lesen und Hören der Heiligen Schrift entscheidend im Dienst der Beschauung; es zielte auf „den Geist des heiligen Gebetes und der Hingabe ..., dem das übrige Zeitliche dienen muß"[143].

e) Von allen Formen ist die spirituell-aktualisierende Deutung biblischer Texte im klaren Blick auf pastorale Bedürfnisse der Hörer wohl jene, die am häufigsten auftritt. In verschiedenen Fällen überschreitet der Poverello dabei die Grenzen des Literalsinnes und gelangt – besonders nach Ausweis einiger biografischer Berichte – zu Anwendungen, die theologisch nicht unbedenklich sind.

Als wegweisend erwies sich Franziskus mit dem „Cantico di Frate Sole", nicht bloß als genialer Gebetspoesie, sondern als erstem Versuch, den „Lobgesang der drei jungen Männer" in den Verständnishorizont des schlichten Volkes zu übersetzen. Ziel und Form dieses biblischen Apostolats hat Franziskus seinen Brüdern in einer „Ermahnung" umrissen: „Selig jener Ordensmann, der nur an den hochheiligen Worten und [S. 419] Werken des Herrn seine Wonne und Freude hat, und dadurch die Menschen mit Fröhlichkeit und Freude (vgl. Ps 50,10) zur Liebe Gottes führt."[144]

8. Nach Zurücklegen des mir vorgezeichneten Weges stellt sich die Frage, was das „vivere secundum formam sancti Evangelii" für Franziskus inhaltlich einschloss. Eine

---

[141] Vgl. LECLERCQ, J.: Etudes sur le vocabulaire monastique du moyen âge, Rome 1961, 137; MAGRASSI, M.: Bibbia pregata, in: DERS. (Hg.): L'„oggi" della Parola di Dio nella Liturgia, Torino 1970, 179-292, bes. 277-281.

[142] KARPP, Bibel IV (wie A. 1) 65. – VIVIANI, L'ermeneutica (wie A. 5) 155, beschreibt die Eigenschaften des franziskanischen Schriftenverständnisses als: biblische (Auslegung der Bibel durch die Bibel), christologische (Christi Gegenwart im geoffenbarten Wort), intuitiv u. affektiv, existential-vital und konkret.

[143] BR V, 2: FQS [7]I, 169. Vgl. zur Stelle SCHMUCKI, Spiritus orationis et actionis (wie A. 43) 378f.

[144] Adm XX, 1f.: Opuscula, 76, u. FQS [7]I, 107. Dieses Zeugnis erlangt seine volle Aussagekraft, wenn es auf dem Hintergrund von Per 43: BROOKE, 164/166 gelesen wird: „Nam spiritus eius erat tunc [als Franziskus 1225 in San Damiano der himmlischen Herrlichkeit versichert worden war] in tanta dulcedine et consolatione, quod volebat mittere pro fratre Pacifico, qui in saeculo vocabatur rex versuum et fuit valde curialis doctor cantorum, et dare sibi aliquos fratres bonos et spirituales, ut irent per mundum praedicando et laudando Deum. Nam volebat et dicebat, quod prius aliquis illorum praedicaret populo, qui sciret praedicare, et post praedicationem cantarent laudes Domini tanquam ioculatores Domini. Finitis laudibus, volebat ut praedicator populo diceret: 'Nos sumus ioculatores Domini et in his volumus a vobis remunerari, scilicet ut stetis in vera paenitentia.' Et dicebat: 'Quid enim sunt servi Dei nisi quodammodo quidam ioculatores eius, qui corda hominum movere debent et erigere ad laetitiam spiritualem.'" Vgl. auch A. 68; LEHMANN, Tiefe u. Weite (wie A. 33) 61-67 Lit.

abschließende Antwort auf diese bisher widersprüchlich gelöste Frage[145] ist hier darum nicht möglich, weil in den engen Grenzen eines Aufsatzes ja nur ein kleiner Ausschnitt des Quellenmaterials einbezogen werden konnte. Immerhin ist möglich, einige Beobachtungen mitzuteilen, die sich aus dem lückenhaften Durchblick ergeben haben.

a) Zunächst drängt sich die herausragende und fortdauernde Bedeutung der Aussendungsreden Jesu in Frömmigkeit und Wirken des hl. Franziskus auf. Zu diesen Elementen gehören: 1. das absolute Vertrauen in Gottes Vorsehung im Üben des hauslosen Wanderradikalismus, im Verzicht auf jede irdische Sicherung durch Geld, Reiseproviant oder andere Besitzgüter und im Rückführen der Bekleidung auf das schlechthin Lebensnotwendige („Steckt nicht Gold, Silber und Kupfermünzen in euren Gürtel. Nehmt keine Vorratstasche mit auf den Weg, kein zweites Hemd, keine Schuhe, keinen Wanderstab ...“: Mt 10,9f.); 2. das Recht, von Speis und Trank anzunehmen, was den Wanderpredigern vorgesetzt wird (vgl. Lk 10,8); 3. der Auftrag, das Nahen des Reiches Gottes und den Frieden zu zweit zu verkünden (vgl. Lk 10,9b. 5f.); 4. der Poverello folgerte aus Jesu Richtlinien – wohl in Abhängigkeit von zeitgenössischen Armutsbewegungen – das Reitverbot für seine Brüder;[146] 5. merkwürdigerweise hat er dagegen Mt 10,8b nirgendwo angeführt: „Umsonst habt ihr empfangen, umsonst sollt ihr geben“, obwohl diese Weisung seiner spirituellen Grundhaltung sehr entgegenkommen musste. – Der bleibende Stellenwert der Aussendungsrede im Minderbrüderorden kann somit unmöglich geleugnet werden.

b) Die im Bibellos in der Kirche von San Nicolò hinzugekommenen Texte wachsen organisch zum evangelischen Urbestand hinzu. 1. Im Blick auf die Entäußerung von jeder Habe, die ein Kandidat vor Ordenseintritt besitzt, erlangte die Perikope vom rei- [S. 420] chen Mann bei Mt 19,16-30 par. institutionelle Bedeutung. 2. Als besondere Hervorhebung eines Einzelelements der Aussendungsrede empfand der Poverello den Teilvers 3b: „Nehmt nichts mit auf den Weg“, entnommen aus der Aussendungsrede bei Lk 9,1-6. – 3. In den Auswirkungen erwies sich Jesu Aufforderung zu Kreuzesnachfolge und Selbstverleugnung ähnlich richtungweisend wie die Aussendungsreden (vgl. Mt 16,24).

c) Verhältnismäßig früh muss die franziskanische Bruderschaft mit den Forderungen Jesu in der Bergpredigt (Mt 5-7), namentlich dem Ideal der Feindesliebe, konfrontiert worden sein. Die Anfeindungen, denen die schlichten Bußprediger anfänglich ausgesetzt waren, fanden in Jesu Anweisungen die konkreten Verhaltensregeln. Schwierig zu entscheiden ist, ob Elemente der Bergpredigt bereits dem Bestand der Urregel angehört haben oder nicht. Dagegen scheint der Name „Fratres Minores“ schon in dem Innozenz III. unterbreiteten „Propositum vitae“ mit der Antwort Jesu auf die ehrgeizige Frage der beiden Zebedäussöhne bei Mt 20,20-28 verbunden gewesen zu sein.

---

[145] Vgl. EGGER, Nachfolge (wie A. 35) 265-273.

[146] BR III, 12: Opuscula, 230: „Et non debeant equitare, nisi manifesta necessitate vel infirmitate cogantur.“ Den spirituellen Hintergrund beleuchtet bes. klar Hugo de Digne, Expositio super Regulam Fratrum Minorum, III: FLOOD, D.: Hugh of Digne’s Rule Commentary, Grottaferrata (Roma) 1979, 120: „In hoc sanctus Christi vestigia sequitur qui cum apostolis pedester semper, nisi cum de pullo et asina mysterium innuit et prophetiam implevit, creditur ambulasse; in quo fratribus paupertatis, austeritatis et minuendae sollicitudinis forma datur.“

d) Diesem Kern, in dem das Armutsideal besonders stark hervortrat, fügten sich in der Folgezeit laufend weitere evangelische Erfahrungen an. Anhand der verfügbaren Quellen wäre jeder Versuch aussichtslos, die „Jahresringe“ hinzugewachsener Erkenntnisse einzeln feststellen zu wollen. Immerhin erlauben einige chronologisch gesicherte Fixpunkte, bestimmte Entwicklungslinien anzudeuten. So sind z. B. die Urregel (1209), die daraus langsam sich fortentwickelnde „NbR“ (1221) und die „BR“ (1223) hilfreich, um die eine und andere der hinzugekommenen Schichten freizulegen.

e) Im Lichte des Quellenmaterials, das ich bisher einsehen konnte, scheint es mir nicht angängig zu sein, die evangeliengemäße Lebensform des hl. Franziskus auf die „Nachfolge Jesu in Armut und Besitzverzicht“ zurückzuführen, wie dies Willi Egger jüngst vorschlug.[147] Natürlich nimmt dieser Gesichtspunkt eine ganz zentrale Stellung in seinem religiösen Lebensprogramm ein, doch finden sich in den „Opuscula“ biblische Belege, die zweifellos das Wesen des franziskanischen Charismas mitbestimmen und doch nicht auf das Armutsideal bezogen erscheinen. Ich erinnere hier nur an zwei Elemente aus der Aussendungsrede: den Friedensgruß und das paarweise Hingehen zu den Menschen.

f) Für die evangelische Entwicklungslinie könnten m. E. gleichsam drei Kristallisationspunkte genannt werden: 1. das Gottesbild und das Gotteslob. Hier müsste hingewiesen werden auf das Einwirken der Psalmenfrömmigkeit und der Geheimen Offenbarung hinsichtlich der Attribute: „Allmächtiger, heiligster, erhabenster, höchster Gott“ (NbR XXIII,1: FQS ^{7}I, 201). Für das oft und betont wiederkehrende Eigenschaftswort des allein und höchst guten Gottes (LobGott 3b: FQS ^{7}I, 209) hat jedenfalls die Berufungsperikope bei Mt 19,17 den entscheidenden Anstoß vermittelt. Schließlich scheint das Hohepriesterliche Gebet (oder Gebet für die Einheit) bei Joh 17 das religiöse Gottvaterbild des Heiligen entscheidend mitbestimmt zu haben.[148]

2. Ein weiterer Brennpunkt seines vom Evangelium her bestimmten Verhaltens ist Christus. Unter den in den Quellen sichtbaren Entwicklungsstufen seien hier eigens [S. 421] erwähnt: die mystische Begegnung mit dem leidenden Erlöser im Aussätzigen (vgl. Test 1-3: FQS ^{7}I, 217); die im Bibellos in der Kirche San Nicolò Assisis klargewordene Kreuzesnachfolge; die seit dem IV. Laterankonzil 1215 in seiner Frömmigkeit stärker hervortretende Eucharistie, deren Heilsnotwendigkeit ihm – zugleich mit der des geoffenbarten Gotteswortes – immer deutlicher bewusst wurde; die mimisch-mystische Geburt-Jesu-Feier in Greccio 1223; die 1224 an sich selber erfahrene mystische Kreuzigung auf La Verna; das Miterleiden der Passion Jesu während der letzten Krankheiten 1225-1226.

3. Schnittpunkt vielfältiger biblisch beeinflusster Wechselbeziehungen war des Ordensgründers Verhältnis zu Mitmensch und Welt. Seit der 1208 erfolgten religiösen Erweckung durch Jesu Aussendungsreden drang der Poverello immer tiefer in das Geheimnis der evangelischen Armut ein, deren äußere und innere Sinndimensionen sich ihm im

---

[147] Nachfolge (wie A. 35) 265.

[148] Vgl. MATURA, „Mi Pater sancte“ (wie A. 33) 127.

Blick auf den Vorsehungsgedanken und Christi Nachfolge immer deutlicher erschlossen. Als eng damit verbunden erkannte er die evangelische Minorität und Brüderlichkeit, die sich immer mehr als kennzeichnende Merkmale seiner Berufung und seiner Stiftung ausprägten. Zusammen mit den ersten Gefährten entdeckte er den neutestamentlichen Radikalismus der Feindesliebe. Seine Naturmystik, die ebenso von den Psalmen wie vom Evangelium geprägt war, gelangte zu ihrem Höhepunkt im „Lobgesang der Geschöpfe" (1225/1226). Der „Cantico" ist ein origineller Übersetzungsversuch von Dan 3 in die umbrische Volkssprache und zugleich Modell seiner apostolischen Aktion. Der katharischen Weltverneinung stellt Franziskus die biblische Weitschau positiv und unpolemisch gegenüber. Christen, die wegen rein weltlichen Interessen heillos zerstritten waren, ließ er im Gesangsvortrag von zwei Minderbrüdern das Ideal evangelischen Verzeihens erfahren. Der „Sonnengesang" schließt mit einer Laisse, welche die franziskanische Wesensart in einer biblischen Kurzformel ausspricht: „Lobet und preiset meinen Herrn / und erweiset ihm Dank / und dient ihm mit großer Demut"[149].

---

[149] CantSol 14: Opuscula, 86, u. FQS ^{7}I, 215. Vgl. den Kommentar von LEHMANN, Tiefe u. Weite (wie A. 33) 279-324; DERS.: Sonnengesang: Entstehung und Deutung, in: LIGGES, W. / LEHMANN, L. / PRAXMARER, B.: Sonnengesang, Innsbruck 1984, 88-101. – Nachtrag: Für A. 15 vgl. auch: BOTTERMANN, M. R.: Die Beteiligung des Kindes an der Liturgie von den Anfängen der Kirche bis heute. Eine liturgiehistorische Untersuchung, Bern 1982: s. H. B. MEYER in ZKTh 106 (1984) 347f.; – die oben A. 90 in Aussicht gestellte Studie ist jetzt erschienen: GALLANT, L.: L'Evangéliaire de saint François. Quelques remarques à partir du contexte liturgique et franciscain, in: CFr 54 (1984) 241-260, mit z. T. sehr bemerkenswerten Ergebnissen.

Das Phänomen Krankheit im Leben des hl. Franziskus von Assisi

Die Stellung von Krankheit im Leben von Heiligen hat in neuerer Zeit immer wieder das Interesse von Medizinern oder Theologen festgehalten. In diesem Zusammenhang sei einzig an den heute noch lesenswerten Essay Joseph Bernharts († 1969): „Heiligkeit und Krankheit“ erinnert.[1] Unter den mittelalterlichen Heiligen stellt, soweit ich wenigstens weiß, Franziskus einen Sonderfall dar. Wie kaum bei einer anderen Persönlichkeit der Vergangenheit fließen die Quellen über seine Leidensgeschichte besonders reichlich, die darüber veröffentlichte Literatur ist auch für einen Fachmann nur noch schwierig zu überblicken.[2]

Wer sich von diesem Sachverhalt eine ungefähre Vorstellung machen will, braucht nur an die etwa zwölf Jahre jüngere hl. Klara zu denken. Im Gegensatz zur Quellenlage beim Poverello ist von ihr sogar das Zeugenverhör der Mitschwestern anlässlich ihres Heiligsprechungsprozesses erhalten. Von ihrem Lebensbeschreiber (wohl Thomas von Celano) und aus der ausdrücklichen Zeugenaussage von Schwester Pacifica di Guelfuccio wissen wir, dass Klara seit 1224/1225 bis zu ihrem Tod 1253 praktisch ununterbrochen ans Bett gefesselt war. Beide Schriften heben zwar übereinstimmend ihre unerschöpfliche Geduld und Schaffenskraft hervor. Sie leitete nämlich das Kloster von San Damiano vom Krankenlager aus bis zu ihrem Lebensende und ließ ihren Rücken durch Kissen hochbetten, um Korporalien und Bursen verfertigen zu können. Nirgendwo in der „Vita“ und von keinem Augen- oder Ohrenzeugen werden jedoch Ursache und Natur der Krankheit erklärt. In einem längeren italienischen Artikel über Erscheinungsformen und spirituelle Deutung des Krankheitsphänomens bei Franziskus und Klara reihte ich – nach der alphabetischen Reihenfolge der Verfasser – an die 40 Einzeluntersuchungen aneinander, von denen sich keine auf Klara bezieht, weil in der bisherigen Literatur eine Sonderstudie über ihr 29jähriges Siechtum wegen der mangelnden Quellenbasis fehlt.[3]

Um jedem Missverständnis hier schon zuvorzukommen, sei eine wichtige Vorbemerkung vorausgeschickt: ich behandle das gewählte Thema als Geschichtler, nicht jedoch als Mediziner. Wohl habe ich die meisten medizingeschichtlichen Untersuchungen über Franziskus – die erste veröffentlichte der Franzose Albert Bournet 1893 –, eingehend studiert; doch geht mein Hauptbestreben dahin, möglichst alle Quellenaussagen – namentlich jene aus dem Bereich der Gefährtenberichte – sorgfältig zu sammeln und zu sichten. Bei diesem schon 1964 begonnenen Versuch kam ich zur Überzeugung, dass

---

1 In: GuL 23 (1950) 172-195. – Der folgende Aufsatz bietet eine umgearbeitete Fassung meines Vortrages über dasselbe Thema an der Theologischen Hochschule der Franziskaner und Kapuziner in Münster am 27. Oktober 1982.

2 Die Lit. findet der Leser verzeichnet in meinen Artikeln zum Thema: Franziskus und Krankheit; s. besonders: „Laudato si, mi Signore, per quelli che ... sostengo infirmitate“. L'interpretazione francescana della malattia, in: Fidelis 68 (1981) 6-16; Infermitá, in: DF, Padua 1983, 726-770.

3 Im Art. Infermitá (Anm. 2).

der pathografische Essay des Medizingeschichtlers Edward F. Hartung den Aussagen der frühen Quellen am ehesten gerecht wird.[4] Im Rahmen dieses für einen weiteren Leserkreis gedachten Aufsatzes möchte ich die Linie meines geschichtlichen Vergleichs nachzeichnen, den ich zuvor französisch und italienisch ausführlich zu begründen gesucht habe.[5]

Ausgangslage während Jugend und Bekehrung

In der Textsammlung von Perugia[6] liegt zweifellos die im Durchschnitt vertrauenswürdigste Überlieferungsform der Gefährtenberichte über Franziskus vor. Leider besteht bis heute noch keine deutsche Übersetzung dieser bedeutsamen Quelle. [S. 2] In einem ihrer Berichte lesen wir unter anderem, dass Francesco „seit seiner Jugendzeit von Natur aus schwächlich und gebrechlich war und in der Welt nur eine verweichlichte Lebensweise ertrug" (Per 2: BROOKE, 90). An anderer Stelle (92: 250-2) bestätigen Brüder, die sich während Jahren seines vertrauten Umgangs erfreuten, nicht bloß diesen Befund, sondern heben – nicht ohne eine gewisse Übertreibung – hervor, er sei „bis zu seinem Todesdatum täglich kränker" geworden. Wohl am glaubwürdigsten trifft den geschichtlichen Sachverhalt die Erzählung, wonach der Ordensgründer in einem Gespräch mit einem nicht genannten Minderbruder behauptet habe, er sei seit Beginn seiner Bekehrung zu Christus „infirmitius", d. h. kränklich gewesen (76: 218).

Zu diesen körperlich nicht besten Voraussetzungen kam die physisch wie psychisch ebenso furchtbare Erfahrung der ungefähr einjährigen Kriegsgefangenschaft in einem finsteren Verließ Perugias hinzu; dies bei den damals üblichen unmenschlichen Haft-

---

4 St. Francis and medieval medicine, in: Annals of Medical History (New York) 7 (1935) 85-91 – „Pathografisch" im Sinne: „... von biographische Darstellung eines Lebenslaufs mit besonderer Berücksichtigung der aufgetretenen Krankheiten und ihrer Einflüsse auf die Entwicklung und Leistung des betreffenden Menschen" (AHLHEIM, K.-H. [Bearb.]: Duden. Wörterbuch medizinischer Fachausdrücke, Stuttgart 1968, 432b). Dieses Wörterbuch hat dem Verf. viele Dienste geleistet, um sich in einem Gebiet mit so vielen Sprachbarrieren einigermaßen zurechtzufinden.

5 SCHMUCKI, O.: Les maladies de saint François d'Assise avant sa stigmatisation, in: Medicina nei Secoli (Roma) 9 (1972) 18-57 (die Übersetzung verdanke ich den beiden Mitbrüdern Norbert Sapin und Junipère Bayard); DERS.: Le malattie di Francesco durante gli ultimi anni della sua vita, in: Francesco d'Assisi e francescanesimo dal 1216 al 1226. Atti del IV Convegno Internazionale, Assisi 15-17 ottobre 1976, Assisi 1977, 315-362.

6 Diese, leider mit vielen Namen bedachte Quelle: Legenda antiqua/Perusina/Delorme, wird hier abgekürzt mit: Per = Compilatio Perusina (es handelt sich um eine Kompilation aus frühen Gefährtenberichten, deren Haupthandschrift in Perugia aufbewahrt wird). Ich zitiere und übersetze nach der kritischen Edition von: BROOKE, Rosalind B. (Hg.): Scripta Leonis, Rufini et Angeli, sociorum S. Francisci, Oxford 1970 (Nummernfolge + Seitenzahl). Die spätere Ed. von BIGARONI, M.: „Compilatio Assisiensis" dagli Scritti di fr. Leone e Compagni su S. Francesco d'Assisi, Assisi 1975, bietet durchschnittlich einen weniger verlässlichen Text und eine verschiedene Nummernfolge (eine Vergleichsübersicht beider Nummerierungen s. ebd., 395-398). – Als weitere Abkürzungen verwende ich noch: FQS ^{7}I = HARDICK, L. / GRAU, E.: Die Schriften des hl. Franziskus von Assisi, Werl/Westf. ^{7}1982 (Franziskanische Quellenschriften, I); Gef = CLASEN, S. / GRAU, E.: Die Dreigefährtenlegende des hl. Franziskus, ebd. 1972 (Nummernfolge + Seitenzahl); 1-3 C: Grau = GRAU, E.: Thomas von Celano, Leben und Wunder des hl. Franziskus von Assisi, ebd. ^{3}1980.

bedingungen, nachdem das assisanische Heer am 12. Dezember 1202 von dem Perugias eine verheerende Niederlage erlitten hatte. Trotz seines durch nichts zu bezwingenden Frohmutes führte der Mangel an Licht, Luft und ausreichender Nahrung zu einem gesundheitlichen Zusammenbruch, über dessen nähere Erscheinungsform die älteren Quellen völlig schweigen. Einzig Heinrich von Avranches (ungefähr 1190-1272), Verfasser der 1232/1234 Papst Gregor IX. gewidmeten „Legenda versificata" (L. I, vv. 90-104: AF X, 410f.), beschreibt des jungen Kaufmanns gesundheitliche Krise als schweres Fieber, „wobei der Patient in der Hitze zittert und im Erzittern glüht". Ob dem Dichter für die Beschreibung des Schüttelfrosts durch glaubwürdige Zeugen neue Nachrichten zugeleitet wurden, oder ob hier die poetische Freiheit seine Phantasie beflügelt hat, müssen wir dahingestellt lassen. Ärzte, die sich – im Lichte mindestens eines Ausschnitts der verfügbaren Quellen – mit unserem historischen Patienten befasst haben, brachten weit voneinander abweichende Mutmaßungen über die Krankheitszeichen vor. Sie reichen von einer inneren moralischen Krise oder einem Nervenschock bis zur Lungentuberkulose. Da geschichtlich unanfechtbare Zeugnisse des 13. Jahrhunderts von einer starken Verbreitung der Malaria in Italien berichten, könnte Francesco schon damals von dieser Erregerkrankheit befallen gewesen sein. Persönlich halte ich dafür, dass die Lungentuberkulose als Grundkrankheit – trotz der Vielfalt möglicher Ausdrucksformen – den Heiligen wegen seiner übermenschlichen Anstrengungen und bei völlig ungenügender Kleidung und Nahrung noch viel früher ins Grab gebracht hätte.

Es besteht kein Grund, dem ersten Biografen, Thomas von Celano, zu misstrauen, wenn er ausdrücklich betont, der Kaufmannssohn sei damals „lange Zeit von Krankheit zermürbt" worden (1 C 3: GRAU, 64). Das schwere Siechtum muss ihn erheblich geschwächt haben; denn „als er nun schon ein wenig genesen war und zur Wiedererlangung seiner Gesundheit, auf einen Stock gestützt, die ersten Gehversuche durch das Haus bald dahin und dorthin machte, ging er eines Tages ins Freie und betrachtete forschend die umliegende Landschaft. Aber die Schönheit der Flur und der Liebreiz der Weinberge und, was es sonst noch zum Sehen Schönes gibt, – an nichts konnte er sich freuen" (65).

Leider enthält uns die „Dreigefährtenlegende" die Einzelheiten vor, die notwendig wären, um Ursache und Erscheinungsformen eines leichten Rückfalls zu bestimmen [S. 3] als Francesco 1205 nach Apulien ziehen wollte, um im Kampf der päpstlichen Truppen unter Walter III. von Brienne (oder von Graf Gentile della Pagliara) den Ritterschlag zu erlangen. Als er nach dem ersten Tagesritt die ungefähr 40 km bis Spoleto zurückgelegt hatte, „coepit aliquantulum aegrotare"[7], d. h. es befiel ihn eine leichte Krankheit. Bei diesem Unwohlsein handelte es sich wahrscheinlich wiederum um einen – diesmal nicht besonders akuten – Fieberanfall. Die dabei gewöhnlich auftretende Erregung des Vorstellungsvermögens mag während der darauffolgenden Nacht den natürlichen Rahmen für die mystische Traumvision des Gesprächs zwischen dem himmlischen König und dem irdischen Knecht gebildet haben.

In derselben Quelle wird ein Krankheitselement mitgeteilt, das in der bisherigen medizingeschichtlichen Forschung nicht beachtet worden ist. Im Zusammenhang ist die

---

7 Legenda trium Sociorum, Nr. 6: Th. DESBONNETS, in: AFH 67 (1974) 93.

Rede von der mystischen Audition vor dem berühmten Tafelkreuz von San Damiano (Gef 13f.: GRAU, 193-6) und der deswegen in ihm sich entfaltenden Passionsverehrung. „Eines Tages ... (nach der Textsammlung von Perugia wenige Jahre nach seiner Bekehrung: 37, 154) ging er allein bei der Kirche S. Maria von Portiunkula, trauerte und wehklagte mit lauter Stimme. Dies hörte ein geistlicher Mann und glaubte, Franziskus leide an einer Krankheit oder sei von einem Schmerz überwältigt. Aus Mitleid fragte er ihn, warum er weine. Franziskus aber sprach: 'Ich betrauere das Leiden meines Herrn Jesus Christus, für den ich mich nicht schämen würde, laut wehklagend die ganze Welt zu durchziehen' ... Oft auch, wenn er vom Gebet aufstand, schienen seine Augen voll Blut zu sein, weil er ganz bitterlich geweint hatte" (14: 195f.). Sofern alle Einzelheiten des Berichts historisch Vertrauen verdienen, muss man hier wohl an das Erscheinungsbild des Blutweinens denken, das auch für andere Mystiker bezeugt ist. Nach der Deutung von F. Schleyer[8] tritt dabei das Blut nach besonders starken Gemütserregungen durch die unverletzte Bindehaut der Augenlider ähnlich wie durch einen Filter aus. Doch wird mit dieser Aussage die Blutdurchlässigkeit eines Organs bloß behauptet, nicht jedoch erklärt.

Malaria und Trachom des Wanderpredigers

Zeitlich genauer lässt sich eine gesundheitlich schwere Krise einordnen, von der Br. Thomas von Celano berichtet. An deren Tatsächlichkeit sollte man vernünftigerweise nicht zweifeln, auch wenn der Lebensschreiber Näheres darüber erst in seinem „Wundertraktat" mitteilt. Nach einem ersten missglückten Versuch, 1212 an Bord eines Schiffes nach Syrien für die Glaubensverkündigung unter die Islamiten zu gelangen (1 C 55: GRAU, 119f.), machte er sich mit Br. Bernhard von Quintavalle als Gefährten – jedenfalls 1213 oder 1214, diesmal wohl für die ganze Riesenstrecke zu Fuß – nach Spanien auf, um von dort nach Marokko überzusetzen (1 C 56: 120f.). Im Spätbericht (1250-1252) teilt der Biograf mit: „auf seiner Rückkehr aus Spanien sei 'der heilige Franziskus in eine sehr schwere Krankheit' gefallen. Infolge Entbehrung und Ermattung und von der Rohheit des Gastgebers aus der Herberge getrieben; verlor er drei Tage lang die Sprache" (3 C 34: 458). Wir haben uns die Sachlage, wie sie im durchaus glaubwürdig klingenden Bericht erkennbar ist, wohl so vorzustellen: irgendwo in Spanien muss der Ordensgründer – trotz seiner die Schritte beflügelnden Sehnsucht nach dem Glaubens- und Blutzeugnis – zur [S. 4] Überzeugung gelangt sein, dass ein Weiterwandern auf der endlos langen Halbinsel Gottes Willen nicht entsprach. Auf dem Rückweg – noch in Spanien oder schon in Südfrankreich – erlitt er jedoch einen völligen Zusammenbruch seiner physischen Kräfte. Das endlose Barfußgehen in der einzigen unauswechselbaren Kleidung – wahrscheinlich auf dem vielbegangenen Pilgerweg nach Santiago de Compostela – ohne jeden Reiseproviant oder Geldreserven, hatte die letzten Energien aufgezehrt. In den nach Tagesmärschen zerstreuten Pilgerhospizen konnten die

---

8 Vgl. SCHLEYER, Franz L.: Die Stigmatisation mit den Blutmalen. Biographische Auszüge und medizinische Analyse, Hannover 1948, 122f.

beiden mittellosen Wanderprediger für kurze Zeit (wohl nur für einen Tag und eine Nacht) die Gastfreundschaft umsonst in Anspruch nehmen. Irgendwo in einer dieser Herbergen wies ihn der beauftragte Leiter (gewöhnlich „magister“ oder „prior“ genannt) trotz seiner offenkundigen Notlage erbarmungslos aus dem Haus. Der Feinfühligkeit des Poverello setzte diese Lieblosigkeit seelisch derart zu, dass er für drei Tage lang den Gebrauch der Stimmbänder verlor. Dieser von einem Nervenschock hervorgerufene, zeitlich begrenzte Verlust des Stimmklangs (Aphonie) ist ein Zeichen dafür, dass hier dem Heiligen die physischen Voraussetzungen einfach fehlten, um das im Gespräch mit Br. Leo für sich selber umschriebene Ideal der „vollkommenen Freude“ (FQS [7]I, 225-227) verwirklichen zu können.

Trotz der unverkennbaren hagiografischen Übermalung ist der im Bericht folgende Hinweis bemerkenswert. Nachdem Franziskus „endlich wieder einigermaßen zu Kräften gekommen“ – wohl durch die Güte eines gastfreundlicheren privaten Helfers –, bekannte er seinem Begleiter die Lust nach einem Vogelgericht. Durch die Freigebigkeit eines Ritters wurde der kaum ausgesprochene Wunsch sogleich erfüllt. Man ist versucht zu vermuten, dass in einem Moment äußerster Schwäche ein Restelement raffinierter Essgewohnheit der Jugend zurückgekehrt sei. Noch wahrscheinlicher erscheint mir, dass der Heilige um die von Ärzten bei Malariaanfällen verschriebene Diät von Geflügelgerichten wusste. Es ist mindestens nicht auszuschließen, dass diese Ansteckung mit zum Krankheitsbild der Erschöpfung gehörte.

Aus einer Reihe übereinstimmender Anzeichen scheint der Ordensvater um 1216/1217 in den von der NbR (X,2: FQS [7]I, 188) eigens vorgesehenen Notfall geraten zu sein, wegen der Schwere der eigenen Erkrankung und der völlig unzureichenden Einrichtung im ursprünglichen 1209/1210 neben dem Marienheiligtum von Portiunkula aus Lehm und Weidengeflecht erbauten Häuschen, die Hilfe Bischof Guidos II. von Assisi in Anspruch nehmen zu müssen. Wahrscheinlich bot sich der Bischof, der Franziskus seit der freiwilligen Enterbung aufrichtig hochschätzte, ihn öfter persönlich beriet und ihm auch bei anderen Gelegenheiten Beweise seiner Liebe gab (Gef 10 und 20: 189 und 204), selber an, den kranken Freund im Bischofspalast zu beherbergen und pflegen zu lassen. Die eben angedeutete Lage und Zeit setzt der Bericht in der Textsammlung von Perugia (Per 28: BROOKE, 138-140) über die scheinbar schroffe Abweisung eines jungen Adeligen aus Lucca voraus, der Minderbruder werden wollte. „In einem Zeitpunkt, da niemand für die Lebensweise der Brüder angenommen wurde ohne Erlaubnis des seligen Franziskus“ (138), flehte dieser Bewerber ihn unter Tränen um Aufnahme in den Orden an. Mit der Schaffung der Provinzen um 1217 ging an sich das Aufnahmerecht laut NbR II,2 (FQS [7]I, 178) auf die Provinzialminister über. Andererseits halten Gefährtenberichte übereinstimmend fest, dass noch 1220 die Novizen aus dem italienischen Bereich am Marienheiligtum in Portiunkula aufgenommen wurden. Sicher muss die vorgenannte [S. 5] Erkrankung und Heilung vor der Abreise des Heiligen nach Ägypten erfolgt sein. Woran er genau litt, verschweigt leider die Erzählung, doch dürfte es sich mit großer Wahrscheinlichkeit um das Wechselfieber gehandelt haben, wie sich aus dem weiteren Verlauf meines Rekonstruktionsversuches ergeben dürfte.

Um mich möglichst genau an die zeitliche Abfolge der Ereignisse zu halten, sollen nun Hinweise auf Zeitpunkt, Ursache und hauptsächliche Erkenntniszeichen einer Augenkrankheit folgen, von der die Quellenzeugnisse einhellig berichten. Die Teilnahme des Poverello am 5. Kreuzzug 1219/1220 in Ägypten war nicht bloß ein stillschweigender Einspruch wider die mit Waffengewalt versuchte Ausbreitung des christlichen Glaubens, sondern führte ihn zudem auf den Kreuzweg weiterer physischer Leiden durch die Ansteckung mit der ägyptischen Augenkrankheit, auch Körnerkrankheit genannt. Von ihr – medizinisch „Trachoma" bzw. „coniunctivitis trachomatosa seu granulosa" – sind heute noch ungefähr 400 Millionen Menschen befallen![9] Der ursächliche Zusammenhang zwischen seinem Verweilen im Mittleren Orient und dem Krankheitsausbruch ergibt sich aus einem Gefährtenbericht mit letzter Deutlichkeit: „Der selige Franziskus litt während langer Zeit – und dies bis zum Tag seines Hinscheidens – an einer Leber-, Milz- und Magenkrankheit. Von der Zeit an, da er in Übersee weilte, um dem Sultan von Babylon und Ägypten (d. h. Malik al-Kāmil) zu predigen, zog er sich eine schwerste Augenkrankheit zu wegen der großen Anstrengung und Ermüdung der Reise; denn bei der Hin- und Rückreise litt er unter großer Hitze" (Per 37: BROOKE, 154). Allein schon das Verweilen des Ordensgründers – unter hygienisch primitivsten Voraussetzungen – im Feldquartier zweier Kriegsheere bei Damiette (Dimyāt/Dumyāt) bzw. sein persönlicher Umgang mit dem Sultan und seiner Umgebung lassen unwillkürlich an jene Erregerkrankheit denken, die in tropischen bzw. subtropischen Gegenden (gerade auch in Ägypten seit der Zeit der Pharaonen!) bis heute weit verbreitet ist. Zwar trugen zwei Augenärzte: Oreste Parisotti (1918) und Joseph Strebel (1937) eine völlig verschiedene Diagnose vor. Von der unbewiesenen Voraussetzung ausgehend, die Tuberkulose sei das Grundübel gewesen, woran der Poverello litt, schlossen sie auf ein Sekundär-Glaukom, das sich wegen einer tuberkulösen Entzündung der Regenbogenhaut der Augen (med. iridocyclitis tuberculosa) in erhöhtem Augeninnendruck äußert.

In neuerer Zeit zeichnet sich unter den über das Thema schreibenden Ärzten eine stets größere diagnostische Übereinstimmung für das Trachom ab. Vielleicht das entscheidende Zeugnis, das leider den vorgenannten Ophthalmologen unbekannt war, findet sich in einem Bericht, worin die Gefährten die Ausbrennung der Venen in Augennähe durch ein brennendes Eisen so begründen: „Wegen des vielen Schleims (flegma), der während mehreren Jahren Tag und Nacht sich auf die Augen absonderte" (Per 48: 174). Tatsächlich besteht die ägyptische Augenkrankheit in einer ebenso ansteckenden wie langwierig verlaufenden, z. T. eitrigen Entzündung der Augenbindehäute, die – wie man erst seit 1957 weiß –, vom bakteriumsähnlichen Mikro-Organismus „Chlamydia trachomatis" herrührt. Die Ansteckung beginnt mit kleinen grauen Höckern und Blutungen an der Innenfläche des Oberlids, greift, sofern nicht ein Arzt sachgerecht eingreift, auf die Augenbindehaut und später auch auf die Hornhaut über. Indem die Körner wachsen, lösen sie ein schmerzliches Spannungsgefühl, starke Lichtempfindlichkeit und ständigen Tränenfluss [S. 6] aus. Wenn die sulzigen Trachomkörner auf der Hornhaut platzen, hinterlassen sie Narben und damit Eintrübungen, die das Sehvermögen progressiv beeinträchtigen. – Die mittelalterliche Medizin stand völlig hilflos vor Trachomerkrankten, weil ihr die Ursache des Erscheinungsbilds unbekannt war und sie dagegen über kein wirksames Heilmittel verfügte. Franziskus lehnte in diesem Zeitpunkt ohnehin –

---

9 Vgl. u. a. Die Herder Bibliothek in 15 Bänden. Wissen im Überblick IX: Der Mensch, Freiburg 1970, 380a; GEHALDACH, Herbert (Hg.): Wörterbuch der Medizin, Berlin [11]1980, 1043.

von seinem absoluten Vorsehungsglauben her bzw. aus Armutsgründen – jede ärztliche Betreuung ab. Die in Ägypten 1219/1220 erfolgte erste Ansteckung ging darum unweigerlich in ein chronisches Stadium über, das – entsprechend der Zahl akuter Rückfälle – zugleich immer mehr die Sehkraft verminderte.

Für den Winter 1220/1221 besitzen wir das erste ausdrückliche Zeugnis der Gefährten dafür, dass Franziskus an einem schweren Anfall von Viertagsfieber („febris quartana") litt. „Nachdem er (Franziskus) sich ein wenig von einer sehr schweren Krankheit erholt hatte ..., trotzdem er vom Quartanfieber noch nicht frei war", stieg er mit seinem Generalvikar Petrus Cattani († 1221) in die Confession (Verbindungsraum zwischen Märtyrergrab und Hochaltar) der Rufinskirche hinab und zog dort die Kutte aus. Seinem Stellvertreter befahl er hierauf im Gehorsam, ihn, den Halbnackten wie einen gemeinen Verbrecher an einem Strick um den Hals zum Hauptplatz Assisis zuführen, wo er zuvor die Bevölkerung für eine Predigt zusammengerufen hatte. Als die für des Heiligen Vorliebe für sakrales Spiel so kennzeichnende Bußprozession am Bestimmungsort angelangt war – mit ihr wollte er sich vor den Assisanern als Heuchler entlarven –, rief er vor dem versammelten Volk aus: „Ihr haltet mich für einen Heiligen ... Doch bekenne ich Gott und euch, daß ich während dieser Krankheit Fleisch und Fleischbrühe gegessen habe" (Per 39: BROOKE, 156-158). In einem stark verkürzten Parallelbericht präzisiert Thomas von Celano, Franziskus habe ein wenig Hühnerfleisch gegessen. Das öffentliche Schuldbekenntnis setzt im Ordensvater das Bewusstsein voraus, während der Fastenzeit (vor Weihnachten oder vor Ostern) das kirchliche Fleischverbot übertreten zu haben. Es ist nun besonders reizvoll, im berühmten „Liber de natura rerum" des Dominikaners Thomas von Cantimpré († 1263 oder 1270/1272) eine Diätformel für die an Viertagsfieber Erkrankten zu lesen, worin das Hühnerfleisch an erster Stelle steht.[10]

Die Malaria trat im Mittelmeerraum mit Vorliebe in der weniger gefährlichen Spielart des Viertagsfiebers auf. Aus der Feder des englischen Zisterzienserchronisten Radulf von Coggeshall († ca. 1228) besitzen wir sogar ein ausdrückliches Zeugnis dafür, dass 1222 das Quartanfieber wegen einer außerordentlichen Hitzewelle geradezu epidemieartig auftrat. In einer außerordentlich materialreichen Sonderstudie hat zudem Frau Anna Celli-Fraentzel überzeugend nachgewiesen, dass die Malaria im Mittelalter der eigentliche Grund von verheerenden Niederlagen der kaiserlichen Heere war.[11] Auch wenn den mittelalterlichen Ärzten die eigentliche Ursache dieses Rhythmusfiebers verborgen blieb, waren sie durchaus imstande, aus der Periodizität der Anfälle auf die Malariaform rückzuschließen. Bei der Quartana tritt ja das Wechselfieber regelmäßig nach je drei fieberfreien Tagen bzw. nach 72 Stunden auf. Der Erreger, die einzelligen Blutparasiten oder Sichelkeime (plasmodium malariae), wird durch den Stich der Malariamücke (in Italien besonders der „anopheles maculipennis" u. ä.) in das Blut des Menschen übertragen. Die Parasiten gelangen mit dem Speichel der Fiebermücke ins

---

10 I, lib. I, n. 33: Hg. H. BOESE, Berlin 1973, 36

11 Quellen zur Geschichte der Malaria in Italien und ihre Bedeutung für die deutschen Kaiserzüge des Mittelalters, in: Quellen und Studien zur Geschichte der Naturwissenschaften und der Medizin IV/4, Berlin 1935, 44 oder (384) u 54 oder (394). Das Zitat des Chronisten führe ich auch an in meiner Studie: Malattie di Francesco (Anm. 5), 327.

menschliche Blut, entwickeln sich zunächst in der Leber und hierauf im Blutkreislauf. Als Wirte der sich fortentwickelnden Si- [S. 7] chelkeime zerfallen die roten Blutkörperchen beim Freiwerden neuer Parasiten, wobei hohes Fieber, Schüttelfrost und starker Schweißausbruch auftreten. Die natürlichen Folgen dieses Teufelskreises sind fortschreitende Blutarmut, Abmagerung, Milzschwellung, Lebervergrößerung, Verdauungsschwierigkeiten und Gewebewassersucht. Solche Auswirkungen zeigen sich vorab dann, wenn eine wechselnde Zahl von Anfällen zur chronischen Dauerinfektion mit Neigung zu steten Rückfällen geführt hat.[12]

Von der Chronologie her müsste ich nun auf die Wundmale des hl. Franziskus zu sprechen kommen (September 1224). Diese symmetrischen, zeitweise blutenden, aber nie eiternden Tiefwunden, die beim Ordensvater während einer Ekstase und der inneren Vision eines ans Kreuz gehefteten Seraphs an Händen, Füßen und der Seite aufgebrochen sind, stellen einen äußerst komplexen Sonderfall des Spannungsverhältnisses zwischen Seele und Leib, zwischen Heiligkeit und Krankheit dar. Die historische Darstellung und theologische Würdigung der mystischen Kreuzigung gehen indes über die Grenzen dieses Beitrages hinaus. Vor 20 Jahren wagte ich mich an dieses Thema mit einer längeren Untersuchung, in der ich die vorausgehende Literatur seit dem ausgehenden 19. Jahrhundert besprach und in die Behandlung einzubeziehen versuchte.[13] Für die gegenwärtige Themenstellung darf ich vielleicht den Leser auf ein nicht unwichtiges Teilergebnis hinweisen. Auch wenn der Poverello eine einzigartige Veranlagung zur symbolischen Spielgebärde besaß, mit der er immer wieder spirituelle Erfahrungen in den Bereich des Körpers umsetzte, sahen jene Autoren falsch, die daraus auf seinen hysterischen Charakter rückschlossen. Seine Krankheiten waren zweifellos nicht bloß funktionell (neurotische Funktionsstörungen von Leibesorganen), sondern organisch, wie sich aus der doppelten Erregerkrankheit klar ergibt. Es wäre darum rein vom medizingeschichtlichen Standpunkt aus sehr anfechtbar, wenn man die Wundmale des ersten Stigmatisierten der Kirchengeschichte rein psychogen, näherhin von seiner angeblichen hysterischen Veranlagung her, zu erklären versuchte (vgl. meinen Artikel in LThK ^{2}IX, 1081f.).

Der Leidensweg der beiden letzten Lebensjahre

Zu den sehr spürbaren Schmerzen der Stigmatawunden hinzu – die Fußstigmata machten ihm das Gehen zu einer ständigen Qual –, trat sein Augenleiden kurz nach der Rückkehr vom Berg La Verna in ein ausgesprochen akutes Stadium. Zu diesem Zeitpunkt befahlen ihm Kardinal Hugolin und Br. Elias von Cortona, sich in Rieti von einem augenkundigen Arzt behandeln zu lassen. Als er sich „bei großer Kälte" – also in den Monaten November/Dezember 1224 oder Januar/Februar 1225 (Per 42: BROOKE, 162) – nach

---

12 Vgl. u. a. Die Herder Bibliothek (Anm. 9) 247b-249a. „Unbehandelt ist die Malaria eine langwierige Krankheit, welche bis zu vierzig Jahren dauern kann" (249a). – GEHALDACH, Wörterbuch (Anm. 9) 638f.

13 De sancti Francisci Assisiensis stigmatum susceptione. Disquisitio historico-critica luce testimoniorum saeculi XIII, in: CFr 33 (1963) 210-266, 392-422; 34 (1964) 5-62, 241-338. Eine englische Übersetzung dieser Studie liegt in Ms. vor und soll noch in diesem Jahr überarbeitet werden.

San Damiano begab, befiel ihn die Trachomentzündung mit solcher Heftigkeit, dass er dort verbleiben musste; nicht – wie immer wieder mit viel Phantasie, aber ohne Rückhalt in den Quellen behauptet wird – im Innern des Klosters oder in dessen Garten, sondern wohl in der Wohnung der für die leiblichen und pastoralen Dienste der Armen Frauen zugeteilten Minderbrüder. Wegen der schmerzlich gesteigerten Lichtempfindlichkeit der Augen richteten ihm die Brüder in einem ihrer Räume eine Dunkelzelle aus Strohmatten her, in der er während über fünfzig Tagen so furchtbar litt, dass er kaum schlafen noch beten konnte und deshalb [S. 8] in die Versuchung der Entmutigung geriet. Während eines mystischen Gesprächs stellt ihm Gott die himmlische Herrlichkeit für sicher in Aussicht. Seinen inneren Jubel über das mystische Geschenk diktierte er einem der Gefährten in Form der ersten neun Strophen des „Sonnengesangs" (FQS ^{7}I, 214f.).

Die Überführung des Schwerkranken nach Rieti konnte erst in einer wärmeren Jahreszeit – vielleicht im Mai/Juni 1225 – erfolgen. Für die Geschichte der Krankentransporte im Mittelalter sind die uns von den Gefährten vermittelten Nachrichten von großem Interesse. Da des Ordensgründers Augenleiden immer noch akut war und er deswegen auch an Lichtüberempfindlichkeit litt, verfertigten die mit der Pflege beauftragen Brüder eine besonders große wollene Kapuze, an der vor den Augen ein doppeltes Tuchstück befestigt war: ein erstes gegen die Augenseite aus Leinwand und ein zweites wollenes zur Abdichtung gegen Lichtstrahlen nach außen. In dieses zweifellos recht auffällige Gewand gehüllt, setzten die Brüder Franziskus auf ein Reittier und geleiteten ihn, indem sie ihn ständig beidseitig sützten und sicher häufige Ruhepausen einschalteten, bis nach Rieti und Fontecolombo (Per 46: BROOKE, 172).

Den Grund, warum der Generalvikar dem Patienten diese zusätzliche Qual auferlegte, verrät ein Gefährtenbericht: „Um einen Arzt in Rieti zu Rate zu ziehen, der sich auf die Behandlung von Augenkrankheiten verstand" (172; vgl. auch 1 C 99: GRAU, 168). Über Namen und Sachverständnis dieses Arztes schrieben einige Autoren in einer Weise, die mehr von der eigenen Phantasie als ihrer geschichtlichen Information zeugt. Wer z. B. von einem Augenspezialisten spricht, begeht einen Anachronismus. Als Sondergebiet ärztlicher Wissenschaft und Praxis ist die Augenheilkunde erst ab Ende des 13. Jahrhunderts bezeugt.[14] Es muss sich also um einen Arzt für Allgemeinmedizin gehandelt haben, der jedoch auf dem Gebiet von Augenkrankheiten besondere Kenntnisse und Heilerfolge ausweisen konnte. Über die anscheinend schon in Assisi vergeblich unternommenen Heilbehandlungsversuche unterrichtet glaubwürdig Br. Thomas von Celano: „Doch das Übel war schon so weit fortgeschritten, daß die fähigsten Fachmänner und wirksamsten Arzneien notwendig waren, um das Leiden nur etwas zu beheben. Aber obwohl das Haupt schon an mehreren Stellen gebrannt und er zur Ader gelassen wurde, obwohl Pflaster aufgelegt und Salben aufgestrichen wurden, besserte sich sein Zustand dennoch nicht, sondern wurde fast immer schlimmer" (1 C 101: 171f.). Der bekannte Luzerner Augenarzt Dr. Joseph Strebel vermittelt eine Reihe interessanter Anhaltspunkte über die im Mittelalter und wohl auch für Franziskus

---

[14] Vgl. SCHMUCKI, Malattie di Francesco (Anm. 5) 336 (Lit). Wenn BAADER, G.: Benvenuto Grapheo, in: Lexikon des Mittelalters I, München 1980, 1923, von dessen Practica oculorum (Beginn des 13. Jahrhunderts) als der bedeutensten Sonderschrift des späten Mittelalters im Abendland spricht, muss es sich um einen Einzelfall handeln.

angewandten Augensalben und Augenpflaster, die für das Trachom jedoch höchstens lindernd wirkten.[15]

Wenn Heilerfolge trotz intensiver Pflege ausblieben, galt als „ultima ratio", als letztes noch zur Verfügung stehendes Mittel die Brennung mit dem Glüheisen. Bei seinem ersten Besuch schlug der Rietiner Arzt Franziskus vor, diese Operation „auf der Wange bis zu den Augenbrauen jenes Auges vorzunehmen, das kränker war als das andere" (Per 46: BROOKE, 172); doch der Patient wollte die Ankunft Br. Elias' abwarten, damit dieser den Entscheid an seiner Stelle treffe. Im Gehorsam gegen den ausdrücklichen Befehl Kardinal Hugolins und des Generalvikars beschloss der Poverello schließlich, die Ätzung (*cauterizatio*) durchführen zu lassen, auch wenn es [S. 9] ihm schwer fiel, um die eigene Gesundheit so viel Sorge zu tragen. Die Brennung auf den beiden Wangen wird von den Gefährten (Per 48: 174) und von Br. Thomas von Celano übereinstimmend und mit vielen Einzelheiten beschrieben (2 C 166: GRAU, 382f.). Die vertrauten Gefährten verwenden in ihrem Bericht für den Operateur richtigerweise den Namen „chirurgus". Tatsächlich blieb der Eingriff normalerweise den Wundheilpraktikern (Wundärzte, Bader, Feldscherer) überlassen. Die Quellen machen den heutigen Leser irgendwie zum Zuschauer der Grauen erregenden Szene.

Wohl im Haus der Einsiedelei von Fontecolombo wird Feuer entfacht, um das Glüheisen zu erhitzen. Exemplare davon sind heute noch in medizingeschichtlichen Museen zur Ansicht ausgestellt. Franziskus spricht vor dem Eingriff in bezeichnender Art mit „Bruder Feuer", als wäre er ein menschliches Lebewesen; er bittet ihn, mit dem Patienten höflich zu verfahren und seine Hitze möglichst zu mindern. Hierauf zeichnet er das Segenskreuz über das weiß glühende Instrument. Die für die Krankenpflege bestimmten Brüder verlassen fluchtartig den Raum (wohl die heute noch in Fontecolombo gezeigte Küche und Speisezimmer). Der Celanese gibt den Operationsverlauf mit geradezu medizinwissenschaftlicher Genauigkeit wieder. „Zischend drang das Eisen in das zarte Fleisch, und vom Ohr bis zu den Augenbrauen wurde nach und nach die Ätzung vollzogen" (2 C 166: GRAU, 383). Die Gefährten fügen noch ergänzend hinzu, dass dabei alle Venen zwischen Augen und Ohren ausgebrannt wurden (Per 48: BROOKE, 174). Mit dieser Einzelheit offenbaren sie zugleich die vom Arzt mit dem Eingriff verfolgte Zielsetzung: mit dem Ausbrennen der Venen sollte der Zufluss von entzündlicher, teilweise eitriger Flüssigkeit zu den Augen definitiv unterbunden werden. Die Berichterstatter unterstreichen die völlige Nutzlosigkeit, ja Schädlichkeit dieser Operation, wie sie andere Ärzte richtig vorausgesehen hatten (174). Ohne Zweifel führte eine derart umfängliche Ausbrennung zu starker Gesichtsanschwellung, weil der Zufluss der Blutvenen und Lymphgefäße unterbrochen war. Ein anderer Arzt habe überdies die beiden Ohrläppchen des Patienten durchstochen, ohne irgendwelchen Heilerfolg zu erzielen (174).

Als Menschen des 20. Jahrhunderts fällt es uns schwer zu verstehen, warum Br. Elias nach einer so negativen Heilbehandlung dem Ordensgründer noch auferlegte, sich nach

---

15 Kulturhistorsches aus der Geschichte der Ophthalmologie und Medizin. Diagnose des Augenleidens des hl. Franziskus von Assisi. Ein Beitrag zur Behandlung der Augenleiden im Hochmittelalter, in: Klinische Monatsblätter für Augenheilkunde (Stuttgart) 99 (1937) 252-260, 258f.; vgl. auch SCHMUCKI, Malattie di Francesco (Anm. 5), 338 Anm. 76.

Siena überführen zu lassen, um dort von einem für Augenkrankheiten besonders qualifizierten Arzt behandelt zu werden (2 C 93: GRAU, 314). Auf dem unvorstellbar beschwerlichen Weg – wohl wiederum im Sattel eines Reittiers, in schonend kurzen Tagesetappen und in Begleitung eines befreundeten Arztes – erfreute sich der Heilige der Vision von drei im Aussehen sich erstaunlich gleichenden Frauen, die ihn mit: „Willkommen, Herrin Armut!" begrüßten (315). Die äußerlich wahrnehmbare Erscheinung des geheimnisvollen Trios – auch für die Reisebegleitung sichtbar! – setzt voraus, dass Franziskus nach der überstandenen Operation immerhin wieder menschliche Umrisse wahrnehmen konnte und auch keine lichtabhaltenden Augenbinden mehr tragen musste.

Als der Heilige im April 1226 in der Einsiedelei des Alberino bei Siena verweilte, befiel ihn die bisher schwerste Gesundheitskrise, wie Thomas von Celano uns unterrichtet (1 C 105: GRAU, 176): „Im sechsten Monat vor seinem Hinscheiden weilte Franziskus in Siena, um sich wegen seines Augenleidens behandeln zu lassen. Da begann er auch am ganzen übrigen Körper schwer zu erkranken: der Magen war in- [S. 10] folge der dauernden Krankheit und infolge eines Leberleidens sehr geschwächt, er brach viel Blut, so daß er dem Tode nahezukommen schien". Die Gefährten fügen noch ergänzend hinzu, dass sich der Todkranke damals in einer Zelle (freistehende Hütte/Klause im Klausurbezirk der Einsiedelei) befand (Per 17: 116-118). Wohl nachdem er etwas zu essen versucht hatte, erfasste ihn ein furchtbarer Brechreiz. Bei der außerordentlichen Schwäche tat er sich dabei derart schwer, dass er bis zum kommenden Morgen immer wieder Blut brach. In diesen Stunden akuter Lebensgefahr diktiert der Ordensgründer – wohl nur stockend und unter Aufbieten der letzten Kraftreserve – dem Bruder Priester Benedikt von Piratro (Prato?) das sog. „Siena-Testament" (FQS ^{7}I, 229f.). Erst vor diesem dramatischen Lebenshintergrund kann dessen spirituelle Tiefendimension ausgelotet werden.

Die Ärzte, die sich seit Ende des letzten Jahrhunderts über den historischen Patienten beugten, deuteten das in Siena den nahen Tod ankündende Krankheitsbild – je nach ihrer mutmaßlichen Diagnose des Grundübels – sehr verschieden; Théodore Cotelle (1895) und Sante Ciancarelli (1972) sprechen vom Durchbruch eines oder mehrerer Blutgefäße der Magenwände wegen eines Magengeschwürs, indes Lorenzo Gualino (1927) sogar an Magenkrebs denkt. Josef Strebel hingegen bringt das Erbrechen mit einer Lungenblutung unter Einfluss des von ihm vermuteten Sekundär-Glaukoms in Verbindung. Mit Eduard F. Hartung (1935) halte ich dafür, dass in der kritischen Nacht die Folgen der chronischen Malaria ins Stadium der „Cachexia malarica" getreten waren. Die Kachexie besteht in einem unaufhaltbaren Zerfall des Ernährungsprozesses und der Durchblutung des Organismus, womit zugleich die Körperkräfte immer mehr schwinden. Wie Fachleute auf dem Gebiet der Infektionskrankheiten versichern, können bei chronisch schwer Malariakranken tatsächlich innere Blutungen auftreten.

Nach Erhalten dieser höchst beunruhigenden Nachricht eilte Br. Elias in Gewaltmärschen nach Siena, um, wenn nur immer möglich, die unschätzbare Leibesreliquie des Ordensvaters für Assisi zu retten. Die Ankunft des Generalvikars erfreute den Heiligen derart, dass er sichtlich wieder auflebte. Ein unübersehbares Zeichen für ein ungetrübtes Verhältnis zwischen Ordensgründer und seinem Stellvertreter! Wegen der festgestellten Besserung konnte man den Kranken mit größter Vorsicht – wohl nur auf einer Tragbahre – nach Assisi überführen. In Celle di Cortona, wo die mit dem Krankentransport betraute Brüdergruppe einen Zwischenhalt einschaltete, „schwoll sein Leib an, ebenso seine Beine und Füße" (1 C 105: GRAU, 176). Das Auftreten von „Oedemata", d. h. der Gewebewassersucht durch „krankhafte Ansammlung seröser Flüssigkeit in den Interzellularräumen nach Austritt aus den Lymphgefäßen und Blutkapillaren infolge Eiweißmangels"[16], stand sehr wahrscheinlich in Verbindung mit der chronischen Malaria, näherhin mit der durch die Dauerinfektion der Malaria schwer in Mitleidenschaft gezogenen Leber. Nach Fachärzten für Tropen- und Ansteckungskrankheiten tritt die Wassersucht im letzten Stadium der Malaria-Kachexie tatsächlich auf.

Im Antlitz von Bruder Tod

Nach der wohl im Mai oder Juni 1226 erfolgten Rückkehr ins Marienheiligtum von Portiunkula überführten die Brüder den vom Tod gezeichneten Ordensvater nach [S. 11] Bagnara. In einer für Umbrien typischen Hügellage – ungefähr sieben Kilometer von Nocera Umbra entfernt –, hatten die Minderbrüder kurz zuvor ein Haus erbaut. Der behandelnde Arzt hatte wohl dringlich empfohlen, den Patienten unbedingt vor der glühenden Sommerhitze des Spoletotales zu verschonen. Wie lange der Erholungsaufenthalt dauerte, lässt sich leider von den biografischen Zeugen her nicht ausmachen. Sie berichten jedoch, dass in dieser Niederlassung seine Füße und Beine wegen Wassersucht heftig anschwollen. Sobald die Assisaner von der Verschlimmerung des Gesundheitszustandes hörten, sandte der Podestà Berlingerio di Iacopo in höchster Eile eine Gruppe von Rittern, um Franziskus nach Assisi zu überführen, „weil sie befürchteten, er könnte dort sterben, und andere könnten in den Besitz seines heiligsten Leibes gelangen" (Per 59: BROOKE, 190). Auf der schon damals gut ausgebauten Verbindungsstraße von Nocera Umbra nach Assisi begleitete die bewaffnete Rittergruppe die Tragbahre des Schwerstkranken nach Assisi mit einem Zwischenhalt in Satriano (2 C 77: 300f.). Die von der Aussendungsrede ausgelöste Haus- und Heimatlosigkeit begleitet den Ordensgründer als zeichenhafte Fügung bis in seine letzten Lebenstage.

In Abwesenheit von Bischof Guido II., der sich – vielleicht in Erfüllung eines Gelöbnisses – auf der Pilgerfahrt zum Heiligtum des Erzengels Michael auf dem Monte Gargano befand (2 C 220: GRAU, 432), wird Franziskus aus Sicherheitsgründen und auf Betreiben der Stadtbehörden in einem der Zimmer des Bischofspalastes neben S. Maria Maggiore Assisis untergebracht. Rings um die Hausmauern aufgestellte Wachsoldaten sollen verhindern, dass die kostbare Leibesreliquie an eine andere Stadt verlorenginge! (Per 64: BROOKE, 198). Die klinische Lage des Patienten verschlechterte sich von Tag zu Tag: „Alle Kraft seines Körpers schwand dahin und, ganz kraftlos geworden, konnte er sich in keiner Weise mehr bewegen" (1 C 107: 177). Von den „Schwestern Krankheiten" Tag und Nacht ans Bett gefesselt, litt seine Feinfühligkeit offensichtlich unter dem Zwang, von der Pflege der intimsten Gefährten Br. Angelus Tancredi, Rufin aus Assisi, Leo und Johannes „de Laudibus" oder Massäus von Marignano abhängig zu sein.

[16] AHLHEIM, Duden. Wörterbuch medizinischer Fachausdrücke (Anm. 4), 400a.

„Diese nun umhegten mit aller Wachsamkeit, mit allem Eifer, mit aller Bereitwilligkeit die innere Ruhe des seligen Vaters und übernahmen die Pflege des kranken Körpers. Keiner Schwierigkeit, keiner Mühe gingen sie aus dem Weg, um sich ja ganz dem Dienst des Heiligen zu widmen" (1 C 102: 173). Während einer schlaflosen Nacht sprach er die ihn so unermüdlich betreuenden Brüder so an: „Liebste Brüder und meine Söhne, es bedrücke und verdrieße euch nicht, daß ihr euch für meine Krankheit abmüht. Denn der Herr wird euch an Stelle von mir, seinem geringen Diener, die Frucht aller Werke in dieser und in der kommenden Welt zurückerstatten, die ihr wegen der Sorge um meine Krankheit nicht verrichten könnt; ja, ihr werdet davon einen größeren Gewinn erwerben als jene, die im Einsatz für den ganzen Orden und das Leben der Brüder stehen" (Per 47: BROOKE, 172).

Persönlichkeit und Behandlungsform der Ärzte lassen die frühen Berichter leider im Dunkeln. Immerhin erzählen sie von einer sehr bezeichnenden Begegnung zwischen Franziskus und dem „Arzt mit Namen 'Bonus Johannes' (= 'guter Johannes': wohl Ehrentitel für jemand, der zur höheren und führenden Schicht gehörte) aus der Stadt Arezzo, der mit Franziskus bekannt und vertraut war" (Per 65: 200-202). Um nicht wider die Evangeliumsstelle zu verstoßen: „Niemand ist gut außer Gott, [S. 12] dem Einen" (Lk 18,19b), redet der Heilige seinen Besucher einfach mit „Bruder Johannes" an und fragt ihn ziemlich unvermittelt, was er von seiner Wassersucht halte. Mit der Findigkeit des erfahrenen Arztes weicht dieser auf eine fromme Floskel aus: „Bruder, es wird dir mit der Gnade Gottes gut gehen." Der Fragesteller durchschaut jedoch die Ausflucht: „Sag mir die Wahrheit! Wie scheint dir? Habt keine Furcht; denn durch Gottes Gnade bin ich nicht so kleinherzig, vor dem Tod Angst zu haben. Durch das Mitwirken des Herrn, durch sein Erbarmen und seine Gnade bin ich so eng mit ihm verbunden, daß ich gleich zufrieden bin mit Tod oder Leben und umgekehrt." Nun rückt der ärztliche Freund mit der vollen Wahrheit heraus. „Der selige Franziskus, so wie er krank im Bett lag, rief mit höchster Hingabe und Ehrfurcht vor dem Herrn, mit ausgebreiteten Armen und Händen und großer innerer wie äußerer Freude aus: 'Sei willkommen, mein Bruder Tod!'" (ebd.). Sogar den Tod, „allen schreckerregend und verhaßt, ... lud er ein zu Gast" (2 C 217: GRAU, 429). Dieser erschien ihm darin als 'Bruder', weil er ihm das Tor zur ewigen Herrlichkeit aufschloss. Der völlige Kräftezerfall erlaubte ihm nicht mehr, vom Bett aufzustehen und dem Herrn auf den Knien zu danken, wie er dies in Augenblicken großer innerer Bewegung gewohnt war.

In der Vorahnung des unmittelbar bevorstehenden Heimgangs gebot der Ordensvater – wohl gegen Ende September – den Brüdern, „sie möchten ihn schnellstens nach S. Maria von Portiunkula hinübertragen. Er wollte nämlich dort seine Seele Gott zurückgeben, wo er ... zuerst den Weg der Wahrheit voll und ganz erkannt hatte" (1 C 108: 179). Weil er außerstande war, ein Reittier zu besteigen, mussten ihn die Brüder auf einer Bahre tragen, wie die Quellen hier erstmals bemerken. Als die Trägergruppe nach dem Abstieg des steilen Hügels beim Erlöserspital anlangte (San Salvatore delle Pareti), hieß er die Brüder die Bahre umdrehen und auf dem Boden abstellen. Die Berichterstatter betonen eigens, dass der Ordensvater wegen der ebenso schweren wie langen Augenkrankheit fast nichts mehr sah (Per 99: BROOKE, 262). Die körnigen Trachomnarben hatten somit die Hornhaut praktisch undurchsichtig gemacht. Während zwei Minderbrüder seinen Oberkörper leicht erhoben hielten, segnete Franziskus seine

Vaterstadt mit einem Gebet, das er an Christus richtete: eine Szene, die seine poetische Natur und seine prophetische Mission eindrucksvoll ausspricht. In S. Maria von Portiunkula scheint der Poverello in einer jedenfalls für Kranke bestimmten freistehenden Hütte in unmittelbarer Nähe zur marianischen Kapelle untergebracht worden zu sein. „Während einer Nacht, da der selige Franziskus von den Schmerzen seiner Krankheiten derart bedrückt wurde, dass er kaum ruhen und schlafen konnte“ (Per 117: BROOKE, 290), segnete er am kommenden Morgen, wohl am 25. September, alle in Portiunkula anwesenden Brüder als Vertreter der ganzen Brüderschaft. In der irrtümlichen Meinung, es sei Donnerstag, gedachte er, das Letzte Abendmahl Jesu nachzuvollziehen. Er ließ sich darum das Evangelium von der Fußwaschung vorlesen (Joh 13,1-15). „Darauf befahl er, Brote vor sich hinzubringen, die er segnete. Und weil er sie wegen seiner Krankheit nicht selber zu brechen vermochte, ließ er sie von einem Bruder in sehr viele Bröckchen zerteilen. Er nahm die Bröckchen und reichte sie den einzelnen Brüdern mit dem Auftrag, sie ganz zu essen“ (ebd.). Der spirituelle Sinn der Spielgebärde kann hier unmöglich einzeln ausgelegt werden. Für den völligen Kräftezerfall zeugt, dass er sich außerstande fühlte, auch nur ein Brot zu brechen. [S. 13]

In der letzten Lebenswoche des Poverello (also zwischen Samstag, dem 26. September und dem 3. Oktober) kam wider Erwarten Jakoba Frangipane de' Settesoli in Portiunkula an. Was darüber die Gefährten (Per 101: BROOKE, 266-268) und Br. Thomas von Celano (3 C 37-39: GRAU, 460-463) ausführlich berichten, kann hier unmöglich dargelegt werden. Für unser Thema interessiert nur, dass die adelige, mit Franziskus befreundete Römerin Mandeln, Zucker, Bienenhonig und andere Zutaten eigens mitbrachte, um für ihn sein Lieblingsgebäck (*mortiariolum*) zu backen. „Die Edelfrau bereitete eines Tages diese Speise für den heiligen Vater, von der er zu essen begehrte; doch kostete er nur wenig davon, weil sein Körper wegen der schweren Krankheit immer mehr dahinsiechte und dem Tode entgegeneilte“ (Per 101: 268). Mehr aus Freude über den ersehnten Besuch als aus Hunger überwand der Todkranke den ausgesprochenen Nahrungsekel und verkostete ein wenig vom Süßgebäck. Das der Besucherin sich darbietende Krankheitsbild konnte sie über das nahe Lebensende nicht hinwegtäuschen.

Eine Anekdote, die Thomas von Celano über die letzte Krankheitszeit berichtet, verdient, hier noch kurz beleuchtet zu werden. Der Sterbenskranke fühlte plötzlich mitten in der Nacht ein starkes Verlangen nach Petersilie. Der mit der Nachtwache beauftragte Gefährte weckt darum Br. Koch aus dem Schlaf. Ihm eröffnet der Ordensvater seinen Wunsch. Doch dieser wendet ein, er habe von diesem Kraut täglich so viel gepflückt, dass er auch bei hellem Tageslicht kaum noch davon finden könnte, geschweige denn in der finsteren Nacht. Franziskus besteht jedoch hartnäckig auf seinem Gehorsamsauftrag: Br. Koch soll vom erstbesten Kraut abreißen und es hineinbringen. „Der Bruder ging in den Garten, riß die Feldkräuter aus, die ihm aufs Geratewohl – er sah ja nichts – unter die Hand gerieten, und brachte sie ins Haus. Die Brüder besahen die wild gewachsenen Kräuter und als sie dieselben sorgfältig auseinandergelesen hatten, fanden sie darunter blättrige, zarte Petersilie. Der Heilige aß ein wenig davon und wurde sehr gestärkt“ (2 C 51: GRAU, 277). Ein Parallelbericht im „Codex Little“ (Per, Appendix, n. 4: BROOKE, 296-298) rekonstruiert die Ausgangslage wohl in noch vertrauenswürdiger Form: der Todkranke habe den Wunsch geäußert, etwas zu essen. Auf die Frage, was er genießen zu können meine, habe er geantwortet: „Wenn ich etwas Petersilie hätte, würde ich vielleicht damit zusammen ein Stückchen Brot essen" (296). Es handelte sich dabei unzweifelhaft um das aromatische Gewürz- und Heilkraut der (Garten-)Petersilie „mit rübenartiger Wurzel, dreiteiligen, gefiederten Blättern und grünlichweißen Doldenblüten"[17]. Deren therapeutische Wirkungen bei Magen- und Leberkrankheiten waren der mittelalterlichen Medizin wohlbekannt. Da Franziskus wegen Magen- und Leberleiden so sehr an mangelnder Esslust litt, dass er wohl schon länger keine festen Speisen zu sich zu nehmen imstande war, hoffte er mit dieser Krautzugabe die Appetitlosigkeit (*anorexia*) zu überwinden.

Noch am selben Tag, da „Bruder Jakoba" das vorgenannte Mandelgebäck für den sterbenskranken Freund zubereitet hatte, erinnerte er sich des ersten Bruders, den ihm der Herr in Br. Bernhard von Quintavalle geschenkt hatte. „Dieses Gebäck ist das richtige für Br. Bernhard" (Per 107: BROOKE, 274-276), rief er aus und ließ ihn sogleich an sein Leidenslager rufen. Bei seiner Ankunft erbat sich Br. Bernhard vom Ordensvater seinen besonderen Segen und ein Liebeszeichen, damit ihn die übrigen Brüder umso mehr liebten. „Der selige Franziskus vermochte ihn nicht mehr zu [S. 14] erblicken, weil er viele Tage zuvor das Augenlicht verloren hatte." Als Blinder streckte er die rechte Hand suchend aus und ließ sie irrtümlich auf dem Haupt des dritten Bruders im Orden, Br. Ägidius, ruhen, entdeckte jedoch sogleich seinen Irrtum: „Das ist nicht das Haupt meines Br. Bernhards" (276). Wenn wir auf dieses Gefährtenzeugnis abstellen dürfen, war inzwischen sein Augenlicht endgültig und vollständig erloschen.

Obwohlder Ordensvater in den beiden letzten Lebensjahren von unglaublichen Leiden bedrückt war und er „Bruder Tod" unentwegt in die Augen blickte, behielt er dennoch ein anhaltendes und ausgeprägtes Interesse für die Geschicke seiner Brüderschaft, eine bewunderungswürdige Willensstärke im Ertragen heftigster Schmerzen und einen unglaublichen Frohmut. Haltungen, die im stärksten Gegensatz zum fortschreitenden Kräfteverfall (*cachexia*) standen. Denn damit bilden sich normalerweise die seelischen Reaktionsfähigkeiten zurück und es treten öfter Teilnahmslosigkeit und sogar depressive Zustände auf. Bei Franziskus überbrückte und überhöhte seine mystische Gott- und Christuserfahrung den stetigen Ausfall menschlicher Kräfte. Dafür zeugt kein Ereignis so überzeugend wie die Dichtung des „Sonnengesangs". Ihn hatte der Heilige während eines heftigen Anfalls der ägyptischen Augenkrankheit verfasst. Bis zu seinem Tod ließ er seine Schöpfung immer wieder vorsingen. Thomas von Celano kennzeichnet diesen Sachverhalt mit der gewohnten literarischen Meisterschaft: „... er (Franziskus) benützte die wenigen Tage, die bis zu seinem Heimgang noch übrig waren, zum Lobe Gottes und forderte seine vielgeliebten Gefährten auf, mit ihm Christus zu loben" (2 C 217: GRAU, 429).

Derselbe Lebensbeschreiber fasst die klinische Lage des Ordensgründers in folgenden Sätzen zusammen: „Die natürliche Körperwärme verlor sich allmählich; täglich kam er seinem Ende näher. Die Ärzte staunten, die Brüder wunderten sich, wie der Geist noch leben konnte in einem schon so abgestorbenen Fleische; denn das Fleisch war

---

[17] Der große Herder IX, Freiburg i. Br. ^{4}1934, 531. – Der große Herder VII, Freiburg ^{5}1955, 272 spricht ausdrücklich von der Verwendung der Gartenpetersilie (*Petroselinum crispum*) „als Volksheilmittel bei Appetitlosigkeit".

verschwunden, und nur mehr die Haut hing an den Knochen" (1 C 107: GRAU, 178). Das biografische Zeugnis stimmt völlig mit dem überein, war wir vom Endentwicklungszustand der Malaria (*cachexia malarica*) wissen. Die „Kachexie" besteht nämlich im steigenden Kräftezerfall als Folge des chronisch gewordenen Wechselfiebers, wobei sich eine allgemeine Schwäche und immer gefährlichere Blutarmut zeigen. Zur äußersten Abmagerung steht eine starke Erhöhung der Bauchgegend durch Milz- und Lebervergrößerung bzw. das Anschwellen der Beine durch die Wassersucht in schreiendem Gegensatz. Dieses Krankheitsbild – zusammen mit der immer noch nachwirkenden körnigen Augenbindehautentzündung – rechtfertigt die zunächst emphatisch klingende Aussage von dem auf den gesamten Körper ausgebreiteten Schmerz.

An einem der letzten Tage der irdischen Pilgerschaft bot Franziskus den ihm nahe stehenden Gefährten die Möglichkeit, von seinem auffällig abgemagerten bzw. teils stark aufgedunsenen Leib vollen Augenschein zu nehmen. Angeregt von monastischen Sterbebräuchen ließ er sich nackt ausziehen und auf ein Zilizium legen, worauf zuvor ein Aschenkreuz eingezeichnet worden war. Mit dieser Symbolgebärde wollte er – seiner dichterisch-mimischen Anlage folgend – Christus am Kreuz in seiner letzten Entäußerung gleichförmig werden. „So auf der Erde liegend, seines [S. 16] rauhen Gewandes entblößt, erhob er sein Antlitz wie gewohnt zum Himmel. Ganz in Erwartung der kommenden Herrlichkeit, bedeckte er mit der linken Hand die rechte Seitenwunde, damit man sie nicht sehe. Und er sprach zu den Brüdern: 'Ich habe das meine getan, was euer ist, möge euch Christus lehren'!" (2 C 214: GRAU, 426f., 427). In die volle Entkleidung dürfte vermutlich auch „das Käppchen aus grobem Tuch ..., um die Narben zu bedecken, die ihm von der Augenoperation geblieben waren" (2 C 215: 427), einbezogen gewesen sein. Dies legen die Worte nahe, mit denen sich nach dieser passionsmystischen Szene der persönliche Guardian (wohl Br. Angelus Tancredi) an den Heiligen wandte (427).

Heimgang

Kein biografischer Bericht vermittelt leider ein genaueres Bild von Agonie und Hinscheiden des Ordensgründers. Mit chronikalischer Genauigkeit und Kürze schreibt Thomas von Celano: „Im Jahre 1226 nach der Menschwerdung des Herrn, am Sonntag, dem 4. Oktober [nach Sonnenuntergang des 3. Oktobers, der als Tagesscheide galt], verließ unser hochseliger Vater Franziskus in seiner Geburtsstadt Assisi bei S. Maria von Portiunkula, wo er den Orden der Minderbrüder am Anfang pflanzte, zwanzig Jahre, seitdem er aufs vollkommenste Christus anhing und dem Leben und den Spuren der Apostel folgte, den Kerker des Fleisches und eilte in seligem Fluge zu den Wohnungen der himmlischen Geister, vollkommen vollendend, was er begonnen" (1 C 88: GRAU, 155). Was ich in den vorausgehenden Seiten in ständigem Kontakt mit verlässlichen Quellen darzulegen suchte, dürfte die entscheidende Ursache des biologischen Todes des Poverello unbestreitbar festgestellt haben: die „cachexia malarica consecutiva", d. h. ein Überwiegen von Abbau und Ausscheiden der körpereigenen Stoffe vor deren Aufnahme und Aufbau in der Nahrung; dies als Folge der Daueransteckung durch die Malaria. Die sinkende Kurve der zerfallenden Kräfte des Organismus führte ihn zu jenem kritischen Punkt, da die Nervenzellen im Gehirn zu leben aufhörten. Was vertrauenswürdige Franziskusquellen über sein Viertagsfieber (*febris quartana*), das schwere Milz- und Leberleiden mitteilen, bzw. das, was wir von der mittelalterlichen Medizin wissen, berechtigt die Folgerung vollauf, dass die Malaria den Hauptfaktor seiner Krankheiten bildete. Diesen Sachverhalt kann nur Unkenntnis oder Vorurteil leugnen.

Bei diesem geschichtlichen Rekonstruktionsversuch war es mir unmöglich, die innere Einstellung des Heiligen zum Martyrium seiner physischen Leiden zu beschreiben. Vielleicht wird sich mir in absehbarer Zeit Gelegenheit bieten, dieses Thema auch in deutscher Sprache zu beleuchten. Doch drängt sich schon hier die Einsicht auf, dass dem Heiligen die beständige und innigste Vereinigung mit dem Gekreuzigten die Fähigkeit verlieh, so langwierige, vielfältige und furchtbare Schmerzen mit heroischer Geduld zu ertragen. Vielleicht kein anderes Zeugnis wie ein Ausspruch Br. Ägidius' weist deutlicher auf die wahre Quelle hin, aus der dem Poverello die Kraft zufloss, „Krankheit (*infirmitate*) und Drangsal" (vgl. „Sonnengesang") gottergeben anzunehmen: „Dieser Name 'Franziskus' sollte niemals fallen, ohne daß man mit der Zunge über die Lippen führe. Ein Einziges nur war ihm versagt: ein starker Körper. Hätte er nämlich einen Körper zur Verfügung gehabt, wie ich ihn habe, einen derart leistungsfähigen – zweifellos hätte die ganze Welt dann nicht im entferntesten mit ihm Schritt halten können."[18]

[18] Leben und „Goldene Worte" des Bruders Ägidius. Aus dem Lateinischen übertragen von P. A. SCHLÜTER. Einführung und Erläuterungen von L. HARDICK, Werl/Westf. 1953, 120 (Anhang I, Nr. 6, Linie 10-17).

Zur Mystik des hl. Franziskus von Assisi im Lichte seiner „Schriften“

Trotz einer uferlosen Fülle von Veröffentlichungen über Franziskus wurde seiner Mystik bisher verhältnismäßig wenig Aufmerksamkeit zuteil. Darum scheint mir wichtig, zunächst (I.) den Forschungsstand wiederzugeben, um in der Darstellung unnötige Wiederholungen zu vermeiden.[1] In einem weiteren Abschnitt (II.) soll die Mystik des Ordensgründers im Lichte der „Opuscula“ beleuchtet werden, weil ihnen unbezweifelt ein besonderer Zeugniswert zukommt und sie anderseits in der Mystikforschung bislang nur ungenügend berücksichtigt worden sind. Anschließend gedachte ich zunächst die „Gef“ und die „Per“ nach Berichten über die religiösen Erfahrungen des Heiligen zu untersuchen. Leider erwies sich der ursprüngliche Plan wegen der Materialfülle und des verfügbaren Raumes als undurchführbar. Ich habe mir immerhin die Weiterverfolgung des Mystikthemas bei den biografischen Quellen vorgenommen. Dabei soll den eben genannten Berichten („Gef“ und „Per“) zeitlich der Vorzug eingeräumt werden, weil sie nach einer wachsenden Anzahl von Gelehrten Erzählungen von Gefährten des Stifters überliefern und dies in einer Form, die – wie ich selber in mehreren Studien feststellen konnte[2] – sprachlich schlichter ist als die sachlich mit ihnen (mindestens teilweise) übereinstimmenden Zeugnisse in 2 C und zugleich von spirituell-theologischen Deutungsschemen – wie dem der *vita angelica* in 1 C oder des

---

1 Nachfolgend verwende ich die Sigel: BgFr = Bibliographia Franciscana, seit Bd. VI (1938-39) von CF getrennt herausgegeben; ich verweise auf Bd. u. Nr. – 1-3 C = Thomae de Celano Vita prima/secunda S. Francisci bzw. Tractatus de miraculis B. Francisci, in: Analecta Franciscana X, Ad Claras Aquas 1926-41, 1-117, 127-268, 269-331 (Hinweise erfolgen mit Angabe der Vita u. der Nr. der Ed.; z. B. 1 C 45. Für die dt. Übersetzung s. GRAU, E. (Hg.): Thomas von Celano, Leben u. Wunder des hl. Franziskus von Assisi, Werl/Westf. ²1964. – CFr = Collectanea Franciscana 1 (1931), Assisi; seit 11 (1941), Rom. – Per = Compilatio Perusina (oder Legenda antiqua/Perusina/Delorme): BROOKE, R. B. (Hg.): Scripta Leonis, Rufini et Angeli, sociorum S. Francisci, Oxford 1970, oder (mit verschiedener Nummernfolge!): BIGARONI, M. (Hg.): ›Compilatio Assisiensis‹ dagli Scritti di fr. Leone e Compagni su S. Francesco d'Assisi, [S. Maria degli Angeli] 1975; ich zitiere nach Brooke mit Nummernverweis, füge – nach Schrägstrich – die Nr. Bigaronis hinzu; z. B. Per 33/74. Eine dt. Übersetzung steht noch aus. – LM = S. Bonaventurae Legenda maior, in: AF X, S. 555-652; die römische Zahl gibt das Kap., die arabische die Nr. dieser Ed. wieder. Für die dt. Übersetzung s. CLASEN, S. (Hg.): Franziskus, Engel des sechsten Siegels. Sein Leben nach den Schriften des hl. Bonaventura, Werl/Westf. 1962. – Gef = Legenda trium Sociorum. Edition critique: Th. DESBONNETS, in: AFH 67 (1974) 89-144; ich verweise auf die Nummern des Hg.s. Für die Quellenbewertung bzw. die dt. Übersetzung s. CLASEN, S. / GRAU, E. (Hg.): Die Dreigefährtenlegende des hl. Franziskus, Werl/Westf. 1972. – Opuscula = ESSER, C. (Hg.): Opuscula sancti Patris Francisci Assisiensis, Grottaferrata (Roma) 1978. Für die Einführungsfragen vgl. die ›ed. maior‹: DERS. (Hg.): Die Opuscula des hl. Franziskus von Assisi. Neue textkritische Edition, Grottaferrata (Roma) 1976, bzw. für die dt. Übersetzung: HARDICK, L. / GRAU, E. (Hg.): Die Schriften des hl. Franziskus von Assisi, Werl/Westf. ⁷1982, mit wertvollen Interpretationshilfen.

2 Namentlich in meiner Studie: Le malattie di Francesco durante gli ultimi anni della sua vita, in: Francesco d'Assisi e francescanesimo dal 1216 al 1226. Atti del IV Convegno Internazionale. Assisi, 15-17 ottobre 1976, Assisi 1977, 315-362. – Nachfolgend nehme ich z. T. Ausführungen wieder auf, die ich anderswo vorgelegt habe, ohne sie jedesmal zu zitieren. Dies gilt vorab für: Das Leiden Christi im Leben des hl. Franziskus von Assisi, in: CFr 30 (1960) 5-30, 129-145, 241-263, 353-397; Die Stellung Christi im Beten des hl. Franziskus von Assisi, in: WiWei 25 (1962) 122-145, 188-212; Gotteslob u. Meditation nach Beispiel und Anweisung des hl. Franziskus von Assisi, Luzern ²1980 (Lit.).

Franciscus, alter Christus in LM – noch nicht beeinflusst erscheint. Zudem verrät die „Per“ in absichtslos eingestreuten Einzelheiten (z. B. über die Krankheitsgeschichte) die vertrauenswürdig berichtenden Augenzeugen.

I. Hinweise auf die bisherige Forschung

Nachfolgend seien nur Studien berücksichtigt, die Franziskus' Mystik ausdrücklich zum Thema gewählt haben. In den zahllosen Büchern oder Artikeln über seine Spiritualität – namentlich über sein Beten – finden sich natürlich immer auch Ausführungen zur Mystik, die hier notgedrungen außer Betracht bleiben.

1. Das Werk von Daniel Howard Sinclair Nicholson (1883-?)[3] ist schon deswegen schwer zu bewerten, weil die franziskanische Forschung merkwürdigerweise davon unberührt blieb. So erschien in keiner der uns bekannten franziskanischen Zeitschriften eine Besprechung. Nicholson versucht die Mystik des Ordensstifters im Lichte der älteren hagiografischen Quellen und mit Hilfe des Begriffinstrumentars der mystischen Theologie darzustellen. Die Ge- [S. 242] dankenführung des umfänglichen Werkes nachzuzeichnen, ist hier weder möglich noch nötig. In ihm wechseln Kapitel mit Elementen aus Psychologie, Philosophie und Theologie (bes. Mystikgeschichte) mit langatmigen, etwas esoterischen Interpretationen über Franziskus. In den 9 ausschließlich über ihn handelnden Kapiteln finden sich stellenweise wertvolle Beobachtungen, doch erliegt Nicholson öfter der Gefahr, den Poverello mit Ideen zu umkleiden, die späteren Mystikern entliehen sind. Weithin stellt er einfach dessen Frömmigkeit dar; so wenn er die drei Ordensgelübde erörtert, ohne ausreichend auf das Erfahrungsmoment zu achten. Die vielleicht vom Verfasser erstmals geprägte Formulierung: »The sacramentalism of the mind and of the spirit« (S. 357-378) – für des Heiligen besondere Befähigung, innerseelische Erfahrungen symbolisch im Körperbereich auszudrücken – wirkt bis heute nach.

2. P. Leo Bracaloni (1885-1975) unternahm 1929 den Versuch, die biografischen Berichte bei 1-2 C und LM durch Anwendung des bonaventurianischen „De triplici via“-Schemas *(via purgativa, via illuminativa, via perfectiva;* vgl. Op. om. VIII, S. 3-27) zu gliedern.[4] Die Zuordnung vielschichtiger Vorkommnisse auf eine der drei Wegstufen konnte natürlich nicht ohne Willkür erfolgen. Das Dreistufenprinzip erscheint Bracaloni hilfreich, um sogar chronologische Probleme zu entscheiden! (S. 461). Auch da, wo von der Wortwahl der Biografen her terminologische Anknüpfungspunkte greifbar sind, darf

---

3 The Mysticism of St. Francis of Assisi ..., illustrated with reproductions of etchings by L. LAURENZI, London oder Boston 1923. Aus anderen Veröffentlichungen geht hervor, dass der Verfasser sich als Dichter und Übersetzer mystischen Schrifttums betätigt hat. Zum Werk s. CIUFOLETTI, M.: Letteratura e storia francescana in Inghilterra ed in America, Detroit o.J., 29-31.

4 S. Francesco nella sua vita mistica, in: StFr 26 (1929) 423-476; zum Stellenwert von Armut u. Liebe in der franziskanischen Spiritualität s. DERS.: La spiritualità francescana ascetica e mistica, in: StFr 37 (1940) 7-31. Zu L. B. vgl. BgFr XIII, Nr. 4914f. – Literarisch brillant, aber ohne jede Vertiefung behandelt unser Thema: POURRAT, Pierre: La mystique de saint François, in: Saint François d'Assise, son œuvre, son influence, Paris 1927, 176-202; vgl. F. DE SESSAVALLE, in: Revue d'Histoire Franciscaine 4 (1927) 607.

deren theologisches Vorverständnis nie übersehen werden! Bei dem um die Darstellung franziskanischer Themen sonst verdienten Verfasser erstaunt, dass er auf die Verwendung der Opuscula verzichtet.

3. Maria Pia Borgese Freschi (1881-1947) – im Italien der Vorkriegszeit vorab durch Biografien und Romane bekannt – hat in ihrem heute kaum noch angeführten Buch[5] ein breiteres, wenn auch gebildetes Leserpublikum vor Augen und verfolgt vorherrschend spirituelle Ziele (S. Xf.). Nach einem chronologischen Überblick zu Franziskus' Jugend und Bekehrung (S. 1-85) beleuchtet sie die Kennzeichen seiner Spiritualität (u. a. dessen Schönheitssinn und Liebe: S. 87-266) und schließlich die mystischen Erfahrungen während der letzten Lebensjahre (S. 267-392). Die Kritik hebt zwar die lobenswerten Absichten und die literarisch ansprechende Darstellung, aber zugleich auch den Mangel an terminologischer Genauigkeit und doktrinärer Vertiefung hervor.

4. Im Essay von P. Cuthbert Hess of Brighton (1881–1939),[6] den man zunächst als irrelevant wegzuschieben versucht ist, fehlt jede Quellen- und Literaturangabe. Trotzdem muss er – schon wegen seines Einwirkens auf andere – als bedeutsamer synthetischer Versuch eines Franziskuskenners bewertet werden. Nebst der Grundausrichtung der christlichen Mystik – als bewusste Vereinigung der Seele mit Gott durch Christus im Üben der drei göttlichen Tugenden – führen für die einzelnen Mystiker je besondere Wege zum gemeinsamen Ziel. Die mystische Sonderberufung des Poverello ist »his sacramental view of the visible world« (S. 226). Schon von seiner Naturanlage her besaß er »a temperamental urgency to express the inward man in some external utterance of speech or action« (S. 227). Seit der Spoleto-Vision entdeckte er, «that man's true life is the Christ-life revealed in the Incarnate Son of God« (S. 229). Beim entscheidenden Wendepunkt – im Aussätzigenkuss – ging ihm auch das Lei- [S. 243] densgeheimnis des göttlichen Erlösers auf, der in seinem vom Ritterideal geprägten Leben Vorbild und Führer wurde. Am christlichen Erlösungsglauben ist Franziskus dies eigen: Nach ihm trägt die sichtbare Welt Auswirkungen sowohl der Sünden der Menschen wie der Erlösertat Christi an sich. Die fortdauernden Wirkungen des Bösen sieht er in allen Formen menschlichen Leidens und »even in the sufferings of the beasts and in the deformation of Nature wrought by man's selfishness or his blindness of the created beauty of God's work« (S. 231).

Kennzeichnend an der franziskanischen Mystik ist einerseits »the apprehension of the beauty of created life in its sacramental revelation of the Divine life« (S. 232). »Sakramental«, weil der Heilige die geschaffene Natur nicht bloß als Offenbarung, sondern zugleich als Mitteilung göttlichen Lebens erfuhr. Anderseits erlebt er die ganze

5 L'esperienza mistica di S. Francesco d'Assisi, Palermo 1930; zum Buch s. Rémi [de Aalst], in: EtFr 44 (1932) 606f. bzw. 733-739, u. L. BRACALONI, in: StFr 28 (1931) 94-96; die Lebensdaten vgl. Dizionario Enciclopedico Italiano II, Roma 1955, 406c.

6 The Mysticism of St. Francis of Assisi. His Sacramental View of the Visible World, in: The Ecclesiastical Review (seit 1944: The American E. R.) 87 (1932) 225-237; 2 ital. u. 1 niederl. Übersetzung verzeichnet G. CYGAN, in: CFr 52 (1982) 336 (Nr. 149f.), 326 (Nr. 42), 337 (Nr. 156); s. auch MOORMAN, J. R. H.: Father Cuthbert, a great Franciscan scholar, in: CFr 52 (1982) 299-315. Die von P. RÉMI, in: EtFr 46 (1934) 223-225 gegen den Interpretationsversuch P. C.s vorgebrachten Einwände gehen von einer vorgefassten Mystiktheorie aus und darum am Ziel vorbei.

Schöpfung als »the actual battleground of the contest between God's redeeming love and the powers of evil« (S. 235). Auf diesem weltweit gespannten Hintergrund schaut Franziskus jedes Leiden – auch das der unbelebten Natur – als »a real participation in the suffering of the Divine Redeemer, who bore the world's suffering in His Heart ...« (S. 235). – Schade, dass der Verfasser diese geistvolle Kurzfassung seiner Mystikdeutung nie an Hand einer eingehenden Quellenanalyse verifiziert hat. Der historische Nachweis für die z. T. intuitiv und spekulativ gezeichneten Verbindungslinien dürfte sich als sehr schwierig erweisen.

5. Vorbereitet durch eine schon länger begonnene intensive Beschäftigung mit dem frühen franziskanischen Schrifttum, sucht Kurt Ruh[7] den im 13. Jahrhundert aufbrechenden und das religiöse Mittelalter mitbestimmenden Grundstrom der franziskanischen Mystik „im Quellgebiet zu fassen“ (S. 240). Im Blick auf mein Thema sei von Ruhs bedeutsamem Beitrag einzig das kurz referiert, was er über die Mystik des Ordensgründers aussagt. „Das charakteristisch Einmalige“ an seiner Erfahrung besteht darin, dass sie „keine gewortete, sondern gelebte Mystik“ war, die geschichtsmächtig ist durch ein Franziskusbild, „das die Mit- und Nachwelt“ von ihm gemacht hat (S. 241). „Am Anfang dieses Weges steht die mystische Hochzeit mit Frau Armut, am Ende die mystische Kreuzigung auf dem Alvernaberg. Der Weg selber, beide Brennpunkte in sich schließend, ist die *imitatio Christi* mit dem Ziel der *conformitas Christi*“ (S. 242). Die franziskanische Übereinstimmung mit Christus ist „Frucht evangelischer Nachfolge“ und kennzeichnet sich dadurch, „daß sie keines besonderen Raumes, des klösterlichen, bedarf, sich vielmehr in den Stätten und auf den Wegen dieser Welt vollzieht“ (S. 243f.).

Die vom Hören von Evangelienstellen ausgelöste gänzliche Entäußerung vor Bischof Guido II. führt zu einem *connubium spirituale* mit Frau Armut, ohne dass dabei – wie etwa beim hl. Bernhard – Vorstellungen des Hohenliedes wirksam wurden. „Auch in dieser Vermählung ist Franziskus auf der *via Christi*“ (S. 245), die ihn auf den Weg der Kreuzesnachfolge weist – nicht zuletzt mit seiner Sehnsucht nach dem Martyrium – und ihn schließlich zur *unio mystica passionalis,* der Stigmatisierung führt. Im Poverello erfüllte sich „in bestürzender Einzigartigkeit“ „die Frömmigkeit eines Zeitalters“, näherhin jene *vita mystica,* die seit den Kreuzzügen und namentlich in der Theologie der Zister- [S. 244] zienser „Christus als Menschen in den Mittelpunkt rückte, das Leben Christi zum Gegenstand aller frommen Betrachtung, aller religiösen Übung machte“ (S. 248).

Ruh scheint den Opuscula den mystischen Charakter abzusprechen (S. 252), hebt jedoch die hervorstechenden Neuheitsmomente in der franziskanischen Hagiografie ans Licht: Nebst der Ausrichtung des Franziskuslebens auf die *vita mystica* als *conformitas*

---

7 Zur Grundlegung einer Geschichte der franziskanischen Mystik, in: RUH K. (Hg.): Altdeutsche und altniederländische Mystik, Darmstadt 1964 (WdF, 23) 240-274. – Nicht einsehen konnte ich: MANACORDA, G.: Il pensiero religioso (mistica e poesia) nel secolo XIII e XIV, con speciale riguardo a S. Francesco, a Dante e a S. Caterina da Siena, in: Bollettino A. Regia Univ. Ital. per Stranieri, Perugia 1942, fasc. 9, 10 ott., 157-208 (s. BgFr VII, n. 573), u. MEYER, R.: Franziskus von Assisi. Stufen des mystischen Lebens, Arlesheim 1951 (Stuttgart ^{2}1956), der eine anthroposophische Interpretation vorlegt (BgFr XI, n. 397).

Christi stellt er treffend ein „starkes Hervortreten und spezifische Tönung des Seelischen" (S. 252) fest.

Die umrisshafte Umschreibung der franziskanischen Mystik im Lichte der biografischen Quellen und deren Weiterwirkens in der Deutschen Mystik durch Ruh ist mustergültig. Zu bedauern ist einzig, dass die Opuscula außerhalb des Blickfeldes des Verfassers blieben. Gerade im Vergleich mit dieser maßgeblichen Quelle stellte ich vor Jahren in den biografischen Berichten eine bedeutsame Akzentverschiebung fest: „In der Passionsbetrachtung strahlt nach dem Zeugnis der 'Schriften' Jesu restlose Hingabe an den Vater und seine Liebe zu den Erlösten hervor; bei den Lebensbeschreibern dagegen steht das gefühlvolle Mitleiden mit dem gottmenschlichen Dulder viel mehr im Vordergrund. Ähnlich betonen Celano und Bonaventura das mystisch-erfahrungsmäßige Moment in Franziszi Leidensbetrachtung ungleich deutlicher als die 'Schriften'"[8]. Um diesen Sachverhalt zu erklären, wies ich auf die heute kaum mehr realistisch genug vorzustellende Einwirkung der Stigmatisierung des Poverello auf die Zeitgenossen hin (S. 389).

6. In die bisherige Mystikforschung ist nicht leicht einzuordnen der Essay, den Hubert Cancik mit ausgesprochen religionsgeschichtlichen bzw. -psychologischen Interessen verfasste.[9] Nur weil Cancik auf eine eigentliche Quellenanalyse verzichtet und die bisherige Literatur nur auswahlsweise herangezogen hat, konnte er die Franziskusmystik auf das Passionsmysterium einengen. Nicht selten trägt der Verfasser zudem Auffassungen vor, die historisch unhaltbar sind. Anderseits fehlen in der Studie interessante Hinweise und Typisierungen nicht, auch wenn sie nicht in jedem Fall an den historischen Quellen verifiziert sind. Die Passionsmystik des Heiligen ist „ein religiöses Urdatum" (S. 104), hängt weder von theologischer Spekulation noch von der „erotisierenden Liebesleidensmystik" des hl. Bernhard ab (S. 105). „So wie das gesamte Leben Jesu – einseitig – als Passion gedeutet wird, so soll das gesamte Leben des Menschen [– nach Franziskus –] ... als Passion gelebt werden" (S. 106). „Die Religion des heiligen Franz, seine Frömmigkeit, Askese, sein Lebensstil führen typologisch, religionspsychologisch und formgeschichtlich über die großen Orden seiner Zeit, über Benedikt hinweg zu den Vätern der ägyptischen Wüsten" (S. 108). „Zu den geschichtlichen Voraussetzungen der franziskanischen Leidensmystik gehören auch die laikalen, plebeischen, bürgerlichen Bewegungen der Provence, Lombardei, Emilia und Toscana" (S. 110).

7. Im Beitrag von P. Anton Rotzetter[10] ist für unseren besonderen Gesichtspunkt der 3. Teil: „Grunderfahrung" (S. 129-163, 340f.) von Belang. Im Gegensatz zu anderen Ausdrucksformen christlicher Mystik löst sich die des Ordensgründers nie von der Inkarnation, sondern ist „bleibend an Jesus gebunden, an seine Menschwerdung, sein

---

[8] SCHMUCKI, Das Leiden Christi (Anm. 2) 385; vgl. 385-397.

[9] Grundzüge franziskanischer Leidensmystik. Zur Religionsgeschichte des Schmerzes, in: CANCIK (Hg.): Rausch – Ekstase – Mystik. Grenzformen religiöser Erfahrung, Düsseldorf 1978, 95-119.

[10] Franz von Assisi: Lebensgeschichte – Lebensprogramm – Grunderfahrung, in: ROTZETTER, A. / VAN DIJK, W.-Ch. / MATURA, Th.: Franz von Assisi. Ein Anfang und was davon bleibt, Zürich 1981, 17-163, 335-341 (Anm.).

Wirken, sein Leiden, seine Auferste- [S. 245] hung und sein Erhöhtsein im Himmel“. Sie kann darum „als mystisch-sakramental“ bezeichnet werden (S. 130f.). Sie ist zudem „eine konsequent heilsgeschichtliche Mystik, die stets dem Greifbaren und Sichtbaren verbunden bleibt, dem Geschöpf, der Geschichte, Jesus Christus, dem Sakrament, der Kirche“ (S. 130). „Ausgehend von der ‘Admonitio I’ wird die Gotteserfahrung des Heiligen entfaltet. ‘Die Demut Gottes’ ist ein Schlüsselwort, von dem her zu verstehen ist, warum er Menschwerdung, Leiden, Kreuz und Motive wie den Guten Hirten und die Fußwaschung so in den Vordergrund stellt. Jesus Christus ist die Brücke zwischen Gott und Mensch, die fortbesteht im Wort und Sakrament. Die Reihenfolge ‘Gott – Jesus Christus – Wort – Sakrament’ könnte als nachträgliche Systematisierung erscheinen, entspricht aber genau der Rangordnung im Leben und in den Schriften Franziszi“[11].

Unleugbares Verdienst P. Rotzetters ist, für die Beschreibung der franziskanischen Mystik erstmals folgerichtig die Opuscula herangezogen zu haben. Sein Deutungsversuch dürfte die wesentlichen Elemente charakterisiert haben, wobei ihm überdies Einsichten und Formulierungen gelungen sind, die große Einfühlung und sprachliches Können beweisen. Immerhin läuft der Verfasser hier – wie in anderen Studien – öfter Gefahr, moderne Fragestellungen auf den Bildschirm mittelalterlicher Texte zu projizieren und deren Sinnbedeutung zu überfordern.

8. Das Franziskusbuch von P. Isnard Wilhelm Frank[12] enthält längere Ausführungen über die Mystik des Heiligen (S. 46-100). Er unterscheidet zwei geschichtliche Hauptformen von Mystik: 1) die weltfeindliche („akosmische“) und stark theoretisch ausgerichtete Vereinigung mit Gott durch bewusst angestrebte Entweltlichung, bei der die Gefahr des Gnostizismus droht (S. 47); 2) die naive „weltliche“ („kosmische“) Mystik, „die aus der unmittelbaren Erfahrung der Nähe Gottes und der Geborgenheit im Göttlichen lebt“ (S. 48f.), die leicht in Pantheismus und schwärmerische Naturfrömmigkeit umschlägt. „Religionsgeschichtlich gesehen wird man Franziskus’ Stellung als Mystiker im Schnittpunkt der beiden Typen anzugeben haben“ (S. 49). Zum Beweis beschreibt P. Frank den Poverello als Beter, näherhin in seiner Verwurzelung in der Tradition des litaneiartigen Wiederholungsgebetes, das, schon vom Mönchtum und frommen Laientum seit der karolingischen Zeit geübt, im 11./12. Jahrhundert eine meditativ-affektive Tönung annahm. Der Heilige sei nur insofern Verfasser der ihm zugeschriebenen Gebete, „daß er Vorgeformtes aufgriff und mit eigenen Worten wiederholte oder umformte“ (S. 53). Richtig hebt P. Frank dessen „Vertrautheit mit der Heiligen Schrift, die für einen Laien seiner Zeit außergewöhnlich war“, hervor (S. 55). Hinsichtlich des ‘Sonnengesangs’ betont er: „Im Verständnis der kosmischen Mystik ausgedrückt vollzog Franziskus die Humanisierung der Natur und die Renaturalisierung des Menschen. Er lebte die Versöhnung von Geist und Natur vor“ (S. 63). Im ‘Cant’,

11 L. LEHMANN in seiner Besprechung des Buches, in: CFr 53 (1983) 133. – Nach Erarbeitung der Engelberger Tischvorlage erschien folgende eindringende Interpretation aller Gebete der Opuscula, worin das Mystikthema öfter anklingt: LEHMANN, L.: Tiefe und Weite. Der universale Grundzug in den Gebeten des Franziskus von Assisi, Werl/Westf. 1984; s. bes. 279-324 zum ‘CantSol’.

12 Frömmigkeit u. Gotteserfahrung des hl. Franziskus, in: FRANK, I.: Franz von Assisi. Frage auf eine Antwort, Düsseldorf 1982, 34-100; s. meine Besprechung in: CFr 53 (1983) 91-95.

„Verdichtung von Franzens Frömmigkeit“ (S. 67), brachte er seine innere heile Welt ins Wort (S. 65).

Einen 2. Schwerpunkt bildet die franziskanische Eucharistiefrömmigkeit, die nicht bloß „antihäretische Demonstration“ wider asakramentale Bewegungen der Zeit, sondern zugleich eine „Verbindung von akosmischer und kosmischer [S. 246] Mystik“ war. Für Franziskus wurden Brot und Wein, „die unbelebte Natur zu einer 'Monstranz' des Göttlichen“, ein „Sakrament der Welt“ (S. 80). Im Gegensatz zum antikultischen Rigorismus und der extrem akosmischen Frömmigkeit der Katharer steht der beherrschende Rang der Leben-Jesu-Frömmigkeit beim Poverello. „Das Wort Christi in der Schrift und im Sakrament“ war der „Bezugspunkt seiner mystischen Frömmigkeit“. Für seine Nachfolge Jesu wurde ihm das evangelische Wort „zum konkreten Bild“ und Vorbild für die Nachbildung. „Es ging in dieser Nachfolge darum nicht nur um eine äußere Nachahmung des in den Evangelien überlieferten Lebensstils Jesu, sondern um Gleichgestaltung dem inneren Menschen nach“ (S. 88). Die Stigmatisation gilt dem Verfasser als „Schlüssel zum Verständnis des Mystikers Franziskus“: „was in einem langen Umgang mit dem Gekreuzigten sich seiner Seele eingeprägt hatte, fand damit auch körperlichen Ausdruck“ (S. 89). In diesem Zusammenhang spricht der Verfasser öfter und nachdrücklich von 'Jesusmystik'.

Besonders wertvoll an P. Franks Darstellung ist sein Bemühen, die Frömmigkeit des Heiligen mit der seiner Zeit zu verbinden. In dieser berechtigten Absicht geht er immerhin zu weit, so dass er Gefahr läuft, das Eigentümliche der franziskanischen Gebetsweise (so im OffPass) zu verwischen. Verschiedene Merkmale der franziskanischen Mystik scheinen mir richtig gesehen; so deren Kennzeichnung als Ausgleich zwischen akosmischer und kosmischer Mystik. Der undifferenzierte Gebrauch der Aussagereihen in Opuscula und biografischen Zeugnissen bedingt die eine und andere Fehleinschätzung. Im Lichte der Opuscula sind wir wirklich nicht berechtigt, von 'Jesusmystik' zu sprechen! Leider fehlt dem Buch, das sich wider neuere Aktualisierungen richtet, jeglicher kritische Apparat.

II. Mystische Erfahrung im Lichte der Opuscula

1. Da 'Mystik' weithin zu einer sinnentleerten Worthülse geworden ist, sei zunächst kurz angedeutet, in welcher Bedeutung das Wort hier verwendet wird. Mystik ist die unmittelbare – wenn auch psychologisch vermittelte und darum von Veranlagung und Zeitkultur nicht unabhängige – Erfahrung der übernatürlichen Lebensgemeinschaft mit dem dreieinigen Gott.[13] Hinsichtlich der Opuscula tauchen sogleich erhebliche Schwierigkeiten auf, wenn wir dieses begriffliche Instrumentar auf sie anzuwenden versuchen. Jedem Leser fällt der grundlegende Unterschied zwischen des Franziskus 'Schriften' und den autobiografischen *revelationes* von Mystikern und Mystikerinnen sogleich auf. Von gewissen Partien des 'Test' abgesehen, berichtet der Ordensgründer in seinen Opuscula nirgendwo von seinem Innenleben, ja er warnt in Adm XXI, 2f. (s.

[13] Vgl. z. B. REYPENS, L.: Mystik, V., in: LThK ^{2}VII (Freiburg 1962), Sp. 741-743 (Lit.); und besonders den Art. mehrerer Verfasser: Mystique, in: DSp X, Paris 1980, Sp. 1889-1984 (Lit. u. Querverweise auf andere Artikel).

auch Adm XXVIII) die Brüder davor, die ihnen von Gott eröffneten Geheimnisse anders als durch entsprechende Werke kundzutun. Bezeichnenderweise fehlen in den Opuscula die zum elementaren Wortschatz damaliger mystischer Theologie gehörigen Begriffe wie *contemplatio, exstasis, gustus, mysticus, raptus, speculatio, via purgativa / illuminativa / perfectiva* u. ä.[14] Ein einziger, immerhin bezeichnender Anklang an das zeitgenössische mystische Vokabular dürfte allein [S. 247] in der 'Oratio' nach der 'EpOrd' (50-52) – der Brief stammt wohl aus den beiden letzten Lebensjahren –, vorliegen. Darin bittet Franziskus Gott u. a., *ut interius mundati, interius illuminati et igne sancti Spiritus accensi, sequi possimus vestigia dilecti Filii tui* ... Ein unverkennbarer Hinweis auf das Dreistufenschema, das mit bezeichnendem Nachdruck auf ein hochherziges Nachfolgen in den Fußspuren Jesu Christi (vgl. 1 Petr 2,21) bezogen ist. Dieser im Evangelium vorgezeichnete 'Wanderweg' führt – *sola tua gratia* – zum Endziel des dreifaltigen Gottes.

Bei diesem franziskanischen Gebet kann freilich nicht übersehen werden, dass seine literarische Form einen stärkeren Eingriff eines lateinkundigen Sekretärs voraussetzt. Das nicht fehlerfreie und mit Italianismen durchsetzte Latein der zwei überlieferten Autografen des Heiligen ('LaudDei' / 'BenLeo' und 'EpLeo') führt unweigerlich dazu, für alle größeren Schriften die Mithilfe von Sekretären anzunehmen. Sie setzten ein altitalienisch-umbrisches bzw. fehlerhaft lateinisches Diktat in ein annehmbares Latein um oder arbeiteten ein Stichwortdiktat – so im kennzeichnenden Fall der Schrift 'VPLaet' – im Auftrag des Stifters aus. Der heutige Leser der Opuscula muss somit realistisch damit rechnen, in den stilistisch gefeilteren Schriften – bes. 'EpFid II' und 'EpOrd' – zusammen mit dem Heiligen die Stimme eines anderen zu vernehmen. Selbst für den Idealfall vollkommenen Beherrschens beider Sprachen (hier Altumbrisch und Latein) wird es einem übersetzenden Gefährten kaum je gelungen sein, alle Schattierungen des Diktates in den übertragenen Text einzufangen.

Trotz dieser unüberschreitbaren Grenze halte ich dafür, dass die Opuscula zur vertieften Kenntnis der mystischen Erfahrung des Ordensgründers sicherer und umfassender beitragen als die biografischen Quellen. Auch wenn die 'Schriften' vorherrschend Mahncharakter haben, sind sie – ganz abgesehen von den gesondert überlieferten 'Orationes' und 'Laudes' –, von Gebeten durchzogen, die allein durch ihre hymnisch-lyrische Sprache beweisen, dass ihr Verfasser von einem eben ausgesprochenen Gedanken religiös derart überwältigt wurde, dass die Mahnung von selber in Gotteslob hinüberwechselte. Nun vollzieht sich mystische Erfahrung wesentlich auf der Ebene des Gebetes; ähnlich wie Mystik innig mit Dichtung verwoben ist.[15] Daneben werden Stellen der Opuscula – wider die Absicht des Verfassers selber – überall dort zu Zeugen seiner Mystik, wo Momente intensiver religiöser Erfahrung wie der göttlichen Einwohnung, Sohnschaft und Brautschaft bzw. Ausdrucksformen von Liebe, Hingabe und Freude und schließlich das Innewerden und Verkosten göttlicher „Süße" durchscheinen.

---

[14] Ein für allemal sei hingewiesen auf: GODET, J.-F. / MAILLEUX, G.: Opuscula sancti Francisci. Scripta sanctae Clarae. Concordance, Index, Liste de fréquence, Tables comparatives, Louvain 1976.

[15] Vgl. – nebst der oben in Anm. 7 angeführten Studie von G. Manacorda – BREMOND, H.: Prière et poésie, Paris 1926.

2. Zeitlich an erster Stelle steht hierfür der autobiografische Bericht in 'Test' 1-3. Vor seiner Bekehrung *(cum essem in peccatis)* empfand es Francesco als überaus ekelerregend *(nimis ... amarum)*, Aussätzige zu sehen. Nachdem ihn der Herr selber mit Leprakranken zusammengeführt hat, um ihnen mitfühlende Hilfe *(misericordiam)* zu erweisen: *id quod videbatur mihi amarum, conversum fuit in dulcedinem animi et corporis.* Es handelte sich offenbar um eine grundlegende Umschichtung seiner Empfindungswelt. Zuvor waren dem verwöhnten Kaufmannssohn Anblick und Geruch dieser „wandelnden Leichen“ so unerträglich gewesen, dass er stets auf gebührende Distanz bedacht war oder [S. 248] bei deren unvermeidlichen Begegnung sich unwillkürlich die Nase zuhielt (Gef 11). Wie er sich von der Hand des Herrn erstmals zum Überschreiten der instinktiven Abwehrschwelle führen ließ, erfasste ihn ein so unbeschreibliches Wonnegefühl, dass es von der Personmitte auf den leiblichen Bereich ausstrahlte. Das doppelte Eigenschaftswort *amarum – dulce* wird hier schon im Naturbereich metaphorisch – d. h. vom Geschmackssinn auf den des Sehens, Riechens und Hörens bzw. auf den inneren Widerwillen und das innere Wohlgefühl übertragen – verwendet. Umso deutlicher sticht am Selbstzeugnis der sinnbildliche Gebrauch in der Verwandlung von Ekel in mystische Freude hervor. Der Berichter enthält uns weitere Momente vor, um die Natur der zweifellos mystischen Erfahrung näher bestimmen zu können. Man ist versucht, an die Vorstellungen spirituellen Trostes bzw. wonnebringender Heimsuchung durch den Heiligen Geist oder einer „Berührung durch die göttliche Liebe“ in Analogie zur Lehre von den „geistlichen Sinnen“ zu denken.[16]

3. Als religiöse Erfahrung im Personenkern bedingt *vita mystica* radikal Passivität, ein *pati Divina.*[17] Auch wenn bei Franziskus die genauere Form des von Gottes Gnade Erfasstwerdens bewusst nirgendwo zum Thema wird, scheint dessen Tatsache aus der autobiografischen Skizze im 'Test' in mehreren Formulierungen unübersehbar durch. Als Grundakkord klingt sie bereits im ersten Satz an: *Dominus ita dedit miht fratri Francisco incipere faciendi poenitentiam ...* An sieben weiteren Stellen ist der „Herr“ (2, 4, 6, 14a, 23, 39) bzw. *Altissimus* (14b) betont grammatikalisches Subjekt, während der Erzähler Objekt und Werkzeug des göttlichen Eingreifens ist. Der *Dominus* – hier sicher als 'Gott' schlechthin zu verstehen –, bewirkte im Heiligen den grundlegenden Empfindungs- und Lebenswandel durch die Leprosenpflege. Er weckte in ihm bei Betreten von Kirchen einen bisher noch nie so lebendig verspürten Glauben an die in Kultstätten geheimnisvoll anwesende Heilstat des Erlösers. Der Herr ließ ihn Priester, *qui vivunt secundum formam sanctae ecclesiae Romanae,* als seine „Herren“ lieben und verehren; dies sogar für den Fall, dass er an ihnen Sünde wahrnahm oder durch sie Verfolgung erlitt, weil er in ihnen – auf Grund ihrer Weihe bzw. ihres Dienstes an Eucharistie und Gotteswort – das Bild des „Sohnes Gottes“ schaute. Der höchste Herr war es, der dem Neubekehrten Brüder zuführte und ihm in seiner quälenden Unsicherheit über den zu beschreitenden Lebensweg offenbarte, er solle *secundum formam*

16 Vgl. WULF, F.: Trost, in: LThK ²X, Freiburg 1965, Sp. 376-378; für die 2. Hypothese s. SANDAEUS, M.: Pro Theologia mystica clavis ..., Coloniae Agrippinae 1640, Sp. 347f. (Tactvs); CHATILLON, J.: Dulcedo, Dulcedo Dei, in: DSp III, Paris 1957, Sp. 1777-1795, bzw. MENNESSIER, A.-I.: Douceur, ebd., Sp. 1674-1685.

17 Vgl. die bemerkenswerten Hinweise von SANDAEUS, Pro Theologia (Anm. 16) Sp. 300-302.

sancti Evangelii leben. Franziskus hielt überdies dafür, dass ihm beim Anhören der Aussendungsrede Mt 10,12f. die persönliche „Offenbarung“ ergangen sei, er und seine Brüder sollten allen Menschen den Gruß entbieten: *Dominus det tibi pacem* (23; vgl. auch Lk 10,5 und Gef 25f.). Der Gründer fühlt sich hinsichtlich der BR und sogar des ‘Test’ irgendwie in der Rolle eines unter göttlicher Eingebung schreibenden biblischen Schriftstellers: *sicut dedit mihi Dominus simpliciter et pure dicere et scribere regulam et ista verba,* woraus er für die Brüder deren richtungsweisenden Charakter folgert (39). Der in Wortwahl und Satzbau des ‘Test’ durchscheinende Sinn, der von bloßer Konvention weit entfernt ist, besagt eindeutig dies: Der Poverello betrachtet und erfährt Gott in allen wechselnden Lagen als eigentlichen Lenker seines Lebens; er fühlt, dass Gott in seinem menschlichen Handeln immanent und hauptursächlich wirksam [S. 249] ist, ohne indes die persönliche Handlungsfreiheit und Eigenverantwortung aufzuheben.

4. Mystische Erfahrungen orientieren sich immer an einem bestimmten Gottesbild, das entscheidend von der meditativen Aneignung einzelner Bibelstellen abhängt. Im Blick auf die Opuscula ergibt sich unzweifelhaft, dass sich die Frömmigkeit des Heiligen nicht bloß aus den Synoptikern, sondern ebenso sehr von Johannes nährte. Dies zeigt sich in den verhältnismäßig häufigen Fällen, wo er in den Opuscula – in Anschluss an 1 Joh 4,16b bzw. 8b – Gott als wesenhafte Liebe umschreibt.[18] Zeitlich am frühesten liegt diese Lieblingsformel in ‘EpFid 1’ (11,19) vor. In diesem Brief wendet sich der Ordensgründer – zusammen mit seinen Brüdern – jedenfalls an spirituell ihm nahestehende Pönitenten. Indem er sie in beschwörendem Ton aufruft, die *supradicta odorifera verba Domini nostri Jesu Christi* – d. h. die evangelischen Grundhaltungen, die er im Brief unter dem Oberbegriff „Buße“ zusammenfasst –, *cum divino amore* aufzunehmen, beruft er sich auf das Motiv der unendlichen Liebe, die Gottes Wesen ausmacht und mit der er sich dem Menschen eröffnet.

Eingefügt in Warnungen wider Unbußfertige bzw. Verheißungen für Bußwillige erscheint die Umschreibung der Liebe als Gottes tiefstes Wesen für die *vita mystica* kaum ergiebig zu sein. Doch muss man sich hier zugleich den Bericht bei 2 C 196 über die Vorzugsandacht des Heiligen zur „Liebe Gottes“ vor Augen halten. Sooft er diese Redewendung aussprechen hörte, wurde er von einer inneren Anwandlung erfasst. *Subito namque, ad auditum amoris Dei, excitabatur, afficiebatur, inflammabatur, quasi plectro vocis extrinsecae chorda cordis interior tangeretur.* Der mystische Erfahrungscharakter könnte in diesem Text, der alle Zeichen innerer Glaubwürdigkeit an sich trägt, kaum anschaulicher ausgedrückt werden als mit dem dreifachen sich steigernden Vorgangsverb: „erregt-, ergriffen-, entflammtwerden“ bzw. dem Gleichnis der ertönenden Saite als Bild für die Tiefenschicht der von der göttlichen Liebe angerührten Personmitte und des Wohlklangs eines Saitenspiels, um das übersinnliche Verkosten mystischer Wonne anzudeuten.

An dem von Br. Thomas von Celano erhellten Hintergrund gewinnt ein Ausschnitt in NbR XXII, 25f. klareres Licht. Aus Gründen, die hier nicht dargelegt werden können,

---

[18] Die 9 ausdrücklichen Zitate von 1 Joh 4,16b bzw. die 9 weiteren Anklänge zählt einzeln auf: BLASUCCI, A.: ›In caritate quae Deus est‹. Dio-Amore negli scritti di S. Francesco d’Assisi, in: Laur 23 (1982) 404-413, bes. 405f.; s. auch ROTZETTER, A.: „Aus Liebe zur Liebe“. Zu einem Wort des hl. Franziskus von Assisi, in: WiWei 44 (1981) 154-167.

sind Zeitpunkt und „Sitz im Leben" dieses Kap. wahrscheinlich mit dem Verzicht auf die unmittelbare Ausübung des Generalministeriums durch Franziskus (1220) zu verbinden. In der testamentsähnlichen Mahnung warnt er die Brüder davor, Geist und Herz *(mentem et cor)* vom Herrn ablenken zu lassen und an irdische Belange zu verlieren. In *sancta caritate, quae Deus est*, bittet er alle Brüder, jede Form von Hindernissen für den Gottkontakt – so die ängstlichen Sorgen – zu beseitigen, um dadurch umso eher imstande zu sein: *servire, amare, honorare et adorare Dominum Deum mundo corde et pura mente ..., quod ipse super omnia quaerit.* In einem Fragment wird hier die Fluchtlinie der Frömmigkeit sichtbar, die der Heilige selber lebte und den Brüdern dringlich ans Herz legte. Mit einer jahrhundertelangen Überlieferung schaut er das Lebensziel der Minderbrüder in Gottesliebe, Gottesdienst und Gebet, wobei er immerhin die Bedeutung des latreutischen Aktes eigens hervorhebt. Traditionell ist auch die Voraussetzung einer [S. 250] inneren Läuterung, die jedem Fortschritt in der Gottesbegegnung vorausgehen muss. Dem Poverello eigentümlich hingegen erscheint die Verbindung der inneren Öffnung auf Gott hin mit der Armutsauffassung. Um Herz und Sinn ungebrochen auf Gott ausgerichtet zu halten, ist eine innere Loslösung von allen irdischen Dingen und Sorgen verlangt. Auch die schlichte Taglöhnerarbeit gegen Naturalentgelt (vgl. 'Test' 20) oder andere Formen von Handarbeiten im Bereich der frühminoritischen Niederlassung, ja sogar Liebesdienste können sich hindernd zwischen Gott und den Bruder legen; dann nämlich, wenn er sich von seiner Tätigkeit „vereinnahmen" lässt.

Die unserem Mystiker besonders zugewandte Seite des Gottesbildes ist – als Auswirkung der Vorzugsstellung der „Liebe Gottes" – hauptsächlich das Attribut der göttlichen Güte. In sechs Texten der Opuscula wiederholt er – fast wie in einem Kehrreim – die leicht veränderte Formel von Gott, des *omne bonum, summum bonum, totum bonum, qui solus es bonus* ('LaudHor, oratio', 11). Dazu gesellen sich weitere vier bzw. sechs Stellen, worin der Heilige alles Gute als Gott zugehörig bzw. von ihm allein bewirkt aussagt.[19] Der historisch erstmals fassbare Anknüpfungspunkt für die Aussage dieser Gotteseigenschaft findet sich in dem von Gef 28f. berichteten Bibellos, als Franziskus 1208 zusammen mit Br. Bernhard von Quintavalle und Petrus Cattani ein Vollmissale aufs Geratewohl aufschlug. Dabei stieß er u. a. auf die Perikope vom reichen Mann (Mt 19,16-30,17), worin er auch die scheinbar abweisende Antwort Jesu las: „Was fragst du mich nach dem Guten? Nur einer ist 'der Gute'". In einem nicht mehr bestimmbaren Augenblick muss die Parallele bei Lk 18,19: „Niemand ist gut außer Gott, dem Einen" stärker in seinem Bewusstsein hervorgetreten sein. Vermutlich über den Umweg des Stundengebetes (Väterlesungen) hat der Heilige die besonders auf Pseudo Dionysius Areopagita ('De div. nom.', Kap. IV, in: PG 3, Sp. 693-708) zurückreichende und auf Augustinus bzw. das Reformmönchtum des 12. Jahrhunderts stark einwirkende 'Agathonomia' kennen gelernt.

Unter den Zeugnissen der Opuscula, die sich auf dieses Thema beziehen, ragt folgender Ausschnitt von NbR XXIII,9 hervor: *Nihil ergo aliquid aliud desideremus, nihil aliud velimus, nihil aliud placeat et delectet nos nisi Creator et Redemptor et*

[19] Für die 1. Reihe s. IRIARTE, L.: Dios el Bien, fuente de todo bien según S. Francisco, in: Laur 23 (1982) 77-101, 82f.; für die beiden anderen Vorstellungen s. HARDICK / GRAU, Schriften (Anm. 1) 351a (Register).

Salvator noster, solus verus Deus, qui est plenum bonum, omne bonum, totum bonum, verum et summum bonum, qui solus est bonus, pius, mitis, suavis et dulcis, qui solus est sanctus, iustus, verus, sanctus et rectus, qui solus est benignus, innocens, mundus, a quo et per quem et in quo est omnis venia, omnis gratia, omnis gloria omnium poenitentium et iustorum, omnium beatorum in caelis congaudentium.[20]

Rein von der Sprachpsychologie her fällt am Text das Vorherrschen von Verben und Adjektiven im Empfindungsbereich auf, wie wünschen, wollen, gefallen, erfreuen bzw. Gott der Gute, Süße usw. Ebenso sicher geht aus dem Zeugnis hervor, dass die Gefühlsäußerungen vorab das Innewerden der Güte Gottes betreffen. Mit anderen Mystikern teilt Franziskus die Unfähigkeit, seine inneren Erfahrungen voll entsprechend auszudrücken. Darum lobpreist er das göttliche Gut- und Heiligsein in einer litaneiähnlichen Häufung von Synonymen, wobei er sogar im selben Satz gleiche Eigenschaftswörter wiederholt. Er [S. 251] wandelt das Güteattribut nach allen möglichen Maßvorstellungen ab: Gott ist der allein Gute, weil nur ihm diese Eigenschaft rechtmäßig zukommt; er ist ebenso unendlich wie wahrhaft gut, weil er jede Art geschöpflicher Güte in letzter Vollendung umfasst; er ist die Quelle, aus der jedes andere Gute entspringt und zu der es zurückstrebt. Gott, der sich dem Menschen in grenzenloser Liebe zuneigt, ist hier zweifellos nicht Gegenstand theologischer Reflexion, sondern affektiven Verkostens. Das öftere Zurückkommen auf dieselbe Reihung oder doch auf dieselbe Grundvorstellung in den Opuscula lässt unwillkürlich an eine Form von mystischem Wiederholungebet denken, ähnlich dem seit altchristlicher Zeit geübten Jesus- oder Herzensgebet. Doch muss – im nicht zu übersehenden Unterschied zu diesem – der theozentrische Charakter von Franziskus' Lobgebet hervorgehoben werden.

5. Mystische Erfahrung vollzieht sich regelmäßig als innerseelisches Bewusstwerden der Eingießung und des Gegenwärtigseins göttlicher Liebe bzw. göttlichen Lebens. Daraus erklärt sich der zentrale Stellenwert von religiösen Vorstellungen und Erlebnissen, die sich auf den persönlichen Intimbereich beziehen, wie z. B. die Gottebenbildlichkeit des Menschen, die Einwohnung der Trinität bzw. die Gottesgeburt in der eigenen Seele, die Gott- und Christusgemeinschaft u. ä.

Der Gedanke der Gottebenbildlichkeit in Anschluss an Gen 1,26 findet sich beim Poverello in einer doppelten Aussageform. Im heilsgeschichtlichen Lobhymnus, mit dem er die NbR (XXIII, 1) um 1221 abschließt, dankt er – in der bezeichnenden Wirform aller miteingeschlossenen Minderbrüder – dem „allmächtigen, heiligsten, erhabensten“ Gottvater, *quod per sanctam voluntatem tuam et per unicum Filium tuum cum Spiritu Sancto creasti omnia spiritualia et corporalia et nos ad imaginem tuam et similitudinem factos in paradiso posuisti* (vgl. Gen 1,26; 2,15). An diesem gedrängten Rückblick auf die menschliche Urgeschichte fallen die trinitarische Struktur des Schöpfungsgeschehens und – vielleicht in bewusster Abwehr des katharischen Dualismus – der ausdrücklich hervorgehobene Schöpfungscharakter der sichtbaren Welt auf.[21] Dagegen bezieht er die augustinische Trias: Verstand, Gedächtnis und Willen

[20] Für die Lit. und einen eindringenden Kommentar zum Kap. s. LEHMANN, L.: »Gratias agimus tibi«. Structure and content of chapter XXIII of the Regula non bullata, in: Laur 23 (1982) 312-375, bes. 365-367.

[21] Vgl. LEHMANN, 351f.

nicht ausdrücklich auf das Urbild der drei göttlichen Personen, wie dies gerade in der Theologie des 12. Jahrhunderts im Schwange war.[22] – Nicht unbedeutend abgewandelt liegt hingegen der Gleichnisbildgedanke in Adm V, 1f. vor. Leider ist die Entstehungszeit dieses Ausschnitts der Opuscula nicht bestimmbar. Franziskus ermahnt: *Attende, o homo, in quanta excellentia posuerit te Dominus Deus, quia creavit et formavit te ad imaginem dilecti Filii sui secundum corpus et similitudinem secundum spiritum* (vgl. Gen 1,21). Nach einer sehr seltenen Genesisauslegung sagt hier unser Mystiker die Erschaffung des Menschen nach dem Urbild des kommenden Gottmenschen aus, indes er in NbR die Schöpfungsallmacht des dreifaltigen Gottes – wohl in Abhängigkeit von Kol 1,16 – bewundert.[23] Der Kontext des religiösen Lobliedes in der Regel bzw. der meditative Grundton in der Mahnung legt nahe, dass es sich in beiden Fällen nicht bloß um verstandesmäßig überdachte, sondern um spirituell erlebte Glaubenseinsichten handelt.

Im jedenfalls vor der Niederlegung der höchsten Ordensleitung verfassten [S. 252] Mahnkapitel XXII, 27 der NbR ruft der Gründer seine Brüder auf: *Et semper faciamus ibi* [d. h. im Herzen] *habitaculum et mansionem ipsi, qui est Dominus Deus omnipotens, Pater et Filius et Spiritus Sanctus* ... Die biblische Quelle dieses Jussivs ist zweifellos Joh 14,23. Darin antwortet Jesus auf die Frage Judas Thaddäus', warum er sich denn nicht der Welt offenbare: Seine wahre Kundgebung bestehe in seinem mystischen Kommen und Verbleiben in jenen, die ihn lieben und sein Wort annehmen. Franziskus hingegen hat voraufgehend das Dasein der Minderbrüder als fortwährende, nach innerer Lösung von den Dingen erreichte Liebe und Anbetung Gottes umschrieben (s. o. II,4) und lässt die eben angeführte Stelle in eine Mahnung zu Wachsamkeit (vgl. Lk 21,36) und ständigem Gebet „in Geist und Wahrheit" ausklingen (vgl. Joh 4,23f. bzw. NbR XXII, 26-31). M. a. W. verlangt er von seinen Brüdern, alle Mittel einzusetzen, um dem in ihren Seelen weilenden dreieinigen Gott ohne Unterbrechung betend zu begegnen. Aus Text und näherem Zusammenhang geht klar hervor, dass der Aufruf „nicht nur eine formelhafte, aus der Tradition übernommene Redeweise"[24], sondern Mitteilung von mystisch Selbsterlebtem ist.

Zu dieser unbestreitbar trinitarischen Auslegung des bei Joh 14,23 ausdrücklich allein auf den Vater und Jesus beschränkten Einwohnungsgedankens tritt in 'EpFid II', 63-68 eine betont christologische Deutung hinzu. Die Vorstellung vom einwohnenden Sohn Gottes findet sich hier im negativen Zusammenhang von Menschen, die sich den Anforderungen der evangelischen Buße hartnäckig verschließen. Solche, die sich von Leidenschaft und Bosheit zur Sünde verführen und von ängstlich-geschäftigen Sorgen völlig erfassen lassen; die nicht einhalten, was sie zu beobachten versprochen haben; die „den Leib und das Blut unseres Herrn Jesus Christus nicht empfangen": *caeci sunt, quia verum lumen non vident Dominum nostrum Jesum Christum. Sapientiam non habent spiritualem, quia non habent Filium Dei in se, qui est vera sapientia Patris; de quibus dicitur: 'Sapientia eorum devorata est'* (Ps 106,27). Das in die Warnung eingeflossene

---

22 Vgl. JAVELET, R.: Image III, in: DSp VII, Paris 1971, Sp. 1426-1434, 1429.

23 Die Hinweise auf Tertullian und Bernhard verzeichnen DESBONNETS, Th. / VORREUX, D.: Saint François d'Assise. Documents, écrits et premières biographies, Paris 1968, S. 42 Anm. 15.

24 Vgl. EGGER, W.: „Verbum in corde – cor ad Deum". Analyse und Interpretation von RegNB XXII, in: Laur 23 (1982) 286-311, 309.

eucharistische Element – der Briefschreiber ließ sich bei der öfter unterstrichenen Heilsnotwendigkeit der Kommunion sicher vom IV. Laterankonzil von 1215 (vgl. Const. 21) anregen –, dürfte ihn dazu bewogen haben, die Einwohnung hier auf Christus zu beschränken. Die Sinnspitze des Abschnitts läuft – nach dem Tenor des ganzen Schreibens – auf die Umkehrung ins Positive hinaus: Jeder, der die Ansprüche der evangelischen Buße erfüllt, schaut das wahre Licht, Jesus Christus, und trägt in sich den Sohn des Vaters, die wahre Weisheit des Vaters. Die Lichtmetapher, die Vorstellung von der „geistlichen Weisheit“ – in ‘SalVirt’ 1 begrüßt Franziskus sie als „Königin“ der Tugenden und als „Schwester“ der heiligen Einfalt –, und das Im-Herzen-Tragen der hypostatischen Weisheit weisen so nachdrücklich auf die *vita mystica* hin, dass ihre Tatsächlichkeit keines weiteren Beweises bedarf.

Einen der spirituellen Höhepunkte der Opuscula stellt zweifellos der Kommentar zu Mt 12,50 in ‘EpFid I’ (I, 1-13) bzw. ‘EpFid II’ (48-56) dar. Darin fließen Motive des Verhältnisses zu Gottvater, von Brautsymbolik und einer ausgesprochenen Christusmystik ineinander. Eigens zu beachten gilt, dass alle grundlegenden Sätze sich schon in der relativ frühen Fassung der ‘EpFid I’ finden. In [S. 253] Mt 12,50 schließt Jesus seine Ausführungen über die wahren Verwandten mit der Feststellung ab: „... wer den Willen meines himmlischen Vaters erfüllt, der ist für mich Bruder und Schwester und Mutter“. Franziskus dürfte zur evangelischen Stelle die Auslegung Gregors des Großen im Offizium der hl. Felizitas (Hom. III,2, in: PL 76, Sp. 1086) gehört haben. Gegenüber der im Licht der orientalischen Tauftheologie – besonders seit Origenes – stark herausgestellten mystisch-ekklesiologischen Gottes- bzw. Logosgeburt heben die lateinischen Väter und kirchlichen Schriftsteller des Hochmittelalters mehr die paränetisch-moralische Dimension dieser Vorstellung ans Licht. Mit dem Aufkommen der Zisterziensermystik und durch das ‘Speculum virginum’ erlangt der Geburt-Christi-Gedanke ein weihnächtlich-marianisches Kolorit und eine individuell-affektive Ausprägung.[25]

In ‘EpFid I’ (1-5) preist Franziskus Männer und Frauen selig, „die würdige Früchte der Buße bringen“, d. h. die Gott mit letzter Intensität und Totalität bzw. den Nächsten wie sich selber lieben; die an sich Sünden und Sündenfolgen verabscheuen und die Leib und Blut Jesu Christi empfangen. Selig sind sie, *quia requiescit super eos spiritus Domini* (vgl. Jes 11,2) *et faciet apud eos habitaculum et mansionem* (vgl. Joh 14,23), *et sunt filii Patris caelestis* (vgl. Mt 5,45), *cuius opera faciunt, et sunt sponsi, fratres et matres Domini nostri Jesu Christi* (vgl. Mt 12,50). *Sponsi sumus, quando Spiritu Sancto coniungitur fidelis anima Domino nostro Jesu Christo. Fratres ei sumus, quando facimus voluntatem Patris qui in caelis est* (Mt 12,50); *matres, quando portamus eum in corde et corpore nostro* (vgl. 1 Kor 6,20) *per divinum amorem et puram et sinceram conscientiam; parturimus eum per sanctam operationem, quae lucere debet aliis in exemplum* (vgl. Mt 5,16) (6-10).

[25] Die Entwicklungslinie bis Eckhart s. bei RAHNER, H.: Die Gottesgeburt. Die Lehre der Kirchenväter von der Geburt Christi im Herzen des Gläubigen, in: ZKTh 59 (1935) 333-418; oder in: DERS.: Symbole der Kirche. Die Ekklesiologie der Väter, Salzburg 1964, 11-87; einzelne Ergänzungen und Korrekturen s. bei SOLIGNAC, A.: Naissance divine, in: DSp XI, Paris 1982, Sp. 24-34; vgl. auch BERNARDS, M.: Speculum virginum. Geistigkeit und Seelenleben der Frau im Hochmittelalter, Köln 1955, 189-192. Für die Zisterziensermystik s. bes.: Tract. de interiori domo X, 17, in: PL 184, 516f.; bes. c. XXXIX, 80f.: Sp. 548, wo sich teilweise Parallelgedanken zur franziskanischen Stelle finden.

In der meditativen Sinndeutung folgt der Heilige schrittweise den Vergleichsbegriffen der evangelischen Vorlage. Hinsichtlich von Gottvater übernimmt er Jesu Antwort an die Jünger unverändert. Zum Vater unterhält der Christ in dem Maß ein Sohnverhältnis, als er dessen Willen zu erfüllen bereit ist. Der hochmittelalterliche Standort des Verfassers erhellt jedoch daraus, dass die Taufgeburt und übernatürliche Kindschaft nicht eigens erwähnt werden. Im darauf folgenden Schritt, wo der Poverello die Brautsymbolik ins Spiel bringt, überschreitet er die Textvorlage, wohl dazu angeregt von einem zeitgenössischen Beispiel. Gläubige Christen, die sich als solche ausweisen im Verwirklichen der evangelischen Buße, werden Jesus Christus bräutlich anverlobt durch das Einwirken des Heiligen Geistes, der in ihnen bleibende Wohnstatt angenommen hat. Vielleicht als einer der ersten kirchlichen Schriftsteller[26] hieß Franziskus Maria *Sponsa Spiritus Sancti* (‘Off Pass, antiphona’, 2) und sagte zugleich in ‘FormViv’, 1 (einem für die Armen Frauen von San Damiano – wohl in der Frühzeit – zugedachten Dokument), von den Schwestern aus: *Spiritui Sancto vos desponsastis eligendo vivere secundum perfectionem sancti Evangelii*... Die Brautsymbolik – als Ausdruck besonders inniger Vereinigung mit dem Heiligen Geist – wurde ihm offenbar über den Weg biblischer und liturgischer Texte bekannt. Zitate aus dem ‘Hohenlied’ oder auch nur Anspielungen darauf fehlen indes in den Opuscula vollig. Das Verhältnis bräutlicher Liebe ist in ‘EpFid’ kennzeichnenderweise auf Christus bezogen, während dem „Geist des [S. 254] Herrn“ einzig eine wirkursächliche Aufgabe am Zustandekommen der Verbindung zugewiesen wird.

Wer sodann Christo wahrhaft Bruder sein will, muss die Sohnespflichten dem Vater gegenüber erfüllen. Wohl mitgedacht, wenn auch nicht eigens ausgesprochen ist die Begründung aus Christi göttlicher Sohnschaft für die Gnade, seine Brüder zu sein. Ausführlicher hingegen erörtert der Heilige die mystische Mutterschaft, die sich ebenso in der Personmitte *(in corde)* vollzieht, wie sie sich im leiblichen Bereich auswirken soll. Ähnlich einer werdenden Mutter birgt der Christ in Seele und Leib Christus durch die eingegossene Gottesliebe (vgl. Röm 5,5). In einem von Selbstsucht gereinigten und ehrlich auf Gott ausgerichteten Gewissen wächst diese geheimnisvolle Frucht heran, um in einem Wirken, das anderen Menschen zu Leuchte und Zeugnis wird, in deren Herzen weitergeboren zu werden.

Der Poverello hat die Idee der Christusgeburt in einen trinitarischen Aussagerahmen eingefügt, worin freilich das christologische Moment unleugbar besonders hervortritt. Auch wenn die Grundlinien des Bildes bereits in den Schriften des Reformmönchtums des 12. Jahrhunderts nachweisbar sind, enthält die Aussageform originelle Züge. So trägt die Umschreibung der Leibesfrucht als göttliche Liebe unverkennbar die Handschrift des Heiligen. Am ganzen Text – besonders in dessen Fortsetzung – geht jedem Leser der Erfahrungscharakter mühelos auf. Überwältigt von der ihm stärker bewusst gewordenen Glaubenseinsicht der Einwohnung Christi, beginnt Franziskus in jubelndes[27] und bewunderndes Lob überzugehen: *O quam gloriosum est, sanctum et magnum*

---

[26] Vgl. VAN ASSELDONK, O.: Maria, sposa dello Spirito Santo, secondo S. Francesco d’Assisi, in: Laur 23 (1982) 414-423; zur Brautmystik s. nun bes. ADNÈS, P.: Mariage spirituel, in: DSp X, Paris 1980, Sp. 388-408.

[27] Vgl. GRUNDMANN, H.: Die geschichtlichen Grundlagen der Deutschen Mystik, in: RUH (Hg.), Altdeutsche Mystik (Anm. 7) 87-89, über die Bedeutung von ‘Jubilus’ u. ‘Jubilieren’ in der Mystik.

in caelis habere patrem! O quam sanctum, praeclarum[28], *pulchrum et admirabilem talem habere sponsum! O quam sanctum et quam dilectum, beneplacitum, humilem, pacificum, dulcem, amabilem et super omnia desiderabilem habere talem fratrem et talem filium: Dominum nostrum Jesum Christum, qui posuit animam pro ovibus suis* (vgl. Joh 10,15) *et oravit patri dicens: 'Pater sancte ...'* (Joh 17,11) (11-14).

Das Stammeln eines gotttrunkenen Mystikers führt zu einer kennzeichnenden Häufung von 15 Adjektiven, die alle – z. T. wiederholt – Empfindungen der Ehrfurcht, Bewunderung, Liebe, Freude und Sehnsucht ausdrücken. Beachtenswert ist auch hier die trinitarische Struktur, wenigstens wenn *sponsus* auf den Heiligen Geist bezogen werden darf. Jesus Christus – er steht zweifellos im Mittelpunkt –, erscheint hier nicht nur als „Bruder“, sondern sogar als „Sohn“ jener, die ihn in die Herzen anderer „gebären“. Wohl nirgendwo in den Opuscula tritt die *vita mystica* des Heiligen aus Assisi deutlicher ins Blickfeld des Lesers.

6. Im eben besprochenen Text der 'EpFid' begegnete uns u. a. der ergriffene Ausruf, mit dem Franziskus sich bewundernd an Gottvater wendet. Für das Thema der Mystik gewinnt dieses Verhältnis besondere Wichtigkeit, weil der Poverello in seiner Pasionsfrömmigkeit – nach Ausweis der Opuscula – entscheidend von der Beziehung Christi zum Vater in den Evangelien, namentlich von der Getsemaniperikope (Mt 26,36-46 u. Parall.; vgl. 'EpFid II', 8-14) und vom 'Hohenpriesterlichen Gebet' (Joh 17,1-26; vgl. das Bibelregister in Opuscula, 342) beeinflusst war. Da der Schreibende sich schon öfter und eingehend mit dem Thema befasst hat,[29] kann hier auf die Analyse von Opuscula-Stellen verzichtet werden. Es mögen darum einige zusammenfassende Andeutungen genügen. Im Lichte des OffPass, das in den Angaben über das Leiden Christi mit anderen Opuscula übereinstimmt, erhellt eine bemerkenswerte Innenschau in die seelische Passion Jesu: in seine Traurigkeit, Enttäuschung und Angstschauer vor den auf ihn zukommenden Leiden, und namentlich in die restlose Vertrauenshingabe an den Willen des Vaters. In der mehrmals wiederkehrenden Vateranrede (z. B. *Mi Pater sancte – Tu es sanctissimus Pater meus,* in OffPass I, 5 und II, 11), die der Verfasser an Stelle des *Deus* oder *Dominus* einzelner aus dem Gedächtnis zusammengefügter Psalmverse einsetzt, sammelt sich wie in einem Brennpunkt der tiefere Sinn dieser Meditationspsalmen. „Heilig(st)er Vater“ deutet zugleich auf ehrfurchtsvolle Distanz, volle Vertrauenshingabe und Gehorsamsbereitschaft hin.

Nirgendwo hingegen verliert sich der Poverello in realistischem Ausmalen der Kreuzesmarter oder von Einzelszenen, sondern überschreitet diese – sogar in den für Non und Vesper des Karfreitags vorgesehenen Devotionspsalmen (OffPass VI u. VII) – zum Osterjubel hin. Nicht einmal für die Feier des historischen Zeitpunktes von Christi Tod am Kreuz ist beim Ordensgründer eine einseitige Passionszentrik feststellbar. Dem Heiligen stand keineswegs bloß die *Passio dolorosa*, sondern ebenso klar die *beata Passio* vor Augen. Zum innigen Mitleid mit dem Schmerzensmann gesellt sich immer

---

[28] Mit S. GIEBEN, in: CFr 53 (1983) 129, und gestützt auf seine Begründung ändere ich die kaum verständliche adjektivistisch gedachte Lesart von *paraclitum* bei ESSER, Opuscula (Anm. 1) 109, in *praeclarum.*

[29] Vgl. SCHMUCKI, Leiden Christi (Anm. 2) bes. 129-145; Stellung Christi (ebd.), passim; Gotteslob (ebd.), 36-53.

wieder die grenzenlose Freude über den Erlösungssieg Christi. Kennzeichnend für das OffPass ist die bewusste Zusammenschau von Christi Leiden, Auferstehung, Himmelfahrt und endzeitlicher Wiederkunft. Nicht zu Unrecht bemerkt darum P. Thaddée Matura in einer bemerkenswerten Untersuchung, mit der er Ergebnisse des Schreibenden bestätigt und zugleich weiterführt: »Ces Psaumes [d. h. des OffPass], compris dans la ligne de l'expérience liturgique de l'Eglise, mettent en question une image subjective de la devotion à la Passion, que depuis le Moyen-Age on attribue, à tort, à François ...«[30]

In logischer Fortführung müsste hier das Thema der Christusnachfolge eingehend beleuchtet werden, was in einem beschränkten Überblick unmöglich geleistet werden kann. Die Opuscula verraten zunächst einen bedeutsamen Einfluss der Bildvorstellung vom In-die-Fußspuren-Christi-Treten, die schon bei ihrer biblischen Quelle: 1 Petr 2,21 eng mit der Passion Christi verbunden erscheint.[31] Verschiedene Verfasser von Sonderstudien wiesen übereinstimmend auf die hohe Zahl von Stellen der Opuscula hin, in denen sich Franziskus auf Modell und Weisung Christi in den Evangelien beruft. Tatsächlich wendet er den Beispielcharakter von Leben und Leiden Jesu auf eine ganze Reihe wechselnder Lagen – innere Gesinnungen und äußere Verhaltensformen – namentlich im Tugendbereich des Gehorsams und der Armut an.[32] Nach P. Giovanni Iammarrone ist – trotz der Breite materiell wandelnder Motive – der besondere Blickwinkel seiner evangelischen Nachfolge der arme und demütige Christus, «nel senso che egli si lascia guidare specialmente dagli esempi di povertà e di umiltà di Cristo, ma anche nel senso che si avvicina a Cristo (e a Dio) dall'angolazione della povertà e dell'umiltà ...»[33]. Die ungewöhnliche Lebendigkeit des Nachfolgegedankens und dessen Ausweitung selbst auf geringfügige Einzelheiten weisen nicht allein auf dessen zentrale Stellung, sondern zugleich auf den [S. 256] mystischen Erlebnischarakter hin. Mit der Hingabe eines Verliebten, der Einfalt eines Kindes und dem schöpferischen Geist eines Künstlers sucht der Poverello Christi Gesinnung und Wirken in sein eigenes Leben zu übertragen. Das Wort *conformitas/conformari* taucht in den Opuscula jedoch nirgendwo auf.

7. Die zentrale Bedeutung der Eucharistie in der franziskanischen Frömmigkeit hoben zahlreiche Autoren und wesentlich übereinstimmend hervor. Dieses Thema – näherhin des Franziskus Sakramentsfrömmigkeit – eignet sich besonders, um zeitgebundene Momente in seiner Mystik kenntlich zu machen. Für die wachsende Verehrung der sakramentalen Gestalten von Brot und Wein, von deren Namen (Leib und Blut des Herrn), der Einsetzungsformel und der eucharistischen Geräte wirkten das IV. Laterankonzil (1215) und der Brief Papst Honorius III. *Sane cum olim* (22. Nov. 1219)

[30] »Mi Pater sancte«. Dieu comme Père dans les écrits de François, in: Laur 23 (1982) 102-132, 111.

[31] Vgl. VAN ASSELDONK, O.: Le Lettere di san Pietro negli Scritti di san Francesco, in: CFr 48 (1978) 67-76, 68-70.

[32] Vgl. den Exkurs: Die Nachfolge Christi, in: HARDICK / GRAU, Schriften (Anm. 1) 251-258. Im Lichte auch der biografischen Quellen handelt darüber: IAMMARRONE, G.: La »Sequela di Cristo« nelle fonti francescane, in: MF 82 (1982) 417-461, bes. 421-429 (Opuscula).

[33] Ebd., 429.

entscheidend auf ihn ein.[34] Als wichtiger Faktor der Zeitkultur trat das gotische Schauverlangen fördernd hinzu, d. h. die Sehnsucht nach geistiger und sinnlicher Schau, mit der sich subjektive Andachtsformen und ein ausgesprochener Zug zum Realismus verbanden. „Dieses Verlangen nach persönlicher religiöser Empirie“[35] mit dem naturgemäß daran geknüpften Subjektivismus offenbart sich beim Poverello wohl am eindrücklichsten in ‘Adm I’, deren gedankliche Linie hier – stellvertretend für eine Reihe anderer Stellen der Opuscula – skizziert werden soll.

In einem ersten Schritt – in Vers 5, der logischerweise dem Kommentar voranzustellen ist – hebt Franziskus die Unsichtbarkeit und Transzendenz Gottes hervor, indem er 1 Tim 6,16b und Joh 1,18a anführt. Dieselbe Eigenschaft eignet auch dem Sohn Gottes auf Grund seiner Wesensgleichheit mit dem Vater (7). Indem er in V. 1-4 Joh 14,6-9 zitiert, unterstreicht er die Aufgabe des menschgewordenen Wortes, als ständiger Offenbarer des Vaters zu walten; denn er ist ja „der Weg und die Wahrheit und das Leben“ (Joh 14,6b). Wer darum Christus sieht, sieht zugleich auch den Vater (Joh 14,9c). Bedeutsam in der Gedankenfolge ist der weitere Schritt: *Ideo* [weil Gott bzw. der Gottessohn als Geist dem menschlichen Auge unzugänglich ist] *nonnisi in spiritu videri potest, quia ‘spiritus est qui vivificat; caro non prodest quidquam’* (Joh 6,63a) (V. 6). Den Zeitgenossen Jesu oblag die Pflicht, die äußere Hülle seiner menschlichen Natur *spiritu* – d. h. in dem vom Heiligen Geist geschenkten Glauben – zu überschreiten, um so zur Annahme seiner göttlichen Natur zu gelangen (8). Die zentrale Stellung der von Johannes und Paulus mitgeprägten Vorstellung: *spiritus-spiritualis-spiritualiter* zeigt sich schon an der Zahl, mit der sie in den Opuscula vorkommt (95, 10, 14 mal). In den meisten Fällen liegt ihr die Sinnbedeutung von innerer Öffnung und Empfangsbereitschaft für die göttliche Gnade zugrunde.[36] An diesem Schlüsselbegriff offenbart sich zweifellos der passiv-mystische Grundcharakter der franziskanischen Frömmigkeit.

Vom evangelischen Vergleichspunkt aus erweitert nun der Poverello die Sicht auf das *sacramentum, quod sanctificatur* [= *consecratur*] *per verba Domini* [= Einsetzungsformel] *super altare per manum* [!] *sacerdotis in forma panis et vini* (9). Ähnlich, wie Menschen sich selbst zur Verdammnis verurteilten, wenn sie zu Lebzeiten Jesu seinem Wort die Zustimmung verweigerten, ergeht es solchen, die *non vident et credunt secundum spiritum et divinitatem, quod sit veraciter sanctissimum corpus et sanguis Domini nostri Jesu Christi* (9). Der [S. 257] Mahncharakter des Textes erklärt, warum der Heilige hier mit der Eindringlichkeit eines alttestamentlichen Propheten um den eucharistischen Glauben wirbt (14f.). Seine Verkündigungsform und den besonderen Gesichtswinkel von Inkarnation und Kenosis, unter dem er die Eucharistie hier schaut, kennzeichnet der Abschnitt: *Ecce, quotidie humiliat se* (vgl. Phil 2,8a), *sicut quando a regalibus sedibus* (Weish 18,15) *venit in uterum Virginis; quotidie venit ad nos ipse*

---

[34] Für die nachfolgenden Ausführungen verweise ich auf meine Studie: Doctrina et pietas eucharistica S. Francisci Assisiensis, lumine primi verbi Admonitionis ipsius, in: Analecta O.F.M.Cap. 93 (1977) 28-39, bes. 30f. (Lit.).

[35] Vgl. MAYER, A. L.: Die Liturgie und der Geist der Gotik, in: VON SEVERUS, E. (Hg.): Die Liturgie in der europäischen Geistesgeschichte, Darmstadt 1971, 68-97, 94.

[36] Für die Wortstatistik s. GODET / MAILLEUX: Opuscula (Anm. 14) 213-215 u. 305f.; zur Deutung s. HARDICK / GRAU, Schriften (Anm. 1) 294-299, u. VAN ASSELDONK, O.: Lo spirito del Signore e la sua santa operazione negli scritti di Francesco, in: Laur 23 (1982) 133-195.

humilis apparens; quotidie descendit de sinu Patris (vgl. Joh 1,18) *super altare in manibus sacerdotis.* Die Verwunderung über die unfassbare „Demut“ Gottes – nach dem Wundmalempfang von 1224 spricht er Gott ausdrücklich mit: *tu es humilitas* an (‘LaudDei’, 4) – erfasst unseren Mystiker bis zu den Wurzeln des Seins. Auch in ‘Adm I’ ist die weihnächtliche und marianische Sinnrichtung der biblischen Meditation offenkundig. Deren Übergewicht mag erklären, warum hier dagegen jeder Hinweis auf das Kreuzgeheimnis unterblieb.

Das gedanklich folgerichtige Verständnis der ‘Adm I’ verlangt, hier die Aussage des Heiligen über den Eucharistieempfang einzufügen. Nach Betonung der Heilsnotwendigkeit der Kommunion (vgl. Joh 6,54) folgert er: *Unde Spiritus Domini, qui habitat in fidelibus suis, ille est qui recipit sanctissimum corpus et sanguinem Domini* (11f.). Der Heilige Geist, der die göttliche Liebe in die Menschenherzen eingießt (vgl. Röm 5,5b), schafft jene Vorbedingungen, um die eucharistischen Gestalten nicht unwürdig zu empfangen und so dem endzeitlichen Gericht zu entrinnen (13). Die theologisch anfechtbare Zuweisiung des Eucharistieempfangs an den Heiligen Geist erklärt sich vielleicht aus der von seiner Theozentrik stammenden Betonung des göttlichen Anteils im Zusammenwirken mit dem Menschen (s. o. II, 2). Anderseits erfuhr er die beherrschende Stelle der Gottesliebe in seiner Frömmigkeit nicht so sehr als „Übung“, sondern als ein zum Tun Befähigt- und Beschenktwerden.[37] Die Atmosphäre mystischer Passivität tritt unstreitig an dieser Stelle der Mahnung besonders in Erscheinung.

Die vom gotischen Zeitalter beeinflusste Sakramentsfrömmigkeit kommt in den Schlusssätzen völlig zum Zug: *Et sicut sanctis apostolis in vera carne, ita et modo se nobis ostendit in sacro pane. Et sicut ipsi intuitu carnis suae tantum eius carnem videbant, sed ipsum Deum esse credebant oculis spiritualibus contemplantes, sic et nos videntes panem et vinum oculis corporeis videamus et credamus firmiter, eius sanctissimum corpus et sanguinem vivum esse et verum* (19-21). Das ‘tertium comparationis’ am Gleichnis ist das verpflichtende Übersteigen der sichtbaren Elemente (Leib und menschliche Lebensäußerungen beim irdischen Christus bzw. die auch nach der Konsekration unverändert sichtbaren Gestalten von Brot und Wein), um zum Glauben an die übersinnliche Gottheit Christi bzw. an die wahrhafte und lebendige Gegenwart des Gottmenschen in der Eucharistie zu gelangen. Während das Schauverlangen im Hochmittelalter zum Missbrauch magisch-abergläubischer Frömmigkeitsformen führte,[38] sucht hier der Heilige eine Zeittendenz – nicht ohne seelsorgerlichen Spürsinn – in den mystischen Dynamismus: *per visibilia ad invisibilia* einzubergen. Was an den sakramentalen Gestalten sicht- und greifbar ist, wird für die geist-körperliche Natur des Menschen zur willkommenen Stütze, um den [S. 258] eucharistisch gegenwärtigen Christus an einem konkreten Ort begegnen zu können. Keine Formulierung könnte jedenfalls die franziskanische Grundhaltung treffender charakterisieren als: *oculis spiritualibus contemplantes.* Die 19 Wörter der ‘Adm I’, die sich auf den Gesichtssinn beziehen (besonders das Verb *videre*), kennzeichnen die psychologische wie die

---

[37] Möglicherweise ist hier auch wirksam eine durch einen theologisch gebildeten Sekretär vermittelte Anregung von Petrus Lombardus’ Lehre, „daß die Liebe, wodurch wir Gott u. die Nächsten lieben, der Hl. Geist selber ist“ (BRADY, I. / EMMEN, A.: Petrus Lombardus, in: LThK ^{2}VIII, Freiburg 1963, Sp. 368).

[38] Vgl. z. B. JUNGMANN, J. A.: Missarum Sollemnia. Eine genetische Erklärung der Römischen Messe I, Freiburg 1958, 157-161; II, 258-262 (Lit).

religiöse Eigenart des Ordensgründers, die keiner Gefahr weniger ausgesetzt war als der eines entweltlichten und leibfeindlichen Spiritualismus. Auch in den höchsten Stadien der Mystik bleibt seine Frömmigkeit an die historische und sakramentale Erscheinungsform Christi gebunden (vgl. oben I, 7-8), wie das eucharistisch gedeutete Zitat von Mt 28,20 nochmals unverkennbar erhellt (22). Eine andere Frage ist freilich die, ob sich von den Opuscula her die geistvolle Intuition verschiedener Autoren bestätigen lässt, dass der Heilige die gesamte Natur irgendwie im Lichte seiner eucharistischen Schau als ‘Sakrament’ und ‘Monstranz’ Christi erfahren hat. Persönlich finde ich in den ‘Schriften’ keine direkte Stütze dafür.

8. Wer in der ausufernden Literatur über die franziskanische Frömmigkeit liest, hat öfter den Eindruck, der Heilige sei vorherrschend oder gar ausschließlich Naturmystiker gewesen. Um vor solchen offensichtlichen Verzeichnungen gefeit zu sein, drängt sich beim Behandeln des Themas große Behutsamkeit auf. Hier können nur einige Schwerpunkte des franziskanischen Naturverhältnisses nach den Opuscula aufgezeigt werden. Im Blick auf sie hoffe ich, in der nachher zu versuchenden Interpretation des ‘Sonnengesangs’ sicherer zu gehen. Häufig genug wird der ‘Cant’ von den übrigen Schriften willkürlich isoliert, oder es werden Elemente heutigen Wissens und Empfindens an ein mittelalterliches Lied herangetragen und so sein eigentlicher Sinn schon im Ansatz verfehlt.

Vielleicht liegt ein biblischer Anknüpfungspunkt für die – von fast allen Autoren als außerordentlich anerkannte – Naturbeziehung des Heiligen[39] in 1 Petr 2,13a vor: *Subiecti igitur estote omni humanae creaturae propter Deum...* Das Zitat klingt jedenfalls in der poetischen Schöpfung der ‘SalVirt’[40] nach, wo der Dichter die Unterwürfigkeit von den Menschen auf die Tierwelt ausdehnt. Leider bestehen keine Anhaltspunkte, um deren zeitliche Entstehung festzulegen. In einem 1. Teil (1-3) grüßt Franziskus je 3 personifiziert gedachte Tugendpaare mit dem Schwesterntitel; so z. B.: *Domina sancta caritas, Dominus te salvet cum tua sorore sancta obedientia* (3). Hierauf weist er auf die innere Verknüpfung der Tugenden bzw. auf deren unversöhnliche Gegensätzlichkeit zu Lastern hin (5-8). Wie die 3 Tugend-„Geschwister“ Laster und Sünden zuschanden machen, zeigt der Ordensgründer im Schlussteil (9-18), wo er sich jedoch erstaunlich lange beim Gehorsam aufhält: *Sancta obedientia confundit omnes corporales et carnales voluntates et habet mortificatum corpus suum ad obedientiam spiritus et ad obedientiam fratris sui, et est subditus et suppositus omnibus hominibus, qui sunt in mundo, et non tantum solis hominibus, sed etiam omnibus bestiis et feris, ut possint facere de eo, quidquid voluerint, quantum fuerit eis datum desuper a Domino* (vgl. Joh 19,11b) (14-18).

---

[39] Heute noch beachtenswerte Ausführungen hierüber finden sich in dem 1912 erstmals erschienenen Werk von SCHELER, M.: Wesen und Formen der Sympathie, Bern 1974, 97-103; spätere Lit. verzeichnet VERLEIJE, K. J.: Saint François d’Assise et la protection de l’environnement, in: Laur 18 (1977) 314-337 (s. auch BgFr XIV, Nr. 1261; ebd., Nr. 375-425 bzw. 1214-1269, für die Lit. über ‘Cant’ bzw. die Naturbeziehung des Heiligen zwischen 1974-1980; s. auch unten, Anm. 42, 44, 46f., 55).

[40] Einzellit. dazu s. in: CFr-BgFr. Index 1931-1970, Roma 1972, 207b; literarhistorische Vergleichstexte führen an: DESBONNETS / VORREUX, Saint François (Anm. 23) 165-167. – FRANK, Franz von Assisi (Anm. 12) 63f., weist auf Berührungspunkte mit zeitgenössischen Gebeten um die sieben Gaben des Hl. Geistes hin.

Der Ausgangspunkt der Schlussverse liegt in des Heiligen theozentrischer Grundauffassung: Gott ist allem geschöpflichen Wirken zuinnerst gegenwärtig, selbst im lebensgefährdenden Instinkt wilder Tiere oder im lästigen Einwirken von [S. 259] Insekten. „Der heilige Gehorsam" schließt jene absolute Fügsamkeit ein, die wehrlos an sich geschehen lässt, was Mensch, Tier oder Witterung einem zufügen. Für Franziskus ist deren tatsächliches Einwirken auf ihn Maß und Wegrichtung, um Gottes Willen Tag für Tag zu bestimmen. Vor über 30 Jahren hat P. L. Casutt den „Sitz im Leben" dieser die Grenzen des Menschenmöglichen überschreitenden Mahnung richtig im frühfranziskanischen Wanderradikalismus bzw. in dem daraus naturnotwendig folgenden „hautnahen" Kontakt mit der Tierwelt gesehen.[41] Die von Br. Thomas von Celano (bes. 2 C 165-171) unter dem Titel: *De contemplatione Creatoris in creaturis* an einer Reihe von Beispielen veranschaulichte Vertraulichkeit des Heiligen mit Tieren erklärt sich aus dem erkennbaren mystischen Mutterboden der unbegrenzten Willfährigkeit Gott gegenüber.

Ein Einflussmoment, das zumindest begünstigend auf seine religiöse Naturbeschauung einwirkte, war fraglos die Kenntnis der Schöpfungspsalmen besonders von Ps 8, 19, 29, 104, 148.[42] Abgesehen davon, dass Francesco als Kind die Pfarrschule von San Giorgio in Assisi besucht hat, dort nach Zeitgepflogenheit wohl an Hand des auswendig gelernten Psalteriums in die Anfangsgründe des Lesens und Schreibens eingeführt wurde,[43] verrichtete er – zusammen mit den Brüdern – seit einem näher nicht mehr bestimmbaren Zeitpunkt täglich das Göttliche Offizium (NbR III,1-10). Niederschlag des regelmäßigen Psalmbetens und Nachhall des ständigen Naturkontakts sind an alle Geschöpfe oder bestimmte Kategorien unter ihnen gerichtete Aufforderungen zum Gotteslob; z. B. in 'ExhLD' (11, 5, 6, 9, 12): *Omnes creaturae benedicite Dominum – Laudate eum [Dominum] caelum et terra – Laudate omnia flumina Dominum – Omnis spiritus laudet Dominum – Omnes volucres caeli, laudate Dominum.* Auch in 'LaudHor' (bes. 5-8) klingen solche Motive an, die sich dem Beter über den Weg der so unmittelbaren und andauernden Naturerfahrung nach ihrer spirituellen und existentiellen Tiefe erschlossen haben müssen. Die Stimmung unfassbarer Freude und Dankbarkeit über die geschöpfliche Vielfalt und Schönheit ist in die 'Oratio' eingegangen, die in gefühlvoller und mit Synonymen gehäufter Sprache an 'LaudHor' anschließt: *Omnipotens, sanctissime, altissime et summe Deus, omne bonum, summum bonum, totum bonum, qui solus es bonus, tibi reddamus omnem laudem, omnem gloriam, omnem gratiam, omnem honorem, omnem benedictionem* (vgl. Offb 4,9.11 und 'Cant' 1) *et omnia bona. Fiat. Fiat. Amen* (11).

Keine andere Schrift des Ordensgründers hat in neuerer Zeit eine so große Zahl von Sonderstudien[44] veranlasst wie das altitalienische 'Canticum fratris Solis'. Die so starke

---

41 Das Erbe eines großen Herzens. Studien zum franziskanischen Ideal, Graz 1949, 178f.

42 Längere Ausführungen zum Thema s. bei RAVASI, G. F.: »Cantico delle creature« e salmi della creazione, in: BETORI, G. (u. a.): Parola di Dio e Francesco d'Assisi, Assisi 1982, 64-89.

43 SCHMUCKI, O.: »Ignorans sum et idiota«. Das Ausmaß der schulischen Bildung des hl. Franziskus von Assisi, in: VÀZQUEZ, I. (Hg.): Studia historico-ecclesiastica. Festg. für Prof. Luchesius G. Spätling O.F.M., Rom 1977, 283-310, bes. 284-291.

44 Zur Orientierung sind die nachfolgenden Lit.-Überblicke hilfreich: SABATELLI, G.: Studi recenti sul Cantico di Frate Sole, in: AFH 51 (1958) 3-24; BROWN, R.: Appendix VIII: The Canticle of Brother Sun, in: ENGLEBERT, O.: Saint Francis of Assisi, Chicago 1965, 441-458; BAJETTO, F.: Un trentennio di studi

Konzentration auf die 33 rhythmischen Glieder der berühmten, den Psalmen nachgebildeten Reimprosa bedingt – nebst einer kaum noch zu bemeisternden Vielfalt vorgetragener Auffassungen – die Gefahr, dass die in einem bestimmten Lebensmoment verfasste Dichtung irgendwie absolut gesetzt oder ihr komplexe Theorien (tiefenpsychologische, philosophische und theologische) unterschoben werden, die weder vom Text noch vom Bildungsstand des Heiligen gerechtfertigt sind. Für das Ziel dieser Studie erscheint es mir unabdingbar zu sein, zunächst aus den Gefährtenberichten einiges Licht über die Entstehung des ‘Cant’ und die Absicht des Dichters zu gewinnen. [S. 260]

Zunächst muss der Bericht in Per 42-3/83 über die näheren Umstände von Laisse 1-9 (wohl samt Abschlussvers 14) in den Hauptlinien wiedergegeben werden. Jedenfalls im Frühling 1225 beabsichtigte Franziskus – der Aufforderung Kardinal Hugolins und Br. Elias’ Folge leistend –, in Rieti sich von einem augenkundigen Arzt behandeln zu lassen. Doch zuvor wollte er sich von den Armen Frauen in San Damiano verabschieden, erlitt jedoch dort einen so heftigen Anfall seiner Augenkrankheit – nach der in der Forschung kaum noch bestrittenen Auffassung hatte er sich in Ägypten 1219/1220 das Trachom *(coniunctivitis trachomatosa)* zugezogen –, dass er über einen Monat im Hause der zum Dienste der Klarissen weilenden Minderbrüder in einer mit Flechtwerk (wegen der Photophobie der Augen) völlig abgedunkelten Zelle bleiben musste. Die andauernd furchtbaren Schmerzen und eine zusätzliche lästige Mäuseplage, die ihn an Gebet und Schlaf hinderten, riefen in ihm die Versuchung der Entmutigung hervor. Der Herr, den er in seiner Not dringlich um Hilfe anrief, habe ihm nach einer Gleichnisrede verheißen: *Ergo, frater, iucundare et iubila satis in tuis infirmitatibus et tribulationibus, quoniam de cetero ita secure te habeas ac si iam esses in regno meo.* Am anderen Morgen habe er den Gefährten seine Dankespflicht gegenüber „Gott, dem Vater, seinem einzigen Sohn, unserem Herrn Jesus Christus, und dem Heiligen Geist“ wegen der so großen Gnadengabe ausgesprochen. *Unde volo ad laudem eius et ad nostram consolationem et ad aedificationem proximi facere novam laudem Domini de suis creaturis, quibus cotidie utimur et sine quibus vivere non possumus et in quibus humanum genus multum offendit Creatorem, et cotidie sumus ingrati tante gratiae, quia inde nostrum Creatorem et datorem omnium bonorum sicut deberemus non laudamus.* Nach einer Denkpause habe er mit dem ‘Sonnengesang’ angefangen: *Altissimo ...*

Die angedeutete dreifache Zielsetzung des ‘Cant’ als Gotteslob, Seelentrost und Erbauung des Nächsten kehrt in Parallelberichten in fast wörtlicher Übereinstimmung wieder (Per 24/66 und 44/84). Ähnlich einhellig formulieren die Gefährten die Lobbegründung: *Laudes Domini de eius creaturis*, d. h. Lobpreis des Herrn für/wegen seine(r) Geschöpfe (51/88). Die außerordentliche Liebe des Heiligen zu allen Kreaturen führen sie zurück auf dessen Aussage, jedes Geschöpf rufe laut: *Deus me fecit propter te, o homo* (51/88). Diese Berichte drücken somit – wie mir scheint – in unverdächtig schlichter Sprache und ohne jede Nebenabsicht ein zwischen Lobpreis und Geschöpf vom Heiligen intendiertes Kausalverhältnis aus. Von dieser Feststellung her fällt

---

(1941-73) sul Cantico di Frate Sole. Bibliografia ragionata, in: ItFr (Roma) 49 (1974) 5-62; RUGGERI, S.: Materiali per uno studio sul »Cantico di Frate Sole«, in: Accademie e Biblioteche d’Italia 43 (1975) 60-102; BALDELLI, I.: Il ›Cantico‹: problemi di lingua e di stile, in: Franceso d’Assisi e francescanesimo (Anm. 2) 75-99.

natürlich Licht auf die seit vielen Jahrzehnten strittige Frage über die Sinnbedeutung der siebenmal wiederholten Präposition *per* im 'Cant' (z. B. *Laudato si, mi Signore, per sora luna e le stelle ...:* 5). In anderen altitalienischen Dokumenten der Zeit schwankt *per* zwischen der kausalen und instrumentalen Konnotation.[45] Es würde vom Ziel meines Aufsatzes wegführen, wollte ich nun über die abweichenden Meinungen verschiedener Autoren referieren.[46] Für die Vertrauenswürdigkeit der Gefährtenberichte spricht jedenfalls, dass die neuere Forschung entschieden dem Kausalsinn zuneigt.[47] Erst recht entfernt sie sich vom instrumentalen Verständnis von *cun (Laudato si, mi Signore, cun tucte le tue creature ...:* 3), wenn sie die Präposition richtig als Modalverhältnis der [S. 261] Begleitung auslegt. Diese Überlegungen führen zu einem ersten bedeutsamen Ergebnis: im 'Cant' wendet sich Franziskus nicht direkt an die Geschöpfe, um sie zum Gotteslob aufzurufen, sondern preist Gott, indem er die in den Kreaturen aufscheinenden Eigenschaften der Schönheit und Nützlichkeit gleichsam als »stimmverstärkenden« Beweggrund seines Lobens verwendet. Damit erhellt zugleich der eminent religiöse Charakter des 'Cant', der nicht in erster Linie Lyrik, sondern hymnisches Gebet nach dem Vorbild der Schöpfungspsalmen ist.

In seiner Edition hat K. Eßer das Loblied mit dem Titel: *Canticum fratris Solis vel Laudes creaturarum* versehen. Tatsächlich berichten die Gefährten: *Nam laudes Domini quas fecit ..., imponens illis vocavit nomen: 'Canticum fratris Solis', qui est pulchrior omnibus aliis creaturis et magis Deo assimilari potest* (Per 43/83). 'Sonnengesang' ist offenkundig eine Synekdoche: Wegen seiner Vorliebe für das Licht überschreibt der Dichter sein Lied mit dem Namen des Vorzugsgeschöpfs, das für alle übrigen steht. Er habe ausdrücklich gesagt: *In mane cum oritur sol, omnis homo deberet laudare Deum qui creavit ipsum, quia per ipsum oculi nostri de die illuminantur; in sero cum fit nox, omnis homo deberet laudare Deum propter aliam creaturam fratrem ignem, quia per ipsum oculi nostri de nocte illuminantur* (ebd.). Weil der Ordensgründer wegen des Trachoms unter schmerzlicher Lichtempfindlichkeit und – wegen Eintrübungen in der Binde- und Hornhaut – unter stets abnehmender Sehkraft litt, erklärt sich, dass er im 'Cant' die schon von Naturanlage aus besondere Sehnsucht nach Licht eigens herausstellt. Im eben angeführten Gefährtenbericht – ähnlich auch in der Sonnen- und Feuerstrophe selber – fehlt jedes Anzeichen, um auf eine symbolische Deutung der Sonne auf Christus zu schließen.[48] Auch hier springt die Übereinstimmung zwischen dem biografischen Zeugnis und dem Text des 'Cant' in die Augen. Der Sänger lobt Gott gemeinsam mit allen Geschöpfen, besonders mit *messor lo frate sole,* der auf Grund seiner strahlenden Schönheit *de te, altissimo, porta significatione* (3f.). Der vom Lichtsymbol Bezeichnete ist also der höchste Gott, an den der Lobgesang sich schon mit der ersten Langzeile wendet.

Die bisherige Forschung hat überzeugend nachgewiesen, dass sich der Poverello für das 'Cant' 1-9 besonders von Dan 3,52-90 und Ps 148 bzw. für 12f. (so genannte

[45] Ausführungen zum heutigen Fragestand bei SABATELLI, Studi (Anm. 44) 12-15; s. bes. 13.

[46] Nebst SABATELLI, ebd., s. PLATZECK, E.-W.: Das Sonnenlied des hl. Franziskus von Assisi, München 1957, 79f. Anm. 56, und bes. BAJETTO, Un trentennio (Anm. 44) 58f.

[47] Vgl. POZZI, G.: Dittico per S. Francesco, in: Versants. Revue Suisse des Littératures Romanes (Lausanne) N° 1 (1981) 9-26, 25 Anm. 17.

[48] Wie z. B. PLATZECK, Sonnenlied (Anm. 46) 31, vorschlägt.

'Todesstrophe') von Offb 2,11 und 20,6 inspirieren ließ.[49] In einer bemerkenswerten strukturanalytischen Untersuchung glaubt G. Pozzi – wegen wiederkehrenden Ternaren – auf eine trinitarische Sinnrichtung des 'Cant' schließen zu dürfen.[50] Der *altissimo onnipotente bon Signore* (1) wäre dann mit dem dreifaltigen Gott gleichzusetzen. An den trinitarischen Gott (oder an Gott schlechthin) richtet sich der Sänger mit dem Optativ des Perfektpartizips: *Laudato sie/si,* der als Anaphora bei Beginn von 8 Versen betont vorangestellt wird (3, 5-10, 12). Diese Verbalform ist sonst nur noch bezeugt bei 2 C 170 bzw. 3 C 26: *Laudatus sit Creator noster, frater phasiane!*

Als Auftakt zum 'Cant' redet Franziskus in den einleitenden Laissen 1-2[51] Gott mit den aus anderen Opuscula bekannten Attributen an; betont sodann mit 4 sinnverwandten Wörtern *(le laude, la gloria e l'onore et onne benedictione:* vgl. Offb 4,9. 11), dass der Lobpreis allein Gott zusteht, indes der Mensch nicht [S. 262] einmal würdig ist, dessen Namen zu erwähnen (vgl. NbR XXIII, 5). Darauf folgt 1. der 'kosmische' Teil, d. h. die Laissen, in denen der Dichter für sein Gotteslob sich beruft auf: a) das Firmament, d. h. die Sonne (3f.), den Mond und die Sterne (5) bzw. b) die 4 Elemente: Wind (6), Wasser (7), Feuer (8) und Erde (9). Im ersten Redaktionsstadium – nach der nächtlichen Audition in San Damiano – dürfte sich hier sogleich die Schlussstrophe (14) angeschlossen haben. Mit ihr ruft der Heilige alle Hörer zu Gotteslob, Dank und Dienst in Demut auf. – In einem 2. Teil blickt er beim Gotteslob auf Menschen, die sich in einer besonderen Lage befinden: a) jene, die aus Gottesliebe Beleidigern verzeihen bzw. Krankheit und Trübsal in geduldiger Ergebung tragen (10f.) und b) alle, die 'Bruder Tod' unausweichlich entgegengehen und ihn nicht im Zustand der Todsünde, sondern mit voller Unterordnung unter Gottes Willen aufnehmen (12f.).

Es bedarf keiner langen Analyse, um im 'Cant' die „Nahtstelle" zwischen Teil 1 und 2 festzustellen. In beiden steht ein kosmischer Hauptteil einem anthropologischen bzw. eschatologischen gegenüber. Ohne von einem eigentlichen Sinnbruch zu reden, sind doch die Unterschiede in Atmosphäre, Stil und poetischer Struktur nicht zu übersehen.[52] Diese Beobachtungen dürften die Glaubwürdigkeit der Gefährten stützen, wenn sie die Abfassung der Dulder- bzw. Friedensstrophe einem späteren Zeitpunkt (1225) zuweisen; nämlich als Franziskus Bischof Guido von Assisi und den Podestà, die in schweren Streit geraten waren, miteinander versöhnte (Per 44/84). Die „Todesstrophe" hingegen habe er hinzugefügt, als ein Minderbruder ihm während der letzten Krankheit das bevorstehende Hinscheiden ankündigte (Per 100/7).

Der 'Cant' unterscheidet sich von den biblischen Vorbildern einmal durch die Vielfalt von positiven Prädikaten, die der Heilige im kosmischen Teil mit den Gestirnen und den Elementen verbindet. In einer literarhistorischen Studie müsste diesem poetischen Gesichtspunkt ein längerer Kommentar gewidmet werden. Für das Thema der Mystik verdient dagegen ein weiteres Kennzeichen besondere Aufmerksamkeit: die Bruder- bzw. Schwesteranrede, die als Ausdruck besonderer Verwandtschaft vor allen Bezugssubstantiven steht *(frate sole, sora luna, frate vento, sor aqua, frate focu, sora*

---

49 Vgl. z. B. SABATELLI, Studi (Anm. 44) 7; vgl. auch ESSER, Opuscula (Anm. 1) 86-88.

50 Dittico (Anm. 47) 21f., bzw. die Übersichtstabelle auf 20.

51 In der Einteilung des 'Cant' und der Benennung der einzelnen Strophen folge ich tlw. PLATZECK, Sonnenlied (Anm. 46) 14; in der Strophenzählung halte ich mich an ESSER, Opuscula (Anm. 1) 84-86.

52 Die Lit. über diese Fragen zählt auf: BAJETTO, Un trentennio (Anm. 44) 61f.

nostra morte corporale: 3,5-8,12). Der Erde schreibt der Poverello überdies den Muttertitel zu *(sora nostra matre terra:* 9), weil sie die Menschen mit ihren Früchten ernährt. Das Bruder- bzw. Schwesterattribut ist im ‘Cant’ zweifellos nicht bloß als poetische Personifizierung – im Sinne einer „Realisierungs-Variante der Allegorie“[53] – zu verstehen. Letztere tritt tatsächlich in ‘SalVirt’ 1-3 auf. Andererseits bezieht sich das lateinische *frater,* das man als Ausdruck spiritueller Verbundenheit an 306 Stellen der Opuscula antrifft – das nach *Dominus* (410) und vor *Deus* (258) häufigste Substantiv! –, überall nur auf Menschen.[54] Nach Per (80/108 und 96/120) hat der Heilige jedoch den dem Geist unterwürfigen Leib *frater corpus* genannt. Ebenso sprach er das Feuer mit *frater ignis* an, wiewohl es einmal bereits seinen Habit erfasst hatte und ihm Brandwunden beizubringen drohte (49/86). Unter den Tieren begrüßte er das Lamm mit *Frater mi agnicule* (Per, Appendix, 7), die Haubenlerche mit *soror lauda* (Per 110/14) und die Grille mit *soror cicada* (84/110). [S. 263]

Zum tieferen Verstehen des Brudertitels dürfte eine mit ausdrücklicher Beteuerung von Augenzeugenschaft eingeleitete Gefährtenperikope wirksam beitragen (49/86). Sie sei hier eigens übersetzt: „Und es verwundert nicht, wenn das Feuer und andere Geschöpfe ihm gelegentlich Ehre erwiesen. Denn, wie wir beobachteten, die wir mit ihm waren, liebte und verehrte er sie mit solcher Liebesglut *(affectione caritatis),* freute sich so sehr an ihnen, und sein Geist war mit solcher Güte *(pietate)* und Mitgefühl mit ihnen erfüllt, dass er seelisch erregt wurde, wenn jemand sie nicht gebührend *(non honeste)* behandelte. Er sprach überdies zu ihnen mit einer inneren und äußeren Freude, als ob sie von Gott fühlten, verstünden und sprächen. Bei solchen Gelegenheiten geriet er in der Beschauung Gottes oftmals außer sich.“ Ganz ähnlich drückt sich ein anderer qualifizierter Gefährtenbericht (51/88) aus. Beide verbinden die Abfassung des ‘Cant’ direkt mit mystischen Tröstungen *(propter multas consolationes quas habuit... in creaturis Dei:* ebd.). An anderer Stelle (43/83) berichten sie von einem Zustand spiritueller Wonne *(in tanta dulcedine et consolatione),* in dem sich der Sänger nach der Niederschrift des ‘Cant’ befand, so dass er sich angetrieben fühlte, sein Lied in den Dienst der minoritischen Predigt zu stellen. Den Gefährten war somit klar bewusst, dass des Franziskus Naturliebe allgemein und der ‘Sonnengesang’ im besonderen Frucht mystischer Erfahrung waren. Unter anderen zeitgenössischen Versuchen, die Naturmystik des Heiligen theologisch zu erklären, sei jener des Thomas von Celano (1 C 81) eigens erwähnt. Mit Berufung auf Röm 8,21 lässt er den Ordensgründer vorzeitig „zur Freiheit und Herrlichkeit der Kinder Gottes“ gelangt sein, während Bonaventura beim übergreifenden Begriff von *pietas* ansetzt. Er deutet des Franziskus Verhältnis zu den Geschöpfen als eine Form der *pietas,* die ihn *per universalem concilationem ad singula refigurabat ad innocentiae statum.*[55]

Dem Verfasser stellt sich abschließend noch die Aufgabe, die Naturmystik des Poverello im Lichte der vorauf gewonnenen Ergebnisse tiefer zu verstehen.

---

53 Vgl. LAUSBERG, H.: Elemente der literarischen Rhetorik. Eine Einführung für Studierende der klassischen, romanischen, englischen und deutschen Philologie, München 1979, 140 Nr. 425.

54 Vgl. GODET / MAILLEUX, Opuscula (Anm. 14) 118-122, 305.

55 LM VIII, 1. Die Verbreitung der Idee von einer Rückkehr zur urzeitlichen Unschuld vor den bzw. bei den franziskanischen Biografen s. GAGNAN, D. (†): La Croix et la nature chez saint François d’Assise, in: Anton. (Rom) 57 (1982) 609-705, bes. 669-672.

Weder liegt ihr jede Form von Pantheismus fern, noch erschöpft sie sich in bloß ästhetischem Naturgefühl. Die franziskanische Idee der „Allverschwisterung" – mindestens in dieser ausgeprägten Form dürfte sie beim Heiligen erstmals bezeugt sein – beruht zunächst in dem ihm stärkstens bewussten Schöpfungsglauben: Gott schuf nicht bloß – zusammen mit den Menschen – das Firmament, die unbeseelten Elemente und Tiere, sondern er weilt und wirkt dauernd in ihnen. Darum nehmen die Geschöpfe irgendwie an der Gotteskindschaft teil und werden somit in Christus, unserem Bruder ('EpFid II', 52 u. 56), den Menschen zu Brüdern und Schwestern. Mit den Zeitgenossen weiß der Poverello zudem um die Aufgabe der Kreatur, „sinnhaltiger Zeigestab auf den geistig-persönlichen Gott"[56] zu sein. Zum einzigartig-persönlichen Charakter der Naturbeziehung mögen die höchst empfindsame Anlage des umbrischen Dichters, der von der Provence ausgehende Minnesang[57] und die Kenntnis der Naturgleichnisse Jesu bei den Synoptikern (vgl. etwa NbR XXII, 9-18 für das Nachwirken des Sämanngleichnisses) beigetragen haben. Doch vermögen diese Faktoren „das dithyrambisch ausgesagte Bruder- und Schwesterverhältnis"[58] zu den Geschöpfen und das „Mitkindbewusstsein" bei Franziskus niemals zu erklären. [S. 264]

Das – gegenüber der Naturauffassung in der Bibel und der voraufgehenden christlichen Tradition – Neue besteht darin, dass Franziskus die Geschöpfe nicht bloß symbolisch auf Gott und Göttliches ausgerichtet und den Menschen nicht mehr als bloßen Herrn der Schöpfung weiß; vielmehr pflegt er mit den Kreaturen wie mit Personen und geistbegabten Wesen brüderlichen Umgang, weil er an ihnen unaufhörlich Gottes Allmacht, Schönheit, Fürsorge und Erbarmen erfährt. In ihnen und durch sie weitet sich sein Blick immer neu bis zum Schöpfer und Lenker des Lebens hin. Mit ihnen zusammen fühlt er sich ständig in einen kosmischen Chor des Gotteslobs einbezogen. Es war unleugbar eine mystische Erfahrung – begünstigt von der passiven Grundhaltung der *obedientia,* vom unablässig geübten Gotteslob in den Geschöpfen und vom engen Naturkontakt während der Wanderpredigt –, die beim Poverello zur „Liebesmystik des Allerbarmens" und zu „dem kosmovitalen Einsgefühl mit dem Sein und Leben der Natur"[59] geführt hat.

---

56 SCHELER, Wesen (Anm. 39) 100. Die Überwindung der Allegorese in der Naturbeschreibung mit Hilfe der Bildvorstellung des 'Liber naturae' im 12. Jahrhundert zeigt auf: GAGNAN, ebd., 612-624.

57 Vgl. z. B. BAEHR, R. (Hg.): Der provenzalische Minnesang. Ein Querschnitt durch die neuere Forschungsdiskussion, Darmstadt 1967; bes. LERCH, E.: Trobadorsprache und religiöse Sprache, ebd., 429-451, wo eine tlw. Übereinstimmung in der Terminologie (Freude / Trost) mit Franziskus auffällt. Vgl. auch SCHELER, Wesen (Anm. 39) 102f.

58 SCHELER, ebd., 99. Dem Verf. verdanke ich für diesen Teil wertvolle Anregungen, auch wenn ich nicht alle seine Deutungen teilen kann.

59 Ebd., 97.

Zur Überlieferung der Vogelpredigt des hl. Franziskus von Assisi

I. Einleitung

Wer immer sich mit einem Ausschnitt des Lebens oder der Frömmigkeit des Poverello befasst, sieht sich einer überbordenden Fülle von Quellenberichten und Sekundärliteratur gegenüber. Für die Festschrift zu Ehren von Prof. Martin Anton Schmidt, der sich während seines reichen literarischen Schaffens öfter Vertretern der Franziskanerschule zugewandt hat,[1] schwebte uns der Plan vor, das Thema der Vogelpredigt [= VP] in drei Stufen zu behandeln: nach einer Besprechung der vorausgehenden Studien,[2] gedachten wir, den kritischen Wert und die wechselseitige Verknüpfung der Quellenberichte[3] zu erörtern, um schließlich eine eingehende Auslegung dieses Ereignisses zu versuchen.

Der beschränkte Raum zwang zu der im Titel angedeuteten Auswahl. Aber auch bei der thematischen Eingrenzung wird es sich leider nicht vermeiden lassen, dass – aus Platzgründen – nur die grundlegenden Berichte im [S. 143] Volltext geboten werden. Immerhin darf für die vom Editoren-Kollegium San Bonaventura von Quaracchi bei Florenz (heute in Grottaferrata) im X. Band von *Analecta Franciscana* kritisch edierten

---

1 Vgl. z. B. BgFr XII (1958-63) Nr. 1836; XIII (1964-73) Nr. 2558, 2718, 2752; XIV, Nr. 4024.

2 Für die entsprechende Literatur sei verwiesen auf: Collectanea Franciscana [= CFr] – BgFr. Index 1931-1970; curavit Cl. VAN DE LAAR, Roma [1972] 211 b *(animalia)* und 212 a *(mundus seu res creatae)*; für 1958-80 figuriert die entsprechende Lit. in BgFr XII-XV (unter: *Franciscus Assisiensis*. E. *Spiritualitas*. 7. *Habitudo ad creaturas*). – Die hier bes. relevanten Veröffentlichungen sind: BIHL, M.: De praedicatione a S. Francisco avibus facta, in: AFH 20 (1927) 202-206; JUNGE, L.: Die Tierlegenden des hl. Franz von Assisi. Studien über ihre Voraussetzungen und ihre Eigenart, Leipzig 1932; KLINGENDER, F. D.: St. Francis and the birds of the Apocalypse, in: Journal of the Warburg and Courtauld Institutes (London) 16 (1953) 13-23; ARMSTRONG, E. A.: Saint Francis: Nature Mystic. The derivation and significance of the nature stories in the Franciscan Legend, Berkeley 1973; VAN CORSTANJE, A.: De Vogelpreek, in: Franciscus van Assisi (Den Haag) 12 (1975) 271-275; VERHEY, S.: Ursprüngliche Unschuld. Franziskus von Assisi spricht mit den Vögeln und mit anderen Tieren, in: WiWei 42 (1979) 97-106; CARDINI, F.: Francesco d'Assisi e gli animali, in: StFr 78 (1981) 7-46; SORRELL, R. O.: Tradition and Innovation, Harmony and Hierarchy in St. Francis of Assisi's Sermon to the Birds, in: FrancSt 43 (1983 [1987]) 396-407; ROTZETTER, A.: Wunderbar hat er euch erschaffen. Wie Franziskus den Tieren predigt, Freiburg [1988]; SHORT, W. J.: Hagiographical Method in reading Franciscan Sources. Stories of Francis and Creatures in Thomas of Celano's *„Vita prima"* (21: 58-61), in: Laur 29 (1988) 462-495.

3 Nur mit Mühe gelang es uns, die Studie einzusehen von: CELLUCCI, L.: Varie redazioni della predica di San Francesco agli uccelli, in: Archivum Romanicum (Firenze) 24 (1940) 301-308. Es handelt sich nicht um einen quellenkritischen Vergleich der hauptsächlichen VP-Berichte, sondern um einen z. T. bemerkenswerten Versuch einer literarisch-komparatistischen Analyse. – Leider müssen wir uns mit einem empfehlenden Hinweis begnügen auf: MARINI, A.: „Sorores alaudae". Francesco d'Assisi, il creato, gli animali; der voraussichtliche Publikationstermin dieser Monografie ist vorgesehen für Ende 1988 bei Edizioni Porziuncola, S. Maria degli Angeli-Assisi. Der Verf. stellte uns in entgegenkommender Weise die Druckbogen von Kap. II: „Episodi su Franceso e gli animali riferiti da Tommaso da Celano" zur Verfügung, wofür ihm auch hier herzlich gedankt sei.

und gesammelten Texte des 13. Jahrhunderts betont werden, dass in ihnen durch verschiedenen Drucksatz bzw. durch marginale Quellenverweise das Abhängigkeitsverhältnis der Berichte bis in kleinste Wortendungen dokumentiert wird.[4]

II. Die bisher bekannten Überlieferungsformen der Vogelpredigt

Aus Gründen, die sich aus der Behandlung des Themas von selber ergeben, bilden die Quellenberichte zwischen der 1. Celano-*Vita* (1229) und den *Actus B. Francisci et sociorum eius* (1331-1337) den zeitlichen Rahmen der vorliegenden Untersuchung. Vom Inhalt her drängt sich eine Gliederung und Klassifizierung der einschlägigen Erzählungen auf.

1. Die Vogelpredigt in der Nähe von Bevagna (Pian d'Arca)

1.1. Der erste Bericht über diesen Vorfall im Franziskusleben liegt vor bei Thomas von Celano, O. Min. († um 1260), *Vita prima S. Francisci* [= 1 C][5]. Dieser gebildete Sohn des Abruzzenstädtchens Celano trat wahrscheinlich 1215 dem Minderbrüderorden bei. Nach der Heiligsprechung des Ordensgründers betraute Papst Gregor IX. 1228 Br. Thomas damit, dessen Leben zu schreiben. Ohne einen eigentlichen chronologischen Anknüpfungspunkt zu vermitteln, berichtet der Biograf: [S. 144]

> „Interea dum, sicut dictum est, multi appositi sunt ad fratres, beatissimus pater Franciscus iter faciebat per vallem Spoletanam. Qui ad locum quemdam applicuit prope Mevanium, in quo diversi generis congregata erat avium maxima multitudo, columbarum videlicet, cornicularum et aliarum quae vulgo monaclae vocantur. Has cum vidisset beatissimus servus Dei Franciscus, quia homo maximi fervoris erat, magnum etiam circa inferiores et irrationabiles creaturas pietatis atque dulcedinis gerens affectum, alacriter cucurrit ad eas, in via sociis derelictis. Cum autem satis prope iam esset, videns quod eum praestolarentur, ipsas more solito salutavit. Sed admirans non modicum, quomodo aves non surrexissent in fugam, uti facere solent, ingenti repletus gaudio, humiliter deprecatus est eas, ut verbum Dei deberent audire. Et inter plura quae locutus est eis, haec quoque adiunxit: ‹Fratres mei, volucres, multum debetis laudare creatorem vestrum et ipsum diligere semper, qui dedit vobis plumas ad induendum, pennas ad volandum, et quidquid necesse fuit vobis. Nobiles vos fecit Deus inter creaturas suas et in puritate aeris vobis contulit mansionem, quoniam cum neque seminetis, neque metatis, ipse nihilominus sine omni vestra sollicitudine vos protegit et gubernat›. Ad haec aviculae illae, ut ipse dicebat et qui cum eo fuerant fratres, miro modo secundum naturam suam exsultantes, coeperunt extendere collum, protendere alas, aperire os et in illum respicere. Ipse vero transiens per medium illarum ibat et revertebatur, cum tunica sua capita earum contingens et corpora. Benedixit denique ipsis et, signo crucis facto, licentiam tribuit ut ad locum alium transvolarent. Beatus autem pater ibat cum sociis per viam suam gaudens, et gratias agebat Deo, quem omnes creaturae con-

[4] Legendae S. Francisci Assisiensis saeculis XIII et XIV conscriptae, ad codicum fidem recensitae a Patribus Collegii, I, in: AF X.

[5] Nr. 58, in: AF X, 44f.; die dt. Übersetzung bei GRAU, E.: Thomas von Celano, Leben und Wunder des hl. Franziskus von Assisi, Werl/Westf. ^{3}1980, 124f.; s. ebd., 31-34, die entsprechenden Einleitungsfragen zu 1 C.

fessione supplici venerantur. – Cum esset iam simplex gratia non natura, coepit se negligentiae incusare, quod olim non praedicaverit avibus, postquam audirent tanta cum reverentia verbum Dei. Sicque factum est, ut ab illo die cuncta volatilia, cuncta animalia cunctaque reptilia et etiam creaturas quae non sentiunt, ad laudem et amorem Creatoris sollicitus hortaretur, quoniam quotidie, invocato nomine Salvatoris, propria experientia ipsarum obedientiam cognoscebat".

Die Begegnung des Heiligen mit der Vogelschar dürfte aus gewissen Anzeichen im Kontext von 1 C um 1215 erfolgt sein. Nichts deutet darauf hin, dass der Bußprediger wegen der Verschlossenheit der Hörer in der Umgebung seinem Wort gegenüber sich dem Vogelpublikum zugewandt habe. Es kann sich hier – wie bereits angedeutet – nicht um einen eigentlichen Kommentar des Begebnisses handeln. Quellenkritisch ist von Belang, dass Celano ausdrücklich bekennt, die Angaben aus dem Mund des Heiligen selber und dem Bericht seiner Gefährten erhalten zu haben. Als weitere Echtheitszeichen dürfen überdies gelten: das Fehlen des Mirakulösen im Bericht; die wahrheitsgetreue Schilderung der schrittweisen und verwunderten Zuwendung zu der angesammelten und sitzengebliebenen Vogelschar; der Friedensgruß: „Der Friede sei mit Euch"[6], den er ihr entbot; der Aufruf [S. 145] zum Gotteslob; die biblisch durchwirkte Mahnrede und das Zeichnen des Segenskreuzes zum Abschluss der Begegnung. Eigens angemerkt zu werden verdient, dass der Wortlaut der VP nur einen Ausschnitt dessen darstellt, was Franziskus dabei gesprochen hat. An dieser Lücke wird der Bearbeiter der *Actus B. Francisci et sociorum eius* mit viel Phantasie ansetzen.

1.2. Die VP-Perikope nach 1 C wird zum unmittelbaren Ausgangspunkt für weitere Textfassungen.

1.2.1. Ein kurzer Auszug von 1 C 58 tritt uns entgegen in Br. Thomas' von Celano *Legenda ad usum chori* [= 4 C].[7] Nicht zu übersehen ist, dass dem stark kürzenden Bearbeiter – wohl 1230 – die Episode der VP immerhin wichtig genug erschien, um ihr in den acht Seiten der heutigen Edition den nötigen Raum zuzuweisen. Dass das Franziskusbild der Minderbrüder von der Chorlegende, solange sie in Geltung blieb, nicht unbedeutend mitbestimmt wurde, muss nicht eigens aufgewiesen werden.

1.2.2. Im Gegensatz zum Verfasser der *Legenda chori* malt Heinrich von Avranches († 1272) 1 C 58 in seiner 1232 oder 1234 gedichteten *Legenda S. Francisci versificata* mit seiner reichen Phantasie und vielen antiken Reminiszenzen breit aus, ohne inhaltlich neue Gesichtspunkte beizutragen.[8]

1.3. Von 4 C hängen mehrere spätere Quellen bis in den Wortlaut hinein ab.

---

[6] NbR XIV, 2: Opuscula: ed. C. ESSER, Grottaferrata 1978, 266f., bzw. in Anschluss an die Aussendungsrede bei Lk 10,5 als inspirierende Quelle zum Friedensgruß. Vgl. meinen Essay: San Francesco d'Assisi, messaggero di pace nel suo tempo, in: Studi e Ricerche Francescane (Napoli) 5 (1976) 211-232.

[7] Nr. 7, in: AF X, 122; vgl. GRAU, Thomas von Celano (wie A. 5) 46, für die Entstehung und Eigenart dieser Schrift.

[8] Lib. VIII, vv. 181-225, bzw. Appendix I, lib. IV, Nr. 4, in: AF X, 461f. und 490; s. die Einleitung zum poetischen Werk Heinrichs ebd., 5. LI-LV, und für den „Sitz im Leben" der „Leg.": CLASEN, S.: Legenda antiqua S. Francisci. Untersuchung über die nachbonaventurianischen Franziskusquellen ..., Leiden 1967, 350-354, mit weiterer Lit. Eine französische Übers. versuchte kürzlich Moïse BLATRIX; s. C. BÉRUBÉ, in: CFr 54 (1984) 339. Weitere Lit. verzeichnet sodann: *Repertorium Fontium Historiae Medii Aevi* V, Romae 1984, 412f.

1.3.1. Dies gilt von der *Chronica Sialandiae,* die von einem nicht näher bekannten Zisterzienser bis 1251 weitergeführt wurde.[9]

1.3.2. Wegen der beispiellosen Ausstrahlungskraft der *Legenda aurea* (ca. 1263-1267) des sel. Jakob de Voragine, O. P. (1298), muss [S. 146] seine *Vita S. Francisci* mit dem VP-Zitat aus 4 C besonders hervorgehoben werden.[10]

1.4. Auch die Mischungsmöglichkeit zwischen 1 C und 4 C blieb nicht unbenützt.

1.4.1. Br. Julian von Speyer, O. Min. († um 1250), *Officium rhythmicum* S. *Francisci,* dürften die beiden hagiografischen Schriften vor Augen gewesen sein, als er – wohl zwischen 1231 und 1232 – sein liturgisch-poetisches Werk verfasst hat.[11] Bei der Kürze der Anspielung auf die VP im *Officium* lässt sich freilich nur schwer eine literarische Querverbindung nachweisen.

1.4.2. Viel deutlicher tritt diese redaktionelle Abhängigkeit in Erscheinung in Br. Julians *Vita S. Francisci* [= Jul], die er 1232-1235 (oder -1239) niedergeschrieben hat.[12] Wie aus dem Drucksatz der Herausgeber optisch hervorgeht, stützt sich Julian materiell völlig auf Celano, über den hinaus er kein einziges neues Moment mitteilt. Hingegen verhalf die glückliche stilistische Diktion und die gedrängte Straffung des vorliegenden Materials zu seiner bedeutsamen Nachwirkung. Besonders herausgehoben zu werden verdient, dass der Biograf das Moment vom Gotteslob in den Geschöpfen sehr stark betont.

1.4.3. Bei Bartholomäus von Trient, O. P. († um 1251), *Epilogus in S. Franciscum* (zwischen 1245-1251), ist der Einfluss von 1 C deutlicher ausgeprägt als der von 4 C.[13] [S. 147]

1.5. Zwei Quellen verbinden in ihrem Wortlaut zugleich 1 C 58 und Jul 37.

1.5.1. Dass Br. Thomas von Celano für seinen *Tractatus de miraculis B. Francisci* [= 3 C][14], den er auf Drängen seines Generalministers nur ungern zwischen 1245-1257 (vielleicht 1250) zusammenstellte, auf 1 C zurückgriff, lag sehr nahe; dass er sich jedoch zugleich im Wortlaut auch der *Vita* Julians bediente, überrascht. Diese biografische Schrift konnte ihm kaum anders als ein Konkurrenzunternehmen erscheinen!

---

9 In LEMMENS, L. (Hg.): Testimonia minora de S. Francisco Assisiensi, Ad Claras Aquas 1926, 22. Vgl. Repertorium Fontium (wie A. 8) III, ebd. 1970, 447f. (Lit.).

10 Nr. 27, in: AF X, 687; s. z. B. DERS.: Legende aurea. Heiligenlegenden. Auswahl, Übers. aus dem Lateinischen, Anmerkungen und Nachwort von J. LAAGER, Zürich ²[1986], 327-346 (336 unser Text), 501f. (Anm.); 463-477 (Nachwort). Vgl. sodann KAEPPELI, Th.: Scriptores Ordinis Praedicatorum Medii Aevi II, Romae 1975, 348-368, mit bemerkenswerten Hinweisen zu Lit. und Verbreitung; „Legende aurea": sept siècles de diffusion. Actes du colloque international sur la „Legende aurea" ... (Hg.) B. DUNN-LARDEAU. Montréal 1986; s. M. D'ALATRI, in: CFr (1987) 352f.

11 Ad II Vesperas, Nr. 25: Ad Magnificat, Antiphona, in: AF X, 387; s. ebd. S. XLVI-XLIX, bes. XLVI. Für eine italienische Übers. mit Kommentar von J. CAMBELL und F. CASOLINI s. meine Hinweise in: CFr 34 (1964) 185. Vgl. auch A. 12.

12 Nr. 37, in: AF X, 353; s. ebd., S. XLII-LI, bes. XLVf.; s. auch die 1980 von E. MARIANI herausgebrachte italienische Übers. in: BgFr XIV, Nr. 451. Zu Leben und Werk Julians s. nun BERG, D.: Julian von Speyer, in: Die deutsche Literatur des Mittelalters. Verfasserlexikon IV, Berlin 1983, Sp. 900-904 (Lit.). Hinsichtlich des bes. „Sitzes im Leben" s. CLASEN, Legenda antiqua (wie A. 8) 347-350.

13 Nr. 5, in: AF X, 541; s. ebd., S. LVIII, und KAEPPELI, Scriptores O. P. (wie A. 10) I, ebd. 1970, 172-174.

14 Nr. 20, in: AF X, 281. Vgl. zu den Einleitungsfragen GRAU, Thomas von Celano (wie A. 5) 44-46, bes. 44; 453f. findet sich die deutsche Übers. von Nr. 20.

1.5.2. Die doppelte Inspiration wurde zudem wirksam in der *Legenda liturgica antiqua [S. Francisci] Ordinis Fratrum Praedicatorum*, welche Humbert von Romans (de Romanis), Generalmagister O. P., zwischen 1254-1259 redigiert hat.[15]

1.6. In je verschiedenem Ausmaß wirkten 1 C, 3 C und Jul auf die *Legenda maior S. Francisci* [= LM] bzw. die *Legenda minor S. Francisci* [= Lm], die der hl. Bonaventura zwischen 1260 und 1263 (für Lm vielleicht eher später, wohl zwischen 1263-1266?) im Auftrag des Generalkapitels und zur Überwindung der Vielfalt vorausbestehender hagiografischer Schriften verfasst hat. In LM XII,3[16] fasst der Seraphische Lehrer den Bericht Celanos und Julians in kurzer Form zusammen, ohne neue Momente aus der mündlichen Überlieferung der noch lebenden Gefährten einzuflechten.

1.7. In der von einem leider nicht näher bekannten Benediktiner der Abtei von Oberaltaich zwischen 1263 und 1282 – vielleicht um 1275 – zusammengestellten *Legenda S. Francisci monacensis*[17] sind bei der Beschreibung der VP 1 C 58, Jul 37 und Bonaventuras LM miteinander vermischt. [S. 148]

1.8. Die *Actus Beati Francisci et Sociorum eius* [= Actus] bzw. deren altitalienische Übertragung der *Fioretti* [= Fior.] stellen für die VP-Perikope zweifellos den Endpunkt ihrer redaktionellen Entwicklung dar. Die *Actus* kompilierte – zwischen 1331-1337 – Br. Hugolin von Montegiorgio, O. Min. († 1350). Diese wiederum übersetzte ein unbekannter Minderbruder aus der Toskana im letzten Viertel des 14. Jahrhunderts als *Fioretti* in die italienische Volkssprache.[18] In Kap. 16 der *Actus* versucht der Autor, das Vorkommnis von Pian d'Arca genauer in den Lebenslauf des Ordensgründers einzuordnen. In engem Anschluss an LM[19] berichtet er zunächst von des Heiligen Zweifel, ob er sich ausschließlich dem Gebet oder auch der Evangelisierung widmen solle. Um darüber Gewissheit zu erlangen, habe er Br. Masseo zu Br. Silvester und zur hl. Klara gesandt. Übereinstimmend eröffneten ihm beide den göttlichen Willen, dass er das Gotteswort verkünden solle. Zusammen mit Br. Angelo und Masseo habe er sich hierauf

---

15 Lect. VI, in: AF X, 534; s. ebd., S. LVI-LVII; VICAIRE, M.-H.: Humbert de Romans, in: DSp VII/1, Paris 1969, 1108-1116 (Lit.).

16 In: AF X, 612, bzw. Lm, Kap. 5, Lesung 6: ebd., 670f. Vgl. CLASEN, S.: Franziskus, Engel des sechsten Siegels. Sein Leben nach den Schriften des hl. Bonaventura, Werl/Westf. 1962, 136-152, bes. 141, 358f. (Übers. von LM) und 464f. (von Lm); DERS., Legenda antiqua (wie A. 8) 360-370 (Sitz im Leben); zur Entstehungszeit von Lm s. O. SCHMUCKI, in: CFr 34 (1964) 60 Anm. 78. Andere Lit. zu LM und Lm s. bei DISTELBRINK, B.: Bonaventurae scripta authentica dubia vel spuria critice recensita, Roma 1975, 48-50.

17 Nr. 61, in: AF X, 710f.; s. zur Entstehungszeit ebd., S. LXXXIII-LXXXV.

18 Kap. 16, Nr. 1-33: ed. P. SABATIER, Paris 1902, 55-59, oder nun: Nuova edizione postuma di Jacques Cambell, a cura di M. BIGARONI e G. BOCCALI, [S. Maria degli Angeli-Assisi 1988], 230-241, wo auf den gegenüberliegenden Seiten zugleich der Paralleltext von Fior., Kap. XVI, abgedruckt ist; für letztere s. auch die mit Anm. angereicherte Ausgabe von B. BUGHETTI / R. PRATESI, [Firenze 1958], 76-81; vgl. die Einleitungsfragen ebd., 11-17; vgl. auch CLASEN, Legenda antiqua (wie A. 8) 339-343 („Sitz im Leben" der „Actus") und BgFr XV, Nr. 498-501, wo einige bedeutende neueste Studien über die Fior. verzeichnet sind.

19 Kap. 12, Nr. 1-2, in: AF X, 610f.; vgl. SCHMUCKI, O.: Spiritus orationis et humanae actionis compositio ad mentem S. Francisci Assisiensis, in: Laur 23 (1982) 376-403, bes. 387-391 (Lit.). – Hinsichtlich der Gegenwart Br. Masseos bei der VP kann auch hingewiesen werden auf: Liber exemplorum Fratrum Minorum saeculi XIII, Nr. 69: ed. L. OLIGER, in: Anton. 2 (1927) 239.

mit Feuereifer nach Cannara aufgemacht, wo er während der Predigt den Schwalben Schweigen gebot und dem Volk die Gründung des Dritten Ordens in Aussicht stellte.

Beim Weitergehen in Richtung Bevagna habe der Poverello seine Mahnung zum Gotteslob an die in der Nähe des Weges versammelten Vögel gerichtet. Der Predigttext (Nr. 11-34) ist zweifellos mit großem sprachlichem Können formuliert, weist jedoch – im Vergleich zur schlichten Urform bei 1 C 58 – seine späte Entstehung deutlich aus, ganz abgesehen davon, dass der Wundercharakter des Geschehens weitaus mehr betont wird als in der früheren Überlieferung. Das Fiktive hat hier gegenüber dem Faktischen unverkennbar die Oberhand gewonnen.

2. *Alleinstehende Fassungen, die sich von der mündlichen Tradition herleiten.* [S. 149]

2.1. Von keinem anderen franziskanischen Quellenbericht wird das Zeugnis Rogers von Wendover, O.S.B. († 1236), in seiner *Chronica sive Flores historiarum*[20] gedeckt. Der englische Mönch stellt eine VP vor, die Franziskus in der Umgebung Roms gehalten habe, nachdem die Stadtbewohner seiner Wortverkündigung ihr Gehör verweigert hätten. Da Roger auch in anderen Erzählungen als wenig zuverlässig gilt und zudem hinsichtlich der Stigmatisation und des Todes des Ordensgründers völlig Unglaubwürdiges berichtet, sind Zweifel an der Geschichtlichkeit dieser isolierten Nachricht berechtigt. Sie geht offenkundig auf das Hörensagen zurück und wird von der antikurialen Tendenz des Chronisten mitbestimmt. Bezeichnend ist jedenfalls, dass Matthäus Paris, O. S. B. († um 1259), bei der Übernahme derselben Erzählung in seine *Chronica Major* in einer eigenhändig hinzugefügten Zeichnung der VP auf 1 C 58 zurückgreift.[21]

2.2. Was in der Chronik: *Gesta Senonensis ecclesiae* von Richer, O.S.B., Mönch von Senones († um 1267)[22], von einer angeblichen VP in der Nähe einer nicht bestimmten Stadt zu lesen ist, trägt ebenfalls die Züge eines unkontrollierten Volksgerüchts an sich. Der Berichterstatter verrät dies schon dadurch, dass er mehrmals und betont die Wendung *fertur* verwendet. Überdies sticht die behauptete Reaktion des Heiligen von seinem sonst bekannten Seelsorgsverhalten ab, wonach er sich aus Protest den urteilsunfähigen Vögeln zugewandt habe, nachdem ihn die Bewohner wegen seines verächtlichen Kleides nicht anhören wollten und ihn gar aus den Stadtmauern verwiesen hätten. Darum wird es uns niemand verdenken, wenn wir die von den beiden benediktinischen Chronisten berichtete VP für ungeschichtlich halten. Es könnte sich in beiden Fällen um eine moralisierende Umdeutung der historischen VP bei Bevagna handeln.

---

[20] In: LEMMENS, Testimonia minora (wie A. 9) 30f.; vgl. SCHNITH, K.: Roger v. Wendover, in: LThK ^{2}VIII, 1360: „R. s. Berichte sind oft unzuverlässig u. mit Vorsicht zu benützen ...“, s. auch CHIBNALL, M. M.: Roger of Wendover, in: New Cath. Encyclop. XII, New York 1967, 556.

[21] Vgl. LITTLE, A. G.: Brother William of England, Companion of St. Francis, and some Franciscan Drawings in the Matthew Paris Manuscripts, in: Collectanea Franciscana I, ed. DERS. / JAMES, M. R. / BANNISTER, H. M., Aberdoniae 1914, 1-8; s. die Abb. I zwischen S. [IV]/1. Vgl. auch VAUGHAN, R.: Matthew Paris, Cambridge 1958, 205-234 (Matthew Paris the Artist).

[22] In: LEMMENS, Testimonia minora (wie A. 9) 32f.; vgl. G. WAITZ, in: MGH Script. XXV, 251 (Todesdatum und Eigenart der Chronik); s. auch CHEVALIER, U.: Répertoire des sources historiques du Moyen Age. Bio-bibliographie II, Paris 1907, Sp. 3965.

2.3. Ein ganz eigenartig gelagerter Sonderfall ist ein Bericht aus dem Ende des 13. Jahrhunderts über einen misslungenen Versuch des hl. Franziskus, einer Ansammlung von Vögeln im Feld zu predigen. Statt seinem [S. 150] Aufruf zuzuhören, seien die Vögel beim Herannahen des Ordensstifters weggeflogen. Die Erzählung – angeblich zurückgehend auf Br. Masseo von Marignano († um 1280) – wird von einer Textsammlung tradiert, die größtenteils von Br. Rufin von Bengarmi, O. Min. (fl. 1200), kompiliert worden war. Dieser Minderbruder lebte in Assisi und bezeichnete sich als Gefährten der Gefährten des Hl. Franziskus. Da der Bericht in der überreichen franziskanischen Exempelliteratur ohne Gegenstück dasteht, sei er hier angeführt:

„In che modo fuggirono gli uccegli, a' quali sancto Francesco voleva predicare: Narrava frate Masseo, el quale era presente col beato Francesco quando e' predicò agli uccegli, e mentre egli era tutto acceso in divotione, e' trovò per la via una certa moltitudine d'uccegli, a' quali e' volse predicare sì come egli aveva fatto di prima a degli altri. E quali uccegli, vedendo el beato Francesco appressarsi a lloro, tutti si fuggiran via, nè l'aspettò verum di loro. E egli ritornato in sè incominicò a riprehendere se stessi aspramente e insieme a vituperarsi dicendo: ‹Figliuoio di Pietro Bernardone, temerario e presuntuoso!›, perchè e' voleva che lle creature inrationale al comandamento suo gli obbedissino, sì come le fanno al loro Creatore. Onde tu, lectore, se ben consideri, questo fu confermatione del precedente segnio, e fu preservatione dal gonfiamento della superbia, se alcuna ne fussi potuta di sotto nascere nella mente del beato padre Francesco."[23]

Für die Glaubwürdigkeit der verfehlten Begegnung mit den gefiederten Geschwistern spricht, dass deren Beschreibung der sonst in der franziskanischen Hagiografie stark erkennbaren Idealisierung des Heiligen zuwiderläuft. Wenn sich der Poverello in der Selbstanklage auf die Abstammung von seinem sozial niedrig gestellten Vater Pietro di Bernardone beruft, besteht dafür schon bei Celano eine Parallele.[24] Auch wenn diese Erzählung verhältnismäßig spät und nur einzeln aufscheint, bestehen dennoch gute Gründe, sie für echt zu halten. [S. 151]

III. Einige Ergebnisse

1. Trotz des vorläufigen Charakters der Untersuchung kann festgehalten werden, dass für die historische Kenntnis der VP allein 1 C 58 herangezogen werden darf; denn die nachfolgenden Redaktionen stellen von diesem ersten Bericht nur literarische Abwandlungen dar, während sich die *Actus*-Version als historiografische späte Kombination und dichterisch freie Neuschöpfung ausweist.

---

23 BUGHETTI, B.: Una nuova compilazione di testi intorno alla vita di S. Francesco. (Dal cod. Universitario di Bologna n. 2697), in: AFH 20 (1927) 525-562. Der Text trägt beim Hg. die Nr. 19 und steht auf 546f.

24 Vgl. 1 C 53, in: AF X, 41. Zu einem Minderbruder, der Franziskus bei Lobeserhebungen durch andere auftragsgemäß beschimpft hatte: *„Benedicat tibi Dominus!, quia verissima loqueris; talia enim decet audire filium Petri de Bernardone"*. Der Biograf fügt erklärend bei: *„Sic loquens nativitatis suae humilia primordia recolebat"*. Vgl. den Parallelbericht bei LM VI,1: ebd., 582. Die Szene wird in *Actus,* Kap. 2: P. SABATIER, 8-11, bzw. J. CAMBELL, 122-129, breit ausgemalt.

2. Das komplexe Geflecht wechselnder literarischer Abhängigkeiten späterer Redaktionen – von 1 C bis *Actus* – dürfte unter II. 1. in gedrängter und übersichtlicher Form dargestellt worden sein.

3. Die Entwicklung des VP-Berichts erreicht ihre letzte redaktionelle Fassung im 14. Jahrhundert in den *Actus – Fioretti,* denen – für unseren konkreten Fall – wohl ein hohes literar- und frömmigkeitsgeschichtliches, jedoch kaum noch ein historisches Interesse zukommt.

4. Die Erzählung von einer VP – aus Protest wegen des nicht erlangten Gehörs für die Verkündigung – vor Rom bzw. vor einer nicht benannten Stadt durch Roger von Wendover und Richer, Mönch von Senones, entbehrt des historischen Fundaments. Möglicherweise liegen hier Umdeutungsversuche der historischen VP vor.

5. Die von Br. Rufin Bengarmi am Ende des 13. Jahrhunderts – mit Berufung auf den Franziskusgefährten Br. Masseo – tradierte missglückte VP trägt mehrere Anzeichen der Echtheit an sich.

6. Die überraschend breite Streuung der VP-Perikope im damaligen Westeuropa, über die Grenzen des frühen franziskanischen Ordens hinaus – in Form von liturgischen, hagiografischen und chronikalischen Kurzberichten – beweist, wie sehr der mittelalterliche Mensch von dieser Episode betroffen war und sie als die Durchschnittserfahrung überschreitend empfand.

Der franziskanische Bußorden im Lichte der biografischen Quellen des 13. Jahrhunderts

Die Jahrhundertfeier der Drittordensregel *Supra montem* von Papst Nikolaus IV.[1] berechtigt einen historischen Rückblick auf die von mehreren Autoren versuchte Aufhellung der geschichtlichen Problematik, ob Franziskus einen Bußorden gegründet habe und, sofern die Frage bejaht wird, mit welchen Kategorien das Verhältnis beider umschrieben werden soll.[2] Natürlich gestattet der beschränkte Raum eines Vortrages es nicht, den gesamten Fragenkomplex zu behandeln. Wie ich dies schon 1972 am 1. Drittordenskongress in Assisi versucht habe, möchte ich nur die biografischen Quellen zum Franziskusleben aus dem 13. Jahrhundert in ihren Aussagen zum Bußorden befragen.[3]

I. Die franziskanischen Quellentexte in ihrer chronologischen Reihenfolge

Beim Verwenden hagiografischer Zeugnisse des Mittelalters sind zwei Extreme sorgfältig zu vermeiden: Einerseits dürfen sie nicht unbesehen und kritiklos übernommen wer- [S. 158] den; andererseits zeugt es von Voreingenommenheit, wenn ihnen – en bloc – jeder historische Zeugniswert abgesprochen wird. Wer sich von einer ausgewogenen

---

1 Vgl. MEERSSEMAN, G. G.: Dossier de l'Ordre de la Pénitence au XIIIe siècle, Fribourg/Suisse 1961 (Spicilegium Friburgense, 7), 156 und 128-138. Über dieses Dokument ist nun unentbehrlich: La „Supra montem" di Niccolò IV (1289): genesi e diffusione di una regola. Atti del 5° Convegno di Studi Francescani (Ascoli Piceno, 26-27 ott. 1987), a cura di R. PAZZELLI / L. TEMPERINI, Roma 1988. – Zum literarischen Werk Meerssemans vgl. MACCARRONE, M.: Il Padre Gilles-Gérard Meersseman († 26 marzo 1988), in: Riv. Storia Chiesa Italia 43 (1989) 185-200.

2 Nebst der von MEERSSEMAN, Dossier, S. XI-XVI, aufgereihten Lit. seien hier ausdrücklich genannt: VAN DEN BORNE, F.: Die Anfänge des franziskanischen Dritten Ordens. Vorgeschichte – Entwicklung der Regel. Ein Beitrag zur Geschichte des Ordens- und Bruderschaftswesens im Mittelalter, Münster/Westf. 1925 (Franziskanische Studien. Beiheft 8) grundlegend! CALLAEY, F.: The Third Order of St. Francis. A Historical Essay, Pittsburgh, PA, 1926; L'Ordine della Penitenza di san Francesco d'Assisi nel secolo XIII. Atti del [1°] Convegno di Studi Francescani, Assisi, 3-4-5 luglio 1971. A cura di Ottaviano SCHMUCKI, Roma 1973 (reprogr. Nachdruck ebd. 1988); CASAGRANDE, G.: L'Ordine Francescano Secolare nelle prime fonti francescane, in ItFr 55 (1980) 203-220; VAUCHEZ, A.: Pénitents, in: DSp XII/1, 1010-1023; I Frati Minori e il Terzo Ordine. Problemi e discussioni storiografiche, 17-20 ottobre 1982, Todi 1985 (Convegni del Centro di studi sulla spiritualità medievale, XXIII); PAZZELLI, R.: Penitenza (Ordine della), und BÉDRUNE, L.: Ordine Francescano Secolare, in: DF, Padua [1983], 1271-1314, bzw. 1133-1166; RIVI, P.: Le origini dell'O.F.S. Risveglio religioso e coscienza del laicato nella Chiesa dei secoli XII-XIII: il contributo di Francesco d'Assisi, Roma 1988, S. XIII-XVII neuere Lit.

3 SCHMUCKI, O.: Il T. O. F. nelle biografie di san Francesco, in: L'Ordine della Penitenza (wie Anm. 2) 117-143. Natürlich werde ich im Folgenden der anlässlich der Ed. der Kongressakten ausgesprochenen Kritik Rechnung tragen. Es sei eigens betont, dass unsere Fragestellung von keinem späteren Autor – auch nicht von G. Casagrande trotz ihres Titels, der eine eingehende Analyse der entsprechenden Quellentexte verspricht (s. Anm. 2) – wieder aufgenommen wurde.

Einstellung zu Quellentexten, die zeitlich so weit zurückliegen, leiten lässt, wird den Aussagekern von der literarischen Umkleidung bloßzulegen versuchen. Wer sich auch nur einigermaßen in die überbordende Quellenliteratur zum Poverello eingelesen hat, weiß um die in ihr stark hervortretende Erbauungstendenz, um den je nach Vita sich wandelnden Sitz im Leben und um den seit der Heiligsprechung des Franziskus ständig verstärkten Zug zur zeitenthobenen Idealisierung.[4]

1. Das erste Zeugnis – zeitlich wie bedeutungsmäßig – enthält die *Vita prima S. Francisci* von 1228/1229 des Br. Thomas von Celano. Im Zusammenhang der erfolgreichen Wortverkündigung des Heiligen, deren Auswirkung der Lebensbeschreiber in höchsten Tönen preist, schreibt er: „Überall erscholl Danksagung und Lobgesang, so daß viele die weltlichen Sorgen von sich warfen und im Leben und in der Lehre des hochseligen Vaters Franziskus Selbsterkenntnis gewannen und nach Liebe und Verehrung des Schöpfers verlangten. Viele aus dem Volke, Adelige und Nichtadelige, Geistliche und Laien begannen auf göttliche Eingebung hin, sich dem heiligen Franziskus anzuschließen, um unter seiner Führung und Leitung für immer Dienst zu tun. Sie alle überflutete der Heilige Gottes, wie ein von himmlischer Gnade überfließender Fluß, mit Strömen von Gnadengaben und schmückte den Acker ihrer Herzen mit den Blumen der Tugenden; war er doch der auserlesene Künstler, nach dessen Vorbild, Regel und Lehre in hervorhebenswerter Weise die Kirche Christi in beiden Geschlechtern erneuert wird und eine dreifache Streiterschar von Auserwählten triumphiert. Und allen gab er eine Richtschnur für ihr Leben und zeigte in Wahrheit jedem Stand den Weg zum Heil" (1 C 37).[5]

Am vorliegenden Bericht fällt der für ein modernes Sprachempfinden fast barock anmutende Bilderreichtum und die hyperbolische Steigerung der Aussagen auf. Soweit der biografische Kontext eine chronologische Einordnung des Berichtes überhaupt zulässt, muss er der Zeit nach der mündlichen Bestätigung der evangelischen Lebensform für die urfranziskanische Brüderschaft (1209) durch Innozenz III. zugeordnet werden. Entgegen der sonstigen Übung des Papstes, Ordensgründungen, die um seine offizielle Anerkennung nachsuchten, auf vorausbestehende reguläre Institutionen zurückzuführen, hatte er der franziskanischen Gemeinschaft – zwar nur mündlich und auf Zusehen hin – den Rang ei- [S. 159] ner „religio" zuerkannt.[6] Indem der Poverello

---

4 Es war das Verdienst von S. CLASEN, in mehreren Studien auf die bes. literarische Gattung der hagiografischen Quellen hingewiesen zu haben; s. z. B.: Vom Franziskus der Legende zum Franziskus der Geschichte, in: WiWei 29 (1966) 15-29; DERS.: Die Hagiographie als literarische Art, in: WiWei 31 (1968) 81-99; DERS.: Legenda antiqua S. Francisci. Untersuchung über die nachbonaventurischen Franziskusquellen ..., Leiden 1967 (Studia et documenta franciscana, V) 317-399 („Der Sitz der 'Legenda antiqua S. Francisci' im Leben").

5 Ich zitiere mit 1 C, 2 C und 3 C: Fr. Thomas de Celano Vita prima S. Francisci / Vita secunda ... / Tractatus de miraculis B. Francisci mit der entsprechenden Nr. und S. der krit. Ed. in: AF X, 1-117, 127-268, 269-331, hier 30. Für die dt. Übersetzung folge ich stets: Thomas von Celano, Leben und Wunder des heiligen Franziskus von Assisi. Einführung, Übersetzung, Anmerkungen Engelbert GRAU, vierte, neu bearbeitete Auflage, Werl/Westf. 1988 (FQS, V), hier 112f.

6 Für die Zeit s. DI FONZO, L.: Per la cronologia di S. Francesco. Gli anni 1182-1212, in: MF 82 (1982) 1-115, bes. 95-100, der die päpstliche Bestätigung zwischen April und 17. Mai 1209 festlegt. Hinsichtlich der besonderen Eigenart dieser Anerkennung s. MACCARRONE, M.: Riforme e innovazioni di Innocenzo

die von Innozenz III. ihm und seinen Brüdern erteilte Bevollmächtigung in die Tat umsetzte, predigte er allen Buße. „Franziskus ... zog in den Städten und Flecken umher und verkündete nicht in überredenden Worten menschlicher Weisheit, sondern in Lehre und Kraft des Geistes das Reich Gottes, predigte den Frieden, lehrte Heil und Buße zur Vergebung der Sünden.“[7]

Was uns am biografischen Bericht näher interessiert, ist die – selbst bei Rückführung der Superlative Celanos auf den Positiv – außergewöhnliche spirituelle Ausstrahlungskraft, die der Bußexhorte des Wanderpredigers innegewohnt haben muss. Unter dem Einfluss der Gnade ließen sich viele Gläubige von höheren wie niederen Rängen („nobiles et ignobiles“), aus dem Kleriker- wie Laienstand von seinem Wort anrühren und zur moralischen Umkehr[8] führen. Ja, sie baten dringlich, für immer unter seiner spirituellen Anleitung und Lehre Gott dienen zu dürfen. Nicht anders kann doch die Aussage: „cupientes sub eius disciplina et magisterio perpetuo militare“,[9] verstanden werden. Nach dem Zeugnis Celanos hat sich der Poverello dem Ansuchen der religiös erweckten Laien nicht nur nicht entzogen, sondern hat sie mit einer Intensität evangelisch belehrt und betreut, dass der Biograf deren zur Tugend umgewandeltes Leben mit einem mit überreichem Regen getränkten Blumengarten vergleicht. Der Lebensbeschreiber kennzeichnet den Heiligen als Künstler im Bereich des Spirituellen, insofern – entsprechend seiner Lebensform, Regel und Lehre[10] – in der Kirche an beiden Geschlechtern eine einschneidende Reform vollzogen wurde.

Sehr verschieden wird das parataktisch auf die ausgesagte franziskanische Kirchenreform, auf männliche wie weibliche Laien bezogene und typisch mittelalterlich formulierte Sätzchen: „et trina triumphat militia salvandorum“ ausgelegt. Nach Giovanna Casagrande handelt es sich bei der „trina militia“ um einen literarischen Topos mit symbolischen Bestandteilen. Man könne diese Stelle als Anspielung auf die drei Stände: Kleriker, Religiosen und Laien, aus denen die Kirche besteht, verstehen, ohne dass damit ein von Franziskus [S. 160] gegründeter Laienorden mitgemeint sei.[11] Theophile Desbonnets behauptet: „Beaucoup plus qu’aux Premier, Deuxième et Troisième Ordres, l’expression ‘trina militia salvandorum’ fait allusion à une de ces divisions triparites sur

---

III nella vita religiosa, in: DERS.: Studi su Innocenzo III, Padua 1972 (Italia Sacra. Studi e documenti di storia ecclesiastica, 17), 221-337, bes. 300-306: „7. L’approvazione di S. Francesco“.

7 1 C 33: GRAU, 108; 36: 111.

8 Dies ist der Sinn des in den „Opuscula“ seltenen Wortes (vgl. GODET, J.-F. / MAILLEUX, G.: Opuscula sancti Francisci. Scripta sanctae Clarae. Concordance. Index. Listes de fréquence. Tables comparatives. Louvain 1976 [Corpus des Sources Franciscaines, V], 74: compunctio 2) „divina inspiratione compuncti“. Vgl. PEGON, J.: Componction, in: DSp II/2, 1312-1321; PAZZELLI, R.: Penitenza, mortificazione, in: DF, 1271-1296 (Lit.).

9 Zur Sinnbedeutung von „militare“ s. BLAISE A. / CHIRAT, H.: Dictionnaire latin-française des auteurs chrétiens, Turnhout 1954, 530b (unter 4); von „disciplina“ s. J. LECLERCQ, in: DSp III, 1291-1302; ROCCA, G.: Disciplina, in: DIP III, [Roma 1976], 714f. Vgl. auch AUER, J.: Militia Christi, in: DSp X, 1210-1223 (Lit.).

10 „ad cuius formam, regulam et doctrinam“; s. darüber MEERSSEMAN, Dossier (wie Anm. 1) 329b, 331a, 341b; ESSER, K.: Anfänge und ursprüngliche Zielsetzungen des Ordens der Minderbrüder, (Studia et documenta franciscana, IV) 286a: „forma vitae“; SCHMUCKI, O.: Schrittweise Entdeckung der evangeliumsgemäßen Lebensform durch den hl. Franziskus von Assisi, in: FrSt 66 (1984) 368-421.

11 L’Ordine Francescano Secolare (wie Anm. 2) 219.

lesquelles se fondait la sociologie médiévale: soit la célèbre division en 'oratores, bellatores, laboratores' d'Aldabéron de Laon, soit, plus vraisemblabement, une de ces divisions assumées par l'Eglise de ce temps et hors de laquelle il semblait que rien d'honnête ne pouvait exister."[12]

Man kann sich des Eindrucks nicht erwehren, dass die beiden eben angeführten Autoren – sie stehen für eine ganze Reihe von Fachkollegen! – zu einem weit hergeholten terminologischen Arsenal Zuflucht nehmen, um sich der nächstliegenden Interpretation zu entziehen. Dass von Celano mit „trina militia" ein dreifältiges Ordensinstitut intendiert wird, erhellt von der Sinnbedeutung von Dienst für Gott oder Leben im Klerikerstand, die „militia" in einem spirituellen Kontext regelmäßig annimmt.[13] Genau mit dieser Konnotation verwenden Thomas von Celano[14], Julian von Speyer[15] und der hl. Bonaventura[16] diese militärische Vorstellung. Die im vorliegenden Text wiederkehrende Terminologie weist einerseits auf ein Ordensleben („sub eius disciplina et magisterio militare"; „ad cuius formam, regulam et doctrinam ... renovatur Ecclesia"), andererseits auf einen von der Buße geprägten Lebensstil hin („saecularibus curis abiectis"; „compuncti"). Wenn sich darum Weltleute und Kleriker an Franziskus wenden, leitet sie die Erwartung einer besonderen „vita religiosa".

Den Bittstellern habe der Heilige eine Lebensregel übergeben („normam vitae") und habe sie – entsprechend ihrer besonderen Lage – im Verfolgen des Heilsweges unterrichtet. Leider lässt uns der Biograf völlig im unklaren, worin diese Regel für die franziskanischen Pönitenten bestanden hat. Doch erscheint es mehr als wahrscheinlich, dass sich der Ordensgründer ihnen gegenüber ganz ähnlich verhielt, wie er dies beim ersten Orden in der verloren gegangenen „Protoregula"[17] und beim zweiten Orden der Armen Frauen von [S. 161] St. Damian mit der nur in einem Fragment erhalten gebliebenen „Forma vivendi"[18] gehalten hat.

---

12 La Lettre à tous les Fidèles de François d'Assisi, in: I Frati Minori e il Terzo Ordine (wie Anm. 2) 56.

13 Vgl. oben, Anm. 9.

14 2 C 212: AF X, 252, verwendet: „iam emeritae militiae", indem er von Franziskus vor seinem Tode spricht. – Vgl. auch Thomas de Celano, Legenda sanctae Clarae Virginis, n. 8: I. OMAECHEVARRÍA (ed.), Madrid ²1982, 141: „nova militia pauperum", d. h. der Erste Orden. – Vgl. MAILLEUX, G.: Thesaurus Celanensis. Vita prima. Legenda ad usum chori. Vita secunda. Tractatus de miraculis. Legenda sanctae Clarae virginis. Concordance, Index, Listes de fréquence, Tables comparatives, Louvain 1974 (Corpus des Sources Franciscaines, I) 366.

15 Vita S. Francisci, n. 3: AF X, 337: „novae militiae dux futurus". Vgl. GODET, J.-F. / MAILLEUX, G.: Legenda trium sociorum. Anonymus Perusinus. Fr. Iuliani de Spira. Vita sancti Francisci. Sacrum commercium s. Francisci cum domina paupertate. Concordance. Index, Liste des fréquence, Tables comparatives, Louvain 1976 (Corpus des Sources Franciscaines, III) 167.

16 LM XIII,10: AF X, 620: „dux in militia Christi futurus". Vgl. GODET, F.-J.: Sancti Bonaventurae Legendae maior et minor sancti Francisci, Louvain 1975 (Corpus des Sources Franciscaines, 11) 202.

17 1 C 32: AF X, 25: „... scripsit sibi et fratribus suis, habitis et futuris, simpliciter et paucis verbis, vitae formam et regulam, sancti Evangelii praecipue sermonibus utens ..." Für einen ersten Einblick und die voraufgehende Lit. sei verwiesen auf SCHMUCKI, O.: Gli scritti legislativi di san Francesco, in: Approccio storico-critico alle fonti francescane, a cura di G. C[ARDAROPOLI] / M. C[ONTI], Roma [1979], 73-98, bes. 74-80; s. auch DOZZI, D.: Il Vangelo nella Regola non bollata di Francesco d'Assisi, Roma 1989 (Bibliotheca Seraphico-Capuccina, 36).

18 S. Clara, Testamentum, 33f.: BECKER, M.-F. / GODET, J.-F. / MATURA, Th.: Claire d'Assise, Ecrits. Introduction, texte latin, traduction, notes et index, Paris 1985 (Sources Chrétiennes, 325), 172: „Postea

Mein Versuch einer philologisch-historischen Vertiefung des Celano-Zeugnisses vermittelte – wider Erwarten – ungewöhnlich reiche Informationen über die Frühzeit der franziskanischen Pönitenten. Um die Gestalt einer für uns kaum noch genau vorzustellenden Ausstrahlungskraft des Poverello sammelten sich nicht nur die Minderbrüder im ersten und die Armen Frauen von St. Damian im zweiten Orden, vielmehr schloss sich ihm eine Gruppe von Weltklerikern und Laien an, um an seinem besonderen Charisma Anteil zu erlangen. Ihnen schenkte er eine Lebensform, die ihrer Weltaufgabe möglichst Rechnung trug. Leider enthält uns Br. Thomas Nachrichten darüber vor, wie zahlreich diese Laiengruppen waren, ob sie sich in örtlichen Fraternitäten organisierten und auf welche Weise für deren spirituelle Betreuung vorgesorgt wurde. Wenn man sich den damals vorherrschenden Wanderradikalismus der minoritischen Frühzeit vor Augen hält, muss eine ständige geistliche Leitung durch Minderbrüder als sehr unwahrscheinlich gelten.[19]

Eine Frage, die von besonderem geschichtlichen Interesse ist, betrifft den Zeitpunkt, wann die franziskanischen Pönitentengruppen aufzutreten begannen. Trotz der ausdrücklich vom Biografen erklärten Absicht, „die geschichtliche Reihenfolge" einhalten zu wollen,[20] wich er leider nur zu oft davon ab. Aus dem näheren Kontext, worin dieser Bericht überliefert wird, mag es berechtigt erscheinen, an einen verhältnismäßig frühen Ursprung der franziskanischen Pönitenten – als Auswirkung und Frucht der Bußexhorte des Poverello – zu denken. Hier gewinnt das Zeugnis von Gilles Gérard Meersseman, der viele Jahrzehnte seines Lebens der Erforschung von Pönitenten und Bruderschaften des Mittelalters gewidmet hat, ein ganz besonderes Gewicht: „In seguito alla predicazione di Francesco e dei suoi compagni in Umbria, in Toscana, nella Marca di Ancona e in Lombardia (1209-1211), si registra un notevole aumento di laici, sposati o celibi, che si votano alla vita penitenziale 'in domibus propriis', rispetto allo scarso numero di penitenti volontari che vi si conta anteriormente, tanto che gli storici moderni parlano di un 'movimento' penitenziale suscitato dalla predicazione di Francesco."[21] [S. 162]

Was am grundlegenden Text Celanos nachzuweisen versucht wurde, überrascht umso weniger, als aufgrund einer leider heute kaum noch bekannten Untersuchung von P. Solanus Krätzig, OFM, feststeht, dass die „Dritten Orden" ein religionsgeschichtliches Phänomen sind. „„... immer dort, wo es in einer Religion zur Ausbildung einer mönchischen Organisationsform kommt", zieht diese einen Kreis von Laien in ihren Bann, wie dies der Verf. an den Laienjüngerkreisen im Hīnayāna-Buddhismus und an den Derwischorden als Erben des Sufitums in ihrer Ausweitung in die Laienwelt bzw. im

[nach dem Einzug der Schwestern in San Damiano Anfang Mai 1212] scripsit nobis formam vivendi et maxime ut in sancta paupertate semper perseveraremus. Nec fuit contentus in vita sua nos hortari multis sermonibus et exemplis ad amorem sanctissimae paupertatis et observantiam eiusdem, sed plura scripta nobis tradidit ..." – Vgl. FormViv: Opuscula sancti Patris Francisci Assisiensis, denuo edidit iuxta codices mss. C. ESSER, Grottaferrata/Roma 1978, 162.

19 Zum Wandercharakter der Frühzeit s. z. B. ESSER, Anfänge (wie Anm. 10) 54-60 („Nichtseßhafte Wanderprediger").

20 1 C Prolog 2: GRAU, 75.

21 L'Ordine della penitenza nel sec. XIII, in: DERS.: Ordo Fraternitatis. Confraternite e pietà dei laici nel medioevo, in collaborazione con G. P. PACINI, Roma 1977 (Italia Sacra, 24) 355-409, hier 359. Vgl. auch RIVI, Le origini dell'O.F.S. (wie Anm. 2) 120-122.

Bereich der katholischen Orden vor Franziskus an den Formen der Gebetsverbrüderung, am Institut der weltlichen Oblaten, an den Bruderschaften und Gastrittern bei den religiösen Ritterorden, bei der apostolischen Armutsbewegung allgemein und der Laienbruderschaft der Humiliaten und am Institut der „Amici" aufgezeigt.[22] Die religiös interessierten Laien siedeln sich regelmäßig „im Schatten der großen Orden" an?[23]

2.1. In seinem *Officium rhythmicum S. Francisci* deutet der franziskanische Dichter Julian von Speyer 1231/1232 erstmals die Typologie der drei Kapellen von San Damiano, San Pietro della Spina und der Porziunkula, welche Franziskus vor seiner definitiven Bekehrung erneuert hat, als prophetische Vorwegnahme der drei von ihm zu gründenden Orden. So singt er im Responsorium zur II. Nokturn: „Sub typo trium Ordinum / Tres, nutu Dei praevio, / Ecclesias erexit."[24] Entschieden deutlicher wird sein Hinweis in der dritten Antiphon der Laudes: „Tres Ordines hic ordinat: / Primumque Fratrum nominat / Minorum, pauperumque / Fit Dominarum medius, / Sed Poenitentum tertius / Sexum capit utrumque."[25]

Das Interesse, das Julian Franziskus als „Gründer" eines dritten Ordens entgegenbringt, verdient zweifellos hervorgehoben zu werden.[26] Trotz der poetischen Einkleidung betont [S. 163] er mit aller Deutlichkeit, dass der Poverello Vater dreier Ordensfamilien sei.[27] Nicht zu übersehen ist sodann, dass dieses Zeugnis nicht bloß in einer privaten dichterischen Komposition, sondern in einem liturgischen Gebetstext für den gesamten Minderbrüderorden enthalten ist. Auch wenn mit dem zeitlichen Abstand zum Tod des Heiligen eine stets sich steigernde Idealisierung seiner Person einsetzte,

22 Der weltliche „dritte Orden" als religionsgeschichtliche Erscheinung, aufgezeigt am Hīnayāna-Buddhismus, den Derwischorden des Islam und den Orden der katholischen Kirche, Bonn 1939; Zitat S. 129.

23 Vgl. DE LONGNY, J.: A l'ombre des grand Ordres. Histoire, spiritualité, constitutions des huit principaux Tiers-Ordres, Paris-Bruges 1937; s. CFr 10 (1940) 287; BONDUELLE, Fr. J.: Les Tiers-Ordres Séculiers, in: Vie Spirituelle. Supplément 4 (1950) 423-457 (s. BgFr IX, n. 2737).

24 Officium ... – In II Nocturno, responsoria, in: AF X, 380b. Vgl. BERG, D.: Julian von Speyer, in: Deutsche Lit. des MA. Verfasserlex. IV, Berlin-New York 1983, 900-904 (Lit.); Drei liturgische Reimhistorien aus dem Kreis der Minderen Brüder. Eingeleitet und formgetreu übersetzt von F. WELLNER, München [1951], 51, der die Stelle in einer dt. Übertragung vorlegt, die ohne Rückgriff auf den Urtext kaum verständlich ist: „Als dreier Orden Bild erhöht / Drei Kirchen er in Würdigkeit, / Wie's ihm von Gott beschieden." Vgl. auch ebd., 136 Anm. die Erklärung zur Stelle.

25 Ad Laudes, n. 18, Antiphona III: 383b. Vgl. bei WELLNER, ebd., 59, einen Übersetzungsversuch, der erneut die ganze Fragwürdigkeit solcher Nachdichtungen zeigt.

26 Hier sei auf eine nicht sehr klare Andeutung auf eine Dreizahl in der 6. Strophe des Hymnus: „Proles de caelo prodiit", hingewiesen, den Gregor IX. 1228 anlässlich der Kanonisation des Poverello gedichtet hat. In der I. Vesper des Officium (AF X, 377) singt er: „Dum reparat virtutibus / Hospes triplex hospitium, / Et beatarum mentium / Cum templum Christo consecrat." Vgl. WELLNER, Reimhistorien, 41, bzw. zum Hymnus: CORNET, B.: Le „Proles de caelo prodiit" de Grégoire IX en l'honneur de saint François, in: EtFr n. s. 2 (1951) 427-461, bes. 452-456; s. BgFr X, Nr. 379. – Vom selben Papst stammt auch die Sequenz „Caput draconis", worin man – ebenfalls in der 6. Strophe – liest: „Acies trinas ordinat / Expeditorum militum / Ad fugandum exercitum / Et tres catervas daemonum, / Quas draco semper roborat": AF X, 401.

27 Das von Br. Julian verwendete Verb: „ordinare" sagt die Aufgabe aus, eine Gemeinschaft zu organisieren, ihr eine entsprechende Lebensform zu verleihen; s. BLAISE / CHIRAT, Dictionnaire (wie Anm. 9) 583 (unter 2).

hätte seine unmissverständlich behauptete geschichtliche Verbindung mit einem dritten bzw. dem Bußorden in den eigenen Reihen auf Widerstand stoßen müssen, wenn sie ohne jeden geschichtlichen Rückhalt gewesen wäre.

2.2. Br. Julian entfaltet das in seinem Reimoffizium bereits klar ausgesprochene Thema noch ausführlicher in seiner *Vita S. Francisci* [= Jul], deren zeitliche Entstehung 1232-1235 festgelegt wird.[28] In einem ersten Zeugnis kehrt der für die mittelalterliche Denkweise so kennzeichnende typologische Hinweis auf die Entsprechung zwischen der Wiederherstellung der drei bereits genannten assisanischen Kapellen und dem Faktum, dass er „tres celebres Ordines ... inchoans, ipsos ad perfectionis statum vita verboque provexit",[29] zurück. Ausführlicher verbreitet sich Br. Julian über den Gegenstand an einer anderen Stelle, bei der die literarische Abhängigkeit von Thomas von Celano überdeutlich in Erscheinung tritt.[30] Nachdem der Biograf die Wanderpredigt des Heiligen beschrieben, durch die dieser „paenitentiam constantissime praedicavit", hebt er deren geistliche Früchte hervor. „Die Gelehrten bewunderten die Macht der Worte dessen, den kein Mensch im Wissen unterrichtet hatte, als sie vor ihm Adelige und Menschen niedriger Herkunft, Reiche und Arme massenweise zusammenströmen sahen, die zu ihm wie zu einem neu in der Dunkelheit aufgehenden Stern hingebend emporblickten. Denn an jeden Stand, jede Stellung, jedes Lebensalter und Geschlecht richtete er die ihnen entsprechenden Lehren des Heils. Allen vermittelte er eine Lebensregel. Durch die glückliche Beobachtung von seiten jener, die sie unter den zwei Geschlechtern befolgen, erfreut sich die Kirche einer dreifachen Streiterschar von Menschen, die für die Rettung bestimmt sind."

„Er hat nämlich – wie schon zuvor angedeutet wurde – drei Orden die Form aufgeprägt („ordinavit"). Dem ersten gehörte er vor allen übrigen durch Profess und Ordenshabit in vorzüglichster Weise an. Wie er in der Regel schreibt, hieß er ihn Orden der Minderen Brüder. Der schon zuvor erwähnte zweite Orden der Armen Frauen und Jungfrauen nahm ebenfalls durch ihn seinen glücklichen Anfang. Der dritte, ebenfalls von nicht gerin- [S. 164] ger Vollkommenheit, heißt Orden der Pönitenten, welcher Klerikern und Laien, Jungfrauen, enthaltsamen Eheleuten („continentes") und Verheirateten gemeinsam ist und beide Geschlechter heilbringend umfasst."[31]

Br. Julian, der als Hofkapellmeister unter Ludwig VIII. noch zu Lebzeiten des Poverello in den Minderbrüderorden eintrat und zunächst am Aufbau der Provinz Theutonia mitwirkte, wurde schon früh als Chormeister in das internationale Studien-

---

28 In AF X, 333-371; s. CLASEN, Legenda antiqua (wie Anm. 4) 347-350; BERG, Julian (wie Anm. 24) 902; Julian von Speyer, Leben des heiligen Franziskus. Einführnng und Übersetzung von Jason M. MISKULY / Maria Sybille BIENENTREU, Werl/Westf. 1989 (FQS, X) 15-20 („Quellen und Literatur"), 21-44 („Einführung"), 60 und 69 (die auf den Bußorden bezogenen Stellen der Vita).

29 Jul 14: AF X, 341f.

30 Jul 23: 345f. Die wörtlichen Anklänge an den voraufgehenden Lebensbeschreiber werden von den Editoren von Quaracchi genauestens nachgewiesen.

31 Die Übersetzung ist die des Verf. Leider ist die Übertragung bei MISKULY / BIENENTREU, Julian von Speyer, 69, allzu frei.

kloster von Paris berufen.[32] Auch wenn der Biograf den Ordensgründer persönlich nicht kennen gelernt hatte, boten sich zweifellos in Deutschland und vorab in der Universitätsstadt Paris reiche Gelegenheiten, um sich über die Frühzeit der franziskanischen Bewegung informieren zu lassen. Das in seinen Schriften durchscheinende besondere Interesse an den franziskanischen Pönitenten legt die Vermutung nahe, dass er mit der lokalen Pariser Fraternität nähere Beziehungen pflegte. Sicher ist soviel: In literarischer Anlehnung an Thomas von Celano behauptet er die Gründerfunktion des Heiligen einem franziskanisch geprägten Pönitentenorden gegenüber und berichtet von dessen spiritueller Betreuung durch ihn und der Zuweisung einer eigenen Regel mit nicht misszuverstehender Deutlichkeit. Von besonderer Bedeutung ist sodann seine präzise Umschreibung der mannigfachen sozialen und kirchlichen Stände und Stellungen von Weltleuten, denen dieser Laienorden als gemeinsame Familie offen stand. Dass in dieser Liste die „continentes", d. h. Eheleute aufscheinen, die zwar weiterhin miteinander zusammenlebten, jedoch aus asketischen Gründen auf den Geschlechtsverkehr verzichteten, beweist den hohen Informationsstand des Biografen.[33]

Auch wenn die Gründerbeziehung des Franziskus zu den drei Orden im Reimoffizium und in der *Vita* klar ausgesprochen wird, darf doch nicht übersehen werden, dass das Band der geistlichen Vaterschaft zu den drei Gemeinschaften von verschiedener Natur war. So übergeht Br. Julian im Fall der Ausbildung des zweiten Ordens wegen seiner Vorliebe zur symbolischen Dreierzahl zu Unrecht die entscheidende Mitwirkung der hl. Klara von Assisi.[34]

3. Die *Legenda trium sociorum* muss – aufgrund ihrer zeitlichen Entstehung – an dieser Stelle zur Sprache kommen. Wie ich an anderer Stelle nachzuweisen versuchte, indem ich wissenschaftliche Beiträge von Sophronius Clasen und Théophile Desbonnets besprach, müssen die Kapitel 1-16 als das echte Werk der drei unterzeichnenden Gefährten des Be- [S. 165] gleitbriefes gelten. Tatsächlich erscheint dieses Schreiben regelmäßig mit Handschriften verbunden, welche die Dreigefährtenlegende überliefern.[35]

---

[32] Vgl. BERG, Julian von Speyer (wie Anm. 24) 900. Vgl. BEAUMONT-MAILLET, L.: Le Grand Couvent des cordeliers de Paris. Etude historique et archéologique du XIIIe siècle à nos jours. Préface de M. Fleury, Paris 1975 (Bibliothèque de l'Ecole des Hautes Etudes. IVe section: Sciences Historiques et Philologiques, 325): s. BgFr XIV, n. 6313.

[33] Vgl. MEERSSEMAN, Dossier (wie Anm. 1) 327b.

[34] Vgl. BLASUCCI, A.: Chiara d'Assisi, in: DIP II, [Roma 1975], 885-892, und OMAECHEVARRÍA, I.: Clarisse, ebd., 1116-1131 (Lit.); BARTOLLI, M.: Chiara d'Assisi. Introduzione di A. VAUCHEZ. Con appendice iconografica a cura di S. GIEBEN, Roma 1989 (Bibliotheca Seraphico-Capuccina, 37), 251-265 (Lit.).

[35] SCHMUCKI, O.: A Francisco legendarum ad Franciscum historicum. Quaestio franciscana et vita S. Francisci duplici opere illustratae, in: CFr 38 (1968) 373-392, hier 391. Vor allen zu nennen ist: CLASEN, S.: Einführung in die Dreigefährtenlegende des heiligen Franziskus. Die Brüder Leo, Rufin und Angelus erzählen vom Anfang seines Ordens. Übersetzung und Anmerkungen von E. GRAU, Werl/Westf. 1972 (FQS, VIII), 23-168; 16-21 die vorausgehende Lit. Wie wenig Übereinstimmung nach diesem grundlegenden Beitrag bis heute herrscht, beweisen z. B. PHILIPPART, G.: Les écrits des compagnons de S. François. Aperçu de la „Question franciscaine" des origines à nos jours, in: AnBoll 90 (1972) 143-166 und DESBONNETS, Th.: La Légende des Trois compagnons. Nouvelles recherches sur la généalogie des

Im Zusammenhang des XIV. Kapitels wird u. a. vom außerordentlichen Zulauf von Männern und Frauen berichtet, die aufgrund der eindringlichen Bußpredigt der ersten Brüder dem Orden der Minderbrüder beitraten; bzw. „viele Frauen, Jungfrauen und Witwen, von der Predigt der Brüder tief erschüttert, errichteten auf ihren Rat hin in Städten und Flecken Klöster und schlossen sich ein, um für immer Buße zu tun". „Ebenso übten verheiratete Männer und verheiratete Frauen, welche die Ehe nicht aufgeben konnten, auf den heilsamen Rat der Brüder hin in ihren eigenen Häusern strengere Buße. So wurde durch den seligen Franziskus, den vollkommenen Verehrer der heiligsten Dreifaltigkeit, die Kirche Gottes in drei Orden erneuert; wie die vorhergegangene Wiederherstellung dreier Kirchen dies vorausdeutet, wurde jeder von diesen drei Orden zu seiner Zeit vom Papst bestätigt."[36]

Erstmals unter den frühen Quellenberichten wird der Anteil der Minderbrüder der Frühzeit im Anregen und Betreuen von Pönitenten herausgestellt. Also nicht Franziskus allein, sondern auch seine Gefährten erteilten in der Ehe lebenden und durch das Eheband gebundenen Laien, die sich von ihrer Bußpredigt zu einem evangeliumsgemäßen Leben erwecken ließen, den Rat, „se in domibus propriis arctiori paenitentiae committere"; d. h. doch, dass ihre Lebensführung in den Augen der Mitchristen durch besondere Strenge hervorstach. Von Celano und Julian übernahmen die „Drei Gefährten" die ternare Zahlensymbolik, deren Linie sie bezeichnenderweise zur Urquelle jedes Dreifachseins, der heiligsten Dreifaltigkeit, weiterführen. Auch wenn uns diese symbolisch typologische Kombinatorik fremdartig und den historischen Ereignissen gleichsam übergestülpt erscheint, wird deswegen die Glaubwürdigkeit des Faktums selber nicht in Mitleidenschaft gezogen. Übrigens steht aus der sichersten Quelle, den *Opuscula*, unbezweifelbar fest, dass Franziskus tatsächlich ein besonderer Verehrer der Trinität war.[37] [S. 166]

Vor eine gewisse Problematik stellt uns die Aussage von der angeblichen päpstlichen Bestätigung der drei Orden. Ja, François Van Ortroy S.J. führte diesen Anachronismus, namentlich hinsichtlich des Dritten Ordens, der erst 1289 durch die Bulle „Supra montem" Nikolaus' IV. die förmliche Anerkennung erlangte, als Hauptgrund gegen die Frühdatierung der „Dreigefährtenlegende" ins Feld.[38] Schon Paul Sabatier[39] und – in voller Übereinstimmung mit ihm – S. Clasen haben zu Recht geltend gemacht, dass das Verb „confirmari" nicht notwendig eine endgültige Approbation einschließt, sondern

biographies primitives de saint François, in: AFH 65 (1972) 66-106; DI FONZO, L.: L'Anonimo Perugino tra le fonti francescane del sec. XIII. Rapporti letterari e testo critico, Roma 1972; La „Questione francescana" dal Sabatier ad oggi. Atti dell Convegno internazionale, Assisi, 18-20 ottobre 1973, Assisi 1974; weitere einschlägige Lit. s. in BgFr XIV, Nr. 512 und XV, Nr. 488f.

36 Vgl. den lat. Text bei DESBONNETS, Th.: Legenda trium Sociorum. Edition critique, in: AFH 67 (1974) 38-144, hier 134f.; die Übers. ist die von GRAU, Dreigefährtenlegende, 260f., mit wertvollen Einzelerklärungen in den Fußnoten.

37 Wie schon überzeugend nachgewiesen hatte LAMPEN, W.: S. Franciscus, cultor Trinitatis, in: AFH 21 (1928) 449-467; s. auch SCHMUCKI, O.: Die Stellung Christi im Beten des hl. Franziskus von Assisi, in: WiWei 25 (1962) 128-145, 188-212, bes. 132-134; WACKERL, J.: Die trinitarische Prägung des Weltverständnisses des hl. Franziskus, in: FrSt 64 (1982) 245-260; s. weitere Lit. in BgFr XV, nn. 1028-1053.

38 La Légende de S. François d'Assise dite Legenda trium Sociorum, in: AnBoll 19 (1900) 119-197.

39 De l'authenticité de la Légende de Saint François dite des Trois Compagnons, Paris 1901.

sich auf die zahlreichen Bullen beziehen kann, welche die Päpste seit Honorius III. zugunsten der Pönitenten erlassen haben. Was für die stufenweise erfolgte Gutheißung des ersten und zweiten Ordens zutrifft, „gilt auch für die im Dritten Orden zusammengeschlossenen verheirateten Weltleute; obschon uns nur die Regelfassung, welche Nikolaus IV. 1289 gutgeheißen hat, vorliegt, wird darin gesagt: 'Begonnen wurde sie im Jahre des Herrn 1221, zur Zeit des Herrn Papstes Gregor IX. am 20. Mai ...'; und darum hat man mit Recht das Breve Honorius' III. vom 16. Dezember desselben Jahres und jenes Gregors IX. vom 30. März 1228 als päpstliche Gutheißung angesehen".[40]

4. Die *Compilatio Perusina,* die leider vom ersten Herausgeber Ferdinand-M. Delorme OFM mit dem recht unbestimmten Namen *Legenda antiqua* bzw. von späteren Editoren mit einer Reihe weiterer Titel versehen wurde,[41] enthält einen Gefährtenbericht, der in unserem Zusammenhang besondere Aufmerksamkeit verdient. Ohne hier im einzelnen die stark abweichenden Auffassungen zu Entstehungszeit und eigentlichen Verfassern der Berichtsammlung referieren und beurteilen zu können, ist nicht in Abrede zu stellen, dass sie in ihrer heutigen Form auf 1311 zurückgeht, jedoch in ausgedehnten Teilen Zeugnisse der Gefährten des Heiligen enthält. Dies trifft namentlich für Erzählungen zu, die mit dem besonderen Siegel der Gefährtenschaft „nos, qui cum eo fuimus" versehen sind, wie gerade R. Manselli nachgewiesen hat.[42] Auch wenn dem folgenden, auf das Rietital lokalisierten Bericht die ausdrückliche Echtheitsgarantie durch die Gefährten fehlt, verdient er volles [S. 167] Vertrauen. Im Zusammenhang ist von der ausgesprochenen Vorliebe des Poverello für die Einsiedelei der Brüder und die Bewohner in Greccio die Rede.[43] Hierauf fährt der Berichterstatter fort: „Darum traten viele unter ihnen [Bewohner von Greccio] auf sein [des Franziskus] Beispiel hin und auch durch die Predigt seiner Brüder mit der Gnade des Herrn in den Orden ein. Viele Frauen bewahrten ihre Jungfräulichkeit, indem sie, angetan mit dem Ordenskleid, in ihren Häusern verblieben. Wiewohl jede im eigenen Haus verblieb, lebten sie nach einem gemein-

---

40 CLASEN, Einleitung, in: Gef (wie Anm. 35) 36f.

41 Vgl. DELORME, F.-M.: La „Legenda antiqua S. Francisci", texte du Ms. 1046 de la bibliothque de Pérouse, Paris 1926; eine kritische Ed., leider ohne die Paralleltexte zu 2 C legte vor: BROOKE, R. B.: Scripta Leonis, Rufini et Angeli sociorum S. Francisci. The Writings of Leo, Rufino and Angelo, Companions of St. Francis, Oxford 1970 (Oxford Medieval Texts); einige Jahre zuvor hatte J. CAMBELL OFM die Sammlung der Quellenberichte nach den Gefährten, von denen sie herstammen sollen, zu sichten versucht: I Fiori dei Tre Compagni. Testi francescani latini ordinati con introduzione da J. C. Versione italiana a fronte di N. VIAN, Milano (1967). Schließlich bot BIGARONI, M.: „Compilatio Assisiensis" dagli Scritti di fr. Leone e Compagni su S. Francesco d'Assisi. I edizione integrale dal Ms. 1046 di Perugia con versione italiana a fronte, [S. Maria degli Angeli] 1975 (Pubblicazioni della Biblioteca Francescana Chiesa Nuova – Assisi, 2), erstmals den vollen Text der Hs.; leider ist auch diese Ed. nicht frei von Unvollkommenheiten, wie ich selber in CFr 45 (1975) 316-319 anzudeuten suchte und GATTUCCI, A.: Dalla „Legenda antiqua S. Francisci" alla „Compilatio Assisiensis": storia di un testo più prezioso che fortunato, in: StudiMediev. s. III 20 (1979) II, 789-870, ebenso ausführlich wie überzeugend dargelegt hat.

42 Nos qui cum eo fuimus. Contributo alla questione francescana, Roma 1980 (Bibliotheca Seraphico-Capuccina, 28).

43 Vgl. SCHMUCKI, O.: „Secretum solitudinis". De circumstantiis externis orandi penes S. Franciscum Assisiensem, in: CFr 39 (1969) 5-58, bes. 28f.

samen ehrenhaften Lebensstil, töteten ihren Leib mit Fasten und Beten ab. Den Mitmenschen und Brüdern machten sie den Eindruck, dass sich ihr Lebenswandel nicht unter Weltleuten und Blutsverwandten, sondern unter heiligen Menschen und Ordensleuten abspielte, die seit langer Zeit Gott gedient haben. Indes waren sie noch recht jung und voller Einfalt. Daher pflegte der selige Franziskus öfter voll Freude unter den Brüdern über die Männer und Frauen jenes Weilers zu sagen: 'Aus einer großen Stadt haben sich nicht so viele zur Buße bekehrt wie aus Greccio, das einen so kleinen Weiler ausmacht.' Denn öfter, wenn die Brüder von der Niederlassung den Herrn lobten – den Brüdern von damals in vielen Niederlassungen war diese Übung zur Gewohnheit geworden – traten die Bewohner jenes Weilers, klein und groß, aus ihren Häusern heraus und, während sie auf der Straße vor dem Weiler stehen blieben, antworteten sie den Brüdern mit lauter Stimme: 'Gelobt sei Gott der Herr!' Ja selbst die Kinder, die noch nicht gut reden konnten, lobten den Herrn, so gut sie imstande waren, sobald sie Brüder sahen."[44]

Am Bericht fällt zunächst die Wirkung der vorbildlichen Lebensführung und Wortverkündigung des hl. Franziskus bzw. seiner Brüder auf die beträchtliche Anzahl von jungen Frauen auf, die sich im kleinen Bergdorf für ein intensiveres christliches Leben entschieden hatten, auch wenn sie die eigene Familie nicht verließen. Nebenbei verdient hervorgehoben zu werden, mit welch ausgeglichener Art der Berichterstatter das Wirken des Poverello in engem Kontakt und vollkommener Harmonie mit den Seinen darstellt. Dass es sich um eine Gruppe von Bußschwestern handelt, geht aus dem Lob des Heiligen deutlich hervor. Besonders kennzeichnend sind der franziskanische Ordenshabit, den dieselben trugen („indutae pannis Religionis"); die vollkommene Keuschheit und der Lebensstil, welcher sich an einem gemeinsamen Lebensideal orientierte („communi vita vivebat honeste"). Es erscheint darum recht wahrscheinlich, dass für die Bußschwestern eine Art gemeinsamer Lebensordnung bestand, die wohl Hinweise für ein besonders reges Gebet, namentlich das Gotteslob, für die Fastenpraxis und die enge Bindung an die Brüder des ersten Ordens enthielt.[45] [S. 168]

Das hier angeführte und kurz erläuterte Zeugnis enthält nicht nur keine Anachronismen[46], sondern fügt sich nahtlos in Leben und Wirken des hl. Franziskus ein. Leider erlaubt der Kontext dieses Berichtes nicht, die Zeit näher zu bestimmen, wann diese

---

44 Per 34: BROOKE, Scripta, 146/148; oder n. 74: BIGARONI, Compilatio Assisiensis, 204/206. Die deutsche Übersetzung stammt vom Verf.

45 Vgl. das Zitat bei MEERSSEMAN, G. G.: Disciplinati e Penitenti del Duecento, in: Il movimento dei Disciplinati nel settimo centenario dal suo inizio (Perugia – 1260), [Spoleto 1962], 43-72, hier 49: „I Fratelli e le Sorelle della Penitenza adottavano volontariamente il regime di vita imposto, per diritto canonico, ai peccatori pubblici riconciliati, e specialmente il digiuno e l'astinenza in certi giorni della settimana, l'assistenza quotidiana alla Messa e l'osservanza delle ore canoniche, l'assenza dalle feste mondane e dai divertimenei pubblici, la proibizione di esercitare funzioni amministrative e di portare le armi, la rinuncia al matrimonio per i celibi e la continenza almeno periodica (cioè durante le 'feriae legitimae') per i coniugati, l'abbigliamento modesto, composto di una semplice tunica e di un mantello di lana grezza."

46 Wie ROGGEN, H.: Geschichte der franziskanischen Laienbewegung, Werl/Westf. 1971 (Bücher franziskanischer Geistigkeit, 15), 68f. Anm. 16 (s. zum Buch: BgFr XIII, n. 8000), behauptet. Nach ihm handelt es sich um eine Projektion von Tendenzen zum klaustralen Dritten Orden im 14. Jahrhundert auf das 13. Jahrhundert. Was G. G. Meersseman (vgl. Anm. 45) als kennzeichnende Merkmale des Bußordens vor dem Aufkommen der franziskanischen Bewegung aufzeigt, weist diese Annahme als unhaltbar aus.

lokale Bußbewegung entstanden ist. Überraschen muss freilich, dass die Gefährten von männlichen Mitgliedern völlig schweigen. Die typischen Momente des in Privathäusern gelebten franziskanischen Bußideals erscheinen mir von außerordentlicher Wichtigkeit zu sein, um sich eine konkrete Vorstellung davon zu machen, wie die Ordensgründer und die ersten Minderbrüder sich der Laienwelt apostolisch zu nähern suchten.

5. Im Auftrag des in Paris 1260 tagenden Generalkapitels der Minderbrüder machte sich der hl. Bonaventura daran, eine „definitive" Lebensbeschreibung des Ordensgründers zu verfassen. Damit sollten die Unstimmigkeiten, welche sich aus einer Vielfalt in Umlauf befindlicher biografischer Schriften ergeben hatten, behoben werden. Der Seraphische Lehrer beabsichtigte nicht allein, Leben, Heiligkeit und Wundertaten des Poverello zu verherrlichen, vielmehr suchte er damit indirekt auf die Angriffe der Mendikantengegner in Paris zu antworten und zugleich einige Übersteigerungen der heilsgeschichtlichen Stellung des Heiligen durch Anhänger der joachitischen Apokalyptik im eigenen Orden zu korrigieren.[47]

5.1. Dass beim großen Trinitätstheologen die symbolische Verbindung zwischen den drei von Franziskus wiederhergestellten Kapellen und den drei von ihm gegründeten Orden nicht fehlt, kann nicht überraschen. So lesen wir in seinem *Großen Franziskusleben* [= LM]: „Dies ist jener Ort [Portiunkulakapelle], an dem der heilige Franziskus auf Geheiß einer Gottesoffenbarung den Orden der Minderbrüder ins Leben rief. Denn nach dem Ratschluß der göttlichen Vorsehung, die den Diener Christi stets führte, errichtete Franziskus drei Kirchen aus Stein, bevor er durch die Gründung seines Ordens das Evangelium verkündete; so sollte er nicht nur vom sinnlich Wahrnehmbaren zum Geistigen, vom Niederen zum Höheren in geordnetem Aufstieg fortschreiten, sondern auch nach außen durch [S. 169] ein sichtbares Werk geheimnisvoll andeuten, was er in Zukunft tun werde. Wie der Heilige nämlich drei Bauten wiederhergestellt hat, so sollte er auch die Kirche Christi nach der von ihm gegebenen Form, Regel und Lehre in dreifacher Weise und durch eine dreifach siegreiche Heerschar der zu Rettenden erneuern, wie wir es jetzt auch erfüllt sehen."[48]

Wir befinden uns ganz offenkundig vor einer literarischen Abwandlung eines seit dem ersten hagiografischen Versuch Celanos bestens bekannten Themas, wobei auch einige wenige Wortanleihen aus der *Vita prima* und *Vita S. Francisci* Br. Julians

---

[47] CLASEN, Legenda antiqua (wie Anm. 4) 360-370; DERS.: Einteilung und Anliegen der Legenda maior S. Francisci Bonaventuras, in: FrSt 27 (1967) 115-162; DESBONNETS, Th.: Quelques modifications apportées par saint Bonaventure au texte des sources de la „Legenda maior", in: EtFr Supplém. n. s. 18 (1968) 161-166; MICCOLI, G.: Di alcuni passi di San Bonaventura sullo sviluppo dell'ordine francescano, in: Studi Mediev. s. 3ª 11 (1970) 381-395; BOUGEROL, J. G.: Francesco e Bonaventura. La Legenda Major. Settimana di studio e di spiritualità francescana, Passo della Mendola 1984, Vicenza 1984 (Esperienze dello Spirito, 10); COOK, W. B.: Tradition and perfection: Monastic typology in Bonaventure's „Life of St. Francis", in: ABenR 33 (1982) 1-20; PELLEGRINI, L.: Il ruolo „profetico" di Francesco d'Assisi. Analisi sincronico del prologo della „Legenda Maior", in: Laur 26 (1985) 361-395. Weitere Lit. s. in BgFr XV, n. 479-485.

[48] LM II,8: AF X, 566, bzw. CLASEN, S.: Franziskus, Engel des sechsten Siegels. Sein Leben nach den Schriften des heiligen Bonaventura, Werl/Westf. 1962 (FQS, VII), 328f.

erkennbar werden. An der gekonnten Formulierung verspürt man die erfahrene Feder des Mystologen, der die Führung des Heiligen durch die göttliche Vorsehung, die hierarchische Staffelung der Weltordnung und den Aufschwung auf den Flügeln der „sursumactio" unter spürbarem Einfluss von der Vorstellungswelt des Dionysius Areopagita hervorhebt. Letzteres wird besonders offenkundig in der Aussage: „... ut non solum a sensibilibus ad intelligibilia, a minoribus ad maiora ordinato progressu conscenderet, verum etiam, ut quid esset facturus in posterum, sensibili foris opere mysterialiter praesignaret."[49]

Der Zeugnisausschnitt, der unser Thema näher berührt, bildet einen kennzeichnenden Fall der redaktionellen Technik Bonaventuras, denn der mit künstlerischem Stilgefühl formulierte Satz fasst zugleich das voraufgehende Kapitel zusammen und kündet das Thema des nachfolgenden an.[50] Ähnlich wie durch den Einsatz des jungen Francesco die Mauern der drei Kapellen wiederhergestellt wurden, so sollte die Kirche in dreifacher Weise – entsprechend einer von ihm vorgelegten Form, Regel und Lehre – erneuert werden, indem er drei Ordensfamilien ins Leben rief.

Demselben Hinweis – zum Teil mit übereinstimmenden Worten – begegnen wir in der *Legenda minor* [= Lm] des Seraphischen Lehrers, wo der Symbolismus der drei Kapellen mit einem weiteren Moment angereichert wird: der Stimme des Gekreuzigten in San Damiano, die Franziskus dreimal angesprochen habe. „So hatte die Stimme vom Kreuz, die ihm dreimal aufgetragen hatte, das Haus des Herrn wiederherzustellen, schon im Vorbild angedeutet, was wir jetzt in den drei von ihm gegründeten Orden erfüllt sehen."[51]

5.2. Mehr ins einzelne geht Bonaventuras Bericht jedoch in seinem *Großen Franziskusleben*, wo er ausführt: „Durch seine [des Franziskus] feurige Predigt begeistert, ver- [S. 170] pflichteten sich nämlich viele zu einem Leben der Buße nach der Weise, die ihnen der Gottesmann gewiesenhatte; diese Lebensweise nannte dieser Diener Christi 'Orden der Brüder von der Buße'. Wie nämlich für alle, die nach dem Himmel streben, nur der gleiche Weg der Buße gilt, so umfaßte auch diese Lebensweise Kleriker und Laien, Jungfrauen und Eheleute beiderlei Geschlechtes. Wie verdienstvoll aber dieses Leben vor Gott ist, erhellt aus den zahlreichen Wundern, die einige aus diesem Orden gewirkt haben."[52]

---

49 Vgl. den hervorragenden Durchblick (mit reicher Lit.!) bei RUH, K.: Die mystische Gotteslehre des Dionysius Areopagita. München 1987 (Bayerische Akademie der Wissenschaften. Philosophisch-historische Klasse. Sitzungsberichte. Jahrgang 1987, Heft 2); für den Einfluss auf Bonaventura s. u. a. GRÜNEWALD, St.: Franziskanische Mystik. Versuch zu einer Darstellung mit besonderer Berücksichtigung des hl. Bonaventura, München 1932; RATZINGER, J.: Die Geschichtstheologie des heiligen Bonaventura, München-Zürich 1959; BOUGEROL, J. G.: Saint Bonaventure et le Pseudo-Denys l'Aréopagite, in: EtFr Suppĺem. n. s. 18 (1968) 33-123; DERS.: Saint Bonaventure et la hiérarchie dionysienne, in: ArchHistDoctrLittMA 44 (1969) 131-167.

50 Wie erstmals CLASEN, Einleitung (wie Anm. 47) bes. 119, erkannt hat.

51 Lm I,9: AF X, 658, bzw. CLASEN, Franziskus, Engel des sechsten Siegels (wie Anm. 48) 444. Für die Einzelheit der Kreuzanrede s. O. SCHMUCKI (VON RIEDEN): Das Leiden Christi im Leben des hl. Franziskus von Assisi. Eine quellenvergleichende Untersuchung im Lichte der zeitgenössischen Passionsfrömmigkeit, in: CFr 30 (1960) bes. 245-252, 250.

52 LM IV,6: AF X, 573, bzw. CLASEN, ebd., 282.

In diesem bonaventurianischen Bericht wird die Anregung eines Bußordens wiederum mit der intensiven Wortverkündigung des Heiligen in Zusammenhang gebracht (1209). Der Beitritt zu dieser religiösen Gemeinschaft wird umschrieben als: „secundum formam a Dei viro acceptam, novis se paenitentiae legibus vinciebant". Der Biograf setzt somit voraus, dass Franziskus eine Regel mit betontem Bußcharakter verfasst hat. Sehr ausdrücklich klingt sodann sein Zeugnis über die Benennung dieses Instituts: „Ordo Fratrum de Paenitentia".[53] Als Theologe sieht Bonaventura den Beweggrund zum Offenstehen des Eintritts für alle in der allgemeinen Verpflichtung der Christen, den Weg der Buße zu gehen, um so zum Heil zu gelangen. Was der Seraphische Lehrer am Schluss als Werturteil über die Verdienste des Bußordens hinzufügt – bezeichnenderweise benennt er nicht dessen wirksamen sozialen Einsatz, sondern entsprechend der mittelalterlichen Mentalität die von einigen herausragenden Mitgliedern gewirkten Wunder[54] – entbehrt keineswegs der historischen Bedeutung. Dem weitgereisten Generalminister der Minderbrüder (1257-1274) standen – im Augenblick, als er das *Große Franziskusleben* schrieb (1260-1262) – einige bedeutende Pönitenten franziskanischer Inspiration vor Augen, die im Rufe der Heiligkeit standen.[55]

6. Hier sei wenigstens kurz ein Zeugnis erwähnt aus den *Determinationes quaestionum circa Regulam Fratrum Minorum*, die – besonders für den 2. Teil – allgemein als pseudo-bonaventurianisch angesehen werden und von einem Autor aus dem deutschsprachigen Raum, der nach Bonaventura und vor 1290 schrieb, zu stammen scheinen.[56] Unsere [S. 171] Belange interessiert der Einwurf: „Da ihr [Minderbrüder] als eifrige Betreuer der Seelen wie Nachfolger des heiligen Franziskus geltet, warum fördert ihr nicht jenen Orden, der Pönitenten genannt wird? Er wurde doch von ihm selber gegründet, damit er überall in der Kirche verbreitet werde und viele durch ihn gerettet würden, indes ihr euch um Umkehr und Förderung im Guten jener einsetzt, die euch von

---

53 Vgl. weiteres Vergleichsmaterial zu diesem Namen bei MEERSSEMAN, Dossier (wie Anm. 1) 338a.

54 Vgl. VAN DEN WYNGAERT, A.: De Sanctis et Beatis iuxta codicem fr. Mariani Florentini, in: AFH 14 (1921) 3-35; RIVI, Le origini dell'O.F.S. (wie Anm. 2) 145 Anm. 243.

55 Hier sei noch auf ein völlig übereinstimmendes Parallelzeugnis hingewiesen: S. BONAVENTURA, Sermo II de S. Patre nostro Francisci, n. 1: Opera omnia IX, Ad Claras Aquas 1901, 576b: „Et tres Religiones instituit: prima Religio fuit Ordo Fratrum Minorum; secunda, Ordo Sororum beatae Clarae, quae primo dicebantur Pauperes Dominae sanctorum Cosmae et Damiani, modo, postquam beata Clara est canonizata [1255], dicuntur Sorores beatae Clarae. Et instituit tertium Ordinem, qui vocatur Ordo Poenitentium, qui dicuntur Fratres Continentes. Istas Religiones quasi tres filias instituit, et ordinantur ad cultum Dei." Vgl. auch die deutsche Übersetzung bei CLASEN, Franziskus, Engel des sechsten Siegels (wie Anm. 48) 492. DERS.: Die Anfäge des Dritten Ordens, in: WiWei 26 (1963) 129a, weist zu Recht auf die geschichtliche Bedeutung dieses Berichtes hin, den er zeitlich erst für den 4. Oktober 1267 festlegt, indes BRADY, I.: The writings of Saint Bonaventure regarding the Franciscan Order, in: MF 75 (1975) 89-112 (hier 101), die Predigt schon auf 1264 ansetzt.

56 In Opera omnia VIII, Ad Claras Aquas 1898, 366a-374b. Vgl. DISTELBRINK, B.: Bonaventurae scripta authentica, dubia vel spuria, critice recensita, Roma 1975 (Subsidia scientifica Franciscalia, 5), 34f.; BRADY, The writings (wie Anm. 55) 107; PELLEGRINI, L.: L'Ordine francescano e la società cittadina in epoca bonaventuriana. Un'analisi del „Determinationes quaestionum super Regulam Fratrum Minorum", in: Laur 15 (1974) 154-200.

der väterlichen Tradition her weniger verbunden sind."[57] Es kann nicht übersehen werden, dass der unbekannte Minderbruder aus dem Norden in seiner längeren Antwort – sie lässt als Hintergrund für die kritische Distanz der Minoriten zu den Pönitenten die Auseinandersetzungen mit den mittelalterlichen Stadtkommunen erkennen – die Gründung des Bußordens durch Franziskus keineswegs in Abrede stellt. Dies Zeugnis hat umso mehr Wert, als es dem Verfasser in diesem Falle sehr bequem gewesen wäre, wenn er alle Beziehung[en] des hl. Franziskus zum Dritten Orden hätte leugnen können.[58]

7. Unter dem nicht vielsagenden Titel *Anonymus Perusinus* hat F. van Ortroy S.J. 1902 die Kompilation eines unbekannten Minderbruders, der sich als Jünger der Gefährten des hl. Franziskus kennzeichnet, erstmals dem franziskanisch interessierten Publikum vorgelegt. 1972 hat Lorenzo Di Fonzo OFMConv diesen bedeutsamen Bericht *De inceptione vel fundamento Ordinis et actibus illorum Fratrum Minorum qui fuerunt primi in Religione et socii B. Francisci* erstmals kritisch ediert und im Lichte der übrigen frühen Quellen in längeren historisch-philologischen Analysen zu situieren versucht.[59] Nach seinen überzeugenden Forschungsergebnissen ist die zeitliche Entstehung dieses ersten ordenshistorischen Versuchs zwischen 1262/1266-1270 anzusetzen.[60] Dessen Verf. – vielleicht Br. Johannes, Gefährte des sel. Ägidius von Assisi[61] – kannte den Ordensgründer persönlich nicht und hat bei der Niederschrift des *Anonymus* die *Legenda trium sociorum* vor Augen. Der Kompilator umschreibt sein Vorhaben wie folgt: „... ich habe einen Ausschnitt der Taten unseres seligen Bruders Franziskus und einiger Brüder, die zu Beginn des Ordens eingetreten sind, berichtet und zusammengetragen."[62]

Zunächst erwähnt er die außerordentliche Begeisterung und die große Anzahl von Eintritten in den ersten und zweiten Orden, veranlasst durch die Predigt der ersten Minderbrü- [S. 172] der. „Jene, welche die Brüder aufnahmen, geleiteten sie zum seligen Franziskus, damit sie von ihm eingekleidet würden. Gleichfalls kamen viele Frauen, die Jungfrauen und ohne Männer waren, mit zerknirschten Herzen zu ihnen, nachdem sie deren Predigt angehört hatten, und fragten: 'Was sollen wir denn tun? Wir

---

57 Ebd., pars II, q. XVI: Cur Fratres non promoveant Ordinem Poenitentium, 366a-374b, hier 366a (Übersetzung vom Verf.). Der lateinische Text – irrtümlich unter dem Namen Bonaventuras! – findet sich auch bei MEERSSEMAN, Dossier (wie Anm. 2) 123-125 („Justification par S. Bonaventure de la réserve des Mineurs envers les Pénitents [1266-68]").

58 Vgl. VAN DEN BORNE, Die Anfänge des franziskanischen Dritten Ordens (wie Anm. 2) 86.

59 VAN ORTROY, F.: La Leggenda latina di S. Francesco secondo l'Anonimo Perugino, in: MF 9 (1902) 33-48; DI FONZO, L.: L'Anonimo Perugino tra le fonti francescane del sec. XIII. Rapporti letterari e testo critico, in: MF 72 (1972) 117-483, oder – mit demselben Titel – in Buchform: Roma 1972; vgl. SCHMUCKI, O.: De operibus circa S. Francisci vitam ac spiritum nuperius in lucem editis, in: CFr 43 (1973) 396-400.

60 DI FONZO, L'Anonimo, 364-396. Die von BEGUIN, P.-B.: L'Anonyme de Pérouse. Un témoin de la Fraternité franciscaine primitive confronté aux autres sources contemporaines, Paris [1979] (Textes Franciscains), versuchte Frühdatiemng muss als gescheitert angesehen werden; s. meine Besprechung in: CFr 51 (1981) 24-29.

61 Dies ist die Auffassung von DI FONZO, L'Anonimo, 389-409.

62 DI FONZO, L'Anonimo, 435 (Nr. 2) bzw. [323] der Buchausgabe.

können ja nicht mit euch zusammen sein. Sagt uns, wie wir unsere Seele zu retten vermögen.' Darum errichteten sie in den einzelnen Städten, wo dies möglich war, geschlossene Klöster, worin diese Buße tun konnten. Sie setzten überdies einen der Brüder mit der Aufgabe ein, deren Visitator und Zurechtweiser zu sein. In ähnlicher Weise sagten Männer, die mit Frauen verheiratet waren: 'Wir haben Frauen, die nicht zustimmen, entlassen zu werden. Lehrt uns darum, welchen Weg wir zu unserem Heil einschlagen sollen.' So formten sie aus ihnen jenen Orden, welcher Orden der Pönitenten heißt, und ließen ihn vom Papst bestätigen."[63]

Ähnlich wie die *Legenda trium sociorum* betont der Kompilator das Mitwirken der ersten Minderbrüder im Verbreiten des Bußordens sehr stark. Dem „Anonymus" ist hingegen das dramatische Moment eigen, womit er die verheirateten Männer in unmittelbarem Gespräch mit den Minderbrüdern vorstellt. Der besondere Kontext, in dem der Dialog auftritt, erklärt jedenfalls die Tatsache, warum der Verfasser allein von Männern spricht, die dem Bußorden beigetreten seien, ohne die Frauen auch nur mit einem Wort zu erwähnen.[64]

8. Einen kurzen Hinweis verdient auch die *Legenda monacensis S. Francisci* die ein Benediktiner – wahrscheinlich aus dem Kloster Oberaltaich – als Zusammenfassung früherer Viten zwischen 1263-1283, vielleicht 1275, verfasst hat. Zu unserer Frage führt er aus: „Er [Franziskus] gründete drei Orden in der Kirche ... Der dritte heißt Orden der Pönitenten, der beide Geschlechter umfasst und den Verheirateten ebenso wie den in der Ehe enthaltsam Lebenden (*continentibus*), den Klerikern und auch den Laien, die noch nicht den Mut haben, ihrem Eigentum zu entsagen, trefflich angepasst ist. Unter dem Vorzeichen dieser drei Orden hat er – nach einem vorausgehenden Wink Gottes – die drei zuvor erwähnten Kirchen wiederhergestellt".[65]

Es braucht keine lange Begründung, warum diesem Bericht keine eigenständige Zeugnisfunktion zukommt. Doch geht aus ihm hervor, dass man in der zweiten Hälfte des 13. Jahrhunderts auch außerhalb der franziskanischen Familie der Überzeugung war, dass die Gründung des Bußordens auf den Poverello zurückging. Sehr bemerkenswert ist [S. 173] die persönliche Bemerkung über die Laien aus allen sozialen Kreisen, „qui proprietati nondum renuntiare praesumunt".[66]

---

63 AP 41a-d: DI FONZO, 459f., bzw. [347]f. Die Übersetzung stammt vom Verf.

64 VAN DEN BORNE, Anfänge (wie Anm. 2) 88-91. – Ich benütze die Gelegenheit, um hier noch ein Zeugnis mitzuteilen, das außerhalb meines eigentlichen Themas liegt, weil es sich nicht in einer biografischen Schrift, sondern in einem biblischen Kommentar vorfindet: ALEXANDER MINORITA OMin, Expositio in Apocalypsim, c. 21: A. WACHTEL, Weimar 1955 (MGH. Die deutschen Geschichtsquellen des MA 500-1500. Quellen zur Geistesgeschichte des MA, 1) 485: „Undecimum iacintus, qui est cerulei coloris, nubilus in obscuro et rutilat in sereno. Per istum designatur Ordo Paenitentium, qui undecimo loco inseritur. Nam secundum historias, sanctus Franciscus post Ordines Fratrum Minorum Pauperumque Dominarum Ordinem istorum constituit."

65 Leg. monac., n. 14: AF X, 699 (Übers. vom Verf.). Zu Autor und Entstehung dieser Schrift s. [M. BIHL], Praefatio, in: AF X, 5. LXXXIII-LXXXV.

66 Vgl. CASAGRANDE, L'Ordine Francescano Secolare (wie Anm. 2) 220: „E', a mio avviso, una considerazione realistica [die Bemerkung des anonymen Benediktiners]. Ho già avuto modo di dire che il Terz'Ordine 'concilia lo stato laicale con quello ecclesiastico-religioso, la volontà di vivere nel mondo senza essere totalmente del mondo', esso é'un compromesso, una prospettiva aperta per chi non vuole

9. Im Bereich der narrativen Quellen zum Leben des Poverello aus dem 13. Jahrhundert bietet Bonaventuras Sekretär Bernhard von Bessa OMin († zwischen 1300-1304) in seinem nach 1278 verfassten *Liber de laudibus beati Francisci* die ausführlichste Beschreibung des franziskanischen Bußordens.[67] Die Aussage, die unsere Frage näher berührt, lautet: „Die Frucht der Lehre des Franziskus erhellt am deutlichsten in den drei von ihm errichteten (*ab eo statutis*) Orden."[68] Der Dritte Orden ist jener der Brüder und Schwestern von der Buße und ist den Klerikern, Laien, Jungfrauen, Witwen und Verheirateten gemeinsam. Sein Ziel ist: in den eigenen Häusern ehrenhaft zu leben, sich den Werken der Frömmigkeit zu widmen und den Prunk der Welt zu fliehen. Deshalb kannst du gelegentlich unter ihnen adelige Ritter oder andere in der Welt hochgeschätzte Männer, mit bescheidenen Mänteln aus schwarzen Pelzen angetan, in ebenso bescheidener Kleidung wie Ritterwürde mit den Armen derart anspruchslos verkehren sehen, dass du daran nicht zweifeln kannst, dass sie wahrhaft gottesfürchtig sind. Zu Beginn wurde ihnen ein Minderbruder als Betreuer (*minister*) zugewiesen, doch nun werden sie ihren Ministern im betreffenden Land in der Weise anvertraut, dass sie dennoch von den Minderbrüdern als vom selben Vater gezeugte Mitbrüder durch Rat und Tat gefördert werden. Beim Aufstellen von Regeln oder Lebensformen der Orden hat der Herr Papst Gregor, seligen Angedenkens, dem seligen Franziskus in inniger Freundschaft verbunden, als er noch mit einem geringeren Amt bekleidet war, hingebend das ergänzt, was dem heiligen Mann an Rechtswissenschaft abging. Nicht zufrieden mit diesen [drei] Orden, bemühte er sich, jeder Art von Menschen den Weg des Heils und der Buße zu zeigen. Nach einem Bericht habe er einem Pfarrseelsorger, der ihm den Wunsch geäußert, er wolle unter Beibehalten der Kirche sein Bruder werden, Lebensweise und Kleidung angegeben und aufgetragen habe, dass er jedes Jahr von den eingesammelten Früchten der Kirche das für Gott schenke, was vom Eingegangenen übrigbliebe. – So ließ der Herr seinen Diener Franziskus zu einem großen Volk heranwachsen, so verlieh er ihm den Segen aller Völker".[69]

Nebst der festen Überzeugung Bernhards, Franziskus habe drei Orden ins Leben gerufen, verdienen der Name des dritten: „Ordo ... Fratrum et Sororum de Paenitentia" und die auf alle Lebensstände und Berufsformen ausgedehnte Mitgliedschaft hervorge- [S. 174] hoben zu werden. Zum ersten Mal werden in einer biografischen Quelle die Witwen als Ordenskandidaten eigens erwähnt. Mit bemerkenswerter Präzision umschreibt der Autor das spirituelle Programm dieser Gemeinschaft: „in domibus propriis honeste vivere, operibus pietatis intendere, pompam saeculi fugere", das heißt die verschwenderischen Äußerungen einer weltlichen Lebenshaltung vermeiden.[70] Der Biograf beleuchtet außerdem die wohltuenden Auswirkungen dieses Ideals für die

rinunciare ai beni ed agli affari terreni, ma al tempo stesso vuole anche pensare alla salvezza ultraterrena ed in qualche modo assicurarsela."

67 Vgl. DELORME, R.-M.: Apropos de Bernard de Besse, in: StFr 13 (1927) 217-228; JEAN DE DIEU [DE CHAMPSECRET]: Bernhard de Besse, in: DSp I, Paris 1937, 1504f.; CAMBELL, J. Bernard of Besse, in: New Cath. Encycl. II, New York etc. [1967], 335a; CLASEN, Legenda antiqua (wie Anm. 4) 383-387.

68 BERNARDUS, Liber, c. 7: AF III, 679.

69 Ebd., 686f. Der Übersetzungsversuch stammt vom Verf.

70 Vgl. TURCHI, N.: Pompa, in: EC IX, Città del Vaticano [1952], 1727f.

Überwindung der sozialen Schranken, die das Feudalsystem mit seinen Unterschieden durch Geburt, Macht und Besitz aufgerichtet hatte.[71]

Historische Schwierigkeiten bereiten hingegen Bernhards Ausführungen über die Organisation der örtlichen Fraternitäten des Ordens. Es ist nicht mehr möglich, die Quelle der Behauptung zu ermitteln, wonach zu Beginn des franziskanischen Bußordens ein Minderbruder die Funktionen eines Ministers der lokalen Gemeinschaften ausgeübt habe, während zur Zeit der Abfassung des *Liber* dieselben einem Laienmitglied anvertraut gewesen seien.[72] Nach allen iuridischen Dokumenten, die uns zur Verfügung stehen, war der Minister der örtlichen Fraternität stets ein Laie. Andererseits erscheint es grundwegs ausgeschlossen, dass der Orden – bei dem teilweise bis über die päpstliche Bestätigung der *Regula bullata* (1223) hinaus andauernden Wandercharakter[73] – die Leitung der weithin zerstreuten Drittordens-Fraternitäten wirklich hätte ausüben können.Vielleicht hat sich in diesem rätselhaften Bericht ein fernes, in der mündlichen Weitergabe verändertes Echo von der spirituellen Betreuung der örtlichen Fraternitäten von Pönitenten durch Franziskus und die Brüder der Frühzeit erhalten. Wie auch immer der Sinn dieser Aussage aufgefasst werden mag, sicher darf der Wahrheitsgehalt seines Zeugnisses, die Pönitenten seien von den Minderbrüdern, „tamquam confratres et [ab?] eodem Patre geniti, consiliis et auxiliis" unterstützt worden, nicht bezweifelt werden. Als Sekretär und Reisebegleiter des Generalministers Bonaventura verfügte Br. Bernhard über ein ebenso weites Gesichtsfeld wie reiches Beobachtungsmaterial.[74]

Eine weitere Angabe des Lebensbeschreibers stößt auf das besondere Interesse des heutigen Lesers, dass Kardinal Hugolin, „intima familiaritate coniunctus", Franziskus bei der Abfassung der Regeln der drei Orden[75] wirksam beigestanden habe, um zu ergänzen, [S. 175] „quod viro sancto iudicandi scientia deerat". Mit Fidentius van den Borne halte ich dafür, dass sich dieses Mitwirken des Kardinals vorab auf den ersten Orden bezogen haben dürfte,[76] ohne dass sich aus dem vorliegenden Text eine iuridisch-redaktionelle Zusammenarbeit für eine Regel der franziskanischen Pönitenten ableiten ließe.

Der letzte Abschnitt scheint mir besonders wichtig zu sein, um das Ausstrahlen des franziskanischen Bußideals über den Bereich von vorgegebenen Schemen und Strukturen hinaus zu belegen. Franziskus „satagebat omnium hominum generi salutis et paenitentiae viam dare". Dem Diözesanpriester im Dienste einer Pfarrei, der nicht in den

---

[71] Vgl. ROGGEN, H.: Die Lebensform des hl. Franziskus von Assisi in ihrem Verhältnis zur feudalen und bürgerlichen Gesellschaft Italiens, Mechelen 1965.

[72] Vgl. VAN DEN BORNE, Anfänge (wie Anm. 2) 87; MEERSSEMAN, Dossier (wie Anm. 1) 4 Anm. 1, macht sich die Aufgabe der historischen Deutung zu leicht, indem er das Zeugnis einfach als willkürliche Erweiterung des Celano-Berichts hinstellt!

[73] Vgl. ESSER, Anfänge (wie Anm. 10) 54-60, 168-189 („Nicht seßhafte Wanderprediger – Das 'Seßhaftwerden' der Brüder"); DERS.: Die endgültige Regel der Minderen Brüder im Lichte der neuesten Forschung, Werl/Westf. 1965: vgl. BgFr XIII, n. 306.

[74] Vgl. CLASEN, Legenda antiqua (wie Anm. 4) 383f.

[75] Im lateinischen Text: „In regulis seu vivendi formis Ordinis" muss sehr wahrscheinlich „Ordinum" gelesen werden, wie VAN DEN BORNE, Anfänge (wie Anm. 2) 87 Anm. 33, mit K. Müller und wider L. Oliger OFM richtig vermutet.

[76] VAN DEN BORNE, ebd., 87f.

Minderbrüderorden und jedenfalls auch nicht in den Bußorden – vielleicht weil an Ort und Stelle keine Fraternität bestand – eintreten konnte, schlägt der Poverello eine entsprechende Weise zu leben und sich zu kleiden vor und legt ihm nahe, den Überschuss seiner Einkünfte aus dem Pfarrdienst an Bedürftige zu verteilen.[77]

II. Versuch zu einer Synthese

Nachdem die Berichte der einzelnen biografischen Quellen der Frühzeit dem Leser vorgestellt worden sind, drängt sich der Versuch auf, die einzelnen Gesichtspunkte zu einer Zusammenschau zu vereinen. Erst so wird es möglich, ihre Übereinstimmung untereinander bzw. die Abweichung voneinander festzustellen.[78] Die zeitlich und quellenmäßig eingeschränkte Untersuchung schließt allerdings eine umfassende Beurteilung der historischen Problematik zum franziskanischen Bußorden von selber aus. Zu diesem Zweck müssten alle verfügbaren Daten der narrativen und der iuridischen Quellen vor dem Hintergrund der dem Minderbrüderorden voraufgehenden oder zeitgenössischen religiösen Bewegungen angeschaut werden. Hier seien nur einige Gesichtspunkte herausgehoben, welche von den hier in Betracht gezogenen Quellen übereinstimmend beleuchtet werden (1). [S. 176]

In einem zweiten gedanklichen Schritt sollen besondere Akzentuierungen einzelner Berichte namhaft gemacht werden (2).

1. Punkte, in denen die Quellenaussagen übereinstimmen

1.1. Eine nie unterbrochene oder abweichende Tradition, die mit der *Vita prima* des Thomas von Celano einsetzt, behauptet eine kausale Verbindung zwischen Franziskus und einer laikalen Bußbewegung, die von seiner Predigt ausgelöst worden sei und in ihm

[77] Hier sei abschließend noch hingewiesen auf PSEUDO-HEINRICH VON AVRANCHES, Legenda versificata, appendix II, lib. 5: AF X, 500, bzw. lib. 7: 506, wo die Auskünfte von Bonaventura und Bernhard von Bessa in Hexameterverse umgesetzt werden, ohne dass dabei ein neues Moment beigesteuert würde: „Sic tres ecclesias erexit materiales / In tribus Ordinibus quibus Ecclesiam renovavit." – „Sed quia propositum solidat discretio sanctum, / Sub tribus Ordinibus conversos colligit omnes. / Unus ab hoc quod paeniteant est Ordo vocatus: / Omnis in hoc sexus et condicio retinetur, / Clericus et laicus, vir, femina nupta, soluta. / Nec mutare domum quis cogitur: in propria scit / Quas vitae leges teneat, quid ei sit agendum. / Iamque micant signis cultores Ordinis huius, / Ut pateat quanti sit apud Dominum status ille."

[78] Aus chronologischen Gründen und vom romanhaften Charakter der Quelle her schloss ich von der Einzeluntersuchung aus: Actus Beati Francisci et Sociorum ejus, ed. P. SABATIER, Paris 1902 (Collection d'Etudes et de Documents sur l'histoire religieuse et littéraire du Moyen Age, 4) oder Actus Beati Francisci et Sociorum eius. Nuova edizione postuma di J. CAMBELL, a cura di M. BIGARONI e G. BOCCALI (Pubblicazioni della Biblioteca Francescana Chiesa Nuova – Assisi, 5) bzw. I Fioretti di san Francesco, con note del P. B. BUGHETTI OFM, nuova edizione riveduta dal P. R. PRATESI OFM. [Firenze 1958]. Vgl. u. a. GRAU, E.: Quellenkritische Einführung in die Probleme der Fioretti, in: WiWei 48 (1985) 102-112 Es sei mir gestattet, hinzuweisen auf meinen in CFr 60 (1990) erschienenen Besprechungsartikel: Quellen und Studien über den hl. Franziskus von Assisi (1987-1989), 255-310, 258-262, wo ich die Edition der Actus von J. Cambell vorgestellt habe.

ihren Gründer erblickt habe. Schon Celano preist den Poverello als Förderer einer kirchlichen Reform in der Gründung einer „trina militia", eines dreifachen Ordensinstituts, das eine von ihm festgelegte Lebensordnung beobachtete (I, 1.).[79] Eine eingehende Analyse der vom ersten Lebensbeschreiber verwendeten Terminologie – dieselbe findet sich auch bei Bonaventura (I, 5.1. und 5.2.) und teilweise auch in der *Dreigefährtenlegende* (I, 3.) – lässt keine Zweifel über den Sinn seiner Aussagen offen. Noch ausdrücklicher in den verwendeten Termini bzw. in ihrer Aussageabsicht sind die Biografen der Folgezeit. So verwendet Julian von Speyer das Verb „ordinare" (I, 2.1.) oder „inchoare / ad perfectionis statum provehi" (I, 2.2.), während der hl. Bonaventura und der anonyme benediktinische Verfasser der *Legenda monacensis* von „instituere" bzw. Bernhard von Bessa von „statuere" sprechen (I, 5. Anm. 55; 8.). Eigens erwähnt zu werden verdient, dass der *Anonymus Perusinus* davon berichtet, die Minderbrüder-Prediger der frühen Zeit hätten aus verheirateten Männern, die sich nach einem religiös intensiveren Leben sehnten, den Orden der Pönitenten geformt (I, 7.).

In der bisherigen Forschung hat man auf das nicht leicht erklärbare Schweigen Celanos zum Dritten Orden in seiner *Vita secunda* (1246/1247) und in seinem *Tractatus de miraculis* (1250/1252) hingewiesen.[80] Auch wenn in diesen beiden Schriften tatsächlich der Name „Orden von der Buße" nicht vorkommt, fehlen andererseits doch Anzeichen von dessen tatsächlichem Bestehen am Beispiel einzelner Personen nicht. So berichtet der Lebensbeschreiber von einer „adeligen Frau von Volusiano", die sich vom Poverello Segen und Rat hinsichtlich ihres Gatten erbeten habe, weil sich dieser ihrem Vorhaben, „Jesus Christus zu dienen" in vollkommener Enthaltsamkeit, entgegengestellt hatte. Voll Verwunderung über die Entschlossenheit der Bittstellerin, habe ihr Franziskus aufgetragen: „Gehe hin, gesegnete Tochter, und wisse, daß dir von seiten deines Mannes demnächst Tröstung zuteil wird." Nach der Heimkehr sei es ihr tatsächlich gelungen, den Mann von ihrem Vorhaben zu überzeugen. „Von nun an führten sie viele Jahre ein enthaltsames Leben und gingen an ein und demselben Tag in seligem Sterben heim ..."[81] [S. 177]

Ähnlich darf das Schweigen des *Tractatus* zum franziskanischen Bußorden nicht als absolut gekennzeichnet werden; liest man doch darin erstmals den Bericht, wonach Franziskus – wider seine sonstige Übung – die Reklusin Praxedis, welche „sich von

---

[79] Mit diesen Angaben in Klammern soll der Leser in kürzester Form auf die im 1. Hauptteil im Wortlaut angeführten und einzeln erörterten Quellentexte hingewiesen werden.

[80] So z. B. von ROGGEN, Geschichte der franziskanischen Laienbewegung (wie Anm. 46) 33.

[81] 2 C 38: AF X, 155f. mit Anm. 3 auf S. 155. In der deutschen Übersetzung folge ich GRAU, Thomas von Celano, Leben und Wunder (wie Anm. 5) 256f. „Volusiano" lässt sich nicht mehr mit Sicherheit identifizieren. Da jedoch als Reiseziel des Heiligen Celle di Cortona angegeben und die Begegnung auf der Wanderung dorthin lokalisiert wird, denken die Editores von Quaracchi an Lisciano Niccone, Reschio, Lusignano oder Lucignano: GRAU, ebd., 256 Anm. 40. – Dasselbe Begebnis – mit einigen Abweichungen, die jedoch nicht dessen Wesen berühren – berichtet auch Per 27: BROOKE (wie Anm. 41) 136/138. Da Celano schon 1246/1247 dieses Zeugnis vermittelt, kann es sich dabei bestimmt nicht um ein Anzeichen tatsächlich erst im 14. Jahrhundert einsetzender klaustraler Tendenzen im Dritten Orden handeln, wie ROGGEN, Geschichte der franziskanischen Laienbewegung (wie Anm. 46) 69 Anm. 5, zu Unrecht unterstellt. – Einen kurzen Kommentar zu dieser Begegnung s. bei CASOLINI, F.: Controfigure di Lucchesio e Buonadonna nella Vita II di san Francesco scritta da fra Tommaso, in: Frate Francesco (Rom) 27 (1960) 20-24.

zarter Kindheit an um der Liebe des ewigen Bräutigams willen in einer engen Klause eingeschlossen" hatte, „der besonderen Gunst einer vertrauten Freundschaft" gewürdigt habe und „sie, was er bei keiner anderen Frau tat", in ein besonderes Gehorsamsverhältnis aufgenommen habe. Ja, „ob ihrer frommen Hingabe an Gott gestattete er ihr das Ordenskleid, nämlich den Habit und Strick".[82] Weil es sich im konkreten Fall ganz offenkundig nicht um den Eintritt in den klausurierten Klarissenorden handelt, liegt die Vermutung nahe, Praxedis sei durch die Verleihung des franziskanischen Ordenskleides Pönitentin geworden.

Damit sei nicht behauptet, mit diesen Andeutungen das unleugbar merkwürdige Faktum restlos befriedigend erklärt zu haben, warum Thomas von Celano in den beiden späteren hagiografischen Schriften die mit der *Vita prima* begonnene Linie nicht weitergeführt hat. Was immer sein Beweggrund gewesen sein mag, das Thema zu übergehen, sicher ist so viel, dass Julian von Speyer, Bonaventura und Bernhard für den Dritten Orden entschieden viel mehr Interesse gezeigt haben als Celano. Doch bevor man dem ersten Biografen eine absichtliche Unterlassung und apologetische Ziele im Dienst des Ordensprestiges seinen Nachfolgern anlastet, sollten doch der unvermeidlich fragmentarische Charakter jeder biografischen Information und die bei mittelalterlichen Lebensbeschreibern den unsrigen gegenüber stark abweichenden Interessen mitbedacht werden.[83]

Wenn Franziskus von unseren Quellen als Gründer von drei Orden genannt wird, schließt dies nicht notwendig eine spirituelle Vaterschaft mit univoker Sinnbedeutung für jede der drei Stiftungen ein. Schon beim Orden der Armen Frauen von St. Damian ist doch offenkundig, dass sich die Gründungsaufgabe – in einem einzeln näher zu bestimmenden Ausmaß – auf Franziskus, Klara und Kardinal Hugolin verteilt.[84] Vom Quellenmaterial her, das den eigentlichen Gegenstand dieser Untersuchung ausmacht, erscheint mir die Folgerung als begründet, daß die Beziehungen des Poverello zur Laienbewegung der Pönitenten eher von charismatisch-spiritueller denn juridischer Natur waren. Er scheint seine [S. 178] Aufgabe vorherrschend darin gesehen zu haben, im Laienbereich der Kirche – mit Hilfe von teils vorausbestehenden Elementen – eine Reformbewegung anzustoßen, ohne sich in der Folgezeit einzeln um deren organisatorischen Ausbau und die konkrete Leitung zu kümmern.[85]

---

[82] 3 C 181: AF X, 324; Übersetzung von GRAU, Thomas von Celano, Leben und Wunder (wie Anm. 5) 483f., samt den erklärenden Anm. Vgl. dazu VAN DEN BORNE, Anfänge (wie Anm. 2) 78f. Mit bloßen Wortvarianten berichtet davon auch Bonaventura, LM, Miracula VIII, 7: AF X, 646.

[83] Wie VAN DEN BORNE, Anfänge (wie Anm. 2) 79, richtig anmerkt.

[84] Dies hob u. a. besonders deutlich ans Licht CLASEN, S.; Die Anfänge des Dritten Ordens, in: WiWei 26 (1963) 126-133, 129b: „Dieses Beispiel zeigt auch, wie viele Grade der Einflußnahme unter den Begriff 'Ordensgründung' gefaßt werden können."

[85] Diesen Sachverhalt hat wohl niemand ansprechender und deutlicher gekennzeichnet als C. CRACCO in seiner Rezension von MEERSSEMAN, Dossier (wie Anm. 1): „Sembra quasi che San Francesco, sparso il seme della vita evangelica in mezzo al popolo abbia ritratto la mano lasciandolo crescere als suo destino", in: Studi Medievali s. 3^{a}, 3 (1962) 642. Ebd., 638-645, findet der Leser eine Reihe weiterer Überlegungen, die mir von großer Bedeutung erscheinen, um das Vaterverhältnis des hl. Franziskus zu seinem Bußorden tiefer zu verstehen.

1.2. Ein weiterer Punkt, worin unsere Quellen weitgehend übereinkommen, betrifft den Namen der Gründung. „Ordo Poenitent(i)um“ ist jene Benennung, die man besonders häufig antrifft (I, 2.1. und 2.3., 7., 8.); dagegen sind seltener bezeugt: „Ordo Fratrum de Poenitentia“ (I, 5.2.); „Ordo Fratrum et Sororum de Poenitentia“ (I, 9.) oder die Kurzformel: „Fratres Continentes“ (Anm. 55). Dem Eigennamen: „[Fratres et Sorores] Poenitentes“ werden gelegentlich der Gattungsname „Ordo“ und die Ordnungszahl „Tertius“ vorangestellt; eine nähere Kennzeichnung, die fast in allen unseren Zeugnissen festgestellt wird (I, 1., 2.1., 2.2., 3., 5.1., 8., 9. und Anm. 26). Nur Bonaventura teilt hingegen mit (5.2.), Franziskus habe sich dafür entschieden, diese Lebensform „Ordo Fratrum de Poenitentia“ zu heißen.

1.3. Schon der Name selber stellt den Bußcharakter dieser Laienbewegung ins Licht, den jedoch einige biografische Texte noch ausdrücklich unterstreichen. Deren Vertreter heißen deswegen Pönitenten, weil sie als Glieder dieses Ordens Buße tun müssen (I, Anm. 77), sich besonderen Formen der Strengheiten hingeben (I, 7.), sich an neue Gesetze von Buße nach der ihnen vom Gründer auferlegten Lebensordnung binden (I, 5.2.) und den aufwendigen Lebensstil nach Art eines mondänen Luxus vermeiden sollen (I, 9.).

1.4. Ein weiterer bedeutsamer Gesichtspunkt, der den Orden der Pönitenten kennzeichnet, ist seine laikale Struktur. Die franziskanischen Pönitenten ziehen sich nicht in ein Kloster zurück, sondern verbleiben in ihren eigenen Wohnungen (I, 3., 4., 9.), unterhalten weiterhin das eheliche Zusammenleben (vgl. I, 7., und II, 1.1.) oder beobachten daheim die vollkommene Jungfräulichkeit (I, 4.). Zur Zeit, da Br. Bernhard von Bessa seinen *Liber de laudibus* verfasste (nach 1278), nahm ein Laie die Aufgaben des Ministers in den örtlichen Fraternitäten wahr (I, 9.).

1.5. Leider ist aus den uns heute zur Verfügung stehenden Quellentexten nichts Genaueres zu erfahren über die äußeren Umstände und den Zeitpunkt des Entstehens der franziskanischen Bußbewegung. Wie einige Zeugnisse einhellig betonen (I, 1., 2.2., 5.2., 9.), wurde in religiös interessierten Laien der Wunsch nach Anschluss an die franziskanische Bewegung laut, nachdem Franziskus 1209 von Innozenz III. die kanonische Bestätigung seiner evangelischen Brüderschaft erlangt hatte und – entsprechend der ihm vom Papst erteilten Ermächtigung – Buße zu predigen begann. Aus den uns zur Information vorliegenden Quellen des 13. Jahrhunderts ist es schlechthin ein Ding der Unmöglichkeit, das Jahr [S. 179] genau festzulegen, wann diese Gruppen assoziative Formen annahmen und welche Entwicklungsstadien sie dabei durchliefen. Der von Thomas von Celano in der *Vita prima* mitgeteilte Text macht eine ziemlich frühe Entstehung der franziskanischen Bußbewegung wahrscheinlich; näherhin zu dem Zeitpunkt, als die Wortverkündung des Poverello in einem stets sich ausweitenden Umkreis – über Umbrien und die angrenzende Mark Ancona hinaus – auf Beachtung und Anerkennung stieß. Wenn die Ordnungszahl „tertius“, die regelmäßig mit „Ordo Poenitenium“ verbunden erscheint, den tatsächlichen Ablauf der Dinge festhält, gelangt man zu einem „Terminus post quem“, nämlich zum 18./19. März 1212, als die hl. Klara in Portiunkula „coram altari beatae Mariae sanctae poenitentiae suscepisset insignia“.[86]

Nach meinem Dafürhalten kommt dieser Zeitbestimmung ein nicht geringer Grad von Wahrscheinlichkeit zu. Die spontane und schrittweise erfolgte Form, mit der viele Laien in geografisch voneinander entfernten Gegenden, angerührt von der Bußexhorte des Poverello und seiner ersten Brüder, die von der Wanderpredigt her ständig ihren Wirkungsort wechselten, dieser Bewegung beizutreten ersuchten, erklärt die Unmöglichkeit der früheren Biografen, die Entstehung des franziskanischen Bußordens örtlich und zeitlich genau festzulegen.

1.6. Unter allen Gesichtspunkten heben unsere Quellen wohl keinen stärker hervor als den, dass der Orden der Pönitenten für alle gleicherweise zugänglich war. Er stand offen für beide Geschlechter und alle Stände der Kirche, Kleriker und Laien, Ledige und Verheiratete; für alle sozialen Klassen, Adelige und Vertreter niedriger Herkunft, für Reiche und Arme (I, 1., 2.1. und 2.2., 3., 5.2., 8., 9.). Der Vollständigkeit halber sei noch erwähnt, dass Br. Julian als mögliche Kandidaten ausdrücklich die „continentes“ anführt (I, 2.2.). Darunter versteht er sehr wahrscheinlich Eheleute, die unter Beibehalten des Zusammenlebens auf den Geschlechtsverkehr verzichteten. Darüber hinaus führt Bernhard von Bessa auch Witwen eigens an, die dem Bußorden beitraten (I, 9.). Wenn hingegen der Verfasser des *Anonymus Perusinus* nur verheiratete Männer als Mitglieder nennt (I, 7.), scheint dies von der literarischen Gattung des Dialogs herzurühren, in die er seinen Bericht einkleidet. Schwieriger ist jedoch zu erklären, warum die *Compilatio Perusina* bloß unverheiratete Mädchen nennt, welche der Gruppe von Pönitenten in Greccio angehörten.

1.7. Seltener sind jene leider recht unbestimmt klingenden Nachrichten der Quellen, wonach Franziskus seiner Laienbewegung eine Regel übergeben habe. Anderseits wird die Tatsache selber in unmissverständlicher Form schon von Thomas von Celano und viel später von Bonaventura ausgesagt. Sie behaupten, dass – nach Form, Regel und Lehre des Poverello – in der Kirche eine dreifache Ordensgründung blühe (I, 1., 5.1.). Ähnlich berichtet Br. Julian von Speyer, der Heilige habe allen, die sich an ihn um Rat gewandt hatten, „vivendi regulam“ geschenkt (I, 2.2.). [S. 180]

Weil eingehendere Angaben über den Inhalt dieser Lebensordnung fehlen, bleibt man allein auf Vermutungen angewiesen. Wenn man alle dem Historiker heute zur Beurteilung vorliegenden Elemente in Betracht zieht, kommt man zum Schluss, dass „regula“ doch wohl in demselben Sinne verstanden werden muss, wie die biografischen Zeugnisse von seinem Abfassen der „Protoregula“ für den ersten bzw. der „Forma vivendi“ für den zweiten Orden durch Franziskus berichten (I, 1.). Viel eher als an einen Kodex mit genau festgelegten Normen wird man an lose aneinandergereihte und vom Evangelium her geprägte Mahnungen denken müssen. Die Frage, ob uns dieser Text in

---

86 Vgl. THOMAS VON CELANO, Legenda S. Clarae, Nr. 8: F. PENNACCHI, Assisi 1910, 13, oder OMAECHEVARRÍA, I.: Escritos de Santa Clara y documentos complementarios. Ed. bilingüe, Madrid ²1982 (Biblioteca Autores Cristianos, 314), 141. Zum Zeitpunkt s. u. a. GRAU, E.: Leben und Schriften der heiligen Klara, Werl/Westf. 1980 (FQS, II), 40 Anm. 24.

der *Epistola ad Fideles. Recensio prima* erhalten geblieben ist oder nicht, wird von den darüber in letzter Zeit schreibenden Autoren recht unterschiedlich beantwortet.[87] Von meinem aktuellen Kenntnisstand her scheint mir nicht auszuschließen zu sein, dass in diesem Text mindestens gewisse Umrissformen des spirituellen Programms der Pönitenten vorliegen.

1.8. Die religiösen Vorstellungen, welche der franziskanischen Pönitentenregel zugrunde lagen, lassen sich von den biografischen Quellen des 13. Jahrhunderts her leider nur in gewissen Grundlinien erahnen. Bereits aus dem ersten Zeugnis (I, 1.) erhellt die Absicht der Laien, Anschluss an die franziskanische Bewegung zu gewinnen, um so am Charisma des Poverello trotz ihren in der Welt weiterdauernden Aufgaben teilzuhaben. Dieses Vorhaben schloss unter anderem ein, sich entschieden für die Liebe und den Dienst Gottes, vornehmlich im Gebet, zu engagieren; sich von der sündigen Vergangenheit durch die evangelische Buße zu trennen und sich von übermäßigen weltlichen Sorgen zu befreien.

Das von Celano entworfene Bild wird durch das ergänzt, was Br. Bernhard von Bessa in geraffter Form zum Ausdruck bringt (I, 9.): das „propositum" des Bußordens bestehe in einem Familien- und Berufsleben, das sich an die Grundsätze der Ehrlichkeit hält, in intensiver Übung der Frömmigkeit, im Vermeiden von aufwändigem Prunk eines weltkonformen Lebens und in brüderlicher Gemeinsamkeit zwischen den Mitgliedern von sozial verschiedener Herkunft.

Eine von der *Compilatio Perusina* überlieferte Stelle darf hier herangezogen werden, auch wenn es gewagt erscheinen mag, aus einem lebhaft dargestellten Bericht ein spirituelles Programm zu rekonstruieren, welches das Verhalten der darin beschriebenen Personen bestimmt hat (I, 4.). In der Beschreibung der Pönitentinnengruppe von Greccio treten als besondere Kennzeichen hervor: die in einem zurückgezogenen Leben zu Hause beobachtete Jungfräulichkeit, das Bestreben zu immerwährendem Gebet, die Abtötung des Leibes durch Fasten und mutmaßliche Formen eines gemeinsamen Lebens. [S. 181]

1.9. Beim aufmerksamen Lesen unserer Quellen erkennt man mühelos, wie stark in ihnen der Einfluss des Bußordens auf die kirchliche und weltliche Gesellschaft betont wird. So tritt an mehreren Stellen ein ursächlicher Zusammenhang zwischen der franziskanischen Bewegung und der Kirchenreform ans Licht, wobei freilich das Einwirken aller drei Orden mit gemeint ist (I, 2.2., 5.1.). Nach Bonaventura (I, 5.2.) hatten zudem Pönitenten in der Zwischenzeit ihrem Orden durch ein heiligmäßiges Leben Glanz und Glaubwürdigkeit verliehen. Weniger häufig und ausdrücklich sind

[87] Vgl. zu dieser Frage: ESSER, K.: Ein Vorläufer der „Epistola ad fideles" des hl. Franziskus von Assisi (Cod. 225 der Biblioteca Guarnacci zu Volterra), in: CFr 45 (1975) 5-37 (s. auch BgFr XIV, Nr. 358-365 mit weiterer Lit.); PAZZELLI, R.: Il titolo della „Prima recensione della Lettera ai Fedeli". Precisazioni sul Codice 225 di Volterra (cod Vo), in: Analecta TOR 19/142 (1987) 233-240; Frate Francesco a tutti i suoi fedeli. [A cura di L. TEMPERINI], Roma 1987; LEHMANN, L.: Exsultatio et exhortatio de Poenitentia. Zu Form und Inhalt der „Epistola ad Fideles I", in: Laur 29 (1988) 564-608. – Über den Fragenstand suche ich den Leser zu informieren in meiner Studie: Quellen und Studien (wie Anm. 78) 255-258.

Andeutungen über das soziale Engagement des Weltordens. Immerhin bezeugt Br. Bernhard von Bessa aus persönlicher Beobachtung, wie zeitgenössische Pönitenten die vom Feudalsystem herrührenden sozialen Unterschiede mit Erfolg zu überbrücken suchten. Nicht vergessen sei sein Bericht über die vom Heiligen einem Seelsorger, der um Anschluss an seine Lebensform ersucht hatte, erteilte Anweisung, er solle die über die eigene Lebensnotwendigkeit hinausgehenden Erträge seiner Pfarrei den Armen weiterschenken.[88]

2. Besondere Akzentsetzungen durch einzelne Quellenberichte

Neben Punkten, worin die unter I. besprochenen Aussagen gänzlich oder doch teilweise übereinstimmen, bestehen Aspekte, die nur von einzelnen Quellen herausgestellt werden.

2.1. So berichten die *Dreigefährtenlegende* und der *Anonymus Perusinus* von der Wirksamkeit der ersten Brüder, die Laien für den Bußorden zu gewinnen wussten (I, 3., 7.), ja, die 2. Quelle verschweigt gar den Namen des Ordensgründers völlig und hebt hervor: „At illi [d. h. die ersten Minderbrüder] ordinaverunt ex ipsis [den vorgenannten Laien] Ordinem, qui Poenitentium Ordo vocatur ...“[89] Diese Aussage darf sicher nicht derart verabsolutiert werden, als ob die beiden Quellen Franziszi Hauptanteil im Fördem seines Bußordens hätten in Abrede stellen wollen; vielmehr geht ihre Absicht dahin, das aktive Mitwirken seiner Gefährten stärker ins Licht zu rücken.[90] Mindestens erhellt dieser Sachverhalt deutlich aus einem Satz der *Compilatio Perusina*, wo neben dem Einfluss des Poverello auf die Bevölkerung von Greccio auch jener der Minderbrüder ausdrücklich hervortritt: „Durch sein Beispiel [des Franziskus] und seine und der Brüder Predigt traten viele Bewohner, angetrieben von der göttlichen Gnade, in den Orden ein, und viele Frauen beobachteten die Jungfräulichkeit, während sie im eigenen Haus verblieben ...“ (I, 4.).

2.2. Über die Organisationsformen der frühen Pönitentengruppen bzw. über deren religiöse Betreuung durch Minderbrüder ist in unseren Zeugnissen wenig zu vernehmen. Immerhin dürfte für Greccio nach der Textsammlung von Perugia das Bestehen einer weib- [S. 182] lichen Fraternität feststehen, die anscheinend – über das private religiöse Leben in ihren Familien hinaus – auch Formen gemeinschaftlichen Lebens pflegten.[91] Einem zeitlich späten Hinweis auf das Wahrnehmen der Aufgaben eines Ministers der ursprünglichen Fraternitäten durch einen Minderbruder begegnen wir im Zeugnis des Bernhard von Bessa (I, 9.). Wenn ich mich nicht täusche, hat sich in dieser rätselhaften Aussage eine ferne Erinnerung an die – wenigstens von Zeit zu Zeit – gewährte

---

88 Dies jedenfalls scheint mir die Sinnbedeutung des „daret pro Deo“, das heißt „pro amore Dei“ (I, 9.), zu sein.

89 Vgl. I, 7. Immerhin hinsichtlich des ersten Ordens sagt er ausdrücklich: „Illos autem quos fratres recipiebant, ad beatum Franciscum adducebant ut induerentur ab eo“ (Nr. 41b: DI FONZO, in: MF 72 [1972] 459).

90 Darin stimme ich mit der Deutung von VAN DEN BORNE, Anfänge (wie Anm. 2) 90f., überein.

91 I, 4. Dies glaube ich den Worten „unaquaeque ... communi vita vivebat honeste“ entnehmen zu dürfen.

spirituelle Assistenz durch Mitglieder des ersten Ordens erhalten. Für seine Lebenszeit (nach 1278) bezeugt dieser Biograf von einem breiten Beobachtungskreis her das Bestehen von örtlichen Fraternitäten und von Laien-Ministern.

In diesen Kontext ist zudem ein kurzer Bericht über die angebliche päpstliche Bestätigung des franziskanischen Bußordens zu verweisen, welcher der *Legenda trium sociorum* und dem *Anonymus Perusinus* gemeinsam ist. Ein Element, das in jüngerer Zeit von bedeutenden Forschern nicht mehr als zeitwidrig, sondern als Hinweis auf die ersten päpstlichen Bullen zugunsten dieser Laienbewegung seit Honorius III. angesehen wird.

2.3. Abschließend seien noch drei Zeugnisse über ein angeblich eigenes Ordenskleid der franziskanischen Pönitenten kurz besprochen. Wahrscheinlich handelt es sich um einen Sonderfall, wenn Franziskus zum Zeichen der Gemeinsamkeit mit seinem Ideal der römischen Reklusin Praxedis „das Ordenskleid, nämlich den Habit und Strick gestattete" (II, 1.1.). Ebensowenig darf wohl die besondere Kleidung („dato ... induendi modo"), welche der Ordensgründer nach Bernhard von Bessa einem vom franziskanischen Ideal angerührten Seelsorger vorgeschrieben hat, verallgemeinert werden, zumal der Hagiograf im selben Textzusammenhang einfach von einem einfachen Gewand spricht, mit dem sich Pönitenten zu kleiden pflegen (I, 9.). Von dieser Übung weicht der Bericht bei der Textsammlung von Perugia ab, wonach die Gruppe von Jungfrauen von Greccio im franziskanischen Ordenskleide daheim gelebt hätten.[92] Es dürfte sich hier einzig um einen örtlich oder höchstens zeitlich begrenzten Brauch der Frühzeit handeln, ohne dass daraus gefolgert werden müsste, den franziskanischen Pönitenten sei das Tragen des minoritischen Ordenskleides (Habit und Strick) zur Pflicht gemacht worden.[93]

3. Schlussfolgerungen

3.1. Wenngleich diese Untersuchung im Thema wie in den Ergebnissen notgedrungen begrenzt ist und darum keine umfassende Schlüsse zulässt, hoffe ich, den längeren Weg nicht ganz umsonst gegangen zu sein. Alle Zeugnisse, angefangen vom ersten Biografen, schreiben dem Heiligen aus Assisi die Gründung eines Bußordens zu, der [S. 183] als integraler Teil zur franziskanischen Bewegung zählt. Entstanden als spontanes Echo auf die Mahnung des Poverello zur Bekehrung, erhielt er von ihm eine unauslöschbare Prägung und ein unverwechselbares Gesicht, auch wenn er mit Vorstellungen und Idealen der voraufgehenden Bußbewegung in enger Verbindung steht.

3.2. Der Dritte Orden vermittelte dem christlichen Laientum im Blick auf dessen Weltsendung Anteil am Ideal der evangelischen Buße, führte die Mitglieder zum Erfahren

---

92 I, 4. Das „indutae pannis Religionis" bezieht sich zweifellos auf die religiöse Gemeinschaft, in die, entsprechend dem voraufgehenden Satz, viele Mädchen von Greccio eingetreten waren.

93 Vgl. für die spätere Geschichte der Kleidungsvorschriften VAN DEN BORNE, Anfänge (wie Anm. 2) 132f.; MEERSSEMAN, Dossier (wie Anm. 1) 332b; DERS., Disciplinati e Penitenti (wie Anm. 21) 52f.; RIVI, Le origini dell'O.F.S. (wie Anm. 2) 147.

echter Brüderlichkeit in bewusster Antithese zum feudalistischen Klassendenken und spornte zu größerer Innerlichkeit und Frömmigkeit an. Es bestehen keine plausiblen Gründe, um die Glaubwürdigkeit der ersten Lebensbeschreiber und ihre historische Information in Zweifel zu ziehen, auch wenn sie unleugbar dahin tendieren, Personen und Einrichtungen mit dem wachsenden Grad ihrer zeitlichen Entfernung zum Gründer immer mehr zu idealisieren.

3.3. Die biografischen Quellen des 13. Jahrhunderts enthalten uns konkrete Nachrichten über den Zeitpunkt vor, wann genau der franziskanische Orden der Pönitenten entstanden ist und welche iuridische Lage ihm anfänglich zu eigen war; wie er sich einzeln fortentwickelte und welche Bande ihn an den ersten Orden knüpften.

3.4. Es geht über die Zielsetzungen dieses Versuchs hinaus, die gewonnenen Ergebnisse mit den Auffassungen von G. G. Meersseman einzeln zu vergleichen. Die von seiner reichen Dokumentensammlung und historischen Deutung vorgebrachten Schwierigkeiten wider die traditionelle Auffassung des franziskanischen Dritten Ordens verdienen zweifellos aufmerksame Beachtung.[94] Anderseits kann eine ausgewogene Lösung der noch offenen Fragen bestimmt nicht von einem einseitigen Gegeneinander-Ausspielen von iuridischen und historisch-narrativen Quellenaussagen, sondern allein von einem Versuch, beide im Blick auf einen gemeinsamen Nenner hin zu befragen, erhofft werden.

3.5. Wenn dieses Ziel annähernd erreicht werden soll, müssen folgende historische Faktoren vor Augen bleiben: 1. der kanonische Stand der Buße, wie er längst vor Franziskus bestanden hat; – 2. der unbezweifelbar bedeutende Einfluss, den die voraufbestehende Bußbewegung auf ihn, namentlich im Stadium seiner Bekehrung, und auf das Entstehen seiner evangelischen Brüderschaft ausgeübt hat; – 3. die Bußexhorte des Poverello und seiner Gefährten, welche die frühe Form ihres apostolischen Wirkens ausmachte; – 4. der im Gefolge der minoritischen Lebensweise und Wanderpredigt in vielen Laien wach werdende Wunsch, am franziskanischen Ideal der Buße teilzuhaben;[95] – 5. der Stempel charismatisch-evangelischer Freiheit, den der Heilige dieser auf vorgegebenen Wegspuren sich entfaltenden Spontanbewegung aufprägte, ohne sich um festgelegte assoziative Formen [S. 184] und iuridische Strukturen zu kümmern; – 6. der Charakter von spirituellen, vorab aus dem Neuen Testament geschöpften Ermahnungen, welcher die seinen Pönitenten übergebene Regel mit aller Wahrscheinlichkeit auszeichnete;[96] – 7. das Ausbleiben einer ausreichenden und anhaltenden Betreuung der

---

[94] Eine gute Zusammenfassung und Systematisierung der – gerade im Zusammenhang mit Meerssemans Werk dargelegten Auffassungen – findet sich bei RIVI, Le origini dell'O.F.S. (wie Anm. 2) 151-158 („Francesco e 'Ordine della Penitenza': un rapporto in discussione"). Weitere Lit. findet sich in BgFr XII, Nr. 4792.

[95] Darunter mochten nicht wenige bereits Mitglieder des kanonischen Standes der Buße gewesen sein, was naturgemäß auf die weitere Entwicklung des Dritten Ordens einwirken musste und zugleich eine gewisse schillernde Lage desselben eher verstehen hilft.

[96] Man ist geneigt, als Vergleichspunkte an die *Regula non bullata*: Opuscula (wie Anm. 18) 242-294, oder an die EpFid I und II: ebd., 102-112, 114-128, zu denken.

Pönitenten durch Franziskus und seine Brüder. Den ständigen Kontakt miteinander schloss ja das nicht sesshafte Leben des frühen Franziskanertums völlig aus.[97]

3.6. Solche Umstände mögen das indifferente und irgendwie wertneutrale Verhalten des hochmittelalterlichen Bußordens zu den verschiedenen Mendikantenorden zufriedenstellend erklären. Sie erlauben weiterhin, die Eigenart der spirituellen Vaterschaft des hl. Franziskus seinem Bußorden gegenüber besser zu begreifen. Sicher kann er nicht als Gründer eines Ordens der Pönitenten angesehen werden, als ob er den Stand der kanonischen Buße selber begonnen oder seiner Bußbewegung eine klar umrissene Organisation gegeben hätte. Hingegen kann nur gegen eine Reihe von historischen Zeugnissen biografisch-narrativer Natur geleugnet werden, dass er dem franziskanischen Laienorden den anfänglichen Impuls und eine spirituelle Lebensform vermittelt hat, auch wenn er sich dafür – wie übrigens schon beim ersten und zweiten Orden – vorausbestehender Elemente bedient hat.

[97] Ich teile die Ansicht von MATANIĆ, A. G.: Problematica delle origini del Terz'Ordine francescano (appunti bibliografico-critici) in: Frate Francesco 38 (1971) 241-246. „Anzitutto penso che la tesi più valida concernente le sue origini reali storiche resti quella già avanzata da L Waddingo, cioè della formazione 'progressiva' del Terz'Ordine: secondo quest'opinione non si può dire che esso sia stato fondato né in un determinato posto né in un determinato anno ..." (244f.).

Die Regel des Johannes von Matha und die Regeln des Franziskus von Assisi. Ahnlichkeiten und Eigenheiten.

Neue Beziehungen zum Islam

Zentenare von Ordensgründungen bieten die willkommene Gelegenheit, um die Gesetzgebung von fast gleichzeitig entstandenen und kirchlich anerkannten Instituten miteinander zu vergleichen. Im konkreten Fall des Ordens der heiligsten Dreifaltigkeit, der auf 800 Jahre seit der päpstlichen Anerkennung seiner Regel zurückblicken kann,[1] erscheint ein Vergleich seiner ersten Gesetzgebung mit der des franziskanischen Ordens umso wünschenswerter, als deren Ursprung und Bestätigung unter demselben Papst, nämlich Innozenz III., erfolgt ist, näherhin für die Trinitarier am 17. Dezember 1198[2] und für die minoritische Urregel im Jahr 1209 oder 1210.[3] Weil bisher keine eigene Untersuchung über das Verhältnis der trinitarischen [S. 220] und franziskanischen Regeln veröffent-

---

[1] Für das Leben des Ordensgründers, Johannes von Matha, seinen Orden bzw. für die Regeln der Trinitarier s. die umfassende Bibliog. bei PUJANA, J.: La Orden de la Sma. Trinidad, Salamanca 1993, 179-194. Eine bedeutsame Dokumentensammlung findet der Leser bei MARCHIONNI, I.: Note sulla storia delle origini dell'Ordine della SS. Trinità, Rom 1973. Nützliche Überblicke vgl. unter anderen bei: HEIMBUCHER, M.: Die Orden und Kongregationen der katholischen Kirche, Band I, Paderborn [3]1933, 448-455, bes. 448f.; PUJANA, J.: Trinitaires (Ordre de la Sainte-Trinité, O.SS.T.), in: DSp XV (1991) 1259-1269, bes. 1268f.; CIPOLLONE, G.: Trinitari (Fratres Ordinis Sanctae Trinitatis et redemptionis captivorum), in: DIP IX (1997) 1330-1371, 1369, wo die weitere Lit. verzeichnet wird. Vgl. auch von demselben Verf.: La Famiglia Trinitaria (1198-1998). Compendio storico, Roma 1998, mit Bildern und Lit. – Für den deutsch- bzw. französischsprachigen Bereich vgl. VON KRALIK, R.: Geschichte des Trinitarier-Ordens, Wien 1918; DE LEEUW, Q.: Die Trinitarier, Mödling [1984]; GRIMALDI-HIERHOLTZ, R.: L'Ordre des Trinitaires. Histoire et spiritualité, Paris 1994.

[2] Diese erste Regelform, die mir ausschließlich als Vergleichsbasis mit den franziskanischen Regeln dient, wurde erstmals kritisch herausgegeben: Register, I, 703-708: *Innocenz III. bestätigt die Regel des Trinitarierordens (Lateran, 1198 Dezember 17.)* – Weil die Regel nicht in Kapitel oder Verse unterteilt ist, wird nachfolgend auf diese Ed. mit Seite und Zeile verwiesen: *RegOSST*. – Vgl. auch: GROSS, J. J.: The Trinitarian Rule of Life. Texts of the six principal Editions, Rom 1983. Die I. Regel wird wiedergeben auf S. 9-15; zu diesem Werk s. meine Besprechung in CFr 54 (1984) 338f. – Vgl. u. a. folgende Studien zur Regelgeschichte: BORREGO, J.: La regla de la Orden de la Santísima Trinidad. Contexto histórico, Salamanca 1973; CIPOLLONE, G.: Il sec. XII e le linee essenziali della regola dei Trinitari, Roma 1974; ältere Edd. oder Studien s. bei CIPOLLONE, Trinitari, 1369, dem ich viele Hinweise verdanke.

[3] Die Lit. zur Geschichte der franziskanischen Regeln ist derart überbordend, dass es sich hier nur um die Angabe einiger zusammenfassender Studien handeln kann, wo immer auch die frühere Lit. verzeichnet ist. Es sei mir gestattet hinzuweisen auf meinen Überblick: Gli scritti legislativi di san Francesco, in: Approccio storico-critico alle fonti francescane, a cura di G. C[ARDAROPOLI] e M. C[ONTI], Rom [1979] (Pubblicazioni dell'Istituto Apostolico. Pontificia Università Antoniana, 2) 73-98, wo in den Anmerkungen die vorausgehende Lit. aufgeführt wird; DOZZI, D.: Il Vangelo nella Regola non bollata di Francesco d'Assisi, Rom 1989 (Bibliotheca Seraphico-Capuccina, 36); MATANIC, A. G.: Pubblicazioni recenti sulla Regola definitiva di san Francesco d'Assisi (1223), in: StFr 86 (1989) 233-243; VIGNA, G. M.: Synopsis Regularum sancti Francisci Assisensis, [S. Maria degli Angeli – Assisi 1997], S. XIII-XIV, mit sehr eingeschränkten Lit.angaben! – ACCROCCA, F. / CICERI, A.: Francesco e i suoi frati. La Regola non bollata: una regola in cammino, Mailand 1998. – Für die Ed. von ESSER, K. / GRAU, E., deren ich mich bei Vergleichsangaben bediene, s. unten Anm. 12.

licht wurde, kann das Thema im Rahmen eines Referates natürlich nicht erschöpfend behandelt werden.[4]

Bevor ich das mir vorgenommene Thema angehe, stellt sich spontan die Frage, ob die Gründer der zwei Orden, Johannes von Matha und Franziskus von Assisi, deren Lebenszeit teilweise zusammenfällt, sich je getroffen haben. Meines Wissens hat sich in unserem Jahrhundert dazu allein der bekannte franziskanische Ordenshistoriker Livarius Oliger zu Anlass des 700jährigen Todes des Poverello geäußert, diese Annahme jedoch als legendär abgelehnt.[5] Auch wenn zeitgenössische Zeugnisse darüber tatsächlich fehlen, darf doch daran erinnert werden, dass der Poverello während seiner apostolischen Wanderungen gerne in Ordenshäusern einkehrte.[6] Andererseits besaß der hl. Johannes von Matha im damaligen Rom wegen seiner außergewöhnlichen religiös-sozialen Tätigkeit ein hohes Prestige. Persönliche Beziehungen zwischen den beiden konnten sich umso leichter anbahnen, als auch Franziskus, wie sich aus seinen *Schriften* und den biografischen Quellen ergibt, eine besondere Verehrung zum Dreifaltigkeitsgeheimnis hegte.[7] Schließlich lag die *domus sanctae Trinitatis* bei der Kirche des hl. Thomas in Formis auf dem Celio, wo der hl. Johannes seine letzten Lebensjahre verbrachte und am 12. Dezember 1213 auch starb,[8] nicht sehr weit vom Palast der Familie der Normanni de' Settesoli entfernt, mit der Franziskus freundschaftliche Beziehungen unterhielt.[9] Diese Anzeichen erlauben nicht mehr als mit einer gewissen Wahrscheinlichkeit anzunehmen, dass sich die beiden Ordensgründer persönlich kennen gelernt haben. Dies würde [S. 221] einzelne Übereinstimmungen in den Regeltexten beider Orden leichter erklären, ohne dass man voraussetzen müsste, Franziskus habe die Regel der Trinitarier selber eingesehen.

Weil die franziskanische Urregel von 1209/10 nicht erhalten geblieben ist, kann sie leider mit der *RegOSST* literarhistorisch nicht verglichen werden. Deshalb wird nachstehend der Versuch unternommen, gewisse wörtliche oder sachliche Ähnlichkeiten zwischen der *franziskanischen Nicht bullierten Regel* [= NbR] von 1221 bzw. der

---

4 CIPOLLONE, Trinitari, 1369, verweist auf: MATANIC, A. G.: Juan de Mata y Francisco de Asís. Estudio comparado entre la primera Regla trinitaria (1198) e la Regla definitiva franciscana (1223), in: Trinitarium 6 (1997) 159-168. Leider war mir diese Untersuchung nicht zugänglich.

5 S. Francesco a Roma e nella Provincia romana, in: L'Italia francescana nel settimo centenario della morte di S. Francesco 1226-1926, [Rom 1926], 65-112, 72: „dello stesso valore [non storico] sono i racconti degli autori Trinitari, i quali asseriscono che S. Francesco è stato ospite di S. Giovanni di Matha in S. Tommaso in Formis al Celio, nel 1210, e che poi S. Francesco, S. Domenico e S. Angelo sono stati insieme nello stesso convento nel 1215, sotto il Generale Giovanni l'Inglese, successore di Giovanni di Matha. Ma tutto ciò senza fondamento storico serio".

6 Dies suchte ich nachzuweisen in meiner tlw. unveröffentlichten Diss.: Die Christusfrömmigkeit des hl. Franziskus von Assisi. Quellenvergleichende Studien zu einigen bedeutsamen Seiten seines Christusverhältnisses im Lichte der zeitgenössischen Religiösität, Bd. I (Textteil), Rom 1959, 35-54: Geschichtliche Begegnungen Franziszi mit religiösen Strömungen seiner Zeit, und Bd. II (Anmerkungsteil), 29*-51*.

7 Vgl. LAMPEN, W.: S. Franciscus, cultor Trinitatis, in: AFH 21 (1928) 449-467; SCHMUCKI, O.: Die Stellung Christi im Beten des hl. Franziskus von Assisi, in: WiWei 25 (1962) 128-145, 188-212, bes. 132-134: Gebete an den dreieinen Gott. – Vgl. auch unten, Anm. 43.

8 Vgl. PUJANA, Trinitaires, 1265.

9 Vgl. OLIGER, S. Francesco a Roma (wie Anm. 5), 79f.; D'ALENÇON, É.: Frère Jacqueline. Recherches historiques sur Jacqueline de Settesoli, l'amie de saint François, Paris-Rome [2]1927.

Bullierten Regel [= BR] von 1223 mit der ersten trinitarischen Regel von 1198 aufzuzeigen.

1. Blick auf den historischen Ursprung der Regeln der beiden Orden

Weil an diesem Kongress drei Gelehrte sich mit dem Text bzw. dem französischen und spanischen Kontext der *RegOSST* befasst haben,[10] kommt mir nicht die Aufgabe zu, ihre historische Entwicklung einzeln darzustellen. Andererseits erscheint mir unvermeidlich, darüber die eine und andere Andeutung zu machen, um auf konvergierende und divergierende Momente im Ursprung der trinitarischen und franziskanischen Gesetzgebung hinzuweisen.

Zunächst erscheinen im hl. Johannes von Matha und Franziskus von Assisi zwei grundverschiedene Persönlichkeiten. Ersterer war nicht allein Priester, sondern sogar Magister der Theologie an der Pariser Kathedralschule, indes der zweite 1209 oder 1210 im Augenblick, da er sich mit den elf Gefährten zu Innozenz III. begab, noch ein Laie war, der recht und schlecht zu lesen und schreiben verstand.[11] Interessant ist sodann die Tatsache, dass die beiden Ordensstifter bei ihren Gründungen unter mystischen Erfahrungen standen. Johannes hatte während seiner Erstlingsmesse am 28. Januar 1193/4 in Paris die Erscheinung der göttlichen Majestät des Christus, während dem Poverello – nach dem Zeugnis seines Testaments – der Höchste selber offenbarte, er und die ihm geschenkten Brüder sollten nach 'der Form des heiligen Evangeliums leben'.[12]

Ein weiteres gemeinsames Moment vereint die zwei Ordensgründer: Beide [S. 222] wandten sich an die höchste Autorität der Kirche und an denselben Papst, um die Bestätigung der eigenen Gründung und Regel zu erlangen. Im ersteren Fall prüfte Innozenz III. nicht nur persönlich den Text der *RegOSST,* sondern ließ ihn zur Beurteilung dem Bischof von Paris Odon de Sully (1196-1208) und dem Abt von Saint-Victor Bernard bzw. – nach dessen Tod am 26.7.1198 – Absalon übermitteln. Der Papst approbierte den begutachteten Regeltext, nachdem er ihn mit persönlichen Elementen angereichert hatte, die nach dem Stand der heutigen Forschung nicht mehr näher bestimmt werden können.[13]

---

[10] Nämlich S. PAGANO: Il testo della RT (1198): redazione, annotazioni diplomatiche; aggiornamenti (XIII s.); D. LE BLÉVEC: Le contexte parisien et provençal de la règle des Trinitaires; F. GONZÁLEZ: El contexto histórico de la 'reconquista' española y la Orden trinitaria.

[11] Vgl. PUJANA, Trinitaires, 1262: „Après un cours de droit, Jean alla faire ses études théologiques au *studium* cathédral de Paris (la Sorbonne n'est fondée qu'en 1206) ... Des auteurs du 13e siècle qualifient Jean de 'magister theologus' ...". – CIPOLLONE, G.: Jean de Matha, in: DHGE (1998) 263-276. – SCHMUCKI, O.: „Ignorans sum et idiota". Das Ausmaß der schulischen Bildung des hl. Franziskus von Assisi, in: Studia historico-ecclesiastica, Festgabe für Prof Luchesius G. Spätling. Hg. von I. VÁZQUEZ, Rom 1977, 283-310.

[12] Vgl. die Monografie von CIPOLLONE, G.: Il mosaico di S. Tommaso in Formis a Roma (ca. 1210). Contributo di iconografia e iconologia, Rom 1984; für Franziskus s. Test, 14: Opuscula [Eßer^{2}], 439: „Et postquam Dominus dedit mihi de fratribus, nemo ostendebat mihi, quid deberem facere, sed ipse Altissimus revelavit mihi, quod deberem vivere secundum formam sancti Evangelii".

[13] Vgl. CIPOLLONE, Trinitari, 1332-1335.

Franziskus selber berichtet – wiederum in seinem Testament –: „Et ego paucis verbis et simpliciter feci scribi [formam sancti Evangelii] et dominus Papa confirmavit mihi".[14] Es kann im Rahmen einer so breiten Thematik nicht darum gehen, die historischen Umstände im Lichte der biografischen Quellen zu schildern, welche zur bloß mündlichen Bestätigung der franziskanischen *Protoregula* geführt haben.[15] Wie genau die Verhandlungen abliefen, kann wegen abweichender Berichte der Lebensbeschreiber nicht mehr rekonstruiert werden. Wegen der gleichzeitigen Gegenwart von Bischof Guido II. von Assisi an der päpstlichen Kurie und dessen Eintreten, um den Poverello mit seinen Gefährten dem einflussreichen Kardinal Johannes von San Paolo vorzustellen, der seinerseits dafür sorgte, dass dem Heiligen das Tor zum Papst sich öffnete, erklärt sich sein Erfolg leichter.[16] Dass Innozenz III. die Urregel allein mündlich bestätigte, scheint im Papst gewisse Bedenken anzudeuten, ob das vorgelegte Ordensprojekt auf die Dauer Bestand haben würde.

Hervorzuheben ist sodann die Analogie in den beiden Regeln im Faktum, dass ihr Text für weitere Entwicklungen offen blieb. Tatsächlich erfuhr die *RegOSST* noch unter demselben Pontifikat 1216 gewisse Abänderungen und einige weitere unter Honorius III. mit der Bulle *Operante divine dispositionis* (9.2.1217). Weiterreichende Anpassungen wird Clemens IV. 1267 bestätigen.[17]

Die franziskanische *Protoregula* war irgendwie ein Kern, den die tägliche Lebenserfahrung und die regelmäßig zusammentretenden Generalkapitel weiterschrieben, revidierten und progressiv zur NbR entfalteten. Das Endstadium dieser leider einzeln nicht mehr nachzuweisenden Fortentwicklung erreichte der Text in der Fassung von 1221.[18] Im Jahre 1223 wird Honorius III. die BR mit der Bul- [S. 223] le *Solet annuere* definitiv bestätigen und leider jede künftige Anpassung an veränderte Lebensumstände ausschließen.[19]

---

14 Test, 15: Opuscula [Eßer²], 439. – Vgl. auch NbR, prologus 2: ebd., 377: „Haec est vita evangelii Jesu Christi, quam frater Franciscus petiit a domino papa concedi et confirmari sibi. Et ille concessit et confirmavit sibi etr suis fratribus habitis et futuris".

15 Es sei verwiesen auf: MACCARRONE, M.: Studi su Innocenzo III, Padua 1972 (Italia Sacra. Studi e documenti di storia ecclesiastica, 17), 221-337: Riforme e innovazioni di Innocenzo III nella vita religiosa, bes. 300-306 über die Bestätigung des *Propositum vitae* des Franziskus; 281f. über den Trinitarierorden.

16 Es sei hier einzig verwiesen auf: Legenda Trium Sociorum, 46-53: Fontes Franciscani [= FoFr], a cura di E. MENESTÒ e S. BRUFANI [ed altri], [S. Maria degli Angeli – Assisi 1995] (Medioevo Francescano. Testi, 2), 1419-1428.

17 Es kann hier nicht darum gehen, die vorgenannten Änderungen im Regeltext zu dokumentieren. Ich verweise hier auf PUJANA, Trinitaires (wie Anm. 1), 1269, u. CIPOLLONE, Trinitari (wie Anm. 1), 1334f., wo auf weitere Lit. hingewiesen wird.

18 Vgl. FLOOD, D. E.: Die Regula non bullata der Minderbrüder, Werl/Westf. 1967 (Franziskanische Forschungen, 19); ESSER, K.: Textkritische Untersuchungen zur Regula non bullata der Min-derbrüder, Grottaferrata 1974 (Spicilegium Bonaventurianum, 9); Opuscula [Eßer²], 373-404, und die neuere Lit. bei GRAU, ebd., S. XXXIII-XXXIV.; vgl. SCHMUCKI, Gli scritti legislativi (wie Anm. 3), 74-87.

19 Vgl. Opuscula [Eßer²], 363-372; 366 bzw. 371 Text der Bulle vom 29.11.1223.

2. Die literarische Gattung der RegOSST und der RegOMin

Es liegt auf der Hand, dass in einem Vortrag ein abschließender Vergleich der literarischen Gattung der beiden Ordensregeln nicht vorgenommen werden kann. Es handelt sich vielmehr darum, einige Beobachtungen vorzulegen, die allein durch eine monografische literarkritische Studie vervollständigt werden könnten. Weil – wie bereits angedeutet wurde – der Text der franziskanischen Urregel als solche leider nicht erhalten geblieben ist und entsprechende Versuche zu deren Rekonstruktion zueinander widersprüchlich sind und keiner überdies sachlich überzeugt,[20] besteht allein die Möglichkeit, die *RegOSST* mit der *NbR* zu vergleichen, ohne feststellen zu können, ob die entsprechenden Elemente zur franziskanischen Urregel gehörten oder nicht.

Beide Regeln beginnen mit der Anrufung Gottes, die bei den Dokumenten des christlichen Abendlandes allgemein üblich war.[21] So lesen wir am Anfang der *RegOSST* – entsprechend dem trinitarischen Ordenscharisma –: *In nomine sancte et individue Trinitatis.*[22] Dagegen benennt die *NbR* ausdrücklich die drei Personen: *In nomine Patris et Filii et Spiritus Sancti,* indes im IV. und XXIV. Kapitel – als offenkundige Zeichen einer späteren redaktionellen Phase – die Kurzform steht: *In nomine Domini.*[23] Die verkürzte Formel eröffnet ebenfalls die *BR.*[24]

Die trinitarische und die franziskanische Regel *(NbR)* stimmen auch darin überein, dass sie nicht mit Titeln rubriziert sind, um die einzelnen Kapitel anzuzeigen. Beide Texte folgen nicht einem logischen Schema, sondern entfalten sich nach einer psychologischen von Ideenassoziation bedingten Reihenfolge der Aussagen. Hingegen sind sie in literarischer Hinsicht voneinander stark verschieden.

Die *RegOSST* ist ein ausgesprochen legislatives Dokument, worin die Pflichten der Brüder fast durchgehend mit dem für Gesetze kennzeichnenden voluntativen Konjunktiv ausgedrückt werden, wie dies schon aus dem ersten Satz hervorgeht: *„Fratres domus sancte Trinitatis sub obedientia prelati domus sue, qui minister vocabitur, in castitate et sine proprio vivant".*[25] Bezeichnenderweise vermittelt der Text keine spirituellen Motive, um die entsprechende Vorschrift zu begründen. Die einzige Ausnahme betrifft jenen Vers, mit dem der Gesetzgeber die Arbeitspflicht für alle Brüder, die Kleriker wie Laien, einschärft, wobei er Paulus anführt: *„Qui non laborat, non manducet"* (vgl. 7 3, 30).[26] [S. 224]

Im ganzen Regeltext gibt sich der erfahrene Kanonist zu erkennen, der jedes Statut derart knapp und eindeutig formuliert, dass Missverständnisse oder bewusste Fehldeutungen vom Wortlaut her ausgeschlossen bleiben. So bestimmt er hinsichtlich der nummerischen Zusammensetzung der lokalen Brüdergemeinschaften: *„Fratres possunt esse in una cohabitatione tres clerici et tres laici et preterea unus, qui procurator sit –*

---

[20] Vgl. SCHMUCKI, Gli scritti legislativi (wie Anm. 3), 76f. (Lit.).

[21] Vgl. KOCH, W.: Invocatio, in: LexMA V (1991) 483f.

[22] *RegOSST*: *Register,* I, 703 Lin. 32.

[23] *NbR,* prologus, 1: Opuscula [Eßer²], 377; IV, 1: 380; XXIV, 1: 401.

[24] Kap. 1 (Vers nicht durch eine Nummer gekennzeichnet): Opuscula [Eßer²], 366.

[25] *RegOSST*: *Register,* I, 703 Lin. 33f.

[26] Vgl. unten 3/9.

qui non procurator sed minister, ut dictum est, nominetur, ut: 'frater A., minister domus sancte Trinitatis' –, cui fratres repromittere ac impendere obedientiam teneantur. Omnibus fratribus suis sicut sibimet minister fideliter amministret".[27] Es verdient auch hervorgehoben zu werden, wie genau die Verwaltungs- und Leitungsaufgaben des 'Lokalministers' umschrieben werden. Ihm wird nicht nur in vorbildlicher Prägnanz die Treue im Verwalten der Güter der Ordensfamilie auferlegt, sondern es wird ihm zugleich die Pflicht eingeschärft, sich selber gegenüber Verantwortungssinn zu beweisen. An anderer Stelle wird uns der Name *minister* in den zwei Regeln näher beschäftigen (3/4).

Weil Franziskus während seiner denkwürdigen Begegnung mit Innozenz III. allein die mündliche Bestätigung seines religiösen Projekts erlangt hat, fehlte natürlich in der *Protoregula* eine päpstliche Bulle. Sie sucht man ebenfalls umsonst in der *NbR,* die in ihrer kapitularen Fortentwicklung an der päpstlichen Approbation teilnahm.[28]

Völlig verschieden stellt sich die Sachlage bei der *RegOSST* dar. Bei deren kirchenamtlichen Bestätigung schickt Innozenz III. dem Regeltext eine Arenga voraus, worin er nicht nur dessen geschichtliche Entstehung andeutet, sondern zudem auch spirituelle Motive anführt, welche die Entscheidungen des hl. Johannes von Matha bestimmt haben. Um sich vom hohen theologischen und literarischen Niveau der innozenzianischen Einleitung ein Bild zu machen, genügt – zum Vergleich – ein Blick auf die unpersönliche Bulle *Solet annuere,* mit der Honorius III. am 22. November 1223 die *BR* bestätigt hat. Immerhin kommt darin ein grundlegendes Element vor, weil der Papst ausdrücklich sagt, Papst Innozenz habe die Vorgängerregel anerkannt.[29] Hingegen vermisst man im formelhaften Text jedes spirituelle Motiv und andere historische Nachrichten; zum Beispiel über das Zusammentreffen des Heiligen mit dem Papst.

In der *Vita prima sancti Francisci* berichtet Br. Thomas von Celano in glaubwürdiger Weise: „Da der selige Franziskus sah, dass Gott der Herr täglich die Brü- [S. 225] derzahl mehrte, schrieb er für sich und die Brüder, gegenwärtige wie zukünftige, in Einfalt und mit wenigen Worten eine Lebensform und Regel, zu der er hauptsächlich die Worte des heiligen Evangeliums benützte, dessen Vollkommenheit einzig er sehnlich anstrebte. Er fügte nur wenig andere Vorschriften bei, die für ein Ordensleben durchaus

---

[27] *RegOSST*: *Register,* I, 704 Lin. 20-25.

[28] Es ist missverständlich und unhistorisch, wenn FRANK, K. S.: Ordensregel, in: LThK ^{3}VII (1998) 1106-1108, 1107, immer noch von *nichtbestätigter Regel* spricht. Vgl. das heute noch lesenswerte Werk von CASUTT, L.: Die älteste franziskanische Lebensform. Untersuchungen zur Regula prima sine Bulla, Graz-Wien-Köln [1955].

[29] „Honorius, episcopus, servus servorum Dei, dilectis filiis, fratri Francisco et aliis fratribus de ordine Fratrum Minorum, salutem et apostolicam benedictionem. Solet annuere Sedes Apostolica piis votis et honestis petentium desideriis favorem benevolum impertiri. Eapropter, dilecti in Domino filii, vestris piis precibus inclinati, ordinis vestri regulam, a bonae memoriae Innocentio papa, praedecessore nostro approbatam, annotatam praesentibus, auctoritate vobis apostolica confirmamus et praesentis scripti patrocinio communimus": Opuscula [Eßer^{2}], 366; s. auch ebd., 365f., zur Bulle, und bes. 366 Anm. 15: „Für die Tatsache, dass sich die Kurialbeamten nicht einmal die Mühe machten, eine eigene Arenga für dieses Schreiben zu verfassen, sondern einfach ein Formular aus dem Formelbuch übernahmen ...".

notwendig waren".[30] Weil – wie bereits angedeutet wurde – es unmöglich ist, den genauen Wortlaut der Urregel wiederherzustellen, muss jeder Vergleich mit der *RegOSST* unvermeidlich bei der *NbR* oder *BR* ansetzen.

Abgesehen dass die *NbR* gegenüber der *RegOSST* bedeutend länger ist,[31] findet man in ihr eine stark verschiedene Atmosphäre vor. Ihre Sprachform ist vorherrschend exhortativ, nicht legislativ. Die Verordnungen der einzelnen Kapitel gründen durchgängig auf dem Fundament biblischer Texte.[32] So mahnt der Ordensvater hinsichtlich des Verhältnisses zwischen den Ministri und den übrigen Brüdern: *„Et faciant inter se sicut dicit Dominus: Quaecumque vultis, ut faciant vobis homines, et vos facite illis* (Mt 7, 12); *et: Quod non vis tibi fieri, non facias alteri. Et recordentur ministri et servi, quod dicit Dominus: Non veni ministrari sed ministrare* (Mt 20, 28) *et quia commissa est eis cura animarum fratrum, de quibus, si aliquis perderetur propter eorum culpam et malum exemplum, in die iudicii oportebit eos reddere rationem* (cf. Mt 12, 36) *coram Domino Iesu Christo".*[33]

Es ist ein klares Zeichen dafür, dass die frühfranziskanische Brüderschaft nicht nur positive Erfahrungen gemacht hat, wenn in der *NbR* nicht selten Warnungen eingefügt worden sind. Kennzeichnendes Beispiel ist die Frage der Novizenaufnahme, wo der Heilige einen Verstoß wider die absolute Armut vermeiden will: *„Caveant sibi fratres et minister fratrum, quod de negotiis suis* [d. h. des Kandidaten] *nullo modo intromittant se, neque recipiant aliquam pecuniam neque per se neque per interpositam personam".*[34] Eine nicht geringe Verschiedenheit zwischen der *RegOSST* und der *NbR* zeigt sich auch darin, dass der Poverello in seinen Text nicht nur eine Vorlage als *Lob- und Mahnrede für alle Brüder,*[35] sondern sogar eine weit ausgreifende, mit biblischen Zitaten durchsetzte Beschreibung des franziskanischen Charismas[36] und eine Art Lauda, um dem „allmächtigen, heiligsten, erhabensten, höchsten Gott, heiligen und gerechten Vater" für die Geschenke der Schöpfung und der Erlösung zu danken,[37] einfügen ließ. Überhaupt

---

30 1 C 32: FoFr (wie Anm. 16), 305; Thomas von Celano, Leben und Wunder des hl. Franziskus von Assisi. Einführung, Übersetzung, Anmerkungen E. GRAU, Werl/Westf. [4]1988, 106.

31 Die *RegOSST* umfasst in der kritischen Ed. – in einem sehr dichten Satz und mit geringerem krit. Apparat – 4½ S.; die *NbR* hingegen erreicht – bei höherem Schriftgrad und mit stark entwickeltem krit. Apparat – 24 S. und 9 Lin. Die *BR* füllt – fast ohne krit. Apparat – 4 S. und 18 Lin. und kommt somit dem Umfang der Trinitarierregel sehr nahe.

32 Es ist eine andere Frage, wie weit diese biblischen Zitate auf Franziskus selber zurückgehen. Für diese Problematik sei verwiesen auf: VOLLOT, B.: Césaire de Spire et la Règle de 1221, in: Laur 32 (1991) 3-28, 175-220.

33 *NbR,* IV,4-6: Opuscula [Eßer[2]], 380f.

34 *NbR,* II,5f.: Opuscula [Eßer[2]], 378.

35 XXI: Opuscula [Eßer[2]], 394f.; vgl. ROTZETTER, A.: Gott in der Verkündigung des Franz von Assisi, in: Laur 23 (1982) 40-76.

36 XXII: ebd., 395-398; s. darüber u. a. EGGER, W.: „Verbum in corde – cor ad Deum". Analyse und Interpretation von NbR XXII, in: Laur 23 (1982) 286-311.

37 XXIII: ebd., 399-401; Übersetzung in: Die Schriften des hl. Franziskus von Assisi. Einführung ... L. HARDICK / E. GRAU, Werl [8]1984 (Franziskanische Quellenschriften, I), 201 [= FQS [8]I]; vgl. LEHMANN, L.: „Gratias agimus tibi". Structure and content of chapter XXIII of the Regula non bullata, in: Laur 23 (1982) 312-375.

gehen in der *NbR* – im Ge- [S. 226] gensatz zur *BR* – die Mahnungen oder Vorschriften immer wieder in Gebete über.

Aus diesen notgedrungen kurzen Hinweisen dürfte überzeugend hervorgehen, dass Franziskus die Trinitarierregel selber kaum vor Augen war, als er seine Urregel in der *NbR* weiterschreiben ließ.

3. Berührungspunkte zwischen den beiden Regeln

Auch wenn – wie eben angedeutet wurde – ein direkter literarischer Einfluss der *RegOSST* auf die franziskanische *Protoregula* zu bezweifeln ist, steht nichts im Wege, Berührungspunkte zwischen beiden anzunehmen, die sich durch die gleiche religiöse Bewegung, an der sie teilnahmen, oder durch persönliche Kontakte der beiden Ordensstifter erklären lassen.

1. Wie sich bereits aus dem Namen ergibt, sticht im Trinitarierorden die zentrale Stellung der *„sancte et individue Trinitatis“*,[38] unverkennbar hervor. Darum wendet sich Innozenz III. an: *„Ioanni et fratribus sancte Trinitatis“*,[39] womit er zugleich hervorhebt, wie sehr das Dreifaltigkeitsgeheimnis dessen besonderes Ordenscharisma bestimmte. So werden die Taufnamen der Brüder einfach mit dem „Haus der heiligen Dreifaltigkeit“[40] verbunden, gleichsam als ob dieses Geheimnis deren Herkunft bezeichnete. Genau auf der gleichen Linie liegt es, dass der Hausobere *„frater A., minister sancte Trinitatis“* heißt.[41] Wahrscheinlich stellt es sodann einen Sonderfall der gesamten Ordensgeschichte dar, dass jede ihrer Kirchen der Trinität geweiht werden musste.[42]

Ein Blick auf die franziskanischen Quellen lässt erkennen, dass in der Spiritualität des Heiligen von Assisi die Dreifaltigkeit nicht denselben Stellenwert einnimmt wie im Orden der Trinitarier.[43] Andererseits fehlt es nicht an Zeugnissen, die eine keineswegs zweitrangige Stellung dieses Geheimnisses in der Frömmigkeit des Heiligen beweisen. Neben der oben (unter 2.) bereits erwähnten Anrufung der drei göttlichen Personen zu Beginn der *NbR* schreibt der Heilige den Brüder Predigern die grundlegende Aufgabe zu, die Gläubigen zu ermahnen, „den Herrn, den allmächtigen Gott in der Dreifaltigkeit und Einheit, den Vater und den Sohn und den Heiligen Geist“ zu fürchten, ehren, loben und ihm Dank zu sagen.[44] Zusammen mit allen Brüdern [S. 227] stattet der Heilige in seinem *Gebet und Danksagung* Dank ab dem „allmächtigen, heiligsten, erhabensten, höchsten Gott, Herr, König des Himmels und der Erde ... weil du durch deinen einzigen

---

38 *RegOSST*: *Register*, I, 703 Lin. 32. – Vgl. u. a. Studien, die CIPOLLONE, Trinitari (wie Anm. 1), 1370 (s. auch ebd., 1359) angibt: Verschiedene Autoren, La Trinità nella legislazione dell'Ordine trinitario, Rom 1979; Kongressakten, die mir leider nicht zugänglich waren.

39 *Register*, I, 703 Lin. 8.

40 *Register*, I, 703 Lin. 33.

41 *Register*, I, 704 Lin. 22f.

42 *Register*, I, 704 Lin. 19.

43 Nebst der oben, Anm. 7, verzeichneten Lit. s. auch E. GRAU in: Opuscula [Eßer^2], S. XXXVII-XXXVIII; WACKERL, J.: Die trinitarische Prägung des Weltverständnisses des hl. Franziskus, in: FrSt 64 (1982) 245-260.

44 *NbR* XXI,2: Opuscula [Eßer^2], 394; die Übersetzung nach FQS ^{8}I, 196.

Sohn mit dem Heiligen Geiste alles Geistige und Körperliche geschaffen hast ...".[45] Wenn man überdies alle *Schriften* des Heiligen in die Bewertung einbezieht, erhellt aus ihnen die große Bedeutung der Trinität in seiner Frömmigkeit. So ließ er in einer Inschrift auf einem Antependium – dieses befand sich vormals im Eremitorium von Cesi di Terni – setzen: „Gepriesen sei die heilige Dreifaltigkeit und ungeteilte Einheit"; ein Vers, der den Introitus der Votivmesse zu Ehren der Trinität wiedergibt.[46] Trotz diesen aussagekräftigen Zeugnissen muss festgehalten werden, dass die Dreifaltigkeit im franziskanischen Charisma nicht dieselbe Bedeutung hat wie in jenem der Trinitarier.

2. Was die *Aufnahme von Novizen in den Orden* betriff, ist die Trinitarierregel sehr klar. Um aufgenommen zu werden, muss der Kandidat das 20. Lebensjahr erfüllt und dem Herrn im Orden in Weltkleidern auf eigene Kosten – mit Ausnahme des Lebensunterhalts – gedient haben. Nach dem Probejahr kann der Kandidat, sofern dies dem Minister und der Ortsfamilie als opportun erscheint, in den Orden aufgenommen werden, indes über die Professablegung allein der Minister entscheidet. Für den Ordenseintritt darf man vom Kandidaten nichts verlangen, doch können dessen spontane Gaben angenommen werden.[47]

Die franziskanische Gesetzgebung weicht hinsichtlich der Annahme von Kandidaten von der trinitarischen erheblich ab. Es steht dem Provinzialminister zu, Kandidaten für das Noviziat und den Gehorsam, d. h. die Profess, anzunehmen. Was Innozenz III. in der Arenga über die religiöse Lebensform des hl. Johannes von Matha aussagt, die *„ex inspiratione divina creditur processisse"*[48] dies wendet Franziskus auf die Berufung zum franziskanischen Leben der einzelnen Brüder an: „Wenn jemand auf Gottes Eingebung hin dieses Leben annehmen will und zu unseren Brüdern kommt, werde er liebevoll von ihnen aufgenommen".[49]

In den weiteren Anweisungen über die Aufnahme in den Orden wird die große Sorge des Gründers sichtbar, dass die evangelische Armut eingehalten werde. Deshalb verbietet er streng, dass der Minister und die übrigen Brüder sich in die Weise einmischen, wie der Novize sich von seinen Besitzgütern befreit und sie unter die Armen verteilt.[50] In der definitiven Regel fügt er im realistischen Blick auf ver- [S. 228] schiedene Besitzlagen von Novizen hinzu: „Wenn sie das nicht tun können, genügt ihnen der gute Wille".[51] Sofern sich die Brüder selber in einer Notlage befinden, dürfen sie immerhin

---

45 *NbR* XXIII,1: Opuscula [Eßer^2], 399; Übers.: FQS ^{8}I (wie Anm. 37), 201.

46 Exhortatio ad laudem, 16: Opuscula [Eßer^2], 283; FQS ^{8}I, 51. – Es ist das Verdienst von K. Eßer, diese Schrift nach langer Vergessenheit 1974 wieder in das Blickfeld der Forschung zurückgebracht zu haben; s. DERS.: „Exhortatio ad laudem Dei". Ein wenig beachtetes Loblied des hl. Franziskus, in: AFH 67 (1974) 3-17. Vgl. den Kommentar von LEHMANN, L.: Tiefe und Weite. Der universale Grundzug in den Gebeten des Franziskus von Assisi, Werl/Westf. 1984, 59-76, zum Vers selber s. S. 74.

47 *RegOSST, Register,* I, 707 Lin. 13-24.

48 *Register,* I, 703 Lin. 14f.

49 *NbR* II,1: Opuscula [Eßer^2], 378; FQS ^{8}I, 178. – Vgl. zu diesem Abschnitt: SCHMUCKI, O.: Iniziazione alla vita francescana alla luce della Regola ed altre fonti primitive, in: ItFr 60 (1985) 27-50, 397-426, wo die frühere Lit. verzeichnet wird. Weitere Lit. s. bei E. GRAU in: Opuscula [Eßer^2], S. XLII-XLIII.

50 *NbR* II,5f.: Opuscula [Eßer^2], 378.

51 *BR* II,6: Opuscula [Eßer^2], 367; FQS ^{8}I, 165.

nach Art anderer Armen Gaben, Geld ausgenommen, von Kandidaten empfangen.[52] „Ist aber Jahr und Frist der Probezeit beendet, soll er [der Novize] zum Gehorsam angenommen werden".[53] Hier verbleibt noch anzumerken, dass Honorius III. mit der Bulle *Cum secundum consilium* vom 22. September 1220 das Noviziatsjahr dem Orden auferlegt hat.[54]

3. Unter den Vergleichsmomenten zwischen der Regel der Trinitarier und Franziskaner steht die *Trias der drei Ordensgelübde* zweifellos im Zentrum. Soweit mir bekannt ist, vereinigt die *RegOSST* erstmals in der Geschichte der Orden die drei Gelübde in einem einzigen Satz: *„Fratres domus sancte Trinitatis sub obedientia prelati domus sue, qui minister vocabitur, in castitate et sine proprio vivant"*.[55]

Die *NbR* übernahm – wahrscheinlich schon in der ersten Phase ihrer Entwicklung – diese Dreizahl, entweder aus dem Regeltext des hl. Johannes von Matha oder, was mir für wahrscheinlicher erscheint, auf Anregung von Innozenz III., der sie wohl in die *RegOSST* eingeführt hat, wobei diese die gleiche Reihenfolge einhält: *„Regula et vita istorum fratrum haec est, scilicet vivere in obedientia, in castitate et sine proprio, et Domini nostri Iesu Christi doctrinam et vestigia sequi ..."*.[56]

4. Jedem Kenner der *Opuscula* des Franziskus fällt unmittelbar die Übereinstimmung der zwei Begriffe *Fratres* und *Minister* in den beiden Regeln auf. Der Name: 'Brüder', um die Mitglieder einer Ordensgemeinschaft zu kennzeichnen, hat natürlich nichts Originelles an sich, sondern geht auf die altchristliche Zeit zurück, während der sich die Christen mit Nachdruck als *fratres* oder *sorores* bezeichneten.[57] Mit umso größerer Intensität wurde natürlich der Brudername in den monastischen Orden verwendet, deren Glieder sich vom selben Brüderlichkeitsideal vereinigt wussten. Es sei [S. 229] jedoch betont, dass dieser Name in der *RegOSST* relativ häufig und konstant vorkommt.[58] Außer dem bereits angeführten Beispiel der *Fratres domus sancte Trinitatis* gehört hierher, dass die Glieder der Familien der einzelnen *domus,* näherhin die drei Kleriker und die drei Laien zusammen mit dem *frater minister,* unterschiedslos

---

52 *NbR* II,7: Opuscula [Eßer[2]], 378.

53 Ebd. II,9: Opuscula [Eßer[2]], 379; FQS [8]I, 179.

54 Vgl. ESSER, K.: Anfänge und ursprüngliche Zielsetzungen des Ordens der Minderbrüder, Leiden 1966, 160-168, der die historischen Umstände und Beweggründe dieser kirchlichen Maßnahme aufzeigt.

55 *Register,* I, 703 Lin. 33f. – Meines Wissens wies OLIGER, L. (ed.): Expositio quatuor Magistrorum super Regulam Fratrum Minorum (1241-1242). Accedit eiusdem Regulae textus cum fontibus et locis parallelis, Rom 1950, 173 zu Lin. 2-4 der *BR,* erstmals auf diese Abhängigkeit hin. – Während des Kongresses wies mich Prof. Franco Dal Pino freundlicherweise darauf hin, dass bereits die italienischen Crocigeri 1167 die Trias in ihrer von Alexander III. bestätigten Regel hatten; s. KEHR, P. F.: Papsturkunden in Italien. Reiseberichte zur Italia Pontificia, I (1896-1899), Città del Vaticano 1977, 227f. – Zur Lit. s. auch: QUERALT, A.: Vœu, in: DSp XVI (1994) 1167-1195; für die Geschichte der vor- und nachfranziskanischen Professformel s. HERWEGEN, I.: Studien zur benediktinischen Profess: Geschichte der benediktinischen Professformel, Münster/Westf. 1912; GRIBOMONT, J. (u. a.): Professione, in: DIP VII (1983) 884-971, Abb. und Lit.

56 I,1: Opuscula [Eßer[2]], 377f.

57 Vgl. RATZINGER, J.: Fraternité, in: DSp V (1964) 1141-1167 (Lit.); DE CANDIDO, L.: Fraternità, in: Nuovo Dizionario di Spiritualità, edd. S. DE FIORES / T. GOFFI, [Roma 1979], 674-688.

58 Vgl. PUJANA, Trinitaires (wie Anm. 1), 1267: „Le mot 'frater' figure 29 fois dans le texte".

fratres genannt werden.[59] Die *fratres laici* galten demnach als Vollmitglieder des Ordens, auch wenn ihnen der Zutritt zur Aufgabe des *minister domus* oder *minor* bzw. des *minister generalis* oder *maior* verwehrt blieb: *„Ille vero, qui eligitur, sacerdos sit vel clericus ordinibus aptus. Minister vero sive maior sive minor, sacerdos sit“.*[60] Aus dieser Begrenzung erhellt übrigens eindeutig der klerikale Charakter des Trinitarierordens.[61] Diese Gegenüberstellung der beiden Klassen von Brüdern, Kleriker und Laien, verdunkelt indes den brüderlichen Charakter der Ordensgemeinschaft keineswegs. Mit einer ebenso gedrängten wie konzisen Aussage fordert die Regel: *„Talis sit caritas inter fratres, clericos et laicos, ut eodem victu, vestitu, dormitorio, refectorio et eadem mensa utantur“*,[62] und der Eintritt in den Orden wird umschrieben als der Wille, *huius ordinis frater* zu werden.[63]

Es bot sich zuvor Gelegenheit, das eine und andere Beispiel für den Titel: *minister domus* oder *minor* als Hausoberer bzw. des *minister maior* oder *generalis* anzuführen. Man darf davon ausgehen, dass der hl. Johannes von Matha den Ausdruck *minister* dem von *superior, praelatus, prior* oder *procurator* vorgezogen hat, weil ihm die Perikope von Mt 20,20-28 über das Herrschen der Machthaber und das Dienen der Jünger Christi vor Augen war. Ob in einer früheren Ordensregel diese Terminologie vorkommt, müsste noch näher untersucht werden. Mindestens für die Wortverbindung: *minister maior* erscheint mir dies als wenig wahrscheinlich. Die Wahl des ‘höheren Ministers’ erfolgte *„per commune fratrum consilium ..., nec eligatur secundum dignitatem generis, sed secundum vite meritum et sapientie doctrinam“.*[64] Andererseits konnten beide *‘ministri’*, der höhere wie auch der Hausobere, wegen moralischem Versagens abgesetzt werden.[65] Der ‘höhere Minister’ ist ermächtigt, die Beichte jedes Bruders entgegenzunehmen, indes der Hausobere die Beichten der Brüder der eigenen Gemeinschaft anhören soll, ausgenommen im Fall, dass einer unüberwindliche Hemmungen hätte, ihm die eigenen Sünden zu offenbaren.[66] Bezeichnenderweise wird neben den beiden vorgenannten *‘ministri’* der Provinzial- [S. 230] minister nicht genannt; sicher darum, weil in der Entstehungsphase des Ordens die Einteilung in Provinzen noch nicht bestand. Sofern ich mich nicht täusche, hat der Trinitarierorden seinen Brennpunkt im Aufgabenbereich der einzelnen Niederlassung. Dies erklärt doch wohl die Bedeutung, welche die Regel dem *minister domus* und dem Lokalkapitel zuweist.[67]

---

59 *RegOSST*: *Register,* I, 704 Lin. 20-25.

60 *RegOSSt*: *Register,* I, 706 Lin. 39f. Dies war ein bedeutender Fortschritt gegenüber dem Konversen-Institut bei den monastischen Orden; s. HALLINGER, K.: Ausdrucksformen des Umkehrgedankens. Zu den geistigen Grundlagen und Entwicklungsphasen der Instituta Conversorum, in: Studien und Mitteilungen zur Geschichte des Benedictinerordens und seiner Zweige 70 (1959) 161-181; DUBOIS, J.: Converso, in: DIP III (1976) 110-120, und SAUVAGE, M.: Fratello, ebd. IV (1977), 762-794 (Lit.).

61 Vgl. CIPOLLONE, Trinitari (wie Anm. 1), 1342: «Dalla regola si sa che l’Ordine è in prevalenza clericale. Ciò sarà largamente comprovato dal tipo di presenza dei religiosi nelle singole case».

62 *RegOSST*: *Register,* I, 705 Lin. 20f.

63 *Register,* I, 707 Lin. 13.

64 *RegOSST*: *Register,* I, 706 Lin. 37-39.

65 *Register,* I, 707 Lin. 4-12.

66 *Register,* I, 706f. Lin. 40-43 und 1f.

67 Darüber s. unten, 3/5.

Die Bezeichnung *fratres* kommt in beiden franziskanischen Regeln, der *NbR* und der *BR,* so häufig vor, dass ein Nachweis sich erübrigt. Allein als kennzeichnendes Beispiel sei folgende Stelle aus der *NbR* angeführt: „*Fratres, in quibuscumque locis sunt, si non possunt vitam nostram observare, quam citius possunt, recurrant ad suum ministrum hoc sibi significantes. Minister vero taliter eis studeat providere, sicut ipse vellet sibi fieri, si in consimili casu esset. Et nullus vocetur prior. sed generaliter omnes vocentur fratres minores. Et* alter alterius *lavet* pedes“.[68]

Der brüderliche Charakter durchdringt den Minoritenorden bis zu diesem Punkt, dass der Begriff *fraternitas* synonym mit *ordo* und *religio* verwendet wird.[69] Es ist bezeichnend, dass Laienbrüder sogar zum General- und Provinzialminister gewählt bzw. – für die Frühzeit – ernannt werden konnten. Seit ihrem Ursprung war die franziskanische 'Brüderschaft' weder klerikal noch laikal, sondern beiden Klassen gleich und unterschiedlos zugänglich.[70] Der einzige Unterschied betraf das Verrichten des göttlichen Offizium, das naturgemäß die Lesefähigkeit und das Klerikersein voraussetzte. Nach der *NbR* durften immerhin lesekundige Laienbrüder Psalterien besitzen, indes die übrigen eine gewisse Anzahl von Vaterunser für jede Hore zu rezitieren hatten.[71] Die *BR* von 1223 regelte den Vollzug des Stundengebets nach der Zweiteilung von Klerikern und Laien; letztere mussten sich selbst dann, wenn sie lesekundig waren, mit dem Vaterunser-Ersatzoffizium zufriedengeben.[72]

Die eben zitierte Stelle aus der *NbR* hat bereits eine terminologische Übereinstimmung des franziskanischen Ordens mit dem der Trinitarier für das Obernamt aufgezeigt. Für die Obern des ganzen Ordens und der Provinzen kehrt konstant der Name *minister* zurück, der in den *Schriften* 87 mal vorkommt.[73] Weil dem Poverello jedenfalls erschien, der Name *minister* drücke wegen dessen unvermeidlich [S. 231] herausragenden Stellung und den ihm zustehenden Leitungsaufgaben in der Brüderschaft den evangelischen Dienstcharakter nicht genügend aus, ergänzte er ihn zumeist mit dem Wort *servus.*[74]

---

[68] VI,1-4: Opuscula [Eßer^2], 382, und für das Zitat: Joh 13,14. – Vgl. BONI, A.: Fraternità, fratello, sorella, compagno, ricreazione, in: DF, 715-740. Die Lit. ist zu ergänzen mit: E. GRAU in: Opuscula [Eßer^2], S. XLII-XLIII.

[69] Zum Beispiel *BR* VIII,1: ebd., 369: „Universi fratres unum de fratribus istius religionis teneantur semper habere generalem ministrum et servum totius fraternitatis ...“. Weitere Stellen s. in dem wortstatistischen Werk: GODET J.-F. / MAILLEUX, G.: Opuscula sancti Francisci. Scripta sanctae Clarae, Louvain 1976, 122, wo 10 Stellen nachgewiesen werden.

[70] Vgl. zuletzt darüber – zugleich mit der vorausgehenden Lit. – KUSTER, N.: Franziskus und sein Predigerorden, in: WiWei 60 (1997) 23-64. – In den *Schriften* ist der Name *Fratres* 325 mal nachgewiesen worden durch GODET / MAILLEUX, Opuscula s. Francisci (wie Anm. 69), 116-122.

[71] *NbR* III,1-10: ebd., 379f. – Für diese Anordnung und die der *BR* darf ich verweisen auf meine Studie: Das Stundengebet in Leben und Lehre des hl. Franziskus von Assisi, in: Gotteslob und Meditation nach Beispiel und Anweisung des hl. Franziskus von Assisi, Luzern 1980, 11-31, bzw. die auf S. 30f. angegebene Lit.

[72] III,1-4: ebd., 367f.

[73] Vgl. den Nachweis bei GODET / MAILLEUX, Opuscula s. Francisci (wie Anm. 69), 155f.

[74] Vgl. ODOARDI, G.: Ministro, servo, servizio, custode, guardiano, in: DF, 1085-1114, wo zugleich die Lit. verzeichnet wird.

Die Wahl des Generalministers erfolgte – ähnlich wie im Trinitarierorden – während des Generalkapitels, an dem die Provinzialminister und die Kustoden teilnahmen. „Und sollte jemals der Gesamtheit der Provinzialminister und Kustoden offenbar werden, der erwähnte Minister sei zum Dienst und gemeinsamen Wohl der Brüder unzureichend, sollen die genannten Brüder, denen die Wahl zusteht, gehalten sein, sich im Namen des Herrn einen anderen zum Oberen *[custos]* zu wählen“.[75] Dem Generalminister allein stand die Prüfung und Bestätigung der Brüder Prediger zu.[76]

Aus dem eben angeführten Regeltext ergibt sich sodann, dass 1223 bereits das Amt der *ministri provinciales* bestand, denen die Aufnahme von Kandidaten in die Brüderschaft zustand, nachdem sie diese über ihren Glauben und die Sakramente der Kirche geprüft hatten.[77] Sie hatten außerdem die Aufgabe, „die Brüder auf die Provinzen und Niederlassungen zu verteilen“.[78] Ebenso sollten sie, trotz der Beobachtung des absoluten Geldverbotes, mit großer Sorge „für die Bedürfnisse der Kranken und die Bekleidung der anderen Brüder ... gewissenhaft Sorge tragen“.[79] Für die Lossprechung der ihnen reservierten Sünden, von deren Umschreibung in den Quellen leider Zeugnisse fehlen, mussten die Brüder allein zu den Ministern der eigenen Provinz oder des gesamten Ordens ihre Zuflucht nehmen. Den Ministern oblag zudem die Pflicht, die Brüder zu besuchen, zu ermahnen und zurechtzuweisen „in Demut und Liebe“.[80]

Nichts kennzeichnet die brüderlichen Verbindungen zwischen den einzelnen Brüdern mit den Provinzialministern besser als die Tatsache, dass sie, sofern sie sich außerstande wissen, ‘die Regel spirituell zu beobachten’, zu ihren Provinzialministern Zuflucht nehmen können, ja müssen, um von ihnen Rat und Hilfe zu erlangen. „Die Minister aber sollen sie liebevoll und gütig aufnehmen und ihnen mit so großer Herzlichkeit *[familiaritas]* begegnen, dass sie mit ihnen reden und tun können wie Herren mit ihren Knechten. Denn so soll es sein, dass die Minister die Knechte aller Brüder sind“.[81] Schon in der *NbR*[82] legt Franziskus eine Auffassung von der Autorität vor, die – von ihrer evangelischen Inspiration her – zu solchen Extremen führt, dass die Leitungs- und Befehlsvollmacht sogar in Frage gestellt er- [S. 232] scheint: „Similiter omnes fratres non habeant in hoc [d. h. im Minister-Sein] potestatem vel dominationem maxime inter se. Sicut enim dicit Dominus in evangelio: *Principes gentium dominantur eorum, et qui maiores sunt potestatem exercent in eos* (Mt 20,25); *non* sic *erit inter* fratres (cf. Mt 20,26b): et quicumque *voluerit inter* eos *maior fieri, sit* eorum *minister* (cf. Mt 20,26b) et servus; et *qui maior est* inter eos *fiat sicut* minor“ (Lc 22,26).

---

75 *BR* VIII,4: Opuscula [Eßer²], 369; Übers.: FQS ⁸I, 171.

76 *BR* IX,2: Opuscula [Eßer²], 380.

77 *BR* II,2f.: Opuscula [Eßer²], 367.

78 *NbR* IV,2: Opuscula [Eßer²], 380; FQS ⁸I, 181.

79 *BR* IV,2: Opuscula [Eßer²], 368; FQS ⁸I, 168.

80 *Ebd.* VII: Opuscula [Eßer²], 369; X, 1: ebd., 370; FQS ⁸I, 171f. – Vgl. DA ROMALLO, S. M.: Il ministero della confessione nei primordi dell'Ordine francescano in relazione ai diritti parrocchiali, Milano 1949; MONTEIRO, A.: Peccato, in: DF, 1393-1416 (Lit.).

81 *BR* X,1, 4-6: Opuscula [Eßer²], 370; FQS ⁸I, 172.

82 V,9-11: Opuscula [Eßer²], 382.

Auch wenn ich die terminologische Übereinstimmung in der trinitarischen und den franziskanischen Regeln bezüglich *fratres* und *ministri* ausführlich zu dokumentieren gesucht habe, können doch keinem Leser die Mentalitätsunterschiede entgehen, wie sie in der Gesetzgebung der beiden Orden leicht festzustellen sind.

In der Ordensentwicklung, wie sie von der *NbR* und *BR* bezeugt wird, fehlen noch Anweisungen, welche die Leitungsaufgaben von Brüdern für einzelne Niederlassungen umschreiben. Dies erklärt sich aus der damals noch gepflegten Heimatlosigkeit der Wanderprediger. Damals dürften jene Brüder, die temporär mit der Führung der kleinen Wandergruppen beauftragt waren, öfter gewechselt haben.[83] Erst in dem 1226 kurz vor dem Tod des Heiligen diktierten *Testament* begegnen wir erstmals dem Namen *guardianus,* womit der Obere einzelner Niederlassungen bezeichnet wurde. An dieser Stelle beteuert Franziskus: „Und fest will ich dem Generalminister dieser Brüderschaft gehorchen oder sonst dem Guardian, den er mir nach seinem Willen gibt. Und ich will in seinen Händen sein wie ein Gefangener derart, dass ich nicht gehen noch handeln kann wider den Gehorsam und seinen Willen, weil er mein Herr ist".[84] Es ist interessant, dass Franziskus hier nicht den Titel *minister* verwendet und damit sich von der im *OSST* gebräuchlichen Terminologie unterscheidet.

5. In der *RegOSST* fällt jedem Leser die zentrale Bedeutung des *Kapitels,* und zwar in den beiden Formen des General- und Lokalkapitels, auf. Es kann hier nicht darum gehen, die Vorgeschichte des Generalkapitels einzeln darzustellen, wie dasselbe im Abendland im Zisterzienserorden begonnen hat und vom IV. Laterankonzil 1215 allen Äbten eines bestimmten Landes oder einer bestimmten Provinz jedes dritte Jahr zur Pflicht gemacht worden war.[85] Die *RegOSST* legt fest: *„Generale capitulum semel in anno celebretur, quod fieri debet in octavis Pentecostes".*[86] Die Pfingstoktav als Datum der Kapitelsfeier entsprach dem besonderen Charisma des Ordens, da er an diesem Sonntag das Trinitätsfest feierte.[87] Mutmaßlich handelte es sich hierbei um ein dem Orden gewährtes Privileg, weil ja das Dreifaltigkeitsfest in die Liturgie [S. 233] der Gesamtkirche erst 1334 durch Johannes XXII. eingeführt wurde.[88]

Wie bereits kurz angedeutet wurde, schrieb die *RegOSST* die Wahl des Generalministers und dessen Absetzung allein dem Generalkapitel zu.[89] Die zuletzt genannte,

---

83 Vgl. ESSER, Anfänge und ursprüngliche Zielsetzungen (wie Anm. 54), 54-60: „Nicht seßhafte Wanderprediger".

84 Vers 27f.: Opuscula [Eßer^2], 442; FQS ^{8}I, 219. Vgl. ebd., 321-333, den ausgezeichneten Exkurs: Die äußeren Strukturen der Brüderschaft, bes. 329f. über „Die Guardiane".

85 Vgl. zusammenfassend LESAGE, G.: Capitolo, in: DIP II (1975) 166-175; leider sind die Literaturangaben sehr unvollständig. Für den franziskanischen Bereich u. für reiche Lit.angaben s. SANNA, A.: Capitoli, in: DF, 149-176. – Für die 12 Nachweise von *Capitulum* in den Opuscula s. GODET / MAILLEUX, Opuscula s. Francisci (wie Anm. 69), 67.

86 *Register,* I, 706 Lin. 30f.

87 Vgl. CIPOLLONE, Trinitari (wie Anm. 1), 1334.

88 DÜRIG, W.: Dreifaltigkeit VII. Dreifaltigkeitsfest, in: LThK ^{2}III (1959) 562 (Lit.). „Rom verhielt sich gegenüber der auf gallischem Boden entstandenen Dreifaltigkeitsliturgie mit Messe, Offizium und Fest ablehnend".

89 Vgl. oben, 3/4.

sehr delikate Aufgabe unterstand dem Urteil von vier oder fünf Ministern, die vom Kapitel als Delegierte eigens dafür bestellt wurden.[90]

Im Zusammenleben der Trinitarier kam dem Lokalkapitel in den örtlichen Niederlassungen eine wesentliche Aufgabe zu, wie aus der Anweisung erhellt: *„Capitulum, si fieri potest, singulis Dominicis diebus in singulis domibus minister cum fratribus suis teneat et de negotiis domus et domui sive fratribus datis, ut ad redemptionem captivorum tercia pars deputetur, fratres ministro et minister fratribus rationem fideliter reddat"*.[91] Diese Form der gemeinschaftlichen Kontrolle der Verwaltung in jedem Ordenshaus der Trinitarier scheint ein Sonderfall in der Ordensgeschichte zu sein.

In den beiden franziskanischen Regeln, der *NbR* und der *BR*, fehlt jeder Hinweis auf ein Lokalkapitel, während sie ausdrücklich über das General- und Provinzialkapitel Anordnungen treffen. So bestimmt die *NbR* zwei Typen von Generalkapiteln: ein jährliches am Fest des Erzengels Michael, wobei sich alle Brüder versammelten, „um das zu behandeln, was sich auf Gott bezieht",[92] und ein nach der Entfernung der Provinzen verschieden gestaffeltes Kapitel am Pfingstfest bei der Porziunkula-Kapelle: ein jährliches für die italienischen Brüder und ein jedes dritte Jahr einzuberufendes für die Brüder, „die in den Gebieten jenseits des Meeres und jenseits der Alpen" weilen.[93]

In der *BR* verschwindet das Herbstkapitel im September, während allein das des Pfingstfestes verbleibt, „zu dem die Provinzialminister gehalten sein sollen, stets zusammenzukommen, wo immer der Generalminister wird festgelegt haben; und das einmal in drei Jahren oder zu einem anderen, späteren oder früheren Zeitpunkt, so wie es der genannte Minister wird verordnet haben".[94] Das Pfingstfest als Zeitpunkt des Generalkapitels ist zu verbinden mit der besonderen Verehrung des Franziskus zum Heiligen Geist. Br. Thomas von Celano verrät das Motiv: „Er [Franziskus] wollte ..., dass sein Orden den Armen und Ungebildeten, nicht nur den Reichen und Gelehrten zugänglich sei. 'Bei Gott', sprach er, 'gilt kein Ansehen der Person, und der Generalminister des Ordens, der Heilige Geist, ruht in gleicher Weise über Armen und Einfältigen'. Dieses Wort wollte er auch in die Regel setzen; doch [S. 234] die bereits erfolgte Bestätigung [1223] ließ es nicht mehr zu".[95] Nach dem Heiligen von Assisi ist somit der eigentliche Generalminister der franziskanischen Fraternität der Heilige Geist, und die Feier des Generalkapitels sollte darum auf die Dritte Person der Dreifaltigkeit bezogen werden, damit er die versammelten Brüder in ihren Beratungen erleuchte und leite.[96]

---

90 *RegOSST*: *Register*, I, 706 Lin. 37 bzw. 707 Lin. 9-12.

91 *Ebd.*, 706 Lin. 6-9. Es ist merkwürdig, dass in DIP III sich kein eigener Art. über das Lokalkapitel findet!

92 XVIII,1f.: Opuscula [Eßer[2]], 393; FQS [8]I, 195.

93 *Ebd.* XVIII,2: 393, bzw. FQS [8]I, 195. Zum spirituellen Hintergrund des St. Michaelkapitels s. LAMPEN, W.: De S. Francisci cultu Angelorum et Sanctorum, in: AFH 20 (1927) 3-23, bes. 7-11; weitere Lit. s. bei SCHMUCKI, O.: The Stigmata of St. Francis of Assisi: A critical investigation in the light of Thirteenth-Century sources, St. Bonaventure, New York [1991], 167 Anm. 21.

94 VIII,2f.; Opuscula [Eßer[2]], 369; FQS [8]I, 170.

95 2 C 193: FoFr (wie Anm. 16), 612; Übersetzung: Thomas von Celano, Leben und Wunder (wie Anm. 30), 389.

96 Vgl. VAN ASSELDONK, O.: Spirito Santo, in: DF, 1927-1958 (Lit.).

In der *BR* sieht der Ordensstifter klar die Möglichkeit vor, dass ein Generalminister, der sich nicht auf der Höhe seines Amtes erwies, während des Generalkapitels von den zur Wahl berechtigten Provinzialministern und Kustoden abgewählt und durch einen anderen durch Wahl zu bestimmenden Bruder ersetzt werden könne.[97] Unmittelbar nach diesem Abschnitt überlässt die Regel den Provinzialministern die Freiheit, ein Provinzkapitel einzuberufen, ohne die Zeit oder andere Umstände, wie zum Beispiel dessen Mitglieder und Aufgaben, näher zu bestimmen.[98]

6. Niemand verwundert sich, dass eine mittelalterliche religiöse Institution dem *Ordenskleid* eine große Bedeutung zumaß. Merkwürdigerweise bestimmt die *RegOSST* die äußere Gestalt des Habits der Brüder nicht. Ein Abschnitt, der den Kleidern und den Betten der Brüder gewidmet ist, ordnet an: *„Vestimenta sint lanea et alba et liceat eis habere pellicias singulis singulas et bracas, quas iacentes non deponant. Iaceant in laneis, ita quod plumea fulcra vel culcitras, nisi in egritudine laborantes, in domibus propriis minime habeant. Cervical vero ad sustentationem capitis permittantur habere. In capis fratrum imponantur signa“.*[99] Aus dieser Beschreibung erhellen allein die Qualität und Farbe des Wollstoffes. Es handelte sich eindeutig um eine weiße Tunika und einen Mantel, der mit einem nicht näher gekennzeichneten Zeichen geschmückt war. G. Cipollone schreibt: „... l'abito religioso dell'Ordine: lana bianca ... con la croce rossa e azzura ... esprime in modo unico l'iconografia del mistero trinitario con il riferimento alle tre divine Persone. La piú antica simbologia trinitaria dell'Ordine coincide con i colori dell'abito: bianco, rosso e ceruleo (azzurro)“.[100]

Das franziskanische Ordenskleid war verschieden für die Novizen und die Professen. „Ersteres bestand aus zwei Habiten ohne Kapuze und einem Gürtelstrick und Hosen und einem Kaparon bis zum Gürtel“.[101] „Die anderen Brüder aber, die den Gehorsam versprochen haben, sollen einen Habit mit Kapuze und, wenn es notwendig würde, einen anderen ohne Kapuze haben, und auch den Gürtelstrick und die Hosen“.[102] Auch wenn dies nicht ausdrücklich gesagt wird, musste der Stoff des [S. 235] Ordenskleides aus Wolle sein, und zwar von geringwertiger Qualität und aus grobem, sackähnlichen Tuch von grauer oder bräunlicher Farbe.[103] Die *BR* fügt zu dieser Anweisung nur noch hinzu: „Und die durch Not gezwungen sind, können Schuhwerk tragen“.[104] Aus biografischen Quellen ergibt sich, dass Franziskus im minoritischen Ordenskleid ein Sinnbild des Kreuzes sah. Tatsächlich, wenn der Bruder die Kapuze über den Kopf zog – dies war

---

[97] VIII,4: FQS [8]I, 369.

[98] VIII,5: Opuscula [Eßer[2]], 369. – Vom Wortlaut her scheint das Zusammenkommen aller *fratres* vorgesehen zu sein.

[99] *Register,* I, 704 Lin. 26-30.

[100] CIPOLLONE, Trinitari (wie Anm. 1), 1333 und 1363; vgl. auch DERS.: Il mosaico di S. Tommaso in Formis a Roma (ca. 1210). Contributo di iconografia e iconologia, Rom 1984.

[101] *NbR* II,8: Opuscula [Eßer[2]], 478f.; FQS [8]I, 179.

[102] *Ebd.* II,13: 379; FQS [8]I, 179.

[103] *Ebd* II,14: 379; FQS [8]I, 179. – Die graue oder braune Farbtönung ergab sich je nach der verschiedenen Mischung von schwarzer und weißer Schafwolle.

[104] II,15: 367; FQS [8]I, 166.

der Normalfall, ausgenommen während der Gebetszeit – und die Hände waagrecht ausbreitete, erschien er als eine Art von lebendigem Kruzifix und als vom Kreuz umhüllt.[105]

Im Ordenskleid der beiden Ordensgründungen bestehen somit keine anderen Berührungspunkte als der Wollstoff und dessen Symbolcharakter, der jedoch – entsprechend dem eigenen Charisma – stark voneinander abwich.

7. Es überrascht natürlich nicht, dass ein Orden mit vorherrschend klerikalem Charakter die *Verpflichtung des göttlichen Offiziums* einschärfte. In der trinitarischen Ordensgemeinschaft beschränken sich die entsprechenden Vorschriften auf wenige Elemente: *„In regularibus horis morem beati Victoris observent ...“*.[106] Die Trinitarier folgtem demnach im Stundengebet der liturgischen Tradition der Regularkanoniker von Saint-Victor in Paris.[107] Der Gesetzgeber fügt immerhin hinzu, dass die Ordensglieder wegen der geringen Zahl der Brüder und ihrer Belastung mit Aufgaben die übermäßigen Längen, die Nachtwachen und die vielen Pausen der kanonikalen Psalmodie – *„de consilio piorum et religiosorum virorum“* – abkürzen durften.[108] Ich kann mir nicht erklären, warum die *RegOSST* über das Stundengebet der Laienbrüder schweigt. Sicher sind sie eingeschlossen in den paraliturgischen Brauch, jeden Montag – ausgenommen an besonderen Feiertagen – nach der Messe die *„absolutio fidelium defunctorum in cimiterio“* zu vollziehen. Zudem verrichteten sie jede Nacht in den Armenhospizien der trinitarischen Niederlassungen die *„communis oratio“ „pro statu et pace sancte Romane ecclesie et totius christianitatis et pro benefactoribus“*.[109]

Weil ich an anderer Stelle die liturgische Entwicklung im frühfranziskanischen [S. 236] Orden in den wesentlichen Linien dargestellt habe,[110] kann ich es hier mit einigen Hinweisen auf die *BR* bewenden lassen: „Die Kleriker sollen das Göttliche Offizium nach der Anordnung der heiligen Kirche von Rom verrichten, den Psalter ausgenommen; darum dürfen sie Breviere haben“.[111] Mit dem liturgischen Vorbild *„Kirche von Rom“* meint Franziskus die von Innozenz III. für die römische Kurie eigens geschaffene Liturgie. Für diesen folgenschweren Entscheid stützte sich der Ordensstifter zweifellos auf den Rat Kardinal Hugolins, des künftigen Gregors IX. Ähnliches gilt für die Vorschrift, dass die Minderbrüder dem stellenweise völlig unverständlichen *Psalterium*

---

[105] Über das franziskanische Ordenskleid sei verwiesen auf: SCHMUCKI (von Rieden), O.: Das Leiden Christi im Leben des hl. Franziskus von Assisi. Eine quellenvergleichende Untersuchung im Lichte der zeitgenössischen Passionsfrömmigkeit, Rom 1960, 65-67, mit der in den Anm. angegebenen Lit.; s. auch DERS., Iniziazione alla vita francescana (wie Anm. 49), passim; COLOMBÁS, G. M. (u. a.): Abito religioso, in: DIP I (1974) 50-79, 1 Taf. und Abb.; AUGÉ, M. / COSTA, F. / ROCCA, G.: Vestizione, in: DIP IX (1997) 1951-1959 (Lit.).

[106] *RegOSST*: *Register*, I, 707 Lin. 38f.

[107] Vgl. CIPOLLONE, Trinitari (wie Anm. 1), 1360: „Questo aspetto [Pratica devozionale e penitenziale] è meno originale ... Esso dipende largamente dal *Liber Ordinis*. Gli influssi principali, citazioni esplicite del *Liber Ordinis* nella regola, sono quelli sulla celebrazione delle ore e sulla rasura dei frati. I c. LIX-LXI del *Liber Ordinis* si devono ritenere come norme assunte integralmente dall'Ordine“. – Vgl. JOCQUÉ, L. / MILIS, L. (edd.): Liber Ordinis Sancti Victoris Parisiensis, Turnhout 1984; BERNDT, R.: Victorins, in: DSp XVI (1994) 559-562 (Lit.).

[108] *Ebd.*, 707f. Lin. 38-41 bzw. 1f.

[109] *RegOSST*: *Register*, I, 707, Lin. 32-38.

[110] Vgl. SCHMUCKI, Gotteslob und Meditation (wie Anm. 71).

[111] III,1f.: Opuscula [EBer^2], 367; FQS ^{8}I, 166f., zugleich mit der Anm. 19 (Lit.).

Romanum die Psalmenübersetzung des *Gallicanum* vorzogen. Bis zur Neufassung der Regel 1223 hatten sie sich während ihren Predigtwanderungen der Liturgieform der Kleriker des Ortes angepasst, wo sie gerade weilten. Als Folge dieser tiefgreifenden Reform mussten die Klerikerbrüder mit Tragbrevieren ausgerüstet werden

Es bedarf wohl nicht vieler Worte, um sich von den aus der neuen Lage entstandenen Problemen eine genaue Vorstellung zu machen. Ein Manuskriptband in Kleinschrift, wie dies das Tragbrevier war, verursachte nicht nur hohe Kosten, sondern erforderte auch eine längere Zeit, um in den nötigen Exemplaren für eine größere Anzahl abgeschrieben zu werden. Weil der schwer kranke Franziskus das Ausmaß der damit verbundenen Schwierigkeiten nicht mehr realistisch sah, litt er sehr unter der unvermeidlichen Verzögerung der liturgischen Umstellung.[112] In unserem Zusammenhang erscheint noch wichtiger, die verschiedene Inspiration der liturgischen Gesetzgebung in den zwei Orden hervorzuheben: jene der Trinitarier, die im kanonikalen Umfeld der Viktoriner wurzelte, und jene der Franziskaner, die sich an der römischen Kurie orientierte und durch ihre überdiözesane Liturgieform entscheidend zur Vereinheitlichung der liturgischen Praxis des Abendlandes beitrug. Ein einziges Element verbindet das Beten beider Orden: die Einladung für die Verstorbenen zu beten.

8. Die Anweisungen der *RegOSST* über die *kranken Brüder* sind – im Verhältnis zum übrigen Text – recht ausführlich und folgen unmittelbar auf die Vorschrift hinsichtlich des gemeinsamen Lebens: *„Infirmi seorsum dormiant et comedant, ad quorum curam habendam conversus aliquis, laicus sive clericus deputetur, qui ea, quae necessaria fuerint, inquirat et ministret, sicut fuerit ministrandum"*.[113] Der hl. Johannes von Matha fügt unmittelbar daran eine Mahnung, die sich an die Kranken selber richtet: *„Moneantur tamen infirmi, ut lauta sive nimium sumptuosa cibaria non requirant, commoda potius et salubri moderatione contenti"*.[114]

Auch wenn der Begriff selber nicht verwendet wird, besaßen die einzelnen Niederlassungen der Trinitarier ein vom übrigen Wohnraum getrenntes Infirmarium und bestimmten – wohl nach den Möglichkeiten des einzelnen Ordenshauses – einen Laien- oder Klerikerbruder als Krankenpfleger. Darin ließ sich der Orden wahr- [S. 237] scheinlich von monastischen Einrichtungen, namentlich der Benediktiner, anregen.[115] Dem Krankenbruder wird auferlegt, die realen Bedürfnisse des Kranken festzustellen und ihn pflichtgemäß zu betreuen. Es überrascht, dass hier das nach evangelischer und monastischer Tradition zentrale Motiv, im Erkrankten Christus zu pflegen, fehlt.[116] Die

---

[112] Vgl. dazu meine Andeutungen in: Gotteslob und Meditation (Anm. 71) 23.

[113] *RegOSST*: *Register,* I, 705 Lin. 21-24.

[114] *Ebd.,* 705 Lin. 24-26.

[115] Vgl. AGRIMI, J. / CRISCIANI, Ch.: Malato, medico e medicina nel Medioevo, Turin [1980], 11-14; KATSCHER, L.: Krankenpflege, in: TRE XIX (1990) 659-664, bes. 660; SCHIPPERGES, H.: Die Kranken im Mittelalter, München [^{3}1993], 175-184, 179 (kurzer Hinweis auf die Krankenbetreuung bei den Viktorinern).

[116] Vgl. Benedicti Regula, XXXVI, 1-3. Recensuit R. HANSLIK, Vindobonae 1960 (Corpus Scriptorum Ecclesiasticorum Latinorum, LXXV), 95: „Infirmorum cura ante omnia adhibenda est, ut sicut reuera Christo, ita eis seruiatur, quia ipse dixit: *Infirmus fui et uisitastis me;* et: *Quod fecistis uni de his minimis, mihi fecistis"*.

ziemlich nüchterne Mahnung an den Kranken selber bringt ihm allein die Forderungen der Armut in Erinnerung und legt ihm nahe, nichts über das Maß hinaus zu verlangen.

Die franziskanische Gesetzgebung über die Krankenbetreuung kann mit der eines von Anfang an institutionalisierten Ordens nicht verglichen werden. Die minoritische Brüderschaft befand sich im Augenblick der päpstlichen Regelbestätigung von 1223 immer noch in einer nicht-sesshaften Phase ohne feste Wohnsitze, das spirituelle Ordenszentrum in Porziunkula und einige Eremitorien mit höchstens vier Brüdern ausgenommen.[117] Wenn ein Minderbruder während einer Predigtwanderung erkrankte, konnte er nicht einem ordensinternen Infirmarium anvertraut werden, um dort Pflege zu finden, wie eine Stelle aus der *NbR* deutlich aussagt: „Wenn einer der Brüder schwer krank werden sollte, mag er sein wo immer, dann sollen die anderen Brüder ihn nicht verlassen, ohne einen oder, wenn notwendig, mehrere Brüder bestimmt zu haben, die ihm dienen, wie *sie selber bedient werden wollten* (vgl. Mt 7,12). Im äußersten Notfall jedoch können sie ihn einer Person anvertrauen, die sich seiner Krankheit annehmen soll".[118]

Da ich diesen Text – zusammen mit allen anderen der *Schriften,* die sich auf das Phänomen Krankheit beziehen – monografisch untersucht habe, sei der Leser darauf verwiesen.[119] Es ist nicht verwunderlich, dass die ersten Brüder, die sich völlig ungenügend ernährten und mit einem Minimum an Kleidern vor der Witterung schützten, bei ihrem nomadenähnlichen Leben öfter und schwer erkrankten. Der für die Gruppe verantwortliche Bruder war darum nicht selten gezwungen, darum zu ersuchen, dass ein kranker Gefährte in einem Kloster oder einem Hospiz, bei einem Diözesanpriester oder gar bei einer Laienfamilie Aufnahme fand.

Die Regeln der beiden Orden stimmen eigentlich allein in der Mahnung überein, kranke Brüder zu betreuen. Außerdem wendet sich die *NbR* ebenfalls an den er- [S. 238] krankten Bruder, doch ist sie im Vergleich zur *RegOSST* viel reicher an Einzelheiten. Sie verlangt von Kranken Ergebung in den göttlichen Willen und Armutsgeist im Verlangen nach medizinischer Betreuung. Der Heilige bittet „den kranken Bruder, er möge für alles dem Schöpfer Dank sagen und er möge so zu sein verlangen, wie der Herr ihn will, sei es gesund, sei es krank ... Und wenn einer verwirrt oder zornig wird, sei es gegen Gott, sei es gegen die Brüder, oder wenn er vielleicht ungestüm Arzneien fordern wird, da er zu sehr sein Fleisch zu befreien begehrt, das bald sterben wird und ein Feind der Seele ist, dann kommt ihm das vom Bösen, und er ist fleischlich und scheint nicht zu den Brüdern zu gehören, weil er den Leib mehr liebt als die Seele".[120]

---

117 Vgl. ESSER, Anfänge und ursprüngliche Zielsetzungen (wie Anm. 54), 54-60; SCHMUCKI, O.: „Secretum solitudinis". De circumstantiis externis orandi penes Sanctum Franciscum Assisiensem, in: CFr 39 (1969) 5-58.

118 X,1f.: Opuscula [Eßer^2], 386f.; FQS ^{8}I, 188.

119 SCHMUCKI, O.: Spiritualität, Askese und Krankheiten nach den „Schriften" des Franziskus von Assisi, in: Franziskus von Assisi. Stand und Perspektiven der deutschsprachigen Forschung. Wissenschaftliche Studientagung, 25.-29. März 1998 in Weingarten (Oberschwaben), Köln 2005, 71-96; vgl. auch DERS.: Infermità, malattia, malato, salute, assistenza ai malati, in: DF, 827-872, mit der in Sp. 871f. angeführten Lit.

120 X,3f.: Opuscula [Eßer^2], 387; FQS ^{8}I, 188f.

9. Unter den Analogien zwischen der *RegOSST* und den franziskanischen Regeln ist deren Anweisung über die Arbeit besonders bemerkenswert. Der hl. Johannes von Matha ordnet an: *„Nullus frater laicus vel clericus sit, si fieri potest, sine proprio officio. Si quis vero laborare noluerit et potuerit, locum ipsum deserere compellatur, cum apostolus dicat: Qui non laborat, non manducet“.*[121] So nebenbei sei darauf hingewiesen, dass der Gesetzgeber hier für die Niederlassung den Begriff *locus* verwendet, der in den franziskanischen Quellen normalerweise den Ort anzeigt, wo Brüder – anfänglich nur zeitweilig und später dauernd – weilten.[122] Weiterhin haben wir hier – wie schon oben kurz vermerkt – den einzigen Fall, wo Johannes von Matha eine Anordnung durch eine biblische Stelle begründet. Die Zitation scheint indes aus dem Gedächtnis erfolgt zu sein; denn der genaue Text bei 2 Thess 3,10 lautet: *„Nam et cum essemus apud vos, hoc praecipiebamus vobis: Si quis non vult operari, nec manducet“.*

Alle Brüder, Kleriker wie Laien, die physisch dazu imstande sind, haben also die Pflicht, das Ihre beizutragen durch Arbeit, entweder im Bereich des Hauses oder im Erwerb des Unterhalts für die Mitbrüder oder für den Loskauf von Gefangenen durch den Bettel oder in der persönlichen Beteiligung an der Befreiung von Gefangenen in Ländern des Islams. Wer sich weigern würde, dies zu tun, müsste von der Ordensfamilie weggeschickt werden.

In der *NbR*[123] setzt Franziskus voraus, dass seine Brüder bei Außenstehenden arbeiten, um für sich und die Brüder das Lebensnotwendige, Geld jedoch ausgenommen, zu erwerben. Er schließt dabei ausdrücklich aus, dass die arbeitenden Brüder leitende Stellen einnähmen; dies nach der Grundregel, die sogar in den Ordensnamen einging: *„... sint minores et subditi omnibus, qui in eadem domo sunt“.*[124] [S. 239] Anschließend fährt er fort: „Und die Brüder, die arbeiten können, sollen arbeiten und das Handwerk ausüben, das sie verstehen, wenn es nicht gegen das Heil der Seele ist und ehrbar ausgeübt werden kann. Denn der Prophet sagt: *Den Lohn der Mühen deiner Hände wirst du genießen; glücklich bist du, und es wird dir wohl ergehen* (vgl. Ps 127,2). Und der Apostel: *Wer nicht arbeiten will, soll nicht essen* (vgl. 2 Thess 3,10). Und: *Jeder soll* bei dem Handwerk und Dienst bleiben, *zu dem er berufen wurde* (vgl. 1 Kor 7,24). Und für die Arbeit können sie alles Notwendige annehmen außer Geld. Und wenn es notwendig würde, mögen sie um Almosen gehen wie andere Arme. Und es soll ihnen erlaubt sein, Werkzeug und Gerät zu haben, das für ihr Handwerk geeignet ist“.[125]

Es würde den Rahmen dieses literarhistorischen Vergleichs sprengen, wollte ich alle hier eingeschlossenen Momente einzeln ausdeuten, um damit einen nicht unbedeutenden

---

121 *RegOSST*: *Register,* I, 705f. Lin. 39-41 u. 1; vgl. 2 Thess 3,10b.

122 Vgl. MATHIS, B.: Die Privilegien des Franziskanerordens bis zum Konzil von Vienne (1311). Im Zusammenhang mit dem Privilegienrecht der früheren Orden dargestellt, Paderborn 1928, 41f., der aufzeigt, dass Franziskus zwar nicht der erste war, der das Wort *locus* für klosterähnliche Niederlassungen geprägt hat, dass er ihn jedoch „eigens wählte, um seine Niederlassungen in bewußten Gegensatz zu den gebäude- und länderreichen Abteien zu stellen“. Vgl. auch ESSER, Anfänge und ursprüngliche Zielsetzungen (wie Anm. 54), 168-189.

123 VII,1f.: Opuscula [Eßer^2], 383. Vgl. einige Hinweise zum Thema und die entsprechende Lit. bei BERTINATO, P. D.: Lavoro, operare, agire, in: DF, 923-938.

124 *Ebd* VII,2: Opuscula [Eßer^2], 383; vgl. MICÓ, J.: Minorità, in: DF, 1115-1140, 1139f. Lit.

125 *Ebd* VII,3-9: Opuscula [Eßer^2], 393; FQS ^{8}I, 184f. mit Anm. 26.

Ausschnitt der frühfranziskanischen Geschichte zu beleuchten. Hier scheint mir einzig dies wichtig festzustellen, dass die beiden Ordensstifter mithilfe desselben Paulustextes die absolute Pflicht der Brüder zur Handarbeit begründen. Daraus wird man sicher keine direkte Abhängigkeit des Franziskus von Johannes von Matha folgern wollen, auch wenn die Übereinstimmung auffällt.

10. Im trinitarischen Ordenscharisma nimmt die sozial-karitative Tätigkeit der *Befreiung von Christen,* die durch muslimische Korsaren nordafrikanischer Länder in Gefangenschaft und in Gefahr des Glaubensabfalls geraten waren, eine zentrale Stellung ein.[126] Ein kurzer Blick auf die *RegOSST* genügt bereits, um an der Ausdehnung, mit der diese Aufgabe kodifiziert wird, deren außergewöhnliche Bedeutung zu erkennen. Unmittelbar nachdem der Ordensgründer die Natur des Ordenslebens als Beobachtung der drei Gelübde umschrieben hat, ordnet er an: *„Omnes res, undecumque licite veniant, in tres partes dividant equales; et in quantum due partes sufficient, exequantur ex illis opera misericordie, cum sui ipsorum et eis necessario famulantium moderata sustentatione. Tercia vero pars reservetur ad redemptionem captivorum, qui sunt incarcerati pro fide Christi a paganis; vel dato precio rationabili pro redemptione ipsorum vel pro redemptione paganorum captivorum, ut postea rationabili commutatione et bona fide redimatur christianus pro pagano secundum merita et statum personarum. Cum vero pecunia data fuerit vel aliquid aliud, licet specialiter et proprie detur ad aliquid, semper de consensu illius, qui dederit, tercia pars separetur et aliter non recipiatur; exceptis terris, pratis, vineis, nemoribus, edificiis, nutrituris et huiusmodi ...".*[127]

An dieser Stelle ist es leider nicht möglich, diese besondere Zielsetzung der Trinitariergründung, sich dem Loskauf der um des Glaubens willen in islamischen Gebieten gefangen gehaltenen Christen zu widmen, umfassend zu beschreiben. Doch [S. 240] muss hier der völlig neue und friedliche Zugang des Trinitarierordens zur Welt des Islams ausdrücklich hervorgehoben werden. Statt als Feinde mit dem Heer der Kreuzfahrer die von muslimischen Mächten besetzten Heiligen Stätten mit Waffengewalt wieder zu erobern, knüpften die Trinitarier, namentlich deren Ministri, friedliche Verhandlungen mit den islamischen Regierungen am Mittelmeer an, um die Befreiung christlicher Gefangenen mithilfe einer variablen Geldsumme bzw. durch deren Austausch mit islamischen Kriesgefangenen zu erreichen.

Es muss ausdrücklich betont werden, dass die trinitarischen „Redentori" keinen Versuch unternahmen, den christlichen Glauben in muslimischem Gebiet zu verkünden. Ihr großes Bestreben lag hingegen einzig darin, christliche Gefangene aus ihrer nicht geringen Gefahr zu befreien, den angestammten Glauben zu verleugnen. Es handelte sich unbezweifelbar um ein ausgesprochen evangelisches Ziel, das die trinitarischen

---

[126] Nebst der oben, in Anm. 1, vermerkten Lit. vgl. LLONA REMENTERÍA, G.: Fundador y redentor Juan de Mata, Salamanca 1991; CIPOLLONE, G.: Les Trinitaires, rédempteurs des captifs, in: La guerre, la violence et les gens au Moyen Age, I, Paris 1996, 311-311: *Cristianità-Islam;* GONZALEZ CASTRO, E.: Schiavitú e „Captivitas", in: DIP VIII (1988) 1039-1058, bes. 1056-1058, und das eben erschienene Werk: PORRES ALONSO, B.: Libertad a los cautivos. Actividad redentora de la Orden Trinitaria, I: Redenciones de cautivos (1198-1785), Córdoba 1998.

[127] *RegOSST*: *Register,* I, 703f. Lin. 34-36 u. 4-10.

„Erlöser“ verfolgten, auch wenn dasselbe bewusst auf die christlichen Gefangenen beschränkt blieb.

Um die Form von diplomatischen, sozialen und karitativen Kontakten zu pflegen, bedurften die mit dem Loskauf betrauten Brüder bedeutender Geldsummen. Wie aus dem Text der Regel der Trinitarier von 1198 hervorgeht, luden sich die Mitglieder sehr spürbare Verzichte auf. Mit einer sehr originellen Lösung, die zweifellos auf den Ordensstifter direkt zurückgeht, mussten die Brüder alle Einkünfte, welche von der Arbeit, von Geschenken der Wohltäter oder vom Bettel herstammten, in drei gleiche Teile aufteilen. Ein volles Drittel hatte ausschließlich dem apostolisch-sozialen Werk des Loskaufs zu dienen, indes die beiden anderen Drittel sowohl für den Lebensunterhalt der Brüder wie für die Werke der Barmherzigkeit in den eigenen Häusern oder in den diesen angegliederten Hospizien verwendet wurden.[128]

Diese Lösung forderte von den Brüdern einen strengen Stil evangelischer Armut. Dies zeigte sich an den rigorosen Beschränkungen bei ihren Mahlzeiten, die aus Raumgründen hier nicht einzeln besprochen werden können. Während ihrer Reisen nach den Ländern des Islams galten noch strengere Vorschriften: *„Tamen si fuerint in via profecti ad redimendum captivos, quicquid eis datum fuerit, totum debent ponere in redemptionem captivorum preter expensas“.*[129] Eine weitere Anweisung fügt sich in den Kontext der evangelischen Armut ein: *„Equos non ascendant nec etiam habeant, sed asinos tantum liceat ascendere datos vel accomodatos vel de propriis nutrituris susceptos“.*[130]

Das gemeinsame Interesse für die Welt des Islams macht zweifellos einen wichtigen Berührungspunkt zwischen dem trinitarischen und franziskanischen Orden aus. Tatsächlich bemühte sich Franziskus seit 1212, per Schiff nach Syrien zu gelangen; ein Missionsversuch, der der Witterung wegen misslang. Kurz darauf machte er sich zusammen mit Br. Bernhard von Quintavalle zu Fuß auf den Weg, um über Spanien nach Marokko überzusetzen; doch auch diesmal hinderte ihn eine schwere Krankheit, den Muslims die Frohbotschaft zu verkünden oder dabei für Christus sein Blut zu vergießen.[131] [S. 241]

Es überrascht darum nicht, in der *NbR* ein Kapitel vorzufinden, das jenen Brüdern gewidmet ist, „die unter die Sarazenen und andere Ungläubige gehen wollen“.[132] Schon in der Wahl des evangelischen Textes zur Begründung dessen, was er von den Brüdern Missionären verlangen würde, scheint eine Bewertung der besonderen religiösen Lage der Gläubigen in islamischen Ländern durch: *„Dicit Dominus: 'Ecce ego mitto vos sicut oves in medio luporum. Estote ergo prudentes sicut serpentes et simplices sicut co-*

[128] Vgl. bes. CIPOLLONE, Trinitari (wie Anm. 1), 1336-1339 (L'attività fondamentale: la liberazione dei captivi), 1359f. (La spiritualità: Trinità e redenzione).

[129] *Register,* I,705 Lin. 11-13.

[130] *Register,* I, 704 Lin. 30-32.

[131] Vgl. SCHMUCKI, Das Leiden Christi (wie Anm. 105), 77-81, wo ich zugleich die vorhergehende Lit. verzeichnet habe. Vgl. die Lit. und die mit kritischer Reserve zu lesenden Ausführungen von BASETTI-SANI, G.: Saraceni, in: DF, 1823-1847.

[132] XVI: Opuscula [Eßer^2], 390f.; FQS ^{8}I, 191f. – Vgl. die ausgewogene Darstellung samt der vorausgehenden Lit. bei LEHMANN, L.: Prinzipien franziskanischer Mission nach den frühen Quellen, in: Laur 26 (1985) 311-360.

lumbae'".[133] Wer sich in Länder von 'Sarazenen' begibt, befindet sich – nach der damals unter Christen allgemein verbreiteten Meinung – in einem Gebiet von Ungläubigen und muss damit rechnen, die Echtheit des eigenen Glaubens mit dem Martyrium zu bezeugen.

Brüder, die sich als Kandidaten für dieses heroische Werk anerboten, mussten sich an den Provinzialminister wenden, um von ihm die Reiseerlaubnis zu erhalten. „Und der Minister soll ihnen ohne Widerspruch die Erlaubnis geben, wenn er sieht, dass sie tauglich sind, geschickt zu werden; denn er wird dem Herrn Rechenschaft ablegen müssen (vgl. Lk 16,2), wenn er hierin oder in anderen Dingen unüberlegt vorgegangen ist".[134] In der *BR*[135] nimmt Franziskus hier Zuflucht zum Begriff der *divina inspiratio,* um den besonderen Charakter der Missionsberufung gegenüber dem allgemeineren zum Minderbrüderorden ins Licht zu stellen. Wie die Prüfung der Eignung und der spirituellen Voraussetzungen vorgenommen wurde, entzieht sich unseren Kenntnissen.

Während in den bislang festgestellten Gesichtspunkten keine Momente aufscheinen – mit Ausnahme vielleicht einer eigenen Berufung zum Missionsauftrag –, die von der mittelalterlichen Auffassung abweichen, verdient zweifellos besonders beachtet zu werden, was Franziskus in der *NbR* von den Brüder Missionaren als erste Begegnung mit dem Islam verlangt: „Die Brüder aber, die hinausziehen, können in zweifacher Weise unter ihnen geistlich wandeln *[spiritualiter conversari]*. Eine Art besteht darin, dass sie weder Zank noch Streit beginnen, sondern *um Gottes willen jeder menschlichen Kreatur* (1 Petr 2,13) untertan sind und bekennen, dass sie Christen sind".[136] Gegenüber Formen von bewaffnetem Angriff oder Widerstand wider Muslime des Nahen Ostens in den Kreuzzügen und durch Ritterorden,[137] erscheint hier der Versuch einer friedlichen Begegnung, indem die Brüder mit Vertretern einer anderen Religion zusammenlebten und dabei theologische Auseinandersetzungen vermieden. Aus der Redeweise in der Regel und von der begrenzten Bildung des Heiligen her ist es sehr unwahrscheinlich, dass er den mono- [S. 242] theistischen Charakter des Islams erkannt hat. Es ist durchaus möglich, dass es gewissen Kreuzfahrern als gewagt erschien, wenn der Ordensgründer den Brüder Missionaren sogar auferlegte, die bürgerlich-religiöse Autorität in islamischen Ländern anzuerkennen. Nicht übersehen werden darf freilich die ausdrückliche Aufforderung, dass die Brüder sich offen als Christen bekannten. Ob dieses Verhalten nicht bereits zu unüberwindlichen Konflikten mit den Bewohnern geführt hätte, bleibe dahingestellt.

Der Regeltext weist sodann auf eine alternative Form zu ihrer evangelischen Präsenz hin: „Die andere Art ist die, dass sie, wenn sie sehen, dass es dem Herrn gefällt, das Wort Gottes verkünden: sie sollen glauben an den allmächtigen Gott, den Vater und den

---

133 *Ebd.* XVI,1f.: Opuscula [Eßer^{2}], 390.

134 *NbR* XVI,3f.: 390; FQS ^{8}I, 191f.

135 XII,1: Opuscula [Eßer^{2}], 371.

136 *Ebd.* XVI,5f.: Opuscula [Eßer^{2}], 390; FQS ^{8}I, 192.

137 Vgl. die entsprechende Lit. bei RILEY-SMITH, J.: Kreuzzüge, in: TRE XX (1990) 1-10, 1 geog. Karte; JASPERT, N.: Kreuzzugsbewegung, in: LThK ^{3}VI (1997) 469-473; BRANDES, J.-D.: Korsaren Christi. Johanniter & Malteser. Die Herren des Mittelmeers. Kämpfe der Ritter des Malteserordens gegen das Osmanische Reich, Sigmaringen 1998.

Sohn und den Heiligen Geist, den Schöpfer aller Dinge, an den Sohn, den Erlöser und Retter, und sie sollen sich taufen lassen und Christen werden ...".[138] Mit überraschender Klarheit und Kürze spricht der Heilige das Ziel der missionarischen Verkündigung aus, ohne jedoch die Kriterien zu benennen, wann die Brüder Missionäre vom Lebenszeugnis zur christlichen Predigt übergehen sollen. Immerhin war er so realistisch, um wahrzunehmen, dass jeder direkte Versuch, Muslime zum Verlassen der eigenen religiösen Überzeugungen anzuhalten, unvermeidlich zum Martertod führen würde. In diesem Sinn schreibt er: „Und alle Brüder, wo auch immer sie sind, sollen bedenken, dass sie sich dem Herrn Jesus Christus übergeben und ihm ihre Leiber überlassen haben".[139]

Es ist wahrscheinlich, dass Franziskus diesen einzigartigen Text der *NbR* hinzufügen ließ, bevor er selber 1219-1220 am 5. Kreuzzug in Ägypten teilnahm und sich ohne Waffen und militärisches Geleit – jedenfalls in einer Pause der kriegerischen Auseinandersetzungen nach der furchtbaren Niederlage des Kreuzfahrerheers vom 29. August 1219 – zum Sultan Al-Malik al-Kâmil ging, um ihm den christlichen Glauben darzulegen.[140] Es ist hier nicht der Ort, den Verlauf der Begegnung und seine kirchenhistorische Bedeutung näher zu beschreiben.

* * *

Am Ende dieses provisorischen Vergleichs zwischen der *RegOSST* und den franziskanischen Regeln kann man mit einer gewissen Wahrscheinlichkeit behaupten, dass bei ihnen tatsächlich nicht zu leugnende Berührungspunkte bestehen. Immerhin muss auf eine unüberschreitbare Grenze hingewiesen werden: leider fehlt die Möglichkeit, den Text des Ordensprojekts, das Johannes von Matha 1198 dem Urteil Innozenz' III. unterbreitet, und ebenso die Urregel, welche Franziskus 1209/10 demselben Papst zur Begutachtung vorgelegt hat, einzusehen und miteinander zu vergleichen. Beide Redaktionen müssen leider als definitiv verloren angesehen werden. Im ersteren Fall ließ der Pontifex die Vorlage durch den Bischof [S. 243] Odon de Sully und den Abt der Viktoriner Absalon überarbeiten. Ebenso fügte Innozenz III. ebenfalls persönliche Elemente hinzu. Ein Textvergleich konnte deshalb allein von der päpstlich approbierten *RegOSST* ausgehen und an der Entwicklungsform der *NbR* von 1221 und – in einzelnen Fällen – der *BR* vorgenommen werden.

1. Es scheint mir wichtig, dieselbe kirchliche Einstellung bei den beiden Ordensstiftern festzustellen, weswegen sie sich an die Autorität des römischen Papstes zur Bestätigung ihres *propositum regulare* wandten, wiewohl – nach damaligem Kirchenrecht – die Anerkennung des Diözesanbischofs genügt hätte.

2. Die beiden Ordensregeln sind typologisch und redaktionell stark verschieden. Indes die *RegOSST* durchgängig in legislativ-statutarischer Form abgefasst ist, ohne dass – mit einer einzigen Ausnahme! – die Anweisungen durch ein biblisches oder spiri-

---

[138] *NbR* XVI,7: Opuscula [Eßer^2], 390; FQS ^{8}I, 192.

[139] *Ebd.* XVI,10: Opuscula [Eßer^2], 390; FQS ^{8}I, 192.

[140] Es sei mir gestattet, auf meine Diss.: Das Leiden Christi (wie Anm. 105), 81-84 (Quellen und Lit.), zu verweisen. Vgl. auch die oben, Anm. 131-132, angegebene Lit.

tuelles Motiv begründet würden, ist die *NbR* nicht allein durchwirkt von biblischen Zitaten und spirituellen Erwägungen, sondern sogar von Gebetstexten. Auch wenn die franziskanische *Protoregula* leider als solche unbekannt ist, darf man wohl annehmen, dass sie mit dem ersten Regelprojekt des Johannes von Matha mindestens in der Kürze übereinstimmte.

3. Es erscheint mir als durchaus wahrscheinlich, dass Franziskus bei einem seiner Besuche Roms den Gründer des *Ordo Sanctissimae Trinitatis* kennen und schätzen gelernt hat. Es lässt sich hingegen schwer nachweisen, dass der Poverello den Text der *RegOSST* selber vor Augen gehabt hat.

4. Die beiden Gründungen erscheinen von ihrem religiösen Charakter und der besonderen Zielsetzung her als stark verschieden. Der Trinitarierorden ist weder eine monastische Institution wie die des Benediktinerordens, noch eine kanonikale wie die der Viktoriner, noch ein Ritterorden wie etwa die Johanniter, noch ein Mendikantenorden wie der des Franziskaner- oder Dominikanerordens, sondern ist ein klerikales Ordensinstitut mit Anleihen aus Kanoniker- und Hospitalitertradition und gekennzeichnet von seiner Aufgabe des Loskaufs christlicher Gefangener in Gebieten des Islams. Der Franziskanerorden erweist seinen Neuheitscharakrer u. a. darin, dass er als Brüderschaft Klerikern wie Laien gleich offen steht und darauf ausgerichtet ist, das Evangelium in absoluter Armut, in der nicht-sesshaften Wander- und Bußpredigt zu leben.

5. Berührungspunkte zwischen den beiden Orden finden sich nicht nur im konstanten Gebrauch des Brudernamens, um die Miglieder des eigenen Ordens zu bezeichnen, sondern vorab darin, dass in beiden Regeln der Obere *minister* heißt; in der Trias der drei Ordensgelübde, die von der *RegOSST* erstmals bezeugt wird; im Institut des Ordenskapitels, das bei den Trinitariern eine fundamentale Bedeutung gerade im Hauskapitel einnimmt.

6. Eine gewisse Ähnlichkeit zwischen den Trinitariern und Franziskanern zeigt sich überdies im Ordenskleid; näherhin im Wollstoff, aus dem es gefertigt ist, und in dessen Sinnbildcharakter: für die ersten im Geheimnis der Dreifaltigkeit; für die zweiten im symbolischen Hinweis auf das Kreuz.

7. Übereinstimmende Gesichtspunkte finden sich auch im gemeinsamen Bestehen auf der Arbeitspflicht aller Brüder, in der Betreuung kranker Brüder und der Mahnung an die letzteren, nichts Außerordentliches für ihre Pflege zu verlangen. Beachtenswerte Unterschiede sind hinsichtlich der Aufnahme von Kandidaten und dem Verrichten des Göttlichen Offiziums festzustellen. [S. 244]

8. Die beiden Ordensgründer sind geistesverwandt in der Verehrung des Dreifaltigkeitsgeheimnisses, im betonten Interesse für die Welt des Islams und im Versuch zu einer friedlichen Begegnung mit ihm, auch wenn die Motive, von denen Johannes und Franziskus geleitet waren, recht verschieden sind. Der Ordensstifter der Trinitarier sieht die Hauptaufgabe seiner Gründung in der Befreiung christlicher Sklaven in islamischer Gefangenschaft; der Poverello hingegen wendet sich den Sarazenen zu, um sie zum christlichen Glauben zu bekehren, und zwar sowohl im Zusammenleben mit ihnen durch das Zeugnis eines evangeliumsgemäßen Lebens als auch im Verkünden des Evangeliums und im Martyrium.

Die Wundmale des hl. Franziskus von Assisi nach den ältesten Quellenzeugnissen

Vorbemerkung. Die nachfolgende Studie geht in ihrer Substanz zurück auf einen Vortrag, den ich auf Einladung von Professor Dr. Gerard Pieter Freeman am 15. Oktober 2004 am Symposium *Tekens uit de Hemel* am Franciscaans Studiecentrum in der Katholischen Universität von Utrecht über die Stigmatisierung des hl. Franziskus von Assisi gehalten habe. Meine Einladung dazu dürfte ihren Grund darin haben, dass ich 1963/64 über das Thema eine längere Untersuchung in lateinischer Sprache veröffentlicht hatte.[1] Der damalige und kürzlich verstorbene Generalminister des Franziskanerordens, P. Constantin Koser OFM (1918-2000), regte eine englische Übersetzung meiner Untersuchung an, welche P. Canisius F. Connors OFM († 1994), mit großer Hingabe an die Hand nahm.[2] Mein Vortrag von Utrecht ist in der Zwischenzeit als erster Beitrag in den Kongressakten erschienen.[3] Es bleibt zu hoffen, dass der Sammelband, auch wenn die meisten in ihm enthaltenen Studien in niederländischer Sprache vor-

---

[1] De sancti Francisci Assisiensis stigmatum susceptione. Disquisitio historico-critica luce testimoniorum saeculi XIII, in: CFr 33-34 (1963/64) 210-266, 392-422; 5-62, 241-338. Ursprünglich verfolgte ich die Absicht, diese Studie, erweitert mit der internationalen Literatur über das Phänomen der Stigmatisation, in Buchform herauszugeben. Andere Aufgaben, namentlich meine Beauftragung im Jahre 1964 als Mitglied einer Kommission an der vom 2. Vatikanischen Konzil aufgetragenen Erneuerung der Satzungen des Kapuzinerordens mitzuwirken, hinderten mich, diese Absicht auszuführen.

[2] The Stigmata of St. Francis of Assisi: A Critical Investigation in the Light of Thirteenth-Century Sources, St. Bonaventure, New York, The Franciscan Institute – St. Bonaventure University, 1991 (Franciscan Institute Publications. History Series, No. 6). Vgl. KÖPF, Ulrich: Die Stigmatisation des Hl. Franziskus von Assisi. Zu einer Untersuchung von Oktavian Schmucki, in: CFr 65 (1995) 261-264. – Leider zog sich die Überarbeitung und Anreicherung mit der nach 1964 erschienenen Literatur wegen meiner anderweitigen Inanspruchnahme am Istituto Storico OFMCap. allzu sehr in die Länge. Zudem wurden mir vor der Veröffentlichung leider keine Druckbogen zugesandt, so dass im Buch eine unzulässig hohe Anzahl von Druckfehlern stehen blieb, die ich sehr bedauere und für die ich mich auch an dieser Stelle entschuldige. – Zu C. Koser s. die Lebensdaten in: CFr 72 (2002) 555.

[3] Die Stigmatisation des Hl. Franziskus von Assisi im Licht der ältesten Quellenzeugnisse und der neuesten Literatur, in: SPEELMAN, Willem Marie (Hg.): Wondtekenen, wondertekenen. Over de stigmatisatie van Franciscus, Assen 2006 (Scripta Franciscana, 10), 1-29. Ich benutze die sich mir bietende Gelegenheit, um die übrigen Beiträge zum Thema des Kongresses anzuführen: VANDERMEERSCH, Patrick: Onderhuldse spijkers. Cultuurhistorische en psychologische inleiding tot de stigmata van Sint Franciscus, 30-54; BOSGRAAF, Emke: 'No Pain, no Gain'. Over de spirituele dimensie van tatoeage, 55-76; VAN DEN EIJNDEN, Jan: Bonaventura's theologie van de stigmata, 77-86; GEYBELS, Hans: Gods diploma. De religieuze context en Bonaventura's theologische recontextualisering van Franciscus' stigmatisering, 87-121; SPEELMAN, W. M.: De werkeleijkheid van de stigmatisatie, 122-139; MARGRY, Peter Jan: The Passion of the Christ revisited: de school van Padre Pio. Stigmatisatie als instrument van de devotionele missionering en authentisering, 140-168; FREEMAN, Gerard Pieter: De verbeelding van de stigmatisatie tussen realisme en schroom, 169-200, mit 10 Abbildungen S. 173-179; WISSINK, Jozef: Was getekend: Jezus Christus. Enkele notities bij „Een teken uit de hemel. De stigmatisatie van Franciscus als goddelijke bezegeling", 201-216, wo der Autor die Themen und Ergebnisse des Kongresses überblickt und kritisch beurteilt. Vgl. auch die kurze Besprechung des Buches durch S. GIEBEN in: CFr 76 (2006) 608.

liegen, bei vielen Lesern die Forschung über die Stigmatisierung fördert. Hier lege ich eine erweiterte und überarbeitete Fassung des Vortrages vor.

I. Literatur der letzten Jahre zur Stigmatisation

Die derzeit gerade in Italien besonders produktive Franziskusforschung wandte sich neben anderen Gesichtspunkten auch dem Phänomen der Stigmatisierung des Poverello zu. Auslösender Faktor war das Erscheinen des reich illustrierten Bandes der Kunsthistorikerin Chiara FRUGONI: Francesco e l'invenzione delle stimmate. Una storia per parole e immagini fino a Bonaventura e Giotto.[4] Natürlich werde ich auf die Auffassungen der Mediävistin im Fortgang meiner Darlegungen zurückkommen müssen. Hier sei einzig hingewiesen auf die harte Kritik des Fachmanns für franziskanische Geschichte, Stanislao da Campagnola, der sich jedoch in seinen Ausführungen nur auf den quellenkritisch-historiografischen Anteil des umfangreichen kunstgeschichtlichen Werkes beschränkte.[5] In der Form zwar milder, jedoch nicht weniger deutlich distanzierte sich von der Interpretation Frugonis der weit über Italien hinaus anerkannte Historiker und Franziskuskenner Giovanni Miccoli.[6]

---

4 Torino (Giulio Enaudi editore) 1993. Nicht nur mir fiel unangenehm auf, dass die Verfasserin es nicht für nötig hielt, meine Studie auch nur zu erwähnen (Anm. 1-2), wiewohl ich doch in ihr versucht hatte, die hauptsächliche Lit. zum Thema seit der Mitte des 19. Jahrhunderts bis kurz vor dem Datum ihrer Veröffentlichung bzw. ihrer Übersetzung zu sammeln und zu besprechen. – Das erste Kapitel dieses umfangreichen Werkes Frugonis erschien unlängst in deutscher Übersetzung: DIES.: „Ad imaginem et similitudinem nostram". Der heilige Franziskus und die Erfindung der Stigmata, in: MENKE, Bettine / VINKEN, Barbara (Hg.): Stigmata. Poetiken der Körperinschrift, München 2004, 77-112; s. die Rezension von L. LEHMANN in: CFr 76 (2006) 321-323. Leider ist mir dieses Buch nicht zugänglich. Vom Rez. übernehme ich die Titelhinweise der übrigen auf unser Thema direkt bezogenen Beiträge: LARGIER, N.: Die Logik der Erregung. Franz von Assisi, Teresa von Avila und Térèse [!] philosophe, 145-154; TEUBER, B.: Sichtbare Wundmale und unsichtbare Durchbohrung. Die leibhafte Nachfolge Christi als Paradigma des anhermeneutischen Schreibens, 155-179; SCHÄFFNER, W.: Die Wunder des san Francesco d'Assisi und der Therese Neumann. Elemente einer Mediengeschichte des Stigmas, 181-195. Der Rez. beurteilt die Artikelsammlung recht kritisch: „Die Lektüre des Buches hinterlässt gemischte Gefühle. Es fehlt eine durchgehende Linie" (323).

5 L'„invenzione" delle stimmate di Francesco. Una storia per ipotesi da frate Elia a san Bonaventura, in: Commentari d'Arte 2 (1995) 21-34. Der Rez. setzt das Wort *invenzione* bewusst in Anführungszeichen, weil die Zweideutigkeit: Entdeckung und Erfindung, von der Verf. durchaus beabsichtigt ist!

6 Considerazioni sulle stimmate, in: Il fatto delle stimmate di S. Francesco. Atti della tavola rotonda tenuta alla Porziuncola di Assisi il 17 settembre 1996, S. Maria degli Angeli-Assisi 1997, 13-39. Von den Vorträgen, die bei dieser Begegnung verschiedene Fachleute, veranlasst von Frugonis Werk, vortrugen, seien noch erwähnt: MENESTÒ, Enrico: Introduzione, 9-12, und STANISLAO DA CAMPAGNOLA: Il „fatto" delle stimmate nelle fonti documentarie, 41-48. – Vgl. zudem VAUCHEZ, André: Autour de la stigmatisation de saint François: une histoire de textes et d'images, in: Revue Mabillon 66 (1994) 270-274, und vor Frugonis Werk: DERS.: La stigmatisation de saint François. Signification et portée historique, in: Actes du Colloque Franciscain de Bonifacio 20-21 septembre 1982, Ajaccio 1984, 39-49: beide Studien waren mir leider unzugänglich. – Vgl. auch ZERBI, Pietro: „L'ultimo sigillo" (Par. XI, 107): Tendenze della recente storiografia italiana sul tema delle stigmate di S. Francesco. A proposito di un libro recente, in: Rivista di Storia della Chiesa in Italia 48 (1994) 7-42: über Frugonis Werk. Hier sei schließlich noch hingewiesen auf: VAIANI, Cesare: S. Francesco, la Verna e l'evento delle stimmate, in: La contempla-

In unserem Zusammenhang muss auch die Franziskusbiografie von Helmut FELD kurz erwähnt werden. Im Abschnitt 4 des VI. Kapitels, überschrieben mit *Passion,* legt der Verfasser die Quellenlage zur Stigmatisation des Heiligen ebenso ausführlich wie bibliografisch bestens informiert dar.[7] Was die Erklärung des Phänomens betrifft, führt der Autor aus:

> „Von den drei in Frage kommenden Möglichkeiten: Betrug, Autosuggestion und Selbstverletzung kommt die erste nicht in Betracht: die ältesten Quellen bieten keinerlei Anlass zu der Annahme, dass Franziskus selbst, seine engsten Gefährten oder Bruder Elias die Wundmale vorgetäuscht hätten. Dagegen ist die Möglichkeit der Autosuggestion, der beständigen und beharrlichen Ein-Bildung nicht a limine auszuschließen. Die Stigmata wären dann auf rein psychischem Wege zustande gekommen. Ich halte dagegen für wahrscheinlicher, dass sich Franziskus, in dem abnormen und krankhaft-ekstatischen Zustand, in den er sich wochenlang heineinsteigerte[!][8], die Male auf mechanische Weise beibrachte. Die Seitenwunde sonderte Blut ab, wann immer und weil er sie offen hielt. Dafür spricht seine Gereiztheit, wenn ihn jemand nach den Blutflecken auf seiner Kutte fragte. Denjenigen, die seine Hände und Füße genau betrachteten, fiel auf, dass sich unter der Haut dunkle Gebilde befanden. Sie ragten etwas hervor und sahen an den Innenseiten der Hände und den Oberseiten der Füße aus wie Köpfe von Nägeln; an den entgegengesetzten Seiten schienen die Spitzen der Nägel hervorzustehen. Die Biographen betonen zwar mehrfach, dass die betreffenden Gebilde aus Fleisch waren. Doch liegt der Verdacht nahe, dass es verkapselte Holzpflöcke[!] waren.“[9]

Die Interpretation zeugt zwar von viel Phantasie, doch widerspricht sie derart den Aussagen der ältesten Quellen, dass es wenig sinnvoll erscheint, viel Zeit und Raum zu deren Widerlegung zu verwenden. Felds Erklärungsversuch entspricht eher dem Vorgehen eines Romanciers als dem eines verantwortungsbewussten Auslegers von Quellenaussagen. Hingegen können die diesem Zitat vorausgehenden Darlegungen des Autors kommenden Forschern nützlich sein.

Schon aus dem Titel des Buches von Christoph DAXELMÜLLER: „Süße Nägel der Passion“. Die Geschichte der Selbstkreuzigung von Franz von Assisi bis heute, wird die vom Verfasser verfolgte Tendenz überdeutlich.[10] Das Werk war für mich leider nicht greifbar, doch kann ich mich für mein Kurzreferat auf die längere Besprechung des Mitbruders Leonhard Lehmann stützen.[11] Der Verfasser schreibt u. a.:

> „Franziskus von Assisi war wie jene Menschen, die sich vor 1226 kreuzigten oder sich kreuzigungsähnliche Verletzungen zufügten, ein Geschöpf der Frömmigkeit seiner Zeit, für die der körperliche Nachvollzug der Passion Christi nicht unüblich war. Die frühen Berichte – und nicht die später einsetzende legendarische Überhöhung des Geschehens – deuten darauf hin, dass auch er sich die Wundmale in mystisch-ekstatischem Zustand während eines liturgischen Spieles[!] selbst zufügte oder von seinen Mitbrüdern in Form

---

zione del Cristo Crocifisso. Incontri di spiritualità francescana, La Verna 19-24 agosto 1991, La Verna 1992, 69-85.

7 Franziskus von Assisi und seine Bewegung, Darmstadt 1996, 256-277. Dem Werk widmete L. LEHMANN in: CFr 66 (1996) 256-260 eine ebenso lange wie harte Kritik.

8 Woher weiß der Autor von diesem pathologischen Zustand?

9 Ebd., 264f

10 Düsseldorf 2001.

11 In: CFr 72 (1996) 698-700.

einer Kreuzigung zufügen ließ. Er inszenierte ein Passionsspiel und benutzte seinen Körper als 'Passionsdrama'[!]. Er litt in mystischer Frömmigkeit, keinesfalls in betrügerischer Absicht, und wir können nicht völlig ausschließen, dass er bei diesem Akt der körperlich erlebten Nachfolge Christi einem Unfall aus Unwissenheit zum Opfer fiel[!]. Denn die Nägel bogen sich um und waren nicht mehr aus den Wunden zu ziehen."[12]

Es erstaunt nicht wenig, mit welcher Leichtfertigkeit einige neuere Autoren eine Vielzahl von Hypothesen ins Feld führen, die nicht nur von den ältesten Quellen in keiner Weise gedeckt sind, sondern sich zugleich als willkürlich und in sich unwahrscheinlich erweisen und der moralischen Würde des Heiligen aus Assisi Unrecht zufügen.

Ganz im Fahrwasser Frugonis bewegt sich Paul BÖSCH mit seiner Veröffentlichung „Franz von Assisi – neuer Christus. Die Geschichte einer Verklärung".[13] Weil das Buch zu Recht bei mehreren Autoren auf harsche Kritik stieß,[14] antwortete er mit einer lateinischen Erwiderung, die leider wegen ihrer z. T. sprachlich fehlerhaften Fassung, nicht leicht zu verstehen ist. Glücklicherweise sind in der *Zusammenfassung* die hauptsächlichen Auffassungen des Verf. deutsch wiedergegeben.[15] Danach hält Bösch an der Realität der Stigmen zwar fest, auch wenn er sie für schwer fassbar hält und erst in der Zeit des Todes von Franziskus und nicht im Zusammenhang mit der La Verna-Vision von 1224 entstanden sein lässt. „Neu ist seine Hypothese, wonach Thomas von Celano seinen Bericht über die Stigmatisierung (1 C 94-96) in jene Schilderung der Seraph-Vision eingebaut habe, die später in *Legenda Perusina* 118 tradiert worden ist." Eine weitere, hypothetische und von Quellenberichten nicht gestützte Annahme des Verf. geht dahin, die Datierung des Wundmalempfangs „zwei Jahre vor seinem Tod" entstamme Berichten über die Ankündigung an den Ordensgründer hinsichtlich seines ewigen Heils (u.a. in 1 C 109). Ebenso fehlt für seine Behauptung, die Seraph-Vision habe nicht 1224, sondern wesentlich früher stattgefunden, jede Begründung von den Quellen her. Die Rezensenten von Paul Böschs Veröffentlichung heben übereinstimmend hervor, dass sie weitgehend auf unbewiesenen Hypothesen aufbaut.[16] Dem Verf. ist jedoch darin zuzustimmen, dass eine übertriebene Einschätzung der Stigmatisierung dazu beitrug, dass die Franziskusverehrung in späteren Jahrhunderten fast abgöttische Formen annahm. Diese unleugbare Tatsache hätte im Rahmen eines Artikels dargestellt werden können, ohne die Breite eines die Franziskusforschung belastenden Buches annehmen zu müssen.

---

12 Ebd. 117; das Zitat entnehme ich aus LEHMANN, 698.

13 Düsseldorf 2005.

14 Vgl. Paul ZAHNER in: CFr 75 (2005) 699-704; Niklaus KUSTER in: Helv. Franc. 34 (2005) 140; Anton ROTZETTER in: Anton. 81 (2006) 539-548.

15 DERS.: Opinationes de stigmatibus Francisci. Annotationes ad quaestionem disputatam, in: CFr 76 (2006) 561-565, 565 (Zusammenfassung).

16 So schreibt P. ZAHNER: „So wird aber auch deutlich, dass sein Buch eine Sammlung von Hypothesen ist, die letztlich doch selber auch den 'unverstellten Blick auf jenen Franziskus, wie ihn seine Umgebung erlebt hat' (11), verstellen" (704). Auch KUSTER bemerkt: „Hypothesen werden zur Grundlage gemacht für weitere Hypothesen. Am Ende steht eine Sicherheit, die vergisst, dass schon das erste Glied in der Kette eine reine Annahme war." A. ROTZETTER urteilt noch härter: „Es wären dem Autor noch viele misslungene Argumentationsketten nachzuweisen, ebenso viele Verwechslungen und Fehleinschätzungen. Das Buch ist voller Fehlleistungen" (547).

Wiederum ausdrücklich auf Frugoni bezogen ist die Studie von Kees VAN DOOREN: The Sigmatization of St. Francis. Fact or Fiction.[17] Der Verf. umschreibt seine Absicht so: „I will reconsider the problem of the historic interpretation of the stigmatisation of St. Francis on the basis of an evaluation of Frugoni's theories on the stigmata."[18] Nach meiner Einschätzung ist dieser Beitrag insofern wertvoll, als der Autor die ikonografische Deutung Frugonis einer überzeugenden grundsätzlichen Kritik unterzieht.[19] Es wäre jedoch von seiner ikonografischen Fachkenntnis her besonders wünschenswert gewesen, dass er darüber hinaus die Interpretation Frugonis zu den frühen Stigmatadarstellungen in der Kunst einzeln und eingehend überprüft hätte.[20] Schade, dass er im historiografischen Teil weithin auf eine Analyse und Bewertung der frühen Quellenzeugnisse verzichtet und trotz einzelner Kritiken öfter Frugonis Deutungen verpflichtet bleibt. In dieser Hinsicht entspricht der Ertrag der Studie leider nicht den in sie gestellten Erwartungen.

Auch wenn die durch die Veröffentlichung Frugonis hervorgerufene Neubesinnung auf historische Aspekte des Wundmalempfangs des Franziskus zu begrüßen ist, würde es zu einer Verengung der Perspektive führen, wollte ich mich in meiner Studie allein auf ihre Untersuchung beziehen. Vielmehr liegt mir eine – philologisch wie historisch – möglichst genaue Auslegung der ersten Quellenzeugnisse am Herzen. Der für einen Forschungsbericht verfügbare Raum legt hingegen Beschränkungen auf. – In einem ersten Schritt betrachte ich nur die drei frühesten Zeugnisse zur Stigmatisation des Ordensgründers genauer (II.), um hernach in einer Zusammenschau eine historische und religionspsychologische Deutung des Phänomens allgemein und beim Poverello im Besonderen zu versuchen (III.).

---

17 In: TEKLEMARIAM, Yohannes (Hg.): Verum, pulchrum et bonum. Miscellanea di studi offerti a Servus Gieben in occasione del suo 80° compleanno, Roma 2006 (Bibliotheca Seraphico-Capuccina, 81), 155-183, 5 Abb.

18 Ebd. 155. – Dem kürzlich erschienenen Bd. XXVIII (2004) von BgFr, n. 348f., entnehme ich noch folgende Angaben von Artikeln, die ich nicht einsehen konnte: FORTHOMME, Bernard: Par excès d'amour. Les stigmates de St. François, Paris 2004, und GUERRIERO, Elio: Il serafino e le stigmate: l'interpretazione balthasariana di s. Bonaventura, in: Doctor Seraphicus 51 (2004) 13-28.

19 Vgl. ebd. 165: „Frugoni ... considers the early raffigurations of the theme [der Stigmatisation] as primary sources on the theme they represent. This most unusual claim – no art-historian would ever dream of considering for example the inconographical tradition of the crucifixion as evidence for what happened on Golgotha – is justified rather gratuitous by declaring them to be 'very close to St. Francis'."

20 Hierzu sei nun verwiesen auf die oben, in Anm. 3, verzeichnete Studie von G. P. FREEMAN und auf BENNETT, J. J.: Stigmata and sense memory: St. Francis and the affective image, in: Art History 24/1 (2001) 1-16: zit. von SPEELMAN, W. M.: De werkelijkheid van de stigmatisatie, in: DERS. (Hg.): Wondtekenen, Wondertekenen, 136 Anm. 10.

II. Die drei frühesten Zeugnisse zur Stigmatisation des hl. Franziskus

1 Der Brief von Bruder Elias über den Tod des hl. Franziskus an alle Provinzialminister des Ordens

Allen bisher bekannten Zeugnissen zum Wundmalempfang des Heiligen geht zeitlich die Todesnachricht des Generalvikars an alle Minderbrüder voraus, die er kurze Zeit nach dem Hinscheiden des Ordensgründers, am 3. Oktober 1226, verfasst hat. Auf seine Nachricht über den vom Ordensvater allen Brüdern gespendeten Segen und den ihnen gewährten Nachlass wider ihn begangener Schuld lässt er die sensationelle Meldung folgen:

> Et his dictis, annuntio vobis gaudium magnum (Lk 2,10) et miraculi novitatem. A saeculo non est auditum (Joh 9,32) tale signum, praeterquam in Filio Dei, qui est Christus Dominus (Lk 2,11). Non diu ante mortem frater et pater noster apparuit crucifixus, quinque plagas, quae vere sunt Stigmata Christi, portans in corpore suo (vgl. Gal 6,17). Nam manus eius et pedes quasi puncturas clavorum habuerunt, ex utraque parte confixas, reservantes cicatrices et clavorum nigredinem ostendentes. Latus vero eius lanceatum apparuit et saepe sanguinem evaporavit.[21]

Für Leser, denen lateinische Texte weniger geläufig sind, sei dieses grundlegende Zeugnis in eigener Übersetzung deutsch wiedergegeben:

> „Dies gesagt, verkündige ich euch eine große Freude (Lk 2,10) und die Neuheit eines Wunders. Seit Jahrhunderten hörte man nicht von einem solchen Zeichen (vgl. Joh 9,32) außer bei Christus dem Herrn (Lk 2,11). Nicht lange vor dem Tod erschien unser Bruder und Vater als Gekreuzigter, indem er an seinem Leib die fünf Wunden trug, die wirklich die Stigmen Christi sind (vgl. Gal 6,17). Denn seine Hände und Füße hatten von [eisernen] Nägeln stammende und von den zwei Seiten durchbohrte Stichwunden, welche Narben aufwiesen und die schwarze Farbe von Nägeln zeigten. Die Seite erschien wie mit einer Lanze geöffnet und schied öfter Blut aus.“[22]

Leider hat sich vom Urtext des Rundbriefs, der in der vorliegenden Form an den Provinzialminister von Frankreich, Bruder Gregor von Neapel († vor 1258?), gerichtet war, keine einzige Handschrift erhalten. Das älteste Zeugnis dafür liegt erstmals im 1620 erschienenen „Speculum vitae B. Francisci et sociorum“ des Observanten Wilhelm SPOELBERGH († 1633) vor.[23] Gerade wegen der fehlenden dokumentarischen Basis äußerte neuerdings der Mediävist Felice ACCROCCA den Verdacht, die *Epistola encyclica* sei eine wider die Protestanten gerichtete Fälschung Spoelberghs.[24] Dagegen wies

---

[21] *Epistola encyclica de transitu S. Francisci, a Fr. Helia tunc Ordinis Vicario generali ad omnes provincias Ordinis missa*, Nr. 5, in: AF X, Quaracchi-Firenze 1926-1941, 526f.; Heliae Cortonensis *Epistola encyclica de transitu sancti Francisci*, in: FoFr, 247-255, 249-251: Einführung von G. CREMASCOLI; 254 Lin. 15-19: Text.

[22] Vgl. SCHMUCKI, The Stigmata, 263-268, mit zahlreicher Lit.; s. bes. 263f. (englische Übersetzung des Textes).

[23] Antwerpen 1620, 103-106: so nach AF X, S. LV. Vgl. die Lit. über ihn in C. VAN DE LAAR, CFr-BgFr. Index, 561a.

[24] Un apocrifo la „Lettera enciclica di frate Elias sul transito di S. Francesco“?, in: CFr 65 (1995) 473-509; s. 473 Anm. 1 die freundlichen Hinweise des Verf. auf meine Studien zur Stigmatisation des Ordensgründers.

Giovanni MICCOLI – im Anschluss an den Fachkollegen Jacques DALARUN – überzeugend nach, dass eine Reihe innerer Elemente für deren wesentliche Echtheit spreche, und dies gelte speziell für den Abschnitt über die Stigmatisation.[25]

Aus diesem vertrauenswürdigen Zeugnis erhellt vorab, wie sehr der tote Poverello dem Briefschreiber in einer besonders ausgeprägten Form als lebendiges Ebenbild des Gekreuzigten vorkam. Dies deswegen, weil er an seinem Leib die fünf hauptsächlichen Wunden wahrnahm, mit denen Jesus Christus am Kreuz hing.[26] Im Beschreiben des persönlich beobachteten Sachverhaltes beruft sich Bruder Elias auf *Gal* 6,17. Wenn Paulus sich die *stigmata Domini Jesu* zuschreibt, denkt er nach der vorherrschenden Deutung der Exegeten wohl „an die Narben der Wunden, die er in seinem apostolischen Dienst empfangen hat“.[27]

Der Verfasser des Rundschreibens bezieht das Wort *stigmata* ausdrücklich auf Christus und kann darum sicher nicht an irgendwelche Wunden, sondern allein an die fünf Kreuzigungswunden gedacht haben. Die Zeugen am Totenbett sahen an Franziskus' Händen und Füßen Male, welche den von Eisennägeln durchgängig (*puncturae – confixae*) hervorgerufenen Stichwunden ähnlich waren. Doch zeigten dieselben sich nicht als offene, sondern von dünner Haut überzogene und leicht vernarbte Wunden (*cicatrices*). Schwieriger zu deuten ist ein letztes Element der Beschreibung: Die *stigmata* – so behauptet Br. Elias – wiesen „die Schwärze von Nägeln“ (*clavorum nigredinem*) auf. Damit wollte der Briefschreiber doch wohl andeuten, die Stigmatawunden hätten wie schwarzfarbene und schmiedeeiserne Nägel ausgesehen.

Die Aussage der *Epistola* von gleichzeitig offenen wie vernarbten Wunden weist tatsächlich einen inneren Widerspruch auf; sind diese doch entweder offen oder vernarbt. Der Gegensatz löst sich wohl nur dann befriedigend auf, wenn Br. Elias mit der rätselhaften Bezeichnung *nigredo* nägelähnliche Gebilde gemeint hat. Die missverständliche Ausdrucksweise von Br. Elias dürfte sich allein daraus erklären, dass er den Minderbrüdern einen für ihn ebenso wie für die Leser völlig neuen Sachverhalt wiedergeben musste. Zudem fühlte sich der Generalvikar gedrängt, die bereits in vielen Nationen Europas und im Nahen Orient weilenden Brüder möglichst schnell vom Heimgang des Ordensvaters zu benachrichtigen. Für einen Fälscher des 17. Jahrhunderts wäre es schlechthin undenkbar gewesen, dass er sich einer missverständlichen Ausdrucksweise

---

25 MICCOLI, Considerazioni sulle stimmate, 16-20. Ohne im Zusammenhang eines Artikels die einzelnen von Miccoli vorgebrachten Argumente besprechen zu können, sei hier seine Schlussfolgerung zitiert: „Per concludere su questo punto: anche se si deve riconoscere che la stesura complessiva della lettera di Elia può aver subito correzioni e manipolazioni e che il testo di cui attualmente disponiamo può aver avuto alla sua origine due differenti lettere, continuo a pensare tuttavia che essa non possa essere considerata opera tarda di un falsario. In particolare, il passo sulle stimmate presenta caratteri tali da dover essere giudicato sostanzialmente autentico“ (18). Vgl. auch DALARUN, J.: La malavventura di Francesco d'Assisi. Per un uso storico delle leggende francescane, Milano 1996, 83, auf den sich Miccoli bezieht (19 Anm. 13).

26 Vgl. SCHMUCKI, The Stigmata, 264, bzw. für die nachfolgenden Überlegungen: 264-268.

27 Vgl. SCHMID, Jos.: Stigma, in: LThK ²IX, 1080; s. auch ADNÈS, P.: Stigmates, in: DSp XIV, 1211-1213. Schon Paulus Orosius († 418) wendet diese Sinnbedeutung auf die Wunden Christi an (1213). Vgl. auch GERLITZ, P.: Stigmatisierung, in: TRE XXXII, 174f.

bedient hätte, nachdem ihm die ebenso ausführliche wie eindeutige Darstellung des Thomas von Celano und Bonaventuras selbstredend bekannt war.

Bedeutend knapper und zugleich leichter verständlich ist die Kennzeichnung der Seitenwunde, von der Br. Elias es merkwürdigerweise unterlässt, deren anatomische Lage – die linke oder rechte Brustseite – anzugeben. Hingegen macht seine Aussage deutlich, dass sich dieses Stigma der Sicht von Beobachtern wie eine vom Lanzenstich aufgerissene Wunde darbot. Weil der Ordensvikar sich sicher nicht auf eine klinisch verlässliche Beschreibung der Wundmale eines Arztes stützen konnte – die Medizin wäre von ihrem damaligen Kenntnisstand her dazu überhaupt nicht imstande gewesen – lässt sich aus seiner vorwissenschaftlichen Beobachtung nichts Näheres über die genaue Lage des Seitenstigmas auf der Brust, über ihr Aussehen und ihre Tiefe gewinnen.[28] Eigens hervorgehoben zu werden verdient, dass der Ordensvikar den hämorrhagischen Charakter dieser Wunde betont: Eine Tatsache, die sich in den Blutspuren am Habit und an den Hosen des Heiligen mühelos feststellen ließ. Dagegen schweigt Br. Elias darüber, dass die Stigmen der Hände und Füße ebenfalls Blut absonderten.

Leider verwendet der Ordensvikar die sehr unbestimmte Angabe *non diu*, um den Zeitpunkt der Entstehung der Wundmale anzugeben. Schon im Blick auf einen mittelalterlichen Briefschreiber wird man das „nicht lange [vor dem Sterben]" des Heiligen nicht pressen dürfen, zumal Br. Elias wegen seiner Aufgabe als Visitator der Provinzen öfters von der Portiunkula abwesend war und darum über die Vorgänge um Franziskus weniger genau informiert war als dessen Gefährten. Zugleich musste er die Todesnachricht mit einer gewissen Eile niederschreiben, wohl ohne sich mit Br. Leo, dem hauptsächlichen Zeugen der Ereignisse auf La Verna, besprechen zu können.[29] Im Verhältnis zu den Lebensjahren des Poverello ist der zeitliche Abstand von zwei Jahren tatsächlich nicht lange. Sicher kann diese zeitliche Bestimmung nicht gegen die örtliche Fixierung auf La Verna ins Feld geführt werden.

Das Zeugnis des Generalvikars hat seit dem Franziskusbuch von Karl August von Hase (1800-1890) zu einer nicht abbrechenden Kette von einander abweichenden Deutungen geführt, die hier unmöglich einzeln referiert und diskutiert werden können.[30] Hingegen sei die meines Wissens bislang noch nie vorgebrachte Hypothese Chiara Frugonis kurz besprochen. Sie unterstellt Br. Elias, er habe die von den Krankheiten des Ordensgründers her stammenden Wunden bewusst als Stigmen missdeutet und sie seinen Lesern als solche vorgetäuscht.[31]

---

[28] Die medizinische Beschreibung ist verständlicherweise bei neueren Stigmatisierten viel präziser als bei einem Heiligen des 13. Jahrhunderts! Als Beispiel sei angeführt: DI FLUMERI, Gerardo (Hg.): Le stigmate di Padre Pio da Pietrelcina. Testimonianze. Relazioni. San Giovanni Rotondo (Foggia) 1985, mit mehreren ärztlichen Berichten und diagnostischen Bildern; DERS. (Hg.): Atti del Convegno di studio sulle stimmate del Servo di Dio Padre Pio da Pietrelcina (San Giovanni Rotondo, 16-20 settembre 1987), ebd. 1988, mit einer Reihe von Vorträgen. Daraus sei meine Studie angeführt: Le stimmate di san Francesco d'Assisi e le stimmate di Padre Pio. Convergenze e divergenze, 135-168.

[29] Vgl. auch SCHMUCKI, The Stigmata, 191f.

[30] Vgl. dazu meine Untersuchung: The Stigmata, 7-69 (A Bibliographical Review); 384b (Register).

[31] Francesco e l'invenzione delle stimmate, 57-104: La lettera di Elia, il biglietto di Leone. „... sono propensa ad addebitare a Elia, sollecito compagno nel vegliare le ultime malattie e presente alla fine del santo, la decisione di tramutare in miracolo il compianto dei frati sul corpo morto e martoriato di Francesco, le

Trotz der zunächst zum Teil enthusiastischen Aufnahme dieser revolutionären Theorie hat sich in der Folgezeit, und dies vorab bei Giovanni MICCOLI[32] und STANISLAO DA CAMPAGNOLA[33], die Überzeugung durchgesetzt, dass diese willkürliche Deutung – besonders wenn die Zeugnisse des Thomas von Celano und Leos von Assisi mit herangezogen werden – historisch unhaltbar ist. Tatsächlich erstaunt bei einer Mediävistin, dass sie das Zeugnis Elias' so wenig ernst nimmt, zumal dessen Aussagen ja von zeitgenössischen Beobachtern überprüft werden konnten. Eine Verwechslung mit krankheitsbedingten Wunden bei Franziskus, z. B. vom Wundliegen (*decubitus*) oder von seiner Augenoperation her, schließt der Text eindeutig aus. Darin ist ja unmissverständlich von den Wunderzeichen der *fünf* Wunden die Rede, mit denen Franziskus dem am Kreuz angenagelten Christus gleichförmig geworden sei. Weil eine größere Anzahl von Zeugen, Laien beiderlei Geschlechts wie Brüder des Ordens, die Stigmen am entseelten Leib mit angesehen haben, hätte der Ordensvikar niemals einen solchen Betrug in Umlauf setzen können, ohne dass ihm früher oder später in aller Schärfe widersprochen worden wäre, besonders nachdem er von Gregor IX. 1239 wegen seiner Verbindung mit Kaiser Friedrich II. gebannt worden war.

2 Die „Vita beati Francisci" des Thomas von Celano (1228-29) über die Stigmatisation und die Stigmata des Ordensgründers

Die Lebensbeschreibung von Br. Thomas, von Papst Gregor IX. 1228 ihm in Auftrag gegeben, geht zeitlich allen bisher bekannten Franziskus-Viten voraus und verdient – gerade wegen dieses zeitlichen Vorrangs – als Zeugnis über die Stigmatisation des Ordensgründers besonders beachtet zu werden:

> Faciente ipso [Francisco] moram in eremitorio, quod a loco in quo positum est Alverna nominatur, duobus annis antequam animam redderet caelo, vidit in visione Dei virum unum, quasi Seraphim sex alas habentem, stantem supra se (vgl. Is 6,2 und Ez 1,5-14; 22-25), manibus extensis ac pedibus coniunctis, cruci affixum. Duae alae supra caput elevabantur, duae ad volandum extendebantur, duae denique totum velabant corpus. Cumque ista videret beatus servus Altissimi, admiratione permaxima replebatur, sed quid sibi vellet haec visio advertere nesciebat. Gaudebat quoque plurimum et vehementius laetabatur in benigno et gratioso respectu, quo a Seraphim conspici se videbat, cuius pulchritudo inaestimabilis erat nimis, sed omnino ipsum crucis affixio et passionis illius acerbitas deterrebat. Sicque

piaghe finalmente visibili in stimmate, e di divulgare il prodigio con la massima risonanza possibile ... Per Elia, il riconoscere nelle piaghe di Francesco morto le stimmate fu il modo di placare il ricordo del fondatore scoraggiato e incupito, di ricomporre i patimenti fisici di Francesco, trasformandoli nel privilegio accordato da Dio in modo unico e irripetibile" (82f.).

32 Vgl. MICCOLI, Considerazioni sulle stimmate, 20: „Elia dunque resta in ogni caso il primo testimone ad aver scritto delle stimmate di Francesco: si può restare incerti sulla configurazione del suo testo e sul tenore esatto delle sue parole, non però sul fatto che ne dette testimonianza."

33 L'„invenzione" delle stimmate, 30b: „Una tesi insomma – basata su una serie di asserzioni senza prove documentarie –, che si snoda su questi due binari: nella sua 'propaganda' di Francesco *post mortem*, frate Elia avrebbe lasciato volutamente nel vago il momento e i il luogo del riprodursi delle stimmate". Der Verf. wirft Frugoni u. a. einen unsachgemäßen Gebrauch der franziskanischen Quellen, mehrere innere Widersprüche und fantasiereiche Deutungen vor. Dem Rezensenten kann man in seinen Einwänden nur beipflichten.

surrexit, ut ita dicatur, tristis et laetus, et gaudium atque moeror suas in ipso alternabant vices. Cogitabat sollicitus, quid posset haec visio designare, et ad capiendum ex ea intelligentiae sensum anxiabatur plurimum spiritus eius. – Cumque liquido ex ea intellectu aliquid non perciperet et multum eius cordi visionis huius novitas insideret, coeperunt in manibus eius et pedibus apparere signa clavorum, quemadmodum paulo ante virum supra se viderat cruxifixum.

Manus et pedes eius in ipso medio clavis confixae videbantur, clavorum capitibus in interiore parte manuum et superiore pedum apparentibus, et eorum acuminibus exsistentibus ex adverso. Erant enim signa illa rotunda interius in manibus, exterius autem oblonga, et caruncula quaedam apparebat quasi summitas clavorum retorta et repercussa, quae carnem reliquam excedebat. Sic et in pedibus impressa erant signa clavorum et a carne reliqua elevata. Dextrum quoque latus quasi lancea transfixum, cicatrice obducta, erat, quod saepe sanguinem emittebat, ita ut tunica eius cum femoralibus multoties respergeretur sanguine sacro.[34]

Hier sei die von meinem verstorbenen Freund, Engelbert Grau OFM, mit großer Sorgfalt vorgelegte deutsche Übersetzung des Textes hinzugefügt:

„Zwei Jahre bevor Franziskus seine Seele dem Himmel zurückgab, weilte er in einer Einsiedelei, die nach dem Ort, wo sie gelegen ist, Alverna heißt. Da sah er in einem Gottesgesicht einen Mann über sich schweben, einem Seraph ähnlich, der sechs Flügel hatte und mit ausgespannten Händen und aneinandergelegten Füßen ans Kreuz geheftet war. Zwei Flügel erhoben sich über seinem Haupt, zwei waren zum Fluge ausgespannt, zwei endlich verhüllten den ganzen Körper. Als der selige Diener des Allerhöchsten dies schaute, wurde er von übergroßem Staunen erfüllt, konnte sich aber nicht erklären, was dieses Gesicht bedeuten solle. Große Wonne durchdrang ihn, und noch tiefere Freude erfasste ihn über den gütigen und gnadenvollen Blick, mit dem er sich vom Seraph betrachtet sah, dessen Schönheit unbeschreiblich war; doch sein Hangen am Kreuz und die Bitterkeit seines Leidens erfüllte ihn ganz mit Entsetzen. Und so erhob er sich, sozusagen traurig und freudig zugleich, und Wonne und Betrübnis wechselten in ihm miteinander. Er dachte voll Unruhe nach, was dieses Gesicht wohl bedeute, und um seinen innersten Sinn zu erfassen, ängstigte sich sein Geist gar sehr. – Während er sich verstandesmäßig über das Gesicht nicht klar zu werden vermochte und das Neuartige an ihm stark sein Herz beschäftigte, begannen an seinen Händen und Füßen die Male der Nägel sichtbar zu werden in derselben Weise, wie er es kurz zuvor an dem gekreuzigten Mann über sich gesehen hatte.

Seine Hände und Füße schienen in ihrer Mitte mit Nägeln durchbohrt, wobei die Köpfe der Nägel an den Händen auf der inneren und an den Füßen auf der oberen Fläche erschienen, während ihre Spitzen sich an der Gegenseite zeigten. Die Male waren nämlich an der Innenseite der Hände rund, an der Außenseite aber länglich. Und es kam ein Stückchen Fleisch zum Vorschein, das über das andere Fleisch hinausragte, gleich als ob die Spitze der Nägel umgebogen und umgeschlagen sei. In derselben Weise, über das andere Fleisch hinausstehend, waren auch an den Füßen die Male der Nägel eingedrückt. Ferner war die rechte Seite wie mit einer Lanze durchbohrt und zeigte eine vernarbte Wunde, aus der häufig Blut floss, so dass sein Habit und seine Hose oftmals mit heiligem Blut getränkt wurden."[35]

---

[34] 1 C 94-95, in: AF X, 72f., wo – nebst hilfreichen historischen Anmerkungen – zugleich der kritische Variantenapparat angeboten wird. – Nicht so bei FoFr, 369-371, wo G. M. BOCCALI jedoch zahlreiche Querverweise auf andere franziskanische Quellen aufreiht.

[35] Thomas von Celano, Leben und Wunder des heiligen Franziskus von Assisi. Einführung, Übersetzung, Anmerkungen E. GRAU, Werl/Westf. 1988 (FQS, V), 167f. – Vgl. die ausgezeichnete Einführung zum Leben des Verf. und zu seinen Werken: ebd. 31-71; s. auch die vorausgehende Forschung berücksichti-

Thomas von Celano kommt in seiner *Vita* auf die Form der Stigmen nochmals ausführlich zu sprechen; an der Stelle nämlich, wo er über die Entdeckung und genauere Beobachtung der Wundmale am toten Leib des Poverello in der Krankenzelle von Santa Maria degli Angeli oder der Portiunkula am Abend des 3. Oktober 1223 berichtet. Nachdem er ebenso ausführlich wie verwundert das Ausbleiben der Totenstarre hervorgehoben hat, bemerkt er:

> Cumque tam mira pulchritudine cunctis cernentibus resplenderet, et caro eius candidior esset effecta, cernere mirabile erat in medio manuum et pedum ipsius non clavorum quidem puncturas sed ipsos clavos ex eius carne compositos, ferri retenta nigredine, ac dextrum latus sanguine rubricatum. Non incutiebant horrorem mentibus intuentium signa martyrii, sed decorem multum conferebant et gratiam, sicut in pavimento albo nigri lapilli solent.[36]

Hier wiederum die deutsche Übertragung durch Engelbert Grau:

> „Und da er in so wunderbarer Schönheit vor allen, die ihn besahen, erglänzte und sein Körper blendend weiß geworden war, war es etwas Wunderbares, mitten in seinen Händen und Füßen nicht bloß die Male der Nägel, sondern die Nägel selber, aus seinem Fleische gebildet, in der Schwärze des Eisens gehalten, und die rechte Seite vom Blute gerötet zu sehen. Die Zeichen des Martyriums flößten den Beschauern kein Grausen ein, sondern verliehen hohe Zierde und Anmut, wie es schwarze Steinchen auf weißem Boden zu tun pflegen."[37]

In neuester Zeit wird das hagiografische Werk des Thomas von Celano und namentlich seine erste Schrift, die *Vita beati Francisci* – auf Befehl Papst Gregors IX. und mit der Beihilfe von Gefährten des Heiligen 1228 begonnen und vom Auftraggeber am 25. Februar 1229 gutgeheißen – viel positiver eingeschätzt als zu Paul Sabatiers Zeiten. „Die Vita I ist ein hagiographisches Meisterwerk und gehört zu den schönsten Heiligenleben des Mittelalters."[38] Dabei ist durchaus nicht zu verschweigen, dass der Biograf nicht als kritischer Historiker im modernen Sinn gelten kann, sondern als mittelalterlicher Hagiograf schreibt. Darum verlangen sein rhetorischer Stil, der freie Umgang mit seinen Quellen und die häufig eingesetzten Topoi vom Historiker beim Verwenden dieser Quelle viel Umsicht.

Celanos Angaben in der *Vita prima* sind für die Bestimmung von Zeit und näheren Umständen des Wundmalempfangs des Poverello grundlegend. Mit ihrer Annahme oder Ablehnung steht und fällt zu einem guten Teil die zeitliche und ursächliche Verbindung von Seraphsvision und Stigmatisation, ja die Tatsächlichkeit des Wundmalempfangs überhaupt. Nun entfaltet sich der Bericht des Hagiografen – entgegen der Behauptung

---

genden Ausführungen von PACIOCCO, Roberto / ACCROCCA, Felice: La leggenda di un santo di nome Francesco. Tommaso da Celano e la 'Vita beati Francisci', Milano 1999, bes. 261-286: Lit.

36 1 C 113: AF X, 88 (in Lin. 1 ist das Wort *cernentit us* in *cernentibus* zu verbessern); FoFr, 391.

37 Thomas von Celano, Leben und Wunder des hl. Franziskus, 187.

38 GRAU, Thomas von Celano, 34f. Vgl. auch PACIOCCO, R.: „Come ho potuto e con parole improprie", in: PACIOCCO / ACCROCCA, La leggenda di un santo di nome Francesco, 49: „... risulta già chiaramente che alla *Vita beati Francisci* spetta, all'interno del *corpus* agiografico francescano, una posizione che possiamo definire, se non preminente, quantomeno eminente". In diesem Sinne äußern sich weitere Beiträge der beiden Verf. im vorgenannten Buch, die ich hier einzeln nicht anführen und würdigen kann. – Vgl. neuestens auch MICHETTI, Raimondo: Francesco d'Assisi e il paradosso della 'minoritas'. La 'Vita beati Francisci' di Tommaso da Celano, Roma 2004; cf. Marco GUIDA in: Anton. 81 (2006) 399-402; ein Buch, das mir nicht zugänglich war.

Frugonis – in einer Weise, dass der Leser an ihr nicht die geringste Bruchstelle wahrnimmt. So entspricht das vierzigtägige Votivfasten auf La Verna einem auch anderweitig bezeugten Brauch des Heiligen.[39] Die Zeitangabe der mystischen Erfahrung durch den Biografen führt uns zurück in den Herbst von 1224, also fast ein Jahr nach der Weihnachtsfeier von Greccio. Chronologisch erstreckt sich der Aufenthalt des Ordensgründers in der Einsiedelei zwischen dem Fest der leiblichen Aufnahme Marias in den Himmel (15. August) und jenem des Erzengels Michael (29. September).[40] Bonaventura situiert den Vorgang zeitlich etwas genauer, wenn er in seiner *Legenda maior* bemerkt, Franziskus habe die Wundmale empfangen: „eines Morgens um das Fest von Kreuzerhöhung ..." (14. September).[41] Diese zeitlich ungenaue Datierung ist ein weiterer Hinweis auf die Verlässlichkeit des Seraphischen Lehrers, dem es anscheinend – trotz mehrfacher Befragung von damals noch lebenden Gefährten (besonders Br. Leo), und/oder deren Schülern – nicht gelungen ist, von ihnen den genauen Tag des Geschehens in Erfahrung zu bringen. Man darf außerdem nicht übersehen, dass mittelalterliche Chronisten nicht jenen Zeitbegriff besaßen, der auch nur entfernt mit dem eines modernen Historikers vergleichbar ist.

Glauben verdient sodann Celanos Angabe, der Wundmalempfang sei während einer ekstatischenVision[42] erfolgt; denn diese Form mystischer Erfahrung ist auch bei neueren Fällen von Stigmatisierung der sie auslösende Regelfall, wie der Arzt und Theologe Paolo Maria MARIANESCHI an Hand von Berichten über den Wundmalempfang bei späteren Frauen oder Männern nachweist.[43] Da es sich beim Gesicht des Visionärs um eine rein innerseelische Erfahrung handelte, wusste dieser allein um das, was ihm dabei widerfahren war, wie auch nur er imstande war, die mit ihm auf La Verna weilenden Minderbrüder von der Vision zu unterrichten. Doch darf dabei nicht übersehen werden, dass die Mystiker aller Zeiten sich schon immer schwer taten, innerseelische Erfahrungen angemessen und erschöpfend in Worte umzusetzen. Überdies bleibt die Erinnerung eines Visionärs an das während der Vision Geschaute – im zeitlichen Abstand zur Erfahrung selber – Wandlungen und variierenden Akzentsetzungen unterworfen. Dass

---

[39] Es sei mir gestattet hinzuweisen auf meine Studien: „Secretum solitudinis". De circumstantiis externis orandi penes sanctum Franciscum Assisiensem, in CFr 39 (1969) 5-58, und „Mentis silentium". Il programma contemplativo nell'Ordine francescano primitivo, in: Laur 14 (1973) 177-222. – Zum Berg und Heiligtum von La Verna s. u. a. FREEMAN, Gerard Pieter: Franziskus, ein Sohn Umbriens. Ein Reisebegleiter zu franziskanischen Stätten, Werl/Westf. 1998, 221-231.

[40] Dies teilt Br. Leo selber mit, wie unter II., 3 ausdrücklich zu besprechen sein wird.

[41] Kap. XIII, Nr. 3: AF X, 616. Darüber findet der Leser einen Kommentar in meiner Studie: The Stigmata, 228f.

[42] Br. Thomas von Eccleston, Bericht von der Ankunft der Minderbrüder in England, 13. Abschnitt: HARDICK, L.: Nach Deutschland und England, Werl/Westf. 1957, 189, berichtet davon, dass „Bruder Leo, der Gefährte des hl. Franziskus", Br. Petrus von Tewkesbury anvertraut habe, „der hl. Franziskus habe in entrückender Beschauung die Erscheinung eines Seraphs gehabt". Diese Ergänzung zu Celano scheint durchaus Vertrauen zu verdienen. – Vgl. nun NIEMANN, U. / WAGNER, M.: Visionen – Werk Gottes oder Produkt des Menschen? Theologie und Humanwissenschaft im Gespräch, Regensburg 2005; s. die Besprechung von M. UTSCH in: Stimmen der Zeit 225 (2007) 139-141.

[43] La stimmatizzazione somatica. Fenomeno e segno, Città del Vaticano 2000 (Collana „Fenomenologia mistica"), 54-76: „Stimmatizzazione ed estasi".

solche psychologische Einflüsse auch bei einem Mitteilungsversuch des Franziskus wirksam waren, darf als sicher gelten.

Die inhaltlichen Momente des visionären Erlebnisses sind in der Beschreibung Celanos unübersehbar geprägt vom Berufungsbericht Jesaias, namentlich von seiner Seraphsvision (Jes 6,1-13), wobei auch gewisse Anleihen aus Ez 1,5-14; 22-25 festzustellen sind.[44] Dem biografischen Bericht zufolge zeigte sich dem Visionär eine himmlische Gestalt, die er an der Verteilung ihrer sechs Flügel (zwei über dem Haupt, zwei als Verhüllung des Leibes und zwei ausgespannt zum Flug) als Seraph erkannte. Jesajas Berufungsvision war ja dem Ordensgründer ohne Zweifel aus der Messliturgie und dem Stundengebet bekannt. Andererseits sah er während seines Wanderapostolates bei Besuchen von Kirchen sicher öfter künstlerische Darstellungen von Seraphen. Deswegen dürfte es ihm kaum Mühe bereitet haben, in dem mit sechs Flügeln versehenen Wesen, das er in der La Verna-Vision schaute, einen Seraph zu erkennen. Nicht auszuschließen ist sodann, dass der erscheinende Engel während seines Gesprächs mit dem Poverello diesem seinen Namen offenbarte.

Der Seher schaute – in einer extrem gegensätzlichen Verbindung – ein Wesen, das mit Nägeln ans Kreuz geheftet erschien und zugleich durch seine strahlende Schönheit auffiel. Der erscheinende Engel bewegte sich in der Höhe über Franziskus und schaute voll Liebe auf ihn. Wegen seines Strahlenglanzes und freundlichen Blicks rief er im Heiligen zugleich höchstes Staunen wie grenzenlose Freude hervor. Andererseits erfüllte ihn das Gesicht auch mit tiefer Trauer und großem Mitleid mit dem am Kreuz hängenden Engel. Wohl erst von dem Moment an, da der Seher von der ekstatischen Entrückung in den Wachzustand zurückgekehrt war, dachte er angestrengt darüber nach, was denn die Erscheinung dieses Zwitterwesens zu bedeuten habe. Die quälende Ungewissheit verschwand in dem Augenblick, als er – plötzlich oder in einem zeitlich längeren Verlauf[45] – an seinen Händen und Füßen die Wundmale aufbrechen sah.

Das Aussehen der Stigmatawunden des Heiligen beschreibt der Biograf mit ebenso sorgfältig getroffener Wortwahl wie bewusster Präzision. Es bestehen gute Gründe, dass die Formulierung bei 1 C 95 jener Kardinalskommission vorlag, die mit dem Prozess zur Heiligsprechung des Ordensgründers betraut worden war.[46] Für die Echtheit der *Epistola encyclica* des Br. Elias spricht, dass Celano indirekt, ohne dessen Autor zu nennen, auf diesen Text anspielt, wobei er ihn zum Teil korrigiert, indem er sich von einer seiner Aussagen klar distanziert: Es waren nach ihm nicht bloß *puncturae*, Stichwunden, sondern Nägelmale, die dem Beobachter in der Hand- und Fußmitte wie eingelassen erschienen. Nach der Beschreibung des Biografen befand sich in der Mitte der inneren Handfläche eine rundlich-schwärzlich gefärbte Erhebung, die über diese hinausragte und

---

[44] Vgl. in meiner Studie: The Stigmata, 179-190. Vgl. nun neuestens: Jesaja 1-12. Übersetzt und ausgelegt von W. A. M. BEUKEN. Unter Mitwirkung und in Übersetzung aus dem Niederländischen von U. BERGES, Freiburg 2003 (Herders Theol. Kommentar zum Alten Testament), 158-182, 158f. (Lit.).

[45] Über diesen Umstand schweigt der Biograf.

[46] 1 C 123: AF X, 98: „Fit interea de sancti canonizatione solemnis collatio, et super huiusmodi negotio egregia cardinalium concio saepius convocatur“. Vgl. BIHL, M.: De canonizatione sancti Francisci, in: AFH 21 (1928) 468-514; PACIOCCO, „Come ho potuto e con parole improprie“, 100-115: La „Vita“ e la canonizzazione di Francesco d'Assisi.

den Eindruck eines Nagelkopfes erweckte, indes an der gegenüberliegenden Mitte des Handrückens ein längliches, ebenfalls schwärzliches und leicht überhöhtes Mal lag, das sich wie eine mit Hammerschlägen umgebogene Nagelspitze ausnahm. Genau dieselben Nägel-Male wie bei den Händen befanden sich nach dem Hagiografen am Rücken bzw. an der Sohle seiner Füße. Nicht übersehen werden darf, dass Celano in keinem der beiden Texte vom blutenden Charakter der Hand- und Fußwunden spricht. Dem ist umso mehr Bedeutung beizumessen, als Celano im Gegensatz dazu die hämorrhagische Eigentümlichkeit der Seitenwunde ausdrücklich betont. Hinsichtlich deren anatomischen Lage hält der Hagiograf einzig fest, dass sie sich auf dem rechten Brustkorb befand, ohne jedoch ihren genauen Sitz näher zu bestimmen. Immerhin fügt er noch hinzu, sie habe in ihrem Aussehen der von einem Lanzenstich hervorgerufenen Wunde geglichen.

Wer die klinisch sehr genauen Beschreibungen der Stigmen bei neueren Wundmalträgern kennt und mit den Angaben Celanos vergleicht – sie sind in sich vertrauenswürdig, wenn auch von unserem gegenwärtigen Wissensstand her ergänzungsbedürftig – wird den Mangel an medizinischer Präzision bedauern. Doch dafür waren Ärzte vom Kenntnisstand des 13. Jahrhunderts her ja noch nicht fähig, abgesehen davon, dass sie sich vor einem zuvor nie festgestellten Einzelfall befunden hätten.[47] Das Phänomen der am entseelten Leib beobachteten Stigmen war für die Laien wie die Brüder derart neu, dass es ihnen ungeheuer schwer fallen musste, dasselbe treffsicher und umfassend wahrzunehmen und es in Worten wiederzugeben. Niemand wird zudem leugnen, dass die Beobachter des mit Wundmalen geschmückten Leichnams emotional davon derart überwältigt wurden, dass ihnen eine ruhige Beobachtung der Wirklichkeit psychologisch kaum möglich war.

Der Biograf verrät nirgendwo direkt, dass die Stigmatawunden Franziskus heftige Schmerzen verursachten. Immerhin lässt sich aus der Kennzeichnung: „Zeichen des Martyriums" erahnen, wie sehr der Heilige in den beiden letzten Lebensjahren – zu seinen organischen Krankheiten hinzu[48] – unter den Wunden an Händen, Füßen und der Seite litt. Da – mindestens bei neueren Stigmatisierten – die Wundmale während ihrer Lebenszeit öfter nicht geringe Veränderungen erfuhren, wäre der heutige Leser dankbar für genauere Beobachtungen von deren jeweiligen Aussehen mit Hilfe von Aussagen von Augenzeugen zwischen September 1224 und Anfang Oktober 1226. Den Heiligen kennzeichnete seit seiner Bekehrung eine betonte Verschwiegenheit (*discretio*) über ihm gewährte spirituelle Auszeichnungen.[49] Dies erklärt, warum er nach dem Herbst 1224 bei Fragen oder Annäherungsversuchen von Brüdern die Form ausweichender Antworten und eine sehr überlegte Vorsicht anwandte, abgesehen davon, dass er die Stellen der Wundmale, soweit wie immer möglich zu verdecken suchte. So gelang es ihm – freilich nur bis zu einem gewissen Grad –, vor seinem Tod die Wundmale neugierigen Blicken

---

47 Vgl. wiederum – einzig als Beispiel aus der neuesten Zeit –: DI FLUMERI, Le stigmate di Padre Pio da Pietrelcina, 204-225: Seconda relazione del dottor Giorgio Festa, der sogar fotografisches Anschauungsmaterial hinzufügt. – Vgl. auch – unter vielen anderen neueren Beispielen –: VAN GEHUCHTEN, Paul: Étude médicale des Stigmates de Louise Lateau, in: Études Carmélitaines 20/II (1936) 81-92.

48 Über die Krankheitsgeschichte des Ordensgründers s. meinen Überblick: Infermità, malattia, malato, salute, assistenza ai malati, in: DF, 827-872, 871f.: Lit.

49 Vgl. CARGNONI, C.: Discrezione, prudenza, in: DF, 461-480 (Lit.).

zu entziehen.[50] Davon sind immerhin Br. Leo und die den Schwerkranken pflegenden Brüder auszunehmen, denen der Ordensvater in Worten und Gesten höchste Zurückhaltung über das, was sie beobachteten, auferlegte.

Chiara Frugoni vertritt die These, Franziskus habe auf La Verna nach einer längeren Periode innerer Dunkelheit und schwerer Leiden wegen der Entwicklung des eigenen Ordens in der Erscheinung des Seraphs eine seelische Erleuchtung und Tröstung erfahren, von denen er Br. Leo und andere auf La Verna mit ihm weilende Gefährten unterrichtet habe. Mit der Stigmatisation selber habe diese Vision jedoch nichts zu tun, ja sie sei erst in einem späteren Zeitpunkt mit der Entstehung der Wundmale verknüpft worden.[51] Dieser Deutung fehlt jedoch derart die dokumentarische Grundlage, dass sich eine Widerlegung erübrigt, zumal gerade G. Miccoli und Stanislao da Campagnola diese Aufgabe bereits überzeugend geleistet haben.

3 Die persönliche Notiz Br. Leos auf der „Chartula" des hl. Franziskus über den Wundmalempfang

Im glücklicherweise erhalten gebliebenen Segenspergament – leider mit irreparablen Schäden – schrieb der stigmatisierte Franziskus während seines Votivfastens auf La Verna eigenhändig die *Laudes Dei altissimi* und die *Benedictio fratris Leonis* nieder. Er ergriff diese Initiative, einerseits um seinen bevorzugten Gefährten, Br. Leo aus Assisi, während einer schweren Prüfung – wohl wegen einer quälenden Angst um sein ewiges Heil – zu trösten und ihn von seiner seelischen Not zu befreien, anderseits um Gott im Lobpreis für die Gnade der Wundmale zu danken.[52] Mit roter Tinte fügte der Empfänger dem Schriftstück hinzu:

---

50 Vgl. in meiner Studie: The Stigmata, 232-238.

51 Francesco e l'invenzione delle stimmate, 82f.: „Da una parte dunque – sarà la mia tesi – Francesco sul monte della Verna ebbe nel buio di una lunga crisi la gioia di un'illuminazione e vestí l'esperienza ineffabile dell'immagine del Serafino, facendone parte a Leone e ai pochissimi compagni che lo avevano seguito. Dall'altra ci sono i frati che assistevano all'incalzante deperire fisico del loro compagno, che vedevano la sua tristezza accentuarsi. – Per Elia, il riconoscere nelle piaghe di Francesco morto le stimmate fu il modo di placare il ricordo del fondatore scoraggiato e incupito ... – Il passare del tempo saldò le stimmate alla visione della Verna, ma rimase sempre visibile, nella discordanza delle versioni e nella difficoltà del racconto, il faticoso raccordo fra la percezione dei frati dell'esperienza di Francesco e l'improvvisa chiarezza fattasi in Francesco nel periodo di soggiorno sul monte. Per i frati le piaghe sono le stimmate che spiegano *a posteriori* le sofferenze di Francesco, giunte a un picco con la decisione di ritirarsi sulla Verna ...; per Francesco il prodigio della Verna è lo scioglimento di una crisi che gli permise di comprendere e accettare dolore e sconforto ...". Diese Rekonstruktion zeugt zwar von der reichen Fantasie der Verf., weniger jedoch von einem die Aussagen von Quellen berücksichtigenden Geschichtssinn!

52 Vgl. ESSER, Kajetan: Die Opuscula des hl. Franziskus von Assisi. Neue textkritische Edition. Zweite, erweiterte und verbesserte Auflage, besorgt von E. GRAU, Grottaferrata (Romae) 1989 (Spicilegium Bonaventurianum, XIII), 134-146: Chartula Fr. Leoni data; 134-142: Einführung; 136: Notiz Br. Leos; 142: *Laudes Dei altissimi* (Text); 143: *Benedictio fr. Leoni data*. Vgl. überdies: FoFr, 43-51, wo nebst der Edition Eßers, 46-48, bzw. 49, auch jene von A. BARTOLI LANGELI (50f), vorgelegt wird; CABASSI, Aristide (Hg.): Francesco d'Assisi. Scritti. Testo latino e traduzione italiana, Padova 2002, 105-110, 106: *Laudes Dei altissimi*; 108: Anmerkung Br. Leos, wo auch der Zeilenfall verzeichnet wird, den ich von ihm übernommen habe; 101-104: Einführung von A. Bartoli Langeli (Lit.: 104). Aus der reichen Lit. sei

Beatus Franciscus duobus annis ante mortem suam fecit quadra/gesimam in loco Alverne ad honorem beate Virginis matris Dei et beati / Michaelis archangeli a festo Assumptionis sancte Marie virginis usque ad festum sancti / Michaelis septembris. Et facta est super eum manus Domini. Post visionem et allocuti/onem Seraphym et impresssionem stigmatum Christi in corpore suo fecit has laudes ex alio / latere cartule scriptas, et manu sua scripsit, gratias agens Deo de beneficio sibi / collato.

Hier sei die von K. Eßer, L. Hardick und E. Grau besorgte deutsche Übersetzung des Textes wiedergegeben:

„Der selige Franziskus hielt zwei Jahre vor seinem Tod am Ort La Verna zu Ehren der seligen Jungfrau Maria, der Mutter Gottes, und des seligen Erzengels Michael ein vierzigtägiges Fasten vom Feste der Aufnahme der heiligen Jungfrau Maria bis zum Feste des heiligen Erzengels Michael im September. Und es legte sich die Hand des Herrn auf ihn. Nach Vision und Anrede eines Seraphs und Einprägung der Wundmale Christi in seinem Leib verfasste er diese Lobpreisungen, die auf der anderen Seite des Blattes geschrieben stehen, und er schrieb sie mit eigener Hand, indem er Gott für die ihm verliehene Wohltat dankte.“[53]

Es fehlen leider Anhaltspunkte dafür, wann genau und bei welcher Gelegenheit Br. Leo seine persönliche Nachschrift dem in der Franziskusbasilika von Assisi aufbewahrten und als Reliquie verehrten Segenspergament hinzugefügt hat. Chiara Frugoni vermutet, dass er dies anlässlich der feierlichen Übergabe des Franziskusbreviers an Schwester Benedicta, Äbtissin des „Protomonastero S. Chiara“ in Assisi, getan habe.[54] Mit Giovanni Miccoli teile ich die Auffassung, dass eine chronologische Festlegung beim heutigen Kenntnisstand der Quellen unmöglich ist.[55] Weil der Lieblingsgefährte das gefaltete Pergamentstück entsprechend der Anweisung des Ordensvaters in seiner Brusttasche aufbewahrte, war eine nähere Bestimmung von seinem Ursprung und Zweck für ihn selber natürlich nicht notwendig. Andererseits wird Br. Leo bis zu seinem relativ

---

bes. hingewiesen auf LEHMANN, Leonhard: Tiefe und Weite. Der universale Grundzug in den Gebeten des Franziskus von Assisi, Werl/Westf. 1984, 247-277: *Das Schriftstück für Bruder Leo.* – Für die historischen Umstände der Entstehung des Segenspergaments s. 2 C 49: AF X, 161. Vgl. neuerdings auch: PAOLAZZI, C.: Per gli autografi di frate Francesco: dubbi, verifiche e riconferme, in: AFH 93 (2000) 3-28; BARTOLI LANGELI, A.: Ancora sugli autografi di frate Francesco, in: CACCIOTTI, A. (Hg.): Verba Domini mei. Gli ‘Opuscula’ di Francesco d’Assisi a 25 anni dalla edizione di Kajetan Esser, OFM. Atti del Convegno internazionale, Roma 10-12 Aprile 2002, Romae 2003 (Medioevo, 6), 89-95; LEONARDI, C. (Hg.): La Letteratura Francescana, I: Francesco e Chiara d’Assisi. Commento di D. SOLVI, Milano 2004, 198; LEHMANN, L.: Una nuova impresa sulla letteratura francescana, in: Cristianesimo nella Storia 26 (2006) 547-597, 567f.

53 Die Schriften des heiligen Franziskus von Assisi. Einführung, Übersetzung, Erläuterungen Lothar HARDICK und E. GRAU, Werl/Westf. ^{8}1984, 210f. (die eine und andere kleinere Anpassung in der Übersetzung stammt von mir).

54 L’invenzione delle stimmate, 76: „Mi chiedo se l’occasione di apporre una glossa all’autografo di Francesco non poté essere la medesima della sollenne consegna avvenuta fra il 1257 e il 1258 da parte di Leone e Angelo del cosí detto ‘breviario di san Francesco’ a Benedetta, badessa del monastero di Santa Chiara in Assisi, perché fosse per sempre custodito con ogni cura.“ Wenn bei dieser Gelegenheit die persönliche Reliquie Br. Leos ebenfalls den Klarissen überreicht worden wäre, hätte dies der Quellenbericht sicher nicht verschwiegen.

55 Considerazioni sulle stimmate, 21f.: „Leone, indubbiamente, scrive la sua testimonianza dopo la lettera di Elia. Non credo, allo stato attuale delle fonti, sia possibile determinare il momento. ... Ogni ipotesi è possibile e perciò non è molto produttivo avanzarne.“

späten Tod 1271 öfter darüber nachgedacht haben, dass die persönliche Reliquie nach seinem Hinscheiden auf den Minderbrüderorden übergehen würde. Darum erscheint es wahrscheinlich, dass er sein persönliches Zeugnis nicht allzu lange nach der Heiligsprechung des Ordensgründers (1228) auf dem Segenspergament notiert hat, auch wenn er die Reliquie vermutlich weiterhin bis zu seinem Lebensende bei sich trug.[56]

Die relativ kurze Notiz Br. Leos überrascht wegen seiner ebenso objektiven wie emotionsfreien Berichterstattung. Zunächst umschreibt Br. Leo die genauen zeitlichen wie örtlichen Umstände der Entstehung der Chartula: Franziskus verbringt auf der Bergeinöde La Verna ein vierzig Tage dauerndes Votivfasten zu Ehren von Marias leiblicher Aufnahme in den Himmel (15. August) und des Erzengels Michael (29. September). Ohne das genaue Datum des Ereignisses mitzuteilen, hebt er in Anspielung auf die Bibel (vgl. z. B. Ez 1,2-3) hervor, dass dabei Gott seine Hand in einer charismatischen Erfahrung auf den Heiligen gelegt habe.[57] Franziskus erfreute sich dabei der Vision eines Seraphs, der mit ihm ein Gespräch führte und seinem Leib die Wundmale des Gekreuzigten einprägte (*impressio*).

Br. Leo führt hier gegenüber Br. Elias und Thomas von Celano ein neues Moment ein, nämlich das der *allocutio* durch den himmlischen Besucher; ein Wort, das nicht bloß Anrede, sondern in einer zweiten Sinnbedeutung das tröstliche Zusprechen einer anderen Person gegenüber meint.[58] Der Heilige bedurfte tatsächlich des Trostes wegen der tiefen Sorge, die ihn wegen der Entwicklung der sich international ausbreitenden minoritischen Brüderschaft erfüllte; denn ihm konnte nicht entgehen, wie sehr sie sich in wichtigen Punkten vom ursprünglichen Ideal entfernt hatte.[59] Wenn Chiara Frugoni behauptet, dem Verfasser, Br. Leo, habe bei seinem Bericht ein rein metaphorischer Vorgang vorgeschwebt, scheitert ihre Vermutung am unbezweifelbar physisch gemeinten Wortsinn von *impressio*; ein Wort, das doch hier nur ein physisches Einprägen der Wunden des Gekreuzigten in den Händen, an den Füßen und auf der Seite des Sehers bedeuten kann, um in Franziskus eine äußerlich wahrnehmbare Gleichförmigkeit mit Christus hervorzurufen.[60] Hier von einer übertragenen Wortbedeutung zu sprechen, geht ganz offenkundig am Sinn des Quellentextes vorbei!

---

56 Vgl. – auch für das, was folgt –: SCHMUCKI, The Stigmata, 180-182: „The secretary and confessor of St. Francis added these remarks in red ink 'above the formula of blessing, beginning at the very top of the parchment' after Francis's canonization but apparently not long after the stigmatization" (181).

57 BRUNON, Jean-Baptiste: Handauflegung, in: LÉON-DUFOUR. Xavier u. a. (Hg.): Wörterbuch zur biblischen Botschaft, Freiburg ²1967, 293a-295a: „... die Hände auflegen ... heisst den anderen real berühren und ihm etwas von sich selbst mitteilen" (293f.). Vgl. auch ACKROYD, P. R.: Hand, in: Neues Bibel-Lexikon II: H-N, Zürich 1995, 25-27.

58 SCHMUCKI, The Stigmata, 182 Anm. 8; LÖWE, Gerhard / HELMS, Peter u. a.: Schüler-Duden. Lateinisch-Deutsch, Mannheim 1986, 28b; BLAISE, Albert: Dictionnaire Latin-Français des auteurs chrétiens, Turnhout 1954, 53b: „paroles de consolation, consolation".

59 Diese psychologische Verfassung des Franziskus zur Zeit des Wundmalempfangs betont MERLO, Grado Giovanni: Le stimmate e la „grande tentazione", in: DERS.: Intorno a Frate Francesco: quattro studi, Milano 1993 (Presenza di san Francesco, 39), 131-156.

60 FRUGONI, L'invenzione delle stimmate, 76f.: „Leone, commentando le *Laudes Dei Altissimi* a tanti anni di distanza dal momento in cui furono composte, scrisse che la mano di Dio si posò su Francesco e che l'apparizione del Serafino fu per il santo un *beneficio*. Leone con la sua annotazione 'post impressionem stigmatum Christi in corpore suo ...' adatta per Francesco il versetto paolino: 'Ego enim stigmata Jesu

Die persönliche Nachschrift Bruder Leos verdient in jeder der in ihr enthaltenen Aussagen Glauben und bestätigt den ausführlicheren Bericht bei Thomas von Celano in zentralen Punkten. Im einzigen Element, das Leo darüber hinaus hinzufügt, lässt sich keineswegs eine legendäre Fortentwicklung erkennen. Beide Darlegungen, die von Celano wie jene des Segenspergaments, beruhen auf der Zeugenschaft Br. Leos, der nicht nur als Lieblingsgefährte auf La Verna den Ordensvater aus nächster Nähe beobachtete und einen Teil der äußerlich wahrnehmbaren Vorgänge mit ansah, sondern zudem als sein Beichtvater von ihm doch wohl auch über innere Erfahrungen informiert wurde.[61]

Was der Gefährte an Celanos Bericht hinzufügt, ist einzig das Moment der Tröstung des Heiligen durch die Unterredung des Seraphs. Dieser neuen Nachricht kommt von der inneren Vision des himmlischen Wesens her hohe Wahrscheinlichkeit zu, weil ja kaum anzunehmen ist, dass eine solche mystische Begegnung wortlos verlief.[62] Anderseits konnte Br. Leo von diesem rein innerlich vollzogenen Gespräch allein durch das Vertrauen des Ordensgründers gehört haben. Wenn der Heilige, wie Br. Leo unmissverständlich bezeugt, die Lobpreisungen als Dank für die von Gott ihm zuteilgewordene Wohltat[63] der Wundmale verfasst hat, meinte er damit ohne Zweifel nicht nur das tröstliche Gespräch mit dem himmlischen Boten, sondern überdies die ihm in der Stigmatisation geschenkte äußere Gleichförmigkeit mit dem Gekreuzigten.

Christi in corpore meo porto', ... in senso metaforico." – „La visione del Serafino ha invece la sua prima fonte in Leone: si trattò di un colloquio e di un messaggio pacificante del cui contenuto Francesco fu gelosissimo – di qui il pullulare delle illazioni da parte dei compagni – giunto in un momento di grave sconforto spirituale, quando già il corpo del santo era stremato e molto malato" (82). Vgl. auch SCHMUCKI, The Stigmata, 182 Anm. 6, und LÖWE / HELMS, Schüler-Duden, 202a, bzw. BLAISE, Dictionnaire Latin-Français, 415a-b, zu dem alles andere als „metaphorischen" Sinn von *impressio*. Man ist erstaunt, dass eine Mediävistin diese Sinnbedeutung nicht zur Kenntnis nehmen will!

61 Zwar besitzen wir darüber kein ausdrückliches frühes Quellenzeugnis, doch ist eine entsprechende Mitteilung bzw. Beratung des Heiligen durch Br. Leo sehr wahrscheinlich.

62 Hier sei das über unsere zeitliche Beschränkung hinausreichende Zeugnis angefügt von Thomas of Eccleston, O.Min., Tractatus de adventu Fratrum Minorum in Angliam, edd. A. G. LITTLE / [J. R. H. MOORMAN], Manchester 1951, 75; HARDICK, Lothar (Hg.): Nach Deutschland und England. Die Chroniken der Minderbrüder Jordan von Giano und Thomas von Eccleston, Werl/Westf. 1957 (FQS, VI), 189: „Und auch Bruder Leo, der Gefährte des hl. Franziskus, sagte dem Bruder Petrus [von Tewkesbury], dem Minster der Anglia, der hl. Franziskus habe in entrückender Beschauung die Erscheinung eines Seraphs gehabt, und zwar viel deutlicher, als es in seiner Lebensbeschreibung stehe; vieles sei ihm damals offenbart worden, was er keinem Lebenden je mitgeteilt habe. Doch dem Bruder Rufinus, seinem Gefährten, habe er gesagt, als er von Ferne den Engel gesehen habe, sei er tief erschrocken gewesen, und er [der Engel] habe ihn hart hergenommen ...".

63 Diese Einschätzung der Stigmatisierung als göttliche Wohltat (*beneficium*) sei hier besonders hervorgehoben.

III. Versuch einer religionspsychologischen Deutung der Stigmatisation des heiligen Franziskus

1 Der Wundmalempfang von Franziskus im Blick auf die nachfolgenden Stigmatisationen

Nach meinem Versuch, die drei ältesten Zeugnisse über die Stigmatisation des Poverello historisch-kritisch zu beleuchten, drängt sich nun eine vertiefte religionspsychologische Schau dieses Phänomens auf. Zunächst sei mit Giovanni Miccoli festgestellt, dass – leider nicht durch ein Selbstzeugnis des Betroffenen (z. B. auf dem Segenspergament für Br. Leo) – aber auf Grund von wesentlich übereinstimmenden Aussagen der vertrauenswürdigen Brüder Elias von Cortona, Thomas von Celano und Leo von Assisi der Wundmalempfang des hl. Franziskus auf La Verna im September 1224 geschichtlich als wahrscheinlich feststeht.[64] Ja, die Wahrscheinlichkeit liegt darum nicht weit von historischer Gewissheit entfernt, weil, seitdem diese sensationelle Gleichförmigkeit zum gekreuzigten Christus über den engeren Kreis der Brüder und der Bewohner Assisis hinaus bekannt wurde, eine bis in die Gegenwart hinein nicht abbrechende Reihe von Stigmatisationen, besonders bei Mystikerinnen, eingesetzt hat. Mehrere Fälle späterer Jahrhunderte wurden von Ärzten fachkundig untersucht und in ihrer Tatsächlichkeit als gesichert hingestellt, auch wenn ihre Ansichten in der psychologischen und medizinischen Deutung zum Teil bedeutend voneinander abweichen.[65]

---

[64] Considerazioni sulle stimmate, 34f.: „Con gli strumenti e i criteri della ricerca storica una risposta affermativa assolutamente certa non è possibile. Per poterlo fare dovremmo disporre almeno della testimonianza diretta di Francesco ... Rispetto a quella domanda dunque credo si debba rispondere che il carattere delle testimonianze di cui disponiamo rende altamente probabile che quell'esperienza sia stata da Francesco effettivamente vissuta".

[65] Ohne die in meiner Studie: The Stigmata, bes. 7-69, 330-380, aufgereihte Lit. einzeln zu wiederholen, sei bes. verwiesen auf folgende Lexika-Artikel: SCHLEYER, F.: Stigmatisierte, in: RGG ³VI (Tübingen 1962), 377-380; SCHMUCKI, O.: Stigmatisation, in: LThK ²IX (Freiburg i. Br. 1964), 1081f.; TURNER, V.: Bodily Marks, in: FERM, V. (Hg.): Enciclopedia of Religion II, New York 1987, 269-274; ADNÈS, P.: Stigmates, in: DSp XIV (Paris 1990), 1211-1243 (grundlegend!); s. auch die Ausgabe in Buchform: GAGEY, J. / ADNÈS, P.: Phénomènes extraordinaires. Phénomènes Mystiques – Stigmates – Transverberation, Paris 1993 (Dictionnaire de Spiritualité, 16); s. meine Besprechung in: CFr 64 (1994) 403f.; RODRÍGUEZ, J.: Stimmate, in: Diziononario Enciclopedico di Spiritualità ²III, Roma 1990, 2414-2418; DINZELBACHER, P.: Stigmatisation, in: LexMA VIII, 183 (enttäuschend mager!); ALKOFER, A.-P. / GROM, B.: Stigma, Stigmatisation, in: LThK ³IX (2000), 1004f.; GERLITZ, P.: Stigmatisierung, in: TRE XXXII, 174-178, 177f. Lit.! – Was die medizinische und psychologisch-psychiatrische Lit. betrifft, s. u. a.: APTE, M.: Les stigmatisées. Etude historique et critique sur les troubles vaso-moteurs chez les mystiques, Paris 1900; LHERMITTE, J.: Le problème médical de la stigmatisation, in: Études Carmélitaines 20/II (1936) 60-78; WUNDERLE, G.: Zur Psychologie der Stigmatisation, Paderborn 1938; SCHLEYER, F. L.: Die Stigmatisation mit den Blutmalen. Biografische Auszüge und medizinische Analyse, Hannover 1948; THURSTON, H.: Die körperlichen Begleiterscheinungen der Mystik, Luzern 1956; ORMEA, F.: Le stimmate dal punto di vista dermatologico, in: Minerva Medica 50 (1959) 694-698; BORELLI, S. / FÜRST, R.: Die Stigmatisation. Das extreme Beispiel einer psychogenen Dermatose, in: Praxis. Rundschau für Medizin 49 (1960) 389-396; KAMMERER, Th.: Stigmatisation, in: POROT, A. (Hg.): Manuel alphabétique de psychiatrie, Paris ³1965, 529-530; SUNDÉN, H.: Die Religion und die Rollen. Eine psychologische Untersuchung der Frömmigkeit, Berlin 1966; MARGNELLI, M.: Epidemologia della stimmatizzazione: la preghiera è una tecnica psicosomatica?, in Formazione Psichiatrica 2 (1985) 115-125; MARIANESCHI, P. M.: Stimmate e medicina, Arrone (Terni) 1987; MARGNELLI, M.:

Diese nicht zu leugnende Tatsache stützt zweifellos die Wirklichkeit des Wundmalempfangs durch Franziskus und erlaubt – trotz der Formenvielfalt der bei den Wundmalträgern aufgetretenen Stigmatawunden – das eine oder andere gemeinsame Element für den ersten Vertreter der Geschichte anzunehmen.

Natürlich stellen sich im Zusammenhang der Stigmatisierung des Poverello einige historiografisch bedeutsame Fragen. Zunächst jene, warum während des ganzen christlichen Altertums bis zur Zeit des hohen Mittelalters keine Fälle von Stigmatisationen anzutreffen sind. Darauf suchte Myrrha Lot-Borodine 1939 zu antworten, indem sie die im frühen Christentum herrschende andere Sicht auf Christus und das Fehlen einer eigentlichen Passionsfrömmigkeit als Erklärungsgrund hervorhob.[66] In frömmigkeitsgeschichtlicher Perspektive wird die Frage noch drängender, warum in der Mystik der Zisterzienser des 12. Jahrhunderts und namentlich bei Bernhard von Clairvaux, – deren Vertreter pflegten ja eine sehr intensive Passionsfrömmigkeit – keine Fälle von Stigmatisierten vorkamen.[67] Die asketisch wie medizinisch sehr problematische Übung, sich selber die fünf Wunden des Gekreuzigten beizubringen, wie sie – wohl erstmals – bei der fast gleichzeitig zum Poverello lebenden seligen Maria von Oignies (1177-1213) bezeugt ist,[68] steht nicht direkt in Verbindung mit den spontan auftretenden Stigmen und darf darum hier außer Acht bleiben. Noch zentraler erweist sich die Schwierigkeit, welche sich auf Franziskus selber bezieht, weswegen ausgerechnet bei ihm erstmals die Leidensmale in Erscheinung traten. Schon zur Zeit, da ich nach 1955 an meiner Dissertation über die Christusfrömmigkeit des Ordensgründers arbeitete, fiel mir sehr auf, dass hinsichtlich seiner Passionsfrömmigkeit unleugbare Unterschiede zwischen den *Opuscula* und den biografischen Quellen bestehen. Nicht einmal in seinem *Officium Passionis* steht der Leidensgedanke Jesu ausschließlich und beherrschend im Vordergrund.

Gente di Dio. Storie vere di estasi, stigmate e miracoli nel secolo ventesimo, [Milano] 1988: s. meine Rez. in: CFr 59 (1989) 185-187; WILSON, I.: Stigmata. An investigation into the mysterious appearance of Christ's wounds in hundreds of people from medieval Italy to modern America, San Francisco 1989; FINK, P. J.: Stigma and mental illness, Washington, D.C. 1992; YAROM, N.: Body, blood and sexuality: A psychoanalytic study of St. Francis' Stigmata and their historical context, Bern 1992 (Studies on History and Culture, 4); HARRISON, T.: Stigmata: a medieval mystery in a modern age, New York 1994; BOUFLET, J.: Les stigmatisés, Paris 1996 (Coll. Bref): s. meine Rez. in: CFr 67 (1997) 276f.; MARIANESCHI, P. M.: Il problema scientifico della stimmatizzazione somatica, in: Il fatto delle stimmate di S. Francesco, S. Maria degli Angeli – Assisi 1997, 73-87, 85 Lit.; DERS.: La stimmatizzazione somatica. Fenomeno e segno, Città del Vaticano 2000, 177-183 Lit.; DAXELMÜLLER, Ch.: „Süße Nägel der Passion". Die Geschichte der Selbstkreuzigung von Franz von Assisi bis heute. Düsseldorf 2001. Vgl. auch ROTZETTER, A. in seiner Kritik von P. Böschs Veröffentlichung, 540: „Bösch könnte sich die Sache etwas einfacher machen, wenn er zur Kenntnis nähme, dass es die Stigmata als ein historisches Faktum gibt. Seit Franz von Assisi gibt es hunderte von Stigmatisierten ...".

66 Warum kennt das christliche Altertum die mystischen Wundmale nicht?, in Benediktinische Monatsschrift 21 (1939) 23-32; DIES.: De l'absence des stigmates dans la chrétienté antique, in: Dieu Vivant 21 (1939) 81-89; SPEELMAN, De werkelijkheid van de stigmatisatie (s. oben, Anm. 3), 139 Anm. 13, verweist noch auf CIXOUS, H.: Stigmata, or Job the Dog, in: DERS.: Stigmata, escaping texts, New York 1998, 181-194.

67 Vgl. KÖPF, U.: Passionsfrömmigkeit, in: TRE XXVII, 722-764, Abb.; s. bes. 725, 730f. und 755-764: Lit.! Dieser hervorragend dokumentierte Art. befindet sich leider außerhalb der Reihe des Alphabets.

68 Vgl. DINZELBACHER, Stigmatisation, 183; s. auch: DAXELMÜLLER, „Süße Nägel ...": ein Werk, das mir persönlich nicht zugänglich war. – LAMPEN, W. / MÜLLER, C.: Maria v. Oignies, in: LThK ³VI, 1345f.: Lit.

Wenn die „Schriften“ als Prüfstein seiner Gedankenwelt und religiösen Haltung gelten – ein Maßstab, der unter Forschern in neuerer Zeit immer klarer anerkannt wird – muss das, was Thomas von Celano in seinem *Mirakeltraktat* behauptet, als zweifellos übertrieben gelten: „Das ganze Sinnen und Trachten des Mannes Gottes, ob in der Öffentlichkeit oder in der Stille, war auf das Kreuz des Herrn gerichtet.“[69] Dieses historiografische Rätsel wird kaum jemand befriedigend zu lösen vermögen. Immerhin darf wohl als sicher gelten, dass die Aussage selber und die starke Betonung des Passionsmoments in der Trilogie des Celano entscheidend von der Stigmatisierung auf La Verna bestimmt sind.

2 Die Wundmalform bei Franziskus und bei später Stigmatisierten

Dass ein Historiker in der Frage zur Stigmataform unbedingt auf klinische Untersuchungen von Ärzten angewiesen ist, sei hier nachdrücklich betont. Natürlich offenbaren sich auch hier – nicht anders als in den übrigen Wissensgebieten – voneinander abweichende Deutungen. Seit seiner 1948 publizierten Dissertation hat Franz L. Schleyer sich mit dem Problemkreis der Wundmale nach Franziskus beschäftigt. In einem späteren Lexikon-Artikel beschreibt er die gewebliche Entstehung von Stigmen so:

> „Zunächst hebt sich die Oberhaut als ein mit farbloser Blutflüssigkeit gefülltes Bläschen ab. Alsbald wird der Inhalt zunehmend blutig – die Eruption wird dann zuweilen als ‘Knopf’ oder ‘Nagelkopf’ beschrieben. Die Blase platzt sodann infolge der zunehmenden Spannung, und von der nun freiliegenden Lederhaut rinnt Blut. Die Umgebung kann vermehrten Blutzu- oder verlangsamten Blutabfluss zeigen. Nach der Blutung bedeckt sich die Lederhaut durch Gerinnen des nachsickernden Serums rasch mit einer Kruste und überzieht sich unter diesem Schorf schnell mit einer neuen Oberhaut. Bei Wiederholung reißt ebenso das feine Narbenhäutchen ein, und der Schorf wird abgehoben.“[70]

Was F. L. Schleyer in seinem Überblick übergeht, ist der klinisch unleugbare Sondercharakter dieser – in der überwiegenden Zahl der Fälle – fünf symmetrisch im Körper verteilten Male. Sie sind mit normalen Wunden nicht vergleichbar, denn diese haben doch die Tendenz, entweder wegen bakterieller Infektion entzündet und/oder gar eitrig zu werden. Andererseits gehen sie bei sachgerechter Behandlung zur Heilung über. Jedes Mal, wenn eine offene, bis zur Lederhaut reichende Wunde im Heilungsprozess sich schließt, bildet sich unvermeidlich eine Narbe. Stigmen jedoch unterscheiden sich von Wunden, die von physischen Verletzungen stammen, ebenso von Hautblasen oder Geschwüren darin, dass sie wegen ihrer Verteilung an Händen, Füßen und der linken oder rechten Brustseite unübersehbar auf den gekreuzigten Herrn und seine Blutmale hinweisen. Zudem heilen sie trotz ärztlicher Behandlung nicht und schließen sich ebenso spontan, wie sie sich geöffnet hatten, ohne auf der Haut irgendwelche Narbe zu hinter-

---

69 Nr. 2: E. GRAU, 421. Vgl. dazu meine Studie: Das Leiden Christi im Leben des hl. Franziskus von Assisi. Eine quellenvergleichende Untersuchung im Lichte der zeitgenössischen Passionsfrömmigkeit, Rom 1960, 92-110: „Quellenvergleichende Zusammenschau“; bes. 98f.

70 Stigmatisierte, in: RGG ³VI, 377.

lassen.[71] Hingegen stimmen sie in dem Punkt mit gewöhnlichen Wunden überein, dass sie überaus schmerzempfindlich sind.[72]

Diese bei neueren Stigmatisierten durch Ärzte klinisch zweifelsfrei festgestellten anatomischen Merkmale erlauben – mindestens in begründeten Hypothesen – gewisse Rückschlüsse auf die Wundmalform, die sich bei Franziskus befand. Zunächst ist der von F. L. Schleyer festgestellte hämorrhagische Befund problemlos anzuwenden auf die Seitenwunde des Ordensgründers, von der Br. Thomas von Celano ausdrücklich berichtet, sie habe geblutet. Leider liefert der Biograf keine weiteren Angaben über Häufigkeit, Stärke und Eigenart der Blutabsonderung. Ähnlich erfahren wir auch nicht, ob die aus der Wunde heraussickernde Flüssigkeit bloßes Blutserum oder wirkliches Blut war.[73] Von einer mittelalterlichen Heiligenlegende dürfen wir auch nicht erwarten, dass sie dem modernen Leser das genaue Aussehen der Seitenwunde und ihre anatomisch präzise Lage schildert, bzw. mitteilt, welche Tiefe, Breite und Höhe sie in Zentimetern einnahm.

Hinsichtlich der Hand- und Fußwunden deuten nicht nur die hier (II., 1-3) in Betracht gezogenen drei ältesten Texte nichts über ihren blutenden Charakter an, sondern davon schweigen auch alle übrigen biografischen Quellen der späteren Zeit. Der Wahrnehmung pflegender Brüder hätten Blutspuren an Händen und Füßen des Heiligen ja nicht entgehen können; so auf jenen Stücken von Tierhaut, die über die Leidensmale gelegt wurden, oder in den wollenen und fingerfreien Handschuhen bzw. in den sockenähnlichen Pantoffeln, welche der Ordensvater seit dem Wundmalempfang auf La Verna an Händen und Füßen trug.[74]

An diesem Punkt ist die Frage nicht zu umgehen, ob die klinischen Befunde bei Stigmatisierten späterer Jahrhunderte für die reale Form der Hand- und Fußwunden unseres Heiligen zu klareren Vorstellungen verhelfen können. Um die Stigmatisierung und die Stigmata selber beim Ordensgründer besser zu verstehen, sollen Erkenntnisse herangezogen werden, die von Medizinern und Religionspsychologen an späteren Wundmalträgern durch genaue Untersuchungen gewonnen wurden. Einem kritischen Beobachter entgeht immerhin die Tatsache nicht, dass die dabei festgestellten Phänomene von Fall zu Fall voneinander ziemlich abweichen. Was Franziskus angeht, muss doch wohl angenommen werden, dass die seinen Leichnam umdrängenden Brüder und Laien sich zu

---

71 Es ist Dr. med. und Dr. theol. Paolo Maria MARIANESCHI, der auf diese Eigenart der Stigmatawunden hinweist; in: Il problema scientifico della stimmatizzazione somatica, in: Il fatto delle Stimmate di S. Francesco, 73-87, Abb., und in seiner Diss.: La stimmatizzazione somatica, Città del Vaticano 2000.

72 Vgl. 2 C 138: E. GRAU, 343: „Als ihn [Franziskus] einmal einer seiner Gefährten [Br. Rufin] abrieb, glitt ihm die Hand über die Wunde [der Seite], und er verursachte dem Heiligen dadurch großen Schmerz".

73 Stigmatisierte, 378: „Stigmenblutung und Blutschwitzen sind meist sehr stark. Nicht alle vorhandenen Stigmen brauchen gleichzeitig zu bluten. Sie können auch einmal nur Serum abscheiden (dies häufig beim Seitenstigma), überhaupt scheint die Absonderung immer nur blutig-*serös* [Hervorhebung vom Verf.] zu sein!". Serum ist „der flüssige nicht mehr gerinnbare Teil des Blutplasmas (nach Entzug des Fibrins), der hauptsächlich Eiweißkörper enthält": Duden. Wörterbuch medizinischer Fachausdrücke, Stuttgart 1968, 531b.

74 2 C 136: E. GRAU, 342: „Die Füße bedeckte er mit wollenen Socken, damit man sie [die Male] nicht sehen könne. Auf die Wundmale legte er ein Fellstück, um die Rauheit der Wolle zu mildern". Vgl. in meiner Studie: The Stigmata, 233f., wo auf die entsprechenden Stellen in den Quellen und auf Lit. hingewiesen wird.

übersteigerten Vorstellungen verleiten ließen, als sie die als Folge von Unterblutung stark erhöhten und wegen des geronnenen Blutes schwarzfarbenen Stigmen an den Händen und Füßen des Heiligen erblickten. Weil sie zudem an der Innenseite der Hände bzw. an den Fußrücken rundliche und auf der jeweiligen Gegenseite längliche Male wahrnahmen, meinten sie irrtümlich und ohne jede Absicht, sich oder andere zu täuschen, diese seien in die entsprechenden Organe eingelassene Fleischnägel. In diesem Eindruck mussten sie sich noch bestärkt fühlen, weil beim entseelten Leib nicht nur die Totenstarre ausblieb, sondern zudem Hände und Füße sehr schmal, fast durchsichtig geworden waren.[75] Wenn mein Deutungsversuch der geschichtlichen Wirklichkeit angemessen ist, stellt die Form seiner Stigmata keinen Sonderfall dar, sondern fügt sich problemlos in die spätere Tradition nach ihm lebender Wundmalträger ein. Selbst für den Fall, dass am Totenbett des Ordensgründers Ärzte zugegen gewesen wären, hätten ihnen die klinischen Voraussetzungen dafür gefehlt, solch angebliche Neubildungen im Innern von Händen und Füßen als solche zu erkennen und sie anatomisch richtig einzuordnen.[76] Für Leser, die mit meiner Annahme einverstanden sind, erhebt sich die Problemlage zur Entstehung der Wundmale bei Franziskus von selber auf eine viel weniger ‘mirakulöse’ Ebene.

3 Erklärungsversuche zur Entstehung der Stigmen des Poverello

Wer sich je mit dem Problemkreis der Wundmale beschäftigt hat, wird F. L. Schleyer zustimmen, wenn er bemerkt:

> „Eine umfassende Würdigung der Stigmatisierten setzt Kenntnisse in der Psychopathologie, Religionspsychologie, Theologie der Mystik und Parapsychologie voraus. Eine solche Synthese erscheint unmöglich.“[77]

Für einen Historiker wäre es eine unverzeihliche Selbstüberhebung, wollte er sich so vielfältige Fachkenntnisse anmaßen. Im Folgenden geht es einzig darum, kurz über jene Interpretationsversuche zu referieren, die unter Wissenschaftlern noch im Gespräch sind. Einigen in der Vergangenheit vorgebrachten Erklärungen kommt tatsächlich bloß noch historische Bedeutung zu. Darüber zu berichten würde den Rahmen dieser Studie sprengen.

---

75 Fr. Elias, Epistola encyclica, Nr. 6: AF X, 527: „Dum adhuc vivebat spiritus eius in corpore, non erat in eo adspectus, sed despectus vultus eius et nullum membrum in eo remansit absque nimia passione. Ex contractione nervorum membra eius rigida erant, sicut solent esse hominis mortui, sed post mortem eius, pulcherrimus adspectus est, miro candore rutilans, laetificans videntes. Et membra quae prius rigida erant, facta sunt mollia nimis, sese vertentia huc atque illuc secundum positionem suam tamquam pueri delicati.“ – Ähnlich auch: 1 C 112f.: ebd. 88. – Vgl. auch in meiner Studie: The Stigmata, 256f.

76 Was ich hier ohne jede Polemik behaupte, deutete ich schon an – freilich eher indirekt und vorsichtig – in meiner Studie: The Stigmata, 322-325: „The Form of the Wounds from the More Consistent Testimonies“. – Sofern meine nun ganz klar vorgelegte Interpretation begründet ist, entfällt die Berechtigung, mit z. B. Agostino GEMELLI von der kirchengeschichtlichen Einzigartigkeit der Stigmatisierung unseres Heiligen und damit von der Notwendigkeit eines Wunders zu sprechen: Le affermazioni della scienza intorno alle Stimate di san Francesco, in: StFr 10 (1924) 368-404; s. in meiner Studie: The Stigmata, 27f., zu weiteren Ausgaben dieses Artikels.

77 Stigmatisierte, in: RGG ³VI, 379.

Weil Wundmale Hautdefekte sind, lag es nahe, dass sich Dermatologen mit ihnen beschäftigten. Sie sahen in ihnen eine Dermatose im Sinn einer Brandblase (*Pemphigus*)[78] oder die Folgeerscheinung von Lepra[79]. Weder bei den eben genannten Hautkrankheiten noch bei anderen bisher diagnostizierten zeigen sich jedoch die für Wundmale typischen Eigentümlichkeiten; so, nebst ihrem schon zuvor (III. 2) hervorgehobenen aseptischen und dem natürlichen Heilungsprozess widerstrebendem Verhalten, sind diese namentlich ihr symmetrisch-symbolischer, unübersehbar auf den Gekreuzigten hinweisender Charakter.[80] Ebenfalls zur Kategorie einer allein historischen Erinnerung gehören Deutungsversuche, welche den Ursprung der Wundmale von Hysterie herleiten.[81]

Breiteren Anhang, auch unter Theologen, fand der psychogenetisch-psychosomatische Erklärungsversuch der Stigmen. In seinen ersten Ansätzen reicht er bis ins Mittelalter zurück. Anzeichen dafür finden sich bereits bei Petrus Thomas, Francesco Petrarca und Pietro Pomponazzi. Erstmals suchte der Mystikforscher Johann Joseph von Görres diese Deutung mit Hilfe des Schemas der „Ideoplastik des Geistes" weiter auszubauen und sie von daher tiefer zu begründen.[82] Im Licht weiterer Untersuchungen

---

78 „Hautkrankheit (z. T. auf infektiöser Grundlage), bei der von der Stachelzellenschicht der Haut ausgehende grössere oder kleinere, mit seröser Flüssigkeit gefüllte Blasen auftreten": Duden. Wörterbuch medizinischer Fachausdrücke, 435.

79 Dies ist die – freilich wenig überzeugende – Diagnose von SCHATZLEIN, J. / SULMASY, D. P.: The Diagnosis of St. Francis: Evidence for Leprosy, in: FrancSt 47 (1987) 181-217. Vgl. zu dieser Studie MARIANESCHI, La stimmatizzazione somatica, 29-31: „La tesi della lebbra appare non provata anche dal punto di vista della storia medievale e della storia della medicina, in quanto appare altamente improbabile che una malattia così diffusa in quell'epoca e così conosciuta da secoli non fosse riconosciuta sul corpo di Francesco ..." (31). Vgl. anche S. VAN DER HORST in: FrancLeven 76 (1993) 28-32.

80 MARIANESCHI, Il problema scientifico della stimmatizzazione somatica, 74f., der überdies behauptet, das Phänomen sei allein auf Katholiken eingeschränkt, was nicht den Tatsachen entspricht; s. SCHLEYER, Stigmatisierte, 378: „1949 wurde die Stigmatisation eines evangelischen (nach eigener Angabe unkirchlichen) Mannes (Arthur Moock in Hamburg) beschrieben. In dem einzigen sonst bekannten außerkatholischen Fall (Elisabeth Lechler 1933) wurden die 'Stigmen' durch Fremdsuggestion erzeugt." Es fragt sich freilich, inwieweit diese eben angedeuteten Fälle durch eine fachmännische Untersuchung und längere Beobachtung als unanfechtbar und gesichert gelten dürfen.

81 Vgl. die Hinweise bei ADNÈS, P.: Stigmates, in: DSp XIV, 1231f. So im Zitat: „J. Lhermitte estime que chez les hystériques qui se couvrent d'ecchymoses et sont victimes de suffusions sanguines il est souvent aisé de découvrir un déséquilibre vasculo-sanguin ou une véritable hémopathie; chez de tels sujets les moindres traumatismes locaux, surtout les émotions suffisent à provoquer des manifestations sanglantes parfois impressionnantes, et la suggestion hypnotique est à même de faire apparaître des altérations tégumentaires, rougeurs, vésicules ... Mais qu'il y a loin de ces phénomènes aux stigmates proprement dits! Il y manque l'essentiel: 'l'imitation topographique des plaies du Christ, et encore plus leur figuration et leur symbolisme'." – Vgl. auch die längeren Ausführungen von MARIANESCHI, La stimmatizzazione somatica, 32-36: Teoria dell'isteria. „Sembra perciò opportuno affermare in modo chiaro che, al di là di ogni convinzione personale, il comportamento isterico teso all'affermazione dell'Ego e il comportamento caritatevole realizzato nel rinnegare l'Ego sono radicalmente inconciliabili, almeno per chi vuole attenersi al senso normale delle parole e alla normale esperienza medica che ha sempre considerato l'isteria come la *grande simulatrice* [Auszeichnung vom Verf.] che manipola la realtà ambientale e somatica solo per autoaffermare il proprio supposto tornaconto narcisistico" (36).

82 ADNÈS, ebd. 1233f. – Vgl. bes. PASCHER, J.: Die plastische Kraft im religiösen Gestaltungsvorgang nach Joseph von Görres. Eine Studie zur Religionspsychologie, Würzburg 1928 (Abhandlungen zur Philosophie und Psychologie der Religion, 18). – Irgendwie ist schon Bonaventura zu den mittelalterlichen Vertretern zu rechnen, wenn er in Lm VI: De stigmatibus sacris, Lectio secunda, in: AF X, 673, schreibt:

betrachtet – namentlich aus der Feder von Psychologen und Psychiatern – setzt sich diese Theorie ungefähr aus folgenden Elementen zusammen: Bei Stigmatisierten (in der überwiegenden Mehrzahl bei Frauen) stellt sie seelisch meist labile und suggestiv leicht beeinflussbare Persönlichkeiten fest, für die zudem eine außergewöhnlich innige Passionsfrömmigkeit, ja Leidensmystik[83], typisch ist. Ein starker Stressfaktor, wie er gerade durch eine ekstatische Vision veranlasst werden kann, löse innerlich einen psychosomatischen Prozess aus, der sich im Körperbereich in Wundmalen umsetze. Dabei handle es sich um einen ähnlichen Vorgang, wie ihn die Medizin bei Magen- oder Darmgeschwüren vorfindet, die bekanntlich als typische Fälle psychosomatischer Erkrankungen eingestuft werden.

Diesen Erklärungsansatz versuchte eine Anzahl von Ärzten, Historikern, Psychologen und Theologen sowohl näher zu beleuchten wie zu vertiefen, als sie zwischen dem 17.-19. April 1936 anlässlich der *Journées de Psychologie Religieuse* in Avon-Fontainebleau über das Thema der Stigmatisation referierten.[84] Die in der Folgezeit über dasselbe Thema publizierte Literatur, die jedoch kaum wesentlich Neues beitrug, stellen Pierre Adnès und Paolo Maria Marianeschi vor.[85] Gerade letzterer, der zugleich Arzt und Theologe ist, weist mit Nachdruck darauf hin, dass die psycho-physiologische Forschung den Wahrheitsbeweis für die psychosomatische Erklärung bisher schuldig geblieben ist. Die hohe Zahl ihrer Vertreter allein spreche ja noch nicht für ihre Gültigkeit.[86] Es ist freilich zu bedauern, dass Marianeschi in seinen Ausführungen der psycho-

---

„Disparens igitur visio post arcanum ac familiare colloquium, mentem ipsius seraphico interius inflammavit ardore, carnem vero Crucifixo conformi exterius insignivit effigie, tamquam si ad ignis liquefactivam virtutem praeambulam sigillativa quaedam esset impressio subsecuta".

83 Der Jesuit Herbert Thurston hat im Zusammenhang von Stigmatisierten erstmals den – mindestens für Franziskus – anfechtbaren Begriff „Kreuzigungskomplex" geprägt. Vgl. SCHLEYER, Die Stigmatisation mit den Blutmalen, 138.

84 Unter den in Études Carmélitaines Mystiques et Missionnaires 20 (1936) in Bd. 2 veröffentlichten Beiträgen, seien eigens angeführt: DEBONGNIE, Pierre: Essai critique sur l'histoire des stigmatisations du moyen âge, 22-59; LHERMITTE, Jean: Le problème médical de la stigmatisation, 60-78; VAN GEHUCHTEN, Paul: Étude médicale des stigmates de Louise Lateau, 81-92; TINEL, Jules: Essai d'interprétation physiologique des stigmates, 93-97; MAGER, Alois: Le problème scientifique de la stigmatisation, 143-156; WUNDERLE, Georges: Essai sur la psychologie de la stigmatisation, 157-163; JOURNET, Charles: Le point de vue théologique sur les sueurs de sang et les stigmatisations, 171-187; GARRIGOU-LAGRANGE, R. / LAVAUD, M. Benoit: Les circonstances de la stigmatisation, 188-207; Index onomastique des stigmatisés vrais et supposés, 251f.

85 ADNÈS, Stigmates, 1233-1236, bes. 1235: „Selon cette opinion, la stigmatisation serait une somatisation ou effet corporel de l'émotion intense produite par un agent 'stressant' exceptionnel, à savoir l'extase mystique, qui semble avoir toutes les caractéristiques d'un puissant 'stresseur', surtout quand elle agit sur des sujets de structure psycho-organique fragile. De ce point de vue, les stigmates se produiraient de la même manière que l'hypertension artérielle ou l'ulcère peptique, maladies considérées comme typiquement psychosomatiques". – MARIANESCHI, La stimmatizzazione somatica, 36-53, 178-180; DERS., Il problema scientifico della stimmatizzazione somatica, 85.

86 Il problema scientifico, 79: „Ma se l'ipotesi psicosomatica è stata ed è molto accettata, tuttavia il suo gradimento non può certo equivalere ad una prova scientifica di validità, in quanto sono numerosi i fatti che la falsificano ...". Vgl. auch GERLITZ, P.: Stigmatisierung, in: RGG ^{4}XXXII, 177: „Sowohl der unter Psychologen gängige Erklärungsversuch, es handle sich bei den Stigmatisierungen um Autosuggestion bzw. Fremdsuggestion, als auch H. Sundéns Hinweis, die Suggestion bestehe darin, dass der Stigmatisierte 'eine Verbindung zwischen aktuellen, peripheren Nervenprozessen und einem bestimmten Ergän-

logischen Komponente im Entstehen der Wundmale zu wenig Rechnung trägt und doch etwas vorschnell dafür das übernatürliche Einwirken eines Wunders postuliert.[87]

Für Franziskus ist eigens anzumerken, dass in die vierzig Tage seines Votivfastens auf La Verna das Fest von Kreuzerhöhung fiel (14. September). Die Geheimnisse der Passion Christi nahmen in seiner Tag und Nacht geübten Meditation sicher eine bedeutende Stellung ein.[88] Überdies dürften bei ihm – wie übrigens bei den Stigmatisierten überhaupt – künstlerische Kreuzdarstellungen einen bestimmenden Einfluss für die anatomische Stelle der Wundmale auf seiner rechten Brustseite und auf seinen Handmitten ausgeübt haben.[89] Eine Einzelfrage betrifft die Form der 'eisernen' Nägel, besonders ihr runder Kopf, bei deren Ausformung das Einwirken von Kruzifixen, die der Heilige während seines Wanderapostolats gesehen hatte, mindestens nicht auszuschließen ist. Wer sodann die psychologische Veranlagung des Poverello in Rechnung stellt, wird seine ungewöhnliche Sensibilität und Phantasie, seinen poetischen Sinn wie auch seine erstaunliche Fähigkeit, seelische Erfahrungen im Körperbereich auszudrücken, nicht übersehen. Ja, ohne zu übertreiben, darf man dem Poverello eine einzigartig „ideoplastische" Anlage zuschreiben.[90]

Doch waren solche Voraussetzungen im Leben des Heiligen in keiner Weise zwingend auf den Empfang der Stigmen hingeordnet, auch wenn diese – ihr tatsächliches Auftreten vorausgesetzt – die Wundmale als Begleitursache bedeutsam beeinflusst haben mögen. Wer von einem rein historischen zum theologischen Standpunkt hinüberwechselt, kann den Wundmalempfang bei Franziskus nur als von Gott geschenktes und bewirktes mystisches Charisma begreifen. Von dieser Perspektive her glaube ich begründeterweise wiederholen zu dürfen, was ich vor vier Jahrzehnten geschrieben habe:

> „Charismatische Stigmatisation ist sinnenhafte Ausstrahlung eines ekstatischen Passionserlebnisses im Gnadengrund des Mystikers, wobei sich Gott der ideoplastischen Fähigkeit als Instrument bedient. Als Charisma ist Stigmatisation weder notwendig Wunder noch wesentlich für die Heiligkeit und nicht innerlich, sondern ihrem äußeren Anstoß nach übernatürlich."[91]

---

zungsmaterial zu diesen herstellt' ..., befriedigen nicht. Ein unwiderlegbarer Nachweis über die Herkunft der während der Stigmatisierung auftretenden Phänomene ist bisher nicht gelungen, weil es sich offensichtlich um ein ebenso polymorphes wie ambivalentes Phänomen handelt".

87 Il problema scientifico, 82: „Nel caso della stimmatizzazione, l'ipotesi del miracolo è del resto molto attendibile, se si considera che nel nostro fenomeno si ritrovano perfettamente tutte quelle condizioni che la Teologia e il Magistero cattolico hanno da sempre indicate come necessarie e sufficienti per parlare di miracolo: straordinario salto dal corso degli eventi naturali; inspiegabilità scientifica; accadimento in situazione religiosa e devota; efficace simbolismo di realtà soprannaturali coerenti con la Rivelazione cristiana".

88 Es sei verwiesen auf mein Buch: The Stigmata, 159f, 169-172, mit Quellen- und Literaturangaben.

89 ADNÈS, P.: Stigmates, in: DSp XIV, 1226: „Il faut noter que la localisation des stigmates correspond à la manière dont l'iconographie chrétienne se représente les plaies du Christ. En réalité, il est fort probable que les clous de la crucifixion n'étaient pas implantés au milieu de la paume des mains, mais dans le carpe ou poignet, et que le coup de lance a atteint la région thoracique inférieure droite."

90 Vgl. u. a. ZAVALLONI, Roberto: La personalità di Francesco d'Assisi. Studio psicologico, Padova 1991, 181-188: Lit.; SCHMUCKI, The Stigmata, 111-123.

91 SCHMUCKI, O.: Stigmatisation, in: LThK ²IX, 1082.

Das Rätsel, wie das Phänomen der Stigmatisation genauer zu erklären sei,[92] wartet auch für Franziskus noch auf eine in jeder Hinsicht befriedigende Antwort. Aus der vorausgehenden Darstellung lässt sich immerhin die eine oder andere wissenschaftlich gesicherte Folgerung ziehen:

1. Im Licht der drei ältesten Zeugnisse, nämlich das der Brüder Elias von Cortona, Thomas von Celano und Leo von Assisi, darf der Wundmalempfang des Poverello im September 1224 auf La Verna als historisch sicher gelten. Von daher erstaunt, warum, auch in neuester Zeit, einige Verfasser Zeit und Energie verschwendeten, um ihre Historizität zu leugnen.
2. Ähnlich unterliegt – nach dem vertrauenswürdigen Bericht Celanos und Br. Leos – die ursächliche Verknüpfung zwischen einer Seraphsvision und der Stigmatisierung des Heiligen keinem Zweifel. Sie in Abrede zu stellen, zeugt von Voreingenommenheit. Gerade das Zeugnis Br. Leos ist – in seiner Schlichtheit und seinem objektiven Erzählungsstil – derart überzeugend, dass es verwundert, wenn gewisse Forscher ihre Wissenschaft akribisch dazu verwenden, dessen Aussagewert zu leugnen.
3. Das genaue Aussehen seiner Wundmale kann nicht allein bestimmt werden auf Grund der Zeugnisse von Br. Elias und Br. Thomas, sondern diese müssen ergänzt werden im Blick auf die Leidensmale späterer Stigmatisierter, soweit sie durch Fachärzte beobachtet und beschrieben wurden.
4. Bei Franziskus erwies sich in den Monaten von September 1224 bis zu seinem Hinscheiden am Abend des 3. Oktober 1226 eine genaue Kontrolle der Form seiner Stigmen wegen der Zurückhaltung des Heiligen als unmöglich. Andererseits hinderten die kurze Zeit zwischen seinem Tod und der Bestattung am folgenden Tag und die überwältigende Neuheit des bisher unbekannten Phänomens eine klinisch genaue Feststellung der Wundmalform.
5. Ohne jede Absicht, andere zu täuschen, haben die beiden Gewährsmänner Elias und Thomas die runden bzw. länglichen Überhöhungen von schwärzlicher Färbung an Händen und Füßen als in die entsprechenden Organe eingelassene 'Fleischnägel' missverstanden. Ähnlich wie bei späteren Wundmalträgern dürfte es sich bei den beobachteten Malen um besonders starke Unterblutungen bzw. um deren dunkle Verfärbungen durch geronnenes Blut gehandelt haben. Sie waren es, die in den Beobachtern wegen ihrer Form und Farbe das Bild von eisernen Nägeln hervorriefen.
6. Br. Thomas wie Br. Elias heben den hämorrhagischen Charakter der Seitenwunde beim Ordensgründer eigens hervor. Nur Celano verrät, dass sich dieselbe auf der rechten Brustseite des Heiligen befand, ohne jedoch einen Versuch zu wagen, deren anatomisch genaue Lage zu bestimmen.
7. Für die Tatsache eines psychologischen Faktors, der bei der Stigmatisierung des Franziskus wirksam war, zeugen unter anderem die anatomischen Stellen der Handmitten, an denen die Leidensmale in Erscheinung traten; eine Tatsache, die

[92] Vgl. den kennzeichnenden Titel des Buches von BIOT, René: Das Rätsel der Stigmatisierten, Zürich 1957 (Bibliothek Ekklesia, Band 4) [die französische Originalausgabe trägt den Titel: L'énigme des stigmatisés].

sich aus seiner Erinnerung an ihm während seines Wanderapostolats bekannt gewordene Kreuzesdarstellungen erklärt. Überdies hat ohne Zweifel seine „ideoplastische“ Veranlagung[93] in das Faktum und die Form seines Wundmalempfangs eingewirkt.

8. Damit ist freilich die Frage noch nicht geklärt, ob sich die Stigmen bei Franziskus *allein* psychsomatisch erklären lassen. Auch in seinem Fall handelte es sich ja um ganz spezielle, nicht entzündliche noch eiternde und auch bei Behandlung nicht heilende Wunden, die zudem wegen ihrer symmetrischen Anordnung an Händen, Füßen und Seite klar auf die fünf Wunden Christi hinwiesen. Von einem nicht mehr nur historischen, sondern theologischen Standpunkt her wird man beim Heiligen an ein göttliches Charisma denken, mit dem er als Mystiker auf La Verna von Gott ausgezeichnet wurde.
9. Sollte meine Deutung der Wundmalform die Historiker überzeugen, erübrigt sich das z. T. gequälte Suchen gewisser Forscher, in Studien oder gar Büchern die angeblich nicht erfolgte Stigmatisation bei Franziskus ‘nachzuweisen’.

---

[93] Vgl. etwa 1 C 97: AF X, 74: „Replebat omnem terram Evangelio Christi, ita ut una die quatuor aut quinque castella vel etiam civitates saepius circuiret, evangelizans unicuique regnum Dei et non minus exemplo quam verbo aedificans audientes, de toto corpore fecerat linguam.“ Die Metapher, dass beim Verkünder des Gotteswortes der ganze Leib ins Spiel kam, ist kennzeichnend für das ganze Leben des Heiligen.

Bibliografie von P. Dr. Oktavian Schmucki (bis 2007)

Zusammegestellt von Silverio Saulle und Leonhard Lehmann

1952

1. Fraterna Congressio Tertiariorurn Iuvenilium in Helvetia, in: Tertius Ordo 13 (1952) 126-127 (unterschrieben mit: n.m.).

1953

2. Gottes Liebeswerben um eine Seele. Die sel. Angela von Foligno (1249-1309), in: Alverna. Werkblatt für Exerzitien und franziskanische Lebensgestaltung (Solothurn) 19 (1953) 17-20.

3. Theologie und Lebenswerte der Andacht zur Guthirtenmutter, in: Alverna 19 (1953) 39-47.

4. Künder der gottlichen Liebe. Sel. Johannes Duns Skotus (1265-1308), in: Alverna 19 (1953) 92-94.

5. Die Weihnachtspredigt des heiligen Franz, in: Der franziskanische Weg. Monatsschrift der Schweizer Terziaren (Gossau) 1953, Nr. 1, 8-11, 1 Ill.

1954

6. De S. P. N. Francisci habitudine erga Beatissimam Virginem Mariam, in: Tertius Ordo 15 (1954) 132-152.

1955

7. De Seraphici Patris Francisci habitudine erga Beatissimam Virginem Mariam, in: Regina Immaculata, Romae 1955, 15-47, ill. (vgl. Nr. 6).

8. Sacerdotis Novi Testamenti consecratio et dignitas apud Ioannem Duns Scotum (I), in: Tertius Ordo 16 (1955) 111-115.

9. Die zehn Gebote guter Betrachtung von Kardinal Giacomo Lercaro, in: St. Fidelis. Stimmen der Schweizer Kapuziner-Provinz (Luzern) 42 (1955) 212-214.

10. Unsere Ordensgeistigkeit im Spiegel der ersten franziskanischen Lebensform, in: St. Fidelis 42 (1955) 265-268.

11. Belebung der Ablassfreudigkeit, in: Der franziskanische Weg 1955, 296-302.

1956

12. Der Priester – leuchtendes Zeichen Christi, in: Sanctificatio nostra 21 (1956) 353-360.

13. Sacerdotis Novi Testamenti consecratio et dignitas apud Ioannem Duns Scotum (II-III), in: Tertius Ordo 17 (1956) 6-12, 62-70.

14. Johannes Kapistran, Apostel Europas. Zur Fünfhundertjahrfeier seines Todes am 23. Oktober, in: Schweizerische Kirchenzeitung (Luzern) 124 (1956) 545-546, 559-560.

15. An der Front des Gottesreiches. Der hl. Johannes Kapistran (1386-1456), in: Alverna 22 (1956) 16-21.

16. Die Amnestie Gottes, in: St. Antoniusblatt. Monatsschrift des Südtiroler Volkes, des Dritten Ordens und des Seraphischen Liebeswerkes (Meran) 23 (1956) 77-78, 90-91. [Wiederabdruck – mit neuem Titel – des Artikels von Nr. 11.]

1957

17. Die Krippenfeier von Greccio in zeitgenössischer Beleuchtung, in: St. Fidelis 44 (1957) 8-20.

18. Die industriellen Unternehmungen von P. Theodosius Florentini OFMCap. 1808-1865, in: St. Fidelis 44 (1957) 107-108 (über die Verteidigung der Doktoratsthese des Mitbruders Adelhelm Bünter).

19. De Kerstviering van Greccio in het licht van haar tijd, in: FrancLeven 40 (1957) 163-177; 41 (1958) 21-27.

20. Sendung und Bindung des neutestamentlichen Priesters. Zeitlose Gedanken aus den Schriften des hl. Johannes Kapistran, in: Schweizerische Kirchenzeitung 125 (1957) 333-335.

1958

21. 50 Jahre Internationales Kollegium St. Laurentius in Rom, in: St. Fidelis 45 (1958) 151-152.

22. Rom erlebt das Konklave und die Papstwahl, in: Schweizerische Kirchenzeitung 126 (1957) 546-548.

1959

23. Die Christusfrömmigkeit des hl. Franziskus von Assisi. Quellenvergleichende Studien zu einigen bedeutsamen Seiten seines Christusverhältnisses im Lichte der zeitgenössischen Religiosität, Rom 1959, 2 Bde. (Dissertation in Theologie an der Päpstlichen Universität Gregoriana zu Rom, ms.).

24. Weihe und Würde des Priesters nach Johannes Duns Scotus, in: Sanctificatio nostra 24 (1959) 168-177, 209-214, 259-261 (vgl. Nr. 8, 12 u. 13).

25. De officio quodam ac litaniis in honorem S. Laurentii Brundusini lingua germanica (1783), in: CFr 29 (1959) 437-447, ebenso in: Commentarii Laurentiani Historici quarto revoluto saeculo ab ortu sancti Laurentii Brundusini novi Ecclesiae Doctoris, Romae 1959 (Bibliotheca Seraphico-Capuccina, 18), 309-319.

26. Besitzergreifung von der Lateran-Basilika durch Papst Johannes XXIII., in: St. Fidelis 46 (1959) 6-9.

27. Franziskanische Feiern in Rom. Die denkwürdige Professerneuerung der vier Franziskanischen Generaloberen vor Papst Johannes XXIII. am 16. April 1959, in: St. Fidelis 46 (1959) 145-149.

28. Die Stunde der Kardinäle. Die Feierlichkeiten bei der Ernennung und der Aufnahme der neuen Kardinäle in das Heilige Kollegium, in: Schweizerische Kirchenzeitung 127 (1958) 2-4.

29. Die Heiligsprechung des Franziskanerbruders Karl von Sezze (1613-1670), in: St. Fidelis 46 (1959) 158-161.

30. Ein Heiliger beschreibt sein Leben. Lebensbild des hl. Karl von Sezze nach seiner Autobiographie, in: St. Fidelis 46 (1959) 196-204, 241-245.

31. Nachrichten aus der Provinz. Ehrw. Agnell Wehrmüller, in: St. Fidelis 46 (1959) 81-83: ein zusammen mit dem Mitbruder Innozenz Amrein verfasster Nachruf; veröffentlicht auch unter dem Titel: Angezogen von der Ewigen Stadt. Br. Agnell Wehrmüller 1911-1958, in: Unbekannte Apostel. Leben und Wirken von 30 Kapuzinerbrüdern in Heimat und Mission, hg. von Walbert Bühlmann, [Zürich o.J. (1959/1960)], 81-83.

1960

32. Das Leiden Christi im Leben des hl. Franziskus von Assisi. Eine quellenvergleichende Untersuchung im Lichte der zeitgenössischen Passionsfrömmigkeit, in: CFr 30 (1960) 5-10, 129-145, 241-263, 353-397 (vgl. in diesem Band S. 3-99).

33. Das Leiden Christi im Leben des hl. Franziskus von Assisi. Eine quellenvergleichende Untersuchung im Lichte der zeitgenössischen Passionsfrömmigkeit, Roma 1960, XX + 114 S. (vgl. Nr. 32).

34. Autobiographischer Bericht des hl. Laurentius von Brindisi über sein Apostolat in den nördlichen Ländern, in: St. Fidelis 47 (1960) 45-50 (kommentierte Übers.).

35. De Museo Franciscano-Capuccino Provinciae Helveticae Surlaci (Sursee), die 16 augusti dedicato, commentarium, in: Analecta OFMCap 76 (1960) 395-397.

36. Johannes de Ribera – ein heiliger Bischof und Apostel der Eucharistie. Zur Heiligsprechung des spanischen Reformbischofs am 12. Juni 1960, in: Schweizerische Kirchenzeitung 128 (1960) 302-304.

37. Neues Licht auf das Unionskonzil von Lyon (1274). Vorgeschichte und Verlauf des zweiten ökumenischen Konzils von Lyon, in: Schweizerische Kirchenzeitung 128 (1960) 561-563, 573-576.

38. Verpflichtendes Erbe. Zur geistlichen Lehre des hl. Karl von Sezze, in: St. Fidelis 47 (1960) 1-15.

39. Auf den Spuren des heiligen Franziskus in Umbrien, in: Der franziskanische Weg (1960) 18-27.

1961

40. Die heilige Profess – eine zweite Taufe. Historisch-theologische Erwägungen zu einer Stelle unserer Konstitutionen, in: St. Fidelis 48 (1961) 105-124, 207-220.

41. „Unser Orden ist gleichsam ein allgemeines Konzil“ (hl. Franziskus), in: St. Fidelis 48 (1961) 103-104.

42. Worte des hl. Franz. Von den kranken Brüdern, in: Der franziskanische Weg (1961) 231-235.

43. Geistliches Gespräch. – Worte des hl. Franz. Vom demütigen Knecht Gottes – Vom geduldigen Ertragen des Nächsten, in: Der franziskanische Weg (1961) 272-274, 334-336. – Der erste Artikel: Geistliches Gespräch ist auch erschienen in: Alverna 27 (1961) 112-114 sowie im Faszikel: Exerzitien? [Gossau 1961], 16-18.

1962

44. Die Stellung Christi im Beten des hl. Franziskus von Assisi, in: WiWei 25 (1962) 128-145, 188-212 (vgl. in diesem Band S. 101-144).

45. De sodalium franciscalium in Concilio oecumenico Lugdunensi secundo parando et celebrando promeritis, in: CFr 32 (1962) 122-147 (vgl. Nr. 37).

46. I Francescani e l'unione della chiesa nel Concilio di Lione, in: ItFr 37 (1962) 12-19, 100-107 (vgl. Nr. 37 und 45).

47. Erwägungen am Vorabend des II. Vatikanischen Konzils, in: Gasterländer-Anzeiger 91 (1962) Nr. 40; 5. Oktober (ohne Seitenzählung)

48. De quibusdam commentariis circa paupertatem franciscanam nuper in lucem editis, in: CFr 32 (1962) 445-460.

49. „Orbis in Urbe". Vorgeschichte und Verlauf des IV. Laterankonzils (1215), in: Schweizerische Kirchenzeitung 130 (1962) 381-383, 389-393.

50. Feierliche Eröffnung des zweiten Vatikanischen Konzils, in: Gasterländer-Anzeiger 91 (1962) Nr. 42, 19. Oktober 1962 (ohne Seitenzählung).

51. Das Konzil an der Arbeit. Verlauf der Verhandlungen des zweiten Vatikanischen Konzils seit seiner Eröffnung, in: Gasterländer-Anzeiger 91 (1962) Nr. 47, 23. November (ohne Seitenzählung).

52. Die Konzilsväter verneigen sich vor einem Kapuzinerbruder, in: Gasterländer-Anzeiger 91 (1962) Nr. 49, 7. Dezember (über die Heiligsprechung von Franz Maria von Camporosso am 19.12.1962: vgl. Analecta OFMCap 78 [1962] 369-381).

53. Das II. Vatikanische Konzil. Vom Höhepunkt seines Schaffens bis zum feierlichen Schluss, in: Gasterländer-Anzeiger 91 (1962), Nr. 50, 14. Dez. und Nr. 51, 21. Dezember (ohne Seitenzählung).

54. Die Pfarrei – eine um den Altar gescharte Familie Gottes. Festpredigt zur Zweihundertjahrfeier der Pfarrei Rieden, in: Gasterländer-Anzeiger 91 (1962), Nr. 43, 26. Oktober (ohne Seitenzählung).

55. Brief an die Gläubigen. Brief des heiligen Franz an seine Brüder und Schwestern im Dritten Orden, in: Der franziskanische Weg (1962) 11-14, 79-82, 114-117, 178-181, 251-254, 320-323, 355-358.

56. Zur Erleichterung des Abschieds, in: St. Fidelis 49 (1962) 115-120; auch in: Provinzbote der Bayerischen Kapuzinerprovinz 36 (1962) 187-193 und in: St. Antonius. Bote der Kapuziner-Provinz Brixen 5 (1963) 281-289.

57. Examenserfolg in Rom, in: Nidwaldner Volksblatt (Stans) 21. April 1962, Nr. 32 (über die Verteidigung der Doktoratsthese von Eduard Christen zur Todesauffassung beim hl. Martyrer Justin).

1963

58. De Sancti Francisci Assisiensis stigmatum susceptione. Disquisitio historico-critica luce testimoniorum saeculi XIII, in: CFr 33 (1963) 210-266, 392-422; 34 (1964) 5-62, 241-338.

59. Franziskanerorden in der Liturgie, in: Altöttinger Franziskusblatt 64 (1963) 198-200.

60. Die geschichtlich-theologischen Begriffsgrundlagen zur heutigen Diskussion über Spannung und Koordinierung von Kontemplation und Aktion, in: Die Referate der zweiten Aussprachetagung der deutschsprechenden Kapuzinerprovinziale, Altötting 16. bis 19. April 1963. 2. Beilage zum Provinzboten, Altötting 1963, 6-22.

61. Die Quelle für P. Theodosius Florentinis berühmten Satz: „In necessariis unitas, in dubiis libertas, in omnibus caritas", in: St. Fidelis 50 (1963) 145-147.

62. Passionsmystik, in: $LThK^2$ VIII, Freiburg i. Br. 1963, Spalte 153.

63. Vorbild des hl. Franziskus. Wie ein durchsichtiger Kristall – Die große Wende vor dem Kreuz. – Ein Höherer mit am Steuer. – Überall in Ehrfurcht Gott begegnen. – Treue in Arbeit und Gebet. – Heiterkeit des Herzens, in: Der franziskanische Weg (1963) 5-9, 61-65, 93-96, 160-163, 291-293, 323-325.

1964

64. De infirmitatibus S. Francisci Assisiensis inde a iuventute usque ad stigmatum susceptionem, in: Miscellanea Melchor de Pobladura, Bd. I, Romae 1964, 99-120.

65. Franziskus, Engel des sechsten Siegels. Sein Leben nach den Schriften des heiligen Bonaventura, in: Archiv für Geschichte der Philosophie 46 (1964) 227-233.

66. Schuldkapitel, in: $LThK^2$ IX, Sp. 504.

67. Stigmatisation, in $LThK^2$ IX, Sp. 1081-1082.

1965

68. Vita activa et contemplativa, in: $LThK^2$ X, Sp. 815-817.

69. Wunden Christi, in: $LThK^2$ X, Sp. 1249-1250.

70. Worte Jesu am Kreuz, in: $LThK^2$ X, Sp. 1231-1232.

71. Wie die Brüder durch die Welt gehen sollen, in: Altöttinger Franziskusblatt 66 (1965) 78-80.

72. Heilsgeschichtliche Zusammenhänge. Greccio – das abendländische Bethlehem. Franziskus' erste abendländische Waldweihnacht im Jahre 1223, in: Solothurner Nachrichten. Konservativ-christlichsoziale Tageszeitung für den Kanton Solothurn 1 (1965) Freitag, 24. Dezember 1965, Nr. 299, 1.

73. Die bedeutendste Kommission der Neuzeit des Kapuzinerordens im Kloster Mels. Im Gespräch mit P. Dr. Oktavian Schmucki von Rieden SG, Sekretär der Kommission zur Erneuerung der Ordenssatzungen für die Kapuziner, in: Sarganserländer (Mels) 94 (1965) Nr. 152, 1.

1966

74. Franziskus im Zwiegespräch mit den Menschen der Nachkonzilszeit, in: Altöttinger Franziskusblatt 67 (1966) 205-207.

75. Gottardo, vescovo di Hildesheim, santo, in: Bibliotheca Sanctorum VII, Roma 1966, 134-138, ill.

76. Schema provisorium capitis primi ac secundi Constitutionum nostrarum, a Commissione Capitulari Legislationis elaboratum et iudicio AA. RR. PP. Superiorum provincialium submissum. (Pro manuscripto et sub secreto). [Edidit et pro maiori parte concinnavit O. S.], Roma 1966, XVI + 79 S.

1967

77. Die angepasste Erneuerung des Kapuzinerlebens, in: St. Fidelis 54 (1967) 225-234; auch in: St. Antonius. Bote der Kapuziner-Provinz Brixen 6 (1967) 278-286.

78. Saggio sulla spiritualità di san Francesco, in: ItFr 42 (1967) 101-114, 337-350, 410-419.

79. Saggio sulla spiritualità di san Francesco. Roma 1967 (Quaderni dell'Italia Francescana. Spiritualità francescana, 3), 40 S. (vgl. Nr. 78).

80. Schema provisorium capitis tertii Constitutionum O.F.M.Cap., a Commissione Capitulari Legislationis elaboratum et iudicio provinciarum submissum. (Pro manuscripto). Ad usum exclusivum Patrum Ordinis nostri. [Edidit et pro maiori parte concinnavit O.S.], Romae 1967, 240 S.

81. Schema provisorium capitum quarti-quinti Constitutionum O.F.M.Cap., a Commissione Capitulari Legislationis, elaboratum et iudicio provinciarum submissum. (Pro manuscripto). Ad usum exclusivum Patrum Ordinis nostri. [Edidit et pro maiori parte concinnavit O.S.], Romae [1967], 294 S.

1968

82. A Francisco legendarum ad Franciscum historicum. Quaestio franciscana et vita S. Francisci duplici opere illustratae, in: CFr 38 (1968) 373-392.

83. Schema provisorium capitum VII-XII Constitutionum O.F.M.Cap. a Commissione Capitulari Legislationis elaboratum et iudicio provinciarum submissum. Pars prima. Textus continuus cum notulis – Pars secunda. Textus renovatus adnotationibus et dilucidationibus illustratus (Pro Manuscripto), Roma [1968], 112 + 542 S. (Ausgabe besorgt und zum Großteil erarbeitet von O. S.).

84. Commissio Capitularis Legislationis O.F.M.Cap. Schema Constitutionum nostrarum. Textus continuus quinquies emendatus cum indice alphabetico. (Pro Manuscripto ad usum PP. Capitularium), Romae 1968, XII, 228 S. (Ausgabe besorgt von O. S.). - Commissio Capitularis Legislationis O.F.M.Cap. Documenta quintam emendationem capitum primi usque ad sextum necnon actuositatem C.C.L. illustrantia. Pro Manuscripto ad usum exclusivum PP. Capitularium cyclostilo multiplicata, Romae 1968, [II], 120 S. (Ausgabe besorgt von O. S.).

1969

85. Franciscus „Dei laudator et cultor". De orationis vi ac frequentia in eius cum scriptis tum rebus gestis, in: Laur 10 (1969) 3-36, 173-215, 245-282.

86. „Secretum solitudinis". De circumstantiis externis orandi penes Sanctum Franciscum Assisiensem, in: CFr 39 (1969) 5-58.

1970

87. Conventus franciscani et medii aevi urbes: de triplici opere Helvetiam Franciscanam illustrante, in: CFr 40 (1970) 153-168.

88. Oratio cor et cardo religionis: de duplici opere ipsius historiam illustrante, in: Laur 11 (1970) 189-201.

1971

89. De initiatione in vitam franciscanam luce Regulae aliorumque primaevorum fontium, in: Laur 12 (1971) 169-197, 241-264.

90. Das Geheimnis der Geburt Jesu in der Frömmigkeit des hl. Franzisksus von Assisi, in: CFr 41 (1971) 260-287 (vgl. Nr. 17 und 19 sowie in diesem Band S. 145-167).

91. Scripta Leonis, Rufini et Angeli, sociorum S. Francisci, in: CFr 41 (1971) 141-147.

92. Speculum S. Francisci in S. Clara eiusque spiritu filiabus relucens. De tribus operibus nuperrime vulgatis, in: CFr 41 (1971) 394-408.

1972

93. 25 Jahre Maturi – 1947, in: Antonius (Appenzell) 39 (1972) 16-18.

94. Les maladies de Saint François d'Assise avant sa stigmatisation, in: Medicina nei secoli. Rivista storico-medica (Roma) 9/1 (1972) 18-57 (vgl. Nr. 64, 259).

1973

95. Das meditativ-kontemplative Element im Kapuzinerleben nach Ausweis der Frühgeschichte, in: 43. Provinzkapitel der Bayerischen Kapuziner, 6.-10. August 1973. Provinzbote der Bayerischen Kapuziner 1973. Sonderheft. [Altötting 1973], 168-186.

96. La meditazione francescana, in: ItFr 48 (1973) 75-89.

97. „Mentis silentium". Il programma contemplativo nell'Ordine francescano primitivo, in: Laur 14 (1973) 177-222.

98. L'Ordine della penitenza di san Francesco d'Assisi nel secolo XIII. Atti del convegno di Studi Francescani, Assisi, 3-4-5 luglio 1972. A cura di O. Schmucki, Roma 1973, 349 S.

99. Il T.O.F nelle biografie di san Francesco, in: CFr 43 (1973) 117-143, auch in: L'Ordine della Penitenza... (wie Nr. 98), 117-143.

100. Agathangelus von Vendôme (François Noury) und Kassian von Nantes, in: Lexikon der christlichen Ikonographie [= LCI], Bd. V: Ikonographie der Heiligen. Aaron bis Crescentianus von Rom, Rom u.a. 1973, 49, ill. (zusammen mit P. Gerlach van 's-Hertogenbosch).

101. Apollinaris von Posat (Johann Jakob Morel), in: LCI V, 229 (zusammen mit P. Gerlach van 's-Hertogenbosch).

102. Bartholomaeus Agricola (Bauer), O.F.M.Conv., venerab., in: LCI V, 334 (zusammen mit P. Gerlach van 's-Hertogenbosch).

103. Bonaventura von Bagnoreggio, in: LCI V, 420-425, ill. (zusammen mit P. Gerlach van 's-Hertogenbosch).

104. Christophorus von der Romagna (von Romandiola, von Cahors), in: LCI V, 508-509, ill. (zusammen mit P. Gerlach van 's-Hertogenbosch).

105. De operibus circa S. Francisci vitam ac spiritum nuperius in lucem editis, in: CFr 43 (1973) 385-407; 44 (1974) 141-166.

106. Zum Geleit, in: ESSER, Kajetan: Studien zu den Opuscula des hl. Franziskus von Assisi. Herausgegeben von Edmund Kurten und Isidoro de Villapadierna, Rom 1973 (Subsidia Scientifica Franciscalia, 4), S. IX-XVI.

1974

107. La preghiera come elemento essenziale nella formazione alla vita francescano-cappuccina, in: Bollettino ufficiale del Segretariato Nazionale per la formazione dei Cappuccini d'Italia 7 (1974-75) 55-68 (vgl. Nr. 147, 148).

108. La preghiera francescana, in: La nostra vita di preghiera. Atti del convegno sul documento di Taizé. Milano, 19-20-21 febbraio 1974. Cremona, 20-21-22 febbraio 1974. Supplemento agli Atti dei Frati Minori Cappuccini della provincia di S. Carlo in Lombardia, vol. XIV - Nr. 6-7 (aprile-settembre 1974), Milano 1974, 107-121, 122-164.

109. Crispin(us) von Viterbo (Pietro Fioretti), in: LCI VI, 2-3 (zusammen mit P. Gerlach van 's-Hertogenbosch).

110. Didakus Joseph von Cádiz (López Caamoño), in: LCI VI, 55-56, ill. (zusammen mit P. Gerlach van 's-Hertogenbosch).

111. Florida (Lucretia) Cevoli von Città di Castello, in: LCI VI, 254-255, ill. (zusammen mit P. Gerlach van 's-Hertogenbosch).

112. Franz (Franziskus) von Assisi, in: LCI VI, 260-315, ill. (zusammen mit P. Gerlach van 's-Hertogenbosch).

113. Franz Maria von Camporosso (Giovanni Croese), in: LCI VI, 318-319 (zusammen mit P. Gerlach van 's-Hertogenbosch).

114. Gabriel Ferretti von Ancona (Conte Liverotto), in: LCI VI, 341 (zusammen mit P. Gerlach van 's-Hertogenbosch).

115. Hyazintha Marescotti, in: LCI VI, 559-560, ill. (zusammen mit P. Gerlach van 's-Hertogenbosch).

116. Ignatius (Peis) von Laconi, in: LCI VI, 567-568 (zusammen mit P. Gerlach van 's-Hertogenbosch).

117. Ignatius (Belvisotti) von Santhià in: LCI VI, 574-575 (zusammen mit P. Gerlach van 's-Hertogenbosch).

118. Jakob de Marchia (della Marca), in: LCI VII, 44-47, ill. (zusammen mit P. Gerlach van 's-Hertogenbosch).

119. Jakob Strepa (Strzeymie) von Halicz in: LCI VII, 53-54 (zusammen mit P. Gerlach van 's-Hertogenbosch).

120. Johanna von Valois (von Frankreich), in: LCI VII, 80-81, ill. (zusammen mit P. Gerlach van 's-Hertogenbosch).

121. Johannes von Capestrano, in: LCI VII, 90-93, ill. (zusammen mit P. Gerlach van 's-Hertogenbosch).

122. Johannes Duns Skotus, in: LCI VII, 105-108, ill. (zusammen mit P. Gerlach van 's-Hertogenbosch).

123. Johannes Joseph (Calosirto) vom hl. Kreuz, in: LCI VII, 139 (zusammen mit P. Gerlach van 's-Hertogenbosch).

124. Johannes (Buralli) von Parma, in: LCI VII, 159-160 (zusammen mit P. Gerlach van 's-Hertogenbosch).

125. Josef (Velázquez-Fresneda) von Carabantes, in: LCI VII, 206 (zusammen mit P. Gerlach van 's-Hertogenbosch).

126. Joseph (Desa) von Copertino, in: LCI VII, 206-208, ill. (zusammen mit P. Gerlach van 's-Hertogenbosch).

127. Josef von Leonessa (Eufranio Desideri), in: LCI VII, 209-210, ill. (zusammen mit P. Gerlach van 's-Hertogenbosch).

128. Josef Maria Cesa, in: LCI VII, 210 (zusammen mit P. Gerlach van 's-Hertogenbosch).

129. Karl (Grotta) von Motrone, in: LCI VII, 282-283, ill. (zusammen mit P. Gerlach van 's-Hertogenbosch).

130. Konrad von Offida, in: LCI VII, 334.

131. Ladislaus (Władyslaw) von Gielniów, in: LCI VII, 361 (zusammen mit P. Gerlach van 's-Hertogenbosch).

132. Laurentius (Russo) von Brindisi, in: LCI VII, 380-383, ill. (zusammen mit P. Gerlach van 's-Hertogenbosch).

133. Leonhard (Casanuova) von Porto Maurizio, in: LCI VII, 392-394, ill. (zusammen mit P. Gerlach van 's-Hertogenbosch).

134. Luise von Savojien, in: LCI VII, 446 (zusammen mit P. Gerlach van 's-Hertogenbosch).

135. Margareta (Margherita) Colonna, in: LCI VII, 501 (zusammen mit P. Gerlach van 's-Hertogenbosch).

136. Maria Diomira (Serri) von der Menschwerdung, in: LCI VII, 512-513 (zusammen mit P. Gerlach van 's-Hertogenbosch).

137. Maria Franziska (Anna Maria Gallo) von den fünf Wunden, in: LCI VII, 513-514, ill. (zusammen mit P. Gerlach van 's-Hertogenbosch).

138. Maria (Coronel Arana) von Jesus aus Agreda, in: LCI VII, 514-515 (zusammen mit P. Gerlach van 's-Hertogenbosch).

139. Maria Laurentia Longo, in: LCI VII, 515-516 (zusammen mit P. Gerlach van 's-Hertogenbosch).

140. Markus Carlo Domenico (Cristofori) von Aviano, in: LCI VII, 562-563, ill. (zusammen mit P. Gerlach van 's-Hertogenbosch).

141. Martyrer von Marokko (Marrakesch) (Akkursius, Adjutus, Berardus, Otto, Petrus), in: LCI VII, 583-584, ill. (zusammen mit P. Gerlach van 's-Hertogenbosch).

1975

142. De investigationis subsidiis nuperius editis ad studium doctrinae et historiae franciscalis favendum, in: CFr 45 (1975) 313-332.

143. Franziskus und das Tau-Zeichen, in: Altöttinger Franziskusblatt 77/2-3 (1976) 11-12.

144. L'indirizzo contemplativo dell'Ordine cappuccino primitivo, in: Picenum Seraphicum 12 (1975) 296-303 (vgl. Nr. 95, 185).

145. Meditation im Geist des hl. Franziskus von Assisi, in: Fidelis 62 (1975) 145-154; 63 (1976) 33-40; in kürzerer Fassung in: GEIGER, Polykarp (Hg.): Feuer und Funke. Franz von Assisi und seine Gemeinschaften im deutschsprachigen Raum, München u. a. 1976, 31-47 (vgl. Nr. 96).

146. La mistica della natura in S. Francesco, in: L'Aurora Serafica 46 (1975) Nr.15, 14-15; Nr. 17, 8-10; Nr. 19, 12-13; Nr. 21, 12-13.

147. La preghiera come elemento essenziale nella formazione alla vita francescano-cappuccina, in: Atti dei Frati Minori Cappuccini della provincia di S. Carlo in Lombardia 14 (1975) 729-742, und in: Analecta OFMCap 91 (1975) 225-236, und in: Bollettino Ufficiale del Segretariato Nazionale per la formazione dei Cappuccini d'Italia, Nr. 7, 1974-75, Sondrio 1975, 55-68 (vgl. Nr. 107, 148).

148. La oración, elemento esencial de la formación a la vida franciscano-capuchina, in: Selecciones de Franciscanismo [= SelFr] 4 (1975) 315-328 (vgl. Nr. 147).

149. In memoriam. Pater Bonaventura Dickers de Mehr (1908-1975), in: CFr 45 (1975) 333-345 (mit der Bibliographie des rheinischen Kapuziners).

1976

150. L'annuncio del mistero eucaristico di san Francesco, esempio per la pietà e predicazione eucaristica dei suoi figli, in: L'Eucarestia nella teologia contemporanea e nella predicazione. Convegno tenuto a Cremona il 16-17-18 febbraio 1976, Milano 1976, 5-19, auch in: Atti dei Frati Minori Cappuccini della Provincia di S. Carlo in Lombardia 15 (1976) 111-125, und in: Fidelis 63 (1976) 106-118.

151. Franziskus von Assisi erfährt Kirche in seiner Brüderschaft, in: FrSt 58 (1976) 1-26 (vgl. auch in diesem Band S. 169-197).

152. Jedność modlitwy i działania według św. Franciszka z Asyżu [Einheit von Gebet und Aktion nach Franziskus], in: Homo Dei (Warszawa) 45 (1976) 280-285 (vgl. Nr. 234).

153. San Francesco d'Assisi, messaggero di pace nel suo tempo, in: SCHMUCKI, Ottaviano / MASTROIANNI, Fiorenzo F. / MATANIĆ, Atanasio: San Francesco d'Assisi, messaggero pacificatore e missionario, Napoli 1976 (Studi scelti di francescanesimo, 5), 3-24; auch in: Studi e ricerche francescane (Napoli) 5 (1976) 211-232.

154. Gli ultimi due anni di san Francesco d'Assisi e il rinnovamento della nostra vita, in: Laur 17 (1976) 209-250.

155. Michelina von Pesaro, in: LCI VIII, 17 (zusammen mit P. Gerlach van 's-Hertogenbosch).

156. Nagasaki, Martyrer von, OFM Disc., SJ, TOF, in: LCI VIII, 27-29, ill. (zusammen mit P. Gerlach van 's-Hertogenbosch).

157. Odorich (Mattiussi) von Pordenone, in: LCI VIII, 80 (zusammen mit P. Gerlach van 's-Hertogenbosch).

158. Pacificus (Carlo Antonio Divini) von San Severino, in: LCI VIII , 108 (zusammen mit P. Gerlach van 's-Hertogenbosch).

159. Paschalis Baylón, in: LCI VIII, 122, ill. (zusammen mit P. Gerlach van 's-Hertogenbosch).

160. Petrus (Johannes) von Alcántara, in: LCI VIII, 174-175 (zusammen mit P. Gerlach van 's-Hertogenbosch).

161. Petrus Pectinarius (Pettinaio) von Siena, in: LCI VIII, 192 (zusammen mit P. Gerlach van 's-Hertogenbosch und A. A. Strand).

162. Petrus Regalado, in: LCI VIII, 192-193 (zusammen mit P. Gerlach van 's-Hertogenbosch).

163. Rainer von Borgo San Sepolcro, in: LCI VIII, 252.

164. Rosa von Viterbo, in: LCI VIII, 287-288 (zusammen mit P. Gerlach van 's-Hertogenbosch).

165. Salvator von Horta, in: LCI VIII, 307-308 (zusammen mit P. Gerlach van 's-Hertogenbosch).

166. Seraphin von Montegranaro (Felice da Rapagnano), in: LCI VIII, 327 (zusammen mit P. Gerlach van 's-Hertogenbosch).

167. Simon von Lipnica, in: LCI VIII, 372 (zusammen mit P. Gerlach van 's-Hertogenbosch).

168. Theophil (Biagio dei Signori) von Corte, in: LCI VIII, 462 (zusammen mit P. Gerlach van 's-Hertogenbosch).

169. Thomas (Francesco Antonio Placidi) von Cori, in: LCI VIII, 489-490 (zusammen mit P. Gerlach van 's-Hertogenbosch).

170. Umile (Luca Antonio Pirozzi) von Bisignani, in: LCI VIII, 511-512.

171. Veronika (Orsola) Giuliani, in: LCI VIII, 545-546, ill. (zusammen mit P. Gerlach van 's-Hertogenbosch).

172. Messis opima librorum ab obitu S. Francisci Assisiensis anno 750° recurrente vulgatorum, in: CFr 46 (1976) 321-364; 47 (1977) 119-134.

173. Die Kapuziner und Kapuzinerinnen in der Schweiz, in: St. Fidelis 65 (1976) 169-176.

1977

174. „Ignorans sum et idiota". Das Ausmaß der schulischen Bildung des hl. Franziskus von Assisi, in: Studia historico-ecclesiastica. Festgabe für Prof. Luchesius G. Spätling. Hg. von Isaac VÁZQUEZ, Rom 1977, 283-310 (vgl. auch in diesem Band S. 199-218).

175. Le malattie di Francesco durante gli ultimi anni della sua vita, in: Francesco da Assisi e francescanesimo dal 1216 al 1226. Atti del IV Convegno Internazionale, Assisi, 15-17 ottobre 1976, Assisi 1977, 318-362 (vgl. Nr. 64, 224, 238, 247, 358).

176. La preghiera secondo S. Francesco, Lendinara (Ro) 1977, 171 S. (hektographierte Vorträge; vgl. Nr. 108).

177. Un „simposio" all'Istituto Francescano di Spiritualità. San Francesco è attuale?, in: VM 48/3 (1977) 198-201.

178. Paestum 16-19 maggio. Le case di preghiera; risultati del primo convegno nazionale sulle case di preghiera nella storia francescana, in: Campania Serafica 9 (1977) 189-190.

179. Conclusiones conventus de domibus orationis, in: Analecta OFMCap 93 (1977) 243-245.

180. Doctrina et pietas eucharistica S. Francisci Assisiensis lumine primi verbi Admonitionis ipsius, in: Analecta OFMCap 93 (1977) 28-39 (vgl. Nr. 150).

181. El anuncio del misterio eucarístico de San Francisco, ejemplo para la piedad y predicación eucarística de sus hijos, in: SelFr 6 (1977) 188-199 (vgl. Nr. 150).

182. Los dos últimos años de la vida de S. Francisco y la renovación de nuestra vida, in: SelFr 6 (1977) 136-154 (vgl. Nr. 154).

183. San Francesco d'Assisi e l'esperienza della morte, in: 750° anniversario del transito di san Francesco. „Con san Francesco a servizio dei sofferenti". Assisi 19-23 settembre 1977, Cenacolo francescano. Atti del IX convegno nazionale PP. Cappuccini Ospedalieri, a cura di Oliviero NALDINI, Firenze 1978, 39-56.

184. Św. Franciszkaz z Asyżu mistyczna wizja świata i stworzeń orazjej szczególna rola w warunkach dzisiejszego życia, in: Ateneum Kapłanskie (Wrocław) 88 (1977) Nr. 408, 39-52 (poln. Übers. von Nr. 146).

185. La orientación contemplativa de la Orden capuchina primitiva, in: SelFr 6 (1977) 277-281 (vgl. Nr. 144).

186. Preghiera e vita contemplativa nella legislazione e vita dei primi Frati Minori Cappuccini, in: 450° dell'Ordine cappuccino. Le origini della riforma cappuccina. Atti del convegno di studi storici, Camerino 18-21 settembre 1978, Ancona 1979, 351-374.

187. Françoise de Bormio, in: DHGE XVIII, Paris 1977, 712.

188. François de Chambéry, in: DHGE XVIII, 704-705.

1978

189. Luogo di preghiera, eremo, solitudine. Concetti e realizzazioni in S. Francesco d'Assisi, in: Studi e ricerche francescane 7 (1978) 29-53, auch in: Le case di preghiera nella storia e spiritualità francescana, Napoli 1978 (Studi scelti di francescanesimo, 7), 29-53 (vgl. Nr. 86).

190. La figura di san Francesco nelle prime Costituzioni cappuccine. Lo spirito francescano nelle „Costituzioni delli Frati Minori detti della vita heremitica" del 1529, in: ItFr 53 (1978) 595-624; auch in: La vita dei Frati Cappuccini ripensata nel 450° anniversario della loro riforma, Roma 1978, 87-116 (vgl. Nr. 203).

191. De loco sancti Francisci Assisiensis in Constitutionibus Ordinis Fratrum Minorum Capuccinorum anni 1536, in: CFr 48 (1978) 249-310 (vgl. Nr. 222).

192. Francisco de Asís experimenta la Iglesia en su Fraternidad, in: SelFr 7 (1978) 73-95 (vgl. Nr. 151).

193. A medição Franciscana, in: Pax et Bonum. Órgão Oficial da Provincia dos Freis Capuchinhos do Rio Grande do Sul (Caxias do Sul) 26/9 (1978) 23-38 (vgl. Nr. 96 u. 145).

194. San Francesco d'Assisi e l'esperienza cristiana della morte, in: Fidelis 65 (1978) 3-18 (vgl. Nr. 183).

195. Der Bildungsstand des hl. Franz, in: Fidelis 65 (1978) 147-150 (Resümee auf Deutsch und Italienisch von Nr. 174).

196. Munus contemplativum Ordinis capuccini, lumine primarum eiusdem Constitutionum, in: Analecta OFMCap 94 (1978) 360-373 (vgl. Nr. 186, 197).

197. Prayer and Contemplation in the Legislation and Life of the first Capuchins, in: The Capuchin Reform: Essays in Commemoration of its 450th Anniversary, in: Analecta OFMCap 94 (1978) 75-96 (vgl. Nr. 186, 196).

198. Die Grundlagen der Kapuzinerreform im Lichte der ersten Satzungen, in: Fidelis 65 (1978) 160-163, auch in: 1528-1978. 450 Jahre Kapuziner. Altöttinger Franziskusblatt. Sondernummer, Altötting 1978, 16-18, 24, ill.

199. Prefazione, in: ZEN, T. G. / BERGAMASCHI, A. / BIGI, M. / TRIVELLI, E.: Il Credo francescano, Padova 1978, 7-9.

200. Spicilegium franciscanum ex Lexico Institutorum Perfectionis [I-IV] collectum, in: CFr 48 (1978) 119-130.

1979

201. Gli Scritti leglislativi di San Francesco, in: Approccio storico-critico alle Fonti Francescane, a cura di G. CARDAROPOLI e M. CONTI, Roma 1979 (Pubblicazioni dell' Istituto Apostolico, Pontificio Ateneo Antonianum, 2), 73-98 (vgl. in diesem Band S. 219-236).

202. Linee fandamentali della „forma vitae“ nell'esperienza di san Francesco, in: Lettura biblico-teologica delle Fonti Francescane, a cura di G. CARDAROPOLI e M. CONTI, Roma 1979 (Pubblicazioni dell'Istituto Apostolico, Pontificio Ateneo Antonianum, 3), 183-231.

203. La figura di san Francesco nelle prime Costituoni cappuccine. Lo spirito francescano nelle „Costituzioni delli Frati Minori detti della vita heremitica“ del 1529, in: 450° dell'Ordine Cappuccino. Le orgini della Riforma Cappuccina, Ancona 1979, 121-157 (vgl. Nr. 190).

204. Pilger des Absoluten, in: Fidelis 66 (1979) 92-93.

205. Assisii civitas tempore sancti Francisci, in: CFr 49 (1979) 277-289.

206. Die Botschaft des eucharistischen Geheimnisses des hl. Franziskus. Beispiel für die eucharistische Frömmigkeit und Predigt seiner Söhne, in: Fidelis 66 (1979) 70-79.

207. Preghiera liturgica secondo l'esempio e l'insegnamento di san Francesco d'Assisi, Roma 1979 (Sussidi „Formazione Permanente“, 7), 30 S.

208. L'Ufficio della Passione come esempio per celebrare la Liturgia delle Ore, in: Preghiera liturgica (Nr. 207), 19-30.

209. La oración litúrgica según el ejemplo y la enseñanza de S. Francisco de Asís, in: SelFr 8 (1979) 485- 496 (vgl. Nr. 207).

210. El „Oficio de la Pasión“, modelo para celebrar la liturgia de las horas, in: SelFr 8 (1979) 497-506 (vgl. Nr. 208).

211. San Francisco de Asís, mensajero de paz en su tiempo, in: SelFr 8 (1979) 133-145 (vgl. Nr. 153).

1980

212. Gotteslob und Meditation nach Beispiel und Anweisung des hl. Franziskus von Assisi, Luzern $^{1-2}$1980, 70 S., ill. (Überarbeitung von Nr. 145 und 207).

213. Das Stundengebet in Leben und Lehre des hl. Franziskus von Assisi, in: Gotteslob (Nr. 212), 11-31.

214. Das „Lobgebet vor Beginn des Stundengebetes“ und das „Passionsoffizium“ des hl. Franziskus, in: Gotteslob (Nr. 212), 32-54.

215. Meditation im Geist des hl. Franziskus von Assisi, in: Gotteslob (Nr. 212), 55-70.

216. Preghiera liturgica secondo l'esempio e l'insegnamento di san Francesco d'Assisi, 2a ed. Roma [1980] (Sussidi „Formazione Permanente“, 7), 34 S. (vgl. Nr. 207).

217. Preghiera liturgica secondo l'esempio e l'insegnamento di san Francesco d'Assisi, in Preghiera liturgica (Nr. 216), 3-16.

218. L'Ufficio della Passione come esempio per celebrare la Liturgia delle ore, in: Preghiera liturgica (Nr. 216), 17-28 (vgl. Nr. 208).

219. Le „Lodi per ogni ora" – un „invitatorio" francescano alla celebrazione dell'Ufficio divino, in: Preghiera liturgica (Nr. 216), 29-34 (vgl. Nr. 214).

220. La «Lettera a tutto l'Ordine» di san Francesco, in: ItFr 55 (1980) 245-286 (vgl. in diesem Band S. 237-267).

221. Praecipua lineamenta vitae secundum formam sancti Evangelii in experientia sancti Francisci luce Opusculorum apparentia, in: Analecta OFMCap 96 (1980) 110-112, 159-177 (vgl. Nr. 202).

222. La figura storica e spirituale di san Francesco nelle Costituzioni cappuccine del 1536, in: Bollettino Ufficiale della Provincia di Foggia dei Frati Minori Cappuccini. Sonder-Nr. des Jahres 1979, Foggia 1980, 57-102 (vgl. Nr. 191).

1981

223. S. Francesco e S. Chiara modelli nelle loro infermità e nell'assistenza ai malati, Firenze 1981, 71 S.; auch in: Conferenza dei Superiori Provinciali Cappuccini d'Italia, S. Francesco e il mondo della sofferenza... Convegno nazionale dei Padri Cappuccini Ospedalieri, Roma, 11-15 maggio 1981, a cura di Oliviero NALDINI, Firenze 1981, 43-111 (vgl. auch Nr. 238).

224. „Laudato si, mi Signore, per quelli che... sostengo infirmitate". L'interpretazione francescana della malattia, in: Fidelis 68 (1981) 6-16.

225. Saude e fraternidade. «Louvado sejas meu Senhor, par aqueles que suportam enfirmidades» (Cãnt Sol), in: Atos. Província S. Lourenço de Brindes do Paraná e Santa Catarina (Curitiba) 13 (1981) 84-92 (vgl. Nr. 224).

226. Das wiederentdeckte Mahnlied „Audite" des hl. Franziskus für die Armen Frauen von San Damiano, in: Fidelis 68 (1981) 17-30, auch in: Vita Fratrum (München) 18 (1981) 131-141 (vgl. die Endfassung in Nr. 327).

227. La „Carta a toda la Orden" de san Francisco, in: SelFr 10 (1981) 235-263 (vgl. Nr. 220).

228. Líneas fundamentales de la „Forma vitae" en la experiencia de san Francisco, in: SelFr 10 (1981) 195-231 (vgl. Nr. 202).

229. O oração litúrgica segundo o exemplo de S. Francisco, in: Atos 13 (1981) 148-161 (vgl. Nr. 209, 213, 217).

230. Opera intuitu octavi centenarii a sancti Francisci Assisiensis nativitate edita, in: CFr 51(1981) 17-44.

231. La nostra vita di preghiera. Note sul capitolo III delle Costituzioni dei Frati Minori Cappuccini, in: ItFr 56 (1981) 109-135.

232. Prière et vie contemplative dans la législation et la vie des premiers frères Mineurs Capucins, in: Les Capucins. Eléments de leur histoire, leur vie, leur spiritualité. „Aux origines de la Reforme Capucine", Clermont-Ferrand 1981 (Les Capucins, 1), 13-21 (vgl. Nr. 186).

1982

233. Bernhard Christens von Andermatt Beitrag zur Lebensbeschreibung des hl. Franziskus, in: CFr 52 (1982) 193-248, auch in: De Francisco Assisiensi commentarii 1182-1982. Vol. IV: Collectanea Franciscana, Roma 1982, 193-248.

234. Spiritus orationis et actionis humanae compositio ad mentem S. Francisci Assisiensis, in: Laur (1982) 375-403, auch in: De Francisco Assisiensi commentarii 1182-1992. Vol. V: Laurentianum. L'esperienza di Dio in Francesco d'Assisi, a cura di Ettore Covi, Roma 1982, 375-403 (vgl. Nr. 152).

235. La visione di Dio nella pietà di san Francesco di Assisi, in: ItFr 57 (1982) 507-524.

236. «Mentis silentium». Le programme contemplatif de l'Ordre franciscain primitif in: Fidelis 69 (1982) 114-152 (mit im Vergleich zum Original in Nr. 97 erweiterter Bibliographie; vgl. in diesem Band S. 269-303).

237. „Soy ignorante e idiota" (CtaO 39). El grado de formación escolar de S. Francisco de Asís, in: SelFr 11 (1982) 89-106 (vgl. Nr. 174).

1983

238. Infermità, malattia, malato, salute, assistenza ai malati, in: Dizionario Francescano. Spiritualità, a cura di E. CAROLI, Padova 1983, 725-770 (vgl. Nr. 223)

239. Das Gottesbild im Beten des hl. Franziskus von Assisi, in: Fidelis 70 (1983) 130-145; auch in: Vita Fratrum 20 (1983) 5-16 (Aufbereitung von Nr. 235).

240. Octavi centenarii S. Francisci opera vulgata [I-II], in: CFr 53 (1983) 71-107, 301-353.

241. Prayer and Contemplation in the Legislation and Life of the first Capuchins, in: The Capuchin Reform. Essay in commemoration of its 450th anniversary 1528-1978, Pittsburgh 1983, 75-96 (vgl. Nr. 186).

242. Oración y contemplación en los orígines de la reforma capuchina, in: Cuadernos Franciscanos (Santiago de Chile) 16 (1983) 136-139 (vgl. Nr. 186 und 241).

243. In memoriam. Fr. Leopoldus von Gumppenberg de Ebersberg (1901-1982), in: CFr 53 (1983) 51-60.

1984

244. „Audite poverelle". El redescubierto canto de exhortación de san Francisco para las Damas Pobres de San Damián, in: SelFr 37 (1984) 127-143 (vgl. Nr. 226).

245. La „Forma di vita secondo il Vangelo" gradatamente scoperta da san Francesco d'Assisi, in: ItFr 59 (1984) 341-405 (vgl. Nr. 246).

246. Schrittweise Entdeckung der evangeliumsgemäßen Lebensform durch den heiligen Franziskus von Assisi, in: FrSt 66 (1984) 386-421 (vgl. Nr. 245; vgl. auch in diesem Band S. 305-358).

247. Das Phänomen Krankheit im Leben des hl. Franziskus von Assisi, in: Fidelis 7 (1984) 116-134, auch in: Vita Fratrum 21 (1984) 3-17 (vgl. Nr. 223, 238; vgl. auch in diesem Band S. 359-375).

248. P. Bernard Christen und die Gründung der offiziellen Zeitschrift „Analecta Ordinis Minorum Capuccinorm", in: Fidelis 71/4 (1984) 60-72 (vgl. Nr. 252).

1985

249. Iniziazione alla vita francescana alla luce della Regola ed altre fonti primitive, in: ItFr 60 (1985) 27-50, 397-426 (Neubearbeitung von Nr. 89).

250. La visión de Dios en la piedad de san Francisco de Asís, in: SelFr 41 (1985) 217-231 (vgl. Nr. 235).

251. Die Heilslinie der Liebe in Gottes Schöpfungsplan nach der Lehre des Johannes Duns Scotus, in: Fidelis 72 (1985) 170-178.

252. Le Père Bernard Christen et la fondation du périodique officel „Analecta Ordinis Minorum Capuccinorum“, in: Analecta OFMCap 101 (1985) 133-146 (vgl. Nr. 248).

253. Due sacerdoti raccontano. Di P. Ottaviano SCHMUCKI, in: Insieme. Parrocchia Sacri Cuori (Roma) Marzo 1985, 29-33.

1986

254. Zur Mystik des hl. Franziskus von Assisi im Lichte seiner „Schriften“, in: Abendländische Mystik im Mittelalter. Symposion Kloster Engelberg 1984. Hg. von Kurt RUH, Stuttgart 1986 (Germanistische Symposien. Berichtsbände, 7), 241-268 (vgl. in diesem Band S. 377-402).

255. Nachhall zu einem Geburtszentenar. Neuere Franziskusliteratur, in: CFr 56 (1986) 225-247 (zusammen mit Theo Jansen OFMCap).

256. Lexikon für Theologie und Kirche. Zweite, völlig neu bearbeitete Auflage. Sonderausgabe: Freiburg i. Br. 1986. Für die Artikel von O. Schmucki vgl. oben, Nr. 66-70.

1987

257. Benedite e siate benedetti. Dio si abbassa nelle vostre mani; niente vi trattenga dal donarvi completamente a lui, in: Messaggero cappuccino. Bimestrale d'informazione dei cappuccini bolognesi-romagnoli (Imola) 31 (1987) 140-141.

258. Descubrimiento gradual de la forma de vida evangélica por Francisco de Asís, in: SelFr 16 (1987) 65-128 (vgl. Nr. 245, 246).

259. Enfermedades que sufrió san Francisco de Asís antes de su estigmatización, in: SelFr 16 (1987) 287-323 (vgl. Nr. 64, 94).

260. Las enfermedades de Francisco durante los últimos años de su vida, in: SelFr 16 (1987) 403-436 (vgl. Nr. 175).

261. Franziskanisches in jüngst erschienenen Arbeitsinstrumenten, in: CFr 57 (1987) 225-244.

262. Le biblioteche dei conventi cappuccini, in: Per la storia dei conventi. Atti del 2° convegno di studi cappuccini, Roma 28-29-30 dicembre 1986. A cura di Mariano D'ALATRI, Roma 1987, 41-66; auch in: ItFr 62 (1987) 153-178.

263. Beda Mayer, OFMCap (1893-1983). Archivar und Historiograph der Schweizer Kapuzinerprovinz, in: HelvFranc 15 (1987) 139-152.

264. Beda Mayer, OFMCap (1893-1983). II. Bibliographie von Beda Mayer, in: HelvFranc 15 (1987) 197-258, ill.

1988

265. Literatur zur Stigmatisation des hl. Franziskus von Assisi 1963-1985, in: Bonaventuriana. Miscellanea in onore di Jacques Guy Bougerol, a cura di Francisco de Asís CHAVERO BLANCO, Bd. 2, Roma 1988 (Bibliotheca Pontificii Athenaei Antoniani, 28), 695-728.

266. Le stimmate di san Francesco di Assisi e le stimmate di Padre Pio. Convergenze e divergenze, in: Atti del convegno di studio sulle stimmate del servo di Dio Padre Pio da Pietrelcina (San Giovanni Rotondo, 16-20 settembre 1987), San Giovanni Rotondo 1988 (Padre Pio da Pietrelcina. Collana „Spiritualità", 2), 135-168, ill.

267. Zehn Jahre nach dem Tod von Kajetan Eßer OFM. Seine Präsenz in der heutigen Franziskusforschung, in: WiWei 51 (1988) 100-122.

268. La meditazione francescana, in: La preghiera. Bibbia, teologia, esperienze storiche, a cura di Ermanno ANCILLI, Bd. I, Roma 1988, 277-292 (vgl. Nr. 96 u. 283).

269. Place of Solitude: An Essay on the External Circumstances of the Prayer Life of St. Francis, in: Greyfriars Review (= GreyfrRev) 2/1 (1988) 77-132 (vgl. Nr. 86).

270. Initiation into Franciscan Life in the Light of the Rule and other Early Sources, in: GreyfrRev 2/2 (1988) 1-44 (vgl. Nr. 249).

271. The „Way of Life According to the Gospel" as it was discovered by St. Francis of Assisi, in: GreyfrRev 2/3 (1988) 1-56 (vgl. Nr. 245, 246).

272. „Loado seas, mi Señor por aquellos que... soportan enfermedad". Interpretación franciscana de la enfermedad, in: SelFr 17 (1988) 25-36 (vgl. Nr. 224).

273. San Francisco de Asís y la experiencia cristiana de la muerte, in: SelFr 17 (1988) 247-264 (vgl. Nr. 183, 194).

274. L'Ordine della Penitenza di san Francesco d'Assisi nel secolo XIII. Atti del Convegno di Studi Francescani, Assisi, 3-4-5 luglio 1972. A cura di O. SCHMUCKI, Roma 1973 [Ristampa anastatica, ottobre 1988], 351 S. (vgl. Nr. 98, 99).

275. Bays, Margherita [selige], in: Marienlexikon [= MarL], hg. von Remigius BÄUMER und Leo SCHEFFCZYK. Bd. I, St. Ottilien 1988, 393.

1989

276. Franz(iskus) v. Assisi, hl., in: MarL II, 509-511.

277. Zur Überlieferung der Vogelpredigt des hl. Franziskus von Assisi, in: ThZ 45 (1989) 142-151 (vgl. in diesem Band S. 403-410).

278. Die Naturmystik des hl. Franziskus, in: Franziskuskalender. Hg. von den Schweizer Kapuzinern (Olten) 72 (1989) 82-87 (vgl. Nr. 146).

279. Franziskus von Assisi erfährt Kirche in seiner Bruderschaft, in: San Damiano (Luzern) 1989, Nr. 1, 2-9 (Kurzfassung von Nr. 151).

280. St. Francis's Letter to the entire Order, in: GreyfrRev 3 (1989) 1-33 (vgl. Nr. 220, 227).

281. The Rediscovery of the Canticle of Exhortation „Audite" of St. Francis for the Poor Ladies of San Damiano, in: GreyfrRev 3 (1989) 115-126 (vgl. Nr. 226).

282. The Mysticism of St. Francis in the Light of his Writings, in: GreyfrRev 3 (1989) 241-266 (vgl. Nr. 254).

283. La meditazione francescana, in: Forma Sororum 26 (1989) 2-20 (vgl. Nr. 96, 268).

284. Preghiera e vita contemplativa nella legislazione e vita dei primi Frati Minori Cappuccini, Roma 1989 (I Frati Cappuccini. Sussidi per la lettura dei documenti e testimonianze del I secolo, 3), 32 S. (vgl. Nr. 186).

285. La figura di san Francesco nelle prime Costituzioni cappucine del 1529, Roma 1989 (I Frati Cappuccini. Sussidi per la lettura dei documenti e testimonianze del I secolo, 4), 47 S. (vgl. Nr. 190).

286. La figura storica e spirituale di san Francesco nelle Costituzioni cappuccine del 1536, Roma 1989 (I Frati Cappuccini. Sussidi per la lettura dei documenti e testimonianze del I secolo, 5), 64 S. (vgl. Nr. 191, 222).

287. Prayer and Contemplative Life in the Legislation and Life of the First Friars Minor Capuchin, in: GreyfrRev 3 (1989) 223-239 (vgl. Nr. 186, 284).

1990

288. Lexikon der christlichen Ikonographie Bd. V-VIII: Ikonographie der Heiligen. Sonderausgabe, Rom u. a. 1990 (Nachdruck der Ausgabe von 1973-1976. Für die Artikel von O. Schmucki vgl. oben die Nr. 100-104, 109-141, 156-172.

289. Quellen und Studien über den hl. Franziskus von Assisi (1987-1990), in: CFr 60 (1990) 255-310.

290. Der franziskanische Bußorden im Lichte der biographischen Quellen des 13. Jahrhunderts, in: WiWei 53 (1990) 157-184 (vgl. Nr. 98, 99; vgl. auch in diesem Band S. 411-438).

291. Bibliographia Camilli Bérubé, 1933-1990, in: CFr 60 (1990) 709-731, auch in: Mélanges Bérubé. Etudes de philosophie et théologie médiévales offertes a Camille Bérubé OFMCap pour son 80e anniversaire. Ed. par V. CRISCUOLO, Roma 1991 (Bibliotheca Seraphico-Capuccina, 40), 489-511.

292. The Passion of Christ in the Life of Saint Francis of Assisi: A Comparative Study of the Sources in the Light of Devotion to the Passion Practiced in his Time. Translated by Ignatius McCormick, in: GreyfrRev 4 (1990) Supplement, 1-101 (vgl. Nr. 32, 33).

293. Divine Praise and Meditation according to the Teaching and Example of St. Francis of Assisi, in: GreyfrRev 4/1 (1990) 23-73 (vgl. Nr. 207, 212).

294. „Mentis Silentium". Contemplation in the early Franciscan Order, in: GreyfrRev 4/2 (1990) 35-71 (vgl. Nr. 97, 236).

295. The Illnesses of St. Francis of Assisi before his Stigmatisation, in: GreyfrRev 4/3 (1990) 31-61 (vgl. Nr. 64, 94).

296. Lo „Specchio di Oratione" del P. Bernardino da Balvano, OFMCap, in: ItFr 65 (1990) 5-32.

297. Fidelis-Forschung, in: Bote der Tiroler Kapuziner (Innsbruck) 73 (1990) 100-101.

1991

298. The Stigmata of St. Francis of Assisi: A Critical Investigation in the Light of Thirteenth-Century Sources, St. Bonaventure N.Y. 1991 (Franciscan Institute Publications. History Series No. 6), XVII + 393 S. (vgl. Nr. 58, 265). – Vgl. hierzu die Note von Ulrich Köpf in: CFr 65 (1995) 261-264.

299. Übergang vom Franziskuskult zur Verehrung franziskanischer Heiligen, in: CFr 61 (1991) 627-633.

300. Klara v. Assisi, in: MarL, III, 565-566.

301. Fundamental Characteristics of the Franciscan „Form of Life", in: GreyfrRev 5 (1991) 325-366 (vgl. Nr. 202, 221).

302. La mística de San Francisco de Asís a la luz des sus escritos, in: SelFr 20 (1991) 355-390 (vgl. Nr. 254, 282).

1992

303. Der lange Weg der Fidelis-Bibliographie. Ein Zwischenbericht, in: Fidelis 79 (1992) 72-82, ill.

304. Michael v. Cosenza, in: MarL, IV, 443.

305. Münchsmair, Maximilian (v. Deggendorf), in: MarL, IV, 529-530.

306. The Third Order in the Biographies of St. Francis, in: GreyfrRev 6 (1992) 81-107 (vgl. Nr. 98-99, und für die Endfassung Nr. 290).

1993

307. Die Verehrung der heiligen Klara im Gebetbuch „Seraphische... Andachts-Flammen" von P. Bonaventura Kresslinger, in: CFr 63 (1993) 97-133; auch in: Chiara d'Assisi. Presenza, devozione e culto. A cura di Vincenzo CRISCUOLO, Roma 1994, (Bibliotheca Seraphico-Capuccina, 45), 227-263.

308. Lebensbeschreibungen des hl. Fidelis von Sigmaringen (1623), Kapuziner der Schweizer Kapuzinerprovinz. Edition der lateinischen Texte Vita I und Vita II mit Einleitung und kritischem Kommentar von O. SCHMUCKI. Deutsche Übersetzung von Hanspeter BETSCHART unter Mitwirkung der sechsten Latein-Gymnasialklasse (Schuljahr 1992/93) des Kollegiums St. Fidelis, Stans. Beiheft 2 zu Helvetia Franciscana, 1993, 68 S. Vgl. die Ergänzung in: HelvFranc 22 (1993) 105.

309. Das Nachwirken der Familie des hl. Fidelis [von] Sigmaringen in seiner gegenreformatorischen Tätigkeit, in: HelvFranc 22 (1993) 106-118.

310. Bibliographischer Anhang über die Bündnerwirren, in: HelvFranc 22 (1993) 119.

311. Aegidius Maria v. hl. Joseph, in: $LThK^3$ I, Sp. 180.

312. Agullona Margareta, in: $LThK^3$ I, Sp. 253.

313. Apollinaris Morel v. Posat, in: $LThK^3$ I, Sp. 828.

314. Baptista v. Montefeltro, in: $LThK^3$ I, Sp. 1394.

1994

315. Das kontemplative Gebet in den Schriften und in der Lebensbeschreibung der heiligen Klara von Assisi, in: Fidelis 81 (1994) 124-138.

316. Francesco e Chiara, insigni maestri di preghiera, in: Bollettino Ufficiale della Provincia di Messina dei Frati Minori Cappuccini 59 (1994) Nr. 86, 161-181.

317. The Spirit of Prayer and the Active Life according to the Mind of St. Francis, in: GreyfrRev 8 (1994) 31-55 (vgl. Nr. 152, 234).

318. La Orden franciscana de penitencia a la luz de las fuentes biográficas del siglo XIII, in: SelFr 23 (1994) 227-257 (vgl. Nr. 98, 99, 290, 306).

319. Benedikt (Graf Marco Passionei) v. Urbino, sel., in: $LThK^3$ II, Sp. 210.

320. Bernhard (Floriano Toselli) v. Bologna, in: $LThK^3$ II, Sp. 267.

321. Bernardo da Castelvetere (Luciano Ferraro), in: $LThK^3$ II, Sp. 268.

322. Bernhardin (Croli) v. Colpetrazzo, in: $LThK^3$ II, Sp. 278.

323. Bonagratia (Nikolaus Schlosser) v. Habsheim (Elsaß), in: $LThK^3$ II, Sp. 569-570.

324. Banaventura v. Langres (Lingonsis), in: $LThK^3$ II, Sp. 572-573.

325. Christen, Bernhard, in: $LThK^3$ II, Sp.1102.

326. Indice analitico, in: I Cappuccini. Fonti documentarie e narrative del primo secolo (1525-1619), a cura di Vincenzo CRISCUOLO, Roma 1994, 1147-1231.

1995

327. L'„Audite Poverelle". Il canto d'esortazione di san Francesco alle Povere Dame di San Damiano, in: „In spiritu et veritate". Miscellanea di studi offerti al P. Anselmo Mattioli in occasione del suo 81° anno di età. [A cura di Isidoro VOLPI], Roma 1995, 621-650 (Neubearbeitung von Nr. 226).

328. Infermità, malattia, malato, salute, assistenza ai malati, in: Dizionario Francescano. Spiritualità, a cura di Ernesto CAROLI. II edizione riveduta e ampliata, Padova 1995, 827-872 (vgl. Nr. 238).

329. Eduard v. Alençon (François Lecorney), in: $LThK^3$ III, Sp. 458.

330. Felder, Hilarin, in: $LThK^3$ III, Sp.1214.

331. Fidelis v. Sigmaringen (Markus Roy), hl., in: $LThK^3$ III, Sp. 1273.

332. Franziskus v. Bormio, in: $LThK^3$ IV, Sp. 47-48.

333. Franziskus Maria v. Camporosso, in: $LThK^3$ IV, Sp. 48.

334. Georg v. Pfronten-Kreuzegg, in: $LThK^3$ IV, Sp. 485.

1996

335. La oración contemplativa en los „Escritos" y en la „biografía oficial" de santa Clara de Asís, in: SelFr 25 (1996) 351-366 (vgl. Nr. 315).

336. St. Francis's Level of Education, in: GreyfrRev 10 (1996) 153-170 (vgl. Nr. 174, 237).

337. Die Feier der Kanonisation des hl. Fidelis von Sigmaringen in St. Peter am 29. Juni 1746, in: CFr 66 (1996) 511-561, ill.

338. Antonius von Padua in Lehre und Frömmigkeit der Schweizer Kapuziner – Annotierter bibliographischer Überblick, in: HelvFranc 25 (1996) 143-202, ill.

339. Zweihundertfünfzig Jahre seit der Heiligsprechung Fidelis' von Sigmaringen. Seine Kanonisation am 29. Juni 1746 durch Papst Benedikt XIV., in: HelvFranc 25 (1996) 235-250 („Vortrag, gehalten im Palais Liechtenstein in Feldkirch am 19. Juli 1996"), ill.

340. Hilarius v. Paris, in: LThK^3 V, Sp. 100.

341. Honoratus v. Paris, in: LThK^3 V, Sp. 264.

342. Johannes v. Ulster, in: LThK^3 V, Sp. 975.

343. Kapuziner, in: LThK^3 V, Sp. 1220-1226.

344. Kapuzinerinnen, in: LThK^3 V, Sp. 1226-1227.

345. Saint François dans les Constitutions des Frères Mineurs dits de la Vie hérémitique, de 1529, in: Premières législations (I), [Paris 1996] (Cahiers de Spiritualité Capucine, n. 3), 121-151 (vgl. Nr. 190, 285).

1997

346. L'image de saint François dans les Constitutions, in: Premières législations (II), [Paris 1997] (Cahiers de Spiritualité Capucine, n. 4), 35-88 (vgl. Nr. 285).

347. Konrad v. Parzham, hl., in: LThK^3 VI, Sp. 281.

348. Ludwig Tenaglia v. Fossombrone, in: LThK^3 VI, Sp. 1092.

349. Ludwig IV., der Heilige, in: LThK^3 VI, Sp. 1103.

350. Mauritius v. Menzingen in: LThK^3 VI, Sp. 1500.

351. L'opuscolo di Ignazio Reali „Distinta relazione della seguita canonizzazione" del 1746: edizione annotata, in: Studi e Ricerche Francescane 26 (1997) 223-269.

352. L'interpretation franciscaine de la maladie: par saint François et sainte Claire, in: Evangile Aujourd'hui Nr. 174 (1997) 57-61 (vgl. Nr. 223).

1998

353. Franziskanische Geschichte und Spiritualität im „Dizionario degli Istituti di perfezione" VIII-IX, in: CFr 68 (1998) 297-311.

354. Zehn Jahre nach dem Tod von Kajetan Esser, in: Kajetan Esser ofm – Leben und Wirken. Herausgegeben von Herbert SCHNEIDER, Mönchengladbach – Düsseldorf 1998 (Rhenania Franciscana, 14), 121-145 (vgl. Nr. 267)

355. Zum Geleit, in: Kajetan Esser ofm – Leben und Wirken, 179-188 (vgl. Nr. 106)

356. Fedele da Sigmaringen, in: Il grande libro dei santi. Dizionario enciclopedico. I, 658-660.

1999

357. La Regola di Giovanni da Matha e la Regola di Francesco d'Assisi. Somiglianze e peculiarità. Nuovi rapporti con l'Islam, in: ItFr 74/3 (1999) 11-42 (vgl. Nr. 362, 363).

358. The illnessess of Francis during the last years of his life, in: GreyfrRev 13/1 (1999) 21-59 (vgl. Nr. 175).

359. Die Naturmystik des hl. Franziskus von Assisi, in: Bote der Tiroler Kapuziner 28 (1999) 272-281 (vgl. Nr. 146, 278).

360. Die Bibliothek des heiligen Fidelis von Sigmaringen vor seinem Ordenseintritt (1612), in: Clavis Scientiae. Miscellanea di studi offerti a Isidoro Agudo da Villapadierna in occasione del suo 80° compleanno. A cura di Vincenzo CRISCUOLO, Roma 1999 (Bibliotheca Seraphico-Capuccina, 60), 437-471.

2000

361. Franziskus von Assisi, in: Religion in Geschichte und Gegenwart. Handwörterbuch für Theologie und Religionswissenschaft [= RGG]. Vierte, völlig neu bearbeitete Auflage, Bd. III: F-H, Tübingen 2000, 250-254, 1 Ill.

362. Die Regel des Johannes von Matha und die Regeln des Franziskus von Assisi: Ähnlichkeiten und Eigenheiten. Neue Beziehungen zum Islam, in: La Liberazione dei „Captivi" tra cristianità e islam: oltre la crociata e il Gihad: tolleranza e servizio umanitario, Città del Vaticano 2000, 219-244 (vgl. Nr. 357, 363; vgl. auch in diesem Band S. 439-463).

363. La Regla de Juan de Mata y la regla de Francisco de Asís: semejanzas y peculiaridades: nuevas relaciones con el Islam, in: SelFr 29 (2000) 371-394 (vgl. Nr. 357, 362).

364. Die Naturmystik des hl. Franziskus von Assisi, in: Vita Fratrum 34 (2000) 67-77 (vgl. Nr. 146, 278, 359, 365).

2001

365. La mística de la naturaleza en san Francisco de Asís, in: SelFr 30 (2001) 125-138; portug. Übers.: A mística da natureza em São Francisco, in: Cadernos de Espiritualidade Franciscana 18 (2001) 19-33 (vgl. Nr. 146, 278, 359, 364).

366. Zacharias v. Saluzzo, in: $LThK^3$ X, Sp. 1362f.

2003

367. Autobiographie des Anastasius Hartmann (1803-1866), des Schweizer Kapuziners, Titularbischofs von Derbe und apostolischen Vikars von Patna in Indien: deutsche Übersetzung von Engelbert MING OFMCap nach dem lateinischen Text in der Überlieferung von Anton Maria Gachet OFMCap, gemäss Herausgabe von Adelhelm Jann OFMCap, versehen mit einer Einleitung zum Quellentext von Christian Schweizer und mit dem Dekret von der Kongregation für Heiligsprechungen über die Heroizität der Tugenden von Bischof Anastasius Hartmann in deutscher Übersetzung von Oktavian Schmucki OFMCap. Zum 200. Geburtstag des Anastasius (Joseph Alois) Hartmann von Altwis bei Hitzikirch im Kanton Luzern (24. Februar 1803), Luzern 2003, 100 S., ill. Beiheft 4 (2003) zu Helvetia Franciscana.

368. Von Wanderbrüdern, Einsiedlern und Volkspredigern: Leben und Wirken der Kapuziner im Zeitalter der Reformation: Quellen zur Entstehung der franziskanischen Reform und zu ihrer frühen Entfaltung im deutschen Sprachraum, hg. im Auftrag der Konferenz Deutschprachiger Provinziale Kapuziner (KDP) von Niklaus KUSTER, Thomas Morus HUBER, Oktavian SCHMUCKI, Kevelaer 2003, 391 S.

369. Klosterbibliothek Wesemlin, Luzern, in: Franziskuskalender 2004, Olten 2003, 112-113, 1 Ill.

2004

370. Bernhard von Bessa: [Nachtrag zu Bd. 1, Sp. 743-744], in: Die deutsche Literatur des Mittelalters. Verfasserlexikon. Bd. 11: Nachträge und Korrekturen, Berlin 2004, Sp. 240-241.

371. Hilten, Johannes (wohl richtiger: J. Herwich von Ilten/Hilten), in: Die deutsche Literatur des Mittelalters. Verfasserlexikon. Bd. 11, Sp. 673-674.

372. L'itineranza alla luce degli Opuscoli di san Francesco d'Assisi, in: Pellegrini e forestieri: l'itineranza francescana, a cura di Luigi PADOVESE, Bologna 2004, 103-124.

373. Capuchin mental prayer adapted from Bernardine of Balvano's „The mirror of prayer", in: The Bulletin. Newsmagazine of the Irish Capuchin Province 4 (2004) 9-19 (zusammen mit P. Bernardine Moran) (vgl. Nr. 296).

374. Spiritualen, in: RGG^4 VII, Sp. 1584.

375. Fidelis von Sigmaringen (1578-1622). Bibliographie: kommentierter Literaturbericht bis 2000, Roma 2004 (Subsidia Scientifica Franciscalia, 10), 56* + 917 S., ill. – Für die vielen ausführlichen Besprechungen von Roberto Paciocco, Dominik Dorfner, Nikolaus Schöch u. a. vgl. BgFr 28 (2004) Nr. 2401.

376. San Fedele da Sigmaringen. Vita, scritti e bibliografia, in: ItFr 79/3 (2004) 37-84.

2005

377. Zur Fidelisbibliographie: Ausblick auf weitere Studien über den hl. Fidelis von Sigmaringen, in: HelvFranc 34 (2005) 118-133, ill.

378. Thomas von Celano, in: RGG^4 VIII, Sp. 376-377.

379. Spiritualität, Askese und Krankheiten nach den Schriften des Franziskus von Asisi, in: BAUER, D.R. / FELD, H. / KÖPF, U. (Hg.): Franziskus von Assisi. Das Bild des Heiligen aus neuer Sicht, Köln 2005, 71-96.

2006

380. Studio del francescanesimo in 75 anni di Collectanea Franciscana 1931-2005, in: CFr 76 (2006) 5-91.

381. Das *Antidotum* von Stephan Gabriel und die Schrift des hl. Fidelis von Sigmaringen *De Articulis Fidei Catholicae*, in: Verum, pulchrum et bonum. Miscellanea di studi offerti a Servus Gieben in occasione del suo 80° compleanno. A cura di Yohannes TEKLEMARIAM, Roma 2006 (Bibliotheca Seraphico-Capuccina, 81), 495-513.

382. Die Stigmatisation des hl. Franziskus von Assisi im Licht der ältesten Quellenzeugnisse und der neuesten Literatur, in: Wondtekenen, Wondertekenen. Over de stigmatisatie van Franciscus. Editor: W.M. SPEELMAN, Assen 2006 (Scripta Franciscana, 10), 1-29.

2007

383. Die Wundmale des hl. Franziskus von Assisi nach den ältesten Quellenzeugnissen, in diesem Band S. 465-492.

384. Was wollte Franziskus eigentlich? Versuch einer Antwort im Licht der Nichtbullierten Regel des Heiligen, in: San Damiano (Luzern) 65 (2007) 4-7.

Hier nicht aufgezählt sind die über 500 Rezensionen seit 1950 bis in die jüngste Zeit, veröffentlicht vor allem in CFr, aber auch in Laur und in anderen Zeitschriften.

Abkürzungsverzeichnis

1 C = THOMAS DE CELANO, Vita prima S. Francisci, in: Analecta Franciscana X, Ad Claras Aquas 1926-41, 1-117

2 C = THOMAS DE CELANO, V ita secunda S. Francisci, in: Analecta Franciscana X, Ad Claras Aquas 1926-41, 127-268

3 C = THOMAS DE CELANO, Tractatus de miraculis S. Francisci, in: Analecta Franciscana X, Ad Claras Aquas 1926-41, 269-330

4 C = THOMAS DE CELANO, Legenda ad usum chori, in: Analecta Franciscana X, Ad Claras Aquas 1926-41, 118-126

AP = Anoymus Perusinus (Johannes von Perugia), ed. F. van Ortroy, in: Miscellanea Francescana 9 (1902-1904) 35-48; DI FONZO, Lorenzo: L'Anonimo Perugino tra le fonti francescane del sec. XIII. Rapporti letterari e testo critico, Roma 1972, oder in: Miscellanea Francescana 72 (1972) 117-483

BR = Bullierte Regel

FF = Fonti Francescane. Scritti e biografie di san Francesco d'Assisi. Cronache e altre testimonianze del primo secolo francescano. Scritti e biograflie di santa Chiara d'Assisi, vol. I, Assisi 1977

FoFr = Fontes Franciscani, a cura di E. MENESTÒ e S. BRUFANI [ed altri], S. Maria degli Angeli – Assisi 1995 (Medioevo Francescano. Testi, 2)

Gef = Legenda trium Sociorum, ed. Th. DESBONNETS, in: Archivum Franciscanum Historicum 67 (1974) 37-144; CLASEN; Sophronius / GRAU, Engelbert: Die Dreigefährtenlegende des heiligen Franziskus. Die Brüder Leo, Rufin und Angelus erzählen vom Anfang seines Ordens, Werl/Westf. 1972 (Franziskanische Quellenschriften, 8)

Jord = Chronica fratris Jordani, hrsg. H. BOEHMER, Paris 1908 (Collection d'études et de documents sur l'histoire religieuse et littéraire du Moyen âge, 6)

Jul = JULIANUS DE SPIRA, Vita S. Francisci, in: Analecta Franciscana X, Ad Claras Aquas 1926-41, 333-371

KlReg = Regel der hl. Klara: [HILARIUS VON PARIS], Seraphicae legislationis textus origineles, Quaracchi 1897; I. OMAECHEVARRÍA: Escritos de Santa Clara y documentos contemporáneos, Madrid 1970.

LM = S. BONAVENTURA, Legenda major, in: Analecta Franciscana X, Ad Claras Aquas 1926-41, 653-678

NbR = Nicht-bullierte Regel

Opuscula [Lem.] = LEMMENS, Leonhard: Opuscula S. Patris Francisci Assisiensis, Quaracchi ^{3}1949 (Bibliotheca Franciscana Ascetica Medii Aevi, 1)

Opuscula [Eßer] = ESSER, Kajetan: Die Opuscula des hl. Franziskus von Assisi. Neue textkritische Edition, Grottaferrata 1976 (Spicilegium Bonaventurianum, 13)

Opuscula [Eßer^{2}] = ESSER, Kajetan: Die Opuscula des hl. Franziskus von Assisi. Neue textkritische Edition. Zweite, erweiterte und verbesserte Auflage besorgt von Engelbert Grau, Grottaferrata (Romae) 1989 (Spicilegium Bonaventurianum, 13)

Per = Textsammlung von Perugia (= Legende von Perugia = Compilatio Assisiensis): R. B. BROOKE: Scripta Leonis, Rufini et Angeli sociorum S. Francisci, Oxford 1970; „Compilatio Assisiensis“ dagli Scritti di fr. Leone e Compagni su S. Francesco. I edizione integrale dal Ms. 1046 di Perugia con versione italiana a fronte introduzione e note, a cura di M. BIGARONI, S. Maria degli Angeli 1975 (Pubblicazioni della Biblioteca Francescana di Chiesa Nuova – Assisi, 2)

SpLem = LEMMENS, Leonhard: Documenta antiqua franciscana. Pars II: Speculum perfectionis (Redactio I.), Ad Claras Aquas 1901

SpSab = Le Speculum perfectionis ou Mémoires de frère Léon sur la seconde partie de la vie de vie Saint Francois d'Assise, I, texte latin préparé par Paul SABATIER, Manchester 1928 (British Society of Franciscan Studies, 13)

Test = ESSER, Kajetan: Das Testament des hl. Franziskus von Assisi. Eine Untersuchung über seine Echtheit und seine Bedeutung, Münster/Westf. 1949 (Vorreformationsgeschichtliche Forschungen, 15)

Zeitschriften / Lexika / Nachschlagewerke / (nichtfranziskanische) Quellenwerke:

ABenR – American Benedictine Review
AF – Analecta Franciscana
AFH – Archivum Franciscanum Historicum
AIA – Archivo Ibero-Americano
ALKGMA – Archiv für Literatur- und Kirchengeschichte des Mittelalters
AnBoll – Analecta Bollandiana
Anton. – Antonianum
ARW – Archiv für Religionswissenschaft
ASI – Archivio storico Italiano
ASOC – Analecta Cisterciensia
AUCL –Annuaire de l'université catholique de Louvain
BAC – Biblioteca de Autores Cristianos
BF – Bullarium Franciscanum
BgFr = Bibliographia Franciscana
BLE – Bulletin de littérature ecclésiastique
BThAM – Bulletin de Théologie Ancienne et Médiévale
CCL – Corpus Christianorum seu nova Patrum collectio series Latina
CFr – Collectanea Franciscana
CivCatt – Civiltà cattolica
CSEL – Corpus scriptorum ecclesiasticorum latinorum
DA – Deutsches Archiv für Erforschung des Mittelalters
DACL – Dictionnaire d'archéologie chrétienne et de liturgie
DF – Dizionario Francescano. Spiritualità, a cura di Ernesto Caroli, Padua 1983, ^{2}1995
DHGE – Dictionnaire d'histoire et de géographie ecclésiastique
DIP – Dizionario degli Istituti di Perfezione
DSp – Dictionnaire de Spiritualité, Ascétique et Mystique
DThC – Dictionnaire de théologie catholique

EC – Enciclopedia cattolica
EL – Ephemerides Liturgicae
EncIt = Enciclopedia Italiana
EtFr – Études franciscaines
EThL – Ephemerides Theologicae Lovanienses
FQS – Franziskanische Quellenschriften (Werl/Westf.)
FrancLeven – Franciscaans Leven
FrancSt – Franciscan Studies
FrSt – Franziskanische Studien
Gr – Gregorianum
GuL – Geist und Leben
ItFr – Italia Francescana
JAC – Jahrbuch für Antike und Christentum
LexMA – Lexikon des Mittelalters
LThK – Lexikon für Theologie und Kirche
MF – Miscellanea francescana
PL – Patrologia Latina
QLP – Questions liturgiques et paroissiales
RAC – Reallexikon für Antike und Christentum
RAM – Reveue d'ascétique et de mystique
RBen – Reveue bénédictine
RDK – Reallexikon zur deutschen Kunstgeschichte
RGG – Religion in Geschichte und Gegenwart
RHE – Reveue d'histoire ecclésiastique
RLM – Revue liturgique et monastique
RQ – Römische Quartalschrift für christliche Altertumskunde und für Kirchengeschichte
SC – Sources chrétiennes
SelFranc = Selecciones de Franciscanismo
Sint Franc – Sint Franciscus
SMGB – Studien und Mitteilungen zur Geschichte des Benediktinerordens und seiner Zweige
StFr – Studi Francescani
ThLZ – Theologische Literaturzeitung
ThWNT – Theologisches Wörterbuch zum Neuen Testament
Tijd. Geest. Leven = Tijdschrift voor Geestlik Leven
TRE – Theologische Realenzyklopädie
TThZ – Trierer Theologische Zeitschrift
VM – Vita Minorum
WiWei – Wissenschaft und Weisheit (seit 1999: Kevelaer)
ZAM – Zeitschrift für Aszese und Mystik
ZDA – Zeitschrift für deutsches Altertum
ZKG – Zeitschrift für Kirchengeschichte
ZKTh – Zeitschrift für Katholische Theologie

Register: Historische Personen

Franziskanische Forschungen

Herausgegeben von Theofried Baumeister OFM, Werinhard Einhorn OFM, Leonhard Lehmann OFMCap, Johannes Schlageter OFM, Raynald Wagner OFM

Gisela Fleckenstein: **Die Franziskaner im Rheinland 1875–1918.** Franziskanische Forschungen 38, Werl 1992, 380 S., € 25,50, ISBN 978-3-7666-2024-8

Jørgen Nybo Rasmussen: **Die Franziskaner in den nordischen Ländern im Mittelalter.** Franziskanische Forschungen 43, Kevelaer 2002, 656 S., zahlreiche Abb., € 55,–, ISBN 978-3-7666-2090-3

Maximilian Wagner OFM: **Da berühren sich Himmel und Erde.** Symbol und Sakrament in den *Sermones* des Antonius von Padua. Franziskanische Forschungen 44, Kevelaer 2002, 456 S., € 50,–, ISBN 978-3-7666-2092-7

Franz Lackner OFM (Hg.): **Zwischen Weisheit und Wissenschaft.** Johannes Duns Scotus im Gespräch. Franziskanische Forschungen 45, Kevelaer 2003, 212 S., € 38,–, ISBN 978-3-7666-2095-8

Jürgen Werinhard Einhorn OFM: **Franziskus im Gedicht.** Texte und Interpretationen deutschsprachiger Lyrik 1900–2000. Franziskanische Forschungen 46, Kevelaer 2004, 246 S., € 40,–, ISBN 978-3-7666-2102-3

Heike Trost: **Die Katharinenkirche in Lübeck.** Franziskanische Baukunst im Backsteingebiet. Von der Bettelordensarchitektur zur Bürgerkirche. Franziskanische Forschungen 47, Kevelaer 2007, 312 S., € 38,–, ISBN 978-3-7666-2106-1

Benedikt H. Mertens: **Solitudo seraphica. Studien zur Geschichte der Exerzitien im Franziskanerorden der Frühneuzeit (ca. 1600–1750).** Franziskanische Forschungen 49, Kevelaer 2008, 560 S., € 50,–, ISBN 978-3-7666-2109-2

Bestellungen über den Buchhandel